AF579733

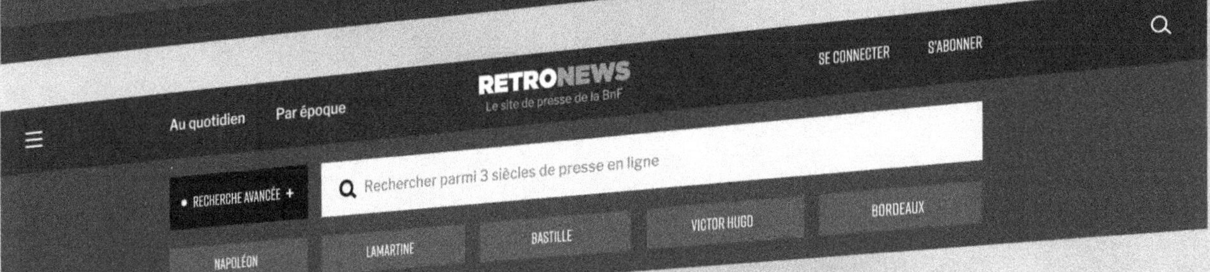
RETRONEWS
Le site de presse de la BnF
SE CONNECTER
S'ABONNER
Au quotidien
Par époque
RECHERCHE AVANCÉE +
Rechercher parmi 3 siècles de presse en ligne
NAPOLÉON
LAMARTINE
BASTILLE
VICTOR HUGO
BORDEAUX

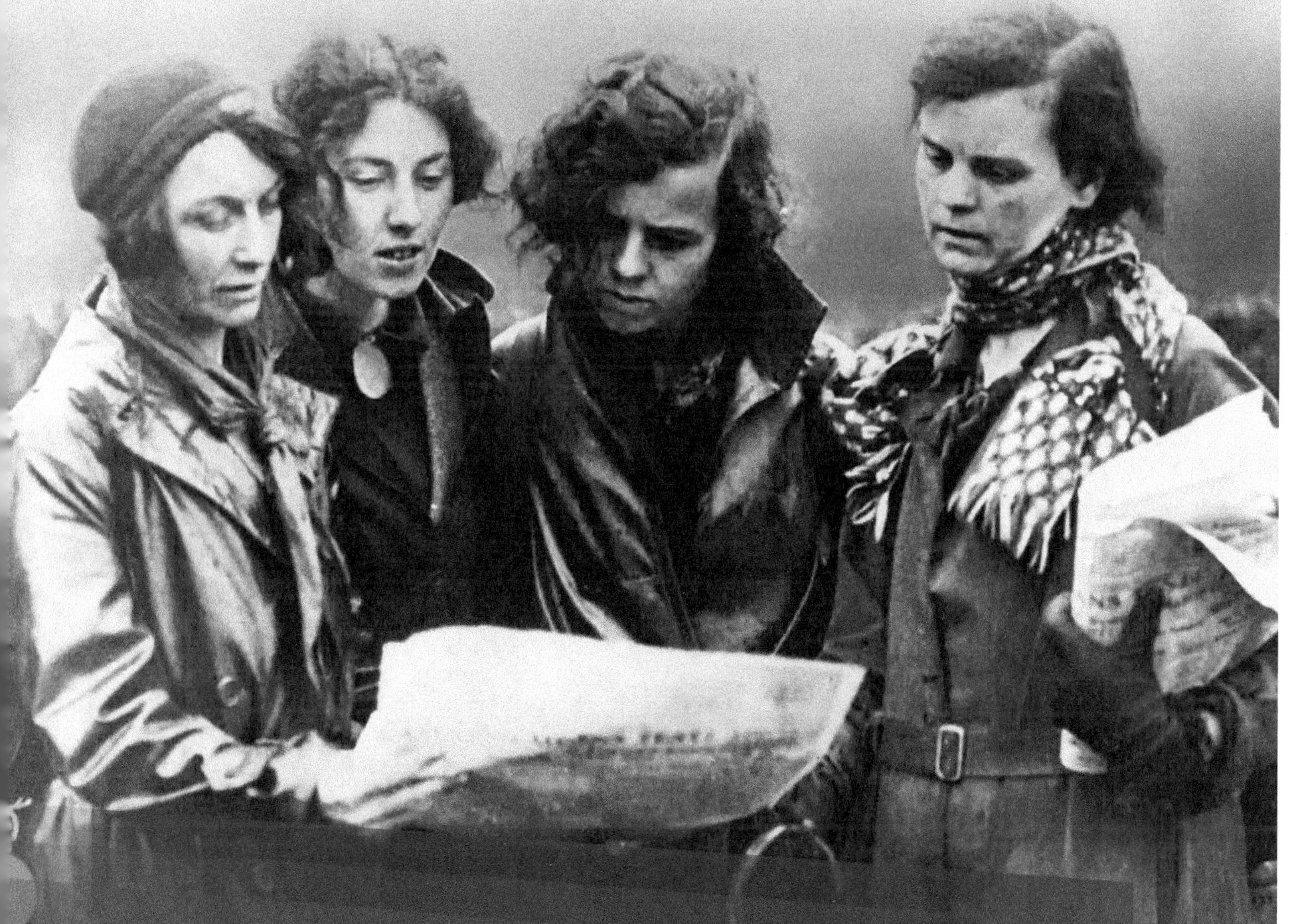

Au Comité historique des arts et Monuments

offert par la Société des Antiquaires de Normandie

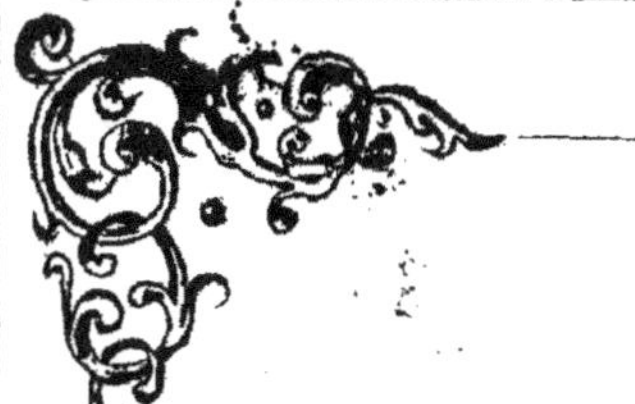

MÉMOIRES

DE LA

SOCIÉTÉ DES ANTIQUAIRES DE NORMANDIE.

2. Série. — 5e. Volume.

XVe. VOLUME DE LA COLLECTION.

ANNÉE 1846.

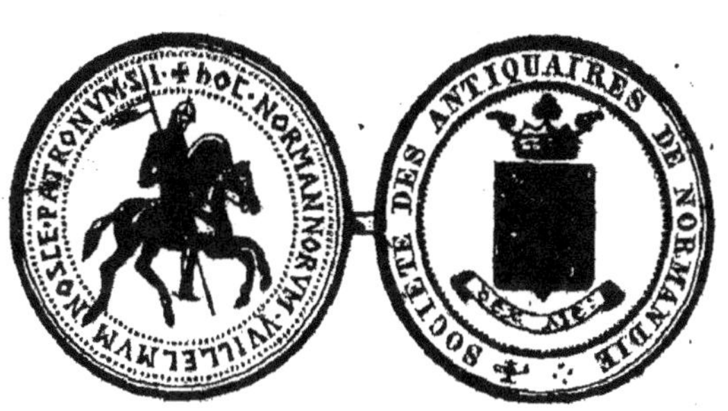

PARIS,

DERACHE, LIBRAIRE, RUE DU BOULOY, 7,

CAEN, HARDEL, ÉDITEUR, RUE FROIDE, 2;

ROUEN, LE BRUMENT, QUAI DE PARIS.

1846.

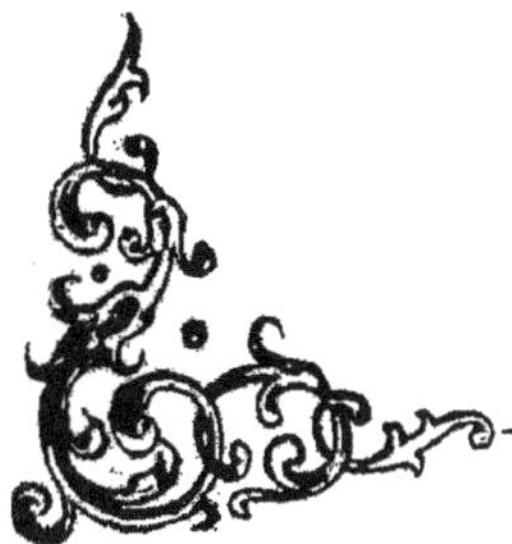

MÉMOIRES

DE LA

SOCIÉTÉ DES ANTIQUAIRES

DE NORMANDIE.

2. Série. — 5e. Volume.

XVe. VOLUME DE LA COLLECTION.

ANNÉE 1846.

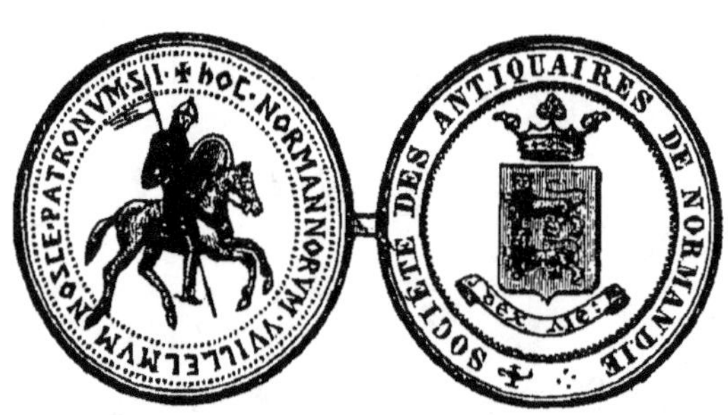

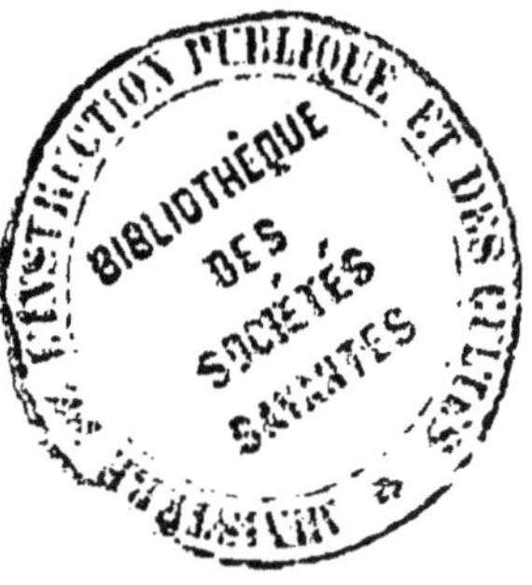

PARIS,
DERACHE, LIBRAIRE, RUE DU BOULOY, 7,
CAEN, HARDEL, ÉDITEUR, RUE FROIDE, 2;
ROUEN, LE BRUMENT, QUAI DE PARIS.

1846.

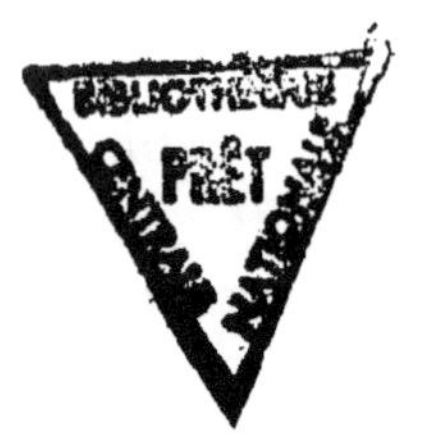

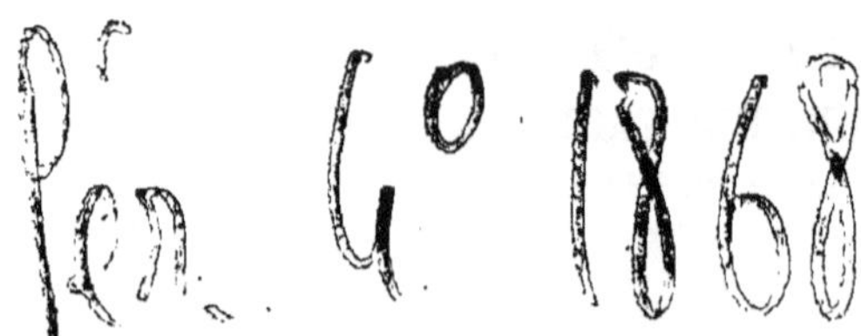

Istr

Isti hoies fuerunt apd Cad ad cacar
qn abbs & monachi Sci Andr recupa
verunt tra sua de Sameella p Ru
bea mara. & p furnetu Ascelini.
p furnetu herout. p ccc q erat supi
capd de amuys. in chemino qd vadit
de Foulla ad Sapu.
Wills fils Rad senescall Norm. q
tenebat cacaru.
Ric Servaien.
Ric fils Herici.
Rad de Huesbuilla.
Thomas de Aguerneio.
Ric Rossel.
Rad Labbe.
Rog clic suus.
Henric Folvis.
Thomas le porter.
Wills de Iz.
Vina de Karu.
Johes Pigace.
Osbt le caignome (canome)

Sciendu qd divisiones tenementoru de Sapo
& de Sameele recognite & nominati assignate
ad Scacariu dni Regis apd Cadomu cora Wilt
filio Rad tc senescallo Normannie & Baronibz
eq. p Iuramentu viroz [illegible] militu & va
vassoz fuerunt. Scit Steph de Ovilla. Ter
ricu de Burchefort. Mathi de Burchefort. Ricd
de Valleroum. Rob nigru. Wilt nigru. Rob de
Valosulfi. Pichenot. Rob forest. Tesce de
Saucea. Rob filiu Bosce. Tustinu Briton.
Baldoin fil Rohais. Fulo fil Gonscc. Philipp
pantof. Wilt fil Ferm. Wilt chaucon.
Rob fil Valtep. Osbtu rossel. & actio
ista notata fuit & scripta diligent
in Rotulis dni Regis. Anno incarn
dnice m. c. xc. ix.

Fac Simile

de deux actes de l'Echiquier

de l'an 1199.

Lith. A. Hardel, Caen.

NOTICE

SUR LES DIVERS DOCUMENTS CONTENUS DANS CE VOLUME.

I°. GRANDS ROLES DE L'ECHIQUIER DE NORMANDIE (page 1re.)

L'existence des grands rôles de l'échiquier de Normandie, enfouis depuis plus de six siècles dans les différentes archives d'Angleterre, ne nous fut révélée qu'en 1830, par M. Petrie, garde des archives de la tour de Londres (1), qui fit imprimer un fragment du Rôle de l'an 1184. Cette première découverte devait naturellement faire soupçonner qu'il existait encore dans ce vaste dépôt d'autres documents de la même nature; et elle devait du moins faire suspendre momentanément toute publication sur la Normandie; car de nouvelles recherches eussent évité à M. Depping de dire dans l'introduction de l'histoire de cette province qu'il publia en 1835 (2): *Combien il est à regretter qu'il ne reste qu'un fragment des grands rôles de l'échiquier de Westminster, qui jettent tant de jour sur l'état social des générations de ces temps.*

En effet, dès cette même année 1835, la Commission des Records d'Angleterre faisait imprimer le premier volume des rôles de la Tour de Londres, édités par M. Thomas Duffus Hardi (3), contenant les actes normands émanés du roi Jean, depuis 1200 jusqu'en 1206; ainsi que ceux, touchant la descente de Henri V en Normandie, de 1417 à 1418 inclus. Trois ans après, en 1838, nous envoyâmes à cette même Commission des Records trois volumes in-f°. contenant tous les documents Anglo-Normands qui existaient encore dans les diverses archives des départements du Calvados, de la Manche et de l'Orne; tandis que de son côté, M. Deville faisait parvenir à la même Commission le résultat de ses recherches dans les archives de l'Eure et de la Seine-Inférieure. La Normandie doit également au zèle, à la persévérance et aux actives recherches de M. Thomas Stapleton (4), une première publication, faite en 1840 aux frais de la Société des Antiquaires de Londres, des grands Rôles de l'échiquier de Normandie, pendant les années 1180, 1184 et 1195, qui fut suivie en 1844, de ceux de la fin du règne de Richard-Cœur-de-Lion. Enfin aujourd'hui, graces à la généreuse intervention de la Société des Antiquaires de Normandie, les documents si vivement regrettés par M. Depping seront non seulement mis à la disposition de ce dernier, ou de ceux qui voudraient s'occuper de l'histoire si incomplète de notre province; mais ils trouveront encore à la suite de notre réédition, soit dans le précieux manuscrit inédit de Rosny (1), soit dans notre appendice, une série de documents également inédits (2) qui formeront le complément des renseignements historiques que nous avons pu recueillir jusqu'ici.

Ces nombreux documents prouvent évidemment que la Normandie fut une des premières provinces réunies à la France qui s'occupa spécialement de constater par écrit ses coutumes, ses actes judiciaires, ainsi que ceux qui avaient rapport à son système financier. Privés depuis long-temps d'une partie de ces actes, si précieux pour l'éclaircissement de notre histoire normande, nous devons nous féliciter d'avoir pu réunir en aussi peu d'années ceux que nous publions aujourd'hui; lorsque nous considérons que les actes primitifs émanés de nos Ducs Rois d'Angleterre, ou des Barons de l'échiquier, étaient écrits sur des fragments de vélin, souvent, beaucoup plus petits que ceux dont nous donnons le *fac simile* dans la planche ci-contre. Outre cela, les minutes de ces mêmes actes, presque toujours confiées aux vicomtes ou aux baillis pour les faire exécuter, restaient souvent entre leurs mains; et il fut impossible de les réunir tous, lorsqu'on sentit la nécessité de les faire transcrire *irrotulati* sur des rôles particuliers, par les clercs attachés à l'échiquier des causes, ou des comptes de Normandie. Ces actes sont généralement rédigés en latin du moyen-âge; ce qui semble résoudre la question de priorité de cette langue, sur le français, qui fut si long-temps un objet de contestation parmi les paléographes. Nous avons cru devoir reproduire ces divers documents dans le même idiôme latin, soit dans l'intérêt de l'histoire, soit plus particulièrement encore, sous le rapport des noms de lieu, et de personne si souvent défigurés par la traduction. Nous devons encore ajouter que ces mêmes noms, sont presque toujours chargés de sigles, ou d'abréviations; et que n'ayant pu nous procurer à Caen les caractères affectés en Angleterre à ces sortes de publications, nous avons été forcés de les faire imprimer *in extenso.*

Toute discussion sur la priorité de date de l'établissement des échiquiers d'Angleterre et de Normandie serait superflue, lorsqu'il est plus qu'évident, que le Duc Guillaume après sa conquête, imposa à l'Angleterre ses coutumes, son idiôme normand, ainsi que ses lois civiles et militaires. Cette question d'ailleurs ayant été bien développée dans l'excellente histoire de l'échiquier, dont l'auteur, M. Floquet, fut couronné par l'Institut, nous nous bornerons à dire que les grands rôles de l'échiquier de Normandie, que nous publions aujourd'hui, ne diffèrent en aucune manière de ceux de l'échiquier d'Angleterre, connus sous le nom de *Pipe Rolls.* Tous les deux se composent de membranes, ou feuilles de parchemin cousues en-

(1) Magni Rotuli scaccarii Normanniæ de anno ab incarnatione Domini M°. C°. LXXXIIII. Willelmo filio Radulfi senescallo. By M. Petrie late Keper of the tower Records. London 1830. — Ce Rôle fort court, n'occupant que 5 pages de notre édition, nous avons cru devoir le réimprimer ici; quoiqu'il ait été imprimé dans le second vol. de nos archives du Calvados, afin d'éviter la peine de le rechercher ailleurs.

(2) Histoire de la Normandie, par G.-P. Depping, 2 vol. in-8°. Rouen, 1835.

(3) Rotuli Normanniæ in Turri Londinensi accurante Thomas Duffus Hardy S. A. S. Printed by command his Majesti King William IV. Vol. 1er. London, 1835.

(4) Magni Rotuli scaccarii Normanniæ, opera Thomæ Stapleton F. A. S. Vol. 1. sumptibus Societ. Antiquar. London, 1840.

(1) Mss. de la bibliothèque de Rosny, aujourd'hui à la bibliothèque du Roi, n°. 2120.

(2) Appendice contenant divers documents sur l'échiquier de Normandie, extraits des archives de la province et de ma collection.

semble, et en nombre plus ou moins grand, suivant l'étendue des actes qui devaient y être inscrits (*in rotulari*). L'un et l'autre sont écrits *recto* et *dorso*, de manière seulement que la dernière partie du revers restait en blanc, et qu'elle servait à envelopper la totalité du Rôle. On annotait sur cette dernière partie la date de l'année à laquelle le rôle se rapportait, ainsi que le nom du sénéchal de Normandie, et souvent aussi celui des comptables, afin d'en faciliter les recherches. Les séances de l'échiquier se tenaient également dans les deux pays, aux deux époques de Pasques et de la St.-Michel; celles de Normandie se réunissaient dans la chapelle de St.-Georges du château de Caen; comme on le voit par un acte de l'an 1184, portant « *In capella beati martyris Georgii* « *apud Cadomum justiciariis tunc scaccarium te-* « *nentibus.* »

En Angleterre, comme en Normandie, le mode d'asseoir l'impôt était à peu près le même. Les différents comtés, les vicomtés, les villes ou autres localités étaient annuellement imposés à une somme fixe, calculée sur le produit des terres, qui formaient l'ancien domaine de nos Ducs. Cette taxe, prélevée chaque année par le vicomte, qui avait droit de la sous-bailler à des fermiers particuliers, prenait le titre de *firma comitatus*. Elle pouvait subir quelqu'augmentation, mais jamais de diminution. Si, dans le cours d'une année, le Duc-Roi donnait à l'un de ses serviteurs une portion de terre, faisant partie de la ferme du comté; cette terre inscrite dans le Rôle, sous le titre de *Terra data*, n'en demeurait pas moins à la charge du fermier; mais, l'année suivante, lorsque celui qui en jouissait avait produit à l'échiquier la charte du Roi, qui lui concédait la terre, on ajoutait seulement au Rôle, que cette même terre était, *Extra firmam, vel extra comitatum*. Suivant la coutume, le fermier était en outre chargé de divers paiements annuels, à titre d'aumône, que le Roi accordait, soit aux maisons religieuses, soit à différentes personnes. Tel était également le paiement des gages des gardes de ses châteaux, des officiers et des domestiques de sa maison, ainsi que ce qu'on appelait la pitance des pauvres. Ces aumônes ou gratifications, une fois admises sur preuves, devenaient coutumières, et elles étaient toujours inscrites d'année en année sur les rôles, sous le titre de *Elemosinæ et decimæ et liberationes statutæ*. Outre cela, il existait encore d'autres dépenses que le vicomte avait coutume de faire de sa propre autorité, suivant que les circonstances l'exigeaient; savoir : pour la garde des prisonniers du Roi, ou ceux convaincus de félonie; pour la suite des procès devant la Cour, et les exécutions de justice; pour pourvoir aux frais du transport du trésor du Roi; pour la salaison des poissons royaux, tels que la baleine et l'esturgeon; ainsi que pour la culture des vignes du Roi, et pour en faire la vendange. La Cour de l'Echiquier allouait ordinairement ces dépenses au vicomte, en déduction de sa ferme, lorsqu'elle s'était assurée, sous la foi du serment, qu'elles avaient été réellement faites. Quant à toute autre dépense extraordinaire, le vicomte était obligé de produire le Bref du Roi a l'appui de la liquidation de son compte; dans le cas où la dépense légale eût excédé le montant de sa ferme, on lui tenait compte du surplus. Si, au contraire, il se trouvait en déficit, le trésorier ajoutait au bas de son compte le mot *debet*, ou celui de *liberavit*, lorsque la balance était égale.

Les revenus des ducs de Normandie étaient encore augmentés par le produit des amendes, dont la nomenclature est immense; ainsi que par les successions des juifs, des usuriers; ou par les taxes de guerre et autres, telle que celle de 4,000 marcs d'argent imposés sur la ville de Caen, en 1195, pour payer la rançon du roi Richard, prisonnier de l'empereur d'Allemagne.

Pendant le règne de Henri II jusqu'à la 8e. de celui de Richard, la manière de percevoir l'impôt en Angleterre, comme en Normandie, fut à peu près le même. Le shérif en Angleterre rendait simplement son compte *de firma comitatus*, sans spécifier le détail de la somme; tandis que dans les rôles normands, le montant intégral de la ferme était toujours exprimé par figure ou par nature de recette et de dépense. Le tableau suivant, extrait du Rôle de l'an 1180, *membrane 3 in dorso*, *page* 13, peut donner encore une idée plus exacte de ce mode de comptabilité.

Adam de Gravelle et Roger Legrand rendent compte de 700 livres pour la ferme de la vicomté et de la provoté d'Argentan; — de 20 livres pour le moulin de Novo Stanno; — de 10 livres pour le moulin de Gravelle; — de 15 livres de la ferme de la foire de la Pentecôte; — et de 10 livres pour la ferme de l'isle Hamon.

Total de la recette. 755 l. » »

Versé au trésor 194 livres 15 sols; — pour la dime de St.-Vandrille 15 livres 12 deniers; — aux chanoines de Séez 13 livres 12 deniers, pour l'aumône établie; — pour la dime de l'abbaye *de Bosco* ou du Bec 10 livres; — aux hospitaliers de Jérusalem 100 sols pour l'aumône établie; — à l'abbaye de St.-André 46 sol. 6 deniers pour l'aumône établie; — au chapelain de St.-Nicolas 40 sols pour l'aumône établie; — aux gardes du château 60 sols sur la remise établie; — au portier 60 sols sur la remise établie; — pour le pont d'Olne 20 sols, d'après la coutume établie; — à Geoffroy, frère du comte du Perche, 56 livres, d'après une charte du Roi; — à l'acquit de Richard Tardif pour la garde du château d'Argentan 140 livres; — pour le transport de trente-quatre tonneaux de vin d'Angers à Argentan, et de là à Bures, à Caen, à Valognes, à Cherbourg, à Tinchebray, à Domfront, à Mortain, à Gorran et à Falaise 55 livres 4 sols 3 deniers par bref du Roi; — pour porter le trésor du Roi de Falaise à Argentan 10 sols par bref du Roi.

Total de la dépense. 510 liv. 13s. 9d.
Et debent. 244 6 3

Nous trouvons encore dans la *membrane 7 recto* (*page* 22) que Barthelemy, maire de Rouen, et Hugues Wastel rendirent compte au trésor, pour eux, et pour toute la commune de cette ville de 578 liv. 13 sol. 4 deniers, qui restaient dû sur la vieille ferme de Rouen, dont ils se liquidèrent, en payant au trésor 228 liv. 13 sol. 4 den. et en prouvant, par deux brefs du Roi, qu'ils avaient également payé à Enguerrand Le Portier 230 liv. pour travaux faits au château de Beauvoir; ainsi que 120 liv. à Théobald Diviti, pour fourniture de vin, pour le service du Roi.

Les mêmes rendirent également compte, de 4,000 livres, pour la nouvelle ferme de la vicomté de Rouen. Sur laquelle ils ne versèrent au trésor que 2,276 liv. 10s. 7d., et par conséquent ils restèrent redevable de 1,723 liv. 9 sol. 5 deniers. Nous regrettons de ne pas donner ici le détail des 43 articles qui composent l'emploi de 2,276 liv. 10s. 7d., versés au trésor par le maire de Rouen; mais, malgré l'intérêt statistique que pourraient offrir ces détails, ils ne nous donneraient encore qu'une idée fort imparfaite de l'utilité historique de ces grands Rôles, composés de plus de 2,300 comptes de recette qui se divisent eux-mêmes comme le précédent en une multitude d'articles plus ou moins variées. La table qui se trouve à la fin de ce volume suppléera d'ailleurs aux notices que nous pourrions donner, quelque concises qu'elles fussent.

Quant aux monnaies courantes en Normandie, elles étaient généralement étrangères à la province. Toutes les transactions ou les versements au trésor du Roi, s'y faisaient en sols d'Angers, du Mans et de Tours; très-rarement en sols de Rouen; mais les rôles ne font aucune mention des sols de Bayeux. Toutes ces monnaies étaient reçues à l'Echiquier, conjointement avec le marc d'or ou d'argent; la livre sterling d'Angleterre, ainsi que le besant, ou monnaie dite bisantine.

Les grands Rôles de l'Echiquier de Normandie, sous les ducs rois d'Angleterre, Henri II et Richard Ier., qui forment la première partie des documents contenus dans ce volume, se composent de trois rôles particuliers, que nous allons faire connaître successivement :

I°. MAGNUS ROTULUS SCACCARII NORMANNIÆ AB INCARNATIONE DOMINI M°. C°. LXXX°. Ce Rôle est composé de neuf membranes ou feuilles de vélin, écrites *recto et dorso.*

La première membrane, *p.* 1re. *recto*, comprend les comptes de Hamon Pincerne, pour le baillage du Bessin; la provoté de Bayeux, ainsi que celle d'Amanville. La même membrane, *p.* 3, *c.* 2, *in dorso*, contient ceux de Nigel de Mortain, pour la vicomté du Val-de-Mortain; d'Etienne de Saukeville, de Guillaume de Pont et de Geoffroy Durant, pour le baillage d'Avranches; d'Etienne de Saukeville, pour la vicomté de Cerences; de Jourdain de Landa, pour le baillage au-delà du Mont de Linche; de la provôté de Condé; et de Herbert d'Argenton, pour la forêt de Gouffer. Cette première membrane se termine ainsi : Anno Domini M°. C°. LXXX°. APUD CADOMUM FACTUS EST ROTULUS ISTE.

La seconde membrane, *p.* 6, *c.* 2, *recto*, donne les comptes de la provôté et de la vicomté d'Alençon; celui de Richard Cardif, pour le baillage d'Argentan, et de Bennengers pour le baillage de Gorran. La même membrane, *p.* 8, *c.* 2, *in dorso*, donne ceux des isles de Jersey et de Guernesey, du baillage du Passais et de la provôté de Domfront.

La troisième membrane, *p.* 9, *c.* 2, *recto*, contient les comptes d'Alban de Vire, pour le baillage de Vire; de Bosco de St.-Lo, pour la foire de St-Martin; de Gilbert de Montfiket, pour la forêt de Montfiket; et d'Osbert de Hosa ou de la Heuse, pour le baillage du Cotentin. La même membrane, *p.* 12, *in dorso*, donne ceux de Robert Langevin, pour la provôté de Barfleur et la vicomté du Cotentin; celui des prévôts de St. Marcouff, de Poupeville, de Warreville et de S^te^.-Mère-Eglise, ainsi que ceux d'Adam de Gravelle, pour la vicomté et la provôté d'Argentan; de Robert de Campeaux, pour la forêt du Passais; du comte de Chester, pour les prévôtés de S^te^.-James, d'Avranches et la vicomté du Bessin; de Robert Bertrand, pour la vicomté d'Auge, et de Michel de Taissi, pour celle de Pontorson.

La quatrième membrane, *p.* 13, *c* 2, *recto*, *et p.* 15, *c.* 2, *dorso*, comprend les comptes de Richard, pour le baillage d'Exmes; d'Odon fils Vital, pour la provôté de Falaise; de Guillaume de St.-Jean, pour la vicomté de Coutances; de Guillaume Dupont, pour le baillage de Coutances; d'Erchembol de Briquebec, surnommé *Cum mitra*, pour la provôté de Tinchebrai.

La cinquième membrane, *p.* 17, *recto*, renferme le compte de Richard fils Henri, pour le baillage de Caen; et la même membrane, *p.* 18, *in dorso*, celui de Roger fils Tioldi (gallice Thiery) pour la provôté de la même ville.

La sixième membrane, *p.* 18, *c.* 2, *recto et dorso*, fait connaître les comptes d'Alverede de S^t^.-Martin, pour le baillage de Bray; des prévôts de St.-Saens, d'Arches et de Diépe; de Geoffroy de Blienville, pour le baillage de Caux; de Robert de Stoteville, pour la provôté de Lillebonne; et de Geoffroy Trossebot, pour la vicomté de Bonneville.

La septième membrane, *p.* 22, *recto*, donne les comptes des vicomtes de Rouen, pour cette vicomté; de Martin de Hosa, pour le baillage du Vexin; de Robert de Stoteville, pour la taille des bourgeois de Lyons; d'Enguerrand Le Portier, pour la forêt de Lyons; et de Philippe de Colombiers, pour celle de Roumare. La même membrane, *p.* 24, *in dorso*, donne ceux des prévôts de Nonancourt; de Seherus de Quency, pour le baillage de Nonancourt; de Guillaume de Malpalu, pour la vicomté du Roumois; et de Guillaume Carbonnel, pour le bernage.

La huitième membrane, *p.* 26 *recto et p.* 28 *in dorso*, fait connaître les comptes de Roger fils Landry, pour l'honneur de Montfort; de Geoffroy Ridel, pour la vicomté de Blosseville; du prévot de Verneuil; de Richard Beverel, et de Joscelin de Rossel, pour la vicomté et le baillage du Lieuvin; de Robert de Hubambosc, pour la nouvelle ville de la forêt de Lillebonne; de Joscelin Crispin, pro Barra de Neaufle; de Roger Labbé, ou le Abbé, pour la grande vicomté de Caux; de l'abbé de Fescamp, pour la vicomté de Fescamp; de Richard, chapelain d'Arches, pour la vicomté d'Arches; d'Emma de Kenapville, pour la pêcherie de Kenapville; du prévôt de la terre de Geoffroy Martel; d'Anselme et de Germond, pour la provoté du Val de Seire; de Robert Le Bourguignon, pour la provoté de Drincourt; et du Chancellier, pour le baillage du Vaudreuil.

La neuvième membrane, *p.* 30 *recto et p.* 32 *dorso*, nous fait également connaître les comptes de Guillaume de Mara, pour le baillage d'Auge, la vicomté de S^te^.-Mère-Eglise et de Conteville; ainsi que des forêts de Normandie; de Raoul de Freilencourt, pour la vicomté entre la Risle et la Seine; de Robert de Montgommery pour la remise du gage de bataille ou du duel de Lisieux; de Gilbert Pipart, pour la vicomté d'Exmes; du prévôt de Moulin et de Bon-Moulin; de Guillaume du Homet, pour la ferme de la terre de Péverel; de Guillaume ou Robert de la Chapelle, pour la vicomté de l'Hyesmois.

II°. MAGNUS ROTULUS SCACCARII NORMANNIÆ DE ANNO AB INCARNATIONE DOMINI M°. C°. LXXX°. IIII°. APUD CADOMUM WILLELMO FILIO RADULFI SENESCALLO (p. 34). Composé de deux membranes *recto et dorso.*

La première membrane, *p.* 34 *recto et* 35, *c.* 2, *dorso*, fait connaître les comptes de Richard Sylvain; de Guillaume de Mara; de Geoffroy Harel; et du comte Guillaume, pour Gisors et le Vaudreuil.

La seconde membrane, *p.* 35, *c.* 2, *recto*, donne les comptes de Guillaume de Mara, pour le pays d'Auge et Conteville; d'Alverede de S^t^.-Martin, pour la provôté de Drincourt et le baillage de Bray. La même membrane, *p* 37, *in dorso*, donne ceux des prévôts de Nonancourt; de Seherus de Quency, pour le baillage de Nonancourt; des gardes de l'abbaye de Montivilliers; de Richard de Beverel, pour la vicomté et le baillage du Lieuvin, et celui d'Arnolf de Montgommery.

III°. MAGNUS ROTULUS SCACCARII NORMANNIÆ DE ANNO AB INCARNATIONE DOMINI M°. C°. XCV°. WILLELMO FILIO RADULFI SENESCALLO (p. 39). Composé de neuf membranes *recto et dorso.*

La première membrane, *p.* 39 *recto*, renferme les comptes de Roger Martrey, pour le Bec-Thomas; du baillage de Bonneville, par Robert de Ros; du baillage du Bessin, par Hamon Pincerne; du baillage de Caux, par Gilbert de Marleiz; celui des recettes de Geoffroy

Le Changeur, pour la rançon du roi Richard, et de la vente de la forêt de Lillebone, par Silvestre Le Changeur. La même membrane, *p.* 43 *in dorso*, fait aussi connaître les comptes du baillage de Caux, par Gilbert de Marleiz; du baillage de Bonneville, par Robert de Ros; de Rouen, par Gilbert de Marleiz et Nicolas Rollant; du baillage du Cotentin, par Geoffroy Syrome et Thomas de Brikeville; de Robert Langevin, pour l'honneur de Neauhou; de Nicolas de La Londe, pour son baillage et la vicomté entre Risle et la Seine, ainsi que celui de Herbert de Chambay, pour la forêt.

La seconde membrane, *p.* 47, *c.* 2, donne les comptes de la vicomté de Rouen; de la vente de la forêt de Wascœuil, et des recettes de Mathieu Enard et de Walter de Colowrat.

La troisième membrane, *p.* 48, *c.* 2, *recto*, *et p.* 51, *dorso*, donne les comptes de Richard de Montigny; de l'abbé de Fescamp, pour la vicomté de Fescamp; de Geoffroy Ridel, pour la vicomté de Blosseville, et du Val de Seine par la Chancellerie.

La quatrième membrane, *p.* 54 *recto et p.* 56, *c.* 2, *in dorso*, comprend les comptes de Guillaume Poignart, pour le baillage de Caen; de Robert de Pont-Escoulant, pour le baillage de Condé; de Richard Sylvain, pour sa recette; de Guillaume Poignart, pour la rançon du roi Richard; de la provôté de Caen par le même; et de la vicomté de Gavray, par Guy de Dives.

La cinquième membrane, *p.* 61, *c.* 2, *recto*, contient les comptes des escheoites du baillage de Bayeux; de celles du Pontaudemer, par Guillaume de Mara; des plèges de Richard fils Landry, pour le même baillage; de la vicomté de Conteville et des terres de Bosleville; de Guillaume de Mara, pour le vinage; de l'emprunt fait par la ville de Pont-Audemer; et de la forêt de Brotonne. La même membrane, *p.* 65 *dorso*, fait aussi connaître les comptes de Raoul Labbé, pour la vicomté, le baillage et la provôté d'Argentan; du Val de Mortain, par Richard Sylvain; de la vicomté et de la provôté d'Exmes et du baillage de Coutances, par Guillaume de S[t].-Jean.

La sixième membrane, *p.* 68 *recto*, renferme les comptes du baillage du Passais, par Robert Le Moine; de Gorran, par Hugues de Cardonville; de la vicomté de Coutances, par Guillaume de St.-Jean; de Lutheare; d'Orval; de Cambay; du plége de Richard de Grisy; de la provôté de Bayeux; de la terre d'Hamelin de Boslay; et de l'île de Guernesey, par Robert de S[te].-Mère-Eglise. La même membrane, *p.* 69, *c.* 2, *in dorso*, donne aussi les comptes du baillage de Falaise, par Gilbert Malesmains et Richard, chapelain de Cambay; ainsi que ceux de Geoffroy Duredent.

La septième membrane, *p.* 71, *c.* 2, *recto*, nous fait connaître les comptes du baillage de Bonneville, par Robert de Ros; du produit de la provôté de Dieppe et des cuirs, des laines, et du sel de Rouen; de la recette de Geoffroy Cambiator, ou le Changeur; de l'emprunt de Jean d'Alençon; de Henri de Gray, pour Verneuil, et pour les escheoites, du baillage de Bonneville, de Conteville; des recettes de Henri de Gray. La même membrane, *p.* 74 *in dorso*, donne le compte du baillage d'Exmes, par Richard de Rupiere; de Jean de *Breria*, ou de Brecuria; de Hugues Mainier et Guillaume d'Eschaufou, des escheoites des baillages d'Auge et d'Exmes; de l'abbé de Troarn; du vinage du baillage d'Exmes; des plaids du même lieu, par Richard de Rupiere; de la taille, par Richard Sylvain et Richard d'Argences; de Moulins et Bon-Moulins, par Garin de Clapion; du restant de compte de Richard d'Argences; et de Garin de Glapion.

La huitième membrane, *p.* 76 *recto et* 78, *c.* 2, *in dorso*, donne les comptes du baillage du Lieuvin, par Robert Pantolf; de la taille du même baillage, par Pierre de Préaux; des escheoites du même baillage, par Geoffroy d'Argentan; du vinage du même, ibidem, par Engerran de la Cressonière; de Henri de Pont-Audemer, pour les escheoites du baillage d'Evreux; Philippe de Mimec... *de Catallis* de Richard fils Osmond; et de la banlieue de Lisieux, par Robert Le Vicomte (1).

La neuvième membrane, *p.* 80, *c.* 2, *recto*, renferme les comptes du baillage du Bessin, par Hamon Pincerne; du baillage de Falaise, par Gillebert Malesmains; de la recette de Guillaume du Homet; du vinage du baillage du Bessin, et des remises d'amende faites aux assises du même baillage. La même membrane, *p.* 84, *c.* 2, *in dorso*, donne ceux du baillage du Cotentin, par Robert de Tresgoz; de Robert Langevin, pour les forêts du Cotentin; de la forêt de Montfiket, par Richard de Montfiket; du baillage d'Auge, par Philippe de Moaz; et du vinage du baillage du Cotentin.

II°. ROLES NORMANDS DE LA TOUR DE LONDRES, SOUS LE ROI JEAN (page 89).

L'existence des rôles normands, conservés dans la Tour de Londres, parmi les documents de la Cour de la Chancellerie, fut révélée, il y a plus d'un siècle, par le catalogue des Rôles Gascons, Normands et Français, publiés par Thomas Carte (2). Son travail fut d'autant plus apprécié sur le continent, qu'on n'ignorait point alors, que Carte n'avait entrepris cette publication, que pour reconnaître les témoignages d'intérêt et d'amitié qu'il avait reçu du gouvernement et des savants français, pendant les six années qu'il avait habité la France. Les Anglais attribuent cependant cette publication à un autre motif; et dernièrement encore, M. Cooper, secrétaire de la dernière Commission des Records (3), a répété d'après le *Quaterly Review* (4), que Carte n'avait fait ce catalogue, que par suite d'une demande ou plutôt d'un ordre (dans le genre de ceux dits « *quo warento information* ») qu'il reçut du cardinal de Fleury, lorsque ce ministre eut le projet d'attaquer les franchises des corporations civiles et religieuses. Mais, toutes les recherches faites jusqu'ici, pour découvrir un pareil acte ont été infructueuses. Carte dans sa 1re. et sa 2e. préface (5), ni aucun historien français, n'ont fait mention d'un acte semblable qui, s'il eût réellement existé, justifierait

(1) On trouve dans les Rotuli chartarum, vol. 1er., p. 19, une charte curieuse, datée de la 1re. année du roi Jean, par laquelle sont établis les droits du Roi, ceux de Guillaume de Rupiere, évêque de Lisieux, ainsi que ceux de Robert-le-Vicomte.

(2) Rôles Normands, etc, de la Tour de Londres. Deux vol. in-f°. Londres, 1743.

(3) M. Cooper dans son ouvrage sur les *Public Records*, vol. 1er., p. 303.

(4) Quaterly Review (Vol. 39, p. 52 et 53).

(5) La 1re. préface du catalogue des Rôles de Carte fut supprimée sur la demande du gouvernement français; parce que, suivant M. Palmeus, « elle était remplie de « fautes contre la langue française; et qu'elle était rédigée « et mise dans un ordre qui la rendait presque inintelli- « gible. » La nouvelle ou la seconde préface fut rédigée par M. de Bougainville, qui s'attacha à conserver les principaux sujets de la préface et du prospectus de Carte. Cette première préface est fort rare maintenant; et elle ne se trouve plus que dans quelques exemplaires, qui avaient été présentés à la Cour de France, avant sa mise en vente. Il en existe aussi un autre exemplaire complet en Angleterre dans lequel se trouve, outre les deux préfaces, l'avis autographe de ce même M. Palmeus, que nous venons de citer en partie.

peut-être les nombreuses omissions qui se rencontrent dans son catalogue. Néanmoins, quelqu'incontestable qu'ait été jusqu'ici le mérite de la publication de Th. Carte et quel que fût l'intérêt qu'elle pouvait avoir alors pour la France, et particulièrement pour la Normandie, il est cependant évident, que son travail est imparfait, et qu'il fait à peine connaître la 5e. partie des documents contenus dans les rôles de la Tour de Londres et de l'échiquier de Normandie. Ainsi dans son premier volume (1), il n'a donné que 169 documents du temps du règne du roi Jean, tandis qu'il en existe plus de 950, et il n'a même pas fait mention des rôles ou des fragments de rôles de la IVe. et de la Ve. année du règne de ce même prince. Non seulement les divers documents dont il a donné l'analyse sont tellement restreints qu'il n'en laisse qu'une idée fort imparfaite ; mais il a encore commis de graves erreurs dans la date de ceux qu'il nous a fait connaître.

Les remarques précédentes, sur l'imperfection du catalogue de Carte, furent primitivement signalées par M. de Bréquigny (2), dans le mémoire qu'il envoya à l'Académie des inscriptions et belles-lettres (3). Et en les répétant ici, nous sommes loin sans doute d'avoir eu l'intention de stigmatiser l'œuvre d'un savant et d'un historien distingué, dont les recherches furent accueillies avec autant de faveur en France comme en Angleterre. Nous devions cependant faire connaître ces erreurs pour nous justifier d'avoir osé rééditer la partie de son catalogue concernant la Normandie, qui fut complétée et publiée en 1835 par M. Duffus Hardy.

Tout le monde sait que M. de Bréquigny fut envoyé en Angleterre en 1764 par le gouvernement français, à l'effet de rechercher des matériaux pour la publication du recueil des ordonnances des Rois de France de la 3e. race; cependant on a dit et répété en Angleterre que cette mission avait eu pour but de retrouver les chartres de Philippe Auguste, qui, d'après le poème de Guillaume Le Breton, avaient été prises en 1194, en même temps que le sceau royal de ce prince; lorsqu'il fut surpris par le roi Richard dans une embuscade, à Bello foge, entre Blois et Fretival. Carte même avait avancé dans sa préface, que ces derniers documents devaient exister parmi les actes de l'échiquier de Westminster (4); mais M. de Bréquigny reconnut bientôt que cette supposition était erronée, lorsqu'il explora les archives de Westminster et de la Tour de Londres, sur lesquels il nous a laissé les précieux renseignements qui suivent.

« Je me hâtai (dit-il) de passer au plus célèbre et « au moins accessible des dépôts que Londres ren- « ferme, le seul qui me restât à visiter, les archives « de la Tour. Thomas Carte assurait qu'il n'y avait « dans ces archives d'autres pièces concernant notre « histoire, que celles qui se trouvent dans les rôles « Gascons, Normands et Français; et je comptais me « borner à transcrire les plus essentiels : mais j'appris « avec autant de joie que de surprise, qu'il y avait « outre cela douze fort gros paquets de titres, qui in- « téressaient la France, et dont on n'avait jamais « dressé le catalogue, que je pouvais regarder comme « inconnus jusqu'ici. Je ne doutai plus que ce ne « fussent ces titres que Thomas Carte croyait devoir « ne se trouver qu'à l'échiquier, et je ne tardai pas à « m'en convaincre. Ces paquets au premier coup- « d'œil me parurent contenir chacun au moins 5 à « 600 pièces; mais elles étaient dans le plus grand « désordre et le plus déplorable état : traitées comme « pièce de rebut, empaquetées sans précaution, frois- « sées par mille plis, livrées aux vers, à la poussière, « à la fermentation que produit l'humidité naturelle « du parchemin: une partie était considérablement « endommagée; et l'écriture surtout tellement alté- « rée, que sans les ablutions continuelles(1), auxquelles « on me permettait d'avoir recours, la vue de ces ri- « chesses n'eut servi qu'à m'en faire regretter la perte. « Je ne puis en donner ici qu'une idée générale. « J'aperçus d'abord environ 40 lettres originales de « saint Louis, de la reine Blanche, sa mère, de la « reine Marguerite, sa femme, et de plusieurs princes « de son sang; 55 des rois de France; Philippe-le- « Hardi, Philippe-le-Bel, Philippe-le-Long, Louis-le- « Hutin, Charles-le-Bel; les minutes des réponses de « Henri III, roi d'Angleterre, de sa femme Eléonore « de Provence, et des trois premiers Edouards. Je « trouvai plusieurs lettres fort curieuses, écrites de « Syrie dans le XIIIe. siècle, sur la situation des affaires « des Chrétiens en Orient, auxquelles nos ancêtres « prenaient alors tant de part; une liste des grands- « maîtres des Templiers, dont nous n'avions point la « suite exacte, et qui fut dressée en 1347, très-peu « de temps après la destruction de cet ordre. Je « trouvai plusieurs ordonnances de Philippe-le-Hardi, « de Philippe-le-Bel, de Philippe-le-Valois. Il y a lieu « de croire qu'elles manquent à nos dépôts, puisqu'on « n'a pu jusqu'ici les y découvrir: malgré les recher- « ches faites par les ordres des ministres, pour com- « pléter le recueil des ordonnances de nos rois. Je « trouvai des mémoires en si grand nombre, sur les « différends des rois de France et d'Angleterre, durant « trois siècles, qu'on pourrait en composer une his- « toire très-détaillée des querelles funestes qui si « long-temps ont épuisé l'Angleterre et désolé la « France. Je trouvai une quantité prodigieuse de pé- « titions, ou suppliques originales, des villes et bourgs « des provinces de France, qui passèrent temporaire- « ment sous la domination anglaise. Leurs anciens « privilèges, ou ceux qu'elles désiraient d'obtenir, y « sont ordinairement exposés, et la réponse du prince « est au bas de la supplique. Ainsi ces actes constatent « à la fois deux choses importantes : l'ancienneté des « droits que le nouveau maître confirme et l'origine « de ceux qu'il accorde. Enfin je trouvai beaucoup de « pièces qui concernent les biens domaniaux du Roi « et les patrimoines des particuliers; des terriers et « des titres où sont détaillés les droits des grandes « terres; des procédures, des enquêtes, et quelquefois « des jugements qui les constatent, des actes qui « donnent la suite successive des divers possesseurs, « et fournissent pour leur généalogie des éclaircisse- « ments précieux (2). »

Après avoir passé plus de deux années dans les différents dépôts d'Angleterre, soit à copier les pré-

(1) Catalogue de Carte, vol. 1er., p. 241 à 246.

(2) Louis-Georges-Oudard de Bréquigny, membre de l'Académie française et de celle des inscriptions, naquit en 1715 dans le pays de Caux en Normandie. Il mourut le 3 juillet 1795, à l'âge de 80 ans.

(3) Mémoire sur les recherches relatives à l'histoire de France, faites à Londres par M. de Bréquigny, vol. 37, page 528 des Mémoires de l'Académie royale des inscriptions et belles-lettres.

(4) Préface du catalogue de Th. Carte, tome 1er, page 6.

(1) Les ablutions si souvent répétées par M. de Bréquigny produisirent le plus mauvais effet sur les chartes; plusieurs sont maintenant dans un état déplorable et entièrement illisibles. Note de M. Duffus Hardy, page VI de sa préface des rôles Normands de la Tour de Londres; édition de 1835.

(2) Mémoire précité de M. de Bréquigny, adressé à l'Académie royale des inscriptions et belles-lettres.

cieux documents dont il avait fait la découverte, soit à rectifier une partie de ceux que Thomas Carte avait analysés dans son catologue, M. de Bréquigny rapporta en France son précieux trésor pour terminer son histoire de France; mais par une fatalité qu'on ne peut expliquer maintenant, on n'en a trouvé aucun vestige, lors de sa mort arrivée en 1795. Il est même à présumer que pendant la terreur et dans la crainte d'une visite domiciliaire, les personnes chargées de soigner M. de Bréquigny, alors âgé de près de 80 ans, auront détruit ou brûlé l'inappréciable travail qu'il avait fait en Angleterre.

Plus tard, la Commission des records d'Angleterre ayant eu connaissance de la perte du travail de M. de Bréquigny, se détermina à publier intégralement les rôles Normands de la Tour de Londres, et elle en confia la rédaction à M. Thomas Duffus Hardy, membre de la Société des Antiquaires de Londres, dont le premier volume, seulement, a paru en 1835. Ce volume contient les rôles Normands du temps du Roi Jean qui existent encore à la Tour de Londres; ainsi que ceux des années 1417 et 1418 du règne de Henri V. Il existe encore dans ce même dépôt trois autres rôles de ce dernier Prince, que j'espérais pouvoir donner dans la seconde partie du présent volume. Mais, le gouvernement Anglais, par une mesquine parcimonie, n'a pas voulu, après la suppression de la Commission des records, faire les frais de l'impression de ces rôles; sous le spécieux prétexte que ces documents historiques n'avaient qu'un intérêt secondaire pour les îles Britanniques (1). J'ose me flatter cependant que l'appel indirect fait au gouvernement français par le Ministère anglais, sera entendu par M. le Ministre de l'Instruction publique; et que sur la demande de la Société des Antiquaires de Normandie, il voudra bien m'autoriser à me rendre à la Tour de Londres, pour y compléter la publication des trois rôles inédits du temps de Henri V, qui intéressent si vivement notre province.

Les six rôles Normands du temps du roi Jean, que nous donnons ici d'après M. Duffus Hardy, portent les titres suivants:

I°. *Rotulus cartarum Cyrographorum Normanniæ anno secundo regni regis Johannis* (page 89).

Ce rôle composé de sept membranes ou feuilles de parchemin écrite *dorso et recto* ne diffèrent en aucune manière pour la forme, la paléographie et l'idiôme latin de ceux de l'Echiquier et des autres rôles de la même époque. Il contient une série de chartes de donations, de franchises et de priviléges concédés aux maisons ecclésiastiques, aux corporations laïques ou à tous les autres habitants de la Normandie Nous devons noter cependant que les brefs ou chartes de Henri Ier., Henri II, ainsi que ceux de Richard Ier. et même ceux de quelques autres individus privés ne sont généralement pas inscrits dans un ordre régulier, et que les documents d'une classe sont souvent confondus dans une autre. Telles sont les lettres patentes inscrites dans ce même rôle des chartes; ainsi que les lettres closes, souvent classées soit dans ce rôle, soit dans celui des lettres-patentes; et vice versâ (2).

II°. *Rotulus de contra brevibus de anno secundo in Normannia* (page 97).

Le rôle des contre-brefs Normands, de la seconde année du roi Jean, se compose de six membranes écrites *recto et dorso*. Il contient un grand nombre de documents semblables à ceux des lettres closes, en tête desquelles figure le mot *contra brevia* pour exprimer qu'une copie de ce même acte avait été faite en même temps que l'original et envoyé au trésorier de l'Echiquier; afin que celui-ci pût établir les divers états de compte que les sherifs ou vicomtes, ainsi que tous autres comptables devaient rendre à cette cour.

III°. *Rotulus Normanniæ inceptus die Ascensionis Domini de oblatione recepta anno regni Regis Johannis secundo* (p. 102).

Le rôle Normand des Oblats pendant la seconde année du roi Jean, composé de quatre membranes, *recto et dorso*, contient la désignation des dons ou oblats, faits au Roi par ses tenants ou tous autres sujets, soit pour être maintenus en jouissance de leurs terres, de leurs franchises et priviléges; soit pour avoir la garde des biens de leurs héritiers ou de leurs enfants en bas-âge; ainsi que le droit de les marier, suivant leur volonté; soit enfin pour les appels judiciaires et les expéditions, ou délai de justice.

IV°. *Rotulus terrarum liberatarum et contrabreviarum de Norman. Andégav. et Pietav. inceptus die Assencionis Domini xxiij die Maii anno regni illustrissimi Regis Johannis iiij*, (p. 105).

Ce rôle composé de onze membranes *recto et dorso*, contient les brefs par lesquels le roi Jean concéda à ses partisans des terres ou des rentes et redevances à prendre, sur les biens domaniaux des Normands, qui avaient abandonné son parti, et avaient fait leur soumission au roi de France, Philippe-Auguste. Voyez plus haut la note du rôle des contre-brefs de la deuxième année du règne de ce prince, qui s'applique également à ceux de la quatrième année du règne du roi Jean.

V°. *Fragmenta Rotuli Normanniæ de anno regni Regis Johannis quinto*, (p. 123, colonne 2).

Le fragment incomplet de ce cinquième rôle, composé de quatre membranes écrites *recto et dorso*, correspond à l'année 1203, lorsque les Anglais obligés d'abandonner la Normandie, furent dépouillés par le Roi de France des biens qu'ils avaient acquis ou qu'ils possédaient sur le continent en vertu des donations du Roi Jean. Aussi, ce rôle ne contient-il que des brefs de submonition ou lettres d'appel aux hommes d'armes; ainsi que quelques donations de terre; inutile et trop tardive ressource, que ce prince prodigua dans ce dernier moment pour esssayer de se maintenir en Normandie. Les derniers brefs de ce prince sont datés de la fin du mois de novembre 1203.

VI°. *Rotulus de Valore terrarum Normannorum inceptus anno regni Regis Johannis sexto* (p. 131, colonne 2).

Le rôle de la valeur des terres des Normands en Angleterre, composé de quatre membranes *recto et dorso* est incomplet; il est en effet loin de contenir l'énumération complète des nombreux domaines que les compagnons du conquérant ainsi que les maisons religieuses de Normandie possédaient en Angleterre, et qu'ils abandonnèrent pour rentrer dans leur patrie. Les renseignements statistiques que nous trouvons dans ce rôle sur la valeur de ces terres offrent d'autant plus d'intérêt qu'ils nous donnent une idée de la manière de faire valoir les terres dans notre province, et qu'ils nous permettent de juger et de comparer, d'après les améliorations que les Normands avaient introduits dans leur culture, combien ces mêmes

(1) Le gouvernement anglais a payé seulement en Normandie plus de 500 livres sterlings (12,500 francs) pour avoir la copie des chartes ou autres documents Anglo-Normands qui existaient encore dans les archives des cinq départements qui composaient les deux divisions de l'ancienne province de Normandie.

(2) Rotuli litterarum Patentium F°. 1835.

terres avaient acquis de valeur depuis qu'elles étaient sorties des mains des Anglo-Saxons. (Voyez ci-après la note, p. 131).

IIIo. ROLES NORMANDS DE LA TOUR DE LONDRES SOUS HENRI V (page 131.) (1).

Après la mort de Louis et de Jean, premier et second Dauphins de France, et particulièrement après la désastreuse bataille d'Azincourt, dans laquelle Charles d'Orléans (2) fut fait prisonnier, Henri V conçut le projet de reprendre la Normandie, que Philippe-Auguste avait enlevé à nos ducs, rois d'Angleterre, depuis plus de deux cents ans. Henri, soutenu par Isabelle de Bavière, femme du roi Charles VI, se lia bientôt avec le duc de Bourgogne, l'ennemi déclaré de cet infortuné monarque et de son fils Charles, troisième Dauphin, et s'embarqua pour la Normandie à la fin du mois de juillet 1417 (1). Maître de Harfleur, par suite du combat naval qu'il gagna devant cette ville, il s'empara bientôt après du château et du port de Touques où il établit sa résidence, depuis le 3 août jusqu'au 20 du même mois; époque où il prit le château de Caen, d'où il pénétra dans toute la Normandie.

Les documents inscrits *recto et dorso*, sur les 27 membranes du rôle Normand de la Tour de Londres pendant la 5e. année du règne de Henri V, commencent à la date du troisième jour d'août 1417, et rétablissent la suite interrompue des rôles Normands qui existent encore dans les divers dépôts d'Angleterre. Ces documents font connaître les faits les plus importants qui eurent lieu pendant la possession temporaire de la Normandie par les Anglais. On y trouve une série de brefs royaux, de lettres de sauf-conduit, concédées en faveur des personnes qui se soumirent au Roi d'Angleterre, ou qui lui livrèrent les châteaux et les forteresses dont la défense leur avait été confiée par Charles VI. De semblables lettres de sauf-conduit furent également délivrées soit aux prisonniers faits dans les différents engagements qui consentaient à payer leur rançon au roi, au moyen desquelles ils pouvaient se rendre auprès de leurs parents ou de leurs amis, afin de réunir l'argent qui leur était nécessaire pour racheter leur liberté; soit aux marchands porteurs de provisions ou de marchandises pour l'armée anglaise. On y trouve également les ordres ou mandements que ce prince adressa à ses divers officiers, soit pour assiéger les châteaux et forteresses, soit pour faire exécuter ceux qui lui opposaient une résistance opiniâtre (2), soit enfin pour offrir à ceux qui se soumettaient à sa domination un généreux pardon, c'est-à-dire leur vie sauve, mais leurs biens confisqués. Ce rôle fait également mention des trêves et des traités de paix avec la France, de la reddition de tous les châteaux forts de la Normandie, ainsi que de la donation des terres et des domaines des Normands tués sur le champ de bataille, ou qui refusaient de se soumettre à la domination du Roi. Enfin, on y trouve encore un grand nombre d'autres documents qui intéressent vivement notre province, mais dont l'énoncé, même le plus concis, prolongerait inutilement cette notice. Notre table, d'ailleurs, en facilitera la recherche.

IVo. ECHIQUIER DE NORMANDIE SOUS LES ROIS DE FRANCE, ou Manuscrit de Rosny, du commencement du XIVe. siècle, no. 2120 de la bibliothèque du Roi (p. 137).

Le manuscrit de Rosny que nous publions aujourd'hui, faisait partie de la bibliothèque de la duchesse

(1) Ce rôle du temps de Henri V, également édité par M. Duffus Hardy, suit immédiatement ceux du règne du roi Jean qui le précèdent. Ayant obtenu de la bibliothèque royale, pendant ses vacances, la communication du manuscrit de Rosny, que j'avais copié très-promptement, avant qu'il fût acheté pour ce dépôt public, je fus forcé d'en suspendre l'impression et de le reporter à la fin de la 1re. partie de ce volume, pour pouvoir corriger les épreuves sur le manuscrit même. Cette transposition est d'ailleurs plus rationnelle sous le rapport chronologique, et ce fut également par ce dernier motif que mon appendice se trouve placé dans ce même volume avant le présent rôle de Henri V.

(2) Charles, duc d'Orléans, neveu de Charles VI, Roi de France, fut trouvé parmi les morts à la bataille d'Azincourt, et demeura prisonnier de Henri V depuis 1416 jusqu'à 1440. Le fragment suivant, traduit d'après une lettre autographe de ce prince, écrite en vieil anglais, prouvent l'importance que Henri V attachait à la détention du duc qui lui assurait la conservation de ses conquêtes en France. « Outre cela, je veux que vous confériez de ceci avec mon frère, ainsi qu'avec le chancelier « et mes cousins de Northumberland et de Westmorland, « et que vous ayez à faire les dispositions convenables « pour mes frontières du nord, et spécialement pour le « duc d'Orléans et pour tous mes autres prisonniers de « France, ainsi que pour le roi d'Ecosse (Jacques Ier.); « car j'ai été informé par un homme qui tient un rang « fort honorable dans ce pays qu'un agent du duc d'Orléans a été en Ecosse, et qu'il est convenu avec le duc « d'Albany de faire sauver le duc d'Orléans, ainsi que le « roi d'Ecosse et autant qu'ils pourront de mes susdits « prisonniers, que Dieu défende. C'est pourquoi je veux « que le duc demeure encore prisonnier dans le château de « Pontefret et qu'il ne soit transféré à Robert-Place ou « dans toute autre maison, car il vaut mieux qu'il soit « privé de quelque plaisance que de nous laisser décevoir. « Pour tout le reste faites comme vous l'entendrez. » (Mss. Cotton. Vespasien, F. 3, fo 5).

Charles, duc d'Orléans, fut d'abord enfermé au château de Windsor. En 1417 il fut transféré au château de Pontefret dans l'Yorkshire, et en 1430 il fut enfermé à la Tour de Londres, où il composa le volume de ses poésies dont le manuscrit se trouve au Muséum Britannique. Parmi les complaintes sur son emprisonnement on y remarque particulièrement celle où il exprime son affection pour la France qui n'a pas vieilli.

« France jadis on te souloit nommer
« En tout pays le tresor de noblesse
« Car ung chascun pouvait en toy trouver
« Bonté, honneur, loyauté, gentillesse. »

Il est à remarquer que les deux prisonniers de Henri V, l'un et l'autre du sang royal, étaient les meilleurs poëtes de leur siècle.

(1) La flotte de Henri V se composait de 288 bâtiments dont j'ai donné les noms, p. 131 de ce vol.

(2) On peut juger de la libéralité de Henri d'après la lettre qu'il écrivit au vicomte de Caen, et qui lui fut remise par le bourreau de Falaise, porteur de la part du Roi d'un quartier du corps d'Edouard-Ap-Griffyth natif du pays de Galles qui avait pris part à la défense de Falaise et avait opposé une vive résistance à ses troupes. Il lui ordonne par cette lettre de faire exposer le quartier de ce corps au bout d'une lance et de la placer au haut de l'une des portes la plus fréquentée de la ville de Caen. « Et hoc nullatenus omittas. Teste Rege apud villam Regiam Falesiæ IXo. die Februarii. Per ipsum Regem. » (p. 284, c. 2). Les trois autres quartiers furent envoyés aux capitaines de Lisieux, d'Alençon et de Verneuil.

de Berry, lorsqu'on en fit la vente en 1836. La ville de Rouen, désirant en enrichir sa bibliothèque, avait autorisé M. Auguste Le Prévost à l'acheter en son nom; mais le prix où il fut élevé, ayant dépassé le crédit que cette ville lui avait alloué pour cette acquisition, M. Le Prévost fut alors obligé de le rétrocéder à la bibliothèque du Roi, où il se trouve maintenant sous le n°. 2120. Ce manuscrit porte extérieurement un double titre: *Echiquier de Normandie*, et *Concile de Rouen*. On y lit également sur le f°. 1: *Supplément L.* 1016. Sa paléographie appartient évidemment au commencement du XIV. siècle. Quelques parties de ce manuscrit paraissent avoir beaucoup de rapport avec ceux de la bibliothèque du Roi, n°ˢ. 4651 et 10390-2, dont M. Marnier, bibliothécaire de l'ordre des avocats, s'est servi pour compléter et rectifier le manuscrit français F. F. 2. de la bibliothèque de Ste.-Geneviève (1) que ce savant avocat a publié en 1839 (2).

Le manuscrit latin de Rosny peut être considéré comme une espèce de compendium, dont le compilateur nous est inconnu. Il renferme un grand nombre de documents sur la Normandie, que nous allons faire connaître.

1°. (F°. 1ᵉʳ. du mss. de Rosny et page 137 de notre publication). Les arrêts de l'Echiquier de Normandie dont les séances se tenaient à Caen, à Rouen et à Falaise, aux époques de Pâques et de la St.-Michel, commencent en 1207 jusqu'à 1237; mais après une lacune de vingt années, on retrouve un arrêt de l'an 1257 qui précède non-seulement ceux de 1207, mais encore ceux de 1277 à 1290, placés page 150, col. 2 de notre édition. Parmi ces derniers, nous signalerons particulièrement deux actes du parlement de Paris, dont le premier concerne les évêques de Normandie réclamant contre la coutume de cette province qui les obligeait de siéger en personne aux séances de l'Echiquier. Le second daté de l'an 1288 a rapport aux templiers et aux hospitaliers. Il est donc bien évident, d'après ces derniers actes, que l'établissement d'un parlement sédentaire est antérieur à la date de 1308 que Loiseau assigne à cette cour; mais même à l'ordonnance de l'année 1294, citée par Budé dans son commentaire sur les Pandectes, et qui existait encore de son temps (3).

2°. (F°. 8 du mss. et 144 de notre copie). Enquêtes diverses faites à Rouen, le dimanche après la Toussaint de l'an 1205, par 22 barons jurés de l'Echiquier, touchant le patronage des églises, les juges ecclésiastiques et l'excommunication des barons, des baillis, et des serviteurs ou clers de la maison du Roi. Elles s'appliquent également aux usuriers, aux intestats, à la justice du roi sur les clercs, ainsi qu'aux contestations qui s'élevaient souvent au sujet des fiefs laïques tenus par des clers soit à titre d'aumône, soit à titre de seigneur.

3°. (Mss. f°. 9 et 144, c. 2. de notre copie). Assises tenues à Caen, le mardi avant la fête de St.Mathieu apôtre, en 1234, contenant trente-cinq jugements ou solutions de questions sur différents sujets dont les dates ne suivent pas toujours un ordre chronologique. L'un de ces jugements nous fait connaître la loi *de escondiendâ submonitione* réclamée par l'abbé du Mont-St.-Michel comme baron du roi. Nous y voyons aussi que lorsqu'une question n'était pas prévue dans la coutume générale, les juges se contentaient d'y ajouter: *Super hoc consulendus est Rex.* Dans les assises tenues le jour de la lune avant l'Ascension de l'an 1237, nous y voyons que les affaires s'y prolongeaient indéfiniment sans solution et qu'une affaire de bâtardise, précédemment agitée aux assises d'Avranches en 1235 et 1236, avait été renvoyée à Bayeux en 1237, puis à Avranches où elle ne fut pas encore résolue. Dans cette cause l'appelé *se fecit essonari de via curie in prima assisia; in secunda de maladia residente; in tercia de eadem; in quarta de eadem.* L'espace qui nous est réservé pour cette notice ne nous permettant pas de faire connaître ici les causes nombreuses qui furent agitées dans ces différentes assises, nous nous abstenons de les indiquer même succinctement; car nous ne pourrions en parler que comme un aveugle qui essayerait de guider un homme jouissant de la plénitude de sa vue.

4°. (Mss. f°. 13 et 149, c. 2, de notre copie). Franchises et libertés concédées aux Normands par le duc roi d'Angleterre, Henri II (sans date).

5°. (Mss. f°. 15 et p. 150 de notre copie). Autres solutions de questions au sujet des Juifs; de la clameur de Haro; du droit à payer pour les expéditions des lettres des vicomtes; de celui accordé aux sergents du Roi pour l'enregistrement des lettres; ainsi que de celui de tiers et dangers; et de l'exclusion des Juifs pour la garde des villes. Enfin on y lit au sujet des colombiers bâtis hors d'un fief ou d'un membre de fief de Haubert: *Concordatum est ad conquestionem communis patriæ quod omnia columberia facta et constructa extra loca predicta a viginti annis et citra diruantur, et amodo in talibus locis non edificentur.*

6°. (Mss. f°. 25 et p. 154 de ibid). On trouve ici un acte de l'an 1210 par lequel Philippe-Auguste; Odon ou Eudes, duc de Bretagne; Hervée, comte du Nivernais; Renaud, comte de Boulogne; G., comte de St.-Paul; G. de Dampierre et autres magnats du royaume de France réglèrent l'établissement des fiefs: acte qui semblerait avoir dû être placé en tête du registre des fiefs de Philippe-Auguste qui se trouve au f°. 42 du manuscrit de Rosny. Suivent cinquante-quatre chartes de ce prince par lesquelles il donne à ses féaux serviteurs divers manoirs ou portions de terre qui lui appartenaient ou qui avaient été confisquées à son profit sur les partisans du roi Jean, depuis sa condamnation. Enfin on y trouve diverses enquêtes faites au sujet des forêts d'Evreux, d'Andely et de Lyons; ainsi que des bois de Rugles, de Lyre et de Breteuil, dans lesquelles sont déterminés la nature des droits, si variés, dont jouissaient les villes, les maisons religieuses et autres usagers de ces forêts. Parmi ces derniers nous citerons seulement l'abbaye de Lyre et Roger de Bremecort qui avaient le droit de mettre dans la forêt de Lyre *Bigarios suos* ou leurs chasseurs de mouches à miel, à charge de fournir chacun un baril de miel pour la maison du Roi, tous les ans.

7°. (Mss. f°. 42 et page 168 de notre copie). Registre des fiefs de Philippe-Auguste de l'an 1210. Parmi tout ce qui a été publié touchant les fiefs de Normandie, soit dans les *feoda Normannorum* d'André Duchesne (p. 1037;) soit dans les *infeudaciones militum tempore regis Henri II*, que nous avons donné dans notre traduction de Ducarel (p. 225); soit enfin dans plus de douze listes manuscrites que nous avons consulté; il n'en existe pas une qui soit aussi complète que

(1) On lit sur le 1ᵉʳ. feuillet de ce manuscrit « *Ex libris Sti. Laudi Rothomagensis* 1613; » mais cette note fut rayée et remplacée par les mots « *Ex bibliotheca Stæ. Genovefæ Parisiensis* 1253. »

(2) Etablissements et coutumes, assises et arrêts de l'échiquier de Normandie. Paris, Techner, 1839.

(3) Le président Hénaul (année 1308), dit au sujet de l'érection du parlement, « Il y a diverses opinions sur « l'origine des parlements; ce que l'on peut affirmer, c'est « que les parlements tels qu'ils subsistent aujourd'hui « existaient dès l'an 1291, comme il paraît par une or- « donnance de cette année dont Budé fait mention, mais « qui n'est pas venue jusqu'à nous. »

celle du Mss. de Rosny, rédigée peu d'années après l'évacuation de la Normandie par les rois d'Angleterre. Si ce registre n'éclaircit point la question si ardue des anciens fiefs qui ne furent rendus héréditaires que sous Charles-le-Simple ; il nous fait du moins bien connaître ceux du commencement du XIIIe. siècle qui subirent peu de variation depuis cette époque. En effet, dit M. de Clinchamp d'Anisy (1), à chaque conquête les terres ou fiefs passèrent dans la main des vainqueurs qui leur imposèrent leurs noms ; les Francs abolirent les partages faits par les Romains ; les Saxons ceux des Francs; les Normands, et particulièrement leurs ducs devenus rois d'Angleterre, en agirent de même envers les Saxons, et Philippe-Auguste n'eut que peu ou point d'égard aux mutations faites par les Anglo-Normands.

8°. (Mss. f°. 67 et page 192 ibid). Enquête faite au sujet de sept cas dont le bailli de Caen fut plaintif contre l'évêque de Bayeux et qui furent jugés à l'échiquier de la St.-Michel de l'an 1294.

9°. (Ibid, p. 192, c. 2, de ibid). Coutume des clercs de l'échiquier.

10°. (Ibid, p. 193, ibid). Coutume de la Prévôté de Caen.

11°. (P. 195, ibid). Lettres de Pierre d'Arragon et de Charles de France.

12°. (Idem, ibidem). Constitution des avocats de Bayeux.

V°. APPENDIX AD SCACCARIUM NORMANNIÆ (p. 196).

Sous ce titre, nous avons donné soixante-quinze documents, émanés en partie de l'échiquier de Normandie, et qui ne sont point inscrits dans les rôles normands de Westminster ni dans ceux de la Tour de Londres. Les trois premiers actes antérieurs à l'établissement de l'échiquier, tout en nous faisant connaître la manière dont le Duc composait sa Cour royale ou *Curia regis*, ainsi que celle d'y discuter les causes, ou d'y procéder aux jugements, ne semble-t-il pas avoir jeté les premiers fondements d'une Cour de l'échiquier, bien que ce nom sacramentel, objet de tant de controverse, ne se trouve point dans ses actes ? Il en est de même des plaids tenus à Rouen par Henri Ier. en 1126, ainsi que de ceux tenus à Caen en 1157 par Henri II, dans lesquels nous lisons *Definitum est in plenaria curia Regis ut pote in assisia ubi erant Barones quatuor comitatum Baiocassini, Constantini, Oximini, Abrincatui*, etc. Les actes de 1160, 1166, 1171, et particulièrement celui de l'an 1176, dénotent également que la Cour de l'échiquier existait depuis long-temps, comme on le voit par le procès que Philippine, fille de Hugues de Rosel (2), eut à soutenir contre l'abbaye d'Ardennes, qui fut condamnée à lui payer quarante-deux livres angevines, dont les religieux se libérèrent ainsi qu'il suit. *Scilicet : de XXX libr. adquietaverunt me ad Scaccarium Domini Regis et XII lib. alibi ad voluntatem meam.*

(1) Extrait d'une note de M. de Clinchamp, adressée à Huet, évêque d'Avranches, touchant les fiefs, page 284 des Antiquités Anglo-Normandes de Ducarel.

(2) Philippine, fille de Hugues de Rosel, après avoir épousé en 1res. noces Ralph ou Raoul de Hamars, contracta un second mariage avec son parent Hugues de Clinchamp, seigneur de Rosel, de Donnay et de Clinchamp, dont elle eut plusieurs enfants qui conservèrent le nom de leur mère et furent la souche de la famille anglo-normande des Russel, duc de Bedford, en Angleterre.

Nous avons également jugé convenable de donner dans notre appendice un accord fait en 1190 à l'échiquier de Westminster, entre Jeanne, abbesse de S^{te}.-Trinité de Caen, et Guillaume de Felsted, l'un des tenants de cette abbaye en Angleterre, pour prouver, comme nous l'avons dit au commencement de notre notice, que les deux échiquiers de France et d'Angleterre étaient identiquement calqués l'un sur l'autre.

Deux actes de l'échiquier de Caen de la fin du XIIe. siècle, dont nous avons donné le fac-simile au commencement de cette notice, prouvent aussi qu'une grande partie des jugements de cette Cour n'ont pas toujours été inscrits dans les rôles, bien qu'il en fût fait une expresse mention dans le titre original. Tel est également l'accord fait en 1202, entre l'abbaye de Silly et Garin de Bel-Autel, qui se termine ainsi *Actum apud Cadomum et in rotulum scaccarii confirmatum regnante Johanne Rege Anglorum.*

Parmi les documents étrangers à l'échiquier, nous signalerons particulièrement une quittance, traduite en latin de l'hébreux et signée dans cette langue, par laquelle un Juif libère *ab origine mundi*, Raoul Tesson (1), son débiteur, en présence de Guillaume Baldric, bailly des Juifs en 1204. A cette époque les plus grandes familles normandes étaient obérées et leurs terres étaient *in manu Judeorum*, par suite des Croisades, ou pour soutenir le luxe effréné de la Cour du roi Jean. Ce prince voyant qu'il ne pouvait plus tirer de ses barons l'argent dont il était insatiable : s'entoura des Juifs, leur donna un bailli spécial pour les protéger vis-à-vis de leur créancier ; et par les procédés les plus iniques il extorquait en même temps des mains de ces Juifs l'argent qu'ils avaient pu retirer de leurs créances. Que ne les créait-il barons, comme de nos jours, plutôt que de leur faire arracher une dent toutes les fois qu'ils refusaient de vuider leur bourse dans la sienne? Le droit de pressurer les malheureux Juifs ne s'éteignit même pas après l'expulsion de Jean-Sans-Terre, comme on le voit par une charte de Philippe-le-Hardi (page 206), dans laquelle, après avoir concédé à l'abbaye de Fescamp le pied de l'épée et autres droits royaux, il s'y réserve le jugement des causes des usuriers et des Juifs.

Quoique plusieurs auteurs, et notamment M. Marnier, aient avancé que la Coutume de Normandie était généralement observée dans les îles de Jersey et de Guernesey, il existait cependant entre elles des différences notables qui nous sont signalées dans le rôle, p. 207, c. 2, portant pour titre : *Hæc sunt consuetudines usitate in insulis de Guernereyo et Jerseyo diversitantes a consuetudine Normannie.*

La formation du nouvel échiquier de Rouen paraît remonter au commencement du XIVe. siècle, comme on le voit par un jugement rendu à ce nouvel échiquier le dernier jour du mois de février 1317 (p. 209). Un bref d'Edouard III, daté de l'an 1332 (p. 209, c. 2), pourra servir à comparer la manière de procéder à l'examen des causes dans les deux échiquiers de France et d'Angleterre. Ce même acte accompagné d'un extrait du *liber feodorum* et du *Domesday*, délivré par les barons et le trésorier de l'échiquier d'Angleterre, au sujet des domaines que l'abbaye du Mont-St.-Michel possédait dans le comté de Devon, prouve également le soin qu'on prenait pour éclairer le prince et les juges de cette Cour. Outre cela quelques lettres-

(1) Raoul Tesson descendait des Marmion, l'une des plus puissantes familles normandes qui refusa de reconnaître le bâtard Guillaume comme duc de Normandie, et ne le suivit pas à la conquête d'Angleterre.

patentes des Rois de France, Philippe de Valois en 1342; de Jean en 1350; de Charles VI en 1404; les actes de l'échiquier pour clameur de Haro en 1398; le traité pour la défense du Mont-St.-Michel en 1420; ainsi qu'un rôle de la coutume des vins et autres actes inédits, serviront également à éclaircir plusieurs points de l'histoire civile, religieuse, judiciaire, commerciale et généalogique de notre province.

Enfin on concevra facilement qu'une semblable publication eût été complètement inutile sans la table que nous donnons à la fin de ce volume, sous le titre de « *Index nominum, locorum et rerum.* Nous espérons du moins qu'elle pourra servir de guide à l'historien et qu'elle lui facilitera les moyens de retrouver dans cette masse de documents, d'une nature si variée, l'objet spécial de ses recherches.

Nous ne pouvons mieux terminer cette notice, fort imparfaite sans doute, qu'en témoignant toute notre reconnaissance à la Société des Antiquaires de Normandie, pour l'appui qu'elle a daigné nous prêter; et en la remerciant au nom des érudits de notre province d'être entrée dans la voie de la publication des documents historiques qui semblerait lui avoir été indiquée par l'un de ses directeurs (1), lorsqu'après avoir fait l'éloge du vieil antiquaire de Walter-Scoth, il nous dit en finissant son allocution « *Semons, Messieurs, semons toujours, récoltera qui pourra.* »

LÉCHAUDÉ-D'ANISY.

(1) Séance publique de la Société des Antiquaires de Normandie, présidée par M. Guizot en 1838.

MAGNI ROTULI

SCACCARII NORMANNIÆ

SUB

REGIBUS ANGLIÆ.

ANNO INCARNATIONE DOMINI MCLXXX (1).

Membrane 1. recto.—Hamo Pincerna pro ballia de Baiocassimo Præpositus de Baiocis. — Præpositura de Amanvilla.

§ Hamo Pincerna reddidit compotum de 10 lib. de redditu quinq. porcariorum et trium vacariorum de foresta Monte Fichet.—In thesauro 6 lib. 3 sol. 9 den. —In decima abbati de Cerisio 18 sol. 9 den.—Leprosis Baiocensis, 45 sol. pro 15 bacon de elemon. statu. — In defectu dimid. porcarie quam tenebat Alveredus Mancella 12 sol. 6 den. Et quietus est.

§ Idem reddidit compotum de 15 sol. de terris recuperatis per juream prope forestam. Et de 102 sol. de censis terrarum recuperatarum per juream in Baioc Et de 9 (so) pro j sextario frumenti de clauso de Commella hoc anno. Et de 5 sol. de Gaufrido de Clarlonda, de censa terræ recuperate per juream. Et de 8 den. pro quatuor caponibus de eadem terra. Et de 22 sol. de potariis hoc anno, pro terra quam capiunt in foresta de Truncheio. Et de 7 lib. 10 sol 9 den. hoc anno pro xvj sextar. et iij quaterii frumenti Scilicet de xiij sextar. et j quart de terra Willelmi filii Nigel. Et de ij sext. et j mina de terra Otonis. et de j sext. de terra Vitalis de Longa-Aqua. et de 5 sol. 6 den. hoc anno pro xj quart. Avene de terra recuperata per juream in Magnevilla prope Treverias. Et de 49 sol. 9 den. de censis et reguardis Nove ville prope pontem de Balerre. Et de 30 sol. de censis et reguardis de terra nutricorum in Cremic.

Summa 19 lib 9 sol 8 den. In thesauro 10 lib. 18 sol. 9 den.

In defectu masure Ranulfi Carkigny 12 den. pro reficiendo camino inferioris camere 49 sol. 7 den. per breve Regis. Et pro vij tonell. vini Franci portandis de Cadomo ad Burum et pro vino adoliando 28 sol. per id breve. Pro perchis apportandis de Buro ad Cadomum ad pannos et aves Regis 8 sol. per id. brev. In justicia facienda 2 sol. 6 den. Et debet 4 lib. et 22 den.

§ Reddidit compotum de 64 sol. pro ij mod. avene de veteri bernagio de terra Willelmi de Hometo constabular. Et de 16 lib. 2 sol. 8 den pro 10 modiis j sextar. avene de bernagio de ballia sua de hoc anno.

Summa 19 lib. 6 sol. 8 den. In thesauro 12 lib. 18 sol. 8 den.

Et debet 6 lib. pro iiij mod. de duobus annis qui remanent super terram Willelmi de Hometo Constabl. in Airel et in Dodelville et Mareskels et in Balerre.

§ Gaufridus Landon reddidit compotum pro se et pro Reinaldo Macecrier de viij mod et ix sextar. avene de remissione compoti sui de veteri bernagio.

In perdon. ejusdem viij mod et ix sextar. per brev. Regis Et quieti sunt.

§ Hamo Pincerna reddidit compotum de 49 sol. et 8 den. de exitu terre Willelmi de Vals servientis Regis quia filia ejus cepit maritum sine assensu Regis In thesauro liberavit. et quietus est.

§ Willelmus de Colunbiers reddidit compotum de 76 lib. 4 sol. 8 den. quos habuit de terra Eudonis de Casteilleio. In thesauro 2 sol. Et debet 76 lib et 2 sol. et 8 den.

§ Hamo Pincerna reddidit compotum de misericordiis et promissis et finibus, scilicet de Ricardo de Monteigneio centum sol. pro recognitione. De Willelmo de Bordengers pro simili 10 sol. De Tustino de Mevania 50 sol. pro negatione et cognatione De Gisleberto Malet 29 lib et 10 sol. pro Willelmo de Falesio. De Essartiers 20 sol. pro recognitione De Willelmo Bello 40 sol. pro crasso pisce injuste capto. De Radulpho Lotrel 10 sol. pro eodem. De Rogero Lovel et Willelmo Amico 30 sol. pro eod. De Ricardo de Hogiers 10 sol. pro eod. De Osberto Lotrel 10 sol. pro eod. De Roberto filio Acardi 15 sol. pro eod. De Rogero Infante 10 sol. pro eod. De Rogero Lamesenge 10 sol. pro eodem. De Radulfo Bote Vilain 30 sol. pro eod. De Roberto Clerico 10 sol. pro eod. De Roberto Grandi 40 sol. pro eod. De Ricardo fil. Matilde 10 sol pro eod. De Rogero de Vadis 60 sol. pro eod. De Gaufrido Peignied 20 sol. pro eod. De Willelmo Crispino 10 sol. pro eod. De Osberto fil. Ouuric 40 sol. pro eod. De Gaufrido Sor. 15 sol. pro eod. De Johanne Vavassore 10 sol pro eod. De Ricardo Bern 10 sol pro eod De Gaufrido Wion 20 sol. pro eod. De Auhier 10 sol. pro eod. De Willelmo Andegav. 10 sol. pro eod. De Johanne Fessout 10 sol. pro eod. De Mainart 20 sol. pro eod. De Anskitillo Mulet 10 sol. pro eod. De Radulfo Episcopo 20 sol. pro eod. De Radulfo de Groig 10 sol. pro eod. De Ricardo filie Murielde 10 sol. pro eod. De Ricardo Grandi 10 sol. pro eod. De Rogero filio Roberti 10 sol. pro eod. De Will°. Formil 10 sol. pro eod De Toma Behin 20 sol pro vino super vendito. De Roberto Foladoube 10 sol. pro eodem. De Ricardo Trait Saiete 10 sol. pro eod De Osberto Saintier 20 sol. pro eod. De Odone Phillipi 40 sol. pro eod. De Willelmo de Vernone 10 sol. pro eod. De Forbeor 20 sol. pro eod. De Luca filio Benedicti 20 sol. pro eod. De Radulfo Diore 10 sol. pro eod. De Supio Asino 20 sol. pro eod. De Roberto Burgondie 15 sol. pro eod. De Rogero Fessart 30 sol. pro eod. De Toma filio Petri 20 sol. pro eod. De Ranulfo filio Danet 10 sol. pro eod De Radulfo Barfot 20 sol. pro eod. De Arturo 10 sol. pro eod. De Will°. de London 30 sol. pro eod. De Herveio filio Petite 50 sol. pro eod. De Roberto Cornuto 10 sol. pro eod. De Toma Laloe 15 sol. pro eod. De Ranulfo Palmerio 10 sol. pro eodem. De Ranulfo de Talance 15 sol. pro eod. De Radulfo Rege 10 sol. pro eod. De Willelmo de Moleio 10 sol. pro eod. De Willelmo Preposito 15 sol. pro eod. De Toma Grandi. De Willelmo Quienement 20 sol. pro eod. De Willelmo Pachet 10 sol. pro eod De Osberto filio Ansoldi 10 sol. pro eodem.

(1) Ce rôle fut fait à Caen.

De Vitali Forestario 10 sol. pro eod. De Willelmo de Folmuccon 10 sol. pro eodem. De Rainaldo filio Bertranni 10 sol. pro eod. De Arnulfo Venatore 15 sol. pro eod. De Willelmo de S^{to}. Bricio 15 sol. pro eod. De Toma Malore 15 sol. pro eod. De Rogero filio Walteri 30 sol pro eod. De Arnulfo Bedel 15 sol. pro eod. De Hugone Basire 16 sol. pro eod. De Ricardo Pignou 16 sol. pro eod. De Herberto de Bene 12 sol. pro eodem. De Wimundo filio Durandi 12 sol. pro eod. De Gaufrido de Moissoneria 20 sol. pro eod. De Capa Lane 10 sol. pro eod. De Radulfo Herman 10 sol. pro eod De Willelmo Burgensi 16 sol. pro eod. De Ricardo filio Roberti 10 sol pro eod. De Herberto Milite 10 sol. pro eod De Jordano Belguet 15 sol. pro eod. De Alano filio Juliane 16 sol pro eod. De Willelmo Blanco Agnello 16 sol. pro eod. De Johanne de Archenceio 10 sol. pro eod. De Osberto de Veteri Ponte 18 sol. pro eod. De Roberto de Subles 18 sol. pro eod. De Rogero filio Mazeline 10 sol. pro eod. De Radulpho Malo Vicino 10 sol. pro eod. De Roberto Nepote 10 sol. pro eod. De Ranulfo filio Cecilie 10 sol. pro eod De Dionisio de Bromaisnil 48 sol. pro eod. De Ranulfo filio Gisle 10 sol. pro eod. De Herveo Malcael 10 sol. pro eod. De Willelmo Morin 30 sol. pro eod. De Willelmo Filiastro 10 sol. pro eod. De Olivero de Barbeville 10 sol. pro falso clamore. De Radulfo Clerico 10 sol pro simili. De Supio de Alna 30 sol. pro negat. et cogn. De Herveio filio Vincentii 10 sol. pro falso clamore. De Rogero de Curteleis 30 sol. pro neg. et cogn. De Salomone Testu 10 sol. pro dimisso clamore. De Dionisio Testu 10 sol. pro eod. De Roberto Moudre 12 sol. quia noluit ducere prisones. De Roberto Farain 10 sol. pro eod. De Gaufrido de Besacia 20 sol. pro duello. De Ranulfo de Benneville 10 sol. pro eod. De Warino de Maletot 20 sol. pro eod. De Roberto de Valle Vire 10 sol. pro eod. De Willelmo de Foucteleia 20 sol. pro eod. De Godefrido de Mara 10 sol. pro clamore dimisso. De Nicolao Crapin 10 sol pro exonio. De Ranulfo Esperon 10 sol. pro clamore dimisso. De Cipriano 20 sol pro mesdito. De Serlone Pichenot 10 sol. pro falso clamore. De Ricardo Fabro 10 sol pro simili. De Simone de Bernesc. 20 sol. pro plegia. De Petro de Bricheville 20 sol. pro eod. De Unfrido de Herolville 20 sol. pro divisa. De catallo Johannis de Talancia fugacis pro morte Simonis filii Ansgeri 114 sol. et 4 den. De catallo Johannis de Tanies fugacis pro Sansone de Tanies Mehaimato 50 sol. et 10 den. De catallo Rogere de Moncel fugacis pro latrocinio, 5 sol. et 8 den. De catallo Ragindei fugacis pro simili 3 sol. et 2 den.

Summa 141. lib. et 4 sol. In thesauro liberavit. Et quietus est.

§ Matilda de Croileio debet 100 sol. pro recognitione versus Unfridum Bouet Canonicum. — § Gervasius de Torineio debet 100 sol — § Osbertus de S^{to}. Quintino 20 sol. — § Robertus filius Eve 20 sol. — § Unfridus Salvage 20 sol. — § Ranulfus Wislart 20 sol. — § Rogerus de Ponte debet 20 sol pro recognitione. — § Herbertus Morin debet 50 sol pro simili. — § Joscelinus de Baiocense debet 30 sol. pro recognitione versus Aelor. — § Simon Cornix et et Willelmus Taillefer debent 40 sol pro simili. — § Philippus de Crocio debet 10 sol. pro dissaisina. — § Johannes de Renci debet 100 sol. pro recognitione -- § Gaufridus Bordon et Rogerus Gai' debent 30 sol. pro simili

§ Willelmus de Hometo debet 200 lib. pro plegio vicecomiti Rothomag. — § Idem debet 200 lib. pro Gaufrido de Aureavalle.

§ Henricus Calvus reddidit compotum de 100 sol. pro duello festinando versus Willelmum fratrem suum. In thesauro 60 sol. In perdonatione ejusdem Henrici 40 sol. per breve Regis. Et quietus est.

§ Serlo de Longa Aqua debet 10 sol. pro dissaisina — § Rogerus de Fraisneio debet 5 sol. pro marisco fosso. — § Ranulfus ei de Grandi valle. 100 lib. pro dissaisina et pro catallo Petronille quia non cepit sicut preceptum fuit.

§ Ricardus Lecoisi debet 5 sol. pro marisco fosso. — § Euguerranus Patric debet 100 lib quia recessit à curia regis sine licentia et pro dissaisina hominum de Rothomag. de vadio.

§ Hamo Pincerna reddidit compotum de 8 lib. 7 sol. 6 den. de reguardio foreste de Trunchelo. In thesauro 7 lib. 10 sol. 9 den. In decima Abbati de Ceresiaco 16 sol. 9 den. Et quietus est.

§ Idem reddidit compotum de 19 lib. 6 sol. 10 den. de reguard. foreste de Verneio. In thesauro 14 lib. 6 sol. 2 den. — In decima Capelle Baioc. 38 sol. 8 den. Et debet 62 sol. de quibus remanet super terram Willelmi de Hometo 34 sol. et super terram Willelmi de Tilleio 28 sol.

§ Idem reddidit compotum de 9 sol. de reguardia de Bruolio de Brichessart. In thesauro 8 sol. et 1 den. In decima S^{to}. Wandregesil 9 den. Et quietus est.

. . Gaufridus Simeon debet 60 sol pro recordatione versus Stephanum Archid. § Johannes filius Bern'. debet 200 lib. pro habendo termino de debito suo. Johannes Bern'. reddidit compotum de 380 lib. de remissione finis quem fecit cum rege de debito suo. In thesauro 61 lib. Et debet (de hiis recep. inferius) 329 lib...... Borsart et Robertus Palmer debent 4 lib. pro recognitione de consuetudinibus versus Willelmum de Hometo. § Ricardus de Verrol et homines Henrici de Tilleio debent 6 lib. pro recognitione versus eumdem Henricum de servitio. § Hugo filius Tied debet 20 sol. pro recognitione de presentatione ecclesie de Bures.

.... de Pert reddidit compotum de 40 sol. pro crasso pisce injuste capto. In thesauro 20 sol. Et debet 20 sol.

..... nus de Rupalai redd. compot. de 60 sol pro eod. In thesauro 30 sol. Et debet 30 sol.

.... Le Peignied redd. compt. de 100 sol. pro eod. In thesauro 50 sol. Et debet 50 sol.

. ... Islebert Wion redd. compot. de 100 sol pro eod. In thesauro 50 sol Et debet 50 sol.

§ Radulfus Roncin redd. compot. de 4 lib. pro eod. In thesauro 40 sol. Et debet 40 sol.

§ Osbertus de S^{to}. Germano redd. compot. de 10 lib. pro eod. In thesauro 100 sol. Et debet 100 sol.

§ Robertus Martin redd. compot. de 100 sol. In thesauro 50 sol. Et debet 50 sol.

§ Rogerus Oculus Auri redd. compot. de 10 lib. pro eod. In thesauro 100 sol Et debet 100 sol.

§ Hose redd. compot. de 100 sol. pro eod. In thesauro 50 sol. Et debet 50 sol.

§ Ricardus Poindestre redd. compot. de 10 lib. pro eod. In thesauro 100 sol. Et debet 100 sol.

§ Ricardus Berlai redd. compot. de 100 sol. pro eod In thesauro 50 sol. Et debet 50 sol

§ Radulfus Wion redd compot. de 10 lib pro eod. In thesauro 100 sol. Et debet 100 sol.

§ Rogere redd. compot. de 30 sol. pro eod. In thesauro 18 sol. Et debet 12 sol.

§ Rogerus Scabiosus redd. compot. de 4 lib. pro eod. In thesauro 40 sol. Et debet 40 sol.

§ Hamo Pincerna redd. compot. de 14 lib. et 6 sol. de minutis misericordiis pro eod. In thesauro liber et quietus est.

§ Osbertus de Toleta redd. compot. de 6 lib. pro vino super vendito. In thesauro 60 sol. Et debet 60 so.

§ Hamundus Coillart redd. compot. de 20 sol. pro eod. In thesauro lib. Et quietus est.

§ Buschet redd. compot. de 10 lib. pro eod In thesauro 100 sol. Et debet 100 sol.

§ Robertus Harenc redd. compot. de 4 lib. pro eod. In thesauro 40 sol. Et debet 40 sol.

§ Hugo de Pratis redd. compot. de 50 sol. pro eod. In thesauro 25 sol. Et debet 5 sol. (sic)

§ Serlo Flori redd. compot. de 15 sol. pro eod. In thesauro 10 sol. Et debet 5 sol

§ Willelmus Walensis redd. compot. de 40 sol. pro eod. In thesauro 20 sol. Et debet 20 sol.

... Willelmus Muis redd. compot. de 100 sol pro eod. In thesauro 50 sol. Et debet 50 sol.

...... restel redd. compot. de 40 sol pro eod. In thesauro 20 sol. Et debet 20 sol.

.... llelmus Le Faisnied redd. compot. de 40 sol. pro eod. In thesauro 20 sol. Et debet 20 sol.

...... filius Erenberg redd. compot de 40 sol. pro eod. In thesauro 20 sol. Et debet 20 sol.

. ..., Pincerna redd compot. de 14 lib. et 15 sol. De minutis misericordiis pro eod. In thesauro lib. Et quietus est.

.... res Benedicti de Angersvilla debet 62 sol. De catallo fugacis de Camba de debito patris sui. § Willelmus de Isigneio debet 40 sol pro recognitione versus sororium suum.

Durandus filius Tierice habet londam Walchelini per Regem. § Hamo Pincerna habet feodum regis in Auderceio. et in Anecriis. et terram Rogerii filii Hugonis. et terram Huberti de Ponte. et terram Hugonis de Russeio. et terram Radulfi filii Osberti. et terram Willelmi de Curia per cartam regis. § Ricardus Daneis habet Valeun per regem. § Robertus de Jovigneio habet medietatem de Cardonvilla de honore de Amanvilla. § Filius Willelmi de Curceio habet 4 libras in Guivolfossa de eodem honore. § Willelmus de Hometo Constabulo habet Maiseium de feodo comitis Giffardi per cartam regis. § Roger Bacon habet Balgeium per regem. § Episcopus Baiocensis habet Semilleium cum pertinenciis per regem.

§ Johannes Bernard reddit compotum de 300 lib. de firma prepositure de Baioc. In thesauro 80 lib. 2 sol. 6 den. In decima abbati Gemmeticensis 30 lib. In liberatione quindecim prebendariorum 24 lib. et 14 sol. de elemosine statu. In vestibus eorum 114 sol. de elemos. statu. In sotularibus eorum 9 sol. 6 den. de elemos. stat. In sale eorum 15 sol. de elemos. statu. Pro feria Leprosorum 100 sol. de elemos. stat. Pro feria Episcopi et monacorum sancti Vigoris 100 sol. de elemos. statu. Duobus capellanis de duabus capelle de Buro 18 lib. 5 sol. de libero statu. Priori de Plaissitio ad victum et vestitum VII^em. canonicorum de Iveranda 100 lib. de elemosine statu. Portario castri 60 sol. 10 den. de libero statu. Duobus vigilibus 6 lib. et 20 den. de libero statu. In justiciis faciend. 9 sol 3 den In suo superplus precedentis anni 8 sol. et 1 den. Et quietus est.

§ Idem reddit compotum de 329 lib. de remanente compoti sui de debito suo suprascripto. In thesauro 17 lib. Et debet 312 lib.

§ Robertus Martin et Willelmus Clericus et Willelmus de Doito reddunt compotum de 170 lib. de firma prepositure de Amanvilla. In thesauro 140 lib. 2 sol. 4 den. In decima S^to. Amandi Rothomag. 6 sol de piscaria. In operationibus domorum et pontis et palicii castri de Amanvilla et in plunbando goteriis 14 lib. 11 sol. 8 den. per breve Regis. Hamoni Pincerne 15 lib. de liberatione Benedicti de Ansgervilla quam habebat ad custodiam ejusdem castri, ad aquietanda debita sua, de dimidio anno Et quieti sunt.

§ Hamo Pincerna redd. compotum de misericordiis pro vino super vendito. Scilicet: De Pagano Tirechien 10 sol. De Damerca 10 sol. De Fichet 20 sol. De Herbertot filz Eve 10 sol. De Rohais uxore Nigelli 20 sol. De Ranulfo Caisnel 15 sol De Serlone fitz Erneis 20 sol. De Henrico Waleis 30 sol. De Willemo Rufo 10 sol. Summa 7 lib. 5 sol. In thesauro liber. Et quietus est.

§ Ranulfus le Luisant redd. compot. de 4 lib. pro vino super vendito. In thesauro 40 sol. et debet 40 sol.

§ Herbertus de Bat Palmes redd. compot (de) 50 sol. pro eod. In thesauro 25 sol. et debet 25 sol.

§ Anskitillus Baldrie redd compot. de 4 lib. pro eod. In thesauro 40 sol. et debet 40 sol

§ Herbertus filius David redd compot. de 4 lib. pro eod. In thesauro 40 sol. et debet 40 sol.

§ *Hamo Pincerna*. § *prepositus de Baiocis*. § *prepositura de Amanvilla*.

(Membrane 1^a. in Dorso.)

Radulphus Bos reddit compotum de 160 lib. de firma telonei et furnorum et molendinorum de Moritonio. In thesauro 49 lib. 14 sol. 2 den. Decano Moritonie 10 lib. de elemosine statu. Monachis de Moritonio 4 lib. de elemosine statu. Communioni canonicorum 6 lib. de elemosine statu. Ad luminare ecclesie 30 sol. de elemos. statu. Item Monachis 6 sol. de decima ferie. Item Decano 12 sol. de decima duarum feriarum Item eidem 24 sol. de decima furnorum de elemos. stat. Roberto Pavoni 40 sol. in prebenda sua pro furno, de elemos. statu. Leprosis de Moritonio 62 sol. de elemos. statu. Extraneis leprosis 12 den. de elemos. statu. Præposito et gaiolario 6 lib. et 20 den. de elemosine statu Item Decano 4 lib. et 5 sol hoc anno pro xvij quarteriis frumenti de elemos. statu in operationibus calceie molendinorum de Gorran 50 lib. liberatis Willelmo de Bennengers per breve regis. Et debet 11 lib. 14 sol. 2 den. § Idem reddit compotum de eodem debito.

In thesauro 10 lib. 9 sol. et 2 den. In reficienda domo molendini. Et quietus est.

§ Willelmus Grihal reddit compotum pro se et sociis suis de 60 lib. de firma de Teolio. In thesauro 24 lib 6 sol. et 7 den. Decano Moritonie 4 lib. de elemos. statu. Monialibus Moritonie 4 lib de elemos. statu. Servienti castri 69 sol. de libero statu In prebenda canonici de Moritonio 6 sol. de elemos. stat. Willelmo Bennengers ad operationes calceie molendinorum de Gorran 24 lib. 6 sol et 7 den. per brev. regis. Et quietus est.

§ Moniales de Moritonio habent Grangere de dono regis per cartam. Reg.

§ Nigel filius Roberti reddit compotum de 6 lib. de Ger. Et de 10 lib. de Bion. Et de 10 lib. hoc anno de piscaria de Duxeio Et de 25 lib 12 sol. hoc anno de Parreigneio. Et de 9 lib. de Alere. Et de 7 lib 14 sol. 4 den de Busco. Et de 84 lib. 14 sol. de auxilio vicecomitis per annum consuetudinarie. Et de 23 sol. de Capella Uslata. Et de 20 sol. de Maisnillo Ossenne. Et de 2 sol. de tornatoribus. Et de 2 sol. pro calcaribus. Et de 30 sol. de ferronibus. Et de 12 den. pro prato quod Radulphus prepositus tenet. Et de 2 sol. de masura quam Arnulfus vicecomes dedit nigris monachis. Et de 10 sol pro. viij· acris terre liberatis Gerardo de Barra. Et de 10 sol. de feodo Espinartus in Heuceio. Et de 22 sol. de terra de Estrees. — Summa 159 lib. 12 sol. 5 den. In thesauro 154 lib. 8 sol. et 4 den. — In quietancia terre Roberti Avenel de feodo lorice sue de auxilio vicecomitis pro piscarie custodia de Duxeio 24 sol. In perdonatione Ricardo de Luceio 4 lib. de hoc anno per brevem Regis de Auxilio vicecomitis. Et quietus est.

§ Idem reddit compotum de 4 lib. de remissione compoti sui de auxilio vicecomitis de veteri. In perdonatione Ricardi de Luceio 4 lib. per brevem Regis. Et quietus est.

§ Idem reddit compot. de 187 lib. 14 sol. 8 den. hoc anno de denariis assisis in terra Hasculfi de S^{to}. Hilario. In thesauro 131 lib 6 sol. 10 den. In decima priori de S^{to}. Hilario 4 lib. de teloneo In liberatione leprosorum de S^{to}. Hilario 9 lib. 6 sol. 4 den. Eisdem ad vestes 16 sol. Eisdem 4 sol. de decima ferie S^{ti}. Egidii. Monachi de Savigneio 52 sol. pro lij sextariis vini ad missas cantandas. Item priori 20 sol de decima censaria. Fratribus hospitalis 40 sol. Leprosis de Jherusalem. 10 sol. In conredio et vestitura filie Hasculfi de S^{to}. Hilario et nutricis sue et hominis sui 27 lib 7 sol. 6 den. quaquè die 18 den. In operationibus molendinorum ejusd. terre 8 lib. 10 sol. P. b R. Et quietus est.

§ Idem redd. compot. de 75 sol. 4 den. hoc anno de vinis ejusdem terre. Et de 80 lib. 94 sol. de blado ejusd. terre hoc anno. Et de 52 sol. 7 den. de placitis et porcariis ejusdem terre Summa 89 lib. 11 sol. 11 den. In thesauro liberavit. Et quietus est.

§ Idem redd. compot. de misericordiis et promissis et finibus scilicet de Willelmo de S^{to}. Johanne juniore 100 sol pro recognitione. De Hechet 50 sol. pro falso clamore. De Harduino 15 sol. pro simili. De Ricardo Vanier 15 sol. pro clamore dimisso. De Willelmo Amerlant 50 sol pro defectu. De Gelino Abuignia 20 sol. pro Berbagio difforciato De Roberto Couves 15 sol pro eodem. De Wimondo Lecoc 20 sol. pro vino super vendito. De Rogero Berruer 15 lib. pro eod De Tiescelimo Boinot 100 sol. pro eod. De Radulfo Gaiol 10 lib. pro eod. De catallo Osmundi Bertre, mortui usuarii 23 sol. De Eudone de Bailluil 40 sol. pro dissaisina. De Roberto de Cuves 10 lib. pro negat. et cogn. De Waltero de Barenton 15 sol. pro lege. De Reinaldo de Ponte-Berenger 7 lib. de remissione promissi sui. De placitis foreste de Landa-Putrida 8 lib. De catallo Johannis Legrant fugacis pro morte Radulfi Amerlant 102 sol. De catallo Ivonis de S^{to}. Georgio fugacis 46 sol De catallo Radulfi militis fugacis pro venatione Regis 5 sol De catallo Johannis filius Stephani fugacis pro homine vulnerato 19 sol. et 8 den De minutis placitis de Moritonii placitatis per ipsum Nig. 8 lib. 5 sol. Summa 172 lib. et 8 denar. In thesauro liberavit. Et quietus est.

§ Homines de Deserto debent 10 lib. pro habenda recognitione de servitio suo tempore Regis Henrici. § Bencilart debet 100 sol. pro defectu guaranti. § Gaufridus de Bosco debet 4 lib. pro recognitione. § Willelmus de Hucceon debet 100 lib. pro relevio honoris de Duxeio. § Gelinus terram tenet debet 20 sol. pro recognitione utrum terra quam clamat sit vadium vel feodum. § Willelmus de Serlant et Radulphus frater ejus debent 20 lib. pro saisina terre sue que erat in manu Regis. § Emelina Lorinciria debet 40 sol. pro licentia maritandi se. § Gerardus Albuinus debet 40 sol. pro recto habendo versus Robertum Pavonem.

§ Gaufridus Duredent redd. compot. de 4 sol. de censa pro terra juxta castanceariam de Abrincensis. Et de 4 sol. de censa terra canonici. Et de 12 sol. de nova domo que fuit thesaurario. Et de 40 sol. hoc anno pro x quarteria frumenti de terra juxta castancariam Et de 2 sol. de campo prope eandem castanceariam. Summa 62 sol. In thesauro liberavit. Et quietus est.

§ Idem redd. compot. de 2 sol. 8 den. de terra occupata per juream in Maloe. Et de 3 sol. de domo quė fuit Herluino fugaci pro latrocinio. Et de 3 sol. hoc anno pro liberata terre de Campis Fauvel. Summa 8 sol. 8 den In thesauro liberavit. Et quietus est.

§ Fulcho Paienel habet castancariam et prata Regis et feriam sancti Andree de dominico Regis.

§ Gaufridus Duredent redd. compot. de misericordiis et finibus et promissis scilicet De Radulfo Calcebued 20 sol. pro recognitione. De Johanne Bove 20 sol. pro concordia. De hominibus de Valle Seie 6 lib. pro defectu recognitionis. De Tescelino de Boalt 10 sol. pro concordia. De Johanno Cementario 10 sol. pro simili. De Gaufrido de Maisnil 20 sol pro dissaisina. De Roberto Cornel 15 sol. pro vino super vendito. De Mainerio filio Gomi 20 sol. pro eodem. De Reinaldo Burgensi 20 sol. pro eodem. De Philipo de Rochella 7 lib. 10 sol. pro fine terre. De Hamelino de Bordenaio et de Reinaldo 20 sol. pro recognitione. De catallo Willelmi de Ichelon mortui usurarii 16 lib. De Ascelina de Cultura 10 sol. pro concordia judicii. De Ricardo de Apillaio 10 sol. pro dissaisina De Ranulfo Diabolo 20 sol. pro concordia judicii. De Gisleberto de Maloe 10 sol. pro dissaisina. De Roberto nepote Gisleberti 10 sol. pro saisina terre fugacis. De Roberto de Verdun 10 sol. pro defectu. De Pagano filio Hugonis 10 sol. pro plegia. De Roberto de Mota 10 sol. pro eodem. De Gaufrido fratre Roberti 10 sol. pro eodem. De Vitali de Apilleio 10 sol. pro falso clamore. De Ogero de Mota 10 sol. pro concordia duelli. De Radulfo fratre Mainfredi 10 sol. pro eodem. De Constancio 10 sol. pro vino super vendito. De Christiano 30 sol pro eod. De Warnerio Levezied 15 sol. pro eod. De Heldemero 10 sol. pro eod. De Reinero Gansel 10 sol. pro eod. De Brocart 10 sol. De Willelmo Vaca 15 sol. pro eod. De Adeliza uxore Vitalis 10 sol. pro eod. De Roberto Bubulco 10 sol pro eod. De Canuto 10 sol. pro eod De Joscelino Papeillou 10 sol. pro eod. De Roberto de Canceio 15 sol. pro eod De Roberto Trifou 10 sol pro eod. De Hamund Laferee 10 sol. pro eod. De Rogero filio Anfridi 15 sol. pro eod. De Joscelino de Duxeio 10 sol pro eod. De Ranulpho nepote Joscelini 10 sol. pro eod. De catallo Johannis Torfalt fugacis pro morte. Robin de Verdun 22 sol. Item de Willelmi de Ikelon 24 sol. Summa 61 lib. 11 sol.

In thesauro liberavit. Et quietus est.

§ Idem reddit compotum de 7 lib. 19 sol. 2 den. de remissione tallagii de S^{to} Jacobo. In thesauro 4 lib. 19 sol. 2 den. Et debet 60 sol. qui remanent super Robertum filium Picheon

§ Willelmus de Gardino debet 40 sol. pro recognitione. § Alanus de S^{to}. Petro debet 60 sol pro recognitione versus Rogerum de S^{to} Georgio.

§ Willelmus de S^{to}. Johanne reddit compotum de 756 lib. 16 sol. 2 den. de veteri firma vicecomitatis de Constancia de xx^{ti}. annis In thesauro 100 lib. Et debet 656 lib 16 sol. 2 den

§ Nigel de Campania redd. compot. de 30 lib. quia cepit sine licentia prepositurам de Felgeriis In thesauro 27 lib Et debet 60 sol.

§ Radulfus de Maisnil-Reinfrey debet 20 sol. pro recognitione presentationis ecclesiæ S^{ti}. Lupi.

§ Robertus filius Aviti redd. compot de 30 lib pro concordia judicii. In thesauro 24 lib. Et debet 6 lib.

§. Durandus filius David debet 10 lib. de misericordia pro namiis excussis. § Hugo de Cortilz debet dimidium marcum argenti pro recognitione versus fratrem suum § Johannes de Musci redd. compot de 10 besant. pro habenda legali parte terre extra feodum Lorice versus fratrem suum. In perdonatione eidem 10 besant. quia non habuit partem per brev. Regis. Et quietus est.

§ Havart debet. 10 sol pro dissaisina. § Augustus de S^{to}. Serino debet 15 sol. pro falso clamore § Johannes Beifumuee debet 10 sol pro concordia duelli. § Sanson de Ponz debet 10 sol. pro eod. § Mainfredus de Valle Seie debet 10 sol pro simili § Tomas Faber debet 10 sol. pro falso clamore. § Willelmus Masuer debet 10 sol. pro concordia duelli

§ Gislebertus Masuer redd compot de 40 sol. pro concordia duelli In thesauro 20 sol. Et debet 20 sol.

§ Gaufridus de Capella debet 10 sol. pro falso clamorc. § Johannes de Kavignelo debet 18 sol. pro recognitione de saisina patris sui. § Vital filius Huberti debet 10 sol. pro concordia judicii.

§ Gaufridus Pigace reddit compotum de 20 sol. pro vino super vendito. In thesauro 10 sol Et debet 10 sol.

§ Radulphus Levezied redd. compot. de 30 sol. pro eod. In thesauro 15 sol. Et debet 15 sol.

§ Reinaldus Mercator redd. compot. de 30 sol. pro eod. In thesauro 15 sol Et debet 15 sol.

§ Willelmus Rufus redd. compot. de 30 sol. pro eod. In thesauro 15 sol. Et debet 15 sol.

§ Petrus de Almaisnil debet 10 sol. pro eod. § Bernerus Bella Barba reddit compotum de 20 sol. pro eod. In thesauro 10 sol. Et debet 10 sol.

§ Reginald de Bled redd. compot. de 30 sol. pro eod. In thesauao 15 sol. Et debet 15 sol.

§ Rogres redd. compot. de 20 sol. pro eod. In thesauro 10 sol. et debet 10 sol.

§ Gaufridus Droier redd. compot. de 20 sol. pro eod. In thesauro 10 sol. Et debet 10 sol

§ Dodeman redd. compot. de 40 sol. pro eod. In thesauro 20 sol. Et debet 20 sol.

§ Homines de Valle Seie debent 10 lib. pro habenda recognitione de servitio quod faciebant tempore Regis Henrici.

§ Gaufridus Duredent reddit compotum de 112 sol. de exitu terre Roberti de Praeriis in valle Vire. In thesauro nichil. In justicia facienda 50 sol. In conredio filie ejusdem Roberti et nutricis sue 62 sol. Et quietus est.

§ Stephanus de Saukevilla redd. compot. de 150 lib. de firma vicecomitatu de Cerences. In thesauro 69 lib. 10 sol. 8 den. Thesaurario de Moriton. 6 lib. de elemosine statu. Marruglario 40 sol. de elemos. statu. Ad luminare ecclesie de Moritonio 40 sol. de elemos statu. In decima, decano. de Moritonio 7 lib. 4 sol. Priori de Moritonio 70 sol. de decima de Constancia. Leprosis de Constancia 18 sol. 4 den. de elemos. statu. Roberto et ..... de Rochella 8 lib. pro excambio Ivrande. Forestario castanearie 8 sol. de liberatione statu. Willelmo Bennegers ad operationes calceie et molendinorum de Gorran 60 lib per brevem Regis. Et debet 10 sol.

§ Idem redd. compot. de 10 sol. pro. x. boissellis frumenti recuperatis per juream in Cerences. In thesauro liberavit. Et quietus est.

§ Idem redd. compot. de 12 den. pro boissello frumenti de campo de Longo Boello. In thesauro liberavit. Et quietus est.

§ Ecclesie de Cerences est de donatione Regis de comitatu Moritonii.

§ Stephanus de Saukeville redd compot. de misericordiis et promissis et finibus scilicet de Engerranno filio Roberti 2 bisanc. pro habendo recto versus fratrem suum. De Roberto Murdac 9 sol. de remissione relevii sui. De Alexandro de Leville 100 sol pro custodia filii Odonis de Ponte. De Petro de Monte Pinceon 20 sol. pro plegia. De Waltero Corbelin 10 sol. pro eodem. De Roberto Bernard 20 sol. pro eod. De Gaufrido Pistore 10 sol. pro eod. De Petro Hasculfi 15 sol. pro eod. De Normanno de Fonte 20 sol. pro neg. et cognitione. De Hugone de Monte Pinceon 10 sol pro dimisso clamore. De Jordano Milonis 20 sol. pro falso clamore. De Osberto Novo 20 sol pro simili. De Gaufrido filio Basire 20 sol. pro clamore dimisso. De Ascio filio Johannis 10 sol. pro eodem. De Radulfo Costantino 20 sol. pro eod. De Willelmo Costantino 10 sol. pro eod. De Willelmo filio Richeldis 10 sol. pro eod. De Roberto Hakebec 15 sol. pro falso clamore versus Radulfum Cardon De Willelmo Bogis 30 sol. pro clamore dimisso. De Hamunde filia Murieldis 15 sol. pro vino super vendito. De Johanne de Coisel 20 sol. pro eod. De Ricardo de Brehal 10 sol pro eod. De Anskitillo de Hachebec 10 sol. pro eod. De Gaufrido Hiof 10 sol. pro eod De Ricardo de Parco 15 sol. pro eod. De Waltero Tintore 15 sol pro eod. De Warino Durno 10 sol pro eod. De Osmond Coisnon 15 sol. pro eod De Hugone Andegavensi 10 sol. pro eod. De Radulfo Ivas 15 sol. pro eod. De Roberto Constance 10 sol. pro eod. De Radulfo de Molino 15 sol. pro eod De Ricardo de Molino 15 sol. pro eod. De Rualent Clerico 15 sol. pro eod. De Willelmo Blanco 10 sol. pro eod. De Willelmo de Landa de Arou 10 sol pro eod De Radulpho Bono Amico 10 sol. pro eod De minutis misericordis 102 sol. 6 den. pro eod. De Simone de Hienvilla 20 sol. pro concordia. De Wastino Blondel 10 sol. pro landa culta. De Gaufrido de Escrakeville 10 sol. pro defectu respondendi. De catallo Willelmi Amiart fugacis pro morte femine 10 sol et 5 den. De catallo Roberti Albi fugacis pro morte hominis de Sartilleio 29 sol.

Summa 39 lib. 11 sol. 11 den. et 2 bisant. In thesauro liberavit. Et quietus est.

§ Gaufridus de Barra reddit compotum de 45 sol. de debito Roberti de Haia In thesauro 15 sol Et debet. —.

§ Engerranus junior de Camp'-Rotundo debet 10 lib. pro habendo recto de terra versus Adam de Portu. § Radulfus Clericus de Escrakevilla debet 30 sol. pro recognitione. § Herveus de Bosco redd. compot. de 10 sol. pro recognitione versus Rogerum de Liverville. In perdonatione ipsi Herveio de Bosco 10 sol. per brevem Regis quia non habuit recognitionem. Et quietus est.

§ Robertus de Bello-Monte debet 15 lib. pro habendo debito suo recte de Radulfo de Haia § Petrus Geroldi debet 40 sol. pro recto versus fratrem suum. § Simon de Pratis debet 10 sol. pro recognitione, § Willelmus de Corbigneio redd. compot. de 50 sol. quia negavit escambium de terra. In thesauro 20 sol. Et debet 20 sol.

§ Ranulfus Heldeier redd. compot. de 30 sol. pro vino super vendito In thesauro 15 sol. Et debet 15 sol.

§ Petrus Gisleberti redd compot. de 30 sol. pro eod. In thesauro 20 sol. Et debet 20 sol.

§ Petrus Harel redd. compot. de 50 sol pro eod. In thesauro 20 sol. Et debet 30 sol.

§ Tomas de Heeville reddit compotum de 40 sol. pro concordia duelli. In thesauro 20 sol. Et debet 20 sol.

§ Ricardus Goiz reddit compotum de 30 sol. pro vino super vendito. In thesauro 15 sol Et debet 15 sol.

§ Stephanus de Saukevilla redd. compot. de 20 sol. 6 den. de argento inventis, de pluribus monetis. In thesauro liberavit. Et quietus est.

Baillia ; de Ultra : Montem : Linche.

§ Jordanis Landa reddit compotum de 12 sol. de exitu terre Willelmi Tirel. In thesauro liberavit. Et quietus est.

§ Idem redd. compot de misericordiis et promissis et finibus scilicet de Gaufrido Hunias 20 sol. pro dissaisina De Roberto Medico 10 sol. pro falso clamore. De Radulfo Ansgoti et Stephano fratre ejus 20 sol pro recognitione versus Engerranum Patric. De Odone presbytero de Laveilla 30 sol. pro dissaisina. De Radulfo Blanchart 20 sol. pro lege De Turstino de Croisilles 20 sol pro concordia versus Robertum de Croisilles. De Alexandro de Labuzeia 10 sol. quia celavit catalla fugacis. De Radulfo Ostelou 10 sol. pro eodem. De Durando Barbato 10 sol. pro eod. De Stephano de Burzeia 10 sol. pro codem. De Willelmo Ostelou 10 sol. pro eodem. De Ricardo Parco 20 sol. pro negare et cognoscere. De Rogero presbytero de Proceio quia noluit dare plegium. De Hugone presbytero 10 sol. pro eod. De Columbel de Bruno Fai 30 sol. quia emit domum forsbaniti. De Ricardo filio Ansgoti 10 sol. pro porcis concelatis. De Radulfo de Alnetis 10 sol. pro clamore dimisso. De Radulfo de Esparlon 20 sol. quia contradixit curie. De Rualt Caprolo 30 sol. quia non habuit guarantum. De Radulfo Ansgoti 10 sol. pro eod. De Johanne Loiron 10 sol. pro stulto responso. De Roberto Roillon 20 sol. quia devocavit dominum suum. De Roberto filio Regine 10 sol quia negavit plegios quos dederat. De Willelmo de Coldretis 10 sol. pro falsa appelatione. De Uxore Torfredi de Weruuene 2 sol. pro porco Simonis de Tornebu. De Rogero filio Josce 30 sol. pro defectu. De Stephano filio Ivonis 20 sol. quia noluit plegiare averra per perceptum Regis. De Willelmo de Halasa 10 sol. pro dissaisina. De Christiano Petran 30 sol. pro averis nisi plegia De Radulfo Sellario 20 sol pro stulto responso. De Robin filio Ansgeri 20 sol. pro dissaisina. De Alano filio Haanier 10 sol. pro simili. De Arnulfo de Londel 10 sol. de promisso pro vadio favendo. De Willelmo de Mes 10 sol. pro falso clamore. De catallo Ranuf de Beneio et Roberti fratris sui fugacis pro latrocinio 10 sol. De denar. Gervasii de Groiseliers inventis in terra 26 sol Summa 27 lib. 18 sol. In thesauro liberavit. Et quictus est.

§ Walter de Doit debet 20 sol. quia deadvocavit dominum suum. § Willelmus de Bella Aqua debet 10 sol. pro falso clamore. § Willelmus de Ruhion debet 20 sol. pro recogn. versus Hugo'. Cac § Ricardus Mihial debet 10 sol. pro concordia versus Robertum de Aligneio. § Gaufridus Beccam debet 20 sol. pro recognitione de berbagio versus Engerran. Patric. § Ricardus de Maisnil Huberti debet 10 sol. pro plegia.

§ Terra de Monte acuto est dominicum Reg et extra firmam et est defensa.

§ Walchelinus reddit compotum de 30 lib. 10 sol. de parte sua de remissione veteris firme de Conde. In thesauro 100 sol. Et debet. — .

§ Radulfus de Bel. Walter Veisdie. Anskitill Malgeri. Raduif de Insula. Willelmus Gruel. Burnulfus de S^to^. Martino. et Gervasius de Coldreio reddent compot. de 62 lib. sol suis de remissione veteris firme de Conde. In thesauro 8 lib. et 10 sol. per brevem Regis. Et debent 42 lib.

§ Gaufridus Duredent redd. compot de 11 lib. de remanente compti sui veteris firme de Condeio. In thesauro liberavit.

§ Idem reddit compotum de 300 lib. de nova firma prepositure de Condeio et recuperatorum per juream In thesauro 174 lib. et 10 sol.

Canonicus de Moritonio 100 sol de elemosine statu. Eidem Canonico 18 sol. de decima ferie S^ti^ Martini hoc anno. Eidem 12 sol. de decima. In faciendo novo molendino 15 lib. 17 sol. 8 den. per brevem Regis. In justitia facienda 2 sol. Et debet 100 lib 60 sol. 4 den.

§ Herbertus filius Bernard reddit compotum de 100 lib de firma foreste de Goufer. In thesauro nihil.

In decima abbatie de Bosco 10 lib In superplus precedentis anni 30 lib. et 17 sol. et 4 den. in liberatione armigerorum et equorum Regis. Et pro portando bernesio Regis ad Chinon. Et in mutis et domibus reparandis in castro de Argentono. Et in aliis minutis rebus 29 lib. 19 sol. et 6 den. per brevem Regis. Et debet 19 lib. 3 sol. 2 den.

Idem debet 100 sol. de reguardis ejusdem foreste. Et 55 sol. 10 den. de preposituris ejusdem foreste. Et 34 lib. 10 sol. de reguardo assiso in eadem foresta. Et 8 sol de pasnagio ejusdem foreste.

Recepta tempore. ... Henrici secundi

ANNO; VERBI; INCARNATI; M^mo^; C^mo^.; LXXX^mo^.; APUD; CADOMUM; FACTUS; EST; ROTULUS; ISTE.

§ *Præpositus de Moriton. Nigellus de Moriton. Stephanus de Saukevilla. Willelmus de Ponte. Gaufridus Duredent. Stephanus de Saukevilla. Jordanus de Landa. Præpositus de Conde. Herbertus de Argenton pro forest........ Goufer.*

(Membrane 2. recto).

§ Robertus Valeis et Radulfus Abbas et Durandus præpositus reddunt compotum de 500 lib. de firma præpositure et vicecomitatis de Alenceon cum dominicis et recuperatis per juream in molendinis et terris et domibus et piscariis. In thesauro 163 lib. 10 sol.

Monialibus de Almanesches 4 lib. de elemosine statu. In liberatione Fulconis Paienel 300 lib. pro custodia castri de Alenceon et de Rocha-Mabilie. Pro vinis Regis adducendis de Audegavi ad Argenton et pro ij^bus^. tonellis ejusdem vini portandis de Argenton ad Valonias 17 lib. 2 sol per brevem Regis. Et pro thesauro regis portando de Alenceon ad Cenomanensem 16 sol. per idem breve. Et debent 14 lib. 12 sol.

§ Eidem reddunt compotum de eodem debito. In thesauro liberaverunt. Et quieti sunt.

§ Eidem reddunt compotum de firmaria foreste de Escouves. In thesauro liberaverunt. Et quieti sunt.

§ Fulcninus Paienel habet ad custodiam castri pratum regis et parcum et curtillum præter predictam liberationem.

§ Eidem reddunt compotum de 48 sol. de primo reguardo ejusdem foreste et de 72 sol. de ultimo reguardo ejusdem foreste. In thesauro liberaverunt. Et quieti sunt.

§ Eidem reddunt compotum de misericordiis et promissis et finibus, scilicet : de Radulfo de S^to^. Desiderio unum marcum argenti pro recognitione. De Roberto Corbin 20 sol. pro plegia. De Gaufrido Fabro 20 sol. pro eod. De Alberto Orphano 20 sol. pro eod De Rogero Bigot 10 sol. pro eod. De Rogero Fabro 20 sol. pro eod. De Bernardo de Maisnillo 20 sol. pro falso clamore. De Roberto Escorceveille 10 sol. pro dimisso clamore. De hominibus Roberti Paienel unum marcum argenti pro recognitione. De Willelmo de Alneio. j. marc. argenti pro simili. De Fulcone de Piro 20 sol. pro molta difforciata. De Waltero Bosceu 20 sol. pro eod. De Evrardo de Freteio 20 sol. pro eod. De Odone Nigro 50 sol. pro dissaisina. De Roberto Falches 20 sol. pro simili. De Widone Silvano 50 sol. pro falso clamore. De Rainaldo Burgant 10 sol. pro concordia. De Odone Lacoce 10 sol pro falso clamore. De Ernaldo de Valle 20 sol. pro eod. De Herberto Calvin 15 sol. pro eod. De Willelmo filio Hamonis 12 lib. pro debito concelato. De Vitali Grano ordei 40 sol. pro plegio filii sui fugacis. De Roberto Folli 20 sol. pro equa robata stulte empta. De Willelmo Negrel 20 sol. pro defectu. De Gaufrid de Rufaudeio 40 sol. pro pleg. Feron fugacis. De Rainaldo de Mouflers 20 sol. pro eod. De Hugone Revel 50 sol. pro eod. De Waltero de Berneriis 20 sol. De Roberto de S^to^. Albino 10 sol. pro falso exonio. De Bernardo de Lipa 10 sol. pro simili. De Radulfo de S^to^. Desiderio 20 sol. pro falso clamore. De Rogero Molendin. 20 sol pro negare et recognoscere. De Roberto Judeo 20 sol pro vino super vendito. De Radulfo de Doit 10 sol. pro eod. De Roberto Flagis 10 sol. pro eod. De Durando Chenet 15 sol. pro eod. De Reinfredo 15 sol. pro eod. De Willelmo Ginon 60 sol pro eod. De Rinaldo Coirele 30 sol. pro eod. De Andrea fratre ejus 30 sol. pro codem. De Johanne Bigot 60 sol pro eod. De Luca 10 sol pro eod. De

Letardo 15 sol. pro eod. De Micaele filio suo 10 sol. pro eod. De Gerardo de Longavilla 15 sol. pro eod. De Willelmo Braisier 10 sol. pro eod. De Usmelino 40 sol. pro eod. De Herberto Botevilain 12 lib. pro eod. De Herberto de Troarz 20 sol. pro falso clamore. De Herberto de Belmes 20 sol. pro pastura occupata. De Hugone Painfier 20 sol pro bohordeiz. De Girardo de Sevela 10 sol pro servitio qui est in manu Regis, quia dominus suus devocavit eum. Summa 76 lib 5 sol. et 3 marc. argent. In thesauro liberati. Et quieti sunt.

§ Ernaldus Molendin. et Mabilia soror ejus debent 20 sol. pro recognitione versus Oliver de Larre.

§ Robertus de S^to^. Celerino debet 20 lib. pro dissaisina

§ Burgenses de Alenceon reddunt compotum de 30 lib. pro habendo termino de vinagio usque ad Pentecostes. et de maritagiis factis sine licentia Regis In thesauro liberaverunt. Et quieti sunt.

§ Stephanus de Ouvilla reddit compotum de 100 sol. pro plegia Osberti de Maisoncellis. In thesauro 50 sol. Et debet 50 sol

§ Robertus de Aves redd. compot. de 40 sol. pro eod. In thesauro 20 sol. Et debet 20 sol.

§ Willelmus de Berneriis redd. compot de 20 sol. pro eod. In thesauro 10 sol. Et debet 10 sol.

§ Gaufridus de Vendela redd. compot de 20 sol. pro eod. In thesauro 10 sol. Et debet 10 sol.

§ Ricardus de Plancha redd compot. de 20 sol. pro eod. In thesauro 10 sol. Et debet 10 sol.

§ Willelmus de Forgis redd. compot. de 100 sol. pro eod. In thesauro 50 sol. Et debet 50 sol.

§ Robertus de Braio redd. compot de 20 sol. pro eod. In thesauro 10 sol. Et debet 10 sol.

§ Ricardus de Busco redd. compot. de 20 sol. pro eod. In thesauro 10 sol.

§ Willelmus Berart redd. compot. de 20 sol. pro eod. In thesauro 10 sol. Et debet 10 sol.

§ Durand Præpositus redd. compot. de 40 sol. pro eod In thesauro 20 sol. Et debet 20 sol.

§ Bernard de Maisnillo Daniel redd. compot. de 20 sol. pro eod. In thesauro 10 sol. Et debet 10 sol.

§ Willelmus de Merlaio 100 lib pro fine terre quam clamat tenere de Rege.

§ Ricardus de Cardif redd. compot. de 65 sol. de terra Mote in Argentomo. Et de 40 sol. de terra Roberti de Almanesches Et de 42 sol. hoc anno de tribus pratis recuperatis per juream. Et de 22 sol. 6 den. de censis de calceia. Et de 21 sol. 3 den. de censis et reguardis terre Hugonis Britonis hoc anno. Et de 2 sol. 6 den de quinque domibus que sunt ubi grancia Regis fuit. Et de 39 sol. de terra que fuit Willelmi Presbyteri hoc anno. Et de 2 sol. de masura Willelmi de Bosco juxta Escouves. Et de 3 den. de Camera domus Ricardi de Bailloul que est in fossato Regis. Summa 11 lib. 14 sol. 5 den. In thesauro liberavit. Et quietus est.

§ Idem reddit compotum de 4 lib. 11 sol. 10 den. hoc anno pro. xiiij. sextariis et. j. quart. Aveue de Bernagio de ballia de Argentomo et pro. j. mod. de ballia de Oximis. In thesauro liberavit. Et quietus est.

§ Idem reddit compotum de 8 lib 10 sol. de exitu terre Petri de Bur. in Argentomo dum fuit in manu Regis. In thesauro liberavit Et quietus est.

§ Idem redd. compot. de misericordiis et promissis et finibus scilicet. de Roberto clerico 20 sol. pro servicio negato. De Gaufrido Luvel 20 sol. pro eod. De Guidone de Gravella 10 sol. pro falso clamore. De Roberto de Felineio 20 sol. pro eod. De Radulfo filio Gisleberti 20 sol. pro terra difforciata. De Willelmo Forestario 20 sol. pro dissaisina De Roberto de Valle Ogeri 40 sol. pro simili. De Radulfo de Monte Gommeri 20 lib. pro placitib. ensis injuste captis. De Dionisio Hasle 10 lib. pro eodem. De Willelmo fratre Richeri 40 sol. pro eod. De Hugone Nigro 20 sol. pro eod. De Hugone Laloe 100 sol pro eod De Ricardo de Baillolo 10 lib. pro eod De Radulfo Siroie 20 sol. pro monetagio retento De Radulfo Legoix 10 sol. pro eod. De eisdem 16 sol. quos retinuerant. De Fulcone de Piron 4 sol. pro falso clamore. De Osmundo Lavarde 10 sol. pro recognitione. De Roberto de Spineto 20 sol. pro negare et recognoscere. De Willelmo Lejaoliul 10 sol. pro dimisso clamore. De Radulfo de Sta. Cruce 15 sol. pro simili. De Philipo de Pomeria 20 sol. pro simili. De Gonduino de Fontibus 10 sol quia ivit in curiam episcopi contra defensum justicie. De Gervasio de Fontibus 10 sol. pro eod. De Unfrido de Fontibus 10 sol pro eod. De Roberto de Hamel 10 sol. pro defectu. De Roberto filio Petri 10 sol. pro falso guaranto. De Waltero Siroie 20 sol. quia non fecit partem fratribus suis. De Hugone de Nonantel 20 sol. quia contradixit curiam. De Alberico de S^to^. Lamo 10 sol. pro falso clamore. De Ricardo de Londa 40 sol. pro stultiloquio. De Petro Molendino 20 sol. pro negare et recognoscere. De Gaufrido de Serant 10 sol. pro plegie. De Gaufrido Beraut 10 sol. pro blado Regis incustodito. De Roberto Blanco 10 sol. quia petiit visum terre que visa fuerat. De Johanne de Vado Chanon 20 sol. quia non habuit guarantum. De catallo Turstini mortui usurarii 7 lib. De Radulfo Culdoe 20 sol. quia injuste ceperat res pauperum. De Wimundo Brichet 20 sol. pro vino super vendito. De Petro Alberto 10 sol. pro codem. De Rainaldo Parcario 10 sol pro eod. De Radulfo Morel 20 sol. pro eod. De Roberto Vanario 50 sol pro eodem. De Rainaldo Britone 20 sol. pro eod. De Hugone de Fogeio 50 sol. pro eod. De Hugone de Ferraria 30 sol. pro eod. De Roberto de Cucio 10 sol. pro eod. De Petro de Alnou 6 lib. pro eod. De Alveredo filio Sarlonis 20 sol. pro eod. De Guarino Palmerio 50 sol. pro eod. De Willelmo filio Serlonis 20 sol. pro eod. De Gaufrido de Radencio 40 sol pro eod. De Johanne Fabro 15 sol. pro eod. De Gervasio filio Mainscul 30 sol. pro eod. De Dammeis 15 sol. pro eod. De Fulcone de Veteri-Ponte 15 sol. pro eod. De Tustino de Monte Pinceon 10 sol pro eod. De Hugone de Berlou 15 sol. pro eod. De Radulfo Plus nigro 10 sol. pro eod. De Gervasio de Bordell. 7 lib. pro eod. De Waltero de Perron 10 sol. pro eod. De Roberto Witer 10 sol. pro eod. De Ricardo Halegrin 15 lib pro eod. De Ranulfo Hasle 20 lib pro eod. De Radulfo Macherel 30 sol. pro eod. De Rogero Materaz 15 sol. pro eod. De Gaufrido Britone 20 sol. pro eod. De Gisleberto de Gons 40 sol. pro eod. De Willelmo Balbet 40 sol. pro eod. De Willelmo Seignoze 15 lib. pro eod. De Aspinel 10 lib pro eod. De Gaufrido filio Remigerii 20 sol pro eod. De Radulfo Petra fita mortuo usurario 10 lib. De Anserio de Spineto 20 sol. pro monetagio retento. De Serlone de S^to^ Lothario 10 sol. pro foresta. De Ranulfo Boet 10 sol pro eod. De Gaufrido de Genesteio 10 sol. pro monetagio. De Rogero Belaiole 30 sol. pro eod. De Willelmo Bochier 40 sol. pro eod. De Bernar Blandin 30 sol. pro eod. De Gerardo de Monmaire 20 sol. pro eod. De eisdem 36 sol. quos retinuerant de monetagio. De catallo Joislini fugacis pro domibus combustis Radulfi de Monte Gommeri 3 sol. 8 den. De Willelmo filio Alberti 2 sol. pro lege. De Roberto filio Marie 5 sol pro simili. De Gaufrido de Baiocassino 3 sol. pro simili. De Willelmo Orenge 7 sol. pro simili. De Roberto Molendin. 3 sol. pro simili. De Willelmo Gonduin 3 sol. pro simili. De Osberto Fortin 3 sol. pro simili. De Gaufrido de Campell. 2 sol. pro simili. De Roberto de Valle-Ogeri 4 sol. pro simili. De Ricardo Basset 2 sol. pro simili. De Adam de Gravella 35 lib. 4 sol. 1 den. de remissione veteris misericordie sue. De Gaufrid filio Remigeri 4 lib. 10 sol. pro concordia duelli. De Girardo Sireoie 2 sol p. lege De Johanne Bordon 5 sol. pro simili. De Fulcone de Vendella 3 sol pro simili. De Herberto

Fabro 3 sol. pro simili. De Herberto Fabro 3 sol. pro simili. De Herberto Cementario 2 sol. pro simili. De Vaca retenta pro monetagio apud Maccium 9 sol De Sewardo clerico 15 sol. pro concordia. De catallo Radulfi Mitois suspensi 24 sol. et 6 den. De catallo Johannis de Coude fugacis pro morte hominis 12 den. Summa 251 lib. 17 sol. 2 den. In thesauro liberavit. Et quietus est

§ Oliverus de Meshenenc reddit compotum de 100 sol pro plegia Osberti de Maisoncell In thesauro 50 sol et debet 50 sol.

§ Willemus Bigot reddit compotum de 20 sol. pro eodem. In thesauro 10 sol. Et debet 10 sol.

§ Gislebert Fraisnes redd. compot. de 100 sol. pro falso clamore. In thesauro 26 sol. 6 den. Et debet 73 sol. 6 den.

§ Fulco de Alnou. 117 lib. 17 sol. 6 den. de remanente finis sui pro terra de Flers.

§ Robert de Usseio. 10 lib pro falso clamore.

§ Robertus de Meinart debet unum marcum argenti pro habenda juste terra matris sue. § Fulco de Veteri Ponte debet 10 sol. pro dimisso clamore

§ Nicolas Lovel debet unum marcum argenti pro recognitione habenda de molino de Sarcofago. § Willelmus Consel et Warinus frater ejus debent 20 sol. pro dissaisina.

§ Willelmus Bennengers redd. compot de 9 lib. 16 sol. 8 den. de veteri firma de Gorran de trio anno. In thesauro nichil. In decima statu. canonici de Moritonio 8 lib. In ponte de Gorran faciendo 36 sol. 6 den. per breve Regis. Et quietus est.

Idem debet 4 lib. pro prato Dap. de duobus annis preteritis. Et 40 sol. de eodem prato de hoc anno.

§ Idem redd. compot de 2 sol pro acra terre prope aquam recuperata per jurcam de trio anno. Pro eadem terra reddita Ricardo de Luceio 2 sol. per brev. Regis. Et quietus est.

§ Idem redd. compot. de 4 lib. de censa medietarie de Fossa Louvain de duobus annis preteritis Et de 11 lib. pro xxij°. sextario frumenti de eadem medietaria de tercio augusto preterito Et de 16 sol. pro viij°. sextario avene de ead. medietaria de eodem augusto. Et de 14 lib. de ead medietaria pro xxij sextario frumenti de ii^do^. augusto preterito. Et de 32 sol. pro viij° sextario avene de ead medietaria de eod. augusto. Summa 31 lib. 8 sol. In thesauro nichil. In liberatione ipsius Willelmi 31 lib. 8 sol. de anno preterito de 100 lib. quas habet per annum pro custodia castri de Gorran. Et quietus est.

§ Idem redd. compot. de uno sextario frumenti de xxij° sextariis de termino augusto q^d^. debebat de predicta medietaria. In defectu terre quam tenebat Bern unum sextarium frumenti Et quietus est.

§ Idem redd. compot. de 100 lib. de firma de Gorran de anno preterito. In thesauro nichil. In decima stat. canonici de Moritonio 8 lib. In perfitienda liberatione ipsius Willelmi de 100 lib. de eodem anno 68 lib. 12 sol. In perfitienda operatione pontis de Gorran 25 sol 6 den. per brev. Regis In defectu molendinorum dirutorum per cretinam 34 lib. 18 sol. Et debet 8 lib. 4 sol. 6 den.

§ Idem redd. compot. de 7 lib. 4 sol. 6 den. de debito precedentis compoti. Et de 120 lib de nova firma pro Gorran. Summa 127 lib. 4 sol. 6 den. In thesauro nichil. In decima stat. canonici de Moritonio 8 lib. In liberatione ipsius Willelmi 100 lib. pro custodia castri de Gorran. In defectu molendinorum dirutorum per cretinam 42 lib. 6 sol 8 den. Et quietus est. Et habet superplus 23 lib. 8 sol 2 den. que computantur ei inferius.

§ Idem redd. compot. de censa mediet. de Fossa Louvain In suo superplus precedentis compoti 40 sol. Et habet superplus 21 lib. 8 sol 2 den.

§ Idem debet xx sextaria frumenti et. viij. sext. avene de ead. medietaria de hoc ultimo augusto.

§ Idem redd. compot. de 62 sol 3 den. de veteribus misericordiis de Fossa Louvain. In reparandis domibus regis de Gorran 22 sol. 3 den. per brev. Regis. Et debet 40 sol.

§ Radulfus de Felgeria debet 10 sol. quia non venit ad submonitionem. § Rainaldus de Lanceio debet 10 sol. pro clamare dimisso § Willelmus de Felgeria debet 10 sol. pro plegio. § Robert Fot Souef debet pennam de conins et dimidiã Sabelinam de catallo Petri Savore mortui usurarii. § Idem Robertus et Osenna et Petrus filius Tieberge debent ciphum argenti de catallo ejusdem Petri.

§ *Præpositus de Alenceon.* § *Ricardus de Cardif. Willelmus de Bennengers.*

(Membrane 2. dorso.)

§ Rogerus de Godel redd. compot. de 25 lib. 15 sol. de remissione veteris firme. In thesauro liberavit. Et quietus est.

§ Idem redd. compot. de 140 lib. de nova firma ministerii de Groceio in insula de Gersui In thesauro 133 lib. 8 sol. Abbatie S^te^. Trinitatis de Cadomo. pro. viij. quarteria frumenti 48 sol. hoc anno de elemosine statu. Et debet 4 lib. 4 sol. unde reddit compotum inferius.

§ Idem redd. compot. de 12 lib. 15 sol. de remissione veterum misericordiarum. In thesauro 9 lib. 15 sol. Et debet 60 sol. qui remanent. super Gislebertum imperatorem.

§ Idem redd. compot. de 10 sol. quia interfuit concordie de meihaimato. In thesauro liberavit. Et quietus est.

§ Willelmus Legalitien redd. compot. de 6 lib. de relevio suo. In thesauro 4 lib. Et debet 40 sol.

§ Matilda de Sullevilla redd. compot. de 40 sol. pro fine et relevio terre sue. In thesauro liberavit. Et quieta est.

§ Robertus filius Vital redd. compot. de 50 sol. de remissione finis pro catallo fratris sui mortui usurarii. In thesauro liberavit. Et quietus est.

§ Rogerus Godel redd. compot. 26 sol. 4 den. de exitu terre Ricardi Normanni et Pagani supensorum. In thesauro liberavit. Et quietus est.

§ Ricardus Normant debet 30 sol. pro habenda recordatione duelli.

§ Rogerus Godel redd. compot. de 4 lib. 4 sol. de remissione compoti sui de firma de Croceio in insula de Gersui. In thesauro liberavit. Et quietus est.

§ Ricardus Burnulfus redd. compot. de 22 lib. 19 sol. de remissione veteris firme. In thesauro liberavit Et quietus est.

§ Idem redd. compot. de 160 lib. de nova firma de ministerio de Crapout Doit in eadem insula. In thesauro 143 lib. 10 sol. Abbatie S^te^. Trinitatis de Cadomo pro. x. quarteriis frumenti 60 sol. hoc anno de elene statu. In decima statu Abbati S^ti^. Micael. 4 lib. 10 sol. Et debet 9 lib.

§ Idem redd. compot. de eodem debito. In thesauro liberavit. Et quietus est.

§ Idem redd. compot. de 16 lib 19 sol. de remissione veterum misericordiarum In thesauro 14 lib. 9 sol. Et debet 50 sol. de quibus 20 sol. remanent super Willelmum presbyterum et 30 sol. super Eudonem Azor.

§ Idem redd. compot. de 6 lib. et 12 den. de remissione catallorum Gaufridi Ponheri. In thesauro 12 den. Et debet 6 lib. q. remanent super Robertum Merlin decanum de Insula.

§ Unfridus presbyter de Mara redd. compot. de

30 sol. de remissione finis pro catallo Ranulfi de Lestac. In thesauro liberavit. Et quietus est.

§ Ricardus Burnulfi redd. compot. de 10 sol. de terra Robelinorum. In thesauro liberavit. Et quietus est.

§ Idem. redd. compot. de 20 lib. quia fecit concordiam de juditio ferri sine assensu justicie. In thesauro 10 lib. Et debet 10 lib.

§ Gislebertus de Hoga redd. compot. de 9 lib. 10 sol. de remissione veteris firme. In thesauro liberavit. Et quietus est.

§ Idem redd. compot. de 100 lib. de nova firma de ministerio de Gorroic, in insula de Gersui. In thesauro 147 lib. 10 sol. In decima statu S^{te}. Trinitatis de Cadomo 7 lib. Item eidem pro decem quarteriis frumenti in molendinis 60 sol. hoc anno de elemosine statu. Et debet 50 sol. de quibus reddit compotum inferius.

§ Idem redd. compot. de 4 lib. 14 sol. de remissione de relevio Rogerii Part Wastel. In thesauro liberavit. Et quietus est.

§ Idem redd. compot. de 27 sol. de remissione catallorum Roberti Malet. In thesauro liberavit. Et quietus est.

§ Idem redd. compot. de 30 sol. de fructu gardini Roberti Malet dum fuit in manu Regis. In thesauro liberavit. Et quietus est.

§ Idem redd. compot. de 14 lib. et 3 sol. de remissione veterum misericordiarum. In thesauro 13 lib. et 13 sol. Et debet 10 sol. qui remanent super Waldrain.

§ Idem reddit compot. de 8 sol. pro bovata terre Ricardi Helduini recuperata per juream. In thesauro liberavit. Et quietus est.

§ Idem reddit compot. de 7 lib. quia interfuit concordie de meshaimato. In thesauro 70 sol. Et debet 70 sol.

§ Idem redd. compot. de 50 sol. de remissione compoti sui de firma de ministerio de Gorroic. In thesauro liberavit. Et quietus est.

§ Idem redd. compot. de 240 lib. de firma pro insula de Guernerrui. In thesauro 229 lib. 6 sol. Canonicis de Cesarisburgo 100 sol. de decima molendinorum. Et debet 114 sol.

§. Idem redd. compot. de eodem debito. In thesauro liberavit Et quietus est.

§ Idem reddit compotum per Robertum Haverlant de 37 lib. 10 sol. 6 den. de remissione veterum misericordiarum de eadem insula. In thesauro liberavit. Et quietus est.

§ Robertus de Haverlant reddit compotum de 40 lib. quia interfuit concordie de mehaimo. In thesauro 7 lib. Et debet 33 lib.

§ Gislebert de Hoga redd. compot. de 10 sol. de terra Enpete Raie et de Marisco de Orguil. In thesauro liberavit. Et quietus est.

§ Idem reddit compotum de 4 sol. pro uno quarterio frumenti de tenemento Waldin. In thesauro liberavit. Et quietus est.

§ Idem redd. compot. de 30 sol. de exitu terre Paienel. In thesauro liberavit. Et quietus est.

§ Reinerus Tallaator reddit compotum per Julianum suum clericum et Henricum Loherenc de 13 lib. 14 sol. de apiculariis foreste silve Drue. Et de 20 sol. de terea Reinaldi Silvestris. Et de 56 sol. de exitu terre de Fonte Osenne. Et de 10 lib. 11 sol. 10 den. de exitu terre de Coleriis que fuit dos uxoris Hugonis Rufi. Et de 40 sol. de Erenberge La Walesche pro habendo debito suo de Willelmo de Merula. Et de 60 lib. 10 sol. de remissione misericordiarum et placitorum de vinagio. Et de 37 lib. de Gervasio Paienel de vadiis Gerardi Burnouf. Et de 12 lib. de catallo Willelmi filii Lamberti fugitivi pro morte hominis de Conde. Summa 139 lib. 10 sol. 10 den. In thesauro 62 lib. 10 sol.

§ In facienda alta camera castri de Danfront 77 lib. 22 den. per brevem Regis. Et quietus est.

§ Idem redd. compot. de 35 lib. 10 sol. 10 den. de reguardiis Andene et Silve Drue. forestarum de Passeis. In thesauro 30 sol. In operatione predicte camere 29 lib. 14 sol. 10 den. per id brev. Et debet 4 lib. 6 sol.

§ Idem redd. compot. de 63 sol. 5 den. de pasnagio earumdem forestarum. In thesauro nichil. In decima abbati de Lonleio 6 sol. 4 den. In operationibus predicte camere 67 sol. et 1 den. per idem brev. Et quietus est.

§ Idem redd. compot. de 40 lib. quas recepit de Willelmo filio Radulfi Dap. apud Valonias. In operationibus predicte camere 40 lib. per idem brev. Et quietus est.

§ Herbertus frater Alveredi de Ferraria redd. compot. de 99 lib. 10 sol. de remissione promissi sui pro habenda filia Ermeneldis sibi in uxorem. In thesauro 10 sol. Et debet 99 lib.

§ Johannes de Danfront redd. compot. pro patre suo H. de 55 lib. 10 sol. de veteri vinagio baillie de Danfront. In perdonatione eidem Johanni 55 lib. 10 sol. per brev. Regis. Et quietus est.

§ Gislebert Venator redd. compot. de 6 lib. quas cepit de catallo Petri Savore usurario. In perdonatione eidem Gisleberto 6 lib. per brev. Regis. Et quietus est.

§ Rogerus de Conbraio debet 10 lib. pro recognitione versus Willelmum de Ferraria. § Philippus de Campo Secreto debet duos absturcos mutarios pro area Reg. perdita. § Heres Hamelini de Willan. debet 10 sol. pro exonio patris sui. § Gerard Bernulfi debet 500 lib. de veteri firma Moritonie et Danfront. § Osbertus Bruman debet 5 sol. pro recognitione falso jurata. § Hugo Lecoc debet 10 sol. pro eodem. § Willelmus filius Maze debet 15 sol. pro eodem. § Acardus Croceon debet 10 sol. pro vino supervendito.

§ Robertus de Conbraio reddit compotum de 45 lib. de firma terre Girardi Burnulfi. In thesauro 12 lib. 10 sol. Et debet 32 lib. 10 sol.

§ Gaufridus Gueche. Willelmus Ernaldus et Hugo Cantel reddunt compotum pro se et sociis suis de 240 lib. de firma prepositure de Danfront. In thesauro nichil. Portario turris 4 lib. 10 sol. de libero statu. Waltero de Bennengers et Roberto de Coldreia, et Waltero Laienfint ad operationes molendinorum et calceie de Gorran 173 lib. per brevem Regis. Reinero Tailliatori ad operationes castri et domorum de Danfront 72 lib. 10 sol. per id. brev. Et quieti sunt.

§ Prior de Feritate debet 50 lib. pro dissaisina ecclesie de Belvain.

§ *Insule. Reinerus Tailliator. Prepositi de Danfront.*

(Membrane 3 recto.)

§ Albanus de Vira et Rainaldus de Doit reddunt compotum de 180 lib. de firma prepositure de castello Vire. In decima abbati de Troarz 18 lib. In liberatione Willelmi de Homet constabulo 100 lib. pro custodia castri de Vira. In refactura molendini diruti per cretinam et in reparatione turris 57 sol. 11 den. per brev. Regis. Et quieti sunt.

§ Eidem reddunt compotum de 20 lib. de firma vicecomitatis de Valle Vire. In thesauro liberaverunt. Et quieti sunt.

§ Eidem reddunt compotum de 3 sol. de catallo Willelmi de S^{to}. Laudo fugaci pro femina percussa. In thesauro liberaverunt. Et quieti sunt.

§ Eidem reddunt compotum de misericordiis et promissis et finibus scilicet de Duraido Fabro 20 sol.

pro dissaisina. De Radulfo Ceouchel 25 sol. pro falso clamore. De Henrico Malbeenc 20 sol. pro dissaisina. de Ranulfo de Carevilla 20 sol. pro concordia. De Hugone Malbeenc et de Henrico 40 sol. pro habendo termino versus Rogerium Malbeenc. De Roberto de Rivera 10 sol. pro recognitione. De Willelmo de Boelcio 10 sol. pro falso clamore. De abbate de S^{to}. Severo et de Eudone Capite Hirci 60 lib. de fine Murieldis que fuit uxor Hugonis Doel mortui usurarii. De Eudone Capite de Bouc 20 bisancia pro habenda venta nemoris Willelmi de Gouz. Summa de qua reddunt compotum 67 lib. 5 sol. et 20 bisancia. In thesauro liberaverunt. Et quieti sunt.

§ Eidem reddunt compotum de 72 sol. de catallo Radulfi Fere de Atri fugacis pro morte Rogeri ante nati. In thesauro liberaverunt. Et quieti sunt.

§ Eidem redd. compot. de 16 sol. de hoc anno pro dimid. modio avene de bernagio in praeriis et in Surmon. In thesauro liberaverunt. Et quieti sunt.

§ Eidem debent octo sextaria avene de bernagio de Carevilla de duobus annis : scilicet quoque anno qua tuor sextaria. § Eidem reddunt compotum de eodem debito. In recepta Ricardi filii Henrici quatuor sextaria de quibus reddidit compotum. Et debent quatuor sextaria.

§ Homines de Talevenda debent 100 sol. pro recognitione habenda de servicio quod ab eis exigitur.

§ Rogerus Malebeenc debet 40 sol. pro habenda porcione de escaetis patris sui versus fratres patris sui.

§ Petrus de Virgonceau debet 10 sol. pro appellatione dimissa.

§ Radulfus vicecomes debet 60 sol. de recreantissa Roberti filii Drogonis.

§ Nigel de Monbraio reddit compotum de 25 lib. de remissione de mille quercubus quas Willelmus filius Johannis emit ad edificia Regis de Buro. In thesauro liberavit. Et quietus est.

§ Boso de S^{to}. Laudo reddit compotum de 300 lib. de firma pro feria de Monte Martini. In thesauro 256 lib. 6 sol. 2 den. In decima priori de Moritonio 30 lib. Decano Moritonii 40 sol. de elemosine statu. Vicecomiti de Cerences 14 sol. de libero statu. Preposito de Cerences 7 sol. de libero statu. Duobus Gravengeriis 8 sol. et 2 den. de libero statu. Leprosis 4 sol. 8 den. de elemosine statu. Fulcuino Painel 10 lib. de feodo. Et quietus est.

§ Gislebertus de Monte Fichet reddit compotum per Radulfum Capellanum de 100 lib. de firma foreste de Monte Fichet. In thesauro 90 lib. In decima abbati de Cerisiaco 10 lib. Et quietus est.

§ Idem reddit compotum de 16 lib. 5 sol. 4 den. de reguardo ejusdem foreste preter decimam abbatis de Cerisiaco. In thesauro liberavit. Et quietus est.

§ Osbertus de Hosa reddit compotum per Gaufridum clericum suum et per Robertum Andegavensem de 150 lib. 10 sol. de firma Cesarisburgi. Et de 153 lib. 10 sol. de firma Valonie. Et de 200 lib. de firma de Bruis cum blado et omnibus pertinenciis. Summa 504 lib. In thesauro 115 lib 5 sol. 7 den. In decima Episcopo Constanciensi 6 lib. de firma Cesarisburgi. Canonicis de Cesarisburgo 21 lib. de elemosine statu de eadem firma. Monachis de S^{to}. Florentio 4 lib. 2 sol. 6 den. de elemosine statu de firma Valoniarum. In consuetudine Lardinarii 6 sol. 2 den. de eadem firma. In decima abbati de Troarz 15 sol. pro tribus quarteriis frumenti de molendino de Bernewast. Tribus Reclusis 7 lib. 10 sol. hoc anno pro 30 quart frumenti de elemosine statu. Eisdem 7 lib. 7 sol. hoc anno pro 42 quart. ordei de elemos. statu. Eisdem 48 sol. ad vestes et luminaria in vita sua. Recluso de S^{to}. Marculfo 10 sol. de incremento in vita sua. Eidem 35 sol. pro 10 quart. ordei in vita sua. In liberatione ipsius Osberti 200 lib. pro custodia Cesarisburgi et Valonie per annum. In liberatione Nicolai Papeil et Willelmi de Bosco Ascelini 31 lib. 13 sol. de 211 diebus : scilicet de die S^{ti}. Micaelis usque ad diem S^{ti}. Vitalis martyris ipsa die computata. In justiciis faciendis 5 sol. pro sex tonellis vini portandis a Cadomo usque ad Valonias et ad Cesarisburgum, 60 sol. 11 den. per brevem Regis. Pro portand. et faciend. in Angl. 60 perticatis palorum 16 lib. 8 sol. per brev. Regis. In thesauro ducendo de Valonie ad Cesarisburg. 2 sol. per brevem Regis. In relevando palitio et in reficienda domo aput Bruis que fuerunt apportata de Calz de parco de Anssoltot 50 lib. per brevem Regis. In operationibus Cesarisburgi, scilicet : in 800 perticatis palorum portandis in Angliam et in labruscandam capellam et parvam cameram de Valon. et in levandam calceiam et perrandam parvi vivarii Valonie et in cooperiendis cameris Cesarisburgi et in liberatione Nicol Papeil et Willelmi de Bosco Ascelini servientes Regis de 21 diebus 35 lib. 11 sol. et 10 den. per brevem Regis. Et quietus est.

§ Idem reddidit compotum per eosdem de 19 lib. 13 sol. 3 den. de remissione veteris compoti sui et de 4 lib. pro duobus modiis moreti de veteri. Summa 23 lib. 13 sol 3 den In thesauro liberavit. Et quietus est.

§ Idem reddit compotum de 29 quart. et duobus boissellis frumenti recuperatis per juream scilicet de x. quart. frumenti in terra Warlain in Assevilla. Et una acra terre in S^{to}. Marculfo. Et de 10 quart. et duobus boissellis in Ivetot de terra Hugonis Forestarii. Et de una mina frumenti de terra Pichenot in Cesarisburgo. Et de quinque quarteriis et duobus boissellis in molendino de Digurdevilla. Et de uno quarterio frumenti in Amondevilla de terra Ranulfi Joculatoris et duobus boissellis. In thesauro 70 sol. per 14 quarteria. In quietancia terre Warlain date Manssello in feodo pro servitio 10 quart. frumenti. Ipsi Osberto quinque quart. et duobus boissellis de molendino de Digurdevilla quod habet in firma sua cum honore de Bruis. Et quietus est.

§ Idem reddit compotum de 40 sol. de terra Flamengorum. Et de 10 sol. de porprestura de Benewasto. Et de 10 sol. de terra de Carnanvilla. Et de 5 sol. de Petro de Ketelvilla. Et de 40 sol. de auxilio assiso in Goisbervilla. Et de 41 sol. 6 den. de terra Roberti Waleis in Sta. Cruce. Et de 16 den. de octo panibus et octo gallinis de reguardo ejusdem terre. Et de 23 den. de reguardo quatuor hospitum in Amondevilla. Summa 7 lib. 9 sol. 9 den. In thesauro liberavit. Et quietus est.

§ Idem Osbertus non reddidit compotum de 10 sol. de auxilio in Amundevilla quia in solo tercio anno reddibiles sunt.

§ Idem reddit compotum de 4 lib. pro duobus modiis moreti de forestis de Cesarisburgo et de Bruis. In thesauro liberavit. Et quietus est.

§ Idem redd. compot. de 41 lib. 10 sol. de exitu terre de Henevilla que est in manu Regis pro 500 lib. de debito Leticie uxoris Jordani Taisson pro fine terre sue. In thesauro liberavit. Et quietus est.

§ Idem redd. compot. de 22 lib. 12 sol. 4 den. de exitu terre que fuit Pagani Carbonel in Beverant. In thesauro liberavit. Et quietus est.

§ Gaufridus Capellanus Osberti de Hosa reddit compot. de 6 lib. 12 sol. 3 den. de exitu prebende que fuit cantoris de Cesarisburgo. In thesauro liberavit. Et quietus est.

§ Foresta de Monteborc est in dominico Regis. § Willelmus de Vernon habet per Regem forestam de Bernewast, et forestam de Blanchevilla, et forestam de Rabeio, et haiam de Teil, et haiam de Grosso Bruolio, et Bretefest, et Putot et Hailescouf que reddunt 22 modia avene ad mensuram Rothomagi preter decimam. Et quatuor viginti frescenges, vel 8 lib. cum decima. Et 160 arietes vel 8 lib. cum decima. Et 160 gallinas cum decima.

q Reinaldus de Carterai redd. compot. de 64 lib. de remissione finis sui, pro terra patris sui. In thesauro 33 lib. 10 sol. Et debet 30 lib. 10 sol.

§ Radulfus de Genesteiz debet 10 sol. pro recognitione versus Willelmum de Musca. § Willelmus filius Estur debet 30 lib. pro recognitione habenda de Teivill.

§ Willelmus de Moncarvilla reddit compotum de 20 sol. pro recog. In thesauro liberavit. Et quietus est.

§ Osbertus de Hosa redd. compot. de misericordiis et promissis et finibus scilicet de Roger. de Monasteriis 7 lib. quia interfuit concordie de morte Simonis Bisel. De hominibus de Rafovilla 20 sol. pro recog. Summa 8 lib. In thesauro liberavit Et quietus est.

q Idem redd. compot. de 13 lib 16 sol. 4 den. de catallo Willemi Ospinel de Perers qui fugiit ad ecclesiam pro morte Tome de Rufo Campo. Et de 7 lib. 3 sol. 6 den. de catallo Johannis filii Nicolai pro eod. Et de 73 sol. 5 den. de catallo Nicolai Lovel pro eod. Et de 4 lib. 17 sol. de catallo Tome fratre presbyteri pro eod. Et de 5 sol. de catallo Rogeri de Porta et fratris sui pro eod. Et de 26 sol. 6 den. de catallo Radulfi Teillart pro eod. Et de 52 sol. 4 den. de catallo Reinaldi filii Petri pro eod. Summa 33 lib. 14 sol. et 1 den. In thesauro liberavit. Et quietus est.

§ Idem redd. compot. de 41 lib. 10 sol. 9 den. de reguardo forestarum de Constantino. In thesauro 39 lib. 9 sol. 9 den. Et debet 41 sol. qui remanent super terram Willelmi de Homet.

q Leticia que fuit uxor Jordanis Taisson reddit compotum de 80 lib. de remissione finis sui. In thesauro 50 lib. et debet 30 lib.

§ Osbertus de Hosa redd. compot. de 40 sol. de denariis Osmundi Vitali repertis in terra. In thesauro liberavit. Et quietus est.

§ Idem reddit compotum de 65 sol. de catallo Roberti Lancepolein et filiorum suorum fugacis pro morte hominis de Carterai. Et de 20 sol. de catallo Radulfi Pichere fugacis pro latrocinio Et de 22 sol. de catallo Petri Lecos fugacis pro simili. Et de 4 sol. de catallo Roberti Gargate fugacis pro simili Et de 4 sol. de catallo Willelmi Coiruel fugacis pro simili. Et de 13 sol. de catallo Foluis fugacis pro simili. Et de 42 sol. 6 den. de catallo Wandac fugacis pro simili. Et de 20 sol. de catallo Ranulfi de Hamel fugacis pro bestiis foreste. Et de 2 sol. de catallo Petri Herberti fugacis pro eod. Et de 27 sol. de catallo Boteillier fugacis pro corio cervi. Et de 40 sol. 8 den de catallo Willelmi de Mara fugacis pro morte hominis de Oglandes. Et de 66 sol. 3 den. de catallo Radulfi Borel fugacis pro eod. Et de 15 sol. de catallo Gaufridi Hongre fugacis pro latrocinio. Et de 10 sol. de catallo Willelmi medici fugacis pro combustione. Summa 17 lib. 11 sol. 5 den. In thesauro liberavit. Et quietus est.

§ Idem reddit compot. de 61 sol. 1 den. de remissione denariorum liberatorum ad faciendum palitium missum in Angliam. In thesauro liberavit. Et quietus est.

§ Idem reddit compotum de misericordiis et promissis et finibus scilicet de Rog. filio Christiani 20 sol. pro crasso pisce. De Rogero Bordel 20 sol. pro eod. De minutis misericordiis 31 sol. pro eod. De Philipo de Wildebrena 10 sol. pro falso clamore. De Roberto Rufo 10 sol. pro plegio Willelmi medici, fugacis pro combustione. De Willemo Cervo 10 sol. pro eod. De Gaufrido Crapin 10 sol. pro eodem. De Radulfo de Valle 10 sol. pro eod. De Roberto de Monte 6 sol. pro eod. De Ranulfo filio Godefridi 10 sol. pro eod. De Henrico de Museriis 10 sol. pro eod. De Roberto Carpentario 10 sol. pro eod. De Anfrido filio Tome 10 sol. pro eod. De Gaufrido Carpentario 10 sol. pro eod De Willelmo de Landa 10 sol. pro dissaisina. De Gaufrido filio Ogerii 10 sol. pro falso clamore. De Roberto filio Petri 10 sol. pro simili. De Ricardo Mainerii 20 sol. pro dissaisina. De Anskitillo Maignien 20 sol. pro eod. De Roberto Malduit 10 sol. pro devocato domino suo. De Unfrido de Corbelvilla 10 sol. pro eod. De Ernuiz de Corbelvilla 20 sol. pro eod. De Poncart. . . . . pro plegio Ricardi Belli. De Roberto Cahurle 10 sol. pro eod. De Anskitillo Desue 10 sol. pro eodem. De Willelmo filio Alveredi 10 sol. pro eod. De Ricardo filio Alani 10 sol. pro eod. De Willelmo filio Ranulfi 10 sol. pro eodem. De Rog. Calvin 10 sol. pro eod. De Willelmo Benedicto 10 sol. pro eod. De Clemente Warroc 10 sol. pro campione quem fecit capere bellum qui aliud ceperat. De Radulfo Malesarz 10 sol. pro falso clamore. De Willelmo filio Emme 10 sol. pro concordia duelli. De Alveredo Barre 10 sol. pro dissaisina. De Ricardo Morvan 10 sol. pro plegio Ricardi Frollant. De Hugone de Berneriis 20 sol. pro dissaisina. De Ricardo de Orvilla 20 sol. pro plegio Frollant. De Roberto. . . . . 10 sol. pro eod. De Radulfo de Maceria 10 sol. pro eod. De Johanne de Monasterio 10 sol. pro eod. De Henrico de Valle 10 sol. pro eod. De Roberto Frollant 10 sol. pro eod. De Petro de Ponte 5 sol. pro plegio Radulfi Pele. De Ranulfo Burnel 10 sol. pro eod. De Petro Goscelin 5 sol. pro eod. De Anskitillo Agnelli 10 sol. pro eod. De Rogero Harel 10 sol. pro eod. De Willelmo Poterio 10 sol. pro eod. De Rogero Crasso 10 sol. pro plegio Bertini fugacis pro robaria. De Willelmo Preposito 10 sol. pro eod. De Guistinel 10 sol. pro eod. De Radulfo de Busco 10 sol. pro plegio Fouuis fugacis. De Wigero de Buesevilla 10 sol. pro eod. De Ricard. Margot 10 sol. pro eod. De . . . . . Malduit 10 sol. pro eod. De Ranulfo Mainart 10 sol. pro eod. De Roberto de Londa 10 sol. pro dissaisina. De Ranulfo et de Nicol. de Gruea 10 sol. pro simili. De Rogero Malesmains 5 sol. quia recessit a curia antequam audiret juditium suum. De Unfrido Monfort 10 sol. pro eod. De Willelmo de Aquosis 10 sol. pro bosco wastato. De Willelmo Franceis 10 sol. pro eod. De Matheo Telario 10 sol. pro eod. De Wigero 10 sol. pro eod. De Rogero Peilevilain 10 sol. pro eod. De Willelmo Barbet 10 sol. pro eod. De Alberico 10 sol. pro eod. De Ricardo de Bennevilla 10 sol. pro falso clamore. De Robert Preposito 6 sol. pro simili. De Ranulfo Buriunt . . . sol. pro simili. De Roberto de Portu 6 sol. pro simili. De Gaufrido Burgensi 6 sol. pro simili. De Willelmo de Landa 6 sol. pro simili. De Ranulfo. . . . . gier 15 sol. pro vino super vendito. De Roberto Crasso 30 sol. pro eod. De Petro Rege 30 sol. pro eod. De Joislano 40 sol. pro eod. De Goscelino filio Anskitilli 30 sol. pro eod. De Toma de Savigneio 30 sol. pro eod. De Rogero Noel 50 sol. pro eod. De Willelmo filio Guarini. . . . . sol. De Gaufrido de Posterna 15 sol. pro eod. De Grento 15 sol. pro eod. De Nicol. de Muro 10 sol. pro eod. De Gaufrido Heldebert 30 sol. pro eod. De Radulfo Mala erba 60 sol. pro eod. De Osanna 10 sol. pro eod. De Micaele filio Burgensis 15 sol. pro eod. De Toma Wenchenel 10 sol. pro eod. De Odone Mal Reuuart 10 sol. pro eod. De Odone de Martinvilla 20 sol. pro eod. De Godefrido filio Ranulfi 30 sol. pro eod. De Radulfo Tintore 10 sol. pro eod. De Rogero de Rocha 40 sol. pro eod. De Rogero Peildor 10 sol. pro eod. De Radulfo de Haia 30 sol. pro eod. De Anskitillo Haguefs 15 sol. De Roberto Fressent 15 sol. pro eod. De Willelmo Espievent 10 sol. pro eod. De Petro Agnello 20 sol. pro eod. De Rogero de Canvilla 15 sol. pro eod. De. . . . . 15 sol. pro eod. De Ricardo Sapiente 15 sol. pro eod. De Laidet 15 sol. pro eod. De Ascio Panier 30 sol. pro eod. De Willelmo Girardi 10 sol. pro eod. De Petro de Aufevilla 20 sol. pro eod. De Willelmo Juvene 15 sol. pro eod. De Nigello Preposito 10 sol. pro eod. De Radulfo Malcael 10 sol. pro eod. De Malnorri 10 sol. pro eod. De Henrico Duredent 15 sol. pro eod. De Roberto Normanno 30 sol. pro eodem.

§ *Albanus de Vira. Boso de S^{to}. Laudo. Gislebertus de Monte Fichet. Osbertus de Hosa.*

Respice in tergum. Emendatus est.

(Membrane 3. dorso).

De Rogero filio Walterii 15 sol. pro eod. De Serlone Grandi 10 sol pro eod. De Johanne filio Nicol. 10 sol. pro eod. De Roberto Malacosta 15 sol. pro eod. De Radulfo Gerard 20 sol. pro eod. De Bertelot 20 sol. pro eod. De Nicol. Lovel 20 sol. pro eod. De Will. Planet 15 sol. pro eod. De Roberto vicecomiti 20 sol. pro eod. De Eurrico Anglico 15 sol. pro eod. De Willelmo Hulupin 15 sol. pro eod. De Davide de Curceio 10 sol. pro eod. De Gaufrido Ermoin 15 sol. pro eod. De Willelmo Buisnart 30 sol. pro eod. De Willelmo de S^{to}. Laudo 15 sol. pro eod. De Rad. Furnerio 10 sol. pro eod. De Roberto Toisnier 30 sol. pro eod. De Sacerdotissa de Albineio 15 sol. pro eod. De Gaufrido Durand 10 sol. pro eod. De Sansone Bernard 15 sol. pro eod. De Willelmo de Paris 15 sol. pro eod. De Rogero Sorice 10 sol. pro eod. De Gaufrido Guernier 20 sol pro eod. De minutis misericordiis 8 lib. 15 sol. pro eodem vinagio. Summa 109 lib. 17 sol. In thesauro liberavit. Et quietus est.

§ Radulfus de Duna reddit compotum de 4 lib. pro crasso pisce capto et diviso sine licentia. In thesauro 30 sol. Et debet 50 sol.

§ Willelmus de Presselot redd. compot. de 40 sol. In thesauro 20 sol. Et debet. 20 sol.

§ Willelmus Berruer redd. compot. de 40 sol. pro eod. In thesauro 20 sol. Et debet. 20 sol.

§ Ranulfus de Wildebrena redd. compot. de 10 lib. pro eod. In thesauro 100 sol. Et debet 100 sol.

§ Rogerus Calceon debet 100 sol. pro eod. § Ricardus Morvan debet 20 sol. pro recognitione habenda.

§ Ricardus Baignart reddit compotum de 40 sol. pro dissaisina. In thesauro 20 sol. Et debet 20 sol.

§ Sanson de Anslevilla reddit compotum de 4 lib. pro concordia duelli. In thesauro 40 sol. Et debet 40 sol.

§ Robert Couve reddit compotum de 10 lib. pro eod. In thesauro 100 sol. Et debet 100 sol.

§ Ospinel redd. compot. de 100 sol. pro vadio negato et vino supervendito. In thesauro 50 sol. Et debet 50 sol.

§ Gervasius de Urvilla reddit compotum de 20 sol. pro concordia. In thesauro liberavit. Et quietus est.

§ Radulfus Clericus de Ansgovilla debet 20 sol. pro dissaisina.

§ Gislebert Droier reddit compotum de 10 lib. pro vino supervendito. In thesauro 6 lib. Et debet 6 lib.

§ Robert Harenc reddit compotum de 20 lib. pro eod. In thesauro 10 lib. Et debet. 10 lib.

§ Georgius redd. compot. de 100 sol. pro eod. In thesauro 50 sol. Et debet 50 sol.

§ Radulfus Crochet redd. compot. de 60 sol pro eod. In thesauro 40 sol. Et debet 20 sol

§ Adam de Gruec redd. compot. de 50 sol. pro eod. In thesauro 30 sol Et debet 20 sol.

§ Radulfus Doucet debet 15 sol. pro eod. et Rohais de Marreinco 10 sol. pro eod. Et Willelmus Faber 30 sol pro eod. Et Gaufridus Loreor 15 sol. pro eod. Et Robertus Estur 15 sol. pro eod. Et Robertus Bros. 30 sol. pro eod.

§ Willelmus Mercator redd. compot de 40 sol. pro eod. In thesauro 30 sol Et debet. 10 sol.

§ Ricardus de Baiocis debet 20 sol. pro eod. Et Robertus de Mor 100 sol. Et Gaufridus Caldecote 15 sol. pro eod. Et Girardus Pelliparius 15 sol. pro eod. Et Petrus Dalifrei 10 sol. pro eod. Et Alexander Molendin. 15 sol pro eod. Et Ilbertus Corbet 15 sol pro eod. Et Simon nepos Prioris 20 sol. pro eod. Et Reinoldus Corbet 15 sol pro eod.

§ Arturus Canutus redd. compot. de 100 sol. pro eod. In thesauro 50 sol. Et debet 50 sol.

§ Turoldus Pucierre redd. compot. de 100 sol. pro eod. In thesauro 50 sol. Et debet 50 sol.

§ Gaufridus Aurifaber redd. compot. de 100 sol. pro eod. In thesauro 40 sol. Et debet 60 sol.

§ Stephanus Mercator redd. compot. de 4 lib. pro eod. In thesauro 40 sol. Et debet 40 sol.

§ Robertus Wissel redd. compot. de 60 sol. pro eod. In thesauro 30 sol. Et debet 30 sol.

§ Engelarius redd compot. de 10 sol. pro eod. In thesauro liberavit. Et quietus est.

§ Rogerus Malpoint redd. compot. de 100 sol. pro eod. In thesauro 50 sol. Et debet 50 sol.

§ Corbinus de Agnellis debet 40 sol pro recognitione habenda. § Halenas de Sifreuuast debet 40 lib. pro fine terre sue in Normannia et in Anglia.

§ Robertus Andegavensis reddidit compotum de 60 lib. de firma prepositure de Barbefluvio. In thesauro 35 lib. 4 sol. In decima S^{to}. Amando Rothomagensi 6 lib. In passagio fratrum de Cartosa et Reinaldi Clerici Regis qui eos duxit in Angliam 20 sol. per brevem Regis. In passagio Reinaldi et Jami et Theoderici et sociorum eorum et 50 canum Regis 45 sol. per brevem Regis. In minutis passagiis hominum Regis 61 sol. per brevem Regis. In passagio episcopi Wintonie et Cambiatorum Regis de Turone et de Cenomann. 10 lib. 10 sol. per brevem regis. In suo superplus veteris anni 40 sol. Et quietus est.

§ Idem reddit compotum de 70 lib. de firma vicecomitatis de Costentino. In thesauro 57 lib. 4 sol. In decima abatti de Cerisiaco 7 lib. Canonicis de S^{to}. Laudo 20 sol. de elemosine statu. In quietancia terre abbatis S^{ti}. Salvatoris in Torgistorp, 7 sol. per cartam regis Pro faciendo et adducendo mairremio ad castrum de Amanvilla 4 lib. 9 sol. per brevem Regis Et quietus est.

§ Idem reddit compotum de 110 sol. de firma ferie S^{ti}. Sebastiani. In thesauro liberavit. Et quietus est.

§ Idem redd. compt. de 53 lib. 10 sol. de exitu terre Willelmi de Aurea Valle, a festo S^{ti}. Micaelis usque ad circoncisionem Domini. In thesauro liberavit. Et quietus est.

§ Robertus de Lestre redd. compot. 10 sol. pro crasse pisce. In thesauro liberavit. Et quietus est.

§ Gaufridus de Ingarvilla et Willelmus Mordant reddunt compotum pro se et sociis suis de 200 lib. de firma de S^{to}. Marculfo. In thesauro 197 lib. Canonicis de Cesarisburgo 60 lib. de decima molendini et telonei et salis. Et quieti sunt.

§ Eidem reddunt compotum de 105 sol. de terra que fuit Engelger de Bohom in S^{t}. Marculfo. In thesauro liberaverunt. Et quieti sunt.

§ Walter Capellanus et Ranulfus Estochebugle reddunt compotum pro se et sociis suis de 220 lib. de firma de Poupevilla In thesauro 217 lib. In decima canonicis de Cesarisburgo 40 sol. de molendino et telono. Monachi de Longues 20 sol. de elemosine statu. Et quieti sunt.

§ Eidem reddunt compotum de 100 sol. de firma pro terra Roberti vicecomitis in Poupeville. In thesauro liberaverunt. Et quieti sunt.

§ Ricardus de Bennevilla et Herveus de Duna reddunt compotum pro se et sociis suis de 200 lib. de firma de Warreville. In thesauro 192 lib. In decima canonicis de Cesarisburgo 60 sol de molendino et teloneo. Comiti de Pontivo et Ricardo Vetlere 100 sol. pro tribus modiis bladi ad mensuram Rothomagi quos habent in molendinis. Et quieti sunt.

§ Ricardus Baignart et Robertus de Terrascona reddunt compotum de 140 lib. de firma de S^{to}.

Marie Ecclesia. In thesauro 138 lib. Pro terra data Riulfo in S^{te}. Marie Ecclesia 40 sol. per cartam Regis. Et quieti sunt.

§ Rogerus Lapeue et Walter Granetarius reddunt compotum de 184 min. avene de bernagio de Costantino. In thesauro 26 lib. 18 sol. 3 den. pro 159 min. et una quart. Tribus reclusis, ad potum eorum 18 min. de elemos. statu. In quietancia terre abbatis de S^{to}. Salvatore in Torgistorp una mina. In quietancia terre Vis de Lupo tres quart. in vita sua per cartam Regis. Et debent 6 sol. 8 den. pro 4 min. avene.

§ Idem reddit compotum de eodem debito. In thesauro liberavit. Et quietus est.

§ Adam de Gravella et Rogerus Grandis reddunt compotum de 700 lib. de firma vicecomitatis et prepositure de Argenten. Et de 20 lib. pro molendino de Novo Stanno. Et de 10 lib. pro molendino de Gravella. Et de 15 lib. de firma ferie de Pentecoste. Et de 10 lib. de firma pro Insula Hamonis. Summa 755 lib. In thesauro 194 lib. 15 sol. In decima S^{to}. Wandr. 15 lib. Canonicis de Sagio 13 lib. 12 den. de elemosine statu. In decima abbatie de Bosco 10 lib. Hospitali Jerusalem 10 sol. de elemosine statu. Abbatie S^{ti}. Andree 46 sol. 6 den. de elemos. statu. Capellano de S^{to}. Nicolao 40 sol. de elemos. statu. Vigili castri 60 sol. de elemos. statu. Portario 60 sol. de elemos. statu. Ad Pontem Olne 20 sol. de consuetudine statu. Gaufrido fratri comitis Perticensis 56 lib. per cartam Regis. In liberatione Ricardi de Cardif 140 lib. pro custodia castri de Argenten. Pro ducendis trigenta quatuor tonellis vini de Andegavi ad Argentenum et inde ad Burum et Cadomum et Valonias et Cesarisburgum et Tenerchebraium et Danfront et Moritonium et Gorran et Falesiam 55 lib. 4 sol. per brevem Regis. In reparandam domum Regis de Argenten 9 lib. 17 sol. 3 den. per brevem Regis. Pro portando thesauro Regis de Falesia ad Argentenum 10 sol. per brevem Regis. Et debent 244 lib. 6 sol.

§ Eidem reddunt compotum de eodem debito. In thesauro 170 lib. Et debent 74 lib. 6 sol. 3 den.

§ Clementia que fuit uxor Roberti de Monteforti reddit compotum de 500 lib. de remissione finis sui pro custodia terre puerorum suorum. In thesauro 200 lib. Et debet 300 lib.

§ Robertus de Campellis redd. compot. de 100 lib. de firma Andene et Silve Drue forestarum de Passeis. In thesauro liberavit. Et quietus est.

§ Comes Cestrie redd. compot per Ranulfum de Praeriis de 100 lib. de firma prepositure de S^{to}. Jacobo. In thesauro 90 lib. In decima S^{to}. Amando Rothomagi. 10 lib. Et quietus est

§ Idem redd. compot. per eumdem de 60 lib. de firma prepositure de Abrince. In thesauro 46 lib. Canonicis de Abrince 8 lib de elemos. statu. Leprosis de Abrince 40 sol. de elemos. statu. Ansgero Pilet prebendario 4 lib. de elemos. statu. Et quietus est.

§ Robertus Bertrann. redd. compot. per Ricardum de Roncevilla de 20 lib. de firma vicecomitatis de Algia. In thesauro 18 lib. In decima thesaurario 40 sol. Et quietus est.

§ Micael de Taisseio reddit compotum de 220 lib. de firma prepositure de Ponte Ursonis, cum molinis et piscariis et pratis et roseria. In thesauro 86 lib. In decima abbati de Monte S^{ti}. Micaelis 22 lib. In liberatione Willelmi de Hometis conestabulario 100 lib. pro custodia castri. In calceia molinorum reficienda diruta per mare 4 lib 10 sol. per brevem Regis. Et debet 7 lib. 10 sol.

§ Idem redd. compot. de eodem debito. In thesauro liberavit. Et quietus est.

§ Comes Cestrie reddit compotum per Radulfum vicecomitem de 148 lib. de firma vicecomitis Baiocassini. In thesauro 110 lib. 10 sol. In decima Abbati de Gemetico 14 lib. In quietancia Fratrum Templi 10 sol. de Vaaccio. In quietancia terre comitis de Glocestria 15 lib. Et quietus est.

§ Item Osbertus de Hosa.

§ Robertus Audegavensis. prepositus de S^{to}. Marculfo prepositus de Poupevilla. prepositus de Warevilla. prepositus de S^{te}. Marie Ecclesia. Adam de Gravella pro Argenten. Clemencia. ..... est.

(Membr. 4 recto.)

§ Baillia Ricardi Giffart.

§ Ricardus Giffart reddit compotum de misericordiis et promissis et finibus scilicet de Willelmo de Postigneio 7 lib. 10 sol. De remissione firme terre Simonis de Tornebu in Postigneio. De Toma de Durset 22 sol. de debito Willelmi filii Goisberti. De Willelmo de Calvincio 20 sol. pro defectu waranti. De Roberto Pantol 40 sol. pro relevio difforliato. De Ranulfo filio Gisleberti 40 sol. pro stultiloquio. De Simone Malnorri 20 sol. pro defectu legis. De Drogone filio Joscelini 20 sol. pro firma difforciata De Hugone de Rocha 20 sol. pro eod. De Goscelino Rufo 20 sol. pro eod. De Radulfo filio Goscelini 20 sol. pro eod. De Rotberto filio Reinaldi 40 sol. pro eod. De Odone Perier 20 sol. pro concordia. De Radulfo Grosso 20 sol. pro stultiloquio. De Johanne de Perceio 20 sol. pro falso clamore. De Tustino de Vernolio 20 sol. pro defacta. De Ricardo de Noiers 20 sol. pro dissaisina. De Alri de Canvilla 20 sol. pro concordia. De Willelmo Haussin 20 sol. pro eod. De Bern. de Ponte 50 sol. pro negare et recognoscere. De Roberto filio Osenne 20 sol. pro eod. De Ricardo Esfrede 30 sol. pro eod. De Ivelino Malger 30 sol. pro eod. De Gaufrido filio Tustini 20 sol. pro eod. De Waltero Malnorri 20 sol. pro dimisso clamore. De Willelmo Boschier 20 sol. quia contra dixit curiam. De Toma Pullo 20 sol. pro eod. De Radulfo Forestario 20 sol. pro dimisso clamore. De Fulcone Basset 20 sol. pro eod. De Ranulfo filio Marie 20 sol. pro eod. De Willelmo filio Emme 100 sol. pro dissaisina. De Gisleberto Rufo 20 sol. pro eod. De Hugone Papion 40 sol. pro eod. De Ernaldo Bordon 20 sol. pro servitio difforciatio. De Willelmo Calvino 20 sol. pro dimisso clamore. De Godefrido de S^{to}. Andrea 60 sol. de recreantissa. De Willelmo de Florcio 20 sol. pro dissaisina de Arnulfo de Maiseriz 30 sol. pro falso clamore. De Tustino Morel. 20 sol. pro divisa. De Waltero Dispensatore 10 sol. pro lege. De Roberto filio Gaufridi 5 sol. pro eod. De Roberto de Escorch. 10 sol. pro eod. De Rogero et Olivero de Logeio 20 sol pro eod. De hominibus Willelmi de Cantilupo 20 sol. pro simili. De Roger. de Londel 15 sol. pro eod. De Radulfo de Pommeria. 100 sol. pro recordia curie. De Radulfo filio Susanne 15 sol. pro lege. De Toma de Tornebu 10 lib. pro licentia vendendi boscum suum. De Willelmo de Aisson 10 sol. pro lege. De Willelmo Capra 5 sol. pro eod. De hominibus de Sta Oportuna 20 sol. pro eod. De Osmundo de Gardino 20 sol. pro stulto waranto. De Willelmo de Strepincio 10 sol. pro eod. De catallo filie Tondu suspensi 7 lib. 9 sol. 4 den. De catallo Mathei de Monte Begon 12 sol. 4 den. pro defacta. De Johanne Preposito 10 sol. pro averis injuste captis. De Roberto quinque panes, 10 sol. pro eod. De Willelmo filio Hugonis 10 sol. pro eod. De Ricardo de Waipre 10 sol. pro concordia. De Radulfo Maniant 10 sol. pro falso clamore. De Droelino de Vimost. 10 sol. pro dissaisina. De Herveio filio Ricardi 20 sol. pro simili. De Clarenboldo filio Herfer. 10 sol. pro simili. De Radulfo Vavassor 20 sol pro eod. De Roberto Medico 10 sol. pro eod. De Micaele de Surda Valle 10 sol. pro eod. De Simone de Clincampo 10 sol. pro eod. De Roberto de

Perier 20 sol. pro eod. De Osmundo de Gardino 10 sol. pro simili. De Willelmo Vestu 10 sol. pro simili. De Gisleberto de Ponte 10 sol. de falso clamore. De Johanne de Hosa 10 sol. pro exonio. De Gisleberto Belier 10 sol. pro plegio. De Roberto Medict. 10 sol. pro eod. De Roberto Waltero 10 sol. pro eod· De Drogone Waltero 10 sol. pro eod. De Roberto de Noron 10 sol. pro eod. De Hugone Dolebel 10 sol. pro eod. De Herberto Pigole 10 sol. pro eod. De Rogero Node 15 sol. pro eod. De Hugone de Busco 10 sol. pro eod. De Tustino de Hamel 10 sol. pro eod. De Willelmo Walter. 10 sol. pro eod. De Gofrido Gaio 10 sol. pro eod. De Willo. de Vado 10 sol. pro plegio filii sui. De Willelmo de Ciernetio 20 sol. de recognitione. De Gisleberto Roboart 20 sol. pro dissaisina. De Gaufrido Milite 20 sol. pro falso clamore. De Rogero Peilevillain 7 lib. pro recognitione. De Hugone Malduit 10 sol. pro dissaisina. De Rogero filio Heberti 20 sol. pro simili. De Odone de Molendino 10 sol. pro concordia duelli. De Unfrido de Vado 20 sol. pro eod. De Drogone de Lineriz 10 sol. pro dissaisina. De Willelmo filio Turketilli 10 sol. pro vino supervendito. De Hugone Loisel 10 sol. pro eod De Willelmo Porcel 15 sol. pro eod. De Petro Torel 10 sol. pro eod. De Huberto de Monte Pinceon 10 sol. pro eod. De Reinaldo de Abadon 15 sol. pro eod. De Unfrido de Mesodon 15 sol. pro eod. De Roberto de Billeio 15 sol. pro eod. De Agnete Sacerdotissa 10 sol. pro eod. De Willo Clerico 10 sol. pro eod. De Ernaldo filio Heberti 10 sol. pro eod. De Balduino Verot 20 sol. pro eod. De Willelmo Pictaviensi 15 sol. pro eod. De Alveredo de Troarz 15 sol. pro eod. De Radulfa Aquoso 20 sol. pro eod. De Petro preposito 10 sol pro eod. De Gisleberto de S^{to}. Victore 10 sol. pro eod. De Willelmo filio Stephani 10 sol. pro eod. De Jordano de Argences 10 sol. pro eod. De Radulfo filio Odonis 10 sol. pro eod. De Roberto de Sub Montibus 20 sol pro. eod. De Ricardo Anglico 20 sol. pro eod. De Roberto Carpentario 10 sol. pro falso clamore. De Willelmo de Juis 10 sol. pro plegio. De Ernaldo de Veilleio 40 sol. pro recognitione decime. De Micaele de Porta 4 lib. pro concordia. De Osmundo de Jaon 60 sol. pro recreantisa. De Serlone filio Turolfi 20 sol. pro servitio negato De Herberto filio Ascii 20 sol. pro eod. De Graverenc de Clincampo 20 sol. pro eod. De Roberto Warini 20 sol. pro eod. De Anskitillo Carpentario 20 sol. pro eod. De Tustino de Vernolio 20 sol. pro falso clamore. De Roberto Tison 20 sol. pro simili. De Gaufrido de Alneto 40 sol. pro negare et recognoscere. De Roberto Bello Hospite 40 sol. pro simili. De Rogero de S^{to}. Audoeno 20 sol. pro defectu waranti. De Warino Parvo 20 sol. pro dissaisina. De Herluino sud Montibus 40 sol. pro dissaisina. De Rogero filio Berneldis 20 sol. per eod De Roberto filio Berneldis 20 sol. pro eod. De Willelmo Calvin 10 sol pro servitio difforciatio. De Martino de Valle 20 sol. pro eod. De Helia de Bordell. 20 sol. pro concordia. De Johanne de S^{to}. Hilario 8 sol pro lege. De Willelmo Capro 20 sol pro concordia. De Rogero de Conbraio 20 sol. pro lege. De Arnulfo Girold. 5 sol. pro lege. De Roger. Werreir 5 sol. pro lege. De Ranulfo Villano 3 sol. pro lege. De Ricardo de S^{to}. Lohierio 15 sol. pro defectu campionis. De Radulfo de Braio 6 sol. pro lege. De Durando Beccu 5 sol. pro lege. De Odone de Molino 10 sol pro lege. De catallo Roberti et Ricardi fugaci pro morte hominis 4 sol. Summa 170 lib. 4 sol. 8 den. In thesauro liberavit. Et quietus est.

§ Ricardus Cornet reddit compotum de 30 lib. de remanente misericordie sue. In thesauro 9 lib. 6 den. Et debet 20 lib. 19 sol. 6 den.

§ Adeliza de Arenis debet 40 sol. de promisso pro recognitione. § Robertus de S^{to}. Germano debet 100 sol. et 15 bisanc. pro recognitione versus Radulfum de Gouviz.

§ Radulfus de Cuilleio debet 100 sol. pro recognitione versus eumdem Radulfum. § Radulfus de Clincampo debet 20 lib. pro recto habendo

§ Robertus de Tornaio reddit compotum de 49 lib. 19 sol. de remissione exitus terre Willelmi de Teoboldivilla dum fuit in custodia sua. In thesauro 30 lib. Et debet 19 lib. 19 sol.

§ Ricardus Cornet reddit compotum de 22 lib 7 sol. de remanente veterum placitorum de misericordia Rogeri filii Dued hominis abbatisse de Lexovie. In perdonatione abbatisse de Lexovie. 22 lib. 7 sol. per brevem Regis. Et quietus est.

§ Ricardus Giffart reddit compotum de 20 lib. pro plegia vicecomitisse Rothomagi. In perdonatione sibi ipsi 20 lib per brevem Regis. Et quietus est.

§ Robertus Marmion debet 100 lib. pro eodem.

§ Robertus de Moeio reddit compotum de 40 sol. pro recognitione habenda. In thesauro liberavit. Et quietus est.

§ Willelmus de Landa Ingulfi debet 40 sol. pro dissaisina. § Serlo filius Wimundi debet 40 sol. pro recognitione de molendino. § Odo filius Vitalis debet 4 lib. 10 sol. 9 den. de veteribus placitis.

§ Heredes Willelmi de Curceio debent 74 lib. 17 sol. 6 den. de debito patris sui. Et 200 lib. de Insulis per Robertum Agnellis et 6 mod. et 10 sextar. avene apportati de Insula ad mensuram Cadomi.

§ Et undecim et unum quart. et unum boissel. de bernagio de Oximense de tribus annis et tres mod. et unum sextar. de remanente compoti bernagiorum.

§ Hamelin s de Hamel debet 20 sol. pro recognitione de vadio, versus Willelmum Monachum.

§ Roger Faber redd. compot. de 20 sol. pro recognitione. In thesauro liberavit. Et quietus est.

§ Alanus Lazoche debet 15 bisanc pro recognitione festinanda.

§ Restoldus Heldebertus redd. compot. de 20 sol. pro plegio. In thesauro 10 sol. Et debet 10 sol.

§ Oliverus de Boccio redd. compot. de 100 sol. pro plegio Osberti de Maisoncelles. In thesauro 40 sol. Et debet 40 sol.

§ Gilo de Baillol. redd compot. de 60 sol. pro eod. In thesauro 30 sol. Et debet 30 sol.

§ Willelmus Mala Erba redd. compot. de 20 sol. pro eod. In thes uro 10 sol. Et debet 10 sol.

§ Odo filius Vitalis redd. compot. de 20 sol. pro eod. In thesauro 10 sol. Et debet 10 sol.

§ Robertus de Capella redd. compot. de 20 sol. pro eod. In thesauro 10 sol. Et debet 10 sol.

§ Malgerus Serviens redd compot. de 20 sol. pro eod. In thesauro 10 sol. Et debet 10 sol.

§ Rogerus de Falesia redd. compot. de 20 sol. pro eod. In thesauro 10 sol. Et debet 10 sol.

§ Engeranus de Oilleio redd. compot. de 20 sol. pro eod. In thesauro 10 sol. Et debet 10 sol.

§ Robertus Reinart redd. compot. de 40 sol. pro eod. In thesauro 20 sol. et debet 20 sol.

§ Gislebertus Gemellus redd. compot. de 20 sol. pro eod. In thesauro 10 sol. Et debet 10 sol.

§ Odo de Canbai redd. compot. de 20 sol. pro eod. In thesauro 10 sol. Et debet 10 sol.

§ Fulco de Mitois redd. compot. de 20 sol. pro eod. In thesauro 10 sol. Et debet 10 sol.

§ Ricardus de Baillol redd. compot. de 20 sol. pro eod. In thesauro 10 sol. Et debet 10 sol.

§ Usmelinus de Bella Aqua redd. compot. de 20 sol. pro eod. In thesauro 10 sol. Et debet 10 sol.

§ Barthelemi de Trun redd. compot. de 20 sol. pro eod. In thesauro 10 sol. Et debet 10 sol.

§ Willelmus de Baillol redd. compot. de 20 sol. pro eod. In thesauro 10 sol. Et debet 10 sol.

§ Willelmus de Colunces debet 20 sol. pro eod.
§ Reinaldus filius Hugonis reddit compotum de 20 sol. pro eod. In thesauro 10 sol Et debet 10 sol.
§ Robertus de S^{to}. Bricio redd. compot. de 20 sol. pro eod. In thesauro 10 sol. Et debet 10 sol.
§ Rogerius de Logeio redd. compot. de 20 sol. pro eod. In thesauro 10 sol. Et debet 10 sol.
§ Oliverus de Logeio redd. compot. de 20 sol. pro eod. In thesauro 10 sol. Et debet 10 sol.
§ Gislebertus de Muies redd. compot. de 20 sol. pro eod. In thesauro 10 sol. Et debet 10 sol.
§ Willelmus Mitois redd. compot. de 40 sol. pro eod. In thesauro 20 sol. Et debet 20 sol.
§ Gervasius de Gardino redd. compot. de 20 sol. pro eod. In thesauro 10 sol. Et debet 10 sol.
§ Rogerus Soefnorri. redd. compot. de 20 sol. pro eod. In thesauro 10 sol. Et debet 10 sol.
§ Willelmus Golafre redd. compot. de 20 sol. pro eod. In thesauro 10 sol. Et debet 10 sol.
§ Rogerus Villosus redd. compot. de 20 sol. pro eod. In thesauro 10 sol. Et debet 10 sol.
§ Ricardus Blancus redd. compot. de 20 sol. pro eod. In thesauro 10 sol. Et debet 10 sol.
§ Presbyter de Logeio redd. compot. de 20 sol. pro eod. In thesauro 10 sol. Et debet 10 sol.
§ Willelmus Pipart redd. compot. de 20 sol. pro eod. In thesauro 10 sol. Et debet 10 sol.
§ Ricardus Cailloel redd. compot. de 20 sol. pro eod. In thesauro 10 sol. Et debet 10 sol.
§ Savaricus de Hamello redd. compot. de 20 sol. pro eod. In thesauro 10 sol. Et debet 10 sol.
§ Hugo de Busco redd. compot. de 20 sol. pro eod. In thesauro 10 sol. Et debet 10 sol.
§ Fulco de Busco redd. compot. de 20 sol. pro eod. In thesauro 10 sol. Et debet 10 sol.
§ Tustinus de Logeio redd. compot. de 20 sol. pro eod. In thesauro 10 sol. Et debet 10 sol.
§ Henricus de Busco redd. compot. de 20 sol. pro eod. In thesauro 10 sol. Et debet 10 sol.
§ Willelmus Capra redd. compot. de 20 sol. pro eod. In thesauro 10 sol. Et debet 10 sol.
§ Reinaldus Cluinart redd. compot. de 20 sol. pro ead. In thesauro 10 sol. Et debet 10 sol.
§ Acardus filius Einoldi redd. compot. de 20 sol. pro eod In thesauro 10 sol. Et debet 10 sol
§ Willelmus de Hamello redd. compot de 20 sol. pro eod In thesauro 10 sol. Et debet 10 sol.
§ Adam de Sta. Cruce redd. compot. de 40 sol. pro eod In thesauro 20 sol. Et debet 20 sol.
§ Ricardus Postel debet 20 sol. § Ricardus filius Ernuis debet 20 sol. pro habenda recognitione de terra : si sit feodum vel vadium.
§ Hugo de Caisneio redd. compot. de 40 sol pro negare et recognoscere. In thesauro 20 sol. Et debet 20 sol.
§ Willelmus de S^{to}. Georgio redd. compot. de 100 lib. quia devocavit dominum suum. In thesauro 50 sol. Et debet 50 sol.
§ Robertus de Mustreccio redd. compot. de 100 sol. quia traxit in placita in curia Episcopi quandam hominem de vadio. In thesauro 50 sol. Et debet 50 sol.
§ Vitalis Walitrote redd. compot. de 30 sol. pro falso clamore. In thesauro 15 sol Et debet 15 sol.
§ Walter de Alneio debet 30 sol. pro negare et recognoscere.
§ Osbertus Capes debet 100 sol. pro habendo recto versus fratrem suum.
§ Robertus de Surda Valle redd. compot. de 20 sol. pro dissaisina. In thesauro 10 sol. Et debet 10 sol.
§ Robertus filius Serli debet 20 sol. pro difforciato servitio. § Girardus de Stancion debet 40 sol. pro recognitione habenda.
§ Willelmus Roillied debet 10 sol. pro plegio Gaufridi Telarii fugitivi. § Willelmus de Curtis pieces debet 10 sol. pro eod § Radulfus de Livet debet 10 sol. pro eod.
§ Radulfus de Wibued redd. compot. de 40 sol. pro dissaisina. In thesauro 20 sol. Et debet 20 sol.
§ Robertus filius Gaufridi redd. compot. de 40 sol. pro simili. In thesauro 20 sol. Et debet 20 sol.
§ Willelmus filius Fulconis redd. compot. de 40 sol. pro negnare et recognescere. In thesauro 20 sol. Et debet 20 sol.
§ Bernardus Tuechien redd. compot. de 20 sol. pro dissaisina. In thesauro liberavit Et quietus est.
§ Willelmus Fromond redd. compot. de 30 sol. pro dissaisina. In thesauro 20 sol. Et debet 20 sol.
§ . . . . † Ricardus Giffart. Emendatus est.

(Verte in aliam partem.)

(Membrane 4 Dorso.)

§ Barthelemus Talebot redd. compot. de 60 sol. pro vino supervendito. In thesauro 30 sol. Et debet 30 sol.
§ Sansom Molin redd. compot. de 60 sol. pro eod. In thesauro 30 sol. Et debet 30 sol.
§ Thomas de Cingueleis redd. compot. de 30 sol. pro eod. In thesauro 15 sol. Et debet 15 sol.
§ Gislebert Mercenn. redd. compot. de 25 sol. pro eod. In thesauro 12 sol 6 den. Et debet 12 sol. 6 den.
§ Alexander Anglicus redd. compot. de 50 sol. pro eod. In thesauro 25 sol. Et debet 25 sol.
§ Willelmus de Buisson redd. compot. de 30 sol. pro eod. In thesauro 15 sol. Et debet 15 sol.
§ Robertus Burre redd. compot. de 50 sol. pro eod. In thesauro 25 sol. Et debet 25 sol.
§ Radulfus Picart redd. compot. de 30 sol. pro eod. In thesauro 15 sol. Et debet 15 sol.
§ Godefridus Durus Sensus redd. compot. de 30 sol. pro eod. In thesauro 15 sol. Et debet 15 sol.
§ Bernardus Sain redd. compot. de 30 sol. pro eod. In thesauro 15 sol. Et debet 15 sol.
§ Willelmus Infans redd compot. de 30 sol pro eod. In thesauro 15 sol. Et debet 15 sol.
§ Ricardus de Werac redd. compot de 40 sol. pro negare et recognoscere In thesauro 20 sol. Et debet 20 sol.
§ Ingulfus Florien redd. compot. de 40 sol. pro eod. In thesauro 20 sol Et debet 20 sol.
§ Robertus filius Osenne redd. compot. de 40 sol. pro eod In thesauro 20 sol. Et debet 20 sol.
§ Willelmus Lovel redd. compot. de 40 sol. pro averis injuste captis. In thesauro 20 sol. Et debet 20 sol
§ Willelmus de Torp reddit compotum de 40 sol. pro recto difforciato. In thesauro 20 sol. Et debet 20 sol.
§ Radulfus Fortin redd. compot. de 40 sol. pro servitio negato. In thesauro 20 sol. Et debet 20 sol.
§ Robertus Portaloe redd. compot. de 40 sol. pro negare et recognoscere. In thesauro 20 sol. Et debet 20 sol.
§ Ricardus filius Ansere redd. compot. de 30 sol. pro concordia. In thesauro 20 sol. Et debet 10 sol.
§ Gislebert. Ponher redd. compot. de 40 sol pro eod. In thesauro 20 sol Et debet 20 sol.
§ Gaufridus Bigot redd. compot. de 20 sol. pro eod. In thesauro 10 sol. Et debet 10 sol.
§ Robertus filius Alveredi redd. compot. de 40 sol. pro negare et recognoscere. In thesauro 20 sol. Et debet 20 sol.
§ Robertus Talebot redd. compot. de 100 lib. pro vino snpervendito In thesauro 100 sol. Et debet 10 sol.
§ Ricardus Giffart redd. compot. de 20 sol. de exitu

molendini de S^{to}. Hilario de vadio Warini de Landes fugacis. In thesauro liberavit. Et quietus est.

§ Idem redd. compot. de 10 lib. 11 sol. 4 den. de exitu terre Adelize de Taissel. In thesauro liberavit. Et quietus est.

§ Robertus Curtus Villanus reddit compotum de 25 sol. pro vino supervendito. In thesauro liberavit. Et quietus est.

§ Willelmus Maignien debet 15 sol. pro eodem.

§ Gislebertus Vaca debet 20 sol. pro eod

§ Ricardus Giffart reddit compotum de 8 sol. de terre Adam Lovel. In thesauro liberavit. Et quietus est.

§ Idem redd. compot. de 39 lib. 3 sol. 8 den. de remissione catallorum Simonis de Tornebu. In thesauro liberavit. Et quietus est.

§ Idem redd. compot. de 30 sol. 4 den de catallo Gaufridi Telarii et Willemi fratrum fug. pro morte hominis. In thesauro liberavit. Et quietus est.

§ Idem redd. compot. de 9 sol. de catallo Stephani militis fugacis pro latrocinio In thesauro liberavit. Et quietus est.

§ Willelmus filius Bove et Ricardus de Longa Valle reddunt compotum de 17 sol. 6 den pro quinque sextariis avene de bernagio de remanente veteris sui compoti de terra Willi. de Homet. Conestabulo. Et de 11 lib. 12 den. pro quatuor modiis et 7 sextar. et 1 quart. avene de bernagio de Oximino de hoc anno. Summa 11 lib. 18 sol. 6 den. In thesouro 10 lib. 12 den. Et debet 37 sol. 6 den. pro 10 sextar. avene que remanent super terram Willelmi de Homet. in Ranvilla de duobus annis. § Idem reddunt compotum de eodem debito. In thesauro liberaverunt. Et quieti sunt.

§ Odo filius Vitalis reddit compotum de 480 lib. de firma prepositure de Falesia. In thesauro 144 lib. 22 den. In decima S^{to}. Wandrillo 20 lib. Canonicis de Sagio 8 lib. de elemosine statu. Portario castri et gaiolario et vigili 9 lib 2 sol. 6 den. de libero statu unicuique 60 sol. 10 den. In liberatione Ricardi Giffart 200 lib. pro custodia castri de Falesia. In liberatione Roberti de Petra Fita pro custodia castri de Pomereia 30 lib. per annum. In liberatione Gisleberti Pipart pro custodia castri de Oximis 67 lib. 5 sol. 8 den. ad perficiendam liberationem suam de 140 lib. per annum. In roba Regis portanda de Falesia ad Andegavum 19 sol. per brevem Regis. In justicia facienda 21 sol. In turre de Falesia reparanda et gaiola 11 sol. 6 den. per brevem Regis. Et debet 9 lib. 18 sol et 6 den.

§ Idem reddit compotum de 160 lib. de firma molendinorum de Falesia. In thesauro 120 lib. 12 sol. In decima canonicis S^{ti}. Johannis de Falesia 13 lib. 8 sol. Ipsi Odoni 20 lib. pro excambio terre sue quando vivarium de sub turre operavit. Roberto Rufo et fratribus suis 6 lib. pro prata molendini sui. Et quietus est.

§ Idem redd. compot. de 4 lib. 10 sol. 9 den. de remanente compoti sui de veteribus placitis. In thesauro 12 sol. Et debet 78 sol. 6 den.

§ Radulfus Taisson debet 20 lib. pro plegio Hugonis de Longo Campo.

§ Robertus Malduit habet viginti libratas terre in Ouvilla recuperatas per juream de terra Gaufridi de Clintona per Regem.

§ Heredes Willelmi de Curceio debent 24 lib. 16 sol. 7 den. de quibus Rex adquietavit eos versus Petrum de Bures, de debito patris eorum. Et 9 lib. 6 sol. 8 den. pro quatuor marcis argenti, unde Rex adquietavit eos versus eundem Petrum de debito patris eorum.

§ Willelmus de S^{to}. Johanne reddit compotum per Willelmum de Ponte de 50 lib. de firma vicecomitatis de Constanciis. In thesauro 42 lib. In decima abbati de Cerisiaco 100 sol. In perdonationem Fulchonis Paienel 60 sol. de terra sua de Brehal et de Hanbia per brevem Regis. Et quietus est.

§ Willelmus de Ponte reddit compotum de 7 lib. de firma terre aucupum in Lingrevilla. In thesauro liberavit. Et quietus est.

§ Idem reddit compotum de misericordiis et finibus et promissis scilicet de Radulfo de S^{to}. Sansone 20 sol. pro habenda parte sua de hereditate patris sui. De Roberto filio Warini 20 sol. pro recognitione versus Clarenbaldum. De Radulfo de Aurea Valle 10 sol. pro concordia facta sine licentia justicie. De Gisleberto nepote ejus 10 sol. pro eodem. De Adam filio Elie 10 sol. pro dissaisina. De Roberto de Siena 10 sol. pro simili. De Roberto Lepore 10 sol. pro simili. De Gaufrido Belin 10 sol. pro simili. De Roberto Giffart 10 sol. pro negare et cognoscere. De catallo Durandi Plante 26 sol. 3 den. quia cepit duellum super duellum. De Ricardo de Parco 10 sol. pro dissaisina. De Osberto Albo Agnello et Willelmo de Landel 20 sol. pro simili. De Ricardo de Campania 15 sol. pro vino supervendito. De Willelmo Burgensi 15 sol. pro eod. De Godefrido genero Bernardi 10 sol. pro eodem. De Tustino Nigelli 10 sol. pro eod. De Savarico 10 sol. pro eod. De Willelmo de S^{to}. Paterno 15 sol. pro eod. De Bonefatio 15 sol. pro eod. De Anskitillo Herluino 15 sol. pro eod. De Radulfo de Portu 10 sol. pro falso clamore. De Gaufrido de Siena 10 sol. pro eod. De Hugone Mode 10 sol. pro eod. De Radulfo Geroldi 10 sol. pro dissaisina. De minutis misericordiis de vinagio 4 lib. 10 sol. De Willelmo Wastineio 20 sol. pro concordia sine licentia. De Willelmo de Grainvilla 10 sol. pro eod. De Roberto Coquo 20 sol. pro falso clamore. De Johanne Agnello 15 sol. pro vino supervendito. De Roberto Liteeria 15 sol. pro eod. De Passemer 15 sol. pro eod. De Unfrido de Ble 15 sol. pro eod. De Ricardo Palefredo 10 sol. pro eod. De Willelmo tenet terram 10 sol. pro eod. De Willelmo Sabrin 10 sol. pro eod. De Anskitillo de Brichevilla 20 sol. pro falso clamore. De Willelmo filio Hamundi 15 sol. pro vino. De bladis Lande de Wimonvilla cultis super defensum Regis 13 sol. 6 den. De blado Lande de Prestot culte super defensum Regis 17 sol. 1 den. Summa 30 lib. 6 sol. 10 den. In thesauro liberavit. Et quietus est.

§ Petrus de Estrees reddit compotum de 100 sol. quia noluit facere preceptum justicie. In thesauro 50 sol. Et debet 50 sol.

§ Philipus filius debet quatuor bisanc. pro recognitione versus Willelmum de Musca § Willelmus Bafart debet 30 sol. pro vino supervendito. § Herbertus Presbyter debet 15 sol. pro eod. § Osbertus de Campania redd. compot. de 30 sol. pro vino supervendito. In thesauro 15 sol. Et debet 15 sol.

§ Ernaldus Rufus debet 15 sol. pro eod. § Reinaldus Boloingne debet 30 sol. pro eodem. § Reinaldus Crochet debet 15 sol. pro eod. § Roscelinus Furon debet 10 sol. pro landa de Wimouvilla culta. § Tomas Hod. debet 20 sol. pro dissaisina. § Odo de Muro debet 10 sol. pro vino. § Odo filius Warini debet 60 sol. pro vino supervendito. § Beatrix reddit compotum de 30 sol. pro vino supervendito. In thesauro 15 sol. Et debet 15 sol.

§ Radulfus Basin redd. compot. de 50 sol. pro eod. In thesauro 25 sol. Et debet 25 sol.

§ Petrus Presbyter. redd. compot. de 30 sol. pro eod. In thesauro 15 sol. Et debet 15 sol

§ Osbertus Comes redd. compot. de 30 sol. pro eod. In thesauro 15 sol. Et debet 15 sol.

§ Willelmus Catus redd. compot. de 40 sol. pro eod. In thesauro 20 sol. Et debet 20 sol.

§ Postel debet 15 sol. pro eodem.

BAILLIA ; ERCHENBOLDI ; CUM ; MITRA ,

§ Erchenboldus de Brichebec reddit compotum de

42 lib. de remissione veteris firme de Tenerchebraio de tercio anno. Et de 9 lib. 7 sol. 5 den. de remanente ejusdem firme de secundo anno. Summa 51 lib. 7 sol. 5 den. In thesauro nichil. In operationibus castri de Tenerchebraio et in herbergagio infra et in muro parvi castri 50 lib. per brev. Regis. In lanbruscanda capella 27 sol. 5 den. per idem breve. Et quietus est.

§ Idem reddit compotum de 50 lib. de placitis placitatis per Gaufridum Mon. Et de 10 lib. de vinagio veteri. In thesauro nichil. In coquina facienda extra portam castri 22 lib. per idem brev. In facienda turricula et domo supra eam 10 lib. per idem brev. Pro faciendo novo molendino 104 sol. 7 den. per idem brev. In conredio venatorum Regis et canum et equorum eorum 7 lib. 10 sol. per idem brev. In conredio Alani Fabri Regis et vestitura ejus et in ferro et calibe et carbone 9 lib. 3 sol. 6 den. per idem brev. In fenestris et ostiis faciendis et in recooperiendis domibus infra castrum 50 sol. per idem brev. In facienda nova camera 71 sol. 11 den. per idem brev.

§ Idem reddit compotum de 100 lib. de nova firma de Tenerchebraio, de prepositura et recuperatis per juream. In thesauro nichil. Canonico de Moritonio 8 lib. de elemosine statu. In liberatione ipsius Erchenboldi pro custodia castri 50 lib. In facienda alta camera super Rocham 53 lib. 8 sol. 1 den. per brev. Regis. Et quietus est. Et habet superplus 11 lib. 8 sol. 1 den.

§ Idem reddit compotum de 6 lib. 12 sol. de reguardo foreste de Tenerchebraio. In thesauro liberavit. Et quietus est.

Odo filius Vitalis. Willelmus de S[to]*. Johanne. Willelmus de Ponte.* § *Erchenboldus.*

(Membrane 5. recto.)

§ Ricardus filius Henrici reddit compotum de 43 lib. de exitu aquagii de Cadomo propter. iij. millia harengorum quos prebendarii habent de elemosine statu. Et quietus est.

§ Idem reddit compotum de 6 lib. 15 sol. de exitu batellorum et kidellorum et foleisreiz. et de 18 sol. 11 den. de censis et reguardis terre que dicitur Proditorum. Et de 24 sol. de domo que fuit Henrici de Hostona. Et de 9 sol. 6 den. de domo Fergant. Et de 22 den. pro una libra piperis de Roberto de Maricis in Colevileta. Et de 3 sol. 8 den. pro 2 lib. piperis de Ricardo filio Philipi ibidem. Et de 22 den. pro una libra piperis. de domo Rogeri Cointise in Cadomo. Et de 15 lib. 2 sol. 2 den. de exitu terre Johannis filii Warini in Cadomo. Et de 4 lib. 13 sol. de exitu vadii ejusdem in Lovigneio. Et de 6 lib. 9 sol. 6 den. de exitu terre gaiole in Aniseio et Cadomo. Summa 35 lib. 19 sol. 5 den. In thesauro liberavit. Et quietus est.

§ Ricardus Parvus redd. compot. de 200 piris de Sancto Regulo (1) pro mansura Bernariorum et prato eorumdem quod Rex dedit ei et heredibus suis per cartam suam Baronibus scacarii reddidit. Et quietus est.

§ Ricardus filius Henrici redd. compot. de 11 lib. de exitu stallorum ad panem et ad pisces in Cadomo. In thesauro 60 sol. Gaufrido Aurifabro 8 lib. per cartam Regis. Et quietus est.

§ Idem Gaufridus habet domum in Darnestal de feodo Adam Tanetin pro 40 sol. de dono Regis per eamdem cartam.

§ Tomas de Periers habet 100 sol. de eodem feodo per cartam Regis in Cadomo.

§ Alexander Scutellarius habet residuum ejusdem terre in Cadomo, per Regem. § Idem debet 23 lib. 12 sol. 4 den. de exitu ejusdem terre de duobus annis dum fuit in manu Regis.

§ Radulfus de Grainvilla habet per Regem pratellum et terram super doitum de Salebec que fuerunt recuperata per juream quia pater ejus tenuit. Et reddidit inde per annum leprosis de Cadomo unum sextarium frumenti et unam libram piperis de elemosine Regis.

§ Ricardus filius Henrici reddit compotum de 4 lib. pro duobus modiis et sex sextariis avene de veteri bernagio de terra Jordani de Homet, in valle S[ti]. Georgii de quinque annis, scilicet sex sextarios per annum. Et de 5 sol. 4 den. pro 2 sext. avene de veteri bernagio de feodo de Carevilla in Saveniaco. Et de 10 lib. hoc anno pro 6 mod. et 3 sext. avene de novo bernagio in ballia Cadomi de quibus 2 sext. sunt recuperata in Savenaio de feodo de Carevilla. Summa 14 lib. 5 sol. 4 den. In thesauro liberavit. Et quietus est.

§ Idem reddit compotum de misericordiis et promissis et finibus, scilicet de Toma Portario 40 sol. de remanente veteris misericordie sue de tempore Willelmi de Curceio. De Engerrano Patric 2 sol. 6 den. de remanente finis sui pro terra patris sui. De Ranulfo de Olna 10 lib. pro recordatione duelli. De Restoldo de Pratellis 10 sol. pro falso clamore. De Willelmo Boscain 10 sol. pro eod. De Graverene de Evreccio de remanente misericordie sue pro dissaisina 10 lib. De Waltero de Meduana 100 sol. pro concordia duelli. De Albereda uxore Fulchere mortui usurarii 60 sol. De Nicolao de Mercato 100 sol pro dissaisina. De Nicolao Pictaviensi 10 sol. quia non fecit sorori sue divisam patris sui. De Herberto Molendino 10 sol. pro servitio difforciato. De Herberto Druo 20 sol. pro eod. De Wimondo Fabro 10 sol. pro eod. De Brien Pantol 10 sol. pro concordia. De Gisleberto Pantol 20 sol. pro eod. De Gaufrido de Plumetot 20 sol. pro defectu waranti. De Ricardo Cane 10 sol. quia non tenuit considerationem curie. De Radulfo Abbate 20 sol. pro falsa apellatione de bastardia. De Ranulfo Ivrou 40 sol. pro defectu. De Willelmo Cucuel 40 sol. pro falso clamore. De Barthelmo de Porta 20 sol. pro simili. De Henrico Warmois 20 sol. quia recessit a curia sine licentia. De Toma Christiano 10 sol. pro falso exonio. De Albino de Baron 10 sol. pro falso clamore. De Godefrido filio Walteri 40 sol. pro divisa occupata. De Formentin de Hairovilla 10 sol. pro falso exonio. De Hugone filio Osenne 30 sol. pro eod. De hominibus de Longo Campo et de Flageio 100 sol. pro recognitione quam noluerunt capere et petierant. De Serlone de Escorcebeuf 20 sol. pro festinando recto. De Hugone Begort 20 sol. pro concordia. De Ricardo Begort 20 sol. pro eodem. De Rogero Begort 10 sol. pro eod. De Radulfo Caborc 10 sol. pro eod. De Gervasio Blundo 20 sol. pro concordia. De catallo Roberti de Longa-Reia fugacis pro morte Hugonis Capes 105 sol. 3 den. De catallo Anskitilli filii Marie mortui usurarii 30 sol. et 10 den. De catallo Serli de Cristot fugacis pro morte Anskitilli 12 lib. 19 sol. 4 den. De catallo Roger Lavale fugacis pro uxore sua suspensa 17 sol. 4 den. De catallo Rogeri filii Fulconis et Andree filii ejus fugacis pro morte Rogeri de Fraxino 10 lib. 12 den. De catallo Walteri filii Heldeiart fugacis pro morte Ranulfi Liberge 39 sol. 6 den. De catallo Nicolai Ferdinc 30 sol. De filio Enugelart de S[to]. Vedasto et de Radulfo de Bello Monte suspensis 20 sol. 4 den. Summa 98 lib. 16 sol. 1 den. In thesauro liberavit et quietus est

§ Tomas Portarius debet terre Gaiole de quinque annis.

§ Idem debet 500 lib. pro prisonibus qui evaserunt.

§ Dinan de Caron reddit compotum de 22 lib. 18 sol. de remanente misericordie sue. In thesauro 25 sol. Et debet 21 lib. 13 sol.

§ Willelmus de Taissel redd. compot. de 79 lib.

(1) Regulus, *St. Rieul* ou *St Règle*, 1er. évêque de Senlis vers la fin du Ier. siècle, paraît avoir donné son nom à cette poire.

16 den. de remanente finis sui. In thesauro 24 lib. Et debet 55 lib. 16 den.

§ Adeliza Taissel redd. compot. de 87 lib. 11 sol. 2 den. de remanente finis sui. In thesauro nichil. In recepta Ricardi Giffart 10 lib. 11 sol. 4 den. de quibus reddidit compotum. Et debet 76 lib. 19 sol. 10 den.

§ Rogerus de Scures redd. compot. de 60 lib. de remanente misericordie sue. In thesauro 10 lib. Et debet 50 lib.

§ Uxor Radulfi de Plaissitio debet 60 lib. pro recognitione de dote sua. § Willelmus de Locellis pro recordatione debet 100 sol. § Herbertus de Agnellis debet 100 sol. pro recognitione ad opus Havise.

§ Reinaldus de Taon debet 100 sol. pro recordatione duelli. § Ricardus Cervus debet 20 sol. pro clamore dimisso. § Willelmus Papeillon debet 10 sol. pro dissaisina § Ranulfus Verneium debet 100 sol. pro recognitione versus monacos de Savigneio de decima in Taon. § Anskitillus filius Ricardi debet 20 sol. pro placito iterato. § Robertus de Longo Viler debet 4 lib. pro recognitione versus Philippum Suhart.

§ Simon Trihan reddit compot. de 30 sol. pro concordia judicii ferri. In thesauro 15 sol. et debet 15 sol.

§ Willelmus filius Rogeri redd. compot. de 40 sol. pro eod. In thesauro 20 sol. Et debet 20 sol.

§ De vinagio Baiocassini remanserunt 274 lib. 15 sol. Et Simon de Scures reddidit compotum de superplus.

§ Willelmus de Homet constabul. debet compotum pro patre suo de vinagio Abrincassini et ballie de Vira.

§ *Ricardus filius Henrici.*

(Membrane 5. dorso).

§ Rogerus filius Tioldi reddit compotum de 1,000 lib. de firma preposituræ de Cadomo. Et de x. marcis auri. Et de quinque cuppis argenti, una .queque quinque marcarum. Et de vigenti alnis scarlate de acrescenti. In thesauro 174 lib. 8 sol. 4 den. Et tribus marcis auri. Et 40 lib. pro duobus marcis auri. Et 62 lib. 10 sol. pro quinque cuppis. In decima S^te^. Trinitati de Fiscano 80 lib. et 100 sol. de elemosine statu. In decima S^te^. Trinitati de Cadomo 15 lib. de elemos. statu. Abbatisse de Mostrevilla 100 sol. de elemosine statu. Fratribus Templi 40 lib. de elemosine statu. Portario de Cadomo 4 lib. 11 sol. 3 den. de libero statu. Vigili castri 60 sol. 10 den. de elemos. statu. In liberatione duodecim prebendariorum 18 lib. 5 sol. de elemos. statu. In conredio et pannis eorumdem ad Natale 11 lib. de elemos. statu. In potu eorum in Quadragesima 40 sol. de elemos. statu. In sotularibus eorum ad Pascha 6 sol. de elemos. statu. In justiciis faciendis 36 sol. In liberatione Willelmi filii Radulfi Dapifer 300 lib. pro custodia castri de Cadomo. In operationibus domorum turris et castri et capelle parve et camerarie et aule. Et pro parte muri reficienda et in aliis multis minutis operationibus 37 lib. 7 sol. 2 den. per brev. Regis. In liberatione Thome de Aguerneio et ad aves Regis 4 lib. per brev. Regis. Reinaldo clerico Regis ad conredium fratrum de Cartosa 100 sol. per brev. Regis. Pro thesauris portandis de Cadomo in Andegav. et in plura loca per Normanniam 6 lib. 13 sol. 6 den. per brev. Regis. Petro de Cortenaio 100 lib. de dono Regis per brev. Regis. Servienti advocati de Bettuna ad equum emendum 60 sol. per brevem Regis. Eidem advocato de Bettuna 30 marcas argenti emptas 60 lib. 16 sol. per brev. Regis. Pro 20 tonellis vini adducendis de aqua Olne in castrum Cadomi et collocandis in cellario 32 sol. 2 den. per brev. Regis. Pro pastu Gantarum qui venerunt de Anglia; et pro 60 de illis ducendis ad Argentomum, et 60 ad Burum 6 lib. 3 sol. 9 den. per brev. Regis. In liberatione Willelmi de Soliis 50 lib. de 100 lib. quas habet per annum pro custodia castri de Mol. Brandino et Goscevino de Oistrean et cuidam militi comitis Flandrie et cuidam nuntio ducis Saxonie quando perexerunt in Saxoniam 65 lib. per brevem Regis. Et debet 100 lib. pro 5 marcis auri. Et 20 alnas scarlate.

§ Idem reddit compotum de 100 lib. de firma ferie prati. In thesauro 80 lib. 34 sol. In decima S^to^. Wandregesili. 10 lib. Pro tribus pelliciis de escurellis de jur. et parva penna grisia ad opus Regis 8 lib. 6 sol. per brev. Regis. Et quietus est.

§ *Willelmus filius Radulfi Dapifer habet prata Regia de Cadomo ad custodiam Castri preter supra scriptam liberationem.*

(Membr. 6 recto.)

§ Alveredus de S^to^. Martino reddit compotum per Reinaldum clericum suum de 11 lib. 5 sol. de censis novarum domorum de Drincort que sunt extra firmam preposituræ. Et de 2 sol. 11 den de reguardo earumdem domorum hoc anno. Et de 15 sol. 2 den. pro 7 min. frumenti de censis de Maisnillo de hoc ultimo augusto. Summa 12 lib. 3 sol. 1 den. In thesauro liberavit. Et quietus est.

§ Idem redd. compot. de 65 lib. 10 sol. de remanente misericordiarum factarum per Willelmum filium Radulfi Dapifer. In thesauro liberavit. Et quietus est.

§ Idem redd. compot. de 66 sol. 8 den. de remanente veterum misericordiarum pro legibus. In thesauro liberavit. Et quietus est.

§ Idem redd. compot. de misericordiis et promissis et finibus scilicet : De Willelmo clerico et Eudone de Super Aqua 20 sol. de remanente taillagii. De Radulfo Villano et Warino Molendino 50 sol. de reman. promissi sui. De Warnerio 20 sol. pro clamore dimisso. De Ennardo Noel et Roberto filio Fulconis et Radulfo Villano 20 lib. pro concordia. De catallo Turoldi de Moncellis 10 lib. mortui usurarii. De Fulberto 20 sol. pro falso clamore. De Radulfo Molendino 20 sol. pro eod. De Roberto filio Fulconis 100 sol. pro eod. De Elia de Neella 20 sol. pro lege. De Ludovico de Gornaio 100 sol. pro falso clamore. De Arnulfo de Quarroge 20 sol. pro meslea. De Herberto de Avenses 20 sol. pro chemino occupato. De Lamberto Telario 20 sol. pro lege. De Waltero Lahuel 20 sol. pro meslea. De Elia de Allagio 40 sol. pro dissaisina. De Hugone de Spina 10 sol. pro duelli concordia. De Radulfo Tuefer 10 sol. pro eodem. De Odone de Bailloel 20 sol. pro falso clamore. De Waltero de Croismara 40 sol. pro concordia duelli. De Roger. de Coldreio 20 sol. pro falso clamore. De Obino 10 sol. quia non fecit judicium curie. De Ricardo Coillardie 4 lib. pro stultiloquio. De Unfrido de Maineriis 20 sol. pro clamore dimisso. De Willelmo de Mala Erbosa 100 sol. pro duello. De Willelmo de Boeles 20 sol. pro eodem. De Roberto de Suoumont 30 sol. pro falso clamore. De Roberto Casteillon 50 sol. pro marca argenti pro recognitione. De catallo Roberti de Gornaio 36 sol. fugacis pro homine vulnerato. De catallo Herberti de Stanelonda 7 lib. 18 sol. fugacis pro morte Walterii Rufi. De catallo Bertranni de Fontibus 17 sol. fugacis pro homine vulnerato. De catallo Willelmi de Faiel 40 sol. suspensi Summa 75 lib. 11 sol. In thesauro 56 lib. 11 sol. Monialibus de Campo superiori 10 lib. de 20 lib. quas habuerunt per annum de elemosine Regis, donec habeant eas in redditu. Et quietus est.

§ Willelmns Clericus reddit compotum de 47 lib. 6 sol. 4 den. de remanente veteris firme de S^to^. Sidonio. In thesauro 60 sol. Et debet 44 lib. 6 sol. 4 den.

§ Fulcherus de Boissereia redd. compot. per Reinaldum Clericum de 15 lib. de firma molendini de Boisseria. In thesauro 10 lib. 19 sol. 4 den. In decima monachorum de S^to^. Sidonio 30 sol. Willelmo de Stotevilla de 9 septimanis 50 sol. 8 den. de priusquam Rex reddidit ei illud molendiuum. Et quietus est.

§ Willelmus de Belencombre debet 145 lib. 3 sol. de remanente debiti patris sui. § Hugo de Gornaio debet unum dextrarium de prestito Reg.

§ Eudo de Super Aquam debet 8 lib. de veteri firma de S^{to}. Sidonio. § Idem debet 15 lib. de veteri misericordia sua. § Robertus de Roth. debet 40 sol. pro habendo recto de debito suo.

§ Arnulfus Poterius et Petrus de Bures debent 15 lib. pro habendis catallibus suis captis apud Calvomontem. § Hugo de Gornaio debet 100 lib. quia non venit ad submonitionem justicie ad reguardum foreste.

§ Geroldus ds Rochemont, et Willelmus Cortgibet, et Robertus filius Reinerii, et Joscelius de Burgo, et Robertus Lawaite reddunt compotum de 142 lib. 11 sol. 10 den. de firma prepositure de S^{to}. Sidonio. Et de 84 lib. 10 sol. 8 den. de firma terre comitis Ricardi in S^{to}. Sidonio et in Osmunvilla. In thesauro 137 lib. 10 sol. In decima monachorum de S^{to}. Sidonio 14 lib. 5 sol. 2 den. Domine Parice 20 lib. pro dote sua. Item Monachi de S^{to}. Sidonio 8 lib. 9 sol. de decima terre comitis Ricardi. Willelmo de Stotevilla 33 lib. 19 sol. de plusquam Rex reddidit ei feodum Engerrani de Fontibus. Et debent 22 lib. 19 sol. 4 den.

§ Eidem reddunt compotum de eodem debito. In thesauro 15 lib. Et debent 7 lib. 19 sol. 4 den.

§ Gaufridus de Blienvilla reddit compotum de 226 lib. 7 sol. 4 den. de veteri firma pro terra comitis Giffart. In thesauro 200 lib. 27 sol. 4 den. In negotio Regis apud sanctum Wandregesill. 100 sol. per brev. Regis. Et quietus est.

§ Idem reddit compotum de 526 lib. de nova firma terre comitis Giffart. In thesauro 141 lib. 17 sol. 11 den. In decima monachorum de Longavilla 13 lib. 10 sol. In decima hospitali de Longavilla 15 sol. Item in decima monachorum de Longavilla 8 lib. de molendinis et baisio de Longolio. In decima de S^{to}. Audoeno de Rothomago 12 sol. de redditu Monasterivilla. Item in decima eidem 10 lib. de redditu de Leura. Capelle de Longolio 10 sol. de decima gardini et furnorum. Item hospitali de Longavilla 28 sol. pro duo millia harengorum. Militibus de Pormort 28 sol. pro duo millia harengorum de feodo. Pro terra data Ricardo de Homet. 45 lib. de firma de Longolio in Apelgart. Leprosis de Longavilla 15 lib. de elemosine statu. Pro mairremio Regis portando de parco de Ansoutot per mare ad Barbefluvium 70 lib. 16 sol. 6 den. per brev. Regis. In justicia facienda 15 sol. Et debet 215 lib. 7 sol. 7 den.

§ Idem reddit compotum de eodem debito. In thesauro 15 lib. 11 sol. 11 den. Et debet 199 lib. 15 sol. 8 den. qui remanent super wastum terre de duobus annis.

§ Idem reddit compot. de 50 lib. de firma pro terra Petri de Mauritania in Amondevilla. In thesauro 46 lib. 6 sol. 7 den. In terris redditis abbatie Gemeticensis 73 sol. 5 den. Et quietus est.

§ Idem reddit compotum de 126 lib. 6 sol. de firma terre Willelmi de Mauritania in Becco et Cancio. In thesauro 100 lib. et 100 sol. Hospitali de Jerusalem 20 sol. de elemosine statu In terra data Roberto de Mauritania 20 lib. Leprosis de Cancio 6 sol. pro 4 minis bladi, hoc anno de elemosine statu. Et quietus est.

§ Idem redd. compot. de 4 bisanc. de quatuor hominibus de Deppa. Scilicet de Radulfo de Bucas, et de Willelmo de Martra, et de Eustachio, et de Beatrice de Spineto. In thesauro liberavit. Et quietus est.

§ Idem redd. compot de 32 sol. pro duobus modiis avene de terra hoc anno Rogerii de Bolevilla. Et de 20 sol. pro domo et terra Tustini de Leura. Et de 20 sol. de hominibus de Ansketelvilla pro servitio suo. Et de 4 sol. pro duodecim caponibus in Loveto. Et de 4 sol. 4 den. de Burrevilla. Et de 2 sol. pro sex caponibus de ibidem. Et de 3 sol. de reguardo Andulfi de Petivilla. Et de 6 sol. de Gaufrido Forestario in Lintot. Et de 40 sol. 6 den. pe feodo Wimare in Bernartmaisnil. Et de 24 sol. de porpresturis de Fiscanno hoc anno. Et de 35 sol. hoc anno pro quindecim minis ordei in Lintot. Et de 24 sol. hoc anno pro uno modio avene ibidem. Summa 10 lib. 14 sol. 10 den. In thesauro liberavit. Et quietus est.

§ Idem reddit compotum de 40 lib. de firma Gisleberti Caletot. In thesauro liberavit. Et quietus est.

§ Idem reddit compotum de 9 lib. 10 sol. in exitu terre Roscelini filii Clarembaldi in Deppa. Et de 2 sol. 8 den. de exitu terre cujusdam elemosinarii Regis in Grinvilla. Et de 31 lib. 19 sol. de exitu terre et vadiorum Petri de Buris. Summa 41 lib. 11 sol. 8 den. In thesauro liberavit. Et quietus est.

§ Idem redd. compot. de 24 lib. 10 sol. de exitu terre Widonis de Rochefort in Herocort. Et de 24 sol. de exitu terre Roberti Engaigne dum fuit in manu Regis. Et de 13 lib. de exitu terre Roberti de Sachenvilla. Et de 44 sol. de exitu terre Walterii de Buievilla dum fuit in manu Regis. Et de 38 sol. de exitu terre Hugonis Picois. Summa 42 lib. 16 sol. In thesauro liberavit. Et quietus est.

§ Idem reddit compotum de misericordiis et promissis et finibus, scilicet de 10 lib. de remissione relevii Johannis Martel.| De Reinaldo de Luillebued 50 lib. pro pasnagio concelato. De Luca de Abetot. 48 sol. 6 den. pro veteri caablio foreste de Lillebona. De Willelmo de Aubervilla 20 lib. pro plegio vicecomitis Rothomagi. De Lochet 5 sol. pro foresta. De Girardo de Wasconia 20 sol. pro eod. De Gisleberto Hurel 60 sol. pro recognitione. De Willelmo de Sotevilla 10 sol. De Waccelino de Fiscanno unum marc. argenti pro recto. De Johanne de Lintot 10 sol. pro placito festinando. De Rogero Poucet 15 sol. pro quercubus venditis. De Matheo de Abetot. 46 sol. pro caablio vendito. De Willelmo Bennenguel 40 sol. pro recognitione. De Nicolao Saget 20 sol. pro simili. De Gaufrido de Guillevilla 20 sol. pro simili. De Gouberto filio Tome 100 sol. pro foresta. De Petro de Fonte 100 sol. pro eod. De Gaufrido de Foresta 7 lib. pro eod. De Orsello Rohom 15 lib. pro eod. De Ricardo de Bordemara 4 lib. pro eod. De Reinaldo de Fai 40 sol. pro eod. De Odone de Augustinivilla 20 sol. pro eod. De Ranulfo Pane Avene 20 sol. pro eod. De Waltero de Bucsevilla et Andrea fratre ejus 100 sol. pro eod. De Gaufrido Decano de Sassevilla 6 lib. pro habenda custodia de liberis Willelmi de Sassevilla. De Geroldo de Perucla 10 sol. pro crasso pisce. De Waltero de Mortu Mari 10 sol. pro eod. De Gaufrido fratre ejus 10 sol. pro eod. De Stephano Badocre 10 sol. pro eod. De Johanne de Rocha 20 sol. pro eod. De Ansgoto de Ouvedala 10 sol. pro eod. De Willelmo Telario 10 sol. pro eod. De Rogero Garet 20 sol. pro eod. De Waltero Monacho 20 sol. pro eod De Waltero de Anslevilla 20 sol. pro eod. De Gaufrido de Sandovilla 20 sol. pro eod. De Rualent 40 sol. pro eod. De Willelmo de Malnorri 7 sol. pro eod. De Hugone Perechaie 10 sol. pro eod. De Gisleberto Malet 20 sol. pro defectu. De Roberto Forestario 10 sol. pro dote difforciata. De Radulfo de Calz 30 sol. pro vadio difforciato. De Radulfo Pointel 10 sol. pro plegio. De Ancelmo de Faguernon 20 sol. pro eod. De Roberto de Bouffart 20 sol. pro eod. De Waltero Rebufe 40 sol. pro dissaisina. De Roger Graverenc 10 sol. pro eod. De Johanne Martel 20 sol. pro eod. De calallo Tuefor fugaci pro latrocinio 9 sol. 6 den. De Emma de Hotot 20 sol. pro dimisso clamore. De Osberto Fomeril 40 sol. pro concordia. De Radulfo de Teolio 20 sol. pro concordia meslee (V. Ducange, v^{o}. Meslia). De Radulfo Telario 10 sol. pro falso clamore. De Roberto

Lebaneor 20 sol. pro recognitione falso adducta. De Radulfo homine de Villa 20 sol. pro falso clamore. De Gisleberto de sancto Leodegario 40 sol. pro dissaisina. De Willelmo Bruman 10 sol. pro eodem. De Cofinel 20 sol. pro eod. De Radulfo filio Roberti 20 sol. pro eod. De Engerranno de Mellers 20 sol. pro dissaisina. De Willelmo filio Rogeri 10 sol. pro clamore dimisso De Roger. Erchenbolt 30 sol. pro dissaisina. De Geroldc Traveillied 15 sol. pro eodem. De Roberto Postel 10 sol. pro falso clamore. De Willelmo Morel. 20 sol. pro defectu. De Waltero Costart 10 sol. pro falso clamore. De Radulfo Runc 20 sol. pro dissaisina. De Willelmo Balduino 10 sol. pro eod. De Willelmo Angiens 20 sol. pro eod. De Frogero Nigelli 40 sol. pro concordia. De Gisleberto Grimodi Pto. (Prato vel Plaissiato) 20 sol. pro falso clamore. De Waltero Droelin 20 sol. pro negare et cognoscere. De Odone filio Anfric 40 sol. pro dimisso clamore. De Radulfo Reinbert 10 sol. pro eod. De Radulfo Rege 30 sol. pro eod. De Radulfo de Martigneio 10 sol. pro eod. De Rogero de Wasto 20 sol. pro concordia. De Wiardo de Ternemara 10 sol. pro eod. De Petro de Neville 4 lib pro plegio. De Odino de Magnevilla 20 sol. pro defectu. De Gouberto Escarbot 10 sol. pro dimisso clamore. De Rogero Martel 43 sol. de relevio. De catallo Willelmi filii Drogonis latronis 11 sol. 6 den. De catallo Turoldi Pertrier fugacis pro rapina 14 sol. De Willelmi catallo qui periit ad aquam 26 sol. De catallo Albe Barbe 20 sol. pro simili. De catallo Rogeri Leonis 14 sol. pro simili. De catallo Normanni Brun Coste 10 sol. pro simili. De catallo Walteri de Bella Fossa fugacis pro murdro 7 sol. De catallo Radulfi Goscout fugacis pro morte Gisleberti de Colebosc 41 sol. De catallo Roberti de Walgerto fugacis pro morte Hugonis Picois 12 sol. De catallo Jordanis de Bornovilla fugacis pro morte Micaelis 110 sol. De catallo judei fugacis pro latrocinio 58 sol. De catallo Gaufridi de Grinbertot fugacis pro latrocinio 10 sol. De Herbertot Coispel 100 sol. ut replegietur. Summa 229 lib. 2 sol. 6 den. et unum marcum argenti. In thesauro liberavit. Et quietus est.

§ Idem debet 10 sol. pro feno Petri de Buris quod Robertus de Stotevilla habuit.

§ Idem reddit compotum de 20 lib. de vadio Petri de Buris in Tostes. In thesauro 10 lib. Et debet 10 lib.

§ Hugo de Creisseio debet 10 lib. de plegio vicecomitisse Rothomagi. § Idem debet 60 porcos de pasnagio de Rouereio.

§ Idem redd. compot. de 30 sol. de remanente compoti sui de veteri pasnagio de Rouerio. In thesauro liberavit. Et quietus est.

§ Idem debet 60 sol. de veteri reguardo foreste de Rouereio.

§ Rogerus Auginus debet 41 sol. quia non habuit warantum. § Walterus Hose debet 20 sol. pro dissaisina.

§ Robertus Guelbertus reddit compotum de 25 lib. 13 sol pro duello concordie. In thesauro 70 sol. Et debet 22 lib. 3 sol.

§ Gerardus de Canvilla reddit compotum de 979 lib. 5 sol. 4 den. et 11 bisanc. de remanente compoti sui de debito patris sui et de plegio vicecomitisse Rothomagi. In perdonis ipsi Gerardo 879 lib. 5 sol. 4 den. et 11 bisanc. per brev. Regis. Et debet 100 lib. de plegio vicecomitisse Rothomagi.

§ Robertus de Jovigneio debet 25 sol. pro dissaisina. § Walterus Faber de Malpertus debet 10 sol. pro simili. § Avitia de Gislevilla debet 20 sol. pro simili. § Ernaldus de Crenic debet unum marcum argenti pro recognitione. § Petrus de Herecort debet 100 sol. pro simili.

§ Lucas de Abetot reddit compotum de 8 lib. 16 sol. de veteribus placitis foreste de Lillebona. In thesauro 27 sol. 6 den. Et debet 7 lib. 8 sol. 6 den.

§ Idem Lucas debet 29 sol. 11 den. de parte sua de 119 sol. de caablio vendito de eadem foresta.

§ Reinaldus de Drumara debet 29 sol. 9 den. de parte sua pro eodem caablio.

§ Matheus de Abetot redd. compot. de 29 sol. 9 den. de parte patris sui pro eodem caablio. In thesauro 4 sol. Et debet 25 sol. 9 den.

§ Uxor Ricardi de Canbes redd. compot. de 29 sol. 9 den. de parte viri sui pro eod. caablio. In thesauro liberavit. Et quieta est.

§ Hugo de Milevilla reddit compotum de 50 lib. pro foresta vastata. In thesauro 43 lib. Et debet 7 lib.

§ Robertus de Valle redd. compot. de 77 lib. 22 den. den. de exitu terre Gaufredi Martel. In thesauro 10 lib. 14 sol. Et debet 66 lib. 7 sol. 10 den.

§ Reinaldus de Paveilleio debet 40 lib. pro plegio Hugonis de Longo Campo. § Willelmus Martinus debet 10 sol. pro foresta.

§ Gaufridus de Maretes, et Eimon, et Gaufridus de Caldecote reddunt compotum de 23 sol. 4 den. pro eadem foresta. In thesauro 16 sol. In perdonis eisdem pro paupertate sua 17 sol. 4 den. per brev. Regis. Et quieti sunt.

§ Radulfus de Frigido Monte et fratres ejus debent 100 sol. pro foresta eadem. § Alexander Postel debet 20 sol. pro eod. § Roger. filius Auitie debet 10 sol. pro eod.

§ Rogerus Abbas redd compot. de 60 lib pro elemosine Regis occupata. In thesauro 25 lib. Et debet 35 lib.

§ Radulfus de Imovilla reddit compotum de 30 lib. pro domibus Regis vastatis. In thesauro 20 lib. Et debet 10 lib.

§ Obinus de Ricardivilla debet 10 lib. pro habenda recognitione de duabus garbis decime de Ricardivilla. § Radulfus de Imovilla debet 10 lib. pro recognitione remanenda versus Eustachium Quaillot.

§ Radulfus de S^to^. Georgio debet 20 sol. pro recognitione habenda de saisina patris sui de prius guerram.

§ Abbas de Fiscanno. 200 lib. pro presentatione ecclesie de Witefluvio. difforciata Waltero de Andeleio.

§ *Alveredus de S^to^. Martino. Gaufridus de Blienvilla. Prepositi de S^to^. Sidonio.*

(Membrane 6 Dorso.)

§ Robertus de Mortuo Mari reddit compotum de 40 lib. pro dissaisina. In perdon. ipsi Roberto 40 lib. per brev. Regis. Et quietus est.

§ Ricardus Martin reddit compotum de 90 lib. pro vino supervendito. In thesauro 10 lib. In perdon. ipsi Ricardo pro comite Willelmo 80 lib. per brev. Regis. Et quietus est.

§ Johannes Parmentarius de Bolebec debet 20 sol. pro eod. § Willelmus Anglicus de S^to^. Romano debet 20 sol. pro eod. § Radulfus Mercator debet 20 sol. pro eod. § Filius Matildis de Culvervilla debet 40 sol. pro habenda recognitione de saisina patris sui. § Willelmus de Aurrchier debet 300 lib. pro habenda terra fratris sui in tempore guerre.

§ Gaufridus de Blienvilla reddit compotum de 63 sol. de novis villenagiis que remanserunt super terram Gaufridi Afasgart. In thesauro liberavit. Et quietus est.

§ Osbertus Lotrel et Wimerus Mart. reddunt compotum de 423 lib. 10 sol. 2 den. de veteri firma de

Archis. In thesauro 217 lib. 10 sol. 2 den. Et debent 206 lib. de quibus Osbertus debet 100 lib. et 60 sol. et Wimerus 100 lib. et 60 sol.

§ Idem Wimerus reddit compotum de 100 lib. et 60 sol. de prescripto debito. In thesauro 100 sol. Et debet 98 lib.

§ Willelmus de Wivilla debet 100 sol. pro habend. juste catalla Margarite quam habet in custodia.

§ Willelmus Agote tonel redd. compot. de 100 sol. pro foresta. In thesauro 72 sol. Et debet 28 sol.

§ Radulfus Bercarius reddit compotum de 100 sol. pro eod. In thesauro 14 sol. Et debet 4 lib. 6 sol.

§ Fromundus Blundus redd. compot. de 40 sol. pro eod. In thesauro 20 sol. Et debet 20 sol.

§ Rabellus de Drumara et Rogerus Hardi debent 100 sol. pro eod.

§ Willelmus de Prato redd compot. de 30 sol. pro eod. In thesauro liberavit. Et quietus est.

§ Walter. Gallus redd. compot. de 50 sol. pro eod. In thesauro 28 sol. Et debet 22 sol.

§ Unfridus Auril. debet unum marcum argenti pro recto habendo de debito suo versus Ricardum de Iz. § Willelmus de Clavilla debet 100 sol. pro crasso pisce.

§ Lucas de Abetot reddit compotum de 9 lib. 13 sol. de reguardo foreste de Lillebona facto prius Pascha. In thesauro 40 sol. Et debet 7 lib. 13 sol.

§ Heuricus Bibens cervisiam debet 20 sol. pro crasso pisce. § Gaufridus Tardus debet 10 sol. pro eod. § Gislebertus filius Turoldi debet 10 sol. pro eod. § Rogerus Helduinus debet 10 sol. pro eod. § Matheus Fretel. debet 20 sol. pro falso clamore. § Rogerus Caldel debet 20 sol. pro eod. § Robertus Cophinel debet 20 sol. pro dissaisina.

§ Petrus Traine redd. compot. de 20 sol. pro dissaisina. In thesauro 10 sol. Et debet 10 sol.

§ Matildis que fuit uxor Rogeri Forestier redd. compot. de 10 lib. pro habendo debitis viri sui. In thesauro 100 sol. Et debet 100 sol.

§ Adeliza de Escakerlon debet duos marcas argenti pro habenda recognitione de dote sua versus Lucam de Abetot.

§ Walter de Buesevilla, Robertus de Huhanbosco, et Robertus de Torvilla, et Gerardus Curt'. et Willelmus de Huhanbosco debent 700 lib. de venta de bosco parci de Ansoltot. et 33 lib. 3 sol. prius receptam quam fecissent inde finem.

§ Petrus de Bures debet 600 lib. de promisso pro habenda pace Regis et terris et catallis et vadiis et debitis suis salvo omni debito quod debebat Regi.

§ Idem reddit compotum de 50 lib. de remanente compoti sui de veteri. Et de 120 lib. pro 17 modiis frumenti de anno guerre. Et de 18 lib. pro 7 modiis et dimid. avene de eodem tempore. Et de 50 lib. pro 25 mod. avene. Et de 16 lib. 4 sol. pro 13 mod. et dimid. avene de veteri. Et de 71 lib. 5 sol. 6 den. de octava parte de 569 lib. 12 sol. de remanente compoti sui de Deppa et de Archis de tempore guerre, quando fuit unus de octo vicecomitibus. Et de 30 lib. pro 15 mod. avene de Alwi et Alihermont forestis. Et de 108 lib. pro 45 mod. frumenti quos habuit de redditu earumdem forestar. quos Osbertus Lotrel et Wimerus Mart'. debuerant habuisse. Et de 233 lib. 6 sol. 8 den. pro cent. marc. argenti quas debebat de tallagio de Archis. Summa 696 lib. 16 sol 2 den. In thesauro 103 sol. 5 den. per Radulfum de Warlainmont. In recepta Gaufridi de Blienvilla 363 lib. 19 sol. 4 den. de quibus idem Gaufridus reddidit compotum, de quibus partes sunt in rotulis trium annorum. In recepta Willelmi de Mala Palude 42 lib. 4 sol. 5 den. de quibus reddidit compotum, de quibus partes sunt in rotulis trium annorum. In recepta Radulfi Cancellarii 90 lib. de quibus reddidit compotum. In recepta Ricardi de Cardif 25 lib. 10 sol. de quibus reddidit compotum, in rotulis trium annorum. In adquietacione debiti quod Willelmus de Curceio. debebat Petro de Bures 24 lib. 16 sol. 7 den. Et 9 lib. 6 sol. 8 den. pro quatuor marcis argenti. Et debet 135 lib. 15 sol. 6 den. de veteri debito.

§ Idem reddit compotum de eodem debito. In adquietacione terre Walteri de Donestanvilla 70 lib. de quibus Rex se cepit ad eundem Walterum. Et in adquietacione vadii Nicol. de Tostes 10 lib. de quibus Rex se cepit ad eundem Nicolaum. Et debet 55 lib. 15 sol. 9 den.

§ Robertus de Stotevilla habet prata Regis de Fiscanno et Salinas et furnum et salam. § Idem habet quatuor millia et quatuor acras et dimid. terre de terris foreste de Fiscanno.

§ Nicolas et Willelmus frater ejus habent 223 lib. 13 sol. 6 den. de terris arabilibus ejusdem foreste et 11 lib de pascuis. § Robertus de Mortuo Mari habet 52 acras de terris ejusdem foreste que reddunt 7 lib. 16 sol. Gerardus de Canvilla habet 157 acras de terris ejusdem foreste que reddunt 20 lib. Radulfus de Wesneval habet 15 lib. 7 sol. 6 den. de terris ejusdem foreste. § Ricard de Alfai habet 12 sol. 4 den. de terra Regis in Fraisneio. § Odardus Medicus habet Haimeias de terra comitis Giffardi. § In Lillebona sunt 27 lib. 1 den. de recuperatis per juream propter firmam de quibus Robertus de Stotevilla reddit compotum inferius.

§ Robertus de Cortenaio reddit compotum per Gaufrid. de Blienvilla de 15 lib. 2 sol. 6 den. pro 343 min. avene de bernagio magni vicecomitatis de Caleto et vicecomitatis de Mostrevilla de duobus annis. In thesauro 7 lib. 11 sol. 3 den. Et debet 7 lib. 11 sol. 3 den.

§ Walter de Donestanvilla debet 70 lib. pro Petro de Bures quas ei debebat super terram suam de Roumaisnillo.

§ Willemus Lamort reddit compotum de 40 lib. 16 sol. 1 den. de firma terre Walteri de Bolebec. In thesauro 36 lib. Et debet 4 lib. 16 sol. 1 den.

§ Rogerus filius Ricardi redd. compot. de 80 lib. de firma terre Gaufridi Martel in Creselot et in Grinbolvilla. In thesauro 74 lib. 10 sol. Et 110 sol. debet.

§ Robertus Giffart reddit compotum pro se et sociis suis de 25 lib. 10 sol. 8 den. de firma terre Gaufridi Martel in Engleskevilla, propter decimam et feodum. In thesauro 18 lib. 5 sol. Et debet 7 lib. 14 sol. 8 den.

§ Robertus Plumme, Berng. de Cusneio, Radulfus de Bucca. et Walter Cochie reddunt compotum pro se et sociis suis de 48 lib. de veteri firma Deppe de secondo anno guerre. Et de 15 lib. de remanente veteris firme de Deppa de anno primo. Et de 10 lib. pro dimid. marca auri de remissione promissi sui. Et de 199 lib. 2 sol. de remanente firme ultimi anni preteriti. Summa 272 lib. 2 sol. In thesauro liberaverunt. Et quieti sunt.

§ Eidem reddunt compotum de 1100 lib. de Nova firma prepositure de Deppa. In thesauro 437 lib. 18 sol. In decima statuta S^te^. Wandrill. 60 lib. Alveredo et Roberto Capellanis 30 lib. de elemosine statu. Canonicis S^te^. Marie Rothom. in anniversario Willelmi fratris Regis de elemos. statu. Leprosis de Rothomago 40 sol. de elemos. statu. In acato 15 tonellorum vini et pro portandis illis de Deppa ad Cadomum 52 lib. 4 sol. per brev. Regis. In passagio Petri de Larderario, et aliorum nuntiorum Regis 40 sol. per brev. Regis. In passagio Johannis de Garlanda 100 sol. per brev. Regis. In passagio hernesii Reg. filii Reg. 100 sol. per brev. Regis. In minutis passagiis clericorum et servientium Regis 4 lib. 12 den. per brev. Reg. Et debent 491 lib. 17 sol.

§ Robertus de Stotevilla reddit compotum de 750

lib. de firma Lillebone. de quinque annis. scilicet de 150 lib. per annum. In thesauro nichil. In decima abbatisse de Mostrevilla et dispensatori Lillebone 75 lib. scilicet 15 lib. per annum. Monachi S^ti. Martini 20 lib. scilicet. 4 lib. per annum. de elemos. statu. Leprosis de Lillebona 25 lib. scilicet 100 sol. per annum de elemos. statu. Portario 15 lib. 4 sol. 2 den. scilicet 60 sol. 10 den. per annum de libero statu. Camerario Tancarville 300 lib. scilicet 60 lib. per annum de feodo. In perdonis ipsi Roberto 314 lib. 15 sol. 10 den. per brev. Regis.

§ Idem reddit compotum de 135 lib. 5 den. de quinque annis. de recuperatis per juream in valle Lillebone. scilicet 27 lib. 1 den. per annum. In thesauro nichil. In perdonis ipsi Roberto 135 lib 5 den. per brev. Regis. Et quietus est.

§ Gaufridus Trossebot reddit compotum per Ricardum de Abelon de 160 lib. de firma vicecomitatis de Bonavilla. In thesauro 80 lib. et 73 sol. Monialibus de Lexovic. 10 lib. de elemos. statu. Monacho de S^to. Arnulfo 60 sol. de elemos. statu. Capellano de Bonavilla 30 sol. de elemos statu. Vacario de Kenapevilla 32 sol. pro sex sextariis ordei et summa salis hoc anno. In liberatione eorum qui ceperunt sturgionem 5 sol. Et debet 60 lib.

§ Idem reddit compotum de 100 sol. pro pratis. Et de 4 lib. 10 sol. pro terra Japharin. Et de 20 sol. pro duobus sextar. frumenti de terra Radulfi filii Ingulfi. Et de 22 sol. de terra Haimardi Arbalistarii hoc anno. Et de 9 lib. pro molendino, de Adevilla, hoc anno. Et de 60 sol. pro 20 fresceng. de foresta. Et de 45 sol. pro terra Visdelou in Maisnillo. Et de 40 sol. pro modio moreti. Summa 27 lib. 17 sol. In thesauro liberavit. Et quietus est.

§ Radulfus de Hibernia reddit compotum de 30 sol. pro decem porcis de porcaria de Scamelvilla. In thesauro liberavit. Et quietus est.

§ Willelmus Vacarius reddit compotum de 30 sol. pro 300 caseis et 15 burrez de vacaria de Kenapevilla. In thesauro 27 sol. In decima capellano de Kenapevilla 3 sol. Et quietus est.

§ Gaufridus Trossebot reddit compotum de 26 lib. 10 sol. de primo reguardo foreste de Bonavilla. Et de 20 lib. 8 sol. de secundo reguardo ejusdem foreste. Et de 5 sol. de Herberto Anglico pro consuetudine difforciata. Et de 15 sol. de Hugone de Ponte pro falso clamore. Summa 47 lib. 8 sol. In thesauro liberavit. Et quietus est.

§ Idem redd. compot. de 100 lib. de remanente promissi sui pro recto habendo versus Robertum de Sachenvilla. In thesauro 50 lib. Et debet 50 lib.

§ Idem habet in munitione castri de Bonavilla, blada, vina, et bacones, et caseos, et moretum, sicut continetur in rotulo anni 1176. § Hugo Granetarius de Bonavilla debet 58 lib. 17 sol. 3 den. de remanente veteris bernagio de vicecomitatu Boneville.

§ *Item Gaufridus de Blienvilla. Veteres prepositi de Archis. Petrus de Bures. Trossebot.*

Emendatus est.

(Membrane 7. recto.)

§ Barthelmi Maior et Hugo Wastel. reddunt compotum pro se et pro tota communia Rothomagi de 578 lib. 13 sol. 4 den. de remanente veteris firme de Rothomago. In thesauro 228 lib. 13 sol. 4 den. Engerranno portario ad operationes castri de Bello Videre 230 lib. per brev. Regis. Theobaldo Divili pro vinis ad opus Regis 120 lib. per brev. Regis. Et quieti sunt.

§ Eidem reddunt compotum de 4000 lib. de nova firma vicecomitisse Rothomagi et modiationis et molendinorum et canardorum et escaietarum infra civitatem recuperat per juream. Et de 100 lib. de acrescenti pro molendinis. Et de 100 lib. pro centum mod. clari vini. In thesauro 46 sol. 8 den. Capellano de Turre 9 lib. 2 sol. 6 den. de elemos. statu. Portario Castri, 9 lib. 2 sol. 6 den. de liber. statu. Leprosis Rothom. 8 lib. 2 sol. 8 den. de elemos. statu. Pro feria prati 100 sol. Capellano de Aula 8 sol. de elemos. statu. Gaiolario 27 lib. 7 sol. 6. den. de libero statu. Leprosis Carnot. 10 lib. per cartam Regis. Pro uno modio frumenti et quatuor mod. vini et unum milliar. harengorum statutis capellano capelle de Kevilleio per annum 10 lib. hoc anno. Pro una summa frumenti ad hostias faciendas et pro tribus modiis vini ad missas cantandas sacriste de Prato 4 lib. 6 sol. hoc anno de elemos. statu. Fratribus Templi 20 lib. per cartam Regis. Abbatie de Becco 100 lib. in molendinis Rothom. de elemos. statu. In liberatione Martini de Hosa pro custodia turris de Gisortio 140 lib. In liberatione Hugonis de Cresseio 40 lib. de 200 lib. quas habet per annum pro custodia turris Rothomagi. Martino de Hosa ad operationes castri de Neelfa et Novi Castri 40 lib. per brev. Regis. In conredio Ducis Burgondie et comitis de Bar. apud Gisortium 14 lib. 12 den. per brev. Regis. In liberatione Joscelini Rossel 30 lib. ad custodiam Novi Castri super Ettam. Teobaldo filio Frogeri 80 lib. pro decem tonellis vini ad opus Regis per brev. Regis. Herberto Trenteinnes 45 lib. pro duodecim tonellis vini ad opus Regis per brevem Regis. In roba quindecim sociorum comitis Teobaldi et in hernesio duorum novorum militum 280 lib. et 20 sol. per brev. Regis. Pro plumbo quod Rex dedit abbati de Clarevalle portando a Rothomag. ad Parisius 13 lib. 15 sol. per brev. Regis. Pro venatione Regis portanda de Rothom. ad Parisius 10 lib. per brev. Regis. Pro viginti baconibus liberatis Willelmo Guernon ad munitionem castri de Neelfa 10 lib. 10 sol. 4 den. per brev. Regis. Pro bolgis et bahurd. et sella summarii, et frenis et capistris ad capellam Regis 70 sol. 2 den. per brev. Regis. Pro vino ad perimplendos tonellos Regis et portand. de Rothom. ad Cadomum 6 lib. 8 sol. 4 den. per brev. Regis. Pro tringinta marcatis vasselle quam Rex dedit Duci Burgondie et comiti de Bar 79 lib. 7 sol. per brev. Regis. Pro bolgis et bahurd. et sell. Et aliis necessariis ad summarios de camera Regis et quadrigis 14 lib. 3 sol. per brev. Regis. Pro summario et hernesio ejusdem ad portandam vaissellam Regis 11 lib. per brev. Regis. Pro quadriga ferrata et batis et bocellis et bahurto et tractis et frenis et capistris ad tres equos ad Pincernariam Regis et in conredio Willelmi de Sparsis fontibus et Stephani Quadrigarii 25 lib. 15 sol. 9 den. per brev. Reg. Pro tribus tonellis vini missis in Leons ad opus Regis 19 lib. per brev. Regis. Pro presentis Regis portandis de Rothomago ad Parisius ad Regem Francorum 4 lib. per brev. Regis. Comiti Willelmo de Magnavilla per Seher. Canem et Bodin ad faciend. liberationes servientibus Flandrie 140 lib. per brev. Regis. Ricardo Crasso pro roba ad opus Regis 17 lib. 14 sol. 8 den. per brev. Regis. Pro duobus tonellis vini Regi portandis a Rothomago ad Bonamvillam 32 sol. per brev. Regis. Pro tonell. vini Regis apportati de Francia collocandis in cellaria Regis 19 sol. per idem brev. In justicia facienda 107 sol. 3 den. In quietancia vini monacorum de Cantuaria de duobus annis 32 lib. 11 sol. 4 den. per brev. Regis. Pro aquagio Sequane quod Hugo de Creisseio habet ad custodiam turris Rothom. 35 lib. Pro 250 modiis vini de modiatione de Longuavilla quam Ricardus de Vernon, habet 150 lib. mod. pro 12 sol. Pro viginti acris prati infra parcum Rothom. quod Hugo de Creisseio habet ad custodiam turris Rothomagi 20 lib. Et debent 1723 lib. 9 sol. et 5 den.

§ Martinus de Hosa reddit compotum de 6 sol. 4

den. de allodiis de Besu. Et de 55 sol. 6 den. de allodiis de Fors. Et de 7 lib. pro 168 min. avene de bernagio de Vilcassino hoc anno. Et de 20 lib. pro fine terre Mathei de Mucegros in S[to]. Dionisio Farman. Et de 4 lib. 8 sol. 4 den. de exitu ejusdem terre antequam predictus Matheus finem fecisset de eadem terra. Et de 43 sol. 8 den. de blado medietarie de Fors. Et de 10 sol. de Odone Rollant pro vino supervendito. Et de 15 sol. de Radulfo de Griperia pro plegio. Et de 100 sol. de Roberto de Mucegros pro recto habendo versus fratrem suum. Et de 10 sol. de Willelmo de Avencio pro terra difforciata. Et de 4 lib. 18 den. de remanente catallorum Hugonis Porci mortui usurarii. Et de 40 sol. de Waltero de Aurea Valle pro recognitione. Et de 40 sol. de Florentio decano pro fine versus Balduin. de Cantilupo. Et de 20 sol. de Radulfo Escoz pro falso clamore. Et de 50 sol. de catallo Gerardi de Neelfa fugacis pro morte Willelmi Braisier. Et de 32 sol. de catallo Willelmi de Maisnillo fugacis pro morte hominis. Et de 18 den. de catallo Alberici de Hanesiis fugacis pro simili. Et de 30 sol. de catallo Willelmi Britonis fugacis pro morte Ric. de Furno. Et de 18 sol. de Willelmo Fontenei quia vendidit unam minam bladi Hugonis Porci usurarii. Et de 18 sol. de Andrea de Alta Avesna pro defectu. Et de 18 sol. de Ricardo Villano pro simili. Et de 5 sol. de Johanne de Mucegros pro chemino occupato. Et de 5 sol. de Radulfo Rege pro simili. Et de 10 sol. de Hugone Coubite pro simili. Et de 5 sol. de Eliot pro eod. Et de 20 sol. de Hugone Herberti pro eod. Et de 7 sol. de Roberto Wiardi pro eod. Et de 7 sol. de Willelmo Meubenge pro eod. Et de 5 sol. de Balduino Gibon pro eod. Et de 20 sol. de Roscelino de Vilerez pro eod. Et de 40 lib. quas recepit de vicecomitibus Rothomag. Summa 105 lib. 1 sol. 10 den. In thesauro nichil.

In facienda eschina castri de Gisortio et in reparandis fossatis 19 lib. 2 sol. per brev. Regis. Pro facienda domo juxta portam et in recooperienda capella et domibus ejusdem castri 16 lib. 19 sol. per idem brev. Pro caballo empto ad mairremium levandum 40 sol. per idem brev. In reficiendis portis petrinis de Neelfa 23 lib. 16 sol. 9 den. per idem brev. In reparandis domibus et turre ejusdem castri 13 lib. per idem brev. In reparandis domibus et turre et portis Novi Castri super Ettam 10 lib. 7 sol. per idem brev. In reparanda turre Gisortii 7 lib. 12 sol. 1 den. per idem brev. Pro 7 modiis et 22 min. et dimid. frumenti ad mensuram de Neefla missis in munitione castri de Neefla 20 lib. 18 den. per idem brev. Et quietus est. Et habet superplus 7 lib. 16 sol. 6 den.

§ Joannes de Tria reddit compotum de 99 lib. 7 sol. de remissione misericordie sue pro vino supervendito. In recepta Martini 100 sol. Et debet 94 lib. 7 sol.

§ Hubertus de Bova reddit compotum de 40 sol. pro dissaisina. In recepta Martini 20 sol. Et debet 20 sol.

§ Martinus de Hosa redd. compot. de 100 sol. de misericordia Johannis de Tria. Et de 20 sol. de misericordia Huberti de Bova. In thesauro nichil. In suo superplus precedentis compoti 7 lib. 16 sol. 6 den. Et quietus est. Et habet superplus 36 sol. 6 den.

§ Willelmo de Calvo monte debet 150 marcas argenti de vadio regis Henrici super Kitreium et super Forez. Et relevium de eisdem terris.

§ Petrus de Tigervilla debet 100 sol. quia cepit injuste vinum mercenarii. § Gislebertus Lemignien debet 20 sol. pro vino supervendito.

§ Petrus de Gamaches debet 8 lib. 14 sol. pro plegio Hugonis de Longo Campo. § Hugo de Braibued debet 10 lib. pro eodem plegio.

§ Isaac Judeus debet 2 marc. auri pro habendo recto de debito suo versus Almaricum filium comitis Ebroicensis.

§ Radulfus de Haia debet 20 sol. pro simili versus Radulfum Grandem. § Rog. de Ponte debet 15 sol. quia dimisit abire falsonarium. § Willelmus Pile debet 15 sol. pro eod.

§ Robertus de Stotevilla redd. compotum per Odinum clericum suum de 6 lib. 6 sol. 6 den. de remanente veteris firme de Leons. In thesauro nichil. In reparando muro castri de Leons 68 sol. per brev. Regis. Claro de Grochet, Willelmo de Torvilla, et Eustachio Clerico 69 sol. de liberatione quando fuerunt ad mensurandas terras porpresturarum foreste de Leons. Et quietus est. Et habet superplus 18 den. quos computantur ei inferius.

§ Idem reddit compotum de 300 lib. de nova firma prepositure de Leons, et molendinorum et foreste. In thesauro nichil. In decima abbati de Cerisiaco 30 lib. Radulfo de Floriaco 15 lib. per cartam Regis. In liberatione ipsius Roberti 200 lib. pro custodia castri de Leons. In turre de Leons altioranda et in domibus intra faciendis 71 lib. 7 sol. per brevem Regis. In muro faciendo ante turrim Novi Mercati et in camera facienda cum camino et in muris altiorandis 37 lib. 10 sol. per idem brev. Et quietus est. Et habet superplus 53 lib. 17 sol. quos ei computantur inferius.

§ Idem reddit compotum de 18 lib. 9 sol. 3 den. de remanente veterum reguardorum foreste de Leons. Et de 35 lib. 10 sol. de primo reguardo ejusdem foreste. Et de 10 lib. de Werrico milite pro foresta. Et de 24 lib. 6 sol. 8 den. de ultimo reguardo ejusdem foreste. Summa 88 lib. 5 sol. 11 den. In thesauro 10 lib. In suo superplus precedentium compotorum 53 lib. 18 sol. 6 den. Et debet 24 lib. 7 sol. 5 den.

§ Idem reddit compot. de eod. debito. In thesauro 18 lib. 7 sol. 5 den. Et debet 6 lib.

§ Burgenses de Leons reddunt compot. de 66 lib. de tallagio per Episcopum Winton. facto. In perdonis eisdem 66 lib. per brev. Regis. Et quieti sunt.

§ Robertus de Stotevilla debet 23 sol. 4 den. de censibus porpresturarum in Longo Campo recuperatis per juream quam Hugo de Longo Campo tenebat. Et 6 sol. 8 den. pro 40 caponibus de reguardo earumdem porpresturarum de anno preterito. Et tantumdem de hoc anno.

§ Castrum de Longo Campo cum toto porpriso et totum porprisum monacorum de Cadomo ibid. Et omnes masure hominum qui manent a fondo valle usque ad forestam sunt de dominico Regis recuperata per juream. Et preter hoc 51 acre et dimidia virgata terre quas Hugo et homines ejus tenebant sunt recuperata per juream inter puteum Coinercliz et cheminum petrosum. Et preter hec 33 acre et una virga et dimid. terre sunt recuperata per juram factam per Willelmum filium Radulfi Dapifer de dominico foreste.

§ Hugo de Longo Campo debet 706 lib. 17 sol. 6 den. de remanente compoti sui de honore de Conches. Et 8 lib. 8 sol. de porpresturis foreste de Leons de septem annis de unoquoq. anno 24 sol. Et 66 lib. 10 sol. de censibus carpentariorum de Longo Campo de septem annis et undecim mensibus. Et de hoc anno 7 lib. 16 sol. Et 100 lib. de misericordia sua pro predictis porpresturis et quia non venit ad submonitionem justiciarium. Et pro wasto de districto de Longo Campo.

§ Odinus Clericus redd. compot. de 40 sol. pro duobus equis Joscelini Crespini captis in foresta. In thesauro liberavit. Et quietus est.

§ Engerranus Porcarius redd. compot. de 7 lib. de remanente reguardorum foreste de Leons. In perdonis abbati de Becco de misericordia hominum suorum 7 lib. per brev. Regis. Et quietus est.

§ Idem redd. compot. de 10 sol. de remanente veteris firme de ministerio de Braio. Et de 4 lib. 6 sol. 5 den. de remanente prepositure et censarii burgensium de Bello Videre. Et de 72 sol. de remissione de traverso duarum quadrigarum. Summa 8 lib. 8 sol. 4 den. In thesauro nichil.

In operationibus castri de Bello Videre 8 lib. 8 sol. 5 den. per brev. Regis. Et quietus est.

§ Idem redd. compot. de 45 lib. de firma ministerii de Braio de foresta de Leons. Et de 7 lib. 22 den. de exitu censar. de porpresturis de Bello Videre. Et de 10 lib. de exitu prepositure, et traversi duarum quadrigarum. Et de 7 lib. 2 sol. 4 den. de exitu 15 acrarum et virgate et parcagii de essartis de Bello Videre hoc anno. Et de 20 lib. 13 sol. 6 den. de duobus reguardis ministerii de Braio de foresta de Leons. Summa 89 lib. 17 sol. 9 den. In thesauro nichil. In decima S^{to}. Vigori de Cerisiaco 8 lib. 19 sol. 9 den. In liberatione ipsius Engerran. 40 lib pro custodia castri de Bello Videre. In operationibus castri de Bello Videre 41 lib. 9 sol. 6 den. per brev. Regis. Et quietus est. Et habet superplus 11 sol. 7 den.

§ Idem redd. compot. de 60 lib. quas recepit de vicecomitibus Rothom. in anno preterito. Et de 293 lib. 4 sol. 1 den. quas recepit de eisdem hoc anno. Et de 50 lib. de Roberto Burgondione de firma de Drincort. Summa 400 lib. 64 sol. 1 den. In thesauro nichil. In operationibus castri de Bello Videre 400 lib. 64 sol. 1 den. per visum Walteri Hocherel, et Ricardi de Sigeio, et Normanni Merlet. Et quietus est.

§ Ricardus de Sigeio debet 100 sol. quia non venit ad submonitionem justicie.

§ Philippus de Colinberiis redd. compot. per Robertum clericum de 50 lib. de firma foreste de Roumara. In thesauro 45 lib. In decima monachorum de Prato 100 sol. Et quietus est.

§ Idem redd. compot. de 32 sol. de remanente veteris firme ejusdem foreste. In thesauro liberavit. Et quietus est.

§ Idem redd. compot. de 20 lib. 3 sol. de reguardo primo ejusdem foreste. In thesauro liberavit. Et quietus est.

§ Idem redd. compot. de 7 lib. 12 sol. de ultimo reguardo ejusdem foreste. In thesauro liberavit. Et quietus est.

§ Idem reddit compotum de 40 sol. pro modio moreti ejusdem foreste. In thesauro liberavit. Et quietus est.

§ *Vicecomes Rothomag. Martinus de Hosa. Robertus de Stotevilla, pro Leons. Burgenses de Leons de tallagio. Engerranus Portarius. Philipus de Columbiers.*

(Membr. 7 dorso.)

§ Isnart Laneer et Gaufridus Sutor reddunt compotum pro se et sociis suis de 90 lib. 17 sol. de remanente veteris firme de Nonancort de tercio anno. In thesauro nichil. Sehero de Quenceio 90 lib. 17 sol. quos debent. Et quieti sunt.

§ Eidem reddunt compot. de 250 lib. vel de viginti mod. frumenti de firma nova prepositure de Nonancort. In thesauro 90 lib. 17 sol. In decima Episcopo Ebroic. 25 lib. Sex vigilibus 9 lib. 3 sol. de liberatione sua. In liberatione Seheri de Quenci 125 lib. pro custodia castri de Nonancort. Et quieti sunt.

§ Rogerus de Ansgovilla reddit compotum de 30 lib. de promisso pro habenda recordatione versus Radulfum de Sauhus. In thesauro nichil. In perdono eidem Rogero 30 lib. quia non potuit nec debuit habere recordationem per brev. Regis. Et quietus est.

§ Seherus de Quenceio reddit compotum de misericordiis et promissis et finibus scilicet : de Waltero presbytero de Anfreivilla 40 sol. pro habenda recordatione in curia comitis Ebroicens. de duello. De Willelmo de Fotipou 20 sol. pro falso clamore. De Simone de Saceio 10 pro duello. De Matheo de Ebroic. 15 sol. pro falso clamore. De Rog. de S^{to}. Melanio 20 sol. pro simili. De Goello de Esmalevilla 10 sol. pro dissaisina. De Willelmo de Mairuel 20 sol. pro averis vicinorum suorum missis ad aratrum suum. De Willelmo Glin 10 sol. pro falso clamore. De Gaufrido de Boscheron 10 sol. pro femina verberata. De Lochere 10 sol. pro falso clamore. De Roberto de Bosco 20 sol. pro simili. De Benedicto Judeo 100 sol. pro habendo debito suo de Roberto de Stotevilla. De Radulfo Boufei 50 sol. pro recognitione. De Reinaldo de Caisneio una marca argenti pro eodem. Summa 16 lib. 15 sol. Et una marca argenti. In thesauro liberavit. Et quietus est.

§ Burgenses de Nonancort debent 57 lib. de tallagio. § Herefurt debet 20 sol. pro dissaisina. § Robertus de Herocort debet 100 marcas argenti pro habendo recto de Postigneio.

§ Robertus Canutus reddit compotum de 20 lib. pro concordia facta cum fratre suo sine licentia. In thesauro 15 lib. Et debet 100 sol.

§ Seherus de Quenceio reddit compotum de 100 sol. de exitu terre Alani de Tanai in Cintrai. In thesauro liberavit. Et quietus est.

§ Herbertus filius Aeliz 100 sol. pro habendo juste debito suo de Almarico filio comitis.

§ Willelmus Bernuin redd. compot. de 34 lib. pro habendo catallo et terra et vadiis patris sui. In thesauro 4 lib. Et debet 30 lib.

§ Seherus de Quenceio redd. compot. de 60 sol. de remissione catallorum Bernardi de Torvilla mortui usurarii. In thesauro liberavit. Et quietus est.

§ Idem redd. compot. de 30 sol. de catallo Roberti de Merlevilla fugacis pro Latrocinio. In thesauro 16 sol. 6 den. Et debet 13 sol. 6 den.

§ Idem duo arpenta prati ad custodiam castri de Nonancort.

§ Idem reddit compotum de 30 lib. de exitu de Loia castro. In thesauro nichil. Eidem Sehero 30 lib. pro custodia ejusdem castri. Et quietus est.

§ Willelmus de Malapalude reddit compotum de 40 lib. de firma vicecomitatis de Romeis. In thesauro 52 sol. 4 den. In decima Thesaurario 4 lib. In liberatione Johannis Luce 25 lib. pro custodia castri de Monteforti. In conredio Rogeri Folli cum duobus equis et septem canibus 40 sol. per brev. Regis. Pro fuillata Regis facienda ante turrim Rothom. 68 sol. 2 den. per brev. Regis. Falconariis Regis qui remanserunt post eum 20 sol. per idem brevem. Pro hernesio regis ducendo a Rothomago ad Cadomum 40 sol. per brev. Regis. Pro vassella Regis portanda ad Gisortium 3 sol. Et pro thesauro Regis ducendo ad Drincort. 6 sol. 6 den. per brev. Regis. Et quietus est.

Idem reddit compotum de 60 mod. vini de modiatione Waeneii. In thesauro 32 lib. 8 sol. pro 54. modiis. modius pro 12 sol. In decima monachorum de Prato sex mod. Et quietus est.

§ Idem reddit compotum de 100 sol. pro molendino de Resbais In quietancia Roberti de Pissiaco de eod. molino quod Rex ei dedit. Et quietus est.

§ Idem debet 6 sol. qui remanent super terram in qua solebant manere tres hospites prope idem molendinum que modo vacua est.

§ Idem redd. compot de 40 sol. de gurgite de Witecliva. Et de 14 sol. 6 den. pro septem sextaria mellis de bigro de Wifrevilla hoc anno. Et de 27 sol. 6 den pro 300 caseis et 15 burrez de vacaria de Barnevilla. Et de 2 sol. 6 den. pro 15 burrez de veteri anno de eadem vacaria. Et de 12 sol. de terra Malgeri servientis de Marrona. Et de 12 den. pro tribus pedibus terre quam Gaufridus Canbiator tenet in Wautercia. Et de 20 sol. pro terra Willelmi de Albevia in Franchevilla. Summa 117 sol. 6 den. In thesauro liberavit Et quietus est.

§ Idem reddit compotum de 14 sol. de domo Ricardi Coriarii de terra Roberti Caron. Et de 22 sol. de duobus domibus ejusdem Roberti in fossato, hoc anno. Et de 15 sol. de sex domibus ejusdem Roberti de quibus tres sunt vacue. Et de 42 sol. pro 7 acris terre arabilis et sede grancie ejusdem Roberti quas Wido Parvus tenet. Et de 10 sol. de domo Ricardi Carpentarii de terra ejusdem Roberti hoc anno. Summa 103 sol. In thesauro liberavit. Et quietus est.

§ Idem reddit compotum de 12 marc. argenti hoc anno de Canbio Rothomag. In thesauro 11 marc. Et debet 1 marc. que remanet super Walterum filium Giroldi.

§ Idem reddit compotum de 22 lib. 3 sol. de exitu terre que fuit Rosceli filio Clarenboldi in Rothomago, in S^{to}. Jacobo, in bosco Willelmi, in S^{to}. Johanne de Cardoncio et in Coroma parvo. In thesauro liberavit. Et quietus est.

§ Idem redd. compot. de 26 sol. 8 den. pro 28 min. avene de bernagio de Paveilleio. et pro 4 min. de bernagio de Scura. In thesauro liberavit. Et quietus est.

§ Idem redd. compot. de 18 lib. 10 sol. 5 den. de exitu vadii Petri de Bures in Rothomago et in Cotecurardi. In thesauro liberavit. Et quietus est.

§ Idem redd. compot. de 49 lib. 17 sol. 2 den. de exitu terre Osberti de Pratellis cum pasnagio. In thesauro liberavit. Et quietus est.

§ Idem redd. compot. de 4 lib. 16 sol. pro duodecim. mod. vini de modiatione Gaufridi Martel, in Longavilla. In thesauro liberavit. Et quietus est.

§ Vicecomitissa Rothom. debet. ij. lib. cc. lib. xiiij. lib. (sans doute 2214 lib.) 5 sol. de remanente compoti sui de firma Rothomagi.

§ Willelmus de Garguesala redd. compot. de 29 sol. de remanente misericordie sue. In thesauro liberavit. Et quietus est.

§ Gaufridus monacus debet 15 mod. et 6 sextar. avene de bernagio Baiocassini.

§ Tomas de Tornebu debet 10 sol. pro recognitione.

§ Johannes de Botemont debet 100 sol. pro recto habendo versus Henr. Waspail.

§ Willelmus de Malapalet reddit compotum de misericordiis et promissis et finibus scilicet. De Matilde de Fraisnes 50 sol. pro recognitione. De Reinaldo de Sehervilla 20 sol. pro vino supervendito. De Willelmo Presbytero 30 sol. pro eodem. De Gaufrido de Caisneio 10 lib. pro negare et recognoscere. De Britia de Aliseio 20 lib. pro habendo catallo viri sui. De Radulfo de Moille Crosta un marc. argenti pro recto habendo. De uxore Radulfi Gai 20 lib. pro habendo catallo viri sui usurarii. De Bernardo Commin 20 sol. pro concordia. De Odone Catenas 10 sol. pro plegio incurso. De Roberto de Anfreivilla 20 sol. pro dissaisina. De quinque hominibus de Landemara 50 sol. pro falso clamore. De Hugone de Croiseio 4 lib. pro dissaisina. De Johanne de Baldessart 20 sol. pro simili. De Willelmo de Clara Mara 20 sol. pro simili. De Ricardo Mieta 20 sol. pro falso guaranto. De Ingulfo de Chemino 40 sol. pro plegio. De Willelmo de Bohom 20 sol. pro eod. De Hugone de Siri 60 sol. pro eod. De Rahero Tascherel 50 sol. pro negare et recognoscere. De Andrea de S^{to}. Albino 20 sol. pro concordia. De Hugone filio Elinant 50 sol. pro eod. De Willelmo de Barentino 30 sol. pro lege. De Radulfo de Moille Crosta 20 sol. pro falso clamore. De Odardo de Sauhus 20 sol. pro concordia. De Gerold. et filiis ejus 20 sol. pro simili. De Roberto de Sauhus 20 sol. pro eod. De Willelmo Palmer 40 sol. pro concordia. De Roberto Belassez 20 sol. pro eod. De denariis inventis 60 sol. De Luca de Clive 10 sol. pro dissaisina. De Godefrido Roillied, 10 sol. pro concordia De Vitali de S^{to}. Stephano 10 sol. pro eod. Summa 92 lib. et. j. marc. argenti. In thesauro liberavit. Et quietus est.

§ Idem reddit compotum de denariis inventis in terra in domo Malgerii de Bechel sub Wilecliva de pluribus monetis que fuerunt venditi 49 lib. Andegav. Bartholomeo Bataille 49 lib. ad vina Regis emenda in Francia per brev. Regis. Et quietus est.

§ Idem reddit compotum de 100 lib. de fine Rogeri Hachet. In thesauro liberavit. Et quietus est.

§ Idem reddit compotum de 4 lib. de catallo Willelmi Britonis fugacis pro morte hominis. In thesauro liberavit. Et quietus est.

§ Idem reddit compotum.

§ Idem redd. compot. de 5 sol. de catallo Johannis de Bello Monte fugacis pro morte Walteri Anglici. In thesauro liberavit. Et quietus est.

§ Stephanus de Wellebued debet 20 sol. pro vino supervendito. § Ricardus de Vernon debet 100 lib. pro plegio Hugonis de Longo Campo.

§ Balduinus de Cantilupo debet 14 lib. 5 sol. pro eod. § Rogerus Pauper serviens debet 10 sol. pro stultiloquio.

§ Tomas de Tornebu reddit compotum de 800 lib. de remanente finis sui. In thesauro 200 lib. Et debet 600 lib.

§ Willelmus Malapalet reddit compotum de 8 lib. 7 sol. 4 den. de parte sua de remissione modiationis. In recepta Willelmi de Mara 8 lib. 7 sol. 3 den. de quibus reddidit compotum. Et quietus est.

§ Josce Judeus filius Ysaac 30 bisanc. pro habendo debito suo de comite Augi.

§ Osbertus de Cailleio redd. compot. de 100 lib. pro consuetudine injuste capta. In pardonis ipsi Osberto 100 lib. per brev. Regis. Et quietus est.

§ Willelmus Caval redd. compot. de 100 lib. quia recessit a curia antequam audiret juditium suum. In thesauro 23 lib. Et debet 77 lib.

§ Matheus de Loriel debet 100 lib. quia dixit se duxisse visores ad videndum wastum vinee et non duxit.

§ Nicol de Cloion reddit compotum de 20 sol. pro recognitione versus Willelmum de Aurea Valle. In thesauro liberavit. Et quietus est.

§ Rogerus de Bello monte debet 15 lib. pro habendo recto de debitis suis § Willelmus Torolf debet 10 sol. pro dimisso clamore. § Heldebrant debet 40 sol. pro negare et recognoscere de quibus reddidit Willelmo de Malapalet inferius compotum.

§ Johannes Haucepied debet 20 sol. pro recto habendo de Hugone de Gornaio de debito suo.

§ Robertus de Insula debet 20 sol. pro habendo recto versus Robertum Bertrannum de debito suo. § Johannes. xxx. Gerons debet 10 sol. pro simili, versus Rad. Waldin.

§ Ricardus de Bosco debet 20 sol. pro concordia. § Adam de Marelot. Debet 20 sol. pro eod. Eidem reddunt compot. de eisd. debitis. In thesauro liberaverunt. Et quieti sunt.

§ Ricardus Cancellarius debet tres marcas argenti pro habendo juste debito suo de comite Pontivi.

§ Willelmus de Malapalet reddit compotum de 20 lib. pro fine catallorum Joseli et Reinaldi mortuorum usur. In thesauro 11 lib. 4 sol. 4 den. Et debet 8 lib. 15 sol. et 8 den.

§ Idem reddit compot. de eod. debito. In reparando parco et in goteriis turris Rothomagi et in sala ante turrim 8 lib. 15 sol. 8 den. per brev. Regis. Et quietus est.

§ Willelmus de Malapalet reddit compotum de 40 sol. de misericordia Heldebrant pro negare et recognoscere. In predictis operationibus per idem brev. Et quietus est.

§ Herbertus de Orbec debet 100 sol. pro vino supervendito. In thesauro liberavit. Et quietus est.

§ Herbertus. xxx. Minas reddit compotum de 40 sol. pro eod. In thesauro liberavit. Et quietus est.

§ Willelmus Garet. redd. compot. de 20 sol. pro eod. In thesauro liberavit. Et quietus est.

§ Ranulfus Parvus redd. compot de 20 sol. pro eod. In thesauro liberavit. Et quietus est.

§ Willelmus de Malapalet redd. compot. de 112 sol. de catallis Tome de Tornebu captis pro fine terre Simonis fratris sui. In thesauro liberavit. Et quietus est.

§ Ricardus filius Benedicti debet 20 sol. pro vino supervendito. § Silvester Canbiator debet 100 sol. pro eod. § Anscherus gener Willelmi debet 100 sol. pro eodem. § Idem Silvester redd. compot. de eisdem 100 sol. In thesauro liberavit. Et quietus est.

§ Landricus de Wellebued, et Radulfus Gaius, et Reinaldus de Aurea Valle reddunt compotum de 15 lib. de plegio pro Odelina de Parisiis, de vadiis terre sue. In thesauro liberaverunt. Et quieti sunt.

§ Willelmus Carbonel reddit compotum de 21 min. avene de bernagio de Coroma. Et de 15 min. de bernagio de vicecomitatu inter Rislam et Sequanam. In thesauro 39 sol. pro 36 min. mina pro 12 den. Et quietus est.

§ *Prepositi de Nonancort. Scherus de Quenceio Willelmus de Malapalet, Willelmus Carbonel.*

Emendatus est.

(Membrane. 8. recto.)

§ Rogerus filius Landri. reddit compotum de 650 lib. de firma honoris de Monte Forti. In thesauro 454 lib. 11 sol. 9 den. Leprosis de Monte Forti 19 lib. 15 sol. 5 den. de elemosine statu. Ad vestes eorum 6 lib. 10 sol. de elemos. statu. Servienti eorum 8 sol. de libero statu. Fabro Casti 12 sol. de libero statu. In decima S^{to}. Imerio 55 lib. absque decima frumenti. In terris datis filio Mainerii 10 sol. In terris datis Reburso 14 sol. 10 den. Hugoni de Hamelaincort in manerio de Rovelot de dimidio anno 65 lib. 8 sol. per brev. Regis. Pro marremio et palo portando de parco de Anssoltot in Costantinum per Willelmum de Mara 30 lib. per brev. Regis. Johanni de Gerpovilla 10 lib. de dono Regis per brev. Regis. Et debet 12 lib

§ Hugo de Tochevilla reddit compotum de 20 lib. pro leporibus captis infra terminos foreste de Monte Forti. In thesauro 10 lib. Et debet 10 lib.

§ Walerannus de Watevilla reddit compotum de 50 lib. pro negare et recognoscere. In thesauro 10 lib. Et debet 40 lib.

§ Hugo de Wivilla habet terram in Warenna de Tovilla de dono Regis.

§ Simon de Bello Loco debet 50 lib. de veteri firma de Bello Loco. Idem debet 33 lib. 7 sol. 6 den. de termino Willelmi Rufi de eadem firma.

§ Willelmus Rufus debet 28 lib. 5 sol. 3 den. de veteri firma de Monte Forti.

§ Roger filius Landrici reddit compotum de 72 sol. 6 den. de exitu terre Roberti de Ansgervilla in Cornevilla de vadio Willelmi de Moreville. In thesauro liberavit. Et quietus est.

§ Idem redd. compot. de 19 lib. de exitu terre Nicol. Trossebot in Witoteria. In thesauro liberavit. Et quietus est.

§ Idem redd. compot. de 90 lib. de firma terre Alani de Taneio que est in manu Regis pro defectu. In thesauro 80 lib. 10 sol. In decima canonicis de Cornevilla 11 lib. Leprosis de Ponte Audomaro 10 sol. de elemos. statu. Et quietus est.

§ Idem redd. compot. de 8 lib. 12 den. de exitu terre Willelmi de Bailliul. In thesauro liberavit. Et quietus est.

§ Walter de Casteillon reddit compotum de 14 lib. quas debebat Willelmo de Moreinvilla super terram suam et molendinum de Fontaincort. In thesauro liberavit. Et quietus est.

§ Herbertus de S^{to}. Albino reddit compotum de 21 sol. quos debebat Willelmo de Morevilla super terram suam de Watelo. In thesauro liberavit. Et quietus est.

§ Rogerus Landricus reddit compotum de 36 sol. de exitu terre Ricardi Bisse de vadio ejusdem Willelmi. In thesauro liberavit. Et quietus est.

§ Ricardus Labisse reddit compotum de 44 sol. quos debebat eidem Willelmo super eamdem terram. In thesauro liberavit. Et quietus est.

§ Rogerus filius Landrici redd. compot. de 30 sol. de porpresturis foreste de Monte Forti in Formetot. Et de 27 sol. 5 den. de porpresturis foreste de Bello Loco. Summa 57 sol. 5 den. In thesauro liberavit. Et quietus est.

§ Robertus Pipart debet 80 lib. de plegio vicecomitisse Rothomagi

§ Comes Mellenti redd. compot. de 4 lib. 4 sol. de remanente debiti Willelmi de Morevilla. In thesauro 58 sol. Et debet 26 sol.

§ Gaufridus de Busco debet 20 sol. de debito Will. de Morevilla super Gislebert Buillot.

§ Roger de Apevilla debet 70 sol. de debito ejusdem Will. de Morevilla super cameram et domum suam.

§ Roger Landricus reddit compotum de 10 sol. de remissione placitorum foreste de Bello Loco. In thesauro liberavit. Et quietus est.

§ Manasses Malus Vicinus debet 10 lib. pro dissaisina.

§ Willelmus de Caisneio redd. compot. de 30 sol. pro vino supervendito. In thesauro liberavit. Et quietus est.

§ Osbertus Abbas redd. compot. de 20 sol. pro eod. In thesauro liberavit. Et quietus est.

§ Rogerus Landricus redd. compot. de 8 lib. 5 sol. de reguardo foreste de Monte Forti. In thesauro liberavit. Et quietus est.

§ Robertus de S^{to}. Audoeno reddit compotum de 5 sol. de promisso pro habenda virgata terre in eadem foresta. In thesauro liberavit. Et quietus est

§ Idem redd. compot. de 12 den. de redditu ejusdem terre. In thesauro liberavit. Et quietus est.

§ Roger Landrici computat de 7 lib. de reguardo foreste de Bello Loco. In thesauro liberavit. Et quietus est.

§ Idem redd. compot. de 15 lib. de ultimo reguardo foreste de Monte Forti. In thesauro liberavit. Et quietus est.

§ Idem red. compot de 8 lib. 2 sol. de ultimo reguardo foreste de Bello Loco. In thesauro liberavit. Et quietus est.

§ Walter Rufus redd. compot. de 40 sol. quia ceperat robam falsaonariorum. In thesauro liberavit. Et quietus est.

§ Gaufridus Ridel redd. compot. pro se et pro Gaufrido de S^{to}. Dionisio de 40 sol. pro duabus capis ad pluviam. In thesauro liberavit. Et quietus est.

§ Idem redd. compot de misericordiis et promissis et finibus scilicet de Lietia Sacerdotissa 20 sol. pro dissaisina. De Gisleberto de Blossevilla 40 sol. pro falso clamore. De Willelmo Langeot 20 sol. pro concordia. De Willelmo Corvesario 20 sol. pro dimisso clamore. De Gaufrido filio Wigeri 15 sol. pro eod. De Roberto Bavart. 15 sol. pro eod. De Willelmo Maiore 20 sol.

quia non habuit hominem quem plegiavit. In thesauro liberavit. Et quietus est..

§ Walter Tigier, et Augustus Tavel, et Willelmus de Estouvi, et Rogerus Burgensis reddunt compotum pro se et sociis suis de 700 lib. de firma preposlture de Vernolio. In thesauro 56 lib. In decima episcopo Ebroicensis 70 lib. In liberatione Thome Bardol 300 lib. pro custodia castri. Gaufrido de Carnellis, et Guarino Cani, et Willelmo de Colunbell., et Odoni de Carnell. 20 lib. per cartam Regis. In acato duarum quadrigarum ferratarum, et unius selle, et in conredio aurige, et in eisdem quadrigis ducendis a Vernolio ad Rothomagum 4 lib. 13 sol. per brev. Regis. In liberatione Radulfi de Verduno 10 lib. pro custodia castri de Teilleriis. In reparandis, et obstruendis ostiis turris Vernolii, et portallo, et in camino faciendo in eadem turre, et in reparanda capella in eadem turre 108 lib. 4 sol. per brev. Regis. In reficiendis molendinis Vernolii combustis per guerram 19 lib. 16 sol. et 9 den. per brev. Regis. Et debent 111 lib. 6 sol. 3 den.

§ E...

§ Eidem reddunt compotum de 20 mod. frumenti de firma preposlture Vernolii. In thesauro nichil. In decima episcopo Ebroicen. 2 mod. In liberatione Thome Bardol. 10 mod. pro custodia castri Vernolii. Eidem Thome 2 mod. ad perficiendam liberationem suam veteris anni. Et debent 23 lib. 8 sol. pro 6 mod. frumenti.

§ Ricardus Beurel et Joscelinus Rossel reddunt compotum de 25 lib. de firma vicecomitisse de Lesvino. In thesauro 28 lib. 12 den. In decima thesaurario 70 sol. Monaco de S^{to}. Arnulfo 9 sol. de elemos. statu. In quietancia de Bona Villa 60 sol. de consuetud. statu. Et quieti sunt.

§ Ricardus Beurel redd. compot. de 62 sol. de terris de montibus de Asneriis in Lesvino. Et de 45 sol. de montibus de Pinu. Et de 13 sol. de terra de Faveril. Et de 2 sol. de Foleteria. Et de 2 sol. de terra Lanceleuee. Summa 6 lib. 4 sol. In thesauro liberavit. Et quietus est.

§ Idem redd. compot. de 21 lib. de veteribus placitis de tempore Willelmi de Curceio. In thesauro liberavit. Et quietus est.

§ Idem redd. compot. de 11 sol. 9 den. de exitu terre de Muloteria de vadio Ivonis de Maris. In thesauro liberavit. Et quietus est.

§ Idem redd. compot. de 19 sol. 11 den. de exitu vavassorie Willelmi Fortin in Lurre hoc anno. In thesauro liberavit. Et quietus est.

§ Idem redd. compot. de 34 sol. 3 den. de exitu terre Willelmi de Fonte, de feodo Roberti de Monte Forti. In thesauro liberavit. Et quietus est.

§ Albericus de Tornaio redd. compot. de 34 lib. 19 sol. de remanente debiti sui. In thesauro 26 lib. 16 sol. 6 den. Et debet 8 lib. 2 sol. 6 den.

§ Ricardus Beverel redd. compot. de misericordiis et promissis et finibus. scilicet. Willelmus Marmion 4 lib. pro dissaisina. Joscelinus de Foumuceon 10 sol. pro terra difforciata nepoti suo. Anskitillus de Hamello 20 sol. pro molta difforciata. Willelmus de Piencort. 100 sol. pro dissaisina. Robertus Ferrant 10 sol. pro pastura difforciata. Tioldus 30 sol. pro simili. Willelmus Sebout 10 sol. pro dissaisina. Ricardus de Monte 10 sol. pro simili. Willelmus filius Milonis 20 sol. pro concordia. Ansgotus Malus Vicinus 20 sol. pro simili. Robertus Escuceon 20 sol. pro simili. Gaufridus Bigre 10 sol. pro falso clamore. Robertus Wilton 20 sol. pro plegio incurso. Henricus de Haiis 20 sol. pro falso clamore. Anskitillus Harduin 10 sol. pro concordia. Ricardus de Lanbervilla 40 sol. pro negare et recognoscere. Rogerus Quarrel 10 sol. pro dissaisina. Gaufridus de Carentona 10 sol. pro falso clamore. Will. de S^{to}. Leodegario 10 sol. pro simili. Gislebertus Boelaio 20 sol. pro simili. Caillou 40 sol. pro dissaisina. Lambertus Maignon. 10 sol. pro dimisso clamore. Guarinus de Ponte 10 sol. pro simili. Radulf. Mangeant 20 sol. pro simili. Frogerus de Maisnil Reinart 20 sol. pro simili. Radulf de Wastina 6 sol. 10 den. pro simili. Osbertus Pepinus 10 sol. pro terra difforciata. Walter de Gauvilla 40 sol. pro dimisso clamore Johannes Burnel 20 sol. pro duello. Fulco de Castellion 30 sol. quia non habuit warantum curie. Warinus de Valle 40 sol pro falso clamore. Robertus Saba 20 sol. pro dissaisina. Rogerus filius Gosce 20 sol. pro eodem. Walchelinus Infans 20 sol. pro simili. Rogerus Infans 20 sol. pro simili. Ricardus Burnel 20 sol. pro plegio incurso. Gislebertus Burnel 20 sol. pro eod. Robert de Bosco 10 sol pro dimisso clamore. Serlo 10 sol. pro eod. Robert Burgaut 10 sol. pro concordia duelli Willelmus Barbe 10 sol. pro eod. Gislebert de Cortona 40 sol. pro eodem. Ricardus de Felgerio 100 sol. pro duobus marcis pro recognitione. Robert de Caresis 10 sol. pro falso clamore. Fulco de Beauchencai 100 sol. pro dissaisina. Ernaldus de Belvesinaria 25 lib. pro habenda custodia heredis Johannis fratris sui. Goscio Lupus 10 sol. pro molta difforciata. De Willelmo Decano 10 sol. pro eodem. De Ansgoto Rufo 10 sol. pro falso clamore De Hugone de Prato 10 sol. pro eod. De Waltero Balde 40 sol. pro vadio negato. De Radulfo de Gaugeio 10 sol. quia recessit a curia sine licentia. De Roberto Recuceon 30 sol. pro marleria discooperta. De Gaufrido Ranier 20 sol. pro dissaisina. De Rogero Escraflon 10 sol. pro falso clamore. De Radulfo Morel 10 sol. pro simili. De Radulfo Hamelin 10 sol. pro dimisso clamore. De Gisleberto Bordel 10 sol. pro quadrigis injuste captis. De Roberto Hasle 20 sol. pro falso clamore. De Willelmo filio Landrici 10 sol. pro simili. De Goscelino de Valle 10 sol. pro eod. De Hugone Fabro 10 sol. pro eodem. De Reinaldo de Coldreio 20 sol. pro dissaisina. De Nichol. de Murcenc 40 sol. pro vadio difforciato. De Warino de Berlou 10 sol. pro falso clamore. De Osberto de Maisnil 10 sol. pro dissaisina. De Willelmo de Fago 10 sol. pro simili. De Willelmo de Livarrou 10 sol. pro negatis denariis. De Radulfo de Monte 20 sol. pro concordia duelli. De Willelmo de Noier Mainart 10 sol. pro negare et cognoscere. De Reinaldo Witerol 20 sol. quia defecit facere judicium curie. De Roberto Chevrel 10 sol. pro dimisso clamore. De Radulfo Froissart 10 sol. pro vino supervendito. De Radulfo Mansello 40 sol. pro eod. De Willelmo filio Rosce 60 sol. pro eod. De Osberto Crasso 30 sol. pro eod. De Waltero de Porta 40 sol. pro eod. De Radulfo filio Willelmi 50 sol. pro eod. De Rogero de Osmonvilla 10 sol. pro eod. De Osberto Bordon 10 sol. pro eod. De Willelmo de Haia 20 sol. pro eod. De Ansgoto 20 sol. pro eod. De Ricardo filio Henrici 20 sol. pro eod. De Euroldo 20 sol. pro eod. De Roberto Mercatore 30 sol. pro eod. De Fromundo de Mara 30 sol. pro eod. De Gaufrido de Caborc 10 sol. pro eod. De Toma de Caborc 15 sol. pro eod. De Portehors 10 sol. pro eod. De Reinaldo de Autuil 30 sol. pro eod. De Unfrido de Busco 10 sol. pro eod. De Willelmo Parvo 30 sol pro eod. De Willelmo filio Gonnor 10 sol. pro eod. De Gaufrido Clarenbalt 30 sol. pro eod. De Radulfo Britone 15 sol. pro eod. De Willelmo Ceoucart 10 sol. pro eod. De Rogero Poinant 15 sol. pro eod. De Henrico de Bornevilla 15 sol. pro eod. De Roberto de Aukenvilla 15 sol. pro eod. De Adelelmo filio Herberti 15 sol. pro eod. De Tigero 15 sol. pro eod. De Pipino 30 sol. pro eod. De Ernaldo Boiste 30 sol. pro eod. De Radulfo Poutrel 15 sol. pro eod. De Fortin 20 sol. pro eod. De Roberto Pastel 20 sol. pro eod. De Unfrido de Gardino 15 sol. pro eod. De Ricardo Anglico 10 sol. pro eod. De Hugone Lonqre

10 sol. pro eod. De Ranulfo Caval 15 sol. pro eod. De Willelmo Anglico 10 sol. pro eod. De Rog. de Mais.... Guarini 15 sol. pro eod. De Willelmo Ferrant 10 sol. pro eod De Willelmo Caillou 20 sol. pro eod. De Arnulfo Reburso 40 sol. pro..... De Flori Bolenger 40 sol. pro eod. De Hugone filio Herberti 20 sol. pro eod. De Roberto Molendino 20 sol. pro eod. De Rogero de Gardino 10 sol. pro concordia duelli. De Willelmo Goin 20 sol. pro eod. De Willelmo Alis 40 sol. pro dissaisina. De Fulcone de Boneval 40 sol. pro falso clamore. De Ricardo de Felgerio 20 sol. pro simili. De Caillou Folenfant 20 sol. pro terra difforciata. De Roberto de Maurai 20 sol. pro pastura difforciata. De Anskitillo Morel 10 sol. pro eod. De Doslave 10 sol. pro eod. De Gisleberto de Friardel 100 sol. pro recognitione versus Radulf. Baboin. De Philippo de Friardel 100 sol pro recognitione versus fratrem suum. De.... Fulconis de Boneval 40 sol. pro recognitione de avenagio versus dominum suum. De Rogero de Laceon 10 lib. pro duello de Lex. De Willelmo de Piencort 100 sol. De Ricardo Lovet 50 sol. pro eod. De Ricardo de Lanbervilla 10 sol. pro eod. De Willelmo. Capell. 10 sol. pro eod. De Rogero Lisiart 10 sol. pro eod. De Ricardo de Fagio 40 sol. pro eod. De Rogero de Espervilla 25 sol. pro eod. De Willelmo de Livet 10 sol. pro eod. De Petro Lovet 10 sol. pro eod. De Willelmo Tragin 15 sol. pro......... De Radulfo de Boneval. 10 sol. pro eodem. De Ricardo Bigot 10 lib. 10 sol. pro latrone dimisso. De Rogero Golafre 100 sol. pro recordia duelli. De Ricardo de Caldecote 50 sol. pro dimisso clamore. De Radulfo filio Elie 50 sol. pro marc. argenti pro recognitione. De Reinaldo Cornet 20 sol pro vino supervendito. De Judeis de Bernai 50 sol. pro marca argenti pro habenda pace Regis. Summa 219 lib. 11 sol. 10 den. In thesauro liberavit. Et quietus est.

§ Henricus de Ponte Audomare reddit compotum de 40 sol. pro dissaisina. In thesauro 20 sol. Et debet 20 sol. de quibus reddit compotum a tergo.

§ Radulfus de Orgerix et Ricardus et Gislebertus fratres ejus debent 40 sol. pro recognitione habenda versus fratrem suum si terram quam clamant sit partibilis.

§ Matheus de Poteria redd. compot. de 40 lib. pro falso clamore. In thesauro 10 sol. 6 den. Et debet 39 lib. 9 sol. 6 den de quibus reddidit compotum a tergo.

§ Warinus Leparlier debet 1 marc. argenti pro habenda recognitione de terra. § Willelmus Hadon debet 10 sol. quia noluit custodire catalla fugitivorum.

§ Johannes Tose redd. compot. de 20 sol. pro vino supervendito. In thesauro 10 sol. Et debet 10 sol.

§ Ansgotus Molendin debet 10 sol. pro eod. § Germanus filius Rogeri debet 10 sol. pro eod. § Osbertus Berewart debet 40 sol. pro eod.

§ Robertus filius Restoldi redd. compot. de 60 sol. pro eod. In thesauro 40 sol. Et debet 20 sol.

§ Gaufrido Bonnemet redd. compot. de 60 sol. pro eod. In thesauro liberavit. Et quietus est.

§ *Rogerus Landri, Gaufridus Ridel, Prepositi de Vernolio, Ricardus Beverel et Joscelinus Rossel.*

Emendatus est.

(Membr. 8. dorso.)

§ Ricardus de Beverel. redd. compotum de 18 lib. 15 sol. de catallo Rogeri Cati mortui usurarii. Et de 114 sol. 8 den. de catallo Odonis Grosse Burse mortui usurar. Et de 7 lib. 13 sol. 7 den. de catallo Roberti Taneor mortui usurar. Summa 32 lib. 3 sol. 3 den. In thesauro liberavit. Et quietus est.

§ Idem reddit compotum de 40 lib. de fine catallorum Gisleberti Rasé mortui usurar. In thesauro 38 lib. Et debet 40 sol.

§ Plegii Willelmi de Heldrevilla debent 20 sol. pro defectu clamoris.

§ Rogerus Topelin reddit compotum de 24 lib. pro duello de Lex. In thesauro 16 lib. Et debet 8 lib.

§ Hugo de Sta. Maria debet 10 lib. de remanente misericordie pro latrone dimisso.

§ Theobaldus de Boisseio reddit compotum de 50 sol. quia obtulit legem quam eadem die respectaverat. In thesauro 25 sol. Et debet 25 sol.

§ Seherus de Quinceio debet 40 lib. 13 den. de plegio vicecomitisse Rothomagi.

§ Ricardus de Witot debet 100 sol. pro habenda recta parte terre extra loricam versus Radulfum fratrem suum.

§ Willelmus Donekan debet 10 sol. pro recognitione habenda versus Johannem de Salerna.

§ Petrus Paganellus reddit compotum de 500 lib. de fine pro terra patris sui. In thesauro 200 lib. Et debet 300 lib.

§ Ricardus Beuerel redd. compot. de 52 sol. 6 den. pro 21 min. avene de bernagio Lesuini. In thesauro liberavit. Et quietus est.

§ Idem redd. compot. de 8 lib. 2 sol. de catallo Guarini Robeor fug. pro latrocinio. Et de 3 sol. de catallo Willelmi filii Roberti pro simili. Et de 15 sol. 2 den. de catallo Roberti Paste fug. pro morte hominis. Et de 13 sol. 4 den. de remanente catallo Ricardi Boisselli mortui usurar. Et de 44 sol. de catallo Guarini Farein fug. pro latrocinio. Et de 48 sol. de catallo Hugonis Coispel fug. pro morte hominis. Et de 30 sol. de catallo Herberti Bogin fug. pro plaga facta Roberto de Ortie. Et de 9 sol. de catallo Radulfi de Teolio fug. pro homine mehaimato. Et de 14 sol. 6 den. de catallo Willelmi Cislant fug. pro morte hominis. Summa 16 lib. 19 sol. In thesauro liberavit. Et quietus est.

§ Robertus de Huhanbosco reddit compotum de 292 lib. 16 sol. de exitu novarum villarum in foresta Lillebone. In thesauro 275 lib. 17 sol. In terra data Willelmo Calceis 6 lib. In terra data leprosis de Bolebec in elemosina 6 lib. 9 sol. In terris datis archiepiscopo Rothomag. 4 lib. 5 sol. Et quietus est.

§ Idem redd. compot. de 8 lib. 15 sol. 5 den. de nova liberata de eisdem villis. In thesauro liberavit. Et quietus est.

§ Idem redd. compot. de 6 lib. 5 sol. 7 den. de burgagio et teloneo mercati et ferie de eisdem villis. In thesauro liberavit. Et quietus est.

§ Idem redd. compot. de 12 sol. de relevio Adam filii Normanni. In thesauro liberavit. Et quietus est.

§ Robertus de Stotevilla habet 200 acras terre de eadem foresta de dono Regis.

§ Joscelinus Crispinus redd. compot. pro Roberto de Bailluol de 40 lib. de firma pro Barra de Neelfa. In thesauro liberavit. Et quietus est.

§ Rogerus abbas redd. compot. pro se et Radulfo de Imovilla de 120 lib. de firma magni vicecomitatis de Kaleto. In thesauro 18 lib. In decima thesaurario 12 lib. Comitisse Bolonie 90 lib. Et quietus est.

§ Idem reddit compotum pro abbate Fiscanni de 100 lib. de firma vicecomitisse de Fiscanno. In thesauro nichil In decima thesaurario 10 lib. Comitisse Bolonie 90 lib. Et quietus est.

§ Eadem Comitissa habet 40 lib. in vicecomitisse de Monasterivilla. Et 260 lib. de Harefluvio. Et 160 lib. de Strutat et de Bernovilla.

§ Ricardus Capellanus de Archis reddit compotum de 1100 lib. de firma vicecomitisse de Archis In thesauro 475 lib. 7 sol. In decima S^to. Wandrill. 42 lib. 10 sol. In decima S^to. Amando Rothom. 30 lib. de forestis. Recluse de Dampetra 30 sol. de elemosine statu. In liberatione quatuor vigilum et portarii de Archis 22 lib. 16 sol. 3 den. In liberatione Roberti de Stotevilla 35 lib. pro pratis et piscariis ad custodiam de Archis. Abbatisse Sti. Amandi de Rothomago 10 sol. pro quietancia Mathei de Archis. Pro terra Gaufridi de Sai quam habuit cum uxore Hugonis de Periers 10 sol. In turre de Archis reparanda de super, et in duabus turellis de super, et in barbacana aute castrum, et in porta et turella ejusdem barbacane reparanda, et in plumbandis goteriis camere super portam, et in faciend. portis ligneis ad postellam et ante castellum, et ad barbacanam. 400 lib. 70 sol. per brev. Regis. Et debet 108 lib. 7 sol. 9 den.

§ Idem reddit compotum de eodem debito. In thesauro 8 lib. 7 sol. 9 den. Et debet 100 lib.

§ Idem redd. compot. de 45 mod. frumenti de redditu Alwi et Alihermont forestarii. In thesauro nichil. In decima Sto. Amando Rothomagi 4 mod. et dimid. Roberto de Stotevilla 30 mod. ad custodiam castri de Archis. Et debet 25 lib. 4 sol. pro decem mod. et dimid.

§ Idem redd. compot. de eodem debito. In thesauro liberavit. Et quietus est.

§ Idem redd. compot. de 25 mod. avene de redditu earumdem forestar. In thesauro nichil. In decima Abbatisse Sti. Amandi de Rothom. 2 mod. et dimid. Roberto de Stotevilla 22 mod. et dimid. ad custodiam castri de Archis. Et quietus est.

§ Idem debet 6 lib. pro quinque mod. avene de bernagio de vicecomitisse Archarum hoc anno. Id. redd. compot. de eod. debito. In thesauro liberavit. Et quietus est.

§ Idem redd. compot. de 66 lib. de reguardo Alwi et Alihermont. In thesauro 40 lib. In perdono comiti de Warenna 20 lib. de misericordia hominum suorum per brev. Regis. Et debet 6 lib.

§ Idem redd. compot. de eod. debito. In thesauro liberavit. Et quietus est.

§ Joscelinus de Evremou debet 20 sol. pro foresta.

§ Robertus Faber de ibidem debet 20 sol. pro eod.

§ Willelmus de Mellers debet 10 sol. pro eod.

§ Ricardus Capellanus reddit compotum de misericordiis pro foresta, scilicet de Roberto de Bosco 10 sol. De Ricardo Crasso de Longavilla 2 sol. De Willelmo Dade 5 sol. De Willelmo Herecort 2 sol. De Everardo Alfai 20 sol. De Bernardo Commin 10 sol. De Torceio Grandi 10 sol. De Torceio Parvo 11 sol. De Eschechevilla 2 sol. De Monaco de Bures 3 sol. De Monaco de Gardino 6 sol. De Stables 2 sol. De Alexandro de Mucedent 3 sol. De Gorrel 5 sol. De Walter Flori 4 sol. De Roberto Flori 3 sol. Summa 4 lib. 12 sol. In thesauro liberavit Et quietus est.

§ Emma de Kenapevilla reddit compotum de 10 lib. de firma pro piscaria de Kenapevilla In thesauro liberavit. Et quieta est.

§ Rogerus Guerewardus et Robertus Caisnel reddunt compotum pro se et sociis suis de 6 lib. de remanente veteris anni, de terra Gaufridi Martel in Baschevilla. In thesauro liberaverunt. Et quieti sunt.

§ Eidem reddunt compotum de 100 lib. de nova firma ejusdem terre. In thesauro 62 lib. 16 sol. 8 den. In decima statu monachorum de Tiron 100 sol. Capellano de Sto. Leonardo 60 sol. de elemosine statu. Et debent 29 lib. 3 sol. 4 den.

§ Eidem reddunt compotum de eod. debito. In thesauro 10 lib. 10 sol. Et debent 18 lib. 13 sol. 4 den. que remanent super Roger. Guereward.

§ Anselmus Parcarius et Gaiolarius reddunt compotum de 17 lib. 10 sol. 5 den. de exitu porpresturarum de Valle Sequane a ponte Rothomag. usque ad Molinellos et portagii de Molinellis de quibus 15 sol. sunt de portagio. In thesauro liberaverunt. Et quieti sunt.

§ Robertus Burgundio reddit compotum de 600 lib. de firma prepositure de Drincort. In thesauro 290 lib. In decima Ste. Trinitati de Monte Rothomag. 60 lib. Engerranno Portario ad operationes de Bello Videre 50 lib. per brev. Regis. Roberto Mon. et Guillot de Chin. ad opus comitis. Ricard. de Pictav. 100 marc. arg. pro 200 lib. Andegav. per brev. Regis. Et quietus est.

§ Radulfus Cancellarius reddit compotum de 40 lib. de remanente denariorum Warini de Landa fug. In thesauro nichil. Regi filio Regis 40 lib. per brev. Et quietus est

§ Idem debet 13 lib. de remanente placitorum de Valle Rodol. de tempore Willelmi de Curceio. que remanent super Andream de Magnevilla.

§ Idem..... 99 porc. de panasgio 7 anni et 226 porc. de porcariis Regis de eodem anno.

Idem debet 50 lib. de remanente compoti sui de tallagio Vallis Rodol. de quibus 28 lib. remanent super homines Abbatis Sti. Taurini de Ebroic.

§ Robertus de Brucicort debet compotum de remanente 19 carcarum feni Regis in Valle Rodol. de 15 annis quas vicecomes habuit cum firma de pratis Regis.

§ Radulfus Cancellarius debet 8 lib. 7 sol. 3 den. de parte sua de remanente compoti de modiat. Rothomagi de trio anno. § Id. reddit compot. de eodem debito.

§ In recepta Willelmi de Mara 8 lib. 7 sol. 3 den. de quibus reddidit compot. Et quietus est.

§ Gislebertus Mansel redd. compot. de 130 lib. de firma terre que fuit Simonis de Tornebu in Valle Rodol. In thesauro 88 lib. Et debet 42 lib.

§ Idem. 40 lib. de firma terre de Scroevilla que fuit Isabel de Londa.

§ Radulfus Cancellarius redd. compot. de 29 lib. de reguardo foreste de Bort. In thesauro liberavit. Et quietus est.

§ Idem reddit compot. de 17 lib. de secondo reguardo ejusdem foreste. In thesauro liberavit. Et quietus est.

§ Idem redd. compot. de misericordiis pro vino supervendito, scilicet de Radulfo Loherne 6 lib. De Ang. filio Ernaldi 10 sol. De Odino Fabro 10 sol. De Willelmo de Leireio 15 sol. De Nicol. Goubert 10 sol. De Herveio de Dans 10 sol. De Arnulfo Crasso 10 sol. De Anskitillo Veisdie 10 sol. De Roscel de Cornevilla 20 sol. De Ricardo Crassin 20 sol. De Christoforo Mustel 15 sol. De Hawardo Villano 40 sol. De Ricardo Crois Cosse 60 sol. De Willelmo Baignart 20 sol. pro recognitione. Summa 18 lib. 10 sol. In thesauro liberavit. Et quietus est.

§ Idem redd. compot. de 35 lib. de exitu terre Simonis de Tornebu de Valle Rodol. de veteri anno. In thesauro 15 lib. 17 sol. 6 den. Bartholomeo Batille 19 lib. 2 sol. 6 den. ad perficiend. 100 libras quas habuit ad emenda vina Regis in Francia per brev. Regis. Et quietus est.

§ Idem redd. compot. de 4 lib. de exitu terre filie Hilarie in Posis. Et de 4 lib. 14 sol. de pasnagio foreste de Bort. In thesauro 74 sol. In suo superplus veteris anni de compoto suo de vadio Petri de Bures in Tostes 100 sol. Et quietus est.

§ Monachi de Becco habent 6 lib. de piscatoribus de Ponte Arche de dono Regis.

.. Ricardus filius Durandi habet terram que fuit Serlonis arbalistarii de dono Regis.

§ Willelmus de Bosco Normanni habet 60 acras terre de dominico Regis de dono Regis.

§ Radulfus Cancellarius habet Vallem Rodolii et debet in compotum de septem annis.

§ Arnulfus de Plata Mara reddit compot. de 100 sol. quos Ranulf. Darsel avunculus ejus debebat Simoni de Tornebu super terram suam de Pintarvilla. In thesauro liberavit. Et quietus est.

§ Idem redd. compot. de 30 sol. de relevio suo pro ead. terra. In thesauro liberavit. Et quietus est.

. Henricus de Ponte Audomari redd. compot. de

20 sol. de remanente compoti sui scripti ex altera parte. In thesauro liberavit. Et quietus est.

.... Matheus de Portereia redd. compot. de 39 lib. 9 sol. 6 den. de remanente compoti scripti ex altera parte. In thesauro 100 sol. Et debet 34 lib. 9 sol. 6 den.

.... Simon Canutus redd. compot. de 15 lib. pro recto habendo de legali parte sua de hereditate patris sui versus fratrem suum. In thesauro 6 lib Et debet 9 lib.

§ Ricardus Beverel redd. compot. de 7 lib. 7 sol. 6 den. de catallo Roberti Calvini fug. pro morte Ranulfi hominis Abbatis de Pratellis. Et de 3 sol. de catallo Radulfi de Teolio fug. pro homine mehaimmato. Et de 3 sol. de catallo Ranulfi de Belfai fug. pro meslea. Et de 3 sol. de catallo Willelmi filii Pagani et Willelmi fratris ejus et Silvestri fug. pro Silvestro Barbato vulnerato. Summa 7 lib. 16 sol. 6 den. In thesauro liberavit. Et quietus est.

Ricardus Beverel. Robertus de Huhanbosco. Joscelinus Crispinus. Rogerus Abbas. Abbas Fiscann. Ricard. capell. de Archis. Emma de Kenapevill. Prepositus Gaufridi Martel. Anselmus, et Germund. Robert Burgondio. Cancell.

(Membrane 9. recto.)

§ Willelmus de Mara reddit compotum de 100 sol. de vinagio de Argenciis. Et de 40 sol. de Willelmo filio Stephani pro terra recuperata per juream in Billeio. Et de 5 sol. pro 5 quart. frumenti de terra que fuit Radulfi Grossi hominis in Fornovilla. Et de 7 lib. de firma ferie de Vado Berenger. Et de 8 sol. 3 den. hoc anno de vinea de Mool, que fuit de acato Aicardi Poucin. In Borguesbu est una acra terre vacua. Summa 14 lib. 13 sol. 3 den. In thesauro liberavit. Et quietus est.

§ Idem redd. compot. de 6 lib. de exitu terre Willelmi Casteler dum fuit in manu Regis. In thesauro liberavit. Et quietus est.

§ Idem debet 63 sol. de veteri bernagio de Algia de septem annis qui remanent super terram Abbatis de Cadomo in Warinvilla.

§ Idem redd. compot. de 7 sol. pro 3 min. avene de remanente verteris bernagio de Algia. Et de 7 lib. 9 sol. 4 den. pro 64 min. avene de eodem bernagio de hoc anno. Summa 7 lib. 16 sol. 4 den. In thesauro 115 sol. 8 den. In quietancia terre Abbatis de Cadomo de Rochers de Hoilant 2 sol. 4 den. pro. j. min. per cartam Regis Willelmi. In liberatione eorum qui ceperunt sturgionem 3 sol. In justicia facienda 21 sol. 4 den. Et debet 14 sol. qui remanent super terram Willelmi de Warinvilla de duobus annis.

§ Idem reddit compotum de misericordiis et debitis et promissis et finibus scilicet: de Rogero de Hotot 100 sol. pro recognitione de pastura. De Rogero de Livet 20 sol. pro duello de Lex. De Hugone de Rocha 20 sol. pro eod. De Roberto Carbonel 10 sol. pro eod. De Balduino Tirel 50 sol. pro eod. De Radulfo de Super Toucam 20 sol. pro eod. De Osberto Farout 20 sol. pro eod. De Willelmo Telario 10 sol. pro dissaisina. De Widone de Sta. Maria 20 sol. pro falso clamore. De Unfrido filio Nicolai 10 sol. pro concordia duelli. De Willelmo Divite 20 sol. pro concordia duelli. De Willelmo filio Vincentii 20 sol. pro eod. De Odone filio Goscel 20 sol. pro eod. De Radulfo Picart 20 sol. pro eod. De Gonduino 20 sol. pro eod. De Radulfo filio Hugonis 40 sol. pro eod. De Roberto de Pouceio 12 lib. pro habendo juste debitis patris sui. De Guillot 10 sol. pro vino supervendito. De Falset 15 sol. pro eod. De Richero Com. 10 sol. pro eod. De Hugone Buie 10 sol. pro eod. De Roberto Blundo 10 sol. pro eod. De Dur. Handart 10 sol. pro eod. De Ranulfo Acart 10 sol. pro eod. De Gervasio de Bavent 10 sol. pro eod. De Radulfo filio Germondi 10 sol. pro clamore dimisso. De Ricardo de Hamel 10 sol. pro falso clamore. De Bosone Houcart 10 sol. pro simili. De Waltero Alberti 10 sol. pro concordia. De Radulfo Corbelin 10 sol. pro eod. De Osberto de Blangeio 20 sol. pro habendo juste debito suo. De Radulfo de Rotis 40 sol. pro concordia. De Roberto Waleis 10 sol. pro dissaisina. De Ricardo Fossatore 10 sol. pro lege. De Henrico Bacon 20 sol. pro exonio. De Willelmo Mercatore 20 sol. pro vadio negato. De Henrico de Ponte 15 sol. pro negare et cognoscere. De Hilario 20 sol. pro concordia. De Willelmo Rufo 10 sol. pro falso guaranto. De catallo Walteri Malivel fug. pro raptu 40 sol. De catallo Radulfi Basli suspensi 36 sol. 6 den. De Gisleberto Freiart. 20 sol. pro plegio. De Johanne de Monte 20 sol. pro eod. De Willelmo de Maisnil 20 sol. pro eod. De Radulfo de Rotis 10 sol. pro dissaisina. De Amicia 50 sol. pro via occupata. De Willelmo de Bettevilla 40 sol. pro dissaisina. De Ricardo Cornort 40 sol. pro eod. De catallo Willelmi Bonnel fug. pro murdro et combustione 55 sol. De catallo Ernerb. de Alemannia mortua usuraria 4 lib. 8 den. De catallo Ricardi et Roberti de Torp fug. pro morte fratris Gerardi Fabri 59 sol. 6 den. De Henrico de Caborc 10 sol. pro dissaisina versus Andrean de Bavent. De Willelmo de Mares 10 sol. pro concordia. De Warino de Boenaio 20 sol. pro exonio. De Osberto Anglico 10 sol. pro fossato. occupato. De Ricardo filio Milonis 20 sol. pro negare et cognoscere. De Nicolao filio Reimondi 20 sol. pro concordia. De Stephano filio Giroldi 5 sol. de catallo Geroldi Diaboli. Summa 76 lib. 6 sol. 8 den. In thesauro liberavit. Et quietus est.

§ Rogerus de Glanvilla redd. compot. de 34 lib. 17 sol. 5 den. de remanente compoti sui de debito fratris sui. In thesauro 28 lib. Et debet 6 lib. 18 sol. 5 den.

§ Gislebert Musel reddit compotum de 21 lib. 2 sol. de remanente veteris debiti sui. In thesauro 8 lib. 12 sol. Et debet 7 lib. 10 sol.

§ Willelmus filius Radulfi de Tillcio debet 60 lib. de remanente finis sui pro terra patris sui.

§ Robertus de Bruelcort..... 30 lib. de plegio vicecomitisse Rothomagi.

§ Idem debet 40 lib. pro plegio Hugonis de Longo Campo. § Hugo de Longo Campo junior debet 100 lib. pro plegio patris sui.

§ Rogerus de Gratepance redd. compot. de 20 lib. pro vadio Ricardi de Walvilla negato. In thesauro 10 lib. 10 sol. Et debet 9 lib. 10 sol.

§ Walterus de Suilleio debet 100 sol. pro recognitione presentationis ecclesie de S^{to}. Leodgaro. § Ricardus de Formentin debet 100 sol. pro record. duelli versus Willelmum Escorceviell.

§ Willelmus de Seran reddit compotum de 10 lib. pro record. duelli. In thesauro 100 sol. Et debet 100 sol.

§ Alexander filius Godefredi debet 20 sol. pro consuetudine de Englescheviila difforciata. § Radulfus de Livet debet 20 sol. pro duello Lexov.

§ Hugo Furnarius redd. compot. de 40 sol. pro concordia. In thesauro 29 sol. Et debet 11 sol.

§ Willelmo Bat Lesbues debet 30 lib. de plegio vicecomitisse Rothomagi.

§ Roberto de Pouceio redd. compot. de 20 lib. pro duello vadiato per bastardum. In thesauro 10 lib. Et debet 10 lib.

§ Willelmus Durum Scutum redd. compot. de 10 sol. pro fine duelli. In thesauro liberavit. Et quietus est.

§ Willelmus de Ponfol debet 50 sol. pro recognitione de bernagio versus Hugonem de Fonte. § Willelmus de Leon debet 10 sol. pro dissaisina. § Gislebertus Mancon debet 10 sol. pro simili.

§ Willelmus de Andegavia debet 10 sol. pro concordia meslec. § Willelmus de Grentevilla debet 10 sol. pro eod. § Rog. filius Andree debet 15 sol. pro eod. § ......

§ Willelmus de Mara redd. compot. de 60 sol. de remanente vadii Willelmi Tondu in Vado Berengerii. In thesauro 20 sol. Et debet 40 sol.

§ Idem redd. compot. de 20 sol. pro. j. modio avene de catallo Willelmi Tondu. In thesauro liberavit. Et quietus est.

§ Willelmus de Mara redd. compot. de 12 sol. de vadio Willelmi Tondu in Vado Berengerii in terra Roberti de Usseio. In thesauro liberavit. Et quietus est.

§ Willelmus de Soliis habet terram in Crichetot et in Gislervilla de dono Regis recuperatam per juream.

§ Willelmus de Mara redd. compot. de 140 lib. de firma de S^{te}. Marie Ecclesia. In thesauro 21 lib. 3 sol. 5 den. In decima Abbati de Grestain 48 sol. de duabus partibus molendinorum de S^{te}. Marie Ecclesia. Eidem 32 sol. de decima molendini de Grinbolvilla. Leprosis de Ponte Audomare 14 lib. de elemosine statu. In quietancia terre Gerardi Lemovicensis 22 sol. Et pro uno sextario avene 3 sol. hoc anno. In liberatione Walteri de Cantilupo 25 lib. pro custodia castri de Bellomonte de 50 lib. quas habuit per annum. In liberatione Willelmi de Soliis 30 lib. pro custodia castri de Molins de 100 lib. quas habet per annum. Pro roba Regis portanda de Killeboto ad Bonamvillam 3 sol. et 2 den. per brev. Regis. In liberatione eorum qui ceperunt sturgionem 3 sol. In operationibus aule et capelle et stabulorum de S^{te}. Marie Ecclesia 44 lib. 5 sol. 5 den. per brev. Regis. Et quietus est.

§ Idem redd. compot. de 170 lib. de firma vicecomitisse de Contevilla, et de dominicis de Bollevilla, et de 7 lib. 3 sol. de mercato et porpresturis recuperatis per juream. Summa 177 lib. 3 sol. In thesauro 143 lib. 10 sol. Duobus presbyteris de Lexov. 60 sol. de elemosine statu. In portando paalitio de parco Ansoltot ad aquam Sequane 15 lib. 6 sol. 5 den. per brev. Regis. Et debet 15 lib. 6 sol. 7 den.

§ Idem redd. compot. de 4 lib. 4 sol. hoc anno pro 42 sextar. avene de bernagio vicecomitisse de S^{te}. Marie Ecclesie. In thesauro liberavit. Et quietus est.

§ Idem redd. compot. de 94 lib. 18 sol. de exitu terre de Magnaville de duobus annis, que est in manu Regis. In thesauro liberavit. Et quietus est.

§ Idem redd. compot. de 2 sol. hoc anno de acra terre quam Gaufridus Armatus usurar. habebat in vadio. In thesauro liberavit. Et quietus est.

§ Idem redd. compot. de 9 sol. 9 den. de veteri pasnagio foreste de Essartis. In thesauro liberavit. Et quietus est.

§ Idem reddit compotum pro se et Cancellario, et Hugone de Cresseio, et Willelmo de Malapalet. de 23 lib. 9 sol. de remanente compoti sui de modiatione Rothomagi. In thesauro liberaverunt. Et quieti sunt.

§ Idem reddit compotum de misericordiis, et promissis et finibus scilicet. De Herberto de Appevilla .j marca argenti pro recognitione. De Willelmo Monaco 100 sol. pro dissaisina. De Geroldo Coquo 15 sol. pro vino supervendito. De Godefrido de Grestain 15 sol. pro eod. De Willelmo de Sta. Maria 50 sol. pro dissaisina. De reguardo de Alwi et de Alihermont forestis 80 lib. De Nicolao de Landa 10 sol. pro dissaisina. De Willelmo Werel 10 sol. pro terra difforciata. De Christiana de Hamel 10 sol. pro dissaisina. De Osberto Harel 10 sol. pro defectu. De Berenger Bulete 10 sol. pro eod. De Tiescio de Mor 10 sol. pro eod. De Gisierto Alveredi 10 sol. pro eod. De Roberto Morin 10 sol. pro eod. De Waltero Gerardi 10 sol. pro eod. De Anskitillo de Teol 10 sol. pro falso clamore. De Waltero Harenc 10 sol. pro concordia. De catallo Roberti Calvin fug. pro morte hominis 16 sol. De Haia Baldri de erbagio 23 sol. De duabus porcariis foreste de Lillebona 50 sol. de veteri anno. De octo porcariis de Roumara 10 lib. de veteri anno. De una porcaria de Rouvreio 32 sol. 6 den. de veteri anno. De duabus porcariis de Bort. 50 sol. de veteri anno. De septem porcariis Barneville de foresta Essartorum 8 lib. 16 sol. 6 den. de veteri anno. Summa 121 lib. 18 sol. et. j. marc. arg. In thesauro liberavit. Et quietus est.

§ Idem redd. compot. de 50 sol. pro viginti porcis de duabus porcariis foreste de Lillebonne de hoc anno. In thesauro 45 sol. In decima Thesaurario Norm. 5 sol. Et quietus est.

§ Idem reddit compotum de 13 lib. 10 sol. de 90 porcis de octo porcariis et dimid. porcaria de Roumara de hoc anno. In thesauro 12 lib. 3 sol. In decima Thesaurario Normannie 27 sol. Et quietus est.

§ Idem reddit compotum de 44 sol. pro tredecim porcis de una porcaria foreste de Roureio de hoc anno. In thesauro 39 sol. 8 den. In decima Thesaurario Norm. 4 sol. 4 den.

§ Idem redd. compot. de 60 sol. pro 20. porcis de duabus porcariis foreste de Bort de hoc anno. In thesauro 44 sol. In decima Thesaurario Normannie. 6 sol. Et quietus est.

§ Idem redd. compot. de 70 porcis de septem porcariis foreste de Essartis de hoc anno. In thesauro 4 lib. 16 sol. pro 16 porcis hoc anno. In decima Episcopo Lexov. septem porcos. Eidem 7 porci de decima preteriti anni quam non habuerat de Capellaria S^{ti}. Candidi. Leprosis Rothomagi quatuor porc. de elemos. statu. Eisdem quatuor porc. de anno preterito de elemos. statu. S^{to}. Nicolao de Rothom. duo porc. de elemos. statu. Eidem 2 porc. de anno preterito de elemos. statu. S^{to}. Candido de Rothom. 2 porc. de elemos. statu. Eidem 2 porc. de anno preterito de elemos. statu. Canonico S^{ti}. Candidi 2 porc. de elemos. statu. Eidem 2 porc. de anno preterito de elemos. statu. Capellano de Aula regia de Rothom. 2 porc. de elemos. statu. Eidem 2 porc. de anno preterito de elemos. statu. Carpentario castri de Rothomago. j. porc. de liber. statu. Eidem. j. porc. de anno preterito de libero statu. Lardenario Rothom. j. porc. de liber. statu. Eidem. j. porc. de anno preterito de liber. statu. Fabro Gaiole Rothom. j. porc. de liber. statu. Eidem. j. porc. de anno preterito de liber. statu. In defectu porcarie Philippi de Barnevilla decem porcos hoc anno. Et quietus est.

§ Philippus de Barnevilla debet 4. porcos de remanente porcarie sue de tercio anno.

§ Willelmus de Mara redd. compot. de 7 lib. 16 sol. de pasnagio foreste de Roumara. In thesauro 7 lib. 5 sol. In decima Thesaurario Normannie 15 sol. 7 den. Et quietus est.

§ Idem redd. compot. de 9 lib. 12 sol. 5 den. de pasnagio foreste de Roureio. In thesauro 8 lib. 13 sol. 3 den. In decima Thesaurario Normannie 19 sol. 2 den. Et quietus est.

§ Idem redd. compot. de 4 lib. 7 sol. 10 den. de pasnagio foreste de Lillebonne. In thesauro 79 sol. 1 den. In decima Abbatie de Mostreville 8 sol. 8 den. Et quietus est.

§ Idem redd. compot. de 38 sol. de retro pasnagio foreste de Bort. In thesauro 34 sol. 3 den. In decima Thesaurario Normannie 3 sol. 9 den. Et quietus est.

§ Idem redd. compot. de 10 lib. 2 sol. 8 den. de pasnagio foreste de Bonavilla. In thesauro 9 lib. 2 sol. 5 den. In decima Thesaurario Norman. 20 sol. 3 den. Et quietus est.

§ Idem redd. compot. de 33 lib. 10 sol. de reguardo foreste de Lillebonne. In thesauro 29 lib. Et debet 4 lib. 10 sol. de quibus Rabellus de Drumara debet 7 sol. et Willelmus Lamort 18 sol. Et Gaufridus de Foresta 15 sol. Et Rogerus Meslier 18 sol.

§ Idem reddit compotum de 56 sol. 9 den. de catallo Reinoldi Probi Hominis fug. pro venatione Reg. de foresta de Bort. In thesauro liberavit. Et quietus est.

§ Radulfus de Frellencort reddit compotum de 30 lib. de firma vicecomitisse intra Rislam et Sequanam. In thesauro 27 lib. In decima Thesaurario Norman. 60 sol. Et quietus est.

§ Idem redd. compot. de 10 lib. de firma pro terra de Wifreivilla recuperata per juream. Et de 4 sol. de una acra terre quam Willelmus filius Osulfi tenet. Et de 21 sol. 5 den. de porpresturis foreste de Essartis. Et de 6 lib. 11 sol. 3 den. de terra inter Londam et forestam. Et de 12 sol. de quatuor acris terre quas Ludovicus tenet in parrochia de Hanguemara. Summa 18 lib. 8 sol. 8 den. In thesauro 11 lib. 11 sol. 5 den. In terra data Nicolao Britoni 6 sol. per cartam Regis. In terra data Willelmo de Bosco Normanni 6 lib. 11 sol. 3 den. per cartam Regis. Et quietus est.

§ Idem reddit compotum de 19 sol. 2 den. de novis porpresturis ad Sanctum Celsum. In thesauro liberavit. Et quietus est.

§ Idem redd. compot. pro Eudoni filio Ernuis de 24 lib. pro viginti mod. avene de redditu foreste de Essartis hoc anno. In thesauro liberavit. Et quietus est.

§ Idem reddit compotum de 49 lib. 19 sol. 4 den. de exitu terre Ernaldi de Bosco, de vadio Roscel. filii Clarenboldi. Et de 15 sol. de relevio Durandi filii Godeline de eadem terra. Et de 14 sol. 4 den. de exitu terre quam Willelmus de Diva habebat in vadio de Ernaldo de Bosco propter blada. Et de 37 sol. de exitu terre Hugonis de Moles in Tuit Sinol propter blada que est in manu Regis, quia dederat totum feodum quod tenebat de Rege filie sue in maritagio. Summa 53 lib. 5 sol. 8 den. In thesauro liberavit. Et quietus est

§ Radulfus de Osmundivilla habet 10 lib. de feodo Eskelini. § Herbertus de Veiocis habet 10 lib. de terra de Rubeo Monasterio recuperata per juream de dono Regis.

§ Radulfus de Frellencort debet 7 lib. de veteri vinagio que remanent super pauperes homines de quibus nichil potuit haberi.

Willelmus de Mara. Radulfus de Frellencort.

(Membrane 9. dorso).

§ Radulfus de Frellencort reddit compotum de misericordiis et promissis et finibus. scilicet. De Gisleberto de Brucicort 100 sol. pro falso clamore. De Rogero Fabro 40 sol. pro simili. De primo reguardo foreste de Essartis 6 lib. 2 sol. De secundo reguardo ejusdem foreste 108 sol. De Ricardo de Oissel 7 lib. 10 sol de relevio suo. De exitu vadii Reinoldi mortui usur. 12 sol. De Ricardo Vavassore et filio Radulfi Griso 25 sol. de disvadiatione partis ejusdem vadii. De Rogero de Maresco 30 sol. pro falso clamore. Summa 29 lib. 7 sol. In thesauro liberavit. Et quietus est.

§ Willelmus de Wivilla reddit compotum de 100 sol. quia placitavit in curia Archiepiscopi querens vadium suum habere quietum quia vadiator habuerat inde catallum suum. In thesauro 50 sol. Et debet 50 sol.

§ Willelmus Torof redd. compot. de 10 sol. pro clamore dimisso versus Ricardum fratrem suum. In thesauro 5 sol. Et debet 5 sol.

§ Willelmus de Briona debet 40 sol. pro clamore dimisso. § Robertus de Piencort debet 20 sol. pro duello vadiato super defensum versus Johannem Burnel. § Barn. Hucherer debet 4 lib. pro falsa calumnia de falsis denariis.

§ Robertus de Monte Gommeri redd. compot. de 17 lib. 13 sol. 6 den. de exitu terre Hervei de Novavilla. In thesauro liberavit. Et quietus est.

§ Mabilia Lalobe redd. compot. de 120 marc. de remanente finis sui pro habend. catallis et debitis et tenementis viri sui. In thesauro 40 marc. Et debet 80 marc.

§ Robertus de Monte Gommeri redd. compot. de remanente misericordiarum illorum qui interfuerunt duello Lexovii de nocte. scilicet de Widone de Boviler 25 sol. De Gisleberto de Livet 10 sol. De Ricardo de Logis 50 sol. De Rogero de Casteler 10 sol. De Waltero filio Ingulfi 20 sol. De Rogero de Milloel 100 sol. De Rogero Goislain 50 sol. De Ricardo Escossart 30 sol. De Turstino Quarrel 20 sol. De Ricardo filio Engel. 10 sol. De Adam de Hericied 20 sol. De Arnulfo Burgensi 50 sol. De Herolt 10 sol. De Willelmo Baiselou 20 sol. De Erchenbald. 25 sol. De Willelmo de Lafeste 20 sol. De Hugone de Botemont 20 sol. De Gisleberto Serviente 10 sol. De Durando de Blangeio 10 sol. De Rogero de Maio 10 sol. De Evrardo 10 sol. De Willelmo Gacon 50 sol. De Osberto de Blangeio 70 sol. De Petro Barillo 10 sol. De Gerve 50 sol. De Ricardo Anglico 40 sol. De Paisant 10 sol. De Germont 20 sol. De Willelmo filio Hugonis 10 sol. De Hugone de Livarrou 10 lib. De Rogero Torto 10 sol. De Marcheant 10 sol. De Geroldo Aillier 100 sol. De Roberto de Bosco 50 sol. De Tomas Herbolt 15 sol. De Rog. de S^to^. Silvino 20 sol. De Bartholomeo de Monte Gommeri 50 sol. De Waltero Farmam 20 sol. De Waltero Loremario 10 lib. De Willelmo Tiolfi 10 sol. De Rogero Fritel 20 sol. De Ricardo Barel 25 sol. De Willelmo de S^to^. Frogent 20 sol. De Noel 10 sol. De Ricardo Loremario 10 sol. De Vitali 7 lib. 10 sol. De Fulcone Dispensatore 15 sol. De Osberto 20 Vacce 15 sol. De Herb. Coifier 20 sol. De Gaufrido de Intra pontes 50 sol. De Willem. Matilde 50 sol. De Ricardo de Cultura 10 sol. De Alberto Taneor 10 sol. De Roberto Carnifice 10 sol. De Gisleberto Gislemois 30 sol. De Willelmo de Diva 10 sol. De Rogero Dochedaie 25 sol. De Gontier 50 sol. De Rogero Nebula 20 sol. De Willelmo Canbiatore 20 sol. De Willelmo filio Ascire 10 sol. De Reinold de Garlainmont 10 sol. De Hermued 10 sol. De Willelmo Rossel 10 sol. De Willelmo Fabro 10 sol. De Turoldo de Bosco 10 sol. De Roberto filio Fromundi 10 sol. De Johanne filio Nicol. 20 sol. De Rogero Auri Fabro 10 sol. De Rogero Odone Molendin. 10 sol. De Warino Fugot 10 sol. De Martino de Olleia 10 sol. De Willelmo Judeo 10 lib. pro falso clamore. Summa 118 lib. 15 sol. In thesauro liberavit. Et quietus est.

§ Herveius Lucius reddit compotum de 10 sol. pro eodem duello. In perdonatione eidem 10 sol. per brev. Regis. Et quietus est.

§ Robertus Heremita debet 10 sol. pro eodem. § Robertus filius Basirie debet 10 sol. pro eod. § Gohier Cementarius debet 10 sol. pro eod. § Johannes Decanus Lexov. debet 50 lib. pro eod. § Radulfus Cantor debet 20 lib. pro eod. § Thesaurarius debet 30 lib. pro eod. § Ricardus Barre Archidiacon. debet 20 lib. pro eod. § Tres Urselli debet 20 lib. pro eod. § Christianus debet 20 lib. pro eod. § Gervasius de Roca debet 100 sol. pro eod. § Nicolas Medicus 100 sol. pro eod. Warinus Pullus debet 100 sol. pro eod. § Eustacius debet 40 sol. pro eod. § Bertrannus debet 40 sol. pro eod. § Hamon de Vinaz debet 40 lib. pro eod. § Robert de Roth. debet 10 lib. pro eod. § Rogerus filius Matildis debet 10 lib. pro eod. § Fulco Tailler debet 10 lib. pro eod. § Durandus Presbyter debet 40 sol. pro eod. § Willelmus Rasor debet 20 sol. pro eod. § Olcverus Dapifer Decani debet 10 lib. pro eod. § Johannes de Rocha debet 100 sol. pro eodem.

§ Gislebertus Pipart reddit compotum per Ricardum clericum suum de 110 lib. de firma vicecomitisse de Oximis, et censis, et teloneis, et feriis et molendinis et campartis dominicarum terrarum. In thesauro 26 sol. 10 den. In decima S^to^. Wandr. 7 lib. de vicecomitisse. Canonicis de Sagio 10 lib. 10 sol. 10 den. de elemos. statu. Leprosis 8 sol. 8 den. de elemos. statu. In liberatione Gisleberti Pipart pro custodia castri de Oximis 80 lib. 54 sol. 4 den. de 140 lib. per annum. In reparando muro castri de Oxim. et grancia et pontibus et gutteriis camerarie 7 lib. 19 sol. 4 den. per brev. Regis. Et quietus est.

§ Idem redd. compot. de 60 sol. de firma haie de Maheru. In thesauro liberavit. Et quietus est.

§ Idem habet ad custodiam castri de Oximis haiam de Oxim. cum omnibus redditibus frumenti et avene et denariorum de traverso, et panes, et gallinas, et denarios assisos. Et medietariam de Monte Calvet que est in manu Regis.

§ Idem redd. compot. de misericordiis et promissis et finibus, scilicet de Gaufrido Tronel 40 sol. de relevio dimid. molendini, et pro terra sua apud Molins. De reguardo foreste de Bono Molend. 4 lib. 18 sol. De Radulfo de Ango 100 sol. pro licentia repatiandi. De ultimo reguardo foreste de Bono Molendino 59 sol. De Johanne de Super Oudon 20 sol. pro recognitione. De Roberto archidiacono 100 sol. pro habendo termino de recognitione. De Roberto de Mauritania 40 sol. pro recognitione. De Gerardo de Matonviler 20 sol. pro simili. De Willelmo Lesmaleis 20 sol. pro simili. De Roberto de Maisnil Goducon 40 sol. pro defectu. De Gisleberto de Veteri Ponte 20 sol. pro falso clamore. De Tigin. 20 sol. pro negare et cognoscere. De Willelmo Bordon 10 sol. pro dissaisina. De Hugone Hunalt 10 sol. pro vino supervendito. De Pinceon de Aquila 20 sol. pro eodem. De Rogero filio Milonis 10 sol. pro eod. De Ascelina de Camp Haol 20 sol. pro eod. De Roberto Lovier 10 sol. pro plegio. De Johanne de Sta. Maria 20 sol. pro falso clamore. De Radulfo Forestario 8 sol. pro lege. De catallo Gisleberti de Capella fug. pro morte hominis 7 sol. Summa 34 lib. 14 sol. In thesauro liberavit. Et quietus est.

§ Warin Burgondio et Fulbert redd. compotum de 28 lib. 13 sol. 5 den. de remanente compoti sui de veteri firma de Mol. et Bono Mol. Et de 7 lib. de remanente pasnagio foreste de Bono Molind. Summa 35 lib. 13 sol. 5 den. In thesauro 11 lib. 13 sol. 4 den. In duabus percatis muri reficiendi castri de Mol. et in capella recooperienda et in turricula reficienda 24 lib. et 1 den. per brev. Regis. Et quietus est.

§ Johannes de Hosa debet 40 sol. pro recognitione versus Robertum Archidiacon.

§ Albericus de Avesnell. debet 10 bisanc. versus abbatem S^ti^. Wandr. pro recognitione.

§ Robertus Pipart redd. compot. per Tustin. de Housseio de 300 lib. de firma preposit ure de Molins et de Bono Molino cum pertinenciis exceptis pasnagii et placite foreste. In thesauro 98 lib. 18 sol. 5 den. In decima Abbacie S^ti^ Petri de Carnot. 30 lib. Ecclesie de Bono Molin. et Leprosis 40 sol. de elemos. statu Willelmo de Rodolio 8 lib. de feodo. Gerardo Trone 100 sol. de feodo, pro medietaria de Maheru quam habent monachi de Trapa de dono Regis 7 lib. de elemos. statu. Pro tres modios avene quos Robertus Pipart habet ad custodiam castri de Bono Molin. cum alia liberatione sua 9 lib. In liberatione ipsius Roberti pro predicta custodia 100 lib. per annum. Pro coquina et domibus in castro de Bono Molin. reficiendis 4 lib. 6 sol. 7 den. per brev. Regis. Pro molis molendinorum adducendis 15 sol. Et debet 25 lib.

§ Willelmus de Homet constab. reddit compotum de 37 lib. de remanente compoti sui de firma terre Peurel. In thesauro liberavit. Et quietus est.

§ Idem redd. compot. de 120 lib. de nova firma ejusdem terre. In thesauro 15 lib. 10 sol. Pro terris datis Johanni filio Luce in Bouchelon et in Fornevilla et in Tustinivilla 33 lib. per cartam Regis. Et debet 71 lib. 10 sol.

§ Idem redd. compot. de misericordiis et promissis et finibus scilicet : de Ascio de Presseio. 100 sol. pro dissaisina. De Bassincio 4 lib. pro stultiloquio. De Micaele Prep. 10 lib. pro negare et cognoscere. De Gisleberto de Taisseio 10 lib. pro simili. De Evain de Saccio 40 sol. quia cepit columbas sine licentia. De Arnulfo de Saccio 10 sol. pro simili. De Roberto de Presseio 10 lib. pro simili. De Willelmo de Spineto 100 sol. pro simili. De Ascelino Guerit 10 sol. pro simili. De Alano Juculatore 30 sol. pro vino supervendito. De Willelmo de Cateria 100 sol. pro eod. De Bochart 60 sol. pro eod. De Willelmo Mercennario 40 sol. pro eod. De Rualent filio Gaufridi 10 sol. pro eod. De Ascelino de Bagart 10 sol. pro eod. De Waltero Caillart 10 sol. pro eod. De Richero Havart 10 sol. pro eod. De Rualent de Felgerol 21 sol. pro 3 bisanc. pro Gilone filiastro suo ut habeat hereditatem suam. Summa 61 lib. 11 sol. In thesauro liberavit. Et quietus est.

§ Radulfus filius Micaelis redd. compot. de 40 sol. pro concordia meslee. In thesauro 20 sol. Et debet 20 sol.

§ Willelmus de Cateria redd. compot. de 7 lib. pro eod. In thesauro 70 sol. Et debet 70 sol.

§ Florida redd. compot. de 10 sol. pro vino supervendito. In thesauro 5 sol. Et debet 5 sol.

§ Bassemed redd. compot. de 20 sol. pro eod. In thesauro 14 sol. Et debet 6 sol.

§ Erchenbald. debet 10 sol. pro falso clamore. § Arnulfus Levaillant debet 10 sol. pro vino supervendito. § Robertus de Carchou debet 10 sol. pro eod.

§ Ricardus Tiescelini reddit compotum de 15 lib. de fine suo pro habendo catallo patris sui. In thesauro 6 lib. Et debet 9 lib.

§ Robertus de Capella redd. compot. de 100 lib. de firma vicecomitisse de Oximino. In thesauro 90 lib. In decima S^to^. Wandr. 10 lib. Et quietus est.

§ Idem redd. compot. de 20 lib. de promisso pro habendo predicto vicecomit. hoc anno. In thesauro liberavit. Et quietus est.

§ *Radulfus de Frellencort.* § *Robertus de Monte Gommeri.* § *Gislebertus Pipart.* § *Willelmus de Homet.* § *Prepositi de Molinis et de Bonne Molins.* § *Willelmus de Capella.* Emendatus est.

MAGNI ROTULI

SCACCARII NORMANNIÆ

DE

ANNO AB INCARNATIONE DOMINI

M. C. LXXX. IIII.

WILLIELMO FILIO RADULFI

SENESCALLO

QUÆ EXTANT.

(Membrane 1.)

§ Idem reddit compotum de 6 sol. 4 den. de allodiis de Besu. Et de 15 lib. 8 sol. hoc anno pro 168 minis avene de bernagio Vilcassini. Et de 53 sol. 4 den. pro una marca. argenti de Ascelina de Tilléél pro recognitione. Et de 10 lib. de Balduino de Cantilupo pro debito Judeorum de Gisorcio injuste difforciata. Et de 20 sol. de Waltero de Sauceio pro duello injuste judicato. Et de 18 sol. de Rogerio Imperatore pro dissaisina. Et de 18 sol. de Willelmo Malvaslet pro simili. Et de 18 sol. de Johanne de Pormor pro simili. Et de 10 sol. de Arnulfo filio prepositi . . . . ogn. Et de 18 sol. de Waltero de Richeldencort pro simili. Et de 18 sol. de Vincente de Helbecort pro concordia . . . . Willelmo Rossel pro simili. Et de 10 sol. de Hugone de Gelberci pro simili. Et de 18 sol. de Mauricio de Furno pro falso . . . . Et de 18 sol. de Ricardo Omara pro defectu. Et de 18 sol. de Godardo de ibidem pro eodem. Et de 18 sol. de Rainboldo . . . . bidem pro simili. Et de 13 sol. de Radulfo Engelardo pro simili. Et de 18 sol. de Willelmo de Ogervilla pro simili. Et de Nicolao de ibidem 18. . . . . Et de 18 sol. de Hugone Medico pro lege. Et de 10 sol. de Osmondo de Corme pro concordia Et de 18 sol. de Willelmo de Grai. . . . . pro defectu. Et de 18 sol. de Wiardo Taillepied pro simili. Et de 10 sol. de Willelmo de Portis pro dissaisina. Et de 10 sol. de Odone filio Waric. . . . . Et de 18 sol. de Hugone de Vircleie pro eodem. Et de 15 sol. de Rogerio de Pistres pro lege. Et de 18 sol. de Walterio de Coarvilla pro simili. Et de 18 sol. de . . . . pro . . . . 8 sol de Ricardo de Torne pro eodem. Et de 18 sol. de Petro Roccart pro eodem. Et de 18 sol. de Petro Lovet pro falso clamore. Et de 20 sol. de . . . . ge. Et de 18 sol. de Herberede de Cahaignes pro falso exonio. Et de 10 sol. de Arnulfo Ponte pro negare et cognoscere. Et de 18 sol. de Willelmo Bacon. pro stultiloquio. Et de 10. . . . de Radulfo . . . . pro defectu. Et de 10 sol. de Radulfo Asbue pro eodem. Et de Hugone Capez pro eod. Et de 9 sol. de Bencelino Winard. pro eod. Et de Folberto Leme..ir 10 sol. pro . . . . 2 lib. 14 sol. de catallo Rogerii de Gamaches mortui usurar. Et de 110 sol. 10 den. de catallo Gervini de Vernone mortui usur. Et de . . . . sol. de compotu terre Mathei . . . . veneio. Summa 76 lib. 6 den. In thesauro . . . . In operationibus fossati extra virgultum de Gisorcio 77 lib. 6 den. per brev. Regis. Et quietus est.

§ Idem reddit compotum de receptis suis quas habuit ad operationes castrorum de Marchia : scilicet, de Thesauro Cadomi 600 lib. per Herbertum de Argentiis et Willelm. de Caluiz. De thesauro Anglie 100 lib. sterling. pro 400 lib. andegavensibus per eosdem. De thesauro Rothomagensi de focagio 1700 lib. sterling. per Radulfum Episcopum Lexoviensem thesaurarium Regis et Herbertum de Argentiis. De camera Regis 100 lib. sterling. pro 400 lib. andegavensibus. De Waltero de Cantilupo 200 lib. De Johanne de Botello preposito de Dieppa 200 lib. De Alveredo de S^to^. Martino 100 lib. De Radulfo filio Mathei de Loriol 100 lib. De Ricardo Beurel 100 lib. De Ricardo Silvani 260 lib. De Schero de Quenceio 50 lib. De Radulfo de Frellancort 40 lib. De Roberto Portario 120 lib. Summa 4272 lib. In thesauro nichil.

In operationibus turris de Gisorcio recooperiende et muri circa motam, et coquine, et fossati extra virgultum, et pontium, et portarium, et domus lignee infra Baillium, et pedis muri circa mercatum 2651 lib. 23 den. per brev. Regis. In operationibus turris de Neelfa et domorum et muri alciorandi et pedis ejusdem muri faciendi 195 lib. 4 sol. 8 den. per brev. Regis In muris circa motam Nove Castri super Eptam alciorandis et turricula facienda ante ostium turris, et muro ad excludendum baillium a castro, et in reparandis domibus et capella ejusdem castri 300 lib. 20 sol. per brev. Regis. In terre de Dangu facienda et muris reparandis et ponte et portis 208 lib. 10 sol. per brev. Regis. Pro 29 scutis ad munitiones predictorum castrorum 10 lib. 3 sol. per brev. Regis. Pro arcubus et gladiis ad munitiones eorumdem castrorum 100 sol. per idem brev. Pro duabus vitreis ad cameram Regis de Gisorcio 25 sol. per id. brev. Pro sex tonellis vini Pictaviensis et 27 caseis Anglie ducendis a Rothomago ad Gisorcium ad munitionem castri 52 sol. per id. brev. Pro plumbo portando a Rothomago usque Gisorcium ad cooperiendam cameram Regis et turrim 32 sol. per id. brev. Pro sera ad ostium turris de Gisorcio 6 sol. per id. brev. In liberatione ipsius Com. 894 lib. 5 sol. 6 den. de 1000 lib. quas habet per annum pro custodia castrorum de Gisorcio et Neelfa et Dangu, et Novo Castro super Ettam et Valle Rodollii. Et quietus est.

§ Idem reddit compotum de 700 lib. de firma de Valle Rodol. In thesauro nichil.

S^{to}. Taurino de Ebroic. 40 sol. de elemosine statu. S^{to}. Amando de Rothom. 62 sol. de elemosine statu. Monachis de Monte Aureo 10 lib. de elemos. statu. Capellano de Baiocis 4 lib. de elemos. statu. S^{to}. Candido Rothomagi 4 lib. 2 sol. de elemos. statu. Capellano de Valle Rodol. 6 lib. 14 sol. de elemos. statu. Duobus retibus 9 sol. de consuetudine statu. Piscatoribus 44 sol. de consuetudine statu. Marescallo pratorum 40 sol. de consuetudine statu. In operationibus vinearum 54 sol. de consuetudine statu. Portario castri 60 sol. 10 den. de liber. statu. Vigili castri 60 sol. 10 den. de liber. statu. Tornatori 20 sol. de consuetudine statu. In perficienda liberatione ipsius Comit. supra scripta 114 sol. 7 den. Teobaldo Ruffo nuncio comitis Flandrie 100 sol. de dono per brev. Regis. Eustachio de Masclinis militi ejusdem comitis 12 lib. 10 sol. de dono Regis per idem brev. In liberatione Hugonis Talc..ot perficienda 50 lib. pro custodia castri de Neelfa de anno preterito. Odoni Fenario in solta prestiti quod fecit Regi 40 lib. per id. brev. Odoni Cabot in solta prestiti quo fecit Regi .... lib. per id. brev. .... ti Britannie 30 lib. per id. brev. In persolta comiti Willelmo de 20 marcis quas comendaverat ad liberationem militum qui custodiunt castrum de Arraio 13 lib. 6 sol. .... sse Flandrie apud Beccum 40 lib. per id. brev. In reficiendis molendinis de Loviers combustis 100 lib. 5 sol. 8 den. In defectu eorumdem molendinorum de tribus mensibus et octo .... 6 sol. In operationibus castri de Valle Rodol. et domorum 217 lib. 8 sol. 5 den. per brev. Regis. Et quietus est.

§ .... missis: scilicet de Nicolao Esmalevilla 15 sol. pro falso clamore. De uno modio moreti de foresta de Bort 40 sol. De 12 min. avene de bernagio de Valle Rodollii 24 sol. hoc anno. De Hugone Helpe 8 sol. pro falso clamore. De Radulfo Cokerel 10 sol. pro concordia duelli. De Gisleberto Mansel 20 sol. pro foresta. De Henrico preposito 50 sol. pro vino supervendito. De Nicolao Lemanc 40 sol. pro eodem. De Arnulfo Crasso 50 sol. pro eod. De Odone Clerico 50 sol. pro eod. De Gaufrido Campo 5 sol. pro eod. De Malet Testier 10 sol. pro eod. De Odone Molendino 20 sol. pro eod. De Ansgero filio Ernesii 5 sol. pro eod. De Radulfo Johanne 108 sol. pro eod. De Waltero Monacho 40 sol. pro eod. De Engerranno Picart 7 sol. pro eod. De Radulfo Bulette 15 sol. pro eod. De Oino Fabro 20 sol. pro eod. De Roberto Balduino 7 sol. pro eod. De Ricardo Episcopo 15 sol. pro eod. De Willelmo Goel 100 sol. pro eod. De Radulfo de Inferno 4 lib. pro eod. De Radulfo Harduino 100 sol. pro eod. De Huardo Clerico 10 sol. pro eod. De veteri reguardo foreste de Bort 8 lib. De remanente placitorum de Valle Rodol........ sol. 2 den. De Roberto Portario 42 lib. 5 sol. 4 den. de remanente veteris firme de terra Simonis de Tornebu. De Gilleberto Mansel 70 sol. de veteri firma de Escorcevilla. De catallo Hugonis Vigil. mortui ...... 30 sol. De catallo Walterii de Allie mortui usurarii 47 sol. De exitu terre neptis Oliveri 10 lib. Summa 117 lib. 17 sol. 6 den. In thesauro nichil.

In vestitura neptis Oliveri 4 lib. In operationibus castri de Valle Rodol. et domorum 113 lib. 17 sol. 6 den. per brev. Regis. Et quietus est.

§ *Ricardus Silvani.* § *Willelmus de Mara pro porcariis et pasnagiis.* § *Gaufrido Harel.*. § *Comes Willelmus pro Gisorcio et Valle Rodol.*, *et ex altera parte.*

(Membr. 2. recto.)

§ .... est. thesauro 50 sol.................... .... sol.....:................................. pro plegio filii sui. Et de 10 sol. de .... de Willelmo preposito.

In perdonatione eisdem hominibus pro Roberto filio Ernisii 7 lib. per brev. Regis.................................. .uietus est.

§ ......rrevilla reddit compotum de 30 sol. pro dissaisina versus Gonnor. In thesauro 15 sol. .. debet 15 sol.

§ Willelmus de Mara reddit compotum de 10 lib. de firma terre Helye de Gonnevilla dum fuit in manu Regis. In thesauro 8 lib. 10 sol.

Willelmo de Romara pro custodia castri de Novo mercato 20 sol. Willelmo Pipardo pro servitio suo 10 sol. Et quietus est.

§ Robertus de Kilebof reddit compotum de 20 lib. pro plegio Henrici de Ponte Audemari. In thesauro 6 lib. Et debet 14 lib.

§ Wimondus Blondus reddit compotum pro dissaisina Lorice. In thesauro 100 sol. Et debet 14 lib.

§ .... reddit compotum de .... pro latrone evaso. In thesauro 10 sol. Et debet 10 sol.

§ ....cepto justicie transgresso. In thesauro 20 sol. Et debet 20 sol.

§ .... reddunt compotum de 10 lib. de dono pro habenda baillia sua. In thesauro 100 sol. Et debent 100 sol.

§ ....ara reddit compotum .... 50 lib. de firma de S^{te}. Marie ecclesia. In thesauro 76 lib. 3 sol. 10 den.

...... Abbati de Grestino 72 sol. 2 den. de duabus.... .... molendinorum ejusdem ville. Eidem Abbati 24 sol. de decima molendini de Grinbovilla. Leprosis de Ponte Audomari 14 lib. de elemosine statu In quietancia terre Gerardi Lemov. 22 sol. Et .... et avene 7 sol. hoc anno de terra ejusdem. In liberatione Reginaldi de Drumara et filiorum ejus qui fuerunt in Marchia de versus Franc. in tempore guerre Britannie 100 sol. per brev. Regis. Reginaldo de Drumara prenominato et Gilleberto de Mara et sociis eorum qui venerant ad solidatas Regis usque Sagiensem. 16 lib. de dono per brev. Regis. Roberto de Mara in solta 2 dextariorum perditorum in Pictaviense in servitio Regis 15 lib. per id. brev. In mairremio ad naves Regis de Kilebuef et pro eisdem reparandis 8 lib. 12 den. per id. brev. Et quietus est.

§ Idem redd. compot. de 14 lib. 14 sol. de hoc anno pro 42 sextar. avene de bernagio vicecomitisse de S^{te}. Marie. In thesauro liberavit. Et quietus est.

§ Idem reddit compotum de 3 sol. de exitu vadii Gaufridi Arme. In thesauro liberavit. Et quietus est.

§ Idem redd. compot. de 30 lib. de venta sicarum arborum de bosco de S^{te}. Marie Ecclesia. In thesauro liberavit. Et quietus est.

§ Idem redd. compot. de 170 lib. de firma vicecomitisse de Contevilla et dominicis de Bollevilla. Et de 7 lib. 3 sol. de mercato et porpresturis recuperatis per juream. Summa 177 lib. 3 sol. In thesauro 118 lib. 10 sol.

Duobus presbyteris de Lexov. 60 sol. de elemos. statu. In excambio terre in qua Aula Regis est 2 sol. Pro quadam ficta facienda Risleclif que reddit 10 sol. per annum 112 sol. per brev. Regis. Et debet 49 lib. 19 sol.

§ Idem reddit compotum de eodem debito. In thesauro 39 lib. 11 sol. 3 den. In justiciis faciendis 23 sol. In perficienda liberatione sua de dimidio anno 45 sol. 8 den. de 300 lib. quas habet per annum pro custodia castrorum de Alenceon et Roca Mabilie. Et debet 6 lib. 19 sol. 2 den.

§ Idem reddit compotum de 10 sol. de redditu flete de Risleclif. In thesauro liberavit. Et quietus est.

§ Idem redd. compot. de 100 lib. 29 sol. 3 den. de exitu terre Roberti de Ansgervilla. In liberatione ipsius Willelmi 100 lib. 29 sol. 3 den. De 300 lib. quas habet per annum pro custodia castrorum de Alencheon et Roca Mabilie. Et quietus est.

§ Thomas de Aguerneio reddit compotum de uno bisancio pro habendo testimonio de fine inter eum et Thoma. de Gotranvilla de presentatione ecclesie ejusdem ville sicut cyrographum inde factum testatur. In thesauro liberavit. Et quietus est.

§ Walterus de Cacegai reddit compotum de 160 lib. pro habenda terra sua de Paccio quam Willelmus Paganelli de Alta Ripa habebat in vadio. In thesauro 60 lib.

Hugo de Creisseio ad faciendas liberationes militum quos duxit ad ultimam guerram Pictaviensem 100 lib. per brev. Regis. Et quietus est.

§ Robertus de Bruiecort debet 30 lib. de quibus reddit compotum inferius, pro plegiis vicecomitisse Rothomagi. § Idem debet 40 lib. pro plegio Hugonis de Longo Campo. § Hugo de Longo Campo junior debet 100 lib. pro plegio patris sui. § Willelmus Batesbues debet 30 lib. pro plegiis vicecomitisse Rothom. § Radulfus de Livet debet 20 sol. pro duelli Lexovii. § Silvester Bordon debet 110 sol. pro recognitione versus Walterum Loremarium. § Robert. Enbraceterre debet 10 sol. pro concordia. §

§ Clementia de Monte forti reddit compotum de 100 lib. pro remanente finis sui. In thesauro 30 lib. et 50 sol. sterling. pro 10 lib. andeg. Et debet 60 lib.

§ Gaufridus Cape debet 5 sol. pro vino supervendito. § Peregrinus clericus debet 30 sol. pro eod. § Willelmus clericus debet 7 sol. pro eod.

§ Fulco de Alnou........ 20 lib. pro dissaisina. Et 100 sol. pro dissaisina. Et 10 lib. pro recognitione de quibus reddit compotum inferius. Et 38 lib. 17 sol. 6 den. de remanente finis veteris. Et 100 lib. de ultimo fine suo.

§ Robertus de Bruiecort reddit compotum de 30 lib. pro plegiis vicecomitisse Rothom. In thesauro 25 sol. sterling. pro 100 sol. Andegav. Et debet 25 lib.

§ Willelmus filius Hamel debet 10 sol. pro falso clamore. § Rogerus frater ejus debet 10 sol. pro eod. § Rogerus filius Joscelini 20 sol. pro concordia versus Willelmum Carpentarium. § Willenot de Milfail debet 5 sol. pro vino injuste capto. § Filius Matildis de Cuvervilla debet 40 sol. pro recognitione de saisina patris sui. § Hamel de Hamello debet 20 sol. pro simili versus Willelmum Monachum. § Avitia de Gislervilla 20 sol. pro dissaisina. § Willelmus de Torvilla debet 20 sol. pro concordia. § Ricardus de Hoseio debet 4 lib. 10 sol. pro clamore dimisso. § Philippus de Barnevilla debet 17 sol. 6 den. de quibus reddidit compotum prius compotum de porcariis de remanente porcarie sue. § Matillis de Pratellis debet 10 lib. pro dissaisina. § Willelmus Pacot debet 10 sol. pro simili. § Johannes Canis debet 5 sol. pro vino supervendito. § Johannes Minutor debet 10 sol. pro eod. § Normannus Taneor debet 7 sol. pro eod. § Dexlesalt Judeus debet 10 sol. pro recto de debito versus Ivonem de Spada.

§ Fulco de Alnoto reddit compotum de 38 lib. 17 sol. 6 den. de remanente veteris finis suis. In thesauro 31 lib. 6 sol. Et debet 7 lib. 11 sol. 6 den.

· § Alveredus de S^{to}. Martino reddit compotum per Radulfum de Apegart de 600 lib. de firma preposilture de Drincort. In thesauro nichil.

In decima Sta. Trinitati de Monte Rothomago 60 lib. In liberatione ipsius Alveredi 200 lib. pro custodia castri de Drincort. Hugoni de Morwic. et Hugoni Bardulf ad conredium Regis apud Gisorz 100 lib. per brev. Regis. Comiti Willelmo ad operationes castri de Gisorz et aliorum castrorum de Marchia 100 lib. per brev. Regis. In conredio comitis Flandrie apud Drincort in veniendo Rothomag. ad Regem et redeundo 132 lib. 7 sol. pro brev. recepta. In conredio comitis de Hanon. ibidem in veniendo ad Regem et redeundo 51 lib. per brev. Regis. Et quietus est. Et habet superplus 43 lib. 8 sol. qui computantur ei inferius.

§ Idem reddit compotum de 14 lib. 5 sol. 9 den. de exitu novarum domorum et staillorum de Drincort et terre de Maisnillo que sunt extra firmam. Et de 8 lib. 18 sol. de catallo Robert. Barnesse fug. pro morte hominis. Et de 5 sol. de catallo Fulconi Levanier fug. pro morte Rogeri Levanier. Et de 9 sol. 6 den. et obol. sterling. de catallo cujusdam fug. de Anglia. Et de 26 lib. 5 sol. de Engerranno de Moncellis pro judicio festinando. Summa 49 lib. 13 sol. 9 den. Et 9 sol. 6 den. et obol. sterling. In thesauro 9 sol. 6 den. et obol. sterlingorum.

In suo superplus precendentis compoti 43 lib. 7 sol. In conredio Ducis Sauxie apud Drincort quando ivit in Sauxia 21 lib. 11 sol. 11 den. per brev. Regis. Et quietus est. Et habet superplus 15 lib. 5 sol. 2 den. qui computantur ei inferius.

§ Robertus de Daienvilla reddit compotum de 20 lib. quia non venit ad summonitionem justiciarum. In recepta Alveredi de S^{to}. Martino 10 lib. Et debet 10 lib.

§ Alveredus de S^{to}. Martino redd. compot. de 10 lib. quas receperat de Roberto de Daienvilla. In suo superplus superioris compoti 15 lib. 5 sol. 2 den. Et quietus est. Et habet superplus 105 sol. 2 den. qui computantur ei inferius.

§ Eudo de Super Aqua redd. compot. de 40 sol. de remanente veteris firme de S^{to}. Sidonio. In thesauro 9 sol. Et debet 31 sol.

§ Geroldus de Rokemont et Robertus filius Rainaldi et Willelmus Cortgibet et Robertus Vigil reddunt compotum de 19 lib. 6 sol. 7 den. de remanente ejusdem firme. In thesauro 19 sol. de quibus Willelmus Cortgibet reddidit 9 sol. 6 den. Et Robert Vigil 9 sol. 6 den. Et debent 18 lib. 9 sol. 7 den.

§ Alveredus de S^{to}. Martino redd. compot. de 192 lib. 15 sol. de remissione taillagiorum de Drincort. In thesauro nichil.

In perdonatione Willelmi filii Ade pro comite Willelmo 150 lib. per brev. Regis. In perdonatione Ludovico de Gornaio pro Hugone de Gornaio 40 lib. per idem brev. Et debet in suo superplus superioris compoti 105 sol. 2 den. Et quietus est. Et habet superplus 50 sol. 2 den.

§ Robertus de Rothomago redd. compot. de 40 sol. pro recto debito. In thesauro 12 den. Et debet 39 sol.

§ Rogerius prepositus de S^{to}. Sidonio redd. compot. de 40 sol. de remanente veteris firme de S^{to}. Sidonio. In thesauro 9 sol. Et debet 31 sol.

§ Joscelinus et Gaufridus frater ejus reddunt compotum de uno bisancio pro habendo testimonio justiciario de quadam domo quam emit de Willelmo de S^{to}. Vedasto. In thesauro liberavit. Et quietus est.

§ Robertus filius Reinardi debet 40 sol. pro vino supervendito. § Willelmus Clericus debet 37 lib. 6 sol. 4 den. de remanente veteris firme de S^{to}. Sidonio. § Eudo de Super Aqua debet 15 lib. de veteri misericordia. § Willelmus de Belencombre debet 145 lib. 3 sol. de remanente debiti patris sui. § Arnulfus Pont et Jordan. de Bures debent 15 lib. pro habendo auxilio de catallis suis captis apud Calvum montem. § Gaufridus de Saieio debet 33 lib. 12 sol. pro quatuor modiis frumenti quod habuit ad municionem castri de Gisorz. § Willelmus de Stultevilla debet 16 lib. 16 sol. pro duobus modiis frumenti de munitione castri de Dangu.

§ *Willelmus de Mara pro Algia et Contevilla.* § *Alveredus de S^{to}. Martino.*

(Membr. 2. dorso.)

. . . .

In decima Episcopo............ 3 sol. ad.......

§ Scherus de Quenci..........

§ Stephanus filius Gerardi et .... de 8 lib. 5 sol. 11 den. de remanente exitus reddituum.......... In thesauro 19 sol. 11 den. Et debent 7 lib. 6 sol.

§ Eidem reddunt compotum 40 lib. 4 sol. 7 ....itu reddituum ejusdem Abbatie dum fuit in manu Regis. In thesauro 33 lib. 9 sol. 7 den. et 39 sol. sterling. pro .... andegav...... Et quieti sunt. Et habent superplus 21 sol.

§ Ricardus Beurel redd. compot. .... Joscelin. Rossel de 35 lib. de firma vicecomitisse de Lexovino. In thesauro 20 lib. 11 sol. 6 den.

In decima thesaurario 50 .... Monacho de S^{to}. Arnulfo 9 sol. de elemos. statu. In quietancia de Bonavilla 60 sol. de consuetudine statu. In conredio hominum et equorum Regis apud Ebroicas 6 lib. 10 sol. per brev. Regis. Et debet 19 sol. 6 den. qui remanent super Joscelinum Rossel.

§ Idem reddit compotum de 62 sol. de terris de Montibus de Asneriis in Lexovino. Et de 45 sol. de Montibus de Pinu. Et de 13 sol. de terra de Fa......... .... terra Lancelevéé. Et de 40 sol. de divadi.... terre. Et de 27 sol. 1 den. de ...... vavassorie...... in Lurre. Et de 8 lib. 8 sol. hoc anno pro 21 min. avene de bernagio de Lexovino. Summa 18 lib. 12 sol. In thesauro 13 sol.

Comiti Willelmo ad operationes castri de Gisorz et castrorum de Marchia 17 lib. 19 sol. 1 den. per brev. Regis. Et quietus est.

§ Idem reddit compotum de misericordiis premissis et finibus, scilicet: De Philippo de Moiaz 50 sol. pro falso clamore. De Radulfo de Faveroll 50 sol. pro recordatione. De Radulfo Cape 15 sol. pro vino supervendito. De Ricardo de Witot. 30 sol. pro recta parte terre versus fratrem suum. De Henrico de Cadomo 50 sol. pro vino supervendito. De Petro Ospac 20 sol. pro eodem. De Anschetillo de Calceia 10 sol. pro eodem. De Biatriz de Moiaz 5 sol. pro eod De Fulcone de Bauchenzai 20 sol. pro equa retenta. De Abbate de S^{to}. Ebrulfo 30 lib. de remanente de dono quod fecit Regi. De remanente catallo Alelmi Boiste mortui usurarii. De Willelmo Judeo 100 sol. pro falso clamore. De Gilleberto Cortin. 30 sol. pro vino supervendito. De Gilleberto Walensi 5 sol. pro eod. De Roberto Le Hongre 5 sol. pro eodem. De Willelmo de S^{to}. Frogent 10 sol pro eod. De Ricardo Leguerrier 5 sol. pro eod. De Ricardo Loremario 10 sol. pro eod. De Willelmo Gachon 40 sol. pro eod. De Johanne de Capite Ville 5 sol. pro eod. De Willelmo de Diva 20 sol. pro eod. De Viviano 20 sol. pro eod. De Gillemois 40 sol. pro eod. De Barate 5 sol. pro eod. De Osberto de Blangeio 40 sol. pro eod. De Petro Baril 10 sol. pro eod. De Saifrid de Valle 5 sol. pro eod. De Paisant 40 sol. pro eod. De Radulfo Mercatore 10 sol. pro eod. De Germond. Freeri 10 sol. pro eod. De Roberto Coete 10 sol. pro eod. De Rogerio de Mara 10 sol. pro De Radulfo Baril 5 sol. pro eod De Ernald. Bostc 10 sol. pro eod. De Anseredo Fabro 10 sol. pro eod. De Radulfo Fabro 10 sol. pro eod. De Giebold. 5 sol. pro eod. De Rogerio de Maisnillo 10 sol. pro concordia. De Willelmo Carpentario 5 sol. pro vino supervendito. De Roberto de Noiers 20 sol. quia interfuit sponsaliis Roberti de Sakeinvilla. De Hugone Croc 40 sol. pro eodem. De Evrardo de Bosco 10 sol. pro plegio De Rogerio de Baukenzai 20 sol. pro concordia. De Erenbold. 20 sol. pro defectu. De Isabard. Carnifice 10 sol. pro eod. De Roberto Baide 10 sol. pro plegio. De Gilleberto Thiebalt. 10 sol. pro falso clamore. De Osberto de Curtill. 15 sol. de promisso suo. De Terrico Oildebuef 20 sol. pro concordia De Willelmo de Bievredan 20 sol. pro eod. De Reinaldo Ateignant 20 sol. pro plegio. De Henrico de Bosco Reinold 20 sol. pro molta difforciata. De Rogerio Golafra 20 sol. pro lege. De Guidone de Bella Aqua 20 sol. pro negare. et cognoscere. De Fulcone de Escorcevilla 10 sol. pro plegio. De Unfrido de Bello Grenon 10 sol. pro negare et cognoscere. De Ricardo Morein 10 sol. pro difforciato. De Ricardo Orsello 10 sol. pro concordia. De Balduino Cuirie. 10 sol. pro simili. De Ricardo Hegent 15 sol. pro simili. De Arnulfo Ansgero 10 sol. pro falso clamore. De Willelmo Pincon 10 sol. pro difforciato. De Christiano de Nigra Aqua 10 sol. pro concordia duelli. De Willelmo Tragin 10 sol. pro simili. De Willelmo Puilleis 10 sol. pro simili. De Rogerio de Espervilla 20 sol. simili. De Johanne Pincerna 10 sol. pro falso clamore. De Waltero de Faveroll. 20 sol. pro blado seccato super defensum. De Hugone de Gargesala 20 sol. pro negare et cognoscere. De Roberto de Goella 10 sol. pro prisone evaso. De Reinaldo de Bosco 5 sol. pro eod. De Reignaldo filio Basilie 10 sol. pro plegio. De Willelmo de Carisis 10 sol. pro eod. De Willelmo de Porta 20 sol. pro eod. De Hugone de Tornecort 10 sol. pro falso clamore. De Gilleberto de Maisnillo 10 sol. pro difforciato. De Gerold. de Fossa 10 sol. pro catallis injuste captis. De Gilleberto Cavesot. 10 sol. pro concordia. De Alexandro de Puilleta 10 sol. pro plegio. De Arnold de Coognie 10 sol. pro eod. De Ricardo Morel 10 sol. pro eod. De Waltero de Faveroll. 53 sol. 4 den. pro una marca argenti pro recordatione duelli. De Willelmo de Ponte Cardon 100 sol pro parte hereditatis sue versus fratrem suum. De catallo Willelmi de Hausei fug. pro latrocinio 5 sol. 2 den. De catallo Johanne filio Guace fug. pro simili 40 sol. De catalo Accelini clerici mortui usurarii 8 sol. De catallo Ascelini de Salerna fug. pro latrocinio 20 sol. De catallo Helie de Jouels et Roberti fratris sui fugaci pro morte Willelmi Gorol 25 sol. 4 den. De catallo Arnulfi Frape fug. pro morte pueri 23 sol. De catallo Roberti Guide fug. pro morte filii Blondel 18 den. De catallo Estivart fug. pro latrocinio 16 den. De catallo Radulfi Rubestenc suspensi 30 sol. Summa 111 lib. 3 sol. 8 den. In thesauro 68 lib.

Comiti Willelmo ad operationes castrorum de Marchia 43 lib. 3 sol. 8 den. per brev. Regis. Et quietus est.

§ Osbertus de Curtill. reddit compotum de una marca argenti pro parte terre versus Hugonem fratrem suum. In recepta Ricardi de Beuerel 15 sol. Andegavensibus pro 3 sol. 9 den. sterling. de quibus reddidit compot. supra. Et debet 9 sol. 7 den. sterling.

§ Gillebertus de Cressoneria reddit compotum de 70 lib. quia interfuit sponsaliis uxoris Roberti de Sakenvilla. In thesauro 10 lib.

Comiti Willelmo ad operationes castrorum de Marchia 10 lib. per brev. Regis. Et debet 50 lib.

§ Mabilia Lalobe reddit compotum de 72 marc. 12 den. sterling. de remanente finis sui. In thesauro 4 lib. 5 sol. 6 den. Andegav. pro 21 sol. 4 den. et obol. sterling.

Comiti Willelmo ad operationes de Marchia 4 lib. 5 sol. 6 den. Andegav. pro 21 sol. 4 den. et obol. sterling. per brev. Regis. Et debet 68 marcas 11 sol. 7 den. sterling.

§ Abbas de Cormellis redd. compot. de 10 lib. de remissione doni quod fecit Regi Willelmo de S^{te}. Marie ecclesia 10 lib. per brev. Regis. Et quietus est.

§ Abbas de Bernaio redd. compot. de 40 lib. 5 sol. de remissione doni quod fecit Regi. In conredio Johannis filii Regis apud Rothomagum 20 lib. per brev. Regis. Comiti Willelmo ad operationes castrorum de Marchia 20 lib. 5 sol. per brev. Regis. Et quietus est.

§ Ricardus Beurel redd. compot. de 60 sol. de recreantisa Willelmi Bruncoste. Comiti Willelmo ad operationes castrorum de Marchia 60 sol. per brev. Regis. Et quietus est.

§ Willelmus Alis reddit compotum de 7 lib. quia interfuit sponsaliis uxoris Roberti de Sakenvilla. In thesauro 53 sol. 3 den. Comiti Willelmo 26 sol. 9 den. ad perficiendum 100 lib. quas habuit ad operationes castrorum de Marchia per brev. Regis. Et debet 60 sol.

§ Ricardus Beurel redd. compot. de 10 sol. de Ansgoto Molendino pro vino supervendito. Et de 10 sol. de Germano filio Rogerii pro eod. Et de 40 sol. de Osberto Beroart pro eod. Et de 20 sol. de Willelmo de Caleto pro eod. Et de 4 lib. de Osberto Beroard pro eod. Et de 5 sol. de Radulfo de Bello monte pro eod. Et de 5 sol. de Roberto Nigro pro eod. Et de 10 sol. de Willelmo Brito pro eod. Summa 9 lib. In perdonatione eisdem hominibus pro uxore Willelmi Malveisin 9 lib. per brev. Regis. Et quietus est.

§ Idem redd. compot. de 40 sol. de Henri Lalobe pro vino supervendito. Et de 15 sol. de Emma Furnaria pro eod. Et de 5 sol. de Rocel. de Manevall. pro eod. Et de 40 sol. de Nicol. de Maneval. pro eod. Summa 100 sol. In perdonatione eisdem hominibus pro bonis hominibus de Grandi Monte 100 sol. per brev. Regis. Et quietus est.

§ Idem redd. compot. de 4 lib. de Rogerio Caillou pro vino supervendito. Et de 4 lib. de Vitali pro eod. Et de 10 lib. de ipso Ricardo pro stultiloquio. Summa 18 lib. In thesauro 4 lib.

Robertus de Caorces 100 sol. de dono per brev. Regis. In minuto bernesio ad opus duorum militum Ducis Sauxie qui perhendinant in Abbatia de Bernaio 4 lib. per id. brev. In conredio hominum et equorum Reg's apud Ebroicas 100 sol. per id. brev. Et quietus est.

§ Idem redd. compot. de 20 sol. de Waltero Carnifice pro vino supervendito. Et de 10 sol. de Torketil Pesaz pro eod. Et de 10 sol. de Godefrido Briard pro catallis injuste captis. Et de 7 sol. Willelmo filio Terrici pro vino supervendito. Et de 7 sol. de Ricardo filio Henrici pro eod. Summa 54 sol. In thesauro 34 sol. In justiciis faciendis 20 sol. Et quietus est.

§ Willelmus de Ponte Audomari reddit compotum de 20 sol. pro vino supervendito. In perdonatione eidem Willelmo pro Radulfo Lexovii episcopo 20 sol. per brev. Regis. Et quietus est.

§ Arnulfus de Monte Gommeri redd. compot. de 800 lib. de remanente finis sui. In thesauro 64 lib. 18 sol. et 50 lib sterling. pro 200 lib. Andegav. Pro equis ad opus Ducisse Saux. quando transfretavit 35 lib. 10 sol. per brev Regis. Et debet 500 lib.

§ Radulfus Episcopus Lexoviensis debet 70 lib. de veteri firma de Valle Rodolio. § Idem debet compotum suum de 6 annis de Valle Rodol. de tempore Clari de Grocet. § Willelmus filius Ricardi debet 4 sol. pro dissaisina. § Radulfus de Merula debet 40 sol. pro falso clamore. § Turgisius de Bar on debet 10 sol. pro concordia. § Ricardus Beurel debet 40 sol. de catallo Gonterio mortui usurarii. § Warino Leparlier debet. j. marc. argenti pro recognitione de terra versus Willelmum de Goviz. § Willelmus Hodin debet 10 sol. quia noluit custodire catalla fugaci. § Johannes Decanus Lexoviensis debet 50 lib. pro duello Lexovii. § Radulf. Cantor debet 20 lib. pro eodem. § Silvester Thesaurarius debet 30 sol. pro eod. § Ricardus Barre debet 20 lib pro eodem. Tres Urselli debent 20 lib. pro eodem. § Christianus Dapifer Episcopi debet 20 lib. pro eodem. § Gervasius de Roca debet 100 sol. pro eod. § Nicolas Medicus debet 100 sol. pro eod. § Warin Pullus debet 100 sol. pro eod. § Eustachius debet 40 sol. pro eod. § Bertranus 40 sol. pro eod. § Hamon de Vinaz debet 40 lib. pro eod. § Robertus de Rothomago debet 20 lib. pro eod. § Rogerius filii Matillis debet 40 lib. pro eod. § Fulco Taillefer debet 10 lib. pro eod. § Durandus Presbyter debet 40 sol. pro eod. § Willelmus Rasor debet 20 sol. pro eod. § Oliverus Dapifer debet 10 lib. pro eod. § Johannes de Roca 100 sol. pro eod. § Albericus debet 5 sol. pro vino supervendito. § Rogerius Coste 4 lib. pro eod. § Gaufridus de Cavaudon debet 10 sol. pro eod. § Willelmus de Torvilla debet 20 sol. pro eod. § Robertus de Orgeriz 10 sol. pro defectu......... § Gaufridus Deldrevilla debet. j. marc. argenti pro festinanda loquela versus Ricardum Beurel. § Thomas de Falesia debet 40 lib. quia cepit Mabiliam Lalobe sine licentia. § Ricardus de Bevredan debet 20 sol. pro concordia. § Gillebertus de Maisle 20 sol. pro eod. § Robertus de Housseio debet 20 sol. pro recognitione presentationis ecclesie Sti. Victoris. § Arnulfus Cades debet 10 sol. pro dissaisina. § Robertus Lalobe debet 40 lib. pro concordia. § Gohierus Cementator debet ...... pro concordia duello Lexovii. § Wachelinus de Ferrariis debet 100 lib. pro duello latrocinii male servato in curia sua.

.... de Sabrolio...... 50 lib. pro duello de combustione male servato in curia sua.

ANNO; AB; INCARNATIONE; DOMINI; M°; C°; LXXXIIIJ°; APUD; CADOMUM; WILLELMO; FILIO; RADULFI; SENESCALLO; NORMANNIE;

§ *Seherus de Quenceie.* § *Prepositus de Nonancort.* § *Ric. Beurel.* § *Custod. Abbatie de Mostrevilers.* § *Arnulfus de Monte Gommeri.*

MAGNUS ROTULUS

SCACCARII NORMANNIÆ

DE

ANNO AB INCARNATIONE DOMINI

M. C. XCV.

(ut videtur)

WILLIELMO FILIO RADULFI

SENESCALLO,

REGNANTE REGE RICARDO.

§ Rogerius de Martrei, Oign. Faber et Remigius reddunt compotum de 260 lib. de firma de Becco Thome. In thesauro 100 lib. 5 sol. Capellano capelle curie de Becco Tome 72 sol. pro. j. mod. grossi bladi de elemos. statu. Templariis 9 lib. 7 sol. 6 den. pro duobus modiis. 7 sextar. et. i. quart. grossi bladi de elem. statu. Eisdem 48 sol. pro dimid. mod. frumenti de elemos. statu. Willelmo de Amiens 6 sol. pro uno modio grossi bladi de feodo. Forestarius 72 sol. pro uno modio grossi bladi de feodo. Robertus de Harecort 72 sol. de quibus debet computare. In recepta Radulfi de S^to^. Amando 29 lib. 8 sol. 6 den. de quibus reddidit compotum anno preterito. Gaufridus de Valle Richerii 71 lib. de vadio suo per brev. Regis. Et debent 31 lib. 9 sol.

§ Eidem........ 13 lib. 6 sol. 8 den. de exitu terre Johannis de Tria, apud Wellebue.

Baillia de Bonavilla per Robertum de Ros.

§ Hugo Ospac reddit compotum de 67 sol. 11 den. de jurea. In thesauro 20 sol. Et debet 47 sol. 9 den.

§ Gaufridus Tronel reddit compotum de 370 lib. de jurea facta super eum. Ad Scaccarium reddiderat inde compotum suum. Et quietus est.

§ Willelmus de Blossevilla reddit compotum de 13 lib. 19 sol. pro eodem. In thesauro liberavit. Et quietus est.

§ Johannes Polcin reddit compotum de 62 sol. 6 den. de eodem. In thesauro 30 sol. Et debet 32 sol. 6 den.

§ Radulfus de Parde redd. compot. de 13 sol. pro eod. In thesauro liberavit Et quietus est.

§ Gaufridus Mariavala redd. compot. de 32 sol. pro eod. In thesauro 15 sol. Et debet 17 sol.

§ Robertus de Ros redd. compot. de 38 lib. de blado grancie canonicorum de Carnoto. In thesauro 28 lib. Et debet 10 lib.

§ Idem redd. compot. de eod. debito. In thesauro liberavit. Et quietus est.

§ Idem redd. compot. de 309 lib. 16 sol. 3 den. de jurea facta super eum. Ad Scaccarium reddiderat inde 56 lib. 9 sol. in rotulo redemptionis Regis ultra summam redemptionis. In quietancia ipsi Roberto de misericordiis vicecomitisse que sunt infra firmam suam de qua reddidit compotum 50 lib. per brev. Regis. Et debet 200 lib. 65 sol. 3 den.

§ Ricardus filius Osmundi reddit compotum de 100 lib. de fine suo pro causa foreste. In thesauro 32 lib. Et debet 68 lib.

§ Idem redd. compot. de eodem debito. In thesauro 10 sol. 3 den. In recepta Philippi Mimecan de catallo ejusdem Ricardi 67 lib. 9 sol. 9 den. de quibus redd. compot. Et quietus est.

§ Gaufridus Furget redd. compot. de 100 sol. pro eod. In thesauro 20 sol. Et debet 4 lib.

Baillia de Baioc. per Hamon. Pincernam.

§ Johannes de Humeto reddit compotum de 500 lib. pro fine terre sue. In thesauro liberavit. Et quietus est.

§ Ricardus Daneis reddit compotum de 41 lib. 16 sol. de jurea facta super eum. In thesauro 38 lib. 10 sol. Et debet 66 sol.

§ Fulco Daneis reddit compot. de 155 lib. pro eod. In thesauro 124 lib. 13 sol. Et debet 30 lib. 6 sol.

§ Rogerius Gernon redd. compot. de 10 lib. 10 sol. pro eod. In thesauro liberavit. Et quietus est.

§ Gaufridus Daneis redd. compot. de 30 sol. pro eod. In thesauro liberavit. Et quietus est.

§ Robertus de Calvo Monte redd. compot. de 10 lib. pro habenda serjanteria Willelmi Senzaveir. In thesauro 6 lib. Et debet 4 lib.

§ Goislinus de Pommeria redd. compot. de 75 sol. de relevio quarte partis unius militis de feodo de Moon in Maisoncell. In thesauro liberavit. Et quietus est.

§ Willelmus Calvus reddit compotum de 100 sol. pro habenda serjanteria Johannis Verable. In thesauro 70 sol. Et debet 30 sol.

§ Idem redd. compot. de eod. debito. In thesauro liberavit. Et quietus est.

§ Robertus de Ria redd. compot. de 10 lib. pro serjanteria quam habet. In thesauro 7 lib. Et debet 60 sol.

§ Uxor Simonis de Mariscis reddit compot. de 100

lib. pro habenda custodia puerorum suorum et pro licentia se maritandi. In thesauro 50 lib. Et debet 50 lib.

§ Eadem redd. compot de eodem debito. In thesauro 25 lib. Et debet 25 lib.

§ Hamon Pincerna reddit compotum de 57 lib. 18 sol. 6 den. de exitu terre Ricardi de Grisie reddite. Et de 6 lib. 4 sol. 2 den. de exitu terre Gaufridi de Bono Fossato reddite. Et de 63 sol. de exitu terre Jordani de Campo Arnulfi reddite. Et de 50 sol. de exitu terre Radulfi de Logis reddite. Et de 60 sol. de exitu terre Johannis de Buret reddite. Et de 15 lib. 13 sol. 4 den. de exitu terre Samsonis de Crepon reddite. Et de 6 lib. 4 den. de exitu terre Willelmi de Cavignie reddite. Et de 27 sol. de exitu ejusdem terre. Et de 60 lib. de plegiis Ricardi de Grisie. Et de 6 lib. de exitu terre Petri Patric reddite. Et de 17 lib. 10 sol. de exitu terre Henrici de Columberiis anno qua Hugo de Longo Campo haberet illam terram. Et 25 lib. 18 sol. de exitu Philip. Suhart. Et de 33 sol. 7 den. de exitu terre Ricardi de Basenvilla reddite. Et de 100 sol. de Jordano de Maisnillo de debito Willelmi de Caluiz. Summa 212 lib. 7 sol. 11 den. In thesauro 208 lib. 17 sol. 11 den. Et debet 70 sol. de plegio Ricardi de Griseio.

§ Idem redd. compot. de eodem debito. In thesauro liberavit. Et quietus est.

§ Radulfus filius Eudonis reddit compot. de 7 lib de debito Willelmi de Caluiz. In thesauro 4 lib. Et debet 60 sol.

§ Thomas de Verdun redd. compot. pro patre suo de 16 lib. de debito ejusdem. In thesauro 7 lib. Et debet 9 lib.

§ Prepositi de Placeio redd. compot. de 22 sol. pro eodem. In thesauro liberavit. Et quietus est.

§ Agnes uxor Philipi Suhart redd. compot. per Radulfum de Agnellis de 80 lib. de firma terre viri sui. In thesauro 23 lib.

In prescripta recepta Hamonis Pincerne 25 lib. 18 sol. Monialibus de Kenivet 10 sol. pro. j. mill. angullarum de elemosine statu. Et debet 30 lib. 12 sol. § Eadem reddit compotum de eodem debito. In thesauro 15 lib. 10 sol. Et debet 15 lib. 2 sol.

§ Philippus de Croelio debet 60 lib. de debito Willelmi de Caluiz. § Heres Henrici de Agnellis 4 lib. 5 sol. pro eodem.

§ Serlo de Escreinevilla redd. compot. de 14 sol. pro eod. In thesauro liberavit. Et quietus est.

§ Gocelinus Faber debet 17 sol. pro eod. § Wint. Leseroge et Ricardus sacerdos de S^to^. Georg. 60 sol. pro eod.

§ Robertus Pave reddit compotum de 100 de misericordia sua. Et de 8 sol. de jurea. In thesauro liberavit. Et quietus est.

§ Willelmus Senz Aveir debet 4 lib. de jurea. § Philipus Suhart 40 sol. pro eod.

§ Willelmus Bacon redd. compo'. de 10 lib. pro eod. In thesauro liberavit Et quietus est.

§ Gaufridus de Humetis redd. compot. de 18 sol. pro eod. In thesauro liberavit. Et quietus est.

§ Thomas Malfillastre debet 30 sol. pro eod. § Comes Moret. debet 272 lib. 10 sol. de redemptione Regis.

§ Robertus Wausie redd. compot. de 6 lib. 4 sol. de jurea. Et de 40 sol. de misericordia. In thesauro 6 lib. 2 sol. Et debet 42 sol.

§ Johannes Le Verable redd. compot. de 19 lib. 7 sol. pro eod. In thesauro 4 lib. 7 sol. Et debet 15 lib.

§ Willelmus de Lovignie redd. compot. de 15 lib. pro fine de jurea facta super eum, scilicet de 48 sol. In thesauro 10 lib. Et debet 100 sol.

§ Willelmus de Humet. debet 4000 lib. de fine suo de quibus reddidit compotum in compoto Roberti de Tregoz.

§ Radulfus Malherbe redd. compot. de 78.... de jurea et 30 lib. de misericordia sua. In thesauro 25 lib. Et debet 8 lib. 13 sol.

§ Rogerius de Coisneriis debet 20 lib. pro plegio Ricardi de Argenciis.

§ Willelmus Calvus redd compot. de uno bisancio de redditu quandiu serviens erit. In thesauro liberavit. Et quietus est.

§ Comes Cestrie redd. compot. de 40 lib. pro plegio Ricardi de Argenciis. In thesauro 70 sol. Et debet 36 lib. 10 sol.

§ Ricardus de S^to^. Remigio redd. compot. de 8 lib. pro eod. In thesauro 100 sol. Et debet 60 sol.

§ Philippus de Vaaceio reddit de. j. marc. argenti pro eod. In thesauro liberavit. Et quietus est.

§ Robertus de Vilers debet 5 marc. argenti pro eod.

§ Tomas Malfillastre redd. compot. de 4 marc. argenti pro eodem. In thesauro 5 sol. sterlingorum. Et debet 3 marc. 8 sol. 4 den.

§ Radulfus Taisson debet 20 lib. pro eod.

§ Willelmus Bacon redd. compot. de 13 lib. 6 sol. 8 den. In thesauro liberavit. Et quietus est.

§ Gaufridus de Humet debet 3 marc. pro eodem.

§ Henricus de Portu redd. compotum de 106 sol. 8 den. pro eod. In thesauro liberavit. Et quietus est.

§ Henricus de Agniervilla reddit compotum de 53 sol. 4 den. pro eodem. In thesauro liberavit. Et quietus est.

§ Silvester de Agnellis reddit compotum de 106 sol. 8 den. pro eodem. In thesauro liberavit. Et quietus est.

§ Thomas de Ouvilla reddit compotum de 106 sol. 8 den. pro eodem. In thesauro liberavit. Et quietus est.

§ Joslen de Pomeria reddit compotum de 20 lib. pro eodem. In thesauro liberavit. Et quietus est.

§ Hugo Maleherbe redd. compot. de tribus bisanciis pro recepta sua festinanda. In thesauro liberavit. Et quietus est.

§ Radulfus de Perceio reddit compotum de 127 lib. 9 sol. 10 den. de jurea facta super eum. In thesauro 100 lib. 18 sol. Et debet 26 lib. 7 sol. 9 den. de quibus reddidit compotum alibi.

§ Robertus Penon redd. compot. de 100 sol. de firma terre Ranulfi de Linguire. In thesauro 50 sol. Et debet 50 sol.

§ Robertus Tresgoz debet 40 marcas argenti pro plegio Rohals de Bohon § Rad. Taisson 50 marc. arg. pro plegio comitis de Arondel.

Ballia Caleti per Gillebertum de Marleiz.

§ Gillebertus de Marleiz reddit compotum de 140 lib. de firma de S^to^. Sidonio et de Osmondivilla. In thesauro nichil.

§ In decima Monachis S^ti^. Sidonii 14 lib. In recepta ejusdem Gilleberti 10 lib. de quibus redd. compot. Hamerico Haubergereio 30 lib. de dono Reg. per brev. Regis Custodi Haie 40 sol. In reficiendis molendinis 108 sol. per brev. Regis. Eudoni de Brac 78 lib. 12 sol. de 100 lib. quas Rex dederat ei per annum. Et quietus est.

§ Idem reddit compotum de 25 lib. de firma terre Herberti de Freschines. In thesauro 18 lib. 8 den. Presbitero de Esledes 30 sol. 7 den. hoc anno de decima molendini. Camerario de Tancarvilla 60 sol. quos habuit de terra illa priusquam fuit reddita. In refectura molendini 20 sol. per brev. Regis. Et debet 19 sol. 9 den. de quibus reddidit compotum inferius.

§ Idem reddit compotum de 11 lib. de firma terre filii Cesaris de Barentin. In thesauro 110 sol. In recepta ejusdem Gilleberti 110 sol. de quibus reddidit compotum de anno preterito. Et quietus est.

§ Idem reddit compotum de 32 sol. de exitu mo

lendini Herberti de Freschines reddite. In thesauro liberavit. Et quietus est.

§ Johannes de S^to^. Leodegario reddit compotum de 12 sol. de vino vinee sue reddite. In thesauro liberavit. Et quietus est.

§ Gillebertus de Marleiz reddit compotum de 25 lib. 19 sol 3 den. de exitu terre reddite Stephano de Longo Campo in Rokemont et alibi. In thesauro 12 lib. 3 sol. 10 den. Et debet 13 lib. 15 sol. 5 den. qui remanent super Henricum de Ver.

§ Idem reddit compotum de 7 sol. de exitu terre Pagani de Hosdenc. In thesauro liberavit. Et quietus est.

§ Idem reddit compotum de 5 sol. de exitu terre Rogeri de Candos, in Montignie. In thesauro liberavit. Et quietus est.

§ Idem reddit compotum de 12 sol. de exitu terre fratris Willelmi de Noa reddite. In thesauro liberavit. Et quietus est.

§ Robertus de Mortemer. debet 18 minas avene quas habuit de terra Hugonis Porci.

§ Gillebertus de Marleiz reddit compotum de 35 sol. de exitu terre Clari de Grocet anno qua finem faceret. In thesauro liberavit. Et quietus est.

§ Idem reddit compotum de 21 lib. 18 sol. 8 den. de exitu terre Gilleberti de Wascuil de anno preterito. In thesauro liberavit. Et quietus est.

§ Ricardus Brito reddit compotum per Gillebertum de Marleiz de 200 lib. de fine suo per juream. In thesauro 40 lib.

Bricio Camerario et servientibus Regis ad expensam ejus ad Natale apud Rothomagum 100 lib. per brev. Regis. Et debet 60 lib.

§ Robertus de Bolonia reddit compotum de 20 lib. de fine suo, quia fuit in castro Novi Mercati. In thesauro 15 lib. Et debet 100 sol.

§ Simon de Cressie reddit compotum de 15 lib. pro habendo vadio in pace quod habebat de Simone de Pinselnneio. In thesauro liberavit. Et quietus est.

§ Uxor Willelmi de Esmalevilla reddit compotum de 7 lib. 10 sol. de feodo dimid. militis scilicet de relevio. In thesauro liberavit. Et quietus est.

§ Johannes filius Simonis reddit compotum de 20 lib. de fine terre sue. In thesauro 15 lib. Et debet 100 sol.

§ Willelmus Doisnel reddit compotum de 60 sol. de fine terre sue. In thesauro liberavit. Et quietus est.

§ Elias de Florcio reddit compotum de 4 lib. pro eodem. In thesauro liberavit. Et quietus est.

§ Robertus filius Guidonis reddit compotum de 30 lib. pro fine de terra Roberti Le Caron in Rothom. et extra. In thesauro liberavit. Et quietus est.

§ Heres Roberti de Hogiervilla reddit compotum de 16 lib. pro terra patris sui. In thesauro liberavit. Et quietus est.

§ Hugo de Mucedent redd. compot. de 8 lib. pro eod. In thesauro liberavit. Et quietus est.

§ Walter de Tendos redd. compot. de 100 sol. pro eod. In thesauro liberavit. Et quietus est.

§ Petrus de Cantilupo redd. compot. de 60 sol. pro simili. In thesauro liberavit. Et quietus est.

§ Robertus de Jovignejo debet 100 lib. de promisso pro habenda consideratione carte versus matrem suam.

§ Aenor de S^to^. Walerico redd. compot. de 100 marc. argenti. pro fine dotis suis. In thesauro liberavit. Et quietus est.

§ Willelmus de Martignie redd. compot. de 450 lib. de remanente finis sui. In thesauro 75 lib. In perdono ipsi Willelmo 200 lib. per brev. Regis. Et debet 175 lib.

§ Willelmus Malet debet 48 lib. de exitu de Criketot.

§ Gillebertus de Marleiz redd. compot. de 19 sol. 9 den. de remanente firme terre Herberti de Freschines. Et de 50 sol. de remanente finis Johannis de S^to^. Leodegario pro habenda dote uxoris sue. Et de 10 lib. 12 sol. de Helois de Wesneval de remanente firme terre viri sui. Et 6 lib. 16 sol. quos recepit de fine Johannis de S^to^. Leodegario. Et de 100 sol. de fine Willelmi de Frellevilla quando fuit in castro de Neeffa. Et de 71 sol. de terra Waleran. de Mellenti apud Sahus reddite. Et de 30 sol. de terra Gerelm. de Fors apud Wialvilla. Et de 30 sol. de terra noverce Willelmi de Rokemont ibidem. Et de 10 sol. de terra Gaufridi de Walter. Maisnill apud Boes reddite. Et de 45 lib. 11 sol de terra W....... de Espelta in Novilla ville de Julii Bona. Et de 78 sol. de terra Petri de Barra in Warengervilla. Et de 12 sol. de terra Herloini fug........ Et de 25 sol. de auxilio exercitus de quarta parte feodi unius militis in Goi. Et de 4 lib. 8 sol. pro simili de auxil. de exercit. unius militis in Ogervilla. Et de 100 sol. de....., in Rampefelgere de feodo Radulfi de Wesneval. Et de 100 sol. de feodo unius militis in Plaiseiz de eodem feodo. Et de 43 sol. 6 den. de feodo m............ dintot. Et de 105 sol. de feodo Radulfi de Engleskevilla. Et de 51 lib. de redemptione prisonariis quos Malvesin cepit qui tenebantur apud Walmont....... lib. 10 sol. de venta quinque navium piscatoriscum quos Malveisin cepit in tempore guerre. Et de 4 lib. de venta. j. navis quam idem Gillebertus cepit apud Welles. Et de......12 den. de venta 72 retium captorum in tempore guerre. Summa 217 lib. 12 sol. 3 den. In thesauro 11 lib. 13 sol. 8 den. Pro predictis navibus ad terram trahendis 32 sol. 7 den. per brev. Regis. In liberatione decem militum morantium apud Belencombre in guerra, liberati Ricardo de Montignie et Willelmo....... 50 lib. per id. brev. Maiori Rothomagi. scilicet Matheo Grosso in solta equi sui quem Rex habuit 20 lib. per idem brev. Mercatoribus de Witot pro duobus equis ad opus Regis 50 lib. per id. brev. Ricardo de Puteo pro uno equo ad opus Regis 30 lib. per id. brev. Pro uno sumario ad opus Regis 8 lib. per id. brev. In operationibus castri de Molinellis 24 lib. per id. brev. Bra...do Clerico 21 lib. quas recepit dum custodiret escaetas de quibus debet compotum. Et quietus est.

§ Idem reddit compotum de recepta sua de tallagio 1000 marc. argenti talliatis super Judeos Normannie. scilicet de Abraham de Mostrevilers 45 lib. 13 sol. De Afaitie 20 lib. 15 sol. De Simone 17 sol. 9 den. De Manesero et filio ejus et genero suo 15 lib. 10 sol. De Bonechose 63 sol. De Meir 52 sol. 6 den. De Samuel et fratre ejus 49 sol. 2 den. De Sorore eorumdem 36 sol. 9 den. De Contesse de Julilbona 7 lib. 18 sol. De filio ejus 41 sol. De Ysac de Archis 20 lib. 10 sol. De Mousse fratre Contesse 41 sol. De Josce de S^to^. Benedicto de Caudebec 15 lib. De Sans. filio Josce de Fiscano 110 sol. De Samuel 10 lib. 7 sol. De Fantin 19 lib. De Messilla sorio ejus 41 sol. De Bonefei 41 sol...... Deulecrosse de Elles 20 lib. 10 sol. De Deaie 18 lib. 18 sol. De Samuel 4 lib. 4 sol. De Lion 4 lib. 4 sol. De Morel 9 lib. 15 sol. 6 den. De Deule....... ..... De Longavilla 76 sol. De Moir de Rothom. et filia ejus 10 lib. 8 sol 6 den. De Abraham Legendre Bienlivienne 20 sol. De Bienlivienne 31 sol. 6 den. De Sam.... Sac. 31 sol. 6 den. De Josce filio Geir 4 lib.... sol. De Flora socia ejus 4 lib. 2 sol. De Ysac fil. Petri 11 lib. 10 sol. De Elya genero Magistri 41 sol. De Abraham ....cob 16 lib. 8 sol. De Moisse fil. Jacob. 11 lib. 8 sol. De Ivone genero Jacob. 4 lib. 2 sol. De Josce Gaz 4 lib. 2 sol. De Petro Judeo 10 lib. 8 sol. De .... 41 sol. De Salem. filio episcopi 40 sol. De Buensenfens de Lions 21 sol. 6 den. De Davi Greneeville 61 sol. 6 den. De Rabi 61 sol. 6 den. De Josce de .....bnod 10 lib. 5 sol. De Bonœt Hariaca 100 sol. Summa 351 lib. 8 sol. 8 den. In thesauro nichil.

Bricio Camerario Regis in Camera Regia 300 lib. per brev. Regis. Hamerico Le Hauberger pro lorica ad opus Regis 51 lib. 8 sol. 8 den. per brev. Regis. Et quietus est.

§ Idem reddit compotum de recepta sua de Judeis ballie sue de 2000 lib. de fine Judeorum Normannie scilicet. De Jose de Brogne et Roth. 16 lib. 10 sol. De Elia genero Is....ogna 20 sol. De Bienliviengе 15 sol. De Abraham suo genero 15 sol. De Samuel filio Sac. 15 sol. De Samuel filio Petri 20 sol. De Isaac fratre .... De Davi Anglic. 60 sol. De Doulosalt 9 lib. 10 sol. De Vive filio Jacobi 60 sol. De Mosse fratre ejus 4 lib. 10 sol. De Abraham fratre suo 70 sol. De .....can. 4 lib. 5 sol. De Deulecroisse de Longavilla et Guardema genero suo 6 lib. De Isac et suo filio et genero ejus 10 lib. De Contesse de Juliibona 10 sol. De Isac Toupet de Caudebec 15 sol. De Deulecroisse de Welles. et filiis suis 12 lib. De Morel 100 sol. De Samuel 76 sol. .... lib. De Lione 40 sol. De Abraham de Mostreviler 14 lib. De Afaitie 7 lib. De Buenfune 10 sol. De Sun. 7 sol. De Manes .... De Bunechose 20 sol. De Moir 30 sol. Summa 138 lib. 8 sol. In thesauro nichil. Hamerico de Haubergier in persolta loricarum quas Rex habuit 13 lib. 3 sol. per brev. Regis. Domine de Osie 6 lib. 13 sol. 4 den. ad perficiend....... quos Rex ei dedit per brev. Reg. Godefridus de Lovain et Ric. Ruffo missis in Alemaniam pro negotio Regis 16 lib. per idem brev. Et debet 100 .... compot. de eodem debito. In thesauro 46 lib. Forrico de Viena 42 lib. de dono Regis per brev. Regis. Et debet 23 lib. 11 sol. 8 den.

§ Oto de Rothom. reddit compotum per Gillebertum de Marleiz de 21 lib. 11 sol. 3 den. de exitu de S^{te}. Waueborc dum fuit in manu Regis. In thesauro liberavit. Et quietus est.

§ Gaufridus Cambiator reddit compotum de 22891 lib. 7 sol. 4 den. Andegav. pro 5722 lib. 16 sol. 10 den. ....tata fuerunt ei a Cadomo. Et 4600 lib. que portata fuerunt ei similiter a Cadomo de thesauro. Et de 400 Andegav. quos similiter......... Cadomo. Summa 27891 lib. 7 sol. 4 den.

Ruffo de Volto et Evrardo Camerario et sociis eorum nuntiis Imperatoris Alemanie 16000 lib. Andegav. pro 6000 marc. argent. pro deliberandis obsidibus .... expensa eorumdem nuntiorum expectantium predictam pecuniam apud Rothomagum 314 lib. 6 sol. 4 den. per id. brev. Bricio Camerario in camera Regia in .... 2400 lib. per id. brev. Episcopo Batoniensi de domo Regis 26 lib. 13 sol. 4 den. pro 10 marc. argenti. Abbati de Pinu 40 lib. pro 15 marc. de dono per..... de Dunes de dono 106 lib. 13 sol. 4 den. Andeg. pro 40 marc. per id. brev. Comiti de Moreton. 300 lib. Andeg. per id. brev. In liberatione viginti militum ejusdem Comitis....... de 20 diebus per id. brev. Baronibus et Militibus euntibus ad Regem apud Isoldun tempore guerre 1440 lib. de dono per id. brev. In liberatione Senescall. Norman..........no Pasche sequentis 100 lib. In liberatione 2. Militum Walens. et servient. equitum et peditum Walens. de pluribus terminis 779 lib. 18 sol. 4 den. per id brev. Thome de Landa servienti Regis 10 lib. de dono per id. brev. Willelmo de Mortuo Mari de dono 200 lib. per id. brev. Henrico de Graeio 500 lib. de quibus reddidit compotum. In ......cione emenda et ponenda in Castro de Valle Rodol. 32 lib. 14 sol. 6 den. per id. brev. In eadem munic. portanda a Rothomago usque Vallem Rodol. 28 sol..... per id. brev. Petevin Valleto Regis de dono 60 sol. per id. brev. In liberatione militum et servient. morant.. apud Belemcombre tempore guerre 150 lib. per id. brev.. ..... de Focartmont 50 lib. de dono per id. brev. Guidoni de Bovaincourt 50 lib. de dono Regis per id. brev. Willelmi de Chavineio 50 lib. de dono per brev. Regis. In operationibus castri de Lions et de Radepont 150 lib. per id. brev. In liberatione servient. equitum et peditum custodientium for. de Lions 30 lib. per id. brev. In expensa militum et servientum custodientium castrum de Archis et Drincort 450 lib. per id. brev. Stephano de Pertico 266 lib. 13 sol. 4 den. pro 100 marc. argenti de dono per id. brev. In operationibus castri de Molinellis et Aureavalle 22 lib. per id. brev. In operationibus vadi de Valle Rodolii fossciandi 10 lib. 2 den. per id. brev. Waltero de Ely ad fossandum unum vadum 20 lib. per id. brev. Willelmo Tyrel 20 lib. de dono per id. brev. Willelmo Engelais et Rogerio Faiel pro operationibus de Ponte Arche 190 lib. per id. brev. In operationibus castri de Ponte Arche et de Radepont per Willelmum Tyrel. 360 lib. per id. brev. Magistro Helye ad operationes Vallis Rodol. et aliorum castrorum 200 lib. per id. brev. Waltero de Eli ad faciendum liberationem militum et servientum apud Vallem Rodol. 100 lib. per id. brev. In liberatione quadrigarum que fecerunt adtractum in castro Vallis Rodol. 100 lib. per id. brev. In liberatione militum et servientum fact. apud Rothomagum tempore guerre pluribus locis 686 lib. 12 sol. 8 den. per id. brev. Magistro Elrico ad operationem de Valle Rodol. 200 lib. per id. brev. Eidem de liberatione sua 20 lib. per id. brev. Willelmo Tyrel de liberatione sua 20 lib. per id. brev. In operationibus castri de Molinellis et Doirival 40 lib. per id. brev. Roberto Mai ad operationes parci Rothomag. 20 lib. per id. brev. In liberatione Balistariorum de Valle Rodol. 80 lib. 63 sol. 8 den. per id. brev. In liberatione 4 servient. mor.... in castro de Molinellis et de Aureavalle 100 sol. per id. brev. Computatoribus 3 sol. per id brev. Item nuntiis predictis Imperatoris Alemanie ad expensam suam 100 lib. per.... brev. Item Magistro Elie de elemosinaria ad operationes de Lions 400 lib. per id. brev. Willelmo Cani de Eskekevilla ad operationes de Belemcombre 100 lib. per..... brev. In municione emenda ad ponendam in castro de Archis 100 lib. per id. brev. In municione castri de Drincort 100 lib. liberat. Willelmo Melendino et Waltero ......lano per id. brev. In operationibus domorum castri de Drincort et pontis de versus villam 100 lib. per id. brev. Willelmo filio Radulfi senescall. Normannie ad faciendam liberationem militum ......vientum tempore guerre et ad faciendas operationes Reg. in pluribus locis per Normanniam 1196 lib. 10 sol. per id. brev. Item Willelmo Tyrel ....tiones de Radepont 100 lib. per id. brev. Et debet 123 lib. 9 sol. 6 den.

§ Silvester Cambiator reddit compotum de 1607 lib. 19 sol. de venta foreste de Juliibona. Et de 13 lib. 10 sol. de pasnagio de foreste. In thesauro 40 lib. Waltero Marco argenti et Matheo filio Enardi ad operationes de Molinellis et Aurea Valle 300 lib. per brev. Regis. Pro faciendo raspato vino apud W......... opus Regis 100 sol. per id. brev. In liberatione militum et servientium pluries faciend. tempore guerre pluribus locis 800 lib. per id. brev. Comiti Moretonii de dono.......... idem brev. Camerario de Thancarvilla de dono 200 lib. per id. brev. Pro batellis hordandis apud Rothomagum et ducendis in Vallem Rodol. 10 lib. 86 sol. 1 den. per..... brev. Bricio camerario ad opus Regis 11 lib. 14 sol. per id. brev. Et debet 77 lib. 18 sol. 11 den.

§ Idem redd. compot. de eodem debito. In thesauro liberavit. Et quietus est.

§ Rogerus de Martrei pro Becco Thome. § Item Ballia Bonneville. § Ballia Baioc. de Escaetis. § Ballia de Calcto per Gilbertum del Marleiz de Escaetis.

§ *Gaufridus Cambiator de magnis receptis suis ad deliberationem Regis.* § *Venta foreste Lislebone.*

Emandatus est.

(Membrane 1. dorso.)

Item Ballia Caleti per Gillebertum de Marleiz.

§ Willelmus Martel debet 52 lib. de exitu Spineti de duobus annis.

§ Engerranus de Ernevilla reddit compotum de 100 lib. de fine suo. In thesauro nichil. Reginaldo de Bellavilla 26 lib. 13 sol. 4 den. de dono Regis per brev. Regis. Roberto de Apevilla et fratri suo 20 lib. ad reficiendas domos regias de Watevilla per brev. Regis. In passagio Walensium apud Fiscanum 9 lib. per id. brev. Pro hernesio Regine portando de Rothomago apud Argentonmum 39 sol. 2 den. per idem brev. Willelmo de Kelibue clerico scaccarii 40 sol. de dono per id. brev. Clericis qui transcripserunt cartas Judeorum apud Rothomagum 27 sol. 6 den. per id. brev. Et debet 28 lib.

§ Balduinus de Roscio reddit compotum de 10 lib. de fine pro relevio suo. In thesauro liberavit. Et quietus est.

§ Radulfus Lecalceis reddit compotum de 200 lib. de fine terre sue quando reddidit Novum Castrum. In thesauro 120 lib. Et debet 80 lib.

§ Matheus Niger redd. compot. de 60 sol. pro eod. In thesauro liberavit. Et quietus est.

§ Robertus Monachus reddit compotum de 40 sol. pro eodem. In thesauro liberavit. Et quietus est.

§ Mabilia Comitissa Ebroic. reddit compotum de 2000 lib. pro habenda custodia terre filii sui. In thesauro 1500 lib. Et debet 500 lib.

§ Johannes de S^to^. Leodegario reddit compotum de 100 sol. de remanente finis suis pro dote uxoris sue. In thesauro 50 sol. Et debet 50 sol. de quibus redd. compot. ex altera parte.

§ Ricardus de Willekier redd. compot. de 150 lib. de remanente finis sui. In thesauro 50 lib. Et debet 100 lib.

. Willelmus de Grandona redd. compot. de 160 lib. pro eod. In thesauro 20 lib. Et debet 140 lib.

§ Gaufridus de Salicosa Mara reddit compotum de 170 lib. pro eodem. In thesauro 50 lib. Et debet 120 lib.

§ Willelmus de Ouvilla et fratres ejus debent 180 lib. pro eodem.

§ Gillebertus de Marleiz redd. compot. de 22 lib. 11 sol. 8 den. de exitu terre comitis de Clara reddite preter elemos. In thesauro liberavit. Et quietus est.

§ Helois de Wesneval reddit compotum de 80 lib. de remanente firme terre viri sui. In thesauro 70 lib. 6 sol. Willelmo Malet 9 lib. 13 sol. de redditu de Criketot de quibus debet computare. Et quieta est.

§ Eadem reddit compotum de 200 lib. de nova firma ejusdem terre. In thesauro 149 lib. 8 sol. Tribus filiis ejus ad victum et vestitum suum 40 lib. per brev. Regis. Et debet 10 lib. 12 sol.

§ Ranulfus Lamartre reddit compotum de 20 lib. de firma terre Roberti de Daenvilla. In thesauro 13 lib. In recepta Gilleberti de Marleix 7 lib. de quibus reddidit compotum anno preterito Et quietus est.

§ Henricus de Juis reddit compotum de 4 lib. 15 sol. de exitu terre sue. In thesauro liberavit. Et quietus est.

§ Walter de Cantil. debet 109 sol. 3 den. quos cepit in terra sua dum fuit in manu Regis.

§ Gillebertus de Marleiz reddit compotum de 20 sol. de exitu terre Willelmi de Esmalevilla. In thesauro liberavit. Et quietus est.

§ Idem redd. compot. de 17 lib. 16 sol. 6 den. de exitu terre de parco de Ansoutot. que fuit Johannis de Mara. In thesauro 8 lib. 18 sol 3. den. In recepta ejusdem 7 lib. 18 sol. 3 den. de quibus reddidit compotum anno preterito. Et quietus est.

§ Idem reddit compotum de 8 lib. 6 sol. de exitu terre Hugonis Malebisse reddite. In thesauro liberavit. Et quietus est.

§ Idem redd. compot. de 9 sol. de exitu terre de Osovilla. In thesauro liberavit. Et quietus est.

§ Idem redd. compot. de 10 sol. de exitu terre Drogonis Lecat reddite. In thesauro liberavit. Et quietus est.

§ Idem redd. compot. de 22 lib. de exitu terre heredis de Hotot reddite. In thesauro 40 sol. In liberatione ipsius Gilleberti pro custodia escaetorum 20 lib. per brev. Regis. Et quietus est.

§ Idem reddit compotum de 7 lib. 2 sol. de exitu terre Willelmi de Estoltevilla reddite. In thesauro liberavit. Et quietus est.

§ Idem reddit compotum 26 lib. 2 sol. 9 den. de firma terre Johannis de Gisorcio. In thesauro 13 lib. 18 den. Eudoni de Brac ad perficiend. 100 lib. quas habet per annum 9 lib. 18 sol. per brev. Regis. In liberatione clericorum qui transcripserunt cartas Judeorum apud Rothomagum 10 sol. per id. brev. Hominibus de Bosco Huelini in solta pro denariis injuste captis 54 sol. 4 den. per id. brev. Et quietus est.

§ Idem reddit compotum de 36 sol. de exitu terre Walteri de Blaru reddite. In thesauro 12 sol. 3 den. Et debet 24 sol.

§ Idem reddit compotum de 30 sol. de exitu terre Ricardi Cardon. In thesauro liberavit. Et quietus est.

§ Idem reddit compotum de 100 sol. de firma terre Quintini Thalebot. In thesauro 9 sol. 8 den. In persolta hominibus de Bosco Huelini pro denariis injuste captis 4 lib. 10 sol. 4 den. per brev. Regis. Et quietus est.

§ Johannes de S^to^. Leodegario reddit compotum per eundem Gillebertum de 100 lib. pro fine terre sue. In thesauro 20 lib. Et debet 80 lib.

§ Idem reddit compotum de eodem debito. In recepta Gilleberti de Marleiz 6 lib. 16 sol. de quibus redd. compot. Et debet 73 lib. 4 sol.

§ Gaufridus Radikel reddit compotum de 266 lib. 13 sol. 4 den. de fine suo pro 100 marc. argenti. In thesauro liberavit. Et quietus est.

§ Gillebertus Marleiz redd. compotum de 25 sol. de exitu terre Henrici de Petra. In thesauro liberavit. Et quietus est.

§ Willelmus Postel de Robertot redd. compotum de 60 sol. de fine pro relevio suo. In thesauro liberavit. Et quietus est.

§ Robertus de Lovetot redd. compot. de 3 sol. de relevio suo. In thesauro liberavit et quietus est.

§ Gillebertus de Marleiz reddit compot. de 39 sol. 10 den. de catallo Alveredi Heket mortui usur. Et de 25 sol. 7 den. de catallo Johannis Piere q.feu pro simili. Et de 30 sol. de catallo Walterii Hole pro simili. Et de 4 lib. 10 sol. de catallo Roberti Lebuef. pro simili. Et de 4 lib. 18 den. de catallo Liece Lafriarde pro simili. Et de 61 sol. de catallo Ricardi de Winemenvilla suspensi. Et de 64 sol. de catallo Reinaldi Busket suspensi. Et de 6 lib. de catallo Roberti de Lamesleie suspensi. Et de 8 sol. de catallo Radulfi de Vernolvilla fug. pro latrone recit. Et de 4 lib. de catallo de Gaufrido de Montibus testornati. Et de 10 sol. de catallo Roberti de Fonte testornati. Et de 4 lib. de catallo cujusdam Franci fug. pro morte hominis. Et de 20 sol. de catallo Ricardi Torneloie testornati. Et de 37 sol. de catallo Osberti Porcarii testornati. Et de 24 sol. de catallo Radnlfi de Montibus fug. pro morte hominis. Et de 20 sol. de catallo Blanchet fug pro simili. Et de 4 sol. de catallo Arnoldi Molendini fug. quia terram abjuravit. Et de 29 sol. 9 den. de catallo Roberti Bertran pro simili. Et de 15 sol. de catallo Johannis Lairois pro simili. Et de 18 sol. de catallo Radulfi Monachi pro simili. Et de 18 sol. de catallo cujusdam fugitivi alieni. Et de 4 lib. 2 sol. de Roberto Tafornel pro simili. Et de 24 sol. de bestiis inventis sine waranto. Et de 60 sol. de catallo Lotrel de Botellis manentis in Francia. Summa 52 lib. 11 sol. 4 den. In thesauro 52 lib. 3 sol. 4 den. In justicia facienda 8 sol. Et quietus est.

§ Idem reddit compot. de 4 lib. de catallo Brebion suspensi. In thesauro 58 sol. Et debet 27 sol.

§ Idem reddit compot. de 24 sol. 9 den. de exitu terre Guidonis de Avesnes. In thesauro liberavit. Et quietus est.

§ Robertus Telluel et frater ejus reddent compotum de 30 lib. de fine suo quia fuerunt de illis qui reddiderunt Novum Castrum. In thesauro liberaverunt. Et quieti sunt.

Item Ballia de Bonavilla per Robertum de Ros.

§ Ricardus de Willervilla reddit compotum de 50 sol. de jurea. In thesauro 20 sol. Et debet 30 sol.

§ Hugo Sen. redd. compotum de 40 sol. pro eod. In thesauro 20 sol. Et debet 20 sol.

§ Albericus de Tornaio redd. compot. de 37 sol. pro eod. In thesauro 30 sol. Et debet 7 sol.

§ Johannes de Daubue red. compot. de 21 sol. pro eod. In thesauro 16 sol. Et debet 5 sol.

§ Robertus Bertran reddit compot. de 60 sol. pro eodem. In thesauro liberavit. Et quietus est.

§ Wull. de Blassevilla redd. compotum de 14 sol. pro eod. In thesauro liberavit. Et quietus est.

§ Prepositus de Escamelvilla redd. compot. de 20 sol. 10 den. de exitu terre Abbatis de S^to^. Richero. In thesauro liberavit. Et quietus est.

§ Robertus de Ros reddit compotum de 4 lib. de decima ejusdem Abbatis. In thesauro liberavit. Et quietus est.

§ Idem redd. compotum de 12 lib. de exitu terre Prioris de Novo mercato in Gonnevilla. In thesauro liberavit. Et quietus est.

§ Robertus presbyter de Barneville redd. compot. de 106 sol. 8 den. de pensione ecclesie de Gonnevilla. In thesauro liberavit. Et quietus est.

§ Robertus de Ros reddit compotum de 7 lib. 10 sol. de venta bosci de Herbertot. In thesauro liberavit. Et quietus est.

In Rothomago per Gillebertum de Marleiz et Nich. Rollant.

§ Gillebertus de Marleiz et Nicolaus Rollant reddunt compotum de escaetis in civitate Rothomag. scilicet de 22 sol. de terra Engerrani de Pratellis reddite. In thesauro liberaverunt. Et quieti sunt.

§ Eidem reddunt compot. de 6 lib. 3 sol. 3 den. de exitu Rogerii de Mellent. In thesauro 108 sol. In defectu cujusdam cellarii veteris 10 sol. Et debent 6 sol. 3 den.

§ Eidem reddunt compotum de 100 sol. de exitu terre Clari de Grocet reddite. In thesauro 70 sol. Johannes de Pratellis 30 sol. in soltu denariorum in terra sua capta ab Abbate et Brant per brev. Regis. Et quieti sunt.

§ Eidem reddunt compotum de 13 sol. de exitu terre de Johannis de Nevilla reddite. In thesauro liberaverunt. Et quieti sunt.

§ Eidem reddunt compotum de 13 lib. 10 sol. de exitu terre Aenor de S^to^. Walerico. reddite. In thesauro 9 lib. Johanni de Pratellis 4 lib. 10 sol. in solta denariorum in terra sua capta ab Abbate et Brait. per brev. Regis. Et quieti sunt.

§ Eidem reddunt compotum de 20 sol. de exitu terre Gilleberti Camin. In thesauro 8 sol. Et debent 12 sol.

Bailla de Constant. de Escaetis per Thom. Brikevill. et Gaufridus Sire Home.

§ Radulfus de S^to^. Germano reddit compotum de 10 lib. pro fine de relevio suo. In thesauro liberavit. Et quietus est.

§ Willelmus de Tot. Serlo Billic et Henricus Tievir reddunt compotum pro se et sociis suis de 177 lib. 6 sol. 3 den. de venta foreste de Moroout et haie de Morevilla. Et de 113 sol. 3 den. de venta de Farmanbruil. Summa 176 lib. 19 sol. 6 den. In thesauro 80 lib. 9 sol. 7 den. In decima Abbati de Monteburgo 17 lib. 14 sol. In liberatione Herberti clerici et predictorum venditorum de 221 diebus usque ad festum S^ti^. Luce anni sequentis 22 lib. 2 sol. per brev. Regis In expensa ejusdem Herberti et Ricardi de Osolvilla et Ricardi Brunche missorum in insulas pro inquisitione escaetarum 40 sol. per id. brev. In liberatione Willelmi de Tot. et sociorum ejus de eodem termino pro venta predictorum boscorum 16 lib. per id. brev. Et debent 38 lib. 13 sol. 11 den. de quibus Herluinus de Chambai clericus reddidit compotum pro eis inferius.

......aufridus Sire Home et Thomas de Brikevilla reddunt compotum de fine et escaetis ballie Constant. scilicet. De Ansketill Harel 11 lib. 10 sol. de fine suo. De Willelmo de Magnevilla 100 lib. pro simili. De exitu prebende Willelmi de Boenai 4 lib. 3 sol. De exitu terre Berengerii servientis 3 sol. de anno preterito. De exitu dominici uxoris Willelmi Goobout 25 sol. De exitu terre Willelmi Pinel 10 sol. 11 den. similiter. De remanente bladi de Serc 7 lib. similiter. De exitu prebende Willelmi de Boenai 4 lib. 18 sol. 9 den. de hoc anno. De firma terre Berenger servientis 28 sol. hoc anno. De auxilio de Estranvilla 4 lib. 4 sol. De exitu terre Thome de Retevilla reddite 8 sol. De exitu terre Willelmi Pinel. 8 lib. 17 sol. 6 den. De exitu terre de Barnevilla 62 sol. pro Odone Pincerna. Summa 147 lib. 10 sol. 2 den. In thesauro liberavit. Et quietus est.

§ Robertus de Tresgoz reddit compotum de 100 lib. pro habenda custodia filii Willelmi de Wast. In thesauro 50 lib. Et debet 50 lib.

§ Thomas de Brikevilla redd. compot. de 2 marc. argenti pro plegio Ricardi de Argenciis. In thesauro liberavit. Et quietus est.

§ Thomas de Periers redd. compot. de 18 lib. 13 sol. 4 den. pro eod. In thesauro 106 sol. 8 den. Et debet 13 lib. 6 sol. 8 deu.

§ Roger. de Surevilla reddit compotum de 106 sol. 8 den. pro eodem. In thesauro liberavit. Et quietus est.

§ Gaufridus Venator redd. compot. de 50 sol. 4 den. In thesauro liberavit. Et quietus est.

§ Robertus de Bohon redd. compot. de 60 sol. de relevio suo. In thesauro liberavit. Et quietus est.

§ Johannes filius Nicol. redd. compot. de 4 bisanc. pro bosco in pace habendo quod Robertus de Haia vendidit ei. In thesauro liberavit. Et quietus est.

§ Anskctillus de Arre redd. compot. de 22 lib. de firma dotis uxoris Willelmi de Caluiz in Estanvilla. In thesauro 10 lib. In expensa uxoris Willelmi de Caluiz que est in prisonia Regis 100 sol. per brev. Regis. Et debet 7 lib.

§ Odo Pincerna debet 10 lib. pro plegio Emger. de Cardonvilla.

§ Gaufridus Sire Home redd. compot. de 6 lib. 22 den. de exitu terre Rogerii d'Orglandes. In thesauro liberavit. Et quietus est.

§ Idem reddit compotum de 5 sol. 2 den. de reguardo de Bohon de Pascha. In thesauro liberavit. Et quietus est.

§ Idem redd. compot. de 50 lib. de auxilio militum honoris de Lutheara et alio auxilio ejusdem terre. In thesauro liberavit. Et quietus est.

§ Robertus Langevin redd. compot. de 460 lib. de firma honoris de Niahou terre Ricardi de Vernon. In thesauro 371 lib. In defectu redditus avene de foresta de Monte Roout pro venta ejusdem foreste 10 lib. Et in defectu placitorum ejusdem foreste 54 sol. Et pro redditu wasti quod Robertus de Tregoz habet 38 lib. In decima abbatie de Monteborc et S[ti]. Salvatoris 10 lib. de auxilio feodali. In recepta Ranulfi de Bisacia 35 sol. 10 den. pro tribus quart. et duobus bossellis avene de quibus reddidit compotum anno preterito. In operationibus molendinorum et calceie et pro domibus castri reparandis 10 lib. 10 sol. Et debet 16 lib. 2 den.

§ Idem redd. compot. de eodem debito. Ricardo de Vernone 16 lib. 2 den. quos habuit tempore quo tenere debuerat manerium per brev. Regis. Et quietus est.

§ Idem redd. compot. de 12 lib. 10 sol. de auxilio duobus militibus et dimid. ejusdem honoris. In thesauro 11 lib.

......ll. de Tilleio pro servitio quod fecit de parte sua 30 sol. Et quietus est.

...... de 7 lib. 6 sol. 8 den. de recepta sua de liberatione servientum qui debuerunt facere servitium Regis et non fecerunt. In thesauro liberavit. Et quietus est.

.... Humetis redd. compot. de 500 lib. pro fine suo de jurea facta super eum. Et debitis que exigebantur ab eo. In thesauro 100 lib. Et debet 400 lib.

§ Johannes de Pratellis redd. compot. de 618 lib. 12 den. de jurea facta super eum per omnes ballias Normannie. Et de 11 lib. de remanente veteris firme de Contevilla. In perdonis ipsi Johanni 629 lib. 12 den. per brev. Regis. Et quietus est.

§ Idem Johannes quietus est de omnibus debitis quam debebat Regi in rotulis et extra de tempore preterito per brev. Regis.

§ Nicolas de Londa redd. compot. de 30 lib. de firma vicecomitisse de inter Rislam et Secanam. In thesauro 27 lib. In decima thesaurario 60 sol. Et quietus est.

§ Idem redd. compot. de 13 lib. de firma terre de de Wifreivilla. Et de 41 sol. 5 den. de porspresturis foreste de Essartis. Et de 12 sol. de 4 acris terre quam Ludovicus tenet in Hangemara. Et de 14 sol. 6 den. de bigro de Wifreivilla. Et de 12 den. de vadio Roberti filii Hugonis. Et de 3 sol. de terra Rogerii de Esprevier.........e 104 sol. 1 den. de remanente firme de Wifreivilla. Summa 21 lib. 5 sol. In thesauro 12 lib. 4 sol. 7 den.

.....data Nicol. Britoni 6 sol. per cartam Regis. Et debet 7 lib. 14 sol. 5 den. qui remanent Johanni de Bosco Bernardi.

§ Idem redd. compot. de vigenti modibus avene de foresta de Essartis. In thesauro nichil. In decima leprosis de Rubeo Monasterio 2 mod. Hospitali S[te]. Marie Magdalene de Rothom. dimid. mod avene de elemosine statu. Cancellario Regis 5 mod. de quibus debet compotum. ....ensa equorum Regis apud Londam 2 mod. Et debet 18 lib. 18 sol. pro 10 mod. et dimid. avene hoc anno. § Idem reddit compotum de eod. debito. In thesauro 8 lib. 14 sol. 7 den. In justiciis faciendis 10 sol. In pennis ad q.'r......andos 10 sol. per brev. Regis. Et debet 9 lib. 3 sol. 5 den.

.... redd. de 49 lib. 3 sol. pro clamore dimisso. In thesauro 5 sol. Et debet 48 lib. 18 sol.

.... compotum de 8 lib. 5 sol. per forestam vendit. In thesauro 5 sol. Et debet 8 lib.

.... 25 sol. 6 den. de venta ejusdem foreste de Essartis. In thesauro liberavit. Et quietus est.

.... de 19 lib. 2 sol. de debito Rogerii de Bello Monte. Hospitali S[te]. Marie Magdalena reddite per brev. Regis. Et quieta est.

.... 5 sol. de eodem debito. In thesauro liberavit. Et quietus est.

.... sol. de eodem debito In thesauro liberavit. Et quietus est.

.... 10 sol. pro duello in curia Comitis. § Willelmus de Formetot 108 sol. de debito Rogerii de Bello Monte. § Odelina de Cava 8 lib. 5 sol.... Amchier 60 sol. 4 den. pro falsa calumpnia de den. § Herbertus filius Johannis 40 sol. pro foresta vendita.

.... reddit compotum de 100 sol. de debito Rogerii de Bello Monte. In thesauro liberavit. Et quietus est.

.....m. slak redd. compot. de tallagio facto pro Ricardo de Montinic et Ricardo Britone. In thesauro 6 sol. Et debet 14 sol.

...sor redd. compot. de 17 sol. pro eodem. In thesauro liberavit. Et quietus est.

. . Roetot redd. compot. de 20 sol. pro eod. In thesauro liberavit. Et quietus est.

.......e redd. compot. de 30 sol. pro eod. In thesauro liberavit. Et quietus est.

..... esperiers redd. compot. de 30 sol. pro eod. In thesauro liberavit. Et quietus est.

.....ana debet 10 sol. quos habuit de Ranulfo de Tuitbernard de tallagio.

.... redd. compot. de 20 sol. pro eod. In thesauro 7 sol. Et debet 13 sol.

.... pro tallagio eod. In thesauro 5 sol. Et debet 15 sol.

......bi redd. compot. de 20 sol. pro eod. In thesauro liberavit. Et quietus est.

.. ..achar. redd. compot. de 49 lib. pro eod In thesauro 5 sol. Et debet 48 lib. 15 sol.

.... redd. compot. de 10 sol. pro eod. In thesauro liberavit. Et quietus est.

.......ohannis 40 sol. debet pro eodem. § Ibertus de Caterage 40 sol. pro eodem. § Willelmus Anglicus 60 sol. pro eod.

.....lanbe redd. compot. de 10 sol. pro eod. In thesauro liberavit. Et quietus est.

..... debet 20 sol. de tallagio quos recepit de Gormoud Caperon de eod. tallagio.

.....ol de Londa redd. compotum de reguardo foreste de Londa. In thesauro liberavit. Et quietus est.

.... Osmunvilla habet decem libratas terre de feodo Eskelin in Rubeo Monasterio. § Herbertus de Vejoc. habet decem libratas terre ibidem de dono Rege. § Hospitalaria Rothom. S[te]. Marie Magdalene habet terram de inter Londam et forestam quam Willelmus de Bosco Normanno tenebat per cartam Regis.

... Nicolas de Londa reddit compotum de 5 sol. de remissione exitu terre Roberti de Gisorcio apud Teolium. In thesauro liberavit. Et quietus est.

§ Idem reddit compotum de 7 sol. 6 den. de exitu terre Radulfi Parvi reddite. In thesauro liberavit. Et quietus est.

§ Idem reddit compotum de 5 sol. 6 den. de remissione exitu terre Alexand. Clerici reddite. In thesauro liberavit. Et quietus est.

§ Idem reddit compotum de 10 sol. de exitu terre Ricardi de Busco Maignet reddite. In thesauro liberavit. Et quietus est.

§ Idem reddit compotum de 50 lib. de firma escaetarum ballie sue. In thesauro 4 lib. 6 sol

..... terra Roberti de Mucedent reddit 30 lib. que

erat in hac firma per brev. Regis. Pro terra reddite Gaufrido Camb. in Hauvilla de feodo Ricardi de Vernon 10 lib. Pro terra Willelmi de S^{to}. Leodegario reddite Roberto de Tiebovilla que erat in hac firma 17 sol. 6 den. per id. brev. Et debet 4 lib. ..sol. 6 den. qui remanent super Colin de camera Regis.

§ Robertus de Hudac reddit compotum de una marca argenti pro plegio Ricardi filii Landrici. In thesauro 3 sol. 9 den. sterling. Et debet 9 sol. 7 den. sterling.

... filius Durandi reddit compotum de una marca pro eod. In thesauro 3 sol. 9 den. sterling. Et debet 9 sol. 7 den. sterling.

...alter de Hudac reddit compotum de una marca pro eodem. In thesauro 3 sol. 9 den. sterling. Et debet 9 sol. 7 den.

..... Haaket reddit compotum de tribus marcis pro eodem. In thesauro 11 sol. 9 den. sterling. Et debet 1 marc. 19 den.

.. Willelmus de Altaribus reddit compotum de 10 lib Andegav. pro eodem. In thesauro 40 sol. Et debet 8 lib.

........iei debet. . lib. pro eodem.

.. De Watevilla reddit compotum de 10 lib. pro eod. In thesauro 100 sol. Et debet 100 sol.

..sn. reddit compotum de 11 lib. pro eod. In thesauro 8 lib. 10 sol. Et debet 30 sol.

.... compot. de una marca pro eod. In thesauro 2 sol. 6 den. Et debet 10 sol. 10 den.

.... de duabus marc. pro eod. In thesauro 10 sol. Et debet 1 marc. 3 sol. 4 den.

.... pro ... eod. In thesauro 21 sol. 4 den. sterling. Et debet 1 marc. 5 sol. 5 den.

.... compotum de 50 marc. pro eod. In thesauro 7 marc. et dimid.

..... Veteri Ponte 15 marc. de quibus debet compotum. Et debet 17 marc. et dimid.

.. Hamell. Tiebert reddit compotum de 1 marc. pro eod. In thesauro 7 sol. 6 den. sterling. Et debet 5 sol. 10 den.

... de Laudo redd. compot. de 4 marc. pro eod. In thesauro 2 marc. Et debet 2 marc.

....alt. de Campis redd. compot. de .j. marc. pro eod. In thesauro 9 sol. 3 den. Et debet 4 sol. 1 den.

....Hebertus Carpentarius redd. compot. de .j. marc. pro eodem. In thesauro 7 sol. 6 den. Et debet 6 sol. 10 den.

§ Ricardus de Bornevilla reddit compotum de .j. marc. pro eodem. In thesauro 5 sol. Et debet 8 sol. 4 den.

§ Ricardus de Brotone redd. compot. de 2 marc. pro eod. In thesauro .j. marc. 5 den. Et debet 12 sol. 11 den.

.. Willelmus Rex redd. compot. de .j. marc. pro eod. In thesauro 6 sol. 3 den. Et debet 7 sol. 1 den.

... filius Roberti redd. compot. de .j. marc. pro eod. In thesauro 2 sol. 6 den. Et debet 10 sol. 10 den.

...llelmus Belecroisse reddit compotum de .j marc. pro eod. In thesauro 8 sol. Et debet 5 sol. 4 den.

..... Bornevilla redd. compot. de .j. marc. pro eod. In thesauro 2 sol. 6 den. Et debet 10 sol. 10 den.

..... Camerarius redd. compot. de .j. marc. pro eod. In thesauro 5 sol. Et debet 8 sol. 4 den.

.... de Gardino redd. compot. de .j. marc. pro eod. In thesauro 10 sol. Et debet 3 sol. 4 den.

.....g filius Durandi reddit compotum de 2 marc. pro eodem. In thesauro .j. marc. 3 sol. 3 den. Et debet 10 sol. 1 den.

.... frater Hamoni reddit compotum de .j. marc. pro eodem. In thesauro 3 sol. 9 den. Et debet 9 sol. 7 den

.... Canestel redd. compot. de .j. marc. pro eod. In thesauro 5 sol. Et debet 7 sol. 4 den.

§ Willelmus Jackel reddit compotum de .j. marc. pro eod. In thesauro 7 sol. 6 den. Et debet 5 sol. 10 den.

§ Eustacius Golias debet 5 marc. pro eodem.

§ Willelmus de Bunesboz reddit compotum de 10 marc. pro eod. In thesauro .j. marc. 11 sol. 8 den. Et debet 8 marc. 20 den.

.....gl. redd. compot. de .j. marc. pro eod. In thesauro 2 sol. 6 den. Et debet 10 sol. 10 den.

.....econ redd. compot. de .j. marc pro eod. In thesauro 5 sol. Et debet 8 sol. 4 den.

.....lier. redd. compot. de .j. marc. pro eod. In thesauro liberavit. Et quietus est.

...obertus Landri reddit compotum de 3 marc. pro eodem. In thesauro .j. marc. 4 sol. 2 den. Et debet 2 marc. 10 sol. 2 den.

§ Hugo Maltivei redd. compot. de 1 marc. pro eod. In thesauro 2 sol. 6 den. Et debet 10 sol. 10 den.

.. Anskctillus de Bosco redd. compot. de .j. marc. pro eod. In thesauro 7 sol. 6 den. Et debet 5 sol. 10 den.

§ Johannes de Ikeloh redd. compot. de .j. marc. pro eod. In thesauro liberavit. Et quietus est.

§ Matheus de Bornevilla redd. compot. de .j. marc. pro eod. In thesauro 9 sol. 3 den. Et debet 4 sol. 1 den.

§ Robertus de Buisneriis redd. compot. de .j. marc. pro eodem. In thesauro 6 sol. Et debet 7 sol. 4 den.

§ Hugo Mabire redd. compot. de .j. marc. pro eod. In thesauro 10 sol. 9 den. Et debet 2 sol. 7 den.

§ Godefridus de Hamello reddit compotum de .j. marc. pro eodem. In thesauro 5 sol. Et debet 8 sol. 4 den.

§ Robertus le Savage reddit compotum de .j. marc. pro eodem. In thesauro 7 sol. 9 den. Et debet 6 sol. 7 den.

§ Willelmus de Forches redd. compot. de 4 marc. pro plegio Ricardi de Argenciis. In thesauro 10 sol. Et debet 4 marc. 4 sol. 4 den.

...obertus Martel redd. compot. de 10 lib. de tallagio de Valle Secane. In thesauro 4 lib. Et debet 6 lib.

§ Walter de Boisei redd. compot. de 7 sol. 7 den. de jurea facta super eum. In thesauro liberavit. Et quietus est.

.. Nichol de Londa redd. compot. de 60 sol. quos recepit de catallo Droart de Campania pro jurea. In thesauro liberavit. Et quietus est.

...... de S^{to}. Leodegario redd. compot. de 28 sol. pro eod. In thesauro liberavit. Et quietus est.

.... de Esprevilla redd. compot. de 63 sol. pro eod. In thesauro 23 sol. Et debet 40 sol.

.... redd. compot. de 15 lib. 11 sol. 4 den. pro eod. In thesauro 30 sol. Et debet 14 lib. 16 den.

.... compot. de 74 sol. 6 den. pro simili. In thesauro 15 sol. 3 den. Et debet 59 sol. 3 den.

.... 7 sol. 6 den. pro simili. In thesauro liberavit. Et quietus est.

.... 5 sol de valore unius prati reddite. In thesauro liberavit. Et quietus est.

..... Lonc redd compot. de 23 lib. 16 sol. pro jurea. In thesauro 60 sol. Et debet 20 lib. 16 sol.

.... de Willevilla redd. compot. de 45 sol. pro eod. In thesauro 20 sol. Et debet 25 sol.

...... Pichon redd. compot. de 24 sol. 11 den. pro eod. In thesauro liberavit. Et quietus est.

....bertus de Percel. redd. compot. de 5 sol. 7 den. pro eod. In thesauro liberavit. Et quietus est.

.....: Bordel. redd compot. de 10 sol. pro eod. In thesauro liberavit. Et quietus est.

.....g. de Vado redd. compot. de 15 sol. pro eod. In thesauro liberavit. Et quietus est.

§ Robertus de Mucedent redd. compot. de 40 lib. de fine suo. In thesauro 20 lib. Et debet 20 lib.

§ Nicolaus de Londa reddit compotum de 7 lib. 10 sol. de remanente firme comitis Ebroic. pro Roberto Cauketerre et Willelmo de Bovilla. In thesauro 60 sol. Et debet 4 lib. 10 sol.

§ Idem redd. compot. de misericordiis ballie sue pro vino supervendito scilicet: De Nicolao Brazdefer 10 sol. De Willelmo Belecambe 20 sol. De Rogerio Miaz 10 sol. De Rog. Marie 5 sol. De Radulfo Galot 5 sol. De Roberto Lepautre 5 sol. De Rogerio Fabro 10 sol. De Roberto Tose 5 sol. De Ricardo Fabro 5 sol. De Godefrido Hamoni 5 sol. De Henrico Tirenlire 5 sol. De Ansketillo de Hoilant. 5 sol. De Henrico de Mostr. 5 sol De Rogerio Siccare 5 sol. De Torold. clerico 5 sol. De Durand. de Latrenchie 5 .... De Acard. filio Gisle 5 sol. De Gaufri Rabel 5 sol. De Walon. de Cornevilla 5 sol. De Thoma Lechisnier 5 sol. De Radulfo Briogne 5 sol. De Johanne Hermer. 10 sol. De Radulfo Cornet 10 sol. Summa 7 lib. 15 sol In thesauro liberavit. Et quietus est.

§ Petrus de Rothomago redd. compot. de 100 sol. pro eod. In thesauro 50 sol. Et debet 50 sol.

§ Aeliz Harpin redd compot. de 20 sol. pro eod. In thesauro 10 sol. Et debet 10 sol.

§ Ricardus Bordon redd. compot. de 40 sol. pro eod. In thesauro 8 sol. Et debet 32 sol.

§ Rogerus Letort redd. compot. de 40 sol pro eod. In thesauro 20 sol. Et debet 20 sol.

§ Godefrid. Lemon. redd. compot de 10 sol. pro eod. In thesauro 5 sol. Et debet 5 sol.

§ Robertus Quaresme redd. compot. de 40 sol. pro eod. In thesauro 5 sol. Et debet ......

§ Odo ..... redd. compot. de 20 sol. pro eod. In thesauro 5 sol. Et debet ......

.... redd. compot. de 30 sol. pro eod. In thesauro 20 sol. Et debet 10 sol.

§ ... Deulecroisse redd. compot. de 20 sol. pro eod. In thesauro 6 sol. Et debet 14 sol.

§ Julian Poit Pel redd. compot. de 20 sol pro eod. In thesauro 10 sol. Et debet 10 sol.

§ Ricardus Paumier redd. compot. de 20 sol. pro eod. In thesauro 10 sol. Et debet 10 sol.

§ Maugerius filius Ricardi redd. compot. de 20 sol. pro eod. In thesauro 10 sol. Et debet 10 sol.

§ Herbertus Saveir redd. compot. de 20 sol. pro eod. In thesauro 5 sol. Et debet ....

§ Leticia de Cornevilla redd. compot. de 10 sol. pro eod. In thesauro 5 sol. Et debet......

§ Hugo Boce redd. compot. de 5 sol. pro eod. In thesauro 3 sol. 6 den. Et ......

§ Henricus filius Odonis redd. compot. de 10 sol. pro eod. In thesauro 5 sol.........

§ Herbertus clericus de Chambai reddit compotum de 38 lib. 12 sol. 11 den. de reman. vente forestarum Ricardi de Vernone superius scripte. Et de 17 lib. 12 den. de pasnagio earumdem forestarum. Et de 4 lib. 19 sol. 6 den. de pasnagio foreste de Luithehare. Et de 73 sol. 8 den. de placitis ejusdem foreste. Et de 58 sol. 6 den. de venta caabli ejusdem foreste. Et de 10 lib. 12 den. de remanenti auxilii militum de Luitthare pro exercitu. Summa 77 lib. 7 sol. 7 den. In thesauro 11 den. Pro 349 perticis pali faciendi in parco de Neauhou ad claudendum parcum Regis de Buro 73 lib. 10 sol. per brev. Regis. In liberatione ipsius Herberti de 65 diebus pro custodia earumdem forestarum et in mora sua ad palum faciendum 70 sol. per id. brev. Et debet 6 sol. 8 den. ... remanent super Nicholaum de Bosevilla pro pasnagio porcorum suorum.

§ *Ballia de Caleto de Escaetis.* § *Baillia Boneville de Escaetis.* § *Escaete de civitate Rothomagi per Gilbertum Marleiz et Nich. Rolland.* § ...... *de Costantino per Gaufridum Syrome et Thom. de Bricevilla.* § *Rob. Andegavensis pro honore de Neauhou.* § *Ricard. de Humeto de fine suo. .....nes de Pratellis de debitis suis.* § *Nich. de Londa pro baillia sua. Et pro Escaetis et pro vinagio* § *Herb. de Chambai.*

(Membrane 2.).

Radulfus de Cotevrart reddit compotum pro se et tota communa Rothomag. de 3000 lib de firma vicecomitisse Rothomag. et modiationis et molendinorum et canardorum et escactarum infra civitatem recuperatas per juream. Et de 100 lib. de accrescenti pro molendinis. Et de 100 mod. clari vini. In thesauro nichil.

Capellano Turris 9 lib. 2 sol. 6 den. de elemos. statu. Portario Castri 9 lib. 2 sol 6 den. de libero statu. Leprosis Rothomag. 8 lib. 2 sol. 8 den. de elemos. statu. Pro feria prati 100 sol. Capellano de Aula 8 sol. de elemos. statu. Gaiolario 27 lib. 7 sol. 6 den. de libero statu. Leprosis de Carnoto 10 lib. de elemos. statu. Pro uno modio frumenti 4 mod. vini et 1000 harengorum statu capellano capelle de Kivilleio per annum 10 lib. Pro una summa frumenti ad ostias faciendas et 3 mod. vini ad missas cantandas sacriste de Prato 4 lib. 6 sol. de elemos. statu. Fratribus Templi 20 lib. per cartam Regis. Abbatie de Becco 100 lib. in molinis Rothomag. de elemos. statu. Dominabus Leprosis de Kivilleio 200 lib. de elemos. statu. Pro 20 acris prati infra parcum Rothomagi quod Boni homines de Grandi monte habent 20 lib. Pro aquagio Secane quod custos turris habet ad custodiam ejusdem turris 35 lib. Hospitalarie Rothomag. 40 lib. de elemos. statu. Duobus Capellanis 30 lib. de elemos. statu. Pro medietate molendini redditi heredibus Rocellis Clarembout 4 lib. 10 sol. In suo superplus precedentis anni de compoto prestiti Regis. 180 lib. 3 sol. 4 den. In justiciis faciendis 6 lib. 10 sol. 10 den. In operationibus domorum turris Rothomag. 62 lib. 8 sol. per brev. Regis. Pro roba filie Engeranni Patric 4 lib. 2 sol. per idem brev. Pro uno equo et armis ad opus Nicol. de Lions 40 lib. per idem brev. In expensa et robis filie comitis Britannie et filie Imperatoris Cypri et familie sue et Robert de Wancie et Walter de Ely qui eos custodiebant et ducebant dum fuerunt apud Rothomagum et in itinere a Rothomago usque Chinon 168 lib. 12 sol. per idem brev. Pro 10 tonellis vini emptis apud Rothomagum 51 lib. 8 sol. 6 den. Pro eisdem portand. a Rothomago usque Cesarisburgum ad municionem ejusdem castri 8 lib. per idem brev. Pro 8 tonellis vini portandis a Rothomago usque Burum 7 lib. 4 sol. 2 den. per id. brev. Thome de Lochis pro uno equo 7 lib. per id. brev. In expensa Regis apud Rothomagum ad Natale 67 lib. 9 sol. 11 den. Pro portando barillis et nappis et scutellis Regis a Rothomago usque Cenomanum 8 lib. 3 sol. per id. brev. Pro sella ad summarium capelle Regis 26 sol. per id. brev. Pro bahurto ad opus Regis 14 sol. per id. brev. Senescallo Normannie 110 lib de liberatione sua. Pro thesauro Regis portando a Rothomago usque Vernol. et Alurcium 36 sol per brev. Regis. Pro navibus et batellis ducendis a Rothomago usque Pontem Arche et Auream Vallem 12 lib. 7 den. per id. brev. Pro lorica quam Willelmus de Lusoriis habuit 60 sol. per id. brev. Pro cordis ad petrarias emendas et mittendas ad Vernol. ad municionem ejusdem castri 14 lib. 10 sol. per id. brev. Pro duobus caablis emendis et viginti picois et portand. ad Pontem Arche 68 sol. 4 den. per id. brev. Pro portandis a Valle Rodolio Walensibus vulneratis apud Rothomagum 3 sol. per idem brev. Pro duobus caablis emendis et portand. a Rothomago usque Pontem Arche 22 sol. per id. brev. Pro petrariis et cordis et balistariis et quarellis et picois emendis et portandis a Rothomago usque Arch. 36 lib. 6 sol. 7 den. per id. brev. Pro 3000 quarell. faciend. et portand. a Rothomago usque Vallem Rodol.

68 sol. per id. brev. Pro 200 picois faciend. et portand. a Rothomago usque Pontem Arche 110 sol. per id. brev. Pro 300 picois faciend. et portand. a Rothomag. in Vallem Rodol. 9 lib. 3 sol. per id. brev. Pro enginis Regis carcandis 12 lib. 6 den. per id. brev. Waltero de Maillie pro uno equo 6 lib. per id. brev. Pro equis Regis ducendis a Rothomogo usque ad Pontem Arche 5 sol. per id. brev. In aquietandis duobus militibus Pictaviensis qui erant ossides apud Rothomagum 100 lib. per idem brev. Pro vino Regis emendo apud Rothomagum 100 lib. 12 sol. 11 den. per brev. Regis. Pro locagio cellarii in quo illa vina fuerunt 20 sol. Bricio Camerario Regis 46 lib. 2 sol. ad negotia Regis facienda per id. brev. Et debet 1425 lib. 17 sol. 2 den.

§ Robertus Merlenc reddit compotum de quinque paribus carcarium de annuo redditu de quinque annis. In thesauro 3 paria et 4 sol. pro 2 paribus. Et quietus est.

§ Hugo de Falesia debet 100 sol. de debito Frogeri episcopi Sagiensis. § Lucas filius Johannis 100 lib. de remanente finis sui.

§ Petrus de Mesnillo reddit compotum pro Willelmo de Longo Campo cancellar. Regis de 260 lib. de firma terre Gilleberti de Wascolio proditoris. In thesauro 28 lib. 13 sol. 4 den.

Rogero de Sanceio 40 lib. de dono per brev. Regis. In reficiendis tribus molinis combustis tempore guerre 28 lib. 3 sol. 7 den. per id. brev. Monachis de Pratellis 7 lib. 4 sol. hoc anno pro quatuor mod. avene de annuo redditu per id. brev. Monachis de Longavilla 3 sol. 6 den. de annuo redditu. Godchelt Moniali 40 sol. et 7 lib. 4 sol. pro uno modio frumenti hoc anno in vita sua. Abbati de Insula Dei 4 lib. 16 sol. pro uno modio grossi bladi hoc anno de elemos. statu. Canonicis de S^to^. Laurent 20 sol. et 72 sol. pro dimidio modio frumenti hoc anno de elemos. statu. Priori Leprosorum de Monte Rothomagi 24 sol. pro una summa frumenti hoc anno de elemos. statu. Tribus Capellanis 14 lib. 8 sol. hoc anno pro tribus mod. grossi bladi de elemos. statu. Waltero Pipart 100 sol. 8 den. pro duabus marcis argenti de feodo. In defectu ministeriorum tempore guerre 19 lib. per brev. Regis. In defectu pro pejoratione terre tempore guerre 27 lib. 4 sol. 11 den. Et debet 70 lib.

§ Radulfus de Cotevrart reddit compotum de recepta sua de tallagio facto ad fossata castrorum Regis facienda, scilicet : De ballia Willelmi de Mara 180 lib. De ballia Nicolai de Londa 40 lib. De ballia Lexoviense 378 lib. De Algie 200 lib. 40 sol. Summa 811 lib.

Magistro Elrico et Willelmo Tyrel ad operationes Vallis Rodolii et Pontis Arche 300 lib. per brev. Regis Willelmo Tyrel. ad operationes Pontis Arche 200 lib. per id. brev. Magistro Elrico ad operationes Vallis Rodolii 211 lib. per id. brev. Roberto Mai et Reburso ad operationes Parci Rothomag. 50 lib. per id. brev. In liberatione servientum equitum et peditum morant. in Valle Rodol. et Loviers 50 lib. per idem brev.

§ Willelmus Bataille reddit compotum de 247 lib. 10 sol. 8 den. de venta foreste de Wascolio. In thesauro 140 lib. Et debet 107 lib. 10 sol. 8 den.

Matheus filius Enart, et Walterus de Coteevrard reddunt compotum de recepta sua scilicet : De Silvestro Cambitore 300 lib. de venta foreste Juliibone de quibus reddidit compotum. De Radulfo de Coteevrard 450 lib. de prestito quod cives Rothomag. fecerunt Regi. De Roberto de Wancie 200 lib. de denariis camere Regis apud Pontem Arche. De Bricio Camerario de denariis camere Regis apud Belencombre 120 lib. De thesauro Cadomi 50 lib. De Gaufrido Cambitore 60 lib. de quibus reddidit compotum De Henrico Malbeenc 24 lib. de pasnagio Londe. De Radulfo clerico de Bella fago 9 lib. 16 sol. de porcariis. De Gilleberto de Marleiz 24 lib. de quibus reddidit compotum. De venta duorum quardrigarum cum sex equis 17 lib. Summa 1254 lib. 16 sol.

§ *Vicecomes Rothom.* § *Venta foreste de Wascoil.* § *Matheus Enardi et Walter de Coteevrat.*

Emendat....

(Membr. 3. recto.)

§ Ricardus de Montigniei reddit compotum per Willelmum clericum suum de 250 lib. de firma Juliibonæ. In decima abbatie de Mostreviler et Dispensatori de Juliibonæ 15 lib. Monacho de S^to^. Martino 4 lib. de elemos. statu. Leprosis de Juliibonæ 100 sol. de elemos. statu. Portario 60 sol. 10 den. de libero statu. Camerario de Tancarville 60 lib. de feodo. Ipsi Ricardi 62 lib. 20 sol. 2 den. de dono Regis. Et quietus est.

§ Idem reddit compotum de 22 lib. de exitu porpresturarum de Juliibona. Ipsi Ricardi 22 lib. de dono per brev. Regis. Et quietus est.

§ Idem redd. compot. de 120 lib. de firma magni vicecom. de Caleto. In decima Thesaurario 12 lib. Ipsi Ricardi 108 lib. Et quietus est.

§ Idem redd. compot. de 34 sol de porprestuaria de Fiscanno. Et de 5 sol. de terra elemosine in Grainvilla. In thesauro 39 sol. Et quietus est.

§ Idem redd. compotum de misericordiis, promissis et finibus scilicet De Gerardo de Canvilla 61 lib. de debito Radulfi episcopi Lexov. De Roberto de Burnovilla 11 lib. 4 sol. de remissione veteris firme de Estrutart. De Roberto de Caletot 60 sol. de debito Roger de Bello monte. De Baldrico de Juliibona 4 sol. 6 den. pro concordia. De Simone Puventre 10 sol. pro exonio. De Rohais de Osbervilla 100 sol. pro dissaisina. De Petro de Kenovilla 10 sol. pro duello Fiscann. De Willelmo filio Odonis 5 sol. pro dissaisina. De Esire de Mostreviler 5 sol. pro fals. demand. De Willelmo de Gresponvilla 9 lib. de debito. Rogerii de Bello Monte. De Rogerio de Bruerja 70 sol. pro eod. De Helois de Wesneval. 6 lib. de remissione quarti militum suorum. De Abbatissa de Mostreviler 12 lib. 8 sol. pro simili. De Durand Fillol 10 lib. de reman. auxil. Regis. De Roberto Hauselini 40 sol. pro eod. De Willelmo de Moritania 8 lib. de auxilio exercitus. De tallagio remanente facti per Ricardum Montignie et Ricardum Briton. scilicet de Oroelt de Tracit 40 sol. De Waltero Pincerna 4 lib. De Waltero de Falesia 10 sol. De Willelmo Clerico 10 sol. De Radulfo Balduini 10 sol. De Hunfrido Hardi 10 sol. De Radulfo de Hamello 20 sol. De Gaufrido de ibidem 20 sol. De Willelmo de Mota 24 sol. De Waltero Lenoble 20 sol. De Radulfo Fabro 20 sol. De Willelmo filio Radulfi 20 sol. De Radulfo Juvene 24 sol. De Roberto de Marisco 20 sol. De Hugone de Mar. 20 sol. De Willelmo Prep. 20 sol. De Rogero de Marisco 24 sol. De Gilleberto Rege 20 sol. De Elya 20 sol. De Waltero de Gal 32 sol. De Roberto de Huaneriis 20 sol. De Ricardo de Mara 20 sol. De Waltero filio Rogeri 28 sol. De Willelmo de Gifal 20 sol. De Lab. 20 sol. De Willelmo de Mostr. 20 sol. De Joscelino de Goismare 20 sol. De Roberto Huan 20 sol. De Ricardo Caisnel 20 sol. De Roberto Fabro 20 sol. De Ascio Casnel 20 sol. De Willelmo de Sanavilla 33 sol. De Willelmo de Hamello 24 sol. De Roberto filio Nicolai 20 sol. De Drogone de Mariis 20 sol. De Willelmo de Chain. 20 sol. De Willelmo de Hochetorne 20 sol. De Willelmo de Montuit 20 sol. De Willelmo Coillart 20 sol. De Willemo Auriz 28 sol. De Roberto Ascoteles 20 sol. De Rob. de Spina 20 sol. De Willelmo Tirel 20 sol. De Roberto Teste 20 sol. De Radulfo Fessart 20 sol. De Willelmo Vergart 20 sol. De Roberto Waler 20 sol. De Hugone Letort 20 sol. De Droart 20 sol. De Hugone de Veterivilla 8 lib. 10 sol. De Willelmo Lemesn. 24 sol. De Ricardo Pistor 4 sol. De Herberto

20 sol. De Gilleberto Lecaucois 20 sol. De Willelmo Fulcone 20 sol. De Ricardo de Doito 20 sol. De Roberto Prep. 20 sol. De Radulfo de 4 acris 20 sol. De Roberto Berenger 40 sol. De Willelmo Halop 20 sol. De Willelmo Troel 20 sol. De Girardo Paisant 20 sol. De Willelmo Bigot 20 sol. De Ricardo de Ruskemara 20 sol. De Ricardo de Langetot 100 sol. De Radulfo Bordon 20 sol. De Nicolao Desleitot 11 lib. De Reinaldo Desleitot 12 lib. De Radulfo Bolenkier 20 sol. De Gilleberto Divite 20 sol. De Radulfo Droic 24 sol. De Wimont Aurolf 20 sol. De Johanne Burgensi 20 sol. De Hugone Bonevici 20 sol. De Willelmo Sartor 60 sol. De Willelmo Pistor 30 sol. De filia Lieiart 40 sol. De Willelmo de Garnier 20 sol. De Walchelino Vaduil 20 sol. De Gilleberto Furmont 50 sol. De Roberto Winart 50 sol. De Roberto Portechien 20 sol. De Renaldo de Bruería 60 sol. De Martino Asbues 20 sol. De Rogero Sake espee 10 sol. De Rogero Belvaslet 40 sol. De Rogero Levaleis 12 sol. De Bertrano Freschet 40 sol. De Roberto Pelerin 13 sol. De Radulfo de Gal 4 lib. De Pais Fabro 10 sol. De Martino de Ruella 20 sol. De Johanne Desleitot 100 sol. De Willelmo Milhous 9 lib. De Johanne Barbel 55 sol. De Bertino Rossel 10 sol. De Bernardo Carpentario 20 sol. De Rogero Kilevile 4 lib. De Simone Horles 10 sol. De Rogero Clerico 40 sol. De Ricardo filio Simonis et fratre ejus 63 sol. 2 den. De Hugone Rossel 22 sol. De Amiot Fabro 10 sol. De Ricardo molendino 20 sol. De Roberto Ovriz 10 sol. De Roberto Textore 10 sol. De Johanne Malfe 32 sol. De Willelmo Marcote 28 sol. De Ricardo Musca 21 sol. De Ricardo de Halis 22 sol. De Johanne de Romara 21 sol. De Matheo de ibidem 21 sol. De Ricardo Marcole 22 sol. De Ursello Gopil 21 sol. De Osberto Clerico 20 sol. De Willelmo Musca 21 sol. De Osberto Cresso 20 sol. De Radulfo Heroit 20 sol. De Radulfo de Halis 20 sol. De Ricardo Gansel 24 sol. De Willelmo de Busco 40 sol. De Radulfo Cauvin 20 sol. De Roberto Marie 20 sol. De Johanne Marre 20 sol. De Willelmo de Riveria 28 sol. De Radulfo Leblont 20 sol. De Huberto Mercer. 20 sol. De Ema de Busco 40 sol. De Radulfo Normanno 20 sol. De Hugone Burnel 10 sol. De Nicol. Portesel 6 lib. De Hugone de Busco 4 lib. De Ricardo Morin 28 sol. De Willelmo de Maisnil 26 sol. De Willelmo Anglico 20 sol. De Radulfo de Campania 20 sol. De Willelmo de Jordemare 20 sol. De Nicolao filio Acii 22 sol. De Viandier 20 sol. De Roberto Hardi 20 sol. De Ricardo de Mareta 20 sol. De Alberico de Fuskerevilla 20 sol. De Gaufrido Picart 20 sol. De Gaufrido Dantan 20 sol. De Roberto Blanket 60 sol. De Waltero Fabro 11 sol. De Rogero Buglel 5 lib. De Ricardo Ariete 20 sol. De Roberto filio Bence 20 lib. De Roberto Godefrido 10 sol. De Ingulfo de S^to^. Albino 20 sol. De Torold. 28 sol. De Ricardo Trepel 20 sol. De Willelmo Biatriz 28 sol. De Radulfo Herbart 28 sol. De Ricardo Carnifice 32 sol. De Roberto Brucart 20 sol. De Ricardo Gardin 20 sol. De Willelmo Anfr. 12 sol. De Rogero Patenostre 20 sol. De Gaufrido Goram 20 sol. De Willelmo Musel 10 sol. De Willelmo Bordel 20 sol. De Stephano 40 sol. De Willelmo de Mesnil 20 sol. De Waltero Belemare 20 sol. De Willelmo Pepin 20 sol. De Waltero Losel 20 sol. De Roberto Belin 20 sol. De Rogero Gringalei 10 sol. De Gaufrido Fresg. 2 sol. De Willelmo Barbe 2 sol. De Anfrido Petri 2 sol. De Willelmo Mulart 2 sol. De Willelmo Roncin 20 sol. De Anfrido Gopil 20 sol. De Rid. filio Osanne 22 sol. De Drogone Prose 20 sol. De Ingulfo de Campis 20 sol. De Johanne de Tota 20 sol. De Elia Footel 20 sol. De Willelmo filio Hugonis 20 sol. De Ricardo Morin 20 sol. De Gob. 20 sol. De Osmond de Catei 20 sol. De Ricardo de Margatite 20 sol. De Radulfo Postel 20 sol. De Alexandro de Annevilla 100 sol. De Ric. Tosel 20 sol. De Gilleberto de Mostr. 20 sol. De Hugone Sen. 25 sol. De Willelmo de Rivilla 8 lib. De Radulfo de Vallibus 28 sol. De Johanne de Soreno 2 sol. De Ricardo de Parfondemare 4 sol. De Willelmo Parmentier 20 sol. De Waltero Prep. 4 lib. De Roberto de Wallibus 4 lib. De Johanne Pital 20 sol. De Ricardo de Buesebosc 14 sol. De Waltero Joscelin 4 lib. De Odone Pareor 60 sol. De Rogero Fabro 4 lib. De Willelmo Lecoart 6 lib. De Malebarbe 20 sol. De Radulfo Hari 20 sol. De Willelmo de Wallance 40 sol. De Willelmo Mil. 20 sol. De Engerranno Holene 20 sol. De Johan. Malederee 20 sol. De Waltero Jumel 20 sol. De Bono Pane 40 sol. De Rogero de Paris 20 sol. De Willelmo Campion 20 sol. De Waltero Salvage 20 sol. De Hugone Tassel 20 sol. De Alexandro 20 sol. De Ricardo Fabro 20 sol. De Roberto de Platea 20 sol. De Waltero filio ejus 20 sol. De Roberto Alden. 20 sol. De Willelmo Telier 20 sol. De Jordano de Malni 20 sol. De Warino Prep. 4 lib. De Wilia 5 sol. De Rogero Bertin 12 sol. De Radulfo Venderin 20 sol. De Daniel 20 sol. De Warengervilla 17 lib. De Ricardo de Grege 2 sol. De Willelmo Caron 20 sol. De Petro de Bosco 20 sol. De Anfrido Porcario 15 lib. de auxilio Regis. De Matheo de Grainvilla 15 lib. de promisso pro habenda pace Regis. De Roberto de Mareenval. 20 sol. pro perjuramento. De Waltero Curto 10 sol. pro simili. De Ricardo de Gocet 5 sol. pro dissaisina. De Willelmo de Gocet 5 sol. pro perjur. De Willelmo Lalemand 20 sol. pro concordia. De Luca de Teoldevilla 20 sol. pro simili. De Gaufrido Prep. 8 sol. pro simili. De Simone de Magnevilla 3 sol. pro simili. De Matheo Medico 10... pro falso clamore. De Gollebois 3 sol. pro concordia. De Waltero filio Ascii 2 sol. pro simili. De Willelmo Sent. 2 sol. pro simili. De Ricardo de Hamello 3 sol. pro simili. De Roberto de Londa 10 sol. pro simili. De Gaufrido Mavon 5 sol pro simili. De Waltero Hurtaut 10 sol. pro simili. De Hugone de Tot 10 sol. pro simili. De Rogero Rege 10 sol. pro simili. De Liece de Rooevilla 5 sol. pro simili. De Effree de Welles 2 sol. pro simili. De Radulfo de Campis 5 sol. pro simili. De Roberto Lostelein 2 sol. pro simili. De Petro filio Reinaldi 3 sol. pro simili. De Roberto Topin 5 sol. pro simili. De Ernaldo Topin 5 sol. pro simili. De Waltero Wasteleie 6 sol. pro simili. De Boce de Bolevilla 3 sol. pro simili. De Waltero de Buevilla 10 sol. pro simili. De Bernart Talem. 5 sol. pro dissaisina. De Paulo 30 sol. pro plegio Gaufridi Ridel. De Rogero de Osmonvilla 20 sol. pro eod. De Ricardo Druel 20 sol. pro eod. De Gilleberto Folet 30 sol. pro eod. De Gaufrido Mil. 20 sol. pro eodem. De Simone de Aude. 30 sol. pro eod. De Gardin 20 sol. pro eod. De Barre 10 sol. pro eod. De Ernulf de Mara 20 sol. pro eod. De Roberto de Blangis 20 sol. pro eod. De Waltero de Tier. 20 sol. pro eod. De Roberto Lemeitier 20 sol. pro eod. De Ricardo Bredein. 10 sol. pro eod. De Victor Leretit 20 sol. pro eod. De Arnoldo fratre Sacerdotis 10 sol. pro eod. De Ailard. 20 sol. pro eod. De Willelmo Moiore 20 sol. pro eod. De Waltero filio Anfredi 20 sol. pro eod. De Gilleberto Emplecon 10 sol. pro eod. De Gilleberto Caviar, 20 sol. pro eod. De Willelmo Sacerdote de S^to^. Albino 20 sol. pro eod. De Waltero Prep. 10 sol. pro eod. De Gaufr. Walcran 10 sol. pro eod. De Ricardo Vavassore 20 sol. pro eod. De Rogero Daneis 20 sol. pro eod. De Willelmo Win. 20 sol. pro eod. De Jordano de Walikiervilla 28 sol. de jurea. De Petro Monacho 30 sol. 8 den. De Eustac. de Granvilla 7 lib. pro eod. De Rogero de Bruería 100 sol. pro plegio Ricardi de Argenciis. De Roberto Blanket 106 sol. 8 den. pro plegio Ricardi de Landr. De Osberto Giffart 3 marc. pro eod. De Willelmo de Caisneto. j. marca argenti pro festinanda recognitione sua. De duabus navibus carcandis apud. Harefl. de blado 21 lib. 6 sol. 8 den. pro licentia earumdem. De fossagio collecto apud Torchie Parv. ad faciendum fossatum de Belemcombre 4 lib. 6 sol. De Alberico Carnifice 20 sol. de tallagio. De Matheo de Caignie 20 sol. pro eod.

De Radulfo Hogel 10 sol. pro eod. De .... Summa 641 lib. 12 den. In thesauro liberavit. Et quietus est.

§ Johannes de Riparia et Johannes de Hastainvilla reddunt compotum de 43 lib. 9 sol. 9 den. de remanente promissi sui. In thesauro 17 lib. 10 sol. Et debet 37 lib 19 sol. 9 den.

§ Willelmus Martel debet 158 lib. de remanente finis sui. § Radulfus de Bello Monte 53 lib. 15 sol. de remanente veteris firme de Archis. § Ricardus de Blevilla 265 lib.3 sol. 6 den.de remanente veteris firme de terra Comitis Giffard.

§ Willelmus de Malcouple redd. compot. de 20 lib. 17 sol. pro vasta foresta. In thesauro 4 lib. Et debet 16 lib. 17 sol.

§ Robertus de Valle debet 19 sol. 10 den. de remanente exitus terre Gaufridi Martel.

§ Walterus de Cantilupo reddit compot. de 776 lib. 10 sol. 9 den. de remanente veterum debit. suorum. In thesauro 30 sol. Et debet 775 lib. 9 den.

§ Willelmus Parent debet 41 sol. pro uno tonello vini de municione de Archis. § Gerolt de Mucedent 15 sol. pro vasta foresta. § Heres Hugonis de Creissie 378 lib. de debito Radulfi Lexoviensis episcopi. § Willelmus de Criketot 77 sol. de debito Rogerii de Bello Monte. § Nicolas de Hotot 70 lib. de debito Radulfi Episcopi Lexov. § Willelmus Rabier, Rainaldus Martin, et Osbertus Lotrel 17 lib. 10 sol. 1 den. de remanente vente haie de Archis. § Robertus Lardenai 7 sol. plegio Walteri de Cantilupo.

§ Willelmus Lovel reddit compotum de 21 lib. 5 sol.de remanente firme Magni Vicecomitatus de Caleto. In thesauro 108 sol. Et debet 15 lib. 17 sol.

§ Galfridus de Gliscort debet 2 sol. pro foresta. § Godon 7 sol. pro eod. § Alvered. de Arcellis 22 sol. pro plegio Walteri de Cantilupo. § Homines de circa foreste Alwi et Alihermont 17 lib. 17 den. de veteri reguardo earumdem forestarum de tempore Radulfi de Bello Monte. § Osbertus Lotrel 76 lib. 10 sol. de veteri firma de Archis et forestarum. § Hugo Talebot 6 lib. pro legali divisa versus Willelmum de Stoltevilla. § Willelmus Herm. 15 sol. pro vasta foresta. § Heres Petri de Bures 143 lib. 5 den. de remanente finis patris sui. § Radulfus de Frigido Monte et fratres sui 70 sol. pro foresta. § Odo de Arcellis 10 sol. pro plegio Walteri de Cantilupo. § Radulfus Busket 5 sol. pro foresta. § Willelmus de Danpetra 9 sol. pro concordia. § Unfridus de Aurea Valle 5 sol. pro falso clamore. § Robertus de Eskekevilla 9 lib. pro eodem. § Johannes Hascart 4 sol. pro eod. § Asculfus Ruffus 2 sol. 6 den. pro falso clamore. § Willelmus Morel 3 sol. pro duello Fiscan. § Robertus Rofast 50 sol. pro plegio Walteri de Cantilupo. § Robertus de Eskekevilla 50 sol. pro eod. § Radulfus de Careval 20 sol. pro eod. § Radulus de Torketelvilla 30 sol. pro eod. § Gillebertus Galet 10 sol. pro eod. § Hugo Pelet 10 sol. pro eod. § Gillebertus Coket 10 sol. pro eod. § Ogerus Faber 10 sol. pro eod. § Herbertus 10 sol. pro eod. §.

§ Willelmus Miles de Baarvilla reddit compotum de 16 sol. pro eodem. In thesauro 12 sol. Et debet 4 sol.

§ Rogerus Haste debet 5 sol. pro concordia duelli. § Hais filia Roberti 5 sol. pro falso clamore. § Walter de Buievilla 5 sol. pro simili. § Gaufridus Martel 7 sol. pro concordia. § Joscelinus de Euremou 20 sol. pro foresta. § Hugo de Aquosis 3 sol. pro eodem. § Gaufridus Albinus 5 sol. pro eod. § Uxor Ricardi Martin 68 lib. 7 sol. 4 den. finis catalli viri sui. § Obernus de Ricevilla 10 lib. pro recepta decime duarum garbarum de Ricevilla. § Rogerus Augin. 36 sol. pro defectu waranti. § Walterus de Malpertus 10 sol. pro dissaisina. § Arnulfus de Cierni. j. marca argenti pro recepta. § Johannes Peliet de Bolebec 20 sol. pro vino supervendito. § Willelmus Anglicus de S^{to}. Romano 20 sol. pro eodem. § Radulfus Berkier 43 sol. pro foresta. § Rogerus Hardi 20 sol. pro eod. § Robertus Aluine 20 sol. pro concordia. § Alexander de Putot. j. marc. argenti pro recepta de presentatione ecclesie de Watelot. § Hamo frater Walerani 10 sol. pro falso clamore. § Osbern Piman 20 sol. pro replegio. § Radulfus de Bello Monte 6 lib. 10 sol. de veteri vinagio ballie de Archis. § Ricardus Froissevile 5 sol. pro eod. § Robertus Faudemer 5 sol. pro falso clamore. § Walter presbyter de Eglcskevilla 20 sol. pro legali divisa de terra. § Radulfus de Melliers 10 sol. pro concordia. § Radulfus Giffard 5 sol. pro plegio. § Giffart 5 sol. pro dissaisina. § Reinaldus de Drumara 10 lib. de remanente vente parci de Ansolot. § Gaufridus Pikeney 10 sol. pro clamore dimisso. § Robertus Makerel et mater ejus 10 sol. pro falso clamore. § Radulfus de Buels 5 sol. pro forbanit. recit. § Hugo Rabace 20 sol. pro concordia meslee. § Robertus Engleskevilla 20 sol. pro clamore dimisso. § Robertus Haket 10 sol. pro concordia. § Geroldus Maillart 5 sol. pro falso clamore. § Walter Anglicus 5 sol. pro simili. § Robertus de Sotevilla 20 sol. pro foresta. § Nicolas de S^{to}. Albino 100 sol. pro eod. § Radulf de Corketelvilla 12 lib. 10 sol. § Willelmus de Eskekevilla 20 sol. pro eod. § Blondel 20 sol. pro eod. § Eustacius Boivin 20 sol. pro eod. § Radulfus Picon 20 sol. pro eod. § Berengerus Malvest 5 sol. pro corda cissa in Secana. § Heres Johannis de Mara 14 lib. de decima de Estrutart. § Johannes de Alfai 80 lib. de relevio suo. § Filius Matillis de Cuvervilla 40 sol. pro recepta de saisina patris sui.

§ Ricardus de Montignie reddit compotum de 23 sol. quos habuit de Gileberto Vilano pro plegio Johannis de Botellis. In thesauro liberavit. Et quietus est.

§ Willelmus Coquus redd. compot. de 23 sol. pro plegio Walteri de Cantilupo. In thesauro 4 sol. Et debet 16 sol.

§ Willelmus filius Restolt redd. compot. de 20 sol. pro eodem. In thesauro 2 sol. Et debet 18 sol.

§ Willelmus Parvus redd. compot. de 20 sol. pro eod. In thesauro 12 den. Et debet 19 sol.

§ Hugo de Bolebec redd. compot. de 20 sol. pro eod. In thesauro 12 den. Et debet 19 sol.

§ Hugo Laquarelle redd. compot. de 20 sol. pro eod. In thesauro 2 sol. Et debet 18 sol.

§ Radulfus Meloan redd. compot. de 20 sol. pro eod. In thesauro 2 sol. Et debet 18 sol.

§ Willelmus Malet reddit compotum de 110 sol. de quarto dotis matris sue. In thesauro 55 sol. Et debet 55 sol.

§ Walter Lengent reddit compotum de 14 sol. de tallagio facto per Ricardum de Montinie et Ricardum Briton. In thesauro 10 sol. Et debet 4 sol.

§ Radulfus Burgeis redd. compot. de 24 sol. pro eod. In thesauro 6 sol. Et debet 18 sol.

§ Ricardus Giffart redd. compot. de 14 sol. pro eod. In thesauro 10 sol. Et debet 4 sol.

§ Osbertus Samin redd. compot. de 7 lib. pro eod. In thesauro 60 sol. Et debet 4 lib.

§ Berengerus de Granaria 20 sol. pro eod. In thesauro 10 sol. Et debet 10 sol.

§ Burgeis redd. compot. de 14 sol. pro eod. In thesauro 10 sol. Et debet 4 sol.

§ Simon de Hugervilla redd. compot. de 9 lib. pro eod. In thesauro 60 sol. Et debet 6 lib.

§ Ligerus reddit compotum de 15 sol. pro eod. In thesauro 5 sol. Et debet 10 sol.

§ Rogerus Durdenier redd. compot. de 6 lib. pro eod. In thesauro 70 sol. Et debet 50 sol.

§ Radulfus Lorgellois redd. compot. de 14 sol. pro eod. In thesauro 7 sol. Et debet 7 sol.

§ Walter, filius Horbert, redd. compot. de 20 sol. pro eod. In thesauro 10 sol. Et debet 10 sol.

§ Nicolas de Ponte redd. compot. de 20 sol. pro eod. In thesauro 15 sol. Et debet 5 sol.

§ Ricardus Picart redd. compot. de 40 sol. pro eod. In thesauro 20 sol. Et debet 20 sol.

§ Willelmus de Hocetot redd. compot.de 20 sol. pro eod. In thesauro 10 sol. Et debet 10 sol.

§ Aelais vidua redd. compot. de 10 sol. pro eod. In thesauro liberavit. Et quieta est.

§ Oinus redd. compot. de 17 sol. pro eod. In thesauro 6 sol. Et debet 11 sol.

§ Walter Lebugle redd. compot. de 8 sol. pro eod. In thesauro 4 sol. Et debet 4 sol.

§ Geraldus Rex redd. compot. de 12 sol. pro eod. In thesauro 7 sol. Et debet 5 sol.

§ Waudin Le Bugle redd. compot. de 45 sol. pro eod. In thesauro 5 sol. Et debet 40 sol.

§ Samson redd. compot. de 10 sol. pro eod. In thesauro 5 sol. Et debet 5 sol.

§ Robertus Comes redd. compot. de 20 sol. pro eod. In thesauro 10 sol. Et debet 10 sol.

§ Johannes de Monte redd. compot. de 40 sol. pro eod. In thesauro 30 sol. Et debet 10 sol.

§ Petrus Vavassor redd. compot. de 20 sol. pro eod. In thesauro 10 sol. Et debet 10 sol.

§ Rogerus Loie redd. compot. de 20 sol. pro eod. In thesauro 10 sol. Et debet 10 sol.

§ Rogerus de Bolerain redd. compot. de 40 sol. pro eod. In thesauro 20 sol. Et debet 20 sol.

§ Willelmus Salate redd. compot. de 100 sol. pro eod. In thesauro 4 lib. Et debet 20 sol.

§ Robertus Sesaisne redd. compot. de 160 sol. pro eod. In thesauro 150 sol. Et debet 10 sol.

§ Geroldus de Cani redd. compot. de 6 lib. pro eod. In thesauro 40 sol. Et debet 4 lib.

§ Robertus de Novavilla redd. compot. de 40 sol. pro eod. In thesauro 32 sol. Et debet 8 sol.

§ Gillebertus Bacheler redd. compot. de 32 sol. pro eod. In thesauro 10 sol. Et debet 22 sol.

§ Ricardus Macille redd. compot. de 20 sol. pro eod. In thesauro 10 sol. Et debet 10 sol.

§ Michel Aelart redd. compot. de 20 sol. pro eod. In thesauro 10 sol. Et debet 10 sol.

§ Willelmus de Valle redd. compot. de 20 sol. pro eod. In thesauro 10 sol. Et debet 10 sol.

§ Hugo Lescot redd. compot. de 100 sol. pro eod. In thesauro 50 sol. Et debet 50 sol.

§ Filius Radulfi Grandis redd. compot. de 22 sol. pro eod. In thesauro 20 sol. Et debet 2 sol.

§ Ludovicus redd. compot. de 20 sol. pro eod. In thesauro 10 sol. Et debet 10 sol.

§ Robertus filius Willelmi redd. compot. de 40 sol. pro eod. In thesauro 20 sol. Et debet 20 sol.

§ Willelmus Bonome redd. compot. de 20 sol. pro eod. In thesauro 10 sol. Et debet 10 sol.

§ Walter Rex redd. compot. de 20 sol. pro eod. In thesauro 14 sol. Et debet 6 sol.

§ *Caletum per Ricardum de Montignie. et ex altera parte. Caletum.*

(Membrane 3. dorso.)

§ Wascius Folin reddit compotum de 22 lib. 2 sol. de tallagio facto per Ricardum de Montignie et Ricardum Britonem. In thesauro 60 sol. Et debet 19 lib. 2 sol.

§ Stephanus Pincerna redd. compot. de 4 lib. pro falsa demand. In thesauro 40 sol. Et debet 40 sol.

§ Petrus Luittin redd. compot. de 15 lib. 17 sol. 3 den. de jurea. In thesauro 7 lib. Et debet 8 lib. 17 sol. 3 den.

§ Bartholomeus Caillot reddit compotum de 14 lib. 14 sol. 6 den. pro simili. In thesauro 6 lib. 14 sol. 6 den. Et debet 7 lib.

§ Walter de Tiboltot. reddit compotum de 20 lib. pro equo quod Johannes filius ejus austulit servienti Regis Francie. In thesauro 12 lib. Et debet 8 lib.

§ Comes de Warena reddit compotum de 4 lib. de redemptione Regis. In thesauro 38 sol. Et debet 42 sol.

§ Willelmus Rossel reddit compotum de 30 sol. pro plegio Gaufridi Ridel. In thesauro 20 sol. Et debet 10 sol.

§ Gaufridus Vavassor redd. compot. de 30 sol. pro eod. In thesauro 20 sol. Et debet 10 sol.

§ Johannes Lenclos redd. compot. de 20 sol. pro eod. In thesauro 10 sol. Et debet 10 sol.

§ Hugo Gernon reddit compotum de uno bisancio pro fine suo audiendo. In thesauro liberavit. Et quietus est.

§ Rex quietavit Ricardum de Montignie per brev. suum de 1980 lib. 12 sol. de jurea facta super eum.

§ Abbas Fiscann. redd. compot. per Reinaldum Bladar. de 100 lib. de firma vicecomitisse de Fiscanno de anno preterito. In thesauro 87 lib. 9 sol. In decima Thesaurario 10 lib. In minutis passagiis 51 sol. per brev. Regis. Et quietus est.

§ Gaufridus Ridel reddit compotum pro se et pro Gaufrido de S^{to}. Dionisio de 40 sol. pro duabus capis ad pluviam. In thesauro liberavit. Et quietus est.

§ Jordanus Clericus redd. compot. de 7 lib. pro wasto forestarum. In thesauro 60 sol. Et debet 4 lib.

§ Gaufridus Ridel reddit compotum de 57 lib. 11 sol. de remanente tallagio ballie sue. In thesauro 14 lib. Et debet 42 lib. 11 sol.

§ Gaufridus de Hudetot redd. compot. de 20 lib. de auxilio Regis. In thesauro 10 lib. Et debet 10 lib.

§ Rogerus Ridel redd. compot. de. j. bisancio pro audienda concessione quam Gaufridus Ridel frater ejus fecit ei de tenementis in Espinevilla et Blossevilla et Wellis sicut carta ejusdem Gaufridi testatur. In thesauro liberavit. Et quietus est.

§ Willelmus de Longo Campo cancellar. reddit compotum per Walterum de Martainvilla de 17 lib. 8 sol. 10 den. de exitu porpresturarum de Valle Secane a ponte Rothomag. usque ad Molinellos. Et de 12 sol. pro 4 acris prati in Magna Coroma. Et de 5 sol. pro 2 acris terre in Kivilleio. Et de 21 sol. hoc anno pro 21 min. avene de Coroma. Et de 34 sol. pro 13 acris prati in Kivillie. Summa 21 lib. 10 den. In thesauro liberavit. Et quietus est.

§ Idem reddit compotum de 6 lib. 3 sol. de reguardo foreste de Roverio. In thesauro liberavit. Et quietus est.

§ Ricardus de Fornellis reddit compotum de 38 lib. 5 sol. 1 den. de jurea. In thesauro 13 lib. Et debet 25 lib. 5 sol 1 den.

§ Mousse filius Jacob debet 40 sol. pro recto debito versus comitem Mellenti. § Samuel 20 sol. pro simili versus Robert. Gernon. § Samuel filius Abraham dimid. marc. auri pro simili versus heredes Osberti de Pratellis. § Bendin et Jacob 30 lib. pro simili versus Will. de Stoltevilla. § Jacob Judeus 100 sol. pro simili versus eundem Willelmum. § Josce filius Abraham. j. marca auri pro simili versus Ricardum de Vernone, et Willelmum de Dovaincort. § Idem 6 lib. pro simili versus Willelmum de Trublevilla et Thomam de Brienchon. § Isaac 100 marcas arg. pro recto de quandam domo versus fratres suos. § Osbertus filius Serlonis 15 sol. de veteri vinagio.

§ Abbas Fiscanni redd. compot. per Robertum de Porta de 100 lib. de firma vicecomitisse de Fiscanno. In thesauro 75 lib. 6 sol. 8 den. In decima Thesaurario 10 lib. In passagio Walensium apud Fiscannum 14 lib. 13 sol. 4 den. per brev. Regis. Et quietus est.

§ *Item Caletum.* § *Quietancia Ricardi de Montignie de Jurea.* § *Abbas Fiscanni.* § *Gaufridus Ridel.* § *Vallis Secane.* Emend.

(Membr. 4 recto.)

§ Willelmus Poignart reddit compotum de 7 sol. de exitu terre Willelmi Tyrel. Et de 2 sol. de domo et forgia Guioti fabri de Maredai. Et de misericordiis promissis et finibus scilicet. De Oderi 3 sol. pro falso clamore. De Radulfo Ventras 10 sol. pro negare et cognoscere. De Raifredo de Manso 2 sol. pro defectu. De Willelmo Pelvel. 2 sol. pro stultiloquio. De Petro de Montinie 2 sol. pro falso clamore. De Radulfo de Albucon 5 sol. pro dissaisina. De Willelmo de Parco 3 sol. pro defectu. De Willelmo Bastard. 5 sol. pro falso clamore De Haimerico de Monteinos 2 sol. pro eod. De Osmundo de Flers 10 sol. pro defectu. De Waltero Taissel 10 sol. pro eod. De Martino de Bosco 10 sol. pro eod. De Homine Dei 5 sol. pro eod. De Willelmo de Done 2 sol. pro lege. De Ansket. Martin 2 sol. pro eod. De Osberto de Riveria 12 den. pro eod. De Waltero de Alneto 2 sol. pro eod. De Alveredo de Lamborne 2 sol. pro eod. De eodem 3 sol. pro divisa. De Unfredo de Veteri Villa 2 sol. pro lege. De Radulfo de Buretes 2 sol. pro falso clamore. De Hugone Malbeenc. 4 sol. pro difforciata. De Willelmo de Ceon 5 sol. pro concordia. De Godard. de Grasmanill. 2 sol. pro simili. De Radulfo Bernard. 2 sol. pro negare et cognoscere. De Ansketillo Martin 3 sol. pro vadio negato. De Aelout de Wainie 3 sol. pro stultiloquio. De Donecan 3 sol. pro defectu. De Johanne de Frasneia 3 sol. pro stultiloquio. De Radulfo de Maisnillo 3 sol. pro lege. De Gaufrido filio Ivan. 2 sol. pro simili. De Gerold. Gruel 10 sol. pro servitio negato. De exitu terre Rad. Patric. 62 sol. Summa 9 lib. 16 sol. In thesauro liberavit. Et quietus est.

§ Adam de Brikesart debet 10 sol. pro concordia. § Thomas Portar. exitum Gaiole de 5 annis. § Simon de Cormeliis 20 sol. de remanente veteris tallagii de Cadomo. § Ricardus cum Rubeis Oculis 10 sol. pro eod. § Radulfus Hogart 45 sol. pro eod. § Rogerus de Saceio 35 sol. pro eod. § Uxor Radulfi de Plaisseio 60 sol. de recepta de dote sua. § De Willelmo de Locellis 100 sol. pro record. § Herbert de Agnellis 100 sol. pro recepta ad opus Haisc. § Ricardus Cervus 20 sol. pro clamore dimisso. § Willelmus Pareillon 10 sol. pro dissaisina. § Petit 10 sol. pro vino supervendito. § Willelmus de Tenerchebraio 10 sol. pro eod. § Martel. de Rabainvilla 20 sol. pro eodem.

§ Willelmus Poignart recepit de misericordiis baillie sue, scilicet de Ricardo Giffart 60 sol. de recreantissa sua. De remanente liberationis cujusdam servient. 14 sol. De remanente alterius liberationis 20 sol. De catallo Fulconis de Cantepie fugacis pro latrocinio 13 sol. De Goberto serviente Episcopi Baiocensis 7 sol. pro. j. bisancio pro audiend. fine suo versus Rollandum Avenel de terra apud Landes quam Rolland. ei quietam dimisit. De Silvestro de Sicavilla 7 sol. pro. j. bisanc. pro audienda concordia inter ipsum et Rogerum de Sicavilla de terra in eadem villa et Sta. Maria Lerfast sicut cyrographum inter eos testatur. De Radulfo de Monasterio 7 sol. pro. j. bisancio pro audiend. fine suo versus Robertum Legelois fratrem suum. De relevio Radulfi filii Freesent 3 sol. 2 den. de terra Willelmi de Caluiz. Summa 6 lib. 9 sol. 2 den. In thesauro liberavit. Et quietus est.

§ Lucas Roondel reddit compotum de 20 lib. pro precepto Regis transgresso de nave sua. In thesauro 17 lib. Et debet 60 sol.

§ Willelmus de Valencie et Robertus filius Ranulfi reddunt compotum de 115 lib. de venta Londe Episcopi Lexovii apud Nonant. In thesauro liberaverunt. Et quieti sunt.

§ Serlo de Reviers reddit compotum de 30 sol. de exitu furni de Reviers. Et de 4 sol. de auxilio capto ibid. ad festum Sti. Johannis. Et de 6 sol. pro uno espruero. Summa 40 sol. In thesauro liberavit. Et quietus est.

§ Willelmus Poinart reddit compotum de recepta sua de blado capto ad naves Regis carcandas, scilicet. De exitu terre Ricardi de Reviers ibid. 3 mod. 3 sextariis frumenti, 6 mod. 4 sextar. 3 quart. ordei. ad mensuram ejusdem ville. De exitu terre Willelmi de Caluiz in Marcelet 10 sextaria frumenti 2 quart. ordei ad mensuram ejusdem ville. De exitu terre ejusdem in Grainvilla 2 sextar. avene ad mensuram ejusdem ville. De vadio ejusdem in Moon 2 mod. 3 sextar. 3 quart. frumenti. 4 sextar. j. quart. ordei et. j. sextar. avene ad mensuram ejusdem ville. De vadio ejusdem apud Lacon 7 mod. frumenti. 2 mod. ordei ad mensuram ejusdem ville. De vadio ejusdem in Baslie 25 sextar. frumenti ad mensuram ejusdem ville. De ejusdem vadio in Crisselon 2 mod. 5 boissel. frumenti. 19 sextar. j. min. ordei ad mensuram ejusdem ville. De exitu Willelmi Crassi in Autéé 19 mod. 10 sextar. 2 boissel. frumenti ad mensuram ejusdem ville, et 3 mod. 6 sextar. ordei. De redditu quem Radulfus de Hospitio debebat Willelmo de Caluiz 5 min. frumenti ad mensuram de Cadomo. De redditu quem Simon. Verot debebat eidem.j.min.frumenti ad eamdem mensuram.De redditu quem Tham. Bidart debebat eidem. j.sextar. frumenti ad eamdem mensuram. Summa frumenti 37 mod. 10 sextar. j. quart. j. boissel. Summa ordei 12 mod. 11 sextar. Summa avene 2 sextar. In carcandis navibus missis ad Regem per mare liberavit predictum bladum per brev. Regis. Et quietus est.

§ Rogerus de Macio reddit compotum de 20 lib. de divadicione terre sue quam Willelmus Caluiz habebat in Maieio. In thesauro liberavit. Et quietus est.

§ Alexander Bouet reddit compotum pro uxore Petri Bernardi de 57 lib. 10 sol. de fine suo pro habendo catallis et debitis viri sui. In thesauro 70 sol. Et debet 54 lib.

§ Philippus de Saragoce redd. compot. de 260 lib. de fine pro habendo catallo et debitis Johannis Belet. In thesauro 48 lib. Gaufridus de Rapendona 50 lib. de quibus debet compotum. Gaufridus Lebret de divadiacione partis sue 15 lib. vad. quod Willelmus de Caluiz et Johannes Belet habebant simul de quibus redd. compot. Et debet 147 lib.

§ Johannes Pigace redd. compot. de 40 lib. pro fine suo de jurea facta super eum. In thesauro 6 lib. Et debet 34 lib.

§ Radulfus Rohart redd. compot. de 25 lib. pro eod. In thesauro 60 sol. Et debet 22 lib.

§ Arturus de Porta redd. compot. de 50 lib. pro eod. In thesauro 100 sol. Et debet 45 lib.

§ Willelmus Poignart redd. compot. de 733 lib. de fine illorum qui habuerunt licentiam portandi bladum extra Normanniam. In thesauro liberavit. Et quietus est.

§ Idem redd. compot. pro se et Rogero de Sto. Edmondo et Ricardo Brieguerre de 1700 lib. de remanente liberationis servientum qui perexerunt in exercitu de Tuebuef et de Valle Rodolio.

Regi apud Chinon per magistrum Philippum Ricardum clericum 1600 lib. per brev. Regis. Et debet 100 lib.

§ Idem de eodem debito. Abbati Cadomi et Brando clerico 100 lib. per brev. Regis. Et quietus est.

§ Robertus de Ponte Escollant reddit compotum de recepta sua de escaetis Ballie de Conde, scilicet. De exitu terre Osmondi Piscis reddidit 27 sol. De catallo Willelmi Pitot 119 sol. 3 den. qui fuerunt capti de terra sua antequam finem faceret cum Rege. De exitu terre Gaudini Pocin reddidit 60 sol. 8 den. De exitu terre Radulfi Veintras reddidit 4 lib. 15 sol. 1 den. De catallo Durandi de Sto. Petro 3 sol. De exitu terre

Radulfi Patric reddidit 23 lib. De exitu terre Donecan. reddidit 4 lib. 5 sol. De exitu terre Roberti Ruault antequam finem faceret cum Rege 66 sol. De eodem 4 lib. 6 sol. de fine suo. De exitu terre Ricardi de Romillie reddidit 40 sol. De catallo Fulconis de Cantepie fugacis pro latrocinio 4 lib. 10 sol. De catallo Radulfi Morillon suspensi 40 sol. De catallo Gervasii suspensi 34 sol. De catallo Aelout fugacis pro latrocinio 5 sol. Summa 60 lib. 11 sol. In thesauro liberavit. Et quietus est.

§ Ricardus Silvani reddit compotum de recepta sua de redditibus Willelmi de Caluiz, scilicet de Ranulfo Lemaignie 6 sol. De Ranulfo Fabro 5 sol. De Willelmo Lachore 2 sol. pro una libra piperis. De Amita Michaele filie Varini 2 sol. pro una libra piperis. De Hugone de Leura 14 sol. De Johanne Raimbaut 7 sol. De Radulfo Flori 2 sol. De Ricardo Sal de Biolio 2 sol. pro una libra piperis. De Marcelet 10 sol. per Radulfum de Bauta. De Bertin Lecanu 2 sol. 8 den. De Petro de Porta 2 sol. pro una libra piperis. De uxore Radulfi de Hospicio 30 sol. pro 5 min. frumenti. Summa 4 lib. 5 sol. 8 den. In thesauro liberavit. Et quietus est.

§ Willelmus Poignart reddit compotum de recepta sua de 4000 marcis tallíatis in villa Cadomi, ad redemptionem Regis per Ricardum Silvani et Ricardum de Argenciis, scilicet. De Johanne filio Nigelli 20 lib. sterlingorum. De Marco Batnoise 16 lib. 13 sol. 4 den. De Johanne Laurone 16 lib. 13 sol. 4 den. De Radulfo Batnoise 16 lib. 3 sol. 4 den. De Sansone de Super Pontem 33 lib. 6 sol. 8 den. De Serlone de Lacon 13 lib. 6 sol. 8 den. De Roberto Lauram. 51 lib. 6 sol. 8 den. De Roberto Ansere 13 lib. 6 sol. 8 den. De Rogero Ruffo 40 lib. De Simone. Laram. 16 lib. 10 sol. De Ricardo de Aniseio 60 lib. De Roberto Leblont 16 lib. 13 sol. 4 den. De Ricardo Scibert 6 lib. 13 sol. 4 den. De Roberto Terrier 16 lib. 13 sol. 4 den. De Philippo de Wauroi 13 lib. 6 sol. 8 den. De Unfrido de Coquenvilla 13 lib. 6 sol. 8 den. De Absolu 6 lib. 13 sol. 4 den. De Radulfo Lecanoine 6 lib. 13 sol. 4 den. De Henrico Widiou 13 lib. 6 sol. 4 den. De Roberto de Matonun 13 lib. 6 sol. 8 den. De Roberto Letruant 10 lib. De Albino serviente 66 sol. 8 den. De Bernardo Bolestenc 13 sol. 4 den. De Roberto de Gaimara 46 sol. 8 den. De Nicolao Grandi 40 sol. De Gaufrido Bonies 66 sol. 8 den. De Ricardo de Escavilla 53 sol. 4 den. De Philipo Hurel 26 sol. 8 den. De Hugone Bauches 13 sol. 4 den. De Acard. Quarrel 40 sol. De Radulfo Anglico 6 lib. 13 sol. 4 den. De Nucal. Canonico 66 sol. 8 den. De Bertino Quarrel 26 sol. 8 den. De Roberto Isesent 10 lib. De Alexand. Hai 10lib. De Gaudefrido Torlose 60 sol. De Roberto Tresgoz 4 lib. De Hugone Tallcor 13 sol. 4 den. De Radulfo Botecarote 13 sol. 4 den. De Ricardo Bochart 13 sol. 4 den. De Radulfo Lovel 40 sol. De Costentino 66 sol. 8 den. De Ricardo filio Vitalis 40 sol. De Christiano de Super Pontem 13 sol. 4 den. De Willelmo Hai 11 lib. 10 sol. De Willelmo Cotel 35 lib. 6 sol. 8 den. De Henrico de Caluiz 8 lib. 13 sol. 4 den. De Willelmo de Valencie 51 lib. De Willelmo filio Ranulfi 26 lib. De Willelmo Belet 26 lib. 13 sol. 4 den. De Willelmo Lachoire 16 lib. 13 sol. 4 den. De Willelmo de Valencie 46 sol. 8 den. De Willelmo de Falesie 41 lib. 6 sol. 8 den. De Willelmo Sarmon. 6 lib. 13 sol. 4 den. De Willelmo Legablier 13 lib. 6 sol. 8 den. De Willelmo de Lachon 113 sol. 4 den. De Radulfo Racate 3 lib. De Willelmo Fessart 13 lib. 20 den. De Radulfo Loccan 6 lib. 13 sol. 4 den. De Johanne Potier 66 sol. 8 den. De Uxore Odonis Fabri 10 lib. De Gaufrido Anglico 26 sol. 8 den. De Serlone filio Herberti 66 sol. 8 den. De Willelmo Pisce et fratre ejus 106 sol. 8 den. De Laurent Ansere 13 lib. 6 sol. 8 den. De Gaufrido Gaussel 4 lib. De Simone Borgeis 26 sol. 8 den. De Johanne Belet 10 lib. De Odone de Hamarz 6 lib. 13 sol. 4 den. De Nicolao Mauro 63 sol. 8 den. De Nicolao Pigace 13 lib. 6 sol. 8 den. De Herberto de Mustrecie 46 sol. 8 den. De Willelmo Patric 53 sol. 4 den. De Simone filio Ranulfi 30 lib. De Willelmo Papeol. 40 sol. De Reinaldo Lachore 46 lib. De Willelmo de Mercato 20 lib. De Roberto filio Nicolai 26 sol. 8 den. De Rogero de Amblia 4 lib. De Willelmo Quarrel 6 lib. 13 sol. 4 den. De Helibeco Cambitore 66 sol. 8 den. De Martino Anglico 26 sol. 8 den. De Willelmo filio Johannis 66 sol. 8 den. De Nicolao Giraude 13 sol. 4 den. De Willelmo filio Tieri 26 sol. 8 den. De Willelmo de Brikesart de Mercato 53 sol. 4 den. De Roberto de Foleia 40 sol. De Roberto Carpentiero 10 lib. De Willelmo de Cellario 6 lib. 13 sol. 4 den. De Enrico de Super Pontem 6 lib. 13 sol. 4 den. De Willelmo de Gaimara 40 sol. De Gaufrido Gaussel 13 sol. 4 den. De Henrico Heste 13 lib. 6 sol. 8 den. De Osberto Poeta 53 sol. 4 den. De Rogero Nepote 26 sol. 8 den. De Radulfo de Pitot 13 sol. 4 den. De Radulfo de Baute 40 sol.... Osberto Tolomer 66 sol. 8 den. De Radulfo Tabernario 26 sol. 8 den. De Willelmo Martin 13 sol. 4 den. De Ansketillo de Alemania 26 sol. 8 den. De Radulfo Lesaunier 6 sol. 8 den. De Ricardo Milite 10 lib. 13 sol. 4 den. De Ada Anglic. 20 sol. De Abraham 13 sol. 4 den. De Hugone Textore 53 sol. 4 den. De Lorec. Ruffo 66 sol. 8 den. De Radulfo de Grocie 13 sol. 4 den. De Waltero Dundoiisson 56 sol. 8 den. De Roberto Beneet 13 lib. 6 sol. 4 den. De Willelmo Lebret 13 sol. 4 den. De Odone Testedoie 40 sol. de Roberto filio Ranulfi 10 lib. 3 sol. 4 den. De Roberto de Ponte Audomari Veteri 6 lib. 13 sol. 4 den. De Gilleberto Lebrun 13 sol. 4 den. De Haimone Cossete 4 lib. De Gaufrido Rege 66 sol. 8 den. De Willelmo Archiepiscopo 26 sol. 8 den. De Willelmo Emperatore 26 sol. 8 den. De Rogero de Crisselon 13 sol. 4 den. De Johanne Pelbele 15 sol. De duobus Blondell. 15 sol. De Uxore Gerard 4 lib. De Willelmo Hascoil 66 sol. 8 den. De Ranulfo de Castro 16 lib. 6 sol. 8 den. De Nicol. Hardi 26 sol. 8 den. De Rogero Witteb 66 sol. 8 den. De Crespin 66 sol. 8 den. De Johanne de Barra 4 lib. De Durand. Cocon 53 sol. 4 den. De Areart Dundoison 40 sol. De Torgiso 13 sol. 4 den. De Willelmo de Maton 4 lib. De Durand. filio Luce 6 lib. 13 sol. 4 den. De Alexandro Anglico 66 sol. 8 den. De Roberto Ernucon 13 sol. 4 den. De Ricardo de Bavent 26 sol. 8 den. De Henrico de Turie 13 sol. 4 den. De Ramod. Pont 13 sol. 4 den. De Roberto de Siccavilla 26 sol. 8 den. De Willelmo filio Jordanis 6 lib. De Rogero Leminz 13 sol. 4 den. De Oloer. de Cami. 26 sol. 8 den. De Gaufrido Savon 2 6 sol. 8 den. De Alano Freeb 26 sol. 8 den. De Rogero de Hambeia 26 sol. 8 den. De Ranulfo filio Richelet 6 sol. 8 den. De Alexandro de Watevilla 13 sol. 4 den. De Ricardo Lachoire 26 sol. 8 den. De Roberto de Bristou 13 sol. 4 den. De Ricardo Ferrant 13 sol. 4 den. De Alexandro filio Huielrat 26 sol. 8 den. De Gerold. Lesor 4 lib. De Matheo Leblanc 13 sol. 4 den. De Rainbald Scriptore 13 sol. 4 den. De Willelmo genero Xielni 6 sol. 8 den. De Ricardo de Lovinio 13 sol. 4 den. De Roberto Blancheshesmains 13 sol. 4 den. De Ricardo Capate de Plai 26 sol. 4 den. De Petro Troussemonton 13 sol. 4 den. De Radulfo de S^{to}. Anniano 53 sol. 4 den. De Elrico Walloche 53 sol. 4 den. De Eustac. et de filio ejus. 10 lib. De Simone de Hanbeia 13 sol. 4 den. De Thoma Gohier 6 sol. 8 den. De Arnuchon 4 lib. 13 sol. 4 den. De Roberto de Buissel 13 lib. 6 sol. 8 den. De Willelmo Cochon 6 sol. 8 den. De Adam de Mool 40 sol. De Henrico Lauram. 13 sol. 4 den. De Normanno de Cardif 13 sol. 4 den. De Tuff. Lardant 12 lib. 11 sol. 8 den. De Roberto de Curcell. 13 sol. 4 den. De Roberto de Sta. Pace 13 sol 4 den. De Radulfo Albo 13 sol. 4 den. De Franco 13 sol. 4 den. De Vincente 13 sol. 4 den. De Castelan 13 sol. 4 den. De Fulcone Ardant 13 sol. 4 den. De Gaufrido Letnuinon 13 sol. 4 den. De Gervasio Waterel 13 sol. 4 den. De Willelmo Bruise Assuel 13 sol. 4 den. De Benedicto de Caluz 13 sol. 4 den. De Gervasio Gouel 13 sol. 4 den. De Brikesart 13 sol. 4 den. De Reinaldo Cornewales 13 sol. 4 den. De Rogerio Pavie 13 sol. 4 den. De Willelmo filio Ranulfi 13 sol. 4 den. De Rogero Grosso 13 sol. 4 den. De Radulfo de Super Murum 13 sol. 4 den. De Bernardo Anglico 13 sol. 4 den. De Unfrido Nigro 13 sol. 4 den. De Rogero Quatreoiz 13 sol. 4 den. De Ricardo de Normannie 13 sol. 4 den. De Uxore Ingulfi Freel 13 sol. 4 den. De Ricardo Jacobo 14 sol. 4 den. De Johanne Lanblant 13 sol. 4 den. De Bernart. Taskier 13 sol. 4 den. De Simone de Baioc. 13 sol. 4 den. De Ricardo Witinc 13 sol. 4 den. De Ernaldo filio Hugonis Textoris 13 sol 4 den. De Unfrido Durfer. 13 sol. 4 den. De Onnof 13 sol. 4 den. De Willelmo Augustini 13 sol. 4 den. De Ricardo de Nois 13 sol. 4 den. De Rogero Fergant 13 sol. 4 den. De Acio Lachore 10 lib. 13 sol. 4 den. De Ricardo Anglico 66 sol. 8 den. De Taissoni Clerico 40 sol. De Roberto Lorie 26 sol. 8 den. De Radulfo Wislart 26 sol. 8 den. De Serlone de Escremelvilla 26 sol. 8 den. De Mabilia Lachore 66 sol. 8 den. De Simone Lelois 6 sol. 8 den. De Willelmo filio Luce 40 sol. De Ricardo Hurel 26 sol. 8 den. De Ranulpho nepote Nigelli 55 sol. De Waltero Britone 40 sol. De Rogero Porto 53 sol. 4 den. De Alexandro Colombel. 26 sol. 8 den. De Willelmo de Molino 40 sol. De Willelmo Cornu 13 sol. 4 den. De Henrico Ruffo 13 sol. 4 den. De Constancio Bladar. 13 sol. 4 den. De Willelmo Hai 26 sol. 8 den. De Willelmo Hai 26 sol. 8 den. De Alano Lesor 13 sol. 4 den. De Gaufrido Legoie 13 sol. 4 den. De Odin 13 sol. 4 den. De Willelmo de Valencie 50 sol. De Laurent Ansere 66 sol. 8 den. De Guenes 13 sol. 4 den. De Willelmo de Valencie 7 lib. 10 sol. De Serlone de Lachon 13 sol. 4 den. De Roberto Lauremario 100 sol. De Radulfo filio Huielart 26 sol. 8 den. De Willelmo de Gaimara 26 sol. 8 den. De Rogero Pavie 13 sol. 4 den. De Gilleberto Lebrun 20 sol. De Willelmo filio Jordanis 4 lib. De Ernulfo Peterne 13 sol. 4 den. De Willelmo Anglico 26 sol. 8 den. De Simone filio Ranulfi 6 lib. De Reinaldo Lachore 6 lib. 13 sol. 4 den. De Gilleberto Benceline 40 sol. De Giraldo de Noler 5 sol. De Henrico de Caluz 20 sol. De Turstino Lardant 66 sol. 8 den. De Roberto Lorie 13 sol. 4 den. De Roberto Tresgoz 26 sol. 8 den. De Hugone Tallcor 13 sol. 4 den. De Ricardo Hurel 5 sol. De Rogero Witerel 46 sol. 8 den. De Gervasio Gruel 2 sol. 6 den. De Reinaldo Lachore 66 sol. 8 den. De Petro Loremario 40 sol. De Rogero de Amblia 46 sol. 8 den. De Willelmo Lachore 53 sol. 4 den. De Rogero Levenz 6 sol. 8 den. De Roberto de Sta. Pace 6 sol. 8 den. De Willelmo de Lacon 4 lib. 13 sol. 4 den. De Willelmo Patric 20 sol. De Willelmo Anglico 26 sol. 8 den. De Willelmo filio Ranulfi 6 lib. 13 sol. 4 den. De Rogero Ruffo 4 lib. De Ricardo Porr....s. De Hib. de Mustrecie 26 sol. 8 den. De Luca de Molino 2 sol. 6 den. De Radulfo Bat Noise 106 sol. 8 den. De Eustachio 20 sol De ....Ansere et Roberto 66 sol. 8 den. De Alexandro Hai 4 lib. 13 sol. 4 den. De Simone Tazem. 4 lib. De Henrico Heste 100 sol. De Willelmo Peison 10 sol. De Christiano de Super Pontem 10 sol. De Waltero genero ejus 6 sol. 8 den. De Odone de Hamaraz 6 sol. 8 den. De Absolu 46 sol. 8 den. De Thoma Goheri 40 sol. De Henrico de Caluz 13 sol. 4 den. De Botecarete 5 sol. De Ricardo Lachore 13 sol. 4 den. De Willelmo Eustacio 33 sol. 4 den. De Gilleberto Benceline 6 lib. 13 sol. 8 den. De Willelmo de Mercato 106 sol. 8 den. De Hamoni Cassete 40 sol. De Martino Batnoise 4 lib. 13 sol. 4 den. De Roberto Buisseel 66 sol. 8 den. De Alexandro Huielart 13 sol. 4 den. De Ranulfo Neel 100 sol. De Normanno de Cardif 13 sol. 4 den. De uxore Odonis Fabri 8 lib. De Fere 5 sol. De uxore Wiardi et filiis ejus 26 sol. 8 den. De Ricardo Witinc 6 sol. 8 den. De Emelina 6 sol. 8 den. De Rogero Quatreoiz 5 sol. De Johanne Pisce 10 sol. De Bertino Lemercier 6 sol. 8 den. De Torgis 13 sol. 4 den. De Ascio Lachore 66 sol. 8 den. De Tostino de Mustrecie 6 sol. 8 den. De Rob. de Ponte Audemer 15 sol. De Gaufrido Aurifabro 38 sol 4 den. De Willelmo Henrico 5 sol. De Willelmo de Molino 6 sol. 8 den. De Ricardo filio Vitalis 26 sol. 8 den. De Gervasio Witerel 6 sol. 8 den. De Radulfo de Putot 5 sol. De Bernardo Torel 5 sol. De Ricardo Nobile 6 sol. 8 den. De Hugone de Falesia 2 sol. 6 den. De Roberto Corbin 13 sol. 4 den. De Willelmo Lachoire 40 sol. De Benedicto de Caluz 2 sol. 6 den. De Radulfo de Mairie 6 sol. 8 den. De Alexandro de Watevilla 6 sol. 8 den. De Bernardo Taskier 2 sol. 6 den. De Simone Pincerna 2 sol. 6 den. De Ricardo Culfeire 5 sol. De Gaufrido Legoiz 10 sol. De Ricardo Pictel 5 sol. De Ricardo Cap. Plaidi 6 sol. 8 den. De Raginald. Cornewales 2 sol. 6 den. De Willelmo Bruisaisuel 5 sol. De Radulfo de Hospicio 5 sol. De Willelmo Bedet 100 sol. De Giffardo de Marigni 5 sol. De Rogero Fergant 6 sol. De Castellano 3 sol. 4 den. De Rad. de Sorlemun 2 sol. 6 den. De Willelmo Peiltorte 5 sol. De Radulfo de Bitot 10 sol. De Henrico Vidiou 66 sol. 8 den. De Willelmo Fesart. 66 sol. 8 den. De Roberto Blundo 53 sol. 4 den. De Abbate de Macac. 13 sol. 4 den. De Gaufrido Anglico 13 sol. 4 den. De Willelmo de Brikesart de Foro 13 sol. 4 den. De Lucia de Foro 33 sol. 4 den. De Durando filio Luce 66 sol. 8 den. De Roberto Trutanno 40 sol. De Roberto Ernucon 5 sol. De Abbate de Macac. 13 sol. 4 den. De Michaele de Perceio 2 sol. 6 den. De Simone de Baioc. 40 sol. De Albino 10 sol. De Ricardo de Bavent 10 sol. De Roberto Carpentario 20 sol. De Guillano de Ruella 13 sol. 4 den. De Sellone de Teilei 5 sol. De Gaufrido Gansel 33 sol. 4 den. De Ernucon 30 sol. De Roberto de Britou 5 sol. De Ansketillo filio Gaufridi 13 sol. 4 den. De Rogero Huese 16 den. De Radul. de Groceio 10 sol. De Sellone de Teillei 5 sol. De Roberto filio Tustini 26 sol. 8 den. De Michaele de Macac. 2 sol. 6 den. De Ivone de Brikesart 3 sol. De Alano Freel 13 sol. 4 den. De Willelmo Hai juniore 40 sol. De Roberto Iselent 26 sol. 8 den. De Henrico de Baioc. 10 sol. De Philipo filio Bernardi 5 sol. De Willelmo filio Tier 10 sol. De Johanne Loremario 8 lib. De Rogero Lochcor 20 den. De Radulfo Louvet 20 sol. De Odone Couveloue 2 sol. 6 den. De Willelmo Hascoil 13 sol. 4 den. De Willelmo Haostin 2 sol. 6 den. De Radulfo de Cormell. 40 sol. De Reinbald. Scriba 6 sol. 8 den. De Nicolao Hardi 10 sol. De Willelmo Salmon. 60 sol. De Ranulfo filio Rikeut 6 sol. 8 den. De Ricardo Milite 60 sol. De Abrahan 13 sol. 4 den. De Unfrido Nigro 10 sol. De Radulfo Rachate 40 sol. De Simone de Burgense 20 sol. De Radulfo de Cormell. 4 lib. De Gaufrido Savonnier 5 sol. De Nicol. filio Reste 2 sol. 6 den. De Ricardo Seiberto 46 sol. 8 den. De Herveo Rubestenc 13 sol. 4 den. De Radulfo de Scuris 18 sol. 4 den. De Alexandro Anglico 20 sol. De Nicolao Lemor 16 sol. De Willelmo Martino 2 sol. 6 den. De Unfrido Durfer 6 sol. 8 den. De Waltero Dunde Oison 106 sol. 8 den. De Radulfo Taberna 10 sol. De Eurico Walosolie 20 sol. De Willelmo de Molendino 13 sol. 4 den. De Eustacio filio Rogerii 2 sol. 6 den. De Uxore Ingulfi Freel 20 .... De Willelmo Guaipin 2 sol. 6 den. De Roberto Amide 2 sol. 6 den. De Rogero de Criselon 20 den. De Gaufrido Mign. 13 sol. 4 den. De O....... de Estowi 6 sol. 8 den. De Ricardo Bochart 20 sol. De Constancie 13 sol. 4 den. De Odone Mercier 2 sol. 6 den. De Thoma de ...... Gabitle 13 sol. 4 den. De Alexandro de Columbell. 26 sol. 8 den. De Costantino 5 sol. De Willelmo filio Luce 46 sol. 8 den. De A........ Lacoire 66 sol. 8 den. De Autoel de Kaignie 5 sol. De Philipo de Waureio 26 sol. 8 den. De Fulcone Mercenario 6 sol........ De Blondels

40 sol. De Rogero Ruffo 66 sol. 8 den. De Roberto de Fuilleia 26 sol. 8 den. De Sellone filio Herberti 15 .... De Eurico Merc. 40 sol. De Unfrido de Rokevilla 4 lib. 13 sol. 4 den. De Crispino 20 sol. De Guillelmo de Garsalla 8 lib. ..... De Laurent Ruffo 26 sol. 8 den. De Gaufrido Benies 26 sol. 8 den. De Rogero de S^{to}. Martino 26 sol. 8 den. De Bertino Quarrelle 13 sol. 4 den. De Ranol Pelet. 13 sol. 4 den. De Willelmo de Matomo 40 sol. De Willelmo de Falesia 106 sol. 8 den. De Ricardo de Escovilla 26 sol. 8 den. De Alexandro Gruel 6 sol. 8 den. De Raginald Bedoin. 13 sol. 4 den. De Goislino de Garsal. 66 sol. 8 den. De Ranulfo Parmentario 6 sol. De Nich. Canonico 26 sol. 8 den. De Radulfo Anglico 53 sol. 4 den. De Herberto Camb. 66 sol. 8 den. De Simone Lusco 13 sol. 4 den. De Radulfo Lozcan 20 sol. De Willelmo Strumano 2 sol. 6 den. De Rogero de Hambia 53 sol. 4 den. De Petro Trussemouton 6 sol. 8 den. De Johanne de Barra 40 sol. De Serlo de Escremenvilla 26 sol. 8 den. De Johanc. Potier 26 sol. 8 den. De Thoma Goher. 40 sol. De Martino Anglico 26 sol. 8 den. De Hugone Baiole 3 sol. 4 den. De Odone Berlou 26 sol. 8 den. De Germano le Sor. 20 sol. De Ricardo de Anisie 8 lib. 13 sol. 4 den. De Gaufrido Aurifabro 13 sol. 4 den. De Ricardo de Lovigni 10 sol. De Radulfo de Bauta 13 sol. 4 den. De Johanne. Belet 53 sol. 4 den. De Johanne Neel 4 lib. De Roberto Blanches Mains 2 sol. 6 den. De Arnulfo Peitrine 13 sol. 4 den. De Achardo Quarrel 13 sol. 4 den. De Roberto Benedicti 40 sol. De Hugone Venatore 20 den. De filio Philipi Hurel 10 sol. De Willelmo Pochon 3 sol. 4 den. De Philipo Hurel 10 sol. De Petro Breton 2 sol. 6 den. De Adam Anglico 13 sol. 4 den. De Alano le Sor 3 sol. De Roberto de Falesia 5 sol. De Radulfo Albo 13 sol. 4 den. De Rogero Nepote 6 sol. 8 den. De Willelmo Archiepiscopo 13 sol. 4 den. De Raimone Potier 4 sol. De Johanné Ambland 6 sol. 8 den. De Roberto de Matomo 66 sol. 8 den. De Nicholao de Grant 6 sol. 8 den. De Gaufrido Fasse 20 den. De Huberto filio Alberede 5 sol. De Francone 5 sol. De Hugone de Vauccolis 26 sol. 8 den. De Willelmo Corone 13 sol. 4 den. De Ansquitillo de Alemannia 6 sol. 8 den. De Bernardo Anglico 6 sol. 8 den. De Petro de Longin 5 sol. De Johanne Heliseud 26 sol. 8 den. De Uxore Vincentii 20 den. De Ricardo de Valbadon 6 sol. 8 den. De Odone Berlou 26 sol. 8 den. De Arturo de Porta 20 sol. De Hugone Banches. 10 sol. De .... De Ricardo Canuto 2 sol. 6 den. De Ricardo filio Gisle 2 sol. 6 den. De Ranulfo homine Odonis Fabri. 13 sol. 4 den. De Alexandro Noblet 2 sol. 6 den. De Ricardo de Warlemont 8 lib. De Adam Senescall. 13 sol. 4 den. de Petro Pistore 16 lib. De Reginaldo de Cheresborc 3 sol. 4 den. De Amiota 5 sol. De Nicholao Pigache 26 sol. 8 den. De Alveredo Anglico 5 sol. De Stephano Terrier 20 sol. De Adam Jacob 20 den. De Johanne de Caluz 2 sol. 6 den. De Ivone de Furnevilla 6 sol. 6 den. De Willelmo Aurifabro 13 sol. 4 den. De Erneis Couve 2 sol. 6 den. De Warino Anglico 3 sol. De Roberto de Coquevilla 5 sol. De Belisend 6 sol. 8 den. De Gaufrido Rege 20 sol. De Henrico de Platea 26 sol. 8 den. De Alano Theolomeo 2 sol. De Roberto Cordelle 5 sol. De Simone de Car. 5 sol. De Ivone de Fornovilla 13 sol. 4 den. De Roberto Crespin 2 sol. De Bernard de Marchetot 13 sol. 4 den. De Willelmo Lebret 5 sol. De Henrico de Scuris 4 lib. 13 sol. 4 den. De Unfrido de Cerenciis 20 sol. De Petro Vetula 2 sol. 6 den. De Willelmo le Doi 3 sol. 3 den. De Uxore Willelmi Lecuchon 40 sol. De Simone de Braz 106 sol. 8 den. De Ricardo Letort 5 sol. De Luca Godiz 13 sol. 4 den. De Willelmo de Burgo Abbatis 53 sol. 4 den. De Bernardo de Oridun 40 sol. De Roberto Quin'dormit (vel Qui non dormit) 5 sol. De Hugone de Locra 2 sol. 6 den. De Willelmo Cotel 4 lib. De Willelmo de Cellario 21 sol. 8 den. De Ansquetill. de S^{to}. Johanne 5 sol. De Nicholao Geroud 5 sol. De Gillone de Picteo 2 sol. De Simone Harel 106 sol. 8 den. De Durefin 3 sol. 6 den. De Henrico de Planca 13 sol. 4 den. De Johanne Reinbaud 14 lib. 13 sol. 4 den. De Willelmo Douche 116 sol. De Radulfo Fere 5 sol. De Radulfo Triec 5 sol. De Petro Gaffet 20 sol. De Alano Brachcor 5 sol. De Reinfrido Feutrier 26 sol. 8 den. De Radulfo Rigido 10 sol. De Bernardo Waloche 5 sol. De Thustino Gernon 3 sol. 4 den. De Enma filia Brachcor 20 den. De Garino Bordon 13 sol. 4 den. De Roberto de Gaimara 20 sol. De Odone de Anisie 12 den. De Bertino Canu 5 sol. De Rogero Lanier 5 sol. De Arul. de Corcres 9 den. De Gillone filio Walteri 53 sol. 4 den. De Waltero Anglico 5 sol. De Willelmo Ruffo 40 sol. De Johanne Becdefer 5 sol. De Hugone et Herberto Regibus 6 sol. 8 den. De Roberto de Ewreci 20 den. De Bartholomeo de Castro 10 sol. De Willelmo de Burgo Abbatis 53 sol. 4 den. De Willelmo Tanetin 40 sol. De Radulfo Rehard 2 sol. 6 den. De Ricardo le Bas 13 sol. 4 den. De Martino Anglico 26 sol. 8 den. De Roberto de Bellomonte 2 sol. 6 den. De Rogero Magne Peine. 3 sol. 4 den. De Petro Gaffet 15 sol. De Willelmo Bigoto 2 sol. 6 den. De Fulchere 6 sol. 8 den. De Radulfo ......olard 5 sol. De Johanna Goisbert 2 sol. 6 den. De Ricardo de Wauvilla 13 sol. 4 den. De Willelmo Haisene 53 sol. 4 den. De Helia Anglica 13 sol. 4 den. De Roberto de Dovere 5 sol. De Petro genero A....ver 3 sol. 4 den. De Bernardo de Merchetot 6 sol. 8 den. De Adam Boscher 2 sol. 6 den. De Radulfo Lequenteis 5 sol. De Willelmo Ruffo 66 sol. 8 den. De.......... 1 den. De Rogero ad Kenam 5 sol. De Michaele de Bitot 8 sol. 6 den. De Matheo le Baup 5 sol. De Roberto Machecrer 2 sol. 6 den. De Rogero Herloin 4 lib. 13 sol........ Ranulf. de Monte 5 sol. De Durand. Aloel 2 sol. 6 den. De Rogero Herloin 53 sol. 4 den. De Gaufrido Cauquere 5 sol. De Ricardo Lebas 5 sol. De Osmondo Feutrier 2 sol...... Osmondo de Corcelles 5 sol. De Goislino de Ruella 20 sol. De Roberto le Terrier 41 sol. 8 den. De Henrico Traitmal 13 sol. 4 den. De Rogero Walloche 5 sol. De Roberto Sorel...... De Adam filio Hugonis 4 sol. De Radulfo de Braz 20 sol. De Radulfo de Barra 2 sol. 6 den. De Radulfo de S^{to}. Aniano 100 sol. De Rogero Hay 26 sol. 8 den. De Gaufrido Can. 2 sol. 6 den. .... Stephano le Borgeis 5 sol. De Achardo Brienz 13 sol. 4 den. De Herberto Rege 26 sol. 8 den. De Osberto Thol. 26 sol. 8 den. De Willelmo Imperatore 10 sol. De Reinfred Felter 5 sol. .... eio 5 sol. De Waltero de Loera 5 sol. De Radulfo de Puteo 2 sol. De Nich. Filelin 15 sol. De Wimar. Largo 2 sol. 6 den. De Roberto Corbladi 66 sol. 8 den. De Gaufrido........... Radulfo de Braz 5 sol. De Ricardo Sautdelbruil 9 lib. De Rogero de Plumetot 3 sol. 4 den. De Johanne Pigache 25 sol. De Bartholomeo Formentin 13 sol. 4 den. De.......... 3 sol. 4 den. De Roberto de Siccavilla 5 sol. De Willelmo Bovier 2 sol. De Rogero de Chingeleis 12 den. De Roberto Polard 2 sol. De Willelmo Lointre 12 den. De......... 6 den. De Henrico Traitmal 40 sol. De Gillone filio Walterii 12 sol. 4 den. De Adam Pantol 2 sol. 6 den. De Herveo Rubestenc 5 sol. De Roberto de Doubra.......De Sansone de Super Pontem 6 lib. 13 sol. 4 den. De Ranulfo Ibrec 2 sol. 6 den. De Gervasio de Noiers 2 sol. 6 den De Willelmo Anglico 3 sol. De Roberto filio Tioldi 6 sol......e Fuchero 13 sol 4 den. De Ogero Textore 5 sol. De Petro le Canwrer 20 den. De Wimar. Largo 13 sol. 4 den. De Ricardo de Normandie 20 den. De Guarino Bordet ...... sol. De Ricardo de Valbadun 13 sol. 4 den. De Hugone Quinondormit 20 sol. De Roberto de Wauvrei 13 sol. 4 den. De Ranulfo Lebret 53 sol. 4 den. De Roberto de Calceia....... 6 sol. 8 den. De Ricardo Saudelbruil 66 sol. 8 den. De Hamon Fabro 3 sol. 4 den. De Radulfo le Cotoncor 26 sol. 8 den. De Simone le-

Coloneor et matre ejus 13 sol. 4 den. De Rogero Trophardi 40 sol. De Alexandro Montrosti 20 den. De Fulcone Gaffet 5 sol. De Johanne Reinbaud 53 lib. 6 sol. 8 den. De Luca Godriz 13 sol. 4 den. De Hugone Quinondormit 10 sol. De Tustino Gernon 13 sol. 4 den. De Ricardo Gaubert 5 sol. De Emma uxore Gernon 53 sol. 4 den. De Ansquetillo Quareter 20 den. De Rogero de Herovilla 5 sol. De Ascelino Anglico 6 sol. 8 den. De Petronilla 20 sol. De Iserna 13 sol. 4 den. De Willelmo filio Arturi 2 sol. 6 den. De Radulfo Heriz 5 sol. De Bernardo Parvo 5 sol. De Ricardo de Grana 13 sol. 4 den. De Johanne Pie de Bof 6 lib. 13 sol. 4 den. De Radulfo Canonico 26 sol. 8 den. De Radulfo Rigido 26 sol. 8 den. De Roberto Britone 2 sol. 6 den. De Ricardo de Valencie 13 sol. 4 den. De Willelmo de Paris 2 sol. 6 den. De Tustino Gernon 3 sol. De Simone Harel 53 sol. 4 den. De Simone Merel 2 sol. 6 den. De Alberico de Caborc 13 sol. 4 den. De Johanne Belet 14 lib. 13 sol. 4 den. De Herb. Ernuchon 20 den. De Ranulfo Lebret 13 sol. 4 den. De Radulfo de Argenciis 5 sol. De Saffrido de Crasmaisnil 2 sol. 6 den. De Rogero ad Chenam 13 sol. 4 den. De Willelmo Quarrel 25 sol. 8 den. De Henrico de Planca 13 sol. 4 den. De Rogero de Aubay 5 sol. De Ranulfo de Coquina 5 sol. De Roberto filio Nichot. 2 sol. 6 den. De Ricardo Ferrant 10 sol. De Roberto filio Tioldi. 13 sol. 4 den. De Ricardo de Warlemont 7 lib. De Philipo Borgeinon 40 sol. De Alberico de Caborc 13 sol. 4 den. De Ranulf. Meslée 3 sol. 4 den. De Bernardo Lenteboche 6 sol. 8 den. De Ranulfo Fabro 20 den. De Radulfo Coloneor et fratre ejus 53 sol. 4 den. De Ganori 2 sol. 6 den. De Radulfo Paist Maisnee 26 sol. 8 den. De Ricardo Bracheor 5 sol. De Gaufrido de Eaune 13 sol. 4 den. De Thoma Quarrent 3 sol. De Willelmo de Reigevans 2 sol. 6 den. De Roberto de Argenciis 10 sol. De Achard. Brienz 5 sol. De Hugone Cornard 20 sol. De Willelmo Tanctin 6 sol. De Godefrido Lusco 20 sol. De Roberto de Ponte Audomare juniore 10 sol. De Willelmo de Caudebec 26 sol. 8 den. De Nichol. Babo 13 sol. 4 den. De Rogero Dancis 2 sol. 6 den. De Rogero de Mara 5 sol. De Bernardo Doridun 6 lib. 13 sol. 4 den. De Alexandro Gruel 5 sol. De Osberto Poeta 13 sol. 4 den. De Roberto de Rothomago 20 den. De Willelmo Lorein 26 sol. 8 den. De Johanne Pie de Bof 46 sol. 8 den. De Adam Senescallo 13 sol. 4 den. De Martel 6 sol. 8 den. De Serlone Textore 2 sol. 6 den. De Gaufrido le Bret 2 sol. 6 den. De Nicho.. de Valle Goe 40 sol. De Bernardo de Ranvilla 3 sol. De Ranulfo de .....ron 6 sol. 8 den. De Godefrido Bigot 2 sol. 6 den. De Rogero de Mara 5 sol. De Willelmo Lorenz 13 sol. 4 den. De Ricardo de Wauvilla 6 sol. 7 den. De Roberto Gocelin 5 sol. De Gaufrido Valdare 13 sol. 4 den. De Mathilda de Londres 5 sol. De Gaufrido de Agnellis 20 den. De Hugone Begord 5 sol. De Helia Anglica 13 sol. 4 den. De Albereda Morillun 26 sol. 8 den. De Gaufrido Hogive 2 sol. De Stephano Terrer 26 sol. 8 den. De Gaufrido filio Tirri 13 sol. 7 den. De Rogero de Columbie 2 sol. 6 den. De Johanne Seran 5 sol. De Willelmo Gernet 6 sol. 8 den. De Willelmo Senescallo 5 sol. De Nichol. Canvrer 2 sol. 6 den. De Henrico de Ponte 5 sol.

De Ranulfo Tascher 5 sol. De Ricardo Osberto 10 sol. De Rogero Malwiton 20 den. De Roberto del Buisseel 13 sol. 4 den. De Willelmo de Falesia 53 sol. 4 den. De Ricardo de Anisie 40 sol. De Nich. Douchet 15 den. De Esroe 20 den. De Hugone Telario 26 sol. 8 den. De Huberto filio Wimont 20 den. De Warino filio Wimarc 6 sol. 8 den. De Odone Testedoe 6 sol. 8 den. De Henrico de Platea 10 sol. De Willelmo Sarmon. 20 sol. De Hugone de Vaucellis 2 sol. 6 den. De Rogero filio Luce de Mol. 2 sol. 6 den. De Odone de Hamarz. 13 sol. 4 den. De Roberto Benedicti 20 solidos.............. den. De Willelmo filio Johannis 10 sol. De Willelmo Christiani 15 den. De Willelmo Nicole 6 sol 8 den. De Philipo de Waureio.......... Warlemont 40 sol. De Willelmo de Cellario 25 solidos.

Summa 2007 lib. 9 sol. 5 den. sterling. In thesauro liberavit. Et quietus est.

................rib. reddit compotum de 7 lib. 6 sol de divadiacione terre sue quam Willelmus de Caluz habebat in vadio. In thesauro liberavit. Et quietus est.

.... de Tracceio redd. compot. de 100 lib. de fine pro habenda terra sua. In thesauro liberavit. Et quietus est.

.... de. j. bisancio pro audienda concordia inter eum et Hugonem de Coterna sicut cyrographum eorum testatur. In thesauro liberavit. Et quietus est.

.... debet., pro vino supervendito. § Robertus Leganbu 20 sol. pro concordia. § Henricus Ruffus 40 sol. pro recreantissa versus Wiardum de super Pontem et Petrum Gablarium..........us de Baron 20 lib. pro habendo judicio utrum avonculus eorum potuit totam hereditatem suam dare in religionem. § Herbertus Ruffus 10 sol......... pro plegio. § Robertus de Fonte 10 sol. pro eod. § Herbertus Picot 10 sol. pro vadio. § Hosmo de Bretevilla 10 sol. pro falso clamore. Willelmus de Vilers ....m. 10 sol. pro vadio negato. § Wilelmus Colet 5 sol. pro clamore dimisso. § Rogerus Hermeline 5 sol. pro difforciato servicio. § Anskelillus Rossel 5 sol. pro clamore dimisso. § Serlo....... Willelmus Canonicus 10 sol. de tallagio facto per Ricardum Silvan et Ricardum de Argenciis. § Remigius filius Thome 9 sol. pro eod. § Rogerus Sochon 60 sol. pro...... sol. pro eod. § Serlo Anglicus 60 sol. pro eod. Rogerus Sutor 20 sol. pro eod. § Willelmus filius Jocelini 20 sol. pro eod. § Ricardus Clericus 40 sol. pro eod.

.... compotum de uno bisancio pro audiendis finibus inter ipsum et comitem Johannem et com. Robertum fratrem ejus et inter ipsum et Hugonem de Noiers sicut carte...... testantur. In thesauro liberavit. Et quietus est.

.... uno bisancio pro audienda concordia inter ipsum et Lucam fratrem suum de tota terra totius hereditatis sue sicut cyro.... In thesauro liberavit. Et quietus est.

.... redd. compot. de 12 den. pro audienda concordia inter ipsum et Wimarc de Wallibus de decima de Mevania quam ipsa Wimarc dimi..... ....lienavit sicut cyrographum inter eos testatur. In thesauro liberavit. Et quietus est,

§ R..... n. r...... 500 marc. argenti de fine suo. In thesauro 7 marc. 10 sol. sterl. et. j. obol. In .....ll. Poignart 232 marc. 3 obol. sterlingorum de quibus reddit compotum de plegiis ejusdem Reinaldi. In recepta Ricardi de Rupetra 9 marc. 5 sol..... reddit compotum de plegiis ejusdem. Et debet 250 marc. 10 sol. 6 den. sterlingorum.

§ G....f de Rapendona redd. compot. de 12 den. pro audiendo dono quod Alexander abbas de Fontenelo fecit ei pro homagio et servicio suo de tota terra illa quam Wriz Faber donavit abbatie de Fontenelo per graantum dominorum suorum sicut carta ipsius abbatis quam inde habet testatur. In thesauro liberavit. Et quietus est.

....

(Membr. 4 dorso).

§ Willelmus Poignart reddit compotum de 1200 lib. pro 10 marc. auri. Et de 62 lib. 10 sol. pro quinque cupas argenti una quaque de 5 marc. et de 20 lib. pro vigenti ulnis scarlate de firma prepositure Cadomi. Summa 1280 lib. 50 sol. In thesauro 300 lib. In decima statuta S[te]. Trinitati de Cadomo 15 lib.

In decima stat. S[te]. Trinitatis de Fiscanno 80 lib. 100 sol. Abbatie de Mostrevilers 100 sol. de elemosine statu. Fratribus Templi 40 lib. de elemos. stat. Portario de Cadomo 4 lib. 11 sol. 3 den. de libero stat. Vigili Castri 60 sol. 10 den. de libero stat. In liberatione duodecim prebendariorum 18 lib. 5 sol. de elemos. statu. In conredio et pannis eorum ad Natale 11 lib. de elemos. statu. In potu eorum in Quadragesima 40 sol. de elemos. statu. In sotularibus eorum ad Pasca 6 sol. de elemos. statu. In justitia facienda 100 sol. Pro thesauris Regis portando pluries per plura loca 107 lib. 12 sol. 6 den. per brev. Regis. Cuidam femine moranti apud Aumanesches que venit de ultra mare 10 lib. In liberatione perfic. patri et mali Gilleberti de Pratis 65 sol. per idem brev. In liberatione senescalli Normannie 100 lib. de 500 lib. quas habet per annum per idem brev. Pro venatione Regis portanda a Cadomo usque Rothomagum 50 sol. per id. brev. Pro vinis Regis portandis a Cadomo usque Burum 4 lib 2 sol. 4 den. per idem brev. Gaufrido Falconario Regis et filio Henrici de Wada ad expensam suam et avium suarum 30 lib. per idem brev. In reparanda gaiola castri Cadomi 57 sol. 4 den. per idem brev. Pro perreriis et mangonellis castri Cadomi defranmandis et cameris remeandandis et salvo reponendis 6 lib. 3 sol. 2 den. per idem brev. Pro pannis Regis portandis a Cadomo usque Rothomagum 57 sol. per idem brev. Waltero Luiz et sociis suis et servientibus Regis pro 12 penn. de contus quos habuerunt 12 lib. 4 den. per idem brev. In passagio Walensium apud Ostreham in tribus navibus 8 lib. 10 sol. per idem brev. Pro lectaria. Regis 11 sol. 6 den. per idem brev. Pro molendino de Gaimara quod Rex dedit Abbatie de Ardena in perpetua elemos. quod erat in hac firma 18 lib. 20 den. hoc anno de tribus mensibus et dimid. In quietancia burgensium Turon. 27 sol. 6 den. per idem brev. In quietancia carnificum de Rothomago 8 lib. 13 sol. 3 den. per idem brev. Et debet 474 lib. 15 sol. 4 den.

§ Idem reddit compotum de eodem debito. Et de 100 lib. quas recepit de thesauro Cadomi. Rogero de Insula 40 lib. pro locagio sue navis que portavit bladum Regis in Pitav. per brev. Regis. Ricardo filio Warini 40 lib. pro simili per idem brev. Clementi Flamenc 40 lib. pro simili per idem brev. Hugoni Maisnerio 40 lib. per idem brev. Pro eodem blado ad easdem naves adportando et carcando et pro granariis in eisdem faciendis et eisdem ad mare advaland. 38 lib. 9 sol. per idem brev. In liberatione servientum missorum cum blado et custodientium illud 12 lib. per idem. brev. Et debet 364 lib. 6 sol. 4 den.

§ Idem redd. compot. de 45 lib. 10 sol. de exitu ferie prati. In thesauro 35 lib. 8 sol. 5 den. In decima S[to]. Wandr. 4 lib. 11 sol. In decima eidem pro decima sua reddita in thesauro per ignoranciam anno preterito 110 sol. 6 den. Et quietus est.

§ Idem redd. compot. de 45 lib. de exitu ejusdem ferie de anno sequenti. In thesauro 40 lib. 10 sol. In decima S[to]. Wandr. 4 lib. 10 sol. Et quietus est.

§ Idem redd. compot. de 23 lib. 15 sol. de exitu aquagii de Cadomo propter 3000 hareng. q. prebendarii habent de elemos. statu. In thesauro 75 sol. Monialibus de Fonte S[ti]. Martini 20 lib. de elemos. statu. Et quietus est.

§ Idem redd. compot. de 101 sol. de exitu batellorum, kidellorum et folorum retium. Et de 18 sol. 11 den. de terra quam Willelmus de Mercato tenuit prope Sanctum Martinum. Et de 24 sol. de domo Henrici de Hotona quam Gaufridus de Rapendona tenet. Et de 2 sol. pro una libra piperis de Roberto de Marisco in Colevilleta. Et de 4 sol. pro 2 lib. piperis de Philippo filio Ricardi. Et de 2 sol. pro. j. lib. piperis de domo Rogeri Cointise in Cadomo. Et de 2 sol. pro. j. lib. piperis de domo Willelmi de Hantona in Castro. Et de 2 sol. pro j. lib. piperis de domo Walteri filii Ricardi Minutoris ibidem. Et de 2 sol. pro j. lib. piperis de Gaufrido de Rapendona pro platea de Magno Vico. Et de 20 sol. de domo Nicol. Aurifabri ante domum Osmundi Basset super Ognam. Et de 2 sol. pro. j. lib. piperis de domo quam Canonici S[te]. Barbare habent ibidem. Et de 16 sol. de exitu terre que fuit Radulfo de Granvilla in Granvilla. Et de 2 sol. pro. j. lib. piperis de domo Aelais de Hantona prope fenillum Regis in Castro. Et de 100 sol. de firma terre Gaiole in Cadomo et Aniseio. Et de 60 sol. de Gaufrido Aurifabro pro stallis ad pisces et panem. Summa 17 lib. 17 sol. 11 den. In thesauro liberavit. Et quietus est.

§ Thomas Poucin reddit compotum de 2 sol. pro. j. lib. piperis de domo juxta coquinam que fuit Roberto Torto. In thesauro liberavit. Et quietus est.

§ Domus Fergant que solebat reddere 9 sol. 6 den. est vasta.

§ Willelmus Poignart redd. compot. de 10 piris de S[to]. Regulo de domo prope fenillum Regis in Castro. Et de 10 piris de S[to]. Regulo de Roberto filio Ranulfi pro terra que fuit Ade Tanetin. Et de 10 piris de S[to]. Regulo de Thome Pocin pro cortillagio suo prope murum. Et de 20 piris de S[to]. Regulo de Willelmo Torpin pro mansura et prato Bernariorum. Summa 230 piris. Leprosis liberatis per Barones Scaccarii. Et quietus est.

§ Radulfus Faber redd. compot. de uno venabulo pro sua mansura de Valle Goie. Senescallo reddidit. Et quietus est.

§ Robertus Faber redd. compot. de annulis ferreis pro domo sua de Castro. Gaiole reddidit. Et quietus est.

§ Gaufridus Aurifaber habet quandam domum in Darnestallo de feodo Ade Tanetin de dono Regis. § Magister Maugerus Thesaurarius habet residuum ejusdem terre per Regem.

§ Willelmus filius Radulfi senescalli Normannie habet prata Regis de Cadomo ad custodiam Castri cum alia liberatione sua.

§ Willelmus Poignart redd. compot. de 7 lib. 17 sol. 6 den. hoc anno pro 5 mod. 3 sextar. avene de bernagio Ballie de Cadomo, mina pro 15 den. In thesauro liberavit. Et quietus est.

§ Idem redd. compot. de misericordiis et finibus et promissis. Scilicet. De Engerrano Patric 4 lib. 19 sol. de remissione debiti Johanne de Pontibus. De Ricardo de Anisie 2 sol. pro concordia. De remanente tallagii facti per Ricardum Silvani et Ricardum de Argenciis de Hamello de Wislon 6 lib. De Thom. de S[to]. Albino 60 sol. De Rogero filio alterius 15 sol. De Radulfo filio Odeline 20 sol. De Osmundo de Alebrai 10 sol. De Ricardo de Maigniei 20 sol. De Radulfo de Periers 20 sol. De Gaufrido de Vadis 20 sol. De Stephano Brilon. 30 sol. De Gaufrido filio Aelais 40 sol. De Osberto filio Ranulfi 20 sol. De Johanne filio Hugonis 30 sol. De Bernardo Roncin. 60 sol. De Godefrido Esterman 20 sol. De Patricio de Collevilla 20 sol. De Unfrido de Fonte 20 sol. De Waltero Pinceart 20 sol. De Willelmo de Crisselon 40 sol. De Wimaro de Rollecote 20 sol. De Durando Pinceart 40 sol. De Reinaldo de Amblic 20 sol. De Rogero filio Durandi 20 sol. De Durando Fornier 20 sol. De Waltero filio Joslen. 20 sol. De Roberto Letavernier 40 sol. De Willelmo de Insula 20 sol. De Rogero de Duxeio 20 sol. De Simone Presbitero 20 sol. De Ricardo de Vilers 20 sol. De Roberto Cainte Vassal 30 sol. De Engerrano Joie 9 sol. De Elya de Chimino 20 sol. De Ricardo de Ogna 20 sol. De Radulfo de Londa 20 sol. De Engeranno Forchon 20 sol. De Acelino de Savenaio 30 sol. De Willelmo de Aion 20 sol. De Sanson de Corwaudon 20 sol. De Ricardo filio Hersent 20 sol. De Heudeberto de Avenaio 60 sol. De Roberto Jelbert 30 sol. De Tustino Fabro 20 sol. De Lovel de Ficrevilla 20 sol. De Wesman Gislorde 20 sol. De Alexandro de Aion 20 sol. De Ranulfo de Avenai 15 sol pro falsa demanda. De Radulfo Veintras 2 sol. pro difforciata. De Radulfo de Cambraio 30 sol. pro negare et cognoscere. De Matheo de Vadiis 5 sol. pro concordia. De Gaufrido de Vadiis 10 sol. pro eod. De Willelmo Loe 20 sol. pro precepto transgresso. De Radulfo Vacherel 2 sol. pro clamore dimisso. De Willelmo Gaufrido 3 sol. pro lege. De Haisa Meislereme 20 sol. pro falso clamore. De Roberto filio Odonis 20 sol. pro concordia. De Ivone Lefornier 3 sol. pro falso clamore. De Roberto de Ostreham 20 sol. pro defectu. De Tiodon. filio Alberti 5 sol. pro falso clamore. De Willelmo Godehelt 20 sol. pro concordia. De Gaufrido Taillebois 5 sol. pro eod. De Johanne de Landell. 5 sol. pro clamore dimisso. De Ricardo Lefornier 3 sol. pro falso clamore. De Gaufrido de Combraio 5 sol. pro dissaisina. De tallagio facto per Johannem de Alenchon. et Henricum de Graeio scilicet de Roberto presbytero de Venoix 40 sol. De Fulcher de Espron 20 sol. De Willelmo Porcario 20 sol. De Bernardo Porcario 20 sol. De Waltero de Espron 20 sol. De Anskctillo Merde enlongle 20 sol. De Radulfo Murdac 20 sol. De Herveo de Amblia 4 lib. De Micaele de Herrovilla 20 sol. de jurea. De Philipo de Croelio 20 sol. pro eod. De Gervasio Pigace 9 sol. pro eod. De Micaele de Maletot 10 marc. argenti pro plegio Reginaldi Leblaier. De Johanne Britone 10 marc. pro eod. De Dionisio filio Agnetis 3 marc. pro eod. De Radulfo de Perieriis 3 marc. pro eod. De Ricardo de Piris 3 marc. pro eod. De Ricardo filio Gervasii 3 marc. pro eod. De Radulfo de Escures 5 marc. pro eod. De Willelmo filio Jordani 5 marc. pro eod. De Alexandro Hai 3 marc. pro eod. De Willelmo de Brikesart 2 marc. pro eod. De Henrico Heste 5 marc. pro eod. De Willelmo filio Johannis 5 marc. pro eod. De Radulfo Lepaisant 2 marc. pro eod. De Acio Lachoire 3 marc. pro eod. De Radulfo de Bitot 2 marc. pro eod. De Gaufrido de Duvra. j. marc. pro plegio Ricardi de Argenciis. De Philipo de Croelio 2 sol. pro eod. De Waltero de Agnellis 20 lib. pro eod. De Engeranno de Cardonvilla 10 lib. pro eod. De Roberto de Marisco. j. marc pro eod. De Roberto de Corvuaudon 2 marc. pro eod. De Radulfo de Combraio 40 sol. pro eod. De Jacobo de Mesoart 2 marc. pro eod. De Johanne de Taon. j. marc. pro eod. De Willelmo de Ogna 2 marc. pro eod. De Willelmo de Baron. j. marc. pro eod. De Petro de Moncanisie 3 sol. pro falso clamore. De Willelmo de Mont-Rosti. 5 sol. pro difforciato. De Willelmo Aciero 3 sol. pro eod. De Willelmo de Rollecote 2 sol. pro eod. De Unfrido Hamelino 2 sol. pro eod. De Unfrido Vassal. 2 sol. pro eod. De Rogero de Hermevilla 2 sol. pro eod. De Grente Picart. 40 sol. pro eod. De Pagano Fabro 3 sol. pro surdemand. De Roberto de Buigna 5 sol. pro concordia. De Gaufrido de Montibus 3 sol. pro falso demand. De Radulfo de Kirie 2 sol. pro eod. De Agnete uxore Gislemi 4 sol. pro falso clamore. De Ricardo de Piris 10 sol. pro defectu. De Juliana de Grenvilla 2 sol. pro defectu. De Hugone filio Roberti 5 sol. pro falsa jurea. De Ricardo Barberese 5 sol. pro eod. De Unfrido de Fonte 5 sol. pro eod. De Willelmo filio Arnulfi 5 sol. pro eod. De Gaufrido Roondel 15 sol. pro eod. De Hugone Ricoart 3 sol. pro eod. De Thoma filio From. 3 sol. pro eod. De Gaufrido Hebart 5 sol. pro eod. De Radulfo filio Eudonis 100 sol. pro falso clamore iterato versus abbatissam Cadomi de presentatione ecclesie de Carpiket. De Abbate Cadomi 100 marc. argenti pro plegio Reginaldi Leblaier. De Willelmo Devin 20 sol. pro concordia. De Roberto Malnorri 5 sol. pro stultiloquio. De Radulfo de Audreio 10 sol. pro difforciato. De Rogero Tyrel 10 sol. pro simili. De Philipa de Rossel 5 5 sol. quia recessit a curia sine licentia. De Gervasio de Marisco 5 sol. pro negare et cognoscere. De Roberto de Prato 5 sol. pro eod. De Wiardo de Rotundo fonte 5 sol. pro falso waranto. De Adam Bihenel 5 sol. pro difforciato. De Willelmo de Fraxino 10 sol. pro negare et cognoscere. De Rohard. de Lion. 5 sol. pro concordia. De Roberto fratre ejus 5 sol. pro eod. De Ansketillo de Curia 2 sol. pro lege. De Sansone de Matoin. 2 sol. pro simili. De Ricard. filio Willelmi 2 sol. pro simili. De Rogero de Hamello 3 sol. pro concordia. De Acelino de ibidem 3 sol. pro eod. De Jordano de Apevilla 5 sol. pro defectu. De Gaufrido Lecornier 3 sol. pro simili. De Willelmo Pontier 5 sol. pro simili. De Petro de Caluiz 2 sol. pro stultiloquio. De Stephano Fulcold 6 sol. pro clamore dimisso. De Willelmo preposito de Guauriz 5 sol. pro via occupata. De Willelmo de Monasterio 5 sol. pro concordia. De Herberto Geillart 5 sol. pro concordia. De Helte 3 sol. pro eod. De Gervasio de Salinellis 5 sol. pro concordia. De Wilnot de Calevilla 10 sol. pro simili. De Ricardo Barberese 5 sol. pro eod. De Roberto Tuebuef 3 sol. pro exonio. De Roberto Mennel 12 den. pro eod. De Roberto Calvo 12 den. pro difforciato. De Ranulfo Vavassore 12 den. pro exonio. De Nicol. Calvo 12 den. pro eod. De Ricardo Anglico 3 sol. pro negare et cognoscere. De Serlone Marescallo 12 den. pro eod. De Simone Vilano 5 sol. pro difforciato. De Ansketill. Gonnor 12 den. pro exonio. De Gilleberto Clerico 20 sol. pro negare et cognoscere. De Radulfo filio Hugonis 5 sol. pro concordia. De Radulfo de Portu 5 sol. pro eod. De Osmund. Lecomte 5 sol. pro via occupata. De Waltero Burgensi 5 sol. pro concordia. De Rogero presbitero de Rovrei 12 den. pro lege. De Milone de ibidem 12 den. pro eod. De Rogero Letelier 12 den. pro eod. De Willelmo P[illegible] 12 den. pro eod. De Willelmo Leblanc 12 den. pro eod. De Nicol. Sansone 3 sol. pro falso clamore. De Albereda Laperine 5 sol. pro falso clamore. De Ansger. de Plumetot 5 sol. pro concordia. De Johanne Mauger 5 sol. pro difforciato. De Gaufrido Lovel 10 sol. pro defectu. De uxore Odonis Berleu 7 sol. pro concordia. De Gaufrido Marescot 7 sol. pro eod. De Gervasio Engeranno 5 sol. pro devisa eradicata. De Willelmo Witerel. j. bisanc. pro audiendo dono quod Will. Durden. fecit ei de tercia parte terre sue apud Nakevill. sicut cyrographum eorum testatur inter eos. De Willelmo de Sauceio 7 sol. pro. j. bisancia pro audienda concordia inter ipsum et Rogerum de Fontibus de proportione sicut cyrographum eorum inter eos testatur. De Bartholom. de Mocio. j. bisanc. pro audiend. fine suo versus fratrem suum de porcione terrarum suarum sicut cyrographum eorum testatur inter eos. Summa 150 lib. 19 sol. Andegavenses et 176 marc. et 2 bisanc. In thesauro liberavit. Et quietus est.

§ Philipus Bernard redd. compot. pro se et fratre suo de 590 lib. 13 sol. 2 den. de remanente veteris firme prepositure de Cadomo. In thesauro 100 lib. Et debet 490 lib. 13 sol. 2 den.

§ Thomas Portarius redd. compot. de 394 lib. 9 sol. 6 den. pro prisonibus evasis. In thesauro 6 lib. Et debet 388 lib. 9 sol. 6 den.

§ Dinan de Caron redd. compot. de 100 sol de remanente misericordie sue. In thesauro 20 sol. Et debet 4 lib.

§ Willelmus Iver redd. compot de 30 sol. pro habendo catallo fratris sui. In thesauro 15 sol. Et debet 15 sol.

§ Simon de Escuris redd. compot. de 99 lib. 14 sol. de remanente finis sui. In thesauro 21 lib. 6 sol. 8 den. Et debet 68 lib. 7 sol. 4 den.

§ Willelmus de Brolio redd. compot. de 88 lib. de remanente tallagii facti per Ricardum de Argenciis et Ricardum Silvani. In thesauro 60 sol. In perdonatione ipsi Willelmo quia supertalliatus erat 80 lib. 100 sol. per brev. Regis Et quietus est.

§ Radulfus Rohart (quietus per finem suum) debet 7 lib. 10 sol. quos recepit de tallagio facto per Ricardum Silvani et Ricardum de Argenciis de subscriptis hominibus scilicet de Herveo Olivero 30 sol. De Roberto de Sicavilla 40 sol. De Willelmo de Buisson 20 sol. De Serlone Flamenc 40 sol. De Waltero Vilan 20 sol.

§ Idem (quietus per finem) debet 20 sol. quos recepit de Willelmo Vavassore de eodem tallagio. Et (quietus per finem) 20 sol. quos recepit de Engeranno de Cardonvilla de tallagio facto per Johannem de Alenchon et Henricum de Gracio. Et (quietus per finem) 5 sol. de Gilleberto Malchion pro concordia. Et 5 sol. de Thoma Boissel pro eod. Quietus per finem.

§ Willelmus Poignart redd. compot. de 30 sol. de catallo Rogeri Torti fugacis pro morte Radulfi Gelberti. In thesauro liberavit. Et quietus est.

§ Thomas de S^{to}. Contesto redd. compot. de 7 lib. de tallagio facto per Ricardum de Argenciis et Ricardum Silvan. In thesauro 60 sol. Et debet 3 lib. de quibus redd. compot. inferius.

§ Wimont de Lafolie redd. compot. de 20 sol pro eod. In thesauro 5 sol. Et debet 15 sol. (de quibus redd. compot. inferius), quos remanent super Willelmum Briton.

§ Robertus de Hulmo redd. compot. de 30 sol. pro eod. In thesauro liberavit. Et quietus est.

§ Johannes Pelerin redd. compot. de 40 sol. pro eod. In thesauro liberavit. Et quietus est.

§ Petrus filius Alexandri redd. compot. de 226 lib. 17 sol. 10 den. de remanente veteris firme prepositure Cadomi. In thesauro 100 lib. Et debet 126 lib. 17 sol. 10 den.

§ Willelmus de Simileio redd. compot. de 60 lib. pro sorore sua maritanda filio Roberti de S^{to}. Remigio. In thesauro 12 lib. Et debet 48 lib.

§ Godefridus Esterman redd. compot. de 20 sol. pro dissaisina. In thesauro 10 sol. Et debet 10 sol.

§ Philippus de Vaaceio redd. compot. de 15 marc. 13 sol. sterling. quos habuit de terra Hugonis de Coterna in Torceio. In thesauro 2 marc. 3 sol. 4 den. Et debet 13 marc. 9 sol. 8 den. sterling. § Eudo de Waaceio debet 15 marc. 13 sol. sterling. pro eod. § Johannes Pigace debet 20 sol. quos habuit de Rogero Vernei pro stultiloquio. Quietus per finem suum 9.....

§ Willelmus Lebret redd. compot. de 40 sol. quos habuit de tallagio facto per Johannem de Alenchon et Henricum de Gracio. In thesauro 20 sol. Et debet 20 sol.

..... filio Ranulfi redd. compot. de 10 lib. de remanente decime de Cadomo. In thesauro 40 sol. Et debet 8 lib. de quibus redd. compot. inferius.

......rb. de Veioce redd. compot. de 13 lib. 15 sol. de jurea. In thesauro 60 sol. Et debet 10 lib. 15 sol.

.. Rogerus de Ferraria redd. compot. de 4 lib. 2 sol pro eod. In thesauro 30 sol. Et debet 52 sol.

§ Rogerus de Goviz redd compot. de 4 lib. 16 sol. pro eod. In thesauro 10 sol. Et debet 30 sol. In perdonatione ipsi Rogero pro paupertate sua 56 sol. per brev. Regis. Et debet 30 sol.

§ Willelmus Lebret redd. compot. de 4 sol. pro eod. In thesauro liberavit. Et quietus est.

§ Willelmus Escorcevielle redd. compot. de 40 marc. argenti pro plegio Reginaldi Leblaier. In thesauro 7 marc. Et debet 33 marc.

§ Herbertus Cambiator redd. compot. de 20 marc. argenti pro eod. In thesauro 5 marc. Et debet 15 marc.

Godefridus Decanus redd. compot. de 10 marc. argenti pro eod. In thesauro 5 marc. Et debet 5 marc. de quibus redd. compot. inferius.

§ Gaufridus filius Agnetis de Hermevilla redd. compot. de 3 marc. argenti pro eod. In thesauro. j. marc. et dimid. Et debet. j. marc. et dimid.

§ Ricardus Wiart redd. compot. de 3 marc. argenti pro eod. In thesauro. j. marc. Et debet 2 marc.

§ Henricus Traitmal. redd. compot. de 5 marc. argenti pro eod. In thesauro 1 marc. Et debet 4 marc. de quibus redd. compot. inferius.

§ Joslen de Garsala redd. compot. de 5 marc. argenti pro eod. In thesauro 2 marc. Et debet 3 marc. de quibus redd. compot. inferius.

Rogerus Ruffus redd. compot. de 5 marc. argenti pro eod. In thesauro 1 marc. Et debet 4 marc. de quibus redd. compot. inferius.

§ Willelmus Laccore redd. compot. de 5 marc. argenti pro eod. In thesauro 2 marc. Et debet 3 marc. de quibus redd. compot. inferius.

§ Johannes Loremarius redd. compot. de 5 marc. argenti pro eod. In thesauro 1 marc. Et debet 4 marc. de quibus redd. compot. inferius.

§ Turgisius de Troart redd. compot. de 4 marc. argenti pro eod. In thesauro 2 marc. 6 sol. Et debet 1 marc. 7 sol. 4 den. de quibus redd. compot. inferius.

§ Robertus Leterrier redd. compot. de 5 marc. argenti pro eod. In thesauro 2 marc. Et debet 3 marc. de quibus redd. compot. inferius.

§ Robertus de Waucellis redd. compot. de 2 marc. argenti pro eod. In thesauro 3 sol. sterling. Et debet. j. marc. 10 sol. 4 den. de quibus redd. compot. inferius.

§ Willelmus Hai juvenis redd. compot. de 5 marc. argenti pro eod. In thesauro 2 marc. et dimid. Et debet 2 marc. et dimid. de quibus redd. compot. inferius.

§ Willelmus Lemaniant redd. compot. de 2 marc. argenti pro eod. In thesauro 2 sol. sterling. Et debet 24 sol. 8 den. sterling.

§ Simon de Escures redd. compot. de 10 marc. argenti. In thesauro 10 sol. sterling. Et debet 9 marc. 3 sol. 4 den.

§ Froger de Braccavilla redd. compot. de 5 marc. pro eod. In thesauro 3 marc. Et debet 2 marc de quibus redd. compot. inferius.

§ Talebot de Maisnillo redd. compot. de 5 marc pro eod. In thesauro 2 marc. Et debet 3 marc.

§ Robertus filius Brete redd. compot. de 2 marc. argenti pro plegio Ricardi de Argenciis. In thesauro 1 marc. Et debet 1 marc.

§ Radulfus Veintras redd. comp. de. j. marc. pro eod. In thesauro 9 sol. sterling. Et debet 4 sol. 4 den.

§ Willelmus de Wasperia redd. compot. de 4 marc. pro eod. In thesauro 10 sol. sterling. Et debet 3 marc. 3 sol. 4 den.

.. Radulfus de Plaiseiz redd. compot. de 5 marc. pro eod. In thesauro 10 sol. sterling. Et debet 4 marc. 8 sol. 4 den.

...... necan de Siccavilla redd. compot. de 40 sol. pro fine terre sue. In thesauro liberavit. Et quietus est.

.... Peisson. redd. compot. de 10 lib. pro fine terre sue. In thesauro 9 lib. Et debet 20 sol.

.... filio Hervei redd. compot. de 30 lib. pro fine catalli patris sui mortui usurarii. In thesauro 15 lib. Et debet 15 lib. de quibus redd. compot. inferius.

.... de S^{to}. Contesto reddidit 4 lib. de remanente debiti sui superius scripti. In thesauro liberavit. Et quietus est.

.... Brito redd. compot. de 15 sol. superius scriptis. In thesauro liberavit. Et quietus est.

.. Robertus filius Ranulfi redd. compot. de 8 lib. de remanente decime de Cadomo. In thesauro 7 lib. 6 sol. Et debet 14 sol.

§ Godefridus Decanus redd. compot. de 5 marc. argenti pro plegio Reginaldi Bladarii. In thesauro 4 marc. Et debet 1 marc.

§ Henricus Traimal redd. compot. de 4 marc. pro eod. In thesauro 10 sol. 5 den. obol. sterling. Et debet 3 marc. 21 den. et obol.

§ Goslenus de Garsala redd. compot. de 3 marc. pro eod. In thesauro 2 marc. Et dabet 1 marc.

§ Rogerus Ruffus redd. compot. de 4 marc. pro eod. In thesauro liberavit. Et quietus est.

§ Willelmus Lachoire redd. compot. de 3 marc. pro eod. In thesauro 10 sol. sterling. Et debet 2 marc. 3 sol. 4 den.

§ Johannes Laurom. redd. compot. de 4 marc. pro eod. In thesauro 4 marc. liberavit. Et quietus est.

§ Torgisus de Troart redd. compot. de. j. marc. 7 sol. 4 den. In thesauro liberavit. Et quietus est.

§ Robertus T'reir redd. compot. de 3 marc. pro eod. In thesauro liberavit. Et quietus est.

§ Robertus de Wacellis redd. compot. de. j. marc. 10 sol. 4 den. pro eod. In thesauro liberavit. Et quietus est.

§ Willelmus Hai juvenis redd. compot. de 2 marc. et dimid. pro eod. In thesauro liberavit. Et quietus est.

§ Frogerus de Brakevilla redd. compot. de 2 marc. pro eod. In thesauro liberavit. Et quietus est.

§ Ricardus filius Henrici redd. compot. de 2 marc. pro eod. In thesauro liberavit. Et quietus est.

§ Serlo filius Hervei redd. compot. de 15 lib. superius scriptis. In thesauro 100 sol. Et debet 10 lib.

§ Henricus de Tillie redd. compot. de 267 lib. 19 sol. 7 den. de remanente finis sui. In thesauro 67 lib. Et debet 200 lib. 19 sol. 7 den.

§ Johannes de Wiborvilla redd. compot. de 44 lib. de remanente finis sui. In thesauro 15 lib. Et debet 29 lib.

§ Willelmus Poinart redd. compot. de 100 sol. de exitu terre Willelmi Crassi in plaisitio Radulfi redditc. In thesauro liberavit. Et quietus est.

§ Rohart serviens redd. compot. de 4 lib. de fine pro jurea facta super eum. In thesauro liberavit. Et quietus est.

§ Nicolas Pigace redd. compot. de 15 lib. de fine suo pro simili. In thesauro 20 sol. Et debet. 14 lib.

§ Rogerus de Coisneriis redd. compot. de 69 lib. 3 sol. 4 den. de jurea. In thesauro 50 sol. Et debet 66 lib. 13 sol. 4 den.

§ Willelmus Poignart redd. compot. de 14 lib. de exitu vadii Willelmi de Caluiz quod habuit de Rogero de Pola. In thesauro liberavit. Et quietus est.

§ Idem redd. compot. de 20 den. pro duobus boissellis frumenti de exitu terre Willelmi de Caluiz in Marcelet. In thesauro liberavit. Et quietus est.

§ Idem. redd. compot. de recepta sua-vadii Willelmi de Caluiz et redditibus scil. de exitu vadii ejusdem in Granvilla 17 sol. 8 den. Et de exitu vadii ejusdem in Moem 4 lib. 7 den. De vadio ejusdem in Lachon 67 sol. 2 den. De vadio ejusdem in Baslie 23 sol. 3 den. De divadiatione vadii ejusdem in Crisselon et exitu 78 lib. 8 sol. 2 den. De vadio ejusdem in Malonio 18 lib. De redditu ejusdem de Hugone Luera 14 sol. De Lecilina de redditu ejusdem 2 sol. pro. j. libra piperis. De Ranulfo Fabro de redditu ejusdem 6 sol. De Ranulfo le Maignein de eod. 6 sol. 8 den. De Nicol. Candie 4 sol. 7 den. pro simili. De Ricardo Pictel 2 sol. 8 den. pro simili. De Ernaldo Buisson 22 den. pro simili. De uxore Willelmi Aeliz 20 den. pro simili. De Wall. de Doi. 2 sol. 2 den. pro simili. De Philipo filio Textoris 2 sol. 2 den. pro eod. De Radulfo de Escures 14 den. pro simili. De Radulfo Flori 3 sol. pro simili. De Thoma Portario 2 sol. pro simili. De Petro de Porta 12 den. pro eod. De Alexandro de Columbellis 115 sol. pro simili. De Quatuor stagiis 8 lib. pro simili. De Buno Lemercier 18 sol. pro simili. De Nicol. Bonies 40 sol. de vadio ejusdem. De Gaufrido Cabal 16 sol. de redditu ejusdem. De Gaufrido de Bosvilla de devadiatione vadii ejusdem in Felgerolliis 73 lib. De Nicol. Grandi 2 sol. de redditu ejusdem. De Ivone de Alemania 8 sol. 4 den. pro simili. De Rogero Suhart 48 sol. de debito ejusdem. De Bence Gernon 21 sol. pro simili. De Gaufrido Baivel 4 sol. pro simili. De Wimont Sororio Presbyteri 60 sol. pro simili. De Johanne de Londa 20 sol. pro simili. De Johanne de Landa 20 sol. pro simili. De Gaufrido Lebret 30 lib. De divadiatione vadii sui quod Willelmus de Caluiz et Johannes Belet habebant in vadio. De Simone de Bosvilla 50 sol. de debito Willelmi de Caluiz. De Elya Flamenc 60 sol. pro simili. De Willelmo filio Simonis de Periers 20 sol. pro simili. De Petronilla uxore Roberti filii Petri 34 sol. pro simili. De Roberto Rogere 5 sol. pro simili. De Willelmo Lebret 10 lib. de firma terre de vadio Willelmi de Caluiz quod habebat de Raimond. Lebret. Summa 255 lib. 8 sol. 9 den. In thesauro liberavit. Et quietus est.

§ Bernardus Bolestenc redd. compot. de 16 sol. 4 den. de locagio cujusdam Tamus hominis de vadio Willelmi de Caluiz. In thesauro 8 sol. 4 den. Et debet 8 sol.

§ Bertinus Lecanu redd. compot. de 10 sol. 8 den. pro simili. In thesauro 8 sol. Et debet 2 sol. 8 den.

§ Godefridus Decanus redd. compot. de 30 sol. pro simili. In thesauro 18 sol. Et debet 12 sol.

§ Nicolaus Filelin redd. compot. de 8 sol. 6 den. pro simili. In thesauro 5 sol. Et debet 12 sol.

§ Aluine Anglic. redd. compot. de 4 lib. 12 den. de debito ejusdem Willelmi. In thesauro 20 sol. Et.......

§ Radulfus Miles redd. compot. de 40 lib. de divadiatione vadii quod Willelmus de Caluiz habebat de Michaele filio Warini. In thesauro liberavit. Et quie.....

§ Henricus Traimal redd. compot. de 20 sol. quos habuit de auxilio de Tillie. In thesauro liberavit. Et quie.......

§ Walter de Agnellis redd. compot de 40 lib. de fine suo pro terra sua. In thesauro 20 lib. Et debet 20 lib.

§ Willelmus Poignart redd. compot. de 30 marc. 5 sol. sterling quos recepit de Philipo de Waaceio de fine suo et fratrum suorum. In thesauro liberavit. Et quietus..

§ Willelmus de Clavilla redd. compot. de 20 lib. pro fine terre sue. In thesauro liberavit. Et.........

§ Gaufridus de Rapendona redd. compot. de 50 marc. argenti de remanente finis sui. In thesauro 30 marc. Et.............. ..

§ Radulfus Veintras redd. compot. de 100 sol. de fine suo. In thesauro 4 lib. Et..........

§ Thomas de Aguerneio redd. compot. de 3 marc. argenti pro plegio Ricardi de Argenciis de remanente compoti sui de ballia Philipi de Moaz. In thesauro. j. marc. et dimid Et debet........

§ Henricus de Brecie redd. compot. de 2 marc. argenti pro eod. In thesauro liberavit. Et quietus.. .

§ Willelmus de Poignart redd. compot. de 20 sol. de catallo Fulconis de Cantepie fugacis pro latrocino. In thesauro liberavit. Et quietus...

§ Rogerus de Monte Gomeri redd. compot. de 4 marc. argenti pro plegio Ricardi de Argenciis. In thesauro dimid. marc. Et debet 3 marc. et dimid.

§ Robertus Vicecomes redd. compot. de 89 lib. 18 sol. superius scriptis. In thesauro 22 lib. 18 col. Et debet 59 lib.

§ Willelmus Belet redd. compot. de 100 sol. de divadiacione terre quam Willelmus de Caluiz habebat in vadio de eodem. Roberto Laquarelle Clerico Regis 100 sol. per brev. Regis. Et quietus est.

§ Guido de Diva redd. compot. de 160 lib. 16 sol. 4 den. de exitu honoris de Wabreio cum villa de Torneor. In thesauro 60 lib. In decima stat. Abbati de Cerasio 11 lib. Et debet 89 lib. 16 sol. 4 den.

§ Idem redd. compot. de 34 lib. 9 sol. 4 den. de pasnagio foreste de Waureio. In thesauro 25 lib. 11 sol. 2 den. In decima abbatis de Cerasio 68 sol. 10 den. In liberatione reguardi 63 sol. 5 den. Et debet 45 sol. 8 den.

§ Idem redd. compot de receptis suis scilicet. De Gilleberto de Sartillie 106 sol. 8 den. pro plegio Ricardi de Argenciis. De Roberto filio Hugonis de Haia 100 sol. de jurea. De Aelardo de Balena 12 sol. pro simili. De Ranulfo Vilano 56 sol. pro simili. De Radulfo Malferas et Rabace 15 sol. pro simili. De Willelmo Taisson 15 sol. pro simili. De Silvestro de Parco 16 lib. 13 sol. 4 den. De Mahomet 9 sol. pro simili. De Hugone Perdriel 10 sol. pro simili. De Willelmo de Favearches 60 sol. pro simili. De Roberto filio Nicolai 32 sol. pro simili. De Herberto de Molino 40 sol. pro simili. De Philippo de Geneiz 40 sol. pro simili. De Gaufrido Letostu 46 sol. pro simili. De Mauricio 23 sol. pro simili. De fratre Ranulfi 23 sol. pro simili. De Willelmo de Rollos 7 lib. 12 sol. pro simili. De Willelmo Gualeis 60 sol. pro simili. De Polie Juvene 20 sol. pro plegio Ricardi de Grisi. De Johanne Jovin 40 sol. pro eod. De Rogero Mald..t 40 sol. pro eod. De Willelmo de Grisi 10 lib. pro eod. De Ranulfo de Maisnillo 20 sol. pro eod. De Osberto Lecat 10 sol. pro eod. De Petro Gaiasdon 20 sol. pro eod. De Simone filio Drogonis 9 sol. pro eod. De Roberto de Plano 5 sol. pro eod. De Willelmo Blanchart 41 sol. pro eod. De Lorencio Gruel 30 sol. pro eod. De Nigello de Estrees 40 sol. pro eod. De Coreia 60 sol. pro eod. De Radulfo Hermeri 20 sol. pro eod. De Ranulfo Hamoni 20 sol. pro eod. De Ricardo Sagitario 20 sol. pro eod. De Roberto filio Gaufredi 20 sol. pro eod. De Roberto de Ponte 20 sol. pro eod. De Rogero Gruel 20 sol. pro eod. De Ricardo Torgis 40 sol. pro eod. De Gaufrido de Campis 20 sol. pro eod. De Gervasio de Campis 40 sol. pro eod De Willelmo Falcoor 20 sol. pro eod. De Petro Sac. 20 sol. de jurea. De catallo Ricardi Folon fugacis pro morte unius hominis de Marrinie 22 sol. De Johanne de Parco 8 sol. de jurea. De Willelmo de Campo Rotondo 20 sol. de catallo Gaufridi Duredent. De eodem 68 lib. de jurea De Rualon. Forestario 26 lib. 12 sol. pro simili. De Simone Lauram. 10 lib. 13 sol. pro simili. De remanente liberationis servientium qui debuerunt ire in exercitum 100 lib. De Willelmo Guenes 69 sol. 6 den. de jurea. De Willelmo Sac. 20 sol. pro eod. De Roberto Juvene 8 lib. pro simili. De Olivero Tongart. 27 lib. pro simili. De Rogero Coplerie 65 sol. pro simili. De Ricardo de Vado Herbert. 15 lib. pro simili. De Henrico de Planis 6 lib. pro simili. De Hugone de Ikelon 67 sol. pro simili. De Willelmo Oriell 40 sol. pro simili. De Gilleberto de Gerartot 4 lib. pro plegio. Oliveri de Tongart. De Willelmo Plemer 20 sol .... 10 sol. pro eod. De Hugone de Coterna 110 sol pro plegio Ricardi de Griseio. De Richero filio Florie 10 sol. pro eod. De Ra...... de Porta 50 sol. pro eod. De Roberto Murdac 10 lib. pro eod. De Roberto filio Hugonis de Haia 6 lib. pro eod. De Waltero de Agi...... 8 lib. pro eod. De Willelmo de Pirou 4 lib. pro eod. De Nicol. de Haia 50 sol. pro eod. De catallo Nigelli Froissart testorn ...... catallo Ricardi de Griseio 6 lib. Summa 461 lib. 3 sol. In thesauro liberavit. Et q. ......

§ ANNO : AB : INC :. ... .

....

(Membrane 5 recto.).

§ Radulfus de Perceio redd. compot. de 20 lib. 7 sol. 9 den. de remanente jurec facte super eum alibi scripto. In thesauro 14 lib. Et debet 12 lib. 7 sol. 9 den.

§ Thomas de Verdun redd. compot. de 9 lib. de debito Willelmi de Caluiz. In thesauro 100 sol. Et debet. 4 lib.

§ Radulfus de Logis redd. compot. de 10 lib. de firma terre Talpin in Escremevilla. In thesauro liberavit. Et quietus est.

§ Willelmus de Cahaines redd. compot. de uno bisancio pro audienda concordia inter ipsum et Robertum de Cavaudon de terra de Cahaines unum placitum erat inter eos sicut cyrograhum inter eos testatur. In thesauro liberavit. Et quietus est.

§ Willelmus de Soliis debet 200 lib. pro fine terre sue.

§ Johannes de Moucon redd. compot. de 40 sol. pro habenda custodia filiorum Willelmi de Baioc. et terre sue. In thesauro liberavit. Et quietus est.

§ Willelmus de Mara redd. compot. de escaetis ballie sue : scilicet. De Olivero de Albignie 26 sol. 8 den. de redemptione Regis. De Luca filio Johannis 20 sol. de jurea. De Andrea Rake 10 sol. 6 den. de toulta (vel tolta). De Ricardo Mercat 63 sol. 10 den. pro simili. De plegio Ricardi filii Landrici scilicet. De Gillone Normanno 4 marc. argenti. De Ricardo de Valle. j. marc. De Godefrido Clerico. j. marc. De Ricardo de Londa j. marc. De Hugone de Insula 100 sol. De Radulfo filio Gonnor 100 sol. De Willelmo Lobes 20 sol. De Ricardo Warenno. j. marc. De Ricardo Mennet. j. marc. De Bornet de Buemara 2 marc. De Berenger. Dameisel. j marc. De Radulfo Morin. j. marc. De Hag. Dauber. j. marc. De Radulfo Rainerii. j. marc. De Ricardo Furon. j. marc. De Willelmo Baivel 7 sol. de toulta. De Gerod. de Watetot 2 marc. pro plegio Ricardi Tad. De Henrico Molendino. j. marc. pro eod. Summa 67 lib. 10 sol. 4 den. In thesauro liberavit. Et quietus est.

§ Robertus de Criketot redd. compot. de 40 lib. de focagio. In thesauro 24 sol. Et debet 38 lib. 16 sol.

§ Hugo de Monteforti redd. compot. de 51 lib. 10 sol. 2 den. de redemptione Regis. In thesauro 46 lib. 10 sol. Et debet 100 sol. 2 den.

§ Robertus de Apevilla redd. compot. de 14 lib. 14 sol. 3 den. de toulta. In thesauro 100 sol. Et debet 9 lib. 14 sol. 3 den.

§ Ricardus Sagita redd. compot. de 13 lib. 5 sol. pro simili. In thesauro liberavit. Et quietus est.

§ Ricardus de Bosco Bernard red. compot. 42 sol. pro simili. In thesauro liberavit. Et quietus est.

§ Robertus de S^to^. Antonio redd. compot. de 44 sol. 7 den. pro simili. In thesauro liberavit. Et quietus est.

§ Hugo de Malpertus redd. compot de 4 lib. 6 den. pro simili. In thesauro liberavit. Et quietus est.

§ Johannes filius Landrici redd. compot. de 10 sol. pro simili In thesauro liberavit. Et quietus est.

§ Gaufridus filius Landrici redd. compot. de 10 lib. pro simili. In thesauro liberavit. Et quietus est.

§ Willelmus Baivel redd. compot. de 34 sol. 9 den. de remanente firma de molendino de Ponte Audemer. In thesauro 8 sol. 3 den. Leprosis Jerusalem 20 sol. 3 den. de elemosine sua Et quietus est.

§ Wimondus Lievegot redd. compot. de 25 sol. de remanente exitus de aqua Risle. In thesauro liberavit. Et quietus est.

§ Robertus Legrant redd compot. de 60 sol. de exitu vicecomitis extra Pontem Audomari. In thesauro liberavit. Et quietus est.

§ Willelmus Augustini redd. compot. de 11 lib.

de firma terre Reinaldi de Pavillic in Ponte Audomari. In thesauro 6 lib. 16 sol. In elemosine statu 70 sol. In molinis reparandis 14 sol. per brev. Regis Et quietus est.

§ Gillebertus de Formentin redd. compot de 20 marc. pro plegio Ricardi filii Landrici. In thesauro 14 marc. Et debet 6 marc.

§ Landricus de Wollebue redd. compot. de 20 marc. pro eod. In thesauro 7 marc. et dimid. Et debet 12 marc. et dimid.

§ Ricardus Saete redd. compot de 20 marc. pro eod. In thesauro 7 marc. 10 sol. 5 den. sterling. Et debet 12 marc. 9 sol. 2 den.

§ Abe de S^{to}. Medardo redd. compot. de 20 marc. pro eod. In thesauro 7 marc. 4 sol. 2 den. sterling. Et debet 12 marc. 9 sol. 4 den

§ Gaufridus filius Landrici redd. compot. de 20 20 marc. pro eod. In thesauro 9 marc. 5 sol sterling. Et debet 10 marc. 8 sol. 4 den.

§ Willelmus Peignart redd. compot. de 10 marc. pro eod. In thesauro 2 marc. 10 sol. 10 den sterling. Et debet 7 marc. 2 sol 6 den

§ Radulfus de Bailluel redd. compot. de 10 marc. pro eod. In thesauro 4 marc. 9 sol. 2 den. sterling. Et debet 5 marc. 4 sol. 2 den.

§ Thomas de Torvilla reddit compotum de 10 marc. pro eodem. In thesauro 5 marc. 4 sol. 4 den. sterling. Et debet 4 marc. 9 sol.

§ Walter Miles reddit compotum de 4 marc. pro eod. In thesauro. j. marc. et dimid. Et debet 2 marc. et dimid.

§ Durandus Turkeis reddit compotum de 4 marc. pro eod. In thesauro. j. marc. 9 sol. 2 den. sterling. Et debet 2 marc. 4 sol. 2 den.

§ Landricus Miles reddit compotum de 4 marc. pro eod. In thesauro. j. marc. et dimid. Et debet 2 marc. et dimid.

§ Willelmus de Formentin redd. compot. de 10 marc. pro eodem. In thesauro 5 marc. 3 sol. 4 den. sterling. Et debet 4 marc. 10 sol.

§ Stephanus Botin reddit compotum de 3 marc. pro eodem. In thesauro 1 marc. 4 sol. 2 den. Et debet 1 marc. 9 sol. 2 den.

§ Walter. Miles reddit compotum de 3 marc. pro eodem. In thesauro. j. marc. 3 sol. 8 den. Et debet. j. marc. 9 sol. 8 den.

§ Henricus de Martinvilla reddit compotum de 10 marc. pro eodem. In thesauro 3 marc. 5 sol. Et debet 6 marc. 8 sol. 4 den.

§ Henricus de Caisneto reddit compot. de 10 marc. pro eodem. In thesauro 2 marc. 8 sol. 4 den. Et debet 7 marc. 5 sol.

§ Johannes Witecoc reddit compotum de 4 marc. pro eod. In thesauro. j. marc. 7 sol. 11 den. Et debet 2 marc. 5 sol. 5 den.

§ Radulfus Wigot redd. compotum de 4 marc. pro eodem. In thesauro 2 marc. 13 den. Et debet. j. marc. 12 sol. 3 den.

§ Ricardus de Toka reddit compotum de 2 marc. pro eodem. In thesauro 10 sol. sterling. Et debet. j. marc. 3 sol. 4 den.

§ Radulfus Sone reddit compotum de 3 marc. pro eodem. In thesauro 10 ... sterling. Et debet. j. marc. 3 sol. 4 den.

§ Johannes Fauvel redd. compotum de 2 marc. pro eodem. In thesauro marc. et dimid. Et debet dimidium marcum.

§ Godefridus de Valle reddit compotum de 2 marc. pro eod. In thesauro. j. marc. 5 sol. Et debet 8 sol. 4 den.

§ Ricardus de Chemino redd. compotum de 2 marc. pro eodem. In thesauro. j. marc. 11 sol. 7 den. Et debet 21 den.

§ Franc Mustel reddit compotum de. j. marc. pro eodem. In thesauro liberavit. Et quietus est.

§ Radulfus filius Hugonis redd. compot. de 2 marc. pro eodem. In thesauro. j. marc. 5 sol. Et debet 8 sol. 4 den.

§ Robertus Tente Gue reddit compotum de. j. marc. pro eodem. In thesauro 6 sol. 3 den. Et debet 7 sol. 1 den.

§ Gaufridus de Eskametot reddit compotum de 4 marc. pro eodem. In thesauro 3 marc. 4 sol. 2 den. Et debet 9 sol. 2 den.

§ Robertus de Escametot reddit compot. de 4 marc. pro eodem. In thesauro. j. marc. 2 sol. 11 den. Et debet j marc. 10 den.

§ Robertus Faber reddit compotum de 2 marc. pro eod. In thesauro. j. marc. 2 sol. 11 den. Et debet 10 sol. 5 den.

§ Radulfus filius Goce reddit compotum de 2 marc. pro eodem. In thesauro. j. marc. 12 sol. 6 den. Et debet 10 den.

§ Robertus de Chimino reddit compot. de 2 marc. pro eod. In thesauro. j. marc. 8 den. Et debet 12 sol. 8 den.

§ Hugo Ysaac reddit compotum de 1 marc. pro eod. In thesauro 3 sol. 9 den. Et debet 9 sol. 7 den.

§ Gaufridus Lebort reddit compotum de 2 marc. pro eod. In thesauro 12 sol. 6 den. Et debet. j. marc. 10 den.

§ Robertus de Cambes redd. compotum de 1 marc. pro eod. In thesauro 5 sol. sterling. Et debet 8 sol. 4 den.

§ Radulfus Lemaisnier reddit compotum de 20 lib. pro eodem. In thesauro 10 lib. Et debet 10 lib.

§ Willelmus de Grollont reddit compotum de 10 lib. pro eod. In thesauro 7 lib. Et debet 60 sol.

§ Willelmus de Mesnillo reddit compotum de 100 sol. pro eod. In thesauro 4 lib. 10 sol. Et debet 10 sol.

§ Gillebertus de Brostesauz redd. compot. de 100 sol. pro eod. In thesauro 70 sol. Et debet 30 sol.

§ Gillebertus de Maris reddit compotum de 100 sol. pro eod. In thesauro 4 lib. 5 sol. Et debet 15 sol.

§ Elricus Faber redd. compot. de 100 sol. pro eod. In thesauro 55 sol. Et debet 45 sol.

§ Lucas de Grinbovilla redd. compot. de 20 lib. pro eod. In thesauro 16 lib. Et debet 4 lib.

§ Radulfus Baut redd. compot. de 10 lib. pro eod. In thesauro 4 lib. Et debet 6 lib.

§ Willelmus Pikenier redd. compot. de 10 lib. pro eod. In thesauro 66 sol. Et debet 6 lib. 10 sol.

§ Radulfus de Bello Moncel redd. compot. de 30 lib. pro eod. In thesauro 7 lib. Et debet 23 lib.

§ Gervasius Pcisson. reddidit 4 marc. 20 den. sterling. pro eodem. In thesauro. j. marc. 20 den. Et debet 2 marc. 11 sol. 8 den.

§ Radulfus Hascoil reddit compotum de 2 marc. pro eodem. In thesauro 7 sol. sterling. Et debet. j. marc 6 sol. 4 den.

§ Ingulfus Hoiel reddit compotum de. j. marc pro eodem. In thesauro 7 sol. 6 den. sterling. Et debet 5 sol. 10 den.

§ Petrus de Boketot redd. compot. de 20 lib. pro eod. In thesauro 10 lib. Et debet 10 lib.

§ Willelmus Ferrant redd. compot de 20 lib. pro eod. In thesauro 60 sol. Et debet 17 lib.

§ Ricardus Buie redd. compot. de 100 sol. pro eod. In thesauro 60 sol. Et debet 40 sol.

§ Gillebertus Anglicus redd. compot. de 100 sol. pro eod. In thesauro 60 sol. Et debet 40 sol.

§ Rogerus Polart redd. compot. de 100 sol. pro eod. In thesauro 18 sol. Et debet 4 lib. 2 sol.

§ Rogerus filius Juel. redd. compot. de 10 lib. pro eod. In thesauro 40 sol. Et debet 8 lib.

§ Radulfus Direl redd. compot. de 100 sol. pro eod. In thesauro 65 sol. Et debet 35 sol.

§ Willelmus Tuine redd. compot. de 10 lib. pro eod. In thesauro 40 sol. Et debet 8 lib.

§ Ingulfus Taneor redd. compot. de 10 lib. pro eod' In thesauro 4 lib. Et debet 6 lib.

§ Bigot Faber redd. compot. de 100 sol. pro eod. In thesauro 20 sol. Et debet 4 lib.

§ Hugo de Magnevilla redd. compot de 20 lib. pro eod. In thesauro 4 lib. Et debet 16 lib.

§ Robertus Piele reddit compotum de. j. marc. pro eod. In thesauro 12 sol. 6 den. sterling. Et debet 10 den.

§ Odon de Portis redd. compot. de. j. marc. pro eodem. In thesauro 8 sol. 9 den. sterling. Et debet 4 sol. 7 den.

§ Robertus Witecoc redd. compot. de. j. marc. pro eodem. In thesauro 2 sol. 6 den. Et debet 10 sol. 10 den.

§ Radulfus Morel reddit compotum de. j. marc. pro eod. In thesauro 11 sol. 3 den. Et debet 2 sol. 1 den.

§ Radulfus Seignor redd. compot. de. j. marc. pro eod. In thesauro 7 sol. 9 den. Et debet 5 sol. 7 den.

§ Berenger Chaucechien redd. compot. de. j. marc. pro eod. In thesauro 7 sol. 6 den. Et debet 5 sol. 10 den.

§ Reinaldus Tallcor redd. compot. de. j. marc. pro eod. In thesauro 10 sol. 9 den. Et debet 2 sol. 7 den.

§ Rogerus de Gardin redd. compot. de. j. marc. pro eod. In thesauro 12 sol. 3 den. Et debet 13 den.

§ Alexander Goude redd. compot. de. j. marc. pro eod. In thesauro 6 sol. 3 den. Et debet 7 sol. 1 den.

§ Johannes Goude redd. compot. dé. j. marc. pro eod. In thesauro 2 sol. 6 den. Et debet 10 sol. 10 den.

§ Robertus Coispel redd. compot. de. j. marc. pro eod. In thesauro 6 sol. 3 den. Et debet 7 sol. 1 den.

§ Radulfus Leveske redd. compot. de. j. marc. pro eod. In thesauro 6 sol. 3 den. Et debet 7 sol. 1 den.

§ Ricardus Lokere redd. compot. de. j. marc. pro eod. In thesauro 6 sol. 6 den. Et debet 6 sol. 10 den.

§ Thomas Tose redd. compot. de. j. marc. pro eod. In thesauro 5 sol. sterling. Et debet 8 sol. 4 den.

§ Gardinus de Plaiseiz redd. compot. de. j. marc. pro eod. In thesauro 8 sol. 9 den. Et debet 4 sol. 7 den.

§ Robertus Espinei redd. compot. de. j. marc. pro eod. In thesauro 12 sol. 6 den. Et debet 1 sol. 10 den.

§ Ricardus Warn. redd. compot. de 2 marc. pro eod. In thesauro 8 sol. 9 den. Et debet. j. marc. 4 sol. 7 den.

§ Radulfus de Essartis redd. compot. de 2 marc. pro eod. In thesauro 5 sol. Et debet. j. marc. 8 sol. 4 den.

§ Willelmus Caretier reddit compotum de 2 marc. pro eod. In thesauro 5 sol. Et debet. j. marc. 8 sol. 4 den.

§ Godefridus de Quercu redd. compot. de. j. marc. pro eod. In thesauro 11 sol. 3 den. Et debet 2 sol. 1 den.

§ Robertus Gaubon redd. compot. de. j. marc. pro eod. In thesauro 7 sol. 6 den. Et debet 5 sol. 10 den.

§ Thomas le Villain redd. compot. de. j. marc. pro eod. In thesauro 11 sol. 9 den. Et debet 19 den.

§ Gaufridus Rollant redd. compot. de. j. marc. pro eod. In thesauro 8 sol. 3 den. Et debet 5 sol. 1 den.

Thomas de Hurtevent redd. compot. de. j. marc. pro eod. In thesauro 5 sol. Et debet 8 sol. 4 den.

§ Reinald Ladol. redd. compot. de. j. marc. pro eod. In thesauro 5 sol. Et debet 8 sol. 4 den.

§ Ricardus de S'colhic. redd. compot de.j.marc. pro eod. In thesauro 6 sol. Et debet 8 sol. 4 den.

§ Gaufridus Faber redd. compot. de. j. marc. pro eod. In thesauro 2 sol. Et debet 10 sol. 10 den.

§ Robert de Lire redd. compot. de 2 marc. pro eod. In thesauro.j. marc. 4 sol. 2 den. Et debet 9 sol. 2 den.

§ Ricardus Corbet redd. compot. de. j. marc. pro eod. In thesauro 6 sol. 3 den. Et debet 5......

§ Osbertus Labe reddit compotum de 2 marc. pro eod. In thesauro 12 sol. 4 den. obol. Et debet j. marc.

§ Gaufridus de Fai redd. compot. de 2 marc. pro eod. In thesauro 10 sol. Et debet 1 marc. 3 sol....

§ Radulfus de Busco et Willelmus Lerei reddunt compotum de 2 marc. pro eodem. In thesauro 12 sol. 4 den. Et debent 12 den.

§. Willelmus Faber redd. compot. de. j. marc. pro eod. In thesauro 5 sol. Et debet 8 sol. 4 den.

§ Johannes Borsic redd. compot. de 2 marc. pro eod. In thesauro 6 sol. 3 den. Et debet 7 sol. 1 den.

§ Ricardus de Rubeo Monte redd. compot. de. j. marc. pro eod. In thesauro 8 sol. 6 den. Et debet 4 sol. 10 den.

§ Walcran. Bonte redd. compot. de 2 marc. pro eod. In thesauro 1 marc. Et debet 1 marc.

§ Robertus de Apevilla redd. compot. de 100 sol. pro plegio Ricardi de Argenciis. In thesauro 40 sol. Et debet 40 sol.

§ Gaufridus Borsic redd. compot. de 2 marc. pro plegio Ricardi Landrici. In thesauro 3 sol. 9 den. Et debet. j. marc. 9 sol. 7 den.

§ Luca de Torolvilla redd. compot. de 3 marc. pro eod. In thesauro 12 sol. Et debet 2 marc. 16 den.

§ Willelmus Hurtant redd. compot. de. j. marc. pro eod. In thesauro 2 sol. 6 den. Et debet 10 sol. 10 den.

§ Willelmus Lortie reddit compotum de 100 sol. 2 den. de prisis et toltis. In thesauro 50 sol. sol.Et debet 50 sol. 2 den.

§ Robertus Rahier redd. compot. de. j. marc. pro plegio Ricardi Landrici. In thesauro 2 sol. 6 den. Et debet 10 sol. 10 den.

§ Rogerus Lecoc redd. compot. de.j. marc. pro eod. In thesauro 4 sol. 9 den. Et debet 8 sol. 7 den.

§ Robertus Fauvel redd. compot. de. j. marc. pro eod. In thesauro 5 sol. Et debet 8 sol. 4 den.

§ Radulfus de Cres redd. compot. de. j. marc. pro eod. In thesauro 12 sol. 6 den. Et debet 10 den.

§ Ricardus de Buison redd. compot. de. j. marc. pro eod.In thesauro 5 sol. 9 den.Et debet 7 sol. 7 den.

§ Robertus de Bosco redd. compot. de 21 sol. 6 den. de remissione debitis Alani Lohuesier mortui usurar. In thesauro 12 den. Et debet 20 sol. 6 den.

§ Robertus Manchon redd. compot. de 13 sol. pro eod. In thesauro 2 sol. Et debet 11 sol.

§ Willelmus Pinel redd. compot. de 22 den. pro eod. In thesauro liberavit. Et quietus est.

§ Normannus Aumuc redd. compot. de 40 sol. pro eod. In thesauro 4 sol. Et debet 36 sol.

§ Herbertus Warn. redd. compot. de 40 sol. pro eod. In thesauro 4 sol. Et debet 36 sol.

§ Roger. Wastel redd. compot. de 3 sol. 3 den. pro eod. In thesauro liberavit. Et quietus est.

§ Gillebertus de Mara redd. compot. de 36 sol. de jurea. In thesauro 10 sol. Et debet 26 sol.

§ Rogerus Lerei redd. compot. de 60 sol. pro dissaisina. In thesauro 40 sol. Et debet 20 sol.

§ Georg. de Fontaincurt redd. compot. de 60 sol. pro simili. In thesauro liberavit. Et quietus est.

§ Willelmus de Mara redd. compot. de 45 sol. de minutis placitis de honore de Monteforti. In thesauro liberavit. Et quietus est.

§ Idem reddit compotum de 27 lib. 3 sol. de firma vicecomitat. de Contevilla et de dominicis de Bollevilla. In thesauro 10 lib. 6 sol. 10 den.

Evain de Brac 10 lib. 6 sol. 10 den. de dono per brev. Regis. In aula et palitio Castri de Ponte Audomari reparand. 7 lib. 16 sol. 8 den. per idem brev. Et quietus est. Et habet superplus 27 sol. 4 den. qui computant inferius ei.

§ Idem redd. compot. de 6 lib. 6 sol. hoc anno pro 42 sextar. avene de bernagio vicecomit. de S[te]. Marie ecclesia. Sextarius pro 3 sol. In suo super..... 20 sol. 4 den. In justiciis faciendis 10 sol. Ipsi Willelmo in solta redditus sui de Ponte Audomari, scilicet de molino quem Rex habuer..... debet 18 sol. 8 den. de quibus reddit compotum inferius.

§ Idem reddit compotum de 40 sol. de mortuo bosco foreste Brotone vendito. In thesauro liberavit. Et quietus est.

§ Godefridus Sirart redd. compot. de uno bisancio pro audiendo dono quod Aeliz de Bievredan fecit ei de terra sua apud Martinvillam sicut carta sua testatur. In thesauro liberavit. Et quietus est.

§ Willelmus de Mara reddit compotum de misericordiis ballie sue pro vino supervendito : scilicet de Odone Hai 5 sol. De Nicol. Pepin 20 sol. De Gerold. de S[to]. Paulo 10 sol. De Henrico Cauvet 10 sol. De Willelmo Aug. 15 sol. De Osberto de Fonte 60 sol. De Richereld de Ladon. 5 sol. De Roberto Heribel 10 sol. De Roberto Carel. 5 sol. De Waltero Loinokoor 40 sol. De Michaele Pontel 60 sol. De Johanne Nordest 40 sol. De Erenborc Ferecoc 10 sol. De Andrea de Apevilla 5 sol. De Ligero Belebarbe 40... ......r de Cadomo 5 sol. De Radulfo Menteforti 5 sol. De Radulfo Legrenu 5 sol. De Rogero Leræi 10 sol. De Safred. Canu 10 sol. De Toroldo filio Aelardi....... De Matille de Prato 5 sol. De Radulfo Pikes 10 sol. De Torld. filio Helarii 10 sol. De Maugero Herloin 5 sol. De Reinaldo de Seu 5 sol. De Ricardo Lem....... sol. De Serlone Coorde 5 sol. De Gaufrido Herloin 10 sol. De Andre de Bec 5 sol. De Willelmo Monaco 5 sol. De Rogero de Cornoalle 10 sol. De Willelmo..... sol. De Aifardo Tosc 10 sol. De Gerold. Barre 10 sol. De Baduino Rufo 5 sol. De Osmundo Alagiole 10 sol. De Matilde Rothom. 5 sol. De Ricardo Trevelor....... De Waltero Despenser 10 sol. De uxore Batlapel 5 sol. De Giraldo Aurifabro 5 sol. De Micaele Lievegot 5 sol. De Marie uxore Ansketill. 5 sol........ Ruffo 30 sol. De Reginaldo Harenc 10 sol. De Johanne Ruffo 5 sol. De Radulfo de Orliens 20 sol. De Stephano Roon 20 sol. De Ricardo filio Sac. 10 sol. De..... filio Huberti 5 sol. De Roberto Borache 5 sol. De Radulfo Herolt 5 sol. De Willelmo de Franchoisier 5 sol. De Hugone Mores 5 sol. De Augerot 5 sol. De.... Colombe 5 sol. De Willelmo de Torvilla 5 sol. De Nicol de Platea 5 sol. De Mauger Ferecoc 5 sol. De Hugone de Bonavilla 5 sol. De uxore Rogeri Par........ sol. De Willelmo Bogis 5 sol. De Wareng. Reinc 5 sol. De Hugone Textore 5 sol. De Oduno Lerei 5 sol. De Johanne Fabro 5 sol. De Radulfo filio Anfredi 5.... Roberto Hairon 53 sol. 4 den. Summa 39 lib. 18 sol. 4 den. In thesauro liberavit. Et quietus est.

§ Willelmus de Mara redd. compot. de 48 sol. 8 den. superius scriptis. In thesauro 37 sol. 8 den. Pro venatione Regis ducenda de Watevilla usque Rothomag. per brev. Regis. Et quietus est.

§ Robertus de Apevilla et socii ejus debent 7 lib. de remanente emprunti facto apud Pontem Audemari per Johannem de Alenchon. § Odo Clericus 29 sol. pro foresta vendita. § Ricardus de Bosco Bernard....... pro eod. § Rainfredus de Rootot 5 sol. pro clamore dimisso. § Radulfus Lemaisnier 6 lib. 14 sol. de debito Rogeri de Bello Monte. § Willelmus Ferrant 66 sol. pro.... § Gaufridus Faber 87 lib. 5 sol. 8 den. pro foresta. § Willelmus de Bello Loco 3 sol. 6 den. pro eod. § Burnel 10 sol. pro codem. § Warenger 15 sol. .... eod. § Winem. 20 sol. pro eod. § Willelmus Ruffus 28 lib. 5 sol. 4 den. de remanente veteris firme de Monteforti. § Gaufridus de Busco 20 sol. de .... De Moreinvilla super feodum Gilleberti Builot. § Manceserus Malveisin 76 sol. pro dissaisina. § Radulfus de Busco 20 sol. pro concordia versus Robert. de Valle....... Wancie 100 sol. pro duello in curia comitis Mellenti. § Matilda de Pratellis 6 lib. pro dissaisina. § Ricardus de Hoseia 4 lib. 10 sol. pro clamore dimisso. § Johannes Canis 5 .... Johannes Minutor 10 sol. pro codem. § Normannus Taneor 8 sol. pro eod. § Hugo Boufart 10 sol. pro concordia. § Willelmus de Apevilla 6 lib. de debito Rogeri ...... § Robertus Pelegars 10 sol. pro falso clamore. § Robertus de Criketot 30 sol. de jurea. § Hugo de Monteforti 60 lib. de auxilio exercitus. § Gillebertus Formentin 10....... § Willelmus de Apevilla 6 sol. pro eod. § Robertus de Apevilla 3 sol. pro eod. § Hugo de Monteforti 4 lib. pro eod. § Willelmus de Gardin 6 lib. 14 sol. de jurea. ....tot... 10 lib. de donatione. § Petrus de Arvolu 20 sol. pro vino supervendito. § Stephanus de Housset 20 sol. pro eod. § Alberee de Conde 5 sol. pro eod. .... § Ema de Super Pontem 10 sol. pro eodem. § Ricardus filius Andree 5 sol. pro eod. § Johannes Fermar. 10 sol. pro eod. § Robertus de Spinei 5 sol. pro eod. .... § Girline de Bec 5 sol. pro eod. § Radulfus de Super Pontem 10 sol. pro eodem. § Robertus Malerbe 10 sol. pro eodem. § Henricus Burnel 5 .... 5 sol. pro eod. § Robertus Godefroi 40 sol. pro eod. § Hugo de Magnevilla 20 sol. pro eod. § Turbert 5 sol. pro eod. § Johan. Bu........lot 10 sol. pro eod. § Durandus de Watevilla 10 sol. pro eod. § Ansketillus Bracedroie 5 sol. pro eod. § Ricardus filius Mathei .... § Thomas frater Sac. 5 sol. pro eod. § Herloin. filius Ranulfi 5 sol. pro eod. § Robertus de Maris 5 sol. pro eodem. § Radulfus Morel 5 sol. pro eod. § .... eod. § Rogerus Faber 10 sol. pro eod. § Wiardus de Tovilla 10 sol. pro eod. § Simon de Valle 5 sol. pro eod. § Anfridus Qui vadit 5 sol. pro eo...

§ Wimondus Lievegot, Willelmus Baivel et Willelmus Lecorteis reddunt compotum de 500 lib. de empructo facto in villa Pontis Audomari per Robertum abbatem Cadomi et Ricardum Silvani. In thesauro 438 lib. Et debent 62 lib. de quibus Herbertus filius Hilarii debet 40 lib. Robertus ....lino 10 lib. Robertus de Kilebuc 100 sol. Willelmus Trenchefuil 7 lib.

§ Willelmus de Apevilla et Robertus frater ejus reddunt compotum de 420 lib. 15 sol. 2 den. de exitu foreste de Watevilla et Rivis de 14 mensibus.......... S[ti]. Albini anni sequentis. In thesauro nichil. In decima S[to]. Wandr. 42 lib. 18 den. Leprosis de Torvilla 20 sol. de elemosine statu. Monacho de Brotona 100 sol. de elemos. statu. Ad Luminare ......dellendin 7 sol. 3 den. hoc anno pro 9 quarter. et dimid. avene de elemos. statu. Leprosis de Brectot 10 sol. de elemos. statu. In expensa equorum Regis. ....vill. 31 sol. per brev. Regis. In conredio porcariorum Regis 17 sol. per brev. Regis. Pro sale ad bacones et anguillas Regis salandas 44 sol. per idem brev. S.......... collegerunt pasnagium 40 sol. 6 den. de feodo. Pro 2 tonellis emendis ad raspatum Regis et pro aliis tonellis adducendis apud Watevillam 13 sol. per brev. ....ficiendis domibus de Watevilla et capella et coquina et cellario et sardario et domo super portam et muris ballii reparand. 250 lib. 7 .... 24 perchis de haia de mor claudenda 71 lib. per id. brev. Pro palitio ejusdem haie relevand. per ventum prostratum 13 sol. per id. brev. In .... liberatione eorumdem pro custodia foreste 11 lib. 8 sol. per id. brev. scilicet quaque die 3 sol. usque ad festum S[ti]. Albini. Et debent 31 lib. 9 sol............ debent 20 lib. quas receperunt de thesauro Cadomi. Et 20 lib. quas receperunt de Gilleberto de Marleiz.

§ Item Ballia de Buoc. § Willelmus de Mara pro escaetis. § Plegii Ric. Landricide ead. ballia. § Vicecomes de Contevilla cum dominicis de Boslevilla. § W........ Mara pro vinagio § Emprumptum ville de Ponte Audem. § Foresta de Brotona.

Membrane 5. dorso.)

§ Radulfus Labe reddit compotum de 700 lib. de firma preposilure et viccomitatu Argentomi. Et de 10 lib. pro molino de Gravilla. In thesauro nichil. In decima statu. S^{to}. Wandr. 15 lib. Canonicis de Sagio. 13 lib. 12 den. de elemos. statu. In decima statu. Abbatie de Bosco 10 lib. Hospitali Jerusalem 100 sol. de elemos. statu. Abbatie de S^{to}. Andrea 46 sol. 6 den. de elemos. statu. Capellano de S^{to}. Nicolao 40 sol. de elemos. statu. Vigili Castri 60 sol. de libero statu. Portario 60 sol. de lib. statu. Ponti de Ogna 20 sol. de consuetudine statu. Pro duobus modiis frumenti et uno modio ordei quos canonici de Sillcio habent de elemos. statu. 48 lib. hoc anno. In justicia facienda 23 sol. 8 den. Cuidam servienti Regis 62 sol. de dono per brev. Regis. In operatione pontium de Ogna et de juxta Castrum et aula cooperienda et campo hordando ad duellum tenendum 40 lib. 11 den. per id. brev. In expensa Episcopi de Frisgia apud Argentomum 21 lib. per id. brev. Pro eodem episcopo ducendo ab Argentomo usque in Angliam 20 lib. per id. brev. Comiti de Augo 50 lib. de dono per id. brev. In expensa Comitis de Aubemarle et Comitisse apud Sagiensem 207 lib. per id. brev. Pro gruibus et venatione Regis portandis ab Argentomo usque Rothomagum 50 sol. per id. brev. Rogero de Argentomo. 10 lib. de dono per id. brev. Pro equis Regis ducendis a Cadomo usque ad Chinum 4 lib. per id. brev. In expensa canum Regis et pro duobus istorum ducendis in Andegavens 104 sol. per id. brev. Pro mutis Regis faciendis apud Cambai et Argentomum 14 lib. 5 sol. 11 den. per id. brev. In expensa Henrici de Wada et sociorum ejus Falconarii Regis 14 lib. 10 sol. per id. brev. Henrico Falconario et sociis suis ad expensam suam et avium Regis 15 lib. per id. brev. Radulfo de Halvilla ad expensam suam et girfaudorum Regis 10 lib. 12 sol. 4. den. per id. brev. Pro adquietanda expensa equorum Regis apud Alenchon. 105 sol. per id. brev. Pro quinque loriculis ad opus Regis 12 lib. 14 sol. per id brev. Gaufrido Falconario et sociis suis ad expensam suam et falcones Regis 25 lib. per id. brev. Waltero de Manerio falconario Regis ad expensam suam 100 sol. per id. brev. Pro duobus equis ad quadrigas Regis 12 lib. per id. brev. Et debet 129 lib. 4 sol. 9 den. qui remanent super deperditam prepositure pro tempore guerre.

§ Idem reddit compotum de 8 lib. 10 sol. de feria Pentecoste. Et de 65 sol. de terra mote in Argenton. et de 40 sol. de terra Roberti de Aumanesches. Et de 6 sol. pro tribus partis. Et de 22 sol. 6 den. de censis calceie. Et de 60 sol. de terra Hugonis Briton. Et de 36 sol. de terra Willelmi Presbyteri. Et de 3 den. de camera Ricardi de Balluel. Et de 2 sol. de mansura Willelmi de Bosco juxta Escoues. Summa 19 lib. 21 den. In thesauro 7 lib. 10 sol. Roberto Britone. 11 lib. 11 sol. 9 den. Et quietus est.

§ Insula Hamanni nichil valuit hoc anno propter cretinam.

§ Radulfus Labe redd. compot. de 200 lib. de firma foreste de Goufer. In thesauro 48 lib. 7 sol. 5 den. In decima abbatie de Bosco 10 lib. Et debet 100 lib. 12 sol. 7 den.

§ Idem redd. compot. de 6 lib. hoc anno pro 15 sextar. avene hoc anno, de bernagio vicecomitatus de Argentomo et de Oxim. In thesauro liberavit. Et quietus est.

§ Willelmus filius Herberti redd. compot. de 86 lib. 7 sol. 6 den. de remanente finis sui. In thesauro 10 lib. Et debet 76 lib. 7 sol. 6 den.

§ Richerus Bret et socii sui reddunt compotum de 64 lib. 16 sol. 10 den. de remanente veteris firme Argentomi. In thesauro 52 lib. 18 sol. 8 den. Et debent 11 lib. 18 sol. 2 den.

§ Robertus de Gravella redd. compot. de 59 lib. 10 sol. 5 den. de remanente ejusdem firme. In thesauro 4 lib. Et debet 55 lib. 10 sol. 5 den.

§ Wigen. de Verincio redd. compot. de 48 lib. de remanente promissi sui. In thesauro 100 sol. Et debet 43 lib.

§ Hugo de Nonantel redd. compot. de 60 sol. pro difforciato. In thesauro liberavit. Et quietus est.

§ Petrus filius Herberti redd. compot. de 94 lib. 8 sol. 2 den. de remanente finis sui. In thesauro 60 sol. 6 den. Et debet 92 lib. 7 sol. 8 den.

§ Rogerus filius Herberti debet 133 lib. 6 sol. 5 den. pro simili.

§ Radulfus filius Herberti et Richerus Lebret reddunt compotum de 21 lib. 2 sol. 6 den. de remanente veteris firme de Argentomo. In thesauro 12 lib. 17 sol. Et debent 8 lib. 4 sol. 6 den.

§ Rogerus de Turre redd. compot. de 8 lib. pro dissaisina. In thesauro 60 sol. Et debet 10 sol.

§ Herbertus de Vinaz redd. compot. de 9 lib. 4 sol. 10 den. de remanente veteris firme de Argentomo. In thesauro 60 sol. Et debet 6 lib. 4 sol. 10 den.

§ Gaufridus de Baiocinia debet 78 sol. pro negare et cognoscere. § Radulfus de Airel 10 sol. pro concordia duelli. § Radulfus Cul Neir 20 sol. pro vino supervendito. § Ricardus de Buisson 20 lib. pro habenda terra avunculi sui in Anglia.

§ Murielf uxor Seignore et Willelmus Taurzne et fratres ejus reddunt compotum de 353 lib. 16 sol. 6 den. de remanente veteris firme foreste de Goffer. In thesauro 19 lib. 10 sol. Et debent 334 lib. 6 sol. 10 den.

§ Eidem debent 41 sol. de placitis foreste de Goffer.

§ Radulfus Labe reddit compotum de recepta sua de tallagio facto per Senescallum Normannie in Argentomo scilicet de 110 lib. In thesauro liberavit. Et quietus est.

§ Durand Lebigre et Robertus Tornai reddunt compotum de 19 lib. 11 sol. de remanente vente foreste de Goffer. In thesauro 4 lib. 8 sol. de catallo Durandi Lebigre. Et debent 15 lib. 3 sol.

§ Willelmus Seignore debet 10 lib. pro patre suo quia non venit ad Scaccarium. § Idem 7 lib. 8 sol. de reguardo foreste de Goffer. § Idem 5 sol. pro preceptο Regis transgresso. § Idem 26 lib. 17 sol. 6 den. de jurea.

§ Radulfus Labe reddit compotum de 19 lib. 2 sol. de ultimo reguardo foreste de Goffer. In thesauro 17 lib. 3 sol. Et debet 38 sol. de quibus Radulfus de Spineto debet 20 sol. Et Ricardus de Guaipre 10 sol. Willelmus Lemaniant 5 sol. Girardus Textor. 17 den. Radulfus filius Gilleberti 18 den.

§ Robertus de S^{to}. Lotario debet 18 lib. 6 sol. 2 den. de remanente exitus terre Fulconis de Alnou in Flers et S^{to}. Juliano.

§ Radulfus Labe reddit compotum de 328 lib. de emprunclo facto per Johannem de Alenchon. in Argentomo et ballia Argentomi. In thesauro 172 lib. de quibus 17 lib. fuerunt de recepta Ricardi de Argenciis. In recepta Ricardi de Argenciis 44 lib. de quibus reddidit compotum anno preterito. Et debet 112 lib. § Robertus de Rex reddit compotum de tribus marc. pro plegio Ricardi de Argenciis. In thesauro. j. marc. et dimid. Et debet marc. et dimid.

§ Robertus de Suignie reddit compotum de. j. marc. pro eod. In thesauro 5 sol. Et debet 8 sol. 4 den.

§ Ricardus de Buisson redd. compot. de. j. marc. pro eod. In thesauro dimid. marc. Et debet dimid. marc.

§ Tustinus de Rea redd. compot. de 3 marc. pro eodem. In thesauro 7 sol. 6 den. sterling. Et debet 2 marc. 5 sol. 10 den.

§ Hugo de Claraio reddit compotum de 2 marc. pro eodem. In thesauro 13 sterling. Et debet. j. marc. 4 den.

§ Willelmus de Fulgereiz reddit compotum de 59 lib. 6 sol. de jurea. In thesauro 60 sol. Et debet 56 lib. 6 sol.

§ Tustinus Canis reddit compotum de 22 lib. 15 sol. pro simili. In thesauro 30 sol. Et debet 21 lib. 3 sol.

§ Willelmus Bot reddit compotum de 40 lib. 12 sol. pro simili. In thesauro 34 sol. 8 sol. Et debet 38 lib. 7 sol. 4 den.

§ Willelmus Lainzne debet 7 lib. 8 sol. pro simili.

§ Durand. Lebigre reddit compotum de 113 sol. pro simili. In thesauro 100 sol. Et debet 13 sol.

§ Huismel. Carbonel reddit compotum de 7 lib. 17 sol. pro simili. In thesauro 6 lib. 15 sol. 6 den. Et debet 6 sol.

§ Eliot redd. compot. de 10 sol. 4 den. pro simili. In thesauro liberavit. Et quietus est.

§ Lucas de Boiseio reddit compotum de 8 sol. pro simili. In thesauro liberavit. Et quietus est.

§ Jordanus Goislarde debet 4 lib. 2 sol. pro simili.

§ Walchelinus Bardolf redd. compot. de 61 sol. 4 den. pro simili. In thesauro 50 sol. Et debet 11 sol. 4 den.

...... Friardel debet 114 sol. pro simili. § Rogerus Seignore 20 lib. 5 sol. 8 den. pro simili. § Thomas Seignore 12 sol. 6 den. pro simili.

§ Robertus de Tornaio reddit compotum de 111 sol. 6 den. pro simili. In thesauro 32 sol. 6 den. Et debet 78 sol.

§ Rossellus debet 47 sol. 3 den. pro simili. § Rogerus Lecat 20 den. pro simili. § Fortinus 34 sol. 4 den. pro simili.

§ Ricardus Feret redd. compot. de 12 lib. 9 sol. 10 den. pro simili. In thesauro 20 sol. Et debet 11 lib. 9 sol. 10 den.

§ Gaufridus de Pommainville redd. compot. de 45 lib. de auxilio Regis. In thesauro 35 lib. Et debet 10 lib.

§ Robertus de Mainie debet 10 sol. pro clamore dimisso versus Reinald. de Maignie. § Willelmus de Fulgerez 36 sol. 7 den. de remanente decime ballie de Argenton. § Radulfus Labe 10 marc. pro plegio Ricardi de Argenciis. § Idem 5 marc. argenti pro plegio Ricardi filii Landrici.

§ Idem reddit compotum de recepta sua scilicet. De exitu terre Engerranno de Fontibus. Senescallo de Pontivo 28 lib. De Episcopo Sagiense 40 lib. de quarto suo. De pasnagio foreste de Gofer 20 lib. 11 sol. De pasnagio foreste de Escoues 13 lib. 15 sol. Summa 100 lib. 46 sol. In thesauro liberavit. Et quietus est.

§ Idem redd. compot. de 57 lib. 3 sol. de firma terre Roberti de Uxeio. In thesauro 40 lib. 3 sol. Filiis Roberti de Uxeio ad conredium et pannos eorum 17 lib. per brev. Regis. Et quietus est.

§ Engerrannus de Cardonvilla reddit compotum de 30 lib. de fine terre sue. In thesauro liberavit. Et quietus est.

§ Rogerus Grandis redd. compot. de uno bisancio pro audienda venta inter ipsum et Adam de Gravella sicut cyrographum eorum testatur. In thesauro liberavit. Et quietus est.

§ Radulfus Labé redd. compot. de misericordiis ballie sue pro vino supervendito, scilicet: De Rorgeis Tiegrin 4 lib. De Roberto Trove 40 sol. De Willelmo filio Nicolai 10 sol. De Radulfo Guiton 10 sol. De Amiota 10 sol. De Rogero Tiegrin 20 sol. De Ricardo Lesaunier 50 sol. De Warino Consel 10 sol. De Herberto Anglico 15 sol. De Ernis Fabro 4 lib. De Ricardo Crabol. 20 sol. De Herberto Belot 30 sol. Summa 20 lib. In thesauro liberavit. Et quietus est.

§ Rogerus Grandis redd. compot. de 50 sol. pro eod. In thesauro liberavit. Et quietus est.

§ Ricardus Silvain redd. compot. de escaetis et finibus militum de Walle Moreton. scilicet. De Willelmo Pitot 30 lib. de fine suo. De Willelmo Avenel 57 lib. 5 sol. 4 den. de remanente finis sui. De Roberto Tosket 13 lib. pro simili. De Olivero de Apentiz 100 sol. pro simili. De Guidone de Huechon 25 lib. pro simili. De Willelmo de Huechon 11 lib. pro simili. De Alexandro de Teillolat 4 lib. pro simili. De Ricardo de Fontenio 22 lib. 10 sol. pro simili. De Willelmo de Jovignie 110 sol. pro simili. De Eudone de Ferrariis 8 lib. pro simili. De Roberto Pincerna 30 lib. pro simili. De Petro de Sellant 10 lib. pro simili. De Ricardo Rossel 40 sol. pro simili. De Willelmo Huelier 5 sol. pro simili. De Willelmo Monaco 100 .... simili. De Radulfo de Bousentier 30 sol. pro simili. De Jordano Rossel 15 sol. pro simili. De Monacho de Bousentier 15 sol. pro simili. De exitu terre Oliverii de la ......entiz reddite 35 lib. 14 sol. De Ugone de Helcie 26 lib. 15 sol. de fine suo. De exitu terre Petri de S^ti^. Hylario apud Tellolium 100 sol. reddite. Summa 300 lib. 30 sol. 4 den. In thesauro liberavit. Et quietus est.

§ Idem reddit compotum de recepta sua de exitu terre Petri de S^to^. Hylario pro Telluce, scilicet de 10 lib. De exitu terre domine de Gripon pro jurea facta super eam de escaetis. Scilicet de Castanearia, et prato, et feria S^ti^. Andree, et prepositura de Abrincis 30 lib. De pratis de Abrincis 60 sol. De catallo Luce de Estanpes mortui usurarii pro fine quem uxor ejus habuit 15 lib. De feria S^ti^. Andree 10 lib. de firma. De mansura Henrici Grente 4 sol. in Abrincis. De Rualen de Vein 40 sol. de jurea. De Ricardo Lebas 20 sol. pro simili. De Abbate de Monte S^ti^. Michaelis 20 lib. De Rualen de Tissie 13 sol. de jurea. De Frederico Malesmains 50 sol. quos habuit de terra Rogerii de Amundewilla. De Episcopo Abrincensi 4 lib. de remanente auxilio militum suorum. De Gervasio de Molinellis 10 sol. de jurea. De Petro Tiebaldo fugacis pro morte sacerdotis de Calido loco 65 sol. De catallo Unfredi de Lavalete fugacis pro latrocinio 21 sol. De catallo Michaelis Gavele fugacis pro simili 6 sol. De catallo Robin de Telluol fugacis pro simili 15 sol. De Alberee Malbeene pro fine catalli viri sui mortui usurarii 6 lib. De Ferme de Brocha 5 sol. pro concordia. De Johanne Blanche 3 sol. pro simili De Waltero Legrave 7 sol. pro difforciato. De Willelmo de Felgrez 4 sol. pro simili. De Huberto Barbe 3 sol. pro superdemand. De Ricardo Bolart 10 sol. pro simili. De Eudone Viel archero. 4 sol. pro simili. De fratre suo 3 sol. pro simili. De Gaufrido Henrico 3 sol. pro simili. De Willelmo Bovier 5 sol. pro simili. De Willelmo Milart 3 sol. pro simili. De Willelmo Lambert 4 sol. pro simili. De Ricardo Lebigot 2 sol. pro simili. De Gilleberto de Osmondia 5 sol. pro simili. De Radulfo Aufr. 5 sol. pro simili. De Aumont 7 sol. pro simili. De Radulfo de Fellea 3 sol. pro simili. De Willelmo Baffari 3 sol. pro simili De Gilleberto Botin 3 sol. pro simili. De Roberto Belenger 3 sol. pro simili. De Willelmo Huelin 5 sol. pro simili. De Roberto le Bigot 3 sol. pro simili. De Warino Molendino 4 sol. pro simili. De Unfrido de Tertro 3 sol. pro simili. De Rogero Tertro 3 sol. pro simili. De Waltero Cervo 2 sol. pro simili. De Warino Huel. 8 sol. pro simili. De Willelmo Rapin 2 sol. pro superdemand. De Rogero Lemanssel 3 sol. pro difforciato. De Rogero Hosseia 4 sol. pro simili. De Willelmo de Folleteria 3 sol. pro simili. De Willelmo Moret 2 sol. pro eod. De Petro Martino 3 sol. pro simili. De Reinaldo Bovier 3 sol. pro clamore dimisso. De Warino Peletier 5 sol. pro difforciato. Summa 117 lib. 8 sol. In thesauro liberavit. Et quietus est.

§ Eudo de Balluel reddit compotum de 32 lib. de remanente finis sui. In thesauro 30 lib. Et debet 40 sol.

§ Willelmus de S^{to}. Johanne redd. compot. de 70 lib. pro simili. In thesauro 48 lib. 15 sol. Et debet 21 lib. 5 sol.

§ Radulfo de S^{to}. Georg. redd. compot. de 26 lib. pro simili. In thesauro 15 lib. 10 sol. Et debet 10 lib. 10 sol.

§ Gervasius de Airan redd. compot. de 21 lib. pro simili. In thesauro 14 lib. Et debet 7 lib.

§ Ricardus Avenel redd. compot. de 9 lib. 4 sol. pro simili. In thesauro 115 sol. Et debet 69 sol.

§ Rollant Avenel redd. compot de 37 lib 17 sol. pro simili. In thesauro 18 lib. Et debet 19 lib. 17 sol.

§ Hamelin de Brecio redd. compot. de 20 lib. pro simili. In thesauro 14 lib. Et debet 6 lib.

.... de Parineio redd. compot. de 42 sol. pro simili. In thesauro liberavit. Et quietus est.

.... S^{to}. Johanne redd. compot. de 9 lib. pro simili. In thesauro 100 sol. Et debet 4 lib.

.... redd. compot. de 10 lib. pro plegio Gaufridi Duredent In thesauro 8 lib. Et debet 40 sol.

.... de 10 lib. pro eodem. In thesauro 8 lib. Et debet 40 sol.

.... redd. compot. de lib. pro eod. In thesauro 8 lib. Et debet 40 sol.

..... Basoca redd. compot. de 100 sol. pro eod. In thesauro 3 lib. Et debet 30 sol.

§ Rogerus de Milleio redd. compot. de 10 lib. pro eod. In thesauro 8 lib. Et debet 40 sol.

§ Hamelin de Brecio redd compot. de 40 lib. pro eod. In thesauro 15 lib. Et debet 25 lib.

§ Petrus de Sellant redd. compot. de 10 sol. pro eod. In thesauro 4 lib. Et debet 20 sol.

§ Radulfus de ibidem redd. compot. de 100 sol. pro eod. In thesauro 4 lib. Et debet 20 sol.

§ Willelmus de Flagie redd. compot. de 100 sol. pro eod. In thesauro 4 lib. Et debet 20 sol.

§ Willelmus Avenel redd. compot. de 10 lib. pro eod. In thesauro 8 lib. Et debet 40 sol.

§ Radulfus prepositus redd. compot. de 100 sol. pro eod. In thesauro 4 lib. Et debet 20 sol.

§ Ricardus de Fontenei redd. compot. de 100 sol. pro eod. In thesauro 4 lib. Et debet 20 sol.

§ Eudo de Ferraria redd. compot. de 100 sol. pro eod. In thesauro 50 sol. Et debet 50 sol.

§ Fredericus Malesmains debet 10 marc. argenti pro plegio Ricardi de Argenciis.

§ Ricardus Silvani reddit compotum de 40 sol. quos recepit de terra Eudonis de Tanies. In thesauro liberavit. Et quietus est.

§ Willelmus Crassus reddit compotum de 10 lib. pro plegio Gaufridi Duredent. In thesauro 100 sol. Et debet 100 sol.

§ Eudo de Balluel redd. compot. de 10 lib. pro eod. In thesauro 8 lib. Et debet 40 sol.

§ Petrus de Terra Vasta redd. compot. de. j. bisanc. pro audienda concordia inter ipsum et fratrem suum sicut cyrographum eorum testatur. In thesauro liberavit. Et quietus est.

§ Henricus filius Radulfi reddit compotum de 110 lib. de firma vicecomitatus et preposilure de Oximio cum pertinenciis de anno preterito. In thesauro nichil. In decima S^{to}. Wandr. 7 lib. de vicecomitatu. Canonicis de Sagio 10 lib. 10 sol. 10 den. Leprosis 8 sol. 8 den. de elemosine statu. Richero de Aquila bastardo 13 lib. 6 sol. 8 den. quos recuperavit per juream in molendino de Noffis. Ipsi Henrico 100 sol. quos recuperavit in molendino de novo vivario per juream. In liberatione ipsius Henrici pro custodia ejusdem Castri 73 lib. 13 sol. 10 den. Et quietus est.

§ Idem redd. compot. de 13 sol. de exitu Traversi de Pinu et de 3 sol. de porpresturis Haie de Oximio. In thesauro 16 sol. Et quietus est.

§ Gervas Haitie debet 10 sol. pro falso clamore. § Walterus de Moncello 2 sol. pro defectum. § Robertus Barbe 100 sol. pro legali diviso. § Robertus Oison 40 sol. pro receptione de terra patris sui. § Idem 12 lib. de debito Roberti Paganelli. § Malenuit 10 sol. pro clamore dimisso.

§ Henricus filius Radulfi reddit compot. de 60 lib. quas recepit de emprunto facto per Johannem de Alenchon in ballia de Oximino. Ipsi Johanni 60 lib. de quibus reddidit compotum. Et quietus est.

§ Willelmus de Sta. Margarita reddit compotum de .... de misericordiis ballie de Constanciis pro vino supervendito pro Willelmo de S^{to}. Johanne, scilicet: De Rogero Canu 5 sol. De Ricardo Andegavensis 5 sol. De Rogero Martin 5 sol. De Philipot 5 sol. De Laurent de Aurecavalle 5 sol. De Erembr. preposita 20 sol. De Gaufrido Cor de Rei 5 sol. De Willelmo ..... pag. 5 sol. De Giolif 5 sol. De Rogero de Porta 30 sol. De Johanne Corbelin 5 sol. De Endone Colombel 5 sol. De Jocel Corbelin 20 sol. De Johanne de Saeio 10 sol. De Radulfo Tossel 10 sol. De Hugone de Bocrei 5 sol. De Hugone de Ponte 20 sol. De Gaufrido Com. 5 sol. De Johanne Reinart 15 sol. De Fermin de Torvilla 15 sol. De Hais Muriel 30 sol. De Willelmo de Porta 100 sol. De Acloiz Pastéé 5 sol. De Ruffa 5 sol. De Roberto Ruffo 10 sol. De Radulfo Noriot 5 sol. De Ricardo Palefrei 5 sol. De Ricardo de Brahal 10 sol. De Radulfo Biset 20 sol. De Osmond. Leduc 15 sol. De Willelmo Sarazin 5 sol. De Radulfo Folon. 5 sol. De Radulfo Maingis 5 sol. De Hugone Fauvel 5 sol. De Picore 5 sol. De Ranulfo Bordon 5 sol. De Roberto Carvel 5 sol. De Petro de Latrenbleia 5 sol. De Willelmo Lermita 10 sol. De Radulfo Belhoste 5 sol. De Radulfo Peloc 5 sol. De Gaufrido Manchon. 5 sol. De Roberto filio Rogeri .... De Balduno Dolobel 5 sol. De Luca Manchon 5 sol. De Henrico de Rainvilla 5 sol. De Alberto clerico 10 sol. De Rogero Boie 10 lib. De Willelmo Cauvin .... De Radulfo filio Gisle 15 sol. De Willelmo Gregor. 10 sol. De Anskctillo 5 sol. De Olivero Morant 5 sol. De Gaufrido Polart 10 sol. De Petro de Lambale 5 sol. ....ill. Hervei 5 sol. De Radulfo de Faidone 5 sol. De Hugone Waltero 5 sol. De Rogero Molendino 10 sol. De Benedicto de Saeio 5 sol. De Rogero Henricie 5 .... .e Rogero Huelier 5 sol. De Aeliz de Maisnillo Drogon. 10 sol. De Johanne Lesage 20 sol. De Bec de Grue 5 sol De Gaufrido Gualeran. 5 sol. De Petro ....an. 5 sol. De Waltero Loison 5 sol. De Thoma filio Cecilie 5 sol. De Babino 5 sol. De Willelmo Basin 5 sol. De Bocais 5 sol. De Gaufrido filio Ansgoti 5 .... Radulfo Grenon 5 sol. De Durando de S^{to}. Petro 5 sol. De Gaufrido le Heos 5 sol. De Henrico Crasso 5 sol. De Rogero Palefrei 5 sol. De Ricarbo de Parco 5 sol. De ..... Osberto 10 sol. De Henrico de Curia 5 sol. De Roberto Folie 5 sol. De Petro filio Willelmi 5 sol. Gervasio de Hambeia 5 sol. Summa 47 lib. 5 lib. 5 sol. In thesauro liberavit. Et quietus est.

........fr. prepositus reddit compotum de 10 lib. pro vino supervendito. In thesauro 40 sol. Et debet 8 lib.

.........plores redd. compot. de 10 sol. pro eod. In thesauro 5 sol. Et debet 5 sol.

..... Emeline redd. compot. de 20 sol. pro eod. In thesauro 15 sol. Et debet 5 sol.

.........l. de Sta. Margarita reddit compotum de 20 sol. de catallo cujusdam fugaci de Rainvilla. In thesauro liberavit. Et quietus est.

§ ....ia de Argentomo cum vicecomitatu et prepositura per Radulfum Labe. § Vallis Moretonii per Ricardum Silvan. de Escaetis. § Henric. filius Radulfi pro Oxim. .... Willelmo de S^{to}. Johanne pro vinagio.

Radulfus abbas. Willelmus de Mara.

(Membr. 6. recto.)

§ Robertus Monachus reddit compotum de 266 lib. 13 sol. 4 den. de firma preposituro de Danfront. In thesauro nichil. In decima abbatie de Longiledis 26 lib. 13 sol. 4 den. Portario Turris 4 lib. 10 sol. Et debet 225 lib. 10 sol.

§ Idem redd. compot. de 13 lib. 8 sol. de exitu apicularlorum foreste de Silva Drua. Et de 20 sol. de terra Ranulfi Silvestris. Et de 12 den. de domo Warini Belifier. Summa 14 lib. 9 sol. In thesauro 21 sol. Et debet 13 lib. 8 sol.

§ Idem redd. compot. de 111 lib. 2 sol. 2 den. de firma forestarum de Passeis, Andene et Silve Drue. In thesauro nichil. In decima abbati Longiledi 9 lib. 8 sol. 2 den. Et debet 100 lib.

§ Idem redd. compot. de firma de Ambreriis. In thesauro nichil. In decima abbati Longiledi 100 sol. Hugoni de Cardonvilla 7 lib. 2 sol. de quibus debet compotum. In reparanda haia Andene 8 lib. 12 sol. per brev. Regis. In haia reparanda de Bracia et Silva Drua et vivaria Regis 19 lib. 6 sol. per brev. Regis. Et quietus est.

§ Willelmus Gere debet 21 sol. 10 den. de censis Novi Castri super Coumunt.

§ Regina Alienor habet mariscos de Danfront. § Hugo de Cardonvilla debet 21 sol. 10 den. de anno preterito de censis predicti Castri Novi de quibus reddidit compotum inferius.

§ Ranerus Talliator redd. compot. per Robertum Monachum de 129 lib. 8 sol. 4 den. de remanente veterum debitorum suorum. In operationibus haie de Bracia et Silva Drua et vivarii Regis 25 lib. 16 sol. per brev. Regis. Et debet 100 lib. 72 sol. 4 den.

§ Robertus Monachus redd. compot. de 4 lib. quas habuit de Radulfo Pantolf de remanente tallagio de Danfront facto per Senescallum Normannie. De Ricardo Burnof 6 lib. Et de 20 sol. de Roberto de Cheveriis pro parjur. Et de 45 sol. de Jacobo de Avenelo pro eod. Et de 10 sol. de herede Herberti de Ferraria. Et de 55 lib. de fine Hamel de Torchamp pro habendo filio Roberti Moruel cum terra sua. Et de 9 lib. de exitu terre Huberti de Campell. de duobus annis. Et de 56 sol. quos habuit de hominibus ejusdem terre. Et de 47 lib. 10 sol. 2 den. de exitu terre Hamel. de Boslei de tempore quo tenuit anno preterito. Et de 27 sol. de decima abbatis Longiledi de Archidiaconatu Roberti filii Bernardi. Et de 25 lib. de Decano de Passeis de dono. Et de 15 lib. de Decano de S^{to}.. Juliano pro eod. Et de 15 lib. de Heremita de Lestane pro eod. Et de 10 lib. de fine Willelmi de Cavinignelo. Et de 100 sol. de Henrico de Bailluel de fine suo. Et de 14 sol. 2 den. de exitu terre Osmundi Prison. Et de 108 sol. de catallo Mangot Ivas fugacis pro morte hominis. Et de 20 sol. de catallo Trubalan fugacis. Et de 4 lib. 12 sol. de catallo Hamerici Menuet fugacis. Et de 7 lib de Radulfo Clerico de Jovignie. Et de 75 sol. de auxilio exercitus de feodo Hamelini de Exclusa. Et de 40 sol. de feodo Roberti Morvel pro simili. Et de 34 sol. de feodo Erchenbaut de Frollei pro simili. Et de 50 sol. de Hamelino de Angelo pro stultiloquio. Et de 60 sol. quos habuit de hominibus de Freidebise. Et de 24 sol. de misericordia hominis de S^{to}. Georgio. Et de 90 lib. 10 sol. de tallagio quos recepit ad fossata Vernolii. Et de 500 lib. quas recepit de Ricardo Argenciis de fine suo. Summa 822 lib. 15 sol. 4 den. In thesauro 60 lib. In perficienda operatione haie de Bracia et Silve Drue et vivarii Regis 20 lib. 6 sol. per brev. Regis. In liberatione Saracenorum morantium apud Danfront per preceptum Regis a die Lune proxima prius festum S^{ti}. Michaelis usque de die lune prius festum S^{ti}. Egidii 109 lib. 6 sol. per brev. Regis. In liberatione Reginaldi Cruicte qui adduxit Saracenos de 57 s'. diebus 4 lib. 4 sol. per idem brev Gibelino Saraceno in solta parte equi sui 50 sol. per idem brev. In robis predictorum Saracenorum 8 lib. 18 sol. 9 den. per idem brev. In operatione Castri de Danfront 6 lib. 6 den. per idem brev. In justiciis faciendis 14 sol. Domino Regi in camera sua 445 lib. 4 sol. 5 den. per Bricium camerarium per brev. Regis. Et debet 165 lib. 11 sol. 8 den.

§ Ricardus Burnolf reddit compotum de 10 lib. de tallagio facto per Senescallum in villa de Ambreriis. In prescripta recepta Roberti Monachi 6 lib. Et debet 4 lib.

§ Heres Herberti de Ferraria redd. compot. de 95 lib. 5 sol. de remanente promissis patris sui. In prescripta recepta ejusdem Roberti 10 sol. Et debet 94 lib. 15 sol.

§ Philippus de Vaaccio debet 31 marcas 12 sol. 8 den. sterling. quas habuit de fine Hugonis de Coterna. § Rogerus de Super Oon 56 sol. pro perjurato. § Radulfus Cervus 52 sol. pro eod. § Heres Roberti filii Petri 12 lib. 5 sol. 10 den. de remanente veteris firme de Gorram. Idem 20 lib. 12 sol. pro 37 sextar. j. quart. et. j. boiss. frumenti, et 10 sextar. avene de medietaria de fossa Lovain de duobus annis. § Robertus Fot Soef. j. pennam cuniculorum et dimid. sabelini de catallo Petri Savore mortui usurarii. § Robertus et Osenna et Petrus filius Tieberge unum ciphum argenti de catallo ejusdem Petri. § Hamon Cabus 15 lib. 3 sol. de remanente compoti sui de ballia de Ambreriis. § Homines de Deserto 10 lib. pro recepta de tempore Regis Henrici. § Radulfus de Fulgeriis 40 lib. pro simili versus Lesselondes. § Willelmus de Serlant 100 sol. pro recto de hereditate sua. § Warinus filius Julienne 20 sol. pro concordia. § Hugo Warinus 5 sol. pro difforciato. § Osbertus Braman 5 sol. pro recepta falsa jurea. § Hugo Lecoc 10 sol. pro eod. § Willelmus filius Maze 15 sol. pro eod. § Ranulfus Talliator 278 lib 10 sol. 4 den. de remanente decime ballie de Danfront. § Froger Renald. 5 sol. pro concordia. § Guido de Ambreriis 4 lib. de remanente sui quarti. § Idem 8 lib. de feodo 7 militum cum planis armis. § Ricardus Painfier 10 sol. pro concordia. § Hamelin. de Queinele 60 sol. pro perjurato § Robertus de Lorre 60 sol. de catallo Gaufridi Aucie. § Idem tres bidentes de catallo Garini Malferas fug. pro morte hominis. § Willelmus de Feritate 600 lib. de fine suo. § Rossel de Campo Secreto 30 lib. j. marc. argent. pro habenda serjanteria foreste et terra Malerbe. § Ricardus Painfier et plegii sui 20 lib. pro habenda serjantaria de Hulmo. § Fulco Paganellus 400 lib. pro fine de jurea facta super eum § Gaufridus de Mont Baaut 20 lib. de tallagio facto per Ricardum Silvani et Ricardum de Argenciis in Danfront. § Gervasius Guenche 100 sol. pro eod. § Willelmus Cantel 100 sol. pro eod. § Henricus de Super Pontem 100 sol. pro eod. § Eudo Achart 100 sol. pro eod. § Ricardus Bonel 100 sol. pro eod. § Hugo Ruffus 20 sol. pro eod. § Tibaldus Osbert 30 sol. pro eod. § Hodierna de Halosa 20 sol. pro eod § Willelmus Lebaudreir 20 sol pro eod. § Willelmus Faber 40 sol. pro eodem. § Stephanus Faber 4 lib pro eod. § Gocelinus de Roca 20 sol. pro eod. § Warinus Borec 30 sol. pro eod. § Rogerus Rokier 20 sol. pro eod.

§ Hugo de Cardonvilla redd. compot. de 130 lib. de firma de Gorran. In thesauro nichil. In decima statu canonico Moretonie 8 lib. Portario de Goran. 69 sol. 4 den. de statu. In justiciis faciendis 5 sol. In operationibus de fossa Lovain et in reparandis domibus et molendinis et calceia et vivariis de Gorran 118 lib. 5 sol. 8 den. per brev. Regis. Et quietus est.

§ Idem reddit compotum de receptis suis, scilicet de 73 lib. de tallagio de Gorran factum per Ricardum Silvan et Ricardum de Argenciis. Et de 100 lib. quas habuit de Gaufrido filio Hugonis. Et de 7 lib. 2 sol. prescriptis quos habuit de firma de Ambreriis. Et de 129 sol. 10 den. quos recepit de tallagio facto in Villa de Ambreriis per Ricardum Silvain et Ricardum de Argenciis scilicet de Radulfo de Haisie 100 sol. De Thoma Malenfant 19 sol. 10 den. Et de 7 lib. 10 sol. de tallagio de Gorran facto pro fossagio Vernolii. Et de 42 sol. de hominibus ballie de Ambreriis pro palo portando. Et de 21 sol. 10 den. prescriptis de censis Novi Castri de Comont de anno preterito. Summa 196 lib. 15 sol. 8 den In thesauro nichil. In perficiendis operationibus baiarum de fossa Lovain et reparandis domibus et calceia et vivariis de Gorran 63 lib. 15 sol. 8 den. per brev. Regis. In liberatione ipsius Hugonis pro custodia castri de Gorram 80 lib. In liberatione ejusdem pro custodia castri de Ambreriis et Novi Castri super Comunt de tribus mensibus 25 lib. Et debet 18 lib.

§ Idem debet 11 lib. 3 sol 10 den. de exitu medietarie de fossa Lovain. Et 60 sol. de catallo Hervei Stulti fugacis pro bissa occissa.

§ Willelmus de S^to^. Johanne reddit compotum per Willelmum de Ponte de 50 lib. de firma vicecomitatus de Constanciis In thesauro 45 lib. In decima abbati de Ceraseio 100 sol. Et quietus est.

§ Idem redd. compot. de 70 sol. de remanente veteris firme de terra Aucupum in Lingrevilla. Et de 7 lib. de nova firma ejusdem terre. In thesauro 10 lib. 10 sol. Et quietus est.

§ Idem et Gillebertus de Racinei redd. compot. de 280 lib. de firma honoris de Lutehara et Aurea Valle. In thesauro 264 lib. 3 sol. 1 den. In recepta Gaufridi Sirchome et Thome de Brikevilla 6 lib. 16 sol. 11 den. de quibus reddidit compotum anno preterito. Et debet 9 lib.

§ Idem Willelmus redd. compot. de plegio Ricardi de Grisie, scilicet de Radulfo Anglico 40 sol. De Ricardo Hardre 20 sol. De Johanne Formage 40 sol. De Germond. 20 sol De Willelmo Porte Joie 20 sol. De Johanne Noriot 50 sol De Petro de Estreis 40 sol De Nicolao Oliver. 20 sol. De Hais Noriot 40 sol. De Gaufrido Noriot 20 sol. De Stephano de Bella Aqua 40 sol. de Waltero de Waravilla 20 sol. De Maugero de Geirtreot 20 sol. De Roberto genero ejus 20 sol. De Roberto de Tot 40 sol. De Willelmo Plenier 40 sol. De Rogero de S^to^. Don. 40 sol. De Ranulfo de Buxeia 20 eol. De Radulfo Ferepolein 20 sol. De Ranulfo Gillerbert 40 sol. De Willelmo Pistor 20 sol. De Jocelino de Campanna 20 sol De Henrico de Mesnillo Buie 40 sol. De Silvestro de Parco 40 sol. De Willelmo juvene de Mara 40 sol. De Johanne de Owilla 40 sol. De Rogero Escollant 20 sol. De Gaufrido filio Presbyteri 20 sol. De Roberto de Parco 40 sol. De Willelmo Goislin 100 sol. De Gilleberto Gerartot 100 sol De Roberto Muriel 100 sol. De Johanne Seurie 40 sol. De Petro Boissel 20 sol. De Radulfo de Poillie 20 sol. De Godefrido de Letongart 20 sol. De Rogero Lemonnier 20 sol. De Philipo Grandin 20 sol. De Ricardo Englocat 20 sol. De Philipont. 20 sol. De Willelmo filio Gaufridi 20 sol. De catallo Ricardi de Gravie capto antequam finem faceret cum Rege 13 lib. 15 sol. 11 den. De exitu terre de Moon de anno preterito priusquam Ricardus de Humetis eam reliquit 15 lib. 19 sol. 2 den. De exitu terre Roberti de Meisnillo Bernardi reddite 8 lib. 3 sol. 6 den. De exitu terre Gaufridi de Bono fossato reddite 9 lib. 4 sol. 2 den. De exitu terre Adam de Portu de anno preterito priusquam veniat in manum Regis antequam traderetur ad firmam 34 lib 2 sol. 5 den. De catallo Willelmi de Bella Aqua testonati 14 sol. 8 den. De exitu terre Willelmi Rossel reddite 12 lib. 17 sol. 8 den. De Rogero de Behea 100 sol. de fine quem fecit de venta bosci de Moon. Summa 169 lib. 7 sol. 6 den. In thesauro liberavit. Et quietus est.

§ Hugo de Haia reddit compotum de 100 sol. pro plegio Ricardi de Grisie. In thesauro 70 sol. Et debet 30 sol.

§ Willelmus Bolot redd. compot. de 40 sol. pro eod. In thesauro 20 sol. Et debet 20 sol.

§ Ricardus de Sta. Maria redd. compot. de 100 sol. pro eod. In thesauro 30 sol. Et debet 70 sol.

§ Herbertus de Cambaio reddit compotum de 53 lib. 12 sol. 11 den. de exitu de Cambaio a festo S^ti^. Lamberti usque ad festum S^ti^. Michaelis In thesauro 29 lib. 16 sol. In liberatione ipsius Herberti pro custodia ejusdem manerii 8 lib per brev. Regis. Cuidam nuntio misso apud Rothomagum pro Rege negotio 2 sol. per idem brev. Ricardo Contracto 12 sol. de elemosine Regis per idem brev. Brando clerico ad expensam 9 sol. per id. brev. In reparandis domibus 5 sol. 4 den. per idem brev. Et debet 14 lib. 8 sol. 5 den.

§ Idem reddit compotum de eod. debito. In thesauro liberavit. Et quietus est.

§ Willelmus Belet reddit compotum de 300 lib. de firma prepositure de Baiocis. In thesauro 11 lib. 8 sol. In decima abbati Gemeticensi 30 lib. In liberatione 15 prebendariorum 24 lib. 14 sol. de elemos. statu. In vestibus eorum 114 sol. de elemos. statu. In sotularibus eorum 9 sol. 6 den. de elemos. statu. In sale eorum 15 sol. de elemos. statu. Pro feria Leprosorum 100 sol. de elemos. statu. In obitu quatuor Leprosorum 12 sol hoc anno de elemos. statu Pro feria Episcopi et monachorum S^ti^. Vigoris 100 sol. de elemos. statu. Abbati de Cerasiaco 20 lib. de elemos. statu. Duobus capellanis de duabus capellis de Buro 18 lib. 5 sol. de elemos. statu. Priori de Plaisicio ad victum et vestitum 7 canonicorum de Ivranda 100 lib. de elemos. statu. Portario 60 sol. 10 den. de libero statu. Duobus vigilibus 6 lib. 20 den. de libero statu. Ansketillo de Arreio et Radulfo de Lexovio Clericis de Scaccario 10 lib. de dono per brev. Regis. Pro thesauris Regis portandis pluries a Vado Formiginie et Nuilleio apud Cadomum et de Cadomo apud Chinon 32 lib. per idem brev. In quietancia carnificum Rothomag. 7 lib. per idem brev. Et debet 20 lib.

§ Willelmus de Boslaio reddit compotum de 80 lib. de firma terre Hamelini de Boslaio. Willelmo Bacon 80 lib. de dono Reg. per brev. Regis. Et quietus est.

§ Robertus de S^te^. Marie ecclesia redd. compot. de 240 lib. de firma insule de Gernerui In thesauro 204 lib. 10 sol. Canonicis de Cesariburgo 6 lib. de decima molendini In quietancia terre Abbatis de Cruce S^ti^. Leufredi pro excambio terre de Saillie 4 lib. 10 sol. de elemos. statu. Pro Espekeria quam Vital. de Villa habet per cartam Regis 25 lib Et quietus est.

§ Idem redd compot. de 10 sol. de terra Empeteraie Et de 8 sol. de Marisco Dorguil de tenemento Vaudin. Et de 15 sol. de terra Radulfi de Lexovino. Summa 33 sol In thesauro liberavit. Et quietus est.

§ *Baillia de Passeis per Robert. Monach.* § *Gorranper Hugonem de Cardunvilla* § *Willelmus de S^to^. Johanne pro vice..... Const.......* § *Lutehare et Aurea Vallis.* § *Plegia Ricardi de Griseio.* § *Cambaium.* § *Prepositus de Baioc.* § *Terra Hamel...... de Boslaio.* § *Insula de Gernerei.*

(Membrane 6. dorso.)

§ Gillebertus Malesmains et Ricardus Capellanus de Cambai reddunt compotum de 4 lib. 5 sol. 6 den. de remanente exitus terre Willelmi Crassi in Solengie. Et de 12 sol. 3 den. de remanente exitus terre Rogerii de Amundevilla in Airan. Et de 16 sol de remanente exitus terre Willelmi Crassi in Espanai. Et de 17 lib. 6 sol. de remanente exitus terre ejusdem Willelmi in Kenivet. Et de Willelmi de Cordai 70 sol pro decem bisanc. pro habenda recordia Asise de terra sua. Et de 12 sol. 2 den. de remanente exitus terre Rogeri de Amundevilla in Condeio. Et de 53 sol. 4 den. pro una marca argenti de Goislcni Covin pro plegio Ricardi Argencie. Et 53 sol. 4 den. pro una marca de Radulfo Lovel pro plegio ejusdem. Et de 53 sol 4 den. pro 1. marc. de Hugone de Monte Gomeri pro eod. Et de 108 sol. 8 den. pro eod. de Roberto de Combrai. Et de 10 lib. 13 sol. 4 den de Egidio de Balluel pro eod. Et de 13 lib. 6 sol. 8 den. de Radulfo de Merlaio pro eodem. Et de 53 sol. 4 den. de Willelmo de Catelonda pro eod. Et de 65 sol. de Radulfo de Perier de jurea facta super eum. Et de 44 sol. 10 den. de exitu terre Roberti de Nonant reddite. Summa 72 lib. 11 sol. 9 den. In thesauro liberavit. Et quietus est.

§ Willelmus de Seranz redd. compot. de 42 sol. de debito Willelmi de Caluiz. In thesauro liberavit. Et quietus est.

§ Ricardus Painfier redd. compot. de 34 lib. de remanente promissi sui. In thesauro 4 lib. Et debet 20 lib.

§ Willelmus de Vallelogne redd. compot. de 50 lib. pro habenda serjantaria sua. In thesauro 27 lib. Et debet 23 lib.

§ Rogerus Groignet redd. compot. de 70 lib. pro simili. In thesauro 23 lib. Et debet 47 lib.

§ Robertus de Constentino reddit compotum pro Luca Cornet de 16 lib. pro simili. In thesauro 20 sol. Et debet 15 lib.

§ Willelmus de Sta. Honorina debet 100 sol. pro fine terre Bartholomei Lecherie. § Radulfus Taison debet 200 lib. pro fine maritandam sororem suam Willelmo de Soliis. § Odo filius Vitalis 11 marc. argenti pro recto de debito versus comitem Balduinum.

§ Milo Caisnel reddit compotum de 31 lib. 8 sol. pro serjanteria sua habenda. In thesauro 7 lib. Et debet 24 lib. 8 sol.

§ Robertus de Mesnillo reddit compotum de tribus marc. argenti pro plegio Ricardi de Argenciis. In thesauro 10 sol. sterling. Et debet duas marcas et tres solidos 4 den.

§ Johannes de Loveriis redd. compot. de 5 marc. pro eodem. In thesauro 1 marc. 20 den. Et debet 3 marc. 5 sol. 4 den.

§ Lucas Cornet redd. compot. de 1 marc. pro eod. In thesauro dimid. marc. Et debet dimid. marc.

§ Gaufrid. Marmion reddit compot. de 4 marc. pro eod. In thesauro 1 marc. 20 den. Et debet 2 marc. 11 sol. 8 den.

§ Robertus de Goviz debet 10 lib. pro eodem § Goislen de Pommeria 20 lib. pro eod. § Robertus de Fontibus 10 lib. pro eod

§ Ricardus de Mool redd. compotum de 2 marc. pro eodem. In thesauro 1 marc. Et debet 1 marc.

§ Hamon de Falesia reddit compot. de 2 marc pro eodem. In thesauro 1 marc. 2 sol. 2 den. Et debet 9 sol. 2 den.

§ Ricardus de Arablis redd. compot. de 2 marc. pro eod. In thesauro 1 marc. Et debet 1 marc.

§ Hugo de Arablis redd compot. de 3 marc. pro eod. Et debet marc. et dimid.

§ Willelmus de Monte Pincon reddit compot. de 1 marc. pro eodem. In thesauro 5 sol. sterling Et debet 8 sol. 4 den.

§ Ricardus Escorche Vielle reddit compotum de 4 marc. pro eodem. In thesauro 2 marc. 10 den. sterling. Et debet 1 marc. 12 sol. 6 den.

§ Teobaldus Pantolf redd. compot. de 2 marc. pro eod. In thesauro 7 sol. 6 den. Et debet 1 marc. 5 sol. 10 den.

§ Jordanus de Maignie redd. compot. de 1 marc. pro eod. In thesauro 7 sol. Et debet 6 sol. 4 den.

§ Robertus de Goviz debet 10 lib. pro plegio Ricardi filii Landrici

§ Johannes de Hosa redd. compot. de 2 marc. pro plegio Ricardi de Argenciis. In thesauro 1 marc Et debet 1 marc. argenti.

§ Matheus Cornet debet 3 marc. pro eodem.

§ Rogerus de Falesia reddit compotum de 25 lib. 4 sol. 9 den. de jurea.... In thesauro 15 lib. Et debet 10 lib. 4 sol. 9 den.

§ Rogerus Jumel redd. compot. de 25 lib. 10 sol. pro eod. In thesauro 8 lib. Et debet 17 lib. 10 sol.

§ Hugo Calloel reddit compotum de 65 lib. 18 sol. 5 den. pro eodem. In thesauro 12 lib. Et debet 53 lib. 18 sol. 5 den.

§ Matheus de S^{to}. Germano debet 35 sol. pro eodem.

§ Robertus Lebuef 34 sol. pro eod.

§ Ricardus de Wibue redd. compot. de 8 lib. 4 sol. pro eod. In thesauro 20 sol. Et debet 7 lib. 4 sol.

§ Radulfus le Guerrier debet 40 lib. pro fine juree.

§ Thomas de Durset redd compot de 27 lib. 18 den. de jurea. In thesauro 60 sol. Et debet 24 lib. 18 den.

§ Willelmus de Mitois redd. compot. de 79 lib. 1 den. pro eod. In thesauro 50 sol. Et debet 66 lib. 10 sol. 1 den.

§ Groccart debet 75 sol. pro eod. § Ricardus de Locie 15 lib. pro eod § Johannes de Porta 8 sol. 4 den. pro eod. § Rogerus Lafaitie 22 lib. pro eod. § Reinaldus de Balluel 14 sol. 8 den. pro codem § Petrus de Pratellis 4 lib. quas habuit de Wacio Desparfontanes. § Willelmus Pipart 10 marc. pro plegio Ricardi de Argenciis. § Ricardus Baubet 13 lib. 10 sol. de tallagio facto per Senescallum Normannie. § Fulco Hasle 12 lib. pro eod. § Radulfus Taisson 20 lib. pro plegio Ricardi de Argenciis. § Henricus Lovel 2 marc. argenti pro eod. § Johannes Archidiac. de Hulmo et fratres ejus 20 lib. de fine suo pro catallo Archidiaconi de Harenis. § Willelmus Columbel 40 lib. pro eod. §..

§ Ricardus capellanus de Cambaio redd. compot. de 10 lib. 10 sol. de exitu terre Roberti de Moire dum fuit in manu Regis. In thesauro liberavit. Et quietus est.

§ Abe de Tornaio debet 30 lib. pro fine ejusdem terre.

§ Odo Witenc redd. compotum de 40 sol. de vadio Willelmi de Caluiz. In thesauro liberavit. Et quietus est.

§ Ricardus Capellanus de Cambaio redd. compot. de receptis suis. Scilicet de Ingerano de Vaacie 2 marc. argenti de fine suo. De Willelmo Aguillon 15 lib. de releveo suo. De Nicol. de Larre 100 sol. pro simili. De Salomone Judeo de Sagio 20 lib. pro habendis debitis suis. De catallo Durandi Manse mortui usurarii 40 sol. De catallo Beliart mortui usurarii 40 sol. De catallo Willelmi de Roenai fugacis pro morte hominis 58 sol. De catallo Durandi de Asnes fugacis pro combustione 39 sol. 7 den. De catallo Fanoil. fugacis pro latrocinio 13 sol. De catallo Osberti Rossel fugacis pro eod 6 sol. De catallo Braibencon de Sainstellis fugacis pro morte hominis 24 sol. 4 den. Summa 56 lib. 7 sol. 7 den. In thesauro liberavit. Et quietus est.

§ Willelmus de Fomucon debet 20 lib. de pecunia Archidiaconi de Harenis. § Gaufridus Bidois 22 lib. 12 sol. de redemptione Regis. § Idem 17 lib 5 sol. de jurea. § Domina de Tornebu 100 sol. de quarto suo. § Henricus de Cambai 30 sol. de jurea. §.

§ Engerranus de Vaaceio et fratres ejus debent 100 marc. argenti de fine terre sue.

§ Willelmus Bordon debet 1 marc. pro plegio Ricardi de Argenciis. § Robertus Marmion 40 lib. pro eod § Robertus de Curceio 5 marc. pro eod § Simon de Alleio 1 marc. pro eod. §. Willelmus de Valle Logeri 1 marc. pro eod. § Petrus de Argenton 40 lib. pro recto de debito versus comit. Robert. § Ricardus Escorce Vielle 40 lib. pro plegio Willelmi de Humeto. § Fulco de Veteri Ponte 40 lib. pro eod. § Willelmus de Pirou 40 lib. pro eod. § Ricardus de Mool 10 lib. pro eod. §

Radulfus Taisson 100 lib. pro eod. § Walterus de Verineio 10 lib. pro eodem.

§ Ricardus Capellanus reddit compotum de recepta sua de Judeis ballie sue de fine Judeorum Normannie de 2000 lib. scilicet de Maisse de Sagio 4 lib. De Meir et filio suo 100 sol. De Davi de Sillie 9 lib. De Salomone 6 lib De Salomone filio Josce de Alenchon 17 sol. De Josce patre ejus 20 sol. De Abraham 20 sol. De Isaac 100 sol. De Bienlivienge 17 sol. De Isaac de S^to^. Scelerino 17 sol. De Manesero 52 sol. De Leone Trun 17 sol. De Benedicto de Argenton. 7 lib. De Jacob le Viel 105 sol. De Jacob Juvene 12 lib. De Devaie de Oximio 17 sol. Summa 62 lib. 2 sol. In thesauro liberavit. Et quietus est.

§ Stephanus filius Alborg. reddit compotum de 100 sol. pro plegio Gaufridi Duredent. In thesauro 60 sol. Et debet 40 sol.

§ Philipus de Caralis 20 sol. pro eodem. In thesauro liberavit. Et quietus est.

§ Roger. Mainfrey redd. compot. de 20 sol. pro eod. In thesauro liberavit. Et quietus est.

§ Gaufridus Faber redd. compot. de 100 sol. pro eod. In thesauro 60 sol. Et debet 40 sol.

§ Roger Herlant redd. compot. de 40 sol. pro eod. In thesauro 20 sol. Et debet 20 sol.

§ Gaufridus de Vilers redd. compot. de 20 sol. pro eod. In thesauro liberavit. Et quietus est.

§ Robertus Bequerf redd. compot. de 20 sol. pro eod. In thesauro liberavit. Et quietus est.

§ Willelmus filius Gerodi redd. compot. de 30 sol. pro eod. In thesauro 20 sol. Et debet 10 sol.

§ Gaufridus de S^to^. Senero redd. compot. de 100 sol. pro eod. In thesauro 60 sol. Et debet 40 sol.

§ Robertus Lemarie redd. compot. de 40 sol. pro eod. In thesauro 20 sol. Et debet 20 sol.

§ Gillebertus de Mesnil Adelee redd. compot. de 100 sol. pro eod. In thesauro 4 lib. Et debet 20 sol.

§ Willelmus Molendin redd. compot. de 40 sol. pro eod. In thesauro 20 sol. Et debet 20 sol.

§ Gillebertus Heremita redd. compot. de 30 sol. pro eod. In thesauro liberavit. Et quietus est.

§ Thomas Pioger redd. compot. de 30 sol. pro eod. In thesauro 20 sol. Et debet 10 sol.

§ Rinald Lefornier redd. compot. de 20 sol. pro eod. In thesauro liberavit. Et quietus est.

§ Willelmus Grandis redd. compot. de 40 sol. pro eod. In thesauro 20 sol. Et debet 20 sol.

§ Godefridus Durventre redd. compot. de 40 sol. pro eod. In thesauro 20 sol. Et debet 20 sol.

§ Radulf Pigaché redd. compot. de 10 lib pro eod. In thesauro 8 lib. Et debet 40 sol.

§ Willelmus Basle redd. compot. de 20 sol. pro eod. In thesauro liberavit. Et quietus est.

§ Odo de Vergoncie redd. compot. de 50 sol. pro eod. In thesauro 30 sol. Et debet 20 sol.

§ Hubert Hai redd. compot. de 40 sol. pro eod. In thesauro 20 sol. Et debet 20 sol.

§ Ricardus Peile Vilain redd. compot. de 20 lib. pro eod. In thesauro 15 lib. Et debet 100 sol.

§ Radulf. Andegav. redd compot. de 100 sol. pro eod. In thesauro 4 lib. Et debet 100 sol.

§ Willelmus de Brevilla redd. compot. de 50 sol. pro eod. In thesauro 20 sol. Et debet 30 sol.

§ Roges de Geneiz redd. compot. de 10 lib. pro eod. In thesauro 8 lib. Et debet 40 sol.

§ Ranulf. de Verdun redd. compot. de 100 sol. pro eod. In thesauro 4 lib. Et debet 20 sol.

§ Willelmus de S^to^. Johanne redd. compot. de 20 lib. pro eod. In thesauro 10 lib Et debet 10 lib

§ Willelmus de Liveio redd. compot. de 50 sol. pro eod. In thesauro 30 sol Et debet 20 sol.

§ Petrus Picart reddit compot. de 40 sol. pro eod. In thesauro 20 sol. Et debet 20 sol.

§ Johannes de Moella redd. compot. de 40 sol. pro eod. In thesauro liberavit. Et quietus est.

§ Willelmus de Vilers redd. compot. de 20 sol. pro eod In thesauro liberavit. Et quietus est.

§ Andreas Placitor redd. compot. de 20 sol. pro eod. In thesauro liberavit. Et quietus est.

§ Ricardus Picot redd. .... de 10 lib. pro eod. In thesauro 8 lib. Et debet 40 sol.

§ Radulfus Blausdras redd. compot. de 40 sol. pro eod. In thesauro 20 sol. Et debet 20 sol.

§ Isabart de Rocher redd. compot. de 100 sol. pro eod. In thesauro 4 lib. Et debet 20 sol.

§ Willelmus filius Joce redd. compot. de 40 sol. pro eod. In thesauro 20 sol. Et debet 20 sol.

§ Johannes Heremita redd compot. de 30 sol. pro eod. In thesauro 20 sol. Et debet 10 sol.

§ Gaufridus Heremita redd. compot. de 30 sol. pro eod. In thesauro 20 sol. Et debet 10 sol.

§ Fulcherus Radoe redd. compot. de 20 sol. pro eod. In thesauro liberavit. Et quietus est.

§ Johannes Huelard redd compot. de 20 sol. pro eod. In thesauro liberavit. Et quietus est.

§ Johannes filius Arnulfi redd. compot. de 40 sol. pro eod. In thesauro 20 sol. Et debet 20 sol.

§ Osmund. de Valle Seie redd. compot. de 40 sol. pro eod. In thesauro 20 sol. Et debet 20 sol.

§ Johannes Pichon redd. compot. de 40 sol. pro eod. In thesauro 20 sol. Et debet 20 sol.

§ Johannes Ocaire redd. compot. de 4 lib. pro eod. In thesauro 40 sol. Et debet 40 sol.

§ Barba auri redd. compot. de 40 sol. pro eod. In thesauro 20 sol Et debet 20 sol.

§ Willelmus de Simillie redd. compot. de 40 lib. pro eod. In thesauro 27 lib. Et debet 13 lib.

§ Henricus Giffart redd. compot. de 20 lib. pro eod. In thesauro 12 lib. Et debet 8 lib.

§ Radulfus Morant redd. compot. de 100 sol. pro eod. In thesauro 4 lib. Et debet 20 sol.

§ Thomas de Abrinc. redd. compot. de 10 lib. pro eod. In thesauro 8 lib. Et debet 40 sol.

§ Ricardus de Verdun redd. compot. de 10 lib. pro eod. In thesauro 8 lib. Et debet 40 sol

§ Willelmus de Rokier redd. compot. de 100 sol. pro eod In thesauro 4 lib. Et debet 20 sol.

§ Willelmus Moistel redd. compot. de 100 sol pro eod. In thesauro 4 lib. Et debet 20 sol.

§ Gaufridus filius Agnetis redd. compot. de 100 sol. pro eod. In thesauro 60 sol. Et debet 40 sol.

§ Gaufridus Duredent redd. compot. de 500 lib. pro fine de jurea facta super eum et pro pace habenda de omnibus aliis debitis que ab eo exigebantur. In solta predictorum plegiorum ejusdem Gaufridi 180 lib. 10 sol. In recepta Ricardi Silvani 94 lib 10 sol. de plegiis ejusdem de quibus reddidit compotum. Et debet 225 libras.

§ Idem reddit compotum de eodem debito. In thesauro 20 lib...... Senescallo Normanniæ ad operationes ville et murorum Vernolii dirutorum per Regem Francie tempore guerre 50 lib. per brev. Regis. In liberatione unius militis morantis in castro de Ponte-Ursonis de 131 diebus 26 lib. 4 sol. per idem. brev. In liberatione 10 servientum peditum morantium ibidem de eodem termino 32 lib. 5 sol. per idem. brev. Et debet 96 lib. 12 den.

(Membrane 7 recto).

§ Robertus de Ros reddit compotum de 320 lib. de firma vicecomitatus de Bonavilla de duobus annis preteritis. In thesauro nichil. Monaco de S^to^. Arnulfo 6 lib. de duobus annis de elemos. statu. Capellano de Bonavilla 60 sol. de 2 annis de elemos. statu. Vaccario de Kenapevilla pro uno modio ordei et 2 summis sale

106 sol. de 2 annis. In liberatione illorum qui ceperunt quatuor turginones (esturgeons). In justiciis faciendis 7 sol. 6 den. Pro hernesio sororis Regis Francie deportando de Bonavilla usque Cadomum 5 sol. per brev. Regis Domine Regine 92 lib. 6 sol. 9 den. In operationibus turris de Bonavilla plancandis et muris hordandis et fossatis reparandis et pontibus et mangonellis faciendis et in ferro et operatione fabrorum et cementariorum 95 lib. 10 sol. per brev. Regis. Pro palis et plancheis in foresta faciendis et mittendis apud Cadomum 16 lib. 4 sol. 9 den. per idem. brev. Et debet 80 lib de quibus Willelmus de Blossevilla debet respondere de dimidio anno.

§ Idem Willelmus redd. compot. de eodem debito In thesauro 21 lib. 15 sol. In liberatione et donatione militum et servientum . 0 lib. per brev. Regis. Et debet 8 lib 5 sol. qui remanent super Robertum de Ros.

§ Idem reddit compotum de 160 lib. de firma ejusdem vicecomitatus de hoc anno In thesauro nichil. Monialibus de Lexovio 10 lib. de elemos. statu. Monacho de Sancto Arnulfo 60 sol. de elemos. statu. Capellano de Bonavilla 30 sol. de elemos. statu. Vaccario de Kenapevilla pro dimid. ordei et 1 summa salis 104 sol. hoc anno. Domine Regine 147 lib. 19 sol. Et quietus est. Et habet superplus 7 lib. 13 sol. qui computantur ei inferius.

§ Idem reddit compotum de 15 lib. pro pratis de tribus annis. Et de 13 lib. 10 sol de terra Japharim de tribus annis Et de 21 lib. de exitu molini de Adevilla de 3 annis. Et de 9 lib. de 60 frescenges de foresta de 3 annis. Et de 60 sol. de exitu terre Radulfi filii Ingulfi de 3 annis. Et de 6 lib. pro tribus mod. moreti de 3 annis. Et de 19 lib. 16 sol. 5 den. pro 129 min. et quart. avene de bernagio vicecomitatus de Bonavilla de tribus annis. Summa 87 lib. 6 sol. 5 den. In suo superplus precedentis compoti 6 lib. 13 sol. Domine Regine 57 lib 5 sol. 1 den. Willelmo Elemosinario 4 lib. 10 sol. de dono Regine. Et debet 17 lib. 18 sol. 4 den.

§ Gillebertus Vaccarius redd. compot. de 4 lib. 10 sol. de Vaccaria de Kenapevilla de tribus annis. In decima Capellano de Kenapevilla 9 sol. Domine Regine 54 sol. Et debet 27 sol.

§ Radulfus de Ibernia redd. compot. de 4 lib. 10 sol. pro 30 porcis de porcaria de Escamelvilla de tribus annis. Regine 60 sol. Et debet 30 sol.

§ Johannes de Kenapevilla..... 30 sol. de firma piscarie de Kenapevilla de tribus annis.

§ Idem (Robertus) reddit compotum de misericordiis finibus et promissis, scilicet de veteri reguardo foreste de Bonavilla 4 lib. 3 sol. Domine Regine 4 lib. 2 sol. Et quietus est.

§ Baldricus de Nuillie redd. compot. de uno bisancio pro audienda concordia inter eum et Nicholaum Raimbalt de feodo duarum carrucarum terre apud Herbertot sicut cirographum eorum testatur. In thesauro liberavit. Et quietus est.

§ Robertus Trossebot debet 54 sol. 8 den. de remanente misericordie fratris sui. § Hugo Granetarius 58 lib 17 sol. 3 den. de veteri bernagio de Bonavilla et Lexovino et Algia. § Willelmus Milfuil 5 sol. pro vino injuste capto.

§ Robertus de Ros habet in municionem castri de Bonavilla blada, vina, bacones, caseos et moretum sicut continetur in rotulo anni M^i. C^i. LXX^i. VI^i.

§ Ranulfus Lamartre. Willelmus Clericus, et Willelmus filius Accardi reddunt compotum de 600 lib. 49 sol 8 den. de exitu prepositure de Dieppa hoc anno pro guerra. In thesauro nichil. In decima S^{to}. Wandr. 30 lib. Duobus Capellanis de Rothomago 30 lib. de elemosine statu. Canonicis S^{te}. Marie de Rothomago 10 lib. in anniversario Willelmi filii Regis de elemos. statu. Leprosis de Rothomago 40 sol. de elemos. statu. Eisdem in excambio terre quam idem Willelmus dedit eis in Dieppa 6 lib. hoc anno pro 6000 hareng. de elemos. statu. Monachis de Bono Portu 133 lib. 6 sol. pro 50 marc. argenti de dimidio anno de elemos. statu. In suo superplus precedentis anni 15 lib. 15 sol. 4 den. In justiciis faciendis 17 lib. Britio Camerario ad expensam Regis apud Rothomagum ad Natale 180 lib. 13 sol. per brev. Regis. Et debent 77 lib. 14 sol. 8 den. Eidem reddunt compotum de eodem debito Gaufrido Cambitori de Rothomago in solta debiti Regis 100 lib. per brev. Regis et debent 77 lib. 14 sol. 8 den.

§ Johannes de Botellis debet. 54 lib. 4 sol. de remanente misericordie sue § Radulfus de Bucca 40 sol. de remanente veteris firme Dieppa. § Waltero Cochie 54 lib. 10 sol. 6 den. pro eod. § Robertus Plumme 61 lib 6 den. pro eod § Berenger. de Caisneto 59 lib. 10 sol. 6 den. pro eod. § Eustacius de Herion et Biatriz de Spineto debent 4 bisanc. de anno preterito et hoc anno § Eidem et Radulfus de Bucca et Wimarus Martin 12 bisanc. de tribus annis preteritis. Eidem 4 bisanc. de hoc anno.

§ Ranulfus Lamartre, Willelmus Clericus et Willelmus Acardi reddunt compotum de 128 lib. 15 sol. de exitu coriorum, lane et salis de Dieppa, a festo S^{ti}. Nicholai usque ad Pentecostem quando Rex hoc capi prohibuit In thesauro 71 lib. 10 sol Et debent 57 lib. 5 sol.

§ Gaufridus Cambitor redd. compot. pro Ansgero de Castenie, Rogero de Baudri, Radulfo de Caillie et Johanne Fessart de 632 lib 9 sol. 4 den. de exitu coriorum, lane et salis a festo S^{ti}. Nicholai usque ad Pentecostem quando Rex hoc quietavit. In thesauro 28 lib. 7 sol. 8 den. Bricio Camerario 100 lib. per brev. Regis. Waltero Marcdargent et Silvestro Cambitori ad emendam avenam et mittendam apud Bordelos. ad opus Regis 143 lib. 15 sol. per brev. Regis. Reburso et sociis ejus custodibus forestarum Regis 25 lib. per brev. Regis. Petrekin de Furnes et sociis 50 lib. ejus de liberatione sua per idem brev. Henricus de Graeio ad faciendam liberationem militum et servientum morantium apud Vernolium in guerra 100 lib per brev. idem. Maiori de Rothomago ad operationes civitatis 100 lib. de prestito. Gaufrido Cambitori in solta debiti Regis 85 lib 6 sol. 8 den. quod Rex ei debebat per id. brev. Et quietus est.

§ Idem Gaufridus redd. compot. de 4,600 lib. quas recepit de thesauro Cadomi. In thesauro nichil. Willelmo de Estan. in camera Regis apud Novumburgum 50 lib. per brev. Regis. Bricio Camerario Regis 700 lib. per idem brev. In liberatione Walensium et Bigordensium apud Pontem de Arca 100 lib. per idem brev. In liberatione militum 100 lib per idem brev. Eidem Gaufrido et Silvestro Cambitori in solta debiti Regis per Bricium Camerarium 400 lib per idem brev. Magistro Eurico et Willelmo Tyrel ad operationes Pontis Arche et Vallis Rodolii 100 lib. per idem brev. Bricio Camerario in Camera Regis 500 lib. per idem brev. In liberatione 18 militum euntium cum Senescallo et alibus per Marchiam 100 lib per idem brev. In liberatione 18 militum morantium apud Belencombre in guerra 72 lib. per idem brev. Willelmo de Mariscis et Walensibus suis 296 lib. 10 sol. per idem brev. Andree de Bello Campo se decimo milit. 40 lib. per idem brev. Comiti Moretonie 100 lib. de prestito per idem brev. Bricio Camerario Regis apud Rothomagum 500 lib. per idem brev. Magistro Eurico et Willelmo Tyrel ad operationes Pontis Arche et Vallis Rodolii 100 lib. per idem brev. Eisdem ad easdem operationes 40 lib. per idem brev. Bigordensibus de liberatione sua 40 lib. per id. brev. Walensibus custodient. Passiis 20 lib. per idem brev. Andree de Bello Campo se decimo milit. de liberatione sua de 20^{ti}. diebus 40 lib. per idem brev. Guiscardo Laidett ad liberationes et pensatas reddendas apud Bellencombre 100 lib. per id. brev. Elye de Elemosinaria ad operationes 100 lib. per id. brev. Item Magistro Eurico et Willelmo Tyrel ad operationes Pontis Arche 40 lib. per id. brev. In liberatione octo militum morantium apud Bellencombre in guerra 32 lib. per idem brev. In liberatione militum euntium cum Senescallo 100 lib. per idem brev. In liberatione quatuor militum morant. apud Bellencombre 16 lib. per id. brev. Elye de Elemosinaria ad faciendum operationes de Bellencombre 100 lib. per id. brev. Henrico de Gracio ad faciendum liberationem militum et servientum et balistariorum apud Vernolium 150 lib. per idem brev. In liberatione militum euntium cum Senescallo in guerra 50 lib. per idem brev. In liberatione militum eorumdem 63 lib. 10 sol. per id. brev. Magistro Eurico et Willelmo Tyrel ad operationes Pontis Arche et Vallis Rodolii 100 lib. per id. brev. Et quietus est.

§ Idem redd. compot. de 1000 marc. argenti quas recepit de thesauro Cadomi. In thesauro nichil. Bricio Camerario apud Pontem Arche 75 marc. per brev. Regis. Eidem apud Rothomagum ad portandum Regi 900 marc. per id. brev. Eidem ad emendum robas servientum Regis 25 marc. per idem brev. Et quietus est.

§ Idem redd. compot. 661 lib. 6 sol. 8 den. de venta coriorum que comes Moretonii solvit Regi in debito quod ei debebat. In thesauro 198 lib. 11 sol. 8 den. In liberatione militum et Valensium et pensatis militum apud Belencombre 200 lib. per brev. Regis. Magistro Eurico et Willelmo Tyrel ad operationes Pontis Arche et Vallis Rodolii 100 lib. per id. brev. Bricio Camerario 63 lib. 19 sol. per idem brev. In liberatione servientum apud Vallem Rodol. 47 lib. 16 sol. per id. brev. Pro palis faciendis in foresta de Romara ad claudendum parcum Rothomagi 20 lib. per idem brev. Roberto Mai et Roburso ad faciendum palitium illud 30 lib. per idem brev. Radulfo Harenc de liberatione sua 20 sol. per id. brev. Et quietus est.

§ Johannes de Alenchon archidiacon. Lexovii redd. compot. de recepta sua de emprupto facto per eundem per preceptum Regis, scilicet de ballia de Bonavilla 35 lib. De Ponte Audomari 66 lib. De ballia de Lexovino 180 lib. De ballia de Oximis 60 lib. De ballia Falesie 400 lib. Summa 741 lib. Regi liberavit in camera sua per brev. Regis. Et quietus est.

§ Henricus de Gracio redd. compot. de 700 lib. de firma prepositure de Vernolio. In thesauro nichil. In decima Episcopo Ebroicensis 70 lib. Gaufrido de Carnell., Odoni, et Warino Cani, et Guidoni Colombel 20 lib. per cartam Regis. Heredi Gilleberti de Telleriis 50 lib. de feodo. In justicia facienda 21 sol. In defectum pro tempore guerre 450 lib. In liberatione quinque militum morantium apud Vernolium in guerra 48 lib de 48 diebus per brev. Regis. Eisdem de dono 24 lib. per idem brev. In liberatione militum morantium ibidem 36 lib. 19 sol. per idem brev. Et quietus est.

§ Idem reddit compotum de 20[ti]. mod. frumenti de firma ejusdem prepositure. In thesauro nichil. In decima Episcopo Ebroicensi 2 mod. In defectu pro tempore guerre et molendinis prostratis 5 mod. Et debet 93 lib. 12 sol. pro 13 mod.

§ Idem redd. compot. de eodem debito. In liberatione 10 militum morantium in castro de Vernolio de 199 diebus. 93 lib. 12 sol. per brev. Regis. Et quietus est.

§ Idem redd. compot. de receptis suis, scilicet: de escaetis de Eustachio de Herlonviller 266 lib 13 sol. 4 den. pro 100 marc. argenti de fine terre sue. De Henrico de Chavignie 100 lib. pro simili. De Ricardo de Romillie 220 lib. de exitu terre sue dum fuit in manu Regis. De Andrea Lesaunir et Herberto Parvo et sociis eorum 180 lib. de exitu lane, et salis et coriorum usque ad Pentecostem. Summa 746 lib. 13 sol. 4 den. In thesauro 274 lib. In liberatione predictorum militum perficienda 267 lib. 9 sol. per brev. Regis. Eisdem de dono 199 lib. per idem brev. Gazre Ledroies 26 lib. 13 sol. 4 den. per idem brev. de dono Regis. Et quietus est.

§ Elricus Mercenarius debet 8 lib. 6 sol. 4 den. pro concordia duelli versus Gocelinum filium Arnulfi. § Gaufridus de Trun 154 lib. de remanente veteris firme prepositure Vernolii de tercio anno preterito.

§ Johannes de Hauvilla redd. compot. per Willelmum Capellanum de 80 lib. de exitu reddituum clericorum Carnotensium de Normannia. In thesauro 30 lib. Bricio Camerario ad expensam Regis et Comitis Ludovici apud Rothomagum 50 lib. per brev. Regis. Et quietus est.

§ Idem reddit compotum de 4 lib. 8 sol. 7 den. de exitu eorumdem clericorum. In thesauro liberavit. Et quietus est.

§ Robertus de Ros redd. compot. per Radulfum de Bailluel et Gaufridum Tronel de misericordiis vinagii ballie sue pro vino supervendito, scilicet de Odone filio Serlonis 40 sol. De Willelmo Ansere 15 sol. De Hugone Mercer 10 sol. De Muriel Kidel 10 sol. De filio Frogeri 20 sol. De Durando Merlot 20 sol. De Willelmo Saswale 20 sol. De Hugone filio Durandi 10 sol. De Odolina Kidel 5 sol. De Bernardo filio Avitie 10 sol. De Hugone Lomme 10 sol. De Rogero Legros 20 sol. De Cavelier filio Robais 10 sol. De Radulfo Parmentier 20 sol. De Albereda filia Pagani 10 sol. De Gilleberto Pistore 5 sol. De Serlone filio Arnulfi 5 sol. Summa 12 lib. In thesauro liberavit. Et quietus est.

....renthem. redd. compot. de 60 sol. pro eod. In thesauro liberavit. Et quietus est.

.. Durandus Medicus redd. compot. de 7 lib. pro eod. In thesauro 4 lib. 10 sol. Et debet 50 ....

.. Radulfus Beivin, Robertus Tuelou, et Robertus de Valle reddunt compotum pro se et tota villa de Contevilla de 73 sol. de remanente veteris firme ejusdem ville. In thesauro liberaverunt. Et quieti sunt.

§ Eidem reddunt compotum de 140 lib. de nova firma ejusdem ville. In thesauro 119 lib. 7 sol. Duobus presbyteris de Lexovino 60 sol. de elemosina statuta. In excambio terre in qua aula Regis est 2 sol. Et debent 17 lib. 11 sol.

.. Fleta de Risleclif que reddebat per annum 10 sol. est lacerata.

§ Henricus de Graeio reddit compotum de recepta sua de thesauro Cadomi 1306 lib. 13 sol. 4 den. De Senescallo Normannie per Gaufridum Cambitorem 850 libras. Summa 2156 lib. 13 sol. 4 den. In thesauro nichil. In operationibus murorum castri de Vernolio et accato calcis et. j. molendino extra villam et intus et granariis et duabus cameris et ponte versus portam novam faciendis ... 41 lib. 4 sol. per brev. Regis. In liberatione viginti militum morantium in castro Vernolii. tempore guerre de 61 diebus 264 lib. per idem brev. Eisdem de dono Regis 132 lib. per id. brev. In liberatione 10 militum ibid. morantium 24 lib. per brev. Regis. Eisdem de dono Regis 12 lib. per id. brev. In liberatione viginti militum ibid. morantium de 172 diebus 688 lib. per idem. brev. Eisdem de dono Reg. 344 lib. per id. brev. Gadre Ledroies 23 lib. 5 sol. 8 den. ad perficiend. 50 lib. quas habuit de dono Regis per idem brev. In liberatione balistariorum ibid. morantium de pluribus terminis 127 lib. 2 sol. 8 den. per id. brev. Et quietus est.

§ *Baillia de Bonavilla.* § *Exitus prepositure de Deppa.* § *Exitus coriorum lane et salis de Rothomago.* § *Gaufridus Cambitor de recepta sua.* § *Johannes de Alencon, de emprumto* § *Henricus de Grae pro Vernolio et pro escaetis.* § *Item baill. de Bonavilla pro vinagio.* § *Contevilla.* § *Item Henricus de Grae de receptis suis.*

(Membrane 7 dorso.)

§ Ricardus de Rupetra reddit compotum de 10 lib. de vinagio de Argenciis de duobus annis. Et de 4 lib. de Willelmo filio Stephani pro terra de Billie de duobus annis. Et de 25 sol. 10 den. de exitu terre Radulfi Grossi hominis de duobus annis, in Formovilla. Et de 100 sol. de feria Vadi Berengeri de hoc anno. Summa 20 lib. 5 sol. 10 den. In thesauro liberavit. Et quietus est.

§ Leprosi de Baiocis habent terram in Borgesbu de dono Regis Henrici que valebat 12 den. per annum.

§ Idem redd. compot. de misericordiis promissis et finibus baillie sue, scilicet: De catallo Willelmi Blancloc mortui usurarii 4 sol. De catallo Ansketilli Loherenc fugacis pro morte Roberti filii Hugonis 16 sol. De Roberto de Pouceio 21 lib. 12 sol. de vadio Willelmi de Caluiz. De Laurent Ruffo et fratribus ejus 32 lib. de divadiatione ejusdem vadii. De catallo Alberede de Contevilla mortui usurarii 6 sol. 11 den. De catallo Igeri mortui usurarii. 72 sol. De Safredo Formentini 13 lib. 6 sol. 8 den. pro 5 marc. argenti pro plegio Ricardi de Argenciis. De Roberto de Poucie 8 lib. pro 3 marc. argenti pro eod. De Rogero de Alneio 53 sol. 4 den. pro 1 marc. argenti pro eod. De Ricardo Musel 8 lib. pro 3 marc argenti pro eod. De Thoma de Johannisvilla 106 sol. 8 den. pro 2 marc. pro eod. De Waltero Pesket 106 sol. 8 den. pro 2 marc. pro eod. De Roberto de Ramela 53 sol. 4 den. pro 1 marc. pro eod. De Willelmo de Mool 8 lib. pro 3 marc. pro eod. De Roberto Elemos. 53 sol. 4 den. pro. j. marc. pro eod. De Henrico de Billie. j. marc. pro eod. De Radulfo de Trieagnel. j. marc. pro eod. De Simone Lele. j. marc. pro eod. De Rogero filio Gilleberti. j. marc. pro eod. De Rogero Terrario. j. marc. pro eod. De Rogero Leblont. j. marc. pro eod. De Arnulfo de Quinque Altaribus. j. marc. pro eod. De Johanne Belet. j. marc. pro eod. De Savari Mercenario 5 sol. pro clamore dimisso. De Abbate de S^{to}. Severo 13 sol. de remanente decime sue. Summa 136 lib. 15 sol. 7 den. In thesauro liberavit. Et quietus est.

§ Willelmus de Escaefou redd. compot. de 20 lib. pro fine juree facte super eum. In thesauro liberavit. Et quietus est.

§ Hugo de Dumovilla redd. compot. de 9 lib. pro simili. In thesauro liberavit. Et quietus est.

§ Willelmus Teterel redd. compot. de 20 lib. pro simili. In thesauro liberavit. Et quietus est.

§ Willelmus Morant Junior redd. compot. de 30 lib. pro simili. In thesauro liberavit. Et quietus est.

§ Ricardus de Rupetra redd. compot. de 66 sol. de catallo Radulfi de Asevilla mortui usurarii. In thesauro 38 sol. Et debet 28 sol.

§ Willelmus Teterel redd. compot. de 100 lib. pro habenda serjanteria sua. In thesauro 60 lib. Et debet 40 lib.

§ Willelmus filius Elye redd. compot. de. j. marc. argenti pro Ricardo de Argenciis. In thesauro dimid. marc. Et debet dimid. marc.

§ Ricardus Mosket redd. compot. de. j. marc. argenti pro eodem. In thesauro dimid. marc. Et debet dimid. marc.

§ Walterus de Mereio redd. compot. de 5 marc. pro eod. In thesauro 11 lib. pro 4 marc. et 20 den. sterling. Et debet 11 sol. 8 den. sterling.

§ Simon Ospinel 5 marc. pro eodem. In thesauro. j. marc. Et debet 4 marc.

§ Willelmus filius Johannis de Argenciis redd. compot. de 5 marc. pro eod. In thesauro. j. marc. Et debet 4 marc.

§ Michael filius Johannis redd. compot. de 3 marc. pro eod. In thesauro 2 sol. sterling. Et debet 2 marc. et 11 sol. 4 den.

§ Willelmus Romaut redd. compot. de. j. marc. pro eod. In thesauro dimid. marc. Et debet dimid. marc.

§ Safred Sac'. reddit compotum de 2 marc. pro eod. In thesauro dimid. marc. Et debet. j. marc. et dimid.

§ Silvester de Fornet redd. compot. de 10 lib. pro eod. In thesauro 100 sol. Et debet 100 sol.

§ Hugo Mainier redd. compot. de 10 lib. pro eod. In thesauro liberavit. Et quietus est.

§ Willelmus de idem. redd. compot. de. j. marc. pro eod. In thesauro dimid. marc. Et debet dimid. marc.

§ Roger de Dumovilla redd. compot. de 2 marc. pro eod. In thesauro. j. marc. Et debet j. marc.

§ Willelmus de Seranz redd. compot. de 10 marc. pro eod. In thesauro 2 marc. 3 sol. 4 den. Et debet 7 marc. 10 sol. sterling.

§ Rogerus Sac'. de Amundavilla reddit compotum de 2 marc. pro eod. In thesauro. j. marc. Et debet. j. marc.

§ Hugo de Livet redd. compot. de 2 marc. pro eod. In thesauro. j. marc. Et debet. j. marc.

§ Willelmus de Plumetot redd. compot. de 2 marc. pro eod. In thesauro. j. marc. Et debet. j. marc.

Radulfus Travers redd. compot. de 10 marc. pro eodem. In thesauro 4 marc. 4 sol. 2 den. Et debet 5 marc. 9 sol. 2 den. sterling.

§ Roger de Amondevilla redd. compot. de 20 lib. pro plegio Ricardi Landrici. In thesauro 10 lib. Et debet 10 lib.

§ Roger Anglicus de ibidem redd. compot. de 5 marc. pro plegio Reinaldi Leblaier. In thesauro 3 marc. Et debet 2 marc.

§ Robertus Engelart redd. compot. de 5 marc. pro eod. In thesauro 3 marc. Et debet 2 marc.

§ Herloinus de Amundevilla redd. compot. de 3 marc. pro eod. In thesauro 2 marc. Et debet. j. marc.

§ Willelmus Sake Espec redd. compot. de 2 marc. pro eod. In thesauro 5 sol. sterling. Et debet. j. marc. 8 sol. 4 den.

§ Tustinus filius Herberti redd. compot. de 2 marc. pro eod. In thesauro 1 marc. Et debet. 1 marc.

§ Robertus de Formentin redd. compot. de 5 marc. pro plegio Ricardi de Argenciis. In thesauro 1 marc. 11 sol. 8 den. Et debet 3 marc. 20 den.

§ Robertus filius Walterii redd. compot. de 20 lib. de quarto redditus sui de Mereio. In thesauro 8 lib. 10 sol. Et debet 11 lib. 10 sol.

§ Rohais de Bohon redd. compot. de 300 marc. argenti de fine suo pro habenda custodia terre sue et filii sui et pro licencia se maritandi. In thesauro 144 marc. 3 sol. 4 den sterling. Et debet 145 marc. 10 sol. sterling.

§ Johannes de Bruecort redd. compot. de 100 marc. argenti pro fine terre sue. In thesauro liberavit. Et quietus est.

§ Hugo Manier et Willelmus de Escaefou reddit compotum de recepta sua de Escaetis baillie de Algia et Oximino, scilicet: De Gilleberto Labe 10 lib. de fine terre sue de Rainberthome. De catallo Roberti Luce fugacis pro latrocinio 24 sol. De exitu terre Roberti de Escovilla in Rainberthome reddite 100 sol. De exitu terre reddite Rogeri de Amondevilla in Barnevilla 32 sol. De exitu terre Simonis de Escures reddite in Waravilla 13 sol. De exitu vinearum Rogeri de Amondevilla in Argenciis reddite 70 sol. De exitu terre Franci de Bohon in Merevilla reddite 29 lib. 10 sol. De exitu terre Rogeri de Amondevilla ibid., et Poceio reddite 31 ... 7 sol. De exitu terre Hugonis Malebisse in Contevilla reddite 4 lib. 16 sol. De exitu terre Simonis de Pelinart reddite 73 sol. 6 den. De exitu terre ejusdem Simonis reddite 18 sol. De exitu terre Stephani de Longo Campo reddite 50 sol. De exitu terre Willelmi Crassi reddite 11 lib. 18 den. De exitu ecclesie de Daiwilla reddite 50 sol. De exitu ecclesie de Vilers reddite 73 sol. 9 den. Summa 111 lib. 18 sol. 9 den. In thesauro liberavit. Et quietus est.

§ Durandus Abbas Troarni redd. compot. de 500 lib. de fine suo. Et de 100 lib. de pecunia archidiaconi de Arenis. In thesauro 250 lib. Et debet 350 lib.

§ Ricardus de Rupetra reddit compotum de misericordiis ballie sue pro vino supervendito, scilicet: De Osulfo Recel 10 sol. De Unfrido Pipeler 50 sol. De Biatriz uxore Fere 10 sol. De Garino Glanvill. 10 sol. De Ricardo Audrieu 40 sol. De Durand de Haisa 60 sol. De Joscelino Anglico 10 sol. De Roberto Rendu 10 sol. De Grante Anglico 10 sol. De Roberto fratre ejus 10 sol. De Roberto Barnage 5 sol. De Herberto Wallero 40 sol. De Normanno de Hamello 60 sol. De Ernulfo de Lescada 50 sol. De Walle Maisent 40 sol. De Rogero Pincerna 20 sol. De Radulfo Fabro 40 sol. De Willelmo Romant 5 sol. De Roberto Lenfant 50 sol. De Ricardo filio Fulconis 20 sol. De Ricardo Lecors 10 sol. De Hugone Lepaumier 40 sol. De Salredo Fabro 10 sol. Summa 30 lib. 10 sol. In thesauro liberavit. Et quietus est.

§ Hugo Fortasnier reddit compotum de 40 sol. pro vino supervendito. In thesauro 20 sol. Et debet 20 sol.

§ Osulfus de Diveta redd. compot. de 50 sol. pro eod. In thesauro 30 sol. Et debet 20 sol.

§ Willelmus filius Durand redd. compot. de 20 sol. pro eod. In thesauro liberavit. Et quietus est.

§ Gervasius Maisent redd. compot. de 40 sol. pro eod. In thesauro 20 sol. Et debet 20 sol.

§ Willelmus Herloin redd. compot. de 10 lib. pro eod. In thesauro 40 sol. Et debet 8 lib.

§ Ricardus de Moschans debet de 10 sol. pro eodem.

§ Acart Gillem' .... 15 lib. pro eodem.

§ Durandus Faber ...... 100 sol. pro eod.

§ Lucas Roons .... 15 lib. pro eod.

§ Ricardus de Rupetra reddit compotum de minutis placitis ballie sue; scilicet. De Ricardo Caperon 60 sol. de recreantisa. De Waban de Maloc 5 sol. pro concordia. De Stephano Lebarbe 5 sol. pro eod. De Radulfo Wace 5 sol. pro eod. De Alexandro de Dumovilla 5 sol. pro eod. De Ricardo Rufo de Amondevilla 5 sol. pro defectu. De Roberto de Monasterio 10 sol. pro clamore dimisso. De Willelmo Malduit 10 sol. pro eod. De Herolf de Gorcie 5 sol. pro concordia. De Henrico filio Fulconis 5 sol. pro eod. De Nigello de Cantilupo 10 sol. pro negare et cognoscere. De Ricardo Senescallo 5 sol. pro defectu. De Waltero Picart 5 sol. pro falso testimonio. De Rogero Savale 5 sol. pro concordia. De Ricardo de Solio 5 sol. pro exonia. De Vitale Cadomi 5 sol. pro eod. De Jesl'. Godefrido 5 sol. pro defectu. De Cecilia de Vilerei 5 sol. pro divisa eruta. De Torketil 6 sol. pro eod. De Radulfo Warin. 5 sol. pro difforciato. De Nicolao Escovill. 5 sol. pro dissaisina. De Johanne Gonduin 5 sol. pro defectu. De Auberti Durand 10 sol. pro divisa eruta. De Andre Pelevilain 5 sol. pro concordia. De Willelmo Durand. 5 sol. pro defectu. De Joslen. Onfrey 5 sol. pro concordia. De Roberto Britone 3 sol. pro exonia. Summa 10 lib. 9 sol. In thesauro liberavit. Et quietus est.

§ Ricardus Silvani reddit compotum pro se et Ricardo de Argenciis de recepta sua de tallagiis factis per eosdem: scilicet de ballia de Constantino 424 lib. 10 sol. De ballia de Danfront 84 lib. 10 sol. De ballia de Vira 112 lib. 10 sol. De Alveredo Germaini 100 sol. De ballia de Goran 67 lib. De ballia de Abrincis. 60 lib. De ballia de Ambreriis 46 lib. Summa 699 lib. 10 sol. In thesauro liberavit. Et quietus est.

§ Warinus de Glapion redd. compot. de 300 lib. de firma prepositure de Molins et Bolins cum pertinenciis, exceptis pasnag. et placit. foreste de anno preterito. Et de 300 lib. de eadem firma de hoc anno. In thesauro nichil...............ecima Abbatie de S^{to}. Petro de Carnoto 60 lib. de duobus annis. Ecclesie de Bomolin. et Leprosis 4 lib. de duobus annis de elemos. statu. De Willelmo de Rodol. 16 .... annis de feodo. Girardo Tronc 10 lib. de duobus annis de feodo. Pro medietaria quam habent monachi de Trapa 14 lib. de duobus annis de elemos. statu. .... olino quod Simon de Ferraria recuperavit per juream quando erat in hac firma 20 lib. de duobus annis. Pro 6 modiis avene quam idem Warinus habet ad custodiam predictorum castrorum 43 lib. 4 sol. his annis de duobus annis. Pro pratis que idem Warinus habet ad custodiam de Molins 14 lib. de duobus annis. In operationibus predictorum hordandorum et turrium plancandarum et terrandarum et pro mangonellis et pontibus et molendinis faciendis 418 lib. 16 sol. de duobus annis. per brev. Regis. Et quietus est.

§ Ricardus de Argenciis reddit compotum de 1000 marcis argenti de fine suo.

In recepta Ricardi Capellani de Cambai et Guillelmi Malm.... 14 marc. 6 den. sterling. de plegio ejusdem Ricardi de quibus reddit compotum. In recepta Hamonis Pincerne 24 marc. 10 den. sterling. de plegio ejusdem de quibus reddit compotum. In recepta Gaufridi Syrome et Thome de Briquevilla 7 marc. argenti de plegio ejusdem de quibus reddit compotum. In recepta Nicholai de Londa 10 sol. sterling. de plegio ejusdem de quibus reddit compotum. In recepta Ricardi de Rupetra 55 marc. 11 sol. 2 den. sterling de plegio ejusdem de quibus reddit compotum. In recepta Roberti de Tresgoz. 5 marc. argenti de plegio ejusdem de quibus reddit compotum. In recepta Philippi de Moiaz 30 marc. 5 sol. 8 den. sterling. de plegio ejusdem Ricardi de quibus reddit compotum. Item in recepta Roberti de Tresgoz 7 marc. 10 sol. 9 den. sterling. de plegio ejusdem de quibus reddit compotum. In recepta Willelmi de Mara 10 sol. sterling. de plegio ejusdem de quibus reddit compotum. In recepta Radulfi Abbatis 3 marc. 12 sol. 2 den. sterling. de plegio ejusdem de quibus reddit compotum. In recepta Willelmi Poignard 29 marc. 10 sol. 8 den. sterling. de plegio ejusdem de quibus reddit compotum. In recepta Roberti Pantol 7 marc. 20 den. sterling. de plegio ejusdem de quibus reddit compotum. In recepta Roberti Monachi 187 marc. et dimid. marc. de catallo ejusdem Ricardi de quibus reddit compotum. Willelmo de Stagno 63 marc. 10 sol. sterling. de catallo ejusdem per brev. Regis. Et debet 562 marc. 3 sol. 3 den. sterling.

§ Warinus de Glapion reddit compot. de receptis suis scilicet de reguardo foreste de Molins et Bomolins 116 sol. De exitu lane, coriorum et salis 71 sol. De ultimo reguardo foreste de Bomolins 51 sol. De pasnagio ejusdem foreste 4 lib. 2 sol. De Willelmo de Martignie 100 lib. De Durando de Pinu 22 lib. 9 sol. De Senescallo Normannie 50 lib. De thesauro Cadomi 100 lib. De tallagio facto in ballia de Alenchon ad fossata castrorum Reg. facienda 200 lib. De tallagio facto in ballia de Bomolins pro simili 70 lib. Summa 558 lib. 9 sol. In liberatione 60 militum morantium in castris de Molins et Bomolins tempore guerre anno M°. C°. XC°. III°. 558 lib. 9 sol. per...... Regis. Et quietus est.

§ Idem reddit compotum de 80 lib. quas habuit de tallagio de Asnebec. Et de 8 lib. quas habuit de redemptione Regis. Et de 44 de focagio terre sue. Et de 14 sol. de focagio terre sue in Ballia de Romeis. Summa 90 lib. 18 sol. In liberatione 15 militum morantium in predictis castris in guerra 90 lib. 18 sol. Et quietus est.

§ *Ballia de Oximino per Ricardum de Rupetra.* § *Johannes de Breria de fine suo* § *Hugo Mainneir et Willelmus de Escafou de escaetis* § *Abbas Troarni de fine suo.* § *Vinagium Ballie de Oximino.* § *Ricardus de Rupetra de minutis placitis de Oximino......* *Silvanus et Ricardus de Argenciis de tallagio* § *Molins et Bofmolins.* § *Ricardus de Argenciis de fine suo.* § *Garinus de Glapion de receptis suis.*
Emendatus.

(Membrane 8. recto.)

§ Robertus Pantolf reddit compotum de 35 lib. de firma vicecomitatus de Lexovino In thesauro 21 lib. 6 sol. In decima Thesaurario 70 sol. Monacho de S^to^. Arnulfo 9 sol. de elemos. statu. In quietancia de Bonavilla 60 sol. de consuetudine statu. In justiciis faciendis 6 lib. 15 sol. Et quietus est.

§ Idem reddit compotum de 45 sol. de Montibus de Pinu. Et de 13 sol. de terra de Faveril. Et de 3 sol. de Folleteria. Et de•25 sol. 1 den. de exitu vavassorie Willelmi Fortin in Lureio. Et de 36 sol. 6 den. de hoc anno pro 10 min. 1 quart. et dimid. avene de bernagio de Lexovino. Summa 6 lib. 19 den. In thesauro liberavit. Et quietus est.

§ Petrus de Pratellis reddit compot. de 11 lib. 2 sol. de remanente auxilio exercitus. In thesauro 110 sol. Et debet 112 sol.

§ Radulfus de Monteforti reddit compotum. de 138 lib. 5 sol. 6 den. pro misericordia sua de debitis Rogerii de Bello Monte. In thesauro 27 lib. Et debet 111 lib. 5 sol 6 den.

§ Paganus de Mosterol. reddit compotum de 40 sol. pro simili. In thesauro liberavit. Et quietus est.

§ Randulf Vitrul redd. compot. de 20 sol. pro concordia. In thesauro 4 sol. Et debet 16 sol.

§ Roger Callou redd. compot. de 100 sol. pro vadio negato. In thesauro liberavit. Et quietus est.

§ Johannes de Tanaio debet 10 sol. pro falso clamore.

§ Radulfus prepositus reddit compotum de 20 sol. pro difforciato. In thesauro 18 sol Et debet 2 sol.

§ Johannes de Tanaio reddit compotum de 10 sol. pro simili. In thesauro liberavit. Et quietus est.

§ Gilbertus de S^to^. Nicol. reddit compotum de 60 sol. de auxilio Regis. In thesauro 20 sol. Et debet 40 sol.

§ Willelmus de Logis redd. compot. de 5 sol. pro falsa demanda. In thesauro liberavit. Et quietus est.

§ Walterus de Esparfontanes redd. compot. de 10 sol. pro dissaisina. In thesauro liberavit. Et quietus est.

§ Uxor Fulconis de Baukeencai debet 20 lib. pro habenda custodia filiorum suorum et terre sue. § Rogerus Harenc debet 50 lib. pro habenda custodia filii Willelmi de Reisencort et terre sue.

§ Robertus Vicecomes reddit compotum de 95 lib. pro habenda recognitione de vicecomitatu Lexovini. In thesauro 62 sol. Et debet 91 lib. 18 sol de quibus reddidit compotum inferius.

§ Willelmus filius Constancie et Willelmus Clericus reddunt compotum pro se et pro hominibus de Bernaio de 90 lib. de remanente emprunti facti per Johannem de Alenceon. In quietancia eisd. hominibus de feodo Abbatis 90 lib. per brev. Regis. Et quieti sunt.

§ Arnulfus Cades debet 6 sol. pro dissaisina. § Robertus Buenvassal 5 sol. pro concordia duelli. § Maria filia Geroldi 5 sol. pro falso clamore. § Odo de Clauso Omeri 5 sol. pro dissaisina. § Hugo Benedictus 24 sol. pro concordia. § Radulfus et Durandus de Coldreio 5 sol. pro dissaisina. § Warinus Leparlier. j. marc. argenti pro recreantissa versus Willelmum de Goviz. § Willelmus Hodin 10 sol. quia noluit custodire catallum fugacis. § Robertus de Orgeriz 10 sol. pro difforciato. § Fulco Mazel 20 sol. pro falso clamore. § Hugo de Mara 40 sol. pro vadio negato. § Ricardus Gillebert 5 sol. pro difforciato. § Eva Boneta 6 lib. 10 sol. qui sunt super vadium Willelmi de Goviz. § Hugo Brito 5 sol. pro dissaisina versus abbatem de Becco. § Ricardus Willemin 12 sol. pro vadio negato. § Ricardus de Rouceio 8 lib. de feodo unius militis. § Hamelois 20 sol. pro concordia versus Willelmum Manant. § Philippus filius Rogeri 10 sol. pro concordia duelli. § Joscelinus Coquus 15 sol. pro simili. § Roger filius Philippi 10 sol. pro simili § Joscelinus Crespin 13 lib. de debito Radulfi episcopi Lexoviensis.

§ Robertus de Frellancort reddit compotum de 72 sol. 6 den. de debito Rogeri de Bello Monte. In thesauro 20 sol. Et debet 52 sol. 6 den.

§ Abbas de S^to^. Ebrulfo debet 8 lib. de feodo 2 militum. § Heres Jordani de Humelo 33 lib. de remanente feodorum suorum militum. § Magister Gaufridus de Bernaio 50 lib. de auxilio Regis.

§ Robertus Tallefer reddit compotum de 100 sol. de auxilio Regis. In thesauro 40 sol. Et debet 60 sol.

§ Warinus de Mara Ansgeri debet 10 sol. pro plegio. § Robertus Cardon de Bueviler 100 sol. pro clamore dimisso. § Robertus Walchelin 5 sol. pro difforciato.

§ Hubertus de Nocreio reddit compot. de 5 sol. pro clamore dimisso. In thesauro liberavit. Et quietus est.

§ Ricardus de Leschereia Sac'. reddit compotum de 10 sol. de redemptione Regis. In thesauro liberavit. Et quietus est.

§ Amar. Sac'. de Buxeio redd. compot. de 2 sol. pro simili. In thesauro liberavit. Et quietus est.

§ Robert de Faveril redd. compot. de 5 sol. pro simili. In thesauro liberavit. Et quietus est.

§ Persona de Maloe redd. compot. de 7 sol. pro simili. In thesauro liberavit. Et quietus est.

§ Willelmus Judeus redd. compot. de 14 sol. pro simili. In thesauro liberavit. Et quietus est.

§ Robertus de Maisnillo Godeman redd. compot. de 15 sol. pro simili. In thesauro liberavit. Et quietus est.

§ Robertus Lovet redd. compot. de 30 sol. pro simili. In thesauro liberavit. Et quietus est.

§ Gaufridus de Tibervilla redd. compot. de 5 sol. pro simili. In thesauro liberavit. Et quietus est.

§ Gillebertus Lormite redd. compot. de 13 sol. pro simili. In thesauro liberavit. Et quietus est.

§ Radulf Faget redd. compot. de 30 sol. pro simili. In thesauro liberavit. Et quietus est.

§ Robert. de Busviler redd. compot. de 10 sol. pro difforciato. In thesauro liberavit. Et quietus est.

§ Osbertus de Brevilla debet 5 sol. pro concordia duelli. § Amfridus de Bosco Milone 10 sol. pro dissaisina. § Willelmus de Bernere 5 sol. pro simili. § Radulfus de Nigravalle 5 sol. pro clamore dimisso.

§ Radulfus Harenc redd. compot. de uno bisancio pro fine suo audiendo versus Thomam de S^to^. Johanne sicut cyrographum eorum testatur. In thesauro liberavit. Et quietus est.

§ Warinus Thorel reddit compotum de 5 sol. pro concordia meslée. In thesauro liberavit. Et quietus est.

§ Walchelinus de Ferrariis reddit compotum de 140 lib. quas habuit de thesauro Cadomi ad portandum Regi in Alemaniam. Et de 89 lib. 8 sol. quos habuit de focagio terre sue. Et de 104 lib. de jurea facta super eum. Et de 10 lib. de servientibus retentis. Summa 343 lib. 8 sol. In thesauro 100 lib. In perdonatione ipsi Walchelinis 140 lib. per brev. Regis. Et debet 100 lib. 68 sol.

§ Ivo Villanus debet 20 sol. de tallagio. § Radulfus Belaiel 20 sol. pro eod. § Gillebertus de S^to^. Leodegario 8 lib. de remanente auxilii Regis.

§ Robertus Pantolf reddit compotum de 184 lib. de recepta sua de emprunto facto per Johannem de Alenchon in ballia de Lexovino. In thesauro 4 lib. Johanni de Alenchon 180 lib. de quibus reddidit compotum. Et quietus est.

§ Idem reddit compotum de 8 lib. de duobus prebendis de Lureio. In thesauro liberavit. Et quietus est.

§ Willelmus Peilegars debet 20 sol. pro falso clamore.

§ Roger Botel reddit compotum de 13 sol. 10 den. de jurea. In thesauro liberavit. Et quietus est.

§ Idem reddit compot. de 46 sol. 2 den. pro 9 sextariis bladi pro simili. In thesauro liberavit. Et quietus est.

§ Paganus de Mosterol redd. compot. de 40 sol. pro simili. In thesauro liberavit. Et quietus est.

§ Robertus de Frellancort debet 50 sol. de misericordia quadam quem habuit.

§ Willelmus Loremier redd. compot. de 68 sol. de jurea. In thesauro 44 sol. Et debet 24 sol.

§ Robertus Grandis reddit compotum de 6 lib. 7 sol. pro simili. In thesauro 4 lib. 12 den. Et debet 46 sol.

§ Willelmus de Barnevilla redd. compot. de 50 sol. de auxilio Regis. In thesauro 5 sol. Et debet. 45 sol.

§ Henricus de Torvilla redd. compot. de 8 lib. 2 sol. de jurea. In thesauro 20 sol. Et debet 7 lib. 2 sol.

§ Robertus Pantolf redd. compot. de 60 sol. de divadiatione terre quam Willelmus de Cavervilla mortuus usurarius habebat in vadio. In thesauro liberavit. Et quietus est.

§ Robertus de Frellancort debet 28 lib. 4 sol. de jurea. § Willelmus Pipart 10 marc. argenti pro plegio Ricardi de Argenciis. § Robertus de Frellancort 10 marc pro eod.

§ Robertus de Tiebovilla redd. compot. de 10 marc. pro eod. In thesauro 1 marc. 20 den sterling. Et debet 8 marc. 11 sol. 8 den.

§ Gaufridus Peilevilain redd. compot. de 5 marc. pro eod. In thesauro 5 sol. sterling. Et debet 4 marc. 8 sol. 4 den. sterling.

§ Paganus de Mosterol reddit compot. de 100 sol. pro eod. In thesauro 10 sol. Et debet 4 lib 10 sol.

§ Radulfus de Monteforti reddit compot. de 20 lib. pro eod. In thesauro 60 sol. Et debet 17 lib.

§ Ricardus de Felgerio reddit compot. de 100 sol. pro eod. In thesauro 30 sol. Et debet 70 sol.

§ Robertus de Mauritania reddit compot. de 2 marc. pro eod. In thesauro 1 marc. 11 sol. 8 den. sterling. Et debet 20 den. sterling.

§ Ricardus le Bigot reddit compot. de 10 lib. pro eod. In thesauro 4 lib. 5 sol. Et debet 115 sol.

§ Robertus Vicecomes debet 4 marc. pro plegio Ricardi filii Landrici.

§ Gaufridus Peilevilain reddit compot. de 40 lib. pro eod. In thesauro 6 lib. Et debet 34 lib.

§ Robertus de Frellancort reddit compot. de 60 lib. pro eod. In thesauro 15 lib. Et debet 45 lib.

§ Ricardus Pelevilain reddit compot. de 10 lib. pro eod. In thesauro 4 lib. Et debet 6 lib.

§ Willelmus de Boketot reddit compot. de 30 lib. pro eod. In thesauro 13 lib. Et debet 17 lib.

§ Willelmus de Botemont debet. j. marc. pro eod.

§ Ricardus de Felgerei reddit compot. de 2 marc. pro eod. In thesauro 5 sol. sterling. Et debet. j. marc. 8 sol. 4 den.

§ Gillebertus Gerart debet j. marc pro eod.

§ Adam Pontolf reddit compot. de 2 marc. pro eod. In thesauro 5 sol. Et debet. j. marc. 8 sol 4 den. sterling.

§ Willelmus de Holme debet. j. marc. pro plegio Ricardi de Argenciis.

§ Radulfus de Haiis reddit compot. de. j. marc. pro eod. In thesauro 3 sol. 9 den. Et debet 9 sol. 7 den. sterling.

§ Lambertus Boufei reddit compot. de 100 sol. pro habenda serjanteria sua. In thesauro 4 lib. Et debet 20 sol.

§ Philippus Topelin reddit compot. de 100 sol. pro simili. In thesauro 40 sol. Et debet 60 sol.

§ Willelmus de Barevilla reddit compot. de 20 sol. pro plegio Willelmi de Sirefontane. In thesauro liberavit. Et quietus est.

§ Willelmus de Haiis reddit compot. de 20 sol. pro falso clamore versus Hugonem Golafre. In thesauro liberavit Et quietus est.

§ Robertus Vicecomes debet 4 lib. 8 sol. de jurea.

§ Rogerus de Mortuo mari reddit compotum de 100 sol. pro simili. In thesauro liberavit. Et quietus est.

§ Engerrannus de Cressonaria reddit compotum de 115 sol. pro simili. In thesauro liberavit. Et quietus est.

§ Gervasius Makerel reddit compotum de 20 sol. de quarto suo unius militis. In thesauro liberavit. Et quietus est.

§ Gaufridus de Bosco debet 88 lib. 18 sol. de jurea. Et 15 lib. 12 sol. de focagio retento. Et de 40 sol. de redemptione Regis.

§ Robertus Bertrand reddit compot. de 36 lib. 10 sol. de jurea. In thesauro 10 lib. Et debet 26 lib. 10 sol.

§ Gillebertus Dagenel reddit compot. de 40 sol. pro simili. In thesauro liberavit. Et quietus est.

§ Robertus Vicecomes debet 4 lib. pro simili.

§ Ricardus de Lonbolon reddit compot. de 19 lib. 7 sol. 9 den. pro simili. In thesauro 10 lib. Et debet 9 lib. 7 sol. 9 den.

§ Dionisius de Boenalo reddit compot. de 26 lib. 8 sol. 11 den. pro simili. In thesauro 16 lib. Et debet 10 lib. 8 sol. 11 den.

§ Idem reddit compot. de 10 lib. de ecclesia de Givarville. In thesauro liberavit. Et quietus est.

§ Idem reddit compot. de 14 sol. de focagio de Camflor remanente. In thesauro liberavit. Et quietus est.

§ Hugo de Housseia reddit compot. de 100 sol. de jurea. In thesauro liberavit. Et quietus est.

§ Gervasius de Folmucon reddit compotum de 19 sol. 11 den. pro simili. In thesauro liberavit. Et quietus est.

§ Willelmus de Sirefontane reddit compotum de 10 lib. 19 sol. 8 den. pro simili. In thesauro 110 sol. Et debet 110 sol. 8 den.

§ Radulfus Miles debet 15 lib. 16 sol. 7 den. pro simili.

§ Huart de Losier reddit compot. de 46 lib. 17 sol. 7 den. pro simili. In thesauro 10 lib. Et debet 36 lib. 17 sol. 7 den.

§ Idem reddit compot. de 11 lib. de ecclesia de Campinie. In thesauro 7 lib. 10 sol. In liberatione militum et servientum apud Rothomag. faciend. 70 sol. per brev. Regis. Et quietus est.

§ Rogerus de Chimino reddit compot. de 58 sol. de jurea. In thesauro liberavit. Et quietus est.

§ Willelmus de Lues reddit compot. de 42 sol. pro simili. In thesauro liberavit. Et quietus est.

§ Robertus Vicecomes debet 116 sol. pro simili.

§ Ricardus de Bosco episcopi reddit compotum de 12 sol. 10 den. pro simili. In thesauro 10 sol. Et debet 2 sol. 10 den.

§ Robertus de Caorces reddit compot. de 7 sol. pro simili. In thesauro 5 sol. Et debet 2 sol.

§ Anfridus de Anglico reddit compot. de 28 lib. pro simili. In thesauro 20 sol. Et debet 8 sol.

§ Robertus filius Willelmi debet 16 sol. pro simili.

§ Gilleberlus de Chimino reddit compot. de 26 sol. pro simili. In thesauro liberavit. Et quietus est.

§ Robertus de Curia de Bernaio reddit compot. de 18 sol. de servientibus retentis. In thesauro liberavit. Et quietus est.

§ Robertus Pantolf reddit compot. de 7 sol. de remanente auxilio de hominibus Roberti de Tibovilla de Roortes. In thesauro liberavit. Et quietus est.

§ Idem reddit compot. de 29 sol. 2 den. de exitu coriorum, lane et salis Ballie sue de Lexovino. In thesauro liberavit. Et quietus est.

§ Matillis Domina de Conde debet 30 lib. de firma terre sue. § Episcopus Willelmus de Lexovino 2000 marc. argenti de fine suo. § Paganus de Riveria 3 marc. argenti pro recto de debito versus heredem Hugonis de Povilla.

§ Willelmus de Cantepie reddit compotum de 10 sol. pro clamore dimisso. In thesauro liberavit. Et quietus est.

§ Walterus Faber reddit compotum de 10 sol. pro simili. In thesauro 5 sol. Et debet 5 sol.

§ Willelmus Lanone reddit compot. de 10 sol. de auxilio Reg. In thesauro liberavit. Et quietus est.

§ Robertus Restolt reddit compot. de 10 sol. pro eod. In thesauro liberavit. Et quietus ....

§ Dionisius de Boenai reddit compot. de 60 sol. de ecclesia S^ti. Nicolai. In thesauro liberavit. Et quietus ....

§ Petrus de Pratellis reddit compot. de 1737 lib. 15 sol. de tallagio facto, in Ballia de Lexovino ad redemptionem Regis per Johannem de Alenchon et Ricardum Silvani et Henricum de Graeio. In thesauro 980 lib. 28 sol.

Radulfo de S^to. Amando pro uno equo ad opus Comitis Leencestrie 30 lib. per brev. Reg. In liberatione militum et servientum apud Rothomagum 74 lib. per id. brev. Prepositure de Bello Monte prost' nenda 40 sol. per id. brev. Comiti Leencestrie 63 lib. 10 sol. quos habuit de tallagio isto de quibus debet compotum. Gilleberto Malesmains 33 lib. quas habuit de feodo de Plagnes de quibus debet compotum Gaufrido de Bosco 40 sol. quos habuit de feodo Willelmi Crespin de quibus debet compotum. Et debet 501 lib. 17 sol.

§ Simon de Morainvilla reddit compot. de 50 lib. de fine suo. In thesauro liberavit. Et quietus est.

§ Johannes de Sakenvilla reddit compot. de 12 den. pro audienda quietancia quam Gilo frater ejus fecit ei de parte terre sue. In thesauro liberavit. Et quietus est.

§ Clarinus Dispensator Regis reddit compot. de uno bisancio pro audienda concordia inter ipsum et Julianam uxorem Johannis Harenc. sicut cyrographum eorum testatur. In thesauro liberavit. Et quietus est.

§ Gaufridus de Argentan reddit compot. pro Regnaldo de Baiocis de recepta sua de escaetis ballie de Lexovino, scilicet: De exitu terre de Sarkincio reddite 8 lib. 11 sol. De exitu terre Castri de Nube reddite 3 sol. De exitu terre Ricardi de Teurai reddite 10 lib. 7 sol. De exitu terre Johannis de Joie reddite 7 lib. 17 sol. De prepositura de Sapeia de exitu terre Eustacii de Herlenviler reddite 21 sol. De exitu terre Rahier de Music 8 lib. 10 sol. De exitu terre Johannis de Sauceio 9 lib. 6 sol De exitu terre Willelmi de Boketot reddite 14 lib. De exitu terre Lisiart de Sabrolio et venta bosci reddite 28 lib. 14 sol. De exitu terre Willelmi de Houetevilla 18 sol. 3 den. De exitu terre Moignet 6 sol. De exitu terre Gilleberti de Cortellis 14 sol. De exitu terre Roberti de Felgeroll. reddite 50 sol. De exitu terre Radulfi Lemesnier reddite 44 sol. De exitu terre Willelmi de Pinu 44 sol. de duobus annis. De exitu terre de Gervasio de Valle Martel de duobus annis 20 sol. De Pagano de Mosterol 20 .... de positis Hugonis de Torvilla. De catallo Hereberti filii Goducre fugacis pro morte Gilleberti Hericon 44 sol. De catallo Gaifrido de Campis fugacis pro combustione 4 lib. 5 sol. 4 den. Summa 106 lib. 2 sol. 7 den. In thesauro 100 lib. 10 sol. 7 den. Reiginaldus de Baioc. 112 sol. quos habuit de terra Ricardi de Teurai de quibus reddit compot. Et quietus est.

§ Durandus de Pinu reddit compot. de 180 lib. 40 sol. de remanente finis sui. In thesauro 16 lib. Et debet 164 lib.

§ Willelmus de Hulmo reddit compot. de 100 sol. de venta bosci Hugonis de Torvilla. In thesauro 50 sol. Et debet 50 sol.

§ Abbas S^ti. Ebrulfi debet 2 marc. auri pro habenda saisina terre de Solingie.

§ Uxor Angevin de Maris reddit compot. de 60 lib. pro fine catalli viri sui mortui usurarii. In thesauro 36 lib. 10 sol. Et debet 23 lib. 10 sol.

§ Gaufridus de Argenton reddit compot. de 194 lib. 5 sol. quos recepit de Comite Roberto de debito quod debebat Ricardo filio Durandi. In thesauro liberavit. Et quietus est.

§ Idem reddit compot. de 163 lib 3 sol. de exitu terre Willelmi Episcopi Lexovii. In thesauro 133 lib. 3 3 sol. Duobus clericis de Scaccario Regis 30 lib. de dono per brev. Regis. Et quietus est.

§ Idem reddit compot. de 30 lib. 15 sol. de exitu Archidiaconatus de Lexovino. In thesauro 15 lib. Et debet 15 lib. ... sol.

§ Idem reddit compot. de 6 lib. quos recepit de Isac de Chambrais. In thesauro liberavit. Et quietus est.

§ Robertus Vicecomes reddit compot. de 91 lib. 18 sol. superius scriptis. In thesauro 32 lib. 18 sol. Et debet 59 lib.

§ *Baillia de Lexovino per Robertum Pantoff.* § *Tallagium baillie de Lexovino, per Petrum de Pratellis.* § *Gaufridus de Argentan pro escaetis Ballie de Lexovino.*

(Membrane 8 dorso.)

§ Engerranus de Cressoneria reddit compotum de misericordiis ballie de Lexovino pro vino supervendito, scilicet: De Willelmo Diere 20 sol. De Ema de Gloz 40 sol. De Isabel 5 sol. De uxore Willelmi Gornel 10 sol. De Radulfo de Malfei 40 sol. De Johanne Potel. 10 sol. De Radulfo Lovigneor 20 sol. De Hugone Berion 20 sol. De Gencelin Lestalene 5 sol. De Waltero Cavin 5 sol. De Gautre 5 sol. De Harenc 5 sol. De Nicolao de Mara Aucasne 5 sol. De Ricardo Fabro de Duravilla 5 sol. De Torketil Pesaz 5 sol. De Asa uxore Randoin 5 sol. De Johanna uxore Ivonis Anglici 5 sol. De Gaufrido de Grounon 5 sol. De Rogero Boclei 10 sol. De Roberto Corone 10 sol. De Waltero de Paris 5 sol. De Rogero filio Emme 5 sol. De Johanne Tose 5 sol. De Radulfo de Doito 5 sol. De Willelmo Ang. de Berloet 5 sol. De Radulfo de Tac 5 sol. De Willelmo Clerico de Hospitalaria 10 sol. De Willelmo Malerbe 10 sol. De Gilleberto Lenoble 10 sol. De Willelmo Ruffo 5 sol. De Odone Beroart 5 sol. De Roberto Beroart 5 sol. De Willelmo Bernier 10 sol. De Willelmo Gonnor 5 sol. De Radulfo de Bello Monte 10 sol De Willelmo Vitali 10 sol. De Reinaldo de Bello Mesnillo 5 sol. De Richero de Castro 5 sol. De Willelmo Oblcier 5 sol. De Johanne Angoissos 40 sol. De Roberto Lerei 5 sol. De Willelmo de S^to. Melano 20 sol. Summa 22 lib. 15 sol. In thesauro liberavit. Et quietus est.

§ Willelmus Hamart debet 5 sol. pro eodem. § Robertus Blondel 10 lib. pro eodem.

§ Gervasius Ruffus reddit compot. de 10 sol. pro eod. In thesauro 5 sol. Et debet 5 sol.

§ Reinaldus Godart reddit compot. de 10 sol. pro eod. In thesauro 5 sol. Et debet 5 sol.

§ Radulfus de Fosse de Orbec reddit compot. de 40 sol. pro eod. In thesauro 20 sol. Et debet 20 sol.

§ Ernulfus Boiste reddit compot. de 40 sol. pro eod. In thesauro 20 sol. Et debet 20 sol.

§ Dica debet 5 sol. pro eod. § Walter Monbaut 10 lib. pro eod.

§ Robertus de Aucainvilla reddit compot. de 10 sol. pro eod. In thesauro 5 sol. Et debet 5 sol.

§ Willelmus Ceocart reddit compot. de 20 sol. pro eod. In thesauro 10 sol. Et debet 10 sol.

§ Gerin Lepeurier reddit compot. de 5 sol. pro eod. In thesauro 3 sol. Et debet 2 sol.

§ Rebertus Cordoan' reddit compot. de 40 sol. In thesauro 10 sol. Et debet 10 sol.

§ Auborc reddit compot. de 20 sol. pro eod. In thesauro 10 sol. Et debet 10 sol.

§ Hugo de Troart reddit compot. de 20 sol. pro eod. In thesauro 10 sol. Et debet 10 sol.

§ Gillebertus Roillie debet 100 sol. pro eod. § Auborc Leblont 10 sol. pro eod.

§ Rogerus Quarrel reddit compot. de 40 sol. pro eod. In thesauro 20 sol. Et debet 20 sol.

§ Gillebertus Boissel reddit compot. de 60 sol. pro eod. In thesauro 40 sol. Et debet 20 sol.

§ Willelmus Clericus reddit compot. de 20 sol. pro eod. In thesauro 10 sol. Et debet 10 sol.

§ Walchelinus de Bougevilla reddit compot. de 5 sol. pro eod. In thesauro 3 sol. Et debet 2 sol.

§ Robertus Nepos reddit compot. de 4 lib. pro eod. In thesauro 10 sol. Et debet 70 sol.

§ Henricus Ermoin reddit compot. de 40 sol. pro eod. In thesauro 30 sol. Et debet 10 sol.

§ Fulco de Cambrais debet 10 lib. pro eod. § Johannes de Ateio 40 sol. pro eod.

§ Gillebertus Caillou reddit compot. de 10 sol. pro eod. In thesauro 5 sol. Et debet 5 sol.

§ Arnulf Rebors reddit compot. de 20 sol. pro eod. In thesauro liberavit. Et quietus est.

§ Durand Paste reddit compot. de 40 sol. pro eod. In thesauro 20 sol. Et debet 20 sol.

§ Ogerus de Bogevilla reddit compot. de 10 sol. pro eod. In thesauro 5 sol. Et debet 5 sol.

§ Henricus de Ateio reddit compot. de 60 sol. pro eod. In thesauro 20 sol. Et debet 40 sol.

§ Walkelinus le Villain reddit compot. de 40 sol. pro eod. In thesauro 30 sol. Et debet 10 sol.

§ Matilla Cauvin reddit compot. de 5 sol. pro eod. In thesauro 3 sol. Et debet 2 sol.

§ Girardus Warmont reddit compot. de 40 sol. pro eod. In thesauro 20 sol. Et debet 20 sol.

§ Thomas de Bogevilla reddit compot. de 20 sol. pro eod. In thesauro 10 sol Et debet 10 sol.

§ Roger Lecomte reddit compot. de 10 sol. pro eod. In thesauro 5 sol. Et debet 5 sol.

§ Walter. Peletus reddit compot. de 5 sol. pro eod. In thesauro 3 sol. Et debet 2 sol.

§ Berenger reddit compot. de 5 sol. pro eod. In thesauro 2 sol. Et debet 3 sol.

§ Willelmus Blanboillie le Viel reddit compot. de 60 sol. pro eod. In thesauro 15 sol. Et debet 45 sol.

§ Anfrid. Buisson reddit compot. de 40 sol. pro eod. In thesauro 20 sol. Et debet 20 sol.

§ Warinus de Feraria reddit compotum de 10 sol. pro eod. In thesauro 5 sol. Et debet 5 sol.

§ Ricardus de Hodenc debet 5 sol. pro eod. § Roger Hadrin 5 sol pro eod. § Lambertus Ferres 5 sol. pro eod. § Ricardus Battalle 5 sol. pro eod. § Radulfus Wiart 10 sol. pro eod. § Tiger de Barra 20 sol. pro eod. § Ricardus Mercer 30 sol. pro eod. § Robert Panel 5 sol. pro eod. § Willelmus Blancboilli juvenis reddit compot. de 60 sol. pro eod. In thesauro 30 sol. Et debet 30 sol.

§ Walkelinus de Mara debet 5 sol. pro eod.

§ Godefridus Gelbert reddit compot. de 5 sol. pro eod. In thesauro 3 sol. Et debet 2 sol.

§ Robert Belin reddit compot. de 10 sol. pro eod. In thesauro 5 sol. Et debet 5 sol.

§ Hugo Poirel reddit compot. de 20 sol. pro eod. In thesauro 10 sol. Et debet 10 sol.

§ Eurart Letort reddit compot. de 5 sol. pro eod. In thesauro 3 sol. Et debet 2 sol.

§ Gillebertus Pelet' debet 5 sol. pro eod. § Robertus Faber 5 sol. pro eod. § Ricardus Anglicus reddit compot. de 3 sol. pro eod. In thesauro liberavit. Et quietus est.

§ Willelmus Herout. redd. compot. de 5 sol. pro eod In thesauro 3 sol Et debet 2 sol.

§ Rogerus de Gardin reddit compot. de 3 sol. pro eod. In thesauro liberavit. Et quietus est.

§ Robertus de Carnoto debet 10 sol. pro eod. § Hugo Freuche 5 sol. pro eod. § Willelmus Hasart 5 sol. pro eod. § Odo Billehelt 5 sol. pro eod. § Radulfus Bovier 5 sol. pro eod. § Robertus Morel. 5 sol. pro eod. § Odo Pelet' 5 sol. pro eod. § Popart 5 sol. pro eod. § Willelmus Carnifex 5 sol. pro eod. § Osbertus Ivas 15 sol. pro eod. § Robertus Cornu 5 sol. pro codem.

§ Friardel reddit compot. de uno bisancio pro audienda concordia in ipsum et Radulfum fratrem (suum) de terra apud Boscum Autru sicut cyrographum eorum testatur. In thesauro liberavit. Et quietus est.

§ Ricardus Beurel reddit compot. de 266 lib. 13 sol. 4 den. de dono pro 100 marc. argenti quas dedit Regi. In thesauro nichil. Willelmo filio Radulfi Senescalli Normannie ad faciendam liberationem militibus et servientibus in tempore guerre 173 lib. 6 sol. 8 den. Et debet 93 lib. 6 sol. 8 den.

§ Henricus de Ponte Audomari reddit compot. de 27 sol. de exitu bernagio de Valle Rodol. Et de 48 sol. de vadio Avitie Matille et Hylarie. Et de 10 sol. de herede Accelini de Saucceio de vadio negato. Et de 2 sol. de Roberto pro vino supervendito. Et de 6 sol. de Willelmo Cain pro duello Comitis Mellenti. Et de 20 sol. de Ranulfo de Bigarz pro eod. Et de 5 sol. de Gaufrido de Witot pro eod. Et de 20 sol. de Ermenfrey de Gart de tallagio. Et de 20 sol. de Tracenlai pro eod. Et de 100 sol. de Rogero filio Warini pro eod. Et de 20 sol. de Heremita pro eod. Et de 20 sol. de Bestenc. pro eod. Et de 20 sol. de Goucet pro eod. Et de aliis receptis suis, scilicet de reguardo foreste da Bort 66 sol. De Willelmo de Escanbosc 2 sol. pro via occupata. De Ernaldo de Kitebuc 5 sol. pro precepto transgresso. De Roberto Pointmule 5 sol. pro nammis excussis. De Ricardo de Holes 2 sol. pro defectu waranti. De Johanne Vesdie 2 sol. pro eod. De Waltero Pipart 20 sol. pro jurea. De Osmundo Lecricor 20 sol. pro eod. De Elinando de Marbue 20 sol. pro eod. De Forlon 41 sol. 11 den. pro eod. De Rogero Perfecto 8 sol. pro simili. De Simone Groelai 12 sol. pro simili. De Waltero de Felgerolis 14 sol. pro simili. De Hugone de Sessevilla 50 sol. pro simili. De Radulfo de Fosse 25 sol. pro simili. De Gaufrido Lecaron 40 sol. pro simili. De Willelmo Croc 9 sol. 1 den. pro simili. De Johanne de Sakeinvilla 10 sol. de quarto suo. De Taissel 52 sol. pro jurea. De exitu coriorum, lane et salis 10 lib. 6 sol. De Rogero Harenc. 40 sol. de fine suo, pro habenda custodia filiorum Willelmi de Reisecort. De exitu foreste de Bort 40 lib. De Hugone de Bakepuiz 100 sol. pro plegio Ricardi Landrici. De Roberto de Felgerollis 2 marc. argenti pro eod. De Stephano filio Rose 2 sol. pro vadio negato. De Willelmo filio Franceis 3 sol. pro concordia. De Christoforo

Porpense 5 sol. pro eod. De Hugone de Bogeio 2 sol. pro defectu. De Herveo de S^{to}. Martino 2 sol. pro difforciato De Johanne Mancele 3 sol. pro defectu waranti. De Willelmo Harenc 5 sol. pro concordia. De Johanne Maieruel 5 sol. pro eod. De Eurardo preposito 5 sol. pro defectu. De Thoma de Cerches 5 sol. pro concordia. De Gaufrido de Puntel 5 sol. pro simili. De Rateri de Conchis 10 sol. pro simili. De Gaufrido de Monte Rosti 2 sol. pro defectu. De Mauricio Barbeacaz 2 sol. pro simili. De Willelmo Maiore 2 sol. pro concordia. De Roberto Heribel 2 sol. pro defectu waranti. Summa 100 lib. 34 sol. 8 den. In thesauro liberavit. Et quietus est.

§ Henricus de Ponte Audemari reddit compotum de 10 lib. de recepta tallagii, hominum qui non venerunt ad curandam Euram mortuam. Et de Ascio de Plaiseiz 60 sol. de vadio negato. De minutis redditibus Wallis Rodolii 50 sol. Summa 15 lib. 10 sol. In liberatione 6 Bigordensium 60 sol. per brev. Regis. In liberatione militum et servientum morantium in Castro de Bello Monte tempore guerre 12 lib. 10 sol. per id. brev. Et quietus est.

§ Philippus Mimecan reddit compotum de 152 lib. 19 sol. 1 den. quos habuit de denariis et catallo Ricardi filii Osmondi et Gaufridi Furget. Et de uno cipho argenti de catallo ejudem Ricardi de 10 sol. sterling. Et de 7 lib. 6 sol. 10 den. quos habuit de debitis eorumdem. Et de 26 lib. 10 sol. quos habuit de uxore predicti Ricardi. Et de 100 sol. quos habuit de Thoma Pelerin pro replegiari. Et de 12 sol. pro uno bacone. Et de 8 sol. pro tela. Et de 14 sol. 6 den. de catallo et redditu ejusdem Ricardi. Et de 10 lib. de Ricardo Germont pro replegiari. Et de 39 lib 11 sol. de venta trium escartarum in foresta de Bonnavilla per eundem Philippum. Summa 245 lib. 17 den. In thesauro Nichil. Bricio Camerario in Camera Regis 100 lib. per brev. Regis. Pro 198 perticis de palitio faciendis in haiis Regis foreste de Bonavilla 49 lib. 10 sol. per brev. Regis. In constamento essartorum faciendo et claudend. in eadem foresta 38 lib. 8 sol. 6 den. per idem brev. In liberatione servientum custodientium domum ipsius Ricardi et catalla 119 sol. per id. brev. In liberatione ipsius Philippi et hominum equorum et canum Regis de quinquagintis diebus 15 lib 8 sol. 4 den. per idem brev. In liberatione ejusdem de 190 diebus 23 lib. 15 sol. per id. brev. Et debet 12 lib. 10 sol. 7 den.

§ Idem reddit compotum de 25 lib. quas habuit de thesauro Cadomi. Pro roba ad opus ipsius Philippi 4 lib. per brev. Regis. Et debet 21 lib.

§ Gaufridus de Haia, Hugo Maineri, Robertus filius Ranulfi reddunt compotum de 77 lib. de catallo Willelmi Hotot fugacis pro morte Elye de Bello Monte. In thesauro liberaverunt. Et quieti sunt.

§ Robertus Vicecomes reddit compotum de misericordiis promissis et finibus scilicet de Hugone Mages 16 sol. de tallagio facto per Johannem de Alenchon. De Tustino Pullo 10 sol. pro eodem. Et de misericordiis pro vino supervendito, scilicet: De Willelmo Herenbout 50 sol. De Aeliz de Monte Pichon 10 sol. De Hugone Porket 20 sol. De Roberto Anglico 10 sol. De Waltero Flandrine 30 sol. De Roberto de Logis 10 sol. De Roberto Camerario 20 sol. De Germondi de Logis 20 sol. De Waltero Clarte 5 sol. De Willelmo Coifier 5 sol. De Gilleberto Coifier 5 sol. De Radulfo Cadoet 5 sol. De Huberto de Sella 10 sol. De Rogero de Vaaier 5 sol. De Johanne de Roondel 10 sol. De Gerardo Anglico 10 sol. De Willelmo Anglico 10 sol. De Roberto de Rochis 5 sol. De Johanne Cave 5 sol. De Alberico de Calceia 5 sol. De Grison 10 sol. De Roberto Burnel 30 sol. De Ricardo Hasart 20 sol. De Johanne Goncelin 5 sol. De Radulfo Vitali 20 sol. De Hugone Pede Bovis 5 sol. De Willelmo de Arenis 10 sol. De Johanne Enfer 40 sol.. Summa 20 lib. 16 sol. In thesauro liberavit. Et quietus est.

§ Odo de Sella reddit compotum de 4 lib. pro eod. In thesauro 20 sol. Et debet 60 sol.

§ Gillebertus Serviens reddit compotum de 20 sol. pro eod. In thesauro 10 sol. Et debet 10 sol.

§ Durand de Blangeio reddit compot. de 10 sol. pro eod. In thesauro 5 sol. Et debet 5 sol.

§ Robertus Coete reddit compotum de 10 sol. pro eod. In thesauro 5 sol. Et debet 5 sol.

§ Geroldus Laillier reddit compot. de 20 lib. pro eod. In thesauro 10 lib. Et debet 10 lib.

§ Ricardus Laillier debet 30 lib. pro eodem. § Radulfus Episcopus Lexoviensis debet compotum suum de Valle Rodolii de 6 annis antequam esset Episcopus. Idem 70 lib. de veteri firma ejusdem Vallis, de tempore Clari de Grocet. § Johannes decanus Lexov. 50 lib. pro duello Lexov. § Radulfus Cantor 20 lib. pro eodem. § Silvester Thesaurarius 30 lib. pro eodem. § Ricardus Barre 20 lib. pro eodem. § Tres Urselli 20 lib. pro eodem. § Christianus 20 lib. pro eod. § Gervasius de Roca 100 sol. pro eod. § Nicolaus Medicus 100 sol. pro eod. § Eustacius 40 sol. pro eod. § Warinus Pullus 100 sol. pro eod. § Bertranus 40 sol. pro eod. § Hamo de Vinaz 40 lib. pro eod. § Robertus de Rothomago 10 lib. pro eod. § Rogerus filius Matillis 10 lib. pro eod. § Fulco Tallefer 10 lib. pro eod. § Deur'. Presbyter 40 sol. pro eodem. § Willelmus Rasor 20 sol. pro eodem. § Oliverus 10 lib. pro eodem. § Johannes de Roca 100 sol. pro eodem. § Goherus Cementarius 10 sol. pro eodem. § Gaufridus de Cavaudon 10 sol. pro vino supervendito. § Thomas de Falesia 40 lib. pro Mabilia Lalobe capta sine licencia. § Rogerius filius Aimonis 36 lib. 4 den. pro stultiloquio. § Radulfus Episcopus Lexoviensis 1080 lib. 78 sol. .... den.

§ Hubertus archidiacon. Ebroicensis est quietus de exigentia exitus Abbatie Sancti Audoeni de Rothomago qui ab eo exigebatur, quia nichil inde habuit.

§ Mabilia Lalobe reddidit compotum de 57 marc. 13 sol. 13 den. et 1 obol. sterling. de remissione finis sui. In pardonis ipsi Mabilie 57 marc. 13 sol. 13 den. et 1 obol. per brev. Regis. Et quietus est.

§ *Vinagina ballie de Lexovino per Engerrannum de Cressonaria.* § *Henricus de Ponte Audemari pro escaetis ballie Ebrocino.* § *Philippus Mimecan...... ...... catallis Ricardi filii Osmondi* § *Banleuca Lexovii.* Emend.

(Membrane 9 recto.)

§ Ricardus Venator reddit compot. de 25 lib. de firma Vicecomitatus de Hulmo. In thesauro liberavit. Et quietus est.

§ Hamo Pincerna reddit compot. de 10 lib. de redditu quinque porcariarum et trium vaccariarum de foresta de Monte Fichet. In thesauro 6 lib. 9 sol. 5 den. In defectu quarte partis porcarie 6 sol. 3 den. In decima Abbati Cerasiensi 19 sol. 4 den. Leprosis de Baiocis 45 sol. pro 15 bacon. de elemos. statu. Et quietus est.

§ Idem reddit compotum de 5 sol. de terra recuperata per juream prope forestam. Et de 5 sol. 6 den. de mansura Pettevin in S^{to}. Germanno de Ala. Et de 100 sol. hoc anno de censis terrarum recuperatis per juream in Baiocasino. Et de 14 sol. hoc anno pro uno sextario frumenti de clauso Cornelle. Et de 5 sol. 8 den. de terra quam Gaufrid. de Clarlonda tenet. Et de 24 sol. hoc anno de potariis pro terra quam capiunt in foresta de Tronkeio. Et de 56 sol. hoc anno pro 2 sextariis et una mina frumenti de terra Othonis et pro uno sextario frumenti de terra Vitalis de

Longa aqua et pro una mina frumenti de terra Willelmi filii Nigelli. Et de 14 sol. 8 den. hoc anno de terra prope Treverias in Magnevilla pro 11 quarteriis avene. Et de 54 sol. hoc anno de Nova Villa prope Pontem de Balere Et de 30 sol. hoc anno de terra nutriciorum in C'emie. Et de 68 sol. de exitu terre Mainard in Camba. Et de 10 sol. de domo Willelmi de Crissetot reddite ecclesie Baiocensis. Summa 19 lib. 6 sol. 10 den. In thesauro 17 lib. 13 den.

In decima abbati de Cerasio 2 sol. 5 den. de potariis et 5 sol. 4 den. de Novilla. Pro clauso Cornelle dato leprosis de Baiocis 24 sol. Et eisdem pro uno sextario frumenti 14 sol. de elemosina statuta. Et quietus est.

§ Idem reddit compotum de 26 lib. 4 sol. 4 den. hoc anno pro decem modibus uno sextario avene de bernagio Baillie de Baiocassino. In thesauro 38 sol. 2 den. In reparandis domibus de Buro et portis et palitio et cameris et halis et bokestallis faciendis 24 lib. 6 sol. 2 den. per brev. Regis. Et quietus est.

§ Bigotus habet terram Willelmi de Caleto per Regem.

§ Hamo Pincerna redd. compotum de misericordiis, finibus et promissis scilicet de Petro Bernardo 42 lib. 10 sol. de remanente veteris firme de Baioc. De Willelmo Senz Aveir 7 lib. de remanente tallagii facti per communam Baioc. De Willelmo Gerardo 20 sol. pro eod. De Gill'. Mabilie 5 sol. pro eod. De Johanne Fabro 10 sol. pro eod. De Walkelino de Tor 30 sol. pro eod. De Radulfo de Grantvale 14 sol. pro eod. De Willelmo de Ponte Roout 100 sol. de remanente tallagii facti per Ricardum Argenciis. De Johanne Lebel 20 sol. pro eod. De Johanne Mainnard. 10 sol. pro eod. De Johanne Beket 20 sol. pro eod. De Willelmo de Jovignie 40 sol. pro eod. De Johanne Leverable 20 sol. pro eod. De Osberto Taste gelde 20 sol. pro eod. De Gervas de Ponte 20 sol. pro eod. De Ranulfo Hersent 10 sol. pro eodem. De Johanne de Brandel 40 sol. pro eod. De Huberto de Omeio 10 sol pro eod. De Willelmo Goismer 10 sol. pro eod. De Ranulfo Lavertu 20 sol. pro eod. De Waltero Fuillet 15 sol. pro eod. De Arnulfo Damaie 15 sol. pro eod. De Geroldi Sutore 10 sol. pro eod. De Roberto filio Grice 10 sol. pro eod. De Rogero Rainbaut 10 sol. pro eod. De Estanc de Doito 10 sol. pro eod. De Rogero Tuant 20 sol. pro eod. De Serlone Jordain 20 sol. pro eod. De Rogero Boverel 20 sol. pro eod. De Willelmo Hurtelou 3 sol. pro difforcio. De Radulfo Tyrel 2 sol. pro eod. De Radulfo Lecoc 2 sol. pro eod. De Willelmo de Vallibus 2 sol. pro eod. De Willelmo filio Radulfi 10 sol. pro auxilio negato. De Engerranno de Bofei 10 sol. pro eod. De Johanne Pullin 5 sol. pro falso clamore. De Radulfo de Moncellis 10 sol. pro dissaisina. De Radulfo Engaigne 20 sol. pro simili. De Willelmo de Ponte Roout 10 sol. pro negare et cognoscere. De Willelmo Briton 5 sol. pro eod. De Thoma de Colomberiis 5 sol. pro equo injuste capto. De Rogero de Darniz 5 sol. pro falso clamore De Eudone Britone 5 sol. pro dissaisina. De Johanne Briton 5 sol. pro eod. De Roberto de Hotevilla 10 sol. pro difforcio. De Roberto de Sullie 10 sol. pro simili Summa 80 lib. 58 sol. In thesauro liberavit. Et quietus est.

§ Canonici de Meretona reddunt compotum de uno bisancio pro audienda concordia inter eos et Robertum de Corvaudon et Rogerum heredem ejus de presentatione ecclesie de Cahannes et decima quas eisdem canonicis quietas clamaverunt predicti Robertus et Rogerus. In thesauro liberaverunt. Et quieti sunt.

§ Willelmus de Columberiis reddit compotum de 74 lib. 14 sol. 8 den. quos habuit de terra Eudonis de Castillie. In thesauro 2 sol. Et debet 74 lib. 12 sol. 8 den.

§ Ricardus Boskier reddit compotum de 70 sol de remanente tallagii facti per communam Baioc. In thesauro 10 sol. Et debet 60 sol.

§ Radulfus Forboor reddit compot. de 60 sol. pro eod. In quietancia ipsi Radulfi 60 sol. per cartam Regis. Et quietus est.

§ Willelmus Polin reddit compot. de 40 sol. pro eod. In thesauro 20 sol. Et debet 20 sol.

§ Rubestenc reddit compot. de 60 sol. pro eod. In thesauro 50 sol. Et debet 10 sol.

§ Hamo Pincerna reddit compot. de 12 lib. 14 sol. 10 den. de ultimo reguardo foreste de Tronkeio propter decimam abbatis de Cerasio et liberationem reguardatorum. In thesauro liberavit. Et quietus est.

§ Idem reddit compot. de 9 lib. 5 sol. de ultimo reguardo foreste de Verneio propter decimam capellani de Baiocis et liberationem reguardatorum. In thesauro liberavit. Et quietus est.

§ Robertus de Valbadon reddit compot. de 79 lib. 10 sol. de remanente tallagii facti per Johannem de Alenchon et Henricum de Gracio. In thesauro 20 lib. Et debet 59 lib. 10 sol.

§ Robertus de Moles reddit compot. de 30 sol. pro eod. In thesauro 20 sol. Et debet 10 sol.

§ Robertus de Grocie debet 34 lib. 19 sol. 11 den. (de quibus redd. compot. inferius) de remanente misericordiarum de Baiocis. § Abbas Cerasii 10 lib. pro recto habendo de Evrechinvilla. § Gervasius de Torineio 100 sol. § Osbert de S[to]. Quintino 20 sol. § Robertus filius Eve 20 sol. § Unfridus Lesalvage 20 sol. § Ranulfus Wislart 20 sol. § Rogerus de Ponte 20 sol. pro recognitione. § Robertus Morin 50 sol. pro simili. § Simon Cornix et Willelmus Tallefer 15 sol. pro simili. § Serlo de Longaaqua 10 sol. pro dissaisina. § Robertus de Fraxino 5 sol. pro marisco effosso. § Simon de Rof. 10 sol. pro recreantissa. § Willelmus Rex 5 sol. pro defectu. § Willelmus filius Tiece 5 sol. pro concordia. § Hubertus de Fossa 20 sol. pro eodem. § Radulfus filius Wimarc. 5 sol. pro dissaisina. § Wimont de Ponte 5 sol. pro plegio. § Willelmus Coket 7 sol. pro difforcio. § Radulfus de Cormolain 10 sol. pro clamore dimisso. § Willelmus Carnifex 20 sol. de remanente tallagii de Baiocis. § Hugo le Waleis 20 sol. pro eod. § Alan Lescot 10 sol. pro eod. § Hugo de Engerborc 40 sol. de tallagio facto per Johannem de Alenchon. § Escorcheraie 100 sol. pro eod. § Arnulfus Bosker 30 sol. pro eodem. § Michel Polin 30 sol. pro eodem. § Arnulfus Bosker 20 sol. pro eod. § Wall'. Orenge 4 lib. pro eod. § Willelmus Ledevin 20 sol. pro eod. § Simon Josce 20 sol. pro codem. § Gaufridus de Mara 20 sol. pro eod. § Adam Panier 60 sol. pro eod. § Ricardus Wastinel Presbyter 4 lib. pro eod. § Arnulfus Bosker 10 sol. pro eod. § Philippus Suhart 4 lib. 11 sol. de redemptione Regis. § Comes Cestrie 157 lib. 4 den. pro eod. § Robertus de Haia 18 lib. (de quibus redd. compot. inferius), de remissione militum suorum. § Thomas Pointlasne 2 sol. pro clamore dimisso. § Gaufridus Camerarius 10 sol. pro concordia. § Uxor Arnulfi 2 sol. pro falsa demanda. § Ricardus de Wallibus 2 sol. pro difforcio. § Gaufridus Lefiz 5 sol. pro eod. § Radulfus Lewaleis 2 sol. pro falso clamore. § Johannes de Humetis 33 lib. de remissione feodi militum suorum.

§ Robertus de Haia reddit compotum de 18 lib. prescriptis. In thesauro 10 lib. Et debet 8 lib.

§ Gillebertus Malesmains reddit compot. de 6 lib. de firma manssi Willemi. Et de 4 sol. de domo Roberti Mieie in Falesia. Et de 6 sol. de domo Fulconis de Rotors. Et de 3 sol. de domo Roberti Reignardi. Et de 3 sol. de domo Cofart. Et de 3 sol. de domo Roberti de Barou. Et de 12 den. de domo Gaufridi Briton. Et de 3 sol. de domo Rogeri de Goviz. Et de 3 sol. de domo Helte Bertin. Et de 6 sol. de domo Johannis Lewerrier. Et de 6 den. de domo Ricardi de Fonte. Et de 2 sol.

Andree Porpensee de platea sua. Et de 12 den. pro dimidia libra piperis de Roberto Caisnel pro operario suo. Et de 7 sol. hoc anno de terra in Robert Maisnil. Et de 4 lib. 10 sol. de exitu marisci de Perceio. Summa 12 lib. 12 sol. 6 den. In thesauro 6 lib. 12 sol. 6 den. Pro mansso Willelmi quod Bigot habet per Regem 6 lib. Et quietus est.

§ Idem redd. compot. de 19 lib. 6 sol. 9 den. hoc anno pro quatuor modibus et septem sextariis et uno quarterio avene de bernagio de Oximino mina pro 3 sol. 6 den. In thesauro nichil. In reparandis domibus castri de Falesia 6 lib. 15 sol. 5 den. per brev. Regis. Et debet 12 lib. 11 sol. 4 den.

§ Idem reddit compot. de 64 sol. 2 den. de remanente veteris bernagii de Oximino. In thesauro liberavit. Et quietus est.

§ Willelmus Forestarius reddit compot. de 27 lib. de remanente veterum debitorum suorum. In thesauro 20 sol. Et debet 26 lib.

§ Osbertus de Masoncellis reddit compotum de 24 lib. 13 sol. pro simili. In thesauro 20 sol. Et debet 23 lib. 13 sol.

§ Robertus de Goviz reddit compot. de 95 lib. 9 sol. 4 den. de remanente finis sui. In thesauro 18 lib. 9 sol. 3 den. Et debet 67 lib. 17 sol. 8 den.

§ Simon Dispensator reddit compot. de 16 lib. 12 sol. 10 den. de remanente veteris firme vicecomitatus de Oximino. In thesauro 20 sol. Et debet 15 lib. 12 sol. 10 den.

§ Willelmus Canis debet 25 lib. de remanente veteris tallagii.

§ Bartholomeus de Trun reddit compot. de 10 lib. de eod. tallagio. In thesauro liberavit. Et quietus est.

§ Ricardus Busket debet 20 lib. pro eodem.

§ Rogerus Boteri reddit compot. de 7 lib. 10 sol. pro eod. In thesauro 50 sol. Et debet 100 sol.

§ Robertus Agnus reddit compot. de 20 sol. pro eod. In thesauro liberavit. Et quietus est.

§ Goduinus et Mater ejus debent 10 sol. pro eod. § Robertus Ernald. 20 sol. pro eodem. § Emelina de Sormere 8 sol. pro eod.

§ Ranulfus Borel reddit compot. de 20 sol. pro eod. In thesauro liberavit. Et quietus est.

§ Radulfus de Magnevilla debet 164 lib. 10 sol. 4 den. de remanente veteris firme de Archis. § Hamo Pincerna et Odo filius Vitalis debent 97 lib. 18 sol. 1 den. de remanente exitus terre de Curceio. § Heres Willelmi de Olie debent 4 lib. 10 sol. de remanente veteris tallagii Falesie. § Willelmus de Landa Ingulfi 38 sol. 4 den. pro dissaisina. § Elias de Owilla 100 pro recordio duelli versus Stephanum de Owilla. § Radulfus de Livet 10 sol. pro plegio Gaufridi Textoris. § Radulfus Espec 10 bisanc. pro recto de debito versus Robertum de Goviz. § Willelmus Armechar 20 sol. pro falsa demanda. § Hugo Soiorne 10 sol. pro simili. § Willelmus Monachus debet 20 sol. pro denariis injuste captis. § Stephanus de Wallibus 5 sol. pro eod. § Willelmus Espivilla 5 sol. pro eod. § Ricardus de Capella 4 lib. pro vino supervendito. § Ricardus Anglicus 10 sol. pro concordio duelli. § § Ranulfus filius Walteri 10 sol. pro exonia. § Rogerus de Moncello 10 sol. pro plegio. § Ranulfus Capron 5 sol. pro concordia. § Homines de Campo Arnulfo 4 lib. 4 sol de remanente tallagii de Oximino. § Radulfus Lemeitcier 10 sol. pro difforcio.

§ Willelmus Loven reddit compot. de 10 sol. pro falso clamore. In thesauro liberavit. Et quietus est.

§ Hylarius Tuebuef reddit compot. de 15 sol. pro dissaisina. In thesauro 5 sol. Et debet 10 sol.

§ Ricardus de Veriena reddit compot. de 15 sol. pro superdemanda. In thesauro liberavit. Et quietus est.

§ Willelmus de Mola debet 20 sol. pro falso clamore.

§ Willelmus Rungefer 15 sol. pro superdemanda.

§ Hugo Quarrel reddit compot. de 10 sol. pro difforcio. In thesauro liberavit. Et quietus est.

§ Hunoldus de Postignie reddit compot. de 10 sol. pro concordia. In thesauro liberavit. Et quietus est.

§ Radulfus Hueline reddit. compot. de 10 sol. pro simili. In thesauro liberavit. Et quietus est.

§ Samson de Calleio reddit compot. de 10 sol. pro difforcio. In thesauro liberavit. Et quietus est.

§ Robertus de Petra fita reddit compot de 50 sol. pro falso clamore. In thesauro liberavit. Et quietus est.

§ Willelmus Falet reddit compotum de uno bisancio pro fine suo audiendo versus Haisam de Insula sicut Cyrographum eorum testatur. In thesauro liberavit Et quietus est.

§ Petrus filius Gonolfi reddit compot. de 10 sol. pro falso clamore. In thesauro liberavit. Et quietus est.

§ Lucas de Valle Logarie debet 100 sol. pro simili.

§ Ricardus Cornix reddit compot. de 10 sol. pro simili. In thesauro liberavit. Et quietus est.

§ Thomas Pointel debet 15 sol. pro falsa demanda.

§ Willelmus Vitulus reddit compot. de 5 sol pro concordia. In thesauro liberavit. Et quietus est.

§ Robertus Siroie reddit compot. de 20 sol. pro simili. In thesauro liberavit. Et quietus est.

§ Herloinus de Caisneto reddit compot. de 20 sol. pro falsa demanda. In thesauro liberavit. Et quietus est.

Henricus de Homei debet 40 sol. pro falso clamore.

§ Symon de Omeio reddit compot. de 20 sol. pro difforcio. In thesauro liberavit. Et quietus est.

§ Ricardus Burnel reddit compot. de 10 sol. pro concordia. In thesauro liberavit Et quietus est.

§ Nigellus de Maignie reddit compot. de 10 sol. pro simili. In thesauro 2 sol. 2 den. Et debet 7 sol. 10 den.

§ Willelmus filius Guidonis reddit compot. de 10 sol. pro clamore dimisso. In thesauro liberavit. Et quietus est.

§ Fromont Choe reddit compot. de 10 sol. pro simili. In thesauro liberavit Et quietus est.

§ Tustinus Coupe reddit compot. de 5 sol. pro concordia. In thesauro liberavit. Et quietus est.

§ Ricardus Bonet reddit compot. de 10 sol. pro simili. In thesauro liberavit. Et quietus est.

§ Robertus Miles debet 10 sol. pro concordia. § Rogerus Basset 5 sol. pro simili. § Gervasius filius Thome 5 sol. pro eodem.

§ Nicolaus de Cuillie reddit compot. de 20 sol. pro eod. In thesauro liberavit. Et quietus est.

§ Ansketillus Ruffus reddit compot. de 5 sol. pro eod. In thesauro liberavit. Et quietus est

§ Radulfus Martin reddit compot. de 5 sol. pro eod. In thesauro liberavit. Et quietus est.

§ Willelmus Lewaleis reddit compot. de 10 sol. pro eod. In thesauro liberavit. Et quietus est.

§ Ascius de Boketot reddit compot. de 5 sol. pro eod. In thesauro liberavit. Et quietus est.

§ Robertus Lenveisie debet 10 sol. pro eod.

§ Ricardus de S^to^ Christoforo reddit compot. de 5 sol. pro concordia. In thesauro liberavit. Et quietus est.

§ Rogerus de Tassilie debet 5 sol. pro simili.

§ Arnulfus de S^to^. Germano reddit compotum de 10 sol. pro eodem. In justiciis faciendis 10 sol. Et quietus est.

§ Willelmus Goisbertus debet 10 sol. pro concordia.

§ Johannes Roiale reddit compot. de 5 sol. pro eod. In thesauro liberavit. Et quietus est.

§ Fulco de Veteri ponte debet 2 tonell. vini de catallo Roberti Paganillo. § Ernesius Picart. 6 sol. 6 den. de catallo ejusdem. § Willelmus Silvanus 2 sol. 1 den de catallo ejusdem.

§ Willelmus Botin reddit compotum de 10 sol. pro clamore dimisso. In thesauro liberavit. Et quietus est.

§ Willelmus de Saccio debet 20 lib. pro plegio Simonis de Escures. § Rogerus Bolon 20 lib. pro eod. § Willelmus de Sta. Maria 20 lib. pro eod. § Radulfus de Magnevilla 24 sol. pro ....fr. de Awi et Alihermont foreste. Et 112 sol. 6 den. pro tribus modiis, tribus minis avene de eisdem forestis. § Willelmus Presbyter de Falesia 12 den. de decima sua. § Rogerus perso ....nes. 14 sol. pro eodem. § Henricus vicarius de Frasneio 12 den. pro eod. § Ranulfus vicarius de Unceriis 3 sol. pro eod. § Hamel vicarius de Colomberiis 12 den. pro............ Roger vicar. de Frasneil 12 den. § Gillebertus de Riveria 3 sol. pro defectu. § Willelmus Bordon 3 sol. pro simili § Willelmus Anglicus 2 sol. pro falso clamore. § Robertus Lebovier 5 sol. pro difforcio .... de Porta 5 sol pro falso clamore. § Robertus Reignier 3 sol. pro stultiloquio. § Radulfus de Fonte 5 sol. pro falso clamore. § Radulfus de Amce 2 sol. pro difforcio. § Agnes de Buisson 3 sol. pro eodem. § Willelmus Filot 40 sol. pro plegio uxoris de Alnoto. § Willelmus filius Ernezii 3 sol. pro difforcio.

§ Willelmus Porcel reddit compotum de 4 lib. de remanente tallagii de Argentomo. In thesauro liberavit. Et quietus est

§ Radulfus de Fonteneio debet quartam partem redditus sui de Rege. § Fulco de Veteri Ponte 16 lib. de auxilio exercitus de feodo duorum militum. Et de 10 lib. quas habuit pro servicio Regis faciendo et non fecit. § Fulco de Alnou 22 lib. de auxilio exercitus de feodo quatuor militum. § Willelmus de Braiosa 32 lib. pro simili. § Willelmus de Veteri Ponte 16 lib. pro simili. § Gaufridus de Pomainvilla 45 lib. de auxilio Regis. § Gillebertus de Sto. Leodegario 8 lib. pro eodem.

§ Robertus de Barou reddit compotum pro se et tota villa Falesie de 100 lib 43 sol. 4 den. de remanente tallagii facti per Willelmum filium Radulfi Senescalli in eadem villa. In thesauro nihil. In recepta Willelmi de Trublevilla et Ricardi de Willekier 17 lib. de quibus reddiderunt compotum anno preterito. In liberatione militum et servientum et balistariorum morantium in turre Falesie in guerra 44 lib. 6 sol. per brev. Regis. In operatione castri Falesie et liberatione fabrorum et carpentariorum 18 lib. per idem brev. Et debet 22 lib. 17 sol 4 den.

§ Ricardus Morel debet 2 sol. pro difforcio. § Ricardus Wausart 3 sol. pro simili. § Durandus Lorm'. 3 sol. pro simili. § Ricardus Leroillie 5 sol. pro concordia. § Gillebertus Picot 3 sol. pro eod. § Ansketillus .....on. 3 sol. exonie. § Albericus Juvenis 3 sol. pro eod. § Fulco Pie de Buef 3 sol. pro stultiloquio. § Rogerus Pepin 2 sol. pro exonia. § Radulfus Lefret 2 sol. pro eod. § Petrus de Pratellis 15 lib. 10 sol. de tallagii honoris de Quarroges.

§ Fulco Hasle reddit compotum de 12 lib. de tallagii de Argentomo. In thesauro 60 sol. Et debet 9 lib.

§ Stephanus de Maisnillo et Ricardus filius ejus reddunt compotum de 10 sol. pro concordia de morte Radulf de Maic. In thesauro liberaverunt. Et quieti sunt

§ Matheus de Bosco Ansere reddit compotum de 20 sol. pro defectu. In thesauro liberavit. Et quietus est.

§ Robertus filius Dicre reddit compotum de 5 sol. pro auxilio negato versus Ricardum de Solfes In thesauro liberavit Et quietus est.

§ Ivo Polcin reddit compotum de 10 sol. pro eod. In thesauro liberavit. Et quietus est.

§ Radulfus Lewerrief debet 108 sol. 4 den. de jurea.

§ Willelmus Crassus 10 lib. pro plegio Gaufridi Duredent.

§ Willelmus de Humetis constabularius reddit compotum de 4000 lib. pro fine et pace habenda de debitis omnibus que debebat Regi de tempore preterito, tam de hiis que sunt in omnibus rotulis, quam extra. Et de jurea facta super eum. In thesauro 705 lib. 12 sol. Et debet 3294 lib. 8 sol.

§ Hamon Pincerna reddit compotum de misericordiis vinagii ballie sue, scilicet De Willelmo Largo 20 sol. De Gaufrido de Osselis 5 sol. De Willelmo Pictaviensis 5 sol. De Roberto Lepore 10 sol. De Willelmo Milite 10 sol. De Huberto Leblanc 5 sol. De Roberto Grosso 10 sol. De Unfrido Tustin 5 sol. De Ricardo de Ria 20 sol. De Roberto Mercatore 10 sol. De Radulfo de Aubai 5 sol. De Nicolao de Cormolain 5 sol. De Willelmo Margarin 5 sol. De Wandrevire 5 sol. De Radulfo Rossel 5 sol. De Ankillo Tiet 20 sol. De Hugone de Pratis 20 sol. De Roberto Pelicon 5 sol. De Ada Thoma 5 sol. De Ricardo Poindestre 60 sol. De House 20 sol. De Alveredo de Sto. Clemente 5 sol. De Maria de Loveriis 5 sol. De Roberto Anglico 50 sol. De Tortesmains 5 sol. De Wauvan de Treveriis 10 sol. De Gandero Rossel 10 sol. De Ricardo Traisaete 100 ...... Willelmo Rom'. 10 sol. De Willelmo Warnerio 30 sol. De Avonda 5 sol. De Emelot Dest 20 sol. De Renaldo de Kernet 10 sol. De Jordano homine Petri Helgot .... Bienvenu 10 lib. De Thoma de Amblia 10 sol. De Ricardo Briton 5 sol. De Willelmo Cuerdeble 30 sol. De Sibilla 5 sol. De Maria Tabernaria 5 sol. De H..... Dursene 40 sol De Caisnel 5 sol. De Radulfo Suhart 5 sol. De Radulfo Clerico 10 sol. De Ranulfo de Fonte 10 sol. De Herberto Barragan 5 sol. De Willelmo.. ..... 5 sol. De Serlone Penne 5 sol. De Willelmo Herman 5 sol. De Ricardo Herman 5 sol. De Willelmo Largo 10 sol. De Ranulfo Gelberto 5 sol. De Osmondo ....poke 10 sol. De Henrico filio Presbyteri 10 sol. De Thoma Presbytero 10 sol. De Rogero Anfrie 10 sol. De Willelmo Tose 10 sol. De Joculatore 6 sol De Safredo ....pin ... sol. De Matheo Leverable 5 sol. De Johanne Leverable 10 sol. Summa 49 lib. In thesauro liberavit. Et quietus est.

§ Petrus Helgot reddit compot. de 20 lib. pro eod. In thesauro 10 lib. Et debet 10 lib.

§ Hamon Pincerna reddit compot. de 75 sol. de catallo Burgelou Trestornati. In thesauro liberavit. Et quietus est.

§ Idem reddit compotum pro Ricardo Frigant de 26 lib. de firma terre Amaury de Tournebu in Sto. Sulpitio. In thesauro 12 lib. 16 sol. Et debet 13 lib. 4 sol.

§ Willelmus Suhart debet 50 sol. pro vino supervendito § Rogerus Lemanc 5 sol. pro eod § Serlo Comtesse 5 sol. pro eod. § Sanson Cornart 5 sol. pro eod § Thomas Anglicus 5 sol. pro eod. § Hugo Alberee 5 sol. pro eod. § Thomas Cachastre 10 sol. pro eod. § Ema de Hakebec 10 sol. pro eod. § Willelmus de Calvignie 5 sol. pro eod. § Robertus S.... 10 sol. pro eod. § Eudo de Molino 15 sol. pro eod. § Robertus Clavel 10 sol. pro eod. § Radulfus Hugo 6 sol. pro eod. § Willelmus Paumier 10 sol pro eod. § Alexander Bracheor 40 sol. pro eod. § Robertus Ladance 5 sol. pro eod. § Willelmus Lebrun 5 sol. pro eod. § Ricardus Buffart 10 sol pro eod § Willelmus Gabriel 10 sol. pro eod. § Robertus Goie 10 sol. pro eod. § Hamon Bergere 30 sol. pro eod. § Bornesse 10 sol. pro eod. § Gonduinus de Castro 5 sol. pro eod. § Aelais de Tainsi 15 sol. pro eod. § Maignien 10 sol. pro eod. § W ... Tueville 5 sol. pro eod. § Willelmus de Lodres 5 sol. § Willelmus Picot 5 sol. § Rogerus Chemise 5 sol. pro eod. § Willelmus Seiram 5 sol. pro eod. § Albereda Sacerdotissa 5 sol. pro eodem. § Thoma filius Roberti 5 sol. pro eod. § Hugo filius Philippi 5 sol. pro eod. § Richerus Tortus 5 sol. pro eod. § Lafranceise 5 sol. pro eod. § Petrus Belet reddit compot. de 5 sol. pro eodem. In thesauro liberavit. Et quietus est.

Robertus de Groceio redd. compot. de 34 lib. 19 sol. 11 den. supra scriptis. Et de 17 lib. 3 sol. 4 den. de remanente tallagii Ballie de Baiocis et Falesia. In liberatione ipsius Roberti pro custodia castri de Baiocis et domorum de Buro 40 lib. Henricus filius Radulfi ad operationes castri de Oximiis 12 lib. .... per brev. Regis. Et quietus est.

§ Hamon Pincerna reddit compotum de misericordiis assise de Baiocis scilicet. De Ansketillo Lagal 20 sol. pro difforcio versus Radulfum de Merlaia. De Radulfo de Monte Cauvin 30 sol. pro eod. De Radulfo filio Roberti 7 sol. pro concordia. De Eudone filio Radulfi 20 sol. pro stultiloquio. De Hamelino Lerebreic 10 sol. pro difforcio. De Ranulfo Pipart. 10 sol. pro simili. De Ricardo Biatriz .... sol. pro simili. De Willelmo Sansone 5 sol. pro simili. De Thoma Vincent. 5 sol. pro eod. De Acaria Heremita 5 sol. pro eod. De Vigor Sapience 5 sol. pro eod De Willelmo Seurie 10 sol. pro eod. De Radulfo filio Eudonis 4 lib. pro superdemanda. De Johanne filio Adam 10 sol. pro difforcio. De Roberto Peulevilain 10 sol. pro eod. De Roberto Berliere .... sol. pro clamore dimisso. De Willelmo Davi 10 sol. pro concordia.De Roberto Taissie 20 sol. pro eod. De Willelmo filio Radulfi 7 sol. pro eod. De Clemente Burnel 10 sol. pro difforcio De Johanne ....e Darviz 30 sol. pro dissaisina. De Radulfo de Boceio 10 sol. pro falso clamore. De Wiberto de Beurenie 10 sol. pro difforcio. De Willelmo Bolenger 10 sol. pro eodem. De Ricardo de Bion .... sol. pro eod. De Herve Lemassel 10 sol. pro eod. De Michael Malet 10 sol. pro eod. De Johanne Tyrel 10 sol. pro eod. De Rogero Burnel 10 sol. pro eod. De Willelmo de .... 100 sol. pro difforcio. De Sanson Merkelon 50 sol. pro decima monachorum de Cerasio titulata seu triturata. De Michaele Lebret 10 sol. pro falsa demanda. De Godefredo Lebret .... pro eod. De Radulfo Gohier 20 sol. pro falso clamore. De Ricardo de Buisseel 10 sol. pro clamore dimisso. De Herberto Dulci 7 sol. pro plegio. De Roberto Alvere 7 sol. pro eod. De Radulfo filio Henrici 10 sol. pro falso clamore. De Thoma de Noreio 10 sol. pro eod. De Willelmo Lambert 10 sol. pro eod. De Willelmo Lambert 10 sol. pro eod. De Willelmo Nevoet 40 sol. pro difforcio. De Ricardo Malemusche 20 sol. pro simili. De Erengero Mauger 10 sol. pro concordia. De Henrico de Martrinie 30 sol. pro falso clamore. De Goldeboldi de Escaeio 10 sol. pro difforcio De Eudone Largan 40 sol. pro simili. De Roberto Torold. 10 sol. pro simili. De Elia filie Rogeri 7 sol. pro concordia. De Willelmo Berkier 10 sol. pro difforcio. De Luca de Conqon 40 sol. pro simili. De Willelmo Terrur .... pro clamore dimisso. De Serlone de Mesnillo 20 sol. pro clamore dimisso. De Philippo de Parco 10 sol. pro simili. De Avitia de Longo Vado 10 sol. pro simili. De Willelmo .... 10 sol. pro clamore dimisso. De Willelmo Vavassore 20 sol. pro simili. De Roberto de Isignie 40 sol. pro simili. De Philippo de Ponte Bernard 40 sol. pro simili. De .... pro simili. De Radulfo de Caisneto 10 sol. pro simili. De Willelmo filio Marie 20 sol. pro simili. De Willelmo Rossel 10 sol. pro simili. De Willelmo Gernon........ De Hugone Rossel 10 sol. pro simili. De Serlone Ansgero 10 sol. pro simili. De Normanno 10 sol. pro simili. De Hugone Huart 10 sol. pro simili. De Radulfo de Doito 10 sol. pro simili. De Reinaldo de Marescallo 20 sol. pro simili. De Felice matre ejus 16 sol. pro simili. De Ricardo de Fonte 10 sol. pro plegio. De Ricardo Fabro 20 sol. pro difforciato. Summa 60 lib. 5 sol. In thesauro liberavit. Et quietus est.

§ Robertus de Mesnillo de 30 sol. pro dissaisina. In thesauro 20 sol. Et debet 10 sol.

§ Hamon Pincerna reddit compotum de 13 lib. de reguardo foreste de Verneio. In thesauro 12 sol. 4 den. In decima Capellano de Baiocis 26 sol. In liberatione reguardatorum 65 sol. 8 den. In operationibus domorum de Buro et palitii et domorum castri de Baiocis 7 lib. 16 sol. per brev. Regis. Et quietus est.

§ Idem reddit compotum de 8 lib. 10 sol. De reguardo foreste de Tronkeio. In thesauro 4 lib. 3 sol. 10 den. In decima Abbatie de Cerasio 17 sol. In liberatione reguardatorum 69 sol. 2 den. Et quietus est.

§ Ballia de Baiocassino per Hamonem Pincernam. § Ballia de Falesia per Gillebertum Malesmains. § Willelmus de Humeto de fine....... Baiocassino. § Misericordie Assise ejusdem Ballie.

(Membrane 9. dorso.)

§ Robertus Tresgoz reddit compotum de 149 lib de firma de Cesarisburgo cum pertinenciis. Et de 187 lib. 8 sol. 4 den. de firma Valonie cum pertinenciis. Et de 232 lib. 14 sol. 2 den. de firma honoris de Bruis cum pertinenciis. Summa 567 lib. 2 sol. 6 den. In thesauro 465 lib. 7 sol. 2 den.

In decima Canonico de Cesarisburgo 6 lib. de firma Cesarisburgi. Canonicis de Cesarisburgo 21 lib. de elemosina statuta de eadem firma. Monachis de S^{to}. Florentio 4 lib. 2 sol. 6 den. de elemosina statuta de firma Valonie. In consuetudine Larden'. 6 sol. 2 den. de eadem firma. In decima abbati de Troart 12 sol. pro tribus quarteriis frumenti de molendino de Bernowast. In decima canonicis regularibus S^{te}. Marie de Voto pro servitio Capelle de Valonia 77 sol. 11 den. de foresta de Bruis. In decima eisdem 51 sol. de molendino et telonio feriæ Valonie pro eodem servitio. In decima Capellano de Bernartvilla in Caleto 58 sol. 5 den. de ministeriis de Cesarisburgo et Digoville. In decima eidem 51 sol. de molendino et telonio ferie Valoniensis. Tribus reclusis pro 30 quarteriis frumenti 6 lib. Et 8 lib. 8 sol. hoc anno pro 42 quarteriis ordei et 48 sol. ad vestes et luminaria de elemosina statuta. Recluso de S^{to}. Marculfo 10 sol. et 40 sol hoc anno pro x. quarteriis ordei de elemosina statuta. In decima Abbati de Cerasio 20 sol. de waccariis de Tolewast et de Hestemanbosc. In escambio terre prebende quam habent canonici de Voto 26 sol. 6 den. In quietancia terre Abbatis de Grestain 27 sol. Et debet 34 lib. 16 sol. 10 den. § Idem reddit compotum de eodem debito. In thesauro 69 sol. 11 den. In justiciis faciendis 27 sol. Et debet 29 lib. 19 sol. 11 den. § Idem reddit compotum de eodem debito. In thesauro 9 lib. 13 sol. 4 den. In reparandis domibus Valonie 49 sol. per brev. Regis. Pro nova grancia facienda in castro de Cesarisburgo et domibus reparandis 17 lib. 17 sol 3 den. per idem brev. Et quietus est.

§ Idem reddit compotum de 60 lib. de firma preposituræ de Barbefluvio. In thesauro 18 lib. 10 sol. In decima S^{to}. Amando Rothomagi [illegible] lib. In passagio Philippi de Estapedona et Walterii de Escudemore et Elye de Chigehan et sociorum eorum Walensium equitum et peditum in duobus navibus 8 lib per brev. Regis. In minutis passagiis clericorum et servientum Regis 13 lib. 2 sol. per idem brev. Pro portandis pluries thesauris Regis a Barbefluctu usque ad vadum Formigneii 14 lib. 8 sol. per idem brev.

§ Idem reddit compotum de 70 lib. de firma vicecomitatus de Constanciis. In thesauro 15 lib. In decima Abbati de Cerasio 7 lib. Canonicis de S^{to}. Laudo 20 sol. de elemosine statu In quietancia terre Abbatis de S^{to}. Salvatore in Torgistorp 7 sol. Et debet 46 lib. 13 sol.

§ Idem reddit compotum de eodem debito. In thesauro 25 lib. 18 sol. In constamento palorum Regis ducendis in Angliam 16 lib. 5 sol. per brev. Regis. Pro thesauris Regis ducendis a Barbefluctu usque vadum Formigneii 4 lib. 10 sol. Et quietus est.

§ Idem reddit compotum de 40 lib. de firma de Henevilla. In thesauro 38 lib. 17 sol. 10 den. In decima Abbatis Sancti Salvatoris 16 sol. 8 den Fratribus Templi 3 sol. 6 den. Eisdem 2 sol. de decima auxilii ejusdem ville.

§ Idem reddit compot de 4 lib. pro duobus modiis moreti de forestis Bruis et Valonie. Et de 10 sol. de porprestura de Bernarwást. Et de 10 sol. de terra de Carnanvilla. Et de 5 sol. de Petro de Ketelvilla. Et 40 sol. de auxilio asiso in Gosbervilla. Et de 23 den. de reguardo quatuor hospitum in Amundevilla. Et de 10 sol. de feodo Pikenot in Cesarisburgo. Et de 5 sol. de feodo Gaufridi de Clintona ibidem. Et de 19 sol. 6 den. de feodo Willelmi filii Hugonis in Torlavilla. Et de 10 sol. de feodo Roberti Silvestre ibidem. Et de 15 sol. de feodo Gaufridi Clerici in Eskerdevilla. Et de 63 sol. hoc anno pro 10 quarteriis et duobus boisellis frumenti de terra Hugonis Forestier in Ivetot. Et de 9 sol. hoc anno pro uno quarterio et duobus bossellis frumenti de terra Ranulfi Joculatoris in Amondevilla. Et de 4 lib. de firma terre Engeger. de Bohon in S^{to}. Marculfo. Et de 110 sol de firma ferie de S^{to}. Sebastiano. Et de 20 sol. de Willelmo de S^{te}. Marie Ecclesia de annuo redditu. Summa 23 lib. 18 sol. 5 den. In thesauro liberavit. Et quietus est.

§ Auxilium de Amondevilla quod valet 10 sol. per annum non reddibile hoc anno.

§ Idem reddit compotum de 184 minis avene de bernagio de Constantino. In thesauro 27 lib. 10 sol. hoc anno pro 165 minis; mina pro 3 sol. 4 den. Tribus reclusis ad potum suum 18 minas de elemosina statuta. In quietancia terre abbatis S^{ti}. Salvatoris in Torgistorp una mina. Et quietus est.

§ Idem reddit compotum de 200 lib. de firma de S^{to}. Marculfo. In thesauro nichil. In decima canonicis de Voto 60 sol. de molendino, telonio et sale. Comiti de Lenigis 197 lib. per brev. Regis. Et quietus est.

§ Idem reddit compotum de 140 lib. 12 sol de firma de S^{te}. Marie Ecclesia. In thesauro nichil. In terra data Riulfo 40 sol. Willelmo de S^{te}. Marie Ecclesia in vita sua et matris sue 35 lib. 12 sol. Comiti de Linigis ad perficiendum 100 marcas quas Rex dedit ei per annum in eisdem maneriis 69 lib. 13 sol. 4 den per brev. Regis. Et debet 33 lib. 6 sol. 8 den § Idem reddit compotum de eodem debito. In thesauro 6 lib. Et debet 27 lib. 6 sol 8 den

§ Robertus de Haia reddit compotum de 50 lib. de remanente promissi sui pro habenda recognitione de ponendo assensu suo in electione Abbatis de Exaquio. In thesauro liberavit. Et quietus est.

§ Willelmus de Humeto debet 447 lib. 7 sol. 6 den. de remanente veteris firme Cesarisburgi et Valonie (quietus per finem). Idem 25 lib. 16 sol. de remanente veteris firme vicecomatus de Constanciis (quietus per finem suum). Idem 38 lib. 17 sol. 10 den. de remanente veteris firme de Henevilla (ibidem). Idem 33 lib. pro 165 minis avene de bernagio de Constantino (ibid). Idem 95 lib. de remanente veteris firme de S^{to}. Marculfo (ibid). § Homines de S^{to}. Marculfo 49 lib. 5 sol. de remanente firme ejusdem ville (quieti per finem Constabularii). § Eudo de Vaaccio 60 sol. de firma de Ste Marie Ecclesia (de quibus reddit compotum inferius). Willelmus de Humeto 27 lib. de remanente ejusdem firme, quietus per finem suum.

§ Odo de Piris reddit compotum de 216 lib. 17 sol. de remissione pro stultiloquio. In thesauro 37 sol. Et debet 215 lib. de quibus reddidit compotum inferius.

§ Herveus Guaisdon et socii ejus debent 43 lib. 10 sol. de remanente veteris firme de Warrevilla. (de quibus reddunt compotum inferius) § Ricardus de Canvilla 151 lib. 5 sol. 11 den. de remanente veteris firme de Cesarisburgo, et Bruis, et Valonie. § Idem 20 lib. quia non venit ad Scaccarium. § Robertus Merlin 4 lib. 9 sol. 2 den. de catallo Roberti Poher mortui usurarii. § Willelmus filius Rogeri 10 sol. pro falsa demanda. § Willelmus de Magnevilla 30 lib. de relevio feodi duorum militum. § Idem reddit compotum de eodem debito. In perdonatione ipsi Willelmi 30 lib. per brev. Regis. Et quietus est.

§ Willelmus de Humeto debet 156 lib. 19 sol. 8 den. de remanente firme veteris preposituré de Vira et Vicecomitatu (quietus per finem suum). Idem 142 lib. 8 den. de remissione veterum debitorum suorum quietus per finem.

§ Ansketillus Harel reddit compotum de 59 sol. de jurea. In thesauro liberavit. Et quietus est.

§ Robertus de Hestehou reddit compotum de 6 lib. 16 sol. pro eodem. In thesauro 55 sol. Et debet 4 lib. 11 sol.

§ Odo Pincerna reddit compotum de 32 lib. 7 sol. 3 den. pro eodem. In thesauro 18 lib. 7 sol. 3 den. Et debet 14 lib.

§ Caufasmon debet 10 sol. pro eodem (de quibus reddit compotum inferius). § Retel 13 sol. pro eod. § Warinus de Sidevilla 48 sol. pro eodem.

§ Thomas de Gorges reddit compotum de 30 sol. pro eod. In thesauro liberavit. Et quietus est.

§ Willelmus de Petrafita reddit compotum de 40 sol. pro eodem. In thesauro liberavit. Et quietus est.

§ Radulfus Capellanus reddit compotum de 14 sol. pro eodem. In thesauro liberavit. Et quietus est.

§ Thomas de Periers reddit compotum pro Radulfo de Fierevilla de 105 sol. 9 den. de exitu molendini de Wast. In thesauro 31 sol. 2 den. Et debet 74 sol. 7 den.

§ Idem redd. compotum de eodem debito. In thesauro liberavit. Et quietus est.

§ Robertus Tresgoz reddit compotum de 19 lib. 18 sol. 3 den. de reguardo forestarum Constantini propter decimam et liberationem reguardatorum. In thesauro liberavit. Et quietus est.

§ Idem reddit compotum de misericordiis finibus et promissis, scilicet: De Willelmo Coket 5 sol. pro negare et cognoscere. De Ricardo de Monasteriis duas marcas argenti pro plegio Ricardi de Argenciis. De Willelmo Coket 1 marc. pro eod. De Thoma de Salemonvilla 3 sol. pro stultiloquio. De Emma de Kirkevilla 2 sol. pro clamore dimisso. De Willelmo Rualen 5 sol. pro defectu. De Ricardo Martino 5 sol. pro falso clamore. De Ricardo Forestario 2 sol. pro clamore dimisso. De Radulfo Infante 4 sol. pro falso clamore. De Willelmo de Monte 5 sol. pro simili. De Petro Basle 5 sol. pro stultiloquio. De Willelmo filio Gaufridi 3 sol. pro exonia. De Padoc 5 sol. pro simili. De Willelmo Nepote 5 sol. pro simili. De Balduino de Valea 2 sol. pro difforcio. De Desueie 2 sol. pro simili. De Unfrido Estallo 2 sol. pro simili. De Benedicto Alvere 2 sol. pro stultiloquio. De Matheo de Vado 3 sol. pro clamore dimisso. De Willelmo de Rantot 18 sol. pro concordia. De Gaufrido Coillart 2 sol. pro simili. De Richeviet 2 sol. pro eodem. De Matheo de Buisson 2 sol. pro eodem. De Ricardo de Orvilla 3 sol. pro clamore dimisso. De Herolf 2 sol. pro simili. De Petro Presbytero 5 sol. pro dissaisina. De Willelmo Sauton 3 sol. pro concordia. De Ranulfo Fabro 2 sol. pro simili. De Roberto Preposito 2 sol. pro exonia. De Avicia de Estouvilla 20 sol. pro difforciato. De Rogero de Revilla 3 sol. pro simili. De Willelmo Bardel 30 sol. pro simili. De Roberto Fabro 20 sol. pro clamore dimisso. De Roberto Nepote 2 sol. pro stultiloquio. De Willelmo filio Osenei 2 sol.

pro exonia. De Petro de Benedictivilla 2 sol. pro simili. De Radulfo filio Orenge 2 sol. pro simili. De Radulfo de Wideberne 5 sol. pro stultiloquio. De Willelmo de Gardino 2 sol. pro defectu. De Radulfo Brusket 2 sol. pro clamore dimisso. De Stephano Cauvin 2 sol. pro defectu. De Nicolao Crasso 3 sol. pro dissaisina. De Samsone de Ravilla 2 sol. pro defectu. De Thoma de Escures 2 sol. pro stultiloquio. De Nicolao Peurel 5 sol. pro falso clamore. De Roberto Carpentario 5 sol. pro concordia. De Radulfo de Maisereiz 3 sol. pro simili. Summa 18 lib. 13 sol. In thesauro liberavit Et quietus est.

§ Abbas de Blanca Landa reddit compotum de uno bisancio pro audienda quietancia quam Rogerus Gardon ei fecit et domui sue de clamo quod faciebat adversus eos de presentatione et decima ecclesie S[ti]. Albini et terris ad eandem ecclesiam pertinentibus sicut carta Willelmi Episcopi Constanc. testatur quem abbas inde habet. In thesauro liberavit. Et quietus est.

§ Ricardus de Mesnillo Durandi reddit compotum de 100 lib. pro fine de jurea facta super eum. In thesauro 80 lib. 40 sol Et debet 18 lib.

§ Idem reddit compotum de debito. In thesauro 20 sol. Et debet 17 lib.

§ Robertus de Groccio reddit compotum de 106 sol. 8 den. pro plegio Ricardi de Argenciis. In thesauro liberavit. Et quietus est.

§ Robertus de Tresgoz reddit compotum de 12 sol. 3 den. de catallo Rogeri de Haia, fugacis pro latrocinio. In thesauro liberavit. Et quietus est.

§ Robertus Langevin reddit compotum de decem modiis avene de ministeriis foreste de Bernarwast de hoc ultimo augusto ad mensuram Rothomagi. In thesauro 8 lib. 2 sol. hoc anno pro 9 modiis, mina pro 9 den. In decima canonicis de Voto unum modium. Et quietus est.

§ Idem reddit compotum de 4 lib. pro 40 frescengis. Et de 68 sol. pro 68 arietibus. Et de 5 sol. 8 den. pro 68 gallinis. Summa 7 lib. 13 sol. 8 den. In thesauro 6 lib. 18 sol. 4 den. In decima canonicis de Voto 15 sol. 4 den Et quietus est.

§ Idem reddit compotum de 14 modiis 5 sext. 1 quart. 1 boiss. avene ad mensuram Rothomagi de ministerio de Blanchevilla cum Rabeio, Haia de Teil, Grosso Brolio, Brefest, et Putot de hoc ultimo augusto. In thesauro 11 lib. 14 sol. sol. hoc anno pro 13 modiis In decima capellano de Barnevilla in caleto 1 mod. 5 sext. 1 quart. 1 boiss. Et quietus est.

§ Idem reddit compotum de 4 lib. pro 40 frescengis. Et de 4 lib. 12 sol. pro 92 arietibus. Et de 7 sol. 8 den. pro 92 gallinis de eodem ministerio. Summa 8 lib. 19 sol. 8 den. In thesauro nichil. In decima capellano predicto 18 sol. Et debet 8 lib 20 den. Idem reddit compot. de eodem debito. In thesauro liberavit. Et quietus est.

§ Ricardus de Montefiket reddit compotum per Jocelinum sacerdotem de 100 lib. de firma foreste de Montefiket. In decima abbati de Cerasio 10 lib. Et quietus est.

§ Idem reddit compotum de 23 lib. 6 sol. 2 den. de reguardo ejusdem foreste propter decimam abbati de Cerasio. In thesauro liberavit. Et quietus est.

§ Idem reddit compotum de 3 sol. 8 den. de mansura Fulcheri facta in porprestura ejusdem foreste. In thesauro liberavit. Et quietus est.

§ Philippus de Moaz reddit compotum de 106 sol. 8 den pro duobus unciis auri de duobus annis pro mercato de Bellomonte. In thesauro liberavit Et quietus est.

§ Idem reddit compotum de 16 lib. hoc anno pro 64 minis avene de bernagio Algie; mina pro 5 sol. In thesauro 15 lib. 15 sol. In quietancia terre abbatis Cadomi in Rokeriis de Hollant 5 sol. pro una mina. Et quietus est.

§ Henricus de Bella Fago reddit compotum de 17 lib. 12 sol. 5 den. de remanente debitorum suorum. In thesauro 7 lib. 5 sol. Et debet 10 lib. 7 sol. 5 den.

§ Hugo Golafre reddit compotum de 30 sol. quas recepit de Hugone de Lataille de tallagio redent. Regi. De Durando de Tertro 20 sol. pro eod. De Rogero le Viel 20 sol. pro eodem. De Roberto filio Warini 20 sol. pro eod. De Willelmo Nepote 20 sol. pro eodem. De Hugone de Coisel 20 sol. pro eod. De Ricardo Pilart 20 sol. pro eod. In thesauro liberavit. Et quietus est.

§ Willelmus de Veteri Ponte reddit compotum de 16 lib. de feodo duorum militum. In thesauro 52 sol. Et debet 13 lib. 8 sol

§ Hugo de Monteforti reddit compotum de 60 lib. de feodo 7 lib. et dimid. In thesauro 12 lib. 6 sol. Et debet 47 lib. 14 sol.

§ *Heres Helye de Bellomonte reddit compotum per Philippum de Moaz de*

§ Philippus de Moaz reddit compotum de 20 lib. de catallo Helye de Bellomonte. Et de 10 sol. de Rogerio Tornel pro plegio ejusdem et de 35 sol. de Roberto Espec pro eodem. Summa 22 lib. 5 sol. In thesauro liberavit. Et quietus est.

§ Heres Elye de Bellomonte reddit compotum de 10 lib. 18 sol. de jurea facta super patrem suum. In prescripta recepta Philippi de Moaz 21 lib. 5 sol. Et debet 38 lib. 16 den.

§ Herveus Presbyter reddit compotum de 24 lib. 16 sol. 4 den. pro eodem. In thesauro 35 sol. Et debet 23 lib. 16 den

§ Willelmus de Ognebac reddit compotum de 16 lib. 14 sol pro eod. In thesauro 16 lib. Et debet 14 sol.

§ Hugo Golafre reddit compotum de 10 lib. de remanente misericordie sue. In thesauro liberavit. Et quietus est.

§ Ricardus Ansgot reddit compot. de 53 sol. 4 den. de jurea. In thesauro liberavit. Et quietus est.

§ Hugo de Roes reddit compot. de 4 lib. de jurea In thesauro liberavit. Et quietus est.

§ Radulfus de Bailluel reddit compotum de 13 lib. 6 sol. 8 den. pro plegio Ricardi de Argenciis. In thesauro 9 lib. 2 sol. Et debet 4 lib. 4 sol. 8 den.

§ Robertus de Formentin reddit compot. de 13 lib. 6 sol. 8 den. eodem. In thesauro 6 lib. 12 sol Et debet 6 lib. 14 sol. 8 den.

§ Thomas de Aguerneio reddit compotum de 13 lib. 6 sol. 8 den. pro eodem. In thesauro 106 sol. 8 den. Et debet 8 lib. de recepta compoti in Cadomo.

§ Ricardus Silvani reddit compotum de 26 lib. 13 sol. 4 den. pro eod. In thesauro 19 lib. 6 sol. 8 den. Et debet 7 lib. 6 sol. 8 den.

§ Ricardus de Bello Monte reddit compotum de 10 lib. pro eodem In thesauro 110 sol. Et debet 4 lib. 10 sol.

§ ....llus reddit compotum de 53 sol. 4 den. pro eod. In thesauro 42 sol. Et debet 11 sol. 4 den.

........oiseliers reddit compot. de 53 sol. 4 den. pro eod. In thesauro liberavit. Et quietus est.

§ ..... de Hocemaigne reddit compot. de 53 sol. 4 den. In thesauro 26 sol. Et debet 27 sol. 4 den.

§ R... de Ognebac reddit compot. de 10 lib 13 sol. 4 den. pro eod. In thesauro 59 sol. Et debet 8 lib. 3 sol 4 den.

§ Willelmus de Borgelvilla reddit compotum de 13 lib 6 sol 8 den. pro eodem. In thesauro 10 lib. Et debet 66 sol. 8 den.

§ Robertus Marmion reddit compot. de 10 lib. 13 sol. 4 den. pro eod. In thesauro 110 sol. Et debet 103 sol. 4 den.

§ Robertus de Torgisvilla reddit compotum de 106 sol. 8 den. pro eod. In thesauro 4 lib. 10 sol. Et debet 16 sol. 8 den.

§ Robertus Trihan reddit compot. de 8 lib. pro eod. In thesauro 60 sol. Et debet 100 sol.

§ Hugo Golafre reddit compot. de 106 sol. 8 den. pro eod. In thesauro 47 sol. Et debet 59 sol. 8 den.

§ Oliverus de Quercu reddit compot. de 53 sol. 4 den. pro eod. In thesauro 26 sol. Et debet 27 sol. 4 den.

§ Robertus de Ansgervilla reddit compotum de 10 lib. pro placita Ricardi Landrici. In thesauro 7 lib. 10 sol. Et debet 50 sol.

§ Willelmus de Belevilla reddit compot. de 100 sol. pro eod. In thesauro liberavit. Et quietus est.

§ Robertus Espec. reddit compot. de 10 lib. pro eod. In thesauro 70 sol. Et debet 6 lib. 10 sol.

.. Ricardus Laismeisin reddit compot. de 100 sol. pro eod. In thesauro 4 lib. 10 sol. Et debet 10 sol.

.....ugo Golafre reddit compotum de 3 sol. de jurea. In thesauro liberavit. Et quietus est.

... Robertus Heroart reddit compot. de 100 sol. pro habenda Serjanteria Hugonis Golafre. In thesauro liberavit. Et quietus est.

....ilvester Bordon reddit compotum de 10 sol. pro defectu waranto versus Hugonem de Monte forti. In thesauro liberavit. Et quietus est.

§ Willelmus de Esketot reddit compot. de 10 sol pro falso clamore. In thesauro liberavit. Et quietus est.

§ R... Bacon reddit compot. de 10 sol. pro eod. In thesauro liberavit. Et quietus est.

§ Gerpuus reddit compot. de 10 sol. pro eod In thesauro liberavit. Et quietus est.

§ Odo de Cantilupo reddit compot. de 5 sol. pro difforcio. In thesauro liberavit. Et quietus est.

§ Alexander de Estoltevilla reddit compot. de 10 sol. pro eod. In thesauro liberavit. Et quietus est.

§ Rogerus Hubert reddit compot. de 5 sol. pro eod. In thesauro liberavit. Et quietus est.

§ Hugo Soleman reddit compot. de 30 sol. pro eod. In thesauro liberavit. Et quietus est.

§ Ricardus Ango reddit compot. de 5 sol. pro eod. In thesauro liberavit. Et quietus est.

§ Rainerus Paindorge reddit compot. de 10 sol. pro eod. In thesauro liberavit. Et quietus est.

§ Willelmus Cancellarius reddit compot. de 4 sol. pro eod. In thesauro liberavit. Et quietus est.

§ Philippus de Moaz reddit compotum de 23 den. de reguardo terre Willelmi de Alricher. In thesauro liberavit. Et quietus est.

§ Idem reddit compotum de 4 lib. de feodo unius militis de feodo Roberti de Bunesboz. Et de 4 lib. de feodo Roberti Dauvilers. Et de 55 sol. de catallo Soremite fugacis pro latrocinio. Et de 15 sol ... den. de Beuron. trestornatore. Et de 45 sol. de remissione servientum de exercitu. Et de misericordiis per ipsum factis, scilicet de Willelmo de Meric 5 sol. pro clamore dimisso. De Rogerio .....og. de Bois 5 sol. pro exonia. De Ricardo de Corfeis 10 sol. pro negatione et cognitione. De Martino de Gaskeriis 10 sol. pro stultiloquio. De Bernardo de Mesnillo Odoni 5 sol. pro dissaisina. De Ricardo clerico de Oilleia 5 sol. pro concordia. De Willelmo de Formentin 30 sol. pro stultiloquio. De Simone Escorne 10 sol. pro exonia. De Warino de Valle Ancre 15 sol. pro clamore dimisso. De Adam Car de Bouc 5 sol. pro concordia. De Serlone Bedenc. 5 sol. pro eod. De Radulfo Leseine 5 sol. pro negatione et cognitione de Arnulfo Fabro 15 sol. pro clamore dimisso. De Willelmo de S^{to}. Wedasto 40 sol. pro exonia. De Willelmo Dair 20 sol. pro concordia. De Roberto Pastore 3 sol. pro falso clamore. De Hugone de Cresval 5 sol. pro stultiloquio. De Godefrido ....cart 10 sol. pro superdemanda. De Rogero Baiart 5 sol. pro eod. De Hugone de Brufart 5 sol. pro eodem. De Waltero Loie 5 sol. pro eod. De Rogero filio Presbyteri 20 sol. pro concordia. De Willelmo Monacho 20 sol. pro clamore dimisso. De Durando Tallant 30 sol. pro concordia duelli. De Serlone de Buievilla 30 sol. pro simili. De Radulfo Peinnie 20 sol. pro simili. De Willelmo de Maris 20 sol. pro simili. De Roberto Meric 20 sol. pro simili. De Ricardo Meric 20 sol pro simili. De Ricardo Johanni 5 sol. pro defectu. De Radulfo filio Gisle 5 sol. pro simili. De Busco. 10 sol. pro falso clamore. De Hugone Lesmaisnier 10 sol pro concordia. De Willelmo de Ham. 5 sol. pro difforcio. De Ricardo Le Seignor 5 sol. pro falso clamore. De Willelmo Poieste 5 sol. pro simili. De Willelmo Bedel 5 sol. pro simili. De Ricardo Makerel 15 sol. pro lege. De Johanne Bardel 5 sol. pro simili. De Fulcone Makerel 10 sol pro simili. Roberto Racine 10 sol. pro simili. Summa 38 lib. 3 sol. In thesauro liberavit. Et quietus est.

..........tisoes debet de remanente de recreantisse sue. § Willelmus Batlesbues 29 lib. 5 sol. pro plegio Vicecomit. Rothomagi. § Avicia de Gisliervilla 20 sol. pro dissaisina. § Ricardus Vavassor 20 sol pro concordia. § Aeliz Lenbracecresse 5 sol. pro difforcio. § Ricardus de Montignie et filius ejus 61 lib. 8 sol. 6 den. de debito Rogerii de Bello Monte. § Henr......lla Fago 7 lib. de remanente feodi suorum militum. § Ricardus de Bruicort 4 lib. 14 sol. 8 den. de remanente decime de Algia. § Willelmus de Felgerez 59 lib. 6 sol. de ....ea. § Radulfus Lewerrier 108 sol. 3 den. de jurea. § Guido de Diva 20 lib. pro plegio Ricardi de Argenciis. § Henricus de Bella Fago 5 marcas argenti pro eodem. Willelmus de Hotot 2 marcas pro eodem. § Henricus Lovel 2 marcas pro eodem. § Willelmus de Veteri Ponte tres marcas pro eodem. § Robertus Corsout 1 marcam pro eodem § Robertus Triham 20 lib. pro plegio Ricardi Landrici. § Willelmus Pocin 10 lib. pro eod. § Hugo de Roes 20 lib. pro eod. § Radulfus de Balluel 10 lib. pro eod. § Willelmus de Borgelvilla 10 lib. pro eod. § Radulfus de Faia 2 marcas pro eod. § Thomas de Aguerneio 2 marcas pro eod. § Hugone Golafre 2 marcas pro eodem. § Robertus Bardolf 2 marcas pro eod. § Robertus de Formentin 3 marcas pro eod. § Johannes Golafre 2. marcas pro eod. § Johannes de Crievecuer 100 marcas de fine suo (de quibus reddidit compotum per Ricardum de Rupetra). § Robertus de Ansgervilla 20 lib. pro plegio Willelmi de Boketot. § Robertus Trihan 20 lib. pro eod. § Johannes Fainient 5 sol. pro defectu waranto versus Hugonem de Monte forti. § Walterus de Esseleia 100 lib. pro fine terre sue. § Heres Fulconis de Alnou 32 lib. de servitio 4 militum de exercitu.

§ Eudo de Vaaceio reddit compotum de 60 sol. superius scriptis. In thesauro liberavit. Et quietus est.

§ Odo Pincerna reddit compotum de 14 lib. superius scriptis. In thesauro 8 lib. 10 sol. Et debet 110 sol.

.......alasnon reddit compot de 10 sol. superius scriptis. In thesauro liberavit Et quietus est.

.. Odo de Periers reddit compotum de 215 lib. superius scriptis. In thesauro 40 sol. Et debet 213 lib.

§ Hugo Picardus reddit compotum pro se et sociis suis de 43 lib. 10 sol. superius scriptis. In thesauro liberavit. Et quietus est.

§ Ricardus de Vernone reddit compotum de 20 lib. de remanente feod. militum suorum. In thesauro 10 lib. Et debet 10 lib.

§ Eudo de Vaacio reddit compotum de 40 sol. quos habuit de monetagio. In thesauro liberavit. Et quietus est.

§ Robertus de Fontibus reddit compot. de 7 sol. pro eod. In thesauro liberavit. Et quietus est.

§ Robertus de Alneto reddit compot. de 5 sol. de jurea. In thesauro liberavit. Et quietus est.

§ Burre reddit compot. de 45 sol. pro eod. In thesauro 10 sol. Et debet 35 sol.

§ Baldunus de Reviers reddit compot. de 32 lib. 13 sol. 4 den. pro eod. In thesauro 10 lib. Et debet 22 lib. 13 sol. 4 den.

§ Ravenger reddit compot. de 20 sol. pro dissaisina. In thesauro liberavit. Et quietus est.

§ Episcopus Constanciensis reddit compot. de 5 marcas pro plegio Ricardi de Argenciis. In thesauro liberavit. Et quietus est.

§ Radulfus Patric reddit compotum de 10 marcis argenti pro eod. 10 sol. 9 den. sterling. Et debet 9 marc. 2 sol. 7 den.

§ Robertus de Verlie reddit compot. de 3 marcis pro eod. In thesauro 2. marc. Et debet 1. marc.

§ Willelmus Cosket reddit compot. de 35 sol. pro 5 bisanciis pro habenda recognitione. In thesauro liberavit. Et quietus est.

§ Robertus Tresgoz reddit compotum de 36 sol. 8 den. de exitu terre Ricardi de Reviers. In thesauro liberavit. Et quietus est.

§ Willelmus de Reviers reddit compotum de 38 lib. de pasnagio foreste sue dum fuit in manu Regis. In thesauro 8 lib. Et debet 30 lib.

§ Alanus de Orglandres reddit compotum de 100 sol. de catallo Anskctilli de Porta quos habuit. In thesauro 64 sol. Et debet 36 sol.

§ Gaufridus Venator reddit compot. de 100 sol. pro eod. In thesauro liberavit. Et quietus est.

§ Robertus Tresgoz reddit compotum per Thomam de Piris de misericordiis Baillie de Constantino pro vino supervendito, scilicet. De Thoma de Castro 10 sol. .... De Dionisia Paste 10 sol. De Ricardo Cloiere 5 sol. De Waltero Anglico 5 sol. De Estacio Postel 5 sol. De Dionisio Vivien 20 sol. De Radulfo Cosket 5 sol. ...... Gendre 5 sol. De Philippo Grandi 10 sol. De Roberto de Geron 5 sol. De Willelmo Cuvier 30 sol. De Petro Leivre 30 sol. De Pincerna Lœire 50 sol. De Ricardo ......net 5 sol. De Herberto filio Serlonis 10 sol. De Radulfo Rebreie 5 sol. De Willelmo Guillie 15 sol. De Rogero Mabire 10 sol. De Rogero Geraud. 15 sol. De Juv..... de Maisnillo 10 sol. De Petro Monetario 50 sol. De Willelmo Lamberto 50 sol. De Radulfo Hariel 40 sol. De uxore Pipini 5 sol. De Willelmo Oxinefort 5 sol. De Rierpin 5 sol. De Radulfo Bochart 60 sol. De Willelmo Betin 5 sol. De uxore Ruauti 5 sol. De Ricardo Bichole 5 sol. De Willelmo filio Johannis 5 sol. De Ricardo Kenivet 20 sol. De Willelmo Gerart 5 sol. De Johanne preposito 10 sol. De Radulfo Cloetan 5 sol. De Elia Anglico 5 sol. De Roberto preposito 5 sol. De Ricardo Santon 20 sol. De Ricardo de Molino 5 sol. De Pincet 5 sol. De Monaco 5 sol. De Gaufrido Cantore 5 sol. De Willelmo Sautin 5 sol. De Ricardo de Orvilla 10 sol. De Radulfo de Falesia 10 sol. De Ernisio Piscatore 10 sol. De Roberto Buenvaslet 15 sol. De Radulfo Merlin 30 sol. De Rogero de Fiervilla 10 sol. De Petro Hamel. 5 sol. De Roberto Vitenc. 10 sol. De Roberto Pagano 60 sol. De Thoma Soistie 5 sol. De Jordanno de Baiocis 10 sol. De Rogerio Wenkenel. 5 sol. De Willelmo Hugone 5 sol. De Alano Flori 20 sol. De Joscelino Assez 5 sol. De Ranulfo Ravenel 5 sol. De Uxore Heldeberti 10 sol. De Bovet. 10 sol. De Pestoil. 5 sol. De Radulfo Rogne 5 sol. De Thoma de Porta 5 sol. De Rogero de Francia 30 sol. De Nicolao Alapan 10 lib. De Willelmo Nepote 50 sol. De Thoma Anged. 50 sol. De Soniescirie 50 sol. De Petro Flamenc 5 sol. De Willelmo Pistore 5 sol. De Radulfo de Gornaio 5 sol. De Gaufrido Loske 5 sol. De Iberto Pikes 10 sol. De Rogero de Londa 30 sol. De Rogero de Wasei 30 sol. De Ricardo Cuvier 10 sol. De Ranulfo Calvo 10 sol. De Fermin 10 sol. De Willelmo Sauline 10 sol. De Unfrido Godeline 10 sol. De Serlone Petri 10 sol. De Willelmo de Flamenvilla 5 sol. De Willelmo Cervo 10 sol. De Willelmo Gelberti 10 sol. De Roberto Rualen 5 sol. De Stephano Mercato 20 sol. De Rogero Guasreme 10 sol De Simone filio Stephani 5 sol. De Roberto Nepote 5 sol. De Willelmo filio Presbyteri 5 sol. De Willelmo Corbucon 5 sol. De Rogero Picoe 5 sol. De Radulfo Folleporée 10 sol. De Willelmo Osmundi 5 sol. De Ricardo Ingarvilla 5 sol. De Willelmo Lesaunier 10 sol. De Willelmo Picart 5 sol. De Cortestruit 5 sol. De Gaufrido Bovier 5 sol. De Roberto Tabare 5 sol. De Gaufrido Erkenier 5 sol. De Radulfo Flaut 5 sol. De Rogero filio Walteri 5 sol. De Philippo filio Alabele 5 sol. De Willelmo Balcure 5 sol. De Roberto Malnuri 5 sol. De Roberto Adam 5 sol. De Samsone de Curia 10 sol. De Radulfo de Orenge 20 sol. De Willelmo Borlois 10 sol. De Willelmo Barbos 5 sol. De Willelmo Pinel 5 sol. De Unfrido Brille fuere 10 sol. De Bigot 5 sol. De Ansk..illo presbytero 5 sol. De Ricardo Floevent 5 sol. De Ricardo Risher 10 sol. De Willelmo de Dieppa 5 sol. De Radulfo Hecwalter 7 sol. De Osberto de Perrin 5 sol. De Radulfo Hecwalter 7 sol. De Osberto Perrin 5 sol. De Radulfo Tonel 7 sol. Summa 80 lib. 34 sol. In thesauro liberavit. Et quietus est.

§ Benague reddit compot. de 21 sol. pro vino supervendito. In thesauro liberavit. Et quietus est.

§ Radulfus Lohout reddit compot. de 30 sol. pro eod. In thesauro 20 sol. Et debet 10 sol.

§ Gaufridus le Wignon reddit compot. de 20 sol. pro eod. In thesauro 6 sol. Et debet 14 sol.

§ Robertus Harenc reddit compot. de 20 lib. pro eod. In thesauro 20 sol. Et debet 19 lib.

§ Robertus Tresgoz reddit compot. per Thomam de Piris de misericordiis illorum qui non venerunt ad preceptum Rogeri ad juream de vinagio, scilicet: De Radulfo Vitulo 3 sol. De Radulfo Canor 2 sol. De Roberto Peurel 2 sol. De Ricardo Flori 3 sol. De Rogero Pikelin 3 sol. De Waltero Nepote Aquile 2 sol. De Roberto Bidon 3 sol. De Rogero Asile 3 sol. De Henrico Duredent 3 sol. De Unfrido Creste 3 sol. De Warino 3 sol. De Minegendre 3 sol. De Henrico Anglico 3 sol. De Wasteble 3 sol. De Willelmo Gelde 3 sol. Summa 42 sol. In thesauro liberavit. Et quietus est.

§ Radulfus filius Odoline debet 20 sol. pro vino supervendito. § Odelina de Exaquio 40 sol. pro eod. § Radulfus Coquus 10 sol. pro eod. § Matheus de S^to. Lud 10 sol. pro eod. § Hodinerne Postel 10 sol. pro eod. § Stephanus Noel 20 sol. pro eod. Eudo Ruffus 5 sol. pro eod. § Radulfus Malcael 10 sol. pro eod. § Johannes filius Hais .... sol. pro eod. § Ricardus filius Presbyteri 100 sol. pro eod. § Robertus Dien. 100 sol. pro eod. § Matheus de Burgondia 100 sol. pro eod. § Willelmus de Rothomago 40 sol. pro eod. § Willelmus Horvei 10 sol. pro eod. § Reignald. filius Osberti 5 sol. pro eod. § Johannes Davi 5 sol. pro eod. § Ricardus Chuisnart 5 sol. pro eod. § Rogerius Cloet 20 sol. pro eod. § Diaconus 5 sol. pro eod. § Filius Durandi Leprosi de Bevran 40 sol. pro fine catallorum matris sue mortua usuraria.

.. Willelmus Brito debet 100 sol. pro vino supervendito. § Idem reddit compot. de eodem debito. In thesauro liberavit. Et quietus est.

.....eres Samsonis Wascelin.... 100 marcas argenti pro fine patris sui.

.... § *Robertus Langevin pro forestis de Costantino* § *Foresta de Montefic.........* § *H..............* ..... § *Vinagium ballie de C...ntino.*

ROTULI NORMANNIÆ

IN TURRI LONDINENSI

ASSERVATI

JOHANNE ANGLIÆ REGI

AB ANNO MCC. AD ANNUM MCCIV.

Hic est rotulus cartarum cyrographorum Normannie factus tempore Guarini de Glapion tunc Senescalli Normannie, anno secundo regni Regis Johannis. Assistentibus ad scaccarium Sansone Abbate Cadomi, et Radulfo Labe, et Petro de Lions clerico Domini Regis.

(Membrane 7.)

In Rothomago. Ricardus Dei gratia, etc., omnibus salutem : Noverit universitas vestra quod hec permutatio facta est inter ecclesiam Rothom'. et Archiepiscopum Rothomagi Walterum ex una parte et Nos ex altera parte de manerio de Andeliaco in hac forma. Scilicet quod idem Archiepiscopus de concienciа et voluntate domini Pape Celestini III et de assensu capituli Rothom' ecclesie et coepiscorum suorum et cleri ejusdem archiepiscopatus concessit et in perpetuum quietum clamavit nobis et heredibus nostris predictum manerium de Andeliaco cum novo castello de Ruppe, et cum foresta, et cum omnibus pertinenciis aliis, et libertatibus suis, exceptis ecclesiis et prebendis, et feodis militum, et excepto manerio de Fraxinis cum pertinenciis suis que omnia idem Archiepiscopus, ecclesie Rothom'. et sibi et successoribus suis retinuit cum omnibus libertatibus et liberis consuetudinibus suis et cum omni integritate sua in perpetuum. Ita quod tam milites quam clerici et omnes homines tam de feodis militum quam de prebendis sequentur molendina de Andeliaco sicut consueverunt et debuerunt, et moltura erit nostra. Archiepiscopus autem et homines sui de Fraxinis molent ubi Archiepiscopus volet. Et si voluerint molere apud Andeliacum dabunt molturas suas sicut alii ibidem molentes. In excambium autem predicti manerii de Andeliaco cum pertinenciis concessimus et in perpetuum quieta clamavimus ecclesie Rothom. et predicto Archiepiscopo et successoribus suis omnia molendina que nos habuimus Rothomagi quando hec permutatio facta fuit integre cum omni sequela et moltura sua sine aliquo retinemento eorum qui ad molendina pertinent vel ad molturam, et cum omnibus libertatibus et liberis consuetudinibus quas solent et debent habere. Nec alicui alii licebit molendinum facere ibidem ad detrimentum predictorum molendinorum et debet Archiepiscopus solvere elemosinas antiquitus statutas de eisdem molendinis. Concessimus etiam eis villam de Deppa et villam de *Botellis* cum omnibus pertinenciis et libertatibus et liberis consuetudinibus suis, exceptis elemosinis constitutis in manerio de Deppa a nobis et antecessoribus nostris quantum summa est ccclxxij lib. Andegav. que debent solvi per manum predicti Archiepiscopi et successorum suorum hiis quibus assignate sunt. Concessimus etiam eisdem manerium de Loveriis cum omnibus pertinenciis et libertatibus et liberis consuetudinibus suis cum ministerio de Loveriis salvis ad opus nostrum venacione nostra et destructione foreste. Ita tamen quod non sit in reguardo. Concessimus etiam eis totam forestam de Aliermont cum feris et omnibus aliis pertinenciis et libertatibus suis sicut eam habuimus. Hec autem omnia in escambium predicti manerii de Andeliaco cum predictis pertinenciis data, habebunt ecclesia Rothom'. et predictus Archiepiscopus et successores sui in perpetuum cum omnibus libertatibus et liberis consuetudinibus suis sicut predictum est. Homines autem predicti Archiepiscopi de prefato escambio habebunt omnes libertates et liberas consuetudines quas habuerunt homines de Andeliaco dum manerium illud esset in manu ipsius archiepiscopi. Hec etiam omnia que idem Archiepiscopus in hoc escambio recepit warantizabimus nos et heredes nostri ecclesie Rothom. et predicto Archiepiscopo et successoribus suis in perpetuum contra omnes homines. Ita quod si aliquis excambium aliquod est recepturus pro aliquo predictorum que memoratus Archiepiscopus hic recepit, nos vel heredes nostri faciemus illud escambium, et ecclesia Rothomagensis hec predicta in perpetuum pacifice possidebit. Nos autem quantum Rex potest excommunicamus et concedimus quod incurrat indignationem omnipotentis Dei, quicumque contra hoc factum venerit.

Ibidem pro eodem archiepiscopo. Johannes Dei gracia Rex Anglie omnibus salutem. Sciatis nos concessisse et presenti carta confirmasse Deo et beate Marie, et Waltero Archiepiscopo Rothomagensi et successoribus ejus in perpetuum excambium factum inter bone memorie Regem Ricardum fratrem nostrum et ipsum Archiepiscopum de Andeliaco pro quo recepit idem Archiepiscopus villas de Dieppa et *Putellis* et Loveriis et forestam de Aliermont et molendina Rothom'. cum omnibus pertinenciis eorum sicut carta predicti Regis fratris nostri testatur. Cum determinatione querelarum que exorte sunt ex tenore predicte carte, fratris nostri inter nos et predictum Archiepiscopum videlicet de prisa vini apud Dieppam, de haia de Dampetra, de vivario apud Rothomagum super calceiam, de placitis ad spatam pertinentibus, de retrobanno. De prisa vini apud Dieppam sic erit. Quia publice testificatum fuit coram nobis et predicto Archiepiscopo quod prisa illa injuste capta fuit et capi solebat tam ex parte nostra quam ex parte Archiepiscopi concessum est quod nunquam de cetero, neque tempore guerre, neque tempore pacis a nobis vel heredibus nostris vel predicto Archiepiscopo vel successoribus suis capietur. De haia de Dampetra, sic erit, quod sive ipse Archiepiscopus jus habuerit in haia illa per cartam predicti Regis fratris nostri sive non. Nos eam ei et successoribus suis in perpetuum quietavimus ne occasione illius haie possit in posterum suboriri contentio inter nos vel heredes nostros, et ipsum Archiepiscopum vel successores suos. De vivario Rothom'. sic erit, quod nos ipsum vivarium et piscariam ipsi vivarii in manu nostra retinemus. Ita quod nichil de aqua vivarii facere possimus, ad dampnum et nocumentum molendinorum predicti Archiepiscopi. De placitis ad spatam pertinentibus sic erit, quia ecclesia Rothomagensis supra omnes alias (*ecclesias*) Normannie venerari debemus, diligere et tueri sicut matrem omnium ecclesiarum Normannie, et sicut illam unde ducatus nostri honorem accepimus et antecessores nostri sive ipsa ecclesia Rothomagensis jus habuit prius in placitis illius, sive non. Nos ad honorem Dei et beate virginis concessimus ipsi Archiepiscopo et successoribus suis in perpetuum omnia placita illa et omnem justiciam placitorum. Ita tamen quod justicia fiat per visum capitalem senescalli nostri Normannie si presens fuerit vel proximi baillivi cum ad hoc per Archiepiscopum vocatus fuerit, nichil ibi facientis nisi ut terminus videat « *fieri* » justiciam. Emendationes autem omnes et misericordie ex predictis placitis provenientes erunt ipsius Archiepiscopi; et si baillivus noster ad vocacionem ipsius Archiepiscopi non venerit, erit in misericordia nostra. Et nos vel senescallus noster aliquem mittat sine dilatione cum inde requisitus fuerit, qui viderat justiciam fieri in curia ipsius Archiepiscopi. De retrobanno Normannie sic erit; quod cum oportuerit submoneri retrobannum secundum consuetudinem terre, Archiepiscopus per nos vel per litteras nostras, vel per capitalem senescallum nostrum, vel per litteras ejus submoneri debet, et ipse Archiepiscopus submonebit retrobannum secundum consuetudinem terre et ducit vel duci faciet, et si retrobannum plenarie non venerit justicia erit Archiepiscopi de illi qui non venerint, et emendationes et escaete. Et Archiepiscopus non (debet) relaxare justiciam sine nobis. Preterea de passagio de Dieppa sic erit, quod omnes illi qui attulerint litteras nostras de passagio ad forum nostrum, passagium habebunt solvendo forum nostrum.

§ ADELARDUS.

Cadomum. Sciant presentes et futuri quod hec compositio facta fuit inter Adelardum filium Agnetis et Robertum filium Rogeri suum cognatum super excambio suarum terrarum apud Verson'. videlicet quod idem Adelardus dimisit prefato Roberto campum suum quem ipse habebat apud Glorietam. Et campum de inter duas Londas, et duas piecias terre apud Hueto. Et unam pieciam terre apud Tablecoc. tenendas et habendas has predictas terras eidem Roberto et heredibus suis feodaliter et hereditarie sine reclamatione prefati Adelardi vel heredum suorum. Et in excambium harum predictarum terrarum dimisit antefatus Robertus prenominato Adelardo unam pieciam terre apud Fossam Busot. Et unam pieciam terre in capite Crutarum de Marcelet. Et unam pieciam terre in Gara. Et unam pieciam inter fossam Barbes et Maram. Et suam partem campi de Gardigno Merlonii. Et suam partem prati de molendino, tenendas et possidendas has supredictas terras predicto Adelardo et suis heredibus in feodo et hereditate sine aliqua reclamatione prefati Roberti vel heredum suorum. Ita quod predicti Adelardus et Robertus et heredes eorum tenebant de Radulfo de Verson sicut de primogenito et de heredibus ejus omnes predictas terras et omnes alias terras suas que sunt de eodem feodo. Salvo in omnibus toto tenemento predicti Radulfi de Verson quod ipse et heredes sui tenebunt et possidebunt feodaliter et hereditarie sine aliqua reclamatione predictorum Adelardi et Roberti et heredum suorum ita integre et pacifice libere et quiete sicut Rogerus pater ejus et ipse Radulfus tenuerunt unquam melius et integrius cum medietate molendini de prato. Cujus molendini predictus Adelardus et heredes sui tenebunt aliam medietatem hereditarie de sepedicto Radulfo sicut de primogenito et de suis heredibus. Et predictus Robertus nichil habebit in eodem molendino nec in prato nec heredes ejus. Pro hac autem concessione et pro fine contentionis que erat inter predictos Adelardum et Robertum super jam dicto prato molendini dedit idem Adelardus eidem Roberto lx lib. x sol. Andegavenses. Et hoc factum apud Cadomum ad scaccarium tempore Guarini de Glapion tunc senescalli Normannie.

§ SANCTA MARIA DE BECCO.

Londa. Henricus Dei gratia Rex Anglie, etc., omnibus salutem. Sciatis nos concessisse et presenti carta confirmasse Abbati et Monachis de Becco omnes donationes terrarum, hominum et elemosinarum quas eis facte sunt tam in ecclesiis quam in rebus et possessionibus mundanis. Quare volo et firmiter precipio quod predicti Monachi et eorum ministri omnes possessiones et elemosinas suas habeant et teneant cum saca et soca, et toll., et team : et infangeneth, et cum omnibus aliis libertatibus et consuetudinibus suis liberis et quietanciis suis in boscho. et plano, in pratis et pasturis, in aquis et molendinis, in stagnis et vivariis, in mariscis et piscariis, in granchis et virgultis infra burgum et extra, in viis et semitis, et in omnibus aliis locis et aliis rebus solutas et liberas, et quietas de siris, et hundredis, et placitis, et querelis, et de murdro, et wapentacio, et scutagio, et geldis, et danegeldis et hidagiis, et assisis, et de operationibus castellorum et poncium, et de serdwita, et de hengwita, et flemeneswita, et de warpeni, et de awerpeni, et de bloudwita, et de fictwita, et de hundrepeni, et de telchinpeni et quietas de omni teloneo, et passagiis, et pontagiis et lestagio et stalagio et de omni seculari servicio et opere servili et exactione et de omnibus aliis occasionibus et consuetudinibus secularibus excepta sola justitia mortis et membrorum. Hec autem omnia concessimus eis in perpetuam elemosinam pro Dei amore.

(Membrane 6).

ITEM SANCTA MARIA DE BECCO.

Ibidem. Johannes Dei gratia Rex Anglie, etc., omnibus salutem. Sciatis nos concessisse et presenti carta nostra confirmasse Abbati et Monachis de Becco omnes donationes, etc. (*Cette charte confirmative ne diffère pas de la précédente.*)

§ GILLEBERTUS DE VILERS.

Cadomum. Noscant omnes presentes et futuri quod ego Simon Peilleve in curia Domini Regis apud Cadomum ad scaccarium coram Willelmo filio Radulfi tunc senescallo Normannie, Radulfo Labbe, Ricardo de Argenciis, Gaufrido de Cortone, Radulfo de Lexovio, Gaufrido de Rapendone, Selloni de Escorchebou, Petro de Fraxino, Joanne Pigace ceteris justiciis et baronibus qui tunc ibi aderant dedi et concessi, et hac presenti carta mea confirmavi Gilleberto de Vilers pro hominagio et servicio suo totam illam medietatem meam quam habebam in vivario et molendino de Messimeello et quicquid ibi habebam cum molta prefati molendini integre cum aliis pertinenciis habendam illam partem meam vivarii illius et molendini integre cum aliis pertinenciis habendam illam partem meam vivaris illius et molendini cum alia sua parte quam inde prius habebat et tenendam sibi et heredibus suis jure hereditario de me et heredibus meis libere et pacifice et quiete de omnibus ad me vel heredes meos pertinentibus per xij denarios Andegavenses reddendos inde annuatim mihi et heredibus meis ad feriam prati salva propria molta mea, de hospicio meo proprio, et ita quod si homines molte illius prefati molendini de molta defecerint, serviens Gilleberti cum serviente meo inde debet facere justiciam; et ita quod poterit vivarium et molendinum emendare et calceam altam facere ad voluntatem suam et profectum. Et propter hoc idem Gillebertus dedit mihi unam acram terre habendam mihi et heredibus meis jure hereditario in dominico desuper hamellam Henrici in excambium pro prefato vivario. Et propter hoc dedit mihi c. sol. Andegav'. et unum equum appreciatum vj. lib. Andegav'. quando de hoc recepi hominagium suum. Et ut hoc donum meum ratum sit et stabile in perpetuum hanc presentem cartam sigilli mei munimine coroboravi. Anno ab Incarnatione Domini M°. C°. XC°. VIII°.

ROBERTUS DE MARA.

Ibidem. Hec est finalis concordia facta in curia Domni Regis apud Cadomum ad scaccarium die festo S[ti]. Mathie apostoli anno secundo coronationis Johannis regis Anglie coram Garin de Glapion tunc senescallo Normannie, Sansone Abbate Cadomensi, Hugo de Chaucebuef, Radulf Labbe, Magistro Petro de Liuns, Willelmo de Wanda, Gaufrido de Corte, Radulfo de Lexovio, Willelmo de Livet Ricardo de Funteneto, ceterisque justiciis et baronibus qui tunc ibi aderant inter Clariam de Longavilla et filios suos, Philippum, Petrum, Willelmum, et Johannem tenentes; et inter Robertum de Mara clamantem videlicet de terra de Planchis, de Airel scilicet de Buissone Hamelini cum pertinenciis de feodo Willelmi de Semille et unde placitum erat inter prefatos in curia Domini Regis videlicet quod prefata Claria et prefati filii sui dimiserunt de se et heredibus suis sine reclamatione et quietam clamaverunt totam predictam terram cum pertinenciis prefato Roberto et heredibus suis possidendam jure hereditario et per ista quieta clamancia Robertus dedit prefate Clarie et dedit filiis suis quatuor vigenti lib. Andegavenses.

RICARDUS FILIUS WILLELMI.

Baioc. Noscant presentes et futuri quod ego Ricardus filius Willelmi de Mercato in curia Domini Regis apud Cadomum ad scaccarium anno secundo coronationis Johannis Regis Anglie coram Garin de Glapion tunc senescallo Normannie Sansone abbate Cadomi, magistro Petro de Liuns, Radulfo Labbe' Gaufrido de Cortone, Radulfo de Lexov., Willelmo de Livet, ceteris justiciariis et baronibus qui tunc ibi aderant, vendidi pro negocio meo Rogero de Mercato avunculo meo totam hereditatem meam quam habebam apud Baiocas et apud Gor'. integre in omnibus cum pertinenciis omnibus sine aliqua reclamatione amplius super predicta hereditate de me, et de meis heredibus exceptis octo acris terre quas heres de Damigny habet in vadio et quas ipse mei retineo de predicta hereditate mea apud Baiocas. Et hoc feci pro quatuor viginti lib Andegav. quas prefatus Rogerus pro inde mihi dedit quando ego de me et de heredibus meis ipsi et heredibus suis forisjuravi predictam hereditatem. Et hoc feci assensu Gonnille matris mee que clamabat dotem in predicta hereditate, et ad petitionem meam dotem illam quietam clamavi sine reclamatione amplius et concessu dominorum feodi, hanc ventam eidem Rogero feci.

§ HENRICUS DE TILLEIO.

Ibidem. Johannes Dei gracia Rex Anglie Dominus Hybernie, dux Normannie Aquitanie et comes Andegavensis, Archiepiscopis, etc., salutem. Sciatis quod concessimus et presenti carta confirmavimus Henrico de Tilleio quod habeat et teneat omnes terras et tenementa sua in Anglie et Normannie, ita bene et in pace et sine placito sicut Willelmus filius Johannis pater suus et Dyonisia mater ejus et ipse ea tenuerunt tempore Henrici Regis avi patris nostri et sicut ea tenuerunt tempore Henri Regis patris nostri. Quare volumus et firmiter precipimus quod idem Henricus omnia illa tenementa teneat sicut predictum est.

§ CAPELLANUS DE BAIOCIS.

Baioc. Rex Dei gracia Rex Anglie, etc., omnibus salutem. Sciatis nos dedisse et presenti carta nostra confirmasse Ricardo de S[to]. Amando clerico nostro capellariam nostram de Baiocis cum omnibus pertinenciis suis. Quare volumus et firmiter precipimus quod prefatus Ricardus prefatam capellariam habeat et teneat bene et in pace, libere et quiete, integre, plenarie, honorifice. Et ipse et homines sui et clerici sui eidem capellarie pertinentes sint liberi et quieti de omnibus placitis et queretis, tallagio et pasnagio, herbagio et tonnagiis et maxime de placitis forestarie et monagio. Et volumus et firmiter precipimus quod jam dictus Ricardus habeat duas fagos annuatim in magna foresta, sicut antecessores sui de jure habuerunt.

(Membrane 5.)

§ ITEM HENRICUS DE TILLEIO.

Cadom. Sciant omnes, etc., quod hec est concord'. inter Henricum de Tilleio et Willelmum filium Johannis fratrem suum de dissensione et contentione que fuerat inter eos causa participandi tocius hereditagii quod ad eos ex parte patris eorum et matris tam in Normannia quam in Anglia pertinebat, videlicet quod dictus Henricus dedit et concessit dicto Willelmo pro finali concordia et portione tocius predicti hereditagii in Anglia honorem de Harpetrou cum omnibus pertinenciis suis de feodo comitis Claudicestrie (*sic*) per servitium x militum; et in eodem Harpetrou quod habebat de feodo comitis Moretonii per servitium dimidii militis. Et de feodo domini Abbatis de Glastingebery servicium de Donneheue, et Mikelestoch, et Beccangre per servicium dimidii militis; Et de feodo Episcopi Batoniensis Wochehol'. et Meauliguesberge per servicium dimidii militis, et unam hidam terre in Weestberia quam Petrus de Cheef tenuit per quintam partem unius militis. Et in Normannia apud Cadomum super cunam (*sic*) quicquid pater eorum ibi tenuerat per legale servicium et consuetudinarium.

Et apud Vallem de super Oram totam terram quam ibi habebat et possidebat per legale servicium et consuetudinarium propter maritagium Cecilie sororis eorum quod ipsa et heredes sui tenebant de predicto Henrico et heredibus suis sicut de domino capitali. Hec autem omnia suprascripta tenementa propter maritagium predicte Cecilie sororis eorum dedit et concessit prefatus Henricus predicto Willelmo fratri suo et Thome filio ejus et heredibus suis tenenda de eodem Henrico et heredibus suis libere et quiete et plene sicut pater eorum tenuit per predicta servicia. Et insuper prenominatus Henricus dictorum Willelmi et Thome homagia recepit. Per hanc autem finalem concordiam inter sepedictos Henricus et Willelmus et eorum heredes in posterum firmiter permansuram remisit et concessit dictus Willelmus pro se et heredibus suis prefato Henrico et heredibus suis omnia alia tenementa et hereditagia que ex parte patris eorum et matris ad eos sunt pertinencia et appendencia sive in Normannia sive in Anglia illis tantum ad prefatum Willelmum et heredes suos pertinentibus que in hac carta continentur. Ita quod nec Willelmus nec ejus heredes super Henricum et heredes recuperare inde aliquid potest litem suscitare. Hanc autem conventionem concordaliter initam juraverunt dicti Henricus et Willelmus pro se et heredibus suis se inviolabiliter observaturos tactis sacrosanctis ewangeliis.

§ RADULDUS DE LACELLA.

Falesia. Hec est finalis concordia facta in curia Regis apud Cadomum ad scaccarium inter Radulfum de Lacella tenentem et Willelmum de Lacella clamantem scilicet de terra de Lacella, et honore de Messie in villa de Lacella. Et unum placitum erat inter eos in curia Domini Regis, scilicet quod prefatus Radulfus dimisit de se et de heredibus suis et clamavit quietam sine reclamatione totam prefatam terram cum omnibus pertinenciis apud Lacellam, prenominato Willelmo de Lacella et heredibus suis jure hereditario possidendam. Et pro ista quieta clamancia predictus Willelmus dedit prefato Radulfo quindecim libras Andegavenses.

§ RICARDUS TESART.

Baioc. Hec est finalis concordia facta in curia domini Regis apud Cadomum ad scaccarium inter Ricardum Tesard tenentem et fratrem suum clamantem de terra que fuit patris eorum et una contentio erat inter eos de proporcione videlicet quod prefatus Ricardus dedit prenominato Roberto fratri suo pro fine proporcionis sue, terram de Conion, sicut illa terra eidem Ricardo remansit per finem duelli versus Gaufridum de Duxeà. Et propter hoc dedit eidem. Roberto quartam partem molendini de Cahaignoles. Ita quod Robertus faciet quartum facture molendini illius. Et preter hoc dedit eidem Roberto medietatem terre que est inter aquam de Cahaignoles et Resuegernon in dominicis et hominibus salva communa riverie, scilicet hos homines Herbertus Foire, Martin Renoude, Ricoarde. Et pro hoc Robertus clamavit quietum de sua proporcione Ricardum et dimisit sine reclamatione amplius eidem Ricardo totam aliam hereditatem que fuit patris eorum. Et pro ista quieta clamancia, Ricardus dedit fratri suo Roberto triginta solidos Andegavenses.

§ PAGANUS DE MANSO HEUDIN.

Vallis Rodol. Johannes Dei gratia Rex Anglie, etc., omnibus salutem. Sciatis nos dedisse et concessisse et presenti carta confirmasse Pagano de Mehoudun et heredibus suis totum feodum de Aissel cum omnibus pertinenciis et cum domo de Valle Rodolii sicut Ingrie de Stella ea tenuit, tenenda de nobis et heredibus nostris in perpetuum per servicium dimidii militis pro omni servicio. Quare volumus et firmiter precipimus quod idem Paganus et heredes sui post eum predictum feodum et domum cum pertinenciis suis de nobis et heredibus nostris teneant in perpetuum integre, plenarie, libere, quiete et honorifice cum omnibus libertatibus et liberis consuetudinibus suis per predictum servicium.

§ ROBERTUS DE MONTEGOMMERI IN LEXOVIA.

Lexovia. Sciant presentes et futuri quod Hugo Tibertus in curia domini Regis apud Cadomum ad scaccarium dedi et concessi Roberto filio Bartholomei de Montegommeri pro servicio et hommagio suo totum feodum meum de Fontibus quod habebam apud Oilleiam la Ribaut de feodo domini de Oilleia habendum et tenendum eidem Roberto et heredibus suis jure hereditario de me et heredibus meis quiete de omnibus ad me vel heredes meos pertinentibus per duos sol. Andegav'. reddendo inde annuatim mihi et heredibus meis ad festum S[ti]. Michaelis. Et pro ista donatione et concessione prefatus Robertus dedit michi xvj. lib. Andegav'. et ix sol. Andegav. quando inde recepi homagium suum.

§ IDEM ROBERTUS ITERUM.

Ibidem. Sciant presentes et futuri, quod ego Robertus de Ponte in curia domini Regis apud Cadomum ad scaccarium vendidi pro negocio meo integre totam illam meam dimidiam vavassoriam quam habebam apud Boviler de feodo Ricardi de Boviler, Roberto filio Bartholomei de Montegommeri habendam et possidendam eidem Roberto et heredibus suis hereditario sine aliqua reclamacione amplius de me vel heredibus meis pro xj. lib. Andegav. quas prefatus Robertus proinde mihi dedit, quando ego Robertus de Ponte de me et heredibus meis prefato Roberto et heredibus suis forisjuravi illam dimidiam vavassoriam. Et hoc feci assensu domini feodi salvo jure suo feodi illius et salvo tantum uno reddilu de vj den. Andegav. quos Walterus filius Fromondi capit in feodo illo annuatim ad festum S[ti]. Johannis Baptiste.

Falesia. Hec est finalis concordia facta inter Robertum de Akevilla tenentem et Radulfum et Gervasium fratres ejus clamantes de proportione terre hereditatis illius que fuit patris eorum unde contencio erat inter eos, videlicet quod prefatus Robertus dedit prefatis fratribus suis Radulfo et Gervasio totam terram illam apud Akevillam de feodo Torgis de Orbois et Johanne de Tornesbu, que est ultra doitum versus ecclesiam cum feodo Esmelini de ibidem, salvis aliis hominibus prefati Roberti de ibidem eidem Roberto. Et propter hoc idem Robertus concessit fratribus suis quod quisque illorum duorum habeat propriam moltam suam quietam de suis propriis hospiciis in molendino suo de Akevilla. Et pro hoc sciendum est quod Radulfus et Gervasius clamaverunt quietam de se et heredibus suis sine reclamatione amplius totam aliam terram que fuit patris eorum prefato Roberto et heredibus suis jure hereditario possidendam et pro ista quieta clamancia prefatus Robertus dedit Radulfo et Gervasio fratribus suis c. sol. Andegav.

SIMON DE FOUMUCHON.

Costanc. Johannes Dei gracia Rex Anglie omnibus, etc., salutem. Sciatis nos concessisse et hac carta nostra confirmasse Simoni de Foumuchon et heredibus suis omnes racionabiles donaciones terrarum aut redditaum quas Robertus de Tilleio ei dedit habendas et tenendas sicut carte ipsius Roberti racionabiliter testantur.

ODON DE SICCAVILLA.

Cadom. Noscant presentes, etc., quod ego Gaufridus de Bosvilla dedi et concessi Odoni de Siccavilla pro servicio suo et hominagio suo istam terram nominatam in villa mea de Bousvilla, scilicet terram in qua idem modo habet suum herbergagium integre sicut fossata ejusdem Odonis circumfacta continetur juxta monasterium S^ti^. Petri de Bousvilla et careriam suam ad eundem ad magnum chiminum, et dedi eidem Odoni gardinum qui est juxta monasterium S^ti^. Petri de Bousvilla, et dedi campum qui fuit Ricardi Veteris extra villam et ad septem virgatas et dimidiam acram terre et dimidiam virgatam ad culturam de Ruellio juxta Hugonem filium Thome septem virgatas terre; in ead. cultura juxta elemosinam canonicorum Ardene septem virgatas; ad parvam Garam quinque virgatas; in valle Bernherii unam acram et dimidiam habendam et tenendam et possidendam totam predictam terram eidem Odonis et heredibus suis jure hereditario de me et heredibus meis libere et honorifice, et quiete de omnibus redditibus et serviciis et omnibus aliis ad me vel heredes meos pertinentibus per viginti solidos Andegav'. reddendos inde annuatim mihi et heredibus meis ad feriam prati et j. lib. piperis j lib. cimini et in Augusto iij. anseres et ad Natalem x. panes Andegav'. et x. capones ad Pascha c. ova de eodem Odoni et heredibus suis et ego et heredes mei debemus eidem Odoni et heredibus suis garantizare totam prefatam terram. Et nisi poterimus garantizare debemus ei et heredibus suis excambiare alibi in dominico nostro, et in advenienti loco ad valetudinem. Et pro ista donacione idem Odo dimisit mihi illas tres acras terre quas prius eidem Odoni dederam, et quas ipse reddidi nepotibus meis scilicet Simone de Trosseauvilla et fratribus suis. Et preter hoc dedit mihi idem Odon tredecim lib. Andegav'. quando inde recepi homagium suum.

(Membrane 4.)

GILLEBERTUS DE MAIGNI.

Algia. Hec est finalis concordia facta in curia Regis apud Cadomum ad scaccarium inter Gillebertum de Maigni clamantem et Ricardum Lesemer et Willelmum Popekin fratrem ejus tenentes, scilicet de terra de Cachekeinvilla de feodo prefati Gilleberti et unde placitum erat inter eos; scilicet quod prefati Ricardus et Willelmus frater ejus clamaverunt quietam de se et heredibus suis sine aliqua reclamatione amplius, totam prefatam terram apud Cacekenvillam prefato Gilleberto et heredibus suis habendam et possidendam in dominico suo sicut versus eos illam terram clamabat idem Gillebertus. Et pro ista quieta clamancia prefatus Gillebertus dedit eis prefato Ricardo et Willelmo fratri suo duodecim lib. Andegav'. et ipsi prenominati Ricardus et Willelmus eidem Gilberto et heredibus suis forisjuraverunt prenominatam terram.

RICARDUS BARBATUS ET SUI FRATRES.

Lexovium. Hec est finalis concordia facta in curia domini Regis apud Cadomum ad scaccarium anno secundo coronacionis Johannis Regis Anglie coram Garino de Glapion tunc senescallo Normannie, Sansone Abbate Cadomi Petro de Lions, Hugone de Chaucebuef, Radulfo Labbe ceteris Justiciariis et Baronibus qui tunc ibi aderant, inter Ricardum Lebarbe et fratres suos, Durand'. Lebarbe et Ricardum tenentes, et inter Anketillum Telarium et Beatricem Lacoete uxorem ejus clamantes, scilicet de terra apud Tullum Noelent de feodo Abbatis de Becco et quam clamabant prefatus Anketillus et uxor ejus Beatrix sicut hereditatem prefate Beatricis et unde placitum erat inter eos in curia domini Regis. Scilicet quod prefatus Anketillus et Beatrix uxor ejus clamaverunt quietam de se et de heredibus suis sine aliqua reclamatione amplius totam prenominatam terram prefatis tribus fratribus Ricardo Barbe, Durand'. Barbe et Ricardo et heredibus eorum jure hereditario possidendam. Et pro ista quieta clamancia prenominati tres fratres dederunt predicto Anketillo et Beatrici uxori ejus viij. lib. xv. sol. Andegav.

JOHANNES DE MANERBIO.

In civitate Lexov. Hec est finalis concordia facta in curia domini Regis apud Cadomum ad scaccarium anno secundo coronacionis Johannis Regis Anglie coram Garino de Glapion tunc Senescallo Normannie, Sansone Abbate Cadomi, Petro de Lions, Hugone Chaucebuef ceterisque Justiciariis qui tunc ibi aderant et Baronibus, inter Johannem de Manerbio tenentem et Robertum Monachum fratrem ejus clamantem; scilicet de proporcione terrarum hereditatis eorum, unde contentio erat inter eos, videlicet quod prenominatus Johannes dedit prefato Roberto fratri suo in proportione pro fine hereditatis predicte unam peciam terre apud Milloel de feodo Oliveri de Corce. Et apud Lexovias sex acras terre in duabus peciis de feodo Abbatisse. Et apud Castelerium viij^to^. acras terre in duabus peciis de feodo Fulconis de Castelerio. Et apud Manerbam, medietatem unius pecie terre de feodo Ivonis de Ense. Et apud Lexovium unam mansuram in civitate de feodo Ricardi de Logis et in burgo Abbatisse tres domos, scilicet unam domum ante domum prefati Johannis, et granchiam de Puto Angulo, et domum que fuit Rogeri de Ber. Et de omnibus prefatis terris attornavit Johannes Robertum fratrem suum dominis feodi ad faciendum eis quicquid facere debuerit de prefatis terris. Et hoc fecit assensu dominorum feodorum illorum. Et pro hoc prefatus Robertus clamavit quietam de se et de heredibus suis totam aliam hereditatem prenominato Johanni et heredibus suis; et pro ista quieta clamancia et pro quietancia omnium catallorum et aliarum rerum dedit Johannes predicto Roberto fratri suo quadraginta lib. Andegav'. et duos modios sicci bladi. Et si Johannes morietur sine herede de conjugio, hereditas ejus redibit ad Robertum et ad heredes suos. Et similiter si Robertus morietur sine herede de conjugio hereditas ejus redibit ad Johannem predictum et ad suos heredes.

(Membrane 3.)

FRATRES TEMPLI.

Vallis Rodol. Hec est finalis concordia facta in curia domini Regis apud Cadomum ad scaccarium in termino Pasche anno secundo coronationis Johannis Regis Anglie inter fratres Templi de Jerusalem tenentes et Heloisam filiam Roberti Rossel clamantem, scilicet de quadam terra apud Ronanvillam in parrochia de Sta. Columba de feodo ipsorum Templariorum et unde contentio erat inter eos, scilicet quod prefati Templarii dimiserunt et concesserunt habendam totam medietatem illius predicte terre apud Ronanvillam eidem Heloise et heredibus suis jure hereditario tenendam de ipsis prefatis Templariis per redditus et servicia que illi medietati prefate terre pertinent facienda. Et altera medietas remansit Templariis in dominico suo sine aliqua reclamatione amplius de Heloisa et suis heredibus.

LOHOUT DE FLAMENCVILLA.

Costant. Hec est finalis concordia facta in curia domini Regis apud Cadomum ad scaccarium anno secundo coronationis Johannis Regis Anglie inter Lohoudum de Flamencvilla tenentem et Radulfum de Montibus clamantem, scilicet de medietate molendini de Canteraiene apud Flamencvillam de feodo Radulfi Taisson et unde placitum erat inter eos in curia domini Regis. Scilicet quod prefatus Radulfus dimisit et clamavit quietam de se et heredibus suis sine aliqua reclamatione amplius totam prefatam medietatem prefati molendini apud Flamencvillam, et totum molendinum integre et quicquid juris in eodem molendino sibi vendicabat prenominato Lohoudo et heredibus suis jure hereditario possidendum. Et pro ista quieta clamancia prefatus Lohoudus dedit eidem prefato Radulfo L lib. Andegav.

JORDANUS DE SAUKEVILLA.

Archis. Johannes Dei gratia Rex Anglie, etc. omnibus salutem. Sciatis nos concessisse et presenti carta nostra confirmasse Jordano de Sauquevilla et heredibus suis quod habeant qualibet die Veneris unum mercatum apud Sauquevillam et quod habeant unam feriam singulis annis ibidem per unum diem duraturam, scilicet die Nativitatis S^{ti}. Johannis Baptiste. Ita tamen quod non sint ad nocumentum vicinorum mercatorum vel vicinarum feriarum. Quare volumus et firmiter precipimus quod predictus Jordanus et heredes sui post eum habeant et teneant predictum mercatum et predictam feriam bene et in pace, libere et quiete, integre plenarie, et honorifice cum omnibus libertatibus et liberis consuetudinibus ad hujus modi ferias et mercata pertinentibus.

RADULFUS TORQUETIL.

Pons Audomari. Hec est finalis concordia facta (in curia) domini Regis apud Cadomum ad scaccarium die veneris post festum S^{ti}. Georgii anno secundo coronationis Johannis Regis Anglie inter Muriellum Lato Lete'. tenentem, et Emam matrem ejus, et inter Radulfum Torquetil clamantem; scilicet de una acra terre apud Tustini villam de feodo Abbatis de Pratellis et que est juxta domum Reginaldi Laquarelle, et unde contentio erat inter eos, scilicet quod prefata Muriel et Ema mater ejus dimiserunt et concesserunt habendam totam predictam acram terre apud Tostini villam prenominato Radulfo Torquetil et heredibus suis et possidendam jure hereditario et tenendam de prefata Muriele et heredibus suis quiete de omnibus ad eam vel heredes suos pertinentibus pro xij. den. Andegav. reddendo inde annuatim eidem Murieli et heredibus suis ad festum S^{ti}. Michaelis et pro hoc clamaverunt quietam Muriel et Ema mater ejus de se et heredibus suis sine aliqua reclamatione amplius, totam predictam acram terre prenominato Radulfo et heredibus suis. Et pro tali quieta clamancia predictus Radulfus dedit eidem Murieli et matri ejus unam marcam argenti.

Falasia. Johannes Dei gratia Rex Anglie omnibus salutem, etc. Sciatis nos divini amoris intuitu pro salute anime nostre et pro animabus antecessorum et successorum nostrorum dedisse et hac carta nostra confirmasse in puram et perpetuam elemosinam Deo et ecclesie S^{ti}. Johannis de Falesia capellas in castello nostro de Falesia sitas, cum omnibus pertinenciis earum, ita tamen quod predicti canonici per duos de canonis suis presbyteros singulis diebus ministrent in capellis illis tam in Missis quam in aliis horis dici pro salute nostra et pro animabus omnium antecessorum nostrorum. Dedimus etiam et assignavimus jam dictis canonicis duos solid. Andegav'. singulis diebus percipiendos ad scaccarium nostrum Cadomi ad duos terminos, scilicet ad festum Sancti Michaelis et ad Pascha.

CANONI DE BELLO LOCO.

Romeis. Johannes Dei gratia, etc. Sciatis nos dedisse et concessisse et presenti carta confirmasse Deo et Priori et Canonicis de Bello Loco xx. lib. Andegav'. de redditu annuatim percipiendas apud Moretonium de prepositura de Moretonio; scilicet ad festum S^{ti}. Michaelis x. lib. et ad Pascha x. lib. per manum prepositi de Moretonio. Quare volumus et firmiter precipimus quod predicti Prior et Canonici habeant et teneant predictas viginti lib. de redditu bene et in pace, libere et quiete et integre in perpetuum sicut predictum est. Teste, etc.

IDEM CANONICI.

Ibidem. Johannes Dei gratia, etc. Sciatis nos concessisse et presenti carta confirmasse Deo et ecclesie S^{te}. Marie de Bello Loco et Priori et Canonicis ibidem deo servientibus rationabilem donationem quam Petrus de Pratellis eis fecit de c. libratis redditus Andegav. in Rothomago habendam et tenendam libere et quiete et integre sicut carta ipsius Petri rationabiliter testatur. Teste, etc.

CANONICI DE ARDENA.

Cadom. Ricardus Dei gratia, etc. Sciatis nos dedisse et concessisse et presenti carta nostra confirmasse in puram et perpetuam elemosinam Deo et Abbatie S^{te}. Marie de Ardena et Abbati et Canonicis ibidem Deo servientibus molendinum quod habebamus apud Cadomum in Gaimmara cum omnibus ad idem molendinum pertinentibus. Quare volumus et firmiter precipimus quod prefata Abbatia et prefati Canonici idem molendinum habeant bene et in pace, libere, et quiete, integre, plenarie, et honorifice cum omnibus libertatibus suis sicut unquam illud molendinum melius et liberius habuimus dum fuit in manu nostra. Teste, etc.

IDEM CANONICI.

Ibidem. Johannes Dei gratia, etc. Sciatis nos concessisse et hac carta nostra confirmasse pro salute anime nostre et antecessorum et successorum nostrorum Deo et Abbatie S^{te}. Marie de Ardena et Canonicis ibidem Deo servientibus Bruillium de Lynereyo et molendinum quod Rex Ricardus frater noster habuit apud Cadomum in Gaimmara cum omnibus ad idem molendinum pertinentibus. Et totam terram quam idem Rex Ricardus habuit apud Noyers juxta montem de Mambrou scilicet Teysueras ad pasturam et nutrimentum animalium predictorum Canonicorum vel ad faciendum de ea sicut de proprio dominico suo quicquid illi voluerint. Que habent de dono supradicti Ricardi Regis fratris nostri habenda et tenenda in puram et perpetuam elemosinam. Quare volumus et firmiter precipimus quod predicti Canonici habeant et teneant omnia predicta bene et in pace, libere et quiete, integre, plenarie, et honorifice cum omnibus libertatibus et liberis consuetudinibus sicut carte sepedicti Regis Ricardi quas inde habent racionabiliter testantur. Teste, etc.

§ RADULFUS TESSON.

Costen. Noscant presentes et futuri quod hec est finalis concordia facta inter Radulfum Tesson et Folkeium de Pratis de honore S^{ti}. Salvatoris cum pertinenciis qui fuit Rogeri Vicecomitis et de honore de Spineto qui fuit Engeralmi de Portu et de tota hereditate suarum matrum que sorores fuerunt, unde placitum erat inter eos. Ita videlicet quod totus predictus honor S[ti]. Salvatoris cum pertinenciis qui fuit Rogeri Vicecomitis et honor de Spineto cum pertinenciis qui fuit Engeralmi de Portu et tota predicta hereditas remanet predicto Radulfo Tesson et heredibus suis quieta et sine reclamatione ejusdem Folkeii et heredum suorum et medietas de Barenton cum pertinenciis que est de feodo de Tuireio quam Jordanus Tesson pater predicti Radulfi dederat patri et matri prefati Fulkeii pro fine partis tocius hereditatis prescripte remanet predicto Fulkeio. Et idem Fulkeius totam prescriptam hereditatem scilicet honorem S[ti]. Salvatoris cum pertinenciis et honorem de Spineto cum pertinenciis sepedicto Radulfo et heredibus suis in perpetuum pro se et suis heredibus abjuravit. Et propter hoc ipse Radulfus donavit eidem Fulkeio unum equum valentem xx lib. andegav. Hoc autem factum est apud Cadomum ad scaccarium anno ab incarnatione Domini M°. CC°. II°. Regni Regis Johannis anno tercio. Teste, etc.

(Membrane 2).

SANCTIMONIALES DE CASA DEI.

Vernolium. Johannes Dei gratia Rex Anglie, etc. Sciatis nos dedisse, concessisse et presenti carta confirmasse Deo et ecclesie Beate Marie de Casa Dei et Monialibus ibidem Deo servientibus in puram et perpetuam elemosinam viginti lib. Andegav'. singulis annis percipiendas de prepositura Vernolii ad duos terminos scilicet medietatem ad Pascha et aliam medietatem in festo S[ti]. Michaelis. Quare volumus et firmiter precipimus quod predicte Moniales elemosinam illam singulis annis percipiant de nobis et successoribus nostris ad illos duos terminos in perpetuum libere et integre sine omni contradictione et impedimento. Et si quis eis inde molestiam fecerit vel gravamen Dei et nostram incurrat maledictionem, auctoritate qua Rex inunctus maledicere potest. Datum per manum Simonis archidiaconi Wellensis apud Vernolium xxv die novembris anno regni nostri tercio.

Henricus Dei gratia Rex Anglie, sciatis me concessisse et dedisse pro salute anime mee et antecessorum meorum et presenti carta mea confirmasse Nicholao priori et canonicis regularibus de Plessitio in perpetuam elemosinam Ecclesiam S[te]. Marie de Iveranda cum decimis et pertinenciis suis. Prior vero ponet septem canonicos regulares in eadem ecclesia qui jugiter ibi Deo serviant et providebit eos in temporalibus et spiritualibus ut regulariter ibi vivant et Deo digne ministrent. Et si aliquis eorum delinquerit, prior eum corrigat et si expedire vidit, amoveat et alium idoneum substituat. Ad sustentacionem vero illorum concedo et do eis in perpetuum supradictam ecclesiam de Ivranda, cum omnibus decimis et pertinenciis et totam terram que est infer fossata illorum interiora et exteriora sicut claudit locum et pasturam illorum. Et in foresta mea de Landa putrida et de Tenechebrai et mortuum boscum ad ignem eorum et ad edificia ejusdem loci et pasnagio porcis eorum in foresta mea de Landa putrida et de Tenechebrai' in aliis forestis meis de Passeis, scilicet in Andena et in Selva drua, exceptis defensis meis. Dedi etiam eis in perpetuam elemosinam C. lib Andegav. in prepositura Baiocen. et si aliquo tempore alia moneta cucurrerit in civitate illa C. lib. illius monete similiter percipiant annuatim. Dedi eis preterea ecclesiam de Camba et ecclesiam S[ti]. Clementis juxta Suda vire, et ecclesiam de Motager, et ecclesiam de Bucis cnm omnibus pertinenciis earumdem ecclesiarum. Volo autem et sic constituo ut unoquoque sabbato reddat prepositus Avenantum de illi. C lib. per manum servientis canonicorum. Et si uno sabbato minus fuerit altero sabbato suppleatur, Ita ut habita ratione per sabbata infra annum C. lib. persolvantur. Do etiam eis et confirmo in perpetuam elemosinam vivarium de Pomeria quod feci et concedo ut faciant molendinum extra fossata sua et ut habeant aque conductum liberum ad illud molendinum per terram meam. Concedo etiam eis et do mansuram cum domibus apud Baiocas que fuerunt Radulfo filio Riculfi in perpetuam elemosinam liberam et quietam ab omni servicio seculari. Volo etiam et firmiter precipio ut predicti canonici et possessiones eorum et servientes eorum liberi sint et quieti per totam terram meam a teloneo et passagio et pontagio et ab omni consuetudine. Henricus vero Baioensis Episcopus pro amore Dei et meo liberavit et quietavit predictam ecclesiam de Ivranda ad omni episcopali consuetudine salva tamen episcopo Baiocensi reverencia et debita obediencia.

§ WILLELMUS DE FOUGERIIS.

Johannes Dei gratia, etc. Sciatis nos concessisse et presenti carta nostra confirmasse Willelmo de Fougeriis pro homagio et servicio suo totam terram que vocatur Lebusc de dominico nostro in parrochia de Villechien, tenendam sibi et heredibus suis de nobis et heredibus nostris reddendo nobis et heredibus annuatim unum nisum in festo S[ti]. Michaelis. Quare volumus quod predictus Willelmus et heredes ejus post eum habeant et teneant predictam terram cum omnibus pertinenciis suis et libertatibus et liberis consuetudinibus ad predictam terram pertinentibus bene et in pace, libere et quiete, honorifice et plenarie, in plano et bosco, in pratis et pasturis, in aquis et molendinis, in vivariis et stagnis, in viis et semitis et in omnibus aliis locis per predictum servicium sicut carta quam ei inde fecimus dum essemus Comes Moretonii rationabiliter testatur.

Johannes Dei gratia, etc., sciatis nos inspexisse cyrographum factum inter Radulfum Taisson et Fulconem de Pratis in curia nostra quod superius scribitur utraque parte concedente. Et quare volumus quod ea que fiunt in curia nostra rata sint et stabilia concordiam istam presenti carta nostra duximus confirmandam. Teste Willelmo Albrincensi Episcopo, Willelmo Comiti Saxonie, Roberto de Harecuria, Petro de Pratellis, Rogero de Mortuomari, Petro de Stok., Ricardo de Reveriis. Datum per manum Simonis Archidiaconi Wellensis apud Montfort primo die aprilis anno regni nostri tercio.

ROGERUS MORTUO MARI.

Lerov. Notum sit omnibus tam presentibus quam futuris quod ego Engerranus filius Ernaudi de Droiencort concessi et quietam clamavi totam terram quam pater meus et ego habuimus in Droiencort sine aliquo retinemento, quam terram pater meus et ego invadiaveramus Judeis pro tanta pecunia quod eam disvadiare nequivimus scilicet pro M. lib. Andegav. tam de catallo quam de usura domino Rogero de Mortuo Mari et heredibus suis ad disvadiandum a predictis Judeis et tenendam sibi et heredibus suis in domanio de domino de Ferrariis omnino liberam et quietam de me et heredibus meis; et ipse Rogerus de Mortuo Mari dedit mihi pro homagio et servicio meo terciam partem predicte terre. Scilicet xiij. acras et dimidiam (terre) et de nemore quantum continetur a mara magni gardini versus meridiem per divisam que facta est ex transverso; et hos homines cum suis tenementis, et reddidit Gill. Lasne, Le Bochier, Roger de Mara, Robert Goscelin, Biatriz Lafuiselle, Herbert Malinel, Roger Reinart, William Croc, Radulf Fromage cum tenemento suo excepto servicio serjanterie quod ad opus suum retinet, et Roger Bodart. Excepto capitali servicio (*quod ad illud masnagium pertinet*) et masnagio suo. Et excepta tota mouta quam predicti homines et eorum feoda debent quod totum sibimet reservavit. Pro hoc itaque feodum faciam predicto Rogero de Mortuo Mari et heredibus suis ego et heredes mei terciam partem servicii unius militis.

§ GIRARDUS DE FORNIVAL.

Vallis Rodol. Johannes Dei gratia Rex, etc. Noveritis nos dedisse et presenti carta nostra confirmasse Gyrardo de Fornival et heredibus suis Lerie et Lymai et Conteville cum pertinenciis suis pro ducentis libratis terre Andegav'. quas ei debuimus, tenenda de nobis et heredibus nostris per servitium feodi unius militis pro omni servicio. Quare volumus et firmiter precipimus quod idem Girardus et heredes sui post ipsum habeant et teneant predictas terras de Leric et de Lymai et de Condevilla cum pertinenciis suis de nobis et heredibus nostris bene et in pace, libere et quiete, integre, plenarie, et honorifice, in bosco et plano, in viis et semitis, in pratis et pasturis, in moris et mariscis, in aquis et molendinis, in stannis et vivariis, et in omnibus locis et rebus, cum omnibus libertatibus et liberis consuetudinibus ad ea pertinentibus per predictum servicium.

WILLELMUS DE BRAIOSA.

Falesia. Johannes Dei gratia, etc. Sciatis nos concessisse et presenti carta confirmasse Willelmo de Braiosa et heredibus suis quod Vicecomes vel serviens noster non intrabit in terram ejusdem Willelmi de honore Braiosa ad aliquod officium Vicecomitatu vel servientium faciendum, sed serviens ejusdem Willelmi submonebit placita ad nos pertinencia. Et quod Justiciari nostri itinerantes quando ibunt in ballia de Falesia debent venire apud Braiose, et ibidem tractare placita que ad nos pertinent. Et tunc idem Willelmus inveniet eis necessaria rationabiliter una die apud Braiose. Concessimus eciam eidem Willelmo quod homines sui de honore de Braiose quieti sint de carriagio et summagio et de auxilio Vicecomitatus et de auxilio prepositorum de Falesia. Concessimus eciam militibus de honore de Braiose quod quieti sint ab omnibus consuetudinibus de omnibus rebus quas ad victum suum emerint vel vendiderint apud Falesiam. Quare volumus et firmiter precipimus quod predictus Willelmus et heredes ejus post ipsum habeant predictas quietancias in perpetuum bene et in pace libere et quiete sicut predictum est.

(Membrane 1.)

WILLELMUS PICULFUS ET GAUFRIDUS FILIUS EJUS.

Constanc. Johannes Dei gratia, etc. Sciatis nos dedisse et concessisse et hac carta nostra confirmasse Willelmo Piculfo et Gaufrido filio ejus terram de Campellis juxta forestam de Passeis que erat de dominico nostro quando eis inde donum fecimus et Mesnillum de Oiselaria in parrochia de Lengrevilla sicuti dominicum nostrum habenda et tenenda sibi et heredibus suis de nobis et heredibus nostris reddendo inde annuatim ad festum S[ti]. Michaelis unum par calcarium deauratorum et ad Natale Domini unum presentum de avibus de Riveria. Quare volumus et firmiter precipimus quod predictus Willelmus et Gaufridus et heredes sui post ipsos habeant et teneant predictam terram de Campellis et predictum mesnillum de Oiseleria cum omnibus pertinenciis suis de nobis et heredibus nostris bene et in pace, libere, quiete integre, plenarie et honorifice in omnibus locis et rebus cum omnibus libertatibus et liberis consuetudinibus ad ea pertinentibus sicut predictum est.

§ EIDEM.

Damfront. Johannes Dei gratia, etc. Sciatis nos dedisse, concessisse et presenti carta nostra confirmasse Willelmo Picolfollo nostro Fontem Osanne cum omnibus pertinenciis suis habendam et tenendam sibi et heredibus suis faciendo inde nobis annuatim servicium unius folli quoad vixerit et post ejus decessum heredes sui eam de nobis tenebunt per servicium unius paris calcarium deauratorum nobis annuatim reddendo. Quare volumus et firmiter precipimus quod predictus Piculfus et heredes sui habeant et teneant inperpetuum bene et in pace, libere et quiete predictam terram cum omnibus pertinenciis suis per predicta servicia.

ROBERTUS DE LEXOVIO.

Cadom. Johannes Dei gratia Rex Anglie, etc. Sciatis nos dedisse, concessisse et presenti carta confirmasse dilecto servienti nostro Roberto de Lexovio et heredibus suis quietanciam de tallagio, summonitionibus exercitu, auxilio exercitus et quietancia de omnibus rebus et mercandisis suis, de omnibus consuetudinibus ad nos pertinentibus per totam terram nostram tam per aquam quam per terram. Preterea dedimus et concessimus et hac carta nostra confirmavimus eidem Roberto totam terram que fuit Ade Tanetin, cum omnibus pertinenciis suis apud Cadomum et alibi. Ita integre sicut idem Adam eam habuit et tenuit anno et die quo eam perdidit propter feloniam de qua convictus fuit in curia Henrici Regis patris nostri, habendam et tenendam eidem Roberto et heredibus suis et illis qui in predicta terra manebunt, per ipsum Robertum et heredes suos de nobis et heredibus nostris liberam et solutam ab omni consuetudine per xx. capones nobis et heredibus nostris reddendos annuatim ad Natale domini pro omni alio servicio, et consuetudine et tallagio. Et volumus et firmiter precipimus quod predictus Robertus et heredes sui non ponantur in placitum de aliqua re nisi coram nobis et heredibus nostris vel capitali justiciário nostro. Preterea concessimus et confirmavimus predictis Roberto et heredibus suis omnes terras, tenementa et feoda que adquisierint vel adquirere poterint sicut carte donatorum rationabiliter testantur vel testabuntur. Quare volumus et firmiter precipimus quod predictus Robertus et heredes sui post eum habeant et teneant omnia predicta bene et in pace, libere et quiete, integre, plenarie et honorifice in bosco et plano, in viis et semitis, in pratis et pascuis, in aquis et molendinis, in stagnis et vivariis, in piscariis et in omnibus aliis locis et rebus cum omnibus libertatibus et liberis consuetudinibus ad ea pertinentibus sicut predictum est.

WILLELMUS CRASSUS.

Cadom. Johannes Dei gratia, etc. Sciatis nos dedisse et presenti carta confirmasse Willelmo Crasso quod habeat warennam per omnes terras suas dominicas cum libertatibus et liberis consuetudinibus pertinentibus. Quare volumus et firmiter precipimus quod idem Willelmus et heredes sui eam habeant libere et quiete in bosco et plano in aquis et vivariis. Et prohibemus ne quis in warenna illa venetur nisi per licenciam suam super foris facturam decem libras.

ROTULUS DE CONTRA BREVIBUS ANNO II°. IN NORMANNIA.

(Membrane 6).

Norman. Rex etc. Sansoni Abbati Cadomi et R. Le Abbe salutem. Computate Matheo Grosso majori Rothomagi 62 sol. Andegav. quos ipse posuit in caretta et harnesio coquine nostre per preceptum nostrum. Teste Roberto de Turnham apud Rupem Andeliacum 17 die maii. Per eundem.

Litter. patentes. In Normannia. Rex, etc. Sansoni Abbati de Cadomo et R. Le Abbe salutem. Mandamus vobis quod Roberto de Boue faciatis habere redditum suum annuum quem habere debet et consuevit ad scaccarium nostrum de Cadomo quem ei reddidimus. Et quod inde recepit ei computetis et cartam suam quam retinuistis ut dicit que ei et non nobis est necessaria ei reddatis. Teste me ipso apud Rupem Andel'. 19 die maii.

Terra. Rex, etc., Rogero de Palasteya salutem. Sciatis quod nos dedimus dilecto nostro Hugoni Brun'. Comiti Marchiarum feudum et honorem de Sta. Severa. Et ideo vobis mandamus quatinus ei faciatis homagium et alia que facere debuistis et consuevistis Comiti Pictaviensi de feudo et ei tanquam domino de feudo illo sitis intendentes. Teste me ipso apud Rupem Andel'. 18 die maii.

Rex, etc. Elye de Sta. Severa, salutem. Sciatis quod nos dedimus dilecto nostro Hugone Brun'. Comiti Marchiarum feudum de Sta. Severa. Et ideo vobis mandamus quod nos ratum et gratum habemus quod vos ei de honore et feudo illo homagium fecistis et ei de cetero faciatis quid de honore illo facere debetis. Teste me ipso apud Rupem Andel'. 18 die maii.

In Norman. Rex, etc., Samsoni Abbati Cadomo et R. Le Abbe salutem. Sciatis nos caritatis intuitu concessisse et dedisse dilecto et fideli nostro Magistro Ranulfo Zochet capellaniam capelle Cadomi in qua numerantur denarii in puram et perpetuam elemosinam que de donatione nostra est, et vacans ut dicitur. Ita tamen quod per ipsum sive per ydoneam personam Capelle illi deserviatur. Et ideo vobis mandamus quod eidem Ranulfo vel procuratori suo loco suo plenam saisinam habere faciatis. Teste J. de Gray 17 die maii apud Andeli.

Rex, etc. majori Rothomagi. Salat'. Mandamus tibi quod aquietes expensas Bartholomei clerici nostri quas fecit apud Rothomagum dum infirmabatur apud Rothomagum et tibi computabitur ad scaccarium. Teste me ipso apud Rupem Andel. 20 die maii. Per Hubertum camerarium nostrum. (*Inde habuit* 6 *lib. Andegav.*)

In Norman. Rex, etc. Majori Rothomagi. Mandamus tibi quatinus faciatis venire apud Valonias quatuor tunellos vini quos tibi mittimus de Rupe Andeliaco et eos facias ligare et ennulliare et computabitur ad scaccarium. Teste me ipso apud Rupem Andel. 24 die maii.

Litteras patentes. Rex, etc. Majori Rothomagi, etc. Mandamus tibi quod uxori et filio Dominigo de Stella invenias per annum 40 lib. Andegav'. de redditu Rothomagi ad sustentandum se et illum redditum habeat quamdiu nobis placuerit. Et computabitur tibi ad scaccarium. Teste me ipso apud Rupem Andel'. 24 die maii. Per Garinum de Glapion.

Norman. Rex, etc. Willelmo Marescallo Comiti de Pembroc, etc. Mandamus tibi quod faciatis habere Willelmo de Cayou redditum et exitus foreste de Awi salvis victibus et custis servientum nostrorum qui eam custodierint. Teste Comite R. le Bigot apud Aurivallum 27 maii. Per ipsum Regem.

In Norman. Rex, etc. Sansoni Abbati Cadom. et R. Le Abbe salutem. Mandamus vobis quod faciatis habere Guidoni de Montfort nepoti Comitis Leircestre 50 lib. Andegav'. de feudo suo quod ei debemus. Teste me ipso apud Rupem Aurivall'. 26 die maii. Per ipsum Regem.

Ibidem. Rex, etc. Guarino de Glapion salutem. Mandamus vobis quod Willelmo Walensi et Ricardo Fayel fratri suo sine dilatione faciatis habere plenariam saisinam de 40 libras terre quas ei dedimus unde sunt dissaisiti. Teste me ipso apud Herbertot 30 die maii. Per ipsum Regem.

Ibidem. Rex, etc. Johanni de Pratellis salutem, Mandamus quatinus faciatis habere venatoribus nostris et canibus suis qui moram fecerunt apud Montefortem justas liberationes suas que juxta rotulum Nicolai de Wellensis custodis illorum sunt 20 lib. 4 sol. Andegav'. Et preterea inveniatis Alano Wasteh et valetrariis suis et 32 leporariis justas liberationes suas qui moram facient apud Montefort'. quosque possint nos sequi, et vobis computabitur ad scaccarium. Et ipsi Alanus et leporariis suis cum sani fuerint faciatis habere denarios de commodato, ad sequendum nos in Pictavium et nos scire faciatis quantum ei tradideritis. Et si forte aliqui leporarii remanserunt post Alanum, illis et custodi illorum necessaria inveniatis. Teste me ipso apud Herbertot 30 die maii. Per Nicolaum Welp.

Norman. Rex, etc. Preposito de Chinon salutem. Precipimus tibi quam sine dilacione invenias Magistro Urrico carpentarios et meiremum et ea que ei fuerint necessaria ad sex equos et quatuor homines et ad corpus suum donec venerimus apud Chinon. Teste Johanne de Pratellis apud Herbertot 30 die maii.

Ibid. Rex, etc. Waltero de Ely salutem. Precipimus tibi quod invenias Johanni filio Philippi waleto nostro infirmo apud Pontem Aldomari necessaria donec convaluerit. Teste me ipso apud Herbertot 30 die maii.

Ibid. Rex, etc. Preposito de Barbleflet, etc. Invenite passagium sine precio ad sex equos in bona navi Matheo Belet et Willelmo Avenel et Roberto de Claigant qui adduxerunt thesaurum nostrum de Anglia et computabitur tibi ad scaccarium. Teste me ipso apud Cadomum 3°. die junii.

Ibid. Rex, etc. Waltero de Ely, etc. Mandamus tibi quod sine dilacione facias habere Andree de Ponte Aldomari 12 lib. Andegav'. que ei debentur pro tribus tunellis vini captis ad opus nostrum et computabitur ad scaccarium. Teste Roberto de Turneham 3°. die junii.

Ibid. Rex, etc. Senescallo Normannie et baronibus scaccarii. Computate dilecto et fideli nostro Ricardo de Turreio 14 lib. 3 sol. quos pacavit per preceptum nostrum pro expensis factis in equis nostris quamdiu prehendinaverunt. Teste me [ipso] apud Argentonum 7°. die junii.

Ibid. Rex, etc. Capitulo Abrincensi. Sciatis quod dedimus Radulfo Capellano nostro presencium latori prebendam que fuit Willelmi Testardi in ecclesia vestra. Et ideo vobis mandamus quod eum inde in corporalem possessionem mittatis et ei assignatis stallum in choro et locum in capitulo. Teste me ipso apud Argentomum 7°. die junii.

Ibid. Rex, etc. Magistro Ros'. custodi escaetarum Normannie, etc. Mandamus tibi quod sine dilacione facias habere Hugoni Bardulf, plenariam saisinam de terra que fuit Rogero de Limesy quia ei commisimus custodiam inde. Teste me ipso apud Argentomum. 8°. die junii.

Ibid. Rex, etc. Ballivo Johanni de Pratellis Rothomagi, etc. Precipimus vobis quod si duo millia marcas veniunt de Francia que recepi debent de Laurentio de Duingun'. tunc cas sine dilatione post nos ducatis. et eis caricagium inveniatis et computabitur vobis ad scaccarium. Teste me ipso apud Cenomanum 8°. die junii.

Ibid. Rex, etc. Abbati Cadomi et R. Le Abbe, etc. Precipimus vobis quod faciatis habere sine dilacione Radulfo de Belmuntel custodi de Cupcell. liberaciones suas quas expendit a festo S[ti]. Andree usque nunc. Teste me ipso apud Cenoman'. 8°. die junii.

Andegav. Rex, etc., dilectis et fidelibus suis militibus et probis hominibus de Vieriis salutem. Sciatis quod nos concessimus Guidoni filio Vicecomiti Thoarcensis Vierias cum pertinenciis suis. Quare vobis mandamus quatinus ei homagium et servicia que nobis inde facere consuevistis, faciatis. Teste me ipso apud Andegavum 19°. die junii.

Norman. Rex, etc. Hugoni de Caucumbe salutem. Mandamus vobis quod per visum vestrum et aliorum legalium hominum reparari faciatis domos nostras de Burun et quod in eis posueritis, vobis computabitur ad scaccarium. Teste me ipso apud Andegavum 20°. die junii.

Rex, etc. Johanni de Pratellis, etc. Mandamus vobis quod sine dilacione faciatis habere Roberto de Iverio quinquagenta libras Andegavenses de arreragio finis Episcopi Lexov. Teste me ipso apud Andegavum 21°. (*die*) junii.

(Membrane 5).

Litteras patentes. In Norman. Rex, etc. Garino de Glapion senescallo Normannie et baronibus de scaccario Cadomi salutem. Computate dilecto et fideli nostro Johanni de Pratellis hoc quod poterit monstrare se rationabiliter posuisse in operationibus castellorum, domorum et in aliis rebus per preceptum nostrum per visum et testimonium legalium hominum. Teste me ipso apud Andegavum 20°. die junii.

Norman. Rex, etc. Petro de Pratellis salutem. Mandamus vobis quod faciatis habere Thome de Humez 100 solidos Andegav'. de stallagio 2 sol. de hominibus suis de Insula de Gierseio et computabitur vobis ad scaccarium. Teste me ipso apud Andegavum 21°. die junii.

Ibidem. Rex, etc. Garino de Glapion senescallo Normannie salutem. Mandamus vobis quod dilecto et fideli nostro Willelmo de Kaev faciatis habere centum marcas argenti in auxilium ad firmandum castellum de Bodlamcort. Teste me ipso apud Andegavum 21°. die junii.

Litteras patentes. Rex, etc. Garino de Glapion senescallo Normannie salutem. Mandamus vobis quod faciatis habere Roberto Russell. denarios quos vobis precipimus ore eidem Roberto liberari. Teste me ipso apud Andegavum 21°. die junii.

Andegav. Rex, etc. Willelmo de Rupibus senescallo Andegavie, etc. Mandamus vobis quod faciatis habere terminum statutis Willelmo Camerario 30[ta]. libratas Andegav'. quas ipse de redditu annuo de nobis habet. Teste Roberto de Turnham apud Chinon. 23°. die junii.

Norman. Rex, etc. Johanni de Pratellis et magistro Roscelin. salutem. Sciatis nos dedisse dilecto et fideli nostro Fulconi de Kantilupo custodiam heredis Ricardi de Lowes cum terra sua cum pertinenciis terre sue quam Willelmus de Marteigni habuit. Unum vobis mandamus quod eidem Fulconi vel nuncio suo quem ad vos destinaverit plenariam inde saisinam sine dilacione faciatis habere. Teste me ipso apud Turonem 27°. die junii. Per Garinum de Glapion'.

Ibidem. Rex, etc. Johanni de Pratellis, etc. Mandamus vobis quod sine dilacione mercatoribus Senensibus vel eorum nunciis qui vobis litteras nostras et litteras magistri Petri Barilli Clerici nostri et domini Jordani Gardini testimoniales exhibebunt super quadraginta marcas argenti quas eidem Petro in Curia Romana pro negociis nostris existentibus et octo etiam marcas quas eidem revertenti a curia ipsa apud Senas mutuo tradiderunt integriter persolvatis et solucione facta omnes litteras predictas recipiatis ab ipsis et retineatis et computabitur vobis ad scaccarium. Teste me ipso apud Turones 27°. die junii.

Ibidem. Rex, etc. Ballivo de Barbeflet salutem. Invenite passagium sine precio Ade latori presencium que misimus in Angliam pro negociis nostris ad quatuor equos quorum duo sunt ipsius Ade et alii duo nostri sunt quos misimus duobus Baronibus nostris Anglie, et computabitur vobis ad scaccarium. Teste me ipso apud Turones 27°. die junii.

Andegav. Rex, etc. Willelmo de Rupibus senescallo Andegavie salutem. Computate preposito de Chinon 25 lib. 7 sol. 2 den. quos ipse posuit in ingeniis nostris faciendis per Magistrum Urric'. Teste me ipso apud Chinon 25°. die junii.

Norman. Rex, etc. Garino de Glapion senescallo Normannie, etc. Sciatis quod nos quietavimus dilecto et fideli nostro Willelmo de Laste quinquaginta libras Andegavenses de termino S[ti]. Michaelis de debito quod nos debet et ideo vobis mandamus quod inde sit quietus. Teste me ipso apud Turones. 29°. die junii.

Andegav. Rex, etc. Willelmo de Rupibus senescallo Andegavie salutem. Sciatis quod dilecto et fideli nostro Garin'. de Glapion senescallo Normannie dedimus vineas nostras de Cenomanno et prata nostra de Parco. Et ideo vobis mandamus quod ea ei plenarie faciatis habere. Teste me ipso apud Turones 29°. die junii.

Norman. Rex, etc. Preposito de Barbeflet, etc. Inveni passagium Johanni Palmero cum tribus dextariis nostris et runcino suo in prima navi transfretante in Angliam et computabitur tibi ad scaccarium nostrum. Teste me ipso apud Turones 29°. die junii.

Ibidem. Rex, etc. Ricardo de Wuedal'. salutem. Mandamus tibi quod faciatis habere Johanni Pincerne liberacionem suam sicut eam habere debeat, et sicut Robertus de Turneham senescallus noster eam constituit, et computabitur, etc. Teste me ipso apud Turones 29°. die junii.

Ibidem. Rex, etc. Ballivo de Archis salutem. Mandamus tibi quod Audoeno et Willelmo Norensi forestariis nostris facias habere 20 lib. Andegav'. de prestito super liberationes suas et computabitur tibi ad scaccarium. Teste me ipso apud Luches 1°. die julii.

Andegav. Rex, etc. Willelmo de Rupibus senescallo Andegavie salutem. Mandamus vobis quod faciatis habere Willelmo de Greinvilla et Hamoni filio Hugonis duas Robas. Teste me ipso apud Pictaviensem 7°. die julii. Per Hubertum Camerarium.

Andegav. Rex, etc. Willelmo de Rupibus senescallo Andegavie. Mandamus vobis quod faciatis habere magistro Juliano Scissori 50 lib. redditus Andegavensis apud Andegavis vel apud Salmur quousque babuerit 100 lib. redditus quas Rex Ricardus frater noster ei dedit apud Pictavium vel quousque alias ei providerimus. Teste me ipso apud Sanctum Johannem Angeli. 10°. die julii.

Litteras patentes. Andegav. Rex, etc. Omnibus Militibus et Burgensibus et hominibus de Castello Novo super Sartam salutem. Sciatis quod dedimus dilecto et fideli nostro Stephano de Pertico castellum novum super Sartam cum omnibus pertinenciis sicut nos eam melius habuimus. Et ideo vobis mandamus quod ei de cetero sitis intendentes sicut domino vestro et ei faciatis homagium et fidelitates et id quod ei facere debetis sicut domino vestro. Teste me ipso apud Andegavum die julii.

Normann. Rex, etc. Roberto de Tresgoz. Mandamus vobis quod centum millia de Azzeise mitti faciatis apud Suhanton'. (*Southampton*) et liberari Hugoni de Neville vel certo ballivo suo ad opus domorum nostrarum de Nova foresta et computabitur vobis ad scaccarium. Teste me ipso apud Burdegalium 18°. die julii.

Rex, etc. Willelmo de Rupibus senescallo Andegavie, etc. Sciatis quod retinuimus in servicio nostro Eudonem de Ponte pro centum lib. Andegav'. per annum Eudonem de Martigny sexaginta lib. Andegav'. per annum donec eis in certo redditu tantum assignemus. Et ideo vobis mandamus quod eis vel nuncio eorum presencium latori medietatem redditus illorum statim visis litteris istis habere faciatis uni videlicet 50 lib. et alii 30 lib. Teste me ipso apud condemum (*Condom.*) sexto die augusti.

Pictav. Rex, etc. dilectis et fidelibus suis militibus et probis hominibus de Rochecoardo, etc. Mittimus ad vos Petrus Rudelliis cui commisimus custodiam ville vestre, vobis precipientes quatinus ei tanquam servienti nostro sitis in omnibus intendentes. Et sciatis quod non ponemus vos in al.......... manu quam in nostram propriam. Teste G. de Cella senescallo Pictavie apud Busset'. 27°. die augusti. Per eundem.

Rex, etc. Preposito de Barbeflet, etc. Inveni passagium sine precio Petro de Ely et sociis suis qui duxerunt carrucagium nostrum de Anglia in Normanniam ad sex equos. Et computabitur tibi ad scaccarium. Teste me ipso apud Fayam 28°. die augusti.

Rex, etc. Preposito de Barbeflet, etc. Inveni passagium Alexandro Clerico et Roberto Wintonie et Aluredo qui attulerunt thesaurum nostrum in Normanniam cum 6 equis et computabitur tibi ad scaccarium. Teste me ipso apud Pictavium 28°. die augusti.

(Membrane 4.)

Littere patentes. Rex, etc. dilecto et fideli suo senescallo Pictavie, etc. Mandamus vobis quod faciatis habere Savarico de Malo Leone 200 lib. Andegav'. ad scaccarium nostrum de feodo suo quod ei dedimus. Teste me ipso apud Baugy 1°. die septembris. Per ipsum Regem.

Rex, etc. Willelmo de Rupibus senescallo Andegavie etc. Mandamus vobis quod faciatis habere dilecto et fideli nostro Joberto de Girchia redditum suum apud Chinum sicut illum habere consuevit tempore Ricardi fratris nostri. Teste me ipso apud Fissam 2°. die septembris

Rex, etc. Garino de Glapion senescallo Normannie, etc. Mandamus vobis quod sine dilacione reddi faciatis dilecto nostro domino Dolens'. Episcopo ad scaccarium 30 lib. Andegav'. que ei capte sunt de manerio S^ti^. Samsonis super Rillam de anno preterito. Teste me ipso apud Fissam 3°. die septembris.

Rex, etc Senescallo Normannie, etc. Mandamus vobis quod faciatis habere dilecto clerico nostro, magistro Thoma de Argentoil'. 28 marcas argenti annuas de scaccario nostro de Cadomo ad duos anni terminos donec ei tantum redditus certi assignetis; et incipiat hec solta ad festum S^ti^. Michaelis proximo venturum et diligenter provideatis ubi ei possitis assignare in Normannia de dono nostro illas 28 marcas redditus et statim cum poteritis eas ei assignare faciatis et cum eas ei assignaveritis cesset solta illarum 28 marcas de scaccario nostro. Teste me ipso apud Susam 4°. die septembr s. Per Dominum Normanie.

Rex, etc. Willelmo de Rupibus senescallo Andegavie etc. Mandamus vobis quod faciatis habere Geldewino de Doay 50 lib. ad Pascham, et Emerico filio Ivonis 30 lib. similiter ad Pascham quas eis debemus de feodis suis quod eis dedimus quoniam residuum pacavimus in Camera'. Teste Petro de Rupibus apud Fresney 5°. die septembris. Per Garinum de Glapion.

Rex, etc. Willelmo de Rupibus senescallo Andegavie, etc. Mandamus vobis quod Olivero de Rupe faciatis habere feudum suum quod ei dedimus 40 [de] lib. Andegav'. per annum, scilicet 20 lib. ad festum S^ti^. Michaelis et 20 lib. ad Pascham. Teste me ipso apud Alencon 6°. die septembris Per Garinum de Glapion senescallum Normannie.

Rex, etc. Willelmo de Rupibus senescallo Andegav'., etc. Sciatis quod Hugonem de Chaorces recepit de Camera nostra 10 lib. Andegav'. de redditu suo annuo. Et ideo vobis mandamus quod (*de*) residuo illius redditus faciatis ei pacari 40 lib. ad festum S^ti^. Michaelis et 50 lib. ad Pascham. Teste Garino de Glapion apud Alenconium 7°. die septembris. Per eundem.

Rex, etc. Willelmo de Rupibus senescallo Andegavie, etc. Sciatis quod Fukeranum de Toriginaco recepit de Camera nostra 10 lib. de redditu suo annuo. Et ideo vobis mandamus quod de residuo illius redditus faciatis ei pacari 40 lib. ad festum S^ti^. Michaelis et 50 lib. ad Pascham. Teste Garino de Glapion 6°. die septembris. Per eundem.

Rex, etc. Willelmo de Rupibus [senescallo] Andegavie etc. Sciatis quod nos pacavimus Gervasio de Feritate et Gaufrido fratri suo 20 lib. Andegav'. de 200 lib. annuis quas eis dedimus unde vobis mandamus quatinus eis ad hoc festum S^ti^. Michaelis instans habere faciatis de feudo utriusque 80 lib. Andegav'. et ad festum S^ti^. Michaelis 100 lib. Andegav'. de feodo utriusque. Teste me ipso apud Alenconium 6°. [die] septembris. Per Garinum de Glapion senescallum Normannie.

Rex, etc. Garino de Glapion, etc. Mandamus vobis quod pacetis dilecto et fideli nostro Petro de Pratellis liberationes suas de mora quam fecit apud Chinum secundum [quod] littere patentes quas dilectus noster *Petrus* Willelmus de Rupibus senescallus Andegavie vobis mittit testantur, salvo hoc quod servientibus qui illic fuerunt debetur. Teste me ipso apud Argentomum 8°. die septembris.

(Membrane 3.)

Rothomag. Rex, etc. Majori Rothomagi, etc. Mandamus vobis quod latori presencium Spigornello faciatis habere hernesium ad duos sumarios et unum par paneriorum ad capellam nostram et ea mitti faciatis apud Valonias et computabitur vobis ad scaccarium. Teste me ipso apud Argentomum 8°. die septembris.

Norman. Rex, etc. Garino de Glapion senescallo Normannie, etc. Sciatis quod nos quietavimus Robertus de Loges 10 lib. Andegav'. quas ab eo exiguntur ad scaccarium nostrum Cadomi. Unde vobis mandamus quatinus inde eum quietum faciatis. Teste me ipso apud Argentomum 9°. die septembris. Per Dominum Regem.

Norman. Rex, etc. Senescallo Normannie, etc. Mandamus vobis quod faciatis habere Radulfo Digy 50 lib. Andegav'. ad hoc instans festum S^ti^. Michaelis regni nostri anno secundo et ad Pascham proximo sequens 50 lib. de redditu suo quas ei dedimus. Teste me ipso apud Argentomum 8°. die septembris.

Ibidem. Rex, etc. Senescallo Normannie et baronibus scaccarii, etc. Computate Ricardo de Turri 8 lib. et 2 sol. Andegav'. quos ipse posuit in tribus equis nostris et uno runcino et pro uno esquiro et duobus garcionibus per tres septimanas et in tribus camisiis ad equos illos et duobus husciis et duobus frenis per preceptum nostrum. Teste me ipso apud Argentomum 10°. die septembris.

Ibidem. Rex, etc. Garino de Glapion senescallo Normannie, etc. Mandamus vobis quod de 100 marc. quas precepimus liberari Brandino, unde jam recepit de Camera nostra 50 marcas, alias 50 marcas ei habere faciatis. Teste me ipso apud Karentan. 12°. die septembris. Per Bric'. Camerarium.

Ibidem. Rex, etc. Senescallo Normannie, etc. Mandamus vobis quod faciatis habere dilecto creditori nostro Odon Sirebon 216 lib. Andegav'. quas ei debemus pro decem penulis ermine et 27 penulis de cisemus et 3 penulis de grisio et 10 sabelin et duabus ge netris liberatis in camera nostra apud Fresnay per manum Thome de Burgo et B. et W. clericorum. Teste me ipso apud Alencon'. 7°. die septembris. Per electum Norwicensem.

Andegav. Rex, etc. Willelmo de Rúpibus senescallo Andegavie, etc. Mandamus vobis quod faciatis habere Alano filio comitis sex carettatas de bono vino quod nos ei dedimus. Teste me ipso apud Valonias 14°. die septembris.

Normann. Rex, etc. Garino de Glapion senescallo Normannie, etc. Mandamus vobis quod faciatis [habere] dilecto et fideli nostro Willelmo de Kaev 100 marcas argenti. Teste me ipso apud Valonias 13°. die septembris.

Andegav. Rex, etc. Willelmo de Rupibus senescallo Andegavie, etc. Mandamus vobis quod faciatis habere Simoni de Altoryse feudum annuum quod ei dedimus prius inquiratis quod inde receperit et id quod ei aretro est de redditu illo postquam eum redditum ei dedimus. Teste me ipso apud Valonias 14°. die septembris.

Norman. Rex, etc. dilecto et fideli suo Garino de Glapion, etc. Sciatis quod nos concessimus leprosis S^te^. Katarine de super Humet unam feriam singulis annis habendam apud S^tam^. Katarinam in festo S^ti^ Benedicti apostoli per unam diem duraturam. Quare vobis mandamus quatinus eis feriam illam habere faciatis. Ita tamen quod non sit ad nocumentum feriarum vicinarum. Teste me ipso apud Valonias 14°. die septembris.

Andegav. Rex, etc. Willelmo de Rupibus senescallo Andegavie, etc. Mandamus vobis quod Reginaldo de Muntmiraille faciatis habere feodum suum annuum sicut habere debet, sicut alias vobis precepimus. Teste me ipso apud Alenconium 6°. die septembris.

Norman. Rex, etc., senescallo Normannie. Mandamus vobis quod diligenter inquiratis quantum valeat per annum terra quam dedimus Matheo filio Ariardi extra Andely et tantum redditum ei assignetis per annum ad scaccarium nostrum donec melius ei in loco certo assignavimus. Teste me ipso apud Alencon 7°. die septembris.

Ibidem. Rex, etc. Senescallo et baronibus de scaccario, etc. Computate R. Abbati vj. ccc. lxxv. (985) marcas argenti quas liberavit in camera nostra ante exercitum Gasconie de thesauro nostro Anglie anno regni nostri secundo. Teste me ipso apud Barbeflet 15°. die septembris. Per Clericos Camere.

Ibidem. Rex, etc. Garino de Glapion senescallo Normannie, etc. Mandamus vobis quod Gaufrido de Bosco faciatis habere centum libras Andegav'. de arreragio feudi sui quod habet de nobis per annum. Teste me ipso apud Barbeflet 17°. die septembris.

Ibidem. Rex, etc. Garino de Glapion senescallo Normannie, etc. Precipimus tibi quod justicies Willelmus de Humetis constabul'. Norman. quod sine dilatione reddat abbati Cadomi et Willelmo Puingnard 211 lib. et 10 ( ) Andegav'. quas ei tradiderunt ad negocium nostrum antequam coronati essemus sicut coram te recognovit apud Barbeflet. Teste me ipso apud Barbeflet 16°. die septembris.

Ibidem. Preceptum est Garino de Glapion senescallo Normannie quod faciat habere Jacunbo de Lumbardia mercatori 100 libras Paris. pro 190 lib. Paris. quas [Rex] ei debebat dum Comes fuit Moretonie. Et cum ei reddiderit predictas 100 libras, cartam quam de 190 lib. habuit penes se de retineat.

Littere patentes. Rex, etc. Garino de Glapion senescallo Normannie et baronibus scaccarii Cadomi, etc. Sciatis quod dilecto et fideli nostro Nicolao Lechat dedimus annuatim 50 lib. Andegav'. pro homagio et servicio suo recipiendas ad scaccarium Cadomi ad duos terminos, scilicet medietatem ad festum S^ti^. Michaelis et medietatem ad Pascham. Et sciatis quod primus annus incepit ad festum S^ti^. Michaelis anno Regni nostri secundo. Teste me ipso apud Barbeflet 22°. die septembris. Et de hoc primo anno redditum suum ei premanibus habere faciatis. T. *T.* eodem ibid et eodem die.

Norman. Rex, etc. Garino de Glapion senescallo Normannie, etc. Mandamus vobis quod ad terminos scaccarii nostri liberetis fideli militi nostro Herveo de Preaux 60 lib. Andegav'. per annum. Unde homo noster est. Teste me ipso apud Gunevillam 20°. die septembris.

(Membrane 2.)

Normannia. Rex, etc. Garino de Glapion senescallo Normannie, etc. Mandamus vobis quod Radulfo de Cleremunt faciatis habere 100 lib. Andegav'. de feudo suo anni presentis ad terminos scaccarii nostri. Teste me ipso apud Barbeflet 17°. die septembris.

Andegav. Rex, etc. Willelmo de Rupibus senescallo Andegavie, etc Mandamus vobis quod liberetis Savarico de Alta Noissa militi nostro plenarie id de quo scitis illum esse hominem nostrum. Teste Garino de Glapion senescallo Normannie apud Gunevillam 20°. die septembris.

Norman. Rex, etc. Garino de Glapion senescallo Normannie, etc. Scias quod mittimus Robertum de Alta Ripa clericum nostrum et Alexandrum de Calloel ad rewardos faciendos forestarum nostrarum per Normanniam. Et ideo tibi mandamus quatinus eisdem Roberto et Alexandro invenias tales liberaciones quales scieris eis necessarias esse quamdiu fuerint in predicto servicio nostro. Teste me ipso apud Gunevillam 22°. die septembris.

Ibidem. Rex, etc. Garino de Glapion senescallo Normannie. Mandamus vobis quod sine dilatione faciatis habere Geraldo Brochard mille solidatos ad vadia sua aquietanda. Teste me ipso apud Valonias 23°. die septembris.

Ibidem. Rex, etc. Willelmo Puingnard, etc. Mandamus tibi quod ad custum tuum nobis venire facias ( ) marcas argenti quas camerarii de scaccario Cadomi nobis sunt missuri et computabitur, etc., ad scaccarium. Teste me ipso apud Valonias 23°. die septembris.

Claus. littere. Rex, etc. S. Abbati de Cadomo et Camerariis de scaccario, etc. Mandamus vobis quod sine dilacione mittatis nobis 200 marc. argenti per Willelmum Puingnard. Teste me ipso apud Valonias 23°. die septembris.

Normann. littere patentes. Rex, etc. Garino de Glapion senescallo Normannie et barones de scaccario, etc. Sciatis quod dedimus ecclesie Rothomagi ad reparacionem ejusdem, duo millia libras Andegav'. persolvendas ad quatuor scaccaria. Et terminus solucionis incipiet ad hoc festum S^ti. Michaelis proximo futurum. Et ideo vobis mandamus quatinus ad idem primum scaccarium de festo S^ti. Michaelis faciatis eidem ecclesie habere 500 lib. ad Pascha sequens 500 lib. et ad festum S^ti. Michaelis 500 lib. et ad Pascha sequens 500 lib. Teste me ipso apud Valonias 24°. die septembris. Anno regni nostri secundo.

Norman. Rex, etc. Garino de Glapion senescallo Norman. Mandamus vobis quod faciatis habere Thome de Bello Monte warrennam per terram suam apud Nevilam Warevillam et Ustevillam sicut eam habere debet et sicut antecessores sui eam habuerunt acceptis tantum ab eo prius 25 bisant. quos ipse nobis propter hoc promisit. Teste, etc.

Littere patent. Rex, etc. S. Abbati Cadomi et R. Le Abbe, etc. Mandamus vobis quod sine omni dilacione pacari faciatis Symoni de Ove et sociis suis 351 lib. Andegav'. de liberacionibus suis. Et si denarios pruptos non habetis queratis eos mutuo ad pacandum. Ita quod propter hanc moram non faciant a servicio nostro quia omnes expensas more ipsorum ultra quod debuerint morari ad recipiend., super vos ipsos computabimus. Scripsimus etiam Willelmo Puinard quod si denarios prumtos non habetis sit vobis in auxilium ad denarios querendos. Teste me ipso apud Gunevillam 25°. die septembris.

Rex, etc., senescallo Norman. et baronibus de scaccario, etc. Computate Willelmo Puinardo Vicecomiti Cadomi 10 lib. Andegav'. et 5 sol. 8 den. quos posuit in expensis et passagio caretariorum nostrorum. Teste me (ipso) apud Gunevillam 28°. die septembris.

Rex, etc., senescallo Andegavie, etc. Mandamus vobis sicut alia vice mandavimus quatinus faciatis habere Vicecomiti Thoarcensis equum quem habere debet ad feriam de Angevino vel 50 lib. Andegav'. pro equo illo, sicut illum habere debet et habere consuevit tempore Regis Ricardi fratris nostri. Et ei habere faciatis de feudo de Bosen'. et de 100 lib. Andegav'. apud Andegavum secundum quod vobis alia vice ore diximus et per litteras nostras patentes mandavimus. Teste me ipso apud Morfavallem 27°. die septembris.

Rex, etc., senescallo Normannie, etc. Sciatis quod nos perdonavimus Roberto de Angervilla 7 lib. Andegav'. de misericordia unde fuit admerciatus Et ideo vobis mandamus quod inde quietus sit. Teste me ipso apud Valonias 1°. die octobris.

Rex, etc. W. Thesaurario et Camerario de scaccario, etc. Liberate de thesauro nostro 25 sol. Eustacio capellano et Ambrosio clericis nostris qui cantaverunt Christus vincit ad secundam coronacionem nostram et adunctionem et coronacionem primam Regine uxoris nostre. Teste me ipso apud Westmonasterium 10°. die septembris.

(Membrane 1.)

Rex, etc. G. de Cella senescallo Pictavie, etc. Mandamus vobis quod faciatis habere Willelmo Teberd. et Willelmo Genemunt feuda sua ad duos terminos sicut sitis quod ea eis dedimus. Teste me ipso apud Claredunum 15°. die octobris.

Rex, etc. Willelmo de Rupibus senescallo Normannie (*sic*), etc. Mandamus vobis quod dilecto et fideli nostro Willelmo de Stagno faciatis habere 100 lib. ad perficiendum opus de Monstrolio et si opus fuerit de gentibus ei succuratis. Teste me ipso apud Claredunum 7°. die decembris.

Rex, etc., senescallo Normannie, etc. Mandamus vobis quod faciatis habere Rogero de Brunecort 20 lib. Andegav'. ad sustentandum se et canes nostros. Teste Willelmo Briwerr'. 19°. die decembris. Per Petrum de Rupibus thesaurarium Pictaviensem.

Rex, etc., senescallo Norman. salutem. Sciatis quod Willelmus Lexov. ecclesie decanus venit ad nos in Angliam pro negociis ecclesie Lexov'. Et ideo vobis mandamus quatinus ei rationabiles expensas suas quas fecit in illo itinere de bonis episcopatus solvi faciatis. Teste Petro de Pratellis apud Live 16°. die januarii. Per eundem.

Rex, etc., G. de Glapion senescallo Normannie salutem. Mandamus vobis quod faciatis habere Roberto de La Mara custodiam terre et heredis Roberti de Brincuront ad sustentandum se in servicio suo. Teste me ipso apud Dildford 11°. die februarii. Per ipsum Regem.

Rex, etc. G. de Glapion, etc. Mandamus vobis quod habere faciatis Willelmo de Kaev plenariam saisinam de terra S^te. Marie ecclesie quam Rogerus de Amundivilla tenuit. Nos enim inde ipsi Rogero alias excambium fecimus et terram illam cum exitibus suis ipsi Willelmo habere faciatis ad hunc terminum Pasche instantis. Teste me ipso apud Clipeston 6°. die marcii.

Rex, etc., G. de Glapion, etc. Mandamus vobis quod si quid captum est de vinagio dilecti et fideli nostri Willelmi de Kaev ad castellum de Arches illud ei sine dilatione reddi faciatis. Teste me ipso apud Clipeston 6°. die marcii.

Rex, etc. G. de Glapion senescallo Norman., etc. Mandamus vobis quod Willelmo Crasso faciatis habere custodiam terre et heredis Hamonis de Falesia quousque in Normanniam veniamus. Et ipse nobis libenter inde finem dabit, si finem inde voluerimus habere. Teste me ipso apud Sudbiriam 20°. die marcii.

Rex, etc., senescallo Normannie, etc. Mandamus vobis quod secundum consuetudinem scaccarii nostri Norman. faciatis computari Jordano de Saukevilla id quod ipse posuit in reparacione haie de Arches et in foresta nostra de Awy et in castro nostro de Arches per bonum testimonium legalium hominum. Teste me ipso apud Sudbiriam 20°. die marcii.

Rex, etc., senescallo Normannie, etc. Mandamus vobis quod secundum considerationem scaccarii computari faciatis Johanni de Pratellis id quod ipse rationabiliter posuit in reparacione domorum nostrarum per visum et testimonium legalium hominum. Teste me ipso apud Sanctum Eadmund. 19°. die marcii.

Rex, etc. Majori et ballivis suis de La Rochella salutem. Precipimus vobis quod per visum et sacramentum legalium et discretorum hominum faciatis appreciari navem Alani filii Thowy et catalla que in ea inventa fuerint et precium illius navis et catallorum illorum nobis scire faciatis. Et navem illam cum catallis liberetis latori presencium nuncio Willelmi de Brausa qui in manum cepit, quod ipse nobis inde respondebit Teste me ipso apud Cantorbery 25°. die marcii.

Rex. etc. Majori Rothomagi, etc. Mandamus tibi quod facias habere Willelmo de Pavilly 7 lib. Andegav'. quas ei debemus pro calciatura liberata in camera nostra, ad opus nostrum per Hubertum de Burgo camerarium nostrum Et computabitur tibi ad scaccarium. Teste me ipso apud Windesor. 5°. die aprilis. Per Hubertum de Burgo.

Rex, etc G. de Glapion senescallo Norman. Mandamus vobis quod dilecto servienti nostro Roberto de Lexovio faciatis habere custodiam terre et heredis Ricardi de Bovilla cum catallis et cum pertinenciis. Teste me ipso apud Merleberg. 9°. die aprillis.

ANNUS SECUNDUS.

(Membrane 6 in dorso.)

Rex, etc. Willelmo de Kaev. salutem. Sicut perpendimus per litteras vestras didicimus quod vos negocia nostra postposuistis et vestra promovistis et ex quo ita est quod ad nos venire non potuistis, vobis mandamus quatinus ad nos cum retrowarda accedatis desic'. retrobanum nostrum mandavimus. Teste me ipso apud Argentan, 5°. die junii.

(Membrane 5 in dorso.)

Rex, etc. S. Abbati de Cadomo et R. Le Abbe, etc. Sciatis quod Rogerus clericus et Willelmus Belet pacaverunt per preceptum nostrum dilectis nostris Willelmo de Rupibus senescallo Andegavie et Guidone de Diva, Const de Chinon, et Matheo de Rothomago clerico nostro duo millia marcas argenti de thesauro nostro qui venerunt de Anglia. Et hoc vobis scire facimus ut de tanto quieti sint. Teste me ipso apud Argentan. 8° die septembris.

Rex, etc. S. Abbati et R. Le Abbe, etc. Sciatis quod de thesauro nostro Anglie recepimus in camera nostra in Wasconiam per manum Petri de Rupibus et Elye Bernard sex millia marcas argenti per manum Rogeri Clerici et Willelmi Belet. Teste me ipso apud Argentan. 9°. die septembris.

Carta de privata convencione inter Dominum Regem et comitem Engolisme pro contracto matrimonio liberatur G. filii Petri tunc Justiciarius Anglie in crastina secunde coronationis domini Regis apud Turrim London.

Carta de testimonio Domini Burdegal'., Xancton'., Petragor'., Lemovicen'., Engolm'., Waterford quod omnia in matrimonio canonice contrahendo processerunt, liberatur domino Cantorbery ibid eodem die.

(Membrane 2 in dorso.)

Rex, etc. Garino de Glapion senescallo Normannie. Mandamus vobis quod non permittatis priorem de Breuton. inplacitari de uno molendino cum pertinenciis in Meisuns, unus idem Prior.

ANNUS SECUNDUS.

ROTULUS NORMANNIÆ INCEPTUS DIE ASCENSIONIS DOMINI, DE OBLATIONE RECEPTA, ANNO REGNI REGIS JOHANNIS SECUNDO.

(Membrane 4.)

Petrus Roaldus dat Domino Regi 100 lib. Andegav'. pro habendo filio et herede Philippi de Heliun. Et mandatum est Willelmo de Monte Gernulf, qui ipsum habet quod sicut terra et obsides suos quos habet Dominus Rex, diligit, ei sine dilacione ipsum J. tradat. § Terminum, in octavas Pentecostis medietatem et ad festum S^ti. Michaelis medietatem.

Cancellatur propter finem Henrici de Pontealdomari.

Pictav. Helyes de Forz dat Domino Regi 300 marcas pro habenda custodia terre et heredum Petri de Ortis et pro habenda pace et benevolencia Domini Regis de querelis que erant inter ipsum Regem et ipsum Helyam et heredes predictos. Terminum in festo S^ti. Johannis Baptiste. Centum libratas sterlingorum in festo Petri ad vincula centum lib. sterling.

Andegav. Robertus de S^to. Serenico dat Domino Regi 20 lib. pro sic quod Reginaldus de Niz distringatur scilicet per abbatem de Hambee et priorem S^ti. Severi. Et mandatus est Gaufrido Mauchen quod si ipsi judices ipsum Reginaldum non possint compellere ; tunc eum compellat per manum Laycam quod illud debitum reddat, et de illo debito predicti 20^ti. lib. ad opus Domini Regis capiat.

Argent. Aur. Willelmus de Seranz dat Domino Regi 3 marcas auri, computata marc. quam antea dedit Domino Regi et inrotulatum est in rotulis Cadomi pro habendo recto de Henrico de la Pomeray. § Terminum ad suum scaccarium.

Pusand. Gaufridus filius Landrici dat Domino Regi 20 lib. Andegav'. pro habenda confirmatione Domini Regis de 30 acris terre in foresta de Bello Loco quas Hugo de Monte Forti ei dedit. Plegii Hugonis de Neville de 100 sol. Walteri de Ely de 7 lib. et dimid. Roberti de Wancy de 7 lib. et dimid. Idem Gaufridus dat Domino Regi unum palefridum pro eodem.

Constant. Willelmus le Kanelzy dat Domino Regi 60 lib. Andegav' pro terra de Sumeresvilla et de insula de Gernerelo quam Mathildis de Langetot et Henricus filus ejus tenent capienda in manum Domini et detinenda donec discussum fuerit in curia Domini Regis coram Domino Rege quis eorum majus jus de jure habeat in terra illa unde placitum fuit inter ipsos et ipsum Willelmum in curia Domini Regis. § Termin. ad proximum festum S^ti Michaelis 60 lib.

Ricardus de Soliis dat Domino Regi 600 lib. Andegav'. pro habenda terra sua in Normannia et in Anglia et pro se maritando ubi voluerit, ad tres terminos reddendas. Videlicet ad festum S^ti. Michaelis proxim. 200 lib., ad Pascham 200 lib. et ad festum S^ti. Michaelis 200 lib. Et mandatus est Simoni Abbati Cadomi et R. Abbati quod acceptis ab eo plegio de pecunia ista Domino Regi reddenda ad terminos predictos, ei saisinam suam habere faciant de terra sua in Normannia. Et significent Gaufrido filio Petri quod cum plegium eis inde dederit, quod saisinam suam ei faciat habere de terra sua in Anglia. Et si non possit in Normania plegium invenire de tota pecunia reddenda capiant de eo plegium de parte illius pecunie et saisinam suam ei faciant habere et significent G. filio Petri de quanto eis dedit plegium et quod de residuo capiat de eo plegium in Anglia et faciat ei tunc habere saisinam suam de terra sua in Anglia. Et mandatum est G. filio Petri quod non debitum illud faciat inrotulari nisi tantum de quanto ei debeat respondere.

Cadom. Ernisius filius Andree de Faleysia dat Domino Regi medietatem 238 lib. Andegav'. pro habendis 238 libratis Andegav'. quas Gentil. Judea de Cadomo ei debet ut dicitur, sicut rationabiliter monstrare poterit.

Constant. et Vire. Willelmus de Pyreu dat Domino Regi 1200 lib. Andegav'. pro habenda integre terra Willelmi de Tracy sicut idem Willelmus eam habuit die qua obiit ita quod stabit ad rectum si quis inde versus eum loqui voluerit. Terminum ad proximum festum S^ti. Michaelis 400 lib. Andegav'. et ad Pascha 400 lib. et ad sequens festum S^ti. Michaelis 400 lib. Andegav'.

Cadom. Gerardinus de Camera dat Domino Regi 300 lib. Andegav'. pro habenda filia Willelmi de Cretin. in uxorem. Pleg. Guarino de Glapion senescallo Normannie de 100 lib. Willelmo de Stagno de 100 lib. Bricio camerario de 100 lib. § Terminum, medietas ad scaccarium S^ti. Michaelis et alteram ad Pascha.

Comes Cestrie dat Domino Regi 100 lib. Andegav'. pro habendo recto de terra de honore de Croily et de Seye cum pertinenciis et feodum et servicium militum quod clamabat versus Petrum de Sabloil.; et mandatum est Guarino de Glapion senescallo Normannie quod ei inde rectum faciat habere et non remaneat occasione exercitus quin rectum inde ei teneatur.

Rogerus de Planes dat Domino Regi 600 lib. Andegav'. pro habenda uxore quam prius habuit Ricardus de Riveriis cum terra sua. Et mandatum est senescallo Normannie quod de pecunia illa sufficientes plegios capiat et mandetur Domino Regi. Tunc Dominus Rex ei ponet termin. tales quales ei placuerit. § Plegii in dorso.

Angl. Willelmus de Angelvilla dat Domino Regi 10 lib. Andegav'. pro habendo recto de advocatione ecclesie de Angervilla et molendinum quodam in eadem villa quam clamat versus Robertum de Angervilla et non remaneat eo quod sit feudum lorice.

Cadom. Willelmus Buterath. dat Domino Regi 6 leporarios pro quietando Willelmo de Fugeriis si sit in potestate Domini Regis.

Moreton. Petrus de S^to. Hylario dat Domino Regi 200 lib. Andegav. et unum equum quem Domino Regi pacavit pro habenda tali saisina de terra de Leges et del Apentic. qualem habuit quando ivit in Francia, unde Rex Ricardus frater Domini Regis fecit partiam irrationabilem, preterea ut dicit inter eum et Fatric. Malemains et J. uxorem ejus occasione servicii Domini Regis. Et mandatum est G. de Glapion quod acceptis ab eo salvis et securis plegiis de illis 200 lib. Domino Regi persolvendis ad terminos rationabiles quos ei posuerit; ei habere faciat talem saisinam qualem habuit quando ivit in Franciam nec noceat ei quod partia illa irrationabile ita facta fuit ut dictum est per sic quod ipse stet inde recto in curia Domini Regis si quis versus eum inde loqui voluerit.

Rogerus le Vescunte dat Domino Regi 40 lib. Andegav'. reddendas ad festum S^t. Michaelis pro habenda plenaria saisina terre que fuit Ricardi Le Canelui cum pertinenciis quam habuit in custodia per sic quod si idem Rogerus inde dissaisitus fuerit injuste et sine judicio de predicta terra.

Andeg. Walterus Mauchevaler prepositus de Segreia dat Domino Regi 200 lib. de quibus Senescallus Andegavensis debet respondere.

Willelmus Marescal. Comes de Penbroc dat Domino [Regi] 200 marcas argenti pro Ch' mbay.

Willelmus de Humetis dat Domino Regi 200 lib. Andegav. pro relevio terre patris sui. Pleg. Constabulario Normannie.

Andreas de Vitreyo dat Domino Regi 100 marcas argenti pro habenda rationabili parte que eum contigit de terra que partienda est inter ipsum et fratrem suum. Termin. statim cum Dominus Rex venerit in Normanniam.

Gaufridus de Spini dat Domino Regi 6 leporarios pulcros et juvenes reddendos in Normanniam cum redierit de Wasconia infra quindecim dies pro festinanda liberatione prisonum qui sunt in Anglia. § Pleg. Willelmo de Mauleon et Pagano de Rochefort per sic quod si ipse Gaufr. prefatos leporarios infra prefatum terminum non reddiderit ipsi reddent Domino Regi 12 leporarios pulcros et juvenes. (*quietavit inferius*).

Cadom. Robertus Monachus dat Domino Regi 20 marcas argenti pro capiendo corpore Gervasii Tessy qui fugitivus fuit tempore Henrici Regis et Ricardi Regis et pro illo salvo custodiendo, et etiam pro illis attachiandis qui cum eo maritagium fecerunt, quod sint coram Domino Regi cum venerit in partes Normannie inde responsuri. § Termin. ad festum S^ti. Michaelis reddantur.

(Membrane 3.)

Gaufridus Espin'. dat Domino Regi 12 leporarios pulcros et juvenes pro duobus prisonis scilicet Hamon filius Helene et Robertus Hose. Et preceptum est G. de Rapendone quod illos recipiat.

Aur. Constantin. Radulfus de Baudrito dat Domino Regi 13 bisant. pro habenda feria quadam unius diei in festo S^ti. Michaelis singulis annis ad Capellam S^ti. Michaelis de Stublelond. Ita quod feria illa non sit ad nocumentum vicinarum feriarum. Et mandatum est Garino de Glapion quod ei illam feriam faciat habere.

Caletensi. Stephanus filius Therrici dat Domino Regi terciam partem 30 lib. Andegav. pro justiciendis Walter de Otevilla et Walter Morell. et Walter'. de Ely et Petrus de Galo et Walter de Otevilla et Johannes Gobard, quod ei illos denarios reddant.

Johannes de Pratellis dat Domino Regi una cuppa argenti de pondere 6 marc. ut quietus si de plegiagio in quod intravit pro Willelmo de Pratellis de fine quem idem Willelmus fecit cum Domino Rege pro habenda uxore que fuit Reginaldo de Curtenay cum terra sua. Et ut finis ille non teneatur sed deleatur de rotulo Domini Regis. Et mandatum est G. de Glapion senescallo Normannie et Abbatibus Cadomi quod ipsum inde quietum esse, et finem illum de rotulo deleri faciant.

Robertus de Tillol. dat Domino Regi 100 lib. Andegav. pro habenda in uxorem filia Petri de Riveria cum hereditate sua. Et mandatum est G. de Glapion Senescallo Normannie quod si ipse ipsum securum fecerit de pecunia illa tunc faciat ei habere saisinam puelle predicte, cum hereditate sua. Mandatum est etiam quod si Agnes mater illius puelle noluerit eam reddere tunc precipiat matri ipsius puelle et aliis parentibus suis quod eam non receptent. Termin. totum reddatur ad festum S^ti Michaelis.

Andegav. Robertus de S^to. Serenico presbyter dat Domino Regi 40 lib. Andegav'. ut deponat vim ei illatam super ecclesia de Niz.

Aur. Oximens. Alicia de Hospicio dat Domino Regi 30 bisant. pro se et filiis et particibus suis pro recto habendo de terra Asclovilla cum pertinenciis usque ad feudum lorice quam Emma de Mara et filii ejus deforciaverunt. Terminum suum scaccar. Senescallus Normannie plegiagium accipiat.

Radulfus de Arguges dat Domino Regi 500 lib. Andegav'. de fine suo et liberavit obsides duos super hoc, de quibus unus liberatus est Roberto Bertram et unus Fulconi Pagan. pro reragio finis illius. Et preceptum est Justiciario Anglie quod reddat corpus ipsius.

Henricus de Campo Ernulf dat Domino Regi 60 lib. lib. Andegav'. pro habenda rationabili parte sua quam eum contigit de terra patris sui que precipienda est. Et preceptum est G. de Glapion senescallo Normannie quod de terra illa saisinam habere faciat juste et secundum consuetudinem Normannie nisi ipsa terra que eum contigit plus valeat per annum quam 60 lib. Andegav'.

Aur. Thomas de Bello Monte dat Domino Regi 25 bisant. pro habenda warenna per terram suam apud Nevillam et Warevillam et Ustevillam sicut antecessores sui eam habuerunt. § Terminum ad hoc festum Sti. Michaelis, pleg. Roberti de Tresgoz.

Willelmus de Marle dat Domino Regi 500 lib. Andegav'. pro habenda carta Domini Regis de terris suis tam [in] Normannia quam in Anglia. Ita si terra ipsius tam in Normannia quam in Anglia nunquam partita fuit inter fratres vel antecessores suos qui antiquitus fuerint inter quos terra illa partiri debuerit si partiri debuisset, quod ipse et heredes sui terram illam habeant omnibus diebus vite sue sine particia. Et mandatum est senescallo Normannie quod accepta bona securitate et plegiis inventis de ipso Willelmo de 100 lib. reddendis ad hoc festum Sti. Michaelis anno regni Domini Regis secundo; et ad Pascha sequens 100 lib. Item ad festum Sti. Michaelis 100 lib. et ad Pascha sequens 100 lib. Et sic ad tercium festum Sti. Michaelis 100 lib. Tunc ei cartam suam quam Henricus de Tilly habet, habere faciat.

Henricus de Tilly dat Domino Regi 100 lib. sterlingorum pro habenda confirmacione Domini Regis de terris suis in Anglia et in Normannia. § Terminum, 50 lib. ad festum Sti. Michaelis scilicet anno regni sui secundo; et 50 lib. ad Pascha sequens. § Pleg. Radulf. Tesson de illis denariis reddendis ad terminos statutos.

Summa denariorum in Andegav'. 4,779 libras Andegav'.

Summa denariorum in sterlingiis 513 lib. 6 sol. 8 den.

Summa bisantorum 68 bisant.; et preterea 3 marcas auri et unum equum Domino Regi pacatos et unam cuppam argenti pondere 6 marcis et 18 leporarios.

(Membrane 2.)

Baioc. Prior de Sto. Gabriele dat Domino Regi 20 bisantio per sic quod recognicio non fiat super recognitionem inter ipsum et Ricardum de Lucellis injuste et contra consuetudinem Normannie de terra de Vileriis.

Rothom. Joscy filius Isaac de Rothomago dat Domino Regi unam marcam auri pro debitis suis habendis de Willelmo de Mortuomari. Et preceptum est Johanni de Pratellis quod plegium ab eo accipiat antequam ea habeat.

.... Radulfus de Avenaio et Ricardus frater ejus dant Domino Regi 10 marcas pro habendo coram senescallo Normannie apud Cadomum recordato assise facto coram Justiciario Domini Regis apud Bernay de terra quam clamabant versus Robertum de Pontecarduno, et Willelmum de Pontecardun. et dominam de Broillcio. § Senescallus ponet ei terminos rationabiles quos voluerit. Mandatum est etiam ei quod illud recordatum coram eo apud Cadomum faciat venire juste et sine dilatione et secundum consuetudinem Normannie.

Norman. Jordanus de Saukenvilla dat 50 lib. Andegav'. pro habendo quodam mercato apud Saukenvilla die Veneris sine detrimento vicinorum, etc. § Plegium Willelmi de Kantilupo et Fulconis de Kantilupo.

Norman. Rogerus Wascelin dat Domino Regi 40 lib. Andegav'. pro quodam maritagio habendo ad opus sororem sue per sic, quod si illud maritagium minus valeat quam 30 lib. Et si plus valeat, senescallus Normannie mandabit Domino Regi.

(Membrane 1.)

Pons Aldomar. Johanna, que fuit uxor Herberti de Menillo, dat Domino Regi 60 lib. Andegav'. et unum palefridum pro habenda custodia puerorum suorum cum sergenteria cum catallo quam ipse Herbertus de Domino Regi tenebat. § Termin. 30 lib. ad Pascha et ad festum Sti. Michaelis 30 lib. et palefridum.

Willelmus de Ponte Archie dat Domino Regi unum tunellum vini Auser. ut Simon. de Kyme distringatur quod juste et sine dilacione reddat ei 41 lib. Andegav'. quas ei debet sicut rationabiliter monstrare, etc.

Thomas de Bellemonte dat 30 marcas pro habenda custodia terre que fuit Thoma de Brisvilla cum herede quousque etatem habeat sicut rationabiles carte dominorum illius terre Testantur. termin. in dispositione senescalli Normannie.

Ricardus de Riveriis dat Domino Regi 700 lib. Andegav'. pro habenda filia Ade de Port in uxorem.

Gaufridus filius Ricardi filius Landrici dat unum Austurcum de incremento 20 lib. Andegav'. et unum palefridum in rotulo secundi anni pro carta Domini Regis habenda de 30 acris terre in foresta de Bello loco. § Hugo de Neville forestarius reddet austurc. pro ipso Gaufrido.

Caletens. Robertus Parjurus dat Domino Regi 30 marcas pro pace habenda de utlagaria in eum posita occasione evasionis ...., de Ponte Aldomari et pro habenda loquela sua coram Domino Regi que est inter ipsum et Radulfum Levegod. et pro ...... de ipso Radulfo sicut disrationavit versus ipsum per duellum.

(Membrane 4 in dorso.)

Herbertus de venacione ponit loco suo ad lucrandum et perdendum de loquela que est inter ipsum et Ricardum le Avenel de catallis suis que ei injuste detinet ut dicit.

ANNO SECUNDO.

Rex, etc. Ballivo de Falesia. Precipimus tibi quod in fide quam nobis debes statim visis litteris istis venire facias coram nobis plegiagium avunculi Abbatis de Fontenay quem Petrus de Pratellis cepit dum esset ballivus de Falesia et cujus pleg. fuerunt idem Abbas et quidam alii usque ad centum marcas argenti. Teste me ipso apud Valonias 23°. die septembris.

Plegiagium Rogeri de Planes.	Comes Mellenti................	100 lib.
	Comes Cestrie...................	100 lib.
	Robertus de Tebovilla.......	100 lib.
	Reaut Avenal..................	40 lib.
	Gaufridus Guuit...............	20 lib.
	Robertus Luvet................	40 lib.
	Ricardus Carbonel............	20 lib.
	Willelmus de Buketot........	20 lib.
	Radulfus de Chauches.......	20 lib.
	Johannes de Nevilla..........	20 lib.
	Willelmus de Trubleville..	20 lib.
	Henricus de Stotevilla.......	20 lib.
	Johannes de Aubeale.........	20 lib.
	Clarin'............................	20 lib.
	Willelmus de Mortuo Mari	20 lib.
	Guarinus de Glapion.......	20 lib.

(Membrane 3 in dorso.)

Dominus Rex concessit Philippo de Albenino. uxorem que fuit Willelmi de Buketot cum tota terra sua. Et mandatum est G. de Glapion senescallo Normannie et G. filio Petri quod ei de ipsa uxore et terra sua saisinam habere faciant, et etiam faciant scire Domino Regi quid terra ipsius valeat. Et Comes Lecestrie est plegiat. ipsius Philippi de fine quem faciet Domino Regi.

(Membrane I in dorso.)

Rex, etc. Baronibus de scaccarii, etc. Sciatis nos dedisse respectum dilecto et fideli nostro Hugone de Chaucebuef de debito .... tenetur et unde suum scaccario nostri habuit quamdiu fuerit in servicio nostro in Normannia per preceptum nostrum. Et ideo vobis manda......... quod respectum illum ei inde habere faciatis. Per G. filium Petri.

Rex, etc. senescallo Normnanie, etc. Mandamus vobis quatinus ponatis in respectum loquelam que est inter Thom....... et Ricard et Will. de Roff. et Radulf. et Robert de Roff. et Raduf. Hostair. et Silvest Widecot de pace nostra infra.......... unde idem Thomas eos appellat quousque in Normannia venerimus. Teste me ipso apud Lincoln 12°. die januarii. Per G. filium Petri.

Hec *est* (sunt) debita que senescallus Norman. mandavit Domino que debebantur Willelmo de Martigneyo.

Abbas de Walemont........	200 marc. 1 marc. minus.
Henricus de Stutevilla......	490 libras.
Gillebertus Mallet...........	30 lib.
Abbas de S^{to}. Wandregisillo	100 sol.
Bernardus de Gummetico..	100 sol.
Eustacius de Grenvilla.......	12 lib.
Durandus Hastrey...........	20 sol.
Gaufridus de Sayea..........	» »
Rogerus Pancevell...........	» »
Rogerus Pauper...	» »
Eustacius Molend............	4 lib.

ROTULUS TERRARUM LIBERATARUM ET CONTRABREVIUM DE NORMAN. ANDEGAV. ET PICTAV. INCEPTUS DIE ASCENSIONIS DOMINI XXIII DIE MAII, ANNO REGNI ILLUSTRISSIMI REGIS JOHANNIS IIII[to].

(Membrane 11.)

Rex, etc. Ricardo de Wilekier, etc. Precipimus tibi quod sine dilacione facias habere Roberto de Veteri Ponte 50 marc. de Judeo Lexovii de 100, marc. quas debet pro 10 marc. auri et computabitur tibi ad scaccarium. Teste me ipso apud Heyron. 25°. die maii. Per magistrum Willelmum de Bodeham.

Terra data. Rex, etc. majori Rothomagi, etc. Mandamus vobis quod faciatis habere Waltero majori de Augo integre saisinam domorum que fuerunt Willelmi de Septem molis cum pertinenciis in Rothomago. Teste me ipso apud Bellum Locum 23°. die maii.

Rex, etc. Willelmo Comiti Marescallo, etc. Mandamus vobis quod assignetis Rogero de Portes 100 lib. terre Andegav. in terris comitis Bolonie propter terram suam quam amisit. Teste me ipso apud Bellum Locum 23°. die maii.

Quod aliter preceptum fuit inferius.

Rogerus de Carlevilla hostagiatus est Roberto de Angovilla patri suo per litteras Domini Regis clausas.

Terra data. Preceptum est per litteras Domini Regis clausas Willelmo Marescallo ut assignet Engelramo de Munteny 200 lib. terre Andegav. in terris Comitis Bolonie.

Terra data. Preceptum est eidem ut assignet Engelramo de Albamari 100 lib. terre Andegav. in terris Comitis Bolonie.

Terra data. Preceptum est eidem ut assignet Hugoni de Kaigny 140 lib *lib.* terre Andegav. in terris Comitis Bolonie.

Terra data. Preceptum est eidem ut assignet Roberto de Morviller. 60 lib. terre Andegav. in terris Comitis Bolonie.

} Teste me ipso apud Hairun. 23°. die maii.

Terra data. Preceptum est Ricardo de Wilekier quod faciat habere Rogero de Portes terram ad valorem terre sue quam amisit in escaetis Domini Regis de illis qui iverunt in Franciam.

Terra comissa. Rex, etc. Johanni de Pratellis, etc. Mandamus vobis quod faciatis habere Gaufrido de Bosco manerium de Rawetot quod ei liberavimus ad ponendam ibi uxorem suam. Teste me ipso apud Lions 29°. die maii.

Rex, etc., baronibus de scaccario Cadomi, etc. Computate Ricardo de Wilekier 75 lib. Andegav. et 16 sol. 8 den. quas pacavit in camera nostra ad opus militum et servientum qui profecti sunt apud Vernolium et apud Novum Burgum. Teste me ipso apud Lions 29°. die maii.

Rex, etc. Ballivo portus de Barbeflet salutem. Invenite passagium Elye, Rogeri et Aluredi ad quatuor equos qui duxerunt thesaurum nostrum de Anglia et computabitur vobis ad scaccarium. Teste me ipso apud Heirunum.

Rex, etc., baronibus de scaccario Cadomi, etc. Computate Deulaie Judeo de Bernaye in taillia sua 100 lib. Andegav. quas ipse reddidit Willelmo de Soudaye per preceptum Garini de Glapion senescalli nostri quas vo*bis* alia vice ab eo exigitis ut dicit. Teste me ipso apud Bellum Locum 23°. die maii. Per magistrum Willelmum de Bodeham.

Rex, etc. Johanni de Pratellis, etc. Mandamus vobis quod faciatis habere Rogero de Candos quatuor acras terre in haya de Catelon. cum domibus suis ibidem unde ipsum dissaisivimus. Teste me ipso apud Aurivall. 31°. die maii.

Terra liberata. Rex, etc. Ballivo Caleti, etc Precipimus tibi quod sine dilacione facias habere Ricardo de Wilekier terram quam habuit foresta Insule Bone apud Novas terras antequam Comes Boloniensis seisitus fuisset de Insula Bona cum pertinenciis. Teste me ipso apud Rothomagum 3°. die junii.

Preceptum est Roberto de Veteri Ponte quod faciat habere Gaufrido Luterelle et Willelmo filio Alani 100 lib. Andegav. ad operationes de Muuinell, 4°. die junii apud Rothomagum.

Rex, etc. Roberto de Turnham senescallo Pictav., etc. Sciatis quod Eb'lo. de Rupeforti fecit nobis ligenciam de terra quam Aumerius de Resse de eo tenebat ad censum. Et inde homo noster ligius est contra omnes homines. Et ideo vobis mandamus quod terram illam ei reddatis et cartas que inter eos facte fuerunt eidem Eb'loni habere faciatis sine dilacione. Teste me ipso apud Rothomagum 4°. die *maii.* Per G. de Furnivall.

Rex, etc. baronibus, etc. Computate Hugoni de Caucumba 600 lib. Andegav. quas reddidit in camera nostra de servientibus peditibus inventis ad exercitum hunc per balliam suam. Teste me ipso apud Rothomagum 4°. die junii.

Rex, etc. baronibus, etc. Computate Ricardo de Wilekier 440 lib. Andegav. quas pacavit in camera nostra de taillagio facto per Normanniam de 2 sol. de hoc exercitu. Teste me ipso apud Rothomagum 3°. die *maii.*

Rex, etc. senescallo Pictav., etc. Mandamus vobis quod quietari faciatis dilectum et fidelem nostrum Gaufrid. Martel qui nobis bene servit et cujus servicium plurimum commendamus de 4000 solidis. Pictav. quos ipse debet Judeis Xanctonie. Teste me ipso apud Rothomagum 4°. die junii.

Terra data. Rex, etc. Willelmo Marescallo Comiti de Penbroc, etc. Mandamus vobis quod sine dilacione faciatis habere dilecto nostro Willelmo Comiti de Warrenne tantum terre de terra que fuit Comiti Bolonie apud Insulam Bonam quantum idem Comes

Bolonie de terra sua tenet. Teste me ipso apud Pontem Arche 4°. die junii.

Rex, etc. majori Rothomagi. Mandamus vobis quod inveniatis Willelmo Gisce et Russe Archer qui sunt de Genue et tribus hominibus et tribus equis eorum necessaria quousque baliste quas ipsi venire faciunt de Anglia veniant apud Rothomagum. Et id quod in illis posueritis, vobis reddi faciemus. Teste me ipso apud Pontem Arche 3°. die junii.

Custodia comissa. Preceptum est Ballivo de Constantino et de Viri quod faciant habere Ascie que fuit uxorem Rogeri de S^{to}. Dionisio saisinam terre et heredis ipsius unde eam injuste dissaisiverit ita quod securitatem inde faciat quod nichil de terra ipsa vel herede (........) sine assensu domini Regis.

Rex, etc. Constabulo Turris Rothomagi, etc. Mandamus tibi quod liberes dilecto nostro Hugoni de Gornaco, Ausont Le Borne, Robert de Fontibus et Reginaldo de Prato milites. Et in hujus rei testimonium, etc. Teste me ipso apud Pontem Arche 4°. die junii.

Rex, etc., baronibus de scaccario Cadomi, etc. Computate dilecto nostro Gaurin de Glapion 50 lib. Andegav. quas liberavit Petro de Rupibus ad liberandum Gaufridum de Rupibus de arreragiis redditus sui. Teste me ipso apud Pontem Arche 4°. die junii. Per Petrum de Rupibus.

Rex, etc., baronibus de scaccario, etc. Computate dilecto nostro Guarin de Glapion 25 lib. Andegav. quas liberavit domino Xanctonis Episcopo per manum Petri de Stokes. Teste me ipso apud Pontem Arche 5°. die junii. Per Petrum de Stokes.

Rex, etc., baronibus, etc. Mandamus vobis quod ex quo Philippus de Albeini reddiderit ad scaccarium 30 lib. Andegav. per Philippum Mimecam, tunc volumus quod ipse Philippus de Albeini quietus sit de debito quod ab eo exigitur pro illo. Teste me ipso apud Haracourt. 8°. die junii. Per Robertum de Haracourt.

Rex, etc., senescallis Pictavie et Wasconie, etc. Mandamus vobis quod de prisonibus quos habetis provideatis duos qui dari possint pro Philippo Briton. et Johanne de Haire et illos deliberetis. Teste me ipso apud Haracourt 7°. die junii.

Rex, etc. Ballivo de Algia, etc. Precipimus tibi quod facia*tis* habere Olivero Briton. saisinam terre que fuit Gilberto de Furin'tin'. cujus terre custodiam ei dedit Adam de Malherba ut dicit secundum quod idem Adam illam ei dedit et sicut ipse eam habuit. Teste me ipso apud Aurivallum 7°. die junii. Per Willelmum de Mortuo Mari.

Andegav. Dominus Rex reddit Radulfo Huberti domum quandam apud Londunum que fuit patris sui quam Duc'. Judea tenet.

Rex, etc. Laurencio de Dumguin et Johanni filio Luc. Mandamus vobis et precipimus quod statim visis litteris istis mittatis apud Novum Burgum ad municionem castri nostri sex dolia vini et sex modios frumenti et j.

MANDATUS *est* ballivo de Argenteoin (sic), etc. Mandamus tibi quod sine dilacione facias habere Kempe et uxori sue et filiis suis quos habet in custodia [talem saisinam] de terris suis et tenementis qualem habuerunt quando iter arripuit eundi in servicium nostrum in Pictav. per preceptum nostrum. Teste, etc., apud Daufey 9°. die junii.

Rex, etc., baronibus de scaccario, etc Sciatis quod quietavimus Robertum de Wendevall de 80 lib. Andegav. quas idem Robertus nobis debuit pro arreragiis terre sue que mater sua nobis debuit dum terra ipsius Roberti fuit in manu sua. Et inde nobis respondere consuevit. Et ideo vobis mandamus quod ipse inde quietus sit. Teste me ipso apud Aufeiam 9°. die junii.

Rex, etc. Hugoni de Caucumba, etc., invenite duodecim canibus et uno berner'. necessaria, et computabitur vobis ad scaccarium. Teste me ipso apud Rothomagum 9°. die junii. Per R. de Veteri Ponte.

Rex, etc. Laurent de Dunjung'. et J. filio Luca, etc. Mandamus vobis et precipimus quod statim visis litteris istis mittatis apud Novum Burgum ad municionem castri nostri 7 dolia vini et 6 modios frumenti et unum modium pisarum et fabarum si potestis vel dimidium modii et unum centen'. cepi.

Preceptum est Samsoni Abbati Cadomi, etc., quod faciat pasci 150 pauperes per unum diem per manum fratris Manasseris et etiam eidem Manasseri habere faciat 27 peceas carnis de elemosine.

Rex, etc., senescallo Normannie, etc. Sciatis quod inquisimus per inquisicionem factam pro 21 minis avene apud Coronam que sunt jus Nicolai filii Filonis, et illas ei ut jus suum reddidimus; et inde homagium suum cepimus, unde vobis mandamus quod illas inrotulari faciatis et permittatis illum tenere eas in pace. Teste me ipso apud Rothomagum 8°. die junii.

Preceptum est Gaufrido cambiatori Rothomagi quod liberet Bricio Camerario centum marcas argenti. Apud Ferritatem 11°. die *mai*.

Senescall. Andegav. Dominus Rex quietavit Walterum de Monte Sorelli de 50 lib. Andegav. quas ipse debet Judeis de Salmur. Per Willelmum de Stagno apud Heiron. 13°. die junii.

Dominus Rex quietavit Philippus de Insula de 25 lib. Andegav. quas ipse debet Judeis de Salmur apud Heyron. 13°. die junii. Per Willelmum de Stagno.

Senescall. Normann. Abbas de Balantiis habet licentiam ducendi de Normannia duo millia de perdutis ferri ad domum suam.

Rex, etc., baronibus de Scaccario, etc., computate Galfrido de Valle Richerii 7000 marcas quas liberavit in Camera nostra de quibus recepit de thesauro nostro per manum Hugonis de Caucebuef 1000 marcas et per manum Luca Butellarii, et Rogeri Clerici et Radulfi Abbatis 1000 marcas et per manum Willelmi Belet 5000 marcas. Teste me ipso apud Heiron. 12°. die junii.

Terra data. Preceptum est majori Rothomagi per litteras quod faciat habere Willelmo de Pratellis placeam unam vacuam que est inter domum vicecomitis Rothomagi et palicium civitatis Rothomagi super litus Secane. Teste me ipso (*apud*) Aurivallum 15°. die junii.

Preceptum est Radulfo Taxoni senescallo Normannie, quod faciat habere Willelmo de Veteri Ponte terram que fuit Roberti de Veteri Ponte fratris sui in Normannia quandiu placuerit Domino Regi. Teste me ipso apud Aurivallum 15°. die junii.

Rex, etc. Laurentio de Dunjun'. etc. Mandamus quod facias habere Spigornelli servienti de capella 2 panerios ad capellam nostram defendam, et computabitur tibi ad scaccarium. Teste me ipso apud Pontem Arche 13°. die junii.

Rex, etc. Preposito Cadomi, etc. Faciatis habere Thome de camera Clerico nostro conductum ad thesaurum nostrum conducendum usque Rothomagum et inveni ei carriagium ad eumdem thesaurum illud deferendum et computabitur tibi ad scaccarium. Teste me ipso apud Pontem Arche 14°. die junii.

Rex, etc. Baronibus de scaccario, etc., computate Hugoni de Caucumbe id quod rationabiliter posuit in tribus venatoribus viginti duobus canibus nostris per preceptum nostrum. Teste me ipso apud Aurivallum 15°. die junii.

Terra data. Rex, etc. Willelmo Coco, etc Mandamus vobis quod sine dilatione faciatis habere dilecto nostro Lupilloni duas domos que fuerunt Emerici de Resseya cum pertinenciis quas habetis que ipsum Le pillon'. contigunt ex parte predicti Americi patris, Marie filie primogenite ipsius Americi quam idem Lupillon duxit in uxorem. Et si que in domibus illis de vestro posueritis inde capiatis vos ad nos et nos vobis inde respondebimus. Teste me ipso apud Aurivallum 15°. die junii.

(Membrane 10.)

Terra data. Rex, etc. Willelmo Marescallo, etc. Mandamus vobis quod si Hugo de Gornac. non saisierit in manum suam Harefle et Strutard, tunc assignetis dilecto nostro Gaufrido de Bosco in eisdem ville 300 lib. terre; et si ibi 300 lib. non fuerint, tunc ei alibi in terris comitis Bolonie illas integre perficiatis. Teste me ipso apud Aurivallum 14°. die junii. Per Rogonem de Sauceyo.

Rex, etc. Baronibus de scaccario Cadomi, etc. Computate Ricardo de Wilekier 50 lib. Andegav. quas pacavit Roberto de Tilbovilla de feodo suo de termino Pasche per preceptum nostrum. Teste me ipso apud Rupem Aurivallis 15°. die junii.

Rex, etc. Willelmo Crasso, etc. Mandamus vobis quod de 200 lib. Andegav quas habetis 100 lib. ponatis in warnisione castri de Danfront et 100 lib. in operationibus turellorum et hurdeicis per visum et testimonium Abbatis de Langelay et volumus quod habeatis feodum Baudet quod est in ballivia vestra. Teste me ipso apud Aurivall. 16°. die junii.

Rex, etc. Laurencio de Dunjun'., etc. Mandamus vobis quod non omittatis quin ematis decem bacones ad opus Baldewini Rastellis et duos tunellos vini Pictav. de vino remanenti quando missum fuit apud Vallem Rodolii et 2000 quarellorum bene impennatorum et ea omnia carriari faciatis usque Bretoillium ubi predictus Balduinus veniet illam obviam et id quod posueris in eorum emptione et carriagio vobis reddi faciemus. Teste me ipso apud Aurival. 15°. die junii. Per Petrum de Stokes.

Custodia commissa. Rex, etc. Senescallo Andeg. Sciatis quod nos concessimus duas filias Barthol. de Marolles cum terris suis Rogero de Bosco ad opus filii sui et nepotis sui et ideo vobis mandamus quod eas ei cum terris suis habere faciatis. Teste me ipso apud Aurivall. 16°. die junii.

Rex, etc. Henrico de Gray, etc. Mandamus vobis quod faciatis habere Balwino Rastellis duos aubergellos ad opus duorum balistar. et duas capellas ferri. Teste me ipso apud Rupem Aurivallis 15°. die junii.

Terra commissa. Rex, etc. Abbati Audoeni Rothomagi, etc. Sciatis quod dedimus Ricardo Comino exitus terre que fuit Matheo de Ernenvilla qui est in Francia in instanti anno qui nostri sunt. Et vos rogamus quod permittatis predictum Ricardum terram illam interim de vobis tenere per servicium quod terra debet. Teste me ipso apud Aurivall. 15°. die junii.

Inquiratur de fine per Willelmum Marescallum qui interfuit. Rex, etc. Senescallo Normannie, etc. Sciatis quod Matheus filius Herberti finem fecit nobis cum pro terra de Hurlunda cum pertinenciis que fuit Willelmi de Mandevilla quam Terricus Teutonicus habuit. Et ideo vobis mandamus quatinus ei predictam terram cum pertinenciis sine dilacione habere faciatis. Teste me ipso apud Brion'. 17°. die junii.

Sub eadem forma scribitur Ricardo de Fonteniaco.

Rex, etc. Ballivo de Barbeflet, Inveni passagium Alexandro Clerico et Roberto et Johanni *passag.* ducentibus thesaurum nostrum de Anglia ad tres equos et computabitur tibi ad scaccarium. Teste me ipso apud Brionam 17°. die junii.

Mandatum est Senescallo Normannie quod faciat habere Willelmo de Balleio talem saisinam terre apud Joy qualem inde habuit per Regem Ricardum et per Regem Johannem: et si quis inde loqui voluerit inde stabit recto in curia Domini Regis

Mandatum est Gaufrido de Bosco' Willelmo Clerico de Camera quod faciant habere Rogero de Portes 30 lib. Andegav. de dono. Teste me ipso apud Conches 17°. die junii.

Terra pro terra. Mandatum est Johanni de Pratellis quod faciat habere Roberto Le Bigot terram que fuit Gilleberto de Hautoil. in Greinhussevill. pro terra sua de Mesnillo et Foville.

Terra liberata. Rex, etc. Willelmo Marescallo Comiti de Penbroc, etc. Mandamus vobis quod faciatis habere Gilleberto filio Comitis de Clara terras Comitis Bolonie de Harafle et de Mostrevilers quosque inde aliud precepimus. Teste me ipso apud Vernolium 18°. die junii Per Constabularium Normannie.

Rex, etc. Henrico de Gray, etc. Mandamus vobis quod faciatis Constanciam dominam de Conches esse quietam per catallum de debito 21 marc. argenti quod debet Benedicto Judeo de Vernoliis quare volumus quod de usuris illius debiti sit quieta. Teste me ipso apud Aquilam 20°. die junii.

Rex, etc. Gaufrido de Bosco et Willelmo clerico de Camera, etc. Mandamus vobis quod sine dilacione tradatis Bricio Camerario vel certis nunciis suis 80 marc. argenti ad operationes castelli de Tilers. Teste me (ipso) apud Aquilam 21°. die junii.

Rex, etc. Gaufrido de Bosco et Willelmo Clerico. Mandamus vobis quod liberetis Roberto de Auterive 50 lib. Andegav. ad operationes nostras de Bello Monte faciendas. Teste me ipso apud Aquilam 19°. die junii.

Rex, etc. G. de Camera, etc. Mandamus tibi quod sine dilacione facias habere Guher'. de Chenebru 20 lib. Andegav. ad castrum suum firmandum. Teste me ipso apud Aquilam 21°. die junii.

Mandatum est P. de Rupibus quod faciat habere Guidoni de la Poucenere 25 lib. Andegav. et Johanni de Porta 30 lib Andegav. de feodis suis.

Mandatum est Senescallo Pictaviensi quod faciat habere Mainardo de Certes feodum suum.

Rex, etc. Senescallo Andegav. Mandamus vobis quod faciatis habere Savarico de Antenois feodum suum. Teste me ipso apud Cenomanum. 24°. die junii.

Rex, etc. Senescallo Pictav. Mandamus vobis quod faciatis habere Johanni de Forc'. feodum suum de termino Sti. Johannis Baptiste instantis, et ei quam citius poteritis feodum illud in certo loco assignetis ubi illud recipere possit. Teste me ipso apud Cenomannum 24°. die junii.

Rex, etc. Senescallo Andegav. Mandamus vobis quod faciatis habere Gaufrido de Tuarcensi 50 lib. Andegav. de feodo suo. Teste me ipso apud Cenomannum 25°. die junii.

Mandatum est Baronibus de Scaccario Cadomi, etc. quod faciant habere Radulfo Le Abbe 273 lib. Andeg. quas nobis commodavit apud Sagium. Teste R. Comiti Sagiensi 29°. die junii.

Terra commissa. Rex, etc. Senescallo Normannie, etc. Mandamus vobis quod faciatis habere G. de Glapion manerium de Adnebec ad perhendinandam ibi uxorem suam. Teste me ipso apud Rothomagum 1°. die julii.

Rex, etc. Gaufrido Luterell'., etc. Mandamus vobis quod sine dilacione liberetis servientibus dilecti et fideli nostri P. de Stokes castrum nostrum de Molinis et essarta inter Lundam et Buloraldum et vos ibi moram faciatis ad operationes custodiendas. Teste me ipso apud Pontem Arche 29°. die junii.

Mandatum est ballivo de Lunda quod sit intendens eidem P. de balliva de Lunda et de foresta.

Rex, etc. Baronibus de scaccario Cadomi, etc. Computate Willelmo Puinard 300 lib. Andegav. quas pacavit in camera nostra de taillagio vicecomitatus Cadomi pro servientibus inveniendis ad guerram nostram. Teste me ipso apud Conches 18°. die junii. Per G. de Camera.

Rex, etc. Baronibus, etc. Computate Ricardo de Wilěkier 51 lib. 7 sol. 10 den. Andegav. quos ipse posuit in blado ad warnasteriam de Vernoliis. Teste me ipso apud Bonum Portum 30°. die junii. Per Petrum de Pratellis.

Rex, etc. Ballivo Oximini, etc. Precipimus tibi quod facias habere Willelmo de Angervilla terram suam apud Mesnill. audo. bene et in pace sicut Ricardus de Argentes eam tenuit Teste me ipso apud Bonum Portum 27°. die junii.

Rex, etc. Senescallo Andegav. Sciatis quod quietavimus dilecto et fideli nostro Ger. de Glapion Hug. de Argentes hospitem suum Cenoman. de 30 lib. Andegav. unde taillatus fuit ad opus nostrum. Et ideo, etc. quod inde quietus sit.

Mandatum est Senescallo Normannie quod faciat habere G. de Glapion pertinencia manerii de Aldenebek integre de sicut habet manerium illud.

Mandatum est ballivo de Falesia quod faciat habere Garino de Glapion terram de Kereill. que pertinet ad terram que fuit Guidonis de Manerio quam idem Guarinus habet per preceptum nostrum sicut aliam habet et sicut eam habere debet.

(Apud bonum Portum 7°. die julii.)

Mandatum est Roberto de Tresgoz et sociis suis quod faciant habere liberationem 20 dierum Osberti de Glanvilla si tercio quorum quilibet habet per diem 2 sol. et 25 servientes equitum quorum quilibet habet per diem 8 denar. et 300 Walenses quorum quilibet habet 2 den. ex quibus 25 sunt magistri et capiunt duplicem liberationem. Et incipit terminus eorum die martis proxima prius festum Apostolorum Petri et Pauli.

Preceptum est per litteras Roberto de Ros et ballivis suis quod faciant habere Constabulario Cestrie terram de Rincevilla et Engleskevilla et alibi in ballia sua que fuit decani et Canonicorum Carnoten'.

Engolism. Preceptum est Bartholomeo de Podio quod reddat magistro P. Rosinnoil. decem libras Engolisme monete quas expendit in servicio domini Regis ibi.

Preceptum est senescallo Pictaviensi quod assignet eidem Magistro P. 40 lib. Andegav. in consuetudinibus salis Burdegal. quas Dominus Rex ibi capit donec dominus Rex ei assignaverit redditum quem ei concessit.

(Per Dominum Regem 14°. die junii apud Pontem Archis.)

Rex, etc. Roberto de Veteri Ponte, etc. Mandamus vobis quod liberetis Hugonem de Gornaco Anselmum Le Borne et Hugonem De Meche. Teste me ipso apud Bonum Portum 10°. die julii.

Rex, etc. G. Luterel, etc. Mandamus vobis quod liberaciones vestras recipiatis sicut alii milites de familia nostra recipiunt, scilicet 7 sol. Andegav. in die. Et incipit terminus liberacionum recipiendarum ad clausum Pasche, proximo preterito. Teste P. de Stok apud Bonum Portum 10°. die julii. Per eundem.

Mandatum est Roberto de Veteri Ponte quod faciat habere magistro Michael Belet 100 lib. Andegav. ad operationes de Tilers.

Rex, etc. Roberto de Veteri Ponte, etc. Sciatis quod audivimus compotum Gaufridi de Bosco, Roberti de Tresgoz et Willelmi Clerici nostri de 3,200 marc. argenti quas receperunt de vobis ad liberationes militum et servientum nostrorum faciendas per preceptum nostrum et inde quieti sunt. Et ideo vobis mandamus ut eos inde quietos esse permittatis et litteras suas quas vobis fecerunt de recepta illa et vobis liberaverunt eis reddatis. Teste me ipso apud Bonum Portum 8°. die julii. Per T. Clericum de Camera.

(Membrane 9.)

Terra commissa. Rex, etc. Ricardo de Wilekier, etc. Sciatis quod concessimus dilecto nostro Fulconi de Kantilupo totam terram que fuit Basilie de Furmovilla que est in manu nostra. Et ideo mandamus quod eam ei habere faciatis, nisi eam alii concessimus. Teste me ipso apud Bonum Portum 16°. die julii. Per magistrum W. de Bodeham.

Rex, etc. Roberto de Veteri Ponte, etc. Mandamus vobis quod statim visis litteris istis liberetis Roberto filio Herem'. 100 lib Andegav. ad hurdendum castrum nostrum de Valle Rodol. Teste me ipso apud Bonum Portum 12°. die julii.

Rex, etc. S. Abbati de Cadomo et R. Abbe, etc. Mandamus vobis quod computetis Ricardo de Ivetot 15 lib. Andegav. que ab eo exiguntur ad scaccarium infra feodum suum quod ipse annuatim recipit ad scaccarium et ipsum inde quietum esse faciatis. Teste me ipso apud Bonum Portum 13°. die junii.

Mandatum est Gaufrido de Bosco quod liberet Gaufrido Luterell. 60 lib. Andegav. ad operationes de Mulinelli et ad operationes Aurivallis 30 lib.

Mandatum est Gaufrido de Bosco quod liberet Ricardo de Wuedal. 100 lib. Andegav. ad operationes de Vernol. et etiam reddat militibus ibidem commorantibus arreragia liberacionum suarum.

Rex, etc. Senescallo Normannie, etc. Mandamus vobis quod faciatis habere Willelmo de Veteri Ponte talem saisinam terre que fuit Roberto de Veteri Ponte fratris sui apud Veterem Pontem, qualem idem Robertus inde habuit quin ivit in Francia prius hanc werram per sic quod stet inde recto in curia nostra si quis versus eum inde loqui voluerit Teste Willelmo de Humet Constabulario Normannie apud Bonum Portum 12°. die julii. Per eundem.

Rex, etc. G. de Castro Brien., etc. Sciatis quod mandavimus senescallo nostro Andegav. quod accepta à vobis bona securitate quod nobis bene et fideliter servietis et liberet vobis castrum de Monte Revell. Secundum quod convencionatum est inter nos et Michael. de Andegav. et similiter terras et res vestras que capte sunt in manu nostra. Teste me ipso apud Bonum Portum 14°. die julii.

Sub eadem forma scribitur vicecomiti Toarcensi.

Rex, etc. Ricardo de Fonteniaco, etc. Mandamus tibi quod sine dilacione faciatis habere comiti Arundellis seisinam custodie terre et heredis de Kanelev. que est de feodo ipsius comitis sicut ei recognitum fuit. Teste Willelmo Constabulario Norman. apud Bonum Portum 13°. die julii. Per eundem.

Mandatum est vicecomiti Rothomagi quod mittat apud Radepont 14 garbas de acere et 12 secures et 100 pikois et quingenta peclas boni ferri et custum ei reddetur.

Mandatum est Petro Thesaurario Pictav. et Philippo de Hulecotes quod faciant habere Willelmo de Butemont sine dilacione liberaciones suas sicut alii habent. Per dominum Regem apud Bonum Portum 7°. die julii.

Terra data. Rex, etc. Johanni de Nevilla, etc. Mandamus vobis quod faciatis habere Rogero de Portes saisinam terre de Mareboe que fuit Willelmi de Garland in honore de Novo Burgo. Teste me ipso apud Radepont 15°. die julii per magistrum W. de Bodeham.

Rex, etc. Baronibus de Scaccario Cadomi, etc. Si viginti anni preteriti sunt postquam Robertus de Marisco qui mortuus est avus Roberti de Marisco finivit pro quodam amerciamento, tunc vobis mandamus quod ipsum Robertum pacem habere permittatis de residuo finis illius quod ab eo exigitur. Teste me ipso apud Radepont 16°. die julii. Per eundem.

Rex, etc. Willelmo de Aszai, etc. Sciatis quod quietavimus vos de omni compoto unde nobis respondere debetis nisi ad hoc per gratum vestrum reverti volueritis; et hoc vobis concedimus quandiu nobis bene servieritis. Teste me ipso apud Radepont 15 die julii. Per eundem

Rex, etc. Senescallo Pictavie. Sciatis quod reddidimus dilecto et fideli nostro Brand terram quam Henricus Rex pater noster ei dedit in comitat'. Marchiari: Et ideo vobis mandamus quod illam ei integre habere faciatis sicut dictus pater noster illam ei dedit, et sicut eam tenuit tempore Ricardi fratris nostri. Teste me ipso apud Bonum Portum 14°. die julii.

Rex, etc. Guidoni de Neillac, etc. Mandamus vobis quod Rupem Choardi cum honore quam tenetis cujus heredem Rex Ricardus frater noster dedit filio vestro de nobis teneatis sicut de eo tenuistis et sitis intendentes dilecto et fideli nostro B. tanquam senescallo nostro Marchiarum. Teste me ipso apud Bonum Portum 14°. die julii.

Terra data. Rex, etc. Henrico de Gray. Sciatis quod dedimus Simoni de Houes molendinum de La Baiéé, et ideo vobis mandamus quod illud ei cum omnibus pertinenciis suis sine dilacione habere faciatis. Teste me ipso apud Bonum Portum 17°. die julii.

Rex, etc. Roberto de Veteri Ponte, etc. Mandamus tibi quod liberes comitem Leicestrie Silvestrem de Alisi. Teste me ipso apud Bonum Portum 17°. die julii.

Rex, etc. Baronibus de Scaccario, etc. Sciatis quod Radulf de S[to]. Angivano liberavit in camera nostra unum calicem auri pondere 7 marc. 2 unc. Et 28 calices deauratos interius et 8°. albas pondere 72 marc. 2 unc. et dimid. Et unum calicem totum deoratum quem prius miserat Radulfus aurifaber pondere 4 marc. et unam crucem auri quam Radulfus aurifaber fecit pondere 5 marc. 2 unc. 4 den Et unam crucem cum vultu auri pondere 4 marc. 8 den. minus; et quindecim lapides scilicet 9 saphiros et 6 baleis. Ideo vobis mandamus quod inde quietus sit. Teste ipso apud Bonum Portum 16°. die julii. Per Thom. de Camera clericum.

Terra data. Rex, etc. Comiti Mellentis, etc. Sciatis quod dedimus Johanni Croc terram que fuit Willelmi Bekeit apud Welleboe et ideo vobis mandamus quod illam ei habere permittatis. Teste me ipso apud Bonum Portum 17°. die julii. Per senescallum Normannie.

Terra data. Rex, etc. Ricardo de Wilekier. Mandamus tibi quod facias habere Fulconi de Kantilupo saisinam domorum Fortini de Luri et vavasore suo nisi reddant nobis per annum plusquam 20 sol. Andegav. Teste me ipso apud Rothomagum 22°. die julii.

Rex, etc. Baronibus de scaccario Cadomi, etc. Computate dilecto nostro Bricio camerario hoc quod rationabiliter monstrare poterit per visum legale testimonium quod posuerit in castro de Ponte Ursonis et quod ultra hoc quod recepit in eo de suo posuerit, ei reddatis. Teste me ipso apud Bonum Portum 23°. die julii.

Rex, etc. Baronibus de scaccario Cadomi, etc. Precipimus vobis quod de primis denariis qui venient ad scaccarium nostrum de Cadomo (   ) faciatis habere 17 lib. Andegav. et 3 sol. 6 den. Et Nicolao Pigace faciatis habere 8 lib. et 12 sol. Andegav. quos ei debemus pro blado quem de eis emimus apud Rothomagum ad castra nostra per Normanniam munienda. Teste me ipso apud Rothomagum 18°. die julii. Per Robertum de Veteri Ponte.

Terra data. Rex, etc. Ballivo de Costantino, etc. Precipimus tibi quod facias habere Rogero de Portes totam terram quam Stephanus de Bellapertica tenuit in ballia tua. Teste me ipso apud Rothomagum 22°. die julii. Per eundem.

Mandatum est Hugoni de Chaucumbe quod capiat Willelmum de Brolio Ferand subdecanum Baiocensem et illum mittat Roberto de Veteri Ponte, vel ipse Willelmus mittat 1000 libras Andegav. quas perquisivit de usura.

Mandatum est Ricardo de Vilekier quod Jacobum Judeum capiat et ipsum mittat Roberto de Veteri Ponte pro 300 marc. quas debuit de talliata unde non solvit nisi 60 marc.

Terra data. Rex, etc. Willelmo de Pratellis, etc. Sciatis quod nos dedimus dilecto nostro Lupillon terram que fuit Petri de Muret cum blado in ballivia vestra. Et ideo vobis mandamus quod eam ei habere faciatis. Teste me ipso apud Bonum Portum 26°. die julii. Per ipsum Regem.

Sub eadem forma scribitur Constabulario Cestrie qui tunc custodiebat castrum de Andeliaco.

Rex, etc. Baronibus de scaccario Cadomi, etc. Mandamus vobis quod faciatis habere Elye Gaskat 22 lib. Andegav. pro quatuor tunellis vini qui de eo capti fuerunt apud Harefle ad opus nostrum. Teste me ipso apud Bonum Portum 24°. die julii. Per senescallum Normannie.

Terra data. Rex, etc. Ricardo de Wilekier, etc. Mandamus vobis quod faciatis habere Petro de Damevilla terram de Tiussoyoil que est de feodo suo ut dicit et que in manum nostram devenit ea occasione quod Radulfus de Velano qui terram illam tenuit est cum Rege Francie. Teste me ipso apud Bonum Portum 23°. die julii. Per Willelmum de Pratellis.

Simon de Scures pacavit in camera domini Regis apud Novum Burgum 500 lib. Andegav. quas recepit de Waltero Mauclerc.

(Membrane 8.)

Rex, etc. Ballivo portus Barbeflet, invenite passagium Roberto de Wintonia, Reginaldi Baconis et Ernaldi de Erlawe qui ducebant thesaurum nostrum de Anglia cum quatuor equis et computabitur vobis ad scaccarium. Teste me ipso apud Rothomagum 27°. die julii.

Mandatum est Willelmo de Pratellis quod liberet Lupilloni domum de Porteigoie quam *ei commisit* per S. de Longo Campo 28°. die julii apud Aquilam.

Mandatum est senescallo Normannie quod liberet 500 lib. Andegav. Hugoni de Gornaco apud Aquilam 28°. die julii. Per Dominum Regem.

Mandatum est eidem senescallo quod liberet Stephano de Longo Campo 100 lib. Andegav.

Mandatum est Roberto de Veteri Ponte quod mutuo accipiat 100 lib. Andegav. et liberet G. Luterel. ad operaciones de Mulinis et faciat habere P. de Stok 10 bacones.

Mandatum est senescallo Normannie quod faciat habere Malveisin 40 lib. Andegav. de dono.

Mandatum est Roberto de Veteri Ponte quod liberet Roberto de Bristol. 100 lib. Andegav. ad operaciones de Radepond.

Mandatum est G. de Camera quod faciat habere Jacobo de Isola, Grimaldo Vic. Hugoni Draparrio mercatoribus de Genua pro balistis quas tulerunt 10 marcas de dono

Terra commissa. Terra Walteri de Lascy in Normannia committitur Willelmo de Braosa custodienda ita quod nulli inde respondeat nisi domino Regi.

Mandatum est Laurentio de Duingun et Johanni filio Luce quod faciant habere fratribus Grandi Monte de parco Rothomagi duos modios boni frumenti quos ei dedit dominus Rex et id eis reddi faciet.

Terra data. Rex, etc. senescallo Andegav. Mandamus vobis quod faciatis habere Gwidoni Wastinel saisinam terre que fuit matris Johannis Vimeire qui cum contingit ex parte uxoris sue et cum inde saisinam habuerit hoc quod abbas de Burgol. et Willelmus Vimaire fratres ipsius Johannis super sacramentum suum inde dicent fieri faciatis. Teste me ipso apud Chinon 6°. die augusti. Per Willelmum de Stagno.

Terra data. Rex, etc. senescallo Andegav., etc. Mandamus vobis quod liberetis Ger. de Atiis terram Willelmi de Presceni custodiendam ad commodum nostrum et vestrum et quod respondeat coram nobis et forteslescias ipsius ad eas penitus prostrenandas et ipsum Ger'. permittatis capere faedicios nostros ubi eos poterit invenire et illos tenere et redimere ad commodum nostrum et vestrum. Teste me ipso apud Chinon 5°. die augusti.

Rex, etc. Radulfo de Ruperia, etc. Mandamus tibi quod facias habere dilecto et fideli nostro Henrico de Gray totam terram quam Ricardus de Argentes tenuit de feodo ipsius Henrici in ballia tua. Teste me ipso apud Rothomagum 21°. die julii.

Rex, etc., senescallo Normannie, etc. Mandamus vobis quod in respectu (   ) demandam quam faciatis Willelmo de Mare de 40 lib. Andegav. de quodam amerciamento quousque sciamus quid hoc sit, et terram suam ea occasione captam in manum nostram ei habere faciatis. Teste me ipso apud Chinon 6°. die augusti. Per ipsum Regem.

Terra data. Rex, etc. Johanni de Pratellis, etc. Mandamus vobis quod faciatis habere Johanni de Augo terram comitis Augi in ballia vestra. Teste me ipso apud Cenomannum 6°. die augusti.

Rex, etc., senescallo Andegav., Mandamus vobis quod faciatis habere dilecto nostro Pagano de Caurciis 100 lib. Andegav. quas ei debemus de feodo suo. Teste me ipso apud Alencon. 10°. die augusti.

Rex, etc. Henrico de Gray, etc. Mandamus vobis quod quietum esse faciatis dilectum et fidelem nostrum Willelmum de Lanvalay de 22 lib. sterlingorum cum usura quas ipse debet Deodonato Judeo de Vernol. et similiter plegios suos inde quietos et ei sine dilacione reddi faciatis cartam et cyrographum que predictus Judeus inde habet. Teste me ipso apud Cenomannum 7°. die augusti.

Rex, etc., baillivo de scaccario Cadomi, etc. Sciatis quod recepimus per manum Radulfi Le Abbe et Petri de Liuns clerici in camera nostra 375 lib. Andegav. de baillia de Faleisia de hoc ultimo taillagio decimarum. Et ideo vobis mandamus quod ipsos de tanto quietos esse faciatis. Teste me ipso apud Faleisiam 10°. die augusti. Per Willelmum clericum de Camera.

Terra data. Rex, etc., senescallo Normann. salutem. Mandamus vobis quod sine dilacione faciatis habere Henrico de Bailliolet et Willelmo de Cresek., Augnebec integre cum omnibus pertinenciis suis. Et faciatis habere Guarino de Glapion ad scaccarium nostrum valanciam de Augnebec. Teste me ipso apud Argentomum 11°. die augusti.

Receptum est in camera domini Regis per manum Radulfi Abbe 100 lib. de dono Abbatis de Tuarcensis et 72 de taillagio de Argent. et 300 lib. liberavit de Vic'. de Tarteis de thesauro domini Regis Normannie. Et mandatum est quod de tanto quietus sit.

Mandatum (est) senescallo Normann. quod faciat habere Rogero de Monteberg 50 libras Andegav. de prestito de primis denariis suis quos habebit.

Rex, etc., ballivo de Barbellet, etc. Invenite bonam et securam navem sine prec o Ade de Port et Johan. filio Hugonis ducentibus prisones nostros in Angliam et computabitur vobis ad scaccarium. Teste me ipso (apud) Cenomannum 13°. die augusti.

Rex, etc. Willelmo et Ricardo prepositis Cenomanni, etc. Mandamus vobis quod sine dilacione faciatis habere Willelmo Cormorand. 34 lib. Andegav. et Hugoni de Hungrer. 12 lib. Andegav. ad unum equum emendum Et computabitur vobis ad scaccarium. Teste me ipso apud Cenomannum 14°. die augusti. Per Willelmum de Camera.

Terra data. Rex, etc. Baronibus de scaccario, etc. Sciatis quod nos dedimus domino Pilcolf quicquid haberemus apud Fonte Osanne in terris hominibus et aliis et ideo vobis mandamus quod ea sine dilacione habere faciatis. Teste me ipso apud Faleisiam 12°. die augusti.

Redditus concessus. Rex dedit et concessit priori et fratribus Grandi Montis 100 lib. Pictav annuatim percipiendas apud Rupellam ad duos terminos ad festum Sti. Michaelis et ad Pascham.

Rex, etc. Ric'. Wilekier. Mandamus vobis quod sine dilacione faciatis habere Radulfo Chanu terram Willelmi de Caunci nepotis sui in ballia vestra qui est contra nos in Francia. Teste.

Rex, etc. Mandavit senescallo Normannie et Ricardo de Turri quod reddant hominibus Andegav. obsides suos.

Terra data. Rex, etc. Senescallo Normannie, etc. Mandamus vobis quod faciatis habere Henrico de Boudle qui habet filiam Patricii de Katriciis terram de Joie que est de feodo nostro et quam ipse tenet de nobis sicut illam et aliam ei reddidimus et de sicut illa non est de feodo Joellis de Meduana et illam ei in pace tenere permittatis cum illam habuerit. Teste me ipso apud Cenomannum 16°. die augusti. Per Willelmum Marescallum.

Rex, etc. Ricardo de Wilekier, etc. Sciatis quod nos quietavimus dilectum nostrum Saeri de Quency de 260 lib. Andegav. de catallo et de usuris quas debet Bruno et Josce filii Bonevie de Rothomago et Affaite de Mostrevilers et Abrahe de Insula Bona Judeis. Et ideo vobis mandamus quatinus ipsum inde quietum esse faciatis et plegios suos similiter. Et cartas ipsius Saheris et plegium suorum quas de eodem debito habent eis sine dilacione habere faciatis. Teste me ipso apud Cenoman. 16° die augusti. Per Com. Will. Marescallum.

Mandatum est senescallo Normannie quod liberet burgensibus Andegav. obsides suos.

Terra data. Mandatum (est) R. de Turneham senescallo Pictav. quod sine dilacione faciat habere Willelmo Walensy filiam Herberti Berland. quam ei dedit in uxorem.

Mandatum est Constabulario de Chinon quod faciat habere Willelmo de Ponte totam terram, que fuit Emerici de la Planta quam ei in custodia commisit.

(Membrane 7.)

Terra data. Rex, etc. Constabulario Mirebelle, etc. Precipimus tibi quod sine dilacione facias habere Petro de Burgol. balistario terram que fuit Laurent Coribaud apud Mirebellum quam ei dedimus. Teste me ipso apud Chinon 21°. die augusti.

Terra data. Rex, etc. Senescallo Normannie, etc. Mandamus vobis quod sine dilacione faciatis habere Ricardo de Riveriis terram quam Gaufridus de Rupibus habuit in custodia de hereditate heredis de Croilly. Teste me ipso apud Salmur 25°. die augusti.

Terra data. Hubertus de Burgo Camerario habet terram de Agun que fuit Willelmi de Rupibus in Normannia.

Terra data. Preceptum est senescallo Normannie quod faciat habere Willelmo Monacho terram de la Wandeleg, secundum cartam suam quam de domino Rege habet.

Mandatum est Philippo de Hulecotes et Matheo Rothomagi clerico quod liberent monialibus de Fonteebrorum 80 lib. Andegav. pro viginti tunellis vini quos dominus Rex eis dedit. Et Gaufrido Hungr. et sociis suis 20 lib. Andegav. qui fuerunt apud Cenomannum. Per P. thesaurar. et B. camerarium.

Terra et custodia data. Stephanus Balistarius habet custodiam terre et heredis Maurici Bernard qui fuit in custodia Willelmi de Rupibus.

Custodia commissa. Mandatum [est] preposito de Fissa quod faciat habere Petro Faispoe filiam Guarini Giler quam Radulfus Mastin. debuit habere et totam terram ipsius Guarini quam idem G. habuit in ballia *vestra.* Apud Turonem 30°. die augusti. Per Johannem de Stok.

Terra data. Rex dedit per litteras suas clausas Johanni Malmorun terram que fuit Emerici de Planta in baillia de Loudon sicut idem Emericus eam habuit. Idem dedit eidem terram ejusdem Johannis in ballia de Chinon eodem modo.

Rex, etc. B. preposito Andegav., etc. Precipimus tibi quod facias habere Hard. de Pocenaria avenagium quod vicecomes de Castro Eraldi habebat apud boscum Daubauce. Teste me ipso apud Susam 9°. die septembris.

Terra data. Rex liberavit Roberto de Tresgoz custodiam terre Simonis Pevilene quousque aliud inde perceperit.

Rex, etc. Ballivo de Barbeflet, etc. Invenite passagium Alexandro clerico de Wintonia et Willelmo de Avenellis transfretantibus in Angliam cum tribus equis et computabitur vobis ad scaccarium. Teste me ipso apud Chinon 2°. die septembris.

Rex, etc. Ricardo de Wilekier, etc. Mandamus vobis quod faciatis habere Hugoni de Montfort 200 lib. Andegav. quas recepistis de taillagio hominum suorum de Ponte Episcopi in solucione feodi sui 200 lib. quod ei annuatim dedimus. Teste me ipso apud Castrum Novum super Sartam 14°. die septembris. Per Willelmum de Mortuo Mari.

Rex, etc. Radulfo Taxoni senescallo Normannie et baronibus scaccarii Cadomi, etc. Mandamus vobis quod faciatis habere Radulfo de Tilly 100 lib. Andegav. de feodo per annum scilicet 50 lib. ad festum S^ti. Michaelis et 50 lib. ad Pascham quas ei dedimus. Teste me ipso apud Sagium.

Rex, etc. R. comiti Leirceistrie et omnibus aliis de quibus Baldwinus Rastell. et Juliana uxor ejus tenere debent, etc. Mandamus vobis quod sine dilacione faciatis habere Baldwino Rastell. et Julianæ uxori sue terram ad ipsam Julianam pertinentem secundum tenorem carte Gilleberti de Tillers patris sui. Et in testimonium warancie has litteras nostras patentes vobis mittimus. Teste R. senescallo Normannie apud Vernolium 7°. die octobris.

Terra data. Rex, etc. Radulfo Taxoni senescallo Normannie, etc. Mandamus vobis quod sine dilacione faciatis habere Gaufridi de Say juniori 100 lib. terre Andegav. de terra Joellis de Meduana pro terra sua quam amisit per werram. Teste me ipso apud Burgum Achard 17°. die octobris.

Andegav. Rex, etc. Bricio Camerario senescallo Andegav. Mandamus vobis quod Barbarello habere faciatis custodiam domorum nostrarum de Andegavo cum liberacionibus ad custodiam illam pertinentibus Teste me ipso apud Montem Fortem 18°. die octobris.

Terra data. Rex, etc. Ricardo de Wilekier, etc. Mandamus vobis quod faciatis habere Rogero de Olvilla 60 lib. terre Andegav. in escaetis nostris. Teste me ipso apud Montem Fortem 18°. die octobris. Per Henricum de Gornaco.

Rex, etc. Senescallo Normannie, etc. Sciatis quod perdonavimus Willelmo Grasso 100 lib. Andegav. que ab eo exiguntur pro Eimerico decano de Saucelo. Et ideo vobis mandamus quod inde quietus sit. Et eidem Willelmo faciatis habere terram Radulfi de Boisseles extra Cadomum Teste me ipso apud Sanctum Celerinum 26°. die octobris.

Rex, etc., baronibus de scaccario Cadomi, etc. Mandamus vobis quod faciatis habere Gaufrido de Bosco denarios quos ei assignavimus in prepositura de Cadomo ad terminos statutos. Teste Petro de Pratellis apud Alencon. 29°. die octobris.

Pictav. Rex, etc. Roberto de Turneham, etc. Mandamus vobis quod pro emendacionibus quas Willelmus Maengo debet abbati et conventui S^ti. Johannis de Angely et aliis faciatis illud habere redditum nostrum quem habemus in villa S^ti. Johannis de Angely quousque de illo reddito et aliis eis assignatis habuerint quod illum restat reddendum de emendacionibus illis. Teste me ipso apud Salmur 3°. die novembris.

Rex, etc., baronibus de scaccario Cadomi, etc. Mandamus vobis quod faciatis habere Guarino de Glapion ewagium (seu estagium) Cadomi ad sustentandam matrem et uxorem suam quamdiu nobis placuerit. Salvis monialibus Cadomi et aliis redditibus quos inde percipere consueverunt. Teste me ipso apud Salmur 11°. die novembris.

Terra data. Rex, etc., senescallo Normannie, etc. Mandamus vobis quod faciatis habere Roberto de Morvilers terram que fuit Willelmi de Mustreleis nisi alii data sit vel assignata per preceptum nostrum. Teste me ipso apud Salmur 13°. die novembris. Per Gaufridum de Bosco.

Ewagium concessum. Rex, etc., baronibus de scaccario Cadomi, etc. Sciatis quod mandavimus senescallo nostro Normannie quod faciat habere dilecto nostro Garino de Glapion ewagium de Cadomo et feodum quod dicitur feodum Jacle. Et quia nescimus quid hoc sit vobis mandamus quod nobis significetis quid hoc sit et quantum valeat. Teste me ipso apud Chinon 30°. die novembris. Per P. de Rupibus. Et mandatum est senescallo Normannie per alias litteras quod faciat eidem Garino inde habere saisinam.

Patentes. Rex, etc. G. de Athies, etc. Mandamus vobis quod statim visis litteris istis mittatis apud Chinon 2,500 libras Andegav. quas recepistis de redempcione prisonis quos scitis. Et si non tantum receperitis hoc quod inde receperitis illuc mittatis. Et in hujus rei testimonium has litteras patentes vobis mittimus. Teste Roberto de Veteri Ponte apud Chinonem 4°. die decembris.

Vigeria concessa. Rex, etc., senscallo Pictav., etc. Mandamus vobis quod faciatis habere dilecto et fideli nostro Theobaldo Chabot vigeriam Turris de Vovent quam ei reddidimus pro bono servicio suo de quo nos multum laudamus, salvo nobis semper statu castri illius. Teste me ipso apud Burgvillam 5°. die decembris.

Rex, etc., senescallo Normannie, etc Sciatis nos

concessimus Jordano de Walekervilla quod habeat mercatum unum apud Walekervillam per unum diem in qualibet septimana scilicet diem martis. Ita tamen quod non sit, etc. Et ideo vobis mandamus quod illud ei sicut predictum est habere faciatis. Teste ipso apud Sagium 9°. die decembris.

Rex, etc. Henrico de Burgo Camerario, etc. Mandamus vobis quod capiatis 100 marcas de Thesauro nostro et inde faciatis habere Rogero Wascelino 100 lib. Andegav. et residuum illarum centum marcas statim ad nos mittatis. Teste me ipso apud Bures 12°. die decembris. Per ipsum Regem.

Preceptum [est] Petro de Leone et Waltero Mauclerc quod mutuo accipiant 100 lib. Andegav. et illas liberent Roberto Lexovii ad preparandum Natale domini R.

Rex, etc., baronibus de scaccario Cadomi, etc. Sciatis quod Henricus Camerarius noster recepit 3000 marcas de thesauro nostro Anglie per manum Luce Pincerne et Willelmi de Rapendon hominum Abbatis de Cadomo et ideo vobis mandamus quod Abbas inde quietus sit. Teste me ipso apud Sanctum Laudum 13°. die decembris.

Terra data. Rex, etc., senescallo Normannie, etc. Mandamus vobis quod faciatis habere dilecto et fideli nostro Willelmo de Braosa manerium de Agon cum omnibus pertinenciis suis quod fuit Willelmi de Rupibus quod idem Willelmus tenuit de Joello de Meduana et faciatis habere ei auxilium hujus exercitus de eadem terra et de omnibus aliis terris ejusdem Joelli quas idem Willelmus tenet sicut alii barones nostri habent. Teste me ipso apud Bures 15°. die decembris.

Mandatum est Constabulario de Marchia Normann. quod de treuga inter dominum Regem et Regem Francie tenenda faciant quod Rogerius de Thoni et Petrus de Rupibus thesaurarius Pictav. eis simul mandabunt.

Rex, etc., baronibus de scaccario Cadomi, etc. Monstravit nobis Gwarinus de Glapion quod occasione talliagii positi super elemosinas Normannie, Ricardus Serle et Ricardus de Ros homines ipsius Glapion talliati fuerunt de 10 lib. Andegav. de feodo quod idem Glapion tenet de episcopo Lexovii. Et ideo vobis mandamus quod de illis 10 lib. quieti sint. Teste me ipso apud Bures 17°. die decembris.

Pictav. Rex, etc. R. senescallo Pictav., etc. Mandamus vobis quod sine dilacione faciatis habere comiti Willelmo Marescallo 20 dolia vini de dono nostro. Teste me ipso apud Sanctum Laudum 13°. die decembris.

Rex, etc. Henrico de Burgo camerario, etc. Mandamus vobis quod liberetis Reginaldo de Barris 100 lib. Andegav ad operaciones castri nostri de Chinon. Teste me ipso apud Bures 15°. die decembris.

Terra data. Rex, etc. Engelramo constabulario de Loudonie, etc. Mandamus vobis quod sine dilacione faciatis habere dilecto nostro Petro de Maulay vel nuncio suo terram quam Petrus Odardus tenuit in ballia vestra in excambium de Muncontor. Teste me ipso apud Cadomum 22°. die decembris.

Rex, etc. Henrico de Burgo Camerario, etc. Mandamus vobis quod sine dilacione faciatis habere latori presentium Baseleu homini Pagani de Rupeforti 100 lib. Andegav. ad opus domini sui. Teste me ipso apud Cadomum 22°. die decembris.

Rex, etc., baronibus de scaccario Cadomi, etc. Sciatis quod recipimus in crastino Beati Thome Apostoli apud Cadomum per manum Abbatis Cadomi 1000 lib. Andegav. de prima solucione finis quem Robertus de Tibovilla fecit nobiscum pro terra Roberti Bertram. Et ideo volumus quod idem Robertus de Tibovilla et plegii ejus scilicet Willelmus de Braosa et Robertus de Haracurt de illis 1000 (lib.) quieti sint. Teste me ipso apud Cadomum 22°. die decembris.

Rex, etc. S. Abbati Cadomi, etc. Mandamus vobis quod de 1000 lib. Andegav. quas recepistis de Roberto de Tilbovilla liberetis Petro de Stokes senescallo nostro 40 lib. Teste me ipso apud Cadomum 23°. die decembris.

Rex, etc. Hugoni de Burgo Camerario, etc. Mandamus vobis quod sine dilacione liberetis fidelibus nostris Comiti R. Sagiensi et Guarino de Glapion 200 marc. argenti ad opus R. vicecomitis Bellimontis. Teste me ipso apud Cadomum 27°. die decembris.

Rex, etc., baronibus de scaccario Cadomi, etc. Sciatis quod recipimus per manum Abbatis Cadomi apud Cadomum 960 lib. Andegav. quas ipse recepit de fine Roberto de Tilbovilla. Et ideo vobis mandamus quod inde quietus sit. Teste me ipso apud Cadomum 28°. die decembris. Per B. clericum et G. de Camera.

Rex, etc., baronibus de scaccario Cadomi, etc. Computate dilecto et fideli nostro Johanni de Pratellis 300 lib. Andegav. quas ipse posuit in liberacionibus militum et servientum sicut rationabiliter monstrare poterit per visum et testimonium legalium hominum et per sufficientum warantum quod illas in hoc posuerit. Teste me ipso apud Herbertot 29°. die decembris.

Rex, etc. Willelmo de S^to^. Laudo, etc. Mandamus tibi quod 450 lib. de quibus nobis mandasti, ponas ad firmandum castrum nostrum de Arches per visum quatuor proborum hominum de Arches et *totum*. Teste me ipso apud Herbertot 20°. die decembris.

Rex, etc., senescallo Normannie, etc. Sciatis quod nos quietum clamavimus Robertum de Vallibus de mercia nostra quantum ad nos pertinet de concordia facta inter ipsum et Willelmum de Vallibus de terra de Vallibus et de Kenereville. Et ideo vobis mandamus quod inde quietus sit. Teste me ipso apud Lexovium 2°. die januarii.

Rex, etc. R. constabulario Cestrie. Mandamus vobis quod quietum esse faciatis Abbatem de Vallatia de malatolta de vinis suis unde vobis securitatem prestiterit quod ea habebit in proprios usus. Teste me ipso apud Lexovium 1°. die *decembris*.

Rex, etc., baronibus scaccarii Cadomi, etc. Mandamus vobis quod Willelmum de Cortenay quietum esse faciatis de bannagio de hoc anno. Teste me ipso [*apud*] Lexovium 2°. die januarii.

Rex, etc. Guidoni de Sabloill., etc. Scias quod dedimus te et feudum tuum et tenementum et tailliam tuam dilecto et fideli nostro P. de Pratellis et volumus quod de eo teneas; et nolumus quod de cetero sis tailliatus, nisi per ipsum Petrum. Teste me ipso apud Liram 4°. die januarii

Mandatum est Huberio de Burgo Camerario quod mittat apud Sagium per Robertum Aguullunum et milites et servientes 1000 marcas de 1000 lib. quas recepit, ita quod ibi sint Dominica proxima post Circumcisionem Domini summo mane. Et ibi liberantur Petro de Pratellis, et Petro de Rupibus.

Mandatum est eidem Camerario quod faciat habere Roberto de Guuiz 40 lib. Andegav. et Guydoni filio Fulconis 20 lib. Andegav. ad adquietanda vadia sua.

(Membrane 6.)

Terra data. Rex, etc. Willelmo Norrensi salutem. Precipimus tibi quod facias habere Gill. de Oylly 100 acras terre que jacent juxta terram monachorum de Beubec quam eis dedimus. Ita tamen quod sint extra *h*abaiam nostram Nos enim illas 100 acras dedimus ipsi Gill. Teste me ipso apud Lyram 4°. die januarii. Per *manum* Fulconem de Cantilupo.

Rex, etc. Roberto de Nevilla salutem. Scias quod quietum clamavimus Gaufridus de Bosco de arreragio de Novo Burgo usque ad 50 lib. Andegav. Et ideo tibi mandamus quod inde quietus sit. Teste me ipso apud Lyram 4°. die januarii. Per ipsum Regem.

Rex, etc., baronibus de scaccario Cadomi salutem. Sciatis quod Robertus Tresgoz nobis reddidit unum palefridum quem nobis promiserat pro confirmanda quadam carta de emptione cujusdam terre apud Baiocas. Et ideo vobis mandamus quod inde ipsum quietum esse faciatis. Teste me ipso apud Lyram 5°. die januarii. Per senescallum Normannie.

Rex, etc. Simoni de Scuris salutem. Mandamus tibi quod liberes Comitem Albemari. vel latori presencium Willelmo de Orival militi suo, certo nuncio suo Johannem de Mausinuy quem habes in prisona. Teste me ipso apud Lyram 7°. die januarii.

Terra data. Rex, etc. B. senescallo Andegav. salutem. Sciatis quod nos dedimus Johanni de la Brueria castrum de la Chartre. Et ideo vobis mandamus quod illud habere faciatis. Teste me ipso apud Bretolium 8°. die januarii.

Rex, etc., senescallo Normannie salutem. Mandamus vobis quod mittatis nobis per bonum et salvum conductum 1000 marcas argenti; ita ut sint contra nos hac instanti die dominica apud Argentomum. Et faciatis similiter cum illis ad nos venire abbatem Cadomi et Radulfum Abbatem. Teste me ipso apud Vernolium 9°. die januarii. Per Bartholom. *clericum* de camera.

Rex, etc., baronibus de scaccario Cadomi, etc. Sciatis quod Erneis de Maudos reddidit camerario nostro Huberto de Burgo 24 lib. Andegav. apud Falesiam ad operaciones castri nostri de Falesia de debito 48 lib. Andegav. quas debent Benlivenge et Jacobus Judeis. Et ideo vobis mandamus quod ipsum de debito illo quietum inrotulari faciatis. Teste me ipso apud Alencon 15°. die januarii. Per Hubertum de Burgo et P. de Stoke.

Terra data. Rex, etc., senescallo Normannie, etc. Mandamus vobis quod sine dilacione faciatis habere Ernulf de Maudes totam terram que fuit decani And. in Normannia. Teste me ipso apud Alencon. 15°. die januarii. Per P. de Rupibus.

Terra commissa. Rex, etc., senescallo Normannie, etc. Mandamus vobis quod *sine dilacione faciatis* statim visis litteris istis liberetis dilecto et fideli nostro Huberto de Burgo Camerario vel nuncio suo totam terram Reginaldi Moun in Normannia preter illam quam liberavimus Johanni de Bosco. Teste me ipso apud Cenomannum 21°. die januarii.

Rex, etc., senescallo Normannie, etc., et baronibus scaccari Cadomi, etc. Sciatis quod die veneris proxima prius festum S^ti^. Hilarii apud Alencon. recepimus 1000 marcas argenti de thesauro nostro Anglie per manum Radulfi Labbe anno regni nostri quarto. Teste me ipso apud Alencon 18°. die januarii. Per P. de Rupibus.

Terra data. Rex, etc. Ballivo de Danfront, etc. Precipimus tibi quod facias habere Osmundo de Vautort terram que fuit Ricardi de Orte in ballia tua qui est cum Joelli de Meduana. Teste me ipso apud Alencon. 18°. die januarii.

Rex, etc. Thesaurario et Camerario Cadomi, etc. Mandamus vobis quod sine dilacione faciatis habere Willelmo Cumin ad opus militum et servientum de Arches 547 lib. Andegav. et 12 sol. 3 den. de thesauro nostro Anglie pro reragio liberacionum suarum de quibus cum eis finem fecimus. Et preterea faciatis habere Johanni de Salmur ad opus balistariorum nostrorum de Arches 90 lib. Andegav. de eodem thesauro de arreragiis suis et pro liberacionibus suis quindecim dierum, scilicet usque ad secundum diem februarii illo die computato. Item liberate predicto Willelmo Cumin ad opus quinque militum apud Archis 89 lib. Andegav. de eodem thesauro pro reragiis suis. Teste me ipso apud Alencon. 19°. die januarii. Per P. de Rupibus.

Rex, etc. Thesaurario et baronibus de scaccario Cadomi, etc. Liberate de thesauro nostro Anglie Domingo de S^to^. Gasso ad opus balistariorum nostrorum de Vernolio pro reragiis suis 40 lib. 6 sol. Andegav. et eisdem pro liberacionibus suis quindecim dierum usque ad secundum diem februarii ipsa die computata 19 lib. 10 sol. Andegav. Teste me ipso apud Alencon. 19°. die januarii. Per P. de Rupibus.

Rex, etc. Thesaurario et Camerario Cadomi, etc. Liberate de thesauro nostro Anglie B. clerico de Camera nostra 40 lib. Andegav. ad faciendum liberaciones militum et servientum de Valle Rodolio; et preterea eidem de eodem thesauro 200 lib. Andegav. ad operaciones de Radepont. Et 133 lib. Andegav. pacandas mercatoribus pro casulis quas fieri fecimus. Teste me ipso apud Alencon. 19°. die januarii. Per P. de Rupibus.

Rex, etc. Thesaurario et Camerario, etc. Liberate de thesauro nostro Anglie Geroni de Anwers 200 lib. Andegav. pro reragiis suis et pro liberacionibus usque ad Purificationem Beate Marie. Et 15 lib. Andegav. quas ei dedimus ad equum emendum. Teste me ipso apud Alencon. 19°. die januarii. Per Petrum de Rupibus.

Rex, etc. Thesaurario et Camerario, etc. Liberate B. de Camera clerico nostro de thesauro nostro Anglie ad facienda arreragia militum et servientum Pontis Arche 83 lib. 14 sol. 9 den. Andegav. Et eidem similiter liberate de eodem thesauro 12 sol. 6 den. ad faciendas liberaciones eorumdem de quindecim diebus usque ad secundum diem februarii ipso [die] computato. Teste me ipso apud Alencon. 19°. die januarii. Per P. de Rupibus.

Terra data. Rex, etc., senescallo Normannie, etc. Mandamus vobis quod faciatis habere comiti Leircestre quicquid comes R, habuit apud Bernay. Teste me ipso apud Cenomanum 22°. die januarii.

Terra data. Rex, etc. Willelmo de Braosa, etc. Mandamus vobis quod sine dilacione faciatis habere dilecto et fideli nostro Baldwino Rastel vinagium cum pertinenciis que fuit comitis Roberti. Teste me ipso apud Cenomanum 22°. die januarii.

Sub eadem forma scribitur inde senescallo Normannie, etc.

Terra data. Rex, etc., senescallo Normannie, etc. Mandamus vobis quod sine dilacione faciatis habere dilecto nostro Roberto des Erables totam terram Roberti de Mesnillo cum pertinenciis qui fuit senescallo comitis Roberti. Teste me ipso apud Cenomanum 22°. die januarii.

Terra data. Rex, etc. Ballivo de Faleisia, etc. Precipimus tibi quod sine dilacione facias habere Terrico Teutonico valleto nostro Sanctum Serninum cum pertinenciis que fuit comitis Roberti. Teste me ipso apud Cenomanum 22°. die januarii.

Terra data. Rex, etc., senescallo Normannie, etc. Sciatis quod liberavimus dilecto militi nostro Johanni de Stoke Muntgumeri cum pertinenciis que fuit comitis Roberti Sagiensis. Et ideo vobis mandamus quod illam ei sine dilacione habere faciatis. Teste me ipso apud Cenomanum 22°. die januarii.

Terra data. Rex, etc. Willelmo de Braosa, etc.

Mandamus vobis quod sine dilacione faciatis habere Philippo de Reveriis, Merre cum pertinenciis que fuit comitis Roberti Sagiensis. Teste me ipso apud Cenomanum 22°. die januarii.

Terra data. Rex, etc. R. Senescallo Normannie, etc. Mandamus vobis quod sine dilacione faciatis habere Waltero Francigene totam terram que fuit Garani de Nuilly socii comitis R. Sagiensis cum omnibus catallis suis et omnibus ad illam pertinentibus. Teste me ipso apud Sagium 25°. die januarii. Per Petrum de Pratellis.

Terra data. Rex, etc. Radulfo Le Abbe, etc. Mandamus vobis quod sine dilacione faciatis habere Johanni Marescallo quicquid comes Robertus habuit apud Sagium et molendinum similiter de Rupe que ei dedimus. Teste me ipso apud Sagium 25°. die januarii.

Rex, etc. R. senescallo Normannie, etc. Mandamus vobis quod faciatis habere dilecto et fideli nostro Johanni Maresc. villam de Rye cum pertinenciis que fuit Andree de Vitreio quam ei liberavimus. Teste me ipso apud Sagium 25°. die januarii.

Terra data. Rex, etc., *senescall. Normann*. Ballivo de Falesia, etc. Precipimus tibi quod sine dilacione facias habere Ricardo Marescallo nostro totam terram que fuit Willelmi de Chauney cum pertinenciis apud Mesnil Reneward qui est cum inimicis nostris nisi illam alii dederimus. Scias enim quod illam ei dedimus. Teste Petro de Rupibus apud Sagium 26°. die januarii.

Terra data. Rex, etc. Willelmo de Braosa, etc. Mandamus vobis quod sine dilacione faciatis habere Ricardo de Reveriis totam terram que fuit Willelmi de Campens et Willelmi de Merlay, apud Aibry cum pertinenciis suis qui sunt contra nos cum comiti Sagiensi. Teste me ipso apud Sagiensem 27°. die januarii.

Terra data. Rex, etc., senescallo Normannie, etc. Mandamus vobis quod sine dilacione faciatis habere Waltero Francigene Mesnillum Odonis cum omnibus pertinenciis suis et catallis suis que fuit Willelmi de Feugeray qui est contra nos cum comiti Roberto Sagiensi. Teste me ipso apud Sagienses 27°. die januarii. Per comitem Leicester.

Rex, etc. Majori Rothomagi salutem. Mandamus vobis quod faciatis habere Constabulo Cestrie centum bacones et vos ipsi sitis ad venditionem veteris warnestrie castri novi de Andeliaco una cum servientibus predicti Constabularii ad videndum quod vendatur secundum quod vobis sciveritis expedire et de vendicione illa capiatis denarios nostros. Teste me ipso apud Sagium 25°. die januarii.

Terra data. Rex, etc. R. senescallo Normannie, etc. Mandamus vobis quod faciatis habere Roberto de Ponte Anescy cum pertinenciis que fuit Herberti de Berners qui (est) contra nos cum comiti Roberti Sagiensi. Teste me ipso apud Sagium 28°. die januarii.

Rex, etc., baronibus, etc. Sciatis quod quietavimus Philippum de Albiniaco 30 lib. lib. Andegav. quas nobis debet pro expensis Gwidonis de Levéés. Et ideo vobis mandamus quod ipsum inde sine dilacione quietum esse faciatis. Teste me ipso apud Sagium 28°. die januarii.

Rex, etc., baronibus de scaccario Cadomi. Sciatis quod die Lune proxima post Conversionem S^{ti}. Pauli apud Sagium recepimus 1000 marcas argenti de thesauro nostro Anglie per manum Rogeri clerici Radulfi Le Abbe. Et ideo vobis mandamus quod inde quietus sit. Teste me ipso apud Sagium 28°. die januarii.

Rex, etc. Ballivis Cadomi, etc. Precipimus vobis quod Johannem de Fraxineto servientem de Francie liberetis latoribus presencium nunciis Comitis Sarisbury fratris nostri quare illum quietavimus eidem Comiti fratri nostro ad redimendum per eum quemdam servientem suum captum in Francia. Teste me ipso apud Sagium 28°. die januarii.

Sub eadem forma scribitur senescallo Normannie.

Rex, etc. Ricardo de Willekier, etc. Mandamus vobis quod quietum esse faciatis Henricum de la Huse de 20 lib. Andegav. quas debet Judeis pro Luca filio Johannis et cartas de eodem debito ipsi Henrici reddi faciatis sine dilacione. Teste me ipso apud Sagium 28°. die januarii.

Terra data. Rex, etc. Ricardo de Turri, etc. Precipimus tibi quod sine dilacione facias habere G. de Camera nostra terram que fuit Gaufridi de Chament qui est contra nos militis Willelmi Talevaz fratris R. Comitis in ballia tua nisi illam alibi dederimus. Teste me ipso apud Argentan. 28°. die januarii.

Rex, etc., Constabulario de Arches, etc. Mandamus tibi quod sine dilacione facias habere Willelmo Norrensi vadia sua sicut finis factus fuit coram Will. Maresc. Teste me ipso apud Argentan. 30°. die januarii.

(Membrane 5).

Rex, etc. Probis hominibus de Ponte Aldomari et Judeis de Ponte, etc. Mandamus vobis quod commodetis Petro de Medlent 200 libras Andegav. ad emendam warnisionem ad castrum nostrum de Bello Monte. Et ille 200 lib. vobis reddentur de exitibus bosci de Brotonia. Nos autem illas manucapimus et insuper plegius vester est Johannis de Pratellis qui illas vobis reddet nisi vobis reddite sint ut predictum est. Teste me ipso apud Faleisiam 31°. die januarii.

Terra data. Rex, etc. Ballivo de Faleisia, etc. Precipimus tibi quod sine dilacione habere facias Rogero de Linho terram que fuit Radulfo de Lascellis cum pertinenciis suis apud Chanceles qui est cum Johelli de Meduana contra nos, quia eam eidem Rogero dedimus. Teste me ipso apud Faleisiam 31°. die januarii.

Rex, etc. Ricardo de Wilckier, etc. Sciatis quod quietavimus Henrico de Mailloc 20 lib. Andegav. tam de debito quam de usuris Judeorum ad emendum sibi equum. Et ideo vobis mandamus quod eum inde quietum esse faciatis. Teste me ipso apud Faleisiam 31°. die januarii.

Terra data. Rex, etc. Ballivo Faleisie, etc. Precipimus tibi quod habere facias Henrico de Mailloc 100 solidatas terre Andeg. apud Brettevillam que fuit Pagani de Manil. qui est cum vicecomiti de Bello Monte contra nos, quia eidem Henrico predictas 100 solidatas terre ibidem dedimus. Teste me ipso apud Faleisiam 31°. die januarii.

Terra data. Rex, etc. Ricardo de Fonteneto, etc. Precipimus tibi quod sine dilacione habere facias Ingeramo vicecomiti de Albemari totam terram que fuit Philippo de Ducellis cum pertinenciis suis in ballia tua qui contra nos est cum inimicis nostris. Quia eam eidem Ingeramo dedimus. Teste me ipso apud Faleisiam 31°. die januarii.

Rex, etc. Willelmo Puinard. Vicecom. Cadomi, etc. Precipimus tibi quod omni occasione remota comodes G. filio Geroldi 30 vel 40 marcas et illas tibi reddi faciemus de primis denariis nostris qui venient de Anglia, vel illas tibi ad scaccarium computari faciemus. Teste me ipso apud Faleisiam 1°. die februarii.

Rex, etc. Vicecomiti de Auge, etc. Scias quod dedimus Stephano de Oxonia servienti nostro piscariam cum pertinenciis suis que fuit de Masq. apud Troardz qui est cum comiti Roberto Sagiensi contra nos. Et ideo precipimus quod predictam piscariam cum pertinenciis eidem Stephano sine dilacione habere facias.

Teste me ipso apud Faleisiam 1°. die februarii. Per Willelmum de Braosa.

Rex, etc., ballivo de Faleisia, etc. Sciatis quod quietavimus Willelmum de Sancta Norma de 20 lib. Andegav. de debitis Judeorum ad standum in servicio nostro apud Argentan. Et ideo vobis mandamus quod si ipse vos securos fecerit quod fideliter nobis serviet et quod in crastino, scilicet die Purificationis sit apud Argentomum ad ibi morandum, tunc eum inde quietum esse faciatis. Teste me ipso apud Faleisiam 1°. die februarii. Per Willelmum Braosa.

Rex, etc., senescallo Normannie, etc. Sciatis quod quietavimus Willelmum de Merula de 50 lib. Andegav. quas nobis debet ad scaccarium nostrum Cadomi. Et ideo vobis mandamus quod ipsum inde quietum esse faciatis. Teste me ipso apud Rothomagum 4°. die februarii. Per Willelmum de Braosa.

Rex, etc. R. Constabulario Cestrie, etc. Mandamus vobis quod hoc quod capimus et capere consuevimus de tenseria et de aliis de terra de Clera faciatis habere Riched de Clera. Teste me ipso apud Rothomagum 5°. die februarii. Per Robertum filium Walteri.

Rex, etc., baronibus de scaccario Cadomi, etc. Sciatis quod quietavimus dilecto nostro Rogero de Toney 200 lib. Andegav. de remanente talliag. terre sue ad redemptionem Regis Ricardi et 100 lib. Andegav. quas Ricardus Rex ei accomodavit ad domum suam de Tony firmandam. Et ideo vobis mandamus quod eum inde quietum esse faciatis. Teste me ipso apud Rothomagum 5°. die februarii.

Rex, etc. Ricardo de Wilekier, etc. Sciatis quod quietavimus Rogero de Mortuo Mari 25 lib. Andegav. de usuris debiti 100 lib. quas debet Bruno et Josce et Gentill. Judeis. Et ideo vobis mandamus quod de predictis 25 lib. quietus sit reddendo centum lib. predictas quas debet predictis judeis. Teste me ipso apud Rothomagum 5°. die februarii. Per Willelmum de Braosa.

Rex, etc., baronibus de scaccario Cadomi, etc. Sciatis quod quietavimus homines nostros de Kileboef scilicet : Gilbertum Renuard, Robertum Burgeis, Reginald. Boisard., Johannem Martin, Robertum Deudone, Ricardum Gaudiun, Turstanum Renuard., Alesiam que fuit uxorem Valerami, Godefrid. Avenat, Henricum Anglicum, Humfridum Topesh. de 38 lib. 10 sol. Andegav. de merciamento vinagii. Et ideo vobis mandamus quod ipsos inde quietos esse faciatis. Teste me ipso apud Rothomagum 5°. die februarii.

Terra data. Rex, etc. Willelmo de Pratellis, etc. Mandamus vobis quod sine dilacione habere faciatis dilecto et fideli nostro Willelmo de Braosa totam terram de honore de Pin cum pertinenciis in ballia *tua* que fuit Hugoni de Lascy. Teste me ipso apud Rothomagum 6°. die februarii.

Rex, etc. R. const. Cestrie et Henrico de Rolleston etc. Mandamus vobis quod vina que servientes abbatis Fescamp. potuerunt affidare esse ad usus ipsius abbatis quieta esse faciatis de mala tolta. Teste me ipso apud Rothomagum 7°. die februarii.

Terra data. Rex, etc., ballivo de Levin, etc. Mandamus vobis quod sine dilacione faciatis habere Ricardo de Harecort terram que fuit Margarete filie Willelmi de Feugeriis que est cum Britonibus in ballia *tua.* Teste me ipso apud Rothomagum 7°. die februarii.

Sub eadem forma scribitur ballivo de Valle Rodol.

Terra data. Rex, etc., ballivo de Faleisia, etc. Precipimus tibi quod sine dilacione faciatis habere dilecto et fideli nostro Ricardo de Harecort 10 lib. terre de feodo Roberti de Harecort apud Postenny que fuit Ricardi de Vilers qui est cum comiti Roberto Sagiensi, quam ei commisimus in custodia. Teste me ipso apud Rothomagum 7°. die februarii.

Rex, etc. Abbati Cadomi, etc. Mandamus vobis quod sine dilacione faciatis habere Petro de Pratellis vel nuncio suo 100 lib. Andegav. donec thesaurus noster Anglie venerit. Teste me ipso apud Rothomagum 9°. die februarii.

Rex, etc., baronibus de scaccario Cadomi, etc. Sciatis quod recipimus apud Rothomagum 268 marcas 6 solid. 3 obol. de thesauro nostro Anglie per manum Hugonis Chaucebue et Walteri Mauclerc. Et ideo vobis mandamus quod inde quieti sint. Teste me ipso apud Rothomagum 8°. die februarii. Per Willelmum clericum de Camera.

Rex, etc. B. clerico de Camera, etc. Mandamus tibi quod de primis denariis quos habebis facias habere Radulfo de Chefdelewe militi Stephani de Longo Campo medietatem areragiis liberacionum servientum et balistariorum et aliorum qui sunt apud Dovillam ad denarios nostros de termino quo eis liber*tates* debentur et liberaciones suas de vigenti diebus ultra sicut aliis de Marchia fieri precipimus. Teste me ipso apud Rothomagum 10°. die februarii. Per Willelmum clericum de Camera.

Rex, etc. B. clerico de Camera. Mandamus tibi quod de primis denariis quos habebis facias habere archeriis nostris 150 lib. usque ad decem diem februarii computatum, scilicet de medietate arreragiorum suorum et ab eodem die paca eos de viginti diebus scilicet 104 lib. Teste me ipso apud Rothomagum 10°. die februarii. Per Willelmum Clericum de Camera.

Rex, etc. B. Clerico de Camera, etc. Mandamus tibi quod de primis denariis quod habebis facias habere Roberto filio Hermeri clerico nostro liberaciones militum, servientum, balistariorum et omnium illorum qui sunt ad denarios nostros in castro de Valle Rodol. [de] 6 diebus usque ad nonum diem februarii computatum. Scilicet 67 lib. 12 den. Andegav. et similiter de quindecim diebus ultra. Teste me ipso apud Rothomagum 10°. die februarii. Per Willelmum clericum de Camera.

Rex, etc. B. clerico de Camera, etc. Precipimus tibi quod pacces Henrico de Rolleston et Alard. Flameng. 1028 lib. 13 sol. et 8 den. Andegav. de medietate reragiorum militum, servientum, balistariorum et omnium illorum qui sunt ad denarios nostros in duobus castris Andeliac. scilicet ad nonum diem februarii computatum et in plenam liberacionem eis facias de quindecim diebus ultra sicut aliis de Marchiis fieri precipimus. Teste me ipso apud Rothomagum 10°. die februarii. Per Willelmum Clericum de Camera.

Rex, etc., senescallo Normannie, etc. Mandamus vobis quod Alano Wate*h*ohose invenire faciatis sibi necessaria et canibus nostris quos mittimus in Angliam quamdiu ipse moram fecerit, ad mare pro transfretando, videlicet ipsi Alano ad duos equos et hominibus suis 12 den. sterlingorum in die et ad 28 leporarios cuilibet in die unum Cenomann. et septem custodibus leporariorum cuilibet in die duos sterlingos. Teste me ipso apud Molinellum 11°. die februarii.

Rex, etc. Ballivis de Barbeflet, etc. Precipimus vobis quod transfretare faciatis Alanum Wastehose et Willelmum Walensie cum 5 equis et canibus nostris et nobis scire faciatis quantum in hoc posueritis et vobis computari faciemus Teste me ipso apud Molinellum 11°. die februarii Per P. de Stok.

(Membrane 4.)

Terra data. Rex, etc. R. Constabulario Cestrie, etc. Mandamus vobis quod sine dilacione faciatis habere Willelmo de la Vacherie terram cum pertinenciis que fuit Willelmi de la Vacherie avunculi sui qui est in Francia cum inimicis nostris contra nos quia illam ei dedimus. Teste me ipso apud Molinell. 11°. die februarii. Per Robertum de Haracort.

Rex, etc. Ricardo de Wilekier, etc. Sciatis quod quietavimus Thom. de Gurnevilla de 15 lib. Andegav. de debitis Jacobi et Cresseling. Judeorum. Et ideo vobis mandamus quod eum inde quietum esse faciatis et cartas ei de tanto debito reddi faciatis. Teste me ipso apud Molinell. 12°. die februarii. Per Robertum de Haracort.

Rex, etc. Ballivo de Faleisia, etc. Precipimus tibi quod facias habere Baldewino Rastell. terram de Vivaz in pace. Et si M'y sit de pertinenciis de Vivaz, tunc ei M'y habere facias. Teste me ipso apud Molinell. 12°. die februarii.

Terra data. Rex, etc. Ballivo de La Lunda, etc. Precipimus tibi quod facias habere Willelmo de Vivilla terram que fuit Willelmi Ferrand. cum pertinenciis in ballia tua quia eam eidem Willelmo dedimus, eo quod ipse Willelmus Ferrant contra nos est. Teste me ipso apud Rothomagum 11°. die februarii.

Rex, etc. Hugoni de Gornaco, etc. Mandamus vobis quod faciatis habere Willelmo de Vivilla terram que fuit Willelmi Ferrant in ballia *tua* qui est contra nos. Teste me ipso apud Rothomagum 11°. die februarii.

Terra data. Rex, etc. Ballivo de La Lunda, etc. Precipimus tibi quod facias habere Willelmo de Vernon terram cum pertinenciis que fuit Odonis de Londa apud Rugemusters in ballia tua quam ei dedimus, quia idem Odo contra nos est Teste me ipso apud Rothomagum 11°. die februarii.

Rex, etc. Bartholomeo Clerico, etc. Mandamus tibi quod illis qui sunt apud Pontem Arche facias habere liberaciones suas sicut alii de Marchia habent per litteras nostras quas tibi misimus sicut sc*itis* quod eas habere debent. Teste me ipso apud Molinell. 12°. die februarii.

Terra data. Rex, etc. Ballivo de La Lunde, etc. Precipimus tibi quod sine dilacione habere facias dilecto et fideli nostro Ricardo de Haracort redditum qui fuit Margarete uxoris quondam Walarani de Mellent sororis Willelmi de Feugeriis que est cum Britonibus, quam ei commisimus in custodia. Teste me ipso apud Molinell. 12°. die februarii.

Rex, etc. Bartholomeo clerico de Camera, etc. Precipimus tibi quod Stephanus Lastur se quarto balistariorum peditum qui sunt apud Pontem Ursonis sicut aliis de Marchia liberaciones suas habere facias. Et magister Benedictus scit terminum eorum, et Abbas Cadomi illas eis mittat. Teste me ipso apud Molinell. 11°. die februarii.

Rex, etc. Bartholomeo clérico, etc. Mandamus vobis quod habere facias Johanni de Nevilla medietatem reragii sui de eo tempore quo fuit apud Novum Burgum; sicut aliis fecistis de Marchia. Teste me ipso apud Molinell. 12°. die februarii. Per Willelmum clericum de Camera.

Terra data Andegav. Dominus Rex dedit Petro de Rupibus thesaurario Pictaviensi totam terram Gaudini Espechan.

Ibidem. Rex, etc. G. de Atheciis, etc. Mandamus vobis quod Priori et fratribus de Chartusa juxta Luches faciatis habere 20 lib. Andegav. quas ei dedimus in elemosinam ad reparacionem ecclesie sue. Teste me ipso apud Rothomagum 13°. die februarii.

Hibernia terra data. Rex, etc. Justiciaribus Hibernie, etc. Mandamus vobis quod habere faciatis Ricardo de Thwit 25 lib. terre sterlingorum in Hibernia extra dominica nostra in excambium terre de Thwit quam assensu et voluntate ipsius dedimus dilecto et fideli nostro Ricardo de Haracort. Teste me ipso apud Rothomagum 13°. die februarii. Per comitem Albemar'.

Et notandum quod debuit scribi in rotulo Anglie.

Rex, etc. R. Constabulario Cestrie et Henrico de Rolleston, etc. Mandamus vobis quod unam navatam salis ascendentem in Franciam et aliam navatam vini in Normanniam de Francia descendentem que sunt Roberti filii Walteri ascendere et descendere permittatis quietas mala tolta. Teste me ipso apud Rothomagum 14°. die februarii.

Terra data. Rex, etc. Ballivo de Faleisia, etc. Precipimus tibi quod facias habere Philippo de Reveriis duos wavassores cum tenementis suis apud Merre que fuerunt G. de Menillo qui est cum comiti Roberto Sagiensi contra nos. Quia illos eidem Philippo dedimus. Teste me ipso apud Rothomagum 15°. die februarii.

Rex, etc. Preposito Cadomi, etc. Precipimus tibi quod sine dilacione facias habere dilecto nostro Guarino de Glapion quatuor modios frumenti et duos tunellos vini. Teste me ipso apud Rothomagum 15°. die februarii.

Rex, etc. Baronibus de scaccario Cadomi, etc. Mandamus vobis quod habere faciatis Hervico de Pratis 30 lib. Andegav. de thesauro nostro Anglie, scilicet medietatem feodi sui et alia medietas erit in voluntate nostra. Teste me ipso apud Rothomagum 15°. die februarii.

Terra data. Rex, etc. Willelmo de Mortuo Mari, etc. Mandamus vobis quod habere faciatis Reginaldo de Meiners villam Dampiere que fuit Abbatis de Corbie et Odonis de Engaine si est in manu nostra. Quia illam eidem Reginaldo dedimus. Teste me ipso apud Rothomagum 15°. die februarii.

Rex, etc. Willelmo de Mortuo Mari, etc. Mandamus vobis quod faciatis habere R. Constabulario, Brunvill. et Penlux, que fuerunt comitis Augi, preter terram illam quam Willelmus Briwerria ibidem habet. Quia eas eidem Rogero dedimus. Teste me ipso apud Rothomagum 14°. die februarii.

Rex, etc. Baronibus de scaccario Cadomi, etc. Sciatis quod Ricardus de Wilekier liberavit in camera nostra Petro de Rupibus apud Rothomagum sabbato proximo anno ante diem Cinerum 800 lib. Andeg. quas recepit a Judeis de prestito ad opus nostrum. Et ideo vobis mandamus quod ipse inde quietus sit. Teste me ipso apud Rothomagum 17°. die februarii.

Rex, etc. R. Constabulario Cestrie et Henrico de Rolleston, etc. Sciatis nos quietasse dilecto nostro Ricardo de Haracort malam toltam de 123 doliis vini que sunt in bato Roberti de Malapalude, unde vobis mandamus quod inde transire predicta 123 dolia quiete permittatis. Teste me ipso apud Molinell. 17°. die februarii. Per G. de Furnivalle.

Rex, etc. Preposito Cadomi, etc. Precipimus tibi quod facias habere Gaufrido de Bosco medietatem redditus sui quem habere debet ad hoc instante termino Pasche, et ideo vobis ad scaccarium computari faciemus. Teste me ipso apud Rothomagum 19°. die februarii Per Constabularium Normannie.

Rex, etc. Preposito Cadomi, etc. Precipimus tibi quod facias habere Willelmo de Enle vel homini suo has litteras deferenti 30 lib. Andegav. ad equum suum deinvadiandum quas ei dedimus et nos illas tibi ad scaccarium nostrum Cadomi computari faciemus. Teste me ipso apud Rothomagum 19°. die februarii.

Rex, etc. Radulfo de Sumeri, etc. Mandamus vobis quod capiatis a Judeis de Danfront 200 lib. Andegav. et de 100 lib., pacetis liberaciones militum et servientum nostrorum. Et alias 100 lib. ponatis in operacionibus castri nostri per visum Abbatis de Luglay et clerici R. de Veteri Ponte. Teste Willelmo de Braosa apud Rothomagum 24°. die februarii. Per eundem.

Rex, etc. Baronibus de scaccario Cadomi, etc. Computate Willelmo Puinard. vicecomiti Cadomi 200 lib. Andegav., quas ipse liberavit Petro de Pratellis de servientibus ballie sue, unde idem Petrus reddidit computum in camera nostra, nisi predicte 200 lib. Andegav. eidem Willelmo alias computate fuerint. Teste me ipso apnd Rothomagum 24°. die februarii. Per Willelmum clericum de Camera et Girardum.

Rex, etc. R. Constabulario Cestrie et Henrico de Rolleston, etc. Mandamus vobis quod quietatis abbatem de Cadomo de mala tolta usque ad 20 lib. Teste me ipso apud Rothomagum 26°. die februarii.

Rex, etc. Ricardo de Wilekier, etc. Mandamus tibi quod facias habere Willelmo de Boell. 100 lib. Andegav. de tailliagio Judeorum de feodo suo Teste Roberto de Haracurt apud Rothomagum 25°. die februarii. Per eundem.

Rex, etc. Senescallo Normannie, etc. Mandamus vobis quod faciatis habere Roberto de Tresgoz unum dolium vini de vino Pictav. pro duobus doliis vini que nobis promisit. Teste me ipso apud Rothomagum 25°. die februarii.

Rex, etc. R. Constabulario Cestrie, etc. Mandamus vobis quod quietatis Johanni Luce 20 tunellos vini de mala tolta. Teste me ipso apud Rothomagum 25°. die februarii. Per P. de Stokes.

Rex, etc. Vicecomiti Rothomagi etc., Mandamus tibi quod facias habere fratribus de Grosso Monte unum modium bladi et unum dolium vini et una millenaria allectis et precium eorum tibi reddi faciemus de camera nostra. Teste me ipso apud Rothomagum 25 die februarii. Per P. de Rupibus.

Rex, etc. R. Constabulario Cestrie, etc. Mandamus vobis quod permittatis navem dilecti et fideli nostri Hugonis de Gornaco per vos in pace transire et in reddilu suo cum vinis quietam esse sicut vobis precipimus. Teste me ipso apud Argentomum 11°. die januarii.

Rex, etc. Roberto de Veteri Ponte, etc. Mandamus vobis quod in fidem quam nobis tenemini non dimittatis quin perquiratis 30 lib. Andegav. et eas tradatis presencium latori homini Patricii de Chaurce ad trahendum vadia ipsius Patricii. Teste me ipso apud Molinell. 26°. die februarii. Per P. de Rupibus.

Rex, etc. Roberto de Veteri Ponte, etc. Mandamus vobis quod nullo modo dimittatis quin trahatis vadia Lamberti Colon. et sociorum suorum apud Rothomagum. Teste me ipso apud Molinell. 26°. die februarii. Per Robertum de Haracurt.

Rex, etc. Roberto de Veteri Ponte, etc. Mandamus vobis quod sine dilacione faciatis habere Willelmo de Frugeriis et Ger. de Harelmont et Waltero de Baillolet 30 lib. Andegav. ad quietandum vadia sua. Teste Petro de Rupibus apud Molinell. 27°. die februarii. Per eundem.

Rex, etc. Ricardo de Wilekier, etc Sciatis quod quietavimus Math. de Bec debita que debet Abrahéé et Affaite de Mostrevilers et Abrahéé de Scola Rothomagi et Masse de Lillebonne et Simoni de Caudebec Judeis reddendo eis capitale debitum. Et ideo vobis mandamus quod eum ita quietum esse faciatis. Teste me ipso apud Pontem Aldomari. 28°. die februarii. Per Hugonem de Gornaco.

Rex, etc. Roberto filio Walteri, etc. Mandamus vobis quod totam tenseriam nostram et malam toltam ponatis ad operacionem castri nostri de Valledolio. Teste me ipso apud Pontem Aldomari 23°. die februarii. Per P. de Pratellis.

Rex, etc. Senescallo Normannie et baronibus, etc. Sciatis quod Radulfus Levegod pacavit per preceptum nostrum Hugoni de Hersi constabulario de Trou 100 marcas argenti et 100 lib. Andegav. Johanni de Brueria, de fine quem idem Radulfus nobiscum fecit. Et hoc vobis mandamus ut de tanto sit quietus. Teste me ipso apud Rothomagum 3°. die marcii.

Mandatum est R. Constabulario Cestrie et Henrico de Rolleston quod faciant habere domino Cantuar. archiepiscopo quietanciam de 20 carretatis vini de mala tolta.

Rex, etc. R. Constabulario Cestrie et Henrico de Rolleston salutem. Sciatis quod quietavimus dilecto et fideli nostro Willelmo de Braosa unam navem de mala tolta usque ad summam de quinquaginta lib. de tali moneta qualem capitis de mala tolta. Et ideo vobis mandamus quod unam navem de mala tolta quietetis usque ad predictam summam talis monete qualem capitis de mala tolta et de residuo faciemus ei unde grates nobis scire debebit. Teste me ipso apud Rothomagum 4°. die marcii.

Rex, etc. Thome Portario salutem. Sciatis quod dedimus Ade de Gurdon Ranulfum de Rovres servientem unde nobis mandasti. Et ideo tibi mandamus quod illum ei vel nuncio suo liberes. Teste me ipso apud Rothomagum 4°. die marcii.

Rex, etc. Constabulario Novi Burgi, etc. Precipimus tibi quod reddas domino Ebroic. Episcopo, Johannem de Brovilla hominem suum qui est de tenseria Vallis Rodol. ut dicit. Teste me ipso apud Rothomagum 5°. die marcii.

Rex, etc. Baronibus de scaccario Cadomi, etc. Computate domino Lexovico 48 lib. Andegav. quas in blado suo recepimus apud Rothomagum per manum P. de Stoke senescalli nostri. Teste me ipso apud Rothomagum 4°. die marcii

Rex, etc. Baronibus de scaccario Cadomi salutem. Mandamus vobis quod demandam quam facitis domino Rothomogi Archiepiscopo de tribus millibus lib. Andegav. de debito Episcopi Lexovii in respectum. ponatis quousque inquisierimus, si dicto archiepiscopo inde quietanciam fecerimus quam nos ei fecisse dicit aut donec aliud inde precepimus. Teste me ipso apud Rothomag. 5°. die marcii.

Rex, etc. Willelmo de Mortemer Constabulario de Archis salutem. Sciatis quod dedimus Waltero de S^{to}. Audoeno terram que fuit Mathei Vicecomitis cum pertinenciis que nostra escaeta est in ballia vestra apud Archas. Et ideo vobis mandamus quod eam ei habere faciatis. Teste me ipso apud Rothomag. 5°. die marcii.

(Membrane 3.)

Rex, etc. Constabulario Cestrie et Henrico de Rolleston, etc. Mandamus vobis quod vina que Rex Scotie facit venire de Francia que servientes ipsius Regis affidaverunt sua esse propria permittatis esse quieta de mala tolta. Teste me ipso apud Rothomagum 7°. die marcii.

Rex, etc. Willelmo de Mortuo Mari, etc. Mandamus vobis quod deliberetis Walterum Le Borne servientem dilecti fratris nostri Comitis Sarresberiensis sicut vobis precepimus per finem quem idem Comes fecit nobiscum de liberacione sua. Teste me ipso apud Rothomagum 7°. die marcii.

Rex, etc. Roberto filio Walteri, etc. Et Roberto filio Heremeri, etc. Mandamus vobis quod permittatis Saherum. de Quency habere decem dolia vini apud Vallem Rodol. quieta de mala tolta. Teste me ipso apud Rothomagum 7°. die marcii.

Sub eadem forma scribitur Constabulario Cestrie et Henrico Rolleston de decem doliis vini.

Rex, etc. Ballivo de Levin, etc. Precipimus tibi quod facias habere Johanni de Humet tailliagium hominum terre sue in ballia tua nisi tailliagium illud excreverit 7 lib. Andegav. Teste me ipso apud Rothomagum 7°. die marcii.

Rex, etc. Petro de Stoke, etc. Custodibus operis de Molinell., etc. Mandamus vobis quod habere faciatis Willelmo filio Alani clerico nostro liberaciones suas sicut alii clerici nostri qui sunt in operacionibus nostris habent scilicet 5 sol. Andegav. in die et computabitur vobis ad scaccarium. Teste me ipso apud Molinell. 27°. die februarii. Per ipsum P. de Stokes.

Rex, etc. Ballivo Cadomi, etc. Precipimus tibi quod sine dilacione facias habere Petro de Melleto 15 modios frumenti. Teste me ipso apud Rothomagum 6°. die marcii.

Rex, etc. Roberto de Veteri Ponte, etc. Mandamus vobis quod faciatis habere Petro de Mellet 10 millenaria alectorum. Teste me ipso apud Rothomagum. 6°. die marcii.

Rex, etc. Baronibus scaccarii Cadomi, etc. Mandamus vobis quod habere faciatis Willelmo de Enla vel homini suo has litteras deferenti 30 lib. Andegav. ad equum suum *ad* deinvadiandum quas ei dedimus. Teste me ipso apud Rothomagum 12°. die februarii. Per P. de Stokes.

Fratres hospitalis Jerusalem de ballia de Falesie habent litteras domini Regis clausas de protectione, et in fine illarum ponitur quod quieti sint de ammerciamento armorum si contra tenorem carte domini Regis hoc factum fuerit. Teste me ipso apud, etc.

Rex, etc. Ricardo de Fonteny, etc. Mandamus vobis quod Radulfus de Poclet et Gillebertus de Bov..

Rex senescallo Normannie, etc. Mandamus vobis quod visis litteris liberetis dilecto et fideli nostro Henrico de Ponte Aldomari castrum nostrum de Cesaris Burgo et balliam que ad illud pertinet. Teste me ipso apud Molinell. 9°. die marcii.

Rex, etc. Ballivo de Torney, etc. Precipimus tibi quod pacem habere faciatis hominibus Gwidonis de Diva de taillagio et de visu armorum quamdiu ipse fuerit in servicio nostro per preceptum nostrum. Teste me ipso apud Pontem Aldomari 10°. die marcii. Per Will. de Braosa.

Rex, etc. Regardatoribus foreste de Bonnevilla, etc. Sciatis quod concessimus Ricardo de Wilekier quod capiat mairemum in foresta nostra et in sepe ad edificia nostra de Herbertot. Et ideo vobis mandamus quod eum in nullo merciamento inde ponatis. Teste me ipso apud Bonam Villam 11°. die marcii.

Mandatum est Bartholomeo clerico de Camera quod faciat habere Hugoni de Hereford qui ivit in Angliam in nuncium Regis 20 sol. sterling de dono domini Regis vel de mutuo.

Rex, etc. Ballivo de Faleisia, etc. Precipimus tibi quod facias habere Willelmo Grasso saisinam quam Episcopus Abrincensis habuit in Faleisia de feodo Glocestrie. Teste comiti de Albemarla apud Argentan 13°. die marcii.

And. Terra data. Rex, etc. B. senescallo Andegav., etc., Mandamus vobis quod sine dilacione faciatis habere Elye de Navarre terram que fuit cujusdam militis qui est contra nos cum inimicis nostris prope Molihernam. Teste. B. Comiti Albamarle apud Orebec 15°. die marcii.

Terra data. Rex, etc. Ricardo de Fonteniaco, etc. Mandamus vobis quod sine dilacione faciatis habere Osmondo de Villetorta 30 sol. terre Cenoman. apud Barberye que fuit Ade de Munbahero militis qui est contra nos cum Joel de Meduana. Teste B. comiti de Albamarla apud Orbec 15°. die marcii.

Rex, etc. Radufo Taxoni, etc. Si Rogerus Ferrand serviens Comitis Leircestrie vobis invenerit salvos et sufficientes plegios de nobis fideliter serviendo, tunc ei balliam serjanterie que fuit Ricardi Britonis apud Cadomum sine dilacione habere faciatis. Teste B. comiti Albamar. 20°. die marcii apud Cambray.

And. Terra data. Rex, etc., senescallo Andeg., etc. Mandamus vobis quod liberetis Ricardo vicario Cenomanni terram quam Gaudin Especay habuit Cenoman. et vineas quas Paulin Buter et Gaufridus de Bruill. ibidem *habuit*. Teste me ipso apud Argentan. 13°. die marcii.

Rex, etc. Vivano Maillard, etc Scias quod replegiavimus Patric. de Caurciis et Gaufrid. Fauvel quem cepistis ad habendum in custodia quamdiu nobis placuerit super returnacione prisone ad summonicionem nostram. Et ideo *vobis* mandamus quod ipsum ei liberes cum catallis suis que habes Teste P. de Stoke apud Argentan 13°. die marcii.

Rex, etc Constabulario Cestrie, etc. Mandamus vobis quod de denariis de mala tolta reddatis Laurencio Saladin tantum quantum vina raspata rationabiliter valere poterant apud Rothomagum que de ipso Laurencio cepistis. Teste P. de Rupibus apud Cambray 20°. die marcii.

Terra data. Rex, etc. Ballivo de Archiis, etc. Precipimus tibi quod sine dilacione facias habere dilecto nostro [et] servienti nostro Waltero de S^to. Audoeno totam terram que fuit Mathei Vicecomitis in ballia tua quam ei dedimus cum omnibus pertinenciis suis sicut idem Matheus eam tenuit melius die quo eam foris fecerit. Teste B comiti Albamarle apud Cambray 21°. die marcii. Per P. de Rupibus.

Rex, etc. Constabulario Cestrie et Henrico de Rolleston, etc. Mandamus vobis quod faciatis habere Comiti de Penbroc sex carettas vini quietas de mala tolta. Teste me ipso apud Sanctum Ebroltum 22°. die marcii. Per P. de Rupibus.

Terra data. Rex, etc. R. Constabulario Cestrie, etc. Mandamus vobis quod faciatis habere Willelmo de La Vacherie terram que fuit Willelmi de la Vacherie avunculi sui apud Muches qui contra nos est in Francia cum inimicis nostris. Et si quid inde ceperitis usque ad 40 solid. Andegav. ei reddi faciatis. Teste Rogero de Toneyo apud Sanctum Ebrolfum 22°. die marcii.

Rex, etc. Senescallo Normannie, etc. Mandamus vobis quod liberari faciatis R. Constabulario de Danfront centum lib. Andegav. ad operationes nostras de Danfront. Teste B. comiti Albamarle apud Argentan 14°. die marcii.

Rex, etc. Constabulario Cestrie et Henrico de Rollenston, etc. Mandamus vobis quod quietetis 60 carettatas vini de mala tolta dilecto et fideli nostro P. de Stokes.

Rex, etc. Henrico de Ponte Aldomari et magistro G. de Pratis. Sciatis quod dedimus Waltero de Riperia senescallo Comitis Saresberiensis fratris nostri licenciam ducendi in Angliam quinque modios de ordeo et de siligine et dimidium modium frumenti et 30 bacones et 20 minas de brasio. Et ideo vobis mandamus quod permittatis illum sine impedimento predicta in Angliam adducere. Teste Willelmo de Braosa apud Rothomagum 31°. die marcii. Per Rogerum de Toney.

Mandatum est senescallo Normannie quod faciat habere Comiti Sarisberiensi balliam de Abricen. ad respondendum inde ad scaccarium sicut inde respondere debet et consuevit.

Rex, etc. Baronibus de scaccario, etc. Computate Willelmo Poignard Vicecom. Cadomi decem marcas argenti quas ipse pacavit per preceptum nostrum in acquietacione equi G. filio G. Teste Willelmo de Braosa apud Rothomagum 1°. die aprilis.

Rex, etc. Abbati de Cadomo, etc. Et Radulfo Labbe, etc. Liberate de primis denariis quos recipietis ad scaccarium nostrum Willelmo Poinnard 157 lib. 8 sol. 4 den. Andegav. pro 13 doliis vini, et 40.000 alectis, et pro 1,200 tesis, et 7 tesis cordarum de canvera, et pro

9 toris manu molarum, et pro expensa duorum servientium; et pro carriagio omnium predictorum de Cadomo usque Argentan que liberata fuerunt Ricardo de Turri. Teste P. de Rupibus apud Rothomagum 1°. die aprilis.

Rex, etc. Senescallo Normannie, etc. Sciatis quod nos dedimus dilecto et fideli nostro Hascuillo de Soligneio pro servicio suo 8to. lib. Cenomanenses et 4or. modios avene de bernagio apud Gilbervillam et ideo vobis mandamus quod inde quietus sit. Teste me ipso apud Rothomagum 1°. die aprilis.

Andegav. Rex, etc. Henrico Camerario et Philippo Constabulario de Chinon, etc. Mandamus vobis quod habere faciatis dilecto et fideli nostro Jordano de Blo feodum suum quod Ogeris Savarici et Johannes de Saclie qui contra nos sunt de eo tenent. Teste Willelmo de Braosa apud Molinell. 2°. die aprilis.

Ibidem. Terra data. Rex, etc. B. senescallo Andegav. etc. Mandamus vobis quod habere faciatis Godwino de Blo Reineford que fuit Episcopi Andegavensis quia illam ei dedimus. Teste Willelmo de Braosa apud Molinell. 2°. die aprilis.

Rex, etc. R. senescallo Normannie, etc. Mandamus vobis quod faciatis habere Willelmo decano de Cattebo decem copulas de chevronibus in foresta de Valoniis de quercu ad reparacionem ecclesie de Catteho. Teste G. filio Petri apud Molinell. 2°. die aprilis.

Rex, etc. Johanni filio Luce, etc. Mandamus vobis quod faciatis habere dilecto et fideli nostro Willelmo dé Mortuo Mari ceram, et sepum, et picem, et cordas, et quarellos, secundum quod R. de Veteri Ponte vobis dicit. Et computabitur vobis ad scaccarium nostrum. Teste me ipso apud Rothomagum 1°. die aprilis.

Terra data. Rex, etc. Willelmo de Pratellis, etc. Mandamus vobis quod terra que fuit Lodovici Luvet de Fontenay que capta fuit in manum nostram eo quod J. nepos domini Ebroic. qui est heres de eadem terra fuit in Francia liberetis Lucam filium Johannis custodiendam cum herede. Quia eam cum herede eidem Luce concessimus. Teste Willelmo de Braosa apud Molinell. 2°. die aprilis.

Rex, etc. Roberto de Veteri Ponti, etc. Mandamus vobis quod sine dilacione liberetis Roberto de London clerico domini Cantuar. Archiepiscopo, Gwidonem Senell. militem de Berri qui est in prisona apud Rothomagum pro quietacione Henrico de scaccario. Teste me ipso apud Molinell. 2° die aprilis.

Rex, etc. Henrico de Ponte Aldomari et magistro G. de Pratellis, etc. Sciatis quod dedimus Herveo de Hastinges licenciam ducendi in Angliam 30 summas bladi quas emit de warnistura Andeliaci. Et ideo vobis mandamus quod permittatis eos bladum illud sine inpedimento ducere. Teste Willelmo de Braosa apud Molinell. 2°. die aprilis. Per eundem.

Andegav. Rex, etc. Henrico de Burgo Camer. et Willelmo de Butemont, etc. Mandamus vobis quod liberetis Rogoni de Sauceio Gaufridum de Mesnil qui est in prisona apud Chinon si videritis hoc esse nostrum melius. Teste me ipso apud Rothomagum 5°. die aprilis.

(Membrane 2.)

Rex, etc. Baronibus de scaccario Cadomi, etc. Mandamus vobis quod sine dilacione reddatis residuum de promissione nostra facta ad fabricam ecclesie Sancte Marie Rothomagi scilicet 460 lib. Andeg. Teste Willelmo de Braosa apud Rothomagum 8°. die aprilis.

Rex, etc. Baronibus de scaccario Cadomi, etc. Computate Ricardo de Wilekier 120 lib. quas tradidit G. de Glapion per preceptum nostrum. Teste J. de Pratellis apud Rothomagum 7°. die aprilis.

Patent. Rex, etc. Dou' Bard., etc. Sciatis quod manucapimus et J. de Pratellis nos posuit in pleg. quod habuerit in custodia filium et heredem vestrum quod si ipse non queret artem vel ingenium per quod amittatis terram vestram in vita vestra. Teste Willelmo de Braosa apud Rothomagum 7° die aprilis.

Andegav. Rex, etc. G. de Athies, etc. Senescallo Turon., etc. Mandastis nobis quod potestis habere Pagan. Burduill. et filium suum pro Willelmo Mark. Et ideo vobis mandamus quod inde nostrum melius faciatis. Teste me ipso Rothomago 7°. die aprilis.

Rex, etc. Ricardo de Wilekier, etc. Precipimus tibi quod si summa debiti quod Willelmus Malet de Gerarvilla debet Abrahe et Affaite Judeis excreverit usque ad 300 lib. Andegav. in catallo et usuris tunc ei de 100 lib. relaxacionem fieri faciatis. Et si summa minor fuerit secundum minus relaxacionem illam ei facias ammesurari. Teste Willelmo de Braosa apud Molinell. 7°. die aprilis.

Rex, etc. Huberto de Burgo, etc. Mandamus vobis quod liberari faciatis Jodevinum de Dohe Martino de Susa prisonem quia eum illi dedimus. Teste Willelmo de Braosa apud Molinell. 7°. die aprilis

Eodem modo scribitur Philipo de Hulecot et Willelmo de Butemont.

Rex, etc. Baronibus de scaccario Cadomi, etc. Mandamus vobis quod habere faciatis Johanni de Tibetot annuum redditum suum quem ei dedimus secundum tenorem carte nostre quam inde habet. Teste Willelmo de Braosa apud Molinell. 8°. die aprilis.

Rex, etc. Willelmo de Pratellis, etc. Mandamus vobis quod deliberetis Willelmum de Trien. servientem karissime neptis nostre Comitisse de Pertico qui conduxit Judeos et ipsos Judeos mittatis ad nos. Teste Hugone de Gornaco apud Montefortem 8°. die aprilis.

Rex, etc. Brien. de Insula, etc. Mandamus vobis quod fidem habeatis hiis quod dilectus noster Robertus de Veteri Ponte vobis dicit ex parte nostra de vicecomiti Castri Eraldi. Teste me ipso apud Montemfortem 8°. dei aprilis.

Mandatum est P. de Rupibus quod faciat habere Ricardo de Streton. 20 lib. Andegav. de prestito super liberaciones suas.

Mandatum est R. Constabulario Cestrie et Henrico de Rolleston, etc. Quod faciant habere Stephano de Longocampo quietanciam 40 lib. Andegav. de mala tolta in una navata vini ad firmandam domum suam de Dovilla. Teste P. de Pratellis apud Montemfortem 8°. die aprilis.

Terra data. Rex, etc. Ballivo de Levin, etc. Precipimus tibi quod habere facias dilecto nostro Fulconi de Kantilupo, Rogerum de la Haia de Lury cum toto feodo et tenemento suo quod de nobis tenet faciendo inde illi quod nobis fecit. Teste Thome de Burgo apud Falaisiam 10°. die.

Rex, etc. Senescallo Normannie, etc. Monstravit nobis dilectus noster P. de Pratellis quod ballia de Abrincensis nihil nobis solet per annum reddere nisi exitus placitorum de spata. Et ideo vobis mandamus quod si de ballia illa nihil habemus nisi placita de spata, eidem P. habere faciatis exceptis placitis de spata reddendo inde nobis per annum preter predicta placita 50 lib. ad emendacionem castri nostri de Waveray per visum legalium hominum. Ita quod si hoc nostrum melius esse videritis. Teste G. de Fornival apud Bonam Villam 26°. die marcii.

Rex, etc. R. senescallo Normannie, etc. Mandamus vobis quod de 200 lib. Andegav. quas misistis Hugoni de Culunce. apud Pontem Ursonis ad firmandam villam et ad milites ibidem tenendos faciatis habere dilecto fratri nostro Comiti Sarisberiensi 84 lib. Andeg. et 11 sol.

qui inde remanserunt predicto Hugoni. Teste Willelmo de Braosa apud Landam Patricii 15°. die aprilis.

Rex, etc. Baronibus de scaccario Cadomi, etc. Computate dilecto et fideli nostro R. Constabulario Cestrie 100 lib. Andegav. ad firmam forestarie de Muntfichet quas ipse cepit in manum reddere servientibus nostris morantibus in castro nostro de Rupe Andeli pro liberacionibus suis et recipiatis loco ipsius Constabularii Henrici de Chambray ad reddendum compotum suum de eadem forestaria quem ad hoc coram nobis atturnavit. Teste P. de Pratellis apud Bonam Villam 15°. die aprilis.

Terra data. Rex, etc. Ballivo de Caleto, etc. Precipimus tibi quod habere faciatis Roberto de Penevilla 4[or]. acras terre in Penevillam quas Simon filius Osberti de Wailun tenuit, sicut eas tenuit die qua ivit in Franciam contra nos cum inimicis nostris. Teste P. de Pratellis apud Bonam Villam 15°. die aprilis.

Rex, etc. Senescallo Normannie, etc. Mandamus vobis quod faciatis habere Thome Malfilastre 30 lib. Andegav. ad opus suum et sociorum suorum ad morandum in castro nostro de Danfront in servicio nostro. Teste P. de Pratellis apud Bonam Villam 16°. die aprilis.

Rex, etc. Senescallo Normannie et baronibus, etc. Sciatis quod nos quietavimus Roberto de Diva 110 sol. Andegav. quos ab eo exigitis pro servicio unius militis de exercitu Wasconie et ideo vobis mandamus quod eum inde quietum esse faciatis. Teste P. de Pratellis apud Bonam Villam 17°. die aprilis.

Rex, etc. Ricardo de Wilekier. Precipimus vobis quod Willelmo de Angervilla quietanciam habere faciatis de 68 lib. Andegav. de catallo et lucro quas ipse debebat Abrahé de Monasterio Vilers. Teste me ipso apud Triasnon 18°. die aprilis.

Rex, etc. Petro de Rupibus thesaurario Pictav. salutem. Mandamus vobis quod sine dilacione habere faciatis Willelmo filio Alani centum lib. Andegav. ad operationem de Molinell. et provideatis quod operacio illa non remaneat pro defectu denariorum. Teste me ipso apud Beccum 19°. die aprilis.

Rex, etc. Petro de Rupibus thesaurario Pictav. salutem. Mandamus vobis quod faciatis habere Roberto Parvo servienti nostro 40 lib. Andegav. super liberaciones suas et cum plures venerint vobis denarii de Anglia, ei plus haberi faciatis. Teste me ipso apud Beccum 19°. die aprilis.

Rex, etc., baronibus de scaccario Cadomi salutem. Mandamus vobis quod faciatis Philippum de Albeigny esse quietum de feodo unius militis quod tenet de Abbate S[ti]. Wandregisili. apud Bruillium de tailliagio 10 lib. Andeg. super illud assisum per preceptum nostrum quia eum inde quantum ad eum pertinet *inde* quietavimus. Teste me ipso apud Vernolium 21°. die aprilis.

Rex, etc., baronibus de scaccario Cadomi salutem. Sciatis quod quietavimus dilecto et fideli nostro Philippo de Albigny 80 lib. Andegav. de expensis Guidonis de Levées quas de eo exigitis et ideo vobis mandamus quod eum inde quietum esse faciatis et quietacionem suam inrotuletis. Teste Henrico de Gornaco apud Vernolium 21°. die aprilis.

Custodia commissa. Rex, etc., baronibus de scaccario Cadomi salutem. Sciatis quod tradidimus dilecto et fideli nostro Roberto de Veteri Ponte forestam ipsam de Auwi custodiendam cum omnibus ad ipsam forestam pertinentibus, per firmam debitam et solitam inde reddendam cum Deus dederit pacem vel treugam; et interim sic respondere debet de eadem firma. Et ideo volumus quod predictus Robertus predictam forestam nostram sic teneat et custodiat. Teste me ipso apud Herbertot 18°. die aprilis. Per ipsum Robertum.

Rex, etc., senescallo Normannie salutem. Mandamus vobis quod habere faciatis Ricardo de Reveriis unam feriam quolibet anno per tres dies duraturam scilicet die S[ti]. Jacobi Apostoli et duobus diebus sequentibus in villa sua de Reveris nisi sit [ad] nocumentum vicinarum feriarum. Teste Willelmo de Braosa apud Lexovium 10°. die aprilis.

Rex, etc. Roberto de Veteri Ponte salutem. Mandamus vobis quod dilecto et fideli nostro Roberto de Harecurt faciatis habere decem dolia vini nostri Pictav. de dono nostro. Teste me ipso apud Vernolium 22°. die aprilis. Per Willelmum de Braosa.

Ballia concessa. Rex, etc., senescallo Normannie et baronibus scaccarii salutem. Sciatis quod concessimus dilecto nostro Willelmo de Pratellis balliam de Levin ut eam habeat duplicando solitam firmam. Et ideo vobis mandamus quod computari illi faciatis in firma illa debita que ei debemus et que inrotulata sunt ad scaccarium nostrum quousque erga ipsum de debitis illis quieti simus. Teste Willelmo de Braosa apud Vernolium 22°. die aprilis.

Rex, etc., baillivo Cadomi salutem. Precipimus tibi quod de terra matris dilecti et fidelis nostri Gilberti de Aquila in baillivia tua per manum tuam colligi facias auxilium duorum solidorum quod positum fuit generaliter in Normannia et cum collectum per manum tuam fuerit, facias illud habere predicto Gilleberto. Teste me ipso apud Vernolium 22°. die aprilis.

Eodem modo scribitur baillivo de Baiocis.

Rex, etc., baronibus de scaccario Cadomi salutem. Sciatis quod Willelmus Ferrand. pacavit de fine suo 60 lib. Andeg. Giloni de Hosdeng. per preceptum nostrum. Et ideo vobis mandamus quod de tanto sit quietus. Teste me ipso apud Vernolium 22°. die aprilis.

Terra data. Rex, etc., senescallo Normannie salutem. Mandamus vobis quod habere faciatis Ernulfo de Manfue in terris et redditibus ad valanciam 50 libratarum terre Andeg. quam liberavimus dilecto nostro G. filio Petri Justiciar'. Anglie apud Mureres. Teste Roberto de Ropel. 23°. die aprilis.

Custodia commissa. Rex, etc. Ricardo de Wilekier salutem. Precipimus vobis quod Willelmo de Angervilla quietanciam habere faciatis de 68 lib. Andeg. de catallo et lucro quas ipse debebat Abrahe de Monasterio Vilers. Teste me ipso apud Triasnon 18°. die aprilis.

Rex, etc. Baillivo Moretonii salutem. Precipimus tibi quod dilecto et fideli nostro Ranulfo de Viret facias habere custodiam terre et heredis Oliveri de Apenticio si custodia illa est de dono nostro quia illam ei concessimus nisi illam alii dedimus. Teste me ipso apud Munford 25°. die aprilis.

Mandatum est Roberto de Veteri Ponte quod faciat habere Comiti Leyrcestrie 10 tonellos vini Pictav. de dono Regis.

Item mandatum est eidem Roberto quod faciat habere Henrico de Ferrariis 4 tonellos vini Pictav. de dono Regis.

Rex, etc. Baronibus de scaccario Cadomi, etc. Sciatis quod Hugo de Gornaco testificatus est per litteras suas patentes quod Robertus de Tilbovilla pacavit ei 1000 lib. Andegav. de termino Pasche de fine quem nobiscum fecit pro terra Roberti Bertram quas eidem Hugoni solvit per preceptum nostrum. Et hoc vobis mandamus ut de tanto sit quietus. Teste me ipso apud Molinell. 30°. die aprilis.

(Membrane 1.)

Rex, etc. Baronibus de scaccario Cadomi. etc. Computate Ricardo de Wilekier 20 lib. Andegav. quas liberavit Roberto de Haracurt per preceptum nostrum et 20 lib. Andegav. Nicolao Capellano nostro et 20 lib. Andegav. quas liberavit Sauxio Nerbonensi. Et 10 lib. Andegav. quas liberavit nunciis per manum Petri de Rupibus. Teste P. de Rupibus apud Herberlot 18°. die aprilis.

Rex, etc. Petro de Stokes, etc. Mandamus vobis, quod habere faciatis Roberto de Mortuomari cariagium 10 doliorum vini de Ponte Aldomari usque Tilers et computabitur vobis ad scaccarium. Teste Willelmo de Breosa apud Molinell. 30 die aprilis.

Rex, etc. Baronibus de scaccario Cadomi, etc. Com putate Johanni Luce 300 lib. Andegav. quas liberavit Reginaldo de Bosco per preceptum nostrum sicut littere nostre patentes quas inde habet testantur. Teste Willelmo de Braosa apud Molinell. 30°. die aprilis.

Terra concessa. Rex, etc. Ballivo de Oximino salutem. Precipimus tibi quod sine dilacione facias habere dilecto et fideli nostro Johanni Marescallo custodiam terre que fuit Roberti de Beverell. et heredis ejusdem Roberti quem ei concessimus custodiendum per manum nostram. Et sumonicione per bonam sumonicionem Roberti de Beverell. viri matris predicti heredis, quod sit coram nobis die Mercurii proxima post invencionem S^te^. Crucis ostensurus, quo waranto tantum diu tenuit custodiam illius terre et heredis. Teste Willelmo de Braosa apud Falaisiam 5°. die maii.

Rex, etc. R. senescallo Normannie salutem. Mandamus vobis quod distringatis plegios Thome de Gorges quod sine dilacione reddant Ricardo de Fontenai reragium debiti quod nobis debent. Teste Willelmo de Braosa apud Falaisiam 5°. die maii.

Terra liberata. Rex, etc. Johanni Marescallo salutem. Mandamus vobis quod faciatis habere dilecto et fideli nostro Roberto de Veteri Ponte terram que fuit Roberti de Veteri Ponte defuncti, scilicet villam de Veteri Ponte cum pertinenciis. Teste P. de Pratellis apud Falaisiam 6°. die maii.

Terra data. Rex, etc. Johanni de Pratellis, etc. Mandamus vobis quod faciatis habere Willelmo de S^to^. Celerino terram quam Paganus de Mosterolo qui est contra nos tenuit de feudo ipsius Willelmi in ballia tua. Teste me ipso apud Falaisiam 7°. die maii.

Rex, etc. R. Taxoni senescallo Normannie, etc. Mandamus vobis quod quietum esse faciatis Enjuiger. de Bohun de demanda que ei fit ad scaccarium nostrum de exercitu Wasconie. Teste Willelmo Constabulario Normannie apud Faleisiam 7°. die maii. Per R. senescallum Normannie.

Rex, etc. Baronibus de scaccario Cadomi, etc. Mandamus vobis quod de primis denariis venientibus ad scaccarium nostrum liberetis Robertum Talebot latori presencium 60 lib. Andegav. pro Roberto de Goviz quem de tanto penes eum acquietavimus de debito suo quod ei debuit. Teste R. senescallo Normannie apud Faleisiam 7°. die maii. Per ipsum senescallum.

Rex, etc. Willelmo de Mortuo Mari, etc. Mandamus vobis quod faciatis habere Fulconi de Kantilupo terram quam Hugo de Gornaco tenuit apud Longoill. adeo integre sicut idem Hugo eam tenuit quando a servicio nostro recessit. Teste P. de Pratellis apud Faleisiam 8°. die maii.

Cancellatur quia postea datum fuit Willelmo de Breosa.

Terra data Rex, etc R. Taxoni senescallo Normannie, etc. Mandamus vobis quod faciatis habere Willelmo de Hosdeng. terram Willelmi de Holm. qui recessit a fide nostra sicut idem Willelmus eam habuit quando a servicio nostro recessit. Teste P. de Pratellis apud Faleisiam 7°. die maii.

Terra data. Rex, etc. G. filio Petri, etc. Sciatis quod dedimus dilecto nostro Johanni Marescallo totam terram quam Comes Ebroicensis habuit in Anglia qui est contra nos cum inimicis nostris preter manerium de Merlawe et preter terram quam idem comes habuit de feudo Comitis Glocestrie quam ei dedimus in excambium Ebroice. Et ideo vobis mandamus quod ei illam cum omnibus pertinenciis sicut predictum est habere faciatis. Teste me ipso apud Faleisiam 8°. die maii.

Rex, etc. G. filio Petri, etc. Mandamus vobis quod faciatis habere Johanni Marescallo totam terram que fuit Hugonis de Gornaco in Norfolk et Suffolk adeo integre sicut Hugo eam tenuit die qua recessit a servicio nostro. Teste me ipso apud Faleisiam 4°. die maii.

Rex, etc. G. filio Petri salutem. Mandamus vobis quod statim visis litteris istis faciatis habere dilecto et fideli nostro Brieno de Insula vel certo nuncio suo ; Kyrkebi integre cum omnibus pertinenciis suis quod fuit Henrici de Stutevilla qui est contra nos cum inimicis nostris et non remaneat licet mater predicti Henrici terram illam teneat, quin statim sine dilacione predictam terram cum pertinenciis ei habere faciatis. Et si forte terra que fuit ipsius Henrici quam dedimus Henrico Ruffo servienti nostro melius valeat quam predicta terra de Kirkeby ; illam eidem B. vel certo nuncio suo sine dilacione habere faciatis, quia volumus quod predictus Brienus meliorem illarum terrarum habeat et predictus Henricus Ruffus aliam. Teste me ipso apud Faleisiam 8°. die maii.

Terra data. Rex, etc. Ricardo de Fontenay, etc. Mandamus tibi quod habere facias Ranulfo de Viry totam terram quam Jordanus de Champernolle habuit in ballia de Tenerchebray. Teste me ipso apud Faleisiam 9°. die maii.

Terra data. Rex, etc. R. Taxoni senescallo Normannie, etc. Mandamus vobis quod faciatis habere Roberto de Goviz terram que fuit Petri de Melleto apud Tahun et apud Fresne et quam habuit in ballia Baiocen. qui contra nos est cum inimicis nostris quia ei illam dedimus. Teste P. de Pratellis apud Faleisiam 8°. die maii.

Rex, etc. Ballivo de Arches salutem. Precipimus tibi quod habere facias Roberto Barate Gurel et Runcey que fuerunt Ingelrami de Monteny qui contra nos est cum inimicis nostris quia ei illas dedimus. Teste Willelmo de Breosa apud sanctam Barbam 10°. die maii.

Terra data. Rex, etc. Willelmo de Mortuo Mari, etc. Mandamus vobis quod sine dilacione faciatis habere Henrico de Ponte Aldomari terram suam de foresta de Insula Bona quam ei dedimus dum eramus Comes Moretonii sicut carta sua testatur. Teste me ipso apud sanctam Barbam 9°. die maii.

Terra data. Rex, etc. Willelmo de Mortuo Mari, etc. Mandamus vobis quod faciatis habere dilecto et fideli nostro Roberto de Haracurt, Watteviliam et Brocthon. cum pertinenciis suis adeo integre sicut Petrus de Melleto illam habuit quando recessit a servicio nostro. Teste me ipso apud Sanctam Barbam 10°. die maii.

Terra data. Rex, etc. Willelmo de Mortuo Mari, etc. Mandamus vobis quod habere faciatis dilecto et fideli nostro Roberto de Mortuo Mari Villam Delparc et Novam Villam de S^to^. Egidio que sunt Hugonis de Gornaco qui contra nos [est] cum inimicis nostris. Et preterea reddatis eidem Roberto terram foreste de Insula Bona unde habet cartam nostram. Teste me ipso apud Sanctam Barbam 9°. die maii.

Terra data. Rex, etc. Willelmo de Mortuomari, etc. Mandamus vobis quod faciatis habere dilecto et fideli nostro Ricardo de Harecurt terram quam Henricus de Puin habuit in ballia vestra cum omnibus pertinenciis suis, adeo integre sicut dictus Henricus illam habuit quando recessit a servicio nostro. Teste me ipso apud Sanctam Barbam 10°. die maii.

Terra data. Rex., etc. Ballivo de Caleto, etc. Precipimus tibi quod habere facias Simoni de Campo Remy nepoti dilecti nostri Girardi de Fornivalle, Carevillam que fuit Helye de Buelles qui contra nos est cum inimicis nostris, quia ei illam dedimus. Et si quid inde captum fuerit postquàm idem Hely recessit a servicio nostro predicto Simone reddi facias. Teste me ipso apud Sanctam Barbam 10°. die maii.

Terra data. Rex, etc. Roberto de Veteri Ponte salutem. Mandamus vobis quod faciatis habere dilecto et fideli nostro. P. de Pratellis terram quam Petrus de Melleto habuit apud Sens cum omnibus pertinenciis suis sicut idem Petrus eam tenuit quando recessit a servicio nostro. Teste eodem ibidem 10°. die maii.

Terra data. Rex, etc. Willelmo de Mortuo Mari, etc. Mandamus vobis quod faciatis habere Fulconi de Kantilupo vel certo nuncio suo longam navem nostram que est apud Longoill. Teste me ipso apud Bonam Villam 11°. die maii.

Terra data. Rex, etc. Willelmo de Mortuomari, etc. Mandamus vobis quod faciatis habere dilecto et fideli nostro Ricardo de Wilekier villam del Tot, cum pertinenciis suis que fuit Johannis de Gisorcio qui est contra nos cum inimicis nostris, quia illam ei dedimus. Teste me ipso apud Bonam Villam 11°. die Maii.

Terra data. Rex, etc. Willelmo de Mortuo Mari salutem. Mandamus vobis quod faciatis habere Willelmo de Martell. mercatum de Fouvilla et Bernovilla que fuerunt Hugoni de Gornaco sicut idem Hugo ea habuit quando recessit a servicio nostro. Teste P. de Pratellis apud Bonam Villam 11°. die maii.

Rex, etc. Ballivo de Caleto salutem. Precipimus tibi quod habere facias Sturgoni, willam de Stotevilla que fuit Hugonis de Gornaco qui contra nos est cum inimicis nostris quia illi eam dedimus. Teste R. Comiti Leircestrie apud Bonam Villam 11°. die maii.

Rex, etc. P. de Rupibus Thesaurario etc. Mandamus vobis quod habere faciatis Henrico filio Comitis 20 lib. Andegav. ad morandum apud Rothomagum in servicio nostro. Teste R. Comite Leircestrie apud Bonam Villam 11°. die maii.

Terra data. Rex, etc. Ballivo de Levin salutem. Mandamus vobis quod sine dilacione faciatis habere dilecto nostro Roberto Pantulf custodiam terre de Fontenaio quam Willelmus de Ulmo habuit, eodem modo quo idem Willelmus habuit eam antequam recessit de servicio nostro. Teste Willelmo de Breosa apud Bonam Villam 10°. die maii.

Terra data Rex, etc. Willelmo de Mortuo Mari salutem. Mandamus vobis quod faciatis habere Willelmo Painet, Estrutart que fuit Hugonis de Gornaco adeo integre sicut idem Hugo illam habuit quando recessit a servicio nostro. Teste me ipso apud Bonam Villam 10°. die maii.

Rex, etc P. Thesaurario Pictav. salutem. Mandamus vobis quod faciatis habere dilecto nostro Johanni de Shirefonte 100 sol Andegav. ad redemptionem suam. Teste Willelmo de Breosa apud Bonam Villam 10°. die maii.

Rex, etc. Senescallo Normannie et baronibus de scaccario, etc. Computate Ricardo de Wilekier 500 lib. Andegav. et 30 sol. Andegav. quas ipse liberavit Petro de Stokes per preceptum nostrum de denariis receptis de Judeis. Teste me ipso apud Bonam Villam 11°. die maii. Per P. de Stokes.

Terra liberata. Rex, etc. Senescallo Normannie salutem. Mandamus vobis quod cum castrum de Torengy prostratum fuerit faciatis habere Johanni de Bosco villam de Torenny cum pertinenciis suis. Teste me ipso apud Bonam Villam 12°. die maii.

Terra data. Rex, etc. Willelmo de Mortuo Mari salutem. Mandamus vobis quod faciatis habere Radulfo de Trumblevilla, Montyard que fuit in custodia Engerranni de Monteny sicut idem Engerannus eam habuit quando recessit a servicio nostro. Teste P. de Pratellis apud Bonam Villam 11°. die maii.

Terra liberata Rex, etc. Ballivo de Caleto salutem. Precipimus tibi quod facias habere Ricardo de Trubleville 100 acras terre in foresta de Insula Bona de quibus habet cartam nostram et quas Hugo de Gornaco tenuit quare illas eidem Ricardo reddidimus. Teste R. Comite Leicestrie apud Bonam Villam 12°. die maii.

Terra data. Rex, etc. Ballivo de Levin salutem. Precipimus tibi quatinus sine dilacione facias habere Clarino servienti nostro totam terram cum pertinenciis que fuit Ricardi Tieneri in ballia tua que fuit vadii ipsius Clarini quia idem Ricardus est contra nos cum inimicis nostris. Teste me ipso apud Bonam Villam 12°. die maii. Per ipsum Regem.

Terra data. Rex, etc. Ballivo Caleti salutem. Precipimus tibi quod habere facias Sturgoni vicecomiti Fiscampi qui fuit Hugonis de Gornaco quia illum ei dedimus. Teste R. Comite Leircestrie.

Terra data. Rex, etc. Willelmo Le Noreis salutem. Precipimus tibi quod permittas habere Gilberto de Hovilla boscum qui est super centum acras terre quas ei dedimus in foresta nostra de Etwic. ad faciendam de bosco illo voluntatem suam. Teste R. Comite Leircestrie apud Bonam Villam 11°. die maii.

Rex, etc. Baronibus de scaccario. Cadomi, etc. Computate Roberto de Tilbovilla 100 lib. Andegav. quas ipse habet annuatim ad scaccarium nostrum de feodo in fine quem fecit nobiscum pro custodia terre et heredis Roberti Bertram. Teste me ipso apud Bonam Villam 11°. die maii.

Terra data. Rex, etc. Ballivo de Caleto salutem. Precipimus tibi quod habere facias dilecto et fideli nostro W. de Breosa totum id quod in manu nostra habemus in Insula Bona. Teste me ipso apud Bonam Villam 12°. die maii.

Terra data. Rex, etc. Ballivo de Caleto salutem. Mandamus tibi quod sine dilacione facias habere dilecto et fideli nostro Willelmo de Breosa, Longoill. quod prius dederamus Fulconi de Kantilupo. Teste me ipso apud Bonam Villam 12°. die maii.

Mandatum est Willelmo de Mortuo Mari quod faciat habere Willelmo de Vernon, Ruvetot cum pertinenciis que fuit dominicum domini Regis. Teste, etc., 12°. die maii.

(Membrane 11 in dorso.)

Willelmus de Vivariis ponit loco suo coram domino Rege Hunfridum Burdet et Willelmum de Hunfrevilla ad lucrandum vel perdendum de recognicione que est inter ipsum et dominum Roth. de advocatione ecclesie sancti Martini de Stad'.

Memorandum quod loquatur cum domino Rege de fine Mathei filii Herberti cum domino Rege scilicet de 300 marcis pro terra que fuit Willelmi de Mandavilla cum Will. Marescall. venerit ad curiam

(Membrane 2 in dorso.)

Sciendum, quod die Veneris in septimana Pasche

venit dominus Rex apud castrum de Virum propter quedam negocia que audierat de Comite Cestrie et Fulcone Painell. et quibusdam aliis qui proposuerant ut ei dicebatur a fidelitate et servicio suo recedere. Et cum audivissent predicti Comes et Fulco dominum Regem sic illuc venisse, statim in crastino scilicet die sabbati summo mane illuc ad eum accesserunt et coram eo et omnibus et baronibus suis ibi tunc presentibus sufficienter se excusaverunt de eo quod eis dicebatur. Ita quod dominus Rex et omnes sui inde bene tunc pacati erant. Postea vero liberavit idem Comes castrum de Similly; et invenit ei W. Constabularium Normannie in plegium et R. Constabularium Cestrie cum toto feodo quod de ipso Comite tenuit in obsidem, sub tali condicione quo si predictus Comes unquam a fidelitate et servicio domini Regis recesserit predictus Constabularius Normannie forefactus erit ut plegius et predictus Constabularius Cestrie cum toto feodo suo quod de predicto Comite tenuit domino Regi remanebit in perpetuum absque aliqua reclamatione predicti Comitis vel heredum suorum; Fulco vero Painellus liberavit pro se domino Regi filium suum in obsidem. Constabularius etiam Normannie et R. Taxo senescallus Normannie et Robertus de Tresgod. et Johannes de Pratellis liberaverunt domino Regi obsides pro se.

Notandum quod Willelmus comes Sarresberiensis reddidit domino Regi et quietam clamavit totam terram quam dominus Rex assignaverat in Anglia in valencia 1330 libratarum terre, scilicet Writele, Havering'. Andevr'. Cungrebr'. et alias terras et maneria que eis assignata fuerant in predicta valencia pro castro Ponte Ursonis cum pertinenciis quod dominus Rex ei reddidit. Et preterea dominus Rex dedit eidem Comiti 1000 lib. Andegav. quarum 500 lib. ei reddidit in Normannia et 500 lib. debet ei reddere in Anglia.

Henricus de Bella Fago posuit loco suo Willelmum de Cierney ad lucrandum vel perdendum in loquela que est inter eum et Radulfum de Fercy de terra in Draclovilla.

Rex, etc. Ballivo de la Landa salutem. Sciatis quod per preceptum nostrum venerunt in curiam nostram Willelmus Crassus et Henricus de Ponte Aldomari qui una cum Hugone de Chaucum. fuerunt Justices itinerantes apud Pontem Aldomari. Et recordati sunt quod cum Waleranus de Lexovio qui est in custodia dilecti et fidelis nostri Willelmi de Cantilupo arainiasset coram eis assisam quandam de molendinis de Fossa cum pertinenciis versus W. de Bonesboz et Willemum de Mara utrum scilicet molendina illa essent jus et hereditas ipsius Walerani vel vadium invadiatum patri Willelmi de Bonesboz venit idem Willelmus de Bonesboz et cognovit quod molendina illa fuerunt jus et hereditas ipsius Walerani et Willelmus de Mara non habuerit ingressum in partem suam de molendinis illis nisi per Willelmum de Bonesboz; et ita recuperavit idem Waleranus saisinam illorum molendinum versus predictos Willelmum de Bonesboz et Willelmum de Mara. Et quia idem Willelmus de Mara postea tulit quoddam breve de nova dissaisina de eisdem molendinis super predictum Willelmum de Cantilupo qui nichil clamat in molendinis illis nisi custodiam cum predicto Valerano precipimus tibi quod eidem Willelmo sine dilacione plenariam inde saisinam habere facias sicut predicto Valerano qui est in custodia nostra fuit adjudicatum in curia nostra et non remaneat propter breve de nova dissaisina quod Willelmus de Mara inde tulit de sicut saisinam recuperavit dictus Waleranus per judicium curie nostre versus eos. et si quid inde captum est occasione illius brevis eidem Willelmo de Cantilupo tanquam custodi sine dilacione reddi facias. Teste me ipso apud Beccum 19°. die aprilis.

FRAGMENTA ROTULI NORMANNIÆ DE ANNO REGNI REGIS JOHANNIS QUINTO.

Rex, etc. R. Taxoni senescallo Normannie, etc. Mandamus vobis quod quietum esse faciatis .... 40 lib. Andegav. unde amerciatus fuit .... Camontos. arainiavernnt versus eum .... servicio ... . exigit. Teste me ipso apud .... die julii. Per ipsum Regem.

Rex, etc. Ballivo Oximini, etc. Precipimus tibi quod habere facias Gaufrido Hurcevent terram que fuit Johannis de Troarc. cum pertinenciis ap............ .... inimicis nostris quia illam ei dedimus. Teste me ipso apud Rothomagum 13°. die julii. Per J. de Pratellis.

Rex, etc. Majori Rothomagi, etc. Precipimus tibi quod habere facias servientibus Cadwalani prisones suos quos ab eis cepisti. Teste me ipso apud Montem Fortem 20°. die ......

Rex, etc. Baronibus de scaccario Cadomi, etc. Sciatis quod Eustacius Belet pacavit in camera nostra 8 lib. Andegav. de relevio terre que fuit patris sui .... et apud Ymevillam et apud Fiscampum. Et hoc vobis mandamus ut de tanto sit quietus. Teste Petro de Rupibus apud Rothomagum 15°. die julii. Per eundem.

Rex, etc. Constabulario de Mulinellis, etc. Precipimus tibi quod sine dilacione facias liberari Ricardo de Haracurt, Walterum Turketill., hominem suum .... captum tenes apud Molinellum ut dicit. Teste me ipso apud Rothomagum 16°. die julii. Per ipsum Regem.

Rex, etc. Senescallo Normannie, etc. Mandamus vobis quod faciatis habere Johanni de Bosco emprumtum quod fecistis de hominibus de Thorn' quem creddi .... dari precipimus. Teste me ipso apud Montem Fortem 21°. die julii.

Rex, etc. R. Taxoni senescallo Normannie salutem. Mandamus vobis quod faciatis habere Johanni de T...... 20 lib. Andegav. pro annuo feodo suo... .... de talliagio. Teste Comite Willelmo Marescallo apud Montem Fortem 24 die julii. Per eumdem.

Rex, etc. Simoni de Bovilla salutem. Mandamus vobis quod sine dilacione faciatis habere dilecto et fideli nostro Matheo de Poteria filium s................ .... Teste me ipso apud Montem Fortem 22°. die julii.

Rex, etc. Ballivo de Levin salutem. Scias quod concessimus Willelmo de Meilloc unam feriam singulis annis apud .... scilicet die festivitatis Sti. Jacobi Apostoli. Et ideo tibi precipimus .... habere facias, ita quod non sit ad nocumentum .... Fortem 15°. die julii.

Rex, etc. Senescallo Normannie et baronibus de scaccario Cadomi salutem. Computate .... de Wilekier 40 lib. Andegav. quas pacavit Pagano .... Teste me ipso apud Montem Fortem 25°. die julii.

Rex, etc. Roberto de Veteri Ponte salutem. Mandamus vobis quod permittatis Robertum de Harocurt dilectum et fidelem nostrum capere unum cervum et .... Teste me ipso apud Montem Fortem 25°. die julii.

Terra data. Rex, etc. Petro de Stokes salutem. Mandamus vobis quod faciatis habere dilecto et fideli nostro Johanni de Harocurt totam terram que fuit .... Willelmi .... quia illam ei dedimus cum pertinenciis. Teste me ipso apud Montem Fortem 25°. die julii.

Rex, etc. Ballivo de Caleto salutem. Precipimus vobis quod sine dilacione faciatis habere dilecto et fideli nostro Johanni de Harocurt totam terram que fuit Willelmi Ferrand apud Montem .... et alibi in ballia vestra que est in manu nostra, quia illam ei dedimus. Teste me ipso apud Montem Fortem 25°. die julii.

Terra data. Rex, etc. Senescallo Normannie salutem. Mandamus vobis quod habere faciatis Johanni de Chambernun terram suam de qua dissasiatus fuit pro hominibus Comitis Arundel verberatis. Teste me ipso apud Montem Fortem 25°. die julii.

Terra data. Rex, etc. Petro de Stokes salutem. Mandamus vobis quod faciatis habere dilecto nostro Clarino terram que fuit Reginaldi de Super Pontem apud Montem Fortem que est in manu nostra quia illam ei dedimus cum pertinenciis. Teste me ipso apud Montem Fortem 26°. die julii.

Terra data. Rex, etc. Roberto de Veteri Ponte salutem. Mandamus vobis quod faciatis habere dilecto nostro Hugoni Portario terram Mathei de Ernevilla ita integre sicut ...... antequam recessit a servicio nostro quam ei dedimus nisi eam alii dederimus. Teste Willelmo Marescallo apud Montem Fortem 26°. die julii.

Rex, etc. Roberto de Veteri Ponte et Laurencio de Dunjung, etc. Mandamus vobis quod .... Radulfus de La Mara custodi carretarium .... quarum 19 sunt ad binos equos et habent singule per diem 4 solidos et 11 sol. ad ternos equos et debent habere singule 5 sol. et una........... et debent pacari de die Sabbati proxima post festum Sancti Jacobi Apostoli et duobus carpentariis qui habent per diem 4 sol. et pacandi sunt .... et debent habere tantum de nocte quantum de die et 4 fissoribus lapidum ad petrarias et mangonellos et habent singuli per diem ..... sol. .... usque ad predictam diem Sabbati computatam, et habent tantum de nocte quantum de die et predicto Radulfo de Mara qui est cum uno equo et .... Sabbati liberetis 9 lib. 5 sol. Teste W. Marescallo Comite de Penbroc 25°. die julii.

Rex, etc. Ballivo de Faleisia, etc. Precipimus tibi quod Justiciarius Radulfus de Merlay quod sine dilacione nobis reddat 50 lib. Andegav. quas nobis .... terra quadam de Baro et inde 25 lib. mittatis nobis ad opus nostrum et alias 25 lib. faciatis habere Johanni de Erlée. Teste .... Marescallo .... 26°. die julii.

Rex, etc. Constabulario de Longavilla salutem. Precipimus tibi quod sine dilacione reddi facias Willelmo de Kav......... id quod Angerus de Fressenvilla .... et arestatum esse de suo in ballia tua in denariis et aliis per ballivos tuos et terram suam, homines et res suas per balliam custodias et defendas sicut nostra dominica. Teste me ipso apud Molinellum 26°. die julii.

Eodem moso scribitur ballivo de Arches pro eodem Willelmo de Kav.

Rex, etc. Ricardo de Wilekier, etc. Sciatis quod quietavimus Radulf de Ruperia de plegio episcopi Lexoviensis versus Deodonum Judeum de Vernolio de debito quod ipse episcopus debuit eidem Judeo sicut per litteras patentes quas de nobis habet videre poteritis. Ideo vobis mandamus quod ipsum de demanda predicti debiti ipsius Judei quietum esse faciatis et habere cartam suam a predicto Judeo quantum debiti ad eum inde pertinet. Teste me ipso apud Montem Fortem 28°. die julii.

Rex, etc. Baronibus de scaccario Cadomi salutem. Sciatis quod Serlo de Sancta Cruce per testimonium dilecti nostri Roberti de Harecurt pacavit per preceptum nostrum 15 lib. Andegav. per quas finivit nobiscum pro habenda pace nostra Reinero de Cleri ad equum sibi emendum. Et ideo vobis mandamus quod eum inde quietum esse faciatis .... de Harecurt apud Aurivallum 3°. die augusti.

Terra data. Rex, etc. Roberto de Veteri Ponte salutem. Mandamus vobis quod habere faciatis Reginaldo de Bosco totam terram que fuit Ricardi de Vernone in ballia .... apud Lunpaym et Darnestanum et prata de Rothomago que ejus fuerunt qui contra nos est cum inimicis nostris quia illi eam dedimus nisi prius eam alii dederimus .. . . apud Aurivallum 4°. die augusti.

Terra data. Rex, etc. Roberto de Veteri Ponte, etc. Mandamus vobis quod sine dilacione habere faciatis Willelmo Le Norreis totam terram cum pertinenciis que fuit .... Thome, quia illi eam dedimus nisi eam prius alii dederimus. Teste me ipso apud Aurivallum 4°. die augusti.

Terra data. Rex, etc. Ballivo de Ponte Aldomari, etc. Precipimus tibi quod sine dilacione habere facias Henrico de Mailloc terram que fuit Elye de .... tua. Teste me ipso apud Montem Fortem 29°. die julii.

Andegav. Rex, etc. Girardo de Athies salutem. Mandamus vobis quod redditum quem promisimus Raletot servienti nostro assignari faciatis ei in honore castri de L................ ipso apud Aurivall. 5°. die augusti.

Terra data. Rex, etc. Roberto de Passeto Constabulario Novi Burgi salutem. Mandamus vobis quod habere faciatis Roberto Marmion totam terram Willelmi de ....llelmi de Soie qui contra nos sunt cum inimicis nostris que est de feodo predicti Roberti, quia eam ei dedimus nisi eam prius alii dederimus et quod manuteneatis et defendatis homines terras et res ejusdem Roberti nec permittatis ei à nostris vel ab aliis injuriam fieri aut gravamen. Teste me ipso apud Cadomum 7°. die augusti. Per Comitem de Ferand.

Rex, etc. Baronibus de scaccario Cadomi salutem. Sciatis quod recipimus per manum G. Archidiaconi Lexov. et Radulfi de Ruperia 80 lib. Andegav. de tailliagio .... Pontem Aldomari. Et ideo vobis mandamus quod inde eos quietos esse faciatis. Teste Petro de Stokes apud Faleisiam 9°. die augusti. Per eundem.

Eodem modo scribitur eisdem pro eisdem archidiaconis et Radulfo de 100 lib. Andegav. pacatis apud Rothomagum de eodem de tailliagio.

Rex, etc. Norwicensi Episcopo, etc. Mandamus vobis quod habere faciatis Hugoni de Ranny et Ingelramo de Albemarla sine dilacione 50 marcas sicut .... mandavimus. Teste me ipso apud Alençon 12°. die augusti.

Rex, etc. Girardo de Athies, etc. Mandamus vobis quatinus faciatis habere Bartolomeo Savari redditum suum quem habere debet. Teste me ipso apud ....

Rex, etc. Baronibus de scaccario Cadomi, etc. Sciatis quod recipimus in camera nostra per manum Rogeri clerici die Veneris proxima ante festum Beati Laurentii .... sol. de 2000 lib. et apud Alencon. recipimus per manum ejusdem Rogeri die Beati Laurentii 300 lib. de eodem tailliagio et 200 lib. de dono abbati.............. Faleisia predicta die Veneris. Teste me ipso apud Alencon 13°. die augusti. Per Thom. Clericum.

Terra data. Rex, etc. Ballivo de Constanciis, etc. Scias quod commisimus Thome de Humet terram que fuit Ricardi de Vernone in ballia tua habendam quamdiu nobis..................... Teste me ipso apud Alencon 15°. die augusti.

Rex, etc. Willelmo Grasso senescallo Normannie, etc. Mandamus vobis quod faciatis habere Roberto de Goviz 200 lib. ad muniendum castrum .... habere Osberto de Glainvilla de prestito ad opus servientum suorum. Teste Norwicensi episcopo apud Chambrais 19°. die augusti.

Rex, etc. Henrico Camerario et Philippo de Hullecotes, etc Sciatis quod bene concordamus et placet nobis quod nepos Willelmi de Solday qui priso est deliberetur per R............ justum est quod illi qui interfuerunt captacionibus prisonum aliquod de illis avantagium habeant. Teste me ipso apud Vernolium 20°. die augusti

Rex, etc. Ricardo de Wilekier., etc. Sciatis quod quietavimus Willelmum Fauke de 30 lib. Andegav. quas habuit Affaite et aliis de Mustrevilla Judeis. Et ideo .... inde quietum esse faciatis. Teste me ipso apud Cambrais 21°. die augusti. Per P. de Pratellis.

Terra data. Rex, etc. Ricardo de Wilekier, etc. Precipimus tibi quod habere facias Rogero de Tony terram que fuit dos matris Rogeri de Hoctot apud Hoctot cum per .... cum inimicis nostris si eam dedimus Rogero de Toneyo antequam illam Henrico de Mortuo Mari dedissemus. Teste Episcopo Norwicensi apud Cambrais 22°. die ......

Terra data. Rex, etc. Lupescar., etc. Mandamus vobis quod habere faciatis Willelmo de Gamag. et Ricardo Faiel medietatem terre de Escucy que fuit Hugonis .... volumus quod ille due baronie conjungantur. Teste me ipso apud Herbertot 23°. die augusti.

Rex, etc. Baronibus de scaccario Cadomi, etc. Sciatis quod recipimus per manum G. Lexoviensis Archidiaconi et Radulfi de Ruparia 76 lib. Andegav. de .... in camera nostra apud Cambraium. Et ideo vobis mandamus quod ipsos inde quietos esse faciatis. Teste me ipso apud Trianum 22°. die augusti.

Terra data. Rex, etc. Petro de Stokes, etc. Precipimus tibi quod habere facias Radulfo de Monte Forti terram de Hautvilla que fuit canonicorum .... dedimus nisi prius eam alii dederimus. Teste Comite de Ferrariis apud Herbertot 23 die augusti. Per eundem.

Rex, etc. Baronibus de scaccario Cadomi, etc. Computate Johanni Luce 74 solidos Andegav. quos posuit in carriagium vini .... Teste me ipso apud Montem Fortem 27°. die augusti. Per Thom. Clericum de Camera.

Terra data. Rex, etc. Willelmo de Pratellis, etc. Mandamus vobis quod habere faciatis Matheo de Poteria terram que fuit Ricardi de .... quia illam eidem Matheo dedimus nisi eam alii antea dederimus. Teste Petro de Stokes apud Montem Fortem 28°. die ....

Terra data. Rex, etc. Ballivo de Levin., etc. Precipimus tibi quod sine dilacione facias habere Guidoni de Antoci. 5 .... que fuerunt Radulfi de Argentes qui est cum inimicis nostris contra nos, que dedimus eidem Guidoni. Teste .... Per eundem.

Rex, etc. Roberto de Veteri Ponte, etc. Mandamus vobis quod sine dilacione facias habere dilecto et fideli .... dedimus. Teste me ipso apud Montem Fortem 27°. augusti. Per P. de Rupibus.

Mandatum est eidem quod faciat habere Comiti Leircestrie decem dolia vini.

Rex, etc. Willelmo Grasso senescallo Normannie, etc. Mandamus vobis quod habere faciatis R.......... ....

Mandatum est senescallo Normannie quod faciat habere ( ) de Stokes Curtun. cum omnibus ... ,. ....

(Membrane 2.)

Rex, etc. Roberto de Veteri Ponte salutem. Mandamus vobis quod ematis de mercatoribus Cadomi decem dolia vini et ea dilecto nostro Comiti Leircestrie habere .... et computabitur vobis ad scaccarium Cadomi. Teste me ipso apud Bonam Villam 7°. die septembris.

Terra data. Rex, etc. Ballivo de Arches salutem. Precipimus tibi quod facias habere Gilloni de Clare terram Ingelrami de Munteny que est de .... in ballia tua. Teste Willelmo Marescallo apud Rothomagum 4°. die septembris.

Terra data Rex, etc. Ricardo de Wilekier salutem. Scias quod dedimus dilecto et fideli nostro Roberto de Ros tenementum quod fuit .... consuevit 56 sol. 8 den. obol. Andegav. per annum. Et ideo tibi mandamus quod illud ei habere facias, et computabitur tibi ....

Terra data. Rex, etc. Ballivo Cadomi, etc. Precipimus tibi quod sine dilacione habere facias Gaufrido de Say plenariam saisinam de manerio de........ quem .... tenuit de prestito Rege Ricardo et quod fuit de feodo Comitis Willelmi. Teste J. Norwicensi Episcopo apud Trianum 11°. die septembris.

Rex, etc. Majori de Rothomago, etc. Mandamus vobis quod habere faciatis karissime nostre Comitisse Engolism. 40 lib. Andegav. per mensem et .... prima die Jovis proxima prius festum S^ti. Michaelis et computabitur vobis ad scaccarium. Teste me ipso apud Herbertot 12°. die septembris.

Rex, etc. Ballivo de Constancia, etc. Scias quod perdonavimus Roberto de Haia 8 lib. Andegav. de amerciamento quod exigis ab hominibus suis et ideo tibi precipi.... quod inde quietum esse permittas. Teste me ipso apud Faleisiam 13°. die septembris

Rex, etc. Senescallo Normannie et baronibus, etc. Sciatis quod quietavimus Roberto de Hamars 25 lib. Andegav. de debito quod debuit nobis tam de amerciamento quam de plegagio. Et ideo vobis mandamus quod ipsum inde quietum esse faciatis. Teste me ipso apud Sanctum Jacobum super Revron 16°. die septembris.

Rex, etc. Willelmo Crasso, etc. Mandamus vobis quod habere faciatis Roberto de Govi 200 lib. Andegav. de Hautebertin de Faleisia sicut vobis alias mandavimus per Thesaurarium. Teste me ipso apud Lexovium 28 die septembris.

Rex, etc. Baronibus de scaccario Cadomi, etc. Mandamus vobis quod quietum esse faciatis dilectum nostrum Willelmum de S^to. Celerin de 30 lib. Andegav. que ab ipso exiguntur de exercitu Wasconie. Teste me ipso apud Herbertot 28°. die septembris. Per Petrum de Pratellis.

Rex, etc. Baronibus de scaccario Cadomi, etc. Sciatis quod quietavimus Gilleberto de Aquila de auxilio exercitus quod ab eo exigitur de exercitu Wasconie et ideo vobis mandamus quod ipsum inde quietum esse faciatis. Teste......... Trianon. 29°. die septembris

Rex precepit 30 marc. dari Guarino filio Gir. de catallo Willelmi Puinard.

Rex precepit Roberto de Veteri Ponte dare sex tunellos vini Wasconie Henrico de Ferrariis.

Rex, etc. Majori Rothomagi, etc. Mandamus tibi quod liberes R. Clerico dilecti nostri Constabulario Cestrie, uxorem Hugonis filii Willelmi quam tibi custodiam commisimus quia illam predictam .... R. concessimus ad .... homines predicti Constabularii qui capti sunt ab inimicis nostris. Teste Willelmo de Albengy apud Montem Fortem 1°. die octobris.

Sub eadem forma scribitur eidem majori de uxore Radulfi de Boafle, etc.

Rex, etc. Senescallo Normannie, etc., et baronibus, etc. Sciatis quod quietavimus Radulf de Belmuncelle 9 marc argenti que ab eo exiguntur ad ....m'. .... Ricard. de Argentan a tempore Regis Ricardi fratris nostri. Unde vobis mandamus quod ipsum inde quietum esse faciatis. Teste P. de Pratellis apud Montem Fortem ....

Rex, etc. Lupescario, etc. Mandamus vobis quod si heres Elye de Dovilla infra etatem sit, et de feodo Mathei de Dovilla, tunc ei secundum .... Normannie custodiam terre et ipsius heredis sine dilacione habere faciatis. Teste me ipso apud Montem Fortem 2°. die octobris

Custodia commissa. Rex, etc. Ricardo de Turri de Argentomo, etc. Scias quod nos commisimus Rogero de Gauchi custodiam de Argentomo cum castello et foresta et cum .... Ita quod de foresta nichil vendit vel capiet nisi justas obvenciones et rectos exitus foreste; nec de ballia similiter. Unde tibi precipimus quod custodiam illam tam de .... de foresta et ballia alia tota cum pertinenciis, eidem Rogero habere facias et tam majorem quam alios probos homines ballie illius eidem Rogero tanquam custod...................... facias. Teste Willelmo de Braosa apud Pontem Aldomari 1°. die octobris.

Sub eadem forma scribitur majori de Argentomo et burgensibus ut ei intendentes sint in eadem forma.

Terra commissa. Rex, etc. Willelmo Crasso, etc. Sciatis quod commisimus Roberto de Veteri Ponte Fonteneyum et Sarcellum cum pertinenciis que sunt in ballia de Argentan que fuerunt .... qui cum inimicis nostris est; ita quod idem Robertus illas habeat quamdiu nobis placuerit ad sustentandum se in servicio nostro. Unde vobis mandamus quod .... eidem Roberto habere facias. Teste me ipso apud Rothomagum 5°. die octobris.

Rex, etc. Baronibus de scaccario, etc. Sciatis quod quietavimus Fulconi de Alno 12 lib. Andegav. de denariis quos ab eo exigitis ad scaccarium nostrum. Et ideo vobis mand.......... quietum esse faciatis. Teste P. de Pratellis apud Cadomum 11°. die octobris. Per eundem.

Rex, etc. Hugoni de Caucumbe, etc. Mittimus ad vos Ricardus de La Felda ut vobiscum sit et curam capiat de carpentario et .... quod ei equo et homini suo inveniatis necessaria interim et computabitur vobis ad scaccarium. Teste me ipso apud Bonam Villam 9 die octobris. Per Robertum de Veteri.... ..

Rex, etc. J. Norwicensi Episcopo, etc. Mandamus vobis quod habere faciatis *habere* Henrico de Baillol. 30 lib. Andegav. ad quietandum vadia sua .... 12°. die octobris. Per Willelmum de Braosa.

Rex, etc. Baronibus de scaccario Cadomi, etc. Allocate Abbati Cadomi et Radulfo Le Abbe precium trium loricarum et trium haubergellorum quos nobis habere fecerunt ad .... de Molinellis. Teste P. de Stokes apud Cadomum 13°. die octobris.

Rex, etc. Baronibus de scaccario Cadomi, etc., salutem. Sciatis quod Robertus de Tilbovilla pacavit in camera nostra die Lune proxima prius festum S^ti^. Dionisii 500 lib. Andegav. apud Cadomum de pacacione termini .... de fine facto pro terra Roberti Bertram. Unde vobis mandamus quod eum inde quietum esse faciatis. Teste Petro de Rupibus apud Cadomum 14°. die octobris. Per eundem.

Rex, etc. Baronibus de scaccario Cadomi, etc Sciatis quod Petrus de Pratellis quietavit feodum Painelli de duobus militibus et dimidium de ultimo exercitu. Unde vobis mandamus quod feodum illud .... Teste me ipso apud Cadomum 13°. die octobris.

Rex, etc. Laurent. de Dunjuin. Vicecomiti Rothomagi, etc. Eme ad opus Regine uxoris nostre unum pellicium grisum bonum et optimum et illud ei quam citius poteris habere facias ... . me ipso apud Cadomum 14°. die octobris. Per Robertum de Veteri Ponte.

Rex, etc. Senescallo Normannie et baronibus de scaccario Cadomi, etc. Sciatis quod recepimus in camera nostra per manum Ivonis de Veteri Ponte die Martis post Assumpcionem .... apud Chambay 300 marcas et 93 lib. 5 den. Andegav. de talliagio ballie Cadomi pro servientibus .. .. Veteri Ponte recepit. Et ideo vobis mandamus quod ipse Robertus inde quietus sit. Teste me ipso apud Burum 15°. die ....

Rex, etc. Willelmo de Mortuo Mari, etc. Remittimus vobis ingenitorem nostrum mandantes quod [cum] ei in ballia vestra 40 libratas r........ assignaveritis ipsum *ad nos* statim ad nos remittatis. Teste P. de Stokes apud Burum 15°. die octobris.

Rex, etc. Roberti de Veteri Ponte, etc. Sciatis quod quietavimus Ricardo de Ounebac 72 lib. Andegav. de debito et usuris debiti Judeorum ita quod .... in servicio nostro apud Tilers a die Martis proximo post festum Beati Luce Evangeliste usque 20 dies complet .... Purificationem .... anno regni nostro quinto. Unde vobis mandamus quod ei cartas suas de 7 lib. Andegav. quas debet Judeis in ballia vestra habere .... apud Burum 15°. die octobris.

Sub eadem forma scribitur Ricardo de Wilekler de 65 lib.

Rex, etc. Ricardo de Bello Campo Constabulario Turris Rothomagi, etc. Mandamus vobis quod latori presencium litteras Lupoescarr. patentes deferenti, liberetis Monachum de Becco quem .... tenetis. Teste me ipso apud Cadomum 16°. die octobris.

In rotulo Anglie totum breve. Scribitur Constabulario Normannie et P. de Stokes quod domino Lexovii de feodis suis de Curson et de Lascun que dominus Rex ei reddidit sicut jus suum qui G. de Glapion ten ... .

Rex, etc Roberto de Veteri Ponte salutem. Mandamus vobis quod liberetis Thome de Nevilla Bonechose et Joppinum Judeos qui sunt in prisoná Rothomagi ad ducend... eos in Angliam. Teste me ipso apud Cadomum 16°. die octobris.

Rex, etc. Senescallo Normannie et baronibus de scaccario Cadomi, etc. Computate Simoni majori Cadomi 40 lib. Andegav. quas pacavit Henrico de Claray de testamento S. de Scures de vestibus Comitis Sarisberiensis quas idem S. de Scures habuit in vadio. Teste me ipso apud Cadomum 18°. die octobris. Per Abbatem Cadomi.

Rex, etc. Ballivo de Constantino, etc. Precipimus tibi quod habere facias Hugoni de Garderoba vecturam et rationabilia necessaria ad ducendos duos obsides usque mare .. .. inveneris computabitur tibi ad scaccarium. Teste Thoma de Camera apud Cadomum 17°. die octobris.

Rex, etc. Ballivo de Barbeflet, etc. Precipimus tibi quod invenias Hugoni de Garderoba rationabilia necessaria quandiu moram feceritad mare......... . suum et quod ei inveneris computabitur tibi ad scaccarium. Teste Thoma de Camera apud Cadomum 18°. die octobris. Per eundem.

Rex, etc. Laurentio de Dunjuing Vicecomiti Rothom., etc. Eme ad opus Regine uxoris nostre unum pellicium grisum bonum et optimum et illud ei quamcicius poteris habere fa.... etc. Teste me ipso apud Cadomum 14°. die octobris. P. R. de Veteri Ponte.

Rex, etc. Baronibus de scaccario Cadomi, etc. Inspeximus litteras quas fecimus Nicolao de Tokevilla in hac forma. Johannes Dei, etc. Radulfo Taxoni senescallo Normannie et S. Abbati Cadomi ..... Le Abbe, etc. Noveritis quod Robertus de Wancy testatus est coram nobis quod recepit de Nicolao de Tokevilla 50 marcas de 100 marcis per quas nobiscum finem fecit .... vobis mandamus quod de illis 50 marc. pacem habeat. Teste Comite Willelmo Marescallo apud Windsoram 15°. die aprilis. Et ideo vobis mandamus quod inde quietus sit. Teste .... die octobris.

Rex, etc. Ballivo de Barbeflet, etc. Invenite navem sine precio Johanni de Stokes et sociis suis transfretantibus in servicium nostrum et .... me ipso apud Brus 22°. die octobris.

Rex, etc. Alexandro clerico et sociis suis custodientibus thesaurum. Anglie. Mandamus vobis quod liberetis latori presencium P. fratri G. de Camera 300 marc.............. quem habetis et ibi cum thesauro nostro expectetis mandatum nostrum. Teste P. de Rupibus Thesaurario apud Valonias 23°. die octobris. Per eundem.

Rex, etc. Alexandro clerico thesaurario Londin. et sociis suis, etc. Mandamus vobis quod liberetis Willelmo de S^to^. Maxentio clerico thesauri .... ad faciendum inde preceptum nostrum. Teste me ipso apud Valonias 28°. die octobris. Per Thesaurarium Pictavii.

Rex, etc. Senescallo Normannie et baronibus de scaccario Cadomi, etc. Computate Ricardo de Reveriis et Philippo de Reveriis fratri suo id quod .... in haiis de Constentino reparandis per visum et testimonium legalium hominum. Computate etiam eisdem id quod ipsi invenerunt ....conibus ad nos venientibus per visum et testimonium legalium hominum. Computate etiam illis 100 sol. quod annuatim inveniunt .... apud Valonias. Teste me ipso apud Valonias 24°. die octobris.

Rex, etc. Ballivo de Lunda salutem. Precipimus tibi quod omnes pegios qui sunt apud Horvillam in baillia tua sine dilacione facias venire'.................. tabitur tibi ad scaccarium nostrum. Teste me ipso apud Valonias 24°. die octobris.

Rex, etc. Ballivis de Barbeflet salutem. Invenite navem bonam et securam sine precio Radulfo de Hauvilla ad transfretandum in Angliam ....tabitur ad scaccarium nostrum. Teste me ipso apud Valonias 24°. die octobris.

Terra data. Rex, etc. Roberto de Veteri Ponte, etc. Mandamus vobis quod faciatis habere Radulfo de Westmonasterio terram quam et dedimus apud Cadomum cum omnibus catallis terre illius .... Teste Willelmo de ...... apud Toreny 26°. die octobris. Per eundem.

Rex, etc. Senescallo Normannie et baronibus de scaccario Cadomi, etc. Mandamus vobis quod allocetis ballivo de Lexov. 25 sol. Andegav. quos reddere annuatim .... nostrum de feodo Fortini et Rogeri de la Haya quod dedimus dilecto et fideli nostro Fulconi de Kantilupo et ipsum ballivum.... .... in rotulo scaccarii. Teste me ipso apud Burum 27°. die octobris.

(Membrane 3.)

Rex, etc. Ballivo de Lunda. Precipimus tibi quod omnes pegios qui sunt apud Hauvillam in ballia tua. sine dilacione venire facias Cadomum et computabitur, etc. Teste me ipso apud Valonias 23°. die octobris. Per P. de Stokes !

Rex, etc. Ballivo de Barbeflet, etc. Invenite navem bonam et securam sine precio Radulfo de Hauvilla ad transfretandum in Angliam et computabitur. . .

Rex, etc. Senescallo Normannie et baronibus, etc. Computate dilecto nostro R. de Veteri Ponte quatuor tunellos vini quos ipse nobis promisit apud .. . . potavimus ad festum Sancti Dionisii apud Cadomum. Teste me ipso apud Burum 28°. die octobris

Rex, etc. Senescallo Normannie et baronibus, etc. Computate R. de Veteri Ponte hoc quod rationabiliter posuerit in haia de Bonnevilla reparanda per visum .... Teste me ipso apud Troac. 29°. die octobris.

Rex, etc. Ballivo de Montfort, etc. Sciatis quod dedimus Willelmo de Greinvilla, servienti nostro terram de Grouland .... nostre. Et ideo *tibi* precipimus quod illam ei sine dilacione habere faciatis. Teste P. de Stokes apud Sapum 29°. die octobris.

Rex, etc. Senescallo Normannie et baronibus, etc. Liberate sine dilacione Hugoni de Gornaco tailliatori nostro 80 lib. Andegav....... Teste me ipso apud Sappum 29°. die octobris. Per P. de Rupibus.

Rex, etc. Senescallo Norman., etc., et baronibus, etc. Sciatis quod quietavimus A. Comitem Ebroicen. de 30 marcis quod ab..... .... fecit pro Walerando de Yveri. Unde vobis mandamus quod ipsum inde quietum faciatis. Teste................ .

Mandatum est majori Rothomagi quod homines Thome de S^to^. Valerico captos deliberet.

Rex, etc. Ballivo Rothomagi, etc. Mandamus tibi quod facias habere Nicolao filio Alani bernagium...... .... apud Vernolium 1° die novembris.

Rex, etc. Johanni Luce, etc. Mandamus tibi quod ponas de hominibus tuis .... simul cum hominibus Reginaldi de Bosco .... boscum illius ville et medietatem vendicionis bosci illius ad opus nostrum capi et custodiri facias. Teste me ipso apud Vernolium ....

Rex, etc. Ricardo de Bello Campo, etc. Mandamus vobis quod habere faciatis dilecto nostro Reginaldo de Bosco villam ......Heboc cum pertinenciis........ .... habuit. Salva nobis medietate de vendicione bosci ville illius. Teste W. de Breosa apud Vernolium 2°. die novembris.

Rex, etc. Senescallo Normannie et baronibus de scaccario, etc. Computate Roberto de Veteri Ponte in compoto suo tres modios et vij. sextarios de frumento quod id Robertus .... de blado Willelmi Poingnard. ad mensuram de Langerona et posuit ea ad panem faciendum Regine uxoris nostre et ejus familie. Teste me ipso apud Trias ..... die novembris.

Rex, etc. Senescallo Normannie et baronibus de scaccario, etc. Computate R. de Veteri Ponte 75 lib. 2 sol 8 den. Andegav. quos ex precepto nostro posuit ...... reparacione domorum et murorum et pontum castri nostri Rothomagi et in mairemio ad turrim et empcione recium per visum et te........ .... etc. post festum Apostolorum B. et P. et P. anno, etc., quinto Teste me ipso apud Rothomagum 9°. die novembris.

Rex, etc. Baronibus de scaccario, etc. Sciatis quod dedimus Comiti Melleti tabernagium quod a burgensibus Pontis Andemari exigitur .... vobis mandamus quod ipsi inde quieti sint nec vos eis ea occasione molestiam infierri permittatis. Teste me ipso apud ....

Rex, etc. Senescallo Normannie et baronibus, etc. Mandamus vobis quod si inveniri possit in rotulis scaccarii nostri quod .... Regis patris nostri feodum militis apud Curbespinam : Tunc illud ei habere faciatis. Teste J. Norwic. apud Rothom. 10°. die ....

Rex, etc. Senescallo Normannie et baronibus de

scaccario Cadomi, etc. Computate J. Luce 53 lib. Andegav. quas posuit ex precepto nostro in quatu.... .... nostris ....sio. Teste P. de Stokes apud Rothomagum 11°. die novembris. Per eundem.

Terra data. Rex, etc. Vicecomiti Caleti. Precepimus tibi quod sine dilacione habere facias dilecto [nostro] Will. Comiti de Warenna Crasvillam et Rochefort quas Guarinus de Glapion tenuit ...... sunt de feodo ipsius Comitis quicumque eas teneat. Teste Willelmo Marescallo 11°. die novembris. Per eundem.

Rex quietavit Johannem Feffard de mala tolta de uno trunco salis et 40 quadrigatis vini et sic mandatum. P. de ....

Rex, etc. P. de Pratellis, etc. Si Henricus de Rolveston cepit de Ricardo de S^to^. Wandrigil. 12 tonellos vini et 80 ..... Andegav. et 4 lib. Andegav. ad muniendum castrum de Insula et si Henricus Presbyter et Nicholaus de Vileres ceperunt de predicto .... precii 63 lib. Andegav. ad muniendum castrum de Rupe Andeli et inde non fuerit pacatus tunc ei a mala tolta .... me ipso apud Bonam Villam 13°. die novembris.

Rex, etc. Willelmo Crasso senescallo Normannie et baronibus, etc. Computate Simoni Lorimier de Cadomo 80 [lib.] et 110 sol. Andegav. quos posuit in mille et .... per manum Roberti Ruffi. Et computabitur eidem Simoni 30 sol. Andegav. quos posuit in croco ad opus nostrum. Teste P. de Stokes apud S............. Per ipsum P.

Custodia commissa. Rex, etc. Ricardo Clerico [et] Hugoni de Chaucumbe salutem. Scias quod nos commisimus fideli nostro Willelmo Crasso senescallo Normannie domos nostras de Bures cum .... custodienda quamdiu nobis placuerit. Et ideo vobis mandamus quod domos predictas cum foresta et cum ballia Baioc. eidem senescallo nostro vel certo nuncio suo sine dilacione ....

Rex, etc. Senescallo Normannie et baronibus de scaccario Cadomi salutem. Computate Ricardo de Wilekier 33 modios et dimid. de ordeo et 11 modios et dimid. de frumento et 2 modios .... recepimus per manum Roberti de Veteri Ponte apud Rothomag. de catallo Reginaldi Le Blaer. Teste me ipso apud Cadomum 15°. die novembris. Per Petrum de Rupibus.

Gillebertus de Malesmains habet quatuor quercus de foresta de Bonavilla. Idem G. habet decem damos de foresta de Bures.

Rex, etc. Senescallo Normannie et baronibus de scaccario Cadomi, etc. Computate Petro de Stokes 10 lib. Andegav. quas ipse invenit Theodorico Teutonico dum ipse .... Aldemari. Teste me ipso apud Rothomagum 16 die maii. Per Theod. de Burgo.

Rex, etc. Senescallo Normannie et baronibus, etc. Computate Roberto de Veteri Ponte 20 marcas quas ipse reddidit in camera nostra de fine quam Magister militie Templi .... tribus solidatis terre inter Cheineport et Vallem de La Haia. Teste me ipso apud Cadomum 16°. die novembris. Per P. de Rupibus.

Robertus de Croilly atornavit coram domino R. loco suo ad lucrandum vel perdendum Willelmum de Croilly fratrem suum .... Et Ricard de Reveriis de terris apud Manerium.

Rex, etc. Senescallo Normannie, etc. Computate dilecto et fideli nostro Roberto de Veteri Ponte 20 lib. Andegav. de purpresturis de Valle .... de Molinellis. Teste, etc, ut superius.

Rex, etc. Senescallo Normannie, etc. Computate R. de Veteri Ponte 22 minas avene de bernagio de Corona quod donavimus Nicolao filio ....

Rex, etc. Senescallo Normannie, tc. Sciatis quod recepimus in camera nostra per Robertum de Veteri Ponte de thesaurario Sim...................... auri et 85 bisant. 9 oboles et 12 cincturas de sirico cum argenteo paratu et 7 cincturas.......... paratu et unam cincturam de filo argenti et 25 firmalia auri et duo vasa argenti ad Triaci............. argenti et 7 ciffos argenti et 3 cuppas argenti et 28 lib. Andegav. Et ideo vobis mandamus quod inde ip.....

Rex, etc. Senescallo Normannie et baronibus, etc. Sciatis quod recepimus 200 lib Andegav. in camera nostra a Roberto Lexov. servienti nostro de fine 500 .... fecit pro pueris Simoni de Scures et uxore sua et tenementis ipsius. Et ideo vobis mandamus quod de tanto quietus sit. Teste .... 16°. die novembris. P. P. de Rupibus.

Rex, etc. Baronibus de scaccario Cadomi, etc. Sciatis quod recepimus in vigilia S^ti^. Dionisii apud Herbertot per manus Radulfi de .... et 24 lib. Andegav. Scilicet de fine Hente Bertin. et 179 lib. Andegav. de fine Ricardi de Greseia........ et Gaufridi fratris sui 15 lib. Andegav. Hoc autem vobis mandamus ut id sciatis. Teste me ipso apud Herbertot..........

Rex, etc. Senescallo Normannie et baronibus, etc. Mandamus vobis quod faciatis habere Hugoni de Gornaco servienti .... pro pennulis quas habere nobis fecit. Teste, etc. Per P. de Rupibus.

Rex, etc. Ricardo de Wilekier, etc. Mandamus vobis quod liberetis Roberto de Ros domos nostras de Herbertot et forestam nostram quam ibid .... Danfront 21°. die novembris.

Rex, etc. Joh. de Alencon., etc. Mandamus vobis quod liberetis Radulfo de Ruperia 100 marcas quas Robertus de Veteri Ponte .... apud Danfront 18 die novembris. Per P. de Rupibus.

Rex, etc. Senescallo Normannie et baronibus, etc. Computate secundum legem scaccarii Comiti Willelmo Marescallo et ballivis suis rationabiles misas quas posuerint per visum et .... castri nostri de Archis et in stipendiis militum et servientum nostrorum ibidem morantium. Teste me ipso apud Sanctam Cesinam 24°. die novembris.

Rex, etc. Roberti de Veteri Ponte, etc. Precipimus vobis quod sine dilacione reddatis Stephano de Longo Campo terram apud Wauvillam cum pertinenciis .... de Rupibus apud S^te^. Marie ecclesiam 23°. die novembris.

Rex, etc. Ricardo de Wilekier, etc. Sciatis quod perdonavimus Gilberto Malemains 50 lib. Andegav. quas debet Deulebenie Judeo de Ponte Aldomari .... a Pascha proximo preterito anno, etc., quinto. Et ideo vobis mandamus quod ipsum inde quietum esse faciatis. Teste P. de Pratellis apud castrum de Vire ....

Rex, etc. Senescallo Normannie, etc. Sciatis quod concessimus Reginaldo de Bosco custodiam terre et heredum Petri de Sabloil et maritagium ipsorum heredum, ita quod non de .... mandamus quod ei sine dilacione custodiam illam habere faciatis et catalla et exitus terre illius que non sunt reddita ad scaccarium nostrum ei similiter habere faciatis. Teste Petro de .... ecclesiam 24°. die novembris. Per eundem.

Rex, etc. Ricardo de Wilekier, etc. Mandamus tibi quod diligenter inquiras per sacramentum legalium hominum quod jus filia Roberti le Bigot habeat in vavassoria que .... Hulmo apud Formentort que est in manu nostra et si inquisicio illa dederit quod sit jus predicte puelle tunc vavassoriam illam ei habere facias. Teste me .... 24°. die novembris. Per ipsum Regem.

Rex, etc. Senescallo Normannie et baronibus, etc.

Mandamus vobis quod molendina de Danfront que abbas et monachi de Longlay habent in.................. nostrum habent in pace possidere permittatis. Teste me ipso apud S[te]. Marie ecclesiam 25°. die novembris.

Rex, etc. Senescallo Normannie et baronibus, etc. Computate Roberto de Veteri Ponte 100 lib. Andegav. quas ipse per preceptum nostrum pacavit duobus n... .... ad eum destinavimus. Teste me ipso apud S[te]. Marie ecclesiam. 22°. die novembris.

Rex, etc. Senescallo Normannie, etc. Computate Petro de Stokes id quod ipse posuit per preceptum nostrum et per visum et testimonium............ Lendinerum de Monteforti. Teste me ipso apud Barbeflet 26°. die novembris.

Radulfus de Ruperia habet quoddam mercatum apud Meinny qualibet septimana scilicet per unam diem scilicet diem Veneris. Ita tamen, etc.

Rex, etc. Baronibus de scaccario, etc. Computate R. de Veteri Ponte bernagium Algie quod valet 10 modios et 3 sextaria avene et quod............. nobis placuerit. Teste me ipso apud Morfavillam 24°. die novembris.

Rex, etc. Willelmo de Mortuomari, etc. Sciatis quod fecimus gratum P. de Stokes in excambio de terra inter Bing. Gorold. et Lundam.............. dedimus Henrico de Ferrariis. Et ideo vobis mandamus quod eam illi habere faciatis. Teste me ipso apud Morfavillam..........

Walterus Pipard habet unum mercatum apud Warengervillam qualibet septimana per unum diem scilicet diem Martis. Ita tamen, etc.

(Membrane 4.)

.... Computate preposito Cadomi 8 lib. Andegav. quas ipse pacavit pro duabus penulis de minuto vario ad opus Regine uxoris nostre, et idem .... pro .... ad opus ejusdem. Teste me ipso apud Morfavillam 27°. die novembris. Per R. de Veteri Ponte.

Rex, baronibus, etc. Computate preposito Cadomi hoc quod posuit in vinis nostris et pison'. carriand. sicut rationabiliter monstrare poterit per visum Conestabularii nostri de Cadomo. Teste me ipso apud Morfavillam 27°. die novembris. Per R. de Veteri Ponte.

Rex, baronibus, etc. Computate dilecto et fideli nostro R. de Veteri Ponte talliatam exercitus de Allencone de terra Radulfi Taisson, scilicet 20 sol. ad servientes quam eidem R. perdonavit. Teste me ipso apud Morfavillam 26°. die novembris.

Rex, baronibus, etc Computate dilecto nostro et fideli R. de Veteri Ponte 6 lib. Andegav. quas ipse cepit de terra Comitis Willelmi de Arondell. de talliata exercitus de Allencon et quas eidem Willelmo reddimus. Teste me ipso apud Morfavillam 24°. die novembris.

Rex, baronibus, etc. Mandamus vobis quod faciatis habere Amaurico de Sablolio 40 lib. redditus in mercato de Gacei quas Petrus de Sablolio frater ejus ei dedit. Teste .... Morfavillam 26°. die novembris. Per R. de Veteri Ponte.

Rex, baronibus, etc. Sciatis quod dedimus dilecto nostro R. de Veteri Ponte omnes exitus terre de Bullelio que fuit Garini de Glapion qui contra nos est ad sustinendum .... de Bello Campo Constabulario turris Rothomagi in servicio nostro. Et ideo vobis mandamus quod inde eum quietum esse faciatis. Teste me ipso apud Morfavillam 26°. die.......

Rex, etc., baronibus de scaccario Cadomi, etc. Computate, secundum legem scaccarii, Rogero Wascelin preposito de Barbeflet 7 lib. Andegav. quas liberavit Hugoni de Hauvilla falconario nostro ad ducendas aves nostras in Angliam per preceptum nostrum. Teste P. de Stokes apud Morfavillam 27°. die novembris.

Rex, etc. Baronibus, etc. Sciatis quod Abbas S[ti]. Petri super Divam pacavit in camera nostra 100 lib. Andegav. quas nobis debuit pro licencia concordandi cum Roberto de Veteri Ponte et hoc vobis mandamus quod inde quietus sit. Teste me ipso apud Morfavillam 27°. die novembris. Per T. de Camera.

Custodia commissa. Rex, etc. Baronibus, etc. Sciatis quod volumus quod Willelmus de Pratellis teneat ballivam de Levin salvis nobis placitis de spata et aliis que ad Vicecomitem non pertinent per duplicem firm......... que inde reddi solebat et de eadem firma recipiet denarios quos ei debemus et qui inrotulati sunt ad scaccarium nostrum Cadomi quousque illos plene receperit aut ei nos alio modo illos persolvimus. Teste me ipso apud Morfavillam 22°. die novembris.

Rex, etc. Baronibus, etc. Computate secundum legem scaccar. Ricardo de Wilckier 6 lib. 10 sol. Andegav. quas posuit in carragio vini nostri; scilicet 22 tunellos de Hareflet usque Rothomagum per preceptum nostrum. Teste P. de Stokes apud Morfavillam 27°. die novembris.

Preceptum est senescallo Normannie quod faciat habere Pagano de Chaurces et Hugoni fratri suo 80 lib. Andegav. ad quietanda vadia sua.

Rex, etc. Senescallo Normannie et baronibus, etc. Mandamus vobis quod reddatis Abbati de Cadomo 20 lib. et 16 den. Andegav. quos expendit in canibus nostris quos Robertus de Appevilla duxit per preceptum nostrum. Teste me ipso apud Gunovillam 29°. die novembris.

Rex, etc. Senescallo Normannie et baronibus. Computate Ricardo de Wilekier misas quas rationabiliter posuerit per visum et testimonium legalium hominum in operacione castri nostri de Ponte Aldomari. Teste me ipso apud Gunovillam 30°. die novembris.

Rex, etc. Willelmo Grasso, etc. Sciatis quod commissus Ricardo de Wilekier castrum nostrum de Ponte Aldomari quamdiu nobis placuerit, custod. et .... ejusdem ville ei concessimus ad illam custodiendam. Et ideo vobis mandamus quod id ita fieri faciatis. Teste Willelmo Marescallo .... 30°. die novembris.

Sub eadem forma scribitur P. de Pratellis et preterea custodiam escaetarum Normannie et Judeorum preter judeos Rothomagi et Cadomi. Et ideo manda... .... inde per consilium vestrum operetur.

Terra reddita. Rex, etc. Senescallo Normannie, salutem. Sciatis quod reddidimus Simoni de Ovilla medietatem Pontis Doylly quam Willelmus de Scyrant dederat Pagano de .... ideo vobis mandamus quod illam ei sine dilacione habere faciatis. Teste Comite Willelmo Marescallo apud Gunovillam 30°. die novembris.

Rex, etc. Vicecomiti Cadomi salutem. Precipimus tibi quod sine dilacione faciatis habere Johanni Summetario nostro de Camera uxorem que fuit Thoma Oseyeé............. et heredem ipsius Thome, quia eam ei dedimus cum terra sua et pertinenciis si jure fieri potest. Teste me ipso apud Gunovillam 28°. die novembris. Per Thomam de Camera.

Rex, etc. Senescallo Normannie, etc. Sciatis quod liberavimus Ricardo de Fontenay castrum nostrum de Monte S[ti]. Michaelis custodiendum quandiu nobis placuerit et .... et Versun ad custodiendam illam, faciendam et volumus quod servicium quod nobis debetur de terra Abbatis de Monte S[ti]. Michaelis ad custodiam............ manum ipsius Ricardi tanquam per manum ballivi ipsius Abbatis. Teste me ipso apud Gunovillam 30° die novembris.

Rex senescallo Normannie et baronibus de Cadomo

salutem. Computate ballivo de Constantino 28 lib. Andegav. quas assignavimus Ricardo de Funtenay in maneriis apud .... Kevillam et Diguillevillam que sunt in ballia de Constantino pro escambio Lunde de Evresci. Teste me ipso apud Gunevillam 30°. die novembris. Per ipsum Regem.

Custodia commissa. Rex senescallo Normannie salutem. Sciatis quod concessimus domino Lexov. Episcopo custodiam medietatis de Cuscy que fuit Hugonis de Gornay custodiendam quamdiu nobis placuerit. Ita quod ipse respondeat ad scaccarium nostrum Cadomi. Et ideo, etc.

Rex, etc. Senescallo Normannie et baronibus, etc. Sciatis quod recepimus in camera nostra per manus Radulfi de Baudritot et Willelmi de .. .. die S^ti^. Andree .... lib. Andegav. de fine quem Radulf. Taxon. fecit pro custodia terre et heredis Henrici de Tylleio. Et ideo, etc. Teste me ipso apud Gunovillam 1°. die decembris.

Rex, etc. Baronibus, etc. Mandamus vobis quod reddatis Willelmo Marescallo 50 lib. Andegav. que ei aretro sunt de 100 lib. Andegav. quas nobis commodavit per manum Radulfi Taxonis. Teste me ipso apud Gunovillam 31°. die novembris. Per ipsum Regem.

Rex, etc. Majori Cadomi, etc. Mandamus vobis quod mittatis nobis 200 lib. cere et computabitur (etc.). Teste me ipso apud Gunovillam 31°. die novembris. P. P. de Stockes.

Rex, etc. Ballivo de Barbeflet. Invenite carriagium 13 tunell. vini usque Cadomum ad opus Lupeskeire et computabitur, etc. Teste, etc.

.... de ... lib. Andegav. de fine suo pro custodia Petri de Ays. Per fratrem P. de Vernolio.

Rex, etc. Senescallo Normannie, etc. et baronibus, etc. Computate Willelmo de Mortuomari defectum bernagii factum pro defenso in foresta nostra de Lunda per prohibitionem nostram .... Teste me ipso apud Gunovillam 2°. die decembris.

.... habet unum mercatum qualibet septimana apud Fontenetum per unam diem scilicet diem Veneris, et cum voluerit habebit cartam, nisi sit ad nocumentum...... Teste me ipso apud Gunovillam 2°. die decembris.

Rex, etc. Senescallo Normannie, etc. Mandamus quod capiatis vos ad (   ) quam prope poteritis ad faciendum habere Willelmo de S^to^. Celino 50 lib. Andegav. ad muniendum .... ipse inde opus habet. Teste me ipso apud Gunovillam 1°. die *novembris.*

Rex, etc. Ballivo de Barbeflet, etc. Precipimus tibi quod per visum Alani Trenchemere invenias marinellis nostris qui sunt apud Barbeflet, liberaciones suas sicut illas habere debent et habere consueverunt et illas tibi computari faciemus sicut computari consueverunt. Teste me ipso apud Cesarisburgum 4°. die decembris.

Rex, etc. Senescallo Normannie, etc. Mandamus vobis quod faciatis habere Willelmo de Mortuomari bladum nostrum de ballia de Costentino quod ad nos pertinet habendum ad m....... castrum nostrum de Archis. Teste me ipso apud Cesarisburgum 4°. die decembris Per Willelmum Marescallum.

Rex, etc. Senescallo Normannie et baronibus, etc. Computate ballivo de Costentino 10 lib. Andegav. quas ipse pacavit Fissuro balistario nostro de 20 lib. Andegav. quas ipse .... . percipiet de ballia predicta ad opus uxoris ejus. Teste me ipso apud Gunovillam 3°. die decembris. Per Willelmum Marescallum.

Rex, etc. Ballivo Rothomagi, etc. Sciatis quod quietavimus Jordano de Wallikevilla et Willelmo de Trumblevilla de 122 lib. Andegav. de catallo....... debiti judeorum in ballia Rothomagi et Ponte Aldomari. Et ideo vobis mandamus quod ipsos inde quietos esse faciatis. Teste me ipso apud Gunovillam 3°. die ....

Rex, etc. Senescallo Normannie et baronibus, etc. Computate Vicecomiti de Cadomo quandam navem quam ipse invenit Ricardo de Bello Campo transfretanti cum .... Regine de Oistreham in Angliam. Teste me ipso apud Cadomum 15°. die novembris.

Rex, etc. Willelmo Crasso senescallo Normannie salutem. Mandamus vobis quod juste et sine dilacione et secundum [consuetudinem] Normannie faciatis habere Philippo .... saisinam de terra quam Albereia de Tilia pro avia ejus tenuit in dotem de feodo Roberti de Tilia cujus heres ipse Philippus est.... ..... Alberea obiit postquam predictus Robertus mortuus fuit. Licet predicta terra sit in manu nostra. Teste me ipso apud Cesarisburgum......

Rex, etc. Senescallo Normannie et baronibus scaccarii Cadomi. Computate secundum consuetudinem et legem scaccarii, Ricardo de R... .... suas quas ipse posuit in reparacione domorum nostrarum de Valonie et haiarum per visum et testimonium legalium hominum. Teste me .... Cesarisburgum 5°. die decembris. Per Petrum de Stokes.

Rex, etc. Senescallo Normannie et baronibus scaccarii de Cadomo salutem. Mandamus vobis quod audiatis compotum Guidonis de Diva .... fuerunt aretro de compoto suo plures quam 20 lib. Andegav. Tunc vobis mandamus quod ipsum quietum esse faciatis. Teste.

Rex, etc. Senescallo Normannie et baronibus, etc. Computate Ricardo de Riveriis 7 tunellos vini quos ipse .... et 6 quarteriis frumenti et 153 bussellis avene quos ipse .... ballia sua. Vos autem de minutis rebus, ut caponibus et gallinis et ovis et multonibus unde idem Ricardus debe .... faciatis eidem Ricardo respectum habere quousque in Normannia reversi fuimus. Teste me ipso apud Barbeflet 5°. die decembris.

Liberate sunt Ricardo de Riveriis Toriavill. et Eskedrevill. ad custodiam castri de Cesarisburgo quamdiu domino Regi placuerit.

Rex, etc. Senescallo Normannie et baronibus, etc. Computate secundum legem scaccarii, Roberto de Appevilla misas suas quas posuit............ et aliis. Nec remaneat propter libertatem Walterii de Ely qui de illis misis recepit. Teste P. de .... 5°. die decembris. Per eundem.

Rex, etc. Senescallo Norman. Mandamus vobis quod de 300 lib. Andeg. vel. 210 quas perceperamus nobis mitti per Henricum de .... G. de Pratellis 210 lib. ad quietand.......... nostrum. Teste, etc.

Mandatum est ballivo Costentini quod deliberet 8 tunellos cineris et 7 dacras et dimid. correi et j..... de 50 .... . et hoc..... fuit pro ....

Rex, etc. Ricardo de Wilekier, etc. Mandamus vobis quod inveniri faciatis Roberto de Appevilla et duobus equis suis et quinque ...... ad .... nostrum de Anglia et computabitur, etc. Teste P. de Stokes, etc.

Rex, etc. Senescallo Normannie, etc. Precipimus vobis quod faciatis habere Comiti R. Bigot tres modios vini unde disseisitus fuit per Ricardum de ....

(Membrane 1 in dorso.)

Mandatum est Radulfo Taxoni senescallo Normannie quod faciat habere Roberto Lexov. plenariam saisinam de terra que fuit Ade Tanetin quam dominus Rex eidem Roberto dedit secundum tenorem carte sue quam inde habet. Et si aliquid alienatum fuerit per porpresturam de predicta terra ipsius Ade devenit in manu Henrici Regis patris Domini Regis et preterea in sua, id recognosci faciat per sacramentum legalium hominum Cadomi et id eidem Roberto secundum tenorem carte sue habere faciat.

(Membrane 4 in dorso.)

In memoria.

Mandatum est senescallo Normannie et baronibus, etc. quod computent Ricardo de Fontenay id quod posuerit apud Montem Sti. Michaelis 3°. die junii in warnesturia 5 milites qui ibi interfuerunt per annum integr. et per 34 dies de quibus militibus supra dictis defuit quidam miles per 94 dies.

Idem ibidem posuit 10 servientes armatos qui ibi interfuerunt per totidem tempus ut prius.

Idem Ricardus postea ibidem posuit 5 servientes armatos per preceptum Radulfi Taxonis qui ibi interfuerunt per 26 dies.

Idem Ricardus liberavit Lopecaire per brevem domini Regis duo dolia vini de modiat per manum Clarini.

Idem Ricardus posuit 15°. die maii apud Moretunum 5 milites qui ibi interfuerunt per annum integr. et 18 dies videlicet usque ad tercium diem junii de secundo anno absque militibus illius honoris.

Idem Ricardus posuit 5 servientes equites et 5 servientes pedites qui ibi interfuerunt per annum integrum et 18 dies.

Idem ibidem posuit pro timore inimicorum domini Regis de acresciamento 10 milites videlicet tercio die septembris de primo anno qui ibi interfuerunt per 40 dies.

Idem Ricardus ibidem posuit de acresciamento 10 servientes equites qui ibi interfuerunt per 40 dies.

Idem Ricardus ibidem posuit de acresciamento 5 milites a 2°. die maii de 2°. anno usque ad tercium diem junii, videlicet per 31 dies, ibi moram facientes.

Idem Ricardus ibidem posuit 5 servientes equites et 5 pedites qui ibi per totidem tempus fuerunt.

Tercio die junii venerunt senescallus Normannie et Constabularius Normannie apud Moretonium et ibi statuerunt remanere 15 milites et 10 servientes et 10 pedites qui ibidem interfuerunt usque ad diem Martis in festo Apostolorum Simonis et Jude in octobr. videlicet per 140 dies.

Idem Ricardus posuit apud castrum Virie per preceptum senescallis Normannie die Paschalis floridi unum militem et duos servientes equites et sept. servientes pedites qui ibi interfuerunt usque ad proximum diem dominicam post Ascensionem Domini videlicet per 7 septimanam

Idem Ricardus posuit apud Tenechebraium 17°. die junii 3 servientes equites et 9 servientes pedites per preceptum senescallis Normannie qui ibi interfuerunt usque ad diem dominicam post Assumptionem Beate Marie videlicet per 64 dies.

Rex, etc. Willelmo Grasso senescallo Normannie, etc. Mandamus vobis quod faciatis habere Hugoni de Monte Forti plenariam saisinam de terris suis in Normannia unde ipse a nobis recepit excambium retentis in manu nostra terris quas ipse habuit a nobis in excambium inde in Normannia salvis nobis debitis quod ipse nobis debet ad scaccarium et debitis et finibus quod ipse debuit Judeis et burgensibus. Teste me ipso apud Suhampton 15°. die maii.

Sub eadem forma scribitur P. de Pratellis.

Rex, etc. Baronibus de scaccario, etc. Computate Hugoni de Nevilla 15 lib. 8 sol. 2 den. quas recepimus de eo in camera nostra. Computate etiam ei 18 marcas quas reddidit [per preceptum] nostrum Rogero Bristoll. pro vadiis suiis usque ad festum Sti. Michaelis. Computate etiam ei 10 marcas quas reddidit per preceptum nostrum Ricardo filio Edwini .... et 15 sol. quas eidem habere fecit ad robam per preceptum nostrum. Computate etiam eid. Hugoni 6 sol. 8 den. quos fecit habere Ricardo de Brademar .... per preceptum nostrum. Computate etiam eidem 10 sol. quos habere fecit per preceptum nostrum duobus valetariis nostris missis apud Hereford ad expens.... Computate etiam eidem 11 sol. 6 den. quos fecit habere Philippo de Gisnes per preceptum nostrum ad vadia sua adquietanda et computate ei 15 sol. quos...... it habere per preceptum nostrum Godwat ad robam. Teste, etc. Per Petrum de Rupibus apud Suhampton.

Rex, etc. Baronibus, etc. Computate Hugoni de Neville 12 marcas quas fecit habere Gwidoni venatori nostro per preceptum nostrum pro .... suis usque ad festum Sti. Michaelis. Computate etiam eidem Hugoni 100 sol quos fecit habere Willelmo Aucupi venatori per preceptum nostrum. Teste ut superius.

ROTULUS DE VALORE TERRARUM NORMANNORUM INCEPTUS ANNO REGNI REGIS JOHANNIS SEXTO (1).

(Membrane 4.)

(*Yorkshire.*)—Coderugc. Terra Rogeri de Amundevilla.

Jurati dicunt quod nihil inde ablatum est postquam terra illa saisita fuit in manu domini Regis nec ullum instaurum est ibi, nisi jumentum cum pullo suo, et quod valet cum instauro 12 bov. et 2 avrorum 13 lib. 2 sol. 6 den. obol. Et tantum valet pene instaurata illa.

(*Ibidem.*)—Wichebond. Terra ejusdem Rogeri.

Jurati dicunt quod nihil inde ablatum est postquam illa terra saisita est in manu Regis nec instaurum ibi est et quod valet cum instauro 8 bov. et j. avrii, 11 lib. et de instauratione 10 lib.

(*Dorsethshire et Summersetshire.*) — Spaclebirie. Terra Abbatis de Pratellis.

Jurati dicunt quod illa terra valet sine instauro 12 lib. et cum instauro quod non ibi est scilicet 12 bov. et 4 vacc. et 4 vitul. et 75 ovibus et 2 jument. valet 15 lib. 12 sol. 6 den. et si instaurata esset, tanto instauro quantum sustinere posset scilicet 300 ov. 8 vacc. et 2 avror. et 16 bov. et 8 porc. valeret 20 lib. et nihil inde amotum est.

(*Dorsethshire.*)—Stures. Terra Abbatisse de Pratellis.

Jurati dicunt quod illa terra valet sine instauro 14 lib. et unam marcam et cum instauro ibi invento scilicet 20 bov. et j avr. et 3 vacc. et 3 vacc. et 3 vitulis

(1) En 1203, ce prince avait été cité à la cour des pairs de France, pour se justifier du meurtre de son neveu Arthur; mais ayant refusé de répondre à cette sommation, il fut déclaré coupable. Philippe-Auguste, comme seigneur suzerain de la Normandie, s'empara non seulement des domaines du roi d'Angleterre; mais encore de tous les biens que les Anglais possédaient par droit héréditaire dans cette province. De son côté le roi Jean dépouilla, par représailles, les Normands de leurs tenures en Angleterre: et fit faire par des jurés commis à cet effet l'estimation de ces biens, rentrés en ses mains par expropriation, et les fit inscrire dans un grand rôle dont il ne reste plus que le fragment que nous donnons ici. Bien que ce rôle des domaines confisqués en Angleterre sur les Normands, au commencement du XIIe. siècle, n'ait qu'un rapport indirect avec le produit des terres que ces derniers possédaient en Normandie, il nous a cependant paru présumable que ces renseignements pouvaient également s'appliquer à notre province. Il est même évident que les Normands avaient introduit en Angleterre leur manière d'exploiter et de faire valoir leurs terres, si nous en jugeons par l'amélioration qu'elles avaient subies depuis qu'elles étaient entre leurs mains par suite des concessions de Guillaume le-Conquérant ou de ses successeurs.

et 3 juvencis et j. tauro superannato et j. sue et 3 gallinis. Valet 26 marcas et nihil inde amotum est.

(*Ibidem.*)—Povincton. Terra Abbatis de Becco.

Jurati dicunt quod illa terra valet sine instauro 100 sol. et cum instauro ibi invento, scilicet 31 bov. 250 ovibus matricibus et 5 multonibus et 140 agnis et 2 juvencis et 2 pullis et 17 avriis duorum annorum et 15 vitulis valet 10 lib. et non potest sustinere majus instaurum. Prior de Becco amovit post Pascham 85 caseos et totam lanam predictarum ovium et agnorum et j. m. de fab. venditis et 15 sol. de avena vendita et 28 sol. 9 den. de reddilu Pasche.

(*Ibidem.*)—Meleburne. Terra ejusdem Abbatis.

Jurati dicunt quod illa terra valet sine instauro 30 sol. et cum instauro ibi invento scilicet 8 bov. et 60 ovibus valet quatuor marca et non potest majus instaurum sustinere. Edwardus prepositus amovit post Pascham de gobla et de avena vendita 17 sol.

(*Ibidem.*)—Winterburne. Terra canonicorum de Constanciis.

Jurati dicunt quod illa terra valet sine instauro 7 lib. et cum instauro ibi invento scilicet 462 ovibus et 30 bov. et 10 vacc. cum 5 vitulis valet 16 lib. 10 sol. Et cum majore instauro scilicet 38 ovibus valet 17 lib. Robertus de Costentino amovit post Pascham duo pondera et dimidie lane et tres pondera casei.

(*Ibidem.*)—Waddone. Terra Abbatisse de Mutrevilers.

Jurati dicunt quod illa terra valet sine instauro 6 lib. 6 sol. 8 den. et cum instauro ibi invento scilicet 12 bov. valet 8 lib. et non potest majus instaurum sustinere. Et nihil inde amotum est.

(*Ibidem.*)—Winfrod. Terra Gilberti de Aquila.

Jurati dicunt quod illa terra valet sine instauro 100 sol. et cum instauro ibi invento scilicet 28 bov. et 100 ovibus matricibus et 48 agnis et 2 vacc. cum 2 vitulis et j. avrio. valet 10 lib. Et cum instauro quod sustinere posset scilicet 30 bov. et j. avrii et 300 matricibus ovibus et quatuor suibus valeret 15 lib.—Robertus prepositus recepit post Pascham 19 sol. de lana vendita et caseo. Et emit 2 boves pro 10 sol. qui sunt in manerio et residuum denariorum expendit tam in blado custodiendo quam tonsura lane.

(*Ibidem.*)—Lodres. Terra monachorum de Monteburgo.

Jurati dicunt quod illa terra valet sine instauro 33 lib. et cum instauro ibi invento scilicet 33 bov. et 2 avris et 11 vacc. cum 8 vitulis et j. tauro et 18 averiis et 142 matricibus ovibus et 18 multonibus et 89 agnis et 22 porcis cum 8 porcellis valeret 40 lib. et non potest majus instaurum sustinere.—Prior Balduinus ejusdem manerii amovit post Pascham 13 petras (1) lane et 24 petras casei.

(*Ibidem.*)—Hinctone. Terra monachorum de Moretonio.

Jurati dicunt quod illa terra valet sine instauro 6 lib. et una marca et cum instauro ibi invento scilicet 10 bov. et j. tauro, et 166 ovibus, et 14 multonibus, et 70 agnis, et 51 hogastris, et 3 vacc. cum 2 vitulis, et j. juvenca, et 2 jumentis, et 3 aucis, et 3 gallis, et 8 gallinis valet 10 lib. et j. marc. Et cum instauro quod facere posset scilicet 20 bov. et 8 vacc. et 2 avriis et 500 ovibus valeret 13 lib. et dimid. marc. § Gaufridus monacus recepit de redditu Pasche 25 sol. 3 den. et de lana et caseo 2 marc. et tulit secum denarios illos.

(*Ibidem.*)—Cnolle. Terra Roberti de Tybovilla.

Jurati dicunt quod illa terra valet sine instauro 4 lib. 13 sol. 4 den. et cum instauro quod nunc ibi est scilicet 19 bov. et 12 vacc. et 11 averiis super annatis et 8 vitulis et j. avrii et 50 ovibus matricibus et 30 hogastris et 27 agnis valet 7 lib. 13 sol. 4 den. et cum majori instauro scilicet j. bov. et 8 vacc. et 120 ovibus et averiis multis ociosis valeret 10 lib. et nihil inde amotus est.

(*Ibidem.*)—Tarente. Terra Abbatisse de Cadomo.

Jurati dicunt quod illa terra valet sine instauro 4 lib. et cum instauro quod nunc ibi est, scilicet 8 bov. et j. vacc. cum j. vitulo et 177 ovibus et 32 agnis et 10 porcis et 8 porcellis et 18 gallinis et 7 aucis valet 7 lib. Et cum majori instauro scilicet 8 bov. et 6 vacc. et cum 223 ovibus et 12 porcis et j. avrii valeret 10 lib. et nihil inde amotus est.

(*Ibidem.*)—Fromptone. Terra Abbatis Cadomi nihil inde actum est quia prior finem fecit cum domino Rege pro terra illa habenda.

Sturminister. Terra Comitis de Meulent nihil inde actum est quia Comitissa de Meulent terram illam habet per preceptum domini Regis.

(*Summersetshire.*) — Norton. Terra Abbatis de Grestein.

Jurati dicunt quod illa terra valet sine instauro 17 lib. 12 sol. et cum instauro quod nunc ibi est, scilicet 6 bov. et j vacc. et 6 ovibus valet 18 lib. Et cum majori instauro scilicet j. vacca et j. avrii valeret 18 lib. 2 sol. nihil inde amotus est.

(*Ibidem.*)—Corstone. Terra Petri de S[to]. Hilario.

Jurati dicunt quod illa terra valet sine instauro ( ) et cum instauro quod nunc ibi est, scilicet 16 bov. et j. tauro 12 lib. et cum majori instauro scilicet 100 ovibus matricibus et 10 vacc. et j. avrii valeret 13 lib. nihil inde amotus est.

(*Ibidem.*)—Hemingtone. Terra Willelmi de Pratellis.

Jurati dicunt quod illa terra valet sine instauro 6 lib. et cum instauro quod nunc ibi est scilicet 8 bov. valet 7 lib. et cum majori instauro scilicet 24 bov. et 10 vacc. et j. tauro et quinque suibus cum secta et 200 ovibus valeret 15 lib. et nihil inde amotus est.

(*Ibidem.*)—Roda. Terra Ranulfi Farsi.

Jurati dicunt quod terra illa valet sine instauro 50 sol. et nullum instaurum ibi est; et si instaurata esset valeret 70 sol. et nihil inde amotus est.

(*Ibidem.*)—Newton. Terra Roberti de S[to]. Laudo.

Jurati dicunt quod terra illa valet sine instauro 4 lib. et cum instauro quod nunc ibi est scilicet 24 bov. et 10 vacc. et j. tauro valet 10 lib. et cum majori instauro scilicet 16 bov. et 30 wacc. et 300 ovibus et 30 porcis valeret 20 lib.

(*Ibidem.*)—Portbire. Terra Herberti de Morvilla.

Jurati dicunt quod terra illa valet sine instauro 6 lib. et cum instauro ibi invento scilicet 6 bov. et j. averii et 3 vacc. valet 6 lib. 14 sol. et cum majori instauro scilicet 2 bov. et 3 vacc. et 20 porcis valeret 7 lib. 5 sol. 6 den. et nihil inde amotus est.

(*Ibidem.*)—Eston.........

Jurati dicunt quod Alexander de Roil habuit 8 marc. quas Willelmus le Desaffuble ei reddidit de terra sua quam de eo tenuit ad feodi firmam et solebat reddere 4[or]. marcas ad festum S[ti]. Michaelis et 4[or]. marcas ad Pascham et si idem Willelmus forte fecerit forinsecum computaretur ei in 8 marc.

(*Ibidem.*)—Watelege.........

Jurati dicunt quod terra illa valet sine instauro 22 sol. et nullum instaurum modo ibi est et si instaurata esset scilicet de 10 bobus et 40 capris valeret 30 sol. et nihil inde amotus est.

(*Essex.*)—Bradwella. Terra que fuit Doon. Bardulf et modo est Willelmi Bacon et Roberti de S[to]. Remigio.

Jurati dicunt quod terra illa valet sine instauro 12 lib. et cum instauro ibi invento scilicet due carruce qualibet cum quatuor equis et sex bobus et 210 ovibus valet 20 lib. et nihil inde amotus fuit postquam fuit capta in manu domini Regis.

(*Ibidem.*)—Estorp et Briche. Terre Willelmi de Planes.

(1) Poids de 12 livres de 15 onces.

Jurati dicunt quod terre ille valent sine instauro 11 lib. et cum instauro ibi invento scilicet tres carruce qualibet ad 6 bov. et 4 avriis valent 20 lib. et cum pleno instauro valerent 23 lib.

(*Ibidem.*) —Hadfeld. Terra Roberti filii Hernesii.

Jurati dicunt quod terra illa valet sine instauro 14 lib. et cum instauro ibi invento scilicet due carruce qualibet carruca cum sex bobus et 4 equis et 7 vaccis et tres vitulis hujus anni et 8 juvenilia animalia et 25 oves et 11 agni et 31 porci valet 16 lib.

Gervasius et Johannes homines Reginaldi de Cornhill. receperunt inde postquam saisita fuit in manu domini Regis 11 sol. 1 den. et 11 caseos de precio 11 denariis. Et in expensa hominum Justič. quando saisierunt predictam terram in manu Regis 12 den. et 2 caseos 1 den.

(Membrane 3.)

(*Essex.*)—Dependena Terra ejusdem Roberti filii Ernesii.

Jurati dicunt quod sine instauro terra illa valet 26 lib. et cum instauro ibi invento scilicet quatuor carruce unde tres sunt qualibet cum quatuor equis et 4 bobus et quarta carruca cum tribus equis et 4 bobus; et 7 vaccis et 6 vitulis hujus anni et 7 juvenilia animalia et 1 tauro et una equa caretaria ceca et 70 ovibus et 24 agnis et 24 porcis tam magni quam parvi valet triginta lib. et cum pleno instauro scilicet 5 carrucas valeret 32 lib.

Gervasius et Johannes homines Reginaldi de Cornhill. receperunt inde de lana 20 sol. et de herbagio et blado (   ) et tres caseos de 4 den. obol. et homines justicie scilicet Gaufridus Bigot habuerunt inde 18 den. et 8 bussellos mixtilionis de precio 3 sol. 4 den. et 3 caretatas feni et valebant 21 den. et unum quercum ad comburendum. Redditus ibidem 55 sol. de termino S[ti]. Johannis Baptiste.

(*Ibidem*).—Stepbinges. Terra Hugonis de Colunces. Illi qui fuerunt summoniti non venerunt dicere predicte terre precium neque cum instauro neque sine instauro et dictum fuit coram justices domini Regis quod predicta villa .... custodia Willelmi de Wrotaham clerici.

(*Ibidem.*)—Barde. Terra Roberti Bertran, et est modo in custodia Roberti de Tibovilla in capite a domino Rege; cum herede Roberti Bertran.

Jurati dicunt quod terra illa valet sine instauro 8 lib. et cum instauro ibi invento, scilicet una carruca de 4 bobus et 4 avriis et 2 vaccis et 3 juvenilia animalia et 2 vitulis hujus anni et 7 ovibus et 15 porcis et 12 aucis et 5 gallinis et 1°. gallo valet 10 lib. et cum pleno instauro valeret 15 lib. Et nihil inde amotum est postquam saisita fuit in manu domini Regis.

(*Hereford.*)—Linlea et Wilya. Terre que fuerunt Willelmi Malet de Gerardi Villa valent cum instauro quod ibi est 30 lib. et sine instauro valerent 20 lib. et liberate sunt ad firmam Matheo de Linlea pro 30 lib. per annum, per breve justiciariorum.

(*Ibidem.*)—Gatesdena. Terra Gilberti Malesmains ex parte uxoris sue fuit in custodia G. filii Petri Comitis Essexie, et ideo 4 homines et prepositus illius non venerunt coram justices domini Regis dicere quantum predicta terra valeat cum instauramento ei quantum sine instauro.

Precium inquiratur a Constabulario de Berkamestr.

(*Midelsexie.*) —D'. Terra Gilleberti Malesmains non venerunt quatuor homines et prepositus dicere coram justices domini Regis precium terre sue neque de terra Thome de S[to]. Walerico. § Responderant inde Vicecomes.

(*Devon.*)—Teinnewika. Terra Luce filii Johannis valet sine instauro 10 lib. et cum 10 bobus et 100 ovibus et 5 vaccis et 1 avero valeret 15 lib. Et sunt ibi de instauro 8 bov. et 3 vacc. et 1 avero.

(*Ibidem.*)—Dupeford. Terra ejusdem Luce valet 60 sol. et non est ibi dominicum.

(*Ibidem.*)—Woburneford. Terra ejusdem Luce valet 112 sol. Et non est ibi instauratio et cum 10 bobus et 10 vaccis et 1 tauro et 100 ovibus et 5 suibus et uno tauro valeret 10 lib.

(*Ibidem.*)—Alfintone. Terra Oliveri de Albenbi valet 4 lib. 10 sol. Et non est ibi instauratio et cum 10 bobus valeret 100 sol.

(*Ibidem.*)—Normolt. Terra Rogeri La Zuche valet sine instauro 12 lib. Et sunt ibi de instauro 8 boves et 4 vacce et 3 vituli et 8 equi et 31 oves.

(*Ibidem.*)—Bricteleghaın. Terra Willelmi filii Warini quoddam menbrum de Nortmolt quod est dicti Willelmi qui est (cum) Rogero La Zuche valet 40 sol.

(*Ibidem.*)—Holedich. Terra Willelmi de Saucai valet sine instauro 60 sol. Et sunt ibi de instauro 10 boves et 2 vaccas et 1 aver. et cum instauro illo valet 4 lib.

(*Ibidem.*)—Rewes. Terra Gileberti de Vileres valet 40 sol. Et cum 8 bobus et 2 vaccis et 40 ovibus valeret 60 sol.

(*Ibidem.*)—Duinesford. Terra Willelmi Bakun valet sine instauro 60 sol. Et cum 4 lib. que tradite fuerunt ad instaurum emendum valet 7 lib.

(*Ibidem.*)—Navingecot. Terra Willelmi filii Simonis filii Rogheri valet 35 sol. Et cum 6 bobis et 2 jumentis et 10 ovibus qui ibi invente sunt et cum 10 bobus et 2 vacc. et 40 ovibus valeret 40 sol.

(*Bedford. et Bukingham.*)—Wildene. Terra Willelmi de S[to]. Remigio valet 10 lib. Instaurata est 6 bobus 2 avrii et 2 porci.

(*Ibid.*)

Wildene terra Roberti de S[to]. Remigio valet 10 lib. Instaurum sex bobus et 2 avrii.)

Wimintona. Terra Petri Surive 5 marcas. Instaurum sex boves.

Etton Terra que fuit commissa Radulfi Tilloul. valet sine instauro 10 lib.

Tudingdone. Terra Comitisse de Pertico valet 60 lib. Instaurum 30 boves et 10 avr. et 20 vacce et 1 tauro. Terra illa tradita est Petro de Rupibus Thesaurario Pictavii. Per preceptum domini Regis.

Grendona. Terra Roberti de Tybovilla valet 6 lib. Instaurum 8 boves et 2 avrii.

Weendover. que commissa fuit Radulfi de Tilloul. valet 40 lib. sine instauro.

Risenberga. Terra Willelmi de Simily valet 20 lib. Staurum 8 boves, 4 avrii 5 porcellis 2 asini.

Cestersham. Terra Elye de Bello Campo valet 40 lib. Staurum 10 avrii 2 bov 60 oves.

Fallega. Terra Jordani de Saukevilla valet 20 lib. Staurum 2 carruce bov.

Winchendena. Terra Roberti de Brencort valet 100 sol. Staurum 7 boves 2 avrii.

Tattenho. Terra Radulfi Martell. valet 60 sol. Staurum 12 boves.

Waddon. Terra Willelmi de Humez valet 10 lib. Staurum 24 boves 3 vacce 2 vituli. § Terra illa tradita est Petro de Stokes per preceptum domini Regis.

Crofton. Terra Radulfi Le Bret valet sine instauro 40 sol.

(*Oxon.*)—Kerlintona. Terra illa valet de redditu assiso 8 lib. 5 sol. 1 den. exceptis operibus; et si opera fuerint posita ad denar. valeret, 10 lib. 2 sol. 8 den. Cum instauro ibi invento scilicet 22 boves, et 9 vacces, et 6 vitulos, et 4 animalia, et 2 oves et unam equam et duos pullos et 15 porcos et 7 porcellos et 8 hogges. Et cum predicto redditu assiso valet 24 lib. Et cum 100 ovibus et cum redditu de molendino et

110 solidatis terre quam quidam Frankelanus habet valeret 26 lib. De molendino deficiunt 10 sol quoniam fractum est. § Gaufridus Sauvage recepit de blado vendito 4 lib. 6 sol. 6 den. obol. § Item ibidem invenit quarterium et dimid. frumenti, una summa vendita fuit pro 20 sol. § De Curaill. 2 quarteria et dimid. una summa vendita fuit pro 4 sol. 4 den. § De avena 27 quarteria et 6 bussell. una summa vendita fuit pro 2 sol.—Summa totale. 8 lib. 4 sol. 4 den. obol.

Prior de Sta. Fridesuida debet pro meremo 7 sol. § Ricardus de Haye habet in eadem villa 40 solidatas terre.

Radulfus de Montibus in supradicta villa habet 100 oves 4 boves 2 averos.

(*Ibidem.*)—Bensintona. Terra illa valet cum instauro 80 lib. et sine instauro 70 lib. Sed senescallus Roberti de Harecurt abduxit 3 carrucas cum 24 bobus et 1 caball. quos vicecomes Oxonie reduxit sine equo. § Et nullus aliquid recepit de predicto manerio exceptis 100 sol. de firma quos predictus Vicecomes recepit. Et commissa est per brev. Regis Thome Basset ut inde respondeat ad scaccarium.

(*Nubir.*)—Nubir. Terra illa valet de reddilu assiso 20 lib. 6 den. obol. de burgagio. — De redditu in campis 105 sol. 6 den. — De molendino Fulerez 2 marc. — De servientibus pro ballivis suis habendis 30 sol. — De alio molendino quod computatur ad 7 lib. Summa tocius 52 lib. 2 sol. 8 den. obol.

§ De hiis in elemosina, scilicet, Abbati de Pratellis 60 sol. Et prioratui de Sandefford 8 lib et una marca redditus per manum firmariorum et non ad scaccarium. Preter hoc villata est ad firmam pro 60 lib. cum omnibus exitibus et perquisitis.

(*Surrey.*)—Gumeselva, Bedinton. Terra Eustachii de Es. Et Hadlegh terra Thome Malesmains. Et Waleton. Terra Luce filii Johannis.

In parte Eustachii de Es. In Gumeselva. nullum instaurum inventum est nisi in terris cultis, scilicet, 40 acre seminate ad champart de omnibus bladis. Et sine instauro valet 13 lib. Sed cum 12 bobus et 120 bidentibus et 5 suibus et uno vero valeret terra illa 15 lib. § Nihil inde amotus est post primam saisinam vel ab hominibus captus.

(*Ibidem.*)—Bedintone. Terra ejusdem Eustachii inventa est instaurata cum 6 bobus et 2 estoz et in terris cultis 50 acre de omnibus bladis et fuit ad firmam. Et tum tali instauro valet 10 lib. et sine instauro 9 lib. § Et nichil inde amotus est vel ab hominibus captus post primam saisinam.

(Membrane 2.)

(*Surrey.*)—Hadleg. Terra Thome Malesmains.

Nullum instaurum ibi inventum est nisi 42 acre de omnibus bladis. Et cum 12 bobus et 100 bident. et 14 porc. et uno estor. valeret 10 lib. Et sine instauro 8 lib. § Et nihil inde amotus est.

(*Ibidem.*)—Waleton. Terra Luce filii Johannis.

Nullum instaurum ibi inventum est. Et cum una caruca bov. et 100 bidentes valeret 10 lib. Et nihil inde amotus est vel ab hominibus captus.

(*Northampton.*)—Eston. Terra Willelmi de Humetis.

Jurati dicunt quod terra illa valet sine instauro 10 lib. 10 sol. Et cum instauro ibi invento scilicet 18 bobus 6 vacc. et 3 juvencis et 2 averis et 2 pullis de precio 2 sol. Et 191 ovibus et 27 porcis et duabus suibus de precio 2 sol. Valet 16 lib. 14 sol.

(*Ibidem.*)—Grafton. Terra ejusdem.

Jurati dicunt quod terra illa valet sine instauro 14 lib. Et cum instauro ibi invento scilicet cum 14 bob. valet 16 lib. Et cum tali instauro scilicet cum 6 bobus et 10 vacc. et 1 tauro et 10 suibus et 1 verr. et 100 ovibus valeret 19 lib.

(*Ibidem.*)—Dudintona. Terra Fulconis Paynell.

Jurati dicunt quod terra illa valet 6 lib. et unam marc. Et non habet instaurum, nec habere potest quia nichil est ibi in dominico.

(*Ibidem.*)—Esseby. Terra predicti Willelmi de Humet.

Jurati dicunt quod terra illa valet sine instauro 9 lib. 4 sol. 5 den. Et cum instauro 18 lib. 1 sol. 1 den.

(*Ibidem.*)—Blatherwich. Terra Odonis Pinceron.

Jurati dicunt quod terra illa valet 53 sol. 4 den. Et nunquam fuit ibi instauro.

(*Ibidem.*)—Wendlingbur. Terra Roberti de Harecort.

Jurati dicunt quod terra illa valet sine instauro 9 lib. Et cum instauro 12 lib. 6 sol.

(*Ibidem.*)—Stokes. Terra Johannis de Pratellis.

Jurati dicunt quod terra illa valet sine instauro 13 lib. et 1 marc Et cum instauro ibi invento scilicet 12 bobus et 2 averiis valet 16 lib. et 1 marc. Et majus instaurum ibi potest esse scilicet 10 vacce et 1 taur. et 10 sues et 1 ver. et 50 oves.

(*Berkesire.*)—Villa de Wulvelya capta est in manu domini Regis cum totis instaur. scilicet cum 16 bobus et 7 vacce et 4 boviculis et 2 taur. et 2 avr. et 15 porc. et 195 ovibus matricibus et 107 arietibus et 90 hoges et 83 agni et 18 casci et 2 equi et una careta sine ferro et alia cum ferro et 4 quarter de mestillo.

Redditus assisus cum operacione 65 sol. 8 den. et sine operacione 4 lib. 15 sol. 8 den. De redditu ad festum S^{ti}. Johannis futur. 17 sol. 2 den. Ad idem terminum de quolibet bove qui non arat et non habeat latas dentes obol. De redditu de bosco 5 sol. De quo bosco debent 20 sol. per annum.

160 acre in terra de frumento; De avena 80 acre; De ordeo 9 acre; De pisis 8 acre, homines ceperunt in manu equum servientis ad respondendum de equo vel de precio scilicet de dimidia marca.

(*Ibidem.*)—Eston. Terra abbatis de Pratellis.

Hoc est instaurum ibi inventum scilicet 8 bov. et 1 avr. et 1 juvenca cum vitulo et quedam garbe in horreo jacentes. Et 1 bussell. de blado flagellato et 1 capud de tasso feni.

(*Ibidem.*)—Ledecumbe. Terra Abbatis de Cluyny.

Capta est in manu domini Regis cum totis instaur. scilicet 24 bov. et 2 vacca et 4 vituli et 1 avr. et 10 oves matrices et 15 hoges et 5 agni et 25 casci. § Redditus assisus 45 lib. et 1 marc. Redditus de Bertona 21 lib. et de foren. et de placitis. Summa 100 marc. Redditus assisus debet reddi ad tres terminos. Primus terminus ad Hockeday jam preteritum ad quem terminum paccaverunt 110 sol. et 10 den. Secundus terminus ad vincula S^{ti}. Petri. Tercius ad festum S^{ti}. Michaelis. § De hiis que pertinent ad Berton. in die S^{ti}. Johannis Baptiste debent colligere herbagium. — Item 220 acre de frumento in terra. Et 100 acre de avena et ordeo. De pisis 4 acre. — Item ad ovile Domini sunt oves que non sunt Domini. Willelmus Palmer habet 43 oves. Matilda 13 oves. Morisus 23 oves. Willelmus de Boveria 23 oves. — Ibi sunt Wikarii, Adam Bot. habeat ad firmam 50 oves matrices et 7 vaccas. Reginaldus King. totidem. Willelmus Edgard 90 oves matrices et tres vaccas. Willelmus Wind. 30 oves matrices et tres vaccas Reginaldus Sire 120 oves matrices. Edgar Gray totidem. Willelmus Palmer totidem. Reginaldus Sturmer totidem. Hugo de Fonte totidem.

(*Ibidem.*)—Buccot. Terra prioris de Nugun.

Capta est in manu domini Regis cum totis instaur. scilicet 6 bov. et 2 averi qui sunt Roberti de Niwent. Et 12 bov. et 3 vacc. qui sunt Walteri filii Johannis et 100 oves tam veteres quam juvenes que sunt ejusdem Walteri. Et sine hoc instaurum terra est ad firmam pro 4 lib. — De cabulo assiso 43 sol. 8 den.—De medgabulo 7 sol. 1 den. — De blado in terra 59 acre de yvernagio. — De mestillo 100 acras.

(*Ibidem.*)—Scriweham. Ibi sunt 4 caruce cum 32 bov. et 1 avere et debunt 45 porci quos Comes de Saresberie abduxit. Totum dominicum bene inbladatum est tam de yvernagio quam alio blado. Redditus assisus 19 lib. 4 sol. in omnibus sine hiis qui debent opus ut cotari.

Hanneya. Ibi sunt 9 boves et 3 vacce et 2 quarterii de mestillo et 10 porci unde duo sunt Willelmi Cort. de Abbendone, ut dicit et unus equus caretarie. Summa redditus assisi 4 lib. quarum medietas debet redddi ad Pascham et altera medietas ad festum S[ti]. Michaelis. Dominicum bene inbladatum est tam de frumento quam de mestild.

(*Ibidem.*)—Henred. Terra Prioris de Nugun. Ibi sunt 8 boves 2 vacce 35 oves matrices 14 porci tam veteres quam juvenes. Et in grangia sunt 3 quarteria frumenti. Redditus assisus est novem marc. et 4 sol. et 6 den. Scilicet una medietas ad Pascham et alia ad festum S[ti]. Michaelis; et villa reddit per annum decem marcas ad firmam. Dominicum inbladatum est tam de frumento quam de mestildi.

(*Ibidem.*)—Sulfeton. Terra Johannis de Pratellis capta est in manu domini Regis cum instauro.

Jurati dicunt quod hoc est instaurum scilicet 114 oves quarum 28 sunt multones et alie sunt matrices oves. Et 18 boves et 1 avrii et 150 acre quarum major pars est de frumento et cum redditu et tali instauro valet 21 lib. Et nihil amotus est postquam fuit in manu domini Regis.

(*Warewicshire.*)—Ilmedone. Terra Roberti de Harecurt.

Idem manerium valet per annum de redditu assiso 14 lib. sine dominico auxilio et placitis. Ibi possunt esse 4. carruce de 40 bobus et 500 oves 4 vacce 3 cabelli et 24 porci. Et cum tali instauro solebant manerium ponere ad firmam pro 20 lib. Simon Livet amovit 32 boves et 100 oves et de firma S[ti]. Johannis Baptiste pacata ad Pascham 4 lib. 13 sol. 4 den. quas idem Simon similiter cepit.

(*Ibidem.*)—Wilmundecot. Terra Brictrici Camerarii.

Idem manerium valet de redditu assiso 42 sol. per annum et nullum instaurum est ibi, nec quicquam inde amotus est, nec potest amplius valere.

(*Ibidem.*)—Erdestone. Terra Radulfi de Ruperiis.

Idem manerium valet 4 lib. per annum de redditu assiso in omnibus qua*m* (sic) dominus Rex tradidit fratribus Templi.

(*Ibidem.*)—Wicford. Terra Jocilini de Pomeria.

Idem manerium valet per annum de redditu assiso 8 lib. 16 sol. sine auxilio et placitis. Est ibi terra ad tres carrucas de 24 bobus in dominio et sunt ibi 21 boves et 3 cabelli et 8 porci et possent ibi esse 5 vacce et 1 taurus et 5 sues et 200 oves et sic valeret manerium 15 lib.

(*Leircester.*)—Burstall. Terra Roberti de Harecurt cum una carruca terre in Catteby et 2 sol. redditus in burgo Leircestrie. Et cum molendino, valet per annum de redditu assiso 13. lib. 2 sol. 8 den. sine placitis et auxilio nec est ibi aliquid dominicum *vel* (nec) instaurum nec unquam fuit. Nihil inde amotum est sicut per juratos inquiri potuerit.

(*Ibidem.*)—Sillyby Terra ejusdem Roberti.

Idem manerium valet per annum de redditu assiso cum 9 virgatis terre in dominico que modo sunt ad firmam 27 lib. 6 den. obol. cum uno molendino et omnibus aliis pertinenciis suis. Predicte autem 9 virgate terre possunt coli cum tribus carrucatis de 24 bob. Et sic cadent de summa predicta redditus assisi 54 sol. per annum sine auxilio et placite. Nihil inde amotum est, neque ullum instaurum ibidem est.

(*Ibidem.*)—Roeleg. Terra que fuit Johannis de Harecurt est dominicum domini Rgis. Unde Vicecomes debet respondere ad scaccarium.

(*Ibidem.*)—Sichistone. Terra Roberti de Tilbovilla.

Idem manerium valet de redditu assiso cum uno molendino 20 lib. 9 sol. et duas libratas piperis sine placita et auxilio et cum terra ad unam carrucam in dominico. Nullum instaurum ibi est; et possel ibi esse 1 carruca de 8 bobus et 10 vacces et 1 taurus et 10 suies et 1 verres et cum tali instauro valeret manerium per annum 24 lib. Stephanus Flammeng. ballivus ejus habuit ad firmam de termino Pentecostes scilicet 6 lib. et de placitis 11 sol. unde adhuc nihil respondit.

(*Ibidem.*)—Ilveston. Terra Johannis de Joy.

Idem manerium valet per annum de redditu assiso 8 lib. 15 sol. 1 den. Nullum dominicum est ibi, nec instaurum, nec habere potest. Nihil inde amotum est.

(*Ibidem.*)—Esseby la Zuche. Terra Rogeri La Zuche.

Manerium illud valet per annum, sicut modo est, cum uno molendino et uno pari calcarium 108 sol. 9 den. excepto dominico; et est sine instauro. Ibi possent esse 2 carruce sine precariis que valent 1 carrucam et 100 oves et 6 vacce et 10 sues; et cum tali instauro solebat manerium esse ad firmam pro 10 lib. § Johannes Extraneus amovit 16 boves et 4 vaccas et 9 porcos de precio 4 lib. 6 sol. Et quando manerium est ad firmam non debent auxilium, nec aliquam merciam, nec aliquam accusacionem. Et quando non est ad firmam capiatur auxilio et omnimode consuetudine.

(*Ibidem.*)—Ingardby et Wileby. Terre Roberti de Angervilla.

Predicte ville valent per annum 6 lib. 9 sol. 6 den. de redditu assiso. In dominico sunt due carrucate terre. Sed non est ibi modo, nisi una carruca et possent ibi esse 10 oves de precio 20 sol. per annum; et cum tali instauro posset valere 9 lib. 9 sol. 6 den.

(Membrane 1.)

(*Kent.*)—Burnes. Terra Radulfi Taxonis.

Idem manerium valet per annum 15 lib. Ibi est una carruca et bladum de hoc autumpno. Illam terram tenet Robertus de Veteri Ponte.

(*Ibid.*)
- Rierse. Terra ejusdem Radulfi valet 9 lib. ibi est una carruca et bladum de hoc autumpno. Idem Robertus tenet eam.
- Rierse. Terra Johannis de Pratellis, valet 9 lib. Ibi et una carruca est bladum de hoc autumpno. In manu Vicecomitis.
- Robertus Bacon habuit 100 sol. redditus in Dertefford. in manu Vicecomitis.
- Litteborn. Terra Simonis de Coldreia valet 6 lib. in manu Roff. Episcopi et est de feodo ipsius Episcopi.
- Bilsinton. Terra Roberti de Curcy valet 22 lib. Henricus de Sandwich habet eam et inde debet respondere.
- Delce. Terra Gaufrido de Bosco valet 20 lib. et est ad firmam pro tanto. Et Reginaldus de Cornhull. eam tenet.

(*Ibidem.*)—Chereberie. Terra Roberti de Harecurt.

Jurati dicunt quod terra illa valet sine instauro 7 lib. et nichil instauri ibi modo habet. Et si instaurata esset de 20 bobus et 200 ovibus et 1 aver. valeret 10 lib. et non potest majus instaurum sustinere.

(*Ibidem.*)—Sturminister. Terra Comitis de Meulent quem Comitissa Meulent tenet.

Jurati dicunt quod terra illa valet sine instauro 14 lib. 13 sol 4 den. Et nihil instauri ibi est. Et si instaurata esset de 40 bobus et 500 ovibus et 10 vaccis et 1 tauro et 40 porc. et 2 avr. valeret 31 lib. Et nihil inde amotum est.

Idem jurati dicunt quod Cherleton menbrum ejusdem manerii valet sine instauro 50 sol. Et cum instauro quod sustinere posset scilicet 8 boves et 240 oves valeret 100 sol. Et inde nihil amotum est.

Erwent. member ejusdem manerii valet 48 sol. Et nihil instauro ibi est; nec esse potest.

Meleburne. menber predicti manerii valet cum 100 ovibus quas rustici manerii possunt 40 sol. Et non potest majus instaurum esse ibi.

(*Notingham.*)—Watele. Terra Radulfi Taxonis.

Idem manerium valet 40 lib. 14 sol. ( ) et cum tali valet idem manerium 43 lib. 14 sol. et cum tota soka pertinente ad illud manerium valet 50 lib.

Jurati dicunt etiam quod Odo de Crosseby constabulario de Tikehill. et servientes sui ceperunt de eodem manerio postquam manerium illud captum fuit in manu domini Regis de firma et de hominibus et instauris amotis 23 lib. 8 sol. 4 den. Unde nihil vult respondere nisi coram domini Regi, ut dicit.

Instaurum, 16 boves ad duas carrucas et 9 vacce et 2 torelli duorum annorum et 2 vituli unius anni et 2 vituli hujus anni et 2 avrii et 16 porci et 11 porcelli. Summa predicti instauri adpreciati 4 lib. 4 sol. Summa de redditu .... per annum 26 lib.

(*Ibidem.*)—Bingham. Terra Fulconis Painelt.

Jurati dicunt quod terra illa valet sine instauro 21 lib. 8 sol. et cum instauro et dominico 30 lib. Dicunt etiam quod Willelmus de Faleisia cepit de eadem terra postquam capta fuit in manu domini Regis 11 marcas 12 sol. 9 den.

Instaurum de Bingham 18 boves 26 vacce, unde 11 sunt lactatrices et 13 sunt prognantes et 2 non prognantes 2 taur. 9 juvenculi 8 vituli 131 oves 54 agni 10 porci et 8 porcelli 6 avr. et 2 pollani. unde 1 est unius anni et reliquus de hoc anno. 3 auce et 6 oisuns et 26 casei fuerunt ibi die S[ti]. Augustini et 2 quarterii et 1 bussell. de mestilone.

Est ibi redditus assisus de toto anno 23 lib. 6 sol. 10 den. cum molendino. Et sunt ibi 76 boves de vilenagio unde quilibet debet operari a die Pentecostes usque ad festum S[ti]. Michaelis qualibet ebdomada uno die. Et qualibet carruca rusticorum debet arare sexties in anno. Scilicet tribus vicibus ad cibum domini et tribus vicibus sine cibo. Et carruca liberorum debet duabus vicibus arare in anno et ad cibum domini et semel debent meteri ad cibum sui. Unde numero sunt ibi 13 liberi homines. Dominicum est ibi ad 4 carrucas, sed modo non sunt ibi nisi tres carruce cum predicto instauro.

Villa de Faleday que fuit Ricardi de Oilly, quam Ernulf de Maulay habet in custodia cum herede ipsius Ricardi capta est in manu domini Regis et tradita est quatuor hominibus scilicet Willelmo Luberd., Ade Luberd., Roberto Sol et Ricardo Harald.

Instaurum ibidem inventum 200 oves 16 bov. et cum tali instauro valet 10 lib.

Heilles. [terra] Camerarii de Tankervilla cum 33 bobus et 1 vacca et 1 taur. et 2 jumentis et 2 pull. et 4 vitulis et 6 ovibus et 2 agnis et 38 porc. valet 25 lib. Sed si esset instaurata de 5 carrucis et 2 avriis et 5 vaccis et 1 tauro et 7 suibus et de 1 veire et 500 ovibus valeret 33 lib. 6 sol. 8 den.

(Membrane 3 in dorso.)

(*Oxon.*)—Odo de Bremuster habet feodum unius militis in Atendune, unde monachi de Tame tenent medietatem feodi per duas marcas et dimid. per annum salvo servicio Regis.

Et Ricardus de Turribus tenet aliam medietatem per duas marcas per annum salvo servicio Regis.

(Membrane 2 in dorso.)

Nubir. Terra Comitis de Pertico tradita est Simoni de Pateshill. per brev. domini Regis.

Terra abbatis de Cadomo in Lendend. tradita est eidem per brev. domini Regis.

Willelmus de Fruges. habet terram suam per brev. domini Regis.

Sulvetone que fuit Johannis de Pratellis tradita est abbati de Bello Campo per brev.

Valores terrarum Johannis de Pratellis et Radulfi Taxoni in Arnessel. — In eodem manerio 4 sunt carruce qualibet de 8 bobus et 3 avrii et 16 porci et 30 porcelli et cum tali instauro valet per annum 30 lib.

Valor terre Henrici de Ferrariis. Cum instauro valet per annum 100 lib. et sine instauro valet 80 lib. et per Johannem de Fraxneto amota sunt ita subscripta scilicet 20 bacones precium cujuslibet baconis 20 denar. et per eundem 110 caseos precium cujuslibet 3 den. Idem Johannes recepit de firma S[ti]. Johannis Baptiste 49 sol. 2 den. et plenario de termino Pasche preterito.

Terra Mathei de Dilum valet per annum cum instauro quod nunc ibi est scilicet cum una carruca de 6 bobus 14 lib. et eadem terra potest sustinere tale instaur. scilicet 9 vaccas 1 taur. 50 oves 50 porc. et 1 capellum hizarium et cum tali instauro valeret 16 lib. per annum.

SCACCARIUM NORMANNIE

SUB

REGIBUS FRANCIE (*).

(Ms. de Rosny de la fin du XIIIe. siècle, n°. 2120, f°. 1er., dorso, col. 2.)

Scaccarium Pasche apud Faleisiam. Anno Domini M°. cc°. vij°. Judicatum est quod filia Rogeri Vernay habeat saisinam de hoc unde pater suus fuit saisitus quando ivit ad Religionem.

Judicatum est quod heres Radulfi de Corlibon non respondeat versus Judeum de debito patris sui donec etatem habeat.

Judicatum est quod domina de Sapo habeat custodiam filii militis sui que capta erat in manu Regis quia domina tenebat feodum illud de quadam escaeta que erat in manu domini Regis.

Judicatum est quod debet inquiri utrum Comes Bolonie cepit aliquid in nammis de Fulcone Paenel nec remaneat pro submonitione; et idem Fulco non respondebit versus Comitem donec inquisitio alia fiat.

Guillelmus de Villers probat per testes suos quod Gaufridus de Rapendone reddidit Gaufrido filio Petri creditori suo c. lib. de debito quod debebat ei idem Guillelmus.

Judicatum est quod recordatio assisie curret super quod Monachi S^ti. Audoeni dicebant quod Robertus Baviel gravaverat in assisia Falesie quod perderet querelam suam si carta similis carte quam Monachi habent posset inveniri sigillata in sigillo fratris sui et per quam dedisset terram vel elemosinam.

Lienart de Barneville non respondebit de hereditate sua donec filius Roberti Bertran qui est infra etatem et qui debet hereditatem illam garantizare habeat etatem.

Scaccarium S^ti. Michaelis apud Faleisiam. Anno Domini M°. cc°. vij°. Judicatum est quod firmarius Mellisent de dote sua eundo in Angliam non prejudicat ei si hec assisia in qua hoc factum fuit recordet.

Quia Episcopus Constanciensis per litteras suas testificatus est quod tenens qui super bastardia impetebatur appellationem ad propriam interpositam infra terminum sibi assignatum prosecutus non fuerat. Judicatum est quod potens habeat terram illam. Item judicatum super hoc quod extra Normanniam non potest appellari.

Episcopus Baiocensis petebat a Connestabliario Normannie auxilium exercitus de dono Regis de feodis IX. militum que de eo tenet Connestablarius dicit quod tenet de Episcopo vij. feoda militis ad servicium Episcopi et duo ad servicium Regis quando submonitus est per Episcopum vel nuncium suum; et dicit quod non debet dare auxilium nec unquam dedit et super esgardum terre. Judicatum est quod Episcopus habeat auxilium de feodis que Connestablarius recognoscebat se tenere de Episcopo et habebit illud auxilium per donum domini Regis.

Judicatum est quod Calot Judeus poterat sequi Abraham Judeum per duellum de assauto de kemino.

Judicatum est quod ille qui de Rege habet custodiam pueri non respondebit Judeo infra etatem pueri illius de debito patris illius pueri nec debitum illud interim usurabitur.

Judicatum est quod homines magistri Radulfi de Constanciis sunt in mercia pro falso clamore versus homines de Rothomago quos sequebantur de roberia quia clamor patrie dicit quod nunquam audierunt quod roberia illa fuisset facta.

Scaccarium Pasche apud Faleisiam. Anno Domini M°. cc°. viij°. Judicatum est quod pro fide data episcopo a milite, non potest idem episcopus compellere ad respondendum in curia ecclesiastica.

Judicatum est quod Templarii habeant saisinam terre vise quam tenens traxit ad garantizandam cartam capituli Templariorum quam habuerat et combusta fuerat ut dicit in domo sua decem annis elapsis, nec post requisivit capitulum Templi quod ei facerent cartam illam.

Judicatum est quod Abbas Cesarisburgi habeat saisinam de presentatione ecclesie de Barbefloi quia Onfridus qui dicebat presentationem illam ad se pertinere, cognovit quod Rex Henricus cujus Abbas habet cartam de illa ecclesia presentaverat ultimam personam mortuam ad illam ecclesiam.

Judicatum est quod uxor Roberti de Mesnilio Wace habeat dotem tercium hereditatis que contingebat viro suo in portionem de hereditate patris sui.

Preceptum est quod Galeranus Louvel habeat escaetas de terra patris sui pro defectu Gaufridi fratris sui contra se in pluribus assisiis. Radulfus dicebat quod habebat molendinum quoddam in vadium a Roberto Comite pro vij^xx. lib. tur. et Comes dicebat quod pro lxx. lib. Unde posuerunt se super Abbatem S^ti. Andree et quosdam alios qui dixerunt quod Comes fecerat finem pro lxx. lib. de illo vadio. Judicatum est quod Comes haberet molendinum suum et Rex lxx. lib.

Judicatum est quod Guillelmus de Planis respondebit versus Ysabel de maritagio suo nec remanebit propter finem quam Gadre de Drocis frater Ysabelle post natus fecit cum Guillelmo ex quo non fecit finem per duellum vel per stabilimentum.

Scaccarium S^ti. Michaelis apud Faleisiam. Anno Domini M°. cc°. viij°. Judicatum est quod etas. xxj. annorum probatur per quatuor testes juratos.

Castellanus de Gallon petebat pro domino Rege auxilium exercitus à domino Ricardo de Harecort pro quinque feodis militis. Ricardus dixit quod non de-

(*) Un acte de l'an 1257, qui se trouve au commencement de ce manuscrit, sera reporté à la fin de notre copie. Deux autres actes qui le précèdent sont imprimés dans dom Bessin et dom Materre.

bebat dare auxilium nec facere servicium in exercitu, sed apud Bellum Montem debebat servicium quinque militum per quadraginta dies ad custodiam castri ad costum domini de Bello Monte et super hoc peciit stabilitum. Judicatum fuit quod eam haberet.

Judicatum est quod Comes Bolonie non potest petere debitum a religioso sed capiat se ad heredes vel ad terram.

Judicatum est quod Episcopus Sagiensis non habebat servientem sacerdotis qui fuit captus ad presens forefactum in foresta domini Regis.

Judicatum est quod soror Guillelmi habeat hereditatem ejusdem Guillelmi Fabri mortui quam Guillelmus operavit in vita sua quia soror ejus ex patre et matre quam hereditatem Ricardus frater Guillelmi ex matre tantum eidem Asceline difforciabat.

Scaccarium Pasche apud Faleisiam. Anno Domini M°. cc°. ix°. Judicatum est quod Radulfo de Argogiis tenenti terra visa remaneat quia undecim viri jurati dixerunt in recognitione quod minus jus habebat in ea adversarius suus et duodecimus dixit se nichil inde scire.

Judicatum est quod Templarii non respondebunt Willelmo Langevin de elemosina sua nisi in curia ecclesiastica.

Eustachius Calot infra etatem contra avunculum suum cepit breve de saisina patris suis. Jurati dixerunt quod pater suus fuit saisitus ab antiquo tempore; sed nesciebant utrum die qua obiit. Judicatum est quod qui tenet teneat.

Item quia dictum est quod testificatum est à pluribus quod avunculus Magistri Eustachii de quodam manerio per concordiam dotem fecerat in tercia parte, Eustachius tanquam protector dotis habeat duas partes.

Scaccarium Sti. Michaelis apud Faleisiam. Anno Domini M°. cc°. ix°. Preceptum est Renaudo de Villa Terrici quod justiciet Lucam canonicum Abrincensem per feodum laicum ita quod faciat absolvi laicum quem fecit excommunicari pro feodo suo laico.

Divisa fiat inter Robertum Comitem et Abbatem Berneirii de virgata terre et minus extra herbergagium.

Jurati dixerunt in recognitione quod Guillelmus de Riveriis tenens habebat majus jus in terra illa visa quam petens; et ita Guillelmus in pace remansit. — Post judicium ipsa die in eadem assisia redierunt jurati et dixerunt contrarium et se male dixisse. Judicatum est in Scaccario quod Guillelmus habeat terram suam et jurati reddant adversario Guillelmi valorem illius terre.

Petentes pasturam feodalem a leprosis dixerunt quod si averia sua non irent in pasturam nullum redditum facerent leprosis. Et imo judicatum fuit quod quando cognoscebant quod inde non faciebant aliquod redditum et homagium et quod non debebant habere pasturam illam.

Scaccarium Pasche apud Faleisiam. Anno Domini M°. cc°. x°. Judicatum est quod Ricardus Pelvilain eat in curia ecclesiastica coram judicibus suis et emendet ibi defectus suos et post habeat recognitionem in curia laica de decimis quas Lucas canonicus Abrincensis petit ab eo utrum sit feodum suum laicum vel elemosina prebende dicti Luce.

Judicatum est quod episcopi non possunt mittere in prisione homines quos ballivi Regis eis justiciant sicut excommunicatos; sed ballivi debent eos justiciare quod faciant quod debent.

Judicatum est quod sorori Ricardis Mainet remaneat terra illa de maritagio suo quam Ricardus petebat ab ea, quoniam ipsa maritata fuit cum illa terra dum Ricardus esset infra etatem consilio amicorum suorum.

Judicatum est quod Episcopus Lexoviensis non potest tenere parolam uxoris Philippi Topelin, post recognitionem feodi et gagii juratam in curia Regis, que potest inde nescire.

Judicatum est quod Anquetilus elemosinare potuit terciam partem feodi sui salvo jure domini illius feodi.

Decime de feodo lorice possunt elemosinari si non excedant terciam partem illius hereditatis.

Episcopus non potest tenere placitum de dessesina facta quandiu aliquis est in peregrinatione de Aubigeis (Albigeois), cum super hoc recognitio fuerit in curia regis.

Scaccarium Sti. Michaelis apud Faleisiam. Anno Domini M°. cc°. x°. Judicatum est quod maritus qui habuerit heredes de uxore, maritagium tenebit ejus quandiu erit sine uxore.

Judicatum est quod homines Radulfi Caperon qui manent in suo feodo lorice debent reparare motam suam apud Bonam Villetam et facere de novo si antica ibi non esset.

Judicatum est quod Adam non habebit quietanciam per cartam Regis Henrici quam habet de domo ubi manet, quam (sic) ille cui quietancia data fuit non erat saisitus de domo illa quando quietancia data fuit.

Judicatum est quod ille a quo petit frater portionem debet deliberare hoc quod elemosina vitet encombravit de feodis lorice et escaetis.

Recognitio currit ad instanciam pueri infra etatem de saisina quam pater ejus habebat quando ivit in Jerusalem ubi est mortuus.

Scaccarium Pasche apud Faleisiam. Anno Domini M°. cc°. xj°. Erenborc contra Aalesiam cepit breve de feodo et gagio. Juratum fuit quod terra illa fuit antecessoribus Erenborgii et ipsa et sponsus saisiti fuerant de ea quando iverunt per graciam in Franciam; sed de feodo et gagio nichil scivit. Robertus Brunet et alii in assisia judicaverunt quod Erenborc haberet saisinam.

In Scaccario judicatum fuit quod judicium illud erat falsum et rehabuit Aalesia saisinam.

Si quis placitet coram diversis judicibus ballivis de hereditate sua in Francia et in Normannia judicatum est quod dies debent dari partibus de octo diebus ita quod possent esse ad suos terminos.

Judicatum est quod avia moriente post ultimum augustum, nepos ejus infra etatem, qui, in vita avie garantus erat, saisinam dotis habebit donec erit infra etatem et post faciet quod debebit.

Judicatum est quod Rex faciat justiciam de quadam muliere de terra comitis Alenchonii que convenitur de fide.

Judicatum est quod carta episcopi et capituli Baiocensis non deffendet laicum super terram ei data ab episcopo nisi habeat cartam Regis et recuperat eam successor.

Scaccarium Sti. Michaelis apud Faleisiam. Anno Domini M°. cc°. xj°. Judicatum est quod puer infra etatem non respondebit de maritagio encombrato per venditionem patris sui.

Guilebertus de Sagi petit saisinam cujusdam decime quam predecessor suus in prebenda habuit die qua obiit, quam Hugo ei difforciat. Hugo petit recognitionem utrum decima illa sit feodum laicum vel elemosina. Judicatum est quod Guilebertus habeat saisinam decime et post fiat recognitio.

Scaccarium Pasche apud Faleisiam. Anno Domini M°. cc°. xij°. Judicatum est quod Hugo de Rotis sit forbanitus quia secutus de morte hominis in quatuor assisiis noluit retro apparere.

Scaccarium Sti. Michaelis apud Faleisiam. Anno Domini M°. cc°. xij. Judicatum est quod decima terre que est infra metas Lande de Evrecio, donetur ecclesie cui Landa illa dignoscitur pertinere.

Judicatum est quod in penultimo capitulo illius scaccarii quod querela bastardie, quum tenens obiit, non potest durare ultra annum.

Scaccarium Pasche apud Faleisiam. Anno Domini M°. cc°. xiij°. Judicatum est quod heres in custodia Regis propter non etatem faciat excambium omnibus illis super quos uxor patris sui dotem recuperabit quia habebit dotem in illis terris de quibus maritus suus tempore desponsationis saisinam habebat.

Scaccarium Sti. Michaelis apud Faleisiam. Anno Domini M°. cc°. xiij°. Judicatum est quod ille qui habet terram obligatam si forisfaciet terram non prejudicat debitori sed inquiretur utrum tunc erat saisitus de ea tanquam de hereditate vel de gagio.

Guillelmus de Cortemer in scaccario cognovit quod abbas Sti. Ebrulfi molendinum quod ab abbate petebat tenuerat abbas per quadraginta annos remansit abbas in pace.

Quia juratores de feodo et gagio dicunt gagium esse, petens recuperat et denarii nominati sunt ex parte Regis.

Puer infra etatem habet recognitionem de feodo et gagio. Judicatum est quod homo qui est in placito non potest vadiare duellum per manum suam de alia querela et quod omnino perdit querelam de qua duellum gagiavit.

Si adversarius nolit sustinere recognitionem ad usus et consuetudinem Normannie quis representaverit ultimam personam mortuam in ecclesia illa, ego habeo saisinam presentationis.

Judicatum est quod quidam canonici Baiocenses habebant capitales masuras prebendarum suarum et illi qui eas possederunt (sic) assensu eorum qui prebendas ante istos habuerunt non tamen cum assensu Episcopi et Capituli, habeant emendationes ibi factas.

Judicatum est quod puer infra etatem non respondebit causa alicujus garanti quem pater ejus traxit in vita sua.

Judicatum est quod Rex habebit totum tenementum bladi meditarie communis mihi et alii qui forefecerint terram.

Scaccarium Pasche apud Faleisiam. Anno Domini M°. cc°. xiv°. Judicatum est quod si dominus Guillelmus Paganelli de portionibus factis de terra Radulfi Tesson, ad terminum sibi positum, nolit eligere justitiam Regis pro ipsa, eligat.

Judicatum est quod uterque eorum qui habebit Baroniam in sua parte tenebit eam de domino Rege in capite.

Judicatum est quod mulier maritagium suum non sequetur super pueros infra etatem, cum pater eorum saisitus esset quando obiit; sed si ipsa voluerit poterit sequi contra heredem mariti sui.

Postnatus non potest sequi breve de feodo et gagio, immo repelletur quia habet antenatum.

Judicatum est quod masura cum terra rationabili que se aquitat per unum redditum nominatum et borgagium, terra vero que se aquitat per redditum per se et per servicia deorsum masuras non est borgagium.

Scaccarium Sti. Michaelis apud Faleisiam. Anno Domini M°. cc°. xiv°. (Desideratur.)

Scaccarium Pasche apud Faleisiam. Anno Domini M°. cc°. xv°. Quidam crucesignatus judicatur reddere quemdam puerum quem dicebat esse vadium suum pro debito et sequatur debitum suum in foro ecclesie.

Judicatum est quod Rogerus de Amondevilla et illi qui de eo tenebant in ballivia de Bonavilla nichil poterunt perdere ipso absente et quod ipse et sui tenentes sint in saisina.

Scaccarium Sti. Michaelis apud Faleisiam. Anno Domini M°. cc°. xv°. Preceptum est Miloni de Levee ballivo Constantini quod inquirat utrum Reginaldus de Cornillon allevavit et cepit primus graneriam in terra Sti. Stephani Cadomensis et si ita est eam amoveat.

Scaccarium Pasche apud Faleisiam. Anno Domini M°. cc° xvj°. Judicatum est quod visio terre fiat inter dominos de feodis de quibus est contentio inter ipsos; et illi qui feoda illa tenent intersint visioni, ibi per eos audiatur de quibus advocent illa feoda et postea fiat jus.

Relicta forbaniti postquam vocatus fuit in quatuor assisiis nec apparuit nec habebit dotem [suam]. *Et hoc non est bonum judicium.*

Judicatum est quod tenens negans petentem portionem suam esse de progenie sua, si per inquisitionem inveniatur petens esse in gradu in quo dicit, tenens amittit querelam.

Judicatum est quod per visionem terre advocans garantum suum, dies fuit ei assignata habendi garantum suum in assisia sequenti, in qua dixit post sententiam petentis quod garantum habere non poterat; et imo judicatum fuit quod petens haberet saisinam illius terre.

Mors mariti probatur ab uxore per testes in curia domini Regis.

Judicatum est quod vidua habeat dotem ubi heres ei garantat, ita quod statim heres faciat excambium sorori sue de ea quod habebat in maritagium, et vidua recuperat super ipsam. Et hoc de Ricardo de Villers.

Judicatum est quod due sorores Alienor de Barneville defuncte que sunt ad pacem domini Regis habeant escaetam ejusdem Alienor salvo jure terre sororis que est in Anglia si ad pacem domini Regis redierit.

Judicatum est quod G. non respondebit H. de portione terre que fuit matris sue quam H. petit per quamdam cartam donec garantus G. etatem habeat.

Judicatum est quod portiones terre fiant inter Petrum de Hommet et quatuor fratres ejus et quod partita sit in quinque partes salvo jure aliorum duorum fratrum qui non sunt presentes cum venerint.

Judicatum est quod infra bannium molte nullus potest facere molendinum venti vel aque nec in feodo lorice nisi licencia domini.

Judicatum est quod qui prima die Scaccarii non venerit adversario se offerente est in misericordia.

Scaccarium Sti. Michaelis apud Faleisiam. Anno Domini M°. cc°. xvj°. Judicatum est quod nullus potest nec debet facere molendinum venti vel aque in bannium molte. Et quod nullus potest facere molendinum venti vel aque nisi qui moltam habeat vel habere debeat. Et etiam omnia molendina ad ventum postquam Rex habuit terram Normannie in terris illorum qui non habent moltam prosternantur et molendina aque similiter si quis inde conquestus fuerit.

Judicatum est quod habens sergenteriam si sit infra etatem per alium serviat.

Henricus de Portu miles cognovit in Scaccario Episcopo Baiocensi quod tenebat de eo tria feoda militum et per istam cognitionem judicatum est quod ipse faciet portionem fratri suo post nato, ita quod H. eliget unum feodum super alius (sic) tercium remanebit Henrico. Si vero non possit fieri quod sit unum quodque feodum per se de tota terra fient tres porciones predicto modo parciente.

Scaccarium Pasche apud Faleisiam. Anno Domini M°. cc°. xvij. Judicatum est quod sustinens placitum et non est attornatus in misericordia debet esse.

Judicatum est quod Abbas Sti Stephani de Cadomo habeat saisinam de graspersio (esturgeon) qui captus fuit apud Cabourc per cartam Regis Guillelmi quam abbas inde habet.

Carta abbatisse sive carta conventus non valuit de quodam excambio Abbacie dampnoso immo in scaccario dilacerata fuit.

Scaccarium S^ti. Michaelis apud Faleisiam. Anno Domini M°.cc°. xvij°. Judicatum est quod relicta Comitis Alenconii que gravida est debet videri et quod dominus Rex faciat eam custodiri per ydoneas personas.

Judicatum est quod Mauricius de Usseio recuperat saisinam terre de qua ceperat breve de feodo et gagio quia tenens post omnes essonias et visionem terre cognovit quoddam defectum. Et judicatum est quod post ille qui saisinam amisit contra eumdem maritum breve simile capere potest.

Scaccarium Pasche apud Faleisiam. Anno Domini M°. cc°. xviij°. Judicatum est quod non debeo saisiri de maritagio dato mihi cum uxore mea a matre ejusdem de hereditate patris, donec frater uxoris mee qui est infra etatem fecerit uxori mee competens maritagium.

Judicatum est quod dominus Rothomagensis Archiepiscopus non respondebit burgensibus Rothomagi de eo de quo conquesti sunt nisi maiore presente.

Judicatum est quod campio cruce signatus vadians duellum de catallo non potest illud facere et petens catallum amittit.

Judicatum est quod de duabus querelis possunt duos adversos attornatos facere et uterque eorum potest facere essonias suas et jurare langorem.

Accordatum est per Episcopos et Barones scaccarii quod si contentio sit inter ecclesiam et laicum de aliquo quod ecclesia teneat de quo laicus dicat quod sit feodum suum laicum, vel de aliquo quod ecclesia teneat, quod ecclesia dicat esse elemosinam suam quod inde fiet recognitio in curia domini Regis per duodecim milites propinquos querele que visa erit per justiciam si ibi inventi fuerint et si ibi inventi non fuerint per duodecim alios homines legitimos propinquos querele. Et si ecclesia dicat se in pace tenuisse per trigenta annos querelam que visa fuerit tanquam elemosinam suam et ita recognitum fuerit, laicus sequetur jus suum in curia ecclesie. Si vero laicus dicat se querelam tenuisse in pace per triginta annos tanquam feodum suum laicum et ita recognitum sit, ecclesia sequetur in curia Regis. Si recognitum sit in alterultro casu de minori tempore tunc fiet recognitio utrum sit feodum laicum vel elemosinam.

Scaccarium S^ti. Michaelis apud Faleisiam. Anno M°. cc°. xviij°. Judicatum est quod mulier non potest petere dotalicium suum in terra cujus saisina a marito suo per judicium et legem lucrata est, sicut ipsa cognoscit.

Judicatum est quod excambium illud quod Guillelmus filius Hamonis canonicus Baiocensis de quadam domo que est ante ecclesiam Baioc. quam ipse tenebat de Fulcone Paganelli non debet teneri nisi assensu Regis et ejusdem Fulconis, et quod idem Guillelmus retro habeat saisinam domus sue et Fulco dominii sui et G restauret canonico omne dampnum quod iidem habent.

Judicatum est quod Philippus de Aigneaus det victum competentem sorori sue de alia matre que soror est infra etatem et quod illa soror non ibit ad domum ejusdem Philippi qui cognovit quod post mortem patris sui matrem puelle traxit in curiam dicens quod non erat legitima uxor patris sui cum ipsa peteret dotalicium ab eo.

Recognitio inter dominum Rothomag. Archiepiscopum et militem de patronatu cujusdam ecclesie, et obtinuit Archiepiscopus per juratum juratorum singulariter examinatorum.

Scaccarium Pasche apud Faleisiam. Anno Domini M°. cc°. xix°. Judicatum est quod Lucia faciat Templariis de terra quam eis in viduitate sua dedit cum eam eis garantizare non possit.

Judicatum est quod feodum lorice relevat per quindecim libras turonenses.

Judicatum est quod recognitio debet currere utrum ille qui conqueritur de nova dessesina erit saisitus tanquam de hereditate et tanquam de firma.

Judicatum est quod aliquis propinquus de genere Guillelmi de Gouviz defuncti custodiat filiam ejus que est infra etatem et quod custos talis sit quod hereditas puelle non possit ei escaire ex morte puelle vel sororum suarum. Custos autem de ea maritanda sine consilio amicorum securitatem non faciet, amicorum dico ex parte patris [puelle]. Et judicatum est quod mater ejus que cum alio jam contraxit non habebit custodiam.

Scaccarium S^ti Michaelis apud Faleisiam. Anno Domini M°. cc°. xix°. Attornatus Archiepiscopi Rothomagensis essoniat contra burgenses Rothomagi.

Recognitio inter Archiepiscopum Rothomag. et Robertum de Bosco super patronatu ecclesie cujusdam et lucratus est Archiepiscopus saisinam.

Episcopi et barones dicunt quod Archiepiscopus Rothomagensis debet venire ad scaccarium domini Regis et assisias in curia domini Regis per submonitionem ballivorum domini Regis et dicunt quod viderunt Archiepiscopum Galterum sic venire. (Vide Gallia Christiana).

Judicatum est quod redditus ille quem Guillelmus dedit Guillelmo Dodeman nepoti suo debet redire ad parciendum cum tota escaeta ejusdem Guillelmi inter ejusdem Guillemum et alios coheredes ejusdem Guillelmi consanguineos Guillelmi.

Judicatum est quod filius infra etatem ejus qui est in peregrinatione remaneat in saisina patris sui donec de morte vel reditu constiterit.

Judicatum est quod si amicus nominatus ita infirmus sit quod cum aliis in misia procedere non possit, ille qui eum nominavit alium loco ejus ponere compellatur.

Judicatum est quod inquiratur quomodo Abbas Sagiensis utebatur cartis suis de usagio in forestis Roberti Comitis Alenconii, quando comes obiit et eo anno quo obiit cum filius ejus infra etatem sit in custodia domini Regis.

Judicatum est quod Grandinus solvat Stephano debitum quod debuit patri Stephani et quod pater dedit Stephano quando pater eum maritavit sicut in carta patris continetur non obstante carta ejusdem patris de quitacione debiti quam Grandinus obtinuit cum appareat quod facta fuerit post donum factum Stephano.

Accordatum est per episcopos et barones quod si aliquis coronam habens vel habitum clericalem duxerit uxorem de feodo laico quod tenet faciat domino Regi et dominis aliis quod feodum debet; et de burgagio hoc quod alii burgenses faciunt et in burgagio fiet justiciam et in feodo laico pro omni eo quod debent super omnia catalla que ibi invenientur. Si vero postquam uxorem duxerit coronam acceperit et habitum clerici, de burgagio et feodo faciet tanquam homo laicus et ad modum tractabitur.

Scaccarium Pasche apud Faleisiam. Anno Domini M°. cc°. xx°. Judicatum est quod uxor ejus qui est in Jerusalem habeat victum de tercia parte hereditatis mariti illius, cum due partes sint attornate ad quietacionem viduis.

Judicatum est quod tenens non respondebit petenti, quia traxit ad garantum quemdam peregrinum qui erat ultra mare, immo tenens habebit anni et diei.

Judicatum est quod Robertus de Poteria non potuit alii in excambium dare feodum domini Regis.

Scaccarium Sti. Michaelis apud Faleisiam. Anno Domini M°. cc°. xx°. Judicatum est quod omnes illi burgenses de Bernaio qui erant in villa Bernaii quando Judeus interfectus fuit et qui non venerunt ad clamorem sunt in mercia domini Regis nisi unus quilibet per legem sexta manu (sic) preter suam se defendat. Dicunt barones quod et contra si Christianus Judeum occidit dominus Rex inquiret et prius suam voluntatem faciet.

Judicatum est quod mater custodiet personas filiarum suarum cum victu eis assignato.

Recognitio inter dominum Regem et Archiepiscopum Rothomagensem de patronatu quodam, et obtinuit Archiepiscopus per juratos.

Judicatum est quod homines de Pierrefont, Bù, Lesquelin, et de Lunga Rea qui sunt consuetudinarii in Bosco Lanfridi ad pasturam et cognoscunt quod ad eam veniunt quando volunt, reddant abbati Cadomi consuetudines et redditus quos pro pastura debent sive veniant ad pasturam sive non vel ipsi amittant usagium suum.

Quia Petrus de Sancto Petro essoniam misit de extra Abrincas contra Fulconem Paganum post terram visam et ea die visus fuit in introitu domus ubi tenebatur assisia sicut sex de septem in quo consenserunt recordaverunt et septimus qui viderat eum in villa Abrincarum reputata est essonia pro nichil et amisit Petrus saisinam terre.

Judicatum est quod miles qui cognoscit quod tenet de Abbate Genoticense (sic) unum feodum militis non potest se deffendere quin auxilium exercitus quando auxilium captum est de dono domini Regis cum idem Abbas inde se non potest deffendere et quod abbas non potest auxilium mittere in loco ejusdem militis quando Rex capit servicium suum de Abbate dum modo idem miles in propria persona servicium quod debet de feodo suo facere velit.

Judicatum est quod Adam de Cornaio miles postquam se misit in amicos cum fratre suo potest mittere essoniam de via curie.

Judicatum est quod fratres de Huchon inveniant sorori victum competentem usque ad annum et diem et nisi illam infra terminum illum maritaverint competenter quod ei faciant competens maritagium de hereditate patris et matris eorum per consuetudines Normannie, ita quod unusquisque ponat in maritagium advenantum suum secundum portionem quam habet.

Preceptum est quod pugiles de duello de cetero veniant infra meridiem ad dies sibi positos aliter sint in defectu.

Judicatum est quod foristaria qui cocagium suum et escoragium suum in foresta de Bons Molins que destructa est modo de arboribus, nichil in ea capiet sicut in herbergagio vel in brueria vel hujusmodi nisi tantum estocagium vel escocagium cum in foresta illa evenerit.

Scaccarium Pasche apud Falrisiam. Anno Domini M°. cc°. xxj°. Judicatum est quod uxor Petri Loce non sustinebit judicium quod faciendum erat inter Petrum et quemdam alium cum idem Petrus ante terminum judicii mortuus est.

Scaccarium Sti. Michaelis apud Faleisiam. Anno Domini M°. cc°. xxj°. Judicatum est quod carta Episcopi et capituli Baiocensis deffendit cum a quo Episcopus petebat quamdam terram, cum cognitum sit quod terra illa non erat de dominico Episcopi sed feodum quod mutatum fuit de una manu ad aliam.

Scaccarium Pasche apud Cadomum. Anno Domini M°. cc°. xxij°. Judicatum est quod Judeus reddat Christiano domum suam locatam in qua Judeus manebat, cum cognitum sit quod domus illa combusta sit per ignem Judei.

Inquisitio currit utrum terra data fuerit alicui ad vitam vel non.

Judicatum est quod filia Thome de Perriers in Constantino habeat saisinam de hereditate patris sui non obstante quod adversarii sui dicunt eam esse bastardam.

Judicatum est quod Judei non possunt emere tenementa apud Sanctum Petrum super Divam invito Abbate domino ville.

Johannes de Poleio et Margareta uxor ejus fecerunt finem pro centum libris ad duo scaccaria pro terra Ricardi de Hosa quam debebat habere de escacta Johannis de Hosa. Plegius Amauricus de Gaceio et Fulco de Alneto.

Scaccarium Sti. Michaelis apud Cadomum. Anno Domini M°. cc°. xxij°. (Desideratur.)

Scaccarium Pasche apud Cadomum. Anno Domini M°. cc°. xxiij°. Ille qui petebat recordationem assisie super hoc quod dicebat judicatum fuisse in assisia quod non debebat tenere de cetero feodum suum de domino suo, dixit quod tenens de illa recordatione nominabat nec alios nominare volebat nec sciebat. Judicatum est quod dominus qui tenebat terram remaneat in pace.

Preceptum est quod Abbas de Barbereio per cartas Comitis de Mollenc et Henrici Regis habeat terram ei elemosinatam a Roberto Marmion quia carte confirmant donationes et elemosinas quas monachi illi poterunt acquirere in feodo Roberti Marmion patris illius fundatoris domus illius.

Preceptum est Abbati de Lucerna quod infra annum vendat domum quam habuit de dono Hugonis canonici tali homini qui faciat domino Regi de ea quod facere debeat.

Scaccarium Sti. Michaelis apud Cadomum. Anno Domini M°. cc°. xviij°. Quia jurati dixerunt quod nesciebant quis patronus presentasset personam mortuam sed sciunt quod reddebat Abbati Exaquii pensionem annuam a longo tempore. Abbas Exaquii per judicium scaccarii habet illam medietatem.

Judicatum est quod dominus Rex potest facere inquisitionem de jure suo a tempore coronationis Ricardi Regis.

Judicatum est quod attornatus Radulfi et Rogeri fratrum versus Guillelmum fratrem suum qui habuit terminum langoris respondeat dicto Guillelmo non obstante cruce quam assumpsit et Radulfus et Rogerus poterunt alium attornare si voluerint ita quod omnia erramenta prioris attornati computaverint.

Judicatum est quod si aliquis habeat filios et maritet antenatum filium et ille antenatus moriatur filio relicto filius antenati de hereditate avi habebit quod pater haberet si viveret et si antenatus ille habebat aliquam portionem de terra patris sui et hoc cognitum fuerit si sit infra etatem filius ante etatem suam non respondebunt ei fratres patris sui. Hodie non tenet vel nescio quid sit.

Scaccarium Pasche apud Cadomum. Anno Domini M°. cc°. xxiv°. (Desideratur.)

Scaccarium Sti. Michaelis apud Cadomum. Anno Domini M°. cc°. xxiv°. Burgenses Cadomi cognoscunt quod non debent capere talliam de septem servientibus Abbatie facientibus sua ministeria in Abbatia nisi fecerint marcaandiam in villa Cadomi quam si fecerint pagabunt talliam.

Scaccarium Pasche apud Cadomum. Anno Domini M°. cc°. xxv°. Judicatum est quod pueri Petri d'Evrou non respondebunt nepotibus suis ex sorore sua defuncta de maritagio ejusdem sororis quoniam pater eorum quando obiit de illa terra que petitur erat saisitus et soror nunquam habuit inde saisinam et hoc quia erant infra etatem.

Accordatum est per Episcopos et Barones quod si aliquis alicui feodaverit vel terram dederit vel redditum per servicium vel per denarios in assisia que recordationem habet, donum illud et feodatio illa audiatur et si retentus fuerit redditus competens secundum valorem doni debet teneri donum illud. Si vero pecunia data fuerit pro dono illo et parvus redditus sit retentus; si aliquis de genere illius qui donum fecerit mercatum illud habere voluerit illud habebit salvis donis et feodationibus ante accordationem istam.

Accordatum est per Barones et Episcopos quod a petente hereditatem non potest tenens petere catallum donec prima querela sit terminata nisi petens secutus sit de mulcto et latrocinio.

Scaccarium Sti. Michaelis apud Cadomum. Anno Domini M°. cc°. xxv°. Judicatum est quod si aliquis miles qui debeat servicium domino Regi per manum episcopi vel baronis submonitus a domino defecerit. Si miles inde in curia Regis vel Episcopi vel baronis convincatur, teneatur domino ad penam quam dominus incurrerit versus dominum Regem per defectum militis et emenda debet judicari competenter per curiam domini Regis si in ea convictus fuerit vel in curia Episcopi vel baronis si in ea convictus fuerit.

Judicatum est quod dominus de Feritate qui querit divorcium inter se et uxorem suam auctoritate apostolica inveniat uxori sue competenter necessaria lite pendente.

Judicatum est quod duellum vadiatum nullum sit ex quo nullus miles fuit ad visionem.

Scaccarium in octava Pasche apud Rothomagum. Anno Domini M°. cc°. xxvj°. Judicatum quod septem servientes Abbatis Cadomi sint quieti de equitatu et exercitu et omni taillagio.

Scaccarium Sti. Michaelis apud Cadomum. Anno Domini M°. cc°. xxvj°. Judicatum est quod de auxilio exercitus potest currere breve de nova dissaisina.

Scaccarium Pasche apud Rothomagum. Anno Domini M°. cc°. xxvij°. Judicatum est quod ille qui peciit recordationem, septem quorum tres fuerunt scientes, quatuor nescientes, perdit ad finem.

Judicatum est quod ille qui perdit querelam suam ad finem quam dicebat se lucratum fuisse propter defectus domini Roberti de Pusiaco cum fuisset judicorum quod defectus nulli essent, cum esset in servicio domini Regis.

Scaccarium Sti. Michaelis apud Cadomum. Anno Domini M°. cc°. xxvij°. Judicatum est quod secuti de combustione domus, qui miserunt se ad finem in amicos faciant peregrinationes et alia abjudicata.

Scaccarium Pasche apud Rothomagum. Anno Domini M° cc°. xxviij°. Judicatum est quod dominus Rex compellat per terram et catalla, relictam Petri Mali Vicini cessare a petitione dotis quam fecit versus dominum Robertum de Corteneio in curia ecclesie.

Judicatum est quod Rex faciat inquisitionem super relicta Petri de Totes de morte ipsius Petri et post faciat voluntatem suam.

Judicatum quod Nicholaus Carbonnel non respondebit erga Cornemole de souta quam faciebat erga eum de proditione domini Regis qui dicebat quod ipse invenerat in quodam cimiterio cum aliis quos ignorabat de proditione Regis loquentes.

Judicatum est quod inqueritur de puero extracto de ventre matris utrum post ea fuerit usus vita.

Scaccarium Sti. Michaelis apud Cadomum. Anno Domini M°. cc°. xxviij°. Judicatum est quod miles secutus de membris suis non respondebit de hereditate sua quadiu secuta durabit.

Judicatum est quod Alanus de Louceles tenetur dicere utrum ille qui se facit heredem patris sui sit filius fratris illius vel non.

Scaccarium Sti. Michaelis apud Rothomagum. Anno Domini M°. cc°. xvviij°. Adjudicatum est quod attornatus domini Roberti Porchet non potest se exoniare erga dominam de Bello Monte de suo quod petit a domino Roberto et ejus procuratore.

Scaccarium Pasche. .... Anno Domini M°. cc°. xxix°. Judicatum est quod heres qui est in custodia Regis facit excambium de dote quam uxor patris ejus recuperat a priore de Guerartville.

Scaccarium Sti. Michaelis. .... Anno Domini M°. cc°. xxix°. Preceptum est quod Mathildis habeat dotem de terra mariti sui non obstante hoc quod obiit in Anglia.

Adjudicatum est quod si aliquis dessesinaverit aliquem de antica terra et hoc sciatur per inquisitionem, terre exitus reddantur per inquisitionem juratorum.

Adjudicatum est quod nulla etas potest nocere quin omnis vidua infra annum et diem de maritagio suo encombrato recognitionem habeat et si non petierit infra annum non respondebitur.

Judicatum est quod crucesignatus de morte hominis secutus officii redditus non debet forbaniri quandiu sit in peregrinatione sua et post reditum suum faciet jus.

Adjudicatum est quod si quis ratione generis ventam retraxerit, si quis eo propinquior infra annum reddere voluerit denarios ventam habebit.

Dominus Guillelmus presbyter dimisit totum clamorem quem faciebat versus Abbatem de Cadomo de patronatu ecclesie de Undefontaine.

Judicatum est quod recordatio de feodo et gagio non curret nisi post coronationem Regis Ricardi.

Judicatum est quod nova dessesina pasturagii inquiretur; non per alios qui sunt adjacentes pasturagio, sed propinquiores et viciniores illis adjacentibus.

Scaccarium Pasche apud Rothomagum. Anno Domini M°. cc°. xxx°. Preceptum est quod cruces removeantur de super domos Pontis Episcopi in quibus hospitalarii petebant juridictionem suam tanquam in elemosina propria, pro eo quod ibi habebant duodecim denarios redditus vel duos solidos vel circiter et ideo volebant illos homines versus omnes garantizare.

Scaccarium Rothomagi. Anno Domini M°. cc°. xxx°. Judicatum est quod dominus Rex habeat custodiam heredum de Guerpouville nam pater eorum tenebat apud Rothomagum in capite de ducatu terram et masuras de quibus matertere (amitæ) sue fuerunt maritate; et apud Fiscanum unam masuram quam antecessores sui dederunt in elemosinam Sto. Egidio de Bouquarville (sic) de qua pater ejus [est] garantus.

Scaccarium Pasche. Anno Domini M°. cc°. xxxj°. Judicatum est quod Abbas non respondebit laico super hoc quod tenuit in pace trigenta annis.

Dominus Guillelmus de Mellent [est] in manu Regis pro eo quod implacitabat dominam de Cailleio in curia ecclesie de misia facta in curia Regis et faciet eam absolvi.

Judicatum est quod vivente persona eclesie sicut Episcopus loci testificatur, non recognoscetur quis (sic) ultimam personam presentaverit.

Scaccarium Sti. Michaelis apud Rothomagum. Anno Domini M°. cc°. xxxj°. Judicatum est quod ex quo Hermerius de Boiron domini Regis ballivus garantat quod Galterus Piraut habebat custodiam filiarum Philippi de Pantoul quando inceperunt litigare de portione sua, cum essent infra etatem quod nichil possent facere de hereditate illa quod volebat dicto Galtero absente cum sint in sua custodia et omne illud quod factum est irritum est et inane.

Scaccarium Pasche apud Rothomagum, Anno Domini M°. CC°. XXXIJ°. Judicatum est quod Abbas Savignei habeat quietanciam pasnagii porcorum suorum ad proprios usus domus sue in forestis de Buro et aliis per cartam suam ita quod non potest emere causa revendendi.

Judicatum est quod nullus potest facere molendinum venti vel aque nisi habeat vel habere debeat moutam et si ille qui habet vel habere debet moutam non habeat molendinum et vendiderit moutam suam alicui hominum suorum vel dederit ad hereditatem aut ad firmam, homo ipsius potest facere molendinum sicut dominus posset per redditum quod inde domino reddet singulis annis.

Judicatum est quod Abbas de Ardena habeat saisinam garbarum decime S^ti^. Mandoeni per tenorem cartarum quas habet de domino Radulfo Tesson versus heredem ejusdem Radulfi qui non contradixit cartis quando audivit in Scaccario eas legi; sed recessit pro expectando judicio nec contradicens cartis nec negans nec cognoscens eas.

Scaccarium S^ti^. Michaelis Rothomagi. Anno Domini M°. CC°. XXXIJ°. Judicatum est quod Episcopus Lexoviensis habebit saisinam exercitus militum suorum per recognitionem eorum non obstante hoc quod ipsi petebant conreia que negabat.

Judicatum est quod heredes Guillelmi de Argenciis qui infra etatem constituti sunt non respondebunt de portione versus cognatos suos donec habeant etatem cum ipsi sint in custodia.

Judicatum est quod dominus Zacharias de Reviers non potest essoniare se de recordacione Scaccarii petita super brevi (sic) de nova dessesina si prius fecerit essoigniam et defectum.

Scaccarium Pasche. Anno Domini M°. CC°. XXXIIJ°. Judicatum est quod mater filie Tassin habeat custodiam filie sue cum omni redditu suo quousque habeat septem annos et postea poterit ire quo voluerit vel morari cum matre sua et iterum mobilia ejusdem filie in custodia ponantur.

Judicatum est quod serjanteria Roberti de Landa defuncti sit quedam portio per se et tota alia terra que fuit dicti Roberti in tres partes parciatur et antenatus eligat portionem quam voluerit. *Hoc est dubium nisi essent quatuor fratres.*

Inquisitio debet currere quando unus dicit quod autica terra est feodum lorice, alius dicit quod est escaeta.

Judicatum est quod inquiratur utrum puer qui est in custodia Abbatis, si fuerit nulla custodia ratione feodi lorice sicut dicit de quo homines sui deferrunt ei auxilium ad materteram suam maritandam.

Preceptum est quod homines de Longuavilla qui tenent boscum quoddam a domino Rege per redditum de quolibet partem suam solvit partem nemorum possunt mittere in defensum ad vineas faciendas non obstante contradictione duorum vel trium.

Scaccarium Rothomagi S^ti^. Michaelis. Anno Domini M°. CC°. XXXIIJ°. Judicatum est quod maritus potest attornare uxorem suam ad petendam terram et sequendam querelam.

Judicatum est quod mulier vidua non potest revocare ventam consanguinei anno elapso nec infans quando venerit ad etatem.

Judicatum est quod vidua potest dare terciam partem hereditatis sue cuicumque voluerit vel invadiare ad maritandam filiam suam, ad valorem tercie partis.

Scaccarium Pasche. Anno Domini M°. CC°. XXXIV°. Judicatum est quod domina que remansit in saisina mariti sui habebit proventus sue dotis a morte viri sui.

Judicatum est quod Archidiaconus Paganus respondebit versus Robertum Novi Burgi non obstante sentencia judicum et Episcopi Sagiensis cum Episcopo Ebroicensi, cujus est residens, eum non habeat pro excommunicato.

Judicatum est quod infans infra etatem non respondebit versus cognatum patris sui de saisina patris sui quousque habeat etatem.

Judicatum est quod heres defuncte habeat saisinam quam ipsa habebat quando vadiavit legem quam non fecit quia ante terminum mortua fuit.

Judicatum est quod frater adversus fratrem potest se una vice exsoniare de judicio inter eos faciendo.

Judicatum est quod presbyter habebit decimam pratorum quorum terra alia vice culta fuit et ipse decimam.

Judicatum est quod pueri Johannis Bordon habeant victum suum de terra patris sui de qua mater est dotata.

Judicatum est quod una carta saisita probatur per unam solam cartam saisitam.

Scaccarium Rothomagi S^ti^. Michaelis. Anno Domini M°. CC°. XXXIV°. Judicatum est quod terra donata in maritagium de qua hommagium non est retentum ad heredes donatoris non potest reverti si forisfacta fuerit.

Scaccarium Cadomi eodem termino. Accordatum est quod verecum custodiatur in manu domini Regis per annum et diem et [si] infra annum aliquis id requisierit et probaverit esse suum, justicia Regis reddet ei. Si autem infra annum requisitum non fuerit reddetur ei cui de jure reddi debeat.

Accordatum est quod si Morellus Judeus per recordationem assisie probaverit quod miles quidam vendiderit ei terram suam, terra illa Regi loco Judei remanebit; si autem venditio recordata non fuerit dicta terra militi remanebit.

Judicatum est quod homines domini Guillelmi de Nevers possunt contra eum capere breve de superdemanda et idem iterum in saisina sua erit.

Scaccarium Rothomagi Pasche. Anno Domini M°. CC°. XXXV. Judicatum est quod filius suspensi non habebit escaetam patris sui vel matris sue.

Judicatum est quod heredes alicujus hominis sequentis alium de membris sive de furto et ipse vinctus fuerit et suspensus habebunt hereditatem suspensi patris sui non obstante quod accordatum per Regem et Barones fuit quod talis apellator si vinctus esset suspenderetur quia de membris tantum dixerunt.

Judicatum est quod filius fratris antenati habebit saisinam avunculi sui defuncti et faciet avunculo suo postnato quid debebit.

Judicatum est quod uxor domini Stephani de S^to^. Cesare que fuit Galerani de Miriaco (sic), non habebit dotem in terra de Igriaco nisi de illa medietate de qua Galerannus saisitus fuit et uxor Goelli defuncti fratris Galeranni habebit dotem de omni saisina quam Goellus habuit tam ex parte patris quam matris.

Scaccarium Cadomi de eodem termino et de eodem anno. Judicatum est quod recognitio non fiet super ecclesia S^ti^. Laudi de Orvilla de qua contentio inter Abbatem Exaquii tenentem ex una parte et Thomam de Quilly petentem ex altera recognitionem quis presentasset ultimam personam mortuam, quia dictus Abbas habet cartas omnium donatorum et maxime cartam Regis Henrici de confirmatione et litteras Episcoporum et officialium de testimonio cognitionis ultime persone que recepta fuit ad presentationem antecessoris sui.

Judicatum est quod serjanteria feodata non potest partiri.

Scaccarium Cadomi. Anno Domini M°. CC°. XXXVJ°. Preceptum est quod visio posset fieri sine militibus in omni placito de quo bellum non posset exire.

In scaccario apud Rothomagum Vicecomitissa Melledensis que fuit uxor Galeranni de Ybriacó primo geniti defuncti Roberti de Ybriaco petebat a Rege qui terram Roberti defuncti tenebat in manu sua dotalicium totius terre secundum quod continebatur in carta Roberti defuncti. Goelius frater postnatus dicti Galeranni et filius Roberti petebat saisinam patris sui defuncti. Filii Galeranni infra etatem constituti petebant victum suum a Rege. Judicatum fuit quod Goellus haberet saisinam.

Scaccarium apud Cadomum [*sine anno*]. Guillelmus de Reviers miles peciit ab hominibus suis quedam servicia ipsi dixerunt se fecisse illa servicia sed nec feodaliter nec per costumam Miles habuit saisinam illorum serviciorum. Petebant homines estabilitatem, miles tanquam saisitus se volebat deffendere per duellum tamen inde est quod homines debebant et poterant habere breve de sordemanda.

(F°. 8 dorso.)

Apud Rothomagum anno Domini M°. CC°. V°., mense Novembris die dominica post octavam omnium Sanctorum, Comes Bolonie; Guillelmus Marescallus; Henricus de Estouteville; Guillelmus camerarius de Tanquarvilla; Radulfus Tesson; Johannes de Pratellis; Henricus de Ferrariis; Philippus de Vacceio; G. de Mortuo Mari, Robertus de Coracy; G. de Sena; Fulco Paganus; G. du Homet; Stephanus de Lungo Campo; Henricus de Columciis; Robertus de Esneval; G. de Pratellis; Johannes de Rouveyo; Castellanus Blenensis; Nicholaus de Monteneio; Thomas de Pruleio; Rogerus de Meullent Jurati dixerunt quod si antica ecclesia pertinens ad donationem laici vacaret et persona ydonea presentetur, Prelatus eam debet recipere, nisi alius dicat patronatum ad se pertinere; quo casu Episcopus non debet aliquam recipere, nec ecclesiam conferre donec contentio in curia Regis vel in curia domini feodi terminetur. Sed tunc ad testimonium litterarum ballivi Regis vel domini feodi debet recipere personam ydoneam quam ille qui lucratus est presentabit.

Item nulla persona ecclesiastica debet aliquem trahere in curiam pro fide vel sacramento quod fiat de feodo laico vel de catallo hominis laici si fides data fuerit de catallo maritagii vel de legato vel de catallo clerici vel cruce signati bene potest judex ecclesiasticus de illa causa judicare.

Item ecclesiastica persona non debet excommunicare baronem vel baillivum Regis vel servientem vel clericum domus sue, Rege non requisito vel senescallo suo.

Item dicunt de clerico qui tenet feodum laicum, quod si clericus aliquam injuriam fecerit adversus dominum feodi dominus potest facere justiciam suam super clericum de catallis que fuerunt super feodum pro jure suo.

Item dicunt quod si clericus tenet aliquid de quo conqueratur laicus, et clericus dicat se tenere nomine elemosine per sacramentum legalium hominum patrie recognoscetur in curia domini Regis utrum sit feodum vel elemosina et dicunt similiter si laicus tenet rem quam clericus dicat esse suam nomine elemosine similiter recognoscetur in eadem curia.

Item dicunt de usurario qui quadam die est in loco egritudinis sue; si aliquid tribuat propria manu, stabile est; et post mortem omnia sua Regi erunt si probari poterit quod infra annum ante mortem commodaverit ad usuram.

Item dicunt de illo qui moritur intestatus, cum jacuerit lecto suo per tres dies vel quatuor omnia mobilia sunt Regi vel baroni cujus terra est; et sic de illo qui se interficit propria voluntate.

Item si clericus capiatur quacumque ex causa et ecclesia eum requirat debet reddi ecclesie. Et si convictus fuerit de furto vel de homicido degradabitur et abjurabit terram et postquam abjuraverit si ibi inveniatur Rex sine alio dilecto poterit facere super ipsum justiciam suam sicut de laico. Si vero postea aliud forefecerit Rex habebit justiciam suam sicut de laico.

(F°. 9.)

Anno ab incarnatione Domini M°. CC°. XXXIV°. die Martis ante festum beati Mathei Apostoli apud Cadomum.

Die Mercurii sequente audivi in assisia que sequuntur. Heredes mariti defuncti qui obligavit maritagium uxoris sue tenentur id deliberare et ponere proprium suum hereditagium in manu creditorum. Hoc fuit judicatum de uxore Philippi de Monte Forti defuncti.

Quitancia molte non potest allegari nisi ostendatur carta super hoc confecta vel nisi hoc fuerit factum in assisia.

Si vendidero hereditatem meam ei cui succederem de jure puta fratri meo: si non haberet liberos nichilominus ei succedam et in eo quod vendidi.

Si aliquis afferat breve de nova escaeta et juratores dicant quod nova escaeta et ad ipsum et ad alium pertineat, ille qui breve impetravit nichil lucratur immo remanet in mercia et de novo audietur super portionem escaete.

Primogenitus habens feoda duo unum citra Secanam aliud in Caleto et citra escaetas vult habere duo feoda minorum (sic). Unde queritur quid juris fratri suo, primogenitus habebit duo feoda.

Pone escaetas in Caleto esse cum uno feodo. Responsio: Habebit postnatus totum minores (sic) malefactum. Nunquid habebunt duo beneficia ratione duorum feodorum? Credunt plures quod inspecto toto scilicet feodis et escaetis habebunt beneficium.

Tres sunt fratres unum feodum lorice habentes et escaete. Primogenitus eligit escaetas, medius feodum lorice, tercius habebit partem in escaetis.

Tres sunt fratres unum feodum lorice habentes et escaete Primogenitus eligit feodum lorice et escaete dividuntur inter alios. Moritur primogenitus medius habebit feodum lorice. Escaete quas prius ille habebat libere remanebunt apud eum.

Illi qui fuerunt in judicio super aliquo articulo cause mote; si vocentur et sint ad consilium adversarii mei in eadem assisia non intererunt judicio super eadem causa.

Si queratur ab aliquo cujus namma capta erant per dominum feodi et impetraverat ea per justiciam domini Regis recredi et postea assignata visione nichil dixerat utrum ipse teneat feodum ejus qui namma cepit pro defectu cujusdam alterius ille a quo queritur non tenetur respondere utrum sit de illo feodo donec veniat ille qui tenet a domino qui fecit primam justiciam. Et sic judicatum fuit de Abbate Cadomi et de illo de Putot.

Si quis intret possessionem meam et ego dicam violenter ipsum intrasse res debet capi in manu Regis. Et si violentus petat saisinam suam et ego meam inquirendum est antequam reciperet cujusmodi possessionem violentus habuit tempore quo capta fuit et si inveniatur violenta non recuperat hoc de tholosa (sic).

Si servientes missi ad capiendum rem predictam in

manu domini invenerint ibi manentes aliquos qui dicant se esse ex parte alterius quam ejus qui dicitur violenter intrasse, ipse non recuperat possessionem de tolose (sic).

Persona de Argenciis dixit se tradidisse et dedisse domum suam tolose domino Guillelmo de Rupetra et quia gens sua inventa ibi, a servientibus domini Regis, erat ibi tanquam hospes. Postea postquam dominus Guillelmus de Rupetra, ut supra dictum est in primo capitulo cecidit ad (sic) recuperanda possessione perdita quia servientes sui a servientibus domini Regis inventi fuerunt in illa domo ut dicebant servientes Regis. Jurati super hoc sine judicio de voluntate ballivi petebant saisinam. Judicatum fuit quod dixerant servientes suos ibi fuisse de parte domini Guillelmi quia a possessione recuperanda ceciderat ipsam saisinam, non debere audiri.

Nullus auditur de venditione consanguinei renovenda post annum preteritum absencie vel etatis, mota questione super revocatione ab uno de consanguineis venditor et emptor, venditionem recindere possunt.

Dicit Abbas de Ardena : Dominus Petrus de Aguerneio spoliavit nos de decimis nostris violenter, ballivus domini Regis ea fecit saisiri : petimus saisinam augusti preteriti. Petrus dicit : Peto saisinam quam habebam tempore quo dominus rex cepit in manu sua et plus dico quia anno preterito Abbas pro decima illa et pro quadam alia de qua firmarius meus fuit reddidit mihi. xx. lib. et hoc pono super sacramentum suum quia sine teste locutus est Abbas non tenetur super se juramentum accipere et recuperat possessionem adversario in misericordia.

Abbas S^ti^. Michaelis dicebat se non esse submonitum serviens in assisia : attornatus dicebat se submonuisse eum ad manerium suum de Brettevilla; absente tamen, serviens qui custodiebat manerium, dicebat se citasse. Abbas dicebat quia Baro Regis est quod ad vocem talis servientis non debebat intrare *legem de escondicenda* submonitione. Judicatum fuit quod debebat.

Robertus in vita sua a prefatis pueris dat super portione terre quam patri dederat eorum sicut in ejus cartis continebatur dixit non debere respondere minoribus, sicut minores ei respondere non tenebantur si eos conveniret. Judicatum fuit pro Roberto in alio scaccario.

Cum domina petit dotalicium suum, reus non habebit nisi unam essoigniam et post deffautam citabitur reus ad assisias et si venerit emendabit deffautam et faciet dotalicium, et si non venerit Rex faciet.

Audivi ibi quod minor bene potest perdere ad finem per duellum vel per estabiliam.

Pater bene potest dare maritagium filiabus in vita sua usque ad terciam partem sive in feodo lorice, sive in escaetis si velit quamvis hoc similiter non possit facere sororibus. Si vero pater habens filios et filias et feodum lorice et escaetas in maritagio quid habere debeant filii postnati ? Queritur post mortem patris quia primogenitus habebat feodum lorice. Non est determinatum quid fieri debeat.

Cum generalis constitutio sit quod mulier habens maritum nichil possit vendere vel donare de suo maritagio, queritur utrum possit in morte sua dare vel legare ecclesie vel aliis. *Super hoc consulendus est Rex.*

Bene potest dare quilibet de hereditate sua in lecto mortali.

Nullus potest uni eorum qui ei succedere debent aliquid dare vel vendere de hiis que jure hereditatis debent ad eos devenire, ita quod partem alterius diminuat ; ut fuit judicatum de filio Maleti cui domina Ala dederat Escocheium.

Inquisitio non debet fieri super eodem facto de quo alia facta est.

Carta que non est saisita non probat aliam.

Si ille qui impetrat breve de nova dessesina obtineat fructus Abbati restituetur ei.

Vidua super hereditate conventa habet annum viduitatis. Similiter ille quum vidua convenit super hereditate.

Suspensus per judicium non habet heredem unde filius suus non habebit hereditatem matris sue, ut fuit judicatum de Gaufrido Belot de Sagio. Unde si dampnatus per judicium habet terram eo tempore quo dampnatur, si tenebat eam a Rege, statim Regis est. Si tenebat eam ab alio Rex tenebit eam in manu sua per annum et postea restituetur domino a quo dampnatus eam tenebat, nec aliquis de sanguineis dampnati potest eam habere per emptionem vel per donationem vel per aliquum alium modium.

Cruce signatus post forifactum non deffendatur ab ecclesia.

Attornari non potest aliquis etiam in scaccario ante terminum in curia assignatum sicut vidi in scaccario, de domino Yvone de Veteri Ponte qui fecit citari dominum Johannem de Bruiecourt in scaccario et statim voluit facere attornatum : quod facere non potuit.

Attornatus non potest facere attornatum.

Attornatus non potest fieri per litteras nisi magnus baro hoc faciat de voluntate Regis et per litteras ipsius Regis.

Attornatus non potest mutari nisi volens et consenciens.

Attornatus non potest fieri ab aliquo nisi ad causam motam.

Attornatus non tenetur dicere utrum carta que ostenditur contra ipsum sua sit ratione judicii. Sicut in assisia Thome Portario.

In assisia sequente in vigilia Pasche florum. Judicatum fuit quod sive veniret Robinus sive non judicaretur quod dominus Jacobus reportare pro defectibus Robini. Ibidem judicatum fuit quod auxilium de milicia non debetur alicui, nisi teneat per feodum lorice.

Ibidem judicatum est quod homines domini G. de Brettevilla qui recognoscunt quod sunt de feodo lorice sue reparabunt motam cum aliis ejusdem feodi non obstante quod dicunt se nunquam fecisse et super hoc petunt stabiliam.

Puer infra etatem maritagium matris encombratum recuperavit contra quemdam per judicium. Postea ille qui perdidit petebat excambium ab infante. Judicatum est quod non habebit excambium.

In assisia sequente videlicet die lune ante Ascensionem anno Domini M^o^.cc^o^.xxxvij^o^. Judicatum fuit quod Robinus qui petebat terram suam ad gagium et plegium eam haberet et statim de bastardia responderet et ita respondit quod dominus Jacobus super bastardia contra ipsum non debeat audiri quoniam super primogenitus a dicto Jacobo in assisia fuerat legitimus nepos recognitus, super quo recognicionem assisie prime demandabat pro dicto vero Jacobo : dictum fuit quod Robinus non poterat hanc recordationem demandare cum non diceret hoc factum fuisse inter ipsum in assisia et dominum Jacobum immonitum (sic) fratrem suum alium a Robino quem idem Robinus negaverat in assisia esse fratrem suum ex patre suo a quo hereditas de qua agitur descendit et ideo obtinuerat Robinus saisinam terre super quo dominus Jacobus recordationem assisie petebat.

In assisia sequente apud Baiocas judicatum fuit quod recordatio quam petebat, curret ; et assignatus fuit terminus apud assisiam Abrincensem et ante assisiam illam mortuus fuit ille primogenitus, et dominus Jacobus fecit se essogniari de illa recordatione in assisia Abrincense que fuit anno Domini M^o^. cc^o^. xxxvij^o^. die lune in festo S^te^. Lucie, dedit Jacobus plegium pro illa essoignia. Et cum ex parte ejus fieret secuta illa contra Robinum ex parte Robini dictum fuit quod ipse non habebat terminum nisi super essoignia tantummo est assignatus terminus ad sequentem assisiam super recordatione et querela de qua est recordatio secundum omnia erramenta quo cucurrerunt.

In eadem assisia petebat quidam miles a domino Guillelmo Roussel quamdam terram ea ratione quod cum quedam consanguinea illius militis peculiavit illam terram a dicto Guillelmo per breve de propinquiore herede, in assisia compositum est ita quod dictus Guillelmus dedit eidem militi. xxx. lib. et cum super hoc debent fieri judicia utrum esset venta retrahenda vel non, dixit prefatus miles quod dominus Guillelmus antequam illa mulier caperet illud breve terram illam tanquam dominus in manu sua ceperat et super hoc petebat inquisitionem fieri. Judicatum est quod inquisitio illa quam ipse petebat de injuria et vi quam dicebat factam, alii (sic) non curret. Postea judicatum est quod predicta concordia non erat venta.

Si quis moriens plures filios relinquat et habeat plura feoda lorice, primogenitus habebit optionem. Eliget enim unum; postnatus post ipsum similiter postea eliget, et sic deinceps.

Quid, si duo filii et tria aut plura feoda nulle (sic) et si tria primogenitus unum eliget, postnatus alium, tercium remanebit primogeniti.

Quid, si duo filii et duo feoda tantum et escaete? Responsio. Quilibet habebit unum et escaete dividantur. Quero quis eliget.

Quid, si tres filii et duo feoda et nulle escaete; quia primogenitus habebit unum nec aliud dividetur inter eos, qui medius minori victum inveniet? Responsio. Primogenitus eliget unum, postnatus habebit aliud, medius victum inveniet, secundum plurium opinionem.

Queritur, vivente consanguineo meo cujus hereditas michi et fratri meo deveniret, possim petere medietatem a fratre meo, cui ille consanguineus meus vendidit totum vel donavit? Responsio. Si portionem velim habere, soluta parte precii audiat infra annum si petam quia ille qui vendidit non potuit ei vendere quin audiar vivente venditore.

Quid, si duo filii et quatuor feoda lorice et escaete? Responsio. Eligente primo habebit quilibet duo et semper eliget primus postea dividentur escaete. Quero ut supra quis eliget in escaetis.

Queritur vivente consanguineo meo cujus hereditas mihi et fratri meo deveniret possim petere medietatem a fratre meo, cui ille consanguineus meus vendidit totam vel donavit? Responsio. Si portionem velim habere, soluta parte precii audiat infra annum si petam quare ille qui vendidit non potuit ei vendire, quin audiar vivente venditore.

Quid, si duo filii et quatuor feoda lorice et escaete? Responsio. Eligente primo habebit quilibet duo et semper eliget primus. Postea dividentur escaete quero ut sunt quis eliget in escaetis.

Queritur utrum tenens terra visa vel ante visionem possit vendere vel donare? Responsio. Lite mota nichil potest alienare.

Quis eliget de escaetis si sint quinque feoda et duo filii? Responsio. Quilibet habebit duo, et postea antenatus eliget de escaetis et feodo remanente.

Arbitri in assisia dicunt dictum suum. Ita dicimus quod talis debet tali deliberare jus patronatus talis ecclesie quod dedit ei in portionem et emcombrabit dando monachis de Trappa qui presentaverunt clericum qui receptus est. Precipitur reo quod deliberet infra quindenam; si non deliberat citatur ad assisiam. Essoniant se ad aliam assisiam. Petit actor a ballivo quod faciat ei dictum amicorum teneri. Reus dicit quod nichil petit ab eo. Judicatur per hoc; actor dicit quod reus remaneet in pace.

Heredes (sic) mulieris cujus maritagium encombratum est a marito non audietur mortua muliere qui tacuit per annum.

Quid si mulier statim mortuo marito incipiat agere et infra annum moriatur nunquam poterit heres ejus agere.

Heredes mariti qui encombravit maritagium uxoris sue re eracta a possidente tenentur ei reddere precium.

Mulier mortuo marito non potest retrahere venditionem quam propinquus ejus fecit vivente marito qui tacuit per annum. Queritur utrum idem sit in minore finita custodia. Theobaldus Cornet dixit quod revocabit in registro contra Theobaldum.

Queritur utrum mortuo illo qui gagiavit duellum incipiat eam de novo et in quo statu. Queritur quis campionum debeat primo jurare? Responsio. Ille qui deffendit.

Quid, si die belli excommunicatus sit alter campionum? Responsio. Difforciatur nec perdit querelam.

Quid, si die belli excommunicatus alter magistrorum? Responsio. Idem est.

Quid, si pax belli fiat ita quod tenens dimittat medietatem terre et tota terra erat bladata? Dicunt omnes quod si bladum nundum erat collectum cedit ei qui lucratur per pacem, si in gavellis vel in tasso secus.

Mulier que post mortem [mariti] maritagium encombravit agit contra possidentem, postea facit pacem ita quod tenens dat ei. x. lib. Consanguinei mulieris volunt retrahere ventam istam. Queritur an possint? Responsio. Non.

Uxor militis defuncti non habet portionem nec dotalicium in conquestis immobilibus?

Si quis patre vivente ducat uxorem postea pater moriatur et post eum filius. Mulier dotalicium suum habebit in terra que a patre decidit ad filium. Si tamen ita devenit ad filium quod remansum sit unde, si fratres habebat et a patre devenerit feodum lorice et escaete. Si filius antenatus eligat feodum lorice vel escaetas in eo solo quod eliget, uxor ejus dotabitur.

Miles non potest dare conquestum suum immobile nepoti suo ex uno de fratribus qui ei debent succedere, nec prejudicat fratri proximo post ipsum, si consenserit vivente fratri primogenito vel si juraverit vel si nepos de consensu ejus fecerit homagium domino feodi de illis conquestis: si nepos donatoris haberet cartam hoc eum deffenderet.

Mortuo aliquo in vigilia S[ti]. Remigii quando census solvuntur, sive in festo gagiarii nichil habebunt in redditu illo, immo eum habebit heres ejus. Idem dicunt de molendino dato ad firmam, si ante diem firme moriatur; sed hoc non obtinuit immo contrarium per rata temporis que effluxit.

In recognitione de feodo et pignore necessarii sunt quatuor milites in inspectione et fiunt ibi tres essonie immo omnis exceptio langore.

Puer infra etatem non potest facere attornatum.

Puer qui est in custodia domini Regis non potest conqueri de dessesina; sed amici ejus debent ostendere ballivo et ballivus debet inquirere sicut vidi de Johanne Cabourc. Tantum de breve dessessina potest eum capi.

Puer in custodia propter non etatem non potest facere attornatum.

Puer infra etatem non potest petere recordationem assisie nisi de lege *ultrata*, puta, de duello, vel stabilita, vel recordatione.

Judicatum fuit in assisia Oximensi quod P. consanguineo retrahente venditionem pecunia nundum soluta, consanguineus eque propinquus cum eo admittetur quamvis annus jam elapsus sit dummodo partem pecunie et expensarum solvat.

Si quis demendet recordationem assisie ex parte actoris, attornatus rei potest dicere quod non habet terminum super recordatione et habebit alium terminum ad assisias.

Puer infra etatem petit recognitionem de ultima persona presentata ab avo suo; Monachi patroni ostendunt cartas illius avi quas puer nec confitetur nec negat. Judicatum est recognitionem non currere in assisia Cadomi.

In essonia de via curie sufficit quod essoniator dicat super garanto quod paratus est desrenare ad esgardum curie in essonia de maladia residente. Necessarius est garantus.

In assisia Bajocensi anno Domini M°. cc°. xxxvj°. Judicatum fuit quod essonia de maladia residente non erat recipienda ex parte ejus qui in placito debiti quod debebatur ab eo illam essoniam fecerat; et similiter (vel super) eodem placito in amicos.se miserat quorum dictum debebat afferri in dicta assisia. Et fuit essoniator in mercia.

Anno Domini M°. cc°. xxxvij°. die lune post Assumptionem Beate Virginis Marie in assisia Cadomi; Judicatum fuit quod breve de nova dessesina curret contra emptorem molendini ad ventum pro eo quod habebat redditum de terra in qua erat molendinum ratione molendini et anno preterito fecerat ibi justiciam suam.

Judicatum fuit in assisia Falesie anno Domini M°. cc°. xxxvj°. die precedente Translationis Beati Martini quod amita petens breve de nova escaeta tanquam propinquior heres debebat habere saisinam de hereditate sororis sue contra neptem saisitam pro eo quod non edicebat se natam ex matrimonio tali quali.

Abbas S[ti]. Johannis de Falesia concessit cuidam et heredibus suis libertatem quamdam in molendino suo postea eam pecunia data redemit consanguineus ejus qui libertatem quam habebat remittit, dicens hanc venditionem esse eam, petit soluto precio. Dicunt omnes exceptis Milouvel et decano sepulcri et Cambremer quod est venditio et retrahenda.

Si quis conveniatur de hereditate et suum capiatur et ei reddatur in assisia quamvis non dicat quod requisierit ante, tamen habebit diem avenantem quam nundum habuit.

Queritur an puer infra etatem habens feodum lorice pro quo est in custodia cujusdam militis possit, avunculis suis petentibus ab eo portionem dimittere feodi lorice et eligere escaetas.

Si ille contra quem captum est breve de nova dessesina de redditu non soluto super visionem recognoscat se debere et postea dicat in assisia, se hoc dixisse super visionem et habeat inde garantum si recognoscat solutionis terminum elapsum fuisse ante breve captum gagiabit actori et emendabit domino Regi.

Tria auxilia, scilicet de filio faciendo milite; de filia maritanda; de exercitu Regis non possunt quitari per cartas Regis.

Anno Domini M°. cc°. xxxvj°. Judicatum fuit Abrincensi quod essonia de maladia residente non habet locum pro eo qui posuit gagium et plegium quod dominus Radulfus de Tennevilla suum ceperat ubi nec poterat nec debebat. Et preceptum fuit statim Vicecomiti quod domino Radulfo redderet namma sua.

Essonia contra unum nominatum et contra omnes, bene valet contra omnes.

Si quis habeat molendinum et moutam super homines alterius; si molant homines illi ad aliud molendinum dominus molendini habebit forisfactum panem videlicet vel farinam; sed non emendam habebit pecuniariam immo dominus hominum eam habebit.

Abbas Fiscanni petebat ab hominibus suis de Argenciis in curia sua quedam juria et petebat per unum garantum contra omnes. Dictum fuit in scaccario quod breve poterat usque ad visionem.

Raptor virginum accusandus est in ballivia ubi manet, non in ea in qua rapuit.

Nepos prepositi Regis non feodatus sed mutabilis infra etatem quoddam breve de dessesina patris ceperat tenentes volebant quod de prepositura reciperentur aliqui ad jurandum scilicet burgenses. Judicatum fuit contra in assisia Abrincensi.

Bene quis potest facere se essoniari de via consilii postquam fuit in assisia et respondit.

Ille qui posuit gagium et plegium quod namma sua capta sint ab aliquo ubi nec poterat capere nec debebat et postea ille dicat in assisia quod hoc modo non posuit gagium, sed quia ceperat pro quo nec poterat nec debebat redduntur namma ejus ei cui cepit.

Absens non potest attornari.

Si quis posuit gagium quod namma sua capta sint ubi nec poterant nec debebant et una deffauta attingatur contra eum qui posuit gagium et plegium Rex reddit namma ei qui cepit.

In placito de debito vel catallo si una deffauta attingatur contra debitorem vel demandatorem postquam super hoc fuerint in curia, perditur querela. Secus, si ante.

Homagium petebatur a minore nec dicebatur quod pater suus fecisset illud, recognoscit minor quod volebat partem redditus et dicebat quod nolebat respondere infra etatem suam. Judicatum fuit in assisia Bajocensi quod etas deffendebat eum.

Anno Domini M°. cc°. xxxv°. prima assisia post Natale. Filius in potestate patris constitutus retrahere ventam quam pater facit de hereditate sua non potest.

Quidam a quo petebatur hereditas negavit cartam quam dicebat fecisse in placitis Vicecomitalibus postea in assisiis apparuit cruce signatus et dixit quod volebat se deffendere *per crucem* et negabat se negasse cartam. Adversarius vero petebat quod recognosceret vel negaret. Judicatum fuit quod ad hoc non compelleretur sed crux eum deffenderet usque ad annum.

In causa bastardie submonitus se fecit essoniari de via curie in prima assisia; in secunda de maladia residente; in tercia de eadem; in quarta de eadem. Judicatum est quod ultima non erat recipienda nec visio nec langor in hoc placito locum habebant; et fuit terra capta in manu Regis per judicium; ita quod non poterat reddi nisi in assisiis et preceptum quod justicia fieret pro omnibus essoniis quia ex quo cecidit de omnibus. Factum fuit hoc in assisia Abrincensi proxima post Natale anno Domini M°. cc°. xxxvj°. Ibidem Judicatum fuit quod de assignatione diei, visione facienda, non curreret recordatio que petebatur; sed crederetur juramento magni servientis.

Bene potest quis dare tertiam partem hereditatis sue et duas feodare rationabiliter; irrationabiliter autem, non.

Si assisia duret per duos dies veniens in secunda audietur sed emendabit deffautam prime diei.

Juramentum gagiatum in assisia de appendiis placiti potest fieri in placitis Vicecomitalibus sit maxime quando leges debent in proximo includere.

Visio hominis non fiet in brevi de feodo et gagio quia langor non habet locum ibi; et si quis in hoc placito faciat quartam essoniam, tres enim potest facere, non recipietur; et ex quo cadit de ultima omnes alie cadunt, et tunc debet assignari visio terre.

In placito de maritagio desavenanti, non habet locum nisi una essonia et una deffauta.

Pater dat filie desavenantum maritagium. Moritur, filio relicto infra etatem, qui filius tacet per annum et diem postquam pervenit ad etatem legitimam. Postea conqueritur contra sororem suam et maritum ejus de maritagio desavenanti. Queritur an possit?

Appellatus de infracta treuga que non dicitur data in assisia, vult se desrenare, appellans vult de hoc inquiri. Queritur quis juris?

Mulier habebit in dotem unam de tribus domibus quarum due sunt in burgagio et tercia in vavassoria quamvis heres mariti contradicat eam non debere.

Si tota terra mea que est in una ballivia capta sit in manu domini Regis, quamdiu teneatur ab illo ballivo non respondebit coram illo.

Mulier dedit terciam partem terre sue cuidam pro servicio suo. Postea feodavit ei duas partes pro uno denario vel pro duobus redditu. Postea contraxit maritagium cum eo. Illa autem sine prole decidit. Frater ejus impetrat breve de proximiore herede contra maritum quondam qui ei difforciat juratur ita esse. Judicatum est in assisia Abrincensi quod frater haberet saisinam redditus tantum modo. Hoc sciendum est in casu premisso, si frater recepisset redditum non posset conquiri de feodatione desavenanti.

Serjanteria relevat usque ad. c. lib. si Rex voluerit ut vidi de filio Guillelmi Britonis servientis Regis de Argentonio et testificatum est de Ricardo Pigache et aliis.

Anno Domini M°. cc°. xxxvij°. Die lune ante Pascha in assisia Cadomi Judicatum fuit quod filius domini Thome de Chenesto defuncti qui filius est infra etatem remanebit in saisinam patris sui super hoc quod dominus Guillelmus Pouchin dicebat quod habebat moutam quietam quantum ad suum hospicium in molendino suo quia dominus Guillelmus recognoscebat quod numquam justiciam fecerat propter hoc, nec opus fuerat. Unde Judicatum est quod puer remaneat in saisinam patris quantum ad justiciam que non fiet; et dominus Guillelmus habebit moultam bladi sui sicut habebat tempore domini Thome.

In Normannia non potest quis essoniari de maladia residente si dicatur quod sit infirmus extra ducatum Normannie.

Filiam in adulterio genitam non legitimat matrimonium sequens.

Septem milites sufficiunt ad recordationem assisie quia si duodecim essent presentes sufficeret quod ipsi septem essent concordes.

Quidam habuit filias duas, maritavit antenatam dans ei unam peciam terre, retinens in eadem unum sextarium frumenti. Postea maritavit postnatam, dans illi, illum sextarium frumenti. Post hec sunt sine uxore et liberis. Mortuus est maritus postnate sororis paupertate ductus vendidit illum sextarium. Maritus antenate sororis ratione uxoris sue retraxit venditionem soluto precio, et hoc non fuit factum in assisia vel in aliquo loco ubi recordatio locum habeat. Mortua sorore antenata sine liberis, soror postnata petit cum marito suo escaetam sororis sue; sed maritus antenate contradicit. Quis habebit escaetam illam? Soror habebit.

Ubi tres essonie de maladia residente possunt fieri, potest fieri quarta de via curie fiat ab inicio non fient post eam tres de maladia.

Si dampnatus per judicium tradiderat dimidio anno elapso terram suam cuidam colono ad medietatem, nunquid habebit colonus pactionem suam? Determinatum est in scaccario quod Rex habebit totum.

Si quis emptor deffendat se per judicium contra aliquem qui vult ventam retrahere, deffensus est contra omnes. Nunquam illud erit si deffendat se per pacem contra omnes, non ut infra. Item nunquam idem tanquam dominus velit quid retrahere et emptor se contra illum per judicium deffendat nunquam per hoc postea se contra consanguineum deffendat.

Anno Domini M°.cc°.xxxvij°. In assisia proxima post festum S[ti]. Hylarii apud Abrincas Judicatum quod inquesta fieret utrum terra quedam fuisset de hereditate Ricardi de Fonteneto et idem Ricardus fecit eam incarcari primogenito suo in prejudicium aliorum filiorum suorum, per Ranulfum Comitem Bolonie qui erat dominus feodi et habebat saisinam suam nec remaneret inquestam propter cartam ejusdem Comitis quam heredes illius antenati ostendebant. Ibidem judicatum est quod quamvis attornatum non possit facere infans infra etatem, cum attornatus potest fieri contra ipsum.

Puero infra etatem non potest reddi terra, in assisia, que tenebatur ab eo ad firmam.

Pater ex uxore habet duas filias maritatas, primogenita illa habet filium moriturque. Item pater moritur, nepos defuncti habet saisinam, non filia que est amita pueri.

Bene potest quis retrahere ventam quamvis habeat venditor aliquos propinquiores qui non velint retrahere quia si vellent semper propinquior preferretur.

Si quis volens ventam retrahere ratione gravis sit in una deffauta post visionem perdit querelam relicta. Nunquid idem ante visionem?

Duo erant fratres. Decessit primogenitus non facta porcione fratri suo, duobus filiis relictis. Alius decessit uno filio relicto. Iste consanguineus filius fratris minoris petit a consanguineo suo juniore qui tenet totam hereditatem patris sui portionem. Tenens respondet quia antenatum habet et non vult respondere. Judicatum est quod habebit terminum ad eum adducendum et si ille antenatus non sit ad pacem domini Regis frater ejus respondebit. Idem si diceret quia nolet garantizare fratrem suum vel nichil de hereditate illa habere.

Solebat esse quod attornato absente, ille qui eum attornaverat poterat esse in assisia modo teneretur respondere.

Raol de Troismons segneur des champs Goubert demanda a. ij. vavassours qui de li tiennent la menage du mesrien et de la pierre et de la matiere a sa mote herbergier de son fieu de hauberc; les vavassours respondirent que il ne lavoent onques fet et si avoit esté la mote autrefoiz herbergiee passé avoit cent ans; et si avoent lettre que l'aël au dit Raoul les avoet quitez de service de cheval et de pommes piler; si disoent que si comme euls ne lavoent onques fet que euls n'estoent tenuz au fere. Raol dist que c'estoit general coustume de fere le service as motes du fieu de hauberc et que les hommes ne s'en peuent deffendre sans fet especial. Oies les resons d'une part et d'autre il fu jugie a l'eschiquier de Pasques a Roen l'an mil deux cents nonante et six que les hommes estoent tenuz au servise, et que eulx ne s'en peuent deffendre sanz fet apparessant.

Radulfus de Aniseio a quo frater suus petebat portionem terre et mobilium fecit omnes suas essonias et postea facit attornatum; et super ipse fecit omnes suas essonias et postea juravit langorem, quofinito Radulfus qui jam erat cruce signatus cum de consensu suo et placitum suum recepit in se et peciit terminum crucis sue et habuit per judicium.

Si in placito de feodo et gagio dicant juratores quod est gagium sed adhuc non est debitum solutum, dominus Rex habebit debitum et petens gagium suum.

Si venta retrahatur et emptor contradicat et succumbat per judicium dominus Rex habebit denarium et si dubitetur de vero precio habebitur juramentum venditoris et emptoris.

Venta non potest retrahi antequam emptor saisitus sit.

Petebatur a quodam qui erat infra etatem quod esset in custodia actoris pro feodo lorice. Infans peciit visionem et habuit in assisia sequente cum actor proponeret quod petebat negavit puer se tenere ab eo feodum lorice et tunc judicatum fuit quod inquisitio curreret et quia assignata fuerat inspectio ante inquisitionem judicatam assignata fuit iterum inspectio.

Si domina feodum dotalicium suum illud amittit idem de quolibet qui habet terram ad vitam suam.

Si quis fecerit cartam quod non alienet aliquid de terra sibi tradita vel de sua nil poterit alienare et si alienet crux non deffendet eum ? Super hoc impetatur.

In assisia Cadomi die martis post Pascham.xiij.kalendar maii anno Domini M°. cc°. xxxvij°. Dominus Johannes Maleherbe petebat relevium ab hominibus suis quod solverat domino de Planis pro morte ipsius patris domini, videlicet dimidium relevium. Homines dicebant se esse homines domini Johannis et banerios sui molendini et ipsum habuisse relevium ab eis et dicebant quod nunquam pagaverant relevium pro morte domini sui de Planis sed pro morte domini de Turreio et super hoc petebant enquestam. Judicatum fuit quod dominus Johannes haberet relevium nec ipsi audirentur super enquestam. Erat autem dominus de Planis presens quoniam dominus Johannes recognoscebat dominum suum de illo feodo.

Ibidem judicatum fuit quod si fecero pacem cum eo qui primus vult retrahere ventam a me per lignagium et nullus de lignagio contra me postea non audietur. Hoc contradicitur a multis et falsum est.

Non ibi sed alibi judicatum fuit domino Johanni de Dampetra quod crux non deffendebat de carta negata.

In predicta assisia judicatum fuit quod terra data a quodam milite filie bastarde in maritagium, conditione postea apposita, quod redderet maritus ejus redditum militibus et heredibus suis si maritus uxore defuncta relictis filiis. Secunda uxor non habebit inde dotalicium nec filii secundi matrimonii habebunt ibi partem.

Ibidem judicatum fuit quod crux non deffenderet eum a quo petebatur redditus ecclesie relictus a fratre suo et quod inquisitio fieret sine visione per presbyteros et legitimos homines qui interfuerunt testimonio et facta fuit ibi et obtinuit ecclesia de Nicol.

Non auditur aliquis petendo hereditatem qui habet antenatum.

Si ille contra quem captum est breve de nova dessesina super visionem dicat quod nichil clamat in terra illa nichilominus curreret breve etiam si hoc dicat in assisia.

Si fecero justiciam in feodo meo et cepero namma, et ille cujus sunt faciat ea recredi per servientem Regis, quis juris?

Si quis fecerit namma que cepi pro eo quod nemus meum scindebat recredi pro eo quod posuit gagium et plegium quod ceperam ubi nec poteram nec debebam et postea visione facta ipse recognoscat in assisia vel juratum sit per enquestam et ego cepi ubi potui et reddantur michi namma mea nunquam potero levare emendam pro illo forisfacto cum dominus Rex habuerit manum suam de eo quod ille cecidit de gagio et plegio quod posuerat.

Maritus vendit maritagium uxoris sue, nunquid poterit consanguineus mulieris infra annum et diem retrahere ventam ? Certum est quod sic.

Dominus Radulfus de Vallibus primogenitus respondit in assisia Cadomi fratri suo petenti portionem hereditatis quia volebat quod postnatus faceret portiones et dominus Radulfus eligeret propter hoc. Judicatum est quod quamvis esset infra etatem haberet saisinam tocius hereditatis et faceret porciones ita quod neuter inde aliquid levaret antequam postnatus elegisset.

Judicatum fuit apud Orbech coram Johanne de Vineis et multis aliis quod Rogerus de Muldac de Amblie propter hoc quod misit vadium et plegium quod dominus Johannes de Argenciis cepit namma sua ubi nec potuit nec debuit et dominus Johannes de Argenciis dicebat quod ceperat predicta namma ubi poterat et debebat sed non potuit et propter hoc judicatum fuit quod predictus presbyter debet habere saisinam donec dictus Johannes probat quod potest ibi facere justiciam suam.

[*Franchises et libertés concédées aux Normands par Henri II.*]

(F°. 13 verso.)

Henricus Dei' gracia Rex Anglie, etc. Archiepiscopis, Episcopis, Abbatibus, Comitibus, Baronibus et omnibus fidelibus suis presentem cartam inspecturis, salutem. Sciatis quod nos intuitu Dei et pro salute anime nostre et animarum antecessorum nostrorum ad exaltationem S^te^. Ecclesie et emendationem regni nostri spontanea et bona voluntate nostra dedimus et concessimus Archiepiscopis, Episcopis, Abbatibus, Comitibus, Baronibus et omnibus de Normannia has libertates scriptas in ducatu Normannie in perpetuum tenendas. In primis concessimus Deo et hac presenti carta confirmamus pro nobis et heredibus nostris in perpetuum quod Normannie ecclesia libera sit et habeat jura sua integra, libertates suas integras et illesas. Concessimus et dedimus omnibus liberis hominibus Normannie in perpetuum omnes has libertates subscriptas habendas et tenendas eas et heredibus suis de nobis et heredibus nostris.

Si quis Comes vel Baro sive aliorum tenementum tenens de nobis in capite per servicium militare mortuus fuerit et cum decesserit heres ejus plene etatis fuerit et relevium debeat, habeat hereditatem suam per relevium antiquum, et alii similiter per antiquam consuetudinem feodorum. Si autem heres alicujus talium fuerit infra etatem, dominus ejus non habeat custodiam ejus, nec terre sue antequam homagium suum ceperit et postquam talis heres fuerit in custodia cum ad etatem pervenerit scilicet. xxj. annorum habeat hereditatem suam sine relevio et sine fine; ita tamen quod si ipse dum infra etatem fuerit fiat miles nichilominus terra remaneat in custodia dominorum suorum usque ad terminum predictum. Custos terre hujus hereditatis non capiat de terra heredis nisi rationabiles exitus et rationabiles consuetudines et rationabilia servicia et hoc sine destructione et vasto hominum vel rerum. Et si nos commiserimus custodiam alicujus talis terre vicino vel alicui alii qui de exitibus terre illius nobis debeat respondere et ille destructionem de custodia fecerit vel vastum, nos ab illo capiemus emendam; et terra committatur duobus legalibus et discretis hominibus de feodo illo qui similiter nobis de exitibus respondeant vel ei cui nos assignaverimus. Et si nos dederimus vel vendiderimus alicui custodiam alicujus talis terre et ille destructionem interfecerit vel vastum amittat ipsam custodiam et tradatur duobus legalibus hominibus et discretis de feodo illo qui similiter nobis respondeant sicut predictum est. Custos autem quamdiu custodem habuerit sustentet domos, prata, vivaria, stagna, molendina, etc., ad terram illam pertinencia de exitibus terre ejusdem et reddat heredi, cum ad plenam etatem venerit, terram suam totam instauratam de carucis et omnibus aliis rebus ad minus secundum quod illam recepit. Hec omnia observentur de custodiis archiepiscopatuum, episcopatuum, abbaciarum prioratuum, ecclesiarum et dignitatum vacancium que ad nos pertinent, excepto quod hujus custodie vendi non debent. Heredes absque dispagatione maritentur vidua post mortem mariti sui statim et sine difficultate habeat maritagium suum et hereditatem suam nec aliquis det pro dote sua vel pro maritagio suo vel pro hereditate sua, quam hereditatem maritus suus et ipsa tenuerunt die obitus mariti sui et maneat in capitali mesnagio mariti sui per. xl. dies post obitum ipsius infra quos assignetur ei dos sua nisi ei prius fuerit assignata vel nisi domus illa sit castrum; et si de castro recessit statim provideatur ei domus competens in qua possit honeste morari quousque dos sua ei assignetur secundum quod predictum est, et habeat rationabile escoverium suum interim de communi. Assignetur ei pro dote sua tercia pars totius terre mariti sui que sua fuit in vita sua nisi de minori fuerit dotata ad ostium ecclesie. Nulla vidua distringatur ad se maritandam dum voluerit vivere sine marito. Ita tamen quod securitatem faciat quod se non maritabit sine assensu nostro si de nobis tenuit vel sine assensu domini sui si de alio tenuit. Nos vero vel ballivi nostri non seisiemus terram aliquam nec redditum pro aliquo debito quamdiu catalla debitoris pertinencia sufficiunt ad debitum reddendum et ipse debitor paratus sit inde satisfacere, nec plegii ipsius debitoris distringantur quamdiu capitale domus sufficiat ad solucionem debiti et si capitale defecerit, debitor de solutione debiti non habens unde reddata ut reddere nollit cum possit plegii respondeant pro debito et si voluerint habeant terras et redditus debitoris quousque sit eis satisfactum de debito quod ante pro eis solverunt nisi capitale debitorum monstraverit se esse inde quietum versus eosdem plegios, etc.

(*Suivent les concessions faites par le même prince à la ville de Londres, ainsi qu'aux autres villes et bours d'Angleterre.*)

(F°. 15 verso.)

De habendo consilium utrum Judei erunt repulsi a parvis villis. Concordatum fuit quod Judei mansionem facient in castris et in aliis bonis villis et non alibi.

De habendo consilio utrum clerici capti ad presens (sic) clamorem Harou solvent emendam. Concordatum fuit quod solvent propter hoc quod Rex est in saisina, et quod est fractio pacis, quam quidem pacem tenetur dominus Rex observare in tota terra sua.

De habendo consilia utrum Vicecomes habebit sigillum proprium in sui et subditorum suorum commodum. Concordatum fuit quod Vicecomites sigillum habeant et quod de qualibet littera confecta super centum solidos et minus duos capiant denarios pro sigillo; et de ultra. c. sol. vj. den. usque ad. xij. lib. et de ultra. xij. lib. de qualibet libra unum obolum et non plus.

De habendo consilio utrum bosci qui tenentur de feodo Britolii debeant solvere tercium et dangerium. Concordatum est quod solvent.

De Servientibus domini Regis pro litteris integrandis? Ita fuit ordinatum quod de litteris confectis super vigenti lib. et minus serviens habebit. xij. den. tantum pro qualibet littera integranda et de ultra. ij. sol. quantacunque summa sit magna.

De Judeis quos burgenses de Bernaio petebant compelli ad guetandam villam sicut et burgenses guetabant. Concordatum fuit quod Judei non guetarent.

De domino de Croleto qui dicebat quod nanta hominum suorum capta in baronia sua quantumcumque se extenderet dicta baronia licet esset extra balliviam in qua capta essent portare poterat et debebat. Concordatum fuit quod dictus dominus et reliqui sic tenentes dicta nanta portare poterant ad finem baronie sue; dum tamen homines nantati de loco verteri dicta nanta in una et eadem die de ipsorum.......: ire et reverti possint bono modo.

De domino Guillelmo Trehan milite qui vendidit corticem bosci sui sine tercio et dangerio solvendo licentia non petita. Concordatum fuit quod sine licito vendere non poterat nec debebat quare dicta cortex domino Regi remansit fores facta.

De domino Nicolao Malemains qui de boscis suis in quibus dominus Rex habebat tercium et dangerium regulam fecit ad vendendum, licencia non petita nec solvit tercium et dangerium. Concordatum fuit quod amitteret quidquid vendiderat et domino Regi remaneret forisfactum.

De columberiis factis extra feodum vel membrum lorice. Concordatum est ad conquestionem communis patrie quod omnia columberia facta et constructa extra loca predicta a viginti annis et citra diruantur et amodo in talibus locis non edificentur.

Aresta scaccarii Pasche. Anno Domini M°. CC°. lxxvij°. De judiciis factis in Scaccario et assisiis finem cause facientibus in proprietate vel saisina. Concordatum fuit quod littere darentur gaengnie facte partibus petentibus sub sigillo ballivie cujus erunt.

De vinis granis et lanis. Prohibitum fuit virtute ordinationis facte in parlamento Candelarum preterito quod de cetero non traherentur extra regnum Francie sub amissione omnium rerum et corporum absque licentia domini Regis aut suorum ballivorum.

De auxilio exercitus, qualiter levari debebit in membris lorice illorum qui non fuerunt in exercitu. Concordatum fuit quod de quolibet membro et de illo feodo per gentes Regis tale auxilium levabitur et percipietur quale domini feodi vel membri levassent et percipissent si fecissent quod debuissent ac si Rex facto servicio eisdem dominis donavisset.

De Baronibus et aliis dominis Normannie de quibus dicebatur ipsos personis religiosis dare licenciam in ipsorum feodis et membris acquirendi domino Rege non requisito. Concordatum fuit quod dominus Rex erat in hujus saisina et quod in eadem teneretur donec dimitteret eam spontanea voluntate.

De Johanne Fiscanni qui petebat quod dominus Rex in cujus garda fuit ipsum deliberaret de relevio quod dominus a quo tenet aliquid feodorum suorum petit ab ipso. Concordatum fuit quod dominus Rex ipsum non liberabit faciat quod debebit.

De rebus demembratis, eruptis, et elemosinatis de membro lorice? — Concordatum fuit quod auxilium exercitus levaretur.

De quodam homine Vicecomitatus Auribecci petente bona adversarii sui quem per vadium belli devicit et suspendi fecit ad ipsum pertinencia per consuetudinem Normannie ut dicebat que quidem bona Vicecomes tenebat pro Rege. Concordatum fuit quod dictus homo victoriam habens bona mobilia habebit et immobilia dominis in quorum terra consistunt remanebunt si de consuetudine terre debeant habere.

Aresta Scaccarii Sti. Michaelis. Anno Domini M°. CC°. lxxvij°. De forestis in quibus emende capiuntur ad voluntatem viridariorum a malefactoribus causa delinquendi dictas forestas intrantibus. Concordatum fuit quod coustumarii haberent foresfacturam per emendam ad voluntatem. Extranei vero qui non sunt coustumarii emendarent et foresfacturam non haberent, et si ita esset quod coustumarii intrarent coustumam suam per siccum boscum usque ad viridem et scinderent viridem per siccum haberent forisfacturam et emendarent ad voluntatem. Et si dicti coustumarii scindere incipiant viridem vel scindant totum viridem emendarent et non haberent foresfacturam.

De Gasconiensibus qui dicebant se esse in seisina transeundi vina que in ipsorum propriis vineis creverant absque modiatione solvenda ponti Rothomagi et specialiter per graciam quam habebant a domino Rege ut dicebant. Concordatum fuit quod dicta vina sua transire poterant modo predicto et quod nanta que pro dicta modiatione tenebantur eisdem redderentur solvendo coustumam tantum modo videlicet de quolibet dolio. xij. denarios.

De Comite de Gnelles qui petebat habere hereditagium cujusdam suspensi in terra sua existentis licet saisina dicti hereditagii tradita esset cuidam creditori ratione cujusdam obligationis unius debiti per litteras Regis antequam dictus suspensus esset accusatus de crimine pro quo fuit suspensus. Concordatum fuit quod dictus creditor dictum hereditagium haberet quousque de fructibus ipsius de dicta obligatione sibi fuerit totaliter satisfactum.

De Dicto Comite et aliis nobilibus Normannie altam justiciam in terra sua habentibus petentibus emendas monete. Concordatum fuit quod non haberent immo domino Regi remanerent.

De donis factis ecclesiis parochialibus et emptionibus positis de super censibus super feoda domini Regi et aliorum nobilium Normannie. Concordatum fuit ac etiam ordinatum quod dominus Rex non haberet financiam de redditibus inferius nominatis : videlicet de cereis ad Corpus Domini nostri illuminaudum. Item de oleo pro lampadibus. Item de cereis continue ardentibus in ecclesia. Item de vestimentis ad opus altaris, nec de aliis minutis rebus datis ad opus monasterii immo talia ecclesiis libere remanebunt.

De domino Guillelmo de Vernone milite petente quod ballivus Constancie amoveret manum suam de rebus demembratis de feodis suis et quod ipsis gaudere permitteret secundum ordinationem domini Regis super hoc factam, hoc non obstante quod dictus ballivus in predictis rebus manum suam posuerat antequam dictus miles. Concordatum fuit quod licet dictus ballivus vel alii domini Regis servientes manum suam posuerint in rebus demembratis antequam dominus Guillelmus vel alii nobiles Normannie, dictus Guillelmus et reliqui nobiles finationem si voluerint accipere poterunt et manum apponere in predictis.

De Abbate et conventu de Lira petente quod firmarius ipsorum commorans apud Pontem S^ti. Petri ratione usagii quod habent et habere consueverunt in foresta Longi Bodelli per manus ipsius firmarii, dicto usagio possint uti. Concordatum fuit quod dictus firmarius in dicta foresta usagium non haberet quia ipse est mercator, visa carta predictorum Abbatis et conventus.

De pluribus hominibus conquerentibus de hoc quod dominus Rex volebat habere financiam de donis que dominus de Londa dederat servientibus suis ratione servicii, vel dicta dona capere et habere durante garda heredis. Concordatum fuit quod facta recompensatione dictis servientibus pro ipsorum servicio et deducta de redditibus dictorum donorum, residuum veniet ad Regem quamdiu durabit garda heredis predicti.

De Abbate et conventu Fiscannense petente habere curiam suam de querelis de qua plegium et vadium datum fuerat in Scaccario pro pravo reputatum et judicatum. Concordatum fuit quod dictus Abbas amplius de querela super quam primum fecerat judicium curiam non haberet.

De Abbate et conventu Becci Helloini petentibus habere ab hominibus suis manentibus apud Beccum emendam monetarum per cartam quam habebant. Visa carta concordatum fuit quod non haberent, immo domino Regi remanerent.

De Johanne de Valle Menilli serviente feodato in Vicecomitatu Rothomagi qui petebat habere fructus vel aliquam partem fructuum hereditatis uxoris sue banite propter suspectionem homicidii ad nutriendum liberos de se et dicta uxore procreatos. Concordatum fuit quod non habebit de dictis fructibus, immo domino Regi aut dominis in quorum justicia fuerint remanebunt quandiu vixerit uxor predicta.

Arresta Scaccarii S^ti. Michaelis. Anno Domini M°. cc°. lxxviij°. De Vicecomitibus Normannie qui quando recedunt a Vicecomitatibus suis important secum scripta placitorum et compotos reddituum domini Regis. Concordatum fuit sub amissione servicii et omnium bonorum suorum detentione ne amodo dicta scripta importarent immo eadem retento penes se transcripto dimitterent suis successoribus fideliter et benigne.

De domino Johanne de Marvilla et quibusdam aliis nobilibus Normannie qui dicebant se non debere compelli ad vendendum de feodis suis pro litteris domini Regis super debitis et aliis contractibus integrandis. Concordatum fuit quod debent compelli ad vendendum de feodis suis pro litteris domini Regis.

De Templariis qui dicebant quod homines sui in ballivia Constanciensii debebant esse liberi a solutione cohuagii per cartam ipsorum. Visa carta concordatum fuit quod si cohuam intrare voluerint, cohuagium solvent.

De Guillelmo Crespini petente quod possit vendere de boscis liberorum suorum quos tenet ratione viduitatis. Concordatum fuit quod dictos boscos per consuetudines Normannie vendere non poterat et si aliquid vendiderit reddet ratione de pecunia utrum in utilitatem dictorum liberorum conversa fuerit aut non, et non conversa fuerit, reddet eam et emendabit.

Statutum factum in eodem Scaccario pro litibus mercati burse abreviandis.

Il est accordey par le Roy et par son conseill et commandey a garder en Normandie, et fu publiée en cest Eschiquier generalement que quiconques desorenavant vouldra retraire marchié par bourse en Normandie, sitost come il sera congneu au lignage il paera tantost largent, ou se ce non il n'en sera ja plus oiz. Et se cil qui vouldra aver le marchie demande veue il nen aura point, et se cil a qui len demande le marchie demande vue il ara.

Item il fut acorde et ordene que se aucun plus prouche du lignage que cil qui aura retraict le marchie vient avant et demant le marchie de bourse dedenz lan et le jour il ara le marchie par paer tantost largent et par autressy briez erremens comme il est dit dessus en premier article.

Item il fust acorde en dict Eschiquier et ordene que se uns demande a. i. autre meuble et li uns traite lautre a amende, il ne perdra pas pour ce le chatel ni le meuble se lamende nest fete par loi oultree ; mes iront a la querele sanz respit et sanz deffaute.

Item il est accorde sus la demande de chatel en desclerant larrest fet devant cesti que se len fet a. i. homme demande de meuble et il niec la demande et apres cel nie il face amende par deffaute, li demandour aura ataint sa demande.

Item quant li demandour a fet sa demande et cil a qui la demande est fete prent barre peremptoire pour deffendre la querele, et donc le demandour pourroit perdre sa demande se il estoit trait a amende se le deffendour est trait apres ceu a amende il perdra la querele.

De domino Reginaldo Castellani et aliis nobilibus Normannie spade placitum habentibus, petentibus habere cognitionem litterarum Domini Regis super contractibus et debitis. Concordatum fuit quod nullus habere debet in tota Normannia, immo domino Regi pertinent; sed dicti nobiles dictas litteras exequationi tantum poterunt demandare.

Arresta Scaccarium Sti. Michaelis et Pasche. Anno Domini M°. cc°. lxxxv°. De habendo consilium utrum pro litteris domini Regis integrandis, tenentes per membrum lorice vel libere vendere poterunt totum membrum vel partem. Habito super hoc consilio concordatum fuit quod vendant totum et non partem.

De Radulfo Preposito et ejus uxore petentibus habere tanquam heredes hereditagium quod quidam banitus tenebat ratione viduitatis ea de causa quod banitus erat uxoratus. Concordatum fuit quod haberent eo quod certum erat ipsum banitum esse uxoratum.

Preceptum fuit in presenti Scaccario Pasche quod firme perpetue a modo non dilacerarentur et quod de dilaceratis majus haberetur consilium.

De habendo consilium utrum prima obligatio facta super bonis cujusdam debitoris integraretur ante secundas litteras licet debitor sit bene solubilis et licet dicta prima obligatio fuerit generalis. Habito super hoc consilio et auditis ballivis et Vicecomitibus super usum quem fecerant in hoc casu. Concordatum fuit et per arrestum redditum quod dicta prima obligatio integraretur licet sit generalis quia sic usi fuerunt ballivi et Vicecomites ut dicebant.

De personis religiosis et nobilibus dicentibus et asserentibus se posse vendere coupellos bosci sui quos ad usum suum capiunt absque licencia Domini Regis et absque solvendo tercium et dangerium. Concordatum fuit et per arrestum redditum quod coupelli et alii bosci sic venditi Domino Regi tanquam forefacti remaneant et quod per consuetudinem Normannie aliquid de boscis tercium et dangerium debentibus sine licencia domini Regis vendere non poterant nec debebant.

In presenti Scaccario Pasche fuit preceptum et ordinatum quod servientes Domini Regis vadia habentes et alii feoda spate placitum in Normannia custodiam habeant videlicet quislibet unum subservientem tantum. Et quod servientis feodi suas sergenterias deserviant in prima. Alioquin habeant videlicet quilibet unum servientem sub se tantum qui dicti servicii habeat totum emolumentum.

Arresta facta Pasche et Sti. Michaelis. Anno Domini M°. cc°. lxxxvj°. Venerabiles magistri presentis Scaccarii volentes aliquorum debitorum qui pro firmis et aliis prepositturis aut aliis quibuscumque ex quacumque causa domino Regi obligatis existant eisdem compaciendo remedium adhibere et quosdam qui propter hoc tenebantur carceri mancipantur post cessionem bonorum suorum oblatam a carcere liberare. Ordinando dixerunt statuendum ut quicumque cedens bonis aut pro debitis talibus vendiderit feudum suum aut alias quascunque sive per justiciam sive per proprietarios exponatur venditio, venditio hujus publicetur in assisia propinqua et in parochia in qua sita est aut major pars hereditatis tribus diebus sequentibus dominicis vel festivis et quicunque de parentela vendentis hujus hereditatem retrahere voluerit infra quadraginta dies a publicatione hujus merciandos veniens cum sacco paratus audietur, alioquin eidem silencium perpetuum imponetur. Quod statutum ad hereditatem venditam pro firmariis Domini Regis seu pro eis firmis tenentibus tantum modo extendetur.

Arresta Scaccarii Pasche et Sti. Michaelis. Anno Domini M°. cc°. lxxxix°. Per venerabiles magistros presentis Scaccarii finem litibus imponere cupientes que per defectum militum qui in visionibus interesse solebant longum et prolixum tractatum habebant adeo quod sive lites quasi immortales vix aut nunquam poterant devenire. De consilio et consensu ballivorum, Vicecomitatum, militum et prudentum taliter extitit ordinatum : quod in omnibus causis motis in quibus requiretur visio non vocentur milites. In causis vero juris patronatuum ecclesiarum et aliis causis feodi liberum tangentibus et curiam et usum habencium milites ut antea vocabuntur, consuetudine patrie non obstante.

Arresta Pasche et Sti. Michaelis. Anno Domini M°. cc°. lxxxviij°. De habendo consilium utrum Dominus Rex habebit cognitionem actionis deducte coram judice ecclesiastico lite contestata ; maxime cum sint hereditarie ; quare ad Regem pertinet cognicio et utrum judex ecclesiasticus volens cessare super hoc debeat compelli ad cessandum. Concordatum est quod usque ad sentenciam latam judex secularis revocabit litigantes et compellet eos venire coram se nonobstante processu habito coram ecclesiastico judice.

De habendo consilium utrum coram fidelium capientur pro exemptione litterarum debiti Judeorum secularium quia per curiam ecclesiasticam excommunicatur pro debitis ipsorum capiuntur et coram detinentur. Concordatum fuit et preceptum a Magistris quod pro debitis Judeorum coram fidelium non incarcerarentur.

De habendo consilium utrum de inchieramentis de quibus pars datur inchieratori de parte ipsius sicut de parte domini Regis decima deducetur. Concordatum fuit quod omnes inchieratores de inchieramentis suis solvant decimam.

Arresta Scaccarii Pasche. Anno Domini M°. cc°. xc°. De habendo consilium utrum in causa mercati burse primus emptor a quo exigetur dictum mercatum per bursam petens pendente lite inter proximiores ipsius mercati precium habebit dictum precium mercati vel expectabit donec lis inter dictos proximiores fuerit totaliter terminata. Habito super hoc diligenter consilio concordatum est et preceptum amodo firmiter observari quod primus emptor suum exigens precium habeat illud lite pendente inter proximiores predictos non obstante.

In presenti Scaccario fuit a magistris dictum Scaccarium tenentibus ordinatum et observari preceptum quod omnes habentes diem in futuro Scaccario pars contra partem vel alio quo quomodo compareant secunda die Scaccarii incepti infra meridiem. Alioquin elapsa hora meridiana partes absentes posite erunt in defectum.

Ordinatum fuit per consilium domini Regis presente ipso domino Rege in parlamento quod Archiepiscopus Remensis et Episcopi pares Francie admortizare non poterant suum domanium nec feoda sua que ab ipsis tenentur immedietate, sed sua retro feoda poterant admortizare. Alii vero Episcopi qui non sunt pares nec domanium suum nec feoda nec retrofeoda poterunt admortizare.

Actum in parlamento Penthecostes. Anno Domini M°. cc°. xc°. Habita super ea que sequitur deliberatione diligenti ordinatum fuit quod templarii, hospitalarii seu alii quicumque religiosi ratione cujuscumque advocationis doni vel alterius cujuscumque emolumenti in fratrem seu redditum suum aliquem vel aliquos et eum vel eos tanquam confratres seu redditos deffendere voluerint. Caveant sibi gentes domini Regis, Archiepiscopi, Episcopi, Barones et omnes alii juridictionem habentes temporalem ne aliquos tales privilegio templariorum, hospitalariorum vel aliorum religiosorum quorumcumque gaudere nec auctoritate dictorum privilegiorum aliquos vexari permittant nisi se reddiderint omnino et deferant habitum eorumdem.

Item ordinatum fuit et redditum per arrestum quod ballivi vel alii justiciarii domini Regis non impediant ecclesias nec ecclesiasticas personas quin possint se accrescere in censuris et feodis in quibus omnimodam habent justiciam altam et bassam; sed in censuris et feodis ecclesiarum in quibus Rex et Barones vel alii domini laicales altam justiciam vel forefacturas habent inquiretur qualiter dicte ecclesie et persone ecclesiastice super hoc use sunt et referetur.

In parlamento Penthecostes anno M°. CC°. lxxxviij°. Parisius fuit istud arestum prout sequitur determinatum. Cum Episcopi Normannie occasionarentur super eo quod ex parte domini Regis proponebatur contra eos quod ad Scaccaria sua ex debito venire tenebantur. Auditis eorum rationibus et defensionibus pronunciatum fuit quod dicti Episcopi non tenentur venire ad dicta Scaccaria nisi sponte venerint vel fuerint ex parte Regis mandati.

De servientibus feodatis qui petebant ut possent suas serjanterias ad firmam tradere. Concordatum fuit quod ipsi suas serjanterias non poterant affirmare nec ad tempus tradere nisi fuerit de mandato domini Regis vel ballivi sui.

De officiaris petentibus quod clerici uxorati essent quieti et liberi a solutione emendarum monetarum. Concordatum fuit quod solverent emendas sicut et alii.

Arresta Pasche. Anno Domini M°. CC°. lxxxij°. De militibus spate placitum in Normannia habentibus, conquerentibus de servientibus domini Regis justiciantibus in terra eorum et in justicia eorum pro litteris domini Regis integrandis ipsis dominis invitis. Concordatum fuit quod dicti servientes non justiciarent amodo nisi in defectum ipsorum et fuit illud arrestum expeditum pro Comite de Guelles.

De nobilibus Normannie proponentibus quod licet non haberent justiciam spate placiti tamen omnis replevina nantorum captorum pro querelis mobilis vel catalli absque inquesta ad ipsos pertinebat et quod super hoc servientes domini Regis eisdem injuriam faciebant. Habito super hoc consilio concordatum fuit quod omnis replevina in omnibus casibus ad Regem pertinebat: hoc addito quod si dicti nobiles vel aliqui eorum venerint coram justiciam domini Regis pro curia petenda habebunt curiam dum tamen causa sit in tali statu quod habere debeant et de tali natura secundum consuetudinem patrie.

In presenti Scaccario preceptum fuit omnibus ballivis, Vicecomitibus et servientibus quod ad visiones tenendas citent milites diciores et de deficientibus levent bonas emendas exceptis Baronibus de quibus debetur loqui cum domino Rege.

Arresta Scaccarii Sti. Michaelis. Anno Domini M°. CC°. lxxxij°. De militibus pauperibus Normannie conquerentibus de citationibus et vexationibus sibi factis pro visionibus tenendis dictiores milites qui dictis visionibus interesse debent dimittendo. Habito super hoc consilio, concordatum fuit quod milites dictiores a dictis visionibus interessent et pauperes et inopes dimittantur et deportentur prout melius et utilius poterint deportari salvo jure alieno, ita tamen quod per hanc deportationem querele detrimentum secundum consuetudinem patrie non paciantur.

De habendo consilium utrum dangeria licencia bosci data rationabiliter per dominum Regem inchierabuntur sicut tercia inchierari consueverunt. Habito consilio concordatum fuit quod causa dangeria possint inchierari.

De habendo consilium qualiter debeat procedi contra homines elemosinarum asserentes se esse liberos et exemptos ab omni justicia seculari: de qua libertate usi fuerint usque nunc sicut dicunt licet domini a quo fuerint dati dicti elemosinarii et concessi talem justiciam non haberent quod possent facere elemosinas modo predicto. Habito consilio concordatum fuit quod dicti homines non possint habere nisi talem franchisiam qualem possent concedere domini a quo fuerunt elemosinati et super residuum proceditum est contra ipsos juribus domini Regis in omnibus observatis.

De nobilibus et aliis justiciam temporalem habentibus in Normannia petentibus et dicentibus quod citatio et ostensio armorum ad ipsos in terra sua spectabat, gentibus domini Regis in contrarium asserentibus et dicentibus dictas citationes et ostensionem domino Regi pertinere. Habito consilio super hoc concordatum fuit quod dicte citatio et ostensio ad dominum Regem tantummodo et non ad alios plenarie pertinebant et quod dicti nobiles qui prohibitionem fecerant hominibus suis ne ad mandatum domini Regis predicta facerent emendabunt.

Arresta Scaccarii Pasche et Sti. Michaelis. Anno Domini M°. CC°. lxxxiij. De hominibus prisionem tenentibus pro debitis suis habendum est consilium utrum cessionem faciendo creditoribus suis de omnibus bonis suis debeant a dicto carcere liberari. Habito consilio concordatum fuit quod non liberarentur nisi vellent omnia bona sua crediloribus pro quibus tenebant prisonem dimittere nomine cessionis.

Ordinatum fuit et preconizatum in presenti Scaccario quod omnes persone tam ecclesiastice quam seculares de omnibus acquisitis quacumque causa in feodis vel extra feoda domini Regis venient finationem facere, alioquin omnia sic acquisita dimitterent domino Regi, elapso certo termino sicut forefactam.

De hominibus fratrum militie Templi habendum est consilium utrum tam per cartam quam habent dicti fratres quam per usagium quod fecerunt sicut dicunt debeant esse liberi et immunes de halagio apud Pontem Arche et alibi in casu simili. Concordatum fuit auditis rationibus et visis cartis quod si infra halas vendere voluerint, cohuagium solvent sicut et ceteri homines faciunt.

Arresta Scaccarii Pasche et Sti. Michaelis. Anno Domini M°. CC°. lxxxiv°. De nobilibus hominibus et aliis tenentibus per membrum lorice et libera feoda in Normannia levantibus et percipientibus boissellos postnatorum ad tria festa annualia contra mandatum in Scaccario factum. Concordatum fuit quod Abbas de Bernaio cum quo mota fuit specialiter ista questio habeat saisinam habendi et levandi dictos boissellos de primogenitis liberis ad dicta tria festa: dum tamen primogeniti et postnati remaneant in una et eadem masura de reliquis vero nobilibus ballivi scient qualiter usi fuerint et specialiter de dicto Abbate in hoc casu.

Concordatum ac ordinatum fuit in presenti Scaccario quod si aliqui pro debitis in carcere teneantur mancipati et non habeant hereditatem unde possint solvere si domino Regi debeant hereditas capta erit per justiciam in emptione nomine domini Regis si videatur bonum esse et si aliis quam domino Regi debeant, preconizatio ad parochiam facta sit talis quod qui emere voluerit emat et gens domini Regis vendant et si hereditagium venditum fuerit et retractor per bursam infra diem et annum prime preconizationis non comparuit ad petendum dictum mercatum ultra annum et diem prime preconizationis non erit retentor audiendus.

[Au f°. 19 il se trouve un réglement de l'an 1291, pour le Parlement de Paris. — Les f°s. 20 à 25 contiennent diverses Chartes des Rois de France, concernant les Juifs et les usuriers, les défenses de batailles, les formes de plaider devant le Prévôt, le Parlement de Paris, la manière d'asseoir les tailles, la permission aux gens d'Eglise d'acquérir des dîmes dans les terres du Roi, etc. — Les divers actes suivants, datés ou non datés et sans ordre chronologique, sont ensuite inscrits dans le même manuscrit f°. 25, r°. et v°. jusqu'au f°. 42. Ils furent donnés par les rois d'Angleterre Guillaume Ier., Henri II, Richard et Jean-sans-Terre, ainsi que par Philippe-Auguste, Louis VIII et S^{t}. Louis, rois de France.]

Constitutio domini Regis de feodalibus tenementis. [*Anno Domini* M°. cc°. x°.] Philippus Dei gratia Francorum Rex, O. Dux Britannie, Herveus Comes Nivernensis, Renaldus Comes Bolonie, G. Comes S^{ti}. Pauli, G. de Domna Petra et plures alii magnates de regno Francie unanimiter convenerunt et assensu publico firmaverunt ut a primo die maii in posterum ita sit de feodalibus tenementis. Quicquid tenetur de domino legie vel alio modo si contigerit per successionem heredum vel quocunque alio modo divisionem inde fieri quocumque modo fiat, omnes qui de illo feodo tenebunt de domino feodi principaliter et nullo medio tenebunt sicut unus antea tenebat priusquam divisio esset facta. Et quandoque contigerit pro illo dotali feodo servicium domino fieri cuilibet eorum secundum quod de illo feodo tenebit, servicium tenebitur exhibere et illi domino deservire et reddere rachatum et omnem justiciam. Quicquid autem antea factum est et usitatum usque ad primum diem maii maneat sicut factum est; sed de cetero fiat sicut est supra dictum quod ne possit oblivione deleri et in posterum irritari presens scriptum sigillorum suorum munimine roborari fecerunt. Actum anno Domini M°. cc°. x°. primo die maii apud Villam Novam Regis juxta Senones.

[On omet ici le Concile de Lillebonne qui se trouve dans Dom Bessin, p. 67.]

Carta Teuceri campionis. [*Anno Domini* M°. cc°. xviij°.] Notum, etc. Teucero servienti nostro propter ejus fidele servicium et heredi suo masculo de uxore sua desponsata, dedimus in perpetuum illud quod habebamus apud Sanctum Tyricum videlicet .xx. lib. turon. in novo molendino .x. sol. tur. in quodam jardino .vij. capon. et .vij. den. tur. et unum anserem et octingenta trigenta ova et .vij. sol. tur. uno denario minus; et de censibus ville S^{ti}. Tyrici octo lib. et. iv. sol. et .ij. den. tur. et decem pimpinellos apud Pontem Arche que predicta sunt annui redditus. Et preterea .xxxiiij. acras terre et dimid. et septem acras broscie et unam acram prati et domum quam habebamus apud S^{tum}. Tyricum. Hec autem omnia tenebit ad usus et consuetudines Normannie dictus Teucerus et heres suus masculus de uxore sua desponsata reddendo consuetudines et servicia que terra predicta debere dignoscitur. Quod ut perpetuum, etc. Actum compendio anno Domini M°. cc°. xviij° mense aprili.

Carta pro Galtero de Sauceio. [*Anno Domini* M° cc°. xv°.] Notum, etc. quod nos Galtero de Sauceio servienti nostro et heredi suo masculo de uxore sua desponsata propter ejus servicium damus et concedimus in perpetuum totam terram que fuit Thome Britonis apud Iffrevillam cum dotalicio matris ejusdem Thome et omnibus pertinenciis ejusdem terre et cum omni melioratione et emenda merito que in ea poterit facere reddendo nobis et heredibus nostris servicium quod terra illa nobis debet ad usus et consuetudines Normannie. Quod ut firmum, etc. Actum anno Domini M°. cc°. xv°. regni xxxvij°.. ...... Cancellario.

Carta pro Balduino de Lihiis. [*Anno Domini* M°. cc°. vij°.] Notum, etc., quod nos Balduino de Lihiis servienti nostro et heredi suo masculo damus terram que fuit Johannis Mauduit et Roberti Mauduit integre cum omnibus etrementis et melioramentis que in eadem terra salvo nostro et alterius jure fecerit tenementum (sic) et in perpetuum feodum et homagium ligium de nobis et heredibus nostris ad usus et consuetudines Normannie per servicium quod illa debet. Quod ut, etc. Actum apud Gaillon anno Domini M°. cc°. vij°.

Carta pro Guillelmo Vigilis. [*Anno Domini* M°. cc°. xv°.] Notum, etc. Quod nos Guillelmo Vigili servienti nostro propter ejus fidele servicium et heredi suo masculo de uxore sua desponsata donamus duos modios bladi quos habebamus in molendino domus Dei de Vernone et dimidium modium in molendino Hugonis filii Bartholomei et duos sextarios bladi in molendino quod fuit Osmondi Crouardi et .xxvij. sextarios et dimidiam minam bladi in molendino Radulfi de Campegny; et quinque modios vini quos monachi de Brolio nobis debebant in modiationibus Cameliaci et unum modium vini quod Petrus Faber nobis debebat in modiacionibus nostris et Cameliaco. Hec autem tenebit dictus Guillelmus et heres suus masculus de uxore sua desponsata de nobis et heredibus nostris [reddendo] annis singulis in festo S^{ti}. Dionisii unum bisancium de servicio et faciendo servicium nostrum, nisi infirmitas et etas impediret. Quod ut, etc. Actum apud Montem Archi anno Domini M°. cc°. xv°. mense novembris. regni nostri xxxvij°.

Carta Monachorum de Bono Portu. [*Anno Domini.* M°. cc°. ix°.] Philippus Dei gracia, etc. Notum, etc. Concedimus monachis S^{te}. Marie de Bono Portu in perpetuam elemosinam ut ipsi singulis septimanis die Mercurii cum nocte ejusdem diei libere et quiete absque omni molta et omni exactione seculari molant in molendino nostro de Ponte Arche. Si autem contigerit quod dictum molendinum aliquo impedimento eadem die Mercurii et nocte molere non possit volumus quod ipsi molant die Jovis sequenti et nocte septimane sequentis molant sicut die Mercurii et nocte molere debent: volumus enim quod secundum quantitatem temporis in molendino restituatur. Quod ut perpetuum, etc. Actum apud Pontem Arche anno Domini M°. cc°. ix°. regni nostri anno xxx°.

Alia Carta pro eisdem Monachis. [*Anno Domini* M°. cc°. xv°.] Philippus Dei gracia, etc. Noverint universi presentes pariter et futuri quod nos concesserimus monachis Beate Marie de Portu in perpetuam elemosinam ut ipsi in singulis septimanis die Mercurii cum nocte sequente diei libere et quiete absque molta et omni exactione seculari molerent in molendino nostro de Ponte Arche. Quia vero jam dicti monachi nobis conquesti sunt quod molendinarii nostri predicta die Mercurii utensilia (sic) ejusdem molendini et apparamenta eis denegabant: unde molta eorum impediebatur et dampnum non modicum incurrebant. Eisdem monachis intuitu pietatis concedimus ut ipsi habeant et possideant de cetero septimam partem proventuum ejusdem molendini pacifice et quiete quorum medietatem percipient singulis annis in Pascha et alteram medietatem in festo Beati Michaelis per manum illius qui prefatum molendinum custodiet et habebit ad firmam. Quod si de valore firme ejusdem molendini monachi dubitarent volumus et precipimus quod ille qui molendinum custodiet vel habebit ad firmam super hoc faciat eis fidem per suum sacramentum. Sciendum est preterea quod si prefati monachi proprium bladium suum ad dictum molendinum molerent moltam inde reddent sicut alii extranei ad molendinum illud molentes. Quod ut robur perpetuum obtineat, etc. Actum apud Pontem Arche anno Domini M°. cc°. xv°. mense marcii.

Carta domus Dei Rothomagi. [*Anno Domini* M°. cc°. xxij°.] Philippus Dei gratia, etc. Notum, etc. Quod nos divine pietatis intuitu et anime nostre salute contulimus et concessimus in perpetuam elemosinam magistro et pauperibus domus Dei Rothomagi capellam nostram de castro Rothomag. ut in eadem per competentem personam faciant desserviri et proventus recipiant ejusdem capelle cum pertinenciis suis capelle ipsius. Quicunque autem instituetur ab ipsis in eadem capella capellanus in ipsa sua institutione nobis faciet fidelitatem et heredibus nostris, et illum institutum non poterunt amovere vel mutare absque nostra licentia et mandato. Quod, etc. Actum apud Paciacum anno Domini M°. cc°. xxij°.

Carta pro Petro Malevicino. [*Anno Domini* M°. cc°. xiij°.] In nomine, etc. Quod cum nos acquisivissemus terram Normannie pro fideli servicio quod dilectus et fidelis noster Petrus Malus Vicinus nobis exhibuerat sicut propriam acquisitionem nostram dedimus et concessimus in homagium ligium ad usus et consuetudines Normannie eidem Petro et heredi suo de uxore sua desponsata villam Sti. Andree in episcopatu Ebroicensi et totam terram quam Rogerus quondam dominus cum pertinenciis suis perpetuo posssidendum dicte ville tenuerat de domino Ibriaci, sicut idem Petrus eam modo tenet. Ita quod idem Petrus et heredes (sic) suus legitimus reddat domino Ibraici tale servicium quale dictus R. olim reddebat pro eadem terra. Actum apud Paciacum anno Domini M°. cc°. xiij°. mense julio.

Carta pro Ricardo de Argentomo. [*Anno Domini* M°. cc°. v°.] Notum, etc. Quod nos dilecto et fideli nostro Ricardo de Argent. dedimus in feodum et homagium ligium Orlandam cum pertinenciis pro .c.viij. lib. tur. et terram que fuit Guillelmi de Torvilla apud Meolium et Ingovillam et Merenvillam cum pertinenciis pro .c. lib. et terram que fuit Comitis de Arundel in Buevillam pro .lx. lib. et terram que fuit Henrici de Graeio apud Mercium pro .ix. lib. et terram que fuit Guillelmi de Moranvilla cum pertinenciis apud Ambliam pro .xxiv. lib. Hec autem omnia eidem Ricardo et heredi suo dedimus tenenda de nobis et heredibus nostris. Ita quod inde nobis tale servicium faciat quale feoda illa debent et ad usus et consuetudines Normannie. Quod ut perpetuum, etc. Salvo jure nostro confirmamus. Actum apud Vallum Rodolii anno ab incarnatione Domini M°. cc°. quinto maio mense.

Carta pro Milone de Livoies. [*Anno Domini* M°. cc° xviij°.] Philippus Dei gracia, etc. Notum, etc. Quod nos dilecto et fideli nostro Miloni de Livoies propter ejus fidele servicium donamus ad vitam suam terram que fuit Roberti de Tresgoz apud Tresgoz et apud Favarch et apud Sanctum Rotarium in omnibus domaniis redditibus molendinis et aquis exceptis bosco et feodis lorice et membris feodorum lorice et patronatibus ecclesiarum que ad donationem dicti Roberti pertinuerint pro .liij. lib. tur. .xix. den. minus, et terram que fuit Pretronille de Lyons apud Mesnitium Herciam pro .vij. lib. et .xix. turon. Ita quod idem Milo tenetur reddere singulis annis monachis de Hambeia .xvj. lib. et .iv. sol. tur. quos ipsi habent de elemosina in terra Roberti de Tresgoz quandiu persone ecclesiarum in prefata terra memorati Roberti sedencium ad ejusdem Roberti vixerit (sic) spectancium donacionem et post decessum illius persone prefati monachi habebunt memorate terre ecclesias donationi dicti Roberti pertinentes, et deinceps suprascripte .xvj. lib. et .iv. sol. tur. ad manum nostram redibunt. Terram autem predictam tenebit idem Milo quandiu vixerit ad usus et consuetudines Normannie. Actum Paciaci anno Domini M°. cc°. xviij°. mense novembris.

Carta pro Nicolao de Montigniaco. [*Anno Domini* M°. cc°. vj°.] Notum, etc. Quod in augmentum feodi quod nos dedimus dilecto et fideli nostro Nicolao de Montigniaco in terra de Maciaco sicut carta nostra quam super hoc habet testatur eidem Nicolao et heredi ejus, etc. damus et concedimus in perpetuum terram Petri de Nichole apud Leomervillam et apud Mesnillos; et terram Galteri de Traílli apud Manetot; et terram Guillelmi Crassy apud Rokevillam; et decem acras boschi. Ita quod omnia supradicta tam de terra Maciaci quam de aliis prenominatis terris cum ipsarum pertinenciis idem Nicolaus et heredes ejus de uxore sua desponsata ad usus et consuetudines teneant de nobis et heredibus nostris in feodum et homagium ligium per servicium duorum militum ad sumptus suos. Volumus etiam et concedimus ut quicquid in eisdem terris per jus acquisierit in augmentum feodi sui teneat per predictum servicium duorum militum. Actum apud Vallum Rodolii anno Domini M°. cc°. sexto.

Carta pro Johanne de Monte Gunberti. [*Anno Domini* M°. cc°. vj°.] Notum, etc. Quod nos dilecto et fideli nostro Johanni de Monte Gunberti et heredi ejus de uxore sua desponsata damus et concedimus in perpetuum terram de Sotheville quam Hugo de Gorneio dedit in maritagium filie sue Comiti Ebroicensi et decem libratas terre quas Galterus de Connestanvilla habebat apud Sothevillam. Ita quod idem Johannes et heres ejus de uxore sua desponsata hanc supra dictam [terram] ad usus et consuetudines Normannie teneant de nobis et heredibus nostris in feodum et homagium ligium per servicium unius militis ad sumptus suos. De hiis autem et singulis reddent Beate Marie de Becco .x. lib. tur. de elemosina sicut ei reddi consueverunt. Volumus etiam et concedimus ut quicquid ibi per jus acquisierit idem Johannes vel heredes ejus in augmentum feodi sui illud teneant per predictum servicium unius militis. Actum apud Rodolium anno Domini M°. cc°. vj°.

Carta Guidonis de Antolio. [*Anno Domini* M°. cc°. vij°.] Notum, etc. Quod nos damus et assignamus dilecto et fideli nostro Guidoni de Antolio centum libratas terre in terra que fuit Hugonis de Monteforti apud Cauquenvillam in tali, videlicet assisia, in censibus et serviciis vavassorum et .xv. lib. et .viij. den. in una libra piperis .ij. sol. in auxilio consuetudinarum vavassorum hominum tenencium de dominico et feodo Guioc. et de feodo de Gloz .c.xv. sol. et dimid. in molendino .xxxv. lib. in regardis ad Natale, pro pane .viij. sol. et. c.x. capones appreciatos .xxxvj. sol. in cartas scilicet .viij. den. .l. gallinas appreciatas .xij. sol. et dimid. In regardis ad Pascha pro pane .vj. sol. et .M.cc. ova appreciata .x. sol. In terra arabili de dominico .x. lib. In pratis de dominico .vij lib. In piscariis .c. sol. In gardino .viij. lib. In sale .xxxix. sol. In prepositatu et messeria duos modios avene appreciatos .iv. lib. .xvj. sol. In haya Trape et haya Vinee tres minas avene appreciatas .vj. sol. In quatuor pullis .iv. den. In feodo Joscelini Bolet quinque quarteria frumenti appreciata .xx. sol. In quatuor minis avene appreciatis .vj. sol. Et in eodem .j. den. .v. sol. In regardis ad Natale .v. panes .iv. capones et unam gallinam appreciatos .viij. den. In gardinis Vigoni et Roberti Coinbert .vij.

sol. In fovea Alerini .xij. den. Hec autem supradicta omnia et insuper herbergagium totum de Kauquenvilla quod fuit predicti Hugonis de Monte Forti damus et concedimus predicto Guidoni et heredi suo masculo de uxore sua desponsata ad usus et consuetudines Normannie tenenda in feodum et hommagium ligium per servicium unius militis. Omnia autem alia que sunt apud Kauquenvillam et que hic non sunt expresse nominata in manu nostra retinemus. Quod ut perpetuum, etc. Actum Parisiis anno Domini M°. cc°. vij°.

Carta pro Roberto de Pisiaco. [*Anno Domini* M°. cc°. xiij°.] Notum, etc. Quod nos pro fideli servicio quod dilectus et fidelis noster Robertus de Pisiaco dominus de Hasquenvilla nobis exhibuit dedimus et concessimus eidem Roberto et heredi suo de uxore sua desponsata in homagium ligium ad usus et consuetudines Normannie possidendum in perpetuum totam terram quam habemus apud Nogentum super Andelam: salvo nostro servicio quod eadem terra nobis debet et salvis haiis de Nogento que fuerunt Comitis Ebroicensis quas retinemus nobis et heredibus nostris in perpetuum. Preterea concessimus eidem Roberto ut si ipsum Robertum sine herede masculo de uxore sua desponsata mori contigerit Henricus frater ejus vel heres ejusdem Henrici masculus de uxore sua desponsata dictam terram habeat in perpetuum ad usus et consuetudines Normannie salvo jure nostro et salvis haiis sicut est prenominatum. Actum Medonte anno Domini M°. cc°. xiij°.

Carta Petri de Tilleyo. [*Anno Domini* M°. cc°. vj°.] Philippus, etc. Quod nos Petro de Tilleyo et heredibus suis de uxore sua desponsata damus in feodum et homagium ligium in perpetuum .lxx. lib. in terra et propter hoc assignavimus ei dictam (terram) et manerum quod fuit Roberti de Friebois cum omnibus pertinenciis et totam terram quam Gaufridus de Mesnillo Maugeri tenuit de feodo de Goce Forti et totam terram quam idem Gaufridus de Mesnillo Maugeri tenuit de Cambellano de Tanquarvilla a domo de Mesnillo Angeri usque Montem Vinee et quidquid continetur de feodo illo ex parte illa et terram que fuit Henrici Hervese apud Barnevillam. Concedimus etiam eidem P. et heredi suo ut quecunque poterunt in predictis terris acquirere sive per escaetam sive a modo quocunque salvo jure nostro et alieno ea teneant ligie de nobis et heredibus nostris in augmentum hujus feodi ad usus et consuetudines Normannie. Quod ut, etc. Actum Parisiis anno Verbi incarnati M°. cc°. vj°. vacante cancellario.

Carta pro Stephano de Longo Campo. [*Anno domini* M°. cc°. xiij°.] Notum, etc. Quod nos Stephano de Lungo Campo et heredi suo masculo de uxore sua desponsata damus et concedimus in feodum et homagium ligium terram que fuit Ricardi de Glavilla quam in valle Augie possidebat sicut eam tenebat scilicet Glaville et cum omni melioratione quam in eadem terra facere poterit tenendam de nobis et heredibus nostris ab ipso et herede suo sicut supradictum est in feodum et hommagium ligium. reddendo nobis talem servicium quale predicta terra debet ad usus et consuetudines Normannie. Quod ut firmum, etc. Actum apud Pontem Arche anno Domini M°. cc°. xiij°. regni nostri xiij°.

Carta pro Castellano d'Exmes. [*Anno Domini* M°. cc°. xvj°.] Notum, etc. quod nos Aculfo castellano nostro Oximensi et heredi suo masculo de uxore sua desponsata damus et concedimus in feodum et homagium ligium terram que fuit Guillelmi de Ponte Cardon quam habebat apud Aurevillam et apud Avesnes et apud Sanctum Germanum de Campania et apud Rupem et apud Cetrentort tenendam de nobis et heredibus nostris libere et pacifice sicut dominus Guillelmus eam tenebat per servicium quod illa debet, ad usus et consuetudines Normannie et sicut dominus Auculfus eam tenuit per quatuor annos et amplius. Quod ut, etc. Actum anno Domini M°. cc°. xvj°. apud Pontem Arche.

Carta pro Guillelmo de Fay. [*Anno Domini* M°. cc°. xv°.] Notum, etc. Quod nos dilecto et fideli nostro Guillelmo de Fay propter ejus fidele servicium et heredi suo masculo de uxore sua desponsata donamus et concedimus in perpetuum. xl. libr. terre ad tur. videlicet terram que fuit Richardi Chomyn apud Romare et apud Barentin et apud S^m. Johannem de Cardonaio et medietatem terre que fuit Guillelmi Canis apud S^um. Anianum et ultra medietatem .xij. lib. .vj. den. Ita tamen quod terra predicta tenebitur ad usus et consuetudines Normannie reddendo nobis et heredibus nostris servicia que terra illa debet. Actum Gysorcii anno gracie M°. cc°. xv°. regni xxxvij°.

Carta pro Galone de Montigniaco. [*Anno Domini* M°. cc°. xv°.] Notum, etc. Quod nos dilecto et fideli nostro Galoni de Montigniaco propter ejus et fidele servicium et heredi suo masculo de uxore sua desponsata damus in perpetuum in feodum et homagium ligium terram quam tenebamus de feodo de Buticularie apud Garnevillam cum bosco de Garneville et terram quam de eodem feodo tenebamus apud Semet et apud Harengerville versus Argias et apud Fresneium et apud Quesneium et apud Boscum Grimoldi et servicium vavassorie quam Thomas de Gonteville tenebat de nobis et molendinum de Fossa sub Clera cum molta ejusdem molendini; et terram quam habebamus apud Salomonis villam et apud Vetus manerium excepto bosco quod ad opus nostrum retinemus. Hec autem omnia dictus Galo et heres suus masculus de uxore sua desponsata tenebit de nobis in feodum et hommagium ligium ad usus et consuetudines Normannie per servicia que terra prenominata debere dignoscitur. Actum apud Pontem Arche anno Domini M°. cc°. xv°. mense januarii.

Carta pro Galtero Juveni Camerario. [*Anno Domini* M°. cc°. xviij°.] Notum, etc. Quod nos Galtero Juveni Camerario et ejus heredibus de uxore sua desponsata donavimus in perpetuum Fontanas-la-Guerrat, Fretevillam et Heuguevillam cum pertinenciis suis et omnia domania feoda et servicia quod Rogerus de Coumaco habebat in Vulcasino Normannie que dictus Galterus tenuit in Vulcasino usque ad hodiernum diem faciendo nobis servicia duorum militum ad usus et consuetudines Normannie. Actum Parisiis anno Domini M°. cc°. xviij°. regni nostri xxxix°. Dapifero nullo.

Carta Roberti Crassi. [*Anno Domini* M°. cc°. vij°.] Philippus, Notum, etc. Quod nos terram que fuit Ricardi de Bello Monte in Halga integre sicut illum prius dederamus Radulfo de Lihiis servienti nostro damus dilecto et fideli nostro Roberto Crasso in feodum et homagium ligium tenendam sibi ad usus et consuetudines Normannie per servicium quod illa debet et nos dedimus in alio loco predicto Radulfo excambium illius terre ad gratum suum. Quod ut, etc. Actum anno Domino M°. cc°. vij°.

Carta pro Theobaldo de Behervilla. [*Anno Domini* M°. cc°. xv°.] Philippus, etc. Notum, etc. Quod nos dilecto et fideli nostro Theobaldo de Behervilla propter ejus fidele servicium et heredi suo masculo de uxore sua desponsata donamus et concedimus in perpetuum .xl. lib. terre ad monetam turon. videlicet molendinum quod fuit Rogeri de Mortuo Mari quod est Ripperia S^ti. Victoris cum omnibus pertinenciis ejusdem molendini. Hec autem tenebit dictus

Theobaldus et heres suus masculus de uxore sua desponsata de nobis et heredibus nostris ad usus et consuetudines Normannie per servicium unius militis. Quod ut, etc. Actum apud Medontam anno Domini Mo. CCo. XVo. regni nostri anno xxxvij°.

Carta pro Guillelmo de Longo Radio. [*Anno Domini* M°. cco. xiiijo.] Notum, etc. Quod nos dilecto et fideli nostro Guillelmo de Longo Radio propter ejus fidele servicium et heredibus suis de uxore sua desponsata dedimus terram que fuit Roberti de Coldreio cum nemore Coldrei pro .xlvj. lib. terre ad Turon. monetam. Ita quod tenebit terram illam ad usus et consuetudines Normannie. Actum apud Sum. Germanum in Laya anno Domini M°. cc°. xiiij°. Mense aprili.

Carta pro Castellano de Gaillon et aliis [*Anno Domini* Mo. cco. xvjo.] Notum, etc. Quod nos dilectis et fidelibus nostris Radulfo Castellano Gallionis Guillelmo Escuacol et Johanni Luca de Rothomago propter eorum fidele servicium dedimus et concessimus in feodum et homagium ligium totam plateam nostram in qua vetus castrum Rothomagi sedet cum toto porprisio usque ad canellum Secane sicut Henricus et Ricardus quondam reges Anglie illam tenuerunt tenendam ab eis et heredibus eorum hereditarie pro .xxx. lib. usualis monete in Normannia pro omnibus serviciis nobis et heredibus nostris annuatim reddendo medietatem ad Scaccarium Pasche et medietatem aliam ad Scaccarium Sti. Michaelis salvo jure nostro et alieno et salvo conductu nostro aquarum. Quod ut, etc. Actum apud Pontem arche Anno Domini M°. cc°. xvj°. Mense julii.

Carta pro Johanne de Roboreto. [*Anno Domini* Mo. cco.] Notum, etc. Quod nos Johanni de Roboreto damus in feodum et hommagium ligium quicquid habebamus apud Offrages et apud Poogues cum vivariis excepto tantum furno quod quondam dedimus defuncto Thome de Gallardia et concedimus quod idem Johannes et heredes sui quos habebit de Lunna uxore sua habeant a nobis et heredibus nostris in perpetuum et homagium ligium reddendo inde nobis et heredibus nostris de se et heredibus suis servicium unius militis. Actum Parisiis anno M°. cco. xx°. regni nostri.

Carta pro eodem. Philippus etc., quod nos dedimus et concessimus dilecto et fideli nostro Johanni de Roboreto et heredibus suis de uxore sua desponsata in feodum et homagium terram comitis Rogeri Le Bigot quam habebat in Normannia in feodum et dominium usque ad valorem .c.xl. lib. Ita quod si amplius dicta terra valuerit illud residuum erit nostrum ad voluntatem nostram. Hec autem eidem Johanni et heredibus suis concessimus tenendo de nobis et heredibus nostris salvo jure nostro reddendo inde nobis et heredibus nostris talia servicia qualia feodum debet. Quod ut, etc. Actum apud Rothomagum anno domini M°. cc°. iiij°. mense maio.

Carta pro Johanni de Moncellis. [*Anno domini* M°. cc°. xxj°.] Philippus, etc. Notum, etc., Quod nos Johanni de Moncellis propter ejus fidele servicium et heredibus suis de uxore sua desponsata dedimus et concessimus in perpetuum villam que dicitur Foutipou cum pertinenciis suis sitam juxta montem duorum Amancium sicut Michael de Ambianis eam tenebat et .x. lib. tur. redditus capiendo annuatim in vicecomitatu nostro Rothomagi scilicet .c. sol. ad scaccarium Pasche, et .c. sol. ad scaccarium Sti. Michaelis, tenendam de nobis et heredibus nostris in feodum et homagium ligium ad usus et consuetudines Normannie. Quod ut, etc. Actum apud Pontem Arche anno domini M°. cc°. xxj°. regni xliij°.

Carta pro Reginaldo Tristan. [*Anno domini* M°. cc°. xxij°.] Philippus, etc. Notum, etc. Quod nos dilecto et fideli nostro Regnaldo Tristan et heredibus suis de uxore desponsata dedimus in perpetuum .xlvij. libratas terre et dimid. ad turon. quas fecimus eidem assignari apud Romeliacum in rebus subscriptis videlicet Molendinum Grivel pro .xxv. lib. .ix. acras prati et auxilia prati, pro .c. sol. .xviij. minas avene pro .xxxvj. sol. .xviij. gallinas pro .iiij. sol. et dimid. .lx. ova pro .vj. den. herbagium pro .xv. sol. Ita quod ipse Regnaldus nec heredes sui inde poterunt facere forterian, et .l. sol de censu et .c. arcas terre feodale in essarto de Escorchebeuf pro .viij. lib. .iiij. sol. decima et redecima quietis quas terra debebat. Hec autem idem Reginaldus etc., tenebunt in feodum et homagium per servicium unius militis ad usus et consuetudines Normannie cum omnibus emendamentis que per jus facere poterunt in rebus predictis. Quod ut perpetuum, etc. confirmamus. Actum Parisiis anno domini M°. cc°. xxij°. regni nostri xliij°. mense maii.

Carta pro Radulfo de Maulevilla. [*Anno domini* M°. cc°. iv°.] Philippus, etc. Quod nos dedimus et concessimus Radulfo de Maulevilla et heredibus suis quos habet vel habiturus est de uxore sua legitima in feodum et homagium ligium terram que fuit Guillelmi Harenc apud Sum. Christophorum cum omnibus pertinenciis suis usque ad valorem .xxx lib. Paris. Ita quod si amplius dicta terra valuerit illud residuum erit nostrum ad faciendam voluntatem nostram. Hec autem eidem Radulfo et heredibus suis concessimus tenendo de nobis et nostris heredibus salvo jure nostro, reddendo nobis talia servicia qualia feoda debent. Quod ut, etc. Actum Rothomagi anno Domini M°. cc°. iiij°. Mense maii.

Carta pro Roberto Pescheveron. [*Anno domini* M°. cc°. iij°.] Notum, etc. Quod nos Criquebuef en la Champengne pro pertinenciis suis videlicet terram que fuit Simonis Sorelli et Guillelmi Capre et .xl. solidatas terre apud villam que dicitur Nuseri que fuit heredum de Amfreville damus Rogero Pescheveron et heredi suo per illud servicium quod eadem terra nobis debet faciendum. Actum Ebroic. anno Domini M°. cc°. iij°.

Carta pro Maiori Vernolii. [*Anno domini* M°. cc°. iv°.] Philippus, etc. Notum, etc. Quod nos Stephano Parvo Maiori Vernolii et heredibus suis dedimus et assignavimus in feodum et homagium ligium terram que fuit Guillelmi de Charneles ad usus et consuetudines Normannie tam ab ipso quam a suis heredibus possidendam. Quod ut ratum, etc. salvo jure nostro confirmamus. Actum anno Domini M°. cc°. iiij°. regni nostri xxvj°. date vacante cancellario.

Carta pro Ricardo de Fonteneto. [*Anno domini* M°. cc°. iv°.]. Notum, etc. Quod nos Ricardo de Fonteneto damus et assignamus terram que fuit Ricardi Huiville in Constanciis usque ad valorem .l. lib. tur. tenendam ad usus et consuetudines Normannie. Quidquid autem fuerit in eadem terra ultra valorem .l. lib. tur. nos id retinemus ad faciendum voluntatem nostram. Quod ut ratum, etc. Salvo jure nostro confirmamus. Actum apud Britolium anno gracie M°. cc°. iiij°. regni xxvj.

Carta pro Jordano Balistario. Anno domini M°. cc°. v°. Philippus, etc. [Notum sit, etc.] Quod nos Jordano Balistario nostro et heredi ejus masculo de uxore sua desponsata damus in perpetuum id quod habemus in villa Leerii cum pertinenciis suis tenendum ad usus et consuetudines Normannie sicut illud tenuit usque modo per servicium illud quod terra debet nobis reddere. Actum Gysorcii anno Domini M°. cc°. v°. mense julio.

Carta pro Reinaldo de Cornillon. [*Anno domini* M°. cc°. ix°.] Notum, etc. Quod nos Renaldo de Cornillon servienti nostro et heredi suo masculo de uxore sua desponsata damus terram Ranulphi de Sola sicut idem Renaldus eam tenebat, que appreciata fuit .lxxx. lib. predictus autem Renaldus singulis annis nobis reddet ad Scaccarium nostrum. xx. lib. pro terra illa et faciet inde nobis servicium quale feodum nobis debet ad usus et consuetudines Normannie. Quod ut perpetuum, etc. Actum apud Pontem Arche anno Domini M°. cc°. ix°. regni nostri anno xx.

Carta pro Roberto Galesio. [*Anno domini* M°. cc°. xxviij°.] Philippus Dei gracia Francie Rex. Notum sit quod nos Roberto Galesio propter ejus fidele servicium et heredi suo masculo de uxore sua desponsata damus terram que fuit Meseri militis apud Revillam et medietatem terre que fuit Gaufridi militis de Albamala apud Rafovillam et terram que fuit Radulfi de Meri apud Catevillam sicut dictus Robertus Galesius erat inde tenens quando presens carta inde fuit confecta. Ita quod idem Robertus et heres suus masculus de uxore sua desponsata terram prenominatam tenebit de nobis et heredibus nostris ad usus et consuetudines Normannie, reddendo servicia que terra ipsa debere dignoscitur. Quod ut ratum, etc. Actum Parisiis anno Domini M°. cc°. xxviij°. mense novembris.

Carta Reg. pro Alexi. [*Anno domini* M°. cc°. xvj°.] Philippus, etc. [Notum sit, etc.] Quod nos Alexi servienti nostro propter ejus fidele servicium et heredibus suis de uxore sua desponsata dedimus et concessimus molendinum de Chailloelo et duas acras et dimidiam prati sitas apud Chailloelum et .xv. sol. turon. de censu quos quinque hospites de Chailli debent et .xx. acras terre et. xx. sol. turon. de censu apud Guiseignis et .vj. acras terre et .x. sol. turon. de censu apud Maram de Roncheriis; et totam terram que fuit Girardi Flandrine de qua saisitus erat et tenens die qua per preceptum nostrum recessit de Normannia et de qua scilicet idem Alexis saisitus erat quando presens carta facta fuit tenendum in perpetuum, reddendo servicia que res predicte debere noscuntur, ad usus et consuetudines Normannie. Quod ut, etc. salvo jure alieno. Actum Paciaci anno Domini M°. cc°. xvj°. mense septembris in festo beati Michaelis.

Carta pro Johanne de Cornillon. [*Anno domini* M°. cc°. xx°.] Philippus, etc. [Notum sit, etc.] quod nos dedimus in perpetuum Johanni de Cornillon et heredibus suis tres arpennos, uno quarterio minus, terre vacue site apud Rothomagum ubi videlicet murus et fossata Rothomagi fuerunt, inter portam Sti. Audoeni et aquam Secane pro .c. sol. turon. usualibus nobis reddendis medietate ad Scaccarium Pasche medietate ad Scaccarium St. Michaelis. Ita quod in loco predicto nobis justitiam retinemus. Quod ut perpetuum, etc. Salvo jure alieno Actum Aneti anno domini M°.cc°. xx°. regni veri nostri xlj. Mense octobris.

Carta pro Henrico Gaudano. [*Anno domini* M°. cc°. xxj°.] Philippus, etc. Notum, etc. Quod nos Henrico de Gaudano servienti nostro et heredi ejus dedimus et concessimus in perpetuum terram que fuit Ansquetilli Le Feron, que erat in prepositura nostra Ebroicensi pro .vj. lib. turon. in excambium .c. sol. Parisis. quos dictus Henricus nobis Parisius assignavit. Dictus autem Henricus supradictam terram. tenebit sicut dictus Ansquetillus Le Feron tenebat: hoc excepto quod si feodum aut servicium militis aut servientis in eadem terra fuerint nobis quieta et libera remanebunt. Idem etiam Henricus de terra sepe dicta reddet tale servicium quale terra debet ad usus et consuetudines Normannie. Quod ut, etc. Actum apud Stampes anno Domini M°. cc°. xxj°. regni nostri xl j.

Carta pro Theobaldo Scantioni. [*Anno domini* M°. cc°. xxij°.] Notum, etc. Quod nos Theobaldo Scantioni nostro et heredi ejus de uxore sua desponsata propter ejus et fidele servicium damus et concedimus in perpetuum in feodum et hommagium ligium ad usus et consuetudines Normannie quinquagenta libratas terre sitas apud Esquetot et in pertinenciis cujus hec sunt partes videlicet .lxxij. acras terre arabile site apud Esquetot; et in pertinenciis unaquaque acra appreciata .v. sol. Et .xxxij. acre terre site Effencherois unaquaque appreciata .ij. sol., et pro touta Campiparte de Esquetot et de pertinenciis .vj. lib. .viij. sol. et pro .x. sextarii frumenti de reddilu ad mensuram Noviburgi. iv. lib. et pro .xxxv. sextariis avene de redditu ad eamdem mensuram. c.et.v. sol. et pro .lxviij. caponibus et gallinis. xxij. sol.et.viij. den. et pro.lxxv. pullis. x sol. et pro quindecim corveiis de feodo deductis expensis xxx. sol. et pro .iv. acris nemoris noviter assarti .xij. sol. et pro censu et redditu in denariis .ix. lib. et manerium de Esquetot cum toto porprisio et cum patronatu ecclesiarum de Esquetot et de Velletes. Hec autem omnia supradicta tenebunt dictus Theobaldus et heredes sui de uxore sua desponsata de nobis et heredibus nostris cum omni melioratione et incremento quod in eis facere poterunt seu poterit justis modis reddendo nobis et heredibus nostris tale servicium quale predicta terra debere dignoscitur ad usus et consuetudines Normannie. Quod ut perpetuum, etc. Actum Yieled., anno Domini M°. cc°. xxij. regni nostri xliij.

Carta pro Johanne Tristan. Notum, etc. Quod nos Johanni Tristan Camerario nostro propter ejus fidele servicium et heredibus suis de uxore sua desponsata dedimus in feodum et hommagium ligium terram quam Galo de Montigniaco tenebat de dono nostro de feodis ruticulariis apud Garnevillam et terram quam de eodem feodo tenebat idem Galo apud Seinam et apud Varenguevillam ujus artas et apud Fresnetum et apud Kesneium et apud boscum Grimoldi et servicium vavassorie quam Thomas de Contevilla tenebat de eodem Galone et molendinum de Fossa sue Clera cum molta ejusdem molendini et terram quam habebat idem Galo de dono nostro apud Salomonum Villam et apud Vetus Manerium excepto bosco quod ad opus nostrum retinemus. Hec autem dictus Johannes et heredes sui, etc. tenebunt de nobis et heredibus nostris in feodum et hommagium ligium ad usus et consuetudines Normannie (sine anno.)

Carta pro Ricardo de Argentiis. [*Anno Domini* M°. cc°. v°.] Notum, etc. Quod nos dilecto et fideli nostro Ricardo de Argentiis dedimus in feodum et hommagium Orlandam cum pertinenciis pro.cvij. lib. turon. ad terram que fuit Guillelmi de Tourville apud Movilum et in Govilla et Mereravilla cum pertinenciis pro .c. lib. et terram que fuit comitis Henrici de Graeio apud Mereium pro. ix. lib. et terram que fuit Guillelmi de Moranvilla cum pertinenciis apud Ambliam pro .xxiv. lib. Hec autem omnia eidem Richardo et heredi suo dedimus tenenda de nobis et heredibus nostris, ita quod inde nobis tale servicium faciat quale feoda illa debent ad usus et consuetudines Normannie. Quod ut perpetuum, etc. Salvo jure nostro confirmamus. Actum apud Vallem Rodolii anno ab incarnatione Domini M°. cc°. v°. mense maio.

Carta pro Roberto de Los [*Anno Domini* M°. cc°. xix°.] Notum, etc. Quod nos dilecto et fideli nostro militi Roberto de Los propter ejus fidele servicium et heredi suo masculo de uxore sua desponsata damus et concedimus in feodum et hommagium ligium herbergagium Bosci Arnaudi et .c. libratas terrarum ad Turon. annui redditus quas eidem assignari fecimus in hiis tribus que subscribuntur; videlicet in censibus que fuerunt in censibus Ernaldi de Bosco .ix. lib. vij. sol. ij. den. qui census sunt apud Boscum Ernaldi et apud Rugles census terrarum de Valle Aggeri .xlij. sol. census et Avena de Chablo juxta Gloz et apud Boscum Hugonis quinque sextarios avene. .xx .sol. Hamon de Manieres .xv. sol. Rogerus Macon .xv. sol. Lande Foreste .xxv. sol. scilicet ille que fuerunt Arnaldi de Bosco. feodum de Bloderia .xx. sol. prata de Valle Ogeri .x. sol. furnum et molendinum de Rugles que fuerunt Ernaldi de Bosco .xix. lib. boscus de Chaablo .ix. sol. pro .xxij. capon. Bosci Ernaldi .vij. sol .iv. den. Ricardus de Auvenai et Radulfus Juvenis .iv. lib. Paris. que valent. viij. sol. census de Bosco Arnaldi qui est apud Britolium .xij. sol. Gillebertus Flouri qui est apud Liram .xij. den. terra de Landa Petrosa sicut Osbertus Giffardus illam tenuit .viij. lib. terra et boscus de Gooudera que fuerunt Guillelmi Grout sicut dictus Guillelmus illam tenebat .viij. lib. terra de Bosco Normanno sicut Rogerus de Portis illam tenebat .ix. sol. terra Haliday .xiv. sol. Domainium cum corveiis de Bosco Ernaldi .c. sol. apud Gloz in prepositura .xxx. sol. qui fuerunt Ernaldi de Bosco. Nos autem omnia supra predicta dicto Roberto de Los et heredi suo masculo de uxore sua desponsata damus et concedimus in feodum et hommagium reddendo inde nobis servicium quod predicta debent ad usus et consuetudines Normannie: hoc excepto quod feoda predictarum partinencium nobis et nostris heredibus retinemus. Quod ut roboretur etc. Actum Compendino anno Domini M°. CC°. XIX°.

Carta pro Galtero Havart. [*Anno Domini* M°. CC°. XXIJ°.] Philippus Dei gracia Franc. Notum sit quod hic est valor terre quam dedimus in feodum et hommagium ligium dilecto et fideli nostro Galtero Havart que fuit domini de Courcy sita apud Longam Villam scilicet tria arpenta et tria quarteria vinee appreciata .xj. lib. .xij. .sol. viij. sextarios avene .xxxj. sol. .vij. sextarios. et unam minam bladi .xxx. sol. Corveie hospicium .vij. sol. .v. den. due galline et unus capo. .ix. den. terra domanii .xiv. den. census xv. sol. Hec omnia supradicta dicto Galtero et heredibus suis de uxore sua desponsata dedimus in feodum et hommagium ligium cum omni melioratione et emendatione que in eis facere poterit salvo jure nostro et alieno: reddendo nobis et heredibus nostris tale servicium quale predicta debent ad usus et consuetudines Normannie et Vernonis. Actum Paciaci anno Domini M°. CC. XXIJ°. mense septembris.

Carta pro Henrico Clemente. [*Anno Domini* M°. CC°. IV°.] Philippus, etc. Notum, etc. Quod propter fidele servicium quod Henricus Clemens Marescallus noster (1) nobis fecit, nos eidem Henrico et heredibus suis de uxore sua desponsata damus et concedimus in feodum et hommagium ligium castellum Argentonii cum omnibus pertinenciis suis. Nos vero ad opus nostrum retinemus forestam Argentonii tali modo quod ipse et heredes sui de uxore sua desponsata habebunt in ea venationem et custodiam et de ea capient et de viridi et de sicco bosco ad ardendum et hospitandum et omnes redditus et omnia expleta per servicium quinque militum et totam justitiam ejusdem foreste Argentonii habeant. Ita tamen quod nec ipse nec heredes sui poterunt eam dare vel vendere sine assensu nostro. Quod ut ratum, etc. Salvo jure nostro. Actum apud Rothomagum anno Domini M°. CC°. IIIJ°. mense junii.

Carta pro Alberto de Angesto. [*Anno Domini* M°. CC°. IV°.] Philippu, etc. Notum, etc. Quod nos amico et fideli nostro Alberto de Angesto et heredi suo masculo de uxore sua desponsata damus et concedimus in perpetuum villam que dicetur Fons S^ti^. Petri, cum pertinenciis suis ad usus et consuetudines Normannie sicut F. quondam Comes Lencestrie illam tenebat eo termino quo eadem villa in manum nostram devenit. Ita quod idem Albertus tale servicium exinde nobis reddet quale feodum apportat. Quod ut, etc. Salvo jure nostro confirmamus, etc. Actum Parisiis anno Domini M°. CC°. IIIJ°. regni nostri anno XXV°.

Carta pro Fulcone de Compendio. [*Anno Domini* M°. CC°. XVJ°.] Philippus, etc. Notum, etc. Quod nos terram que fuit Roberti de Mucedent apud Thuiherbert sicut eam predictus Robertus tenebat damus et concedimus Fulconi de Compendio servienti nostro propter ejus fidele servicium et heredibus suis de uxore sua desponsata in excambium cujusdam molendini quod fuit Martini de Castella siti super Euram fluvium in Valle Rodolii cum omnibus pertinenciis suis. Ita quod dictus Fulco et heredes sui de uxore sua desponsata terram dicti Roberti apud Tuiherbert habebunt in perpetuum et tenebunt de nobis et heredibus nostris ad usus et consuetudines Normannie. Si vero predictus Fulco absque herede de uxore sua desponsata Juliana filia Petri quondam scutiferi nostri decesserit volumus et concedimus ut eadem Juliana habeat et possideat dotalicium suum in terra predicta sicut illud debet habere ad usus et consuetudines Normannie. Quod ut roboretur, etc. Actum Aneti anno Domini M°. CC°. XVJ°. mense octobris.

Carta pro Johanne de Mara. [*Anno Domini* M°. CC°. XIX°.] Philippus, etc. Notum, etc. Quod nos terram illam quam Gillebertus de Laceio tenuit apud Laceium et apud Capellos et totum tenementum quod Hugo de Funquintona tenuit apud Brevillam et totum feodum de Corbec sicut Robertus Corbec illud tenuit apud Groceium de Comite Roberto de Alencon quam terram dederamus Andree Porpensee et heredibus suis donamus et concedimus Johanni de Mara filio dicti Andrea et heredibus ipsius Johannis. Ita quod idem Johannes et heredes sui terram illam tenebunt reddendo servicia que terra illa debere dignoscitur ad usus et consuetudines Normannie. Quod ut perpetuum, etc. Salvo jure nostro et alieno. Actum Parisii anno Domini M°. CC°. XIX°. mense maio.

Carta pro Ricardo Syme. [*Anno Domini* M°. CC°. XXJ°.] Philippus Rex, etc. Notum sit, etc. Quod nos Ricardo Syme propter ejus fidele servicium et heredibus suis de uxore sua desponsata dedimus et concedimus feodum quod fuit Gaufridi de Orgevalle apud Heudebonvillam tenendum in perpetuum; reddendo servicia quod feodum illud debere dignoscitur ad usus et consuetudines Normannie. Quod ut ratum, etc. Salvo jure alieno confirmamus. Actum Paciaco anno Domini M°. CC°. XXJ°. Regni vero nostri XLIJ°. mense julii.

Carta pro Johanne de Gournay. Philippus Rex, Notum sit, etc. Quod nos vendidimus Johanni de Gorneio domum que fuit Viete de Escaudebec Judee apud Rothomagum sitam inter terram Mathei Grossi et terram Josce Judei fratris Bruni tenendam in perpetuum sibi et heredibus suis cum toto porpisio ejusdem domus pro. vij. lib. tur. de quibus nobis satisfecit. Ipsam que domum tenebit Johannes cum porprisio et sui heredes de nobis et heredibus nostris reddendo exinde quinque solidos de censu singulis annis in festo S^ti^. Michaelis. Quod ut ratum, etc. Salva nobis justicia nostra et burgesia in eadem domo et porprisio. Actum Paciaci.

Littere Comitis et Comitisse Bolonie [*Anno Domini* M°. CC°. XXXIX°.] Ego A. Comes Bolonie et M. Comitissa uxor ejus. Notum facimus universis presentes litteras inspecturis quod carissimus dominus Rex Ludovicus

(1) Henri Clément fut le 3e. maréchal de France.

etc. De sua gracia nobis dedit et concessit foagium terre nostre de Normannia de qua sumus modo tenentes tali modo quod quandocumque ei vel heredi suo placuerit donationem et concessionem istam poterit revocare nec nos nec heredes nostri nec alius propter hanc graciam vel ob aliam causam in dicto foagio aliquid juris poterimus reclamare. In cujus rei testimonium presentes litteras sigillorum nostrorum munimine fecimus roborari. Actum anno Domini M°. cc°. xxxix°. mense augusto.

Carta Comitis Sti. Pauli. Philippus, Rex, etc., quod nos Hugoni Comiti Sti. Pauli et heredi ejus propter servicium suum et propter contentionem de Bella Quercu quam Philippus condam Comes Frandr'. cum Helisabeth nepte sua nobis in meritagium dederat, de qua contentione dictus Hugo Comes in nos se miserat dedimus in feodum et homagium Pontes et Propontes et Vernolium cum pertinenciis eorum. Homines de dicta terra habebunt tale usagium in nemore quale prius habebant ad usus et consuetudines quales g'arius prius habebat. Et si homines forifacerent in foresta talem emendationem inde habebit Gerarius qualem prius habebat. Quod, etc. Actum apud Dunum anno Domini M°.c°.xxiv°. regni nostri xv.

Carta G. Comitis Sti. Pauli [Anno Domini M°. cc°. xxviij°.] Philippus Rex, etc. Notum sit quod nos karissimo consanguineo et fideli nostro G. Comiti Sti. Pauli et filiis suis de uxore sua desponsata dedimus in perpetuum Torigniacum in Normannia tenendum ad usus et consuetudines Normannie, sicut idem Comes exinde fuit tenens usque modo. Ita tamen quod omnia feoda castellani Torigniaci que tenemus in manu nostra et de quibus idem Comes nunquam fuit tenens nobis et heredibus nostris remaneant in perpetuum. Et nos propter hoc assignavimus dicto Comiti et filiis suis de uxore sua desponsata .xl. lib. tur. de redditu. Medietatem, videlicet ad Scaccarium Pasche et medietatem ad Scaccarium Sti. Michaelis. Terram etiam predictam tenebit dictus Comes et filii sui predicti de nobis et heredibus nostris reddendo servicia que terra ipsa debere dignoscitur ad usus et consuetudines Normannie. Quod, etc. Actum compendio anno Domini M°. cc°. xviij°. mense februarii.

Carta Comitis Bolonie. [Anno Domini M°. cc°. iv°.] Philippus Rex, etc. Notum sit quod nos dilecto nostro et fideli Comiti Bolonie et heredi suo de uxore sua desponsata, videlicet Ida Comitissa Bolonie reddimus et dedimus Moritolium et jus illud quod habere debent in Comitatu Moritolii circa mare Anglie ut hec teneant in feodum et homagium ligium de nobis feodo dominio Normannie, et volumus ut ipse et heres ejus ex predicta ejus uxore desponsata habeant eas saisinas de predicto Comitatu quam per jus habere debent. Quod ut, etc. Actum Parisiis, etc., anno Dominice incarnationis M°. cc°. iv°. regni vero nostri anno xxvj°. Astantibus et date vacante cancellario per manum fratris Guarini.

Carta Comitis Bolonie [Anno Domini M°. cc°. viij°.] Philippus Rex, etc. Notum sit quod dilecto et fideli nostro R. Comiti de Bolonie et heredibus ejus damus et concedimus omnia prata alnetum et mariscum de Mesnillo de Graventonia quod habemus inter pratum ejusdem Comitis et terram lucrabilem et vivarium nostrum et prata Cambellani de Tanquarville, tenendum in perpetuum de nobis et heredibus nostris pro. c. sol. tur. nobis et heredibus nostris annuatim reddendis ad Scaccarium Sti. Michaelis. Ita tamen quod dictus Comes vel heredes sui nichil ibi facere poterunt nisi prata. Quod ut, etc. Actum Parisiis anno Domini M°. cc°. viij. regni nostri anno xxxj°. astantibus, etc., data, vacante cancellario per manum fratris Garini.

Carta Philippi Comitis de Bolonie. [Anno Domini M°. cc°. xxiij°.] Ludovicus (VII). Dei gracia Francor. Rex: noverint, etc., quod nos considerationem et respectum habentes ad donationem quam inclite recordationis Philippus genitor noster quondam Rex Francie illustris fecit karissimo fratri et fideli nostro Philippo Comiti Bolonie de comitatu Moritolii et de Danfronte in Passesio et de terra constantini de quibus genitor noster receperat cum in hominem que estimata fuerunt ad octo millia lib. Paris. annui redditus, donamus de premissis dicto Comiti fratri nostro et heredibus suis de uxore sua desponsata in perpetuum, Comitatum Moritolii et Damfronti, cum universis eorum pertinenciis tam feodis quam domaniis tam boscis quam planis ad usus et consuetudines Normannie cum magna justicia que vocatur placitum Ensis sed nos retinemus nobis et heredibus nostris Forterciam Moritolii custodiendam ad custum nostrum. Dicto si quidem Comiti et heredibus donamus in excambium terre constantini et pertinentium suarum, Comitatum Clari montis et quarterium Donni Martini in feodis et domaniis, boscis et planis que dictus genitor noster a rectis eorum heredibus emptione legitima sibi comparavit. Preterea donamus eidem Comiti et heredibus suis de uxore sua desponsata, Comitatum Abbèmalle cum pertinenciis, excepto castello Mortui Maris cum pertinenciis que Comes Renaldus Bolonie excambiavit ad Danfront; et excepto Arguel cum pertinenciis suis; et excepta medietate foreste de Molletes sicut eamdem medietatem tenuit Comes de Pontivi. Item donamus dicto Comiti fratri nostro et heredibus suis de uxore sua desponsata in terram quam Comes Renaldus Bolonie habuit in caleto et terram de Alisiaco et terram Insule Bone in feodis, domaniis, boscis et planis sicut Comes Renaldus Bolonie fuit tenens ex eis; et in istis predictis terris habebunt predictus Comes et heredes sui magnam justiciam que vocatur placitum ensis. Hec autem Comiti fratri nostro omnia damus et heredi suo de uxore sua desponsata pro parte terre salvis donationibus quas dictus genitor noster fecit in terris predistis. Ita quod idem Comes et heredes sui de uxore sua desponsata tenebunt terram suam predictam de Normannia ad usus et consuetudines Francie de nobis et heredibus nostris in feodum et homagium ligium. Sed nos retinemus nobis et heredibus nostris forterciam Insule Bone custodiendam ad custum nostrum. Dictus autem Comes frater noster quietavit nobis et heredibus nostris imperpetuum tria millia lib. Paris. quas nos eidem conferebamus annuatim et totam terram constantini. Nec de cetero petent idem Comes et heredes sui à nobis nec heredibus nostris aliquid amplius pro parte terre; sciendum autem quod si predictus Comes frater noster sine herede de uxore sua desponsata morietur, omnia supra dicta ad nos et heredes nostros libere et quiete reverterentur. Quod ut, etc. Actum molend. anno Domini M°. cc°. xxiij°. mense februarii.

Carta Mathildis Comitisse Bolonie et Philippi Regis. [Anno Domini M°. cc°. x°.] Universis presentes literas inspecturis. Mathildis Comitissa Bolonie salutem. Notum facimus quod cum contentio verteretur inter carissimum Dominum nostrum Regem Francie illustrem Ludovicum prose et filia nostra Johanna ex una parte et nos ex altera super eo quod nos petebamus ab ipso domino Rege totam terram quam habebat pater noster Renaldus Comes in caleto et apud Alisiacum et Comitatum Albemalle quas terras dominus Rex habebat in ballio suo nomine dicte Johanne que erat infra etatem. Exceptis terra de Alisiaco et alia terra quam invenit in manu Roberti Comitis quas habebat de Dono Philippi Comitis Bolonie ut dicitur et nos dicebamus easdem terras ad nos pertinere eo quod pater noster dederat in maritagio nobis quum desponsata fuimus Philippo clare memorie Regis Philippi [filio] sicut dicebamus et sicut dicebamus contineri in carta predicti Regis Philippi cujus forma hec est. « Philippus Dei gracia Francorum Rex noverint universi et pariter futuri quod dilectus et fidelis noster Renaldus Comes Bolonie, Philippo filio nostro « propter conventiones que erant inter nos et ipsum « Comitem super matrimonio ejusdem Philippi et « Matilidis filie sue dedit et assignavit totam terram « quam habebat in Caleto tenendam et possidendam « excepta Insula Bona cum pertinenciis suis et de « Alisiaco cum pertinenciis suis: appreciabuntur cum « pretio rationabili et dictus Comes Bolonie tenetur « nobis reddere valorem terrarum illarum, unam « medietatem ad quindenam Pasche et aliam medietatem ad festum S^{ti}. Remigii annis singulis. Preter « ea dictus Comes Bolonie dedit eidem Philippo filio « nostro totum Comitatum Albemalle sicut illum te« nebat possidendum et retinet terram S^{ti}. Richerii « que fuit Rogeri de Mortuomari et demum cum « pertinenciis ejusdem, et quandocunque volemus, « si nos non teneremus pro pagato de hiis partibus « poterimus reverti ad primas conventiones factas « super matrimonio dicti Philippi filii nostri et Ma« tildis filie dicti Comitis sicut continebatur in cartis « que exinde sunt conscripte et eidem Comes tenetur « illas nobis prosequi quando eum exinde requisieri« mus si de predictis nos non haberemus pro pagato « sicut dictum est. Predictus quoque Comes Bolonie « si vellet ad easdem priores conventiones reverti si« cut scripte sunt in cartis super maritagio illo factis: « et nos tenemur illas prosequi eidem quando nos « inde requirent. Et sciendum est quod si dictum « assignamentum quod dictus Comes fecit Philippo « filio nostro amplius valeret quam divisum sit in « prioribus conventionibus et in cartis exinde factis « tantum minus pagaret de eo quod pagare tenetur « ad terminos qui prescripti sunt, de valore terrarum « de Insula Bona et de Alisiaco et eorum pertinenciis. « Quod ut ratum habeatur et stabile presentem pa« ginam sigilli nostri auctoritate roboramus. Actum « apud [S^{tum}.] Germanum in Laya anno ab incarna« tione Domini M^o. cc^o. x^o. mense maie. »

[On n'a pas cru devoir imprimer six Chartes qui occupent les f°s. 33 à 36 du manuscrit, et qui sont intitulées : 1°. *De participatione acquisitorum inter virem et mulierem*; 2°. *Constitutio Britannie super hereditatibus inter fratres dividendis*; 3°. *De foagio Normannie*; 4°. *Capitula de interceptionibus Clericorum adversus domini Regis jurisdictionem*; 5°. *Stabilimentum factum Judeorum*; 6°. *Que jura Reges Anglie habuerunt in Normannia adversus clericos....* — La 3e. de ces pièces, déjà imprimée dans Martenne et Brussel, a été reproduite en 1839, p. 3, dans les *Établissements et Coutumes de Normandie*, publiés par Marnier, chez Techner. — La 6e. se trouve dans Martenne, *Amplissima collectio*, t. 1, p. 1060, B.; dans dom Bessin, t. 1, p. 104; dans Houard, *Diction. de droit Normand*, t. 1, p. 18, et t. 2, p. 173. — Les quatre autres documents concernent uniquement la France et l'Angleterre, après la réunion de la Normandie à la couronne par Philippe-Auguste.]

De usuario Abbatis S^{ti}. Taurini in foresta Ebroicensi. Hec est jurata militum et serviencium super usuario quod Abbas S^{ti}. Taurini habet in foresta Ebroicensi.

Guillelmus de Sille. Gauquelinus de Apriliaco. Galterus de Hyspania. Joannes de Acius de Pelestre. Lambertus de Asneris. Johannes de Molta Deo Datus. Robertus Estreeville. Renerius Relus filius. Gilelbertus de Haya. Guillelmus de Sille Miles. Jurati dicunt quod tempore Henrici de Caquempville qui erat Senescallus Ebroicensis cum quo fuit longo tempore viderunt quod quando Abbas volebat edificare herbergagium veniebat ad Senescallum et petebat ab eo nemus qui vocabat forestarium et forestarius videbat quantum nemorum oportebat eum habere et faciebat carpentarios jurare quod nichil de illo merrenno mitterent in alio opere quam in abbatia et mortuum nemus ad ardendum. Gauquelinus juratus dicit quod Abbas per castellanum vivum nemus ad edificandum quod opus est in corte Abbatie S^{ti}. Taurini et corpus ipsius ecclesie et castellanus precipit uni ex servientibus feodatis qui sunt custodes foreste ut tradant Abbati nemus sicut dictum est et carpentarii fiduciant quod merrenum illud non mittent in alio opere et mortuum nemus tam in stando quam jacendo habeat ad ardendum: et in Natali fagum unam de vivo nemore per liberatam et pasnagium suum liberum et sex servientes feodatos liberos de pasnagio tam scilicet servientes quam Abbas: omnes alii convenerunt hiis duobus.

De decima Stallagii Panis pro decano Ebroicensi. Decanus Ebroicensis petebat decimam precii stallagii panis et decem solidos insuper. Inde facta fuit jureia per istos.

Galterus Anglicus. Thomas filius Oriont. Anscherus Bolengarius. Robertus Ierosolimitus. Galterus Hispanus.

Isti dixerunt per juramentum suum quod quando stalla erant apud Sanctum Petrum, decanus Ebroicensis habebat decimam precii stallagiorum panis et insuper decem solidos: et postquam dirutum fuit monasterium et stalla amota a platea monasterii id ipsum habuit decanus temporibus Ricardi de Argenciis et Hugonis Bruchart et Nicholai Boel: id ipsum juravit et dixit idem R. de Argenciis et Galterus de Vilers et Guillelmus de S^{to}. Martino Jurati idem dixerunt.

De firmitate ville Ebroicensis. Recognitio facta inter dominum Regem et Episcopum Ebroicensem super missione de firmitate ville per istos juratos scilicet. Ricardus de Argenciis; Stephanus de Lungo Campo; Rogerus Pescheveron; Guillelmus de Fifreville; Galterus Anglicus, Amicus de Veilletes; Joscelinus Polet; Renoldus Fabri; Burgenses domini Regis; Hugo de Amilleio; Rogerus Havart; Robertus de Bello Monte; Ricardus Carun Burgensis Episcopi; Rogerus de Ponte Landre; Radulfus Podagre; Guillebertus du Buisson; Lucas Berenger. Burgenses Abbatis S^{ti}. Taurini qui jurati dixerunt unanimiter quod quando Rex Ricardus captus erat in Alemania, Johanne Episcopo mortuo, electo Garino Ebroicensi in Alemaniam profecto cum Rege Ricardo Comite Ebroicensi mortuo, Senescallus Normannie jussit fieri communiam apud Ebroicas et viderunt quod Adam Anglicus major erat ejusdem communie, jurate sine alia justicia fecerunt fossatum in illa villa per medium terre Episcopi Ebroicensis et ceperunt operari die dominica propter timorem Regis Gallie; et Archidiaconus absolvit eos, et viderunt quod timorem habuerunt de obsidione; et attornati fuerunt quatuor homines de communia ad unumquemque quarnellum custodiendum et hurtandum eum. Et dicunt quod Comes Ebroicensis non poterat talliam facere in terra Episcopi, nec propter guerram, nec propter exercitum, nec propter nubendam filiam, nec propter filium militem faciendum, nec ullo modo, nec aliquid ibi capiebat preter consuetudines que tunc currebant et adhuc currunt. Et dicunt quod Dux

Normannie habebat talem justiciam super Episcopum Ebroicensem qualem habebat super Archiepiscopum et alios Episcopos Normannie.

Inquisitiones foreste Ebroicensis. Hec inquisitio facta fuit apud Rothomagum coram Episcopo Silvanetensi in domino B. de Boya super hiis que Abbas de Noa, et Abbatissa S^ti^. Salvatoris, et Galterus Biquet miles, et Johannes de Gaillon habent in foresta Ebroicensi et facta est per istos Juratos. Guillelmum Borgoignel; Ricardum de Vilers; Galterum de Hispania, fere; Guillelmum de Alenconio; Radulfum Charuel; Ace Duplesseys; Guillelmum de Garel; Galterum Torgis; Gillebertum de Haya; Robertum Lescervele qui dicunt quod Abbas de Noa habet singulis diebus unam quadrigatam brancarum sine liberatione et nemus fractum et irradicatum : dum tamen famuli Abbatis ibi veniant antequam alii liberi foreste. Habet etiam merrenum per liberationem ad quadrigas et sua aratra facienda; mortuum nemus stando et jacendo ad suum ardere; pasturam liberam per totam forestam ad bestias suas extra essarta; et pasnagium suum quitum, et expensas domus sue. Item dicunt quod de sua consuetudine viderunt famulos Abbatis facientes carbonem in foresta a Pascha usque ad festum S^ti^. Johannis; sed nesciunt utrum de jure sive per pacienciam faciebant.

De Abbatia Sti. Salvatoris. Dicunt, quod ipsa habet ad Natale Domini annuatim per liberationem unam fagum et escharas et perticas et furcas per liberacionem ad vineas suas Ebroicenses extra hayam; et pasnagium quitum ad expensas domus sue et septem servientes sui feodati similiter et mortuum nemus ad ardendum. Habet etiam decimas foreste et nemus vivum ad edificium per liberationem Abbatie sue et ecclesie.

Pro Galtero Briquet. Dicunt quod ipse habet nemus per liberationem ad edificium domus sue de S^to^. Albino, et mortuum nemus stando et jacendo sine liberatione.

Pro Johanne de Gaillon. Dicunt quod ipse habet in escartis campartagium et escaras ad vineam suam Ebroicensem.

Item pro Episcopo Ebroicensi. Alia inquisitio facta apud Ebroicas pro Episcopo et ecclesia sua super hiis que debent habere in foresta Ebroicensi. Et facta est per istos : Ricardum de Argenciis; Ricardum de Guarenciis; Stephanum de Darcees; Guillelmum de Irevilla; Radulfum de Sacy; Guillelmum de Sissy; Johannem de Meri; Radulfum de Plesseya; Hugonem de Mussement; Rogerum de Mellent, milites; Gauquerin Davrilly; Ace de Plesseiz; Benedictum Quoquin; Renaldum, forestarii; Galterum Anglicum; Robertum Irlerin Malepoe; Robertum Le Hardy; Robertum Lescervele; Guillelmum Monachum, Robertum Le Per; Radulfum Prepositum, Johannem de Molta; Hugonem Davrilly; Galterum de Hispania; Hugonem de Carnoto; Osmondum Servientem; Thomam Lorlier; Thomam filium Oriont, Amicum de Vieletes; Hubertum Furque de Garel; Radulfum de Harenc; Ricardum Pelet. Isti jurati dixerunt quod Episcopus Ebroicensis habet in foresta Ebroicensi annuatim ad Natale duas fagos et herbergagium suum ad edificia domus sue Ebroicensis et ad edificia ecclesie sue. Et habet extra hayam escharas et perticas et furcas ad vineas suas et ecclesie sue per liberationem. Forestarius videbit edificia sua facienda et ad illa tradet nemus et carpentarii affidabunt in manu forestarii quod fideliter trahent nemus ad opus Episcopi et ecclesie et non ponent de illo ad alios usus ad valorem sex denariorum; et ballivus debet precipere forestario qui conreium suum debet habere eo die quo liberabit nemus. Habet etiam pasnagium suum quietum sibi et septem servientibus suis ad expensas domorum suarum et mortuum nemus stando et jacendo sine liberatione ad suum ardere. Jurati etiam dixerunt quod viderunt Episcopos habere brancas in tempore Comitis Symonis et Almarici filii sui et aliorum dominorum qui postea villam tenuerunt sine liberatione. In tempore autem dictorum dominorum Comitum viderunt aliquando nammios Episcopi capi propter brancas, et postea reddi; nec unquam inde emendam fieri viderunt et postea viderunt Episcopos semper habere brancas; et ad hoc conveniunt omnes alii Juratores.

Inquisitio pro Abbate S^ti^. Taurini. Alia facta inquisitio insuper est super hiis que Abbas S^ti^. Taurini habet in foresta Ebroicenci; et facta est apud Vernonem per istos Juratos : Guillelmum de Sissi; Gauquelin Davrilli; Galterum de Hispania; Johannem de Plesseis; Lambertum de Asneriis, Johannem de Mota Deo datum, Robertum Leschervele; Renaldum Bellum filium; Gilbertum de Haia. Isti Jurati dicunt quod Abbas S^ti^. Taurini habet in foresta per liberationem nemus ad edificia Abbatie sue et ecclesie sue infra claustrum. Quando autem Abbas vult aliquod edificium facere debet venire ad Ballivum, et petere ab eo, nemus qui forestarium vocabit, et eidem precipiet quod videat edificia facienda et tradet nemus et carpentarii affidabunt quod de illo merreno nichil in alio loco ponent nisi in corte Abbacie vel ecclesie. Habet etiam annuatim ad Natale unam fagum per liberationem et mortuum nemus stando et jacendo sine liberatione ad suum ardere et extra hayam, escharas et perticas et furcas ad vineas suas Ebroicenses : et habet pasnagium suum quitum sibi et septem servientibus suis ad expensas domorum suarum : et ad hoc etiam conveniunt predicti Juratores qui inquisitionem apud Rothomagum fecerunt. Preter has prescriptas inquisitiones sunt et alii in foresta de quibus adhuc inquisitio facta non est; et habent jura sua in foresta Ebroicensi.

Jureia facta apud Ebroicas super franchisiis quas presbyteri et alii franchi homines exigebant in pasnagio foreste domini Regis.

Gillebertus de Antolio, Guillelmus de Fraxino, Ricardus de Tournebuc, Guillelmus Grammaticus et quam plures alii Jurati dixerunt quod omnes presbyteri tempore Comitis et tempore domini Regis pagaverunt pasnagium preter quam quatuor scilicet : Presbyter de Aulli, presbyter de Plesseiz, presbyter de Angervilla, presbyter de Campo Ammuelli; sed antiquo tempore viderunt quod prepositi ceperant vadia illorum et nesciunt qualiter remiserunt postquam dominus Rex habuit terram.

Inquisitio Johannis de Tria super hayam Andeliaci. Milites patrie jurati dicunt quod dominus Ingerranus de Tria pater dicti Johannis quando vivebat apud Andeliacum tarde poterat mittere et mittebat summarium hospitis in hayam Andeliaci et quando ipse erat foras non poterat mittere : et insuper dixerunt quod nunquam viderunt quod dominus Johannes mitteret in hayam. Robertus Ganiles; Odo Platecorne, Petrus de Bosco, Radulfus Braquet, Renardus de La Baquelonde, Radulfus de Barra idem dixerunt quod milites predicti.

Rogerus Taurus (alias Torel) habet in foresta Andeliaci merrenum ad domum suam faciendam et labucallee et tigna extra deffensa per manum forestariorum et usuarium suum ad suum ardere in plena foresta extra deffensa; et mortuum nemus scilicet ramos tam in alto quam potest attingere de quadriga; et si arbor furcata fuerit in tres partes terciam partem pejorem potest accipere; et est quitus de pasnagio porcorum suorum extra deffensa; et habet herbagium in plena foresta. De hiis vero consuetudinibus et masuris quas habet apud Andeliacum debet custodiam pro servicio apud Andeliacum de tribus militibus per .xxx. dies, .xv. dies ad expensas suas et per alios .xv. ad expensas domini Regis.

Homines Rogeri Tauri qui manent apud Havesiees et ad La Buchaille et Guisenchies habent in predicta foresta Andeliaci mortuum nemus et brancas tam in alto quam possunt attingere de quadriga. De hoc debent de unoquoque equo qui vadit in nemus, unam minam avene singulis annis et unum panem. Quilibet qui affert ligna ad collum suum duos denarios; et pro unaquaque vacca unum denarium pro herbagio plene foreste extra deffensa. Unaquaque domus unam gallinam, sive duos denarios pro gallina. De fructu foreste unaquaque masura predicta debet capere in tribus annis unum charetillum per manum forestarii, donando singulis annis septem garbas et pro forestario domus sue quando facit eam novam aliquis istorum donat forestario duodecim denarios.

Homines de Labouaffle debent .c. solid. pro placitis communibus foreste et pro hoc habent mortuum nemus in foresta et brancas quantum possunt attingere de quadriga et merenum ad carucas suas per manum forestarii et herbagium bestiarum de carucis et de unaquaque caruca donant singulis annis duas corvelas: et unaquaque mansura habet in tribus annis unum caretillum donando singulis annis sex garbas. Habent etiam eschalaz extra deffensa et pro unoquoque arpenno [vinee] donnat unum sextarium vini. Et de unaquaque domo unum panem in Natali pro fornilla furni. Donant etiam duos denarios pro festagio domus quando nova est. Plures sunt qui debent .ij. denarios pro brevagio et habent herbagium in communi foresta donando pro unaquaque vacca unum denarium. Pro fructibus plene foreste donat quilibet unam gallinam sive duos denarios, nisi possit affidare quod fructum non habuit. Pro ramagio linorum donat queque domus tria ova in Pascha. Quilibet piscator habet unum furcum arboris et exinde reddit in rogationibus sex nummatas piscium.

Inquisitio foreste de Lyons pro hiis qui habent cartas. Prior de Noionio habet decimam bosci qui dicitur Haia Comitis: videlicet venationis, essartorum, pasnagii, venditionis omnium proventuum eorum, porcos immunes a pasnagio et coustumas bosci mortui ad monasterium et ad domos edificandas, et unam fagam ad Natale. Preterea idem prior est quitus de pasnagio et herbegium in foresta de Lyons et mortuum boscum ad ardendum et vivum ad hospitandum per liberationem forestariorum.

De Monachis de Bello Loco. Monachi de Bello Loco septem acras terre habent in bosco qui dicitur Masi Boschet et in landa de Bello Monte cum pastura animalium suorum et cum aisementis foreste et pasnagium propriorum porcorum in foresta extra deffensa.

De Monachis vallis Beate Marie. Item Monachi Vallis beate Marie [habent] pasnagium et herbagium sibi et hominibus mense sue.

Pro Godefrido de Estrepigniacio. Item Godefredus de Estrepigniacio [habet] pasnagium herbegagium sibi et heredibus suis in perpetuum sine alienis porcis et merrenum propriis domibus fagi vel quercus ubicunque voluerit capere per liberationem. Preterea quadrigam ad portandum ligna de coustuma ad proprium focum.

De Monachis Mortui Maris. Monachi Mortui Maris [habent] omnia vasa apum que fratres eorum poterunt invenire per totam ferestam; pasturas etiam pasnagia communia et omnia aisimenta in omnibus sibi necessariis tam edificiis agendis quam ceteris actionibus suis et possunt mittere per totam forestam preter quam in landa de Curto Cervo haracia sua. In mense autem maio debent removere canes et porcos de foresta preterquam de viis et landis.

Hii sunt sine cartis *per jureiam militum et legitimorum hominum et serviencium foreste.*

Guillelmus Crispinus habet in foresta competenter ad ardendum ad furnum suum et ad domum suam brancas ad coustumam de Estrepenni vel ad Lisorcium herbagium et pasnagium ad proprium usuagium et merrenum ad molendinum de Lisorcio per liberationem forestariorum.

De Roberto de Pissiaco. Robertus de Pissiaco habet leporem vulpem catum et tessonem et mortuum boscum ad ardendum ad Noionum vel ad Herum: pasnagium ad propios porcos; herbagium propriorum animalium et t'stre (sic) in boscum et forestam.

De usuagio filii Galteri Pinel. Filius Galteri Pinel furcum minorem ad Natale. Presbyter de Lisorcio sic. Molendinum reddat sic. Molendinum Pauche torneuram per minam bladi. Molendinum de Plessiaco sic. Molendinum Abbatisse S^ti^. Amandi sic, apud Perers. Melendinum sic de S^to^. Johanne Galteri.

Duo molendina Abbatis S^ti^. Audoeni sic, apud Perers per unum sextarium frumenti et per unum sextarium grossi bladi et idem Abbas debet habere pontes inter molendinum et forestam: duas quercus et duas fagos ad Natale Domini, merrenum ad carrucas de Periers, et duos caretillos quitus de pasnagio propriorum porcorum suorum per unum sextarium avene ad veterem minam et .L. pecias candele et dimidio pede longas et .L. anguillas vel .L. alleceia et .xxv. panes de conventu et unum sextarium vini ad respectum foreste semel vel bis. Redditus vero bladi annuatim et preterea usuagium ad ardendum de coustuma.

Abbas vero predictus debet in Castello Leonis quinque milites de custodia ad omnia arma per tres quadraginta quando submonetur et debet reficere portam castri de ligno et ferro, de lapide, et perticam muri de qualibet parte porte de .xxiv. pedibus longam. Si autem fecerit hoc in castro quitus est, [si] in alio loco fecerit, quitus est in castro Leonis et debet capere merrenum in foresta.

Monachi de Vasquel unam fagum ad Natale per unum sextarium avene et per minam bladi et debent habere ad coustumam clausuram segetum. Et quitus a pasnagio propriorum porcorum et charetis. Et axes et unam quadrigam, et ad usuagium caruce ad costumam ad ardendum et herbagium.

Dominus de Vasquel debet habere levrerios suos a pomo de Plessiaco usque ad album fossatum sine intrare forestam. Et propter hoc debet tenere unum militem vel quinque vassallos quando submonetur. Robertus de Houvilla usuagium ad ardendum apud Herum ad unam quadrigam et costuma et herbagium propriorum animalium et pasnagium quietum propriorum porcorum propter hoc debet dare prandium unum duobus servientibus et duobus civibus ad unam anguillam accipitur.

Nicolaus de Monteg'. [habet] furcum minorem ad hospitandum se, apud Normanvillam, et brancas ad ardendum, et pasnagium et herbagium quitum propriorum animalium et porcorum et t'stre sicut alii et torneuram molendini sui.

Ingeranus de Monteg'. [habet] furcum minorem apud Monteg'. et brancas ad ardendum apud Monteg'. pasnagium propriorum porcorum, animalium propriorum.

Hugo Portus furcum minorem ad hospitandum se

et brancas ad ardendum in Lyons vel in Roselo et potest ducere duos levrerios ad leporem, vulpem catum et tessonem.

Renoldus Le Botellier de Normanvilla furcum minorem per annum et de fratri sic. Et Robertus Mueltornel sic. Et mortuum boscum ad ardendum ad costumam. Isti tres debent hospitari duos servientes pedites et duos equites et accipitrem et duos levrerios.

Monachi de Insula Dei costumam ad ardendum et herbagium propriorum animalium.

Monachi de Bello Becco quadrigas et carrucas et possunt portare ad domos suas sine vendere et dare et boscum ad hospitandum se apud Mosiboschet per liberationem et brancas in eadem domo ad ardendum.

Prata sunt quedam in Landa de Curto Cervo in quibus nullus audet intrare ante crastinam S^{ti}. Johannis; et in eadem die castellanus de Lyons et castellanus de Bello Videre vadunt ad prata illa et signant de herba illa quantum volunt et capiunt. Burgenses vero de Lyons et de Bello Videre capiunt de residuo herbe. Illi de ballia et de Bello Videre per minam avene et illi de ballia de Olcasino per dimidiam minam avene.

Sanctus Laurencius in Lyons furcum ad hospitandum et brancas ad ardendum et fustum ad hospitandum per liberationem pasnagium et herbagium ad proprios usus.

Radulfus filius Maugerii pasnagium propriis porcis, furcum et brancas ad hospitandum se per liberationem et immo debet servare porcos Regis vel reddere .xl. solidos et querere les bigres.

Julianus Arcuarius, sicut Radulfus filius Maugerii habet pro decem sagittis et arcum de aubore cum corda.

Johannes de Normanvilla habet furcum et brancas ad hospitandum se per liberationem mortuum boscum ad ardendum et pasnagium quitum et immo debet servare forestam ad equum.

Monachus de Morigni habet costumam ad ardendum, pasnagium propriis porcis quitum et illos nequit tollere de foresta.

Dominus de Puteo propriis porcis pasnagium qui nuctriuntur apud Putetum nec possunt duci ad alium locum.

Sanctus Germanus de Pavibert costumam ad ardendum, pasnagium et herbagium ad proprios usus.

Sanctus Germanus de Flamant quatuor quercus per annum et ad domum de Gopillerre costumam ad ardendum.

Monachi de Novo Foro debent habere unam fagum per annum.

Costumarii de Romagio mortuum boscum de costuma et residua carpentariorum cum testis capellorum et duas furcas et unum fustum ad hospitandum per liberationem et hayam caruce et letes et charretis si habuerint quadrigam et pasnagium per unum denarium de quolibet porco a festo S^{ti}. Michaelis usque ad Natale et obolum a Natale usque ad Candelarum et inde obolum usque ad maium. Quilibet autem dat pro duabus furcis et pro le feste .xiv. denar. turon. Et si de essanua dominus fuerit .v. sol. Preterea dant garbam, alii avenam, alii panes, alii denarios, alii ova, alii gallinam, secundum quod habent.

Hàvardus habet minorem furcum ad se hospitandum apud Montigniacum et brancas ad ardendum apud Montigniacum et quitum pasnagium propriorum porcorum et herbagium quitum animalium.

Burgenses de Lyons et de Bello Videre habent in foresta extra deffensa mortuum nemus ad ardendum brancas et furcos ad hospitandum et fagum et quercum per liberationem si faciant domum tectam de escenna. Et non de pasnagio nisi unum denarium turonensem de quolibet porco. Et sunt quiti de omnibus consuetudinibus per .xij. denar. turon. quos debent ad festum S^{ti}. Remigii et unum panem sive denar. ad Natale. Debent etiam ire in servitium domini Regis Gireneleschés quando Rex est apud Lyons nec debent ire in servicium domini Regis nisi per diem ita quod sero possint redire ad hospicia sua; et si ultra diem procedant debent ire ad expensam domini Regis. Preterea non debent de emendatione qualibet preterquam de placito ensis nisi .xij. den. turon. Preterea debent esse quiti et liberi de pedagio per totam Normanniam.

Inquisitiones costumarum in forestis Andeliaci.

Inquisitiones costumarum de Andeliaco facte per Hugonem Pullum, per Amariscum Cospel et per maiorem et Juretos Andeliaci. Nomina juratorum de parochia de Hernesies : Radulphus de Hernesies miles; Almaricus de Viliers miles; Radulfus de Beron; Radulfus d'Anebont, Guillelmus de Vernon et alii viginti duo jurati dixerunt quod dominus Rogerus Torel habet in foresta predicta in plena foresta per liberationem Vicecomitis qualecumque siccum herbagium ad virgam de pleno pugno ad terram et si Vicecomes ad diem statutum non venerit usque ad horam primam dictus Rogerus vel ejus serviens expectabit et postea negocium suum faciet et de domo silenter firmanda faciet. Et habet ad ignem suum fagum bolaie et furcum et frondes sine defectione arboris. Et omnia alia sua debent ire per plenas forestas absque antica consuetudine et precipue porci ejus eunt ex quo primus porcus vadit cujuscumque sit post festum S^{ti}. Michaelis; et porci Radulfi de Hanesies de feodo in quo manet debent ire pro uno denario per annum pagando ad festum S^{ti}. Andree quando la pesson fuerit. Vacce dicti Radulfi eunt quiete et libere per omnem plenam forestam et ubicunque alii eunt pro denario; et porci dicti Asmarici et animalia ejus eunt in plenam forestam quiete et libere. Et omnia animalia Ricardi Haron et Hugonis Malfillastre et feodi Ricardi Ruffi sunt quiti ab omnibus pasnagiis. Dicti autem Asmaricus, Ricardus, Hugo et Radulfus habent suam ostaeriam per liberacionem Vicecomitis et furcos fagi ad suas domos faciendas excepto magistro furco et frondes ad eos calefaciendos sine defectione arboris et similiter ad eorum clausuram et omne mortuum nemus; et omnes homines de Henesies exceptis militibus debent de unoquoque aratro quatuor garbas et de dimidio, duas garbas pro charetillis habendis et de unoquoque colente terram unam garbam, et debent pro furnilla et furconibus unum denarium ad Natale et unusquisque debet pro suo igne duos denarios exceptis illis qui debent avenam; et de clausura similiter. Porci dictorum hominum debent habere in plena foresta sua pascua a festo S^{ti}. Michaelis usque ad festum S^{ti}. Andree pro denario. Et vacce debent habere in eadem foresta unaquaque sua pascua per annum pro uno denario. Si autem terra nive velata fuerit bidentes ibunt in forestam et unumquemque hospicium debet pro fructu foreste duos denarios aut unam gallinam nisi jurare potuerit quod non legerint de ullo fructu foreste. Et unusquisque ad ramos pro ramandis linis debet ova quatuor et capiet ubicunque voluerit sine defectione arborum. Et omnes homines dicunt habere festagium scilicet feistum et sex chevronnos et pro hiis debet bordellum sex denarios et domus .xij. den. et omnes mortuum nemus habent.

Dictus autem Rogerus debet servire apud Andeliacum per unum mensem se tercio milite, scilicet per quindenam ad expensas suas et per aliam quindenam ad expensas Archiepiscopi. Dictus autem dicti de Hanesie et Almaricus de Viliers debent ire ad submonitionem servientis pro querendis forifactoribus foreste a Spina de Gauvel usque ad rivulum de Prisigny. Dictus autem Radulfus Ruffus producebat dictum Archiepiscopum usque ad Florcium et usque ad Gisorcium et usque ad Pontem Vernonis, et omnes alii juratores dixerunt similiter exceptis hominibus de Valle de Pormor qui dixerunt quod porci non debebant ire in forestam priusquam clamata esset.

Inquisitio usuagiorum foreste Britolii. Haye de Lyre et haya....... de Ambenay et boscus inter cheminum Perre et semitam de Gavri et usque ad hayam sunt deffensa; et omnia essarta foreste ubique sint deffensa. Spissa Bosci Arnaldi et deffensa cellarum sunt def fensa. Cathene et Trembleie de Labigneve recta via ad Sanctum Eglen sunt deffensa. Portus Britolii est deffensum, et herbe non sunt deffense postquam falcate et herbe falcate non sunt Domini Regis. Si quorumdam militum et ecclesiarum.

Haya Britolii est deffensum inter cheminum Longi Campi et viridem Cathenam et tota Gresterre et Bella Landa usque ad forestam de Conches et usque ad livreias de Bordegniaco et Limeus sunt deffensa.

De Monachis Lyre. Monachi Lyre habent in foresta vivum nemus ad herbegandum Abbatiam suam et molendina sua sita super Rule inter Rugles ad mestusium ad Bigres et ad clausuram Abbatie per livreiam illorum qui custodiunt forestam. Dominus de Saquenvilla habet in foresta per livreiam merrenum ad molendinum suum quod vocatur Alys. Et pasnagium ad dominicos porcos suos et molendinarius ejusdem molendini, habet de bosco sicco id quod potest afferre ad collum suum ad suum calefacere.

Item monachi de Lyra habent in foresta pasnagium liberum ad dominicos porcos suos et septem servientes Abbatis quos maluerit similiter et herbagium ad bestias suas. Et burgenses sui veteris et nove Lyre habent herbagium ad bestias suas similiter et mortuum nemus extra deffensa ad suum ardere. Et preterea monachi habent decimam venationum foreste et unum porcum et unum cervum et tres tyllias ad scutellas et fagos tres ad braccandas.

Matheus de bosco Ansere habet .xiij. porcos quitos de pasnagio in foresta.

Ricardus de Avernagio habet suum pasnagium quitum ad suos porcos et mortuum nemus ad ardendum extra deffensa. Et Girardus de Avernaio similiter.

Nicholaus de Gloz habet suum pasnagium quitum et suum calefacere et mortuum nemus extra deffensa.

Droco de Fontenelio habet apud Valles et ad molendinum suum de Ratier boscum ad herbegandum per livreiam et pasnagium ad duos porcos et mortuum nemus ad suum ardere.

Johannes Charmuier habet pasnagium suum quitum et suum calefacere ad mortuum nemus.

Heremite deserti habent herbegamentum ad vivum nemus per livreiam et mortuum nemus ad ardendum sine licencia vel livreia ad pasturam animalium suorum per totam forestam extra deffensa et pasnagium porcorum suorum quitum. Et quidam burgensis apud Lyram habet pasnagium liberum ad decem porcos.

Sanctus Nicholaus de bosco et Tilleium et Sanctus Johannes, isti habent in foresta sicut illi de Deserto excepto de burgensibus Lyre et possunt mittere bestias suas, scilicet vaccas et boves et propriis nuctrituris suis per deffensam in aliis boscis extra Bellelande et hayas et essarta.

Guillelmus de Luceio habet suum herbergamentum et merrenum ad molendinum suum ad vivum nemus per livreiam et mortuum ad ardere sine livreia et pasnagium quitum ad porcos suos.

Gillebertus de Maritorne habet herbergamentum suum et merrenum ad molendinum suum et ad capellam suam ad vivum nemus per livreiam et mortuum ad ardendum et pasnagium quitum.

Rogerus de Luceio habet herbergamentum suum et ad molendinum suum merrenum et vivum nemus per livreiam et mortuum ad ardendum et pasnagium quitum.

Martinus de Lalier habet mortuum nemus ad ardendum et pasnagium quitum.

Gillebertus de Gavaio habet pasnagium quitum.

Alvardus de Chaletot habet herbergamentum suum ad vivum nemus per livreiam et mortuum ad ardere et pasnagium liberum.

Renaudus Bordegni habet id ipsum quod Alvardus et preterea merrenum ad molendina sua et duos servientes quitos suos ad mortuum nemus ad suum ardere.

Renaldus de Sotevilla habet id ipsum quod Arnaldus.

Dominus de Bremecort habet herbergamentum suum apud Bremecort ad vivum nemus per livreiam et mortuum ad suum ardere et pasnagium liberum ad porcos suos et hominum suorum; et oves sue possunt ire in boscos quantum durat visio plani et cetera animalia sua usque ad castelleria sicut via comportat que ducit a Britolio ad Desertum a sinistra parte per deversus ripariam; et homines sui manentes apud Bretecort habent mortuum nemus ad suum ardere et vendere apud Britolium per unum denarium reddendum die sabbati apud Britolium ei qui est loco Regis. Unde idem habet medietatem et forestarii aliam.

Heredes Rogeri Clerici habent suum calefacere ad mortuum boscum et pasnagium liberum.

Guillelmus de Galemvilla habet herbergamentum suum et vivum nemus per livreiam et mortuum ad suum ardere et pasnagium quitum.

Dominus de Maris sicut Guillelmus de Galemville.

Bai Brach. Drogon habet herbergamentum suum et vivum nemus et ad opus campi motosi per livreiam et mortuum nemus ad suum ardere ad claudendum et pasturam ad vigenti vaccas et suos sequentes et ad .xvj. boves per forestam sicut carta ejus dicit et pasnagium .c. porcorum. Et prepositus ejus de Chaagni qui fuit Goheri de Quercu Bruno habet suum calefacere in haya Lyre ad unam bestiam vel ad collum suum ad mortuum nemus.

Burgenses de Rugles et de Britolio habent mortuum nemus ad ardendum et herbagium ad suas bestias extra deffensa.

Furni domini Regis de Lyra et de Rugles capiunt de tribus furcis tylie unum; et de duobus furcis minorem. Et si non habuerit furcum unam brancam et mortuum nemus ubicumque extra deffensa. Et furni Rogeri de Bremetort qui sunt apud Lyram similiter.

Nicholaus de Luceio habet herbergamentum suum de Lyra et vivum nemus per livreiam et pasnagium quitum ubicunque sit et mortuum nemus ad suum ardere et predictum domum.

Heres Rogeri de Essartis habet pasnagium quitum et homines sui de Poteria habent herbagium ad bestias suas extra deffensa.

Guillelmus de Mineriis habet pasnagium quitum et Gaufridus de la Herupe similiter pasnagium et in domo sua Britolii vivum nemus ad herbergandum et mortuum ad ardere.

Rogerus de Bibiis et Matheus de Pomeriolo et Guillelmo de Villeio habent pasnagium et Guillelmus de Feritate Fresnel et pasnagium suum et burgensium suorum de Feritate Fresnel manencium infra ambitum fossatorum Feritatis.

Balduinus Baudet et Theobaldus Anglicus habent

pasnagium suum et mortuum nemus ad suum ardere.

Guillelmus de Helenvilla habet pasnagium suum quitum.

Guillotus de Cirre habet pasnagium suum quitum.

Ricardus de Ceureio habet herbergamentum suum quitum et nemus vivum per livreiam et mortuum ad suum ardere et pasnagium quitum.

Renaldus Grossus habet mortuum nemus ad ardendum et pasnagium quitum.

Omnes sacerdotes manentes inter Rillam et forestam habent mortuum nemus ad ardendum pro anniversario Comitis faciendo.

Dominus Rex potest ponere bigarios suos in foresta cum voluerit et quot voluerit; et cum dominus Rex ponet bigarios suos Abbas Lyre ponet tres et heremite Deserti unum et Rogerus de Bremecort duos et unus eorum debet unum barillum mellis domino Regi.

Rogerus de Bremecort habet unum tornatorem in foresta ad scutellas et capiet unum furcum in tylia scilicet minorem. Et abbas Lyre unum tornatorem similiter.

Leprosi Britolii habent mortuum nemus ad ardere et brancas carmi ad suum ardere et ad furnum suum calefaciendum et porcos suos quitos de pasnagio et serviens eorum de Britolio habet decem porcos quitos de pasnagio. Leprosi Lyre habent mortuum nemus ad ardere et pasnagium quitum. Leprosi de Gloz similiter. Leprosi de Rugles habent mortuum nemus ad suum ardere. Leprosi Belli Loci de Carnoto habent .c. porcos quitos de pasnagio. Monachi Sarnesii totidem. Et Monachi de Trapa .lx. Et Canonici S^te^. Barbare centum. Monachi S^ti^. Ebrulfi habent pasnagium quitum. Monachi Becci habent pasnagium suum quitum. Leprosi Vernolii habent .xxx. porcos suos quitos.

Casa Dei habet vivum nemus ad herbergandum per livreiam et herbagium ad bestias suas ubique extra deffensa et pasnagium quitum et duas quadrigatas brancarum de charmes ad suum ardere singulis diebus extra deffensa; ita quod in uno die non possunt capere plusquam duas quadrigatas. Et hec supradicta habent ad usum propriarum domorum Case Dei.

Burgenses Britolii et de Rugles et de Lyra habent boscum siccum stando et jacendo extra deffensa et vivum quando cadit casualiter ad eos herbergandos, ita quod ostendant custodi foreste ubi illud ponent et nisi possint ostendere emendabunt.

Burgenses Britolii possunt capere terram in Haya juxta calceiam Vivende ad facienda sibi necessaria et possunt capere lapides in livreia et debent implere fossas per visum servientis qui custodit forestam.

Domus Cellarum que est de Abbatia Lyre habet vivum nemus ad herbergandum per livreiam et mortuum nemus ad suum ardere et pasnagium quitum.

Odelina de Quatuor Maris que nuctrivit Comitem habet pasnagium quitum ad vitam suam.

Petrus de Bestesiaco apud Domum Brulot habet pasnagium suum quitum de porcis nuctritis in eadem domo.

Burgensis juxta Charnuvillier habet pasnagium quitum ad opus domini ejusdem loci et hominum suorum et mortuum nemus ad ardere sibi et suis hominibus.

Sacerdos manens apud Limeus habet mortuum nemus ad suum ardere quandiu ibi manet quicumque ibi sit sacerdos.

Robertus de Los habet mortuum nemus ad ardendum sibi et hominibus suis extra deffenso.

Sacerdos S^ti^. Petri de Bremecort habet vivum nemus ad herbergandum et mortuum ad ardendum ubique in foresta.

Episcopus Ebroicensis habet unum cervum et unum porcum in foresta et unam fagum et unam quercum et pasnagium quitum ad porcos suos de domo sua de Conde.

Jurati isti, Turanus, Bartholomeus, Drogon, Teobaldus, Panetanus, Renaldus de Sottevilla, Guillelmus de Luceio, Hebertus de Luceio, Nicholaus de Luceio, Ricardus de Ceuraio, Martinus de Alier, Nicholaus de Ceuraio, Rogerus de Honcemaigne, Guillelmus de Galenville, Robertus Merille, Guido de Ruppeforti, et socii sui habent in foresta nostra de Boschamp tale jus. Emptores illius foreste debent eis de singulis quadrigatis ad duos equos unum denarium; pro quadrigata cum uno equo unum obolem; de charto .iv. den. de sex summis .j. obol. de sex collariis .j. obol. et possunt capere eradicantes si quos invenerint in eadem foresta. Et non possunt dare licenciam alieni eradicandi vel essartandi nisi de voluntate Regis.

Carta Monachorum S^ti^. Audoeni Rothomagi super escambio usuagii carbonum Ludovicus Rex, etc. Notum sit, etc. Quod nos in escambium usuagii quod Abbas et conventus S^ti^. Audoeni Rothomagi habebant in foresta sua que vocatur Silvesons et haya comperata faciendi carbones ibidem concessimus eisdem ut de ipsa foresta singulis annis usque ad .xl. libratas ad tu ron. vendere possint libere et quiete nec inde nobis tercium solvere teneantur. Quod ut firmum, etc. Actum Parisiis anno Domini M°.cc°. lv°. mense februarii.

De transversis domini Regis et Comitis S^ti^. Pauli apud Bapalmas. Hec est inquisitio que facta fuit apud Capratum scilicet de transversis Regis et Comitis S^ti^. Pauli coram B. de Boya, et H. de Angestenc, B. Preposito Ambianensi et Novel Marche. Hanc inquisitionem fecerunt burgenses Attrebatenses, Bapalmarum et Perrone et de Roia et de Compendio et Montis Desiderii et Ambianenses et servientes qui tenebant pedagia tempore Comitis Flandrie; et dixerunt quod omnia averia que transeunt de Flandria sive in Franciam, sive in Burgondiam sive in Campaniam sive ultra montes sive in provenciam debent pedagium apud Bapalmas: et omnia vina veniencia de Francia sive [de] Burgundia in Flandriam euncia debent pedagium apud Bapalmas. Omnes autem illi qui debent pedagium apud Bapalmas debent pedagium apud Peronam apud Roiam apud Compendium et Crespiacum. Tervenses vero et Bononienses Normanni et Corbien. Ambianen. Pontiven Belvacenses Tornacenses Cameracenses et Falquembergenses omnes illi vadunt quo volunt reddendo suas consuetudines Sed si apportarent averia de Flandria in terras predictas ipsi redderent pedagium apud Bapalmas sicut alii vel reportanda vina, ut supra dictum est.

Inquisitio de jure venditionis forestarum Ducatus. Quamdiu Rex vendit in forestis que sunt de domanio ducatus [Normannie] nullus potest vendere in Constantino des Le Homme, nec inter Le Homme et Cesarisburgum et inter Barneville et Sanctum Salvatorem.

Carta Henrici Marescalli. In nomine, etc. Philippus Rex, etc. Notum sit, etc. Quod propter fidele servicium quod Henricus Clemens Marescallus noster nobis fecit eidem Henrico et heredibus suis de uxore sua desponsata in perpetuum damus et concedimus in feodum et hommagium ligium castellum Argentonii cum omnibus pertinenciis suis. Nos vero ad opus nostrum retinemus forestam Argentonii tali modo quod ipse Henricus et heredes sui in ea habebunt venationem et custodiam et de ea capient de viridi et de sicco ad ardendum et hospitandum; et omnes redditus et omnia expleta et totam justiciam ejusdem foreste habebunt; ita tamen quod idem Henricus et heredes sui non poterunt dare vel vendere sine assensu nostro. Preterea ratam habemus et confirmamus donationem quam amici et fideles nostri Robertus Comes Alenconii et Garinus de Glipion eidem Henrico fecerunt, scilicet See cum pertinenciis suis de dono Comitis Roberti et Romavilla cum pertinenciis suis de dono Garini de Glipion. Volumus autem ut omnia predicta que idem Henricus a nobis tenet ipsi et heredes sui in perpetuum teneant a nobis et heredibus nostris libere et quiete ad usus et consuetudines Normannie per servicium quinque militum, etc. Actum Parisiis anno Domini M°. CC°. vij°. regni vero nostri anno XX°. astantibus, etc.

Carta Roberti Comitis Drocensi super assignamento terre Normannie. In nomine, etc. Ludovicus Rex, etc. Notum sit, etc. Quod nos fideli nostro Roberto Comiti Drocensi in restauratione terre sue quam habebat in Anglia dedimus et concessimus Cauvillam et Anglicanvillam et quicquid dominus Cauville et Anglicanville habebat apud Boschum Bechet, apud Filitot, apud Hebertivillam, apud Contevillam, apud Fontes de Dumo, apud Enescanvillam, apud Achermant, apud Vastananvillam, apud Holot, apud Humas, apud Limavillam, apud Wantment, apud Wamonto, apud Mestulium, apud Celerans, apud Sanctum Richerum et terram Guillelmi de Chaceleu habebat apud Fuletot, et quicquid dominus Noville habebat apud Novillam et apud Pontem Garenne, et quicquid dominus de Ricarvilla habebat apud Ricarvillam et terram quam Ricarvilla habebat apud Ricarvillam.

Carta de honore de Gravenchon. Sciatis quod honor de Gravenchon qui fuit Comitis Ebroicensis est de dominico nostro et similiter terra Comitis de Warenna est de dominico nostro et similiter terra Comitis de Arondel et similiter terra Comitis de Lecestria et similiter terra Gaufridi de Sai terra Comitis de Clara, terra Comitis Mellenti et honor de Monte Forti et terra Roberti Bertrand et similiter honor de Monasteriis Huberti et terra Guillelmi de S^to^. Johanne et omnes terre militum qui sunt in Anglia similiter sunt de dominico nostro. Et hec omnia Rotuli nostri bene vobis nominabunt. Et sciatis quod de omnibus terris et feodis prenominatis nulla auxilia habuistis sicut milites et barones ea capiebant quando de exercitu remeabant.

Carta Aales sororis Comitis de Alenconio. Philippus Rex, etc. Notum sit, etc. Quod Ele sorori condam Comitis de Alencon concedimus Escochefum tenendum in perpetuum sicut fuit assignatum heredibus dicti Comitis pro excambio de Essaio. Ita Ela et heredes sui tenebunt Escocheium de nobis et heredibus nostris sicut dominus Escocheiz ipsum Escocheium tenere solebat ad usus et consuetudines Normannie. Et preterea concedimus eidem Ele quatuor feoda militis inferius annotata que sunt de dicto escambio. Feodum videlicet movens de feodo Castrigonterii quod Oliverus de S^to^. Andoeno tenet et unum feodum de feodo Braose quod Johannes de La Quarnelle tenet et aliud feodum de feodo Braose quod Robertus Postel tenet; ita quod domini quatuor feodorum predictorum servient Ele predicte sicut servire debent et solent dominis suis. Actum Medonte salvo jure nostro ad usus et consuetudines Normannie anno domini M°. CC°. XXij°. regni nostri xliij°. mense aprili.

Carta Abbatis S^ti^. Johannis de Falesia. Henricus Rex Anglie, etc. Archiepiscopo Rothomagi et omnibus Christi fidelibus in Domino salutem. Sciatis quod ego dedi in elemosinam perpetuam Deo et ecclesie S^ti^. Johannis Baptiste de Falesia de hospitali Falesie et clericis Deo in eo secundum regulam Beati Augustini servientibus ad usum eorum et pauperum Christi quos in illo hospicio susceperint, tantum nemoris Guferni apud Argentonium quantum ad ignem proprium et domorum edificationem eisdem sufficerit et omnes eorum possessiones et res presentes et futuras quietas et solutas a teloneo et passagio et pasnagio.

Carta Abbatie de Goffer. Henricus Rex Anglorum, etc. Archiepiscopo Rothomagi et omnibus Christi fidelibus. Sciatis me dedisse et concessisse Deo et S^te^. Marie de Goffer et omnibus fratribus ibidem Deo servientibus in perpetuam elemosinam in predicta foresta herbergagium, pasnagium ad propria animalia sua et mortuum boscum ad ardendum et viride ad domos et edificia facienda.

Carta Abbatisse de Almeneschiis. Henricus dux Normannie et Comes Andegavensis Fulco de Alneto et Roberto de Novavilla et omnibus justiciariis suis et ministris et custodibus foreste de Argentonio in Domino salutem. Sciatis quod ego concedo quod Abbatissa Almenescharum habeat in foresta mea de Goffer omnes illas consuetudines et libertates et bene et in pace quas habebat ipsa in tempore Henrici Regis scilicet ad calefactionem suam et hospitalitatem et omnes illas consuetudines quas ibi debet recte teneat et quiete.

Carta domus Dei de Argenton. PhilippusDei gracia, etc. Insuper ob remedium anime mee et antecessorum nostrorum damus et concedimus in perpetuum predicte domui unam quadrigatam lignorum ad unum equum ad ardendum singulis diebus percipiendam in foresta nostra de Goffer per liberationem serviencium foreste in loco competenti ubi minus dampni exinde fiat. Actum Parisiis anno Domini M°. CC°. viij°. regni nostri trecesimo.

Carta religiose domus de Lande Crochete. Ricardus Dei gracia Rex Anglorum, Dux Normannie, etc. Archiepiscopo et Episcopis et omnibus fidelibus, etc. Sciatis nos dedisse et concessisse et presenti carta confirmasse Fratri Guillelmo Heremite de La Lande Crochete et religiose domui ejusdem loci pro anima patris nostri Henrici et nostra et antecessorum nostrorum pasnagium suum et herbergagium et calefagium in foresta nostra de Goffer et herbergagium ibidem faciendum sibi per visionem forestariorum nostrorum de eadem foresta. Quare volumus et firmiter precipimus quod idem Guillelmus et omnes successores sui habeant et teneant predictum pasnagium et herbergagium in perpetuam et puram elemosinam bene et in pace, libere et quiete, integre et plenarie, ita quod nemo eumdem Guillelmum et successores ipsius super hoc disturbet.

Carta Abbatis et Monachorum de Becco. Henricus Dei gratia Rex Anglorum, etc. Sciatis me concessisse et presenti carta confirmasse Abbati et Monachis de Becco ut accipiant in forestis meis de Rovreio et de Borc eaque necessaria sunt ad herbegagia sua de et de Marretot facienda et cum opus fuerit reficienda et similiter boscum ad ardendum sufficienter sine vasto et hoc per visum forestariorum. Concedo etiam eis ut habeant pasturam [pro] animalibus et nuctrimentis suis in eisdem forestis et ut eorum dominici porci sint quieti de pasnagio et aliis consuetudinibus et exactionibus per omnia nemora et forestas nostras tocius Normannie. Quare volo et firmiter precipio ut predicti monachi habeant et teneant omnia hec predicta bene, in pace libere et quiete in perpetuum.

Carta Petri Vigilis. Philippus Rex, etc. Notum sit, etc. Quod nos donamus Petro Vigili fideli nostro propter ejus fidele servicium et heredi suo de uxore sua desponsata .xxvj. sextarios bladi quos habebamus in molendino Guillelmi de Flamencvilla et Balduini nepotis Hugonis Magni et modium unum bladi quem habebamus in molendino Almarici Cospel et .xxvij. sextarios et unam minam bladi quos habebamus in molendino Radulfi de Capegui apud Vernonem et .iij. modios vini quos monachi de Mortuo Mari nobis debebant de modiatione Cameliacensi et tres modios, uno barillo vini minus, quos Clemens de Cameliaco nobis debebat et unum barillum vini quem Petrus Faber nobis debebat ibidem. Hec autem tenebit dictus Petrus et heres suus masculus de uxore sua desponsata de nobis et heredibus nostris reddendo nobis et heredibus nostris, singulis annis, in festo Sti. Dionisii, unum bisancium de servicio et faciendo servicium nostrorum et heredum nostrorum, nisi infirmitas vel etas impediret. Actum apud Montem Argi anno Domini M°. cc°. mense novembri regni nostri deno (sic) xxxvij.

(F°. 1, col. 1.)

[*Arresta Scaccarii Pasche. Anno Domini* M°. cc°. lvij°.] Anno Domini M°. cc°. lvij°. apud Cadomum, in Scaccario Pasche presentibus Constanciensi, Lexoviensi et Sagiensi Episcopis, pluribus Abbatibus, Decanis Archidiaconis et militibus multis fuit taliter ordinatum et ab omnibus approbatum. Videlicet quod si quis tenetur alicui in redditu suo pro hereditate habente edificium vel non habente, et si in solutione illius defecerit. Ille de quo tenetur hereditas illam saisire poterit post defectum et fructus exinde percipere tanquam suos. Ita tamen quod ille qui cessavit in redditu infra terminum a tempore primi defectus quandocunque voluerit et pecierit hereditatem suam recipiet et habebit prius tamen arreragiis redditus solutis et culture sumptibus si qui fuerint restitutis. Hoc etiam salvo quod si dominus de quo tenetur hereditas medio tempore quo fuit in redditus solutione cessatum hereditatis proventus percepitur. Ille qui hereditatem repetit in aliquibus arreragiis vel culture sumptibus non tenetur dum tamen tantum valuerint dicti fructus. Item si quis postquam venerit ad etatem defecerit in solutione servicii redditus per terminum integrum a tempore primi defectus computandum; ille de quo tenetur hereditas ex tunc tanquam suam propriam poterit retinere dum tamen illud cessierit et in parochia in qua situs erat ille feodus, et ne possit veritas in aliqua vicina parochia bis, vel ter manifestaverit publice se illam hereditatem pro tali causa cepisse. Quibus actis ille qui in solutione cessavit redditus jus quod in hereditate habebat amittat omnino nisi forte causa peregrinationis sit absens. Et ille intelligitur peregrinus qui publice scientibus presbytero et parochianis a loco suo causa peregrinationis recedit. Et secundum consuetudinem patrie attornatum relinquit, qui postquam a sua peregrinatione redierit solvendo arreragia si qua fuerint et expensas culture si que sint l'amum (sic) hereditatem suam recipiet et habebit qualibet difficultate cessante. Et si forte aliquis in alia peregrinatione quam Iherosolimitana fuerit peregrinus nisi infra terminum redierit hereditatem amittet nisi habuerit impedimentum legitimum super quo sufficienti probatione constabit.

HIC INCIPIT REGISTRUM DOMINI ILLUSTRISSIMI REGIS PHILIPPI DE FEODIS.

(F°. 42—66.)

Robertus Bertrand tenet baroniam de Briquebec per servicium quinque militum.

Ricardus de Harecort tenet baroniam Sti. Salvatoris que debet servicium quinque militum.

Ricardus de Vernone tenet baroniam de Neauhou per servicium quinque militum.

Guillelmus de Hommeto tenet honorem de Hommeto per servicium quinque militum et honorem de Rumillie per servicium duorum militum et dimidii.

Abbas Montis Sti. Michaelis debet servicium trium militum de eo quod tenetur de eo in Constancia.

Fulco Paganellus debet servicium unius militis de Ovilla et Mesnillo Roges et tenet hayam Paganellam per servicium unius militis et tenet Brehal et Hambuie de quibus non debet nisi grueriam.

Episcopus Constanciensis debet servicium quinque militum.

Guillelmus Paganellus Perciacum per servicium unius militis.

Honor du Plesseiz quem Rex tenet in manu sua debet servicium quatuor militum.

Honor de Lutehaire debet servicium duorum militum et dimidii.

Robertus Malet tenet Montem Acutum de Comite Alenconiensi per servicium duorum militum et dimidii quod Regi facit per manum Comitis.

Karanten (Carentan) quam Rex habet in manu sua debet servicium duorum militum et dimidii.

Guillelmus de Argenciis tenet quartam partem unius feodi militis apud Orlandam.

Domina de Quesneio tenet Quesneium per servicium unius militis

Cartrait debet servicium unius militis.

Bohon debet servicium unius militis.

Moion debet servicium quinque militum cujus servicii medietas est in ballia Bajocensi. Radulfus de Tevilla, Guillelmus de Ver, Agnes de Valence et Guillelmus de Monte Acuto debent servicium trium militum et dimidii ad custodiam Gaure.

Hoc quod tenet Rex apud Nicorp et Torvillam et Moncarvillam et Giracort debet servicium dimidii feodi militis.

Tregot debet servicium unius militis et dimidii.

Comes Pontivi tenet Albigni per servicium duorum militum et dimidii et terram Balduini Wac (1) apud Esnegrevillam per servicium unius militis.

Sunt etiam alia feoda que tenentur de aliis dominis per quorum manus faciunt Regi servicium ut de Episcopo Bajocensi de domino Novi Burgi, de domino de Corti, de domino de Torigny et aliis quorumdam feodorum nomina et nomina tenentium ea et ubi feoda sedent et tenentes de suprascriptis baroniis per feodum lorice subscripta sunt.

Item Johannes de Bruencort tenet hoc quod habet apud Sanctum Dionisium vestitum per servicium unius militis.

Robertus Bertram (2) tenet Briquebec de domino Rege per servicium quinque militum.

Dominus Rex tenet inde per escaetam feodum Petreville quod debet servicium unius militis.

Johannes de Harecuria tenet inde de domini Regis dono feodum Blouville quod excidit domino Regi quod debet servicium unius militis.

Castellanus de Gaure tenet inde de dono domini Regis feodum de Beleval quod excidit domino Regi quod debet servicium unius militis. Cujus feodi membrum est Renervilla quod dominus Rex tenet adhuc in manu sua.

Guillelmus ex Argentiis tenet inde de dono Regis Orlandam que excidit domino Regi que debet servicium dimidii feodi.

(1) Cette famille de Baudouin de Wac existait, et c'est par erreur qu'on a mis en note Baudouin de Wast.

(2) Robert Bertrand.

Guillelmus de Magnevilla tenet inde dimidiam feodum lorice.

Ricardus filius comitis tenet inde Ouritot per dimidium feodum lorice.

Ricardus de Fonteneio tenet inde dimidium feodum lorice apud Ouritot.

Robertus de Sulli tenet inde terciam partem feodi unius militis.

Domina Des Perches tenet inde terciam partem feodi unius militis.

Ricardus de Corci tenet inde apud Buchervillam terciam partem feodi unius militis.

Guillelmus de S^{to}. Martino de Ouritot tenet inde sextam partem unius feodi apud Ouritot et Buchervillam.

Ricardus Hasten tenet inde sextam partem unius feodi apud Ouritot.

Ricardus Bacon tenet inde sextam partem unius feodi apud Senovillam.

Filius Mathei Du Buisson tenet inde sextam partem unius feodi apud Sotevillam.

Petrus La Foudraie et participes sui tenent inde sextam partem unius feodi in Haga.

Jordanus de Guertranviller et participes sui tenent inde sextam partem unius feodi apud Karetot et S^{um}. Martinum.

Robertus Malveisin tenet inde Roisel per servicium dimidii feodi.

Feoda Ricardi de Harcort. Ricardus de Harecort tenet baroniam S^{ti}. Salvatoris de domino Rege per servicium quatuor militum, sed debebat quinque quando baronia erat integra.

Henricus de Petrevilla tenet inde octavam partem unius feodi.

Guillelmus Paganellus tenet inde terciam partem unius feodi apud Acanvillam.

Item dominus Ricardus de Harecort tenet residuum illius feodi in dominico suo. Auvers cum pertinenciis suis facit servicium unius militis.

Guillelmus Pinel tenet inde quartam partem unius feodi.

Ricardus de Tallepie tenet inde quartam partem unius feodi.

Guillelmus de Joganvilla; Gaufridus de Bueseville; Manesser de Constances; Philippus de Bello Monte et vavassores tenent inde unum feodum.

S^{tus}. Salvator de Do'cis (sic) facit unum feodum de quo Guillelmus Paganus habet Hemevillam et Cranvillam et ex inde debet de servicio suo juxta tenementum suum.

Feoda Ricardi de Vernone. Ricardus de Vernone tenet baroniam de Neauhou de domino Rege per servicium quinque militum.

Guillelmus de Reviers tenet inde duo feoda et dimidium.

Guillelmus de Variavilla tenet inde feodum unius militis.

Guillelmus Roges tenet inde dimidium feodum lorice apud Curarvillam et Osmonvillam.

Guillelmus de Vac tenet inde dimidium feodum unius militis.

Herbertus de Morevilla tenet inde sextam partem unius feodi apud Morevillam.

Lucia filia Ricardi de Quesneio tenet inde sextam partem feodi apud Quesneium.

Guillelmus de Sauceio tenet inde sextam partem unius feodi apud Colevillam.

Robertus Andegavensis tenet inde sextam partem unius feodi apud Bunevillam.

Guillelmus de Uxi tenet inde dimidium feodum apud Bonevillam.

Guillelmus de Argenciis tenet inde dimidium feodum apud Orlande.

Gaufridus de Vacone tenet inde octavam partem unius feodi de maritagio uxoris sue apud Andoville.

Feoda Guillelmi de Humeto. Guillelmus de Humeto Constabularius Normannie tenet de domino Rege honorem de Humeto per servicium quinque militum et habet de eadem baronia .xxij. feoda militum ad servicium suum proprium que reperiunt quinque milites quando opus est ad servicium domini Regis.

Item Constabularius Normannie debet domino Regi de Honore de Rumili servicium duorum militum et dimidii quod Engerrannus de Humeto facit domino Regi per manum Constabularii antenati sui.

Guillelmus Grimaut tenet inde septimam partem unius feodi apud Marregni.

Engerrannus de Campo Rotundo tenet inde feodum unius militis apud Lorcium et Campum Rotundum et alibi.

Guillelmus de Bohon tenet inde feodum unius militis.

Renaud de Tot tenet inde feodum unius militis.

Rollant de Monteforti tenet inde terciam partem unius feodi sicut de antenato suo.

Hugo de Gnarencort tenet inde feodum unius militis.

Guillelmus Mauconvenant tenet inde terciam partem unius feodi.

Feoda Abbatis de Monte. Abbas Montis debet domino Regi servicium trium militum de hoc quod tenetur de illo in Constancia.

Fulco Paganellus tenet de illo Briquevillam et Aurivillam per servicium unius militis.

Dominus Musce debet servicium unius militis de hoc quod tenet de Abbate apud Mesnillum Brocum et Sanctum Ursinum.

Thomas de Bosco tenet de eodem abbate unum feodum militis cujus feodi membrum est Croen quod tenet Fulco Paganel. Et de eodem feodo tenent Nicolaus de Verdun et Fulco de Castegni.

Feodum Fulconis Paganel. Fulco Paganellus debet domino Regi servicium unius militis de feodo Orville et Mesnill' Roge. Hoc autem quod ipse habet in Briquevilla et Amevilla et Lengronne tenet de Abbate Montis per servicium unius militis quod facit domino regi per submonitionem Abbatis.

Hayam Paganelli cum omnibus membris suis tenet de domino Rege per servicium unius militis de quo ipse habet dimidium feodum militis ad custodiam castri sui in Constancia.

Hambeiam et Brehal tenet de domino Rege et in illis non percipit Rex aliud nisi graveriam suam.

Item tenet Croen de Abbate Montis per membrum lorice sed nescit quale, quia quando dominus Rex accipit .c. sol. pro auxilio exercitus, ipse non reddit de Croen nisi .xv. sol.

Item tenet de Constabulario Normannie dimidium lorice apud Poteres et Lingrevillam de maritagio uxoris sue, unde non respondet nisi domino Constabulario.

Guillelmus Paganellus tenet Perciacum de domino Rege per servicium unius militis.

Gaufridus Falsi tenet inde unum feodum apud Mesnill' Seran.

Robertus de Viliers tenet inde feodum quod habet apud Malpertuis.

Guillelmus Patris tenet inde quod habet apud Montem Fikel.

Hugo Le Danois et participes sui tenent inde feodum de Fulcone Harundo.

Idem Hugo tenet inde feodum suum de Cava Fraxino.

Guillelmus de Vallibus tenet inde feodum de Monte Kentin.

Guillelmus de Monte Acuto tenet inde hoc quod habet apud Orbam Haiam.

Radulfus de Perci tenet inde feodum de Sogne.

Guillelmus de Segni tenet inde feodum de Kesneio.

Hugo Tullart et Fulco Senart feodum Mensche.

Johannes de Vacone tenet inde feodum de Mesnil Alon.

Jacobus Brito et Hugo Tellart et Fulco Senart tenent inde feodum suum. Omnes isti tenent de Guillelmo Paganello de feodo Perci per membrum lorice.

Feodum domine de Meautis. Domina de Meautiz tenet de domino Carent. feodum de Meautiz per servicium duorum militum faciendum apud S^tam^. Scolasticam per manum domini Karent. quando guerra est inter Regem et Ducem et reddet inde domino Karent .x. libras .ij. sol. minus pro auxilio tercii anni.

Honor Posseri quem dominus Rex tenet in manu sua per escaetum debet domino Regi quatuor militum servicium.

Ricardus de Monasteriis tenet inde feodum unius militis apud Monasteria et alibi.

Galterus de S^te^. Marie ecclesia et participes sui tenent inde feodum unius militis apud Fiereville.

Guillelmus de Monteigni tenet inde feodum unius militis apud Annesvillam.

Robertus de Spissia tenet inde feodum unius militis apud Spissam et Gorg'. et alibi.

Feoda Honeris de Lutehaire. Honor de Lutehaire quem dominus Rex tenet in manu sua per escaetam debet domino Regi servicium duorum militum et dimidii.

Ricardus de Vauvile tenet inde feodum unius militis.

Robertus Taillefer tenet inde feodum unius militis.

Ricardus de Monasteriis tenet inde feodum unius militis.

Ricardus de S^to^. Germano tenet inde feodum unius militis apud Naz.

Gaufridus de Rotoz tenet inde feodum de Rotoz per servicium unius militis.

Guillelmus Roges tenet de Guillelmo de Vauville de feodo isto unum feodum lorice.

Guillelmus Faber tenet de domino Ansgoville de feodo Noviburgi quartam partem unius feodi apud Morfarvillam.

Guillelmus de Pratellis tenet feodum de Monte Acuto de Comite Roberto de maritagio uxoris sue per servicium duorum militum de quo servicio non respondet nisi domino Comiti.

Galterus de S^te^. Marie ecclesia et Thomas de La Fiere tenent inde feodum unius militis.

Johannes de Ansneville tenet feodum unius militis apud Brolium et Ansneville.

Fulco de Commandal tenet inde octavam partem unius feodi apud Commandal.

Henricus de Abouville tenet inde duodecimam partem unius feodi militis apud Ouvillam.

Gaufridus de Boseville tenet quintam partem unius feodi de Episcopo Bajocensi apud Kernevillam unde facit servicium per manum G. de Agneax antenati sui.

Carent. quod tenet dominus Rex per escaetum debet domino Regi servicium duorum militum et dimidii.

Matheus de Malliat. tenet inde quartam partem feodi unius militis apud Picauville et alibi de dono domini Regis.

Robertus de Bueseville tenet inde quartam partem unius feodi.

Henricus de Bueseville tenet inde dimidium feodum militis.

Engengier Le Bigot tenet de domino Matheo de Malli de feodo quod fuit Balduini Vac quindecimam partem unius feodi apud Grenuvillam.

Robertus de Corci tenet in Constancia Kinevillam que est de baronia de Corci unde ipse respondet per Petrum de Tillie in cujus ballia capite baronie est.

Rogerus de Gougauvilla tenet de eodem octavam partem unius feodi apud Gougauvillam.

Ricardus de Asevilla tenet de eodem octavam partem unius feodi apud Asevillam.

Petrus de Humeto tenet de feodo Radulfi Tesson apud Buchervillam cum pertinenciis quartam partem unius feodi.

Item tenet de Constanciensi Episcopo quintam partem unius feodi apud Sanctum Laudum et Corfalor.

Item tenet de feodo Comitis d'Arondel quartam partem unius feodi apud Mannevillam et Marchesuies.

Item tenet de Roberto de Corci tres partes dimidii feodi apud Varengeriam cum pertinenciis.

Guillelmus de Argent' tenet de domino Rege quartam partem feodi unius militis apud Orlande quod fuit condam de honore du Pleisseiz.

Domina Quesnaii tenet Quesnaium de domino Rege per servicium unius militis scilicet duodecima pars illius feodi est in insulis.

Kartraiet quam dominus Rex tenet in manu sua per escaetam debet servicium militis.

Feodum de Moion quod dominus Rex tenet in manu sua per escaetam debet domino Regi servicium quinque militum quorum duo et dimidium sunt in ballia Constanciensi et duo et dimidium in ballia Baiocensi.

Feodum de Bohon quod dominus Rex tenet in manu sua per escaetam debet servicium unius militis.

Robertus de Haia tenet inde duo feoda militum ad servicium de Moion apud Belum Couletum et Vilebaudon.

Ricardus de Fonteneto tenet inde feodum unius militis apud Fontes.

Feodum Mathei de Hermonville quod dominus Rex tenet per escaetam debet servicium unius militis apud Moion.

Robertus filius Fulconis debet servicium unius militis apud Moion cujus pars est in dominico domini Regis et residuum tenet Henricus de Cerenses.

Robertus de Briquevilla tenet inde aliud per servicium unius militis apud Moion.

Robertus filius Fulconis tenet inde feodum unius militis apud Moion ad servicium ejusdem castri.

Gaufridus de Mesnil Radulfi tenet inde dimidium feodum ad servicium de Moion.

Robertus de Haia tenet feodum unius militis apud Hayam de Gascheto de Catellon de Comitatu Glocestrie et debet servicium ad Sanctam Scolasticam.

Thomas de Colonces tenet feodum quatuor militum de Hugone de Colonces sicut de antenato suo ita quod ista quatuor feoda serviunt ad castrum de Thorigni ad plena arma per .xl. Dies et si opus fuerit plenum facient servicium ad opus unius militis apud S^am^. Scolasticam.

Robertus de Mesnil Bernart tenet inde feodum unius militis apud Dangi.

Robertus de Angi tenet de eodem feodum unum.

Radulfus de Tieville tenet feodum unius militis apud Mesnil Guarnier et quartam partem unius militis apud Mesnil Hugon ad servicium Gauraii.

Guillelmus de Ver tenet feodum unius militis apud Valence ad servicium Gauraii.

Guillelmus de Monte Acuto tenet quartam partem unius feodi apud Montem Acutum ad servitium Gauraii.

Episcopus Constanciensis debet Domino regi servicium quinque militum.

Thomas de Sancto Egidio tenet de eodem duas partes feodi unius militis apud Sanctum Egidium et soror sua tenet terciam partem de Maritagium (sic).

Ricardus de Corci tenet de eodem, feodum unius militis apud Corci ad servicium S^ti^. Laudi.

Gaufridus Murdac tenet de eodem feodum unius militis apud Trailli.

Radulfus filius Hugonis de Haya tenet de eodem terciam partem unius feodi apud Sanctum Egidium.

Thomas de Anisi tenet de eodem unum feodum militis apud Corfalor.

Guillelmus de Corfalor tenet de eodem feodum unius militis apud Corfalor.

Philippus de Aunes (ou Aunay) tenet de eodem feodum unius militis apud Aunes.

Guillelmus de Sancto Audoeno tenet de eodem terciam partem feodi unius militis apud Sanctum Audoenum et alibi.

Ricardus de Corci tenet de eodem. xvj^am^. partem unius feodi apud Fovillam.

Johannes de Porta tenet de domino Rege Solam per servicium unius militis quod facit per manum episcopi Constanciensis et inde est homo domini Regis.

Ricardus de Croili tenet tres partes feodi unius militis de Gilberto de Croili antenato suo.

Hoc quod dominus Rex tenet apud Nicorb et Torville, Moncarville et Grartot per escaetam debet servicium dimidii feodi.

Feodum de Tresgoz quod dominus Rex tenet per escaetam debet servicium unius militis et dimidii.

Comes Pontivi tenet Albigni de domino Rege per servicium duorum militum et dimidii.

Item idem tenet terram Balduini Vac apud Esnegervillam per servicium unius militis.

Feoda Renardi de Villa Tierri. Episcopus Baiocensis tenet centum feoda de quibus tenet servicium vigenti militum in marchas et Regi Francie ad suum servicium de decem militibus.

Comes Cestrie. ix. feoda et dimidium ad decimam partem unius feodi.

Gillebertus de Telleres tria feoda apud Manerium cum pertinentiis, sed pertinencie sunt in diversis balliviis.

Gilleberville .iiij^or^. feoda de Hanscoll de Saligny.

Covertus dimidium feodum de domino de Braosa.

Domina de Colombiers duo feoda de feodis Sancte Scolastice.

Via de Cring (sic) de feodo Andree de Vitreio dimidium feodum et quintam partem unius feodi.

Barbevilla unum quarterium feodi quod Fulco Paganellus junior tenet ex parte uxoris sue.

Crepon duo feoda et dimidium quod Gillebertus de aquila tenet.

Vec (sic) unum feodum et dimidium quod fuit Guillelmi de Pratellis ex parte uxoris sue de dotalicio.

Baionivilla dimidium feodum et decimam partem unius feodi de feodo Malet.

Episcopus Abrincensis quinque feoda de quibus negat unum.

Abbas Montis S^ti^. Michaelis septem feoda de quibus dominus Rex debet dimidium feodum de Burgo de Sancto Johanne Le Thomas de sua bursa.

Fulco Paganellus duo feoda de sua baronia.

Rochallus unum feodum de escaeta de Sancto Johanne Le Thomas.

Fredericus Malis Manibus unum feodum ex parte uxoris sue apud Sacom. et Vallem Seie.

Terra gasta unum feodum de escaeta de domino terre gaste.

Fulco de Huentou apud Dusseium duas partes unius feodi.

Lachese Baudoin cum pertinenciis suis unum feodum quod Bricius Camerarius habet de Baiulo domini Regis.

Feoda de Ballia Rothomagensi. Dominus Galterus Cambellarius tenet Fontanas La Guerart et terram de dono Regis.

Dominus Aubertus Deuges tenet medietatem Pontis Sancti Petri et de Romelliaco et de Pistres et de foresta de Lungo Bovello de Rege.

Johannes de Moreto tenet quod habet apud Redepont cum appendiciis de Rege.

Dominus Stephanus de Villanova habet semi feodum militis per custodiam de Maquenchi, de Ducatu.

Guerrardus de Maquenchi tenet unum feodum militis apud Bleinville et apud Herou de ducatu et ad fontes sub pratellos.

Semi feodum militis de feodo de Belencombre.

Dominus Reginaldus de Bosco tenent unum feodum militis apud Kailli de Ducatu.

Dominus Bauduinus de Longo Campo tenet unum feodum militis apud Kailli de Ducatu.

Dominus Petrus de Pratellis tenet tria feoda militum apud Pratellos de Ducatu.

Radulfus de Bellon octavam partem feodi militis apud Cohi de Ducatu.

Abbas Sancte Katarine tenet duo feoda militis de Ducatu et unum quarterium.

Abbas Jemetensis tenet duo feoda militis de ducatu et debet .c. sol. par. pro uno sommerio vel unum esturgium si habere potest.

Radulfus de Capite aque debet unum diem de custodia apud Rothomagum vel sex sol. de auxilio exercitus quando exercitus erit.

Henricus Portus tenet unum feodum militis de Ducatu apud Mostereolum de quo debet custodiam de .xl. diebus apud Lyons ad custum suum et hoc peracto debet habere auxilium de terra sua talem qualem dominus Rex dabit aliis.

Thomas de Pavelly tenet duo feoda militum apud Pavelly de Ducatu.

Ricardus de Roures tenet unum feodum militis de Ducatu.

Laurencius de Montenages dimidium feodum militis quod movebat de Ducatu sed Dominus Rex habet modo in sua manu per custodiam.

Robertus Desledes tenet octavam partem de feodo militis de Ducatu.

Dominus Rex tenet terram que fuit Hugonis Cumin apud Oissel per custodiam que fuit de Ducatu.

Guillelmus Roullant de Oissel qui movet de Ducatu per servicium unius culcitre de dono ad lectum domini Regis quando jacebat ad Oissel, et debet invenire stramen ad opus Camere domini Regis ad Oissel et debet invenire hospicium sui batellarii.

Henricus Wapal tenet terram suam per sergenteriam et debet servare portam Doaibele (sic) Castelli Rothomagi per liberationem .vj. denar. in Vicecomitatu una quaque die et quando Rex Jacebat Rothomagi debebat habere unum sextarium de vino et .iv^or^. panes et .iv^or^. exenia de coquina que omnia movent de Ducatu.

Lucas filius Johannis tenebat terram suam de Rege que movebat de Duce.

Adam de Maretot tenet terram suam de rege et custodiam de Gaiola; unde habet una quaque die .xviij. denar. in Vicecomitatu Rothomagi.

Guillelmus de Valle Mesnill tenet sergenteriam hereditarie de domino Rege que sergenteria movet de corona de Ballivia Rothomagi.

Hugo de Orma terram suam de Orival de domino Rege per sergenteriam et quando vadit in servicium Regis habet suas liberationes de Rege.

Stephanus Marescallus tenet terram suam de Brainvilla per sergenteriam de Rege.

Guillelmus de Barentin tenet terram suam apud Barentin de Rege per esse Falconarius Regis et debet liberationes ad tres equos habere.

Radulfus Le Portier de Portu de Oissel tenet terram suam et portum de Oissel de Rege.

Thomas d'Orchouse tenet terram suam apud Coromne et riperiam de dono Regis.

Petrus de Remi tenet terram suam de dono Regis.

Girardus de Mare tenet terram suam de dono Regis.

Walles de Montigniaco tenet terram suam de dono Regis.

Mahi de Chaumoncel tenet terram suam similiter.

Guillelmus de Sahi tenuit terram suam de dono Regis sed dominus rex modo eam habet in manu sua per custodiam

Guillelmus de Frenoxe tenet dimidium feodum apud Frenoxe unde debet servicium de escaeta.

Guillelmus de Toint tenet dimidium feodum militis de escaeta.

Guillelmus Monachus tenet feodum ad plena arma.

Guillelmus Valentin debet .x. sol. de auxilio quando exercitus est.

Guillelmus de Garnevilla tenet unum feodum apud Garnevillam de quo debet servicium ad plena arma de feodo Botelerie.

Radulfus Oisum debet servicium unius quarterii feodi militis quod solebat tenere de feodo Botelerie.

Michael de Baudetot debet servicium dimidii feodi militis quod tenere solebat de feodo Botelerie.

Henricus de La Heuse tenet terram suam de La Heuse et de Keville et de Rothomago et de Fiscanno et de Lalive et de Huberville et de Costentin de Rege pro qua debet servicium Boutelerie unde debet habere quando servit suas liberationes.

Guillelmus Duvivier tenet Corveseriam in Rothomago de feodo de Britolio qua propter venire debet Rothomagum ad adjuvandum et ad tenendum placita de illo feodo.

Guillelmus de Limesi tenet medietatem terre sue apud Limesi de Rege unde debet adjuvare ad tenendum placita de Limesi.

Robertus Lancesour, et sui participes tenebant de Comite de Vrohes (sic) terras suas apud Sanctum Albinum unde debebant hospitari ter in anno canes Comitis et venatores suos quando ibant de Nogon apud Le Tuit et du Tuit apud Nogon.

Rogerus de Vassunvilla inde debebat ire quater in anno ad sua placita sed bis ad Sanctum Victorem et bis ad Sanctum Richardum.

Guillelmus de Longo Rege tenebat unum feodum militis de Domino Sancti Victoris.

Helyas de Mesnillo tenet unum feodum militis de Domino Sancti Victoris et Guerrardus de Belvai similiter dimidium feodum et Galterus de Peletot dimidium feodum.

Et Robertus de Horsnaval quarterium unius feodi.

Et Abbas Jemeticensis dimidium feodum quod est apud Beuvai.

Et Symon de Sancto Laurentio dimidium feodum.

Et Gaufridus de Fay dimidium feodum militis apud Fresneum et Hunesium.

Et Gocelinus de Bally feodum unius militis apud Dragleville.

Abbas Sancti Victoris debebat Domino Rogero de Mortuo Mari unum roncinum ad faciendum summarium quando predictus Rogerus ibat in exercitum et quando redibat predictum roncinum dicto Abbati reddebat.

Robertus de Castello tenet terram suam de Rege per sergenteriam et debet ire cum serviente Regis ad capiendum latrones vel capiendum namma difforciata.

Guillelmus de Pulcro Campo tenet terram suam de rege usque ad vigenti quinque acras terre tali servicio quod debet adjuvare ad tenendum placita Rothomagi ter in anno et ad capiendum latrones et namma difforciata per submonitionem famuli Regis.

Guillelmus de Esquetot terram suam tenet de Esquetot similiter tali servicio.

Johannes de Bernetot et participes ejus tenent terras suas apud Peletot per sergenteriam.

Robertus de Glaville tenet terram suam tali servicio quod debet ire ad capiendum namma difforciata.

Item Guillelmus de Minieriis tenet de Auberto de Nages unum quarterium feodi militis apud Rommilly.

Dominus Guillelmus Barate dimidium feodum militis ad Ronqueroles in Volguessin.

Dominus Robertus de Pissiaco tenet de Rege medietatem de Radepont cum appendiciis.

Dominus Galterus Espaulart tenet de illo tercium feodi militis apud Opruies et apud Flori.

Dominus Galterus de Flori tenet de eodem Roberto dimidium quarterium ad Flori.

Et Dominus Henricus de Vendimara dimidium feodum apud Vendimaram.

Dominus Michael de Rouvreio tenet de Rege unum quarterium feodi militis ad Ronqueroles en Bray de feodo Montis Fortis.

Dominus Guillelmus de Bosco tenet dimidium feodum de ducatu ad Mauquenci unde Hugo de Quesnai tenet ibi de eo unum quarterium et Michael de Rouvereio unum quarterium.

Abbas Sancte Katarine tenet duo feoda et unum quarterium militis que movent de Ducatu.

Et Ascelinus Desgardes tenet de Abbate unum feodum militis ad Gardes juxta novum marcherium.

Et Matheus De la Poterie unum feodum militis apud Gumarville Judeum.

Et Hugo de Luneville unum quarterium ad Luneville en Cauz.

Et Dominus Engerrannus de Minieriis unum quarterium ad Quevrille La Millon.

Et Balduinus de Chantelou dimidium feodum militis ad Boscum Guillelmi et ad parcum Beaumont et ad Mesnillum Fulconem.

Et heredes Guillelmi de Offreville et eorum parcionarii tertiam partem servicii cum plenis armis.

Et Guillelmus Ronnart de Anteverne unum quarterium feodi militis de plenis armis.

Feoda Petri de Pratellis. Item Dominus Petrus de Pratellis tenet de Rege tria feoda militum. Tenet autem de Rege Pratellos cum suis pertinenciis et suum demsagne (sic).

Dominus Guillelmus Painel tenet de eo unum feodum militis apud Mesnillum.

Et Dominus Johannes de La Londe tenet de eo unum feodum apud Ossunvillam.

Et Dominus Engerrannus d'Anebaut unum feodum militis ad boscum d'Anebaut.

Et Dominus Radulfus Thoon dimidium feodum militis Coqramont (sic).

Et Herbertus de Fresnes unum quarterium apud Frenes.

Et Dominus Gaufridus du Mesnil unum quarterium ad Mesnil et ad Veterem Vicum.

Et Dominus Osbert de Sancto Johanne unum feodum militis apud Pubuef et ad Hamel ad Charrons et ad Veterem Vicum et ad Crucem.

Et Dominus Rogerus de Casteneto dimidium feodum militis ad Castenetum.

Et Dominus Guillelmus de Mesnil dimidium feodum militis apud Mesnillum subtus Chailly.

Et Dominus Gaufridus de Morigny unum quarterium apud Moregni.

Et Ricardus de Hees dimidium feodum apud Salcarvillam et ad Veterem Vicum.

Guillelmus de Chamoncort unum quarterium feodi militis apud Salmonville.

Feoda Baudrici de Longo Campo. Item Dominus Baudricus de Longo Campo tenet de Rege unum feodum militis et dimidium militis apud Cailly quod movet de Ducatu et castellum de Houville quod movet de Ducatu.

Et Dominus Guillelmus de Varneville tenet de illo unum feodum militis apud Cristot.

Et Dominus Guillelmus de Mesnillo Godefridi unum feodum militis apud Mesnil Godefrei, et ad Sanctum Germanum extra Cally unum feodum militis quod Dominus Rex cepit in manu sua et apud Braquetuit.

Osbertus de Sancto Johanne unum quarterium militis apud Sanctum Johannem extra Cally.

Dominus eadem de Ykebuef unum quarterium militis apud Yquebuef.

Et Dominus Thomas de Bucco Roberti unum quarterium militis apud Buc Robert.

Et Dominus Guillelmus de Haiis unum quarterium militis apud Sanctum Andream.

Radulfus Quesnel unum quarterium militis in parochia Sancti Andree.

Matheus de Tremble unum quarterium militis apud Tremblei.

Item preposita de Frenosa tenet de Rege dimidium feodum militis quod movet de feodo Reginaldi Ruffi.

Robertus filius Symonis Monachi tenet de Rege dimidium feodum militis quod movet de escanciis Domini Regis apud Frenosam unde debet servire plenis armis.

Guillelmus de Til tenet de Rege dimidium feodum militis de escanciis Domini Regis apud Hincarvillam.

Feoda de Sancto Audoeno. Item Abbas Sancti Audoeni tenet de Rege sex feoda militum.

Angerrannus de Auchont tenet unum feodum militis de Sancto Audoeno.

Gillebertus de Periers et participes sui unum feodum militis.

Heres de Piroil similiter unum feodum militis.

Matheus de Hermenville unum feodum.

Heres de Chantelou et participes sui unum feodum.

Aeliz de Quartevilla et participes sui unum quarterium apud Sotevillam juxta Pontem Arche unum feodum.

Heres de Vaque unum feodum.

Manasserus de Sancto Luciano unum quarterium.

Jordanus de Buieville dimidium feodum.

Robertus de Freschenes et sui participes dimidium feodum.

Heres Guillelmi du Han et participes sui in ballia de Bonavilla unum feodum.

Johannes de Yspania et sui participes dimidium feodum de Ebrardo Mansinelli.

Apud Benehans unum feodum quod tenet Dominus de Galleio : unde debet custodiam.

Feoda Abbatis Gemeticensis. Item Abbas Jemeticensis tenet de Rege tria feoda militum que movent de Ducatu et debet centum solidos parisis pro uno sommario aut unum esturgum si poterit inveniri aut unum conraium Domino Regi apud Gesnevillam si velit capere.

Et Dominus Gaufridus de Monchiart de eo tenet unum feodum militis.

Et Petrus de Espineto unum feodum militis apud Espinetum cum Galtero de Ripparia.

Guillelmus de la Marival unum feodum militis.

Dominus Baudricus de Longo Campo tenet de Rege unum quarterium feodi militis apud Pitres.

Feoda de Pavillie. Dominus Thomas de Pavillie tenet de Rege duo feoda militum apud Pavelly que movent de Ducatu.

Et Dominus Guillelmus Durescu tenet de eo dimidium unius feodi militis apud Mesnil Durescu.

Et Dominus Guillelmus de Croismara dimidium feodum militis apud Croismaram et apud medietariam.

Item apud Hardonvillam tria quarteria militis sed rex habet terram in manu sua.

Et Dominus Radulfus de Franquenai dimidium feodum apud Franquenai.

Dionisia de Petrevilla dimidium feodum militis apud Richeburg in Pavelli.

Et Dominus Guillelmus de Barentin dimidium quarterium apud Lambulli.

Et Dominus Guillelmus de Bello Campo dimidium feodum apud Bellum Campum.

Et Dominus Johannes de Sauceio unum feodum apud Saucci.

Et Dominus Guillelmus de Esquetot dimidium feodum Fretemole.

Et Dominus Galterus de Bordainvilla dimidium feodum apud Bordainvillam.

Et dominus Guillelmus Bauvilain unum quarterium et terciam partem unius quarterii apud Mantevillam et apud Hoeval.

Rogerus Dandeli dimidium feodum apud Gallevillam.

Et dominus Johannes de Bonnetot dimidium feodum militis apud Espinetum.

Et dominus Hugo Le Breton dimidium feodum militis apud Hellebue.

Dominus Michael de Rocino terciam partem feodi militis apud Saint Agnen super Riu.

Et dominus Johannes Comin quintam partem feodi militis apud Puiz et apud Huanvillam et apud Hellebon super Andella.

Dominus Theobaldus de Biervilla tenebat terram suam de Rege quam habet rex.

Dominus Osbertus de Sancto Johanne tenet terram suam de Rege [apud] Humonvillam.

Pavie tenet terram suam de Rege ad Boscum Guillelmi et ad Rothomagum.

Guillelmus Norgont tenet terram suam de Varengervilla de feodo monete.

Robertus Burgensis tenet de feodo monete apud Aprevillam.

Guillelmus Le Portiers de Sancto Egidio tenet portum de Sancto Egidio et unum mesnagium per serjantariam unde debet passare servientes Regis et pauperes gentes.

James tenet terram suam de Varengervilla de feodo monete.

Johannes Comin tenet de feodo monete apud Aprevillam.

Dominus Guillelmus de Rabel tenet de Rege boscum de Baquemont usque ad viginti acras unde debet servire in domo Regis quando venit Rothomagum.

Feoda Bartholomei Drogonis et pro de Grantemont. Dimidium feodum quod tenet Oliverius de Laire.

Johannes de Albenoie unum feodum apud Oteignes.

Andreas de Oteignes dimidium feodum apud Oteignes.

Philippus de Ravers apud Viler les Cales dimidium feodum.

Ricardus Patous apud Malvoier .iij. quarteria.

Robertus de Vuile apud Rogi dimidium feodum.

Radulfus de Turnaio apud Tournai unum feodum,

Matheus de Ulmaio dimidium feodum apud Ulmai et unum feodum apud Punelai.

Guillelmus de Gordai unum feodum duas partes apud Belmes et tercia pars apud Folmucent.

Robertus Louvel unum feodum apud Vendeure, Cerni, Mortene, Cressanvillam et Quatre Puiz.

Robertus de Jovigny duo feoda apud Baron et apud Abevillam.

Durande unum feodum apud Noereum.

Matheus de Merlaio dimidium feodum apud Grantemeseum et apud Noerum.

Guillelmus de Guernetot ibidem et apud Mesnil Renouart dimidium feodum.

Robertus Pantol unum feodum, medietatem au Torp et alteram medietatem apud Glatenay.

Johannes Bordon apud Quatre faverill. unum feodum.

Hugo Paenel dimidium feodum apud Berloet quod tenet Johannes de Porta in manu domini Regis.

Ricardus Caffray duo feoda apud Olandun et Borguebu et Olli et apud Gratemesenum et apud Mesnil Renouart.

Johannes de Hosa dimidium feodum apud Sacei.

Joslanus et Guillelmus Escocheille unum feodum apud Roures et meseres et apud Can.

Godefridus Aguillon dimidium feodum apud Sanctum Germanum Le Vacum.

Philippus de Roviers apud Lovignie super Ousne (sic) dimidium feodum.

Michael de Maletot unum quarterium.

Thomas de Vuile apud Evile super Secanum unam feodum.

Decanus de Andegavo tria quarteria apud Olli et apud Quesnei et apud Viliers Caleis et apud Brai et au Corp (sic) et Selengi et Abotere.

Robertus de Corci sex feoda per servicium duorum apud Vendeure, et apud Lovigny Le Petit et apud Poteriam et Merlaium et Fresnaiam Faiel et apud Acy et Brai en Cinguelays et apud Compigni de Eran, et apud Escouvillam et apud Cormelles juxta Cadomum.

Nicolaus Malesmains dimidium feodum apud Cheville et apud Goroville.

Mont Chauvet dimidium feodum super Nicolaum Malesmains.

Balduinus Rastel dimidium feodum apud Buxeriam juxta Lexovium.

Robertus de Eville apud Eville dimidium feodum.

Et Guillelmus de Chauvigny unum quarterium apud Grantem' et apud Lovigny super Osne (Olne).

Guillelmus Marescal apud Mosterol juxta Trun unum quarterium.

Johannes Beauvoisin unum feodum apud Aigu super Sartam.

Le Buef dimidium feodum quod tenet Gaufridus de Moncello.

Henricus de Chavicort dimidium feodum apud Bois Robert.

Feoda moventia de Bertolio. Guillelmus de La Ferte quinque feoda a la Ferte.

Guillelmus Marescallus apud Osnes unum feodum.

Guillelmus de Ruppiere unum feodum apud Mannevillam juxta Gue Berenger.

Gellanus de Pomeria duas partes duorum feodorum apud Modios.

Gillebertus de Moes quartam partem feodi et dominus Rex tenet residium tercie partis.

Michael Fresnel unum quarterium apud Herovillam.

Karon unum quarterium quod est in manu Regis.

Abbas de Cormelles quinque feoda inde tenet Robertus de Mealon, unum apud Mailon et Robertus de Morenville unum apud Morenville.

Et domina de Hedreville et sui participes unum feodum apud Hedrevillam et apud Novellam unum quarterium quod est in manu domini Regis per escaetam de Roberto de Cantelo qui est in Anglia et apud Capellam Herfrai dimidium feodum quod tenet Adam Servein et apud Freville et apud Booley et apud Efferville unum feodum quod tenet Oliverus de Aubigny et apud Saucei unum quarterium quod tenet Ricardus de Harecort quod ille negat.

Abbas Lyre tenet duo feoda de quibus alterum est apud Chalet et dimidium feodum apud Manieres et apud Neaufle dimidium feodum.

Girardus de Avernagio dimidium feodum apud Avernagium.

Ricardus de Avernaio unum quarterium apud Avernaium.

Alexander de Valle unum quarterium apud Alvergium.

Longum Pratum tercium feodi quod tenet Henricus de Gasaio.

Nicolaus de Gloz unum feodum apud b^a^. (sic) Falese.

Radulfus Pelevilain unum feodum apud Sanctum Albinum de quo debet gardiam Bretolii .xl. diebus.

Wellot de Gisaio unum quarterium apud Ceuraium.

Nicolaus de Bonavalle et Guillelmus de Alvernaio unum feodum apud Boissasseren et apud Osnes et apud Bois Harun in quolibet istorum locorum tenet tercium feodi.

Guillelmus de Chambaor unum feodum apud Chambaor.

Domina de Sap apud Sap quinque feoda militum inde tenet domina unum feodum in dominio et castellanus de Gallon unum feodum et dimidium.

Rogerus de Sauceia unum feodum.

Et Robertus Golafre unum feodum.

Et Fulque de Auver dimidium feodum.

Radulfus de La Haie dimidium feodum à La Haie Juxta Gloz.

Petrus Malveisin unum feodum apud Monceaux.

Guillelmus de Sissi unum feodum apud Sissi.

Le Chesne unum feodum quod tenet Guillelmus de Mineres per Ballum de Essartz.

Guillelmus de Mineres unum feodum apud Cornillium.

Robertus de Bieres unum feodum apud Bieres.

Mahi de Pomerolio unum feodum apud Pomerolium.

Oliverus de Aubignie apud Homes unum feodum.

Lande Prouse unum feodum quod tenet B. de Los de dono domini Regis.

Renaldus de Cutario unum quarterium de feodo Scurelli apud Rugles.

Dominus Rex unum quarterium de feodo Scurelli apud Rugles.

Feoda Guillelmi de Saquenvilla. La Cele .iij. quarteria.

Les Nans .iij. quarteria. Harcean dimidium feodum.

In Riperta unum feodum.

La Crespinière .iij. quarteria.

Maneval et Burrunt dimidium feodum.

Gisarum .iij. quarteria.

Le Mesnil de Goondon .iij. quarteria.

Nicholaus de Gloz dimidium feodum.

La Chapelle unum quarterium.

Bois Pantou et bois Novel unum quarterium.

Monachi de Trape de feodo Lamberti.

Boffei unum quarterium quod dominus Rex computat illis.

Feoda de Echauffray. Ipse Dominus tenet quatuor feoda et dimidium in suo dominio quorum partes subscripte sunt.

Gersvasius de Haia unum feodum.
Nicolaus de Milecort unum feodum Thomas de Plesseiz unum feodum.
Sauquene dimidium feodum.
Nicolaus de Gloz octavam partem feodi et Radulfus de Melicort unum quarterium.
Monachi Trape octavam partem feodi.
Petrus de Sauneres octavam partem feodi.
Symon de Vallibus octavam partem feodi.
Guillelmus de Mallot octavam partem feodi.
Yon du Bois Hubout octavam partem feodi.

Feoda de terra de Molins. Robertus de Montoillem unum quarterium feodi apud Ronceors Fulco de Louvieres dimidium feodum apud Sanctam Scolasticam.

Guillelmus de Val Fermant apud Val Fermant dimidium quarterium de eodem feodo fulconis de Louveres.

Matheus de Mota dimidium quarterium a La Broce de eodem feodo.

Guillelmus de Folegrans dimidium quarterium apud Folegrans de eodem feodo Fulconis de Louveres.

Mansel et abbas Perrier dimidium quarterium apud Moire de eodem feodo.

Guillelmus de Hamello quintam partem feodi au Hamel.

Guillelmus Chanu dimidium feodum apud Corte evesque.

Symon de Manon dimidium feodum apud Sanctum Hylarium.

Johannes de Bordon unum quarterium de eodem feodo apud Francheviliam.

Gervasus de Ciraio unum quarterium apud Mesnil Girout.

Guillelmus Heron dimidium feodum apud Gerimoveram.

Colin de Aspres dimidium feodum apud Caveceram et Sanctum Aquilinum.

Symon de Ferraria .vij. quarteria apud Ferrariam et ad Mesnil.

Girardus de Bevillon duas partes feodi apud Brulium.

Johannes de Ferrariis apud Moisinam terciam partem feodi.

Robertus de Falandres unum feodum apud Falandres.

Lohardera et Maherii tria quarteria apud Learden (sic) et apud Maherii.

Le Despenser et Symon de Ronceors unum quarterium ad Haes.

Dominus Tileriarum duo feoda pro Tileriis per servitium duorum militum ad exercitum domini Regis.

Gilebertus de Aquila tenet Aquilam cum pertinentiis suis et Haiam Richerii de Comite Ebroicensi per servicium trium militum apud Ebroicas suo corpore et duorum militum ad constamenta Comitis et si corpus suum sit in servicio Ducis Normannie et habeat essoniam Legalem Senescallus suus faciet servicium loco Domini sui. Et ex quo exient de Aquila ad constamenta Comitis erunt quousque retro sint in villa de Aquila.

Feoda de Sancta Scolastica. Guillelmus de Melle decem feoda.

Bastardus de Bures apud Sanctam Scolasticam unum feodum.

Robertus de Toltvoie unum feodum apud Sanctam Scolasticam.

Guillelmus de Longo Radio unum feodum apud Couldraium.

Robertus de Ferraria unum feodum apud Ferrariam.

Radulfus de Neaufle apud Sanctam Scolasticam unum quarterium.

Guillelmus de Ermengeot unum quarterium ibidem.
Ricardus Leen unum quarterium apud Chalonge.
Glapion unum feodum.
Hugo de Cremer .xv. sol.
Philippus de Noe .v. sol.
Rogerus de Oser .v. sol.

Feoda Domini du Melle. Willelmus Dominus de Melle tenet decem feoda que sunt in terra de Melle et in terra de Honore Sancte Scolastice de quibus debet gardiam apud Sanctam Scolasticam de decem militibus et debet pro illis decem feodis Domino Regi servicium exercitus per unum militem per manum Comitis Glocestrie. Et hec sunt partes feodorum. Hugo de Porta, Guillelmus de Genevreia et Robertus Barbout tenent tria feoda de quibus debent servicium quinque militum apud Preestal unum feodum. Aubois Turpin unum feodum. Talevaium unum feodum Fulquet apud Sanctum Leonardum. Et Robertus Hurel au Mesnil Hurel unum feodum.

Garinus Chauvin et Emorram de Fresnels et Hugo Le Gris et Guillelmus de Medavi unum feodum quod est apud Sanctam Colombam et au Merlle.

Item, notendum est quod Guillelmus de Melle tenet de Domino Rege suum mercatum et suas ferias itaque Dominus rex potest maritare filiam ejus primogenitam sine disperagiare illam et etiam debet habere ballum terre Domini de Melle quando contigit et consuetudines Normannie.

Feoda de Alenconnais. Gervasius de Sancto Celerino duo feoda.
Oliverus de Larre unum feodum.
Galeranus de Monte unum feodum.
Hugo de Avoise unum feodum.
Garinus de Mulli dimidium feodum.
Radulfus de Fontenaio dimidium feodum.
Johannes de Loges dimidium feodum.
Johannes Sanson dimidium feodum.
Moricius de Radon octavam partem feodi.
Seraleis Gervasius Revel unum feodum. Feodavit Avenel dimidium feodum.
Nicolaus de S^{to}. Dionisio dimidium feodum.
Escurel unum feodum.
Chaillouel unum feodum.

Feoda domine Adelicie de Roya. Guillelmus unum feodum.
Almon et Neaufle unum feodum.
Tremonz unum feodum apud Essay.
Robertus de Planchis unum feodum.
Girardus de Mesnil unum feodum.
Gile de Avesneio unum feodum.
Guillelmus Bordin dimidium feodum.
Matheus de Oville dimidium feodum.

De ballia Petri de Tilly in capite de Ducatu. Guillelmus Cambellanus de Tanquarvilla cognoscit quod debet domino Regi servicium novem militum et dimidii et tota terra sua sed nescit quot feoda militum tenentur de eo.

Robertus de Torceio tenet baroniam suam de Torce cum terra sua Anglie per servicium quinque militum domino Regi et de eo tenentur .xvij. feoda ad servicium suum ut dicit. Idem tenet feodum suum de Escaiol per servicium trium militum domino Regi.

Robertus Bertrand cognoscit quod debet domino Regi servicium novem militum de honore Turcy sed nondum scit quot feoda tenentur de eo ut dicit.

Dominus Henricus de Novo Burgo tenet baroniam suam de Asnebec per servicium duorum militum et dimidii domino Regi et de eo tenentur .xviij. feoda militum uno quarterio minus ad servicium suum, ut dicit.

Philippus de Vaasceio tenet baroniam suam per

servicium duorum militum domino Regi et de eo tenentur quinque feoda ad suum servicium.

Colonces tenetur de domino Rege per servicium unius militis domino Regi et est in manu domini Regis ratione custodie.

Braosa tenetur de domino Rege per servitium trium militum et est in manu domini Regis.

Johannes de Tornebu tenet baroniam suam per servicium duorum militum et de eo tenentur .xvj. feoda ad servicium suum ut dicit.

Robertus Marmion tenet quartam partem unius feodi militis et illa quarta pars tenetur de eo per feodum integrum.

Mauricius de Uxeio tenet tria feoda militum de quibus debet Domino Regi servicium unius militis.

Guillelmus de Uxeio tenet feodum unius militis ad servicium Domini Regis.

Guillelmus de Vado tenet quartam partem unius feodi, unde debet facere servicium in tempore guerre apud Falesiam.

Guellanus de Vado tenet sextam partem unius feodi eodem modo.

Unfridus de Vado tenet apud Vadum .xij^{am}. partem feodi unius militis eodem modo.

Henricus de Pulcra Fago dicit quod tenet apud Ceriseium de Guillelmo de Raineriis sicut de antenato dimidium feodum de feodo de Molunans et dicit quod Dominus Guillelmus debet tenere illud de Domino Rege in capite et feodum illud datur in elemosinam Abbati Belle Stelle per cartam Domini Regis faciendo hoc quod feodum debet.

Archidiaconus Andegavensis tenet unum feodum militis apud Merreium.

Abbas Sancti Stephani Cadomensis tenet unum feodum quod Albereda de Ros tenet de ipso.

Heres Guillelmi Marescalli de Venoiz tenet unum feodum.

Johannes de Livet et Hascoldis de Praeriis tenent dimidium feodum apud Praeres.

Feoda Abbatis Sancti Michaelis. Abbas de Monte Sancti Michaelis apud Breteville super Oudon unum feodum.

Robertus de Couviz apud Couviz unum feodum.

Guillelmus de Bray apud Bray unum feodum.

Guillelmus de Pirou tenet apud Traceium et Chantepuis cum pertinenciis unum feodum.

Fulco de Alnou tenet baroniam suam per servicium quatuor militum Domino Regi.

Isti tenent de escaetis Domini Regis. Hugo Dorde tenet unum feodum militis de Domino Feritatis et Feritas est in manu Domini Regis.

Guillelmus de Mota tenet unum feodum militis de eodem.

Radulfus de Lonlai dimidium feodum et altera medietas est in manu domini Regis in dominio suo.

Johannes de Lacella unum feodum de eodem.

Guillelmus Rufus tenet quintam partem unius feodi de eodem.

Fulco Forestarius apud Berlou quartam partem feodi de eodem.

Guillelmus de Gres dimidium feodum de eodem.

Radulfus Buffard apud Hablouville quintam partem feodi de eodem.

Sanctus Audoenus de Bruussont est feodum integrum quod tenetur de eodem et est in manu domini Regis.

Hugo de Atheis apud Rolleium de escaeta Radulfi de Somerel dimidium feodum.

Robertus de Quinteio tenet apud Basocam de escaeta de feodo de Luceio unum feodum.

Girardus Roel tenet tria quarteria unius feodi et escaeta Hugonis de Gorneio.

Rogerus de Humo apud Escoucheium sextam partem unius feodi.

Nicolaus de Aviguns tenet dimidium feodum de eodem.

Adam de Chantelou tenet quartam partem unius feodi apud Chantelou de eodem et sextam partem feodi unius de eodem apud Boon.

Non fuit qui responderet de feodo Veteris Pontis quia domina que custodit pueros manet in Francia postea domina cognovit per litteras suas quod tenet per servicium duorum militum honorem Veteris Pontis domino Regi.

Robertus filius Ernesiis tenet terram suam Normannie que est de feodo Comitis Glocestrie per servicium unius militis domino Regi.

Feoda de Guillelmo Malherbe. Guillelmus Maleherbe tenet de domino de Monbray qui est in manu domini Regis unum feodum et quartam partem unius feodi apud Noutu et apud Basoches.

Girardus Bovei tenet unum feodum apud Sanctum Bricium.

Ysabella de Evelcio apud Evelium unum feodum.

Guillelmus Borrel tenet dimidium feodum.

Gaufridus Barle dimidium feodum.

Guillelmus Corbet tenet duas partes unius feodi.

Guillelmus de Vaus tenet quartam partem unius feodi.

Johannes de Torgun tenet quartam partem similiter.

Ranulfus Falsi tenet dimidium feodum.

Ricardus Bacon tenet unum feodum.

Godefridus de La Mosce et sui participes tenent unum feodum.

Fulco de Huchon et Ranulfus de Crius tenent dimidium feodum.

Dominus Engerrannus et Hommet tenet in maritagium ex parte sororum Guillelmi de Monbray apud Escocheium duo feoda in ballia castri Laire.

Petrus Reandus feodum dimidium.

Isti tenent de Honore de Briose. Lucas de Lavon tenet quartam partem unius feodi.

Johannes de Quanellia tenet unum feodum.

Robin de Pogiel tenet unum feodum.

Robertus Crassus et Robertus de Sacco et eorum participes tenent unum feodum.

Henricus Banastre tenet quartam partem unius feodi.

Robertus de Sancto Hylario tenet quartam partem unius feodi apud Kinceium et terciam partem unius feodi apud campum Petre. Auxilium vadit apud Asnabet.

Petrus de Cusseio tenet quartam partem unius feodi.

Isti tenent de feodo de Nonant quod Garinus de Glapion tenuit. Julius de Victa tenet unum feodum.

Robertus filius Fulconis tenet dimidium feodum.

Ricardus Faucon tenet dimidium feodum.

Nicolaus de Male Nonne tenet dimidium feodum.

Fulco Bassent tenet dimidium feodum.

Thomas de Duisset apud Eschallon sextam partem unius feodi.

Radulfus de Andreis terciam partem duarum partium unius feodi.

Johannes Monachus apud Sanctum Andream sextam partem unius feodi.

Robertus Masselet apud Mesnillum juxta Braose sextam partem unius feodi.

Isti tenent de feodo Sancte Scolastice quod id. Glapion tenuit. Radulfus de Argentiis tenet unum feodum ratione Ricardi de Gisay, qui est in custodia sua.

Robertus de Boisseio tenet unum feodum.

Robertus de Neris tenet quartam partem unius feodi.

Garinus de Logis de feodo Glocestrie, quod Guillelmus Crassus tenet, unum feodum.

Isti tenent de feodo Montpinchon quod id. Glapion tenuit. Guillelmus de Corlibof tenet unum feodum militis.

Symon Piquenot unum feodum.

Fromont de Ponz unum feodum.

Guillelmus de Valle Ligarum miles dimidium feodum et tercium feodi.

Radulfus de Novilete dimidium feodum.

Ricardus Roussel dimidium feodum.

Heres Guarini Nel qui est in custodia domini Regis unum quarterium.

Osmedeus de Buisson Chel (sic) unum quarterium.

Robertus de Auvilers terciam partem feodi.

Gillelmus Pipart terciam partem similiter.

Petrus de Mondevilla tria quarteria.

Guillelmus de Valle Legarum N'. miles unum feodum et dimidium.

Ricardus Norrichon unum quarterium.

Andreas Porpensee unum quarterium.

Guernon de Albevilla unum quarterium.

Guillelmus Piffat unum quarterium.

Heres Ferrant deinde habet auxilium.

Radulfus Dargois dimidium feodum de feodis Rohais de Dubra.

Adam de Sancta Maria dimidium feodum de eodem.

Guillelmus Rufus apud Maisnillum Garin sextam partem feodi de eodem.

Isti tenent de feodo Comitis Cestrie. Guillelmus de Bavent dimidium feodum.

Rogerus de Houvilla et Henricus de Bretevilla dimidium feodum.

Hugo Boutevilain duo feoda et dimidium cum feodo de Estouvilla quod Alberedus Boutevillain tenet de eo.

Henricus de Bella Fago tenet unum feodum et dimidium apud Brevillam.

Ricardus de Argentiis unum feodum.

Hugo de Putot terciam partem feodi.

Ansel de Cabert dimidium feodum de feodis que comes Cestrie habebat in vadium de domino Croseii.

Robertus de Petiteville quartam partem ejusdem feodi.

Dyonisia uxor Symeonis quartam partem ejusdem feodi.

Item de feodo Comitis Cestrie. Alberedus de Ros dimidium feodum de feodo Comitis Cestrie.

Eudon. Brito quartam partem unius feodi de eodem.

Thomas de Coisneriis apud Arimatium dimidium feodum de eodem.

Symon de Culleio apud Anisenium quartam partem feodi de quo respondetur in Ballivia Baiocensi.

Alanus de Anesio ibidem quartam partem feodi.

Johannes de Pratellis apud Caligneium et Noiers unum feodum.

Radulfus Herbert apud Baron quartam partem feodi de feodo Roberti de Goviz.

Gaufridus de Combray unum quarterium apud Colump.

Osmundus Poisson dimidium feodum de eodem.

Alexander de Hospicio, Guillelmus Fresnel de Berneriis unum feodum apud Houville.

Hugo de Clinchamp apud Maisieres et apud Roisel unum feodum de eodem.

Henricus de Clara apud Funtru unum feodum de feodo Guillelmi Crassi.

Ricardus de Rovencestre apud Milleium et apud Viloud dimidium feodum de feodo de Merini [ou Mernu] et apud Petras de eschaeta Hacoldis de Soligneio quartam partem feodi.

Ricardus de Argentiis .xvj. partem unius feodi apud Ambliam de eschaetis quas Guillelmus de Moreville tenuit.

Constantinus de Britot apud Lyon quartam partem feodi de feodo de Meon.

Paganus de Meheudin tenet unum feodum et dimidium apud Sanctum Georgium et apud Molinaus.

Isti tenent de feodo de Clevilla. Rogerus Bertrand apud Clevillam quartam partem feodi.

Guillelmus de Chenai unum feodum.

Matildis de Glatigni unum feodum.

Rogerus de Argentiis unum feodum et unum quarterium.

Ricardus d'Onnebaut duas partes unius feodi.

Matheus Maminos tenet terciam partem feodi.

Galterus Franceis terciam partem feodi.

Guillelmus Poucin tertiam partem unius feodi.

Ricardus de Argenciis tertiam partem similiter.

Guillelmus de Angervilla apud Clevillam unum feodum et unum quarterium in valle Sancti Georgii.

Robertus de Loviers apud Masuncellas dimidium feodum.

Radulfus de Argogis apud Champ de Bool de escaeta Hascoldis de Soligneio duas partes feodi.

Guillelmus de Angervilla dimidium feodum.

Robertus de Goviz apud Teill octavam partem feodi.

Guillelmus Carite tenet apud Vadum Berenger de escaeta Ricardi de Soliers quartam partem feodi.

Henricus de Fontenaio apud Fontem le Paenel de escaeta Hugonis Le Paenel sextam partem feodi.

Thomas de Coisnieres apud Carcerigneium septimam partem feodi de escaeta Johannis de Liveto. Episcopus Baiocensis habet auxilium.

Ricardus de Mondreville de escaeta Rogeri Tirel apud Jorques octavam partem feodi de quo Episcopus Baiocensis habet auxilium per manum Ricardi de Rovencestre.

Julianus Louvel apud Oierneium de feodo de Monteforti terciam partem feodi de quo respondet in ballivia Baiocensi.

Robertus Garin apud Breteville la Rabel duas partes unius feodi de eodem feodo de quo ibidem respondetur.

Matheus de Merlai tenet apud Baron de escaeta Johannis de Erleia quartam partem feodi de quo auxilium vadit apud Gratemesnil.

Petrus de Tilly tenet in ballivia Boneville des escaeta Hugonis de Monteforti tertiam partem feodi.

Alanus de Falesia tenet apud Estopefor et Estarvillam de escaeta Gaufridi de Saie dimidium feodum de quo respondetur in Ballivia Castellani de Gallon de auxilio.

Feoda Ballivie Domini Guillelmi de Villa Tierri. Hugo de Gisorcio tenet Besutum cum pertinenciis et hoc quod habet apud Neaufle cum pertinenciis et unum feodum apud molendinum Bencelin que omnia valent de redditu .lx. lib. et debet de servicio pro omnibus hiis, custodiam per totum annum infra castrum de Neaufle de hereditagio te tercio militum et infra castrum et masuram suam in qua manet debet facere custodiam.

Guillelmus de insula dimidium feodum lorice apud S^um^. Dionisium firmam unde debet unum mensem de custodia de solo infra castrum de Neaufle et homines sui debent reparare unam perticatam de fossatis ad suum [custum] et facere hericiam supra illam perticatam cum reparata fuerit et auxiliari ad merrennia brecagiarum levanda cum opus fuerit.

Matheus de Mucegros similiter dimidium feodum et tantumdem de servicio suo.

Guillelmus Crispinus tenet baroniam suam unde debet duos milites de servicio et vavassoriam suam de Dauguto unde debet unum militem.

Petrus de Tornella tenet unum feodum quod molendinum Bencelini unde debet custodiam per annum ad suum de solo.

Petrus Brunus tenet unum feodum lorice apud Mesnillum Galteri unde debet unum militem.

Guillelmus de Calvo Monte tenet unum feodum lorice apud Forest et Quitriacum cum pertinenciis unde debet unum militem ad castrum regis si rex voluerit et ipse habebit auxilium exercitus de terra sua et ibit in exercitum.

Hugo de Tigervilla dimidium feodum apud Tigervillam.

Robertus Parquerius tenet quidquid habet apud Vilers, unde debet custodire parcum pro servicio.

Rogerus de Muis tenet unum feodum apud Muis et apud Calestum de feodo Comitis de Garannus de Belencombre.

Guillelmus de Boqueroles [tenet] dimidium feodum apud Bouquerolles de feodo Britolii.

Robertus Duplesciz tenet feodum de Hervalee unde reddit .lx. sol. Turon ad Purificationem Beate Marie.

Matheus Torel tenet consuetudinem suam in foresta Andeliaci et sex mansuras apud Andeliacum et unum modium bladi apud Spinetum unde debet unum mensem de custodia apud Andeliacum scilicet quindecim dies ad suum custum et quindecim ad custum domini regis, se tercio militum.

Philippus de Blaru tenet unum feodum lorice de rege unde debet unum annum et dimidium diem de custodia apud Vernonem ad custum suum et ad submonitionem domini Regis et anno quo facit custodiam non debet escuagium et debet exercitum et equitatum ad suum custum excepto quod ipse in propria persona debet esse ad custum domini Regis ad os suum et hernesium suum debet esse ad custum suum proprium.

Robertus de Bosco eodem modo feodum et dimidium sicut dominus Philippus excepto quod debet plus servicii de dimidio feodo quam dominus Philippus.

Philipot de Blarruco tenet decem modios vini et unam domum apud Vernonem unde debet quinque dies de servicio ad custum suum et residuum ad custum domini Regis.

Petrus de Longa tenet Gorcia sua in aqua et prata sua tenencia pratis Regis unde debet quindecim dies de custodia ad custum domini Regis.

Nicholaus de Fraxino debet de dono Domini Regis decem modios vini, unde debet quindecim dies de custodia ad custum suum.

Heredes Guillelmi de Monasterio tenent tantum et tantumdem debent de servicio.

Odo de Floriaco tenet unum feodum lorice sed dominus Rex quitavit ei medietatem quia feodum erat parvum sicut dicitur et inde debet vigenti dies de custodia ad custum suum.

Stephanus de Amaraville tenet unum quarterium lorice feodi unde debet unum mensem de custodia quindecim dies ad custum suum et totidem ad custum domini Regis.

Ricardus de Sancto Egidio tenet unum feodum lorice unde debet .xl. dies de custodia.

Odo Avart tenet unam vineam apud Longavillam et usuarium suum in nemore Longuevillæ unde debet Regi duos modios vini.

Rogerus Cauviz tenet unum quarterium feodi lorice pro meiscia quam de eo tenet.

Galterus Postel tenet .xiiij. modios vini et .xlij. sol. et molendinum suum, unde debet unam anguillam redditus et unum mensem de custodia ita quod ipse et armigeri sui ad cibum Regis et hernesium suum ad custum proprium.

Matheus de Crevecor debet .viij. dies de custodia ita pro teneura quam tenet de qua habet cartam domini Regis de Vernone et hoc ad custum domini.

Guillelmus de Carvilla tenet quicquid habet apud Prissigniacum Lorguellox et libertatem suam in foresta et apud Vernonem unde debet tres dies de custodia ad custum domini et cum armis militum.

Guillelmus Havart tenet unum furnum et tres hostisias apud Vernonem unde debet servicium apud Vernonem ad custum domini quociens dominus vult.

Gilebertus de Antolio tenet unum campum Mallart et centum sol. in prefectura Paciaci et unum hospitem et unam culturam et hec per quarterium lorice et per .x. dies de custodia ad custum.

Amauricus Pullus tenet unum feodum lorice apud Gransoure, unde debet .xl. dies de custodia ad custum suum.

Dominus Symon de Valle Contart tenet Le Valleiz per decem dies de custodia ad custum suum.

Ricardus de Revicon tenet furnum et duas masuras que sunt in manu Regis per tres dies de custodia ad custum suum.

Abbas Ivriaci tenet Gorneium juxta Paciacum per .xx. dies de custodia ad custum proprium ita quod homines venient ad molendina Regis ad servicium castelli.

Guillelmus de Hueneria tenet unum feodum apud Huaneriam per .xl. dies de custodia et aliud feodum apud Brehercuriam per .xl. Dies de custodia et apud Dons dimidium feodum per .xx. dies de custodia, et corveias ad castrum Paciaci per tres vices anni et de feodo agit ad custum suum.

Radulfus Coquus tenet apud Feins terciam partem feodi per .xiiij. dies de custodia ad suum custum.

Dominus Henricus de Feins tenet apud Feins tantumdem et eodem modo.

Dominus Johannes de Hardencourt tenet aquam suam et boscum suum et vineam suam et terram suam laborabilem per .x. dies de custodia ad custum suum.

Johannes de Brecort tenet apud Mesnilles unum feodum per .xl. dies de custodia.

Garsias tenet unum feodum sexta parte minus.

Bretegnoles unum feodum quod magister Yvo tenet per .xl. dies de custodia ad custum suum.

Guillelmus de Osseia tenet quarterium lorice per .x. dies de custodia ad custum suum.

Philippus de Cambinens tenet unum feodum apud M're (Mare ou Matre) per quadraginta dies de custodia ad custum suum.

Johannes de Mesnillo tenet unum feodum apud Garencieres per .xl. dies de custodia ad custum suum.

Dominus Bernardus Roenne dimidium feodum lorice per .xx. dies de custodia.

Robertus de Sancto Teloro tenet apud Sanctum Acolinum unum feodum per xl. dies de custodia ad custum suum.

Dominus Johannes de Alba Via apud Novam Villam de vallibus tenet hoc quod habet inde per .viij. dies de custodia ad custum suum.

Richerus de Gadencourt tenet dimidium feodum apud Gadencort per .xx. dies de custodia ad suum custum.

Stephanus de Viriliaribus, Philippus de Chambienne et domina Agnes de Chambienne tenent dimidium feodum Gaudevicort per .xx. dies de custodia ad suum custum et predictus Stephanus tenet quarterium de Doens unde debet .xx. dies de custodia ad suum custum.

Godefridus de Blarru tenet Holenc feodum et dimidium per .xl. dies de custodia ad custum suum.

Filius Rogeri de Bosco tenet unum feodum apud Boscum Rogeri unde debet .xl. dies de custodia ad custum suum

Dominus Petrus de Maula tenet hoc quod habet apud Maulam in dominio excepta domo sua de

Maula quam tenet de Rege. Tenet etiam de Rege omnia feoda que tenentur de ipso in Castellania de Maule exceptis quinque feodis et dominio suo de Maule. Unde debet exercitum et equitatum ad suum custum.

Petrus de Richeborc tenet omne quod habet apud Medontam de domino Rege excepto molendino de subtus terre et omne quod habet apud Guerrenvillam. Unde debet exercitum et equitatum ad suum custum.

Preterea tenet de Rege .xxvij. feoda militum citra Secanam et ultra.

Bovellus de Herbervilla tenet domum suam de Roseio ex parte uxoris sue. Unde debet exercitum et equitatum ad suum custum.

Johannes de Flaccort tenet medietatem de Flaccort in feodo et dominio et maritagium sororis sue de Villa Nova super Espoenne, et hoc quod dominus Galterus de Porta tenet de eo, et hoc quod Symon de Meselant tenet de eo, et hoc quod dominus Almaricus de Antolio tenet de eo. Unde debet Regi exercitum et equitatum ad suum custum.

Guillelmus de Bilanvilla tenet de Rege apud Medontam unum feodum et unam domum et prata et molendina et census et Bilanvillam et sex feoda militum unde debet exercitum et equitatum ad suum custum.

Dominus Johannes de Antolio tenet hoc quod habet apud Sanctum Martinum et Domonem et Griages in foresta et omne quod habet apud Medontam in feodo et dominio et hoc quod dominus Guido de Roqua tenet de eo, et hoc quod domina Petronilla de Calvo Monte tenet de eo, et omnia alia feoda sua de Vulcassino, unde, etc.

Dominus Nicolaus Catus de domino Rege tenet apud Medontam .xx. sol. de censu et unum feodum quod dominus Guillelmus de Gueneio tenet de eo apud Medontam. Unde debet, etc.

Domina Aaliz de Rooniaco mater Guidonis Malivicini tenet de Rege hoc quod habet apud Rooniacum in feodo et dominio et hoc quoc habet apud Sanctum Lubinum in feodo et dominio et Chennacum in feodo et dominio et maritagium filie sue de Desdendria et .xviij. militum feoda et feodum de Oliveio quod ipsa tenet per maritagium. unde, etc. Et preterea hoc quod habet apud Charifors in feodo et dominio ad dictum servicium.

Dominus Gasco de Samevilla tenet de Rege .iij. sol. de censu et .L. alleccia de redditu apud Medontam. Unde debet custodiam in castro Medonte ad suum custum in tempore guerre et quandiu guerra duraverit.

Dominus Gaufridus de Vileta tenet de Rege quicquid habet apud Viletam in feodo et dominio et decimam suam de Guenvilla. Unde debet exercitum et equitatum ad custum domini.

Dominus Symon de Valle Guntardi tenet quicquid habet apud Vallem Guntardi in feodo et dominio et boscum Ermengardis exceptis duabus culturis et feodo de Praignement. Unde debet exercitum et equitatum ad custum suum. Preterea ipse tenet de Rege hoc quod Guido de Halot miles tenet de eo et hoc quod dominus Rogerus Batalle tenet de eo et domina Juliana tenet apud Nantellam et apud Garenvillam et ad unum feodum tenet omnia.

Dominus Robertus de Sancto Teloro tenet de Rege quicquid habet apud Sanctum Telorum boscum in feodo et dominio et in nemoribus et in planis. Unde debet exercitum et equitatum ad custum domini.

Dominus Symon de Mesnillo tenet de Rege Mesnillum feodum et dominium et hoc quod Milon de Mesnillo tenet de eo, et hoc quod Germondus, et Robertus et Symon tenent de eo apud Mesnillum. Unde debet exercitum et equitatum ad custum domini.

Dominus Rogerus de Gila tenet Gilam et hoc quod habet inde in feodo et dominio unde debet exercitum et equitatum ad custum domini.

Dominus Guido de Halot tenet de Rege herbergagium suum de Halot et suum plessetum et sex arpenta terre unde debet exercitum et equitatum ad custum domini.

Rogerus Batalle tenet de Rege pomerium suum de Sancto Telorio.

Johannes de Brechevalle et per unum feodum unde debet custodiam in foresta de Brechevalle ad custum suum.

Feoda de Mellenton. Ansoldus de Herberville miles tenet hoc quod habet apud Melentum in hospitibus et censu et feodum et dominium a domino Rege unde debet unum mensem de custodia ad suum custum.

Dominus Gillebertus de Molendino tenet de Rege duos hospites apud Mellenton de .vj. sol. unde debet unum mensem de custodia ad suum custum et est homo suus ligius.

Dominus Droco de Hauches tenet domos tres apud Mellentum et clausum suum de Guntardo et duos hospites apud Valles et unam plateam et pressorium. Unde est homo Regis ligius et debet exercitum et equitatum ad suum custum.

Dominus Eustachius de Percheio tenet domum suam de Mellento et unum pressorium et hospitum undecim et pomerium suum et vineas suas de super stagium unde debet exercitum et equitatum ad suum custum et Senescallus tenet de eodem unum dominium ?

Radulfus Vitalis tenet de Rege apud Cessenturam quicquid habet inde excepto uno hospite et una platea apud Mellentum et unum feodum apud Cessenturiam unde debet mensem de custodia ad suum custum.

Radulfus Vitalis est homo ligius Regis et tenet de eo herbergagium de Cessenturia et novem jugera terre et quinque arpenta vinearum et duos hospites et dimidium. Unde debet exercitum et equitatum ad suum custum et unum mensem de custodia ad suum custum.

Dominus Bertinus de Asnesnis tenet domum suam de Mellento et tres hospites, unde est homo Regis ligius et debet exercitum et equitatum ad suum custum.

Petrus de Cingula tenet domum suam de Cingula et .vj. sol. de censu.

Insula S^ti^. Dyonisii, unde est homo ligius Regis et debet exercitum et equitatum ad suum custum.

Guillelmus de Lambervilla tenet de Rege tres sol. et .xj. denarios de censu, unde est homo regis ligius et debet custodiam per unum mensem.

Dominus Gasco de Monames tenet de Rege quicquid habet in Begimonte et apud Mucellos in feodo et dominio et duo feoda que tenentur ab eo, apud Begimontem unde debet exercitum et equitatum ad suum custum et custodiam in castro Mellenti per duos menses.

Dominus Petrus de Gaillion tenet de Rege .xij. sol. de censu apud Mellentum et apud Gastinam et apud Runolum .xxj. sol. et .vj. sextar. bladi. Unde debet exercitum et equitatum ad custum suum.

Senescallus Mellenti dominus Rogerus tenet de rege quicquid habet apud Mellenvillam et domum suam de castro et prata sua et senescalciam suam et quicquid habet apud caritam unde debet exercitum et equitatum et custodiam apud Mellentum per .xij. menses ad custum suum.

Petrus Senescallus tenet de rege tres partes guerreati firmitatem et medietatem Gargueville in feodo et dominio, et medietatem conductus Mellenti de quadrigis ad vina et .xl. sol. in navibus que transeunt per Mellentum, unde debet exercitum et equitatum ad suum custum unde debet quatuor menses de custodia et inde est homo regis.

Galterus de Longuesse tenet de rege quicquid habet apud Longuesse in feodo et dominio et domum suam de Mellento et hospites suos de Mellento, unde debet exercitum et equitatum ad suum custum et .xij. menses de custodia apud Mellentum.

Dominus Rogerus de Mellento tenet quicquid habet apud Habergevillam in feodo et dominio, unde debet Regi exercitum et equitatum ad suum custum et est homo Regis ligius.

Domina Emmelina de Bruelio tenet de rege apud Mellentem sex sol. de censu in domo Nicolai Fabri et unam vineam et duos hospites: unde Galerius filius ejus est homo Regis ligius et debet exercitum et equitatum ad custum suum et per annum statum apud Mellentum.

Dominus Geomus de Ruelio tenet de rege quinque arpenta terre et unam vineam apud Valles unde debet exercitum et equitatum ad suum custum.

Castellanus de Neaufle tenet de rege castellaniam Neauflii cum omnibus pertinenciis excepto quod Symonetus de Maruel habet in mercato et Sancto Germano subtus Neaufle et hoc tenet ad duo feoda unde debet exercitum et equitatum se alio militum ad suum custum.

Vicecomes de Miseat' [ou Nuseat'] tenet de rege hoc quod dominus Johannes de Ruel tenet apud Ruel et quod dominus Almaricus habet in foresta de Ruel et apud Ruel et apud Bruel et conductum Mellenti quod tenet Senescallus et vinetam quam tenet Senescallus et feodum de Espoone quod Johannes de Espoone habet apud Murellos et apud Mellentum villam et unum feodum quod Dominus Petrus de Maule tenet apud Duvenel et feodum de Sicco equo quod ipse vicecomes tenet ad unum feodum et debet exercitum et equitatum ad custum proprium.

Albericus de Vigneio tenet de rege apud Vigneium feodum de Botemont et domum suam novam et feodum quod uxor Hugonis de Mauras tenet de eo apud Vigneium unde debet exercitum et equitatum ad suum custum.

Feoda de Calvo Monte in Vulcassino. Dominus Guillelmus de Calvo Monte tenet apud Calvum Montem unum feodum quod dividitur in duo feoda quorum Gervasius tenet unum et Hugo de Conflans reliquum.

Idem Guillelmus habet unum feodum apud Sanctum Clerum quod Robertus frater suus tenet et aliud feodum apud Lamecort et domina Ysabella et aliud feodum apud Espiers quod Gasco de Essartis tenet et aliud feodum apud Avenatum quod Radulfus de Liz tenet et aliud feodum quod [apud?] Lormesons quod Guillelmus de Aunoi tenet et dominicum suum in *Vulcassino Francie*. Valet .xxxv. lib. unde debet exercitum et equitatum se altero militum ad suum custum.

Dominus Gasco de Bosconvilla tenet in feodo Calvi Montis .c. sol. de redditu, unde debet exercitum et equitatum ad suum custum.

Johannes de Bosco tenet quicquid [habet] in castro Calvi Montis et extra ibidem exceptis hiis que habet apud Richeborc, unde debet octo dies de servicio in exercitu in *Vulcassino Normanno*. Preterea tenet de rege domum suam Joiaci sine appenditiis ejusdem domus. Unde debet custodiam facere in castro Calvimontis per unum mensem ad suum custum.

Johannes Palmerius tenet unum feodum apud Hardenvillam unde debet exercitum et equitatum et ronquum (sic) (roncinum?) de servicio ad suum custum.

Dominus Johannes de Monte Capreolo tenet quicquid habet apud Yboville et apud Sanctum Crispinum in feodo et dominico et griages quas habet anenles et touleium Ponfisare in pane et pelliperiis exceptis griagiis quas habet in suis dominicis, nemoribus que tenet de domino Johanne de Tria. Unde debet exercitum et equitatum et quicquid habet apud Flavecourt cum alio feodo.

Dominus Johannes de Borriaco tenet Corteles et Borriacum ultra aquam et Belseregium et quicquid Guillelmus Tiois habet apud Nivecuriam in feodo et dominio et apud Villaceaux et hoc quod domina Maria de Mandestor tenet apud Ybovillam et unam arcam ad molendinum apud Medontam unde debet exercitum et equitatum ad suum custum.

Dominus Hugo de Auvel tenet boscum suum de Telis unde debet duos menses de custodia ad suum custum.

Dominus Johannes de Tria tenet etiam unum feodum totam terram et griages foreste. Unde debet exercitum et equitatum ad suum custum.

Preterea tenet de rege quicquid dominus Rogerus de Bocia tenet de eo apud Bociam in feodo et dominio.

Domina Petronilla de Calvo Monte tenet de rege quicquid habet apud Calvum Montem in feodo et dominio et Lateuvillam totam in feodum et dominium et vicecomitatum et tensione avene apud Triam villam et duo feoda apud Dodeauvillam scilicet totam villam hoc totum tenet ad unum feodum unde debet exercitum et equitatum ad suum custum. Preterea ipsa tenet de Rege Chaceiam suam in foresta de Cela.

Feoda de Alneto. Philippus de Alneto tenet Alnetum et Bociam cum omnibus pertinenciis, unde debet domino Regi exercitum et equitatum ad custum domini.

Preterea tenet domum suam in Aneto, unde debet roncinum servicii vel ire in exercitum utrum voluerit Rex.

Fulco de Marcelliaco tenet ab eo Mecene et Rahuville et quoddam feodum Stampis quod dicitur Longa Riva [ou ruina] Unde debet roncinum servicii et roncinum exercitus.

Symon de Yllon tenet feodum de Macroles unde debet roncinum exercitus et roncinum servicii.

Robinus de Sauceio tenet Sauceiam ultra Anducam et infra Cisiacum et feodum Huberville et consuetudinem in foresta de Crot scilicet vivum ad hospitandum et mortuum ad ardendum et pastum et porcos proprios et famulum quitum ita quod famulus habebit mortuum nemus in foresta ad ardendum et pastum ad porcos. Et tenet domum apud Anetum et feodum Johannis Pulcri et pastum ad porcos in Haya et terram ad unam carrucam apud Gotoienvillam unde debet roncinum exercitus et roncinum servicii.

Robertus de Salicibus tenet hoc quod habet apud Sauceium infra aquam et consuetudinem in foresta vivum ad hospitandum et mortuum ad ardendum et pastum ad porcos proprios in foresta et in haya: et famulum liberum in foresta et furnarium et reliquos homines per redditum consuetum et roncinum exercitus et roncinum servicii.

Robinus de Sancto Hylario tenet hoc quod habet apud Sauceium infra aquam et ultra et Hayam de Broncio et feodum Tibli et consuetudinem in foresta vivum ad hospitandum et mortuum ad ardendum et pastum ad porcos et domum ad census apud Anetum et famulum liberum et porcos in Haya et roncinum exercitus et roncinum servicii.

Almaricus de Ferrariis tenet hoc [quod] habet in calceia Ebroici scilicet terram de Chanceliers et nemora cum pertinenciis ad roncinum exercitus et roncinum servicii.

Robertus Populus tenet hoc quod habet Aneti ex

parte patris et matris sue et hoc quod habet apud Sauceium et consuetudinem in foresta: vivum ad hospitandum et mortuum ad ardendum pastum ad porcos proprios : et maritagium uxoris sue et hoc quod habet apud Chesneium in feodo et dominico et census apud Anetum : et homines pastum ad porcos de haya et roncinum exercitus et roncinum servicii.

Guillelmus de Jumellis tenet hoc quod habet apud Sanceium ultra aquam et Cisiacum in feodo et dominico ad feodum plenorum armorum excepta valle de condam : consuetudinem in foresta, vivum ad hospitandum et mortuum ad ardendum et homines liberos ad consuetum redditum. pastum in foresta et haya ad porcos proprios et famulum in foresta.

Petrus de Cristun tenet apud Anetum .xv. arpenta terre et pratorum et domum ad roncinum exercitus, et roncinum servicii.

Theobaldus de Faverill. tenet in famulatu medietatem preposilure et roboribus et terram et herbergagium, unde est famulus ligius. Lotharius de Roboribus tenet .xv. arpenta terre in feodo et dominio et domum ad Robores ad predicta servicia.

Odo Persona tenet .xj. arpenta terre in feodo, et *roncinium servicii*.

Odo de Capella miles tenet illud quod habet [apud] Capellam in feodo et dominio unde debet roncinum exercitus et roncinum servicii vel exercitum ad equitatum ad costum domini.

Radulfus de Felins miles tenet terram quam habet apud Rontes in qua terra rex capit medietatem campi partis unde debet roncinum servicii et roncinum exercitus vel exercitum et equitatum ad custum domini.

Richardus de Croisilles tenet omne illud quod habet apud Croisilles in feodo et dominio unde debet roncinum exercitus et roncinum servicii vel exercitum et equitatum ad custum domini.

Osmundus de Chaumont tenet hoc quod habet apud Olins in feodo et dominio et hoc quod habet apud Anetum et hoc quod habet apud culturam et hoc quod dominus Symon de Mesnillio tenet de ipso apud Montem Falconis unde debet roncinium servicii et roncinum exercitus vel exercitum et equitatum ad custum domini.

Dominus Venel d'Orguell tenet de rege hoc quod habet Marchi effroi et dominium et hoc quod dominus Bernardus de Sesnes tenet de eo apud Marchi effroi unde debet exercitum et equitatum ad custum domini

Feoda Nogenti. Dominus Petrus de Divite Burgo tenet .c. sol. in prepositura Nogenti die festi Sancti Johannis Baptiste de quibus ipse fuit homo Comitis deffuncti et tenet feodum de Chenoie quod dominus Guillelmus de Nigelle tenet de ipso et feodum de Levein Fontenne quod Henricus de Pontellis tenet de ipso et unum aliud feodum apud Levein Fontenne quod Amalricus de Probato Monte tenet de ipso et feodum quod Symon de Merroles tenet de ipso et debet exercitum inde et equitatum.

Garnerus Morcher miles tenet herbegagium suum infra castrum et hospites suos de Nogento et terram suam de Nogento et unum arpentum vinee et unum prati et hoc quod habet apud Corfou et hoc quod Henricus Berengarius tenet de ipso et hoc quod Petrus Morel et hoc quod duo fratres sui et hoc quod Galterus de Villa Mota et hoc quod Hugo Maior et hoc quod Bartholomeus de Mesnillo et hoc quod soror sua de Barvilla et hoc quod Petrus de Luat tenet de ipso apud Nogentum et hoc quod Bartholomeus de Ruffin tenet de ipso et feodum Roberti Charbonnoies et hoc quod Gardro Drotier tenet de ipso. Unde debet exercitum et equitatum ad custum domini et duos menses de custodia ad suum et hospites sui de Nogento et de Villamo fossata de Nogento.

Item ipse tenet plateam Molendini et Chandres. Garinus de Escrones et Mussement et Gascon Delain et Castananum in Bensia et feodum quod Petrus Morel tenet de ipso et domum et terram suam de Chaengnes et duo feoda que Garinus de Sancto Leodegario tenet de ipso et duo ligeia et feodum Garini de Matunvilla et debet inde exercitum et equitatum ad custum domini et .xl. dies custodie ad suum.

Item Garinus Descrones tenet motam Nicholai et feodum Christiani de Marevilla et feodum quod Philippus de Campigniaco tenet de ipso et unum feodum quod Hubertus de Berchieres tenet de ipso.

Symon de Senantes tenet hoc quod Hugo de Chandres tenet de ipso et torcularia sua de Nogento et duos hospites et hoc quod domina Mabilia tenet de ipso et hoc quod Robertus Vigier tenet et hoc quod Henricus Ruffi tenet et hoc quod Petrus Morel tenet de ipso unde debet exercitum et equitatum ad unum mensem de custodia et hospites sui de Chandres fossata.

Hugo de Boelaio tenet custodiam terre sue unde debet duos menses de custodia.

Johannes de Nocumento tenet hoc quod habet in platea et unum hospitem apud Nogentum unde, etc., ad custum domini et unum mensem de custodia ad suum.

Guillelmus de Cyonville tenet hoc quod habet ex parte patris sui apud Nogentum et hoc quod habet apud Branchancum et hoc quod habet Johannes Heluart et hoc quod Auvillers et hoc quod Grodro de Bella Fago et hoc quod Petrus de Bastrinis et hoc quod Stephanus Morel et hoc quod Amalricus de Probato Monte tenet de ipso. Unde debet, etc., ad custum domini et duos menses de custodia.

Henricus de Poncellis tenet duos hospites et domum suam de Nogento unde debet unum mensem de custodia terre sue et debet exercitum et equitatum.

Amalricus de Probato Monte hospites suos de Nogento et domum suam et prata sua de insula et molendinum suum et hoc quod frater suus et feodum quod Stephanus Merel et hoc quod Manasserus Clericus et Henricus et Reginaldus de Gambes et hoc quod Petrus Groignart et Jaquinus et duo Johannes de Helluat et hoc quod Petrus de Bastriniis et hoc quod Muardus de Gange tenet de ipso. Unde debet exercitum et equitatum ad custum domini et duos menses de custodia.

Item ipse tenet hoc quod habet apud Urgevillam et apud Villarment et hoc quod dominus Guillelmus Gofer et hoc quod Robinus de Becvilla tenet de ipso et hoc quod Robertus de Brochantel tenet de ipso.

Henricus Berengarius tenet hospites et molendina sua unde debet tres menses de custodia et exercitum et equitatum et hospites suos ad fossata.

Robertus de Breville tenet hoc quod habet apud Nogentum et apud Ulmeium et hoc quod Guillelmus de Coldreto tenet de ipso excepto feodo Hugonis de Boelio unde debet estagium per totum annum apud Nogentum et est Castellanus feodatus et ponit guetam in castro et debet exercitum et equitatum.

Domina Ysanna de Gambel tenet herbegagium suum et hospites suos et prata sua et terras arabiles apud Nogentum et herbegagium suum de Valle Braina et feodum Guillelmi de Vicinis et quicquid Huetus de Boarville tenet in castellania Nogenti et feodum quod Eveillart tenet de ipsa et feodum et dominium Roberti Le Bigot et quicquid Radulfus Brethansange habet in castellania Nogenti et feodum quod Guibertus de Senone et feodum quod Hemardus de Champigniacio et hoc quod Robertus Malus Vicinus apud Boeleium tenet de ipsa unde debet exercitum et equitatum et duos menses de custodia et hospites sui de Nogento debent fossata Nogenti.

Galterus de Villa Monta tenet custodiam terre sue de domino Rege et debet inde unum mensem de custodia et hospites sui de Villa Monta fossati

Domina Mabilla de La Roobee tenet hospites suos feodum et dominium suum de Nogento exceptis duobus hospitibus et dimidium et tenet hoc quod habet apud Giboffossam et apud Botenvillam tam feodum quam dominium et servientes, unde debet unum mensem de custodia. Item ipsa tenet feodum quod Henricus Berenger et feodum quod Petrus Morel et feodum quod Hamericus de Boteigni tenet de ipsa et inde debet exercitum et equitatum ad custum domini et tenet quinque modios bladi in grangia de Marevilla pro molendinis au Sesne.

Girardus tenet custodiam terre sue de domino Rege et debet inde exercitum et equitatum sicut alii et duos menses de custodia et hospites qui tenentur de ipso debent fossata Nogenti.

Domina de Salicto tenet .iiij. hospites et unum pratum unde debet unum mensem de custodia et exercitum et equitatum. Item ipsa tenet feodum quod Hamericus de Hanches tenet de ipsa.

Bartholomeus de Ruffin tenet nemora sua et vineas suas et molendina et hospites suos de Roffin tenent de ipso apud Brocart et quod Johannes de Heluat de ipso tenet apud Proies et inde debet exercitum et equitatum ad custum domini et duos menses de custodia.

Hugo Dolrives tenet custodiam terre sue.

Petrus de Gromuel tenet hoc quod ipse et Robertus frater suus habent in platea et inde debet dictus Petrus unum mensem de custodia et exercitum et equitatum sicut alii milites Nogenti.

Raginaldus de Buxeria tenet decimam de Neiron, et duas bougias terre apud Ulmeium et inde debet servicium unius roncini tantum.

Galterus de Fadeenvilla tenet feodum Auberti Ruuel et feodum de Teliu et feodum de Bellafago et inde debet unum mensem de custodia et quinque sol. ginete.

Richerus Creste tenet terram Petri de Lislon de Marchesanteals inde debet unum mensem custodie et exercitum et equitatum.

Symon Monachus tenet hoc quod Petrus Morel tenet de ipso apud Vallem Morium.

Robertus Niger hospites suos de Nogento per unum mensem custodie et exercitum et equitatum.

Stephanus Morel tenet duas vineas et unum pratum et plateam de atrio et custodiam terre sue et inde debet exercitum et equitatum.

Domina de Annello tenet hoc quod Garnerus Morcher tenet de ipsa apud Annaellum et hoc quod Hamericus de Buxeria tenet de ipsa et unam partem justicie et quod Amalricus de Probato Monte tenet de ipsa et inde debet exercitum et equitatum ad custum Regis.

Petrus Donjon tenet hoc quod Symon de Marrollis tenet de ipsa et hoc quod Girardus de Rus et Andreas Cholet et Reginaldus de Buxeria tenent de ipso et hoc quod domina Marvilla tenet de ipso.

Garzo de Livores tenet .xl. sol. redditus de pedagio de Roberti Cur. et debet unum par calcarium deauratorum ad Pascha et exercitum et equitatum ad custum domini.

Hugo de Castro tenet Trambleium et Boleium terrici hoc scilicet quod Hugo de Boleio tenet de ipso et feodum de Hunbernier quod Otrannus de Marchiez tenet de ipso et feodum de Champigniaco quod Johannes de Milliaco et Hugo de Chalet tenent de ipso et Luat et Musement et quandam villam que vocatur Priez : hec omnia tenet ad unum feodum et pro eo nullum debet servicium sicut dicit.

Galterus de Monte Licart tenet de domino Rege hoc quod Laurencius frater suus tenet de ipso apud Nogentum exceptis .iiij. hospitibus et tenet custodiam terre sue et debet inde unum mensem custodie et exercitum et equitatum.

Dominus Hugo de Chalet tenet de Rege unum feodum apud Coumacum et inde debet unum mensem de custodia apud Nogentum.

Robertus de Brochandel tenet de Rege .viij. hospites ad Nogentum et inde debet exercitum et equitatum et unum mensem de custodia.

Feoda de Maudestor. Dominus Theobaldus de Maudestor tenet de Rege feodum de Praeriis quod dominus Gasco de Boconvilla tenet de eo et feodum de Cakembu apud Gernicuriam et feodum quod fratres de Blemnis tenent de eo apud Gernicuriam et feodum de Ovi quod dominus Guillelmus de Ovi tenet de eo et feodum quod Guillelmus de Ogneio tenet de eo apud Gernicuriam, et feodum quod dominus Galterus de Marines tenet de eo apud Cormelias et apud Henouvillam et dominus Symon de Pissiaco tenet de eo duos hospites apud Buxiatum et unum hospitem apud Andreslacum et hoc quod Guillelmus Bertinus de Asnesius habet Giruncuriam, unde debet exercitum et equitatum ad suum custum.

Dominus Eustachius de Ruelio tenet de Rege totum Percheium in feodo et dominio et hoc quod domina Ysabella de Montegneio tenet per dotem apud Gosenges, et hoc quod dominus Symon de Ablegis habet apud Ablegas et hoc quod Robertus de Boissiaco [et Garnerus Clericus habet (tenet) de feodo suo apud Boissacum et hoc quod dominus Philippus de Gosengres tenet de eo apud Gosengres de feodo Percheii, et hoc quod dominus Guido habet apud Gosengres in feodo et dominio unde est homo Regis ligius et debet exercitum et equitatum ad suum custum.

Dominus Johannes de Tria tenet de Rege apud Pontasiam .viij. sol. de censu et molendinum Canteraine. Unde debet exercitum et equitatum ad suum custum.

Dominus Radulfus de Liez tenet de Rege domum suam de Pontasia et hoc quod habet de Pedagio, pontis et molendina sua et prata de Sancto Omo et de Bonavilla et .vj. lib. de censu apud Pontasiam et furnum suum Pontasie et tria quarteria vinee apud Pontasiam, grancheriam suam et domum Rogeri de Vallibus et feodum Guillelmi de Egreneio.

Radulfus de Motegui unum feodum.

Eustachius de Sorsi unum feodum et hoc quod Robinus de Corcerio tenet de eo, feodum Galteri de Nosart, feodum Ade de Beluini, feodum Sancti Stephani de Turre, feodum Alberti de Repellon, feodum Anselli de Vallibus, feodum Roardi de Nogento, feodum Symonis Pavetarii, feodum Galteri de Chambliaco, feodum Yvonis Mugnerii, feodum Heberti de Ovi, feodum Radulfi Frepellon, feodum Guillelmi de Dugneyo, feodum Theobaldi de Cornet, feodum Galteri de Marinis, feodum Girardi de Valle Enguerrandi, feodum Theobaldi de Lic, feodum Guidonis de Vers, feodum Radulfi de Arquila, feodum Gasconis de Brotonvilla, feodum Hugonis de Tigiervilla.

Dominus Johannes de Poiz tenet de Rege conductum suum de Joiaco unde est homo Regis ligius et hic conductus valet .xv. libras de redditu. Unde debet exercitum et equitatum ad suum custum.

Dominus Petrus de Damponte tenet de Rege .xxv. ... de redditu et .iij. sextarios et dimidiam minam avene apud Medontam Villam et ibidem .iiij. capones et .iij. panes et quatuor sextarios vini et .xiij. denar. de censu. Unde debet exercitu et equitatum ad suum custum.

Dominus Galterus de Marinis tenet de Rege quicquid habet apud Cormelias in Vulcassino feodum et dominum: et quicquid Philippus de Ablegis habet apud Ablegas feodum et dominium et quicquid Johannes de Henonville tenet apud Henonvillam feodum et dominium et quicquid Engerrannus de Henonvilla et dominus Adam de Vilers tenent apud Henonvillam feodum et dominium et quicquid Johannes de Torbaco habet ibidem feodum et dominium unde est homo Regis ligius: et debet exercitum et equitatum ad suum custum.

Dominus Girardus de Valle Engerrandi tenet de Rege Campiparcium et Amblevillam et nemora ejusdem ville et duo feoda que dominus Johannes de Tria tenet de eo apud Amblevillam et apud Haraviler et apud Fai et unum feodum quod Theobaldus frater suus tenet de eo apud Amblevillam.

Johannes prepositus unum feodum.

Liecelinus Liturs unum feodum.

Stephanus Bauche unum feodum.

Philippus de Sendencuria unum feodum.

Dominus Radulfus de Ategnocuria unum feodum.

Dominus Reginaldus de Estreis unum feodum.

Dominus Theobaldus de Maldestor unum feodum.

Guillelmus de Harouville unum feodum.

Maria de Fay unum feodum et aliud feodum unde debet exercitum et equitatum ad suum custum.

Yvo Minerius tenet medietatem minagii Pontisare et unum feodum quod filius Julianus Carnificis tenet de eo. Unde debet exercitum et equitatum ad suum custum.

Guillelmus de Dugneio tenet unum feodum apud Vallem Joiaci. Unde debet .xv. dies de exercitu et equitatu.

Domina Agnes de Avereio tenet tensamentum Cergiaci et tocius parochie et hoc quod habet in pressoriis. Unde debet exercitum et equitatum ad suum custum. Preterea ipsa tenet de Rege apud Pontisaram Coulerum lini et canabi et Lane. Unde debet mensam Domini Regis servire de mapis quando Rex vel regina stant apud Pontisaram.

Item sciendum est quod predictus Radulfus de Liez tenet de Rege feodum Johannis de Tria, feodum Hugonis de Calvo Monte, feodum Engerranni de Triagnel, et feodum Godefridi de Blemecort, et feodum Odonis de Monte Falconis et Ricardi Pontin; unde debet exercitum et equitatum ad suum custum.

Dominus Galterus de Santolio tenet de Rege hoc quod habet apud Gernicuriam. Unde debet exercitum et equitatum.

Hec sunt feoda que Dominus Johannes de Gisorcio tenet de Rege. Quicquid habet apud Tor et ecclesiam de Ermeron juxta aquam bonam et atrium et hospites atri, et decima ville in laicali feodo quam quidem miles tenet de eo ad laicum feodum et quamdam domum apud Pontisaram que fuit Theobaldi de Gisorcio cum omni porprisio et unam domum que fuit Marcelli que est ante monasterium Sancti Mellonis et unum molendinum quod vocatur Botellier: et duos furnos et omnes hospites quos Thomas de Gisorcio habuit in villa et novum burgum, quod est extra muros in via de Andeliaco et quicquid Bartholomeus Malus Filiaster habet apud Pontisaram, scilicet vineam unam que vocatur Vineiz et terras lucrabiles et terram quam Garinus Foin emit et (sic) a Bartholomeo et quicquid habet apud Vallem Hermeri scilicet unam vineam et unum torcular et unam domum cum porprisio et unum columbarium et hospites qui reddunt .xxij. sol. et quicquid Guillelmus de Percheio habet apud Aneliacum in vineis, terris et rebus aliis et unum hospitem quem habet apud Vallem Hesmeri. Et quicquid Thomas de Gisorcio habuit apud Aneliacum quod Petrus Malus Vicinus tenet in vineis, terris et nemore et in omni creatura: et quicquid Odo de Fremecuria habet apud Crisi et quicquid Rogerus de Maulia habet apud Crisi: et quicquid Richels de Henonvilla habet apud Busencuriam sub Corneliis in omni creatura et quicquid Odon de Dugniaco tenet déniet [?] apud Cormelloies et le Fay Droconis Corsaint, et duo feoda apud Briencion que tenent de eo .ij. vavassores et totum Corcelles juxta Boissi et quicquid pertinent (sic) ad Corcellas domanium et feodum in molendino et in omni creatura. Et Novam Villam que est desuper Corcelles et que est de Allodio Corcellarum, et quicquid pertinet ad Longam Villam et quicquid Petrus Malus Vicinus habet apud Sagi, molendinum, vivarium, avoeriam et tensamentum quod valet .xviij. modios avene. Et quicquid illi de Longuesse habent apud Sagi quod tenent de predicto Petro. Et quicquid Gasco de Coiete habet in Valle Joi scilicet domum. Et quicquid habet in valle feodum et domanium et totam Chavatheon juxta Charz nemus et planum. Et quicquid pertinet ad Chavenceon, et quicquid Bartholomeus Malus Filiaster habet apud Lenz. Et quicquid Guillelmus de Lenz habet apud Lenz et unam vineam quam habet idem Johannes de Gisorcio apud Lenz que vocatur Li Clos Milon, et que est juxta vineam Guillelmi de Garlande que vocatur Roguelles. Item quicquid Galterus de Monte Falconis habet apud Beaucort feodum et domanium, et Montemfaucum et Boceiam de Montefaucon et Alnetum quod est sub Liencort ubi Petrus frater ejus manet. Et .iiij. hospites Calvomontis, et unum campum terre et medietatem de Romesnillo. Item hoc quod Galterus de Beltrichieres habet in decima de bocca et hoc quod leprosi de Calvomonte habent in grangia Sancti Supplicii. Item dovillam de Resbeiz quam Johannes de Resbeiz tenet et quicquid appendit ad Resbeiz feodum et domanium in plano in nemore in vivario et in omnibus appendiciis et medietatem Calleoi juxta Calvum Montem, et vineas et prata et novam villam in nemore et quicquid pertinet ad eam in nemore in planis in gagnagiis. Item quicquid Ricardus Theutonicus habet in Malli et medietatem de Fosses. Et quicquid illi de Corcelles habent ad Weranum Fontene et medietatem Calengii et quartam partem campipartis de Routieres, et tres campos ad Molins et unum pratum et ecclesiam de Marines et cimiterium et hospites cimiterii et prata Pontisare que Galterus de Marinis tenet et domum Asseri de Pontisara que vocatur Pes Anseris. Item Vrariam de Robiez et medietatem de Colli et totum Sanctum Ciricum planum et nemus et Motheurel et Montellant et Montoissel et Vallem Domini Petri. Et gaagina que canonici de Marchesio Radulfi tenent de Domino Rege, Mont Chevrel, et quicquid Dominus de Montchevrel tenet de Domino de Robiez in foresta de Celes et feodum quod Petrus de Finel tenet de Domino de Robiez et hoc totum tenet Dominus de Robiez de Sancto Johanne de Gisorcio. Item totum nemus Guillelmi, nemus et planum et quicquid pertinet ad nemus Guillelmi. Et octavam partem Criagii de foresta de Celes et quadrans rasintur villam. Et prata et mares et aquas, nemus et planum. Hoc tenet Bartholomeus de Fay de eodem Johanne de Gisorcio. Item totum Nuiesement juxta nemus Guillelmi et Villam et Gaagnoge et quicquid appendit et quicquid Amalricus de Monteigny de Johanne de Boissi ad Chamboiz et ad Hornam et ad porcellos et hoc tenet Johannes de Boissy de Sancto Johanne de Gisorcio. Item duo feoda apud Lertevillam quorum Galterus de Flavacuria tenet unum et Symon de Ablegiis alterum. Item Monci feodum et domanium in nemore et plano, in molendino in vivario et in omni creatura quicquid pertinet et quinque feoda militis in villa de Monci et totum Valeres et quicquid pertinet ad Valeres planum et mares et cum hoc

Melli juxta Charz. Et quicquid pertinet ad Melli nemus et planum. Item nemus quod Garnerus filius Eve de Marinis tenet de eo quod vocatur Boscus Tiboudi. Item totum Botincort quod Galterus de Botincort tenet de eo quicquid Philippus de Vallibus habet apud Bosgillont planum, nemus feodum et domanium. Item quicquid Arnulfus de Bosco tenet de eo apud Bosgillont et quicquid Guillelmus de Bosco et fratres sui habent apud Bosgillont. Item unum feodum apud Mellentum quod Matheus de Monte Morenci tenet de eo. Item Vasquignoles quod Guillelmus de Fay tenet de eo et hospites quos habet apud Harunvillam. Item totum porprisium Petri Avesnes et ecclesiam et cimiterium et porprisium suum canonicorum et omnes hospites qui tenent ad cimiterium et furnum Petri de Avesnes et totam decimam de Avenes et nemus Petri de Avesnes quod vocatur Brocia et unum campum terre quod tenet ad Brociam illam. Et .vij. hospites qui sunt in vico uno de Avesnes et tenet de eo ecclesiam de Fermevilla et cimiterium et decimam ville et decimam Vernoil tenet de Petro de Avesnis et ecclesiam de Tevincort et cimiterium et domum canonicorum et domum Galteri Namant et terciam partem decime de Tevincort et ecclesiam de Menolcort et cimiterium et .viij. hospites apud Longuesse et tres arpentos et unum ortum qui est sub molendino de Longuesse et tenet de eo feodum, quod Robertus de Gallon tenet de predicto Petro apud Avesnes et feodum de Vemera quod Hugo de Rouel tenet de Petro de Avesnis et .ix. sol. censuales apud Hem in Valle de Joy et tenet de eo ecclesiam Sancti Petri de Mellencort et domum Hugonis de Sentor. que est in veteri foro apud Calvum Montem et vineam suam et omnem porprisium.

Post feodum illud de eodem feodo Johannes de Gisorcio tenet de domino Rege Viler Senartie totam et Sanctum Leodegarium et Villam Novam que est de feodo de Vilers et quicquid pertinet ad Vilers et Sanctum Leodegarium et ad Villam Novam et chaciam de foresta de Arcie.

Et sciendum est quod tenet de eo ecclesiam de Osmervilla et cimiterium et fortem domum Pagani Brocin preter parvum et totum porprisium et grangias et culturas et omnem decimam ville et conductum Gisorcii et Toloumontier cum pertinentiis quod movet de feodo Crispiaci quod Matheus de Gamaches tenet. Item in Vulcassino Normanno Bessin cum pertinenciis in bosco et plano et omnibus aliis rebus et id quod habet apud Bernovile et maritagium uxoris Philippi de Blarru et id quod habet apud Mesnil Gilebert: et id quod habet apud molendinum Bencelin et id quod habet apud Sanctum Eligium et id quod habet apud Sanctum Paternum, et id quod habet apud Nealpham et feodum Ade de Bouquet quod est apud Tigervillé que omnia movent de feodo Nealphe pro quibus debet custodiam apud Nealpham se quarto militum per totum annum.

Feoda Roberti de Pissiaco. Robertus de Pissiaco tenet de domino Rege pedagium de Maisons in navibus descendentibus et ascendentibus et quicquid habet apud Bethemont tam in feodo quam domanio et quicquid habet apud Pissiacum et dimidiam masuram apud Vernolium in Silva crena vivum nemus ad usuarium suum et mortuum nemus hominibus suis de Bethemont et quicquid Amalricus de Pissiaco habet in villa allodiorum et tria feoda in villa de Triel et apud Avesnas duo feoda et quicquid tenetur apud Chamborci et gacionem de Pissiaco et est de feodo domini Regis, et quicquid tenetur ab ipso gacione apud Montemacutum et apud Labrefechiam et apud Cavernolium.

Feoda Galteri Tirel in Vulcassino. Garterus Tirel tenet de domino Rege in domanio .lxxij. sol. apud Pontisaram et apud Theongoles .xxvij. sol. census et .xl. de foragio apud Pontisaram et .viij. arpenta pratorum et .xx. arpenta terre et .ij. arpenta vinee et suam domum de Pontisara et boscum de Bosariis.

Feoda que tenentur ab ipso et ipse ea tenet de rege. Dominus Girardus de Valle Engoiardi tenet de eo medietatem de Aubouviller et medietatem Sancti Crispini.

Dominus Johannes de Tria medietatem de Hombovilla et Sancti Crispini et totam villam de Holli.

Dominus Hugo Lupus, Neele et Fontenellas et Alnetum et Flaalli, et feodum Judas et feodum Hugonis Boot et feodum Richeri de Rua et feodum Antichcri de Neele et medietatem decime, de Baiolo, et Chuville.

Dominus Radulfus de Liez nemus de Aveni et terras que ibi appendunt et medietatem unius molendini apud Totinam.

Dominus Herbertus de Coni (com (sic) tenet .xxij. hospites apud Meri et hoc quod dominus Droco Bufe tenet de eo apud Grisi.

Dominus Guillelmus de Coni hoc quod habet apud Coni et apud Pontisaram.

Petrus de Mala hoc quod habet apud Linvillers et apud Menoncort et apud Cergiacum et apud Pontisaram et apud Cecongeles et alibi .xv. feoda.

Radulfus de Petra Lata duas partes decime Gironcort et hoc quod habet apud Pontisaram quod ad feodum illud pertinent.

Guillelmus de Pooilu hoc quod habet apud Heitencort et hoc quod Adam Stepeillon tenet de eo.

Nepos Balduini de Sancto Verano hoc quod habet apud Herbloi.

Dominus Gasco de Torote Fontenetum et Plesseium et medietatem de Faiello juxta Ballol et Balesmont et Vaccariam.

Guillelmus Cordella rivagium Pontisare et Levanmont et Boscum Guillelmi et .xv. feoda.

Guido de Tavergniacio hoc quod habet apud Meri et apud Ceognoles.

Dominus Ansellus de Insula hoc quod dominus de Vallegorart tenet de eo apud Vallem Gorart.

Dominus Theobaldus de Brienton hoc quod habet apud Brienton.

Dominus Galterus de Marinis hoc quod habet apud Marinas et quidquid de eo tenetur apud Cormelias in Vulcassino et quicquid de eo tenetur apud Magnevillam et omnes advocacias et censamenta que debentur ei ad Marinas.

Dominus Galterus de Flavascort hoc quod habet apud Flavascort et quicquid ibi tenetur de eo.

Dominus Johannes de Calvo Monte .ij. molendinos apud Pontisaram scilicet unum ad bladum et aliud ad stannum et clausum Galonis.

Dominus Symon de Genciaco hoc quod habet apud Genciacum et hoc quod ibidem tenetur de eo et hoc quod habet apud Pontisaram et Mataigne et Boscum Jalet et Garnet scilicet molendinum et feodum apud Teconvillam dominus Gacio de Botonvilla Becherel.

Feoda que tenentur a domino Guillelmo de Melliaco et que tenet a domino rege. Dominus Galterus de Flavascort tenet domum suam et unam partem terre de Flavascort a domino Guillelmo de Milliaco omnes suos hospites preter illos cum quibus Aubertus de Bosco Guillelmi partem habet preter duos quos tenet a domino Johanne de Montchevrel et quartam partem nemorum excepto gaagio et vantaya et tenet feodum a domino Guillelmo quod dominus Philippus tenet de domino Galtero et tenet de eo medietatem matrimonii sororum suarum que sunt a Laicort et tenet de eo quartam partem Gaumarie et Campipartis cum quibus Aubertus partitur cum eo et tenet totam ganneriam cum qua dominus Johannes de Montchevrel partitur et duas partes camparti et tenet de eo .vj. modios vini apud Beizacort.

Preterea dominus Johannes de Calvo Monte tenet de domino Guillelmo de Milliaco quicquid Maltildis de Cruce tenet de eo apud Brienton scilicet domum suam et .c. arpennos terre et prati et unum hospitem : et dominus Galterus de Marinis tenet domum suam de Marinis de domino Guillelmo de Milliaco et totum grannagium ejusdem ville et universos hospites et suas vineas et sua nemora et totum suum domanium ejusdem ville et feodum quod dominus Theobaldus de Fremincort tenet de eo scilicet totam villam de Fremincort boscum et planum preter quatuor hospites et quicquid Philippus de Uns tenet de eo apud Uns preter molendinum et quicquid Theobaldus de Ully habet a Herberval et quicquid Guillelmus de Uns tenet de Galtero de Marines a Ulli in Belvasino.

Dominus Theobaldus de Brienton tenet de domino Guillelmo de Milli domum suam de Brienton et totum suum domanium silicet hospites et vineas et nemora et Granagium et molturam hospitum quas dominus Hugo de Rouel tenet de eo in feodo et feodum quod Symon de Brienton tenet de eo et quicquid Galterus de la Lirre et dominus Ansellus de Insula tenent de domino Guillelmo de Milliaco tres partes de Val Engoiart et illud totum dominus Guillelmus de Milliaco debet de Rege tenere.

HANC INQUISITIONEM FECERUNT, PER JURAMENTA, PETRUS DE BEDIEZ, JOHANNES DE MONTCHEVREL, JOHANNES THARCIO ET THEOBALDUS DE CORMELLES.

Feoda Ballivie Reginaldi de Villa Tierrici. Feodum Maminot apud Surreham et apud Basenvillam et apud Felgerias juxta *Nuilli* duos milites.

Henricus de Port tres milites.

Robertus de Fontaine .ij. milites.

Feodum Engerranni de Vauchie dimidium feodum.

Feodum Ricardi de Conde et de Vilon et feodum Guernon in Berroles unum militem.

Feodum Mallevrier in Asneriis dimidium militem.

Feodum Balduini Vac apud Loen et Crateion dimidium militem.

Feodum Philippi de Braiosa apud Montem Bout unum militem.

Feodum Comitis de Tanquarvilla apud Tor duos milites.

Feodum Comitis Cestrie in Part et in Lison unum militem et dimidium.

In Fragino juxta Monbaqut unum militem et in demengne de Part unum militem.

De Guillelmo de Viarville Lovieres et in Duxie unum militem.

Conestabulus Normannie pro bello movente et pro aliis tenentibus qui tenent de Episcopo Baiocensi octo milites.

Feodum S[ti]. Clari quod tenetur de domino de Groileio unum militem, de S[to].Supplicio dimidium feodum.

De Collevilla unum militem.

De Spineto unum feodum sed contradicunt.

Feodum Suhart quod tenet Comes S[ti]. Pauli .viij. milites sed Rogerus dicit quod totum tenet pro uno feodo.

Apud Campellos feodum unius militis.

Apud Longes dimidium feodum militis et .L. acras terre quas tenet Henricus de Flagi de feodo Hugonis le Buig

De feodo Pelleve et Yon le feu Gobout unum quarterium apud Nulleia.

Apud Evrici feoda decem militis apud Cormelles et apud Bernerum feodum quinque militum.

Ricardus Escorchevielle apud Hermeville cum suis pertinentiis unum feodum.

Alanus de Creus Anisi cum suis cognatis in Anisi et in Barberiis cum pertinenciis unum feodum militis.

Apud Taon unum feodum militis.

Apud Cuilie dimidium feodum militis.

Apud Sanctum Contestum unum feodum.

De Matuon [alias Mathieu] cum pertinenciis duo feoda militum.

De feodo Helye de Cagnie unum quarterium militis.

Apud Tramestul dimidium feodum militis.

De una vavassoria que est apud Audreium de feodo Rogeri de Fontaines continet .cx. acras terre, valet auxilium .xviij. sol. Turon. .iiij. denar. quando feodum unius militis reddit .c. solidos.

Feodum Marmion apud Jorkes dimidium feodum unius militis.

Apud Bougie et Danvou dimidium feodum militis.

Apud Longviliers dimidium feodum militis.

Apud Villers feodum unius militis et apud la Fresnee unum feodum quod tenet Nicolaus de Viliers.

Item idem Nicolaus quamdam vavassoriam apud Sanctam Crucem que Baioc. m̃liũ (sic).

Apud Duxeium feodum quod tenet Thomas de Corsneres et quicquid de eo tenetur in eadem villa quod est feodum unius militis vel circa id.

Apud Mesonceles quartam partem unius feodi unius militis quod tenet heres Johannis de Moton.

Apud Jorkes [alias Jurques] feodum Pelleve et Maisonceles et apud Rocie cum feodo Roberti Hugonis dimidium feodum.

Feodum Roberti de Lonvilers dimidium feodum militis apud Lonvilers

Apud Bonam Maison unum feodum de feodo Roconois.

Apud Savenay dimidium feodum militis de feodo Hugonis Bigot.

Apud Sanctum Vedastum et apud Bolon cum pertinenciis duo feoda militum.

Apud Noviers unum feodum militis de feodo Maminot.

Apud Floevium juxta Lacie unum feodum juxta Maminot.

Apud Roufougere unum feodum de feodo Philippi de Broiosa.

Apud Lacie unum feodum.

Ricardus de Rouvencestria .v. feoda.

Apud Karevillam unum feodum militis.

Robertus de Ponte Escollant dimidium feodum.

Travers unum quarterium.

Flocegneium .x. sol. quando auxilium levatur de .c. sol.

De feodo Michaelis de Coquina .xx. sol. quando auxilium levatur de .c. sol.

Feodum Rogeri de Marlai in honore Plaissecii quartam partem militis.

Campus Andree servit pro quarta parte militis.

Ballivia Boneville que dicitur Ballivia Johannis de Porta. Hec sunt feoda que tenentur ex Baronia de Kanoqueville que est in manu Regis per eschaetam ex parte Hugonis de Monteforti.

Johannes de Asneriis dimidium feodum situm apud Asnerias.

Hugo Tellart tercium feodi situm apud Premum.

Guillelmus de Ballol quartam partem apud Kanqueville.

Galterus Pipart unum feodum apud Magneville et apud Ballol et apud Sureville dimidium feodum.

Dominus de Altaribus .v. feoda apud Altaria.

Henricus de Brucort duo feoda apud Brucort sita et apud Adeville et apud Sanctum Martinum Veterem .xiij. sol. minus apud Tortam Quercum unum feodum.

Dominus Petrus de Tylleio tercium unius feodi apud Mesnil Mauger apud Vignetot et apud Herbigneium et apud Livetum unum feodum.

Apud Rourecas unum feodum .x. sol. minus.

Apud Goviz tercium unius feodi.

Guillelmus Bardof dimidium feodum apud Putot.

Alter Guillelmus Bardof dimidium feodum apud Putot.

Robertus de Sillie unum feodum apud Vallem Ancore et apud Petram Siccam.

Guillelmus Marescallus tenet apud Glatigneium.

Ricardus Escharbot quartam partem apud Crequevillam.

Filius Robini Trihan unum feodum apud Douville sed pagatur terminus de auxilio .L. sol.

Guillelmus Mauveisin unum quarterium apud Desvillam.

Robertus de Mortuomari dimidium feodum apud Vallem Ancore.

Thomas Aleir dimidium feodum apud Sanctum Humerium.

Radulfus de Ballol et Hugo de Rotes unum quarterium apud Sanctum Humerium.

Rogerus Marmion tercium apud Varanvillam.

De feodo Roberti Bertran. Dominus Robertus Bertran tenet feoda a domino Rege per Baroniam et debet domino Regi servicium suum scilicet quinque militum et debet ferre *Drachonem duci Normannie.* Et hec sunt feoda que tenentur ab ipso Bertran apud Tilleiam, apud Bellum Montem, apud Branvillam, apud Bouvillam, apud Angervillam duo feoda que sunt in manu domini Regis per eschaetam domini Roberti Tellart.

Dominus de Clerbec duo feoda apud Clerbec et sciendum est quod de auxilio .c. sol. deficiunt .x. sol.

Guillelmus Marescallus duo feoda apud Sanctum Cleotum et apud Sanctum Mellanum.

Philippus de Mesnillio duo feoda apud Crotas, apud Ketenvillam, apud Tornecuit, apud Triasnum : sed sciendum quod dominus Rex tenet Triasnum in domanio suo.

Radulfus de Tillei tenebat duas partes duorum feodorum sitas apud Darnestal et apud Drubec cujus tenementum est in manu Regis.

Domina de Maris unum feodum situm apud Maras et apud Guineville et apud Boucibum.

Guillelmus de Blossevilla duo feoda apud Blossevillam apud Glatignie apud Fontenay Paenel.

Guillelmus de Angervilla.

Rogerus d'Argences.

Radulfus de Maris.

Johannes de Gotranville unum feodum situm apud Mesnil Tison et apud Gotranvillam.

Apud Drubec et apud Faugernon unum feodum quod est in manu domini Regis ex parte Thome Basset.

Dominus de Drumare unum feodum situm apud Drumare cujus quarta pars est in manu domini Regis ex parte Magistri Henrici de Gunievilla (ou Güinevilla).

Dominus de Ys unum feodum situm apud Ys.

Apud Kesnoi Espec apud Faugernon apud Tyliam unum feodum quod est in manu domini Regis ex parte Guillelmi Espec.

Robertus de Selleio dimidium unius feodi situm apud Sillie et duas partes dimidii feodi sitas apud Hellant et apud Mesnil.

Apud Branvillam tercium unius feodi quod Baudri de Nonchamp tenet ex dono Regis.

Johannes Golafre et Ricardus Moreit heres Becqueherce tertium unius feodi situm apud Livetum.

Sciendum est quod dictus Robertus Bertran habet terram et feoda militum extra balliam Bone Ville scilicet in ballia de Costentin de dicta Baronia.

De feodo Henrici de Bella Fago (Beaufou). Henricus de Bella Fago (Beaufou) tenet feodum suum a domino Rege per Baroniam scilicet per servicium duorum militum. Et hec sunt feoda que tenentur ab ipso Henrico : apud Guirros unum feodum, apud Druval unum feodum, apud Chantelou et apud Clermont unum feodum, apud Han et apud Bray unum feodum, apud Escorches unum feodum, apud Angervillam septimam partem unius feodi quod est in manu domini Regis per escaetam.

Item apud Angerville septimam partem unius feodi.

Ricardus Moreit septimam partem unius feodi sitam apud Sanctum Germanum de Livait.

Rogerus de Hotot terciam partem unius feodi sitam apud Clermont et apud Hotot.

Hugo de Bruecort septimam partem unius feodi sitam apud Han.

Hugo de Kriquetot decimam partem unius feodi sitam apud Kriquetot.

Dictus Henricus de Bella Fago unum feodum in domanio suo situm apud Capellam Baivel sed solebat tenere de Comite Mellenti.

De feodo Guillelmi de Angervilla. Dominus Guillelmus de Angervilla Marescallus tenet feodum suum per Marescalciam suam ita quod debet esse *Marescallus ducis Normannie.*

Rogerus Trouvel dimidium feodum apud Torovillam et apud Torguisvillam.

Guillelmus de Mailloc octovam partem apud Toroville.

Dominus Spineti tenet unum feodum cujus medietas sita est apud Spinetam et altera medietas apud Metas.

Johannes de Asneriis dimidium feodum apud Sanctum Clarum de dono domini Regis.

Martinus de Pretot dimidium feodum situm apud Torville et apud Formeville.

Guido de Avrilla dimidium feodum apud Formeville quod possidet de dono domini Regis.

Robertus de Auville tenet unum feodum quod solebat tenere de comite Mellenti.

Apud Boneboz unum feodum quod est in manu domini Regis quod solebat tenere de comite Mellenti.

Feoda de valle Fodolii (Rodolii). Apud Foncheroles unum feodum militis de honore Ebroicensi. Apud Crovillam La Ricarde unum feodum militis de honore Ebroicensi.

Apud Gravelon dimidium feodum militis de honore Ebroicensi.

Apud Gravelon dimidium feodum militis de honore Ebroicensi.

Apud Lendes unum feodum militis de honore Ebroicensi.

Ricardus de Maris dimidium feodum militis apud Troncum de honore Montisfortis.

Dominus Guillelmus Tornebu duo feoda et unum quarterium apud Marbotum de honore Ebroicensi.

Dominus Guillelmus de Gallanda duo feoda et dimidium apud Le Cambe.

Dominus Radulfus de Semellium unum feodum cum plenis armis apud Torvillam.

Laurencius nepos ejus unum feodum cum plenis armis ibidem.

Robertus de Chantelou unum feodum cum plenis armis.

Ricardus de Haya cum plenis armis ibidem.

Thomas de Selongi unum feodum cum plenis armis ididem.

Dominus Guillelmus de Sancto Amando de Sauxtio .v. solidos ibidem.

Abbas de Becco .v. sol. ibid. de auxilio. feodum Karelli .v. sol. ibid. de auxilio.

Apud Acanvillam unum feodum militis de honore Ebroicensi.

Dominus de Novo Burgo duo feoda et dimidium apud Novum Burgum et tenet ea de rege.

Odinus de Voleste unum feodum militis apud Esquetot de honore Ebroicensi.

Radulfus de Planchei unum feodum militis ibidem in honore Ebroicensi.

Dominus Ricardus de Tornebu dimidium feodum apud Vilers de honore Ebricoensi.

Dominus Johannes de Abigart dimidium feodum ibidem de honore Ebroicensi.

Abbas Fiscannensis unum feodum militis apud Heudebouville.

Dominus Stephanus de Mesnillo unum feodum militis quod tenet de domino Rege apud Mesnillum.

Ricardus Venator et Johannes de Moaz unum feodum militis apud Anfrevillam de feodo Marescalli.

Apud Soridovillam .v. feoda de honore Ebroicensi de quibus dominus de Quatuor Maris tenet unum feodum et unum quarterium.

Filius Samesse unum quarterium et quartum unius quarterii.

Johannes de Comment et Nicholaus Balistarius unum quarterium et quartum unius quarterii.

Robertus Brito de Gravilla unum quarterium et quartum unius quarterii.

Filius Domini Petri de Davenenvilla unum quarterium et quartum unius quarterii.

Robertus Riten et sui participes unum quarterium et quartum unius quarterii.

Radulfus Turel unum quarterium.

Dominus de Mampincon dimidium feodum et dimidium quarterium.

Guido de Saucheio unum feodum militis apud Sessevile de feodo domini Novi Burgi.

Dominus Johannes Cocus dimidium feodum apud Sanctum Ciricium de domino Rege.

Guillelmus de Antolio unum feodum militis ibidem de feodo Novi Burgi.

Tencreus dimidium feodum ibid. de dono Regis.

Domina Helena et Ricardus Benguart unum quarterium militis apud Le Tuissmol et tenet de domino Rege in capite.

Feoda de ballia Oximarum. Reginaldus de Nonnant unum feodum apud Nonant.

Guillelmus de Veteri Ponte unum feodum ibidem.

Petrus de Sorme unum feodum apud Sorme.

Durandus de Pinu unum feodum apud Neaufle.

Robertus de Sancto Leonardo unum feodum apud Sanctum Leonardum.

Henricus de Breecort unum feodum apud Pinum et omnia ista feoda sunt feoda militum.

Chambai unum feodum militis.

Apud Nonnant terra Henrici de Nonnant unum feodum militis et de eodem Henrico tenebant hii.

Ricardus de Malnoier unum feodum militis apud La Bouviere.

Rogerus Chemel unum feodum apud Clarum Folium.

Paganus de Cardun apud Godichon unum feodum.

Anquetinus de Plesseto apud Plessetum unum feodum.

Radulfus de Planchis apud Planchas unum feodum.

Girardus de Torneio apud Torbam dimidium feodum.

Petrus de Villabadan de feodo Comitis Cestrie unum feodum.

Malus Vicinus apud Corban dimidium feodum.

Castellanus de Gallon de feodo Comitis Cestrie apud Sanctam Anastasiam unum quarterium.

Radulfus Tuncon de eodem feodo Cestrie apud Gorgiton unum quarterium.

Apud Argentele de feodo Cestrie in manu domini Regis unum feodum.

In Valle de Cortomer debentur domino Regi auxilia de duobus feodis de feodo Comitis Roberti.

Radulfus de Frobencort apud Mesnil Gubert de feodo Comitis Cestrie unum quarterium.

Henricus de Brocort apud Chambeval unum quarterium de feodo de Ferreriis ?

Hec sunt feoda que in ballia Lexoviensi tenentur de Ducatu. Dominus de Auribecco pro feodo de Auribecco servicium de duobus militibus et dimidio.

Johannes de Sauceio apud Curvam Spinam unum feodum militis.

Abbas Bernacensis servicium pro duobus feodis et dimidio militum, apud Sanctum Johannem de Boufer unum feodum, apud Robemont unum feodum, apud Fresnes dimidium feodum.

Episcopus de ..... servicium pro quatuor feodis militum.

Pro feodo Sancti Philiberti in eodem feodo.

Dominus de Ferrariis servicium pro quinque feodis militum: pro feodo Ferrariarum apud Sanctum Quintinum et Caveium unum feodum, juxta Chambrecis quod tenet Reginaldus de Fresne unum feodum, apud Caveium unum feodum, apud Corcon unum feodum, apud Auquenvillam quam tenet Hugo de Bruecort unum feodum.

De feodis Lexoviensis Episcopi. Episcopus Lexoviensis servicium pro feodis .xx. militum. Apud Piencort unum feodum militis in manu Johannis de Asneriis. Apud Mesnelium Godemen duo feoda et dimidium in manu domini Regis. Apud Fontes les Lovet unum feodum quod tenet Johannes Lovet. Apud Esprevillam unum feodum militis quod homines de Espreville apud Bonevilent in dominico Gaufridi Louvet unum feodum militis.

Feodum Reginaldi Chaperon dimidium feodum.

Apud Lacoena dimidium feodum in manu Oliveri de Albigneio, feodum unius militis in manu Henrici de Quesneto, Guillelmi de Granvilla et Mathei de Fano, sexta pars unius feodi militis in manu Castellani de Gallon, pro feodo de Gloz quinque feoda militum.

Hugo Tirel de eodem feodo duo feoda et dimidium militis.

Feodum de Cortona La Murdac duo feoda et dimidium.

Feodum Guillelmi de Malloc unum feodum militis.

Feodum de Mesnillo Odonis feodum unius militis; apud Hombleriam unum feodum militis; apud La Boscham unum feodum militis; apud Guinevillam unum feodum militis; apud Margileium unum feodum militis.

Hec sunt feoda Eschaetarum. Abbas Sancti Ebulphi (sic) servicium de duobus militibus: unum feodum apud Kinquenequei (sic) aliud apud Oueleum in Ballia Falesie. Dominus de Gaceio pro feodo de Gaceio servicium duorum militum.

De feodo de Drocuria. In parrochia de Birreio apud Ramum unum feodum militis. Apud Varenvillam unum feodum militis. Apud Droecort feodum Ernaut feodum unius militis. Ibidem feodum Engerranni quarta pars unius feodi militis. Apud Fresnes dimidium feodum militis. Apud Sanctum Vincencium de Roelai quarta pars unius feodi militis. Apud Kesnetum quarta pars unius feodi militis. Apud Bornenvillam dominus de Coudray dimidium feodum militis. Apud Tillam Noelent, dimidium feodum militis. Apud Livreium Mathei de Morenville quarta pars feodi militis. Ibidem, Matheus de Poteria dimidium feodum militis. Apud Cristequeville quarta pars feodi militis.

Et sciatis quod feoda militum Ballie Lexoviensis pertinencia Baroniis que sunt extra balliam Lexoviensem respondent de serviciis suis capiti Baronie de feodo Britolii ad Britolium, de feodo Bellimontis ad Bellummontem, de feodo Montisforti ad Montemfortem.

Feoda de Eschaufou et de Mosteruel ad Sanctum Scelerrinum et sic de aliis et ideo ea non scripsimus quia alibi scripta sunt.

Feoda que teneniur de Episcopo Baiocensi in ballia de Villa bona. Apud Esprevillam unum feodum quod tenet Ricardus de Harecort.

Apud Manerbe Adam Servam .v. feoda.

Dominus Bouville apud Monstereul et apud Bouvillam tenet apud Taon tria feoda militum,

Apud Sanctum Laurentium de montibus Guillelmus Potin, Guillelmus Cornai, Johannes Golafre unum feodum vel circa id.

Johannes de Bruencort apud Crievecuer in pertinenciis quinque feoda. In Hyspania et in Salerna et in foresta Brotonnie que omnia tenebat comes Mellenti de Episcopo Baiocensi tenet modo duo feoda militum.

In ballia Rothomagi feoda que tenentur. Apud Petit Viler in Cauz unum feodum militis quod tenet Guillelmus Marescallus apud FrancheviIete que villa est super Rothomagum, dimidium feodum.

Apud Montem Martini Guillelmi Patris unum feodum et Matheus de Marlie unum feodum.

Hec in balliam Constantini. Apud Kerneville Philippus d'Agneaux unum feodum.

Robertus Marmiot apud Vireville dimidium feodum.

Multi autem qui tenent de Baiocensi Episcopo in ballia Guillelmi de Villa Terrici, Bonneville, Rothomagi et Constantini Negant se tenere de eo ut essent Epc. id.

Ballia domini Gaufridi de Capella. Dominus Rex tenet in suo dominico unum feodum quod Petrus de Velly tenebat apud Sonions et apud Aiencort et unum vavassorem apud Sanctum Clarum quod dominus Rex dedit Garsie Petro. Item dominus Rex tenet in suo dominico unum feodum quod fuit Girardi de Mesnil quod est apud Sanctum Clarum.

Germondus de Sulies unum feodum quod est apud Sulies et apud Cuy et hoc quod est apud Cuy tenet rex in manu sua.

Gaufridus de Ymecuria unam vavassoriam apud Mecuriam (sic).

Symon de Bello Leporario unum feodum apud Beaulevrier.

Johannes de Bello Leporario et Guillelmus Poville unum feodum ad Beaulevrer.

Filia Ricardi de Mantees unum feodum ad Mantees.

Radulfus de Miliaco et Guido de Manemont unum feodum ad Mantees de quo reddunt domino Regi .v. solidos.

Ansquerus de Mantees tenet terram apud Mantees per tres solidos servicii.

Renoldus filius Gersendis unam tenet vavassoriam apud Mantees de quo reddit servicium ad equum.

Robertus de Bone unum feodum apud Haricuriam.

Hubertus de Sancto Samsone unum feodum apud Sanctum Samsonem et ad Viliers et ad Haricuriam et ad Gornaium unam domum in qua facit suum estagium.

Adelina de Remercuria unam vavassoriam de qua reddit servicium ad Copam ad Remercuriam.

Robertus de Curcellis unum feodum ad Grumesnil quod pertinet .iv. sororibus ad Gornaium unum magnum (mesnagium?) in quo facit suum estagium.

Radulfus de Freicuria unum feodum ad Freicuriam et ad Boscum Havot et ad Viviers et ad Mesnillum et ad molendinum de Montol. Et medietatem molendini Dage et in feodo de monte et hospites ad Gornaium, et unum masagium in quo facit suum estagium.

Johannes de Haumelt, unum feodum apud Friecuriam et boscum Havot.

Johannes de Crievecuer unum feodum apud Boscum Haricurie.

Gilo de Hodenc unum feodum ad Grumesnil. et ad Hodenc et ad Scoment et ad Habenevre et ad Menardival et ad Gornaium et ad Forestam et ad Hodenguel et ad Mesnil et ad Avesnes et habet suum mesnagium juxta Aulam domini ad Gornaium in quo facit suum estagium.

Hugo Portarius unum feodum apud Mareniacum et ad dominam petram et ad Longum Pirarium et ad Campunvillam et ad Hanenet et ad Sanctum Oinum.

Hugo de Memernares unum feodum ad Quesneum et ad molendinum Guiburt et ad Moz et ad La Ramee et ad Cuy et ad Molineaus et habet suum mesnagium apud Gornaium in quo debet facere suum estagium.

Agnes de Changi unum masnagium apud Riois.

Robertus de Waurin unum feodum apud Rosaium et ad Wellebeuf et ad Sanctum Michaelem et hospitem et unum pratum ad Molineaus et unum masagium ad Gornaium in quo debet facere suum estagium.

Johannes de Bevroil unum feodum ad Bevroil et ad Belleville et habet suum masagium in quo debet facere suum estagium.

Adam de Sancto Claro unum feodum ad Sanctum Clarum.

Rogerus Falcon. unum feodum ad Hage et ad Tonnee et ad Bremostier et ad Boscum Huon et hospites ad Gornaium et hospites ad Mosengerville et unum masagium ad Gornaium in quo facit suum estagium.

Hugo de Mesnillo unum feodum ad Mesnillum et ad Folmuchon et ad Lorrelan et unam domum ad Gornaium in qua facit suum estagium.

Johannes de Avenes unum feodum apud Avenes ad Crosiacum ad Haiam fabricas ad Gornaium et ad boscum Huon et unam domum apud Gornaium in qua facit suum estagium.

Petrus de Sancto Manem unum feodum apud Constantrc et ad Bosencuriam et ad Bossaium et unam domum in qua facit, etc.

Nicolaus de Bosencuria unum feodum apud Bosencuriam et apud Wellebeuf super Andeliam et unam domum ad Gornaium in qua facit, etc.

Gile Bullican unum feodum apud Wellebeuf et ad Bremostier et in transverso Orgelii quod est in manu domini Regis et ad Boscum Huon feodum Manasseti de Bures.

Odo de Crociaco unum feodum apud Wellebeuf et Bremonstier et ad Cronet.

Robertus de Wellebeuf unum feodum apud Wellebeuf et ad boscum Huon.

Ricardus de Gallia unum feodum ad Wellebeuf quod fuit Lamberti Venatoris.

Abradinus de Bremostier unum feodum apud Bremostier et ad Boscum Huon et ad Bellam Villam et ad Broquedale.

Malus Vicinus de Noolio unum feodum, apud Bremostier et ad Noolium etiam in molendino de la Rustoria. Et .lx. sol. et in transverso de Orgolio. Johannes Vilanus unum feodum apud Wellbeuf ad Boscum Huon et ad Sanctum Sansonem.

Alerinus de Wellebeuf unum feodum ad Wellebeuf.

Morellus de Hodenc unum feodum ad Musengevillam.

Pregarsias unum feodum quod fuit Theobaldi de Hodenc ad Labelleriam et ad Molineaus et ad Sanctum Albinum ad Emcuit, ad Erem et boscum

Acuy et unam domum ad Gornaium in qua facit, etc.

Uxor Guillelmi de La Lande .viij. lib. per dotem et Rosaium et ad Sanctum Michaelem et ad Molineaus.

Feoda ...... Dominus Rex tenet in suo dominico unum feodum apud Noefvillam quod fuit Henrici Porcher ad Boueles et ad Louveichamp et ad Betancuriam et ad Sicium.

Robertus de Pissiaco duo feoda, unum apud Neel et aliud apud Bellum Beccum et ad Neeflles et ad Boeles.

Angomerus de Sta. Bona et Ingerrannus de S^to. Remisio unum ad Mesnil Mauger et ad viver feodum.

Symon de Bello Sacco unum feodum quod est apud Bellum Saccum et ad Torpre et ad Toutevillam et ad Tiliam, ad Hodenc, ad Mesnil, ad Sanctum Mauricium, ad Bellum Beccum, ad Vatonvillam, ad Bichi, ad Campum de Vaust, ad Merreval, ad Trepei, ad Torevait, ad Sanctum Michaelem, ad Fossetum, ad Franerves per vere donum servientum de Gornaio.

Robertus Brisebarre dimidium feodum ad Sanctum Mauricium.

Dominus Rex tenet in suo dominico dimidium feodum apud Tiliam et ad Hodenc et ad Altaria de predicto feodo.

Dominus Rex in suo tenet dominico dimidium feo dum ad Tiliam et ad Noiers de feodo Raimondi de Tilio.

Radulfus Goujon dimidium feodum apud Lanteville.

Odo de Betencuria unam vavassoriam apud Gollam Fontaine.

Dominus Rex dimidium feodum apud Campum de Vast in suo dominico Guillelmus de Bocuria unam vavassoriam apud Noiers.

Guillelmus de Noiers unam vavassoriam apud Noiers.

Perepierres et Petrus de Sartot unum feodum apud Labelliere ad Fosselum, ad Pommereux et ad Eurem.

Rogerus de Longo Pirario unam vavassoriam apud Fossetum.

Rogerus de Quenel et Girardus Bornicus uterque dimidium feodum hoc quod est Rogeri de Quenel sedet ad Compenvillam ad Trepenum ad Grosquenaium et Hadencuriam ad Sagi et ad Noesvillam et dimidium feodum predicti Girardi sedet in eisdem locis.

Johannes Daudifer unam vavassoriam apud Treiforet que fuit Radulfi Rustici.

De feodis de Betencort. Guillelmus de Betencort unum feodum et apud Betencort et ad Boscum Ascelini.

Prior de Sygi unum feodum et est ad Sigi et a La Roondine (ou Larcondine) et ad Capellam S^ti. Audoeni.

Yon de Ovilla unum feodum et est apud Novum Boscum au Bos Mesnil. ad Haiam et ad Bohor.

Manesserius de S^to. Luciano duo feoda et est primum apud Sanctum Lucianum et ad Osberti Mesnil ad Boscum Guileberti ad Boscum Renerii ad Affri. ad Capellam ad La Helloloire et ad Sigi.

Michael de Roboreto duo feoda ad Boscum Edeline et ad Hurlon Sarqueri ad Sanctum Sansonem ad Coevillam ad Rebeiz ad Castel Lionem.

Dominus Robertus de Peissi unum feodum et dimidium et ad Boscum Herout et ad Bichi ad Boscum Bordel et ad Matheumleusse, ad Esquinemare, ad Cathenam et ad Vastimesnil ad Asmeville et ad Briquedale.

Dominus Reginaldus de Bosco et Baudri de Longo Campo unum feodum apud Fraxineam, ad Boscum Rogeri, ad Jusscrans, ad Bordeaus, ad Estoteville et ad Assinum Coctum ad Montem Revier et ad Atevill.

Hugo de Maines Mares dimidium feodum ad Maines Mares et ad Quarrioche.

Engerrannus de Monte Marro dimidium feodum ad Montegniacum ad Mau... ad Lannai et ad La Herlotiere.

Girardus Strabo dimidium ad Boeum Strabonem, ad Montem Girardi ad Sigi et ad Orgoil.

Nicolaus de Montenant et Hugo de Normanville unum feodum ad Normanvillam, ad Heruncheli. ad Campum Aque et ad Sansonis Villam.

Domina Castellionis dimidium feodum in duabus Castellionibus ad Loeusses et ad Feritatem.

Johannes de Roboreto dimidium feodum ad Buhi ad Sanctum Surronnem et ad Magnum Pratum.

Galterus Havart dimidium feodum ad Orguel et ad Monteniacum ad Sigi et ad Montem Ascelin.

Guillelmus de Ferri dimidium feodum ad Fey ad Brure ad Gornaium.

Osbertus de Boissey dimidium feodum ad Bois seium ad Rembouvillam ad Vulpum Montem ad Ollemont et ad Brevillam.

Galterus de S^to. Auriano unum quarterium ad Mesnil Libre.

Guillelmus de Hodenc unum quarterium ad molendinum Hadoin et ad Houdenc.

Johannes de Mesnillo unum quarterium ad Mesnil.

Petrus de Sumeri unum quarterium ad Sumeri et est in manu domini Regis.

Stephanue de Lungo Campo et Rogerus de Bosco feodum unius militis quod sedet apud Cristot et ad Maram Yvelent.

Fontana La Girard que tenet Girardus de Malguenchi unum feodum quod tenet Galterus Camberarius de dono domini Regis.

Bos Berenger unum feodum quod Guillelmus de Mineriis tenet pro custodia filii Rogeri Des Essarz.

Garnoseville unum feodum quod tenet Hugo de Ermoseville in suo dominico.

Robertus Harent pro terra sua de la Crique et de Beaumont unum feodum et dimidium in Betheio pro terra quam dominus Rex dedit Gaufrido de Capella de feodo Harenc .xv. sol. et pro feodo de Grotario .vij. sol. et .ij. den.

Galterus de Blanc Moustier Mesnil dimidium feodum quod est ad Mesnil apud Bellencombre.

Guillelmus de Gonteville pro terra de la Crique dimidium feodum.

Gaufridus de Sayo pro terra de Quesneto dimidium feodum quod Matheus de Chaumont tenet de domino Rege.

Bos Huon de Alneto dimidium feodum et est in decheio pro terra quam dominus Rex habet in manu sua .xv. sol.

C. Elyas de Mesnil dimidium feodum apud Le Mesnil.

Cressi et La Pommeroie unum feodum de quo Reginaldus de Bosco habet .xl. sol pro Pommeria.

Droco de Axy habet Cressi de dono Regis.

Guillelmus Augustinus pro terra Francinca unum quarterium.

Adam de Corciaco unum feodum ad Corciacum.

Donnescanville unum feodum quod est in manu domini Regis.

Guillelmus de Milonmesnil unum feodum apud Milonmesnil.

Terra Oliveri de Ainuria unum feodum apud Aineuriam.

Robertus Le Gras pro terra de Altonville unum feodum quod respondet Alneto.

Rogerus de Vineis pro terra d'Onfreville unum feodum.

Robertus de Caletot pro terra de Caletot quintam partem feodi.

Wansaint pro terra de Benteville unum feodum in dechcio pro Sancta de Fide Longavilla .vj. sol.

Grarville de Rochefort et Wellebeuf unum feodum de quibus Wellebeuf respondet de .xl. s. et est ballivia Rothomagi.

Radulfus de Pleiz unum feodum apud Pleiz.

Robertus de Haumeville dimidium feodum sed nunquam reddiderunt talliam nec auxilium.

Feoda Hugonis de Cressiaco. Hugo de Cressiaco unum feodum Donurenc.

Robertus de Guerres unum feodum apud Ponchois.

Dominus de Freauville unum feodum apud Bally.

Gaufridus de Ballol unum feodum apud Ballol.

Helyas de Sancto Ydonio dimidium feodum apud Bally.

Dominus de Sancto Martino unum quarterium apud Bally.

Gobertiville unum quarterium de feodo Fulconis de Cantilupo.

Bremal unum feodum de Ducatu.

Feoda .... Bos Melet unum feodum quod Robertus de Ovcteville tenet.

Branche de Sancto Dyonisio dimidium feodum apud Sanctum Dyonisium.

Prior Altifagi dimidium feodum apud parcum et Languetuit.

Robertus de Cropus dimidium feodum apud Cropus in manu domini Regis.

Petrus de Bosco Guillelmi dimidium feodum apud Boscum Guillelmi.

Li Casteliers unum quarterium quod Hugo de Boufardo tenet.

Lauraine unum quarterium apud Lauraine et apud Le Chatelier quod filius Anastasie et Ricardus Grenon tenent.

Languetuit dimidium feodum apud Languetuit quod Adam de Goneville tenet et Radulfus de Bello Monte unum quarterium.

Robertus de Monasterio aliud quarterium et Reginaldus de Pratis aliud quarterium.

Galterus Brucz dimidium feodum apud Hubonville.

Feodum de Necle quintam partem unius feodi quod Guillelmus de Mesnillo tenet.

Refrainville dimidium feodum quod Michael de Mara tenet.

Radulfus de Dunio tenet apud La Motam Ebrardi de Mesnil dimidium feodum.

Anglicaville unum quarterium militis cum suis participibus quod Rex habet in manu sua.

Saumesle dimidium feodum Duni quod Guillelmus Saumesle tenet.

Guillelmus Beton unum quarterium tenet in Valle Duni.

Rogerus de Bloseville unum quarterium in Valle Duni.

Bellus Campus dimidium feodum.

Jordanus de Bosco unum quarterium sed non debet talliam nec auxilium et est in manu domini Regis.

Feoda de Magnevilla. Reginaldus de Germeville unum quarterium apud Guerres.

Guillelmus de Grochet unum quarterium ad Grochet.

Ingerrannus de S^{to}. Audoeno dimidium feodum apud Sanctum Audoenum.

Helyas Haquet unum quarterium ad Mesnil Haquet.

In duodecim hospitibus apud Bogellas unum quarterium militis.

Johannes de Moncellis pro Bordinville unum quarterium militis.

Apud Cloville de feodo Feritatis quando Rex cepit terram.

Guillelmus de Lindebuef per Osmunvillam unum quarterium militis.

Nicolaus de Monteniaco pro feodo Petri de Nichole ad Leonisvillam et pro Maciaco et pro Boseval ultra Secanam in ballivia Boneville et pro terra Galteri de Trelli que vocatur Mannetot et pro Riconville que fuit Galteri de Croissiaco duo feoda.

Feodum Hayois de Blex'. ad Blouxevillam unum feodum de tenencia Albemale.

Sarracena de Aupongart unum feodum militis.

Feoda Sancti Richeri Feoda de Necle feodum unius militis quod Guillelmus de Kaon tenet apud Sanctum Remigium.

Yvo de Sancto Remigio unum feodum militis.

Castellanus de Britolio pro Alneto unum feodum militis apud Alnetum et apud Goletum.

Ricardus de Velly unum feodum militis apud Velly.

Girannus de Banneio unum quarterium militis apud Wandovreium.

Feoda de Mortuomari. Michael de Portu Mortuo unum feodum militis apud Portum Mortuum.

Angomerus de Sancta Bona et sua mater tenent dimidium feodum apud Sanctam Bonam quod Guillelmus de Bellencombra tenet.

De feodo Rogeri de Mortuomari dimidium feodum apud Sanctam Bonam et apud espinetum quod est in manu domini Regis.

De feodo Radulfi de Beauchamp quod Guillelmus de Bellencombre tenet unum quarterium militis quod est apud Sanctam Bonam et est de Eschacta Regis et domina quedam tenet illam per dotem.

De Hugone de Chamberon apud Sanctam Bonam unum quarterium militis quod est in manu Regis.

De feodo de Sangomare dimidium feodum militis quod est apud Salgomare et apud Pousscvillam et est in domanio domini Regis.

Guillelmus de Sancto Germano unum feodum militis apud Sanctum Germanum.

De feodo Marescalli unum feodum et dimidium militis ad Luci et ad Meneovallem in manu domini Regis.

Guillelmus de Betencuria dimidium feodum militis unde .xxvij. sol. computantur super dominum Regem de terra que est in manu sua

Philippus Calctot Botellieres Ranmel et Masert et Osbertus turca (?) fides et Guillelmus Lovel dimidium feodum militis.

Hugo de Torpes dimidium feodum militis apud Torpes.

Ecqueville dimidium feodum militis quod Guillelmus Barate tenet.

Jordanus de Lindebuef apud Umbleville dimidium feodum militis et respondet Johanni de Roboreto.

Heres Galteri de Sancto Martino duo feoda ad Wiflont et ad La Folcheriam.

Guillelmus de Lambertoville ad Lambertoville unum feodum in decheio .xv. sol. propter dominum suum quod dominus Rex tenet in manu sua.

Heres Roberti ad Bures unum quarterium quod tenet Robertus Tubert.

Feodum de Salli ad Osmunville dimidium feodum quod est in manu Regis.

Guillelmus de Sancto Audoeno unum feodum ad Sanctum Audoenum quod plures tenent de eo ad Guibertiville unum quarterium quod est in manu domini Regis.

Sauxetot unum quarterium ad Sauxetot quod heredes Johannis de Mara tenent ad Guibertivillam et ad Tiliolum unum feodum de quo tercia pars respondet Johanni de Roboreto.

Gaufridus ad Verberville dimidium feodum et respondet dicto Johanni.

Rogerus de Petravilla et Radulfus de Petravilla unum feodum et respondet dicto Johanni.

Guillelmus de Cosunville terciam partem ejusdem feodi quod respondet dicto Johanni.

Feoda Rogeri de Vallengitot. Rogerus de Vallengitot unum quarterium militis et heres de Magneville et Theobaldus de Gocequinville et filius Rogeri de Brueria unum feodum.

Rogerus Li Chatons unam vavassoriam in qua sumitur quarta pars vavassorie et in iis feodis Johannes de Roboreto nundum suum tercium capit.

Jordanus de Tot dimidium feodum militis.

Robertus de Peretot unum quarterium militis.

Radulfus Calcenon. unum feodum militis apud Osmenvillam.

Petrus de Hotot ad Hotot unum feodum militis.

Robertus Porquet dimidium feodum militis.

Loomerville dimidium feodum militis quod tenet Michael Malesmains.

Guillelmus de Angervilla duo feoda de comitatu de Clara apud Aringier et de illo tenet Petrus de Torgovilla dimidium feodum militis apud Torgovillam et apud Angervillam.

Robertus de Becco unum feodum comitatus de Clara apud Geneville de illo tenet Guillelmus de Molines dimidium feodum apud Toretot per loricam.

Guillelmus de Beteville unum feodum de Comitatu de Clara juxta Mostreville.

Helyas de Longolio duo feoda de eadem Clara unum apud Asponville et unum apud Languetot et apud Colomesnil.

Robertus de Osmonville unum feodum de eadem Clara apud Osmunville et apud Oneville et apud Lesborc.

Nicolaus Grenet unum feodum de eadem Clara apud Gireville.

Johannes de Crasmenillo apud Clara Estrutart et apud Abetot et apud Crasmenil unum quarterium de eadem.

Guillelmus duo feoda de eadem Clara Hysterius autem filius ejus et heres in terram Iherosolimitanam perrexit.

Pes de Heruche unum feodum de eadem Clara quod est in quinque partes apud Vergoville apud Brueriam et apud Esculetot.

Guillelmus de Yngonville et Theophania et uxor Guillelmi Roberti tenent terciam partem, Hugo Malebisse quartam partem quam dominus rex habet, et de Campania tenet quintam partem.

Guillelmus de Villequier unum feodum de eadem Clara apud Fontes de quo Guillelmus Paganus tenet dimidium quarterium apud Esponville et Matheus de Buletot aliud dimidium feodum.

Johannes de Larsie dimidium feodum de eadem Clara apud Blinville quod Guillelmus Painot tenet de dono domini Regis et nunquam pagavit auxilium.

Dominus de Girarville .viij. feoda et de Ducatu tria feoda et de istis tenent Radulfus de Kenoville et apud Butot et apud Vautetot que villa est in manu domini Regis et Guillelmi de Esmaleville unum feodum apud Esmaleville, mater Eustachii Crobec dimidium feodum apud Hanerville et ibidem feodum quod est in manu domini Regis.

Ricardus de Auxeville dimidium feodum de Comitatu de Clara apud Normanvillam et apud Granvillam et apud Mantevillam.

Guillelmus de Mortuomari dimidium feodum apud Granvillam et apud Otheville et apud Le Chouquei apud Fontenai unum feodum quod est in manu domini Regis.

Ista tria feoda de Ducatu sedent apud Girarville apud Fontes et apud Sauwicam et apud Queseville et ista tenet dominus de Girarville in manu sua et de aliis predictis feodis tenent.

Eustachius de Coleville unum feodum apud Colevillam.

Radulfus de Torneville unum feodum.

Guillelmus de Brueria unum feodum apud Gonnevillam apud Fovillam.

Rogerus de Briantel unum feodum ibidem.

Guillelmus de Mesnil unum feodum apud Le Mesnil.

Henricus de Sandoville et Guillelmus de Tonneville. et Robertus Tebout unum feodum de feodo Feritatis.

Matheus de Buletot unum feodum apud Buletot apud Coldri et apud Clavillam.

Hugo de Bosemoncel unum feodum de Comitatu de Clara ibidem et apud Bouville et apud Bolebec et dimidium feodum parte decima minus apud Foletariam et apud Clevillam et apud Eblelont de feodo quod fuit Henrici Biset.

Engenont Souflet unum feodum de Comitatu de Clara apud Herdorc et apud Boseville et apud Boleville et apud Rafetot et apud Bolebec.

Guillelmus Benengel unum feodum de Comitatu de Clara apud Bendengel et unum quarterium de feodo Estoteville apud Osnuville et apud Osberlot et apud Ricarville et apud Flamenville et apud Escréteville et apud Foucart Escalles.

Guillelmus Fonun dimidium feodum de Comitatu de Clara de illo tenet Guillelmus de Sorenc quintam partem et Radulfus Blanquet unam aliam quintam partem.

Apud Bernouville unum feodum de Comitatu de Clara quod tenet Guillelmus Bardouf.

Gillebertus de Hencort uuum feodum de Comitatu de Clara ibid et apud Sauxetot.

Petrus de S^{to}. Dionisio qui est apud Albigen. unum feodum de eodem apud Belebec.

Garnerus Troussel unum feodum apud Fasmaram et apud Foutipou.

De feodis que tenet Abbas Fiscannensis. Abbas fiscannensis tenet decem feoda de Ducatu Normannie.

Dominus Henricus Maleconductus apud Anglicunvillam et Paluel feodum unius militis.

Robertus de Nevilla et Radulfus Neel apud Nevillam unum feodum militis.

Ricardus Duredent heres guerres Gaufridi et Matheus de Ermenouvilla et eorum participes apud Hermenouvillam et Mesnillum feodum unius militis, filius Radulfi de Quenouville ex parte uxoris sue apud Yquelonc quarterium unius militis.

Apud Dodeville domina Princia de Fiscanno dimidium feodum militis.

Guillelmus de Plesseiz ibidem unum quarterium.

Et Philippus de Fraxineto unum quarterium ibidem apud Mesnilleium de subtus Jardinum.

Guillelmus de Pleisseiz unum quarterium militis.

Philippus de Bostisi apud Aiencort feodum unius militis.

Apud Interville feodum Vitrecart unum quarterium militis.

Symon de Heugerville senior et particeps suus apud Ripariam de sub S^{to}. Victore feodum unius militis.

Hugo de Siletot apud Siletot quarterium unius militis.

Guillelmus de Mortuomari apud Osbertivillam dimidium feodi militis.

Domina Princia apud Umcmerville dimidium feodum militis.

Guillelmus Marescallus apud Buevillam feodum unius militis.

Item in feodo de Bruetot feodum unius militis.

Camerarius de Tanquarvilla apud Haistainvillam et Hastentot dimidium feodum militis.

Apud Cleville unum quarterium militis quod est in manu domini Regis.

Henricus de Vranville apud Dambovingerville et Berteauvill. quarterium unius militis.

Apud Almeneches versus Alencon differciat comes Robertus Abbacie Fiscannensi feodum duorum militum.

Johannes de Normanvilla apud Hastentot Rivilie et Tibermont dimidium feodum militis quod differciat Abbacie Fiscannensi. Et preterea dominus Abbas tenet Fiscannum cum omnibus pertinenciis a domino Rege exceptis tantum modo elemosinis.

[Aux f°s. 66 et 67 se trouvent deux pièces étrangères à la Normandie. La première est une bulle du pape Nicolas III, de l'année 1277, concernant les Croisés.—La deuxième a pour titre : *Ordinatio de .... amortizationibus et financiis faciendis.*]

(Les sept cas du Bailli de Caen.)

Ce sunt sept cas dont le balli de Caen fut plaintif as mestres de l'eschiquier de l'evesque de Baiex et de son official des quiex il fut enquis par mestre Johan de Forez clerc le roi et par Nicholas de Villers adonc balli de Costentin; et fut l'enqueste raportee devant nos segneurs, et jugie à l'eschiquier de la St.-Michel l'an M. ij^{c}. iiij^{xx}. xiij.

(1er. *cas.*) Comme le balli de Caen se complainsist de l'evesque de Baiex et de ses gens. Premierement sur cen que le balli disoit que Ricard de Lestre son geolier et gens en son aide estoit venu à la meson Colin Audrieu lay (laique) : laquele meson est pour lai fieu et vindrent traire hors le dict lay de la meson a force et par violence et l'en eussent trait hors se il n'eust donne plege de representer soi devant l'official de Baiex, et l'eussent amene en sa prison. O tout cen le dict official commanda le dict lay estre mis en prison apres cen. Et comme il fust requis par le vicomte du dict lieu que il delivrast le dict lay, il refusa delivrer le dict lay. Veue diligeaument l'enqueste fete sus ceste article par les mestres tenant l'eschiquier, est rendu einssi que l'evesque resessira le dit lieu et amendera le forfet.

(2e. *Cas.*) Item, comme le dit ballif se complainsist du dict evesque. Cest assavoir pour cen que comme une fame se parjurast devant luy, et empres ceu par icel parjure fet a ataint devant li la devant dicte fame estre mise en l'eschiele si comme il est acousturné a fere en cas semblale lui et ses predecessours du temps donc il n'est memoire. L'official du dit evesque le dict balli et son viscomte de Caen pour icel fet que le dict balli avoit fet usant de son droit en nom de nostre sire le roi, travaille devant soi et les fet pleder devant lui. L'evesque sus cen fete diligeaument veue en dict eschiquier rendu est par les mestres ainsi, que l'evesque sera requis que il face cesser son official du tout du plait et les damages que le balli pour cen a soustenus li restablisse : else il ne veut cen fere soit contraint a l'amender.

(3^{e}. *Cas.*) Item, comme le dit baillif se complainsist du dict evesque pour cen que comme les serjans nostre seigneur le roi a cen prissent un larron et le ballassent a .ij hommes pour mener en la prison nostre Sire le Roi estre detenu. Et empres cen eulx venissent devant la prison l'evesque, le geaulier l'evesque o gens en son aide emsemble le dit larron et par violence osterent et soustretrent des mains ad diz hommes et batirent les hommes devant diz vilainement. L'enqueste sur cen fete veue diligeaument, dit est ainssi : que l'evesque sera requis que il resaise les gens nostre sire le roi et o tout cen que il amende le forfet; lequel foit, se il ne laprouve tant comme en son nom fait les malfetours ; c'est assavoir, le geolier et les gens de son aide, se ce non, soit contraint a la amender.

(4^{e}. *Cas.*) Item, comme le dit balli se complainsist du dit evesque sus cen que l'official du dit evesque demande paines pecuniaires et corporeles as clercs qui meubles et arrerages de rentes demandent as laiz en la court laie. L'enqueste veue sus cen en l'eschiquier rendu est einssi que l'en requerra l'evesque que de chescune chose face son official cesser et que les damages euz pour les choses dessus dictes retablisse se cen non soit contraint a l'amender.

(5^{e}. *Cas.*) Item, comme le dit balli se complainsist du dit evesque sur cen que le dit oficial escumenia un des serjans nostre sire le Roi par cen que iceli serjant avoit pris un lay par la vertu des lettres le Roi en la court l'official qui est perpetuel fieu lay.

(6^{e}. *Cas.*) Item, comme iceli balli se complainsist du dit evesque par ceu que a celui serjant autrefoiz en cele court eust pris un autre lay. Le seelour l'evesque en la dicte court vint au serjant devant dit et a ses propres mains li devea que le devant dit lay n'enmenast a la prison le Roy. L'enqueste veue diligeaument rendu ainsi fut que l'evesque amendra lun fet et lautre et que ceu qui est fet a prejudice du Roy rapelera.

(7e. *Cas.*) Item, comme le dit balli se complainsist par ce que l'official de Baiex disoit que Guillot le Feutrier fuitif à l'eglise et forbani segont la coustume du pays avoit este prins en conduit de l'eglise par icel balli ou par les gens nostre sire le Roi et de rechef a la prison nostre sire le Roy mis, le dit balli afermant le contraire et disant le dit Guillot avoir este prins en chemin le Roi et en lieu ou les gens nostre sire le Roy peuvent et doivent sans prejudice a la franchise de l'eglise. Veue l'enqueste fete sur cen trouve par la dicte enqueste le dict Guillot hors du chemin nostre sire le Roi avoir este prins par les gens nostre sire le Roi et la ou il peuvent et doivent. Et offerra le dit balli au dit evesque lettres seelees du seel de la ballie de Caen que est cen qui est fait en cel cas et en faisant en temps avenir au dit evesque ne a son eglise de Baiex n'engendrera prejudice en aucune chose ne a nostre sire le Roi aussi, et commendera le dit balli au dit evesque que il face son official cesser du plet que il ment sus cen contre le dit balli et se il refuse a faire soit contraint a cesser et a fere amende.

(*Des clercs de l'échiquier.*) C'est la justice que les clercs de l'eschiquier dient que ils ont eu lour roulles, jasoit que les barons dient que ils en ont plus.

La justice as barons et as chevaliers de Normandie qui tiennent par baronnie et par membre de haubert et qui n'ont le plet de l'espee ne haute justice il puent prendre tout homme saisi de larrecin par eux ou par lour gens dedans lour baronnies ou dedans lour membre de hauberc et le pevent fere juger quant ils ont pris saissi, se il puent avoir chevaliers au jour la journee que il le prennent ou lendemain dedans telle hore que il le puissent rendre à la justice le Roi que la justice le puisse mettre à sauvete de prison. Et quant il ont rendu a la justice si comme il doivent, la justice lour doit rendre tout jugie se il le requiert en lieu et en temps comme il le doivent requerre pour fere justise. Et se il le tiennent plus que il ne doivent tenir par la coustume il le doivent amender au Roi

Item, il pevent prendre leur prevoz leur monniers pour fere lour compte et pour le compte enterigner et tenir les en lor prison.

Item, il et lour hommes doivent prendre les criz et les harouz et les doivent rendre a lours seignours et les seignours les doivent garder nuit et jour et sanz replenir les et en apres il les doivent rendre a la justice le Roi; et se il ne les rendent il le doivent amender au Roy.

Item, il ont le plet de lour hommes de chatel et de rente cogneue devant eulx pour faire paer et enterigner sanz cen que il en puissent cognoistre par enqueste. Et ne pevent lever amende de plus de .xviij. sols un denier mains. Et se il en levoient plus et pleinte en venist a la justice le Roi, il le doivent amender au Roi.

Item, il ont la bataile de lour hommes de chatel et en pevent lever amende du recreant .lx. sols et un denier. Et se pez est faite entre les parties il en peuvent lever de chescune des parties .lx. sols un denier.

Item, il pevent les terres lour hommes deviser en lour fieuz et se les hommes demandent amendement de devise, il la doivent par la justice le Roi avoir. Et nulle justice il n'ont plus en Normandie.

HEC EST CONSUETUDO IN PREFECTURA CADOMI.

De bestiis, etc., *vendendis et emendis*. Qui vendiderit vel emerit equam aut equum .ij den. andegav. dabit. Si equa habuit pullum, quandiu secutus fuerit matrem non dabit consuetudinem. Si sine equa venditus fuerit, qui emerit dabit .ij. denar., qui vendiderit .ij. denar. Qui excambiaverit equum aut equam aut pullum duplicabitur consuetudo. Qui vendiderit asinum vel asinam aut bovem vel vaccam dabit .i. den. qui emerit .j. den. similiter dabit. Si vacca habuerit secum vitulum, si natus fuerit ante festum Sancti Johannis Baptiste consuetudinem dabit usque ad Natale; si post festum Sancti Johannis natus fuerit non dabit consuetudinem. Si natus fuerit ante Nativitatem, consuetudinem dabit usque ad festum Sti. Johannis Baptiste; si post nativitatem, non dabit. Qui vendiderit porcum aut suem dabit .i. den. et qui emerit .i. den. similiter. Si sus habuit porcellos et venditi fuerint cum sue, sus et porcelli non dabunt nisi unum solum denarium. Si sine sue venditi fuerint unusquisque dabit unum denar. Qui vendiderit arietes aut oves, bini dabunt unum denar. si impar.: qui vendiderit .i. denar. et qui emerit unum solum denar. dabit.

De carnibus vendendis. Qui attulerit carnem boum aut vaccarum salsatam aut recentem vel adduxerit bestias vivas ad faciendum carnem nisi fuerit manens et residens Cadom. de carne uniuscujusque bestie dabit .i denar. Si autem coria bestiarum quarum fuerit corium cum carne attulerit coria quieta fuerint per acquietationem carnis. Qui carnes porci vendiderit, de carne uniuscujusque .j. denar. si flicce fuerint de una quaque .j. den. nisi fuerint unius ejusdemque bestie. Qui carnem arietum vendiderit nam de binis .j. denar. si autem impar fuerint .j. denar. Qui manentes residentesque fuerint Cadomum non dabunt per totam ebdomadam nisi .j. solum denarium.

De blado et leguminibus. Quicunque attulerit bladum vel legumen vendendum non dabit consuetudinem. Qui emerit, dabit de unoquoque sextario .j. den. si mina vel quarterium ultra fuerit de mina dabit .j. denar. vel den. de sextario et de quarterio scilicet .j. den. Sed qui emerit ad seminandum extra Leucatam Cadomi, si poterit affidare quod multiplicatum semen Cadomi retulerit non dabit consuetudinem.— Si non affidaverit plenariam dabit consuetudinem.—De summa porrete .iiij. den.—De summa cepate (oignons) .iiij. den.—De summa linagli .iiij. den. et de singulis seminibus de qualibet summa .iiij. den.—Qui attulerit panem in quadriga dabit de consuetudine .ij. den.— Si panis fuerit duarum furnatarum de altera furnata .ij. den. et de altera .j. den.—Si socium habuerit similiter dabit consuetudinem. Qui panem attulerit super equum dabit .i. denarium.—Si ad dorsum nichil.—Et si de pane remanserit quod totum non vendatur remanens non acquitabit nisi die lune .j. den.—Qui panem fecerit Cadomi, si fuerit manens et residens in burgo Regis, vel abbatis, vel abbatisse quietus est per totam ebdomadam pro uno solo den. die dominica solvendo. —Sed si panis suus duraverit amplius quam per unam solam ebdomadam, remanens acquitabit.—Prepositus debet habere in omnibus furnis Cadomi dimidium furnagium quia antiquitus statutum fuit quod Rex debebat partiri in furnagio quietorum furnorum, quoniam concessum est consuetudinarios bolengarios furnificare in quietis furnis excepto quodam furno qui fuit Theodorici filii Arturi. Et sciatur quod medietas furnagii constat trium obolorum quam prepositus habet in qualibet furnatione.—Qui attulerit panem ad collum non dabit consuetudinem nisi forniaverit.

De potibus. Qui attulerit dolium de unoquoque dolio .xij. den.—De transversario si venerit in transverso quadrige .vj. den.—Si in lungum .xij. den. sicut de dolio.—Si per mare venerit dupplicabitur consuetudo. —Qui attulerit siceram (cidre) vel modonem (hydromel) vel moratum (vin de mures) vel cerveisiam (bierre ou cervoise) de uno quoque dolio .iiij. den.—Consuetudo non debet dupplicari si per mare venerint.

De melle et oleo. Qui attulerit mel aut oleum in doliis, de uno quoque dolio .vj. den. dabit, videlicet de modio qui etiam in barillum attulerit de unaquaque summa iiij. den. Et constat summa .viij. sextariorum. De dolio vacuo .ij. den. et de duobus barillis vacuis .j. den.

De piscibus. Qui attulerit alec in quadriga sive per aquam de uno quoque milleario .ij. den.—Qui attulerit maquerellum .iiij. den.—Qui attulerit alium piscem .iiij. denar. in quadriga scilicet, qui attulerit ad summam .ij. den.—Qui attulerit per aquam .viij. den.

De herbis. Qui attulerit olera sive rapula sive porretam de quadriga .ij. den. de summa .j. den. Et quando pro illis receperit sive bladum sive aliud quietum erit per consuetudinem herbarum.—De summa ceparum vel aliorum vel caloniorum .iiij. den.—De summa nucum .iiij. den.—De pomis in quadriga .ij. den.—De summa .j. den.—Similiter de piris et peschis et racemis et contanis (?).

De sepis unctis. Si unctum fuerit sutum de unoquoque .j. den. et si non fuerit, sutum de c. iiij. den. —Si *cepum* fuerit in creton de unoquoque .j. den.— Si fuerit remissum in magnis catinis vel patinis de unoquoque .j. den.—Si autem in parvis de duodecima .ij. den. vel de poncto .j. den.

De sale. De unoquoque sextario .j. den. Sed si burgensis Cadomi vendiderit suum sal in burgo Cadomi non dabit consuetudinem.—Si tulerit extra Cadomum unumquodque sextarium.

De metallis. De .c. cupri .iiij. den.—De .c. stanni .iiij. den. similiter.—De .c. ferri .iiij. den.—Plumbum acquitabitur per frustra. Unumquodque frustrum .j. den. —Si operatum fuerit rotundum .ij. den. quadratum .iiij. den.—De unaquaque ligatione aceri .j. den. hoc est de duodecima .iiij. den

De coriis et pellibus. Si coria fuerint de partibus transmarinis de lecto .x. sol. hoc est de *dacra* (10 cuirs) .vj. den.—Si aliqua coria extra lectum fuerint inventa de unoquoque .j. den.—Si dacra fuerit extra lectum: si ille qui acquitabit nominaverit dacram: dabit .vj. den. pro consuetudine. - Si autem coria nominaverit, unumquodque .j. den.—Si coria fuerint de partibus transmarinis de unoquoque .j. den.—Si tanata fuerint de quocumque loco sint de unoquoque .j. den. —Qui emerit frustum corii de unoquoque frusto .j. den. nisi fuerint unius corii.

De pellibus. De .c. arietis vel escurellis, vel cuniculis vel ciseviis .iiij. den.—De .c. agninorum, vel leporinarum, vel caprinarum aut de putoys .ij. den. —De duodecima catorum vel vulpium, vel patere vel genetrarum vel daumarum .ij. den.—De sabelinis vel matrenis vel faginis si nominate fuerint per duodecim .ij. den.—Si per tymbium quod constat ex .xx. iiij. den.—De unaquaque penna vel pelichon vel coopertorium de quibuscumque pellibus sint .j. den.—De duodecima cordubani et bazen. de unaquaque duodena duos denarios.

De armis vel patinis. De lorica .iiij. den.—De caligis de ferro .ij. den.—De duodecinaria amialearum .ij. den.—Patinis ferri de unaquaque .j. den.—De duabus patellis .ij. den.—De securibus sive falcibus sive dolabris .j. den. qui attulerit ad collum; qui super equum .ij. den. qui in quadriga .iiij. den.—De sartageribus vel lebetibus si simul ligate fuerint .iiij. den.; si non: de duobus .ij. den.—De duobus vomeribus (soc) vel cultris (coutre) .ij. den.—De incude (enclume) .iiij. den.—De operariis fabri .j. denarium.

De tincturis de vaisda. Si vaisda venerit in quadriga .iiij. den.—Si in navi de unoquoque orreo .iiij. den. — Si navis tota fuerit onerata .viij. den. Qui extra tulerit de unoquoque boissello j. den.—De barillotis .j. den. De atinerata (sic) .j. den.

De operibus predictis. De honere piperis .viij. den.—De honere cimini (canelle) .viij. den.—Si vendita fuerint ad detallium: consuetudo est. Una banata de honere granate .viij. den.—De boisselleto granate .j. den.—De pice alba vel nigra si fuerit in auriculariis de unoquoque auriculario .j. den.—Si non, de c. iiij. den.—De attramento non dabit consuetudinem nisi equum aut asinum adduxerit et tunc dabitur de freello .j. den. De .c. cere .iiij. den De unaquaque culcitra .iij. den.—Sed homo Cadomi si vendiderit vel emerit non dat consuetudinem nisi deferat extra.—De capucio .ij. den.—De libro si fuerit in asseribus .iiij. den.—De casula nisi fuerit benedicta .ij. den.—Si fuerit benedicta nichil.—De ollis vel ulnis; de quadrigata ulnarum vel ollarum .ij. den.—De summa .j. den.—De urnis virgatis si fuerint pincte .j. den.—Si non, nichil.

De pannis sericis lineis vel laneis. De tireto et cendallo de unoquoque .j. den.—De trossello pannorum laneorum aut lineorum .viij den.—Si autem fuerint linei et lanei .xvj. den.—Et si panni non fuerint cordati in trossello de unoquoque panno .j. den. —Ita est per mare et per terram.—Qui super equum pannos tulerit .iiij. den.—Et in feria de Prato .viij. den.—Et de trossello .xij. den.—Qui attulerit pannum vendendum ad forum, si super brachium suum tenuerit et non miserit ad terram non dabit consuetudinem.—Si ad terram miserit dabit consuetudinem.—Qui attulerit pannum ad fullonem refaitandum nichil dabit; sed si tinctus fuerit dabit consuetudinem.

De mercennariis. Qui tulerit mercennarias sine serico et staminis et peplis, si super collum .j. den. Si super equum vel asinum .ij. den., si in quadriga .iiij. den.—Sed si sericum vel staminem vel peplis fuerint, dupplicabitur consuetudo tota.—Et licet mercennario habere mercennaria sua per consuetudinem; et per illam eamdem consuetudinem licet eidem mercennario habere mercennarias quietas videlicet .x. lib. piperis, et .x. lib. cimini, et .x. lib. de anis, et .x. lib. amigdalorum sed si plus haberet, dictus mercennarius acquitaret.—Et licet mercennario habere .x. lib. serici non operati, nec plus; sed de operato licebit habere quantum voluerit per acquitationem mercennarie.—Et similiter licet habere .x. lib. cere et .x. duo denarias feltrorum nec plus et sueria quot voluerit.—Et species quia species non dabunt consuetudinem, nec thus, nec thubina, nec glasse.—De .c. feltris .iiij. den.—De unaquaque libra serici non operati .j. den.

De vitreo. Si in vasibus vitreis fuerit vinum vas nec alias dabit consuetudinem. Si per frustum fuerit non operatum nichil dabit.

De lano et filo laneo et lineo. De .c. toisons .iiij. den.—Qui tulit filatum laneum vel lineum vel linum vel canabum ad collum .j. den.—Super equum .ij. den.—In quadriga .iiij. den. Sed si fuerit linum vel canabum in virga non dabit consuetudinem.

De lignis. Si ligna fuerint dolata cum dolabro, si venerint in quadriga .iiij. den. Si sine dolabro .ij. den. —De latis in quadriga .ij. den.—De escenniis .ij. den. —De sporiis .ij. den.—Et si in una quadriga late fuerint et escenne et sporia .ij. den.—De asseribus .iiij. den.—De circulis (cercles) ad dolia et cuvas in quadriga .ij. den.—De quarteriis et asquitis et quartinis et gatis et tinis si simul in quadriga fuerint .iiij. den. —Si simul non fuerint .ij. den.—De criblis et saaz non datur consuetudo.—De .ij. c. Lanceis .iiij. den.—De quadriga si ferrata fuerit .ij. den. Si non .j. den.—De rotis sine caretillo et sine ferratura .j. denar.—De caretillo sine rotis .j. den.—De archa si habuerit seram .ij. den.—Si sera defuerit .j. den.—De trou .j. den. De cuva id.—De arundinibus si pilati fuerint .j. den.—Si in quadriga .ij. den. — Si non fuerint pilati nichil. —De utensilibus textoris .j. den.—Unaquaque mola .j. den.—De parvis molis que vocuntur molardeaux, de binis .j. den.

De navibus. Qui vendiderit navem vel batellum .iiij. den. et qui emerit .iiij. den. Similiter datur de domo consuetudinaria vendita.—Navis que attulerit ligna cujuscumque modi sint de .xxiiij. dabit .xxv. den.—Sed si magna ligna fuerint scilicet trabes aut postes aut tigni aut colompne, ille cujus fuerint capiet primo duo ligna quecumque voluerit meliora; et prepositus habebit melius tercium et preterea ut dixi .xxv. denar.

De navibus Anglie terre. Navis que fuerit de Anglia quicquid auferat .iij. solidos dabit nec plus quidquid venditum fuerit intus navem.—Sed si aliquid venditum fuerit extra navem, totum illud acquietabitur preter predictos .iij. sol.—Et si navis attulerit aliquid quod ad victualia pertineat: de hoc dabit presens quando licenciam de honerandi susceperit.—Et si alleccia attulerit dabit unum .c. alleccium. Sed quicquid retulerit totum acquietabitur. Sciatur autem vere quod nulla navis postquam venerit apud Hoistreham intus portum Olne potest nec debet mercaturas suas dehonerare apud Hoistreham nec citra ullo loco nisi apud Cadomum. Hic solum potest onus suum alleviare ut levius veniat; sed non sine licencia prepositi. Et postquam navis in portum intraverit: non debet ire alibi quin ille cujus navis fuerit remaneat in misericordia prepositi si illum poterit attingere. Sed si navis alibi fuerit affretata et in necessitate aliqua, apud Oistreham applicuerit: per solam et legitimam consuetudinem potest recedere absque vendere vel dehonerare. Et si ipsa vendiderit vel in altera navi dehoneraverit duplicem dabit consuetudinem. Omnia autem alia adveria que apportata fuerint apud Cadomum possunt alibi portari per eamdem legitimam consuetudinem Si burgensis Cadomi manens in villa et residens ierit mercari in quamcumque patriam perexerit non acquietaverit ea que extra tulit aut si nichil detulit nisi malam suam cum denariis suis. Si dederit .iiij. denar. de mala sua de quibus mercennariis quas retulit non dabit consuetudinem. Uter sit quietus an non. Excepto vino et ceteris potibus.—Et si vendiderit mercimonias suas vicinis suis in burgo Cadomi non dabit consuetudinem, exceptis bestiis et potibus ut dixi.—Sed si aliquid extra leucatam Cadomi tulerit totum illum quod detulit acquitabit tanquam non de Cadomo. Tota aqua Olne est in prefectura Cadomi, excepto aquagio et piscatoriis a Mari usque ad Maium cum ministris aque ejusdem qui sunt in ea passagiorum. Et si aliquis venerit tallem falens ferratam et Baioc. et transierit tallem pergens ad vada et cavens venire per Cadomum, prepositus debet eum sequi ut forisfactum suum ad quodcunque vadum attingere eum poterit extra pontem Tetecii.

LETTRES DE PIERRE D'ARAGON ET DE CHARLES DE FRANCE.

Magnifico Principi Karolo Illustriss. Petrus Dei gracia Arragonum et Sicilie rex cum venissemus ad partes Barbarie ad impugnandum Sarracenos misimus nuncios nostros ad Romanam curiam cum quibusdam petitionibus quarum nullam potuimus obtinere. Et post venimus in Siciliam audientes Siculos querelantes quod vos gravatis eos ac hostiliter impugnatis. Unum nostrum auxilium implorarunt. Et quia nolumus eis deficere nec possumus propter uxorem nostram et filios ad quos regnum ipsum jure hereditario noscimus pertinere : vos rogamus quatinus ab injuriis et molestiis hujus desistatis. Et latoribus presencium in hiis que vobis dixerint ex parte nostra credatis.

Karolus filius Regis Francie, Ducatus Apulie, principatus Capue Andegavensis provincie Foquarie Comes, Jerusalem et Sicilie Dei gracia Rex. Alme urbis senatori Petro, solo nomine Regi Sicilie, dicto : *Gladium qui trucidat infideles.* Si tibi nomen noviter impositum volueris obtinere de spelunca in qua nunc habitas caput tuum decet emittere si tui juventus sinat audacia quanta solet in nostris militibus inveniri. Quilibet diu avidissime te duxerint expectandum nisi tamen merita virium tuarum, quod absit, impediant experienciam cito locum quo habitas actore domino visitabunt.

CONSTITUTION DES AVOCATS DE BAYEUX.

Advocati Baiocenses debent jurare et tenere ea que continentur in constitutione properanter : quam constitutionem si non habent, habeant infra mensem.

Item ipsi advocati jurare debent quod ipsi defferent et reverentiam facient et tenebunt domino Episcopo Baiocensi, vicariis et officiali suis in omnibus licitis et honestis.

Item quod aliqua non machinabuntur nec facient contra dictum Episcopum ejus officialem, vicarium vel curiam Baiocensem aut jura eorum vel curie aut honorem publice vel occulte et si illud per alium fieri scirent aut intelligerent id dicto officiali vel sigillifero quam cito poterunt revelabunt.

Item ipsi advocati jurabunt quod ea que acta erunt in judicio fideliter scribi facient per notarium curie et quod in eis nichil apponent aut apponi facient nisi secundum quod in judicio acta erunt.

Item et quod ipsi in judicio falsis improbis, mendacibus aut improbabilibus exceptionibus deffensionibus aut allegationibus non utentur et quod ad hoc faciendum alio modo suos clienculos non inducent.

Item et quod se non exibebunt nec reddent nimis graves in suis salariis exigendis, sed secundum cause qualitatem advocati industriam et fori consuetudinem super hoc fideliter se habebunt.

Item et quod secreta cause sue parti adverse minime revelabunt publice vel occulte.

Item et quod in causis matrimonialibus postulandi officium non assumunt nisi super hoc ab officiali petita licentia et obtenta.

Item et quod in se procuratoris officium cum sibi non liceat non assumunt nisi ex causa evidenti et necessaria et super hoc ab officiali petita licentia et obtenta. Et si contigerit ita esse ipse advocatus nisi suum in actis illius cause apponi non faciet, sed alterius quando advocaverit et presens fuerit ad procurandum in causa.

Item et quod ipsi advocati die qua litigaverint vel saltem die crastina sua facient acta scribi nisi per clientelos steterit aut nisi presertim fuerint impedimento legitimo prepediti.

Item et quod in actis aliquibus advocatus non faciet nisi suum apponi presertim in quibus diei assignatio sit expressa nisi in illa presens fuerit assignatione diei vel nisi de consensu advocati partis adverse vel de voluntate officialis.

Item et quod copiam attestationum vel copiam aliquorum aliorum actorum non tradent nec ostendent, nec tradi, nec ostendi facient clienculis suis nisi prius dicte copie fuerint sigillate.

Item et quod officiali processus suos bene ordinatos tradent ad ferendam summariam secundum processum habitum in causa nec abscondet acta antica vel celabunt quod ad dictam causam facient seu per quam causam possit instrui sive pro eis fuerit sive contra dum tamen copia a parte adversa petita fuerit est collatio facienda.

Item et quod postquam fuerint signata ab officiali quod in eis non apponent nec apponi facient postquam sigillata fuerint, nec ante nisi de licentia officialis expressa.

Item et quod notarii non inducent ad minus signandum in litteris quod secundum stilum curie fieri viderint nisi de officialis vel sigilliferi licencia propter paupertatem et tenuitatem clienculorum suorum si eam tenuitatem noverint vel crediderint esse tantam.

Item et quod clienculis suis causam non dabunt nec prestabunt consilium scienter frustratorie appellandi.

Item et quod si ipsi sciant vel credant aliqua de curialibus in dicta abuti curia aut quicquam falsitatis facere id officiali vel sigillifero quam cito poterunt revelabunt.

Item et quod ipsi advocati acta que scribi facient diligenter inspicient et videbunt antequam officiali defferant ad signandum.

Item et quod si pauperibus patroni gratis dati fuerint quod causam suam, quantum in eis erit, fideliter pertractabunt.

Item et quod contra officialem non patrocinabunt, nisi ab officiali petita primitus licencia et obtenta.

Item et quocienscumque ab Episcopo ejus vicario seu officiali de prestando sibi in causis consilium fuerint requisiti, fidele consilium prestabunt eisdem.

Item jurabunt advocati quod clienculas suas non sollicitabunt.

Item et quod de causis matrimonialibus se sine advocati ad hoc deputati presentia minime intromittentur.

Item et quod scienter juramentum aliquod falsum de malicia seu de calumpnia non prestabunt nec id ab aliquo fieri procurabunt.

Item et quod falsas exceptiones non proponent vel aliquod ad proponendum aliquod falsum vel invalidum non inducent.

Item et quod nullus excommunicationem impetret presente parte adversa vel antequam ab officiali coutumacie sint concesse.

Et idem de notariis fiat in causis de quibus se de predicta licentia intromittentur.

Quilibet advocatus notarius et procurator statuta, etc.

[Ici se termine le manuscrit. Le mot *sua* ou *suarum*, placé à quelque distance au-dessous de la dernière ligne du dernier feuillet, semble indiquer qu'il était destiné à être reporté au folio suivant.]

APPENDIX

AD

SCACCARIUM NORMANNIÆ.

In nomine S[te]. et individue Trinitatis et Patris et filii et Spiritus S[ti]. Amen.

Carta et judicium ducis et Regis Guillelmi. 1061 *et* 1076. Anno ab incarnatione Domini MILLESIMO SEXAGESIMO PRIMO indictione quarta decima. Ego Guillelmus gratia Dei totius Normanniæ dux, rogatus multimodis ab Abbate Ranulfo monasterii beati Archangeli Michaelis quod est in Monte qui Tumba antiquitus nuncupatur. Concedo eidem loco molendinum ville que Veim vocatur perpetuo possidendum, quod etiam pie memorie genitor meus Rotbertus eidem beato Archangelo dederat. Sed Suppo ipsius loci Abbas, Ranulfo Monetario, Monachis contradicentibus illud injuste vendiderat. Postea vero quam Ranulfus Abbas ipsum locum regendum suscepit molendinum; et justo examine in CURIA MEA definitum est molendinum debere S[to]. Michaeli suisque Monachis manere in perpetuum. Concedo igitur ut ipsum molendinum, quod etiam molendinum Comitis dicitur, perpetuo sit juris S[ti]. Michaelis ad victum suorum monachorum; nec habeat potestatem quisquam meorum successorum, seu ejusdem loci Abbatum vel Monachorum hoc a me meisque sancitum immutare qualibet occasione vel quantalibet precii numerositate. Ut autem hec mea donatio inconcussa permaneat signum vivifice crucis manu propria subtus imprimere curavi. Signum ✝ Gloriosissimi ducis Guillelmi, Signum ✝ Mathildis Comitisse, Signum ✝ Presulis Abrincensis, Sig. ✝ Hugonis Presulis Luxoviensis, Sig. ✝ Roberti Bertranni, Sig. ✝ Stigandi Dapiferi, sigum ✝ Radulfi Cubicularii, Signum ✝ Richardi vicecomitis. Hæc carta facta est apud Rothomagum anno Dominice incarnationis M°. LXI°. Indictione xiiij.

(*) Hinc jam post quindecim plus, minusve annorum interstitia prœfato serenissimo Rege Guillelmo indempto et nobiliter gubernante anglici regni fastigia, supradictus Johannes ad calumpniandum idem molendinum insperate prosilit sui consimilium animatus insania et quasi precepto ejusdem incliti Regis ipso penitus ignorante saisivit illud, non premissa juste probationis audientia. Sepefato vero Domino Ranulfo Abbate haud enerviter obsistente et tale prejudicium Sancto Michaeli ac sibi illatum esse, Regi suggerente, tandem in Regale curia locus datus est disceptandi utrinque numerositate optimatum patrie assidente Ex quibus dominus Gausfredus Constanciarum presul est delegatus Regali auctoritate discussor et judex hujus disceptationis, pariterque Ranulfus vicecomes, Niellus filius Nielli, Rotbertus de Vezpunt aliique quam plures judices ample opinionis qui diligenter ad unguem (sic) disquirentes originem contentionis, legali judicio diffinierunt idem molendinum debere S[to]. Michaeli suisque Monachis manere in perpetuitate omnis successionis. Hanc diffinitionem Victoriosissimus Rex Guillelmus approbans et confirmans regali suffragio jussit hec mandari scripture testimonio idque ad perenne monimentum per verba sequentia roboravit affixo signo proprio. Ego Guillelmus gratia Dei Anglorum ac princeps Normannorum per hoc ✝ Signum Sancte Crucis confirmo decretum meorum optimatum supra scriptorum ut molendinum Comitis, quod Abbas Ranulfus me favente a Gualeranno redemit perpetuo sit juris S[ti]. Michaelis ad victum suorum Monachorum. Hoc a me meisque saucitum immutare qualibet occasione aut quantalibet numerositate preciorum. Signum Victoriosissimi Regis Guillelmi ✝, signum Nobilissime Mathildis Regine ✝. (*Arch. de la Manche*).

Judicium pro Sancto Leonardo circa 1077. Quia memoria hominum sicut homines cito pertransit quedam facta eorum que cum memoria fugiunt necesse est scribendo retineri. Unde nos huic ecclesie providentes quod volumus successores nostros non nescire, carte huic decrevimus inserere. Contigit itaque cuidam festivitate S[ti]. Leonardi Comitem Rogerium interesse et cum eo nonnullos utriusque ordinis non mediocris fame quos ipse invitaverat ad sui honorem et huic ecclesie exaltationem, ex quibus Sagiensis Pontifex Robertus ea die nostro et Comitis hortatu missam cantavit cujus etiam *misse offerturam, sibi per cupiditatem* retinere temptavit. Quod nos videntes et velut monstrum exhorrentes a quodam clerico ejus cui eam reservandam commiserat, vi et non sine contumelia offerturam illam recepimus. Irratus propter hoc Episcopus; ecclesiam et nos excommunicare se dixit. Quo facto! prius clamorem quam fecit Comes Rogerius....... Sagiensi Episcopo ad Johannem Rothomagensis archiepiscopum, die constituta ex inde placitaturi devenimus Rothomag. Ibi in Palatio et in presentia Regis et Regine Anglorum! Comes Rogerius conquestus est de super Sagiensi Episcopo quare ecclesiam S[ti]. Leonardi sine causa excommunicare presumpsisset.. At contra Episcopus nos inculpabat quod manum quam sanam et integram habuisset habendo offerturas per totum Episcopatum suum, nos ei accidissemus auferendo ab eo nostram offerturam. Ad hec Rex et Regina scitati sunt a Comite Rogerio de statu ipsius ecclesie; Comes vero et nos qui aderamus dilucide enarravimus quomodo Guillelmus de Belismo supra dictam ecclesiam ob peccatorum suorum veniam edificasset; et quomodo eam ex precepto beate memorie Pape Leonis liberam et solutam fecisset et quod a die dedicationis ejusdem Archiepiscopus sive Episcopus nullam omnino in ea consuetudinem habuisset; nec eam ullo modo excommunicare potuisset. Affuerunt etiam antiquissimi homines qui hec viderant et audierant, parati probare secundum judicium Regis quod nos edisseramus. His auditis, Rex et Regina jusserunt Johannem

(*) La dernière partie de cette charte est inscrite à la suite d'un rôle qui se trouve dans les archives de la Manche, et elle est également inscrite, f°. 6, dans le cartulaire de l'abbaye du Mont St.-Michel de la bibliothèque d'Avranches.

Archiepiscopum et Rogerium de Bello Monte et plures alios Barones ut secundum quod audierunt facerent inde judicium. Et illi abito consilio, judicaverunt ecclesiam que tanta auctoritate, et tot tantocumque procerum confirmatione liberata esset et tam longo tempore in liberalitate perseverasset, debere deinecps in perpetuum sic permanere. Episcopum injuriam fecisse non solum Comiti Rogerio, verum etiam Regi de quo ipse ecclesiam tenebat. Dixit etiam Johannes Archiepiscopus quasdam ecclesias in diocesi suo esse in quibus ipse nullam omnino consuetudinem haberet. Hoc pacto Sagiensis Episcopus Robertus emendavit, rectum faciendo Regi et comiti Rogerio injuriam quam eis fecerat predictam ecclesiam invadendo. Diffinitum est etiam ibi, ut si Archiepiscopus sive Episcopus eam amplius inquietare presumeret, Apostolica et Regia auctoritate a consortio fidelium usque ad satisfactionem alienus existeret. Hoc viderunt Guillelmus Rex et Mathildis Regina, Johannes Rothomagensis Archiepiscopus, Robertus Sagiensis Episcopus, Comes Rogerius, Robertus de Belismo, Rogerius de Bello Monte, Warinus Curvisus, Guillelmus et Hascuinus canonnici Amellandus et multi alii. *Une autre copie de ce même acte donnée par Payen de St.-Quentin, alors prévost de Belesme, porte après le nom d'Amelland :* « Quod viderunt et audierunt isti, Rotrocus Comes, Juliana soror ipsius, Willelmus de Pratellis, Willelmus de Pinu, Willelmus de Mala Herba, Geronimus cognomine Fortinus, Balduinus ejus frater, Hugo de Sissiaco, Lancelinus, Gaufridus de Curtiel, Robertus de Clincampo, Robertus Abbafor, Herveus Burgensis, Goslenus Viridarius, Robertus ejus frater et alii plures. » (*Arch. d'Alençon.*)

Placit. coram Henric. Ier. Anno 1126. Ad presentium memoriam seu futurorum notitiam presentis pagine scripto notandum duximus qualiter Domino auxiliante querela inter nos Majores, scilicet, Monasterii monacos et Dominum Johannem Sagiensis Episcopum super quibusdam duabus territorii Belismensis ecclesiis, Danciaco videlicet et Sto. Martino de Veteri Belismo diutius agitata fuerat. Agente tandem et mediante Anglorum Rege glorioso ac reverendo Henrico anno ab incarnatione Domini Mo. co. xxvio. sedata fuerit et definita. Querebat enim predictus Pontifex in jam dictis duabus ecclesiis quas legitima possessione atque canonica annis .xxxiij. vel multo amplius quiete possideramus. Capellanos nostros ad modiationem unius modii frumenti inibi semper ponentes, ut in omni illarum decima ecclesiarum unde totus pene victus monachorum ecclesie Sti. Leonardi deservientium proveniebat. Ipsi nostri earum presbyteri partem terciam autem ad minus quartam acciperent, dicentes quod nec honeste vel sufficienter de modio illo ipsi sacerdotes vivere poterant, nec ecclesias ipsas que semi rute videbantur ut dignum fuerat restaurare. Que nimirum Episcopi postulatio cum nobis gravissima videtur et Rex ipse ut pote ecclesie Majoris Monasterii possessiones unde in Dei servicio vivere debemus minuari nullatenus vellet; post multas inde habitas placitationes statuit tandem atque precipit ut Episcopus ille ab hac deinceps querela quiesceretur, ita dumtaxat ut et nos de presbyteris ipsis taliter per nos ipsos ordinaremus quod et ipsi in illis ecclesiis sufficienter vivere possent; et ab hujus modi adversus nos querela ultra silerent.

Actum in presencia Regis apud Sanctam Gaubergem prope Rothomagum ab Episcopo ipso Sagiense Domino. Johanne concessu, presentibus istis, Gaufrido Rothomagensi archiepiscopo, Eudo Ebroicensi episcopo, Bernardo Sti. ..... Episcopo, Gaufrido Regis Cancellario, Galerano Archidiacono, Roberto de Sigillo. *De laicis :* Roberto de Haia, Grimaldo Medico, Roberto de Dangu, Roberto de Chandos, Rogero fratre ejus, Hugone de Braitello. *De nostris :* Domino Odone Abbate; Gaufrido Priore, Guillelmo de Paciaco, Evano Sacrista, Nicholao Gelduino, Radulfo Mordente, Johanne de Vivonio, Guillelmo priore Belisme, Rainaldo de Castro Gunterii, Gaufrido de Braitello, Guillelmo Petrario priori. *De clericis :* Fulcherio Sti. Martini precentore, Hugone preposito Carnotensi. Matheo ejus nepote, Simone de Aurelianense, Harpino submagistro scolarum Sti. Martini, Lancelino de Vindocino. *De famulis :* Petro Burdonio, Hilduino famulo precentoris, Landrico de Turre, Johanne Mariscalpo. (*Archiv. d'Alençon.*)

Placit. inter Abbatem Sti. Michaelis et Jord. de Sachevilla. Anno 1157. Anno Mo. co. Lo. viio. In Assisia apud Cadomum. Cum Robertus Abbas de Monte Sti. Michaelis conquereretur de Jordano de Sachevilla quod quasdam consuetudines et exactiones per vim capiebat in hominibus de Eventoth, et volebat manutenere eos et quasi tueri contra abbatem, eo quod antecessores ejus dederant Sto. Michaeli prædictam villam de Eventhoth. Diffinitum est in plenaria curia Regis ut pote in assisia ubi erant Barones quatuor Comitatuum, Bajocassini, Constantini, Oximini, Abrincatini, quod ex quo aliquis in Normannia dat aliquam eleemosinam alieni Abbatie nihil omnino ibi poterit retinere vel clamare præter orationes, nisi specialem habeat cartam de hoc quod vult retinere Ducis Normannie, in cujus manu sunt omnes eleemosyne ex quo donaverant Abbatiis, vel locis religiosis. Hoc judicium approbaverunt et confirmaverunt Robertus de Novo Burgo Dapifer et justitiarius totius Normannie, Philippus episcopus Bajocensis, Arnulfus Lexoviensis, Ricardus Constanciensis, Willelmus Tallevast Comes Pontivi. Ingergerius de Boum' Philippus filius Erneisii, Guillelmus, Johannes, Godardus de Valz, Aitard Pocin et multi alii. (*Archives de la Manche.*)

Placit. int. Abbat. Sancti Andoeni et Abbatiss. de Almanesches. 1157. Certum sit universis modernis atque futuris hanc conventionem inter Rogerum Abbatem Sti. Audoeni et Mathildem Abbatissam de Almanesches de duobus molendinis, uno videlicet quod est apud Quinq' Altaria, et altero in feodo Sti. Audoeni apud Sanctum Martinum esse factam. Quod ipse Abbas de molendino de Quinque Altaribus annuatim terciam partem debet habere, et in molis et hujusmodi necessariis de tercia parte curam habere. In illo autem de Sto. Martino mediam partem habebit, et de hiis quæ necessaria fuerint mediam partem restaurabit. Molendinarii quoque per utrumque manum in molendino ponentur. Hæc conventio facta est anno ab incarnatione Domini Mo. co. Lo. viio. in assisia apud Cadomum presentibus justiciariis Normanniæ. Domino Arnulfo Lexoviensi Episcopo, Roberto de Novoburgo, Godard. de Vallibus et Ailardo Pucchin aliisque quam pluribus personis. Ex parte Sti. Audoeni Thoma et Henrico monachis, Roberto filio Hugonis, Alveredo preposito de Sto. Martino, Willelmo Brullart, Galterio filio Gosthonis. Ex parte Abbatisse Hertleard monacha, Willelmo de Flubato, Willelmo d'O, Gervasio Anglico, Milone preposito Sti. Sylvani et Johanne Bonie. (*Archiv. d'Alençon.*)

Assisia apud Baioc. pro Abbat. Sti. Stephani circa 1160 Rotrold Episcopus Ebroicensis et R. de Sto. Walerico. Omnibus ballivis Henrici Regis totius Normannie salutem. Sciatis quod recognitum fuit ante nos in assisia apud Baiocas quod terra quam tenuit Ivo Boz in Crisetot et terra quam tenuit Ricardus filius Hervei in Crisetot de feodo Locellis sunt de feodo Sti. Stephani de Cadomo. Recognitum est etiam quod Alanus de Ceoignio tenuit decem acras terre cum mansione ejus in qua mansit est de feodo Sti. Stephani. Et terra quam Henricus filius Herberti et Teoboldus filius Ranulfi tenent de feodo Audoeni filii Golde est de feodo Sti. Stephani. Et terra quam Willelmus filius Teoboldi tenuit in Francavilla remansit in dominio Sti. Stephani. Teste Ernold. Episcopo Luxov. Achart. Episcopo Abrinc. Ricardo filio Comitis, Godardo de Vallibus, Aitardo Pulcino, Osberno de Hosa, Roberto filio Bern. Graverend. de Euercy, Ricardo de Vallibus et Rogerio de Arre. (*Archiv. du Calvados.*)

Placit. inter abb. Sancti Michaelis et Ruallen de Genecio. 1166. Henricus Rex Anglie et Dux Normannie, etc. Archiepiscopo Rothomagi, Episcopis, Abbatibus, Comitibus, Baronibus justiciariis, Vicecomitibus et omnibus ministris et fidelibus suis Normannie salutem. Sciatis me concessisse et presenti carta confirmasse conventionem que facta est inter Robertum Abbatem de Monte Sti. Michalis et Ruallen de Geneceio rationabiliter de præfectura Genecie; et etiam conventionem que rationabiliter facta est inter predictum Abbatem et Gervasium filium Helye de excambio Pist'um sicut cirographa inter eos facta testantur, que coram me lecta fuerit et ipsi coram me concesserint. Et ideo volo et firmiter precipio quod predicte conventiones firme et stabile maneant inter eos et inconcusse teneantur ab eis et successoribus suis. Teste Ricardo Archidiacono Pictaviensi, Magistro Johanne Cumin. Magistro Radulfo de Tam. Ricardo de Humeto Conestabulario, Jordane Teissun, Willelmo filio Hamonis, Fulcone Paenello et Willelmo de Sto. Johanne, apud Fulgerias in exercitum Regis. Data per manum Magistri Stephani tercio idus julii anno ab incarnatione Domini M°. C°. LX°. VI°. Regni vero Henrici gloriosissimi Regis Anglie XI°. (*Cartulaire du Mont-St.-Michel*, f°. 117.)

Brev. Regis pro Monachis Sti. Stephani Sine anno. Henricus Rex, etc. Justiciariis et ministris meis totius Normanniæ, salutem. Precipio quod Monachi Sti. Stephani de Cadomo teneant bene et in pace et quiete quietancias suas et libertates et domos et redditus de Rothomago, de Abracense et de Diva sicut carta Roberti de Novoburgo testatur quod disretrocinaverunt eas in curia mea coram eo et baronibus meis apud Cadomum, teneant easdem quietancias cum domibus et aliis rebus sicut carta Ebroicensis Episcopi testatur. Et nullus eis nichil faciat aliquam injuriam et contumeliam. Testibus Philippo Baiocensi Episcopo pro Rogero de Warenne apud Cadomum. (*Archiv. du Calvados*, n°. 39.)

Actum cyrographum de anno 1171. Sciant omnes, etc. Quod anno ab incarnatione Domini M°. C°. LXXI°. Willelmus de Abovilla, concedente Henrico filio primogenito suo pro Deo et salute anime sue et antecessorum suorum dedit in perpetuam elemosinam cenobio Sti. Stephani de Cadomo et Monachis ibid. Deo servientibus quicquid juris habebat in presentationem et elemosinam ecclesie de Breteville Orgoillose et capelle de Putot. Scilicet medietatem presentationis et elemosine, etc. Pro dicta donatione presentationis dedit Willelmus Abbas et Monachi predicto Willelmo .XXX. lib. Andegav. Hec autem facta sunt coram domino Rege Henrico presentibus Episcopis Arnulfo Lexoviensi, Frogerio Sagiensi, Goscelino Saresberiensi; et presentibus justiciariis Regis Willelmo de Sto. Johanne et Willelmo de Corceio; presente etiam Thoma Archidiacono Baiocensi qui in loco domini Henrici Baiocensis Episcopi interfuit et proprio sigillo supra dicta confirmavit. Testibus etiam Herbertus precentor Baiocensis et Galeranus Archidiaconus et Rogerus de Arrie et Johannes Archidiac. Sagiensis et Johannes Archidiac. Luxov. et Willelmus de Glainville, Willelmus de Humeto, Ricardus filius Comitis, Willelmus Crassus, Ranulfus de Perreris, Radulfus de Grantval, Robertus de Vein et Willelmus frater ejus et Robertus de Anisy. (*Archiv. du Calvados*, n°. 44.)

Scaccarium apud Cadomum. Anno 1176. Notum sit, etc. Quod ego Philippa filia Hugonis de Rosello carens marito et libera ab omni matrimonio tempore Henrici Regis Anglie dedi Deo et ecclesie Ste. Marie de Ardena et canonicis ibidem Deo servientibus .X. acras et dimid. terre offerendo eas concensu matris mee Aeliz per unum librum super altare Beate Marie circonstante conventu ecclesie et laicis multis. Scilicet Gaufrido de Cambermol; et Radulfo de Taun, et Serlone de Buron, Willelmo filio Auberee, Radulfo Ruffo Roberto de Sechevilla et aliis pluribus, pro salute anime mee et antecessorum meorum in perpetuam elemosinam libere et quiete ab omni redditu et servicio et omni modo exactione de proprio dominico meo apud Grocelum in sex campis. In campo qui vocatur pratum; et in campo qui est inter campos Odonis filii Hosmundi sub vico; et in campo qui est juxta viam de Carun; scilicet in capite predicti campi et in Campo Wigo et in campo Fullonis; et ex alia parte vie dimidiam acram. Pro hac autem elemosina Canonici receperunt me et antecessores meos in orationibus suis; et ad mortem meam liberam sepulturam concesserunt mihi quam apud illos prelegi. Preterea de rebus ecclesie sue et amicorum suorum dederunt mihi .XLIJ. lib. Andegav. scilicet de .XXX. lib. adquietaverunt me ad Scaccarium domini Regis et .XIJ. lib. alibi ad voluntatem meam persolverunt. Et ne ego vel aliquis alius huic elemosine et donatione mee contraire vel eam in aliquo perturbare presumat, sed firma et inconcussa in perpetuum perseveretur, presentis scripti munimine et sigilli mei appositione eam confirmare et corroborare curavi. Actum est hoc publice in Aula domini Regis in castello Cadomi coram judicibus domini Regis ad Scaccarium sedentibus. Anno ab incarnatione Domini M°. C°. LXXVI°. Super hoc autem testes sunt isti: dominus S . . . Ricardus Wintonie Episcopus qui tunc temporis erat capitalis justiciarius Rogerus de Arre, Magister Hugo de Gaiet, Ricardus Capellanus de Falesia. Et de laicis Simon de Turnebu, Gaufridus Monachus, Gillebertus Pipart, Ricardus Gifart, Ranulfus de Grantval, Willelmus de Caliz, Simon de Escuris et alii plures. (*Archiv. du Calvados.*)

Pena, pro falsa carta. Sine anno. Universis Ste. ecclesie filiis ad quos presentes littere pervenerunt. Robertus filius Comitis Johannis salutem. Noverit universitas vestra quod Hernulfus de Ponte abjuravit Monachis Sti. Andree (*de Goffer*) in presentia mea duas acras terre quas de illis in territorio de Croceio tenebat, in qua terra nec ipse nec heredes ipsius in perpetuum aliquid clamare presumentur nisi forte predicti monachi aliquam dispensationem et tantum per misericordiam illis facere voluerunt. Abjuravit etiam predictus Helnulfus memoratis monachis omnes illas consuetudines quas per auctoritatem cujusdam false carte quam contra eos fecerat ab eisdem ausu temerario expetere presumebat, quam scilicet cartam Willelmus filius Radulfi Senescallus Normannie propriis oculis vidit et omnino falsam esse comprobavit. Monachi vero liberaverunt supradictum Helnulfum de manu justiciariorum domini Regis et mortis periculo quam propter occasionem predicte false carte incurrere formidabat. Testibus his, Roberto de Nuilleio, Garino de Nuilleio, Odone Cotinel, Hugone de Airabilis Roberto de Airabilis Radulfo Bufart, Gervasio Capellano et aliis pluribus. (*Cartul. de Goufferm.*)

Acte passé en l'Eschiquier de Caen. Sans date. Omnibus S^te^. Matris ecclesie, etc., ad quos, etc. Noveritis quod ego Robertus de Ree dedi et concessi Monachis S^ti^. Andree (*de Goufer*). Pro salute anime mee et omnium amicorum meorum in puram et liberam et perpetuam elemosinam presentationes ecclesiarum, scilicet, Beate Marie de Ree et Beati Petri de Pirrefite et quicquid ad me jure patronatus de eisdem ecclesiis pertinebat libere et quiete ab omnibus serviciis et exigentiis secularibus. Has autem presentationes dederunt et concesserunt etiam Gervasius et Tustinus fratres mei, etc. Preterea, et ut etiam hec donatio mea adhuc firmus teneatur easdem presentationes dedi et concessi predictis monachis coram Willelmo filio Radulfi Senescallo Normannie et coram Baronibus domini Regis a l'Eschiquier apud Cadomum. Testibus his Henrico Episcopo Baioc. Jordano de Landa; Hamone le Bouteiller, Willelmo Canuto, Roberto de Valle Ogerii, Willelmo de Ravetonne, Gilone de Baillol, Ricardo Paupere de Centilleio, Gaufrido de Centilleio, Willelmo Tollemer et pluribus aliis. (*Cart. de Goufern.*)

Acte de l'Echiquier de Caen. Anno 1190. Omnibus Christ. fidelibus ad quos, etc. Robertus de Goviz eternam in Domino salutem. Ad omnium vestrum noticiam volo pervenire me dedisse et presenti carta confirmasse Deo et monasterio Beati Stephani de Cadomo et monachis ibid. Deo servientibus ecclesiam Beati Machuti de Moam et quicquid jura et dominium in ea habebam vel habere poteram in decimis in terris seu quibuslibet aliis rebus ad ipsam ecclesiam spectantibus in perpetuam elemosinam liberam et quietam pro salute anime mee et parentum, antecessorum et dominorum meorum. Quam meam elemosinam ego, posui super altare beati prothomartiris Stephani, astante conventu et vidente ibid. Deo bona fide, promittens me hanc ipsam donationem memoratis monachis contra omnes homines pro juribus meis absque sumptibus meis garantizaturum et ubique defensurum. Hoc autem factum est in plena assisia apud Cadomum et relatum ad Scaccarium domini Regis et in rotulis annotatum presente Willelmo filio Radulfi tunc Senescallo Normannie anno ab incarnatione Domini M°. C°. XC°. Testibus domino Roberto electo Wirecestrie, Radulfo Taisson, Willelmo Taisson, Roberto Abbate Fontanetis, Rogerio de Arry, Ansketillo, Willelmo Tollemer, Roberto de Bernaio, Rodulfo de Lexov. Waltero Anglico, Willelmo de Calviz, Roberto de Livet, Ricardo filio Henrici, Radulfo Scriptore, Rogerio de Siccavilla, Rogerio de Goviz, Thoma Malfilastre, Rogero Suhart, Johanne de Fontaneto, Willelmo de Callouey, Roberto filio Brite, Radulfo de Mundrevilla, Philippo de Siccavilla, Gaufrido de Galemance, Roberto de Garsale, Roberto filio Hugonis, Adam et Serlo de Karpiquet et aliis multis. (*Arch. du Calvados*).

Donation faite en l'Echiquier de Caen en 1190. Universis S^te^. Matris Ecclesie, etc., ad quos, etc. Johannes filius Comitis Willelmi Pontivi salutem. Noverit universitas vestra quod ego Johannes per voluntatem et concessionem domini Regis Anglorum Ricardi et per voluntatem et concessionem Johannis primogeniti filii mei et Roberti et Willelmi et aliorum filiorum meorum dedi et presenti carta confirmavi in perpetuam elemosinam Abbacie S^ti^. Martini de Troarno et monachis ibid. Deo servientibus pro salute anime mee et pro animabus antecessorum meorum et pro statu et incolumitate sequencium villam et insulam que dicitur Reimberthomme, integre cum omni jure suo et cum omnibus pertinenciis suis, ita libere et quiete et absolute quod ego vel heredes mei nichil juris vel dominationis amodo possimus in omnibus predictis vendicare. Quare volo et libere concedo et presenti carta confirmo quod predicta Abbacia et monachi habeant et jure perpetuo possideant predictam villam et insulam que dicitur Reimberthomme cum omni jure suo, etc., ut supra, etc. Hanc autem donationem feci ego Johannes filius Willelmi Comitis Pontivi anno ab incarnatione Domini M°. C°. nonagesimo anno primo Regni domini. Regis Anglie Ricardi per voluntatem ipsius et saisiavi de omnibus predictis Durandum Abbatem et monach. Troarni, perante (sic) Willelmum filium Radulfi Senescallum Normannie apud Cadomum in Scacario presentibus et libere concedentibus filiis meis Johanne et Roberto et Willelmo. Predicti autem Abbas et monachi Troarn videntes urgentes necessitates meas dederunt michi pro hac concessione mille et ducentas libras Andegavenses. Testibus Henrico Episcopo Baiocensi, Henrico Abbate Sagien. Roberto Abbate S^ti^. Andree de Goffer, Roberto Archidiacono de Notingeham, Rogero de Arreia, Roberto filio Bernardi Archidiac. Baioc. Philippo de Croilleio, Philippo Suhart, Roberto de Briecort, Henrico de Tilleio, Willelmo Bacun, Willelmo de Angervilla, Johanne filio Roberti de Bricoort, Radulfo Travers, Radulfo de Rupa; Henrico filio Radulfi fratre Willelmi Senescalli Normannie, Willelmo de Maigneio, Willelmo de Calviz, Rainaldo de Blaer, Willelmo de Seranz, Roberto de Riha, Fulcone de Brevilla, Willelmo de Escatot, Roberto de Corcellis, Hugone Manierii, Thoma de Bello Monte et pluribus aliis (*Cart. de Troarn.*)

Concordia facta apud Scaccarium. Anno 1190. H. Dei gratia Dunolmensis Episcopus justiciariis Domini. Regis et Baronibus de Scaccario salutem in Domino Sciatis quod finalis concordia facta fuit in curiam domini Regis coram nobis et W. Elyensis, et H. Coventri Episcopis et aliis justiciariis inter J. Abbatissam Cadomi et Willelmum de Feldsted de omnibus tenementis que predictus Willelmus tenuit de Abbatia S^te^. Trinitatis de Cadomo; ita scilicet quod predictus Willelmus omnia predicta tenementa quieta clamavit et reddidit memorate Abbatisse excepto patrimonio suo in villa de Felsted secundum quod carta Damete Abbatisse et conventus testatur, et omnes cartas quas de predictis tenementis habuit in manu nostra reddidit et quod per se vel per alium prefata Abbatissa S^te^. Trinitatis vel ejusdem loci conventus de predictis tenementis nullam in perpetuum moveret questionem, coram nobis affidavit. Et predicta Abbatissa propter predictam concordiam centum libras argenti memorato Willelmo donavit et inde fuit cyrographum factum et ab utraque parte coram nobis suscriptum ad Scaccarium apud Westmonasterium anno primo Regni domini nostri Regis Ricardi .XXV. die januarii. (*Cart. des terres de l'abbaye de S^te^.-Trinité en Angleterre.*).

Scaccarium S^ti^. Michaelis. Anno secundo Ricardi. Notum sit omnibus ad quos presentes littere pervenerint quod Johannes filius Willelmi de Vado et Adam frater ejus dederunt Deo et monachis S^ti^. Andree (*de Goffer*) presentationem ecclesie de Fresneio la Mere et quicquid habebant in feodum in tota decima de Fresneio in perpetuam et liberam elemosinam, salvo servicio Gillonis de Baillol, domini sui, etc. Hoc autem concesserunt coram justiciariis domini Ricardi Regis Anglie ad Scaquarium S^ti^. Michaelis, secundo anno postquam Rex Ricardus Rex Anglie et Philippus Rex Francie perrexerunt in Jerusalem, etc. Testibus his, Willelmo filio Radulfi Senescallo Normannie, Roberto Episcopo de Wirecestre, Ricardo de Argenciis, Odone filio Vitalis, Odone filio ejus, Benedicto filio supradicti Odonis, Ricardo de Ryee, Willelmo de Grahe de Sta. Barbara. (*Cart. de l'abbaye de Gouffern.*)

Affranchissement de justice particulière sans date. Ricardus Dei gracia Rex, etc. Archiepiscopis, Episcopis, Abbatibus, Comitibus, Baronibus, justiciariis, Vicecomitibus, Senescallis, prepositis et omnibus ballivis et fidelibus suis totius terre sue salutem. Suscepimus in manum et custodiam et protectionem nostram Abbatiam de Lonlaio et omnia que ad ipsam pertinent, et ideo precipimus vobis quod custodiatis, manu teneatis et defendatis ipsam et omnes res et possessiones ejusdem Abbatie et quicquid ad ipsam Abbatiam pertinet sicut nostras res domanias et precipuas. Et si quis super hoc prefate Abbatie in aliquo fore facere presumpserit, ideo sine dilacione emendari faciatis et precipimus quod omnes libertates et liberas consuetudines habeat dicta Abbatia de Lonlayo quas habere debet tempore domini Regis patris nostri et aliorum predecessorum nostrorum et sicut recognitum fuit in assisia domini Regis patris nostri apud Danfront. Et prohibemus ne de aliquo tenementorum suorum ponatur ad placitum nisi coram nobis sive coram capitale justicia nostra quandiu erimus in servicio Dei in itinere Hierosolimitano. Teste me ipso apud Turonem XXIV°. die junii. (*Cartul. de l'abbaye de Lonlay*).

Assisia apud Baioc. sine anno. Sciant omnes ad quos presens scriptum pervenerit quod ego Thomas Guernon filius Willelmi Gernon de assensu Hais de Insula matris mee, dedi Deo et Abbatie S^te^. Marie de Ardena in puram et perpetuam elemosinam pro salute anime mee apud Berroles in parrochia de Longa Reia totas terras istas : scilicet Ranulfus de Orallis cum toto tenemento suo; Rogerus Trainel cum toto feodo suo ; Robertus de Orallis cum campo de Perella et campo de campania; Ricardus Lesor cum campo de Orallis et campo de Alneto; Ranulfus Cagnon cum una virgata terre in crouta sua et cum campo de Alneto; Gaufridus de Valeir cum toto feodo suo; Aaliz La Mustella cum crouta Walteri Taboier et cum Lemeis Wiborc; Robertus Le Breton cum toto feodo suo; Emmelina Laioisbe cum toto feodo suo; Heudon de Manecer cum toto feodo suo. Et de dominico meo totum closagium de capite gardini mei; et campum Touri juxta domum Cagnon ; et campum de Ponte; et totum campum de Longo busco; et campum de Landa ; et campum de Curta reia ; et una virgata terre in Landa ; et campum de fossatis ; et una virgata prati juxta pratum Alani de Aguillun ex parte aque. Et hanc totam meam donationem presenti carta mea et sacramento meo fideliter confirmavi, etc., etc. Et preterea sciendum est quod de assensu meo Robertus tunc Abbas Ardene et ejusdem loci conventus Waltero de Agnellis et heredibus suis omnes terras predictas per annuum redditum quinque solidorum Turon. monete in festo S^ti^. Michaelis in perpetuum possidendas sine contradictione concesserunt. Et idem Abbas et conventus respectum habentes ad beneficium meum prefatum et mee paupertati compatientes Sexaginta et tres libras turonenses exinde michi in caritate donaverunt. Actum est hoc apud Baiocas, hiis presentibus in plena assisia Renardo de Villa Terrici tunc justiciario Baioce, Ricardo de Argentiis, Ricardo de Fonteneio, Hugone de Tassis, Johanne de Eschaiol, Willelmo de Longa aqua, Radulfo de Broillo, Gaufrido de Croelet, Engerranno de Vaaceio, Eudone de Vaaceio Willelmo de Putot, Johanne de Putot, Radulfo de Perceio, Luca et Radulfo de Vallibus et pluribus aliis (*ex collec'. mea*).

Scaccar. Cadomi sine anno. Universis S^te^. Matris ecclesie, etc. Notum sit quod ego Robertus de Formentin miles filius Ricardi de Formentin pro salute, etc., dono et presenti carta confirmo in puram et perpetuam elemosinam Abbatie S^ti^. Martini de Troarno et monachis ibidem Deo servientibus jus advocationis ecclesie S^ti^. Remigii de Grentevilla integre cum omnibus pertinenciis suis in terris et decimis et omnibus aliis rebus ad eandem ecclesiam pertinentibus, etc. Ego autem Robertus volens hoc donum meum et elemosinam tam tempore meo quam tempore succedencium heredum meorum perpetua firmitate roboravi, investivi Durandum Abbatem et Abbatiam Troarni de jam dicta ecclesia et de omnibus prefatis terre et decimis perante Willelmum filium Radulfi Senescallum Normannie apud Cadomum in Scaccario presente et concedente Willelmo fratre meo, presentibus et testibus Willelmo de Mortemer, Ricardo de Montini, Ricardo de Villecher, Ricardo de Tilli, Petro fratre suo, Roberto Marmion de Algia, Hugone de Livet, Ricardo de Escorvilla, Renaldo Le Blaer, Hugone de Grandoit, Gaufrido de Alteia, Roberto de Porta Clericis. (*Cartul. de Troarn.*)

Scaccar. Cadomi anno 1196. Sciant omnes, etc., quod ego Hugo de Corliboe miles presentibus et concedentibus Philippo et Radulfo fratribus meis concessi et omnino dimisi in perpetuum totum jus advocationis ecclesie S^te^. Marie de Dumbouvilla cum omnibus pertinenciis suis Abbatie et Monachis de Troarno, ita libere et quiete et absolute habendum; quod nec ego nec predicti fratres mei nec aliquis heredum nostrorum possit amodo aliquid juris in eadem ecclesia vendicare. Et hoc illis ubicumque necesse fuerit proposse meo teneor garantizare, etc. Factum anno Domini M°. C°. nonagesimo sexto apud Cadomum ad Scaccarium domini Regis coram Willelmo filio Radulfi tunc Senescallo Normannie et Willelmo de Rupetra Lexoviensi Episcopo, Roberto de Harenc, Willelmo de Seranz, Radulfo de Rupetra Willelmo de Escaafout et pluribus aliis. (*Cartul. de Troarn.*)

Affranchissement de justice seculière sans date. Ricardus Rex Anglie, etc. Archiepiscopis Abbatibus Comitibus Baronibus justiciariis Vicecomitibus Ballivis et omnibus ministris et fidelibus suis totius terre sue, salutem. Sciatis nos suscepisse in manu et custodia nostra domum religiosorum S^te^. Barbare et omnes res et possessiones prioris et canonicorum ibidem Deo servientium tam ecclesiasticas quam seculares sicut nostras proprias. Quare volumus et firmiter precipimus quod prenominatos priorem et canonicos et omnes res possessiones eorum manuteneatis protegatis et deffendatis tanquam nostras proprias in omni jure tam ecclesiastico quam seculari ita quod nec forisfaciatis nec ab aliquo alio foris permittatis; et si quis eis aliquam molestiam vel gravamen inferre presumpserit id ipsis sine dilacione emendari faciatis. Precipimus etiam quod de nullo tenemento aut possessione quam de dono patris nostri vel nostra habeant vel habituri sint trahantur in placitum nisi coram nobis aut ex speciali mandato nostro coram justicia nostra capitali. Teste me ipso apud Chinon .xxiiij°. die februarii. (*Arch. du Calvados.*)

Scaccarium de Cadomo. Anno 1196. Sciant presentes et futuri, etc. quod ego Ricardus de Onnebanc concedo et confirmo in perpetuam elemosinam Abbacie S^ti^. Martini Troarni omnes donaciones et elemosinas quas antecessores mei contulerant eidem Abbacie in territorio de Onnebanc et in territorio de Capella scilicet totum jus advocationis ecclesie S^ti^. Remigii de Onnebanc cum omnibus terris et decimis ad eamdem ecclesiam pertinentibus et omnes terras et libertates et liberas consuetudines quas hactenus ibidem ex dono et largicione antecessorum meorum habuerunt, etc. Hoc autem factum est ad Scaccarium anno ab incarnatione Domini M°. C°. nonagesimo sexto presente et concedente Willelmo de Rupetra Lexoviensi episcopo, cum Johanne de Alencon, Archidiacono, Willelmo filio Radulfi Senescallo Normannie presentibus et testibus Willelmo Abillard, Ricardo de Billeio presbyteris, Willelmo de Mannicio, Hugone de Grantdoit, Roberto Marmion de Algia, Roberto de Juis, Roberto Teillard fratre ejus, Willelmo de Ansgervilla, Thoma Guernon, Willelmo Taillebois, Radulfo Bailloil militibus, Ricardo de Mara, Eudom de Sta. Maria, Ernulfo Hose, Willelmo Neptuno et pluribus aliis. (*Cartulaire de Troarn.*)

Echange fait en présence de l'Echiquier. Sans date. Notum sit, etc quod ego Gondrea domina de Feritate dedi et concessi Deo et beate Marie et monachis Sti. Andree de Gouffer pro salute anime mee et patris et matris mee et omnium amicorum et benefactorum meorum in liberam et perpetuam elemosinam, etc. 60 solidos cenoman. capiendos annuatim in die festis sanctorum Michaelis et Gabrielis in redditibus preposilure et molendini meorum de Berlou quos redditus de Berlou Willelmus dominicus de Feritate filius meus excambiavit michi apud Cadomum ad Scaccarium domini Regis in tempore Ricardi Regis Anglie et Willelmi filii Radulfi Senescalli Normannie habendos et possidendos in omni libertate et hereditarie pro franco maritagio meo de Haulcorde quod Fougierus Paenel dedit mihi quod ego dedi et concessi ei similiter pro escambio de Berlou. De quibus 60 sol. cenoman. predicti monachi habebunt annuatim pitanciam de pane et vino et piscibus in die festi Sti. Michaelis quamdiu vixero, et post mortem meam in die anniversarii mei, etc. Et ne ego vel aliquis heredum meorum possimus vel etiam attemptemus aliquibus temporibus hanc donationem et confirmationem meam aliquatenus infirmare aut disturbare presenti carta et sigilli mei testimonio confirmavi. (*Cartulaire de Gouffer.*)

Donation faite devant l'Echiquier en 1196. Notum sit, etc. Quod ego Michael de Avenelis cum assensu sororis mee Helois, elemosinavi et dedi Abbati et monachis de Fonteneio quicquid habebam et quicquid habere debebam apud Aumaisnil de feodo Willelmi Capre unum ad majorem cautelam tactis sacro sanctis ewangeliis, me nunquam contra hanc donationem meam venturum esse juravi et sigilli mei eam munimine confirmavi. Actum apud Cadomum ad Scaccarium anno Verbi incarnati M°. C°. XC°. sexto. Testibus his Roberto Abbate de Cadomo; Willelmo filio Radulfi senescallo Normannie tunc temporis; Ricardo Silvain; Roberto Abbate de Argentonio; Ricardo de Argenciis; Radulfo de Argenciis; Radulfo de Lexovio; Anskctillo de Arreio; Willelmo Poignart; Gaufrido de Rapendone et multis aliis. (*Cartulaire de Fontenay.*)

Requête présentée au Roi Richard par les religieux de St. Etienne. Sans date.

Au Roi nostre Souverain Seigneur,

Supplient tres humblement vos humbles religieux et orateurs l'abbé et couvent de St. Estienne de Caen fondé par Prince de glorieuse recordacion Guillaume jadis Roi d'Angleterre et duc de Normendie; comme le dit glorieux prince leur eust donne en leur fondacion plusieurs manoirs et grans revenues en Engleterre et par espécial le manoir de Frantonne avecques ses despendences a estre gouvernés par deux des religieux de votre dit moustier qui communément avoient le spirituel pour eulx vivre par delà et doivent envoier a votre dit monstier la revenue du temporel avecques autres émolumens pour la substantacion diceulx et par espécial la despouillë des religieux qui la estoient quant ils alloient de vie a trespassement qui de droit appartient a votre abbé du dit lieu de Caen comme droit et raison est partout en cas semblable. Et pour ce que Frère Raoul Des Mies qui des long temps a esté gardien du dit lieu de Frantonne est allé de vie a trespassement puis nagueres comme len dit que de votre benigne grace et auctorité Royal la dicte noble fondacion faicte par vos nobles prédécesseurs qui de toute leur volenté ont icelle tousjours augmentée comme il appartient par le dit glorieux prince votre noble prédécesseur qui si grandement la fonda tant en édifices grandes et notables que chacun soit et que c'est de présent a la recommendacion et honneur de vostre glorieuse lignée et démonstrance du droit que vous avez en votre Duchié de Normandie et mesmement leur donna pour monstrer la singulière volenté qu'il avait à votre dit moustier alors de son trespassement *sa précieuse couronne* dont il estoit couronné es haultes festes, *son ceptre*, avecques *sa verge d'or, son précieux galice, ses criettes d'autel, plas, candélabres* et *ses précieux ornements royaulx;* dont vos religieux furent longuement possesseurs jusques a ce que son fils Guillaume dit Le Roux les retray devers lui, dont ils n'eurent aucune recompensacion excepté la confirmacion des manoirs dessus dis et du manoir de Brivitonne qui pour ce leur fut donné par Henry premier, fils du dit glorieux fondateur, considérant que lesdits joyaulx valloient mieux que tout ce qu'ils avoient en Engleterre. Et encore de ce que le dit glorieux fondateur fist mettre votre dit moustier en la sainte garde de l'église de Rome avecques toute leur fondacion; et après le fist faire semblablement Henry le segond, en fluminant grans paines de droit contre ceulx qui icelle diminueroient et apétisseroient. Il vous plaise affin que le divin service qui chacun jour est dit et célébré en votre dit moustier pour vos nobles prédécesseurs et vous, faire recevoir ung de vos dis religieux au gouvernement du dit manoir de Frantonne avecques ses despendences qui puisse jouir et vivre de l'espirituel en la fourme que le dit Frère Raoul faisoit jusques a ce que au resgard du temporel soit par vous ordonné. Et ce léur vieullés ottroier, et ils prironl Dieu de mieux en mieux pour votre royal maiesté et votre noble conseil.

Acte de l'Echiquier de Caen de l'an 1199 (1). Sciendum quod divisiones tenementorum de Sapo et de Sameele recognite et nominatim assignate ad Scaccarium domini Regis apud Cadomum coram Willelmo Radulfo tunc senescallo Normannie et baronibus ejus per juramentum virorum istorum militum et vavassorum fuerunt: scilicet Stephanum de Ovilla; Tericum de Guichefort; Matheum de Guichefort; Nicholaum de Valletorum; Robertum Nigrum; Willelmum Nigrum; Robertum de Valosulfi; Pichenot; Robertum Forestarium; Teisce de Sauceia; Robertum filium Rosoe; Tustinum Britonem, Baldoinum filium Rohais; Fulconem filium Gonfoe; Philippum Pantof; Willelmum filium Fram.; Willelmum Chaucon; Robertum filium Valterii; Osbertum Rossel. Et actio ista notata fuit et scripta diligenter in rotulis domini Regis anno ab Incarnatione Domini M°. C°. XC°. IX°.

Acte de l'Echiquier de Caen. Sans date (2). Isti homines fuerunt apud Cadomum ad scacarium quando Abbas et monachi Sti. Andree (de Gouffer) recuperaverunt terram suam de Sameella per Rubeam maram et per furnetum Ascelini, per furnetum Gerout, per crucem que erat super caput de mineriis in chemino quod vadit de Novilla ad Sappum. Willelmus filius Radulfi senescallus Normannie qui tenebat scacarium. Ricardus Servaim, Ricardus filius Henrici, Radulfus

(1) Voyez le fac-simile de cet acte en regard de la 1re. page.

(2) Idem, ibidem.

de Guesbervilla, Thomas de Aguernio, Ricardus Rossel, Radulfus l'Abbe, Rogerus Clericus suus, Henricus Foluis, Thomas Le Portert, Willelmus de Iz, Domina de Karun, Johannes Pigace, Osbertus Le Caignoine (seu canonicus).

Acte de l'Echiquier de Caen de l'an 1200. Anno autem Johannis Regis Anglie primo, etc. inter Abbatem et conventum Ardene ex una parte et Philippum de Rosello ex altera in curia domini Regis mota est discordia coram Sansone abbate de Cadomo et Radulfo dicto Abbate tunc capitali justiciarii et magistro Henrico Clerico domini Regis, in hunc modum terminata est. Ego prefata Philippa (1) carens marito totam prescriptam terram meam in puram et perpetuam elemosinam supradictis Abbati et Canonicis dedi ab omni reclamatione mea et heredum meorum et ab omni modo exactione liberrima : et Robertus tunc Abbas Ardene quatuor libras et quindecim solidos Andegav. pro hac recognitione et donatione et concordia ad Scaccarium domini Regis apud Cadomum in aula Regia mihi donavit. Ad petitionem vero meam prefatus abbas concessit unam acram predicte terre mee ad luminare ecclesie sue, etc. Ego supra dicta Philippa presenti carta confirmavi. Hiis presentibus magistro Radulfo de Lingrona, Gaufrido de Curtona, Johanne Ruffo Clericis. Et de Laicis Hugone de Estre, Radulfo Mala herbe, Willelmo de Seranz, Gervasio de Loucellis, Waltero de Avenel, Henrico de Caliz, Dinano de Cairon et aliis pluribus. (*Cartulaire d'Ardennes*)

Recognitio de Marisco Troarni. Anno 1200. Sciant omnes, etc. quod recognitio facta est de Marisco versus Gillebertum Malemains hoc modò, videlicet : quod communia illa super qua querimonia fiebat sic recognita est, per milites et per vavassores, scilicet, hoc esse communia quod est desuper calceiam de Rameia usque ad aquam de Mananche et a capite versus Frassinum, tendit communia usque ad antiquos ortos Frassini, et de subtus calceiam recognitum est esse communia de aqua de Manenche usque ad antiquos ortos antique Rameie, et usque ad mortuam aquam. Ista communia tenditur in hac parte usque ad deffensum vivarii Abbatis quod est apud Johanisvillam et de subtus calceiam Johanisvillie recognitum est totum esse commune a cursu mortue aque usque ad ortos antiquos Johannisville et in magno marisco ultra Divam est eadem ista communia. Et sciendum quod in ista communia ubicumque sit quicumque voluerit capiet herbam et coóperturam et aves salvanges et omne genus piscium quod inveniri poterit; exceptis piscariis antiquis. Hec ista inviolabiliter debere permanere recognoverunt et juraverunt Willelmus de Serans, Willelmus de Vaux, Rogerus de Fornevilla, Willelmus de Plumetot, Robertus Caponnel, Helyas du Pourt, Guillebertus de Chinchebovilla, Renaldus Borrel, Willelmus de Brevilla, Bouchardus de Columbelles, Alexander de Columbelles, Willelmus de Bavent, Willelmus de Brevilla de Bavent, Robertus elemosinarius, Gervasius filius Heberti, Netunel de Burnevilla, Guillebertus Le Tourneour, Robertus de Rameia, Hebertus filius Radulfi, Benedictus de Burnevilla, Willelmus filius Radulfi, Ricardus Hamon, Hebertus Le Vauvre, Ricardus Pitavenc. Rogerus Elemosinarius, Johannes Bonvou de Escovilla et plures alii. Hec recognitio facta est anno incarnationis Domini M°. CC°. anno primo domini Regis Anglie Johannis .xviij. die mensis mercurii in magna assisia apud Trouart presentibus ad eamdem assisiam tenentibus justiciariis vicecomitibus et clericis domini Regis videlicet Willelmo Crasso, Nicholao Bellet, Henrico de Ponteaudomari, Rogero de Amondevilla, Hugone de Chambunba (sic), Ricardo de Fonteneio, Willelmo de Valle Logiarii et Magistro Magno. (*Cartulaire de Troarn.*)

Rotulus domini Regis. Anno 1201. Abbas de Savigneio et monachi reddiderunt compotum de octo solidis pro uno bisancio pro audiendo fine facto inter eos et Eudonem de Ferrariis et Guarinum et Dionisiam et Haios et Johannam uxorem predicti Eudonis de Ferrariis de presentacione et duabus garbis Ecclesie S^ti. Patrici de Teillol, sicut carta ejusdem Eudonis testatur in thesauro liberaverunt et quieti sunt in compoto Ricardi de Fontenai presente Radulfo Thaisson tunc senescallo Normannie. In rotulo domini Regis anno incarnationis Domini .M°. CC°. I°. (*Archives de Mortain.*)

Scaccarium Cadomi. Anno 1202. Notum sit omnibus, etc. quod Philippa de Rosel pro salute mea et antecessorum meorum concessi et dedi et in perpetuam elemosynam assignavi ecclesie et abbatie et conventui S^te. Trinitatis de Cadomo terras subscriptas de dominico meo de Rosel pro uno modio frumenti quem ego debebam annuatim et hereditarie predictis Abbatisse et conventui et quem habuerunt de me et antecessoribus meis, etc. Ut autem hec predicta concessio et donatio mea permaneat semper stabilis et firma, eas mea presenti carta Sigillo meo confirmavi. Hoc autem factum est apud Cadomum ad Scaccarium domini Regis coram baronibus Scaccarii anno ab incarnatione Domini .M°. CC°. II°. Radulfo Taxone tunc senescallo Normannie. (*Archives du Calvados.*)

Ibidem sine anno. Omnibus ad quos, etc. Hugo de Coterna salutem. Sciatis me dedisse et concessisse et hac presenti carta mea confirmasse canonicis de Plaissicio et Yvranda elemosinam de Coysmon et alias donationes quas Willelmus de Tracy avunculus meus fecit eis antea sicut carta domini Regis anglie Henrici et carta Willelmi Cenomanensis episcopi eis testatur, etc. Hoc fuit factum apud Cadomum ad Scaccarium domini Regis coram Willelmo Ricardo tunc Senescallo Normannie Testibus hiis Willelmo de Longo campo domini Regis Cancellario, Willelmo Constanciensi episcopo et pluribus aliis. (*Cartulaire du Plessis-Grimoult.*)

Scaccarium Cadomi. Anno 1202. Notum sit, etc., quod ego Radulfus de Corteillis assensu et voluntate Willelmi sacerdotis et Johannis et Alveredi fratrum meorum anno ab incarnatione Domini .M°. CC. II°. dimisi et dereliqui et omnino quietum clamavi Deo et beate Marie de Deserto et monachis ibidem Deo servientibus quicquid juris, quicquid calumpnie et reclamationis quacumque occasione habere poteram in ecclesia S^ti. Martini de Moschans et ejusdem ecclesie pertinenciis prefato jurejurando super Sanctum altare predicte ecclesie de Moschans presente parochianorum et vicinorum copiosa multitudine quod neque ego neque heredes mei quicunque mihi successerunt aliquid in predicta ecclesia reclamemus amodo et usque in sempiternum, etc. Et sciendum est quod prefati monachi pro ista quieta clamancia dederunt michi et prenominatis fratribus meis quatuor libras andegavenses de caritate domus sue. Quod ut perpetuam habeat firmitatem et nulla unquam possit oblivione deleri, etc. presenti pagine annotare et sigilli mei appositione confirmare curavi, etc. Deinde ad majorem evidenciam et auctoritatem ad Scaccarium domini Regis apud Cadomum coram Sansone Abbate Cadomi, Petro de Lions, Radulfo l'Abbe, Johanne Ruffo, Willelmo de Livet ceterisque justiciariis et fidelibus domini Regis qui tunc ibi aderat ipsam

(1) Voyez plus haut la Charte de Philippine de Rosel de l'an 1170.

cartam diligenter auditam garantizavi. (*Cartul. de Troarn.*)

Scaccarium Cadomi. Anno 1202. Notum sit, etc. quod controversia que vertebatur inter Abbatem cum canonicis Silleii et Garinum de Bello Altari militem amicabili concordia taliter est sopita. Quod abbas et canonici tenebunt de Garino et heredibus suis tenementum quod Willelmus Comes Essesse tenuit in feodo de Bello Altari in nemore et planitie in pratis et pasturis et in omnibus de Roberto de Fay patre predicti Garini, exceptis octo acris terre que sunt in cultura canonicorum juxta novam forestam de Yvis et quoddam Alnetum quod dicitur Alnetum de Freneel que abbas et canonici reliquerunt. Totum vero tenementum prefatum tenebunt abbas et canonici liberum et quietum ab omni servicio et exactione pro septem libris et duobus solidis Andegav. reddendis annuatim Garino et heredibus suis in festo S^ti^. Remigii, salvo etiam servicio aliorum dominorum, etc. Preterea idem Garinus pro salute anime sue et parentum suorum ecclesiam Beati Macuti de Bello Altari cum decimis omnibus ad eam pertinentibus monasterio Silleii et fratribus ibidem Deo servientibus dedit in elemosinam jure perpetuo possidendam. Actum est apud Cadomum et in rotulum Scaccarii confirmatum regnante Johanne Rege Anglorum, Radulfo Tesson Senescallo Normannie. Anno Verbi incarnati M°. CC°. secundo. (*Cartul. du Plessis-Grimoult.*)

Quittance d'un Juif devant le bailli des Juifs en 1204. Ego qui sum sigillatus suptus, recognosco per recognitionem veram quod Radulfus Taxon filius Jordani Taxonis est quietus de omnibus debitis et de omnibus plegiagiis que fuerunt in seculo de patre suo et de matre sua et de parentibus suis et de se ipso. Ipse et heredes sui sunt quieti de me et de heredibus meis a creatione seculi usque ad festum S^ti^. Michaelis in anno quarto coronationis prime domini nostri Regis Johannis Anglie, qui vivat. Et si traho ego, vel aliquis heredum meorum, vel aliquis qui venerit de parte mea super eum vel super heredes suos de eo vel de patre vel matre sua vel de parentibus suis aliquid sigillum nec de debito nec de plegiagio ab illo festo S^ti^. Michaelis supradicto in retro; sciendum est quod illud pacatum est et falsum. Et hoc quod ego recognovi, feci scribi in latina lingua et sigillavi ut sit in manu sua ad garantacionem contra omnes homines et feminas.

[illegible]

Ad majorem vero confirmacionem factum fuit hoc coram Radulfo de Cuilleio tunc maiore Rothomagi et signatum sigillo communie. Testibus his Gaufrido abbate de S^to^. Audoeno, Stephano de Longo Campo, Matheo Grosso, Radulfo Groignet, Johanne Luca, et Willelmo Baldrico tunc ballivo Judeorum.

(*Note communiquée.*) En considérant la seconde lettre comme un *mem rabbin initial* mal conformé et l'*aleph* comme l'*aleph* syriaque introduit dans la cursive, on pourrait lire :

שמואל בן הזריכי אברהם הי״ר

Samuel, de la famille (1) *zerich* (2), Abraham *éir.*

Concession de franchise. Anno 1204. Johannes Dei gratia Rex Anglie, etc. Archiepiscopis Episcopis Abbatibus Comitibus Baronibus justiciariis Vicecomitibus et omnibus ballivis et fidelibus suis. Salutem. Sciatis nos concessisse et presenti carta confirmasse Willelmo de Braiosa et heredibus suis quod vicecomes et serviens noster non intrabit in terram ejusdem Willelmi de honore de Braiosa ad aliquod officium Vicecomitatus vel sergentarie faciendum; sed serviens ejusdem Willelmi submonebit placita ad nos pertinentia .... justiciarii nostri itenerantes quando ibunt in ballivia de Falesia debent venire apud Braiosam et ibidem tractare placita que ad nos pertinent. Et tunc idem Willelmus inveniet eis necessaria una die rationabiliter apud Braiosam. Concessimus etiam eidem Willelmo quod homines sui de honore de Braiosa quieti sint de quarragio summagio et de auxilio Vicecomitatus; et de auxilio prepositi denariorum de Falesia. Concessimus etiam militibus de honore de Braiosa quod quieti sint ab omnibus consuetudinibus de omnibus rebus quas ad victum suum emerint vel vendiderint apud Falesiam. Quare volumus et firmiter precipimus quod predictus Willelmus et heredes ejus post ipsum habeant predictas quietancias in perpetuum bene et in pace libere et quiete sicut predictum est. Teste Henrico Comite Albemall. Hugone de Gornay, Johanne de Pratellis, Rogero de Thoeni, Petro de N. Datum per manum Hugonis de Vellensis apud Rothomagum quarto die februarii, anno Regni nostri quarto. (*Ex vet. Cartul. de Ardene.*)

Assis. in curia Regis. Anno 1206. Universis, etc. Guillermus Tyrel, armiger de Liveto Le Baudoin : salutem in Domino. Noverit universitas vestra quod cum contentio mota esset in curia domini Regis inter me ex una parte et viros religiosos, Abbatem et conventum Beate Marie de Ardena ex altera super quadam vavassoria de Fresne Chargie sita in parochia S^ti^. Germani de Liveto quam Ricardus Tyrel miles avunculus meus eisdem dederat in perpetuum possidendam per cartam suam in ultima voluntate sua. Tandem de bonorum virorum consilio omnis contentio sopita est in hunc modum quod dicti religiosi dictam vavassoriam mihi et heredibus meis quietaverunt et in pace dimiserunt sine reclamatione sui vel successorum suorum in dicta vavassoria facienda de cetero. Ita tamen quod ego dictus Guillermus Tyrel pro bono pacis assignavi dictis religiosis centum et quatuor sol. Turon. in annuo redditu in terris redditibus et hominibus meis, etc. Ego autem dictus Willelmus Tyrel et heredes mei dictis abbati et conventui et eorum successoribus prefatam assignationem tenebimur in perpetuum contra omnes homines garantizare; et si necesse fuerit vel si melius sibi viderint expedire in terris et hominibus valore ad valorem competenter excambiare, etc. Actum anno gracie M°. CC°. sexto mense octobris. In assisia domini Regis. (*Idem ibid.*)

Charte de Philippe Auguste. Anno 1207. In nomine, etc., Philippus Dei gratia Francorum Rex noverit, etc. quod, sicut ex autentico scripto dilecti et fidelis nostri Juhelli de Meduana cognovimus, idem Juhellus dedit et concessit monachis de Fonte Danielis manerium suum de Revilla cum pertinenciis suis, ab eisdem monachis in perpetuam elemosinam pacifice possidendum. Nos vero ad petitionem dicti Juhelli et dictorum monachorum sigilli nostri auctoritate et regis nominis karactere inferius annotato presentem paginam confirmamus. Actum Parisiis anno Domini M°. CC°. septimo regni vero nostri vicesimo nono, astantibus in Palatio nostro quorum nomina supposita sunt et signa Dapifero nullo, signum Guidonis Buticularii, signum Mathei Camerarii, signum Droconis constabularii. — Data vacante cancellaria (*vient ensuite le monogramme de Philippe attesté*) per manum fratris Guarini. (*Arc. de la Manche à St.-Lo.*)

Assises de Falaise. Anno 1207. Notum sit, etc. Rogerus filius Hugonis de Belmes dedi et concessi

(1) Peut être article.
(2) Comme iod final indique le nom patronimique.

Deo et beate Marie et monachis S^ti^. Andree de Guffer in puram et liberam et perpetuam elemosinam et ab omnibus pertinenciis secularibus penitus absolutam sex acras terre in territorio meo de Belmes, etc. Et ut ista elemosina firma et stabilis et sine contradictione et molestia de me et heredibus meis in perpetuum permaneat, ego presentis carte testimonio et sigilli mei munimine confirmavi, et etiam ista carta lecta, audita et confirmata fuit coram justiciariis domini Regis et coram cunctis qui aderant in assisia apud Falesiam anno ab incarnatione Domini .M°. CC°. VII°. Testibus his Fulcone de Aunou, Roberto de Goviz, Roberto de Petrafita, Petro de Ponte Ollei, Willelmo Fabro, Roberto de Vaece, Thoma Beljambe, Alano Taleboth, Bartholomeo Taleboth, Vitale Emmelant cum pluribus aliis. (*Archives du Calvados.*)

Assises du Mont Saint-Michel. Circa 1216. Notum sit, etc., quod cum ego Philippus de Albineio ballivus in insulis ex parte domini Henrici Regis Anglie, de mandato suo litteris suis directis, astantibus in Insulis assisias teneremus pro salute Regis tercii Henrici ut Deus eum custodiat, foveat et protegat et pro salute antecessorum suorum et mea, juramento juratorum patrie legitimorum in plenaria assisia Abbatie S^ti^. Michaelis eidem que loci conventui in pace reddidi firmiter et quiete omnia jura sua in insula Jersoii in terra et in mari, videlicet, vreccum suum per totam terram suam et usum venandi per predictam terram, scilicet ad Petramvillam, ad Rupem Godeine, ad Nigrum Montem. Et hec omnia feci assensu et mandato domini Henrici Regis Anglie tercii. Et ut ratum permaneat et stabile perseveret, sigilli mei munimine et testimonio confirmavi. Testibus his. P. de Garclip, B. fratre suo, W. de Salinell. H. Pigan, Ph. de Kartrario, G. Godel, Thoma de Vincelleis, R. Galletop, Roberto de Hoga, etc. (*Arch. de St-. Lo.*)

Assises de Falaise. Anno 1217. Omnibus, etc. Robertus de Folmucon salutem. Noverit universitas vestra quod cum quedam querela haberetur in assisia domini Regis apud Falesiam inter me et Constanciam uxorem meam ex una parte et Abbatem et conventum Troarni ex altera super jure patronatus ecclesie S^te^. Marie que dicitur la Robert. Tandem ego ipse Robertus quem predicta Constancia in prefata assisia ad finem attornaverat super tota querela inquisivi et scivi de assensu et voluntate predicte Constancie uxoris mee quod totum jus prenominate ecclesie erat Abbati et conventui Troarni et ideo eisdem quietum et sine reclamatione aliqua de cetero de nobis et heredibus nostris in pace dimisimus. Et ut hoc sit ratum et stabile in posterum sigilli mei munimine roboravi. Actum est hoc anno Verbi incarnati .M°. CC°. XVII°. (*Cartul. de Troarn.*)

Scaccarium de Cadomo circa 1220. Universis Christi fidelibus ad quos presens scriptum pervenerit Eudo de Ferreriis, salutem. Noverit universitas vestra quod cum Robertus de S^to^. Patricio miles juxte et legitime dedisset Deo et abbatie S^te^. Trinitati de Savigneio et monachis ibidem Deo servientibus quidquid juris habebat in ecclesia S^ti^. Patricii de Telliolo, videlicet jus patronatus et duas garbas decime ejusdem parrochie que ad se pertinebant : tandem defunctus est relictis superstitibus duabus neptibus suis : videlicet Johanna et Dionisia filiabus Ricardi Le Bigot filii sui jam defuncti, relictisque superstitibus Roberto filio et Haios filia predicti Roberti de secunda uxore susceptis ; cum autem idem Robertus prefati Roberti filius sine prole mortuus esset, et hereditas patris sui Roberti memorati jure uxoris mee Joanne primogenite filie predicti Ricardi ad me advenisset, jus patronatus in dicta ecclesia et duas garbas decime que prefatus Robertus miles habuerat jure uxoris mee reclamavi sed cum ego et uxor mea Johanna et Dionisia soror sua et Haois filia dicti Roberti de secunda uxore manifeste cognovissemus jus monachorum Savignei in dicta ecclesia et decima et memoratam donationem legitime factam fuisse ab intentione nostra omnino destitimus et eidem donationi prebuimus assensum prius in curia domini Johannis Regis apud Moritoneium et postea Cadomi ad Scaccarium. Juramento quoque firmavimus ego Eudo et uxor mea Joanna et predicta Dionisia et Haois quod Abbatie de Savigneio per nos vel per alios super eadem Ecclesia et jure patronatus et dicta decima nullam unquam calumniam aut molestiam faciemus. Abbas autem et Monachi Savignei nobis compatientes et nostre bone voluntati devotum attendentes affectum, dederunt mihi et Johanne uxori mee .X. libras Andegavenses, et in auxilio ad maritandum memoratam Dionisiam .X. lib. Andegavenses, et in auxilio ad maritandam predictam Haois .X. lib. Andegav. Ut ergo predicta donatio et nostra concessio rata et stabilis maneat in perpetuum eam carta presenti et sigilli mei munimine roboratam de assensu predictarum uxoris mee et aliarum duarum mulierum memorie commendavi. (*Archives de Mortain.*)

Assises de Carentan de l'an 1222. Nomina hominum qui interfuerunt assisiis apud Carentonum mense Augusti anno .M°. CC°. XXII°. quas tenuit dominus Gaufridus Rossel in loco domini Milonis de Leviis tunc constabularii Constentini. In quibus pacificati sunt dominus Odo Abbas Cesarisburgi et Johannes de Wisebec et uxor ejus super terram apud Rovillam quam idem Johannes ex parte uxoris sue sibi vendicabat. Robertus de Torno canonicus de S^to^. Laudo, Ricardus de Wastevilla sacerdos de Kerkevilla, Herveus Clericus domini Milonis, Stephanus Clericus, Petrus de Mellon, dominus Gaufridus Rossel, dominus Petrus de Orglandis, dominus Willelmus de Sauceio milites, Petrus de Mellon Anglicus, Willelmus de Planis, Rogerus Vincent famulus domini Regis, Johannes de Vallibus, Radulfus nepos ejus, burgenses Cesarisburgi, Thomas de Lestre et multi alii. Et dixit ibidem dominus Abbas quod donabat unam tunicam uxori predicti Johannis. Et hoc in principio assisiarum factum fuit et inrotulatum. (*Archives de la Manche.*)

Assises de Caen de l'an 1225. Isti fuerunt presentes in assisia domini Regis apud Cadomum anno Domini M°. CC°. XXV°. Dominus Reginaldus de Villa Terrici, tunc Senescallus, Willelmus Aquarin Decanus Sepulchri de Cadomo, et Dyonisius vicecomes, justiciarii domini Regis et tenentes prefatam assisiam quando adjudicatum fuit Abbati et conventui Troarni quod nullus homo poterat aliquid habere vel reclamare in mariscis de Vimundo, vel de Esmievilla, vel de Guillervilla, vel de Fort, vel de S^to^. Paterno vel in aliquibus de herbagiis ejusdem marisci, nisi de voluntate eorumdem, preter illos qui eisdem monachis reddent annuum censum pro herbagis antiquitus. Ita tamen quod ipsi non possunt nec debent pro eo eisdem vel alicui facere aliquid dampnum vel injuriam quod non debeant emendare per justiciam Abbatis vel ballivorum suorum. Et ipsi prefati Abbas et conventus sine aliqua contradictione possunt et debent prefatos mariscos prout viderint voluntatem suam fore, cuicunque voluerint tradere, feodare, quemcumque voluerint vel quomodo per judicium predictorum virorum et subsequentium. Abbas Cadomi, Abbas de Fonteneto, Prior de Plesseyo, Robertus de Fontibus, Hugo de Creulleto, Rogerus de Argenciis, Radulfus de Argenciis, Willelmus de Rupetra et pluribus aliis. (*Archives du Calvados.*)

Assises de Bayeux de l'an 1225. Notum sit, etc. quod cum quedam querela verteretur in curia domini Regis inter Dyonisium filium primogenitum Radulfi Vicecomitis et Willelmum et Johannem fratres ejus ex una parte et Abbatem et monachos Troarni ex altera super jure patronatus Ecclesie S^ti^. Martini de Campignolis tandem discretorum virorum consilio et inspectis cartis Regum Anglie et aliorum fide dignorum ad hunc finem supradicta querela perpetua firmitate devenit. Videlicet quod predicti fratres predictis Abbati et monachis nominatum patronatum a se et ab heredibus suis in assisia domini Regis apud Baiocas quietum reliquerunt; et quicquid in eodem patronatu cum omnibus pertinenciis reclamabant gratum et ratum habentes et concedentes donationes per antecessores suos eisdem monachis factas. Quod ut ratum et stabile permaneat in posterum et ne alicujus rei occasione prefatis monachis aliquod dangerium vel gravamen de predictis possit evenire Dionisius primogenitus assensu et voluntate predictorum fratrum suorum presentem paginam sigilli sui testimonio roboravit. Actum est hoc anno Domini .M°. CC°. XXV°. in assisia domini Regis apud Baiocas. (*Ex collec'. mea.*)

Protestation de l'Evêque de Coutances. Anno 1225. H. Dei gracia Constanciensis Episcopus dilecto in Christo Renaldo de Villa Terrici Ballivo domini Regis salutem in domino. Noveritis, Petrum ballivum domini Regis nobis scripsisse super jure patronatus Ecclesie de Campignolis quasdam litteras in hec verba. Venerabili in Christo patri, etc. In querela que erat coram nobis in assisia inter Petrum de Clinchamp militem, et Willelmum fratrem ejus. Ita contigit quod dictus Petrus dimisit prefato Willelmo fratri suo omnes eschaetas de hereditate patris eorum et se tenuit ad feodum lorice. In quibus eschaetis idem frater ejus dicebat quod patronatus predicte Ecclesie de Campignolis continebatur licet idem Petrus in eodem patronatu nichil coram nobis reclamaret. Unde vocatis partibus juxta mandatum prenominati Petri de Tilly coram nobis Ranulfus Sacerdos illius Ecclesie recognovit abbatem Troarni patronum et jus patronatus ad abbatiam Troarni pertinere. Et nos inspectis cartis ejusdem Abbatie et confirmationibus super eadem Ecclesia id ipsum nobis presentibus litteris protestamus. Datum anno gracie .M°. CC°. XXV°. mense maio in crastino inventionis S^te^. Crucis. Valete. (*Ibidem.*)

Assises de Carentan de l'an 1230. Venerabili, H. Dei gracia Constanciensi Episcopo, Johannes de Friscampo Domini Regis Ballivus salutem et dilectionem. Scire vobis facio quod cum a curia vestra querela inter Abbatem de Cesarisburgo ex una parte et Robertum de Balbigneio militem ex altera super jure patronatus medietatis ecclesie de Podiis exorta ad curiam Regis remitteretur terminanda, tandem partibus coram me in assisia ad prosecutionem querele sue constitutis, dictus Abbas duas cartas exibuit per quas jus patronatus predictum se asserebat juste et in perpetuum possessurum, etc. Inspectis igitur cartis ac sigillis recognitis, Milites in assisia assistentes unanimiter predicti patronatum supradicto Abbati adjudicaverunt; eidem etiam adjudicaverunt quod habere debebat fidelitatem persone illam medietatem ecclesie de Podiis possidentis. Inde est quod vobis mando quatinus dicto Abbati habere faciatis fidelitatem ab illo qui persona est illius medietatis ecclesie de Podiis; videlicet a Radulfo Malcaelis clerico et quod ei tanquam vero patrono fidem conservabit. Datum apud Carentan anno Domini M°. CC°. tricesimo mense januarii die sabbati post festum S^ti^. Hylarii. (*Rôle des chartes de l'église de Pieux.*)

Assises de Valognes du 9 octobre 1231. Assisia apud Valonias die S^ti^. Dionisii anno Domini M°. CC°. tricesimo primo. Galterus de S^te^. Marie ecclesia; Guillelmus Pinel; Carbonellus de Bossevilla; Robertus de Londa; Petrus de Humeto; Robertus de Balhigneio; Guillelmus Tresgoz; Thomas Marmion; Henricus Murdac; Guillelmus Folin; Juhellus de Bello Monte; Fulco Mansel; Guillelmus de Magnevilla; Giffart de Bossevilla; Johannes de Ansnevilla; Ricardus Taillepie; Ricardus Mansel; Ricardus de Wauvilla; Thomas de Toolewast. Isti interfuerunt illis assisiis quando Radulfus Aubert recognivit se nobis (Abbatia Montisburgi) reddidisse annualim .xij. denarios de tenemento quod continetur in carta nostra que lecta fuit eisdem assisiis. Et per assisiarum judicium reddita fuerat no...... nanta..... .jusdem Radulf...... .... tenebat antea propter juridictionem nostram quam clamamus ratione escaete quum Willelmus de Pirou qui tenebat illud tenementum mortuus fuerat quasi bastardus. (*Archives de la Manche.*)

Assises de Caen. Anno 1239. Isti interfuerunt in assisiam Cadomi in crastino beati Martini estivalis anno Domini M°. CC°. XXX°. nono. Quando Abbas de Fonteneto emit a Radulfo de Veiocis redditus de Troinecort et de Veteri Fraxino. Scilicet: Johannes de Vineis; Willelmus de Cambremer; Willelmus Acarin; Johannes de Pratellis, archidiaconus Rothomagi; Willelmus de Britavilla; Robertus de Veex; Willelmus de Claraio; Nicholaus de Veiocis; Rogerus de Evrechio; Radulfus de Tribus Montibus; Willelmus de Tribus Montibus; Gaufridus de .ix. M's. (sic); Garinus de Mehedin; Robertus de Taissel; Robertus de Sicavilla; Robertus de Aniscio; Johannes de Culleio; Johannes Denis; Guido de Maresco. (*Cartul. de l'abbaye de Fontenay.*)

Assises de Caen de l'an 1245. Anno gracie M°. CC°. quadragesimo quinto die lune ante festum beati Mathei in plena assisia apud Kadunum recognovit Ranulfus de Berneriis clericus quod injuste vexarat et citari fecerat Abbatem Montis Morelli super donis et elemosinis que fecerat dicte Abbatie. Et predicta dona et elemosinas dictis Abbati et Abbatie plenarie quietavit in futurum et omnem acclamationem quam erga ipsum Abbatem habebat vel habere se dicebat omnino remisit.—His erant presentes in dicta assisia. Willelmus de Kambremer; Abbas Kadumi; Prior S^ti^. Guabrielis; Prior S^te^. Barbare; Hugo de Mesnil; Richardus de Gracie; Radulfus Tesson; Henricus Francois; Richardus Bacon; Robertus Hamars; Vicecomes Kadumi; Guillelmus de Bretevilla; Willelmus de Meheudin; Nicolaus de Lu; Robertus Tessel; Robertus de Siccavilla; Gaufridus Karon; Radulfus de Clinchamp; Henricus de Kenelleu; Garinus de Meheudin; Willelmus de Bretevilla; Hugo de Valdore.—Tunc temporis erat Ballivus Johannes de Venois. (*Ex collec'. mea.*)

Assises de l'an 1254, *sans désignation de lieu.* Anno Domini M°. CC°. L°. quarto. Die S^ti^. Andree Apostoli pacificavit cum Abbate et conventu Savignei, Magister Gaufridus de Conde rector ecclesie de Vilers Fossart super omnibus contentionibus hinc inde habitis et juravit quod unquam de cetero eos molestaret contra privilegia ordinis et quod statim faceret se absolvi a conservatore privilegiorum ordinis, et de injuriis ab ipso irrogatis humiliter emendandis et de expensis respondendis compromisit in Abbatem de Alneto tanquam in arbitrum.—Isti fuerunt presentes.—Dominus Johannes Abbas Fontis Danielis; Dominus Gaufridus de Cadomo; Robertus de Vado; Ricardus de Columbie; Lucas de Cadomo; Ricardus de Moretonio; Ricardus de Comion; Nicolaus de Beslon; Osulfus; Johannes de Matone; Nicolaus de Valle;

Guillelmus Capellanus; Guillelmus de Columbie Junior; Guillelmus Corbel'.; Guillelmus de Flagie; Gaufridus de Sancto Laudo; Guillelmus Filiolus.; Berloldus; Andreas de Cadomo.; Johannes de Canon; Petrus de S^to^. Jacobo. (*Ex collec'. mea.*)

Assises de Pont-l'Évêque de l'an 1259. Universis, etc. Guillelmus de Onnebanc miles filius et heres Ricardi domini Onnebanc militis. Salutem in Domino. Noveritis quod cum contencio verteretur in assisia domini Regis apud Pontem Episcopi inter viros religiosos et honestos abbatem et conventum S^ti^. Martini Troarni ex una parte, et me ex altera super jure patronatus ecclesie S^ti^. Remigii de Onnebanc, etc. Contencio sopita et pax confirmata inter nos existit in hunc modum videlicet: quod ego predictus Guillermus de Onnebanc miles assensu et voluntate Johannis, Roberti et Ade filiorum meorum omnino dimisimus quietavimus et concessimus dictis abbati et conventui et successoribus suis totum jus patronatus supradicte ecclesie cum pertinenciis ejusdem habendum et possidendum in perpetuum dictis religiosis et successoribus suis libere et quiete et pacifice sine aliqua reclamatione mei vel heredum meorum de cetero facienda. Pro hac autem concessione quietacione et pace dederunt michi predicti religiosi viginti quinque libras Turon. in pecunia numerata. In cujus rei testimonium ego predictus Guillermus de Onnebanc miles presens scriptum sigilli mei munimine roboravi. Actum in assisia Pontis Episcopi anno Domini M°. CC°. quinquagesimo nono mense martis in festo S^ti^. Albini. (*Cartul. de Troarn.*)

Assises de Bayeux de l'an 1264. Anno Domini M°. CC°. LX°. IIII°. die mercurii proximo post festum Marcellini et Petri martyrum coram Vicecomitibus Cadomi et Baioci, insuper milites qui fuerunt in assisiis apud Baiocas quando Willelmus de Blarreio dimisit omne jus quod habebat vel habere poterat in patronatu ecclesie S^ti^. Vigoris de Agelo prioribus S^te^. Barbare et S^ti^. Vigoris de Baiocis. Dominus Nicholaus de Anisie; dominus Guillelmus de Perceio; dominus Radulfus de Argouges; dominus Henricus de Columbieres; dominus Matheus de Verignie; dominus Gaufridus de Mysouart; dominus Henricus de Asgneaux; dominus Guillelmus de Sermentot; dominus Henricus de Taillebois; dominus Radulfus de Cloz; dominus Guillelmus de Salineles; dominus Guillelmus de Viarville Junior; dominus Johannes de Berneriis; dominus Bocherus de Longa Villa; dominus Petrus de S^to^. Petro; dominus Guido de Voues; dominus Johannes de Pirou; dominus Robertus de Croilie: dominus Ranulfus de Liure.—Milites .xix. (*Ex collec'. mea.*)

Recordatio de anno 1265. Dominus Ingerannus de Villariis miles; dominus Ricardus de Berneriis; dominus Guillelmus de Meheudino; dominus Rocherus de Longavilla; dominus Guillelmus de Montibus; dominus Matheus de Verigneio; dominus Robertus Maleherbe; dominus Abbas de Grestain; dominus Radulfus de Clauso; dominus Henricus de Agnellis; dominus Robertus de Brae; dominus Guillelmus de Brae; dominus Henricus Taillebois.—Recordatio assisie Baiocensis que fuit anno Domini M°. CC°. LX°. quinto mense septembris in qua Guillelmus de Blarre recognovit quod medietas juris patronatus ecclesie S^ti^. Vigoris de Ageyo pertinet ad priorem et conventum S^te^. Barbare coram militibus supra dictis (*Ibidem.*)

Signification de l'acte ci-dessus. Reverendo patri Domino Odoni Dei gracia. Baiocen. Episcopo, Johannes dictus Salvarius Ballivus Cadomi salutem, etc. Cum contentio verteretur in assisia Baiocen. inter religiosos viros priorem et conventum S^te^. Barbare ex una parte et Guillelmum de Blarre ex altera super medietatem juris patronatus ecclesie S^ti^. Vigoris de Ageyo. Noverit vestra paternitas reverenda quod dictus Guillelmus de Blarre constitutus in plena assisia Baiocensi recognovit quod jus predicti juris patronatus ecclesie predicte pertinet ad dictos religiosos priorem et conventum. Et hoc paternitati vestre reverende significo tenore presentium litterarum. Datum anno Domini M°. CC°. LX°. quinto die lune post nativitatem beate Marie virginis. (*Ibidem.*)

Charte de Philippe dit le Hardi de l'an 1273. PHILIPPUS Dei gratiâ Francorum Rex. Notum facimus universis, tam presentibus quàm futuris, quod nos litteras inclite recordationis preclarissimi Domini et genitoris nostri LUDOVICI Francorum Regis vidimus in hec verba. LUDOVICUS Dei gratiâ Francorum Rex. Notum facimus universis, tam presentibus quàm futuris, quòd nos litteras nostras vidimus in hec verba. LUDOVICUS Dei gratiâ Francorum Rex. Notum facimus universis, tam presentibus quàm futuris, quòd nos litteras inclite recordationis Regis PHILIPPI avi nostri vidimus in hec verba. IN NOMINE sancte et individue Trinitatis Amen. PHILIPPUS Dei gratiâ Francorum Rex. Noverint universi presentes pariter et futuri, quòd nos pro salute anime nostre et antecessorum nostrorum, dilecto et fideli nostro Radulpho Abbati Fiscannensi et Monachis Fiscannensibus in perpetuum concedimus PLACITUM SPATE totius terre sue, quam tenebant illo die quo presens carta facta fuit in domanio et in feodis quatuordecim militum et vavassorum, ut teneant illud in curia sua. Et quod ibi super hoc terminaverint ad usus et consuetudines Normannie certum habeat finem et stabilitatem omnimodam sortiatur. Si autem deficerent de justicia super hoc facienda, de defectu illo ad judicium curie Gallicane se continerent et emendarent. Remanent autem nobis usurarii, recognitiones et Judei: Ita quòd littere vel carte alique, aliudvè instrumentum si quod postmodum proferrent contra nos super hoc Abbas vel Monachi Fiscannenses, vel alius pro ipsis, eis de ceterò contra nos non valerent. Quod ut perpetuum robur obtineat, sigilli nostri auctoritate et Regii nominis karactere inferius annotato, salvo foagio nostro et servitio decem militum quod terra Abbatis nobis debet, presentem paginam fecimus confirmari. Actum apud Pontem Arche anno ab incarnatione Domini M°. CC°. undecimo. Regni nostri anno tricesimo secundo. Astantibus in Palatio nostro, quorum nomina supposita sunt et signa. Dapifero nullo. Signum Guidonis Buticularii. Sign. Bartholomei Camerarii. Sign. Droconis Constabularii. DATA VACANTE CANCELLARIA. Cum igitur ob istud vocabulum, recognitionis, supra positum inter nos, et Abbatem et Monachos Fiscannenses dissentio mota esset; quia nos dicebamus omnes inquestas, inquisitiones, et recognitiones per hujusmodi vocabulum ad nos pértinere debere, ipsis in contrarium asserentibus et dicentibus ad ipsos omnes recognitiones, inquestas et inquisitiones quocumque nomine censeantur pertinere debere, exceptis recognitionibus que per brevia fiebant: Nos auditis rationibus dictorum Abbatis et Monachorum Fiscannensium, volumus et concedimus quòd ipsi in pace habeant et teneant in curia sua omnes inquestas, inquisitiones et recognitiones de omnibus rebus que in terris suis et locis sibi subjectis evenient, exceptis solummodò recognitionibus que per brevia hactenùs usitata in Normannia fient, quas nobis retinemus. Volumus insuper et concedimus quòd in casibus nobis retentis, justitie et citationes que per servientem nostrum fuerint faciende, fiant vocato et presente una se cum serviente Abbatis et Monachorum predictorum, si eum inveniri contingat in villa ubi justitie et citationes hujusmodi fuerint faciende et vocatus voluerit interesse. Quod ut ratum et stabile permaneat in futurum presentibus litteris nostrum fecimus apponi sigillum. Actum Parisiis anno Domini M° CC°. sexagesimo septimo mense decembri. Nos vero brevia in causis que per brevia secundum consuetudines Normannie consueverunt tractari et recognitiones, inquisitiones, et citationes in causis predictis judicium, et executionem judicii in terra sua sita in Normannia, de qua in carta bone memorie Philippi quondam Francorum Regis avi nostri continetur, que nobis retinueramus sicut in carta nostra supra posita continetur, Abbati et conventui Fiscannensi pro nobis et heredibus nostris in perpetuum concedimus et quietamus : RETENTO nobis et heredibus nostris RESORTO in SCACCARIO nostro : et salvo jure in omnibus alieno. Quod ut ratum et stabile permaneat in futurum presentibus litteris nostrum fecimus apponi sigillum. Actum apud Meledunum. Anno Domini millesimo, ducentesimo, sexagesimo nono, mense martis. Nos vero predicti Domini et genitoris nostri vestigiis inherentes, premissa omnia prout superius continentur volumus, concedimus, approbamus et auctoritate regia confirmamus. Quod ut ratum et stabile permaneat in futurum, presentibus litteris nostrum fecimus apponi sigillum. Actum Parisiis. Anno Domini millesimo, ducentesimo, septuagesimo tertio mense julio. *Et scellé d'un sceau de cire verte en lacs de soie rouge et verte.*

Assises du château de Vire et de Bayeux en 1276. Reverendo patri in Christo G. Dei gracia Baiocensi Episcopo Galterus de Villers Ballivus Cadomi, salutem, etc. Cum inter viros religiosos abbatem et conventum S^ti^. Martini de Troarno ex una parte et Thomam Quesnel et ejus uxorem ex altera mota esset contentio coram nobis super jure patronatus ecclesie B. M. de Bello Loco vero dictis partibus in jur. coram nobis sufficienter comparentibus in assisiis castri Virie supposuerunt se dicti Thomas Quesnel et ejus uxor in predictis assisiis super jure patronatus ecclesie predicte in inquestam presbytorum et militum quos quidem presbyteros quatuor presente decano loci loco Episcopi et quatuor milites jurare fecimus et examinavimus diligenter eorumdem attestationes et de dicta redegimus in scripturam et eamdem presentibus partibus et testibus approbantibus publicavimus in assisiis ante dictis. Et quia predictum negotium ibidem non potuit finaliter expediri assignavimus dictis partibus apud Baiocas diem martis in vigilia beati Johannis Baptiste ad assisias proxime et successive sequentes ad negocium terminandum et eadem die in assisiis predictis comparentibus partibus coram nobis Baioci lecta dicta inquesta auditis et recitatis attestationibus presbytorum et militum predictorum judicatum fuit jus patronatus dicte ecclesie ad dictos abbatem et conventum Troarnensem pertinere. Et per idem judicium succubuerunt dicti Thomas et ejus uxor super jus patronatus predicte ecclesie et obtinuerunt dicti Abbas et conventus contra dictos Thomam et ejus uxorem et saisinam dicti juris patronatus per predictum judicium seculare, in assisiis predictis Baiocensis similiter habuerunt, etc. Datum anno Domini M°. CC°. septuagesimo sexto die martis in vigilia beati Johannis Baptiste. (*Cartul. de Troarn.*)

Assises des îles de Jersey et Guernesey. Circa 1277. Edwardus Dei gracia Rex Anglie Dominus Hibernie et Dux Aquitanie omnibus Ballivis et fidelibus suis ad quos presentes littere pervenerint salutem. Sciatis quod dilectus nobis in Christo Abbas S^ti^. Salvatoris qui in Normannia commoratur attornavit coram nobis loco suo fratrem Guillelmum Asceline commonachum ipsius Abbatis et Robertum Constans sub attornatione ad lucrandum vel perdendum in omnibus placitis et querelis motis vel movendis pro ipso Abbate vel contra ipsum in quibuscumque curiis insularum predictarum. Et ad instanciam ejusdem Abbatis concessimus quod idem Guillelmus et Robertus vel eorum aliter quem presentem esse contigerit loco ipsius Abbatis facere possint vel possit attornatus vel attornatum quos vel quem voluerint vel voluerit in curia nostra coram nobis ad omnia predicta et querelas prosequendas et defendendas et ad lucrandas vel perdendas in easdem sicut predictum est. In cujus rei testimonium has litteras nostras fieri fecimus patentes per triennum duraturas, presentibus munimine valituris post adventum ipsius Abbatis in insulas predictas si contigerit ipsum interim venire ad partes illas. Teste me ipso apud Godestok vigesimo die junii et anno regni nostri quarto. (*Archives de la Manche.*)

Assises d'Exmes de l'an 1278. Universis, etc. Johannes Ballivus de Cadomo salutem. Notum facimus quod cum inter religiosos viros Abbatem et conventum de Troarno ex una parte et Robertum de Monasterio ex altera verteretur questio super jure patronatus ecclesie S^ti^. Germani de Airan ad possessionem presentandi ad ecclesiam nominatam inquesta seu recognitione habita prout requirit consuetudo patrie, nos habito bonorum hominum et militum consilio dictis religiosis dictum jus patronatus adjudicavimus et possessionem ad prefatam ecclesiam presentandi. In cujus rei testimonium nos sigillum Ballivie Cadomi presentibus litteris duximus apponendum. Datum in assisias Oximarum anno Domini M°. CC°. septuagesimo octavo die sabbati post festum S^ti^. Albini. (*Cartul. de Troarn.*)

Assises de Carentan en mars 1280. Universis, etc. Christianus Cambellanus miles Ballivus Constantie salutem in Domino. Cum contentio verteretur inter viros religiosos Abbatem et conventum beate Marie de voto juxta Cesarisburbum Constancie diocesis ex una parte et Robertum de Baudigneio ex altera super jure patronatus ejusdem portionis in Ecclesia beate Marie de Podiis quam obtinuit Galterus le Bochu condam rector dicti patronatus in dicta ecclesia. Tandem in assisiis domini Regis apud Karentonum que fuerunt anno Domini M°. CC°. octogesimo die veneris post festum S^ti^. Albini, presens in jure dictus Robertus spontaneus non coactus dixit quod bene videret per litteras quas antecessores fecerant de sua hereditate cum dicta portione jure patronatus predicti quod habebant apud Podia et invenerat de consilio proborum virorum necnon didicerat quod in dicto jure patronatus dicte portionis nichil habebit nec habere poterat ratione juris hereditarii ; et fuit in emenda predictus Robertus in curia domini Regis assisiar. predictarum ratione antedicta. Quas, omnibus quorum interest seu interesse, potest tenore presencium sigillo ballie Constancie sigillatas significavimus. Datum anno et die predictis. (*Role de l'église des Pieux.*)

Consuetudines insularum sine anno Hec sunt consuetudines usitate in insulis de Guernereyo et Jerseyo diversitantes a consuetudine Normannie.

Ipsi insulani habent et eorum progenitores habere consueverunt a tempore quo non extat memoria in qualibet dictarum insularum de indigenis insule XII^m^. homines de se ipsis qui in partibus illis jurati domini Regis appellantur qui elegi debent per ministros domini Regis et optimates patrie. Scilicet post mortem unius eorum, alter fide dignus vel alio casu legitimo debet substitui. Et debent jurare sine condicione ad manutenendum et salvandum jura domini Regis et patronatorum.

Et ipsi xii in qualibet insula in absencia justiciarii et una cum justiciario cum ad partes illas venerint debent judicare de omnibus causis in dicta insula qualitercunque emergentibus, exceptis casibus nimis arduis ut si quis legitime convictus fuerit a fidelitate domini Regis tanquam proditor recessisse vel manus injecisse violentas in ministros Domini Regis modo debito officium exercendo.

Item ipsi xii. debent emendas sive amerciamenta omnium premissorum taxare predictis tamen casibus arduis exceptis; aut aliis casibus in quibus secundum consuetudines insule mere spectat redemptio pro voluntate domini Regis et curie sue.

Item si dominus Rex velit certiorari de retro placito coram justiciariis et ipsis .xij. agitato. Justiciarii cum illis .xij. debent retro illud facere et post iter justiciarii recordatio fiet per ipsos .xij. una cum ballivo, quia de antiqua consuetudine justiciarii solent dimittere ibidem rotulos de placitis coram eis agitatis sub sigillis suis per quorum avisamentum retro hiis fieri consuetum. Et agitatis coram ballivo et ipsis juratis in dictis insulis ipsi debent recordationem facere conjunctim.

Item quod nullum placitum infra quamlibet dictarum insularum coram quibuscumque justiciariis inceptum debet extra dictam insulam adjornari sed ibidem omnino terminari.

Item quod nullus de libero tenemento suo quod per annum die pacifice tenuerit sine breve domini Regis de cant'. de tenemento et tenente faciente mencionem respondere debeat.

Item quod nullus pro felonia dampnatus extra insulas facta hereditates suas infra insulas forisfacere potest quin heredes sui eas habeant.

Item si aliquis forisfecerit et abjuraverit insulas et postea dominus Rex pacem suam ei concesserit infra annum et diem sue abjurationis et revertat ad insulas de hereditate sua plenarie debet restitui.

Item quod nullus pro rota debet inprisonari in castro nisi in casu criminali vitam vel membrum tangenti; et hoc per judicium predictorum juratorum; sed in aliis liberis prisonis ad hoc deputatis.

Item quod dominus Rex nullum prepositum ibidem habere debeat nisi per electionem patronorum.

Item quod non debent coram justiciariis domini Regis ad assisias capiendas assignati seu alia placita tenenda respondere antequam transcripta commissionum eorumdem sub sigillis suis eis liberentur.

Item quod justiciarii per commissionem domini Regis ad assisias capiendas ibidem assignati non debent tenere placita in qualibet dictarum insularum ultra spatium trium septimanarum et quod ipsi coram eis nisi per tempus predictum venire tenentur.

Enquête ordonnée par Philippe-le-Bel en 1297. Philippus Rex, etc. Ballivo Cadomensi vel ejus locum tenenti salutem: conquesti sunt nobis religiosi viri..... abbas et conventus monasterii S[ti]. Stephani Cadomensis cum ipsi sint et fuerint a tempore cujus contrarii memoria non existit in possessione cujusdam feodi quod vocatur feodum Comitis in parochia de Bretevilla l'Orgueilleuse, nec non justiciandi commorantes in dicto feodo; et sibi contra ipsius feodi inobedientes, ac eorum inobedientes puniendi. Guillelmus d'Abouville Armiger et quidam alii commorantes in dicto feodo tenentes ab eisdem religiosis denunciaverunt se tenere ea que tenent in dicto feodo ab eisdem religiosis impedientes ipsos super possessione predicta injuste. Quapropter mandamus tibi quatenus vocatis curandus...... supra premissis veritatem diligenter inquiras; et si inveniris ita esse impedimentum, facias admonitionem prout fuerit conveniens, non permittens eisdem religiosis a commorantibus in dicto feodo inferri in debitas...... Judicatum fuit suprapredictis in Scaccario Rothomagi pro ipsis religiosis contra Guillelmum d'Aboville, secundum tenorem ipsius judicati prout justum fuerit exequendo. Actum presenti die lune ante nativitatem Domini anno M°. cc°. nonagesimo septimo.

Concession faite en faveur des habitants des Isles la 30e. *année d'Edouard Ier*. Universis, etc. Johannes de Sicuwert locum tenens, etc. domini Othonis de Grandisson domini Insularum Gernereii, Jerseii et aliarum insularum eisdem adjacentibus salutem in Domino. Cum prefatus dominus meus per litteras suas patentes michi dederit potestatem ac mandatum speciale ad reddendum nomine suo quantum in eo est quibusdam religiosis et personis ecclesiasticis de potestate domini Regis Francie terras, decimas et possessiones que ad eos pertinent in qua predictis insulis et que alias occasione guerre inter dominum Regem Anglie et predictum dominum Regem Francie dudum suborte in manu ipsius domini Regis Anglie capte fuerint et hec usque detente. Terras, decimas et possessiones venerabilis, etc. Abbatis de S[to]. Salvatore vicecomiti et ejusdem loci conventus in predicta insula de Jerseyo una cum prioratibus de S[to]. Petro de Bona nocte ibidem cum omnibus juribus et pertinenciis eorundem que occasione predicta in manus domini Regis Anglie capta fuerunt et Abbatis que detenta sicut predictum est, una cum decimis et fructibus possessionum predictarum de Augusto proximo partito et deinceps predicto Abbati et conventui nomine prefati domini mei quantum ad ipsum inde pertinet reddidi et ad plenum deliberavi; salvo semper jure predicti domini mei Regis Anglie in premissis si forcitan alias ipsum inde loqui contigerit et etiam salvis arreragiis que prefato domino meo debentur de possessionibus supradictis de toto tempore retroacto, faciendo inde in predictis prioratibus residencias cantarias, elemosynas et alia beneficia et servicia que in eisdem prioratibus fieri consueverant temporibus retroactis, etc. In cujus rei testimonium has litteras meas fieri feci patentes. Datum apud castrum Jerseye sub sigillo custodie predictarum insularum octavo die Maii anno regni predicti domini nostri Regis Anglie Ewardi xxx°. (1303).

Arrêt de l'Échiquier d'Alençon de l'an. Arrêt rendu en l'Échiquier d'Alençon en 1310, en présence de Charles, fils du Roi de France, comte de Valois, d'Alenchon, de Chartes, du Perche et d'Anjou, assisté de quatre chevaliers, de cinq écuyers et de trente-six vavasseurs, par lequel Denis Alys, écuyer, sire de Beaufou, est debouté des prétentions qu'il avait sur les bois d'Echauflou, au préjudice de l'Abbaye de Silly. (*Archives d'Alençon*.)

Lettre du Bailly de Caen à l'Évêque de Lisieux, en 1311. Johannes de Verretot Ballivus Cadomi, etc. Episcopo Lexoviensi, etc. Cum inter excellentissimum ac potentissimum principem et dominum Regem Francie ex parte una et religiosos viros abbatem et conventum beati Martini de Troarno ex altera super contencione patronatus ecclesie beati Remigii de Onnebanc vestre diocesis ad presens vacante per mortem domini Guillelmi Baldouini condam et in medietatem rectorem ejusdem in assisiis domini Regis verteretur materia questionis; noveritis quod tandem in assisiis que fuerunt die martis ante purificationem virginis gloriose anno Domini M°. ccc°. undecimo apud Cadomum coram nobis dicti religiosi jus et possessionem patronatus dicte ecclesie per judicium dictarum assisiarum contra dictum dominum Regem obtinuerunt. Hinc est quod ex parte dicti domini Regis vobis significavimus quatinus presentatum dictorum religiosorum ad dictam ecclesiam recipientem ipsum quia in corporalem possessionem cum universis pertinenciis ut moris est corporaliter inducatis seu faciatis induci, oppositione dicti domini Regis in contrarium nonobstante. Quod vobis et omnibus quorum interest tenore presencium sigillo dicte ballie sigillatum significamus. Valete, etc. (*Cart. de Troarn.*)

Lettre du Bailly de Caen à l'Évêque de Séez, en 1314. Reverendo, etc. Domino Philippo Dei gracia Sagiensi Episcopo; Thomas Caruel loco domini Roberti Recuchon militis, Ballivi Cadomi tenens assisias que fuerunt apud Cadomum die mercurii ante Candelosam anno domini M°. CCC°. quarto decimo salutem, etc. Cum super jure patronatus ecclesie Beate Marie la Robert vestre diocesis questionis materia in assisiis domini Regis verteretur inter religiosos, abbatem et conventum beati Martini de Troarno ex parte una et Johannem Lenglois scutiferum ex altera. Tandem in predictis assisiis auditis rationibus propositis hinc et inde, dicti religiosi contra eumdem scutiferum possessionem et saisinam patronatus prefate ecclesie per judicium militum obtinuerunt. Inde est quod vobis ex parte domini Regis significamus quatinus presentatum ex parte ipsorum religiosorum ad eamdem ecclesiam recipiatis ac eum in possessionem corporalem cum ejus juribus et pertinenciis inducatis seu induci faciatis ut moris est, oppositione dicti scutiferi non obstante. Valete, etc. (*Ibidem.*)

Nouvel Échiquier de Rouen en 1317. Copia registrorum novissimi Scaccarii S^ti^. Michaelis Rothomagi super quodam judicato pro domino Rege et contra dominum de Monte Morenciaci prolato. Audiendi sunt procuratores Regis ex parte una et Petrus Regnaudi attornatus domini Johannis de Monte Morenciaci ex altera ratione juris patronatus ecclesie de S^to^. Mellaino; auditis pluribus rationibus propositis ex parte dicti attornati domini de Monte Morenciaci dicentis nomine ipsius domini cognitionem juris patronatus ecclesie memorate sibi tanquam habenti omnimodam juridictionem Altam et Bassam loco ubi situatur pertinere et fuisse esse [sic] quia in possessione pacifica et competenter cognoscendi de dissentionibus et questionibus jure patronatuum ecclesiarum juridictionis sue quociens casus offerebat questio que vertebatur super hoc inter partes quid que aliter in Scaccarium fuerat inter se et Episcopum Ebroicensem debatum super eo quod dictus Episcopus ostendens quoddam memoriale dicti Scaccarii per quod se super hoc juvare volebat petentis impedimentum per ballivum de Gisorcio super hoc appositum ut dicebat injuste amoveri quod procurator Regis et dictus ballivus pluribus de causis contradicebant, asserendo inter cetera quod virtute compositionis olim inter Regem et prelatos facte ejusmodi cognitio patronatuum Domino Regi soli et insolid. pertinebat dictum que memoriale, Regi non esse prejudiciale cum inter privatas personas et non contra Regem deduta fuisset querela de qua mensionem faciebat nec ibi locum habebat pluribus causis quas proponebant. Auditis hinc inde rationibus habito consilio diligenti, judicatum est contra dictum attornatum et emendavit. Qua emenda judicatum est quod saisina cognitionis hujus modi Regi solo remanebat. Datum sub sigillo mei Simonis Mordret domini Regis et arestorum ipsius Scaccarii Clerici anno domini millesimo tricentesimo decimo septimo, die ultima februarii. (*De ma collection.*)

Acte contre les hospitaliers en 1317. Es assises de Caen devant nous baillif du dit lieu le mardi avant Pasques flouries l'an mil CCCXVII. frère Liennart de Chingbretes gouverneor general de Chalesmons des biens des mesons Saint Johan de Jerusalem doutremer fut mis en amende par jugement vers Philipot Adequin attorné et procureur a l'abbe et au couvent de Troart pour trois deffautes trop faites et jugees en la poursuite d'un garant vouchié par icelui gouverneor sus un gage plege mis vers les diz religieux par Guillaume Le Fae en disant qu'il avoient justicie la ou ils ne povent ne ne devoient. Lequel Fae avoit vouchie pour garant frere Guillaume Martin gouverneour pour le temps des mesons et choses dessus dites qui avoit pris la garantie sus soy, et vouche garant le dit frère Liennart qui avoit pris la garantie sus soy, si comme par memorial appert. Par la quele amende, le dit attorné et procureur a ataint la ressesine des namps comme forfez et pover de justicier sus la maison au dit Fae assise a Cateville joste Raoul Jouaz d'une part et dautre. Donné comme dessus. (*Ibidem.*)

Lettre R. de Charles IV dit Le Bel, en 1326. Karolus Dei gracia Francorum et Navarre Rex Ballivo Constanciensi vel ejus loca tenenti salutem Scia quod religiosi viri Abbas et conventus monasterii Sancti Michaelis in periculo maris gravi conquestione monstraverunt quod tu, pretextu cujusdam commissionis per nos de capiendis Englicis tibi facte, omnia bona in prioratum S^ti^. Germani supra ripariam que dicitur E, qui prioratus est de membris monasterii predicti existencia eo solum quod Prior dicti prioratus natus fuit in insula Gersoy que in potestate Regis Anglie existit, licet dicta insula sit de diocesi constanciensi cepisti et ad manum nostram posita tenes in ipsorum religiosorum prejudicium dampnumque non modicum et gravamen, cum, sicut asserunt, dictus prioratus non sit conventualis nec bona predicta sint dicti prioris, imo sunt religiosorum predictorum, qui dictum priorem instituere et destituere possunt quociens eis placet. Quare mandamus tibi quatinus sit ita esse legitime constitutus, non obstante quod prior dicti prioratus in dicta insula natus fuerit, manum nostram à dictis bonis, nisi pro alia causa quam ut predicitur capta vel saisita fuerunt amovens seu amoveri faciens, ipsa bona eisdem religiosis reddi et restitui facias indilate. Nolumus tamen quod dictus Prior seu aliquis alius, qui in partibus Anglie vel in potestate Regis Anglie traxerit originem durante guerra nostra, in prioratu predicto seu aliis prioratibus aut locis tue ballivie contra ordinatas nostras debeant remanere. Datum apud Castrum Theodorici die quinto novembri anno Domini M°.CCC°.vicesimo sexto. In Regali hospicio. Contre signé Aubigny. (*Arc. de la Manche.*)

Bref d'Edouard III, la 6e *année de son règne.* Edwardus Rex Anglie, etc. Thesaurariis et Baronibus suis ac camerariis salutem. Quia quibusdam certis de causis certiorari volumus per que servicia maneria de Otryton et Duddelegh cum prato in Comitatu Devonie, per progenitores nostros quondam Reges Anglie collata fuerint Abbatie de Monte S^ti^. Michaelis in periculo maris in Normannia tenebantur ante collationem illam et qualiter et quomodo Abbas loci predicti ea modo tenet, vobis mandamus quod scrutatis tam libris feodorum quam libro vocato Domesday ac aliis memorandis premissa contengentibus et in thesauraria nostra sub custodia vestra existentibus ut dicitur de eo quod inde inveneritis nos sub sigillo Scaccarii nostri distincto et aperto sine dilatione reddatis certiores remittentes vobis hoc breve. Teste me ipso apud Wodestock .XX°. die julii anno Regni nostri sexto. (1332).

Certificatio Thesaurariorum et Baronum de Scaccario super contento in breve hinc confecto

Scrutatis libris feodorum et aliis memorandis Scacarii pretextu hujus brevis non est compertum per quod servicia maneriorum de quibus fit mentio in eodem breve tenebantur ante collationem inde factam Abbati in eodem breve nominato qualiter seu quomodo idem abbas ea modo tenet. Compertum est tamen in quodam libro extracto de diversis inquisitionibus captis ex officio tempore Regis Henrici pro avi Regis nunquam ad Scaccarium habuit pro recordo in comitatu Devon. Titul. Inquisit. dominorum tenementorum et feofamentorum Domini Regis vel antecessorum suorum in Devonshira sicut. « Rex Willelmus primus « dedit in puram elemosinam manerium de Otryton « cum prato Abbatie de periculo maris in Normannia « Montis Sti. Michaelis » ibidem « Rex Henricus « primus dedit in puram elemosinam manerium de « Duddlegh cum pertinenciis predicte Abbatie in ex« cambium Ecclesie de Chausie quant idem Rex dedit « Abbatie de Radynges quando eam fundavit. » Aliud super premissis non est compertum.

Certificatio thesaurariorum et camerariorum de Scaccario super hiis que inveniuntur in libro de Domesday tangentibus maneria de quibus fit mentio in breve hinc confecto.

In libro de Domesday sub titulo Terra Regis in Comitatu Devonie continetur sic :

« Rex tenet Doddelegh ; tempore Regis Edwardi gel« debat pro dimidia hyda. Terra est .xiij. carruce, « ibid.xvj.villani et .xx. bordarii et .x. porcarii et .iiij. « own. cum .xij. carrucatis, ibid .v. acris prati et .c. « acris pasture et .xx. acris silve et reddunt .x. libras « ad pensum. » Item in eodem libro et in eodem Comitatu sub titulo Terra Sti. Michaelis de Monte continetur sic. « Ecclesia St. Michaelis tenet de Rege Otry« ton. Ghida Comitissa tenebat tempore Regis Ed« wardi et geldebat pro .xiiij. hydis Terra est .xxv. « carrucate. In dominio sunt .vj. carrucate et .L.villani « et .xx. bordarii cum .XL. carrucat'. ibidem xxviij. « salinarii et .iij. molini reddent .XL. sol. Ibid .xlv. « acras prati et .cl. acras silve et una leuca et dimidia « pasture quando recepta Abbatis valebant .x. libras, « modo (valent) .xviij. libras.

Mandement de Philippe de Valois de l'an 1342. Philippe par la grace de Dieu Roy de France, a nos ames et feaulx gens qui teindront notre présent eschequier de Pasques a Roen. Salut, etc. comme nous eussiens commis par nos lettres a nos ames et feaulx gens tenants nostre present parlement a Paris a cognoistre de certaine cause et descort meus entre nos ames l'abbe et couvent de St. Martin de Troart d'une part et le procureur de nostre tres chier et ame fils le duc de Normandie et Thomas Caillot, clerc d'autre part sur certains patronages d'esglises, chapelles disiemes et autres revenues de la dite Abbaye, et sur certaine sentence donnée par information par Jehan de Crespy jadis bailli de Costentin sur le debat de la chapelle de St. Regoiffe meu entre le dit Thomas d'une part et Dan Roger Branche prestre d'autre part, institué en la dite chapelle trente ans a, et plus a la présentation des dits religieux si comme il dient. Et depuis par notre commandement la cognoissance des choses dessus dites leur a esté suspendue a la procuration du dict Thomas. Nous qui volons que brieve et bonne fin soit mise sur ce et que a chascun soit garde son droit et que la dicte cause soit discutée et determinee à l'eschequier en son propre lieu selon la coustume du pays et ordennances royaulx et privileges octroies aux Normans, naguères par nous confermés, Vous mandons et commettons a appeler Jehan de Crespy bailli de Caen jadis bailli de Costentin et Richart Sanson autrement Le Camus nagueres procureur de nostre dis fils en Costentin et Thomas Caillot clerc et les autres qui seront a appeler en cest présent eschequier de Pasques, vous oyez diligemment les parties dessus dites et faites bon et brief accomplissement de justice. Et ce qui par vous sera jugié et determiné faites mettre a exécution deue. Et des choses mises en la main de nostre dit fils pour cause du dit debat vous faciez avant toute euvre recreance aus dis religieux ou cas que vous verrez que il sera a faire de raison. Car ainsi le volons nous estre fait de grace especial. Et nous mandons et deffendons à tous les justiciers de nous ou de nostre dit fils par la teneur de ces lettres que en aucune maniere il ne vous empeschent la cognoissance des choses dessus dites contre la teneur de notre presente grace non contestant quelconques autres commissions sur ce faites ou mandement de nous ou de nostre dit fils ou lettres subreptices empetrées ou a empetrer non faisant expresse mention de ces presentes par la vertu desquelles nous te mandons prevost de Paris et à toy vicomte de Caen commandons et a tous autres justiciers que vous à l'instance des dis religieux vous adjournez ou faites adjourner en cet eschequier de Pasques presentes Jehan Richart et Thomas dessus dis a respondre et proceder avesques les dis religieux es choses dessus dictes si comme raison donera des adjournements et de ce que fait en aurez certifiez nos dits gens de l'eschequier. Donné a Paris le IXe. jour d'avril l'an de grace mil. ccc. quarante deux. — Par le Roy a votre relation presens Mess. L. Dergueri, P. de Augnieres et Jehan Richier et Le Sir de Hangest.

Lettres patentes du Roi Jean (*Vers* 1350.) Johannes Dei gracia Francorum Rex, Notum facimus universis tam presentibus quam futuris quód audita supplicatione Religiosorum Abbatis et conventus Sti. Stephani de Cadomo dicentium quod quando inimici Regni nostri villam de Cadomo occupaverunt, ipsi maligno spiritu imbuti in eorum Abbatiam et Ecclesiam prorumpentes plura bona dicte Ecclesie depredaverunt et secum apportaverunt, nec non et sigilla plurium privilegiorum et litterarum fundationis dicte domus seu Abbatie frenderunt et dilaminaverunt; verumptamen carte copia seu transcriptum dictorum privilegiorum et cartarum sub sigillo ballivie Cadomensis que alibi tunc erant penes dictos religiosos remanserunt quas humiliter petierunt per nos ad perpetuam rei memoriam confirmari et auctorisari ad finem ut eisdem transcriptis seu copiis tanta fides adhibeatur futuris temporibus quanta adhiberi posset et deberet originalibus ante dictis. Nos eorumdem religiosorum supplicatione premissorum consideratione favorabili annuentes predictas sive per modum vidimus seu transcripti sub sigillo dicte ballivie Cadomensis vidimus ac hiis meis presentibus inseri et de verbo ad verbum transcribi fecimus sub hanc formam : Philippus Rex, etc. (Le vidimus de ces dernières lettres-patentes renouvelées, confirme à l'abbaye St. Etienne le droit de vendre ses bois de Tortèval sans tiers ni danger.)

Assises de Valognes pour le château du Ham en 1350. En l'assise de Vallongnes devant nous Adam de Dampmartin bailli du Costentin l'an M. CCC. chinquante le mardi continue de lundi avant la St. Clair de la part des hommes religieux l'abbe et le couvent de St. Sauveur le Vicomte. Nous sur ce presentees et autres faits avaient esté les lettres de Monsgr. l'archevesque de Roen lieutenant du Roi et du Duc nos seigneurs en la Duchié de Normandie contenant la fourme qui ensuyt. Johan par la grace de Dieu archevesque de Roan lieutenant du Roy nostre Sire et de Monsieur le Duc de Normandie et de Guyenne en la duchié de Normandie au bailly du Costentin ou a son lieutenant salut. Comme le dit Monsieur le duc ait fait prendre en sa main la maison du Han pour ce que l'en lui avait rapporté que noble et puissant homme M. Godefré de Harecourt chevr. Sire de St. Sauveur le Vicomte y faisait faire une fortereice sans congié de luy, en son préjudice et dammage du pays et nous soyons duement enfourmés que le dit Mr. Godefré n'y a fait faire fortereice aucune préjudiciable ne dommageable a Mr. le duc ne au païs, combien qu'il ait fait le dit hosteil amender et reparer pour la necessité de sa demeure et lequel hosteil les religieux abbe et couvent de St. Sauveur le Vicomte dessus dit luy avoient presté a leur volente tant seulement sanz ce que entre eulx a cause d'icelluy eust marchié, eschange ou contract aucun et lequel M^{r}. Godefre veut delaissier comme le leur propre. Nous vous mandons et commandons de par nos dits seigneurs que le dit hosteil vous rendiez et delivres ès dis religieux a plain et les en leissiez joir comme de leur propre; mesmement comme le dit commissaire le Duc y puisse asseveir et prendre le, toutes et quantes fois qu'il luy plaira. Ce fut fait par teille manière que le dit M. Godefré et religieux ne aient cause de recours ne pour cause de ce par nos dis seigneurs ou nous par votre defaut. Donne a nostre manoir de Dieville le 23e. jour de mars l'an de grace M. CCC. XL. IX. Par vertu desquelles lettres et pour accomplir le contenu en ycelles; nous eue sur ce deliberation, conseil et avis du conseil du duc nostre seigneur donasmes congié et licence as diz religieux de joir et expleiter du Chassel du Han par la main du dit seigneur jusque a tant que autrement en ayons ordonne et pourtant comme touchant as rentes, revenues et autres choses appartenantes es ditz religieux par raison du dit Chasteil ou autrement appartient les grilles len disoit estre arrestees en la main du dit seigneur nous les rendismes et les delivrasmes es diz religieux et en ostames la main ou dit seigneur se mist y avoit este et donames en mandement a tous ceux a qui y peut et doit appartenir que eulx les en leissent joir et en expleiter paesiblement. Donne comme dessus. (*Archives de la Manche.*)

Ayde pour la délivrance du Roi Jean en 1362. Les eslus de par le Roi en la cité et diocese de Rouen, sur le fait de l'aide ordonne à lever pour sa delivrance; aux eslus et receveurs sur le dit fait es cité et diocese de Coustances salut: comme par vertu des lettres du roi nostre dit seigneur avec un mandement de nos seigneurs les generaux tresoriers a par ecrit au dos d'icelles. Vous ayez a faire une information touchant plusieurs pertes es fermages que disoient avoir eus et soutenus Thomas Le Ber et Jehan Le Ber fermiers de l'imposition des grands draps de la ville de S^{t}. Lo de douze ecus pour livre et pour cause de ce dient que quant eulx prisrent la dite ferme, ilceulx et tout le peuple avoient esperance que la paix et acort qui estait fait avec le Roi nostre dit seigneur et le Roi d'Angleterre durast le temps en la maniere que accordee et criee avait esté. Nientmoins les Englois sirconviennent tout en la dite ville de S^{t}. Lo et que chascun loge et sejourne es faubourgs d'icelle et par plusieurs fois ont prins et derobbé les gens de la ville et du pays d'environ et mis à mort plusieurs habitants. Et aussi les Englois et Navarrois de la garnison de Hambuye pres la dicte ville et du pays d'environ vont aussi chevaucié de jour en jour sur icelle ville de S^{t}. Lo et ont pris des gens d'icelle ville et enmené plusieurs qu'ils ont tenu en leurs fers; et avec ce les marchands frequentans la dicte ville de S^{t}. Lo ont esté par eux derobes de leurs draps et aultres biens et iceulx portes en leur dit fort de Hambuye et alleurs, la ou bon leur sembloit, etc. En vertu desquelles lettres il vous estoit mandé que de, et sur le contenu desquelles choses dessus dites vous vous en fournissiez diligente appelle avec vous le vicomte du lieu ou son lieutenant, et l'information que faite en auriez avec votre avis renvoissiez par devant nos dicts seigneurs les generaulx tresoriers à Paris, aux quieux vous l'envoiates; et jceux la vous ont renvoyee avec leurs lettres attachees a jcelles par lesquelles ils vous est commande que vous appeliez avec vous Jehan d'Orliens conseiller du Roi notre sire et receveur general sur les dites aides en la duché de Normandie, le procureur de M. le Duc de Normandie et les autres du conseil estant par decà, pour de ce et sur le contenu en la dite information ordenissons et pourvoissons aux dits fermiers de tels et si convenable remede qu'ils n'eussent lieu d'en retourner plus plaintifs par devers eux. Nous par déliberation, consideré la deposition des temoins de la dicte information, appelés avec nous les procureurs et recu le conseil des dits, avons ordenné et ordennons que de ce sur la somme de .M. CCC. livres tournois que la dicte ferme leur coute leur soit deduite et rabbatue la somme de .CC. livres tournois. Si vous mandons, que celle presente nostre ordennance vous tenez et gardez sans enfreindre et que contre la teneur d'jcelle vous ne les contraignez et molestes en aucune maniere. Et par rapportant ces presentes vous leur deschargiez de la dicte sommé de .CC. livres pour celui ou ceux à qui il appartiendra. Donne à Rouen le 17e. jour de juin mil trois cens soixante deux (*De ma collection.*)

Echiquier de Rouen pour clameur de Haro en 1398. Les gens tenant l'eschiquier a Rouen au terme de Pasques mil trois cent quatre vingt dix huit, au bailli de Caen ou a son lieutenant salut. Comme de ce longtemps a, proces et decord soit entre le procureur du Roy nostre sire d'une part et les religieux abbe et couvent de S^{t}. Pierre sur Dives d'autre sur ce que les ditz religieux dient avoir droit de connoistre en leurs dites terres de clameur de Harau sans save et sans ploie et de save et de ploie sans clameur de Harau, sur lequel cas veue ait esté assise moult de fois et tant que par nous retenue a este naguaire et a jcelle a este plusieurs chevaliers escuiers et vavassours de la banlieu de la dicte abbaye auquel proces nos predecesseurs qui au devant de vous y ont esté puis soixante ans que le dit proces a tous jours duré et vous avez tort et sans raisonnable cause souffert tant de delais indues que les ditz religieux y ont mis et depensé la goiregneur partie de la chevance que ils avoient pour eulx vivre et faire le divin service, et encores pourroient plus faire se pourvoir y etoit. Pourquoi nous vous mandons et commettons que sans aucun retard et accessour, souffrir en la dite cause qui commise nous avait este par le Roy nostre sire et en laquelle besoingner ne pouvons de present pour plusieurs raisons que nous avons eues, veisiez avant tout a la décision d'jcelle en vray principal par la vue faite et par les gens nobles et autres qui a icelle ont este de la dicte banlieu, dont il y avoit bien le nombre de cent ou six vingt personnes ou environ et gardes bien que sur telle punition d'amende comme lon voudra sur vous taxer il n'y ait pas faute et que plus n'en soit, ou retardement de la delivrance d'icelle vue retenue, ne autres gens que ceux de la dite banlieu et que les religieux n'aient aucune cause de plus en retourner plaintif. Donne en l'an et Eschiquier dessus dit. (*Ibidem.*)

Lettres-patentes de Charles VI pour l'Abbaye de Cherbourg en 1404. Charles par la grace de Dieu Roy de France au bailly du Costentin et au cappitaine de nostre ville et chastel de Chierebourg ou a leurs lieutenantz salutz. Receue avons la supplication de nos bien amés les religieux abbé et couvent de Nostre Dame du Veu pres Chierebourg contenant comme d'ancienneté les diz suppliants de leur droit d'héritage avaient a eux competé et appartiégné un manoir assis en la closture de la forteresce du lieu de Chierebourg pour retraire eulx et leurs biens toutes les fois qu'il leur plaist et par especial en temps de guerres; et jcelui manoir avoient un oratoire en quel estoit souvente fois fait et célèbre le service divin; et il sait ainsi que pour cause de ce que la dicte ville chastel et forteresse de Chierebourg ont par long temps esté hors de notre obéissance, les dis supplians qui sont de fondation roiale et ont tous jours estes nos vrais et loyaulx subjets n'ont joy ne peu joyr aucunement de leur dict manoir et encore jà soit ce que de present jcelle ville chastel et forteresce soit en nostre vraie obéissances peuent jceulx supplians joir de leur dict manoir parceque vous capitaine ou le connestable des ditz chastel et forteresce avez detenu et detenez iceluy manoir soubs umbre de ce que vous dictes que les Navarrois pendant le temps qu'ils ont tenu la dicte ville chastel et forteresse tenoient et avoient tenu en leur main le dict manoir ou autrement n'avez voulu et ne voulez rendre ni delyvrer jcellui manoir aux diz supplians, qui est en leur grand grief, préjudice, dommage desheritement et diminution des droits et franchise de leur dicte abbaye et seroit encore plus se sur ce ne leur estait par nous pourveu de nostre gracieuse et convenable remede si comme ils dient en nous humblement requerrant que attendu que leur dicte abbaye est assise sur la rive et coste de la mer et que en jcelle leur abbaye se ils n'avoient ou ils pussent retraire eulx et leurs biens ils pourroient chacun jour estre pillies pris et gastés par les ditz ennemis et adversaires de nostre royaume. Nous leur voullons sur ce pourveoir du dit remede. Pourquoi, nous les choses dessus dites et considerees, voulans a un chacun estre rendu ce qui lui appartient, vons mandons et commandons et expressement enjoignons a chacun de vous si comme a lui appartiendra que se appelles ceulx qui seront a appeler il vous appert le dict manoir estre et appartenir aux ditz suppliants vous jceluy leur rendez et delivrez ou faictes rendre et delivrer à plain tantost et sans aucun délay et les en faictes, souffrez et laissiez joyr et user paisiblement comme de leur propre chose sans leur faire ou donner sur ce empeschement aucun. Car ainsi nous plaist-il estre fait; et aux dits supplians avons octroye et octroyons de grace especial par ces presentes nonobstant la possession eue par les dis Navarrois et autres pendant le temps que la dite ville, chastel et forteresce du dit lieu de Chierebour ont este hors de nostre obeissance comme dit est et quelconques lettres subreptrices impetrées ou a impétrer a ce con traire. Donne à Paris le 6e. jour de decembre l'an de grace mil quatre cens et quatre et de notre règne le 15e. (*Archives de la Manche.*)

Traité pour la defense du Mont St. Michel en 1440. Ensuivent les articles sur lesquels les religieux du Mont St. Michel requierent estre pourveu par haut et puissant prince Monsieur le comte d'Aubmale lieutenant du Roy et Monsieur le Regent pour le bien du Roi et de mondit seigneur le regent et aussi pour la seurte de la forteresce, abbaye et ville du dit lieu et affin que les dis religieux puissent tous jours continuellement faire le divin service en lour dicte abbaye de nuit et de jour ainsi que tenus et obligiez y sont pour le Roy mon dit seigneur, le régent et leurs antécesseurs et subcesseurs dont leur dicte abbaye est fondée, et pour ceulx de leur tres haute et tres noble lignée.

Premierement, « Que les droiz privileges libertes « et seignouries des dits religieux demeurent tous « entiers selon le contenu de leurs chartes et lettres « pour en joir le temps a venir jceulx religieux comme « il appartiendra nonobstans quelsconques ordonnan- « ces que len fasse pour occasion de ceste guerre. » Monseigneur veut et se consent que les dis religieux soient et demeurent en leurs anciennes libertes et prerogatives dont ils ont de tous temps joy et usé. Et se aucune chose estoit faite durant le temps de ceste guerre, Monseigneur le remettra a l'ordonnance et permission de mon dit seigneur le Régent.

Item. « S'il est ainsi que l'en ordonne cappitaine « en la dite forteresce et abbaye qu'il y soit pour- « veu de bonne personne et seure, et aussi qu'il soit « chargie de certain nombre de gens bien coigneus et « de bonne vie ou aultrement les dis religieux se- « raient empeschés de dire leur service pour laquelle « chose leur dicte abbaye a esté fondée, et par révé- « lation par l'ongle St. Michiel a Monsieur St. Aubert « lors évêque d'Avranches. » Monseigneur en prend la garde en attendant la permission de Monseigneur le Régent et veult et consent qu'on appelle aucuns des religieux tels qu'ilt vouldrons eslire a l'ouverture et closture des portes et a tous les conseuls qui se ferons touchans le bien de la place; et avesques ce veult que les dis religieux gardent une portion des clefs des dites portes.

Item. « Que en cas dessus dits on face commande- « ment et deffens expres aux gens d'armes et aultres « que l'en mettra dans la dite abbaye que ils se gar- « dent de mouvoir debas ou riotes pour quoy leur « église ne la sainte place qui est ordonnée a Dieu servir « poisse estre poluée, ne le divin service empeschie. » Monseigneur le consent et veult que ceulx qui feront le contraire soient grievement punis.

Item. « Que en la dicte abbaye ne soient mises « aucunes femmes pour le deshonnestement et que de « ce les gardes de la porte soient avertis. » Monseigneur le deffend comme dessus.

Item. « Que les chambres ou logements que les « dicts gens d'armes ou autres auront en la dicte ab- « baye, leurs soient bailles par ordonnances sans ce « que ils puissent aultres demander contre la volente « des dis religieux. » Monseigneur y pourverra par ses gens et par deux ou trois des religieux.

Item. « Que le sourplus des chambres et lieux de « la dicte abbaye demeurent aux dits religieux pour « en joir paisiblement pour l'usage d'eulx et de leurs « familiers. « Monseigneur le consent.

Item. « Que les gens d'armes et aultres qui seront « logies au manoir du fenil au bas de la dicte abbaye « souffrent et laissent aller paisiblement les gens des « religieux. » Monseigneur le veult pourvu qu'ils soient feables et loyaux.

Item. « Que aux dits gens d'armes et aultres qui « demoureront au dit fenil, leurs chambres, logers « et estables soient baillées par ordonnance afin que « les gens des dits religieux puissent joir paisible- « ment du sourplus. Et est vray que les dits religieux « ne se pouroient bonnement gouverner sans avoir « illec plusieurs personnes, c'est assavoir trois per- « sonnes pour laver les draps, tant de leurs que aul- « trement, un boucher, un poissonnier; les allées et « venues de plusieurs de leurs serviteurs tant à pie « que à cheval et estables pour logier chevaulx, beufs « et aultres bestes; et aussi pour avoir provision de « vivres plusieurs marinaulx pour aller à la mer tou- « tes fois que mestier sera. » Monseigneur le veult pourvu qu'ils soient feables et loyaux.

Item. « Que au maistre de l'ordre de la dicte ab- « baye soit et demeure comme raison est la correction « et punition de tous les dis religieux se aucun » mesprenoit considérer l'absence de leur abbé, sans « ce que les dis capitaines en puisse ou doie cognois- « tre ou aultre. » Monseigneur le veut et consent pourvu que les crimes qui de leur nature doivent estre réservés a la haute seignorie le soient; et se debat se meut entre les dis religieux et gens, le juge pour les dis religieux et le capitaine pour les dictes gens en cognoistroient ensemble.

Item. « Que les dis religieux puissent cognoistre « de tous les débats de leurs familiers comme sei- « gneurs héréditaires du lieu appartenant a basse et « moyenne justice. » Monseigneur veut que pareillement le senechal et le capitaine aient la cognoissance des dits serviteurs et gens d'armes.

Item. « Que les dis religieux leurs familiers et servi-

« teurs ne soient tenus obéir s'il ne leur plaist es com-« mandements des gens d'armes ou aultres de la dicte « abbaye, fors, et ainsi qu'il sera avisé par mondit « seigneur le Comte. » Monseigneur le veult réserve les faits et nécessités de la guerre et la deffense de l'ostel.

Item. « Que le dict cappitaine ou aultres demou-« rans en la dicte abbaye aient provision de guerre et « si bonne garnison qu'ils n'aient cause de prendre ou « requerrir des dits religieux et leur soit deffendu les « prendre contre la voulenté des dis religieux. » Monseigneur le consent; mais il faut que les dits religieux baillent les vivres de tiltres jurés aux Anglais.

Item. « Et aussi les dis religieux feront provision « de vivre pour eulx leurs familiers et serviteurs le « plus avant qu'ils pourront; et pour jceulx distri-« buer, plaise à mon dit seigneur le comte com-« mettre deux religieux de la dicte abbaye affin qu'ils « aient greigne auctorité d'jceulx bailler ou non bail-« ler a qui ils verront qu'il appartient; et aussi com-« mettre son mestre d'ostel ou aultre a qui ils aient « recours quant il y aura deffaulte et pour toutes « aultres choses qui leur pourroient survenir. » Monseigneur commet son mestre d'ostel, ce pendant qu'il sera par deçà; en son absence le seigneur de Tieville, son lieutenant, Loys de Tornebu, Jehan du Merle et Jehan des Wyns; et pour la ville le baron des Biards, Monsieur Nicole Paynel et Colin Roucan; et pour la distribution des diz vivres le cuisinier et le célérier.

Item. « Plaise a mon dit seigneur le comte com-« mettre gens à la garde de la citerne, et a la dis-« tribution de l'eaue; et que les dis gens ayent auc-« torité de la distribuer, comment ils verront estoc « à faire; et aussi soient chargies les dites gens de « faire mettre de l'eaue de la rivière sur les sablons de « la dicte cisterne toutefois que mestier sera. » Monseigneur y commettra un de ses gens avesques Dom Thomas Poisson et Dom Robert de Baudren religieux.

Item. « Plaise a mon dit seigneur commettre gens « à la garde du puitz qui est ès jardins du parc, « qui aient auctorité de distribuer leaue; et aussi « soient chargies de faire mettre de leau de la rivière « quant mestier sera. » Monsigneur y commettra un de ses gens avec les deux religieux dessus nommés.

Item. « Plaise a mon dit seigneur ordonner cer-« taines gens à la garde des courtils de la dicte ab-« baye pour jceulx gouverner et cultiver quant mes-« tier sera. » Monseigneur y commets le courtillier et son compagnon.

Item. « Plaise a mon dit seigneur faire deffens et « ordonnance qu'aucuns ne face induement fraction « de coffres, hugues, portes, ou autres lieux, clos « ou fermes, prendre ou ouvrir paquets ou aultres « biens, de nuit ou de jour; fors, ainsi qu'il avisera et « en faire faire publications ou en faire attacher lettres « en lieu publique, se il voit que bon soit. » Monseigneur le deffent sur la peine qui y appartient.

Item. « Plaise a mon dit seigneur commettre gens « pour reparations faire se mestier est à la dicte for-« teresce, ainsi et par telle manière comment il fera. » Monseigneur y commet deux de ses gens avec Dom Jacques Onfroy et Dom Robert Baudren religieux.

Item. « Plaise a mon dit seigneur commettre cer-« taines gens pour restituer aux bonnes gens hom-« mes de la dicte abbaye qui ont aidé a soustenir « l'ostel le temps de ceste guerre. Neantmoins qu'ils « soient vendus aucunes pouvres choses qui se pour-« roient perdre, comme draps a vestir ou aultres cho-« ses a la discretion de ceulx qui y seront commis. » Monseigneur y commet un de ses gens avesques Dom Robert Baudran.

Item. « Plaise a mon dict seigneur, que combien « que les ditz religieux soient de tous temps en la « sauve garde du Roy, encore d'abondant, ils soient « mis et gardés eulx et leurs biens avesques leurs pos-« sessions, droits et bien quelconques en la protec-« tion et sauve garde de Monseigneur le Regent et « que a mondit seigneur le comte plaise faire com-« mandement aux gens d'armes et aultres demourans « en la forteresce et ville, ne empeschier les ditz « religieux leurs gens et serviteurs en aucunes des « choses dessus dites. » Monseigneur le veut pourveu qu'ils ne facent aulcunes choses en préjudice de Monseigneur le Regent ne de sa seigneurie.

Item « Que les ditz religieux aient la prise de pois-« son sur les marchants ou pescheurs venans a la « dicte ville ainsi comme ils en ont joy tous les temps « passés. Et aussi du droit qu'ils ont ès rivieres de « Senne et de Coynon davoir les saulmons et aultres « poissons. » Ainsi Monseigneur le consent pourveu que en nourriture tout soit en commun.

Item. « Que les ditz religieux aient les esturgeons « et les marsouins prins ou trouves es greves et « qu'ils en puissent joyr ainsi que leur appartient se-« lon leurs tiltres et possessions. » Monseigneur le consent comme dessus.

Item. « Que ou cas que les dis marchans ou pes-« cheurs ne feroient leur devoir d'apporter aux dits « religieux les ditz esturgeons, marsouins saulmons « et aultres poissons, toutes fois que les cas s'offriraient « les dicts religieux les puissent et doivent punir par « leur justice ainsi qu'il leur appartient et qu'ils en « ont joy le temps passé. » Monseigneur le consent.

Item. « Plaise a mon dict seigneur qué en ce fai-« sant les dits marchans ou pescheurs ne soient em-« pesches par les gens de la dicte forteresce et ville ès « portes ou aultrement; mais les souffrent aller et ve-« nir ainsi qu'il appartiendra. » Monseigneur le consent pourveu qu'ils soient bons et loyaulx.

Item, « Que les dits religieux leurs gens familiers « et serviteurs puissent et doivent passer a la porte « de la dicte forteresce et ville quand mestier sera; « et aussi que le pelerinage de la sainte place ne fut « aucunement empeschié; mais soit souffert aux péle-« rins aller et venir sans estre empesché de leurs de-« voirs. » Au regart de cet article Monseigneur le commet aux soins des religieux qui garderont la porte.

Item. « Plaise a mon dit seigneur que tous débas, « guerres et discussions qui se pourroient mouvoir en « la dicte forteresce et ville soit deffendue. » Monseigneur le veult sur grosses paines.

Item. « Que les dits religieux ne puissent etre con-« traints par les dits gens d'armes ou aultres a faire « aucuns services; mais mon dict seigneur pourra « prendre d'jceulx religieux telle feaulté comme il « verra estre a faire. » Monseigneur le veult.

Item. « Plaise a mon dit seigneur faire faire com-« mandement a tous, que les reliques, joyaulx et « aultres biens de l'eglise ne soient prins, ne les biens « de la religion en aulcune maniere. » Monseigneur le deffent expressément de par Monseigneur le Régent.

Item. « Qu'il luy plaise mettre telle provision comme « il verra estre bon a faire sur les religieux et aultres « biens des eglises qui ont esté mis cy en garde. » Monseigneur par vertu des lettres de Monseigneur le Régent y a consenti et va mettre ses gens ès couvent des dits religieux a les faire inventorier et bailler en garde aux dessus dicts religieux. (*Cet acte existant dans les archives de St. Lo n'est point daté et les sceaux dont il était revêtu ont été arrachés.*)

Accord fait pour la construction de la grosse tour du Mont St. Michel en 1426. Louis d'Estouteville sire d'Ausebosc et de Moyon capitaine pour Monseigneur le Roy des abbaye ville et forteresce du Mont St. Michel, a tous ceulx qui verront ces lettres salut. Comme pour l'emparement fortification de ceste dicte place du Mont. Eu ad ce l'advis et deliberacion de plusieurs ayons fait faire aulcunes œuvres et de present entrepris a faire edifier une maniere de tour ronde avecque une huisserie en icelle pour yssir hors quant mestier seroit en l'endroit et issue des maisons qui furent feu Jamet Le Gay, la ou encore est une pate ou pavage aultre fois faicte par icelluy Jamet, et les religieux vicaire et couvent du moustier du dict lieu soyent venus par devers nous la ou nous estions accompaignez de plusieurs personnes nobles et aultres en faisant la dicte œuvre commencer qui nous ayent signifie que toutes les greves et pates hors la ligne des maisons et generalement tout le rocher hors les lieux subjects en rentes aux diz religieux sunt l'éritage du dict moustier, donne anciennement a icellui avec toute noblesces dignites et libertes que le prince y avait; et en especial ou regard des dictes pates ou pavements qui sunt ou ont esté fais aux issues des maisons devers la grève, les dis religieux les ont baillees a rente a qui il leur a plu a condition telles qu'ils les peuvent faire depecer et oster quant il leur plaist sans ce que les preneurs puissent aller a l'encontre. Et nous ayent iceulx religieux particulierement monstré par lettres comment le dict feu Jamet Le Gay confessa non avoir ou reclamer aulcun droit possession ou chalenge de edifier ou mesnager sans le consentement, congie, ou licence des dis religieux a l'endroit de la dicte pate ou nous entendons de present edifier; mes la prist d'eux icelluy Jamet Le Gay a certaine rente annuelle o la condition dessus dicte. Et affin que la dicte edificacion par nous entreprise pour Monseigneur le Roy par auctorité de mon dit office et pour la necessité de la guerre ne puisse acquerir aulcun droit, chalenge ou possession a mon dit seigneur le Roy ou aultres ou contraire de leurs droitures et privileges anciens ayent fait iceulx religieux protestacion devant nous que ceste presente edificacion ou aultres par nous faites ou a faire et toutes aultres innovations non accoustumees estre faictes en ceste dicte place ou devant de ceste guerre ne puist ou doye tourner ou prejudice d'eulx et le dit moustier es temps a venir et de ce nous ayent requis tres instamment leur bailler nos lettres. Savoir faisons que nous sachans que mon dit seigneur le Roy leur a donné les siennes lettres generales en ceste matiére et toutes aultres touchant ceste guerre de non y estre prejudicie. Et nous pareillement les nostres en general qui ne voulons aussi ne n'entendons que edifice ou aultre chose nouvelle que nous façons ou façons faire pour raison de la guerre par auctorité de nostre dit office de capitaine ou aultrement face ou porte prejudice aux dits religieux ou le dict moustier pour le temps a venir leur en avons donné de rechief et en particulier cestes presentes nos lettres scellées de nostre propre sceau pour tesmoing des choses dessus dites. Ce fut fait au dit lieu du Mont S^t. Michel le ..... jour de juillet l'an mil cccc. vingt six. (*De ma collection.*)

Coutume des vins de 1310 *à* 1314. Le roulle de la costume des vins descargiez en la Hougue puiz le jor do la Madalene en l'an disiesme collie par la main Gaufre de la Hougue si qu'a l'an quatorsiesme par le commandement le Rey nostre sire.

William de Garral e Pierres Bedouant Gascoiens .LIX. piéches e valent .xix. sol. et .viij. den. et les rechut le Menteor.

William de Lanse Gascoien .XXI. tonnel e valent .vij. sol.

Guillem Le Merchier par Borneville .xxv. toneaus e valent .xj. sols .viij. den. que il lessa en la maen Sanson des vainsdes qui mist tresorier emplege de paier se mestier estoiet sus cen quens disoient queus descierroient bien queus ne paieroient rien quant la vandroiet. Debet.

Un Borges de Chireborc .vij. toneaus et valent .ij. sols et .iiij. den. e le plega Colin de la Hougue pour paier. doit.

Le filz au Tyot .ij. tonneaus et valent .viij den. paies.

Dan Thomas Le Queu .j. tonel .iiij. paies.

William Floont .ij. toneaus e mist pleges Colin Vautier e Raal de la Croies pour paier se mestier estoet. Debet.

Pierre Crespel e Robert Rousse e lor compagnons deschargierent .xviij. toneaus de la nef Gaufrey Benin et en devent .vj. sols.

Item Rousse et Crespel .vj toneaus et valent .ij. sols quil devent. debent.

Somme du tens Nichoole Le Rey .L. sols e .iiij. den.

Item William de Lanse .xxviij. toneaus de la nef Herbert e valent .ix. sols. Unde dubitat. Debet.

Item Robert Rousse e Crespel et .xiij. valent .iiij. sols .iiij. den. e ne paieront pas quer il disoient que il diroient pour quoi.

Item de la nef Tresorier .viij. pieches et ne paieront pas.

Item de la nef Robert Benin .xviij. pieches e ne paieront pas.

Renouf de Cabourc .xviij. toneaux Robert Rousse plege. doit.

Item Robert Rousse e Crespel .viij. toneaus et .j. pipe de la nef Thomas de la Dune. Item Reneuf de Cabourc .xij. toneaus. Robert Rousse plege. doit.

Willam de Lanse Bidant de Lanse Morissel Novel	.xxx. pieches de la nef Herbert e paieront .x. sols.

Chent e .iij. pieches et valurent .xxxiij. sols e .iiij. e vindrent en la pendue. paie.

Johan Lescuier .LX. pieches et paa .xx. sols e vindrent en la nef tresorier. Item .LVIJ. pieches e valent .xix. sols. Tresorier plege. doit.

Bos Leaue Gascoein de la nef Thomas de la Dune .viij. pieches e paa .xvj. manses (sols manceaux). Item .viij. pieches des marineaux de la dite nef e valent .ij. sols. Item .iiij. deniers por .j. tonel d'un marinal. Et de loutre plus des toneaus de cele nef. ge ne poie riens sans ne costume aus mes sen ala le marchaant sus men defens ouc chen que je commande au mestre qu'il se tensist garin si qua la garantie de la coustume.

Une nef de Lore vendi .j. tonel et paierent .iiij. den.

De la nef Willam de Boissel, Bidaut Saient Save et Ernaut Foriet .XLVJ. toneaus et paierent .xv. sol. .iiij. den.

De la nef Aubourt .ij. toneaus a en paa la maieste .viij. den. a Johenne de la Hougue. doit.

Item William de Lanse .xxviij. toneaus de la nef au dit Boissel e valent .ix. sols qu'il det.

Item Cabourc .xxj. tonel de la Ternete e valent .vij. sols quil det.

Jehans de Cheliers .LXVIIJ. pieches et valent .xxii. sols e .viij. den. e vindrent en la nef Tresorier. doit.

William Le Gascoien de chiez Sanson des Vaiens dis .xiiij. toneaus et .j. pipe de la Ternete e valent .v sol. paes.

Somme du tens au Buhot .IX. livres .iij. sol.

Somme por le tens de Nichole Le Rey; e por le tens au Buhot .xj. livres .xiij. sol. e .viij. den.

(*Au dos de ce rôle est écrit.*) Nous recheumes du meuchouger .xv. sols .IX. den. forte monoie qui valent .xix. sol. .viij. den. febles de la coustume des vins du temps Nicole Le Rey. — Item de Sanson Gabrieul .iij. sol. .viij. den. pour un treisiesme de la vente Thomas Varin. Item du Provost de Verneville .vj. sol. .vj. den. par la main Gieffrey de Vilers.

ROTULI NORMANNIÆ

AB ANNO MCCCCXVII. AD ANNUM MCCCCXXII.

HENRICO QUINTO ANGLIÆ REGE.

ROTULUS NORMANNIÆ DE ANNO QUINTO REGNI REGIS HENRICI QUINTI.

(Membrane 27.)

De salvo conductu pro rescussu habendo. Henricus Dei gratia Rex Franciæ et Angliæ et Dominus Hibernie universis et singulis admirallis capitaneis et eorum loca tenentibus custumariis custodibus portuum maris et aliorum locorum maritimorum nec non Vicecomitibus Majoribus Ballivis Constabulariis ac aliis officiariis ministris et ligeis nostris tam per terram quam per mare constitutis infra libertates et extra ad quos presentes littere pervenerint, salutem. Sciatis quod suscepimus in salvum et securum conductum nostrum ac in protectionem tuicionem et defensionem nostras speciales Guillelmum Le Counte locum tenentem Johannis Daugere Chivaler capitanei castri de Touque in Normannia et Johannem Bonenffant in castro predicto ad presens existentes ab eodem castro versus quascumque partes Francie sibi placuerit cum duobus valettis in comitiva sua transeundo ibidem morando et exinde presenciam nostram ubicumque nos fore contigerit vel in castrum predictum reveniendo ac valettos predictos necnon equos res bona et hernesia sua. Et ideo vobis mandamus quod ipsos Guillelmum et Johannem Bonenffant in castro predicto ad presens existentes ab eodem castro versus quascumque partes Francie sibi placuerit cum duobus valettis in comitiva sua traseundo ibidem morando et exinde usque presenciam nostram ubicumque nos fore contigerit vel in castrum predictum ut predictum est reveniendo ac valettos predictos necnon equos res bona et hernesia sua manuteneatis protegatis et defendatis non inferentes eis seu quantum in vobis est ab aliis inferri permittentes injuriam molestiam dampnum violenciam impedimentum aliquod seu gravamen. Et si quid eis forisfactum sive injuriatum fuerit id eis sine dilacione facias corrigi et debite reformari. Proviso semper quod ipsi quicquam quod in nostri contemptum vel prejudicium aut populi nostri dampnum aliqualiter cedere valeat non attemptent seu faciant aliqualiter attemptari. In cujus rei testimonium has litteras nostras fieri fecimus patentes usque undecimum diem augusti proximi futuri duraturas. Teste me ipso apud Touque tercio die augusti anno regni nostri quinto. Per ipsum Regem.

De salvo conductu Tournebu, Auvillers. Henricus, etc., ut supra usque ibi salutem. Et tunc sic sciatis quod cum Ricardus de Tournebu de Normannia chivaler se obligaverit castrum Dauvillers infra ducatum nostrum Normannie in manus nostras sursum reddere et illud juxta formam cujusdam indenture inde confecte nobis liberare, nos ea consideratione suscepimus ipsum Ricardum ac homines et servientes suos in castro predicto ad presens existentes ab eodem castro usque quartum decimum diem augusti proximi futuri transeundo et in idem castrum per tempus predictum et ab inde usque vicesimum *diem augusti* primum diem augusti immediate sequentem reveniendo et exinde ab eundo ac equos res hernesia sua quecunque in salvum et securum conductum nostrum ac in protectionem tuicionem et defensionem nostras speciales. Et ideo vobis mandamus, etc. Proviso semper quod ipsi quicquam quod in nostri contemptum vel prejudicium aut convencionis indenture predicte lesionem aliqualiter cedere valeat interim non attemptent nec faciant aliqualiter attemptari. In cujus, etc., in forma predicta duraturas. Teste Rege apud Touque .viij°. die augusti. Per ipsum Regem.

Pro eodem. Henricus, etc., ut supra proxime usque ibi ipsum Ricardum et tunc sic ac homines tenentes et servientes suos equos jocalia denarios hernesia canones et alia sibi necessaria tam in speciali quam in generali extra castrum predictum citra quartum decimum diem augusti proximi futuri cariando et ad loca sibi placencia ducendo ac equos jocalia denarios hernesia canones et alia sibi necessaria in salvum et securum conductum nostrum ac in protectionem tuicionem et defensionem nostras speciales. Ita quod idem Ricardus elapso dicto quatuor decimo die augusti cum quindecim personis dumtaxat ad castrum predictum usque vicesimum diem augusti tunc proximi sequentem redire et abinde cum eisdem personis recedere possit libere et impune absque impedimento nostri aut aliquorum ligeorum nostrorum. Et ideo vobis mandamus, etc. Proviso, etc., ut proxime supra. In cujus, etc., ut supra. Teste ut supra. Per ipsum Regem.

De salvo conductu Touque. Rex per litteras suas patentes usque decimum nonum diem augusti proximi futuri duraturas suscepit in salvum, etc., omnes et singulas personas in quadam cedula presentibus annexa specificatas et in castro nostro de Touque infra ducatum nostrum Normannie ad presens existentes ac eorum servientes bona res jocalia armaturas hernesia et alia sibi necessaria quecumque extra castrum predictum cariando et ea usque villam d'Argenthon tam per diem quam per noctem pedestre vel equestre ducendo et abinde usque et non in castrum predictum pro deliberacione bonorum rerum jocalium armaturarum hernesiorum et aliorum sibi necessariorum in eodem castro si que fuerint remanencium a duobus hominibus quos persone predicte inter se eligerint et quos in eodem castro medio tempore de gratia nostra speciali duximus remanere habend'. veniendo et exinde cum equis bonis rebus jocalibus armaturis hernesiis cariagiis et aliis sibi necessariis quibuscumque tociens quociens sibi placuerit durante presenti salvo conductu nostro abeundo et redeundo. Proviso semper quod ipsi aliqua nobis prejudicialia seu dampnosa non attemptent seu attemptare presumant quovismodo. In cujus etc. Teste Rege apud Touque .x°. die augusti.

In Cedula.

Guillelm Le Comte.	Colin Beusse.
Johan Le Comte.	Richard des Saulx.
Johan Bonenffant.	Jehan Le Mire.
Robertum Bonenffant.	Jehan Le Blanc.
Johan de Combray.	Colin Maresq.
Robin Hellouin.	Pierres Alexandre.
Gueffroy Boneffant.	Estien des Camps.
Bidault de Vieux.	Richard des Saulx.
Johan de Horonval.	Robin Houel.
Robert Giente.	Colin Houel.
Gardin Pellevillain.	Jehan Le Merchier.
Henry de Montessart.	Jehan Pierres.
Guillelm Carrel.	Robert Barbey.
Guillot Carrel.	Guillem Sandry.
Gardin Dupont.	Guilliam Fouquart.
Johannem de Surville.	Henry Saussiche et ses fils.
Johan Le Fevre.	Martin Mazot.
Robin Jamet.	Richard Eude.
Johan Jamet.	Thomas de La Croix et ses deux fils.
Jaquet Boutin et son fils.	Guillem Gence et son fils.
Johan Moulledent.	Johan Le Vevasseur.
Johan Bonnel.	Thomas Le Vevasseur.
Jaquet Crespin et son frère.	Pasquer Piquet et son fils.
Guillem Prentout.	Colin Le Picart et son fils.
Estien Sallevin.	Laurence Biette.
Estien Heudry.	Robert Denis.
Fleury Eude.	Jehan Le Coq.
Janin Louvel.	Jehan Auber.
Robin Michault.	Jacques Le Maignen.
Pierres Poret.	Jehan Fleury.
Gardin Portevin.	Jehan Esnault de Bonneville.
Pierres Le Lievre.	Vatier Ossenue.
Macé Le Pas.	Guillem d'Anysy et ses deux fils.
Binot Gueucelin.	Jehan de Beaufeu et ses fils.
Johan Coullonbel.	Guillaume Miart.
Richart Lescore.	Jehan Le Percheur.
Colin Le Petit.	Jehan Arguet.
Colin Lenffant.	Robert Le Fevre.
Jehan Esnault.	Robin Le Viel.
Robert le Capon.	Robin Le Sesve.
Julian Marianalla.	Richard Gosselin.
Colin Clement.	Robin Foumechon.
Prinel Eurye.	Jehan Toutlemonde.
Guieffroy Toustainville.	Guillem d'Anysy.
Robert Quesnel.	Thomassin Fleury.
Colin Quesnel.	
Guieffroy Pillon.	
Guillem Pillon.	
Henry Padon.	

(Membrane 27 continuato.)

De salvis conductis pro mercatoribus. Rex per litteras suas patentes usque festum omnium sanctorum proximum futurum duraturas suscepit in salvum, etc. Danielem Gelawe de Britannia usque villam Regiam de Harefleu vel alibi ubicumque Rex fore contigerit cum quadam navi sua portagii sexaginta doliorum vel infra bonis et mercandisis suis carcata veniendo ibidem morando et exinde versus partes suas proprias redeundo ac navem predictam et marinarios ejusdem nec non bona res et mercandisas sua quecumque [sic]. Proviso semper quod ipsi legales exerceant mercandisas ac custumas subsidia et alia deveria Regalia inde debita fideliter solvant quod que ipsi aliqua Regi prejudicialia seu populo suo dampnosa non attemptent nec faciant aliqualiter attemptari. In cujus, etc. Teste Rege apud Touque .vj°. die augusti. Per ipsum Regem.

§ Consimiles litteras Regis de salvo conductu habent subscripti sub eadem data et per idem tempus duraturas. Videlicet :

Johannes Cornyssh. de Britannia.
Johannes Garlyak. de Britannia.

De salvo conductu pro prisonariis. Rex per litteras suas patentes usque vicesimum diem septembris proximi futuri duraturas suscepit in salvum, etc. Stephanum Saundre de Francia prisonarium Johannis Joynour de London et Henric'. Wynge de Eggewere soldariorum carissimi consanguinei R. Johannis comitis Huntyngdon'. versus partes Francie pro redempcione et financia suis et duorum sociorum suorum similiter prisonariorum eorumdem Johannis et Henrici querenda eisdem Johanni et Henrico solvenda transeundo et in regnum Regis Anglie ex causa predicta reveniendo et exinde versus dictas partes Francie redeundo ac bona et hernesia sua. Proviso semper quod ipse quicquam quod in Regis contemptum vel prejudicium aut populi sui dampnum aliqualiter cedere valeat non attemptet seu attemptare presumat quovismodo. In cujus, etc. Teste Regis apud Touque .ix°. die Augusti. Per ipsum Regem.

De salvo conductu. Rex per litteras suas patentes usque occasum solis diei sabbati proximi futuri duraturas suscepit in salvum, etc. Johannem de Mangneville de Francia armigerum et Guillelmum Huart de Francia armigerum ad presenciam Regis ubicumque Rex fore contigerit cum duobus valettis in comitiva sua veniendo ibidem morando et exinde transeundo ac valettos predictos nec non equos et hernesia sua. Proviso semper quod ipsi quicquam in Regis contemptum vel prejudicium aut populi sui dampnum aliqualiter cedere valeat non attemptent seu attemptare presumant quovismodo. In cujus, etc. Teste Rege apud abbatiam S^ti^. Stephani de Caen in ducatu regali Normannie xx°. diei Augusti. per ipsum Regem.

De potestate commissa. Rex dilecto et fideli suo Thome comiti Saresber'. salutem. Sciatis quod nos de fidelitate et circumspectione vestris plenius confidentes dedimus vobis plenam tenore presencium potestatem et auctoritatem concedendi litteras de salvo conductu sigillo vestro signatas per tantum tempus prout vobis melius visum fuerit duraturum omnibus et singulis prisonariis per aliquos ligeos nostros in comitiva vestra existentes captis qui pro hujus litteris pro redemptione sua querenda et magistris suis in hac parte solvend'. habend'. penes vos prosequi voluerint. Ita semper quod nos de nominibus prisonariorum hujus et financiis eorumdem ac de nominibus magistrorum quibus prisonarii fuerint per indenturas inde inter vos et prefatos magistros debite conficiendo de quindena in quindenam distincte et aperte certificetis. Dedimus etiam vobis plenam potestatem ad omnes et singulos ligeos nostros in comitiva vestra et sub ducatu vestro existentes et proclamaciones nostras de cetero aliqualiter infringentes arestandum et capiendum et eos omnes et singulos juxta penas in proclamationibus illis contentas debite castigandum et puniendum. In cujus, etc. quandiu Regi placuerit. Teste ut proxime supra. Per ipsum Regem.

De salvo conductu Creully. Rex universis et singulis admirallis capitaneis castellanis et eorum loca tenentibus custodibus portuum maris et aliorum locorum maritimorum ac omnibus officiariis ministris ligeis subditis et fidelibus tam per terram quam per mare constitutis infra libertates et extra ad quos, etc. Salutem. Sciatis quod cum dominus de Creully de ducatu nostro Normannie castrum sive fortalicium de Creully de Ducatu nostro predicto sursum reddiderit et illud cum villis de Creully, Tiercheville, Coulombiers, Crépon, Meuquaine, S^t^. Gabrielle, Fresne le Crotoux, Villiers Le Sec, Brecy, Basanville, Coulomp'., Cuelly, Maugneville, Lantuel, Pierrepont, Quesuet, Amblie, Le Fresne, Ric, Banville, Gree, S[te]. Croys sur la Mer, Sequeville, Tan, Aanecsles et Macregny, castro seu fortalicio predictis ut dicitur pertinentibus et annexis liberaverit. Nos ea consideratione suscepimus castrum predictum ac quascumque personas villas predictas seu earum aliquam inhabitantes seu inhabitaturi et eas donacioni gracie et paci nostris submittere volentes ac bona, res, jocalia, equos, animalia et hernesia sua quecumque in salvum et securum conductum nostrum ac in protectionem tuicionem et defensionem nostras speciales. Et ideo vobis mandamus, etc. non inferentes, etc. Et si quid, etc. in cujus, etc. Teste Rege apud Abbaciam S[ti]. Stephani de Caen in ducatu Regio predicto .xxij°. die Augusti. Per ipsum Regem.

De salvo conductu Creully. Rex per litteras suas patentes usque tricesimum diem Augusti proximi futuri duratoras suscepit in salvum, etc. Dominum de Creully in ducatu Regio Normannie, ad presens existentem ac gentes et familiam suam bona mobilia res jocalia et hernesia sua quecumque extra castrum predictum cariando et usque et non in castrum predictum pro deliberacione bonorum mobilium rerum jocalium et hernesiorum suorum predictorum in eodem castro remanencium a quatuor personis quas predictus dominus eligere voluerit et quas in eodem castro medio tempore de gracia nostra speciali duximus remanere habendo reveniendo et exinde cum bonis mobilibus, rebus jocalibus cariagiis et hernesiis suis quibuscumque tociens quociens sibi placuerit durante presenti salvo conductu nostro abeundo et redeundo. Proviso semper quod ipsi quicquam quod in Regis contemptum vel prejudicium aut populi sui dampnum aliqualiter cedere valeat non attemptent seu attemptare presumant quovismodo et quod ipsi aliqua pro stuffura castri predicti necessaria seu opportuna per se seu alios quoscumque non asportent quomodo libet nec adducant. In cujus, etc. Teste ut supra, etc. Per ipsum Regem.

De salvo conductu Descrois. Rex per litteras suas patentes usque festum S[ti]. Michaelis proximi futuri duraturas suscepit in salvum, etc. Johannem Descrois militem Johannem Bernard Johannem Lesveille Petrum Belier et Stephanum de la Flote cum quatuor servientibus suis in comitiva sua in quadam navi sive Balingera una cum viginti et quinque personis aut trigenta personis marinariis ac aliis personis armatis in eadem navi sive balingera existentibus in regnum Regis Anglie transeundo ibidem morando et exinde ad propria redeundo necnon navem sive balingeram predictam ae bona res et hernesia sua quecumque. Proviso semper quod iidem Johannes Johannes Petrus, et Stephanus ac persone et marinarii predicti bene et honeste se habeant et gerant erga Regem et populum suum ac quicquam quod in regis contemptum vec prejudicium aut populi sui dampnum aliqualiter cedere valeat non attemptent seu attemptari facere presumant quovismodo. In cujus, etc. Teste ut supra. Per ipsum Regem.

De salvo conductu Cap. de Villiers. Rex per litteras suas patentes usque secundum diem septembris proximi futuri duraturas suscepit in salvium, etc. Radulfum de Couert armigerum capitaneum castri sive fortalicii de Villiers et Thomam de Surayn armigerum ac omnes et singulas personas cujuscumque status fuerint in castro sive fortalicio tam per diem quam per noctem pedestre vel equestre transeundo et in idem castrum sive fortalicium tociens quociens sibi placuerit durante presenti salvo conductu Regis conjunctim vel divisim reveniendo et abinde redeundo ac equos res bona jocalia et hernesia sua quecumque Proviso semper quod ipsi quicquam quod in regis contemptum vel prejudicium aut populi sui dampnum aliqualiter cedere valeat non attemptent seu attemptare presumant quovismodo et quod ipsi aliqua pro stuffura castri sive fortalicii predicti necessaria seu oportuna per se seu alios quoscumque non asportent quomodo libet nec abducant. In cujus, etc. Teste Rege apud Abbatiam S[t]. Stephani de Caen in ducatu Regio Normannie .xxv°. die Augusti. Per ipsum Regem.

De salvo conductu. Rex per litteras suas patentes usque tercium diem septembris proximi futuri duraturas suscepit in salvum, etc. Matheum Le Daunoys. Willelmum Le Roy, Johannem Fylbert, Johannem Hardy, Johannem Varyn, Radulfum Estante et Martinum Le Gorry de ducatu Regio Normannie usque Abbatiam S[ti]. Stephani de Caen in ducatu Regio predicto veniendo ibidem morando et exinde ad propria redeundo ac bona sua quecumque. Proviso semper quod ipsi quicquam, etc. ut proxime supra usque ibi quovismodo et tunc sic. In cujus, etc. Teste Rege apud Abbatiam predictam .xxvij°.die Augusti. Per ipsum Regem.

De salvo conductu pro rescussu habendo. Caen. Rex per litteras suas patentes usque vicesimum diem septembris proximi futuri duraturas suscepit in salvum, etc. Johannem de Flourigny Chivaler et Johannem de Gromont in castro de Caen ad presens existentes usque civitatem Parisius cum duodecim personis vel infra in comitiva sua armati vel non armati transeundo et abinde usque castrum predictum reveniendo ac equos armaturas res et bona sua quecumque. Proviso semper quod ipsi erga Regem et populum suum incundo et redeundo bene et honeste se gerant et habeant. In cujus, etc. Teste Rege apud Abbatiam S[ti]. Stephani juxta villam Regiam de Caen in ducatu, etc. .x°. die septembris. Per ipsum Regem.

De potestate commissa. Rex dilectis et fidelibus suis suis Ricardo Comiti Warenne Henrico fitz Hugh'. camerario nostro, Waltero Hungerford senescallo hospicii nostri et Johanni Cornewaill. Chivaler salutem. Sciatis quod nos de fidelitate discretione et provida circumspectione vestris plenius confidentes, dedimus vobis plenam tenore presencium potestatem et auctoritatem ad tractandum communicandum cum Willelmo domino de Mountenay capitaneo castri de Caen in ducatu nostro Normannie de et super omnibus et singulis negociis causis et materiis deliberacionem sive sursum reddicionem castri predicti in manus nostras qualitercumque concernentibus. Promittentes nos ratum gratum et firmum habituros totum et quicquid nomine nostro feceritis in premissis. In cujus, etc. Teste ut supra proxime .viij°. die septembr. Per ipsum Regem.

(Membrane 26.)

De salvo conductu Baieux. Rex per litteras suas patentes usque vicesimum tercium diem septembris proximi futuri duraturas suscepit in salvum, etc. Senlane in villa de Baieux in ducatu Regio Normannie ad presens existentem ab eadem villa ad quascumque partes regni Regis Francie sibi placuerit cum centum et vigenti hominibus ad arma et quinquaginta balestariis in comitiva sua transeundo ac equos res bona et hernesia sua propria quecumque. Proviso semper quod ipsi quicquam in quod regis contemptum vel prejudicium aut populi sui dampnum aliqualiter cedere valeat non attemptent seu presumant quovismodo attemptare quodque aliquis hominum ad arma seu balestariorum predictorum proditor Regi aut extra regnum suum Anglie bannitus seu abjudicatus non existat. In cujus, etc. Teste Rege apud Abbatiam R., etc., ut proxime supra. Per ipsum Regem.

Consimiles litteras de salvo conductu per idem tempus duraturas habet Johannes Monjoye de villa predicta ab eadem villa cum quatuorviginti hominibus ad arma in comitiva sua ad quascumque partes regni Regis Francie sibi placuerit transeundo, etc. Proviso ut supra. Teste, ut supra. Per ipsum Regem.

Rex dilecto et fideli suo Johanni Gray, salutem. Sciatis quod nos de fidelitate et circumspeccione vestris plenius confidentes, dedimus vobis plenam, tenore presencium potestatem et auctoritatem omnes et singulos cujuscumque gradus seu condicionis fuerint qui ad pacem et graciam nostras venire et sub fide et ligeancia nostris infra dominium nostrum de Tilye in ducatu nostro Normannie morari volunt ad hujus pacem et graciam nostras recipiendi et admittendi. Ita semper quod nos de nominibus omnium et singulorum quos ad pacem et graciam nostras predictas receperitis et admiseritis de tempore in tempus distincte et aperte certificetis. In cujus, etc. Teste Rege apud castrum Regium de Cadomo in ducatu Regio predicto xxij°. die septembris. Per ipsum Regem.

Rex omnibus ad quos, etc., salutem. Sciatis quod de gracia nostra speciali concessimus carissimo fratri nostro Thome duci Clarencie quod ipse in alta patria ducatus nostri Aquitanie per sex annos proximos futuros quolibet anno quatuor vigenti dolia vini emere et eadem dolia vini in portu civitatis nostre Burdeg'. absque custuma decima seu prisa inde ad opus nostrum capiendum libere imbargiare et eskippare possit. In cujus, etc. Teste Rege apud castrum, etc., ut supra. Per ipsum Regem.

Et mandatum est Senescallo R. Aquitanie, Constabulario castri R. Burdeg. et eorum loca tenentibus Majori juratis et scabinis civitatis Regie Burdeg. ac custumariis et custodibus portus ejusdem civitatis nec non aliis officiariis et ministris Regis ibidem et eorum cuilibet prout ad ipsum pertinet quod ipsum fratrem R. in alta patria ducatus sui predicti per dictos sex annos proximos futuros quolibet anno quatuor vigenti dolia vini emere et eadem dolia vini in portu civitatis predicte absque custuma decima seu prisa inde ad opus Reg. capiend. libere imbargiare et eskippare permittant juxta tenorem earumdem non molestantes in aliquo et gravantes. Teste ut supra.

De salvo conductu pro ambassiatoribus Francie. Rex, universis et singulis loca tenentibus admirallis, capitaneis castellanis et eorum loca tenentibus custumariis, custodibus portuum maris et aliorum locorum maritimorum necnon Vicecomitibus Majoribus Ballivis Constabulariis ministris et aliis fidelibus et subditis nostris infra libertates et extra tam per terram quam per mare constitutis ad quos presentes nostre littere pervenerint, salutem. Sciatis quod nos certis de causis ad hoc nos moventibus tranquillitatem ac publicum et universale bonum nedum Francie et Anglie regnorum verum etiam tocius Christianitatis concernentibus reverendo in Christo patri Reginaldo Archiepiscopo Remensi Magistro Johanni Tuderti decano ecclesie Parisiensis Johanni de Vayly in curia Parliamenti Parisii presidenti; Gilberto de Moustiers, Domino de La Fayeta Johanni Louvet magno magistro domus consanguinee nostre consortis consanguinei et adversarii nostri predicti ambassiatoribus et certis nunciis specialibus quos apud nos idem consanguineus et adversarius noster pro tranquillitate et communi bono totius Christianitatis ut asserit transmittere disponit nostrum salvum et securum conductum dedimus et concessimus, damusque, et concedimus per presentes ac ipsos et eorum quemlibet in nostram protectionem tuicionem salvam et specialem gardiam suscepimus et posuimus, suscipimus et ponimus pro veniendo tam per terram quam per mare et per aquam libere tute et secure usque villam de Honefleu in ducatu nostro Normannie et alium locum quemcunque inter villam predictam et villam nostram de Touque in eodem ducatu nostro inter eos et certos commissarios nostros in hac parte deputandos et assignandos per omnes civitates villas, castra et alia loca quecunque tam dictorum regnorum Francie et Anglie et ducatus nostri predicti quam alibi ditioni nostre subjectis cum centum et quinquaginta personis et infra in eorum comitiva equestribus vel pedestribus cum eorum equis hernesiis auro argento jocalibus libris litteris catallis et aliis bonis quibuscumque. Et ideo vobis et cuilibet vestrum prout ad eum pertinuerit precipimus et mandamus districtius injungentes quatinus prenominatos ambassiatores et certos dicti adversarii nostri nuncios speciales insimul vel per partes et eorum quemlibet insolidum cum eorum equis hernesiis auro argento litteris et aliis rebus et bonis suis quibuscumque per omnes civitates villas castra et alia loca quecumque tam dictorum regnorum Francie et Anglie et ducatus nostri predicti quam alibi ditioni nostre subjectis ex causis predictis veniendo usque dictam villam de Honefleu in eodem ducatu nostro et alium locum quemcunque inter dictam villam de Honefleu et dictam villam nostram de Touque in dicto ducatu nostro inter eos et certos commissarios nostros in hac parte deputandos et assignandos ibidem morando et exinde ad dictum consanguineum et adversarium nostrum redeundo manuteneatis protegatis et defendatis non inferentes eis aut eorum alicui seu quantum in vobis et quolibet vestrum est et erit ab aliis inferri permittentes injuriam molestiam dampnum violenciam impedimentum aliquod seu gravamen in corporibus sive bonis quibuscumque racione guerre attemptatorum reprisalie incursus vel alias quovismodo. Et si quid eis vel eorum alicui forisfactum sive injuriatum fuerit in terra vel in mari quod absit? id eis et eorum cuilibet sine dilacione debite corrigi restitui et emendari faciatis. Proviso semper quod ipsi et eorum quilibet erga nos et populum nostrum bene et honeste se gerant et habeant et quicquam quod in nostri contemptum vel prejudicium aliqualiter cedere valeat non attemptent seu faciant quomodo libet attemptari et quod aliquis personarum predictarum proditor noster aut extra regnum nostrum Anglie bannitus seu abjudicatus non existat. In cujus, etc., usque festum omnium sanctorum proximum futurum duraturas. Teste Rege apud castrum Regium de Cadomo in ducatu Regio predicto .xxiiij°. die septembris. Per ipsum Regem.

Pro Thoma Scarlet. Rex omnibus ad quos, etc., salutem. Sciatis quod de gracia nostra speciali et pro bono et gratuito servicio quod dilectus armiger noster Thomas Scarlet serviens aule infra hospicium nostrum nobis impendit et impendet in futurum concessimus ei officium clerici mercati hospicii nostri habendum et occupandum officium predictum per se vel sufficientem deputatum suum quamdiu se bene gesserit in eodem percipiendo in eodem officio omnimoda vadia feoda proficua et commoditates ad idem officium qualitercumque pertinencia adeo libere et integre sicut Willelmus Balue defunctus in officio predicto percepit dum vivebat. In cujus, etc. Teste Rege apud Touque in ducatu Regio Normannie .x°. die augusti. Per ipsum Regem.

Pro Abbatissa Sancti Laurencii de Cordillon. Rex omnibus ad quos, etc., salutem. Sciatis quod de gracia nostra speciali concessimus Johanni Du Marchie Abbatisse S^{ti}. Laurencii de Cordillon in ducatu nostro Normannie quod ipsa et successores sui Abbatisse loci predicti et moniales ibidem pro tempore existentes abbatiam illam possidere et inhabitare ac omnibus maneriis terris tenementibus molendinis redditibus et serviciis ac advocacionibus ecclesiarum et omnibus aliis franchesiis et libertatibus quibuscumque eidem Abbatie infra ducatum nostrum predictum pertinentibus sive spectantibus libere et pacifice uti et gaudere possint absque molestatione seu gravamine nostri seu ministrorum aut ligeorum nostrorum quorumcumque. Proviso semper quod divinum servicium ibidem laudabilius sustineatur ac moniales predicte necnon omnes et singuli tenentes servientes et alii ministri abbatie predicte sub fide et ligeancia nostris permaneant ullo modo. In cujus, etc., quamdiu Regi placuerit duraturas. Teste Rege apud castrum Regium de Cadomo in ducatu Regio Normannie xxiiij°. die septembris. Per ipsum Regem.

Pro Willelmo Overe. Rex omnibus ad quos, etc., salutem. Sciatis quod de gracia nostra speciali et pro bono servicio nobis per dilectum servientem nostrum Willelmum Overe impenso et impendendo concessimus ei officium ballivi aque ville nostre de Harefleu habendum et occupandum officium predictum quamdiu se bene gesserit in eodem cum omnibus vadiis feodis et proficuis quibuscumque eidem officio pertinentibus. In cujus, etc. Teste Rege apud castrum, etc., ut supra xxv°. die septembris. Per ipsum Regem.

Pro Willelmo Fynbarogh. Rex omnibus ad quos, etc., salutem. Sciatis quod de gracia nostra speciali et pro bono servicio nobis per dilectum servientem nostrum Willelmum Fynbarogh impenso et inpendendo concessimns ei officium janitoris ville nostre de Harefleu habendum et occupandum officium predictum quandiu se bene gesserit in eodem cum omnibus vadiis feodis et proficuis eidem officio spectantibus. In cujus, etc. Teste, etc. ut proxime supra. Per ipsum Regem.

Pro Thom. Comite Sar'. Rex carissimo consanguineo suo Thome Comiti sar'. salutem. Sciatis quod nos de fidelitate et circumspeccione vestris plenius confidentes, dedimus vobis plenam tenore presencium potestatem ad omnes et singulos de dominio Dauvilliers in ducatu nostro Normannie et partibus ibidem vicinis qui ad graciam et pacem nostras venire et sub fide et ligeancia nostris morari volunt ad easdem graciam et pacem nostras recipiendo et admittendo ac omnes et singulos parcium adjencencium excepto dominio Dauge quod carissimo fratri nostro Thome Duci Clarencie et heredibus suis concessimus et quod sibi solum pertinere volumus pro terris et tenementis suis ad redditum nobis annuatim solvendis ponendis et assedendis. Proviso semper quod nos de nominibus omnium et singulorum quod ad hujus graciam et pacem nostram receperitis et admiseritis ac de nominibus illorum quos ad hujus annuum redditum nobis ut promittitur solvendo posueritis sub sigillo vestro de tempore in tempus distincte et aperte certificetis. In cujus, etc. Quandiu Regi placuerit duraturas. Teste Rege apud castrum, etc. ut supra .xxvj°. die septembris. Per ipsum Regem.

De salvo conductu. Castrum de Turye. Rex per litteras suas patentes usque quartum diem octobris proximi futuri duraturas suscepit in salvum, etc., omnes et singulos in castro de Turye in ducatu regio Normannie ad presens existentes ab eodem castro cum equis et artillaria usque quartum diem octobris proximi futuri quo sibi placurit ducendo et cariando. Proviso semper quod medio tempore castrum predictum in fortitudine nec artillaria nullo modo pejoretur et quod ipsi omnes et singuli ab eodem castro citra dictum quartum diem octobris recedant quodque ipsi aliqua nobis prejudicialia seu dampnosa non attemptent, seu presumant aliqualiter attemptare. In cujus, etc. Teste Rege apud castrum Regium, etc. ut supra, etc. .xxviij°. die septembris. Per ipsum Regem.

De salvis conductibus pro mercatoribus. Rex per litteras suas patentes usque festum Pasche proxime future duraturas suscepit in salvum, etc. Johannem de Cresolles de Britannia et Johannem Le Clerc de Britannia in ducatu Regio Normannie cum quadam navi sua sive alio vase bonis et mercandisis suis carcata veniendo ibidem morando et exinde versus partes suas proprias redeundo ac navem sive vas predictum et marinarios ejusdem. Proviso semper quod ipsi quicquam quod in Regem contemptum vel prejudicium aut populi sui dampnum aliqualiter cedere valeat non attemptent seu attemptare presumant quovis modo quodque ipsi legales exerceant mercandisas ac custumas subsidia et alia deveria nobis inde debita fideliter solvant. In cujus, etc. Teste Rege apud castrum Regium ut supra .xxviij°. die septembris. Per ipsum Regem.

Consimiles litteras Regis de salvo conductu habent subscripti sub eadem data et per idem tempus duraturas videlicet Guillelmus Nicolle *dictus* Malo Radulfus, Barbe de S^{to}. Malo, Radulfus Guihennen, Petrus Lambert, Johannes Bardoul et Thomas Aliette de Britannia in ducatum Regium Normannie cum duodecim navibus suis sive aliis vasis, etc. ut supra. Per ipsum Regem.

Johannes du Boys, Johannes Thomas et Johannes Moryn de Britannia in ducatum Regium Normannie cum duabus navibus suis, sive aliis vasis, etc. ut supra. Per ipsum Regem.

Pro Gilleberto Umframville. Rex omnibus ad quos, etc. Sciatis quod nos de fidelitate et circumspeccione dilecti et fidelis nostri Gilleberti Umframwille plenius confidentes constituimus ipsum capitaneum ville nostre de Cadomo in ducatu nostro Normannie habendum et occupandum officium predictum quandiu nobis placuerit percipiendo in eodem officio omni moda vadia feoda et proficua eidem officio debite pertinencia sive spectancia. Damus autem eidem Gilberto plenam tenore presencium potestatem litteras salvi conductus prisonariis per aliquos soldarios nostros de villa predicta captis seu ex nunc capiendis pro redemptione et financia suis querendis et Magistris suis in hac parte solvendis dandi et concedendi. In cujus, etc. Teste Rege apud castrum, etc. ut supra .xxx°. die septembris. Per ipsum Regem.

Pro Henrico Bromley. Rex omnibus ad quos, etc., salutem. Sciatis quod de gracia nostra speciali et pro bono servicio nobis per dilectum armigerum nostrum Henricum Bromley impenso et impendendo concessimus ei officium Janitoris ville nostre de Cadomo in ducatu nostro Normannie habendum et occupandum officium predictum quandiu se bene gesserit in eodem percipiendo in eodem officio omnimoda vadia feoda proficua commoditates et alia quecumque eidem officio aliqualiter pertinencia sive spectancia adeo integre et eodem modo sicut Janitores nostri Villarum nostrarum Calesie et Harfleu aliqua vadia feoda seu proficua in officiis suis habent et percipiunt. In cujus, etc. Teste ut supra, etc. Per ipsum Regem.

De salvo conductu. Turye. Rex per litteras suas patentes usque septimum diem octobris proximi futuri duraturas suscepit in salvum, etc., omnes et singulos in castro *nostro* de Turye in ducatu Regio Normannie ad presens existentes ab eodem castro transeundo ac equos et bona sua propria exceptis victualibus et artillaria secum ducendo et cariando. Proviso semper quod ipsi aliqua *nobis* prejudicialia seu dampnosa attemptent seu presumant aliqualiter non attemptare. In cujus, etc. Teste Rege apud castrum, etc., ut supra quarto die octobris. Per ipsum Regem.

De salvo conductu. Marcoville. Rex per litteras suas patentes usque festum S^ti^. Johannis Baptiste proximi futuri duraturas suscepit in salvum, etc. Robertum de Marcouville de Francia prisonarium dilecti et fidelis R. Henry fils Hugh camerarii Regis, versus quascumque partes regni Regis Francie sibi placuerit pro redemptione et financia suis querendis et prefato Henrico solvendis transeundo et usque eumdem Henricum ubi cum tunc fore contigerit ex causa predicta reveniendo et abinde redeundo ac bona sua quecumque. Proviso semper quod ipse quicquam quod in regis contemptum vel prejudicium aut populi sui dampnum aliqualiter cedere valeat non attemptet seu attemptare presumat quovismodo. In cujus, etc. Teste Rege apud castrum, etc., ut supra 1°. die octobris. Per ipsum Regem.

(Membrane 25.)

De salvo conductu. Jonson. Rex per litteras suas patentes usque festum S^ti^. Michaelis proximi futuri duraturas suscepit in salvum, etc. Walterum Jonson de Scotia in regnum Regis Anglie transeundo ibidem morando et exinde versus partes suas proprias redeundo. Proviso semper quod ipse quicquam quod in Regis contemptum vel prejudicium aut populi sui dampnum aliqualiter cedere valeat non attemptet seu attemptare presumat quovismodo. In cujus, etc. Teste Rege apud Abbatiam Regiam S^ti^. Stephani de Caen in ducatu Regio Normannie .xxviij°. die Augusti. Per ipsum Regem.

De salvo conductu pro prisonariis Regis. Rex per litteras suas patentes usque sextum decimum diem octobris proximi futuri duraturas suscepit in salvum etc. Vyn Menyan., Mizealle, Gelle, Pyngollard, Gylman, Jerard Thomam Lewere et Johannem de Brok prisonarios Regis in regnum Regis Anglie vel alibi in dominia potestates et juridicciones sua quecumque pro financia et redemptione suis querendis et Regi solvendis transeundo et exinde usque presenciam Regis ubicumque ipsum tunc fore contigerit cum financia et redemptione suis hujus redeundo ac bona sua quecumque. Proviso semper quod ipsi quicquam quod in Regis contemptum vel prejudicium aliqualiter cedere valeat non attemptent seu faciant quomodo libet attemptari. In cujus, etc. Teste Rege apud Abbaciam, etc., ut supra .xj°. die septembris. Per ipsum Regem.

De salvo conductu. Boillèfenes. Rex per litteras suas patentes usque quartum decimum diem octobris proximi futuri duraturas suscepit in salvum, etc. Albertum Boillefenes aurifabrum et Johannem Chomery servientem Ducis aurialensis in regnum Regis Anglie cum sex personis in comitiva sua ad communicandum et tractandum cum consilio carissimi fratris Regis Thome Ducis Clarencie, de et pro financia Comitis Angolismensis et aliorum in hostagio cum predicto fratre Regis existencium transeundo ibidem morando et exinde versus partes suas proprias redeundo ac equos res bona et hernesia sua quecumque. Proviso semper quod ipsi quicquam quod in Regis contemptum vel prejudicium aut populi sui dampnum aliqualiter cedere valeat non attemptent seu attemptare presumant quovismodo. In cujus, etc. Teste Rege apud abbaciam, etc. Juxta villam Regiam de Caen in ducatu, etc. .xiiij°. die septembris. Per ipsum Regem.

De salvo conductu. Caneu. Rex per litteras suas patentes usque decimum nonum diem septembris proximi futuri duraturas suscepit in salvum, etc. Petrum Caneu usque villam de Bonnetable in Alemannia cum duobus personis et quatuor equis in Comitiva sua transeundo et exinde usque castrum de Tyle in ducatu Regio Normannie redeundo ac hernesia sua quecumque. Proviso semper quod ipsi erga Regem et populum suum in eundo et redeundo bene ei honeste se gerant et habeant. In cujus, etc. Teste Rege apud Abbatiam, etc. Juxta villam Regiam de Caen in ducatu, etc. .xj°. die septembris. Per ipsum Regem.

De salvo conductu pro Henrico Desquay. Rex per litteras suas patentes usque decimum octavum diem septembris proximi futuri duraturas suscepit in salvum, etc. Henricum Deskay de ducatu Regio Normannie usque carissimum consanguineum R. Thomam Comitem Sar'. cum uno famulo in comitiva sua equestre veniendo ibidem morando et exinde redeundo ac equos res et bona sua. Proviso semper quod ipsi quicquam quod in Regis contemptum vel prejudicium aut populi dampnum aliqualiter cedere valeat non attemptent seu faciant quomodo libet attemptari. In cujus, etc. Teste Rege apud Abbatiam Regiam S^ti^. Stephani de Cadomo in ducatu Regio predicto. .xiij°. die septembris Per ipsum Regem.

Pro monachis abbatie Sancti Stephani de Cadomo. Rex omnibus ad quos, etc., salutem. Sciatis quod nos attendentes quod pax ecclesie et religionis unitas auctorem facti provenit in sublimo quodque supra condignum ei retribucio non deerit per quem nullis rugis ecclesia secernitur, nullis maculis religio variatur. Idcirco ex affectu et devocione sinceris quos ad Deum et ecclesiam immaculatam ejus sponsam ac plantatam ab eo religionem sacram gerimus et habemus; de gracia nostra speciali perdonavimus monachis abbatie S^ti^. Stephani de Cadomo que de fundacione Willelmi quondam Regis Anglie et Ducis Normannie progenitoris nostri et nostro patronatu existit omnimodas prodiciones, insurrecciones, rebelliones, felonias, conspiraciones, confederaciones, transgressiones, offensas et mesprisiones ac alia maleficia quecumque per ipsos seu eorum aliquem ante hec tempora qualitercumque facta sive perpetrata ac ipsos et eorum quemlibet ad fidelitatis et ligeancie juramentum nobis prestandum admisimus et eos et eorum servientes bona mobilia et immobilia quecumque infra ducatum nostrum Normannie constituta ad dictam abbatiam spectancia sivepertinencia in nostram protectionem recepimus et defensionem speciales. Et idcirco prohibemus ne quis predictos monachos aut eorum servientes seu ministros in personis, bonis aut rebus quibuscumque perturbet molestet, inquietet aut gravet; sed eos eisdem rebus et bonis uti et gaudere permittat libere et quiete. Concessimus insuper eisdem monachis ut omnes et singulos homines tenentes et servientes suos ducatus nostri predicti ad nostram fidem et ligeanciam venire volentes ad nostram presenciam seu capitanei ville nostre de Cadomo seu capitanei castri nostri ejusdem ville pro recipiendo ab eisdem fidelitatis et ligeancie juramento adducere valeant et possint salvo et secure. In cujus, etc. Teste Rege apud abbatiam Regiam predictam .xij°. die septembris. Per ipsum Regem.

Pro monialibus sancte Trinitatis de Cadomo. Rex omnibus ad quos, etc., salutem. Sciatis quod suscepimus in protectionem et defensionem nostras speciales omnes et singulas moniales que fuerunt de Abbatia S^te^. Trinitatis de Cadomo que de fundatione Willelmi quondam Regis Anglie et ducis Normannie progenitoris nostri et nostro patronatu existit usque villam S^ti^. Michaelis de Grama in ducatu nostro Normannie cum sex familiaribus in comitiva sua transeundo et ibidem morando ac homines servientes terras tenementa et bona sua quecumque. Et hoc omnibus quorum interest innotescimus per presentes. Proviso semper quod iidem homines et servientes de ligeancia et obediencia nostris existant et sub eadem ligeancia et obediencia permaneant quovismodo. In cujus, etc., quamdiu Regi placuerit duraturas. Teste Rege apud Abbatiam Regiam S^ti^. Stephani de Cadomo in ducatu, etc. .xv°. die septembris. Per ipsum Regem.

De salvo conductu. Rimache. Rex per litteras suas patentes usque vicesimum quartum diem septembris proximi futuri duraturas suscepit in salvum, etc. Bardin Rimache armigerum in castro sive fortalicio de Tilye in ducatu Regio Normannie ad presens existentem ab eodem castro quo sibi placuerit cum tot hominibus et aliis quot sub ligeancia et obediencia nostris esse voluerint transeundo ac equos res bona et hernesia sua quecumque. Proviso semper quod ipsi quicquam quod in Regis contemptum vel prejudicium aliqualiter cedere valeat non attemptent seu faciant aliqualiter attemptari quodque ipsi aliqua pro stuffura castri sive fortalicii predicti necessaria vel oportuna secum non asportent quovismodo. In cujus, etc. Teste Rege apud Abbatiam Regiam S^ti^. Stephani de Cadomo in ducatu, etc. .xv°. die septembris. Per ipsum Regem.

De salvo conductu. de S^to^. Petro. Rex per litteras suas patentes usque vicesimum secundum diem septembris proximi futuri duraturas suscepit in salvum, etc. Eustachium de S^to^. Petro in castro sive fortalicio de Lyngiver in ducatu Regio Normannie ad presens existentem ab eodem castro cum duodecim personis in comitiva sua ad quascumque partes regni Francie sibi placuerit transeundo ac equos res bona et hernesia sua quecumque. Proviso semper quod ipsi quicquam quod in Regis contemptum vel prejudicium aut populi sui dampnum aliqualiter cedere valeat non attemptent seu attemptare presumant quovismodo. In cujus, etc. Teste Rege apud Abbatiam, etc., ut supra .xv°. die septembris.

De eodem. Rex per litteras suas patentes usque vicesimum secundum diem septembris proximi futuri duraturas suscepit in salvum, etc. Stephanum de Rocheffort, Willelmum de Mont, Ricardum Ducloz, Willelmum Payen et Radulfum Ducloz, in castro, etc., ut supra usque ibi, ab eodem castro, et tunc sic cum octo personis in Comitiva sua, etc. ut supra. In cujus, etc. Teste ut supra. Per ipsum Regem.

De protectione Breville. Rex, omnibus ballivis et fidelibus suis ad quos, etc., salutem. Sciatis quod suscepimus in protectionem et defensionem nostras Isabellam uxorem Lodowici Breville militis de ducatu nostro Normannie juratam ligeam nostram homines, terras, res, redditus et omnes possessiones ipsius Isabelle. Et ideo vobis mandamus quod ipsam Isabellam homines terras res redditus et omnes possessiones suas manuteneatis protegatis et defendatis non inferentes eis vel inferri permittentes injuriam molestiam dampnum aut gravamen. Et si quid eis forisfactum fuerit, id eis sine dilacione faciatis emendari. In cujus, etc. Teste Rege apud Abbaciam S^ti^. Stephani juxta villam Regiam de Caen in ducatu, etc. xij°. die septembris. Per ipsum Regem.

Pro Duce Gloucestre de concedendo salvos conductus certis personis. Rex carissimo fratri suo Humfrido Duci Gloucestre salutem. Sciatis quod nos de fidelitate et circumspeccione vestris plenius confidentes, dedimus vobis plenam tenore presencium potestatem litteras salvi conductus sigillo vestro signatas usque occasum solis diei martis proximi futuri duraturas quatuor personis de villa de Baieus in ducatu nostro Normannie per ipsos de villa predicta nominandas et vobis de nominibus personarum predictarum ante exitum suum ab eadem villa in scriptis liberand. ad veniendum in villam nostram de Cadomo ibidem morando et exinde redeundo ac quasdam alias litteras salvi conductus octo personis nobilibus vel ignobilibus de dicta villa de Baieus per ipsos de eadem villa nominandas et vobis de nominibus earumdem octo personarum ante exitum suum ab eadem villa de Baieus in scriptis liberand'. ad quascunque partes regni nostri Francie sibi placuerit, transeundo, ibidem morando et exinde usque dictam villam de Baieus redeundo per unum mensem a die nativitatis beate Marie proximo preterito duraturum pro equis bonis rebus et hernesiis suis quibuscumque dandi et concedendi promittentes nos ratum gratum et firmum habiturum totum et quicquid nomine nostro feceritis in premissis. In cujus, etc. Teste Rege apud Abbatiam Regem S^ti^. Stephani de Cadomo in ducatu, etc. .xvj°. die septembris. Per ipsum Regem.

Pro Roberto Spellowe. de ballivo de Harfleu. Rex omnibus ad quos, etc. Salutem. Sciatis quod de gracia nostra speciali concessimus dilecto nobis Roberto Spellowe servienti nostro ad arma officium ballivi ville nostre de Harefleu habendum et occupandum officium predictum per se vel sufficientem deputatum suum pro quo respondere voluerit quandiu nobis placuerit dantes et concedentes eidem Roberto plenam tenore presencium potestatem et auctoritatem omnes et singulos extra vadia et soldam nostra aut capitanei ville nostre predicte existentes et villam predictam inhabitantes seu frequentantes ad honorem et proficuum nostra et commune bonum omnium ligeorum nostrorum in villa predicta expectancium residencium seu conversancium meliori modo quo fieri poterit regendi et gubernandi ac etiam audiendi et recipiendi omni moda querelas placita seu accusationes et de eisdem curias tenendi quociens et quando sibi placuerit et easdem curias sub hujus modo et forma ac sub eadem lege quibus curia ville nostre Calesie fregitur et gubernatur regendi et gubernandi ac omni moda placita coram eo mota vel movenda debite et fideliter determinandi judicandi et exequendi nec non omnes et singulos transgressores rebelles debatores et omnes alios malefactores seu felones quoscumque arestandi seu arestari faciendi imprisonandi et puniendi quemlibet videlicet juxta quantitatem transgressionis sue vel malefacti etsi fuerit per mortalem executionem vel aliter necnon hujus servientes et officiarios sub ipso ordinandi et committendi prout dicto officio suo ballivi pertinet et pro quibus respondere voluerit ac eciam videndi et supervidendi mensuras victualia et vitellarios et super ipsis hujus assisas prisas et ordinaciones ponendas prout rationabiliter fuerit faciendum et delinquentes in hac parte juxta id quod per nos et alios de concilio nostro in partibus transmarinis est vel erit ordinatum puniendi et omnia que rationabiliter confiscari vel forisfieri debeant confiscandi et forisfaciendi. Reddendo inde nobis seu officiariis vel ministris nostris ibidem debitum et justum compotum quociens et quando fuerit requisitus et generaliter omnia alia et singula faciendi et exercendi que ad dictum officium ballivi pertinent et idem officium gubernandi eisdem modo et forma quibus major dicte ville Calesie officium suum majoratus ejusdem ville gubernari facit seu occupari. Reservatis semper nobis seu capitaneo ville nostre predicte pro tempore existenti omnibus placitis accomodacionibus emergentibus unde pars defendens est solidarius ac crimine prodicionis et factis armorum vel aliis salvam gardiam dicte ville de Harefleu concernentibus. In cujus, etc. Teste Rege apud Abbatiam Regiam S^ti. Stephani de Cadomo in ducatu, etc. .xvj°. die septembris. Per ipsum Regem.

Adhuc pro eodem. Omnibus ad quos, etc., salutem. Sciatis quod de gracia nostra speciali et pro bono servicio nobis per dilectum armigerum nostrum Robertum Spellowe de villa nostra de Harefleu impenso et impendendo concessimus ei domum que quondam fuit Roberti Wilkyn in villa nostra predicta habendam et tenendam domum predictam cum pertinenciis eidem Roberto Spellowe pro termino vite sue absque aliquo nobis vel heredibus nostris inde reddendo. Proviso semper quod ipse vigiliam et custodiam prout ibidem fieri solet et debet serviet et custodiat eo quod expressa mencio de vero valore annuo domus predicte aut de aliis donis et concessionibus prefato Roberto Spellowe ante hec tempora factis hic facta non existit non obstante. In cujus, etc. Teste Rege apud abbatiam Regiam, etc. .xvij°. die septembris. Per ipsum Regem.

De salvo conductu. Mountenay. Rex per litteras suas patentes usque vicesimum tercium diem septembris proximi futuri duraturas suscepit in salvum, etc. Willelmum dominum de Montenay in castro Regis de Cadomo in ducatu suo Normannie ad presens existentem ab eodem castro cum tot personis in eodem castro Regis similiter existentibus quot cum eodem Willelmo ire voluerint ad quascumque partes regni sui Francie sibi placuerit transeundo videlicet milites armigeros et soldarios equos et hernesia sua ac vesturam corporum suorum exceptis balestis et aliis artillariis quibuscumque necnon pecunias suas proprias in auro argento seu alio quocumque genere monete usque summam duorum millium scutorum ac eciam burgenses ville Regie de Cadomo et vesturam suam eorum corporibus pertinentem et eciam omnem ornatum apparatum seu habilimentum pro corporibus et capitibus dominarum, ancillarum et aliarum feminarum in eodem castro existencium. Proviso semper quod ipsi quicquam quod in Regis contemptum vel prejudicium aut populi sui dampnum aliqualiter cedere valeat non attemptent seu presumant quovismodo attemptare quodque nullus cum prefato Willelmo transeuncium proditor Regi existat. In cujus, etc. Teste Rege apud abbatiam Regiam S^ti. Stephani de Cadomo in ducatu, etc. .xx°. die septembris. Per ipsum Regem.

De salvo conductu pro mille personis transeundis a castro. Rex per litteras suas patentes per idem tempus duraturas suscepit in salvum, etc., mille personas vel infra in castro predicto existentes cujuscumque condicionis fuerint ab eodem castro usque Villam de Phaleys in ducatu Regio predicto transeundo videlicet milites armigeros soldarios equos hernesia sua ac vesturam corporum suorum exceptis balestis et aliis artillariis quibuscumque ac eciam burgenses, etc., ut supra usque ibi existencium et tunc, sic; necnon omnia bona sua que secundum formam convencionum inter carissimum consanguineum Regem Ricardum Comitem Warr'. et alios fideles Regis et Willelmum dominum de Montenay appunctuatarum et sigillatarum licebit aut licet eisdem secum deferre et portare. Proviso semper, etc., ut supra usque ibi quovismodo et tunc sic, quodque nullus personarum predictarum, etc., ut supra. In cujus, etc. Teste ut supra. Per ipsum Regem.

De salvo conductu d'Esquay. Rex per litteras suas patentes per unum mensem proximum futurum duraturas suscepit in salvum, etc. Henricum Desquie et Lodowicum de la Poumeraie valettum suum usque presenciam Regis ubicumque ipsum infra ducatum suum Normannie fore contigerit vel carissimi consanguinei sui Thome Comitis Sar'. veniendo et abinde transeundo ac equos res et hernesia sua quecumque. Proviso semper, etc. ut supra usque ibi quovismodo et tunc sic. In cujus, etc. Teste Rege apud abbatiam Regiam, ut supra .xix°. die septembris. Per ipsum Regem.

Pro duce Gloucestrie. Rex carissimo fratri suo Humfrido Duci Gloucestrie salutem. Sciatis quod nos de fidelitate et circumspectione vestris plenius confidentes dedimus vobis plenam tenore presencium potestatem et auctoritatem ordinandi constituendi deputandi et substituendi certos notabiles et sufficientes commissarios ad tractandum et communicandum cum illis de villa et castro de Baieus in ducatu nostro Normannie, de et super omnibus negociis causis et materiis deliberacionem sive sursum reddicionem ville et castri predictorum in manus nostras qualitercumque concernentibus, prout eisdem commissariis melius pro commodo et honore nostris videbitur expedire; promittentes nos ratum gratum et firmum habiturum totum et quicquid nomine nostro feceritis in premissis. In cujus, etc., ut proxime supra. Per ipsum Regem.

Pro inhabitantibus Baieus. Rex omnibus ad quos, etc., salutem. Sciatis quod de gracia nostra speciali concessimus omnibus et singulis villam nostram de Baieus in ducatu nostro Normannie inhabitantibus et inhabitaturis et sub fide et ligeancia nostris manentibus omnia et singula libertates privilegia et franchesias que ipsi seu precessores vel predecessores sui eandem villam pro tempore inhabitantes ex concessione aliquorum progenitorum nostrorum sub quacunque forma verborum hactenus habuerunt necnon omnia et singula domania, maneria terras tenementa, redditus possessiones et bona sua mobilia quecumque. In cujus, etc. Teste ut proxime supra. Per ipsum Regem.

(Membrane 24.)

De potestate commissa de concedendo salvos conductos. Rex, carissimis consanguineis nostris Ricardo Comiti Warr'. et Edwardo Courtenay ac dilectis et fidelibus suis Waltero Hungerford, Thome Chaucers, Johanni Waterton et Magistro Johanni Kemp. salutem. Cum nuper consanguineus et adversarius noster de Francia suis litteris nobis transmissis exposuerit se velle et intendere quosdam suos ambassiatores et nuncios ad nos transmittere ex et pro causis contentis in eisdem litteris tranquillitatem quietem ac publicum et universale bonum nedum Francie et Anglie regnorum verum eciam tocius Christianitatis concernentibus nos qui pro parte nostra dictorum nostrorum Francie et Anglie regnorum ac universorum Christianitate religionis professorum tranquillitatem quietem et bonum publicum et universale totis viribus hactenus inquisivimus ac inquirere non cessamus de presenti; nolentes ea occasione vel de causa quacumque impediri vel protelari quin pocius accelerari et expediri viis modis et mediis quibus fieri poterit. Idcirco ad dandum concedendum et faciendum pro nobis et nomine nostro ac vice et auctoritate nostra salvos conductus et eorum litteras quibuscumque personis cujuscumque status gradus preeminencie dignitatis ecclesiastice vel secularis aut condicionis existant in quoto et quantocumque numero vobis quinque quatuor vel tribus vestrum videbitur et ipsas personas una cum eorum bonis et rebus quibuscumque in nostras protectionem tuicionem et salvum ac specialem gardiam ad tempus de quo vobis expedire videbitur suscipiendi et ponendi scilicet pro veniendo eundo seu transeundo ex causis supradictis armati vel sine armis cum eorum rebus et bonis, in et per omnes terras, districtus, domania, civitates, villas castra et generaliter quecumque loca nostra seu nostre ditioni subjecta per terram aquas et per mare ac in eis expectando et per ea revertendo sub forma continente clausulam vidimus ac aliis quibuscumque modis et forma verborum que eisdem personis videbuntur expedire vobis quinque quatuor vel tribus vestrum de quorum fidelitate circumspectione et industria fiduciam gerimus specialem plenariam concedimus per presentes potestatem quos quidem salvos conductus per vos quinque quatuor vel tres vestrum concedendos parem et eundem vigorem obtinere volumus quem et qualem haberent si nos ipsi eosdem in persona nostra concederemus ac insuper permittimus in bona fide et verbo regio nos ratum gratum firmum et stabile habituros quicquid vos quinque quatuor vel tres vestrum in premissis duxeritis faciendum. In cujus, etc. Teste Rege apud castrum Regium de Cadomo in ducatu Regio Normannie primo die octobris. Per ipsum Regem.

De tractando cum Francie ambassiatoribus. Rex omnibus ad quos, etc., salutem. Licet inter nonnullos ambassiatores et deputatos nostros ex parte una et ambassiatores ac deputatos adversarii nostri Francie ex altera, de, et super contencionibus peticionibus questionibus demandis ac discordiis inter nos et prefatum adversarium nostrum tam super corona et regno nostro Francie quam aliis terris domaniis juribus et rebus inter nos et prefatum adversarium nostrum hactenus motis et dependentibus ac pro quiete tranquillitate et pace perpetua inter Francie et Anglie regna varie et diverse prolocutiones et tractatus habiti fuerint et facti qui tamen absque nostris dolo negligencia vel culpa speratum nequaquam hactenus sortiti sunt effectum. Nos tamen ut sepius et semper Dei honorem exaltationem fidei Catholice et evitacionem effusionis sanguinis Christiani ac quietem et tranquillitatem inter prefata Anglie et Francie regna nostra summis desideriis quantum cum Deo possumus affectantes ac de fidelitate circumspectione et industria carissimorum consanguineorum nostrorum Ricardi Comitis Warr'. et Edwardi Courtenay ac dilectorum et fidelium nostrorum Walteri Hungerford.; Thome Chaucers. Johannis Waterton et Magistri Johannis Kemp. plenam gerentes fiduciam ad conveniendum communicandum, tractandum, componendum, transigendum ac plene et finaliter concluendum et concordandum pro nobis et nomine nostro cum ambassiatoribus et deputatis ac nunciis prefati adversarii nostri plenam et sufficientem in hac parte potestatem habentibus, de et super omnibus et singulis debatis contencionibus peticionibus questionibus demandis discordiis et eorum materiis cum suis incidentibus emergentibus dependentibus sive motis vel movendis et generaliter super omnibus et singulis quietem tranquillitatem et pacem prefatorum regnorum concernentibus, ac de et super omnibus et singulis ab eisdem fidelibus nostris cum ambassiatoribus deputatis seu nunciis dicti adversarii nostri in premissis vel eorum aliquo appunctuatis concordatis conclusis seu compositis per nos bene et fideliter observandis in animam nostram jurandis litteras eciam sigillatas obligationeset alterius cujuscumque generissecuritates et cauciones in hac parte conventas concordatas seu requisitas pro nobis in nomine nostro dandi faciendi et exponendi quas parem et eundem effectum et vigorem habere volumus ac si nos in persona nostra eas daremus faceremus seu exponeremus ac quoscumque tractatus per eos cum dicti adversarii nostri ambassiatoribus deputatis sive nunciis ceptos sive habitos prout eis expedire videbitur prorogandi et continuandi ac generaliter omnia et singula faciendi exercendi et expediendi que in premissis et circa ea necessaria fuerint seu quomodo libet utilia vel opportuna et si mandatum exigant magis speciale plenam eisdem Ricardo, Edwardo, Waltero, Thome Johanni et Johanni necnon quinque quatuor vel tribus eorum dedimus et concessimus ac per presentes damus et concedimus potestatem. Insuper promittimus bona fide et in verbo Regio nos ratum gratum firmum ac stabile perpetuo habiturum quicquid in premissis vel aliquo promissorum per predictos commissarios seu deputatos nostros quinque quatuor vel tres ex eis cum dicti adversarii nostri deputatis sive nunciis compositum conclusum conventum erit seu concordatum et quod omnia et singula sic composita conclusa conventa seu concordata absque dolo fraude vel malo ingenio quantum in nobis est exequemur et exequi faciemus ac quod super eisdem dabimus litteras nostras confirmatorias nostro magno sigillo sigillatas que omnia et singula supra dicta nos facturos impleturos et observaturos nec ullo unquam tempore eis vel alieni eorumdem nos contraventuros promittimus sub ypoteca et obligatione omnium bonorum tam presencium quam futurorum. In cujus, etc. Teste, etc., ut supra. Per ipsum Regem.

De potestate commissa de treugis capiendis. Rex omnibus ad quos, etc., salutem. Sciatis quod ad honorem Dei et humani sanguinis effusionem evitandam aliaque guerrarum et bellorum effigenda discrimina que de facili nequeunt enarrari ac ut ad tranquillitatem quietem et pacem inter Francie et Anglie regna nostra facilius valeat perveniri carissimis consanguineis nostris Ricardo Comiti Warr'. et Edwardo Courtenay ac dilectis et fidelibus nostris Waltero Hungerford militi, Thome Chaucers, Johanni Waterton et Magistro Johanni Kempe de quorum circumspectione et industria plenam fiduciam gerimus necnon quinque quatuor vel tribus ex eis ad conveniendum quibuscumque temporibus atque locis eis videbitur expedire cum ambassiatoribus deputatis seu nunciis adversarii nostri Francie necnon ad communicandum tractandum concordandum et concludendum nomine nostro cum eisdem plenam in hac parte potestatem habentibus de et super treugis tam generalibus quam particularibus tam per terram quam aquam et per mare ubicumque nos subditos amicos confederatos et alligatos nostros quoscumque ex parte una et prefatum adversarium nostrum suosque subditos amicos confederatos et alligatos quoscumque ex altera nec non treugas hujusmodi quascumque sic concordatas et conclusas firmandas ac de eis pro parte nostra bene et fideliter observandas, ac quantum in nobis est observari faciendas in animam nostram jurandi ac custodes et conservatores treugarum hujusmodi necnon judices qui corrigere reparare et reformare valeant singula que contra tenorem vim et effectum treugarum sic captarum in terra aqua vel mari attemptari contigerit dandi, ordinandi et deputandi omniaque alia et singula facienda exercenda et expedienda que in premissis et circa ea necessaria fuerint seu quomodo libet opportuna eciam si mandatum exigant magis speciale plenam commisimus ac tenore presencium committimus potestatem, promittentes insuper bona fide et in verbo regio nos ratum gratum firmum ac stabile habiturum et observaturum quicquid per dictos commissarios seu deputatos nostros aut quinque quatuor vel tres eorum nomine nostro actum concordatum seu conclusum fuerit in premissis et quolibet premissorum ac quod super ipsis sic concordatis seu conclusis dabimus si petantur litteras nostras confirmatorias magno nostro sigillo sigillatas. Teste ut supra. Per ipsum Regem.

Pro Gilleberto Talbot. De. Capitan. marchiarum. Rex omnibus ad quos, etc., salutem. Sciatis quod nos de fidelitate et circumspectione dilecti et fidelis nostri Gilberti Talbot plenius confidentes constituimus ipsum custodem et capitaneum generalem marchiarum nostrarum Normannie dantes et concedentes eidem Gilberto plenam tenore presencium potestatem et auctoritatem audiendi querelas omnium et singulorum et justiciam faciendi ac delinquentes in hac parte arestandi capiendi et incarcerandi et incarceratos qui deliberandi fuerint deliberandi necnon ad omnes et singulos earumdem marchiarum qui ad graciam et pacem nostras venire et sub fide et ligeancia nostris morari volunt ad hujus graciam et pacem nostras recipiendi et admittendi et eos omnes et singulos in protectionem et defensionem nostras suscipiendi ac eciam litteras de salvo conductu omnibus et singulis prisonariis aliquorum ligeorum nostrorum pro redemptione et financia suis querendis et magistris suis in hac parte solvendi dandi et concedendi. Damus autem omnibus et singulis ligeis et fidelibus nostris cujuscumque status gradus vel conditionis fuerint tenore presencium firmiter in mandatis quod eidem Gilberto tanquam custodi et capitaneo generali marchiarum nostrarum predictarum in omnibus prout decet pareant obediant et intendant. In cujus, etc., quamdiu Regi placuerit duraturas. Teste Rege apud Castrum de Cadomo primo die octobris.

Pro eodem. Rex dilecto et fideli suo Gilberto Talbot custodi ac capitaneo generali marchiarum nostrarum Normannie salutem. Sciatis quod nos de fidelitate et circumspectione vestris plenius confidentes dedimus vobis plenam tenore presencium potestatem et auctoritatem omnibus et singulis personis quibus juxta sanam discrecionem vestram videritis fore faciendis que in regnum nostrum Anglie pro victualibus ibidem querendis transire volunt bilnetas sigillo vestro signatas dandi et concedendi. Proviso semper quod nos de nominibus personarum predictarum quibus hujus modi bilnetas dederitis et concesseritis sub sigillo vestro distincte et aperte certificetis. In cujus, etc., quam (diu) nobis placuerit duraturas. Teste Rege apud Castrum, etc., secundo die octobris. Per ipsum Regem.

Pro Ricardo Comite Warr'. Rex carissimo consanguineo suo Ricardo Comiti Warr'. salutem. Sciatis quod nos de fidelitate et circumspectione vestris plenius confidentes dedimus vobis plenam tenore presencium potestatem et auctoritatem ad castrum sive fortalicium de Turye in ducatu nostro Normannie in manus nostras recipiendi necnon omnes et singulos parcium ibidem vicinarum qui ad graciam et paces nostras venire et sub fide et ligeancia nostris morari volunt ad hujus graciam et pacem nostras recipiendi et admittendi et eos omnes et singulos in protectionem et defensionem nostras suscipiendi. Proviso semper quod nos de nominibus omnium et singulorum quos ad hujusmodi graciam et pacem nostras receperitis et admiseritis sub sigillo vestro distincte et aperte de tempore in tempus certificetis. In cujus, etc. Teste Rege apud Castrum, etc., secundo die octobris. Per ipsum Regem.

De salvo conductu. Amblia Rex per litteras suas patentes usque diem veneris proximi futuri inclusive duraturas suscepit in salvum, etc. Radulfum de Amblia Capellanum ad quascumque partes regni Regis Francie sibi placuerit cum una persona in comitiva sua tam per diem quam per noctem pedestre vel equestre transeundo et redeundo ac equos res et bona sua quecumque. Proviso semper quod ipsi quicquam quod in regno contemptum vel prejudicium aliqualiter cedere valeat non attemptent seu presumant aliqualiter attemptare In cujus, etc. Teste Rege apud Abbatiam Regiam Beate Marie Ville S^ti^. Petri super Divam in ducatu Regio Normannie secundo die octobris. Per ipsum Regem.

Pro Johanne Thiebaut. Consimiles Litteras Regis de salvo conductu habet Johannes Thiebaut et sub eadem data. Per ipsum Regem.

De salvo conductu. Esquaio. Rex per litteras suas patentes usque decimum septimum diem octobris proximi futuri duraturas suscepit in salvum, etc., Henricum de Esquaio capitaneum de Mota de Cheny in ducatu Regio Normannie ab eodem castro quo sibi placuerit cum decem personis et equis suis in comitiva sua conjunctim vel divisim transeundo ac bona et hernesia sua exceptis victualibus et artillaria secum ducendo et carcando. Proviso semper quod ipsi quicquam quod in Regis contemptum vel prejudicium aut populi sui dampnum aliqualiter cedere valeat non attemptent seu attemptare presumant quovismodo quodque aliquis personarum predictarum proditor Regi aut extra Regnum Regis Anglie bannitus seu abjudicatus non existat. In cujus, etc. Teste Rege apud Abbatiam Beate Marie Ville S^ti^. Petri supra Divam tertio die octobris. Per ipsum Regem.

De salvo conductu. Roufeys. Rex per litteras suas patentes usque festum S^ti^. Nicholai proximi futuri duraturas suscepit in salvum, etc., Johannem de Roufeys prisonarium Roberti Stone versus quascumque partes regni Francie sibi placuerit pro redemptione et financia suis querendis transeundo et usque Villam Regiam de Cadomo pro redemptione et financia suis hujus modi prefato Roberto solvendis, ducendo secum Johannem de Marcouvile filium Roberti de Marcouville prisonarii dilecti et fidelis nostri Henrici fitz Hugh. ad ipsum Johannem in hostagium ibidem relinquend. redeundo et abinde recedendo ac unum valetum in comitiva sua necnon equos res et bona sua quecumque. Proviso semper quod ipsi quicquam quod in Regis contemptum vel prejudicium aut populi sui dampnum aliqualiter cedere valeat non attemptent seu attemptare presumant quovismodo. In cujus, etc. Teste Rege ut proxime supra. Per ipsum Regem.

Pro Johanne de Neville. Rex carissimo consanguineo suo Johanni de Neville salutem. Sciatis quod nos de fidelitate et circumspectione vestris plenius confidentes dedimus vobis plenam tenore presencium potestatem et auctoritatem ad omnes et singulos de Castro et domanio de Courcy in ducatu nostro Normannie qui ad graciam et pacem nostras venire et sub fide et ligeancia nostris morari volunt, ad hujus graciam et pacem nostras per vos in propria persona vestra seu sufficientis deputati vestri in hac parte pro quo respondere volueritis admittendi et juramentum et fidelitatem sua nobis in hac parte debita fideliter recipiendi. Proviso semper quod nobis de nominibus omnium et singulorum qui ad graciam et pacem nostras predictas per vos seu deputatum vestrum predictum recepti fuerint vel admissi distincte et aperte de tempore in tempore certificetur. In cujus, etc., quamdiu nobis placuerit duraturas. Teste Rege apud Abbatiam Regiam Beate Marie S^ti^. Petri supra Divam in ducatu, etc., secundo die octobris. Per ipsum Regem.

Pro Petro de la Launde Chri'. Rex dilecto et fideli suo Petro de la Launde salutem. Sciatis quod nos de fidelitate providencia et industria vestris plenius confidentes assignavimus ordinavimus et deputavimus vos ad levandum colligendum et recipiendum pro nobis et nomine nostro omnimodos redditus et proventus nobis de villis S^ti^. Petri supra Divam Courcy, Trouard et S^te^. Barbare ac aliis partibus ibidem adjacentibus qualitercumque debitis sive pertinentibus tam de illis videlicet qui ad graciam et pacem nostras venerunt et sub fide et ligeancia nostris morantur quam de illis qui per pateas dimittuntur et de eisdem redditibus et proventibus nobis bene et fideliter respondend'. Damus autem universis et singulis capitaneis castellanis et eorum locatenentibus ac aliis officiariis ministris ligeis et fidelibus nostris tenore presencium firmiter in mandatis quod vobis tanquam receptori nostro generali villarum et parcium predictarum in omnibus prout decet pareant et intendant. Proviso semper quod vos de nominibus omnium et singulorum villarum et parcium predictarum de quibus hujus redditus et proventus ad opus nostrum receperitis seu levaveritis de tempore in tempus nos certificetis. In cujus, etc, quamdiu Rege placuerit duraturas. Teste Rege apud Truyn in ducatu, etc., quarto die octobris. Per ipsum Regem.

(*) *De potestate commissa.* Rex, dilectis et fidelibus suis Gilberto Talbot de Irchynfeld'. et Gilberto Humframvill. salutem. Sciatis quod nos de fidelitate et circumspeccione vestris plenius confidentes dedimus vobis plenam tenore presencium potestatem et auctoritatem ad omnia et singula castra fortalicia, villas, firmatas et alia loca quecumque infra ducatum nostrum Normannie que contra nos et jus nostrum hereditarium manu forti tenentur se necesse fuerit debellandum et ea potestati et dominacioni nostris subdendum et in manum nostram capiendum et omnes ac singulos habitatores castrorum fortaliciorum villarum firmatarum et aliorum locorum predictorum qui se gracie et paci nostris submittere voluerint ad graciam et pacem nostras ac in protectionem tuicionem et defensionem nostras speciales recipiendum et eis in signum hujus gracie et pacis vexillum nostrum vel vestrum liberandum. In cujus, etc. Quamdiu Regi placuerit duraturas. Teste ut supra. Per ipsum Regem.

(Membrane 23.)

De salvo conductu Bouteillier. Rex per litteras suas patentes usque sextum diem Octobris proximi futuri duraturas suscepit in salvum, etc., Ricardum Le Bouteillier armigerum in castro sive fortalicio de Vivers in ducatu Regio Normannie ad presens existentem ab eodem castro sive fortalicio ad quascumque partes regni R. Francie sibi placuerit cum equis bonis et hernesiis suis exceptis victualibus et artillaria transeundo. Proviso semper quod ipse quicquam quod in Regis contemptum vel prejudicium aut populi sui dampnum aliqualiter cedere valeat non attemptet seu attemptare presumat quovismodo. In cujus, etc. Teste ut supra. Per ipsum Regem.

De salvo conductu Bonnechose. Rex per litteras suas patentes per idem tempus duraturas suscepit in salvum, etc. Nicholaum Bonnechosse armigerum Guillelmum Le Villain et Johannem Le Robree in castro sive fortalicio de Vivers in ducatu, etc., ut supra usque ibi equis et tunc sic et hernesiis suis transeundo. Proviso semper, etc., ut supra. In cujus, etc. Teste, etc., ut supra. Per ipsum Regem.

Pro Henrico fitz Hugh', et Johanne Neville. Rex dilectis et fidelibus suis Henrico fitz Hug'. et Johanni de Nevylle salutem. Sciatis quod nos de fidelitate et circumspectione vestra provida plenius confidentes dedimus vobis et alteri vestrum plenam tenore presencium potestatem et auctoritatem omnia et singula castra fortalicia villas firmatas et alia loca quecumque infra ducatum nostrum Normannie in manus nostras capiendi ac omnes et singulos qui ad pacem et graciam nostras venire et sub fide et ligeancia nostris morari volunt ad hujusmodi pacem et graciam nostras recipiendi et admittendi et eos ac bona sua quecumque in protectionem et defensionem nostras suscipiendi. Ac eciam litteras salvi conductus personis infra castra fortalicia villas et loca predicta existentibus quibus juxta sanas discretiones vestras videritis fore faciend. pro se bonis equis et hernesiis suis dandi et concedendi. Proviso semper quod nos de nominibus tam illorum quos ad hujus graciam et pacem nostras receperitis et admiseritis quam illorum quibus hujus litteras de salvo conductu dederitis et concesseritis distincte et aperte certificetis. In cujus, etc. Quamdiu nobis placuerit duraturas. Teste Rege in exercitu suo juxta villam Regiam de Argenthen in ducatu Regio predicto vij. die octobris. Per ipsum Regem.

De salvo conductu Boisserie. Rex per litteras suas patentes usque quartum decimum diem Octobris proximi futuri duraturas suscepit in salvum, etc. Petrum de la Boissiere in villa Regia de Argenthen in ducatu Regio. Normannie ad presens existentem ab eadem villa versus quascumque partes regni Regis Francie sibi placuerit cum quingentis personis in comitiva sua vel infra transeundo ac equos res bona et hernesia sua propria exceptis victualibus et artillaria secum ducendo et cariando. Proviso semper quod ipsi quicquam quod in Reg. contemptum vel prejudicium aut populi sui dampnum aliqualiter cedere valeat non attemptent seu attemptare presumant quovismodo quodque nullus personarum predictarum proditor Regis aut extra regnum suum Anglie bannitus seu abjudicatus existat. In cujus, etc. Teste Reg. ut supra .viij°. die octobris. Per ipsum Regem.

De salvis conductibus. Consimiles litteras Reg. de salvo conductu per idem tempus duraturas habent suscripti sub eadem data videlicet Guillelmus de Trousseauville chivaler cum sexcentis personis in comitiva sua vel infra cujuscumque status gradus seu conditionis fuerint. Teste ut supra. Per ipsum Regem.

Villa de Argenthen. Quingente persone tam burgenses quam alii in villa Regia de Argenthen in ducatu Regio Normannie existentes ab eadem villa, etc., cum equis et bonis suis transeundo, etc., ut supra. Per ipsum Regem.

De salvis conductibus. Castrum d'Argenthen. Rex per litteras suas patentes usque quartum decimum diem Octobris proximi futuri duraturas suscepit in salvum, etc., Guillelmum Larchonnem in castro Regio de Argenthen in ducatu Regio Normannie ad presens existentem ab eodem castro versus quascumque partes regni Regis Francie sibi placuerit cum centum personis tam hominibus quam feminis in comitiva sua vel infra transeundo ac equos res et bona sua propria exceptis victualibus et artillaria secum ducendo et cariando. Proviso semper, etc., ut supra quidque ut supra. In cujus, etc. Teste ut supra. Per ipsum Regem.

De salvo conductu Gramesnille. Rex per litteras suas patentes usque quintum decimum diem Octobris proxim. futur. duratur. suscepit in salvum, etc. Guill'am. de Gramesnil in castro de Chaillone ad presens existentem ab eodem castro cum filiabus et infantibus suis ac viginti et quinque personis in comitiva sua nec non equis et bonis suis transeundo. Proviso semper quod ipsi quicquam, etc., ut supra usque ibi quovismodo et tunc sic. In cujus, etc. Teste Reg. apud castrum Regium d'Argenthen in ducatu Regio Normannie .xj°. die octobris. Per ipsum Regem.

De salvis conductibus. Castrum de Chaloine. Consimiles litteras Regias de salvo conductu per idem tempus duraturas habent subscripti sub eadem data videlicet :

Johannes Villers et familie sue, ancilla de Courtvau-

(1) Nous rétablissons ici le bref suivant qui a été entièrement omis lorsqu'on a imprimé la feuille précédente. Ce bref doit être placé (membrane 27 continuato, p. 216, col. 2), après la troisième lettre-patente du Roi.

don et familie sue ac ancilla de Martinbosq. et familie sue usque numerum trigenta et quinque personarum vel infra in castro predicto ad presens existentes ab eodem castro quo sibi placuerit transeundo Proviso, etc., ut supra. Teste ut supra. Per ipsum Regem.

Lubun Chiefdabbe in castro predicto ab eodem castro quo sibi placuerit cum gentibus suis usque numerum triginta personarum vel quot cum ipso ire voluerint transeundo. Proviso ut supra. Teste ut supra. Per ipsum Regem.

De salvo conductu. Castrum de Chamboy. Rex per litteras suas patentes usque decimum septimum diem Octobris proxim. futur. duratur. suscepit in salvum, etc. Guillelmum de Turnebu et Nicholaum Mire in castro de Chamboy in ducatu Regio Normannie ad presens existentes ab eodem castro cum quinquaginta personis pro utroque eorum in comitiva sua ac equis bonis rebus et hernesiis suis quibuscumque transeundo. Proviso, etc., ut supra. In cujus, etc. Teste ut supra. Per ipsum Regem.

Consimiles litteras Reg. de salvo conductu per idem tempus duratur. habet Johannes de Tilly chivaler in castro de Chamboy in ducatu, etc., ad presens existens ab eodem castro ad quascumque partes regni Francie sibi placuerit cum quinquaginta personis ipso Johanne computato ac bonis rebus et hernesiis suis, etc., ut supra. Proviso semper, etc., ut supra in cujus, etc. Teste ut supra. Per ipsum Regem.

De salvis conductibus. Castrum d'Exmes. Rex per litteras suas patentes usque occasum solis diei Jovis proximi futuri duraturas suscepit in salvum, etc. Johannem de Courcy chivaler in castro de Hexmes in ducatu R. Normannie ad presens existentem ab eodem castro ad quascumque partes regni Regis Francie sibi placuerit cum ducentis personis in comitiva sua vel infra et equis suis in carectis vel aliter transeundo. Proviso semper, etc., ut supra quodque persone predicte proditores Reg. aut extra regnum suum Anglie bannite sua abjudicate non existant. In cujus, etc. Teste ut supra .x°. die octobris. Per ipsum Regem.

Consimiles litteras regias de salvo conductu per idem tempus duraturas habent subscripti sub eadem data, videlicet : Ricardus Treall. chivaler. — Nicholaus Le Viscounte.—Johannes Gerard in eodem castro quilibet eorum cum tot personis. Per ipsum Regem.

De salvo conductu. Ad ducend. personas extra castrum Exmes. Rex per litteras suas patentes usque diem martis proxim. futur. duratur. suscepit in salvum, etc. tres personas quas carissimus consanguineus Regis Thomas Comes Sarum sub sigillo suo Reg. nominare voluerit ad quascumque partes regni Regis Francie sibi placuerit pro carectis et equis ac hernesiis equorum querend. et secum usque castrum de Hexmes in ducatu Regio Normannie pro bonis et hernesiis personarum infra castrum predictum existencium extra idem castrum cariend. ducend. Proviso semper quod ipsi quicquam quod in Reg. contemptum vel prejudicium aut populi sui dampnum aliqualiter cedere valeat non attemptent seu attemptare presumant quovismodo. In cujus, etc. Teste Reg. apud castrum Regium de Argenthen in ducatu Regio Normannie .x°. die octobris. Per ipsum Regem.

De salvo conductu d'Escay. Rex per litteras suas patentes usque vicesimum quintum diem Octobris proxim. futur. duraturas suscepit in salvum, etc. Gerardum Descay dominum de Combray et Huguerin Porriochet usque presenciam Regis vel carissimi consanguinei Regis Thome Comitis Sarum cum equis et hernesiis suis veniendo ibidem morando et exinde ad propria redeundo. Proviso, etc., ut supra. In cujus, etc. Teste ut supra .ix°. die octobris. Per ipsum Regem.

De salvis conductibus. Castrum d'O. Rex per litteras suas patentes usque quintum decimum diem Octobris proxim. futur. duratur. suscepit in salvum, etc. Ricardum de la Mote, Johannem de Cleresville, Johannem de Raneton, Guillelmum Torieul, Nicholaum Le Saunier, Johannem Huere, Johannem Ameline, Clementem Augeran, Johannem Dugerie, Flury Marrigny, Johannem Radigne, Robertum Le Singnelois, Robertum de Coudrey, Johannem Le Clavier, Jordanem Gillet de Marigny et Guillelmum Duval in castro Do in ducatu Regio Normannie ad presens existentes ab eodem castro ad quascumque partes regni Regis Francie sibi placuerit cum gentibus bonis equis et hernesiis propriis transeundo. Proviso semper, etc., ut supra. In cujus, etc. Teste Reg. ut supra. Per ipsum Regem.

Consimiles litteras de salvo conductu per idem tempus duraturas habet Alexander Jurdan in castro predicto existens ab eodem castro cum bonis equis et hernesiis suis, etc., ut supra. Teste ut supra. Per ipsum Regem.

De salvo conductu Mussanit. Rex per litteras suas patentes usque vicesimum tercium diem Octobris proxim. futur. duratur. suscepit in salvum, etc. Johannem Mussanit de Francia usque exercitum Regis, ubicumque ipsum fore contigerit cum duobus valettis in comitiva sua equestre veniendo ibidem morando et exinde ad propria redeundo ac equos bona et hernesia sua. Proviso semper quod ipsi quicquam, etc., ut proxim. supra. Teste, etc., ut supra. Per ipsum Regem.

De salvo conductu Beaurepaire. Rex per litteras suas patentes usque quintum decimum diem Octobris proximi futuri duraturas suscepit in salvum, etc. Johannem de Beaurepaire, Johannem de Lalande, Guillelmum de Cobar, Fralin de La Mote, Oliverum Malveisin, Johannem Paston. et Gervasium Mallard in villa de Sees in ducatu Regio Normannie ad presens existentes ab eadem villa versus quascumque partes regni Regis Francie sibi placuerit cum servientibus bonis equis et hernesiis suis propriis transeundo. Proviso, etc., ut supra. Teste ut supra. Per ipsum Regem.

De salvo conductu Darrogoigne. Rex per litteras suas patentes usque decimum septimum diem Octobris proximi futuri duraturas suscepit in salvum, etc. Guillelmum Darrogoigne versus quascumque partes regni Francie sibi placuerit cum duodecim personis in comitiva sua ac equis et hernesiis suis transeundo. Proviso semper quod ipsi quicquam quod in Reg. contemptum vel prejudicium aut populi sui dampnum aliqualiter cedere valeat non attemptent seu attemptare presumant quovismodo. In cujus, etc. Teste Reg. apud castrum Dargenthen in ducatu Regio Normannie .xiij°. die octobris. Per ipsum Regem.

Pro Willelmo Wymyngton. Rex omnibus ad quos, etc., salutem. Sciatis quod dedimus et concessimus dilecto nobis Willelmo Wymyngton subclerico spicere nostre hospitale Sti. Thome juxta villam nostram Dargenthen in ducatu nostro Normannie habenda cum suis juribus et pertinenciis quibuscumque. In cujus, etc. Teste Reg apud castrum Reg. Dargenthen in ducatu Reg. Normannie .xij°. die octobris. Per ipsum Regem.

De salvo conductu Bernard. Rex per litteras suas patentes per unum mensem proximi futuri duraturas suscepit in salvum, etc. Magistrum Johannem Bernard cum tribus servientibus suis in comitiva sua in quadam balingera sive navi una cum viginti et quinque personis aut triginta personis marinariis ac aliis personis armatis in eadem balingera sive navi existentes in regnum R. Anglie transeundo ibidem morando et exinde ad propria redeundo necnon balingeram sive navem predictam ac bona res et hernesia sua quecumque. Proviso semper quod ipsi bene et honeste se habeant et gerant erga Regem et populum suum ac quicquam quod in Reg. contemptum vel prejudicium aut populi sui dampnum vel prejudicium cedere valeat non attemptent seu attemptari facient ullo modo quodque idem Johannes presentes litteras nostras de salvo conductu ballivis villarum nostrarum Suthampton, Wynchelse Sandewici vel Dovorr. ubicum applicare contigerit ad finem quod iidem ballivi ipsum usque civitatem Regiam Londoni conduci valeant demonstret. In cujus, etc. Teste Rege apud castrum, etc., ut supra .xiij°. die octobris. Per ipsum Regem.

Pro Ricardo Gray de Codnore. Rex omnibus ad quos, etc., salutem. Sciatis quod nos de fidelitate et circumspeccione dilecti et fidelis nostri Ricardi Grey de Codnore plenius confidentes constituimus ipsum capitaneum castri nostri Dargenthen in ducatu nostro Normannie habendum et occupandum officium predictum quamdiu nobis placuerit cum omnibus feodis et proficuis eidem officio debitis et consuetis dantes eidem Ricardo plenam tenore presencium potestatem et auctoritatem omnes et singulos parcium ibidem vicinarum qui se gracie et paci nostris submittere et sub fide et ligeancia nostris morari volunt ad hujusmodi graciam et pacem nostras recipiendi et admittendi et illis et omnibus et singulis qui sub protectione defensione nostris existunt bilnetas sigillo suo signatas tradendi et liberandi. Ita tamen quod ipse nos de nominibus omnium et singulorum quos ad hujusmodi graciam et pacem nostras receperit et admiserit distincte et aperte certificet. In cujus, etc. Teste Rege apud castrum Regium predictum .xiij°. die octobris. Per ipsum Regem.

Pro Johanne Tiptot. Rex dilecto et fideli suo Johanni Tiptot, salutem. Sciatis quod nos de fidelitate et circumspeccione vestris plenius confidentes, dedimus vobis plenam tenore presencium potestatem et auctoritatem omnes et singulos de villa Dessey et partibus ibidem vicinis qui ad graciam et pacem nostras venire et sub fide et ligeancia nostris morari volunt ad hujus graciam et pacem nostras recipiendi et admittendi et eos omnes et singulos in protectionem et defensionem nostras suscipiendi. Ita tamen quod nos de nominibus omnium et singulorum quos ad hujus graciam et pacem nostras receperitis et admiseritis distincte et aperte certificetis. Dedimus eciam vobis plenam potestatem redditus proficua revenciones et elmolumenta quecumque nobis de quibuscumque ville et parcium predictarum debita et pertinencia per vos vel sufficientem deputatum vestrum pro quo respondere volueritis levandi colligendi et recipiendi. In cujus, etc., quamdiu nobis placuerit duraturas. Teste Rege apud castrum, etc., .xij°. die octobris. Per ipsum Regem.

De salvo conductu Gramesnil. Rex per litteras suas patentes usque vicesimum secundum diem octobris proximi futuri duraturas suscepit in salvum, etc. Guillelmum de Gramesnil ad quascumque partes regni Regis Francie sibi placuerit cum filiabus et infantibus suis ac viginti et quinque personis in comitiva sua necnon equis et bonis suis transeundo. Proviso semper quod ipsi quicquam quod in Regis contemptum vel prejudicium aut populi sui dampnum aliqualiter cedere valeat non attemptent seu attemptare presumant quovismodo. In cujus, etc. Teste Rege apud castrum, etc., ut supra .xiij°. die octobris. Per ipsum Regem.

(Membrane 22.)

Pro Henrico fitz Hugh. Rex dilectis et fidelibus suis Henrico fitz Hugh et Johanni de Nevylle, salutem. Sciatis quod nos de fidelitate et circumspeccione vestra provida plenius confidentes dedimus vobis et alteri vestrum plenam tenore presencium potestatem et auctoritatem omnia et singula castra, fortalicia, villas firmatas et alia loca quecumque infra ducatum nostrum Normannie in manus nostras capiendi ac omnes et singulos qui ad graciam et pacem nostras venire et sub fide et ligeancia nostris morari volunt ad pacem et graciam nostras recipiendi et admittendi et eis et eorum cuilibet hereditatem maneria terras tenementa redditus possessiones et bona sua quecumque prout juxta discretiones vestras videritis fore faciendi liberandi necnon litteras salvi conductus personis infra castra fortalicia et loca predicta existentibus prout melius videritis expedire pro se bonis equis et hernesiis suis dandi et concedendi. Proviso semper quod nos de toto facto vestro in hac parte distincte et aperte certificetis. In cujus, etc., quamdiu nobis placuerit duraturas. Teste Rege in exercitu suo prope villam Dalenson in ducatu, etc., .xvj°. die octobris. Per ipsum Regem.

De salvis conductibus. Castrum de Garcy. Rex per litteras suas patentes usque vicesimum quintum diem Octobris proximi futuri duraturas suscepit in salvum, etc. Ricardum Duboys chivaler in castro de Garcy in ducatu Regio Normannie ad presens existentem ab eodem castro versus quascumque partes regni Regis Francie sibi placuerit cum centum personis et equis suis in comitiva sua transeundo ac bona sua infra castrum predictum existencia in carectis vel aliter quo sibi placuerit ducendo et cariando. Proviso semper quod ipsi quicquam quod in Regis comtemptum vel prejudicium aut populi sui dampnum aliqualiter cedere valeat non attemptent seu attemptare presumant quovismodo quodque persone predicte proditores Regis aut extra regnum suum Anglie bannite seu abjudicate non existant. In cujus, etc. Teste Rege, etc., ut supra .xvij°. die octobris. Per ipsum Regem.

Consimiles litteras Regis de salvo conductu habent subscript. sub eadem data videlicet :

Malnoury cum sexaginta personis et equis suis. Per ipsum Regem.

Johannes Le Boucher cum triginta personis et equis suis. Per ipsum Regem.

De salvo conductu. Baieux. Rex per litteras suas patentes usque occasum solis diei Dominice proximi futuri duraturas suscepit in salvum, etc. Magistrum Johannem de Baieux in castro Dalenson. in ducatu Regio Normannie ad presens existentem ab eodem castro versus quascumque partes Britannie sibi placuerit cum duodecim personis in comitiva sua ac equis et hernesiis suis transeundo et usque castrum reveniendo et ab inde redeundo. Proviso semper quod ipsi in eundo et redeundo erga Regem et populum suum bene et honeste se gerant et habeant. In cujus, etc. Teste Rege, etc., .xviij°. die octobris. Per ipsum Regem.

De salvo conductu pro duce Britannie. Rex universis et singulis capitaneis castellanis et eorum locatenentibus ac aliis officiariis ministris ligeis subditis et fidelibus nostris ad quos, etc., salutem. Sciatis quod cum consanguineus noster Johannes Dux Britannie usque presenciam nostram pro ceteris causis et materiis ipsum moventibus et nobis in adventu suo declarand'. accedere desideret ut accepimus, nos ea consideracione suscepimus ipsum ducem usque presenciam nostram predictam cum gentibus suis numero quadringentarum personarum in comitiva sua equestrium vel pedestrium cum eorum equis hernesiis auro argento jocalibus libris litteris catallis et aliis bonis suis quibuscumque veniendo ibidem morando et perhendinando et abinde salvo redeundo absque dampno eis per nos gentes vel alligatos nostros faciendo vel fieri paliendo et absque impeticione dando in corporibus sive bonis quacumque de causa vel occasione temporis preteriti occasione treugarum vel promissionum quas homo dicere vellet fractas fuisse vel aliter qualitercumque fuerit seu pro quacumque re que accidere potest durante viagio per prefatum Ducem faciendo in salvum et securum conductum nostrum ac in protectionem tuicionem et defensionem nostras speciales. Ita quod idem Dux sit nobiscum die Mercurii vicesimo septimo die octobris proximi futuri vel citra. Et ideo vobis mandamus quod ipsum Ducem usque presenciam nostram predictam cum gentibus suis sub numero quadringentarum personarum in comitiva sua equestrium vel pedestrium cum eorum equis hernesiis auro argento jocalibus libris litteris catallis et aliis bonis suis quibuscumque veniendo ibidem morando et perhendinando et abinde salvo redeundo absque dampno eis per nos gentes vel alligatos nostros faciendo vel fieri patiendo et absque impeticione dando in corporibus sive bonis quacumque de causa vel occasione temporis preteriti occasione treugarum vel promissionum quas homo dicere vellet fractas fuisse vel aliter qualitercumque fuerit seu pro quacumque re que accidere potest durante viagio per prefatum ducem faciendo ut predictum est manuteneatis protegatis et defendatis non inferentes, etc. Et si quid, etc. Proviso semper quod ipse aut gentes sue predicti quicquam quod in nostri contemptum vel prejudicium aut populi nostri dampnum aliqualiter cedere valeat non attemptent seu faciunt quomodolibet attemptari. In cujus, etc., usque sextum decimum diem novembris proximi futuri duraturas. Teste Rege, etc., ut supra. Per ipsum Regem.

De salvo conductu, Marcouville. Rex per litteras suas patentes usque festum Natalis Domini proximi futuri duraturas suscepit in salvum, etc. Robertum de Marcouville de Francia prisonarium dilecti et fidelis R. Henrici fitz Hugh camerarii Regis versus quascumque partes regni Regis Francie sibi placuerit pro redemptione et financia suis querendis et prefato Henrico solvenda transeundo et usque eundem Henricum ubi eum tunc fore contigerit ex causa predicta reveniendo et abinde redeundo ac bona sua quecumque. Proviso semper quod ipse quicquam quod in Regis contemptum vel prejudicium aut populi sui dampnum aliqualiter cedere valeat non attemptet seu attemptare presumat quovismodo. In cujus, etc. Teste Rege, etc., ut supra .xix°. die octobris. Per ipsum Regem.

De salvo conductu pro Episcopo Sagiensi. Rex per litteras suas patentes usque vicesimum nonum diem Octobris proximi futuri duraturas suscepit in salvum, etc. Venerabilem patrem Johannem Episcopum Sagiensem usque presenciam Regis cum gentibus et familia suis veniendo ibidem morando et exinde redeundo ac equos res bona jocalia et hernesia sua. Proviso semper quod ipsi quicquam quod in Regis contemptum vel prejudicium aut populi dampnum aliqualiter cedere valeat non attemptent seu attemptare presumant quovismodo quidque nullus gentium et familie predictarum proditor Regis aut extra regnum suum Anglie bannitus seu abjudicatus existat. In cujus, etc. Teste Rege in exercitu suo prope villam Dalenson in ducatu, etc., .xx°. die octobris. Per ipsum Regem.

Pro Johanne Tiptoft. De potestate commissa. Rex dilecto et fideli suo Johanni Tiptoft salutem. Sciatis quod nos de fidelitate et circumspeccione vestris plenius confidentes assignavimus vos ad castrum et villam de Bonmoleyns in ducatu nostro Normannie in manus nostras capiendum ac pro omnimodis bonis infra castrum et villam predictam existentibus qualiacumque fuerint prout melius pro commodo nostro videritis fore faciendum disponendum et ordinandum necnon omnibus et singulis ibidem et de castellania illa qui se gracie et paci nostris submittere et sub fide et ligeancia nostris morari volunt ad hujusmodi graciam et pacem nostras admittendi ac eciam ad salvos conductus personis quibus juxta sanam discrecionem vestram videritis fore faciendi dandi et concedendi. Et ideo vobis mandamus quod circa promissa diligenter intendatis et ex faciatis et exequamini in forma predicta. Proviso semper quod nos de toto facto vestro in hac parte distincte et aperte certificetis. In cujus, etc. Teste Rege, etc., ut supra .xxj°. die octobris. Per ipsum Regem.

Pro Johanne Convers, de licentia maritandi et inhabitandi in ..... Rex omnibus ad quos, etc., salutem. Sciatis quod de gracia nostra speciali concessimus et licenciam dedimus Johanni Convers ligeo nostro Anglico quod ipse cum filia Ricardi Caunet de villa nostra de Cadomo in ducatu nostro in villa predicta oriunda maritare possit. Et ulterius de uberiori gracia nostra concessimus eidem Johanni domum in villa nostra predicta quam idem Ricardus inhabitavit ac omnes terras quas idem Ricardus extra dictam villam nostram habuit habendas et tenendas eidem Johanni et heredibus suis domum et terras predictas cum pertinenciis per servicia inde debita et consueta imperpetuum. Ita semper quod idem Johannes et heredes sui predicti vigiliam et custodiam prout ibidem est vel erit ordinatum faciat et conservet. In cujus, etc. Teste Rege apud castrum regium de Cadomo in ducatu Regio predicto. xxx°. die septembris. Per ipsum Regem.

De salvo conductu pro Abbate Sancti Martini de Sees. Rex per litteras suas patentes usque vicesimum nonum diem Octobris proximi futuri duraturas suscepit in salvum, etc. Abbatem S^ti^. Martini de Sees in ducatu Regio Normannie usque presenciam Regis ubi eum fore contigerit cum sexdecim personis in comitiva sua equestre vel pedestre veniendo ac equos res bona jocalia et cariagia sua. Proviso semper quod ipsi quicquam quod in Regis contemptum vel prejudicium aliqualiter cedere valeat non attemptent seu attemptare presumant quovismodo. In cujus, etc. Teste Rege in exercitu suo prope villam Dalenson. in ducatu Regio predicto .xxij°. die octobris. Per ipsum Regem.

De salvo conductu pro ambassiatoribus Francie. Rex universis et singulis locatenentibus admirallis capitaneis castellanis et eorum locatenentibus custumariis custodibus portuum maris et aliorum locorum maritimorum necnon vicecomitibus majoribus constabulariis ministris et aliis fidelibus et subditis nostris infra libertates et extra tam per terram quam per mare constitutis ad quos presentes nostre littere pervenerint salutem. Sciatis quod nos certis de causis ad hoc nos moventibus tranquillitatem ac publicum et universale bonum nedum Francie et Anglie regnorum verumeciam tocius Christianitatis concernentibus reverendo in Christo patri Reginaldo Archiepiscopo Remensi, Magistro Johanni Tuderti decano ecclesie Pariensis Magistro Johanni de Vailli in curia Parliamenti Parisiensis presidenti, Guillelmo de Meulhon'. militi Camerario consanguinei et adversarii nostri Francie, Gilberto de Moutiers, domino de la Faieta militi Magistro Roberto de Tuleriis et Magistro Gontero Colli consanguinei et adversarii nostri predicti ambassiatoribus et certis nunciis specialibus quos apud nos idem consanguineus et adversarius noster pro tranquillitate et communi bono tocius Christianitatis ut asserit transmittere disponit nostrum salvum et securum conductum dedimus et concessimus damus et concedimus per presentes ac ipsos et eorum quemlibet in nostram protectionem tuicionem salvam et specialem gardiam suscepimus et posuimus suscipimus et ponimus per presentes pro veniendo insimul aut divisim seu per partes cum armis vel sine armis tam per terram quam per mare et per aquam libere tute et secure usque villam de Honneflieu in ducatu nostro Normannie et alium locum quemcumque inter eos et certos commissarios nostros deputandos ad tractandum cum eisdem, assignandum et concordandum et abinde redeundo quocienscumque presenti salvo conductu nostro durante pro utilitate tractatus hujusmodi eis videbitur expedire per omnes civitates, villas castra et alia loca quecumque tam dictorum regnorum Francie et Anglie et ducatus nostri predicti quam alibi ditioni nostre subjecta cum centum et quinquaginta personis vel infra in eorum comitiva equestribus vel pedestribus armatis vel non armatis cum eorum armis invasivis et defensivis ac equis carectis cariagiis auro argento jocalibus libris litteris catallis et aliis rebus hernesiis et bonis suis quibuscumque. Et ideo vobis et cuilibet vestrum prout ad eum pertinuerit precipimus et mandamus districtius injungentes qualinus prenominatos ambassiatores et certos dicti adversarii nostri nuncios speciales pro veniendo ex causis predictis insimul aut divisim seu per partes cum armis vel sine armis tam per terram quam per mare et per aquam libere tute et secure usque dictam villam de Honneflieu in ducatu nostro predicto et alium locum quemcumque inter eos et certos commissarios nostros in hac parte deputandum, assignandum et concordandum et abinde redeundo per omnes civitates villas castra et alia loca quecumque tam dictorum regnorum Francie et Anglie et ducatus nostri predicti quam alibi ditioni nostre subjecta cum centum et quinquaginta personis vel infra in eorum comitiva equestribus vel pedestribus armatis vel non armatis cum eorum armis invasivis et defensivis ac equis carectis cariagiis auro argento jocalibus, libris litteris catallis et aliis rebus hernesiis et bonis suis quibuscumque manuteneatis protegatis et defendatis non inferentes eis aut eorum alicui seu quantum in vobis et quolibet vestrum est et erit ab aliis inferri permittentes injuriam molestiam dampnum violenciam impedimentum aliquod seu gravamen in corporibus sive bonis quibuscumque racione guerre attemptatorum reprisalie incursus vel alias quovismodo. Et si quid eis vel eorum alicui forisfactum sive injuriatum fuerit in terra vel in mari quod absit id eis et eorum cuilibet sine dilacione debite corrigi restitui et emendari faciatis. Proviso semper quod ipsi et eorum quilibet erga nos et populum nostrum bene et honeste se gerant et habeant et quicquam quod in nostri contemptum vel prejudicium aliqualiter cedere valeat non attemptent seu facient quomodolibet attemptari et quod presentes littere nostre prefato Gilberto aut hominibus seu servientibus suis nullatenus valeant aut suffragentur si ipsum in villa Phalesie in ducatu nostro predicto post ultimum diem instantis mensis octobris manere contigerit vel expectare et quod aliquis personarum predictarum proditor noster aut extra regnum nostrum Anglie bannitus seu abjudicatus non existat. In cujus, etc., usque festum S^{ti}. Andree proximi futuri duraturas. Teste Rege in exercitu suo prope villam Dalenson in ducatu Regio predicto .xxij^{o}. die octobris. Per ipsum Regem.

De salvo conductu. Giraut. Rex per litteras suas patentes per unum annum duraturas suscepit in salvum, etc. Johannem Giraut de Britannia magistrum navis vocate Nostre Dame de Nantes, portagii quatuor viginti doliorum in domania potestatem et jurisdictiones Regis cismarina quecumque cum navi predicta diversis bonis et mercandisis certorum mercatorum de Britannia carcata veniendo ibidem morando et perhendinando et exinde versus partes suas proprias transeundo ac apparatum mercatores et marinarios ejusdem navis necnon bona et mercandisas predicta qualiacumque fuerint. Proviso semper quod ipsi quicquam quod in Regis contemptum vel prejudicium aut populi sui dampnum aliqualiter cedere valeat non faciant seu attemptent quovismodo quodque ipsi custumas subsidia et alia deveria Regis pro bonis et mercandisis suis predictis debita fideliter solvant. In cujus, etc. Teste Rege in exercitu, etc. .xviij^{o}. die octobris. Per ipsum Regem.

Consimiles litteras regias de salvo conductu per idem tempus duraturas et sub eadem data habet Johannes Loayre de Britannia magistrum navis vocate Seint Noel de Nantes portagii sexaginta doliorum in domania, etc., ut supra. Per ipsum Regem.

De salvo conductu. Rex per litteras suas patentes usque quintum diem Novembris proximi futuri duraturas suscepit in salvum, etc. Michaelem Abbatem S^{ti}. Ebrulphi in ducatu Regio Normannie usque presenciam Regis ubi eum fore contigerit cum viginti personis in comitiva sua equestre vel pedestre veniendo ac equos res bona jocalia et cariagia sua. Proviso semper quod ipsi quicquam quod in Regis contemptum vel prejudicium aut populi sui dampnum aliqualiter cedere valeat non attemptent seu attemptare presumant quovismodo quodque persone predicte proditores Regis aut extra regnum suum Anglie seu abjudicate non existant. In cujus, etc. Teste Rege, etc., ut supra .xxiij^{o}. die octobris. Per ipsum Regem.

Pro Johanne Assheton. Rex dilecto et fideli suo Johanni de Assheton Senescallo nostro de Baieux salutem. Sciatis quod nos de fidelitate et circumspeccione vestris plenius confidentes dedimus vobis plenam tenore presencium potestatem ad bilnetas sigillo vestro signatas omnibus et singulis de castellania et dominio nostris de Baieus in ducatu nostro Normannie qui ad fidem et ligeanciam nostras venerunt et sub proteccione et defensione nostris existunt et qui pro hujus bilnetis habendis penes vos prosequi voluerint dandum et concedendum necnon ad proclamaciones in locis quibus juxta sanam discrecionem vestram videritis fore faciendas nomine nostro faciendo quod omnes et singuli parochiarum castellanie et dominio predictis vicinarum et annexarum qui litteras nostras de protectione magno sigillo nostro signatas habent pro bilnetis suis infra octo dies post proclamacionem nostram hujus penes vos prosequantur sub pena quod si eorum aliquis bilnetam suam hujus non habens post octo dies predictos per aliquem ligeorum nostrorum de exercitu nostro capiatur prisonarius capienti remaneat protectione illis de parochia de qua sic captus fuerit per nos antea concessa. si qua fuerit in aliquo non obstante. In cujus, etc., quamdiu nobis placuerit duraturas. Teste Rege in exercitu, etc., ut supra .xx^{o}. die octobris. Per ipsum Regem.

(Membrane 21.)

De salvis conductibus. Castrum et villa d'Alenson. Rex per litteras suas patentes usque primum diem Novembris proximi futuri duraturas suscepit in salvum, etc. Johannem Dache dictum Le Galoys chivaler capitaneum castri et ville Dalenson in ducatu Regio Normannie Johannem Le Veneur chivaler, Johannem de Champaine chivaler, Ludowicum de Tremagon chivaler et Johannem Lemere chivaler in villa predicta ad presens existentes ab eadem villa ad quascumque partes regni Regis Francie sibi placuerit cum sexcentis personis vel infra in comitiva sua ac equis hernesiis carectis cariagiis et aliis bonis suis quibuscumque exceptis victualibus et artillaria transeundo. Proviso semper quod ipsi quicquam quod in Regis contemptum vel prejudicium aut populi sui dampnum aliqualiter cedere valeat non attemptent seu faciant aliqualiter attemptari. In cujus, etc. Teste Rege in exercitu suo prope villam predictam .xxiij°. die octobris. Per ipsum Regem.

Consimiles litteras Regis de salvo conductu per idem tempus duraturas habent subscripti sub eadem data videlicet.

Guillelmus Paignon armiger et Guillelmus de Lestonet armiger cum quadringentis personis vel infra. Per ipsum Regem.

Petrus Cabece armiger cum centum et quadraginta personis in comitiva sua vel infra equestribus vel pedestribus ac equis, etc., ut supra. Per ipsum Regem.

Petrus Guy, Johannes du Ros, Liger Posson et Johannes Beauvoisin burgenses ville d'Alenson in ducatu, etc., cum aliis burgensibus et inhabitantibus in villa predicta ac aliis in comitiva sua hominibus mulieribus et infantibus usque numerum septingentarum personarum vel infra tam pedestre quam equestre cum bonis equis hernesiis carectis et cariagiis suis exceptis, etc., ut supra transeundo. Per ipsum Regem.

Guillelmus Moindrac et Johannes du Boisvernant cum dominabus et ancillis usque numerum ducentarum personarum vel infra in comitiva sua ac equis bonis et hernesiis suis exceptis, etc., ut supra transeundo. Per ipsum Regem.

Rex per litteras suas patentes usque festum Omnium Sanctorum proximi futuri duraturas suscepit in salvum, etc., tot personas quot pro bonis rebus et hernesiis nuper habitancium in castro et villa nostris d'Alenson in ducatu Regio Normannie extra eadem castrum et villam cum duodecim carectis cariando exceptis victualibus et artillaria necessaria fuerint, videlicet pro qualibet carectarum predictarum duas personas tantum. Proviso semper quod eedem persone quicquam quod in Regis contemptum vel prejudicium aut populi sui dampnum aliqualiter cedere valeat non attemptent seu presumant quovismodo attemptare. In cujus, etc. Teste Rege apud castrum Regium predictum .xxv°. die octobris. Per ipsum Regem.

De salvo conductu Roumalart. Rex per litteras suas patentes usque festum Omnium Sanctorum proximi futuri duraturas suscepit in salvum, etc. Guillelmum de Roumalart in castro Regio de Seint Romy du Plain in ducatu Regio Normannie ad presens existentem ab eodem castro versus quascumque partes regni Regis Francie sibi placuerit cum decem et octo personis in comitiva sua ac equis bonis et hernesiis suis transeundo. Proviso semper quod ipsi quicquam in Regis contemptum, etc., ut proximo supra, etc., quodque persone predicte proditores Regis aut extra regnum suum Anglie bannite seu abjudicate non existant. In cujus, etc. Teste Reg. in exercitu suo, etc. .xxiv°. die octobris. Per ipsum Regem.

Pro Henrico fitz Hugh et Johanne Neville. Rex dilectis et fidelibus suis Henrico fitz Hugh et Johanni de Neville salutem. Sciatis quod nos de fidelitate et circumspeccione vestra provida plenius confidentes dedimus vobis plenam tenore presencium potestatem et auctoritatem ad omnia et omnimoda domania castra fortalicia villas firmatas et alia loca quecumque tam infra ducatum nostrum Normannie quam regnum nostrum Francie ac alia domania terras et loca quecumque que de eisdem ducatu seu regno tenent vel que ad eadem qualitercumque sunt pertinencia sive spectancia in manus nostras capiendi et ea cum suis pertinenciis quibuscumque potestati nostre subdendi ac omnes et singulos cujuscumque status gradus seu condicionis fuerint qui ad graciam et pacem nostras venire et sub fide et ligeancia nostris manere volunt et residere, ad hujus graciam et pacem nostras recipiendi et admittendi et eis et eorum cuilibet hereditatem terras tenementa redditus possessiones et bona sua quecumque prout juxta discretiones vestras videritis fore faciendi dandi et concedendi et omnibus aliis qui ad graciam et pacem nostras predictas venire nolunt vitam et bona sua prout melius vobis videbitur similiter dandi et concedendi. Proviso semper quod nos de toto facto vestro in hac parte cum inde rationabiliter fueritis premuniti distincte et aperte certificetis. In cujus, etc., quamdiu nobis placuerit duraturum. Teste Reg., et ut proximo supra. Per ipsum Regem.

De salvo conductu pro duce Britannie. Rex universis et singulis alligatis nostris, etc., ut supra salutem. Sciatis quod cum consanguineus noster Johannes Dux Britannie, etc., ut supra usque ibi nostras speciales et tunc sic, et tenore presencium bona fide et verbo regio fidelem securitatem damus. Volumus eciam et concedimus quod ducatus seu patria Britannie et subditi ipsius Ducis in dictis ducatu et patria commorantes durante dicto viagio et salvo conductu a nobis gentibus subditis et alligatis nostris quibuscumque securi absque ulla molestacione guerre permaneant si guerram interim contra nos aut nostros non fecerint seu inierint. Et ideo vos alligatos nostros predictos requirimus et rogamus vobisque capitaneis castellanis vestrisque locatenentibus ac aliis officiariis ministris ligeis fidelibus et subditis nostris predictis precipimus et mandamus quod ipsum Ducem usque presenciam nostram predictam cum gentibus suis sub numero quadringentarum personarum in comitiva sua equestrium vel pedestrium cum eorum equis hernesiis auro argento jocalibus libris litteris catallis et aliis bonis suis quibuscumque veniendo ibidem morando et perhendinando et abinde salvo ut promittitur redeundo absque dampno eis per nos gentes vel alligatos nostros faciendo vel fieri patiendo et absque impeticione dando in corporibus sive bonis quacumque de causa vel occasione temporis preteriti occasione treugarum vel promissionum quas homo dicere vellet fractas fuisse vel aliter qualitercumque fuerit seu pro quacumque re que accidere potest durante viagio per prefatum Ducem faciendo manuteneatis protegatis et defendatis non inferentes eis seu quantum in vobis est ab aliis inferri permittentes injuriam molestiam dampnum violenciam impedimentum aliquod seu gravamen. Et si quid eis forisfactum sive injuriatum fuerit id eis sine dilacione facias corrigi et debite reformari. Proviso semper quod gentes aut persone predicte quicquam quod in nostri contemptum vel prejudicium aut populi nostri dampnum aliqualiter cedere valeat non attemptent, seu faciant aliqualiter attemptari. Ita tamen quod si contingat aliquam personarum predictarum aliquid quod in nostri contemptum vel prejudicium aut populi nostri dampnum aliqualiter cedere valeat attemptare vel facere attemptari, ipse sic attemptans seu attemptari faciens per has litteras nostras de salvo conductu a pena non excusetur sed subjaceat et teneatur penis in ea parte debitis et condignis, ipsis tamen litteris nostris de salvo conductu omnibus aliis personis supra dictis non attemptantibus nec attemptari facientibus valituris et profituris ac in suis robore et firmitate duraturis et permansuris attemptato seu attemptatis hujusmodi non obstantibus. In cujus, etc., usque primum diem decembris proximi futuri duraturas. Teste Reg. apud castrum Regium d'Alenson in ducatu Regio Normannie .xxvij°. die octobris. Per ipsum Regem.

De salvo conductu Maussaint. Rex per litteras suas patentes usque decimum diem Novembris proximi futuri duraturas suscepit in salvum, etc. Johannem Maussaint de Francia usque exercitum Regis ubicumque fore contigerit cum duobus valettis in comitiva sua equestre veniendo ibidem morando et exinde ad propria redeundo ac equos bona et hernesia sua. Proviso semper quod ipsi quicquam quod in Regis contemptum vel prejudicium aut populi sui dampnum, etc., ut supra usque ibi attemptari, et tunc sic. In cujus, etc. Teste ut supra. Per ipsum Regem.

De salvo conductu Larchamp. Rex per litteras suas patentes tricesimum diem Octobris proximi futuri duraturas suscepit in salvum, etc. Ricardum Larchamp in castro de Beaumont ad presens existentem ab eodem castro ad quascumque partes regni Regis Francie sibi placuerit cum quadraginta personis in comitiva sua ac equis bonis et hernesiis suis exceptis victualibus et artillaria transeundo. Proviso semper quod ipsi quicquam quod in Regis contemptum vel prejudicium aut populi sui dampnum aliqualiter cedere valeat non attemptent seu faciant attemptari quodque persone predicti proditores Regis aut extra regnum suum Anglie bannite seu abjudicate non existant. In cujus, etc. Teste Reg. apud castrum, etc., ut supra. Per ipsum Regem.

Pro Johanne Blount. Rex dilecto et fideli suo Johanni Blount salutem. Sciatis quod nos de fidelitate et circumspeccione vestris plenius confidentes dedimus vobis plenam tenore presencium potestatem litteras de salvo conductu omnibus et singulis prisonariis in castrum nostrum de Chamboy in ducatu nostro Normannie per aliquos ligeos nostros soldarios ibidem existentes captis dandi et concedendi. Proviso semper quod nos de nominibus omnium et singulorum prisonariorum hujus ac de nominibus illorum quibus prisonarii fuerint distincte et aperte certificetis. In cujus, etc., quamdiu, etc. Teste ut supra. Per ipsum Regem.

De salvo conductu pro abbate de Persenna. Rex per litteras suas patentes usque quartum diem Novembris proximi futuri duraturas suscepit in salvum, etc. Guillelmum Abbatem Beate Marie de Persenna in ducatu Regio Normannie usque presenciam Regis ubicumque ipsum fore contigerit cum decem et octo personis in comitiva sua ac equis bonis rebus et hernesiis suis veniendo ibidem morando et abinde transeundo. Proviso semper quod ipsi quicquam quod in Regis contemptum vel prejudicium aut populi sui dampnum aliqualiter cedere valeat non attemptent seu faciant attemptari quodque persone predicte proditores Regis aut extra regnum suum Anglie bannite seu abjudicate non existant. In cujus, etc. Teste Reg. apud castrum Regium d'Alenson in ducatu, etc. .xxviiij°. die octobris. Per ipsum Regem.

De salvo conductu Ferte Fresnel. Rex per litteras suas patentes usque sextum diem Novembris proximi futuri duraturas suscepit in salvum, etc. Rogerum de Hellenviller in castro de Ferte Frenel in ducatu Regio Normannie ad presens existentem ab eodem castro versus quascumque partes regni Regis Francie sibi placuerit cum sexaginta personis in comitiva sua ac equis hernesiis carectis cariagiis ac aliis bonis suis quibuscumque exceptis victualibus et artillaria transeundo. Proviso semper quod ipsi quicquam quod in Regis contemptum vel prejudicium aut populi sui dampnum aliqualiter cedere valeat non attemptent seu faciant aliqualiter attemptari, quodque persone predicte proditores Regis aut extra regnum suum Anglie bannite seu abjudicate non existant. In cujus, etc. Teste ut proximo supra. Per ipsum Regem.

Consimiles litteras de salvo conductu per idem tempus duraturas et sub eadem data habet Guillelmus de Rueppierre armiger cum viginti personis in comitiva sua, etc. Per ipsum Regem.

Pro Johanne Boishue de Capella data. Rex omnibus ad quos, etc., salutem. Sciatis quod dedimus et concessimus Johanni Boishue capellano ligeo nostro ville Dessay in ducatu nostro Normannie capellani S^te^. Margarete Dessay vacantem per mortem Willelmi Letelier ultimi capellani ejusdem capelle et ad nostram donacionem spectantem ut dicitur habendam cum suis juribus et pertinenciis suis quibuscumque. In cujus, etc. Teste Reg. apud castrum, etc., .xxx°. die octobris. Per ipsum Regem.

Pro Willelmo Porter, Chivaler. Rex dilecto et fideli suo Willelmo Porter, salutem. Sciatis quod nos de fidelitate et circumspectione vestris plenius confidentes, constituimus vos capitaneum castri domanii nostrorum de Rugles habendum et occupandum officium predictum quamdiu nobis placuerit cum omnibus feodis proficuis et commoditatibus quibuscumque eidem officio pertinentibus sive spectantibus, dantes et concedentes vobis plenam tenore presencium potestatem et auctoritatem ad domanium de Bertuhulf. cum omnibus pertinenciis suis in manus nostras capiendi, ac omnes et singulos cujuscumque status gradus seu condicionis fuerint qui ad graciam et pacem nostras venire et sub fide et ligeancia nostris morari volunt et residere ad graciam pacem nostras recipiendi et admittendi et cuilibet bilnetas sigillo vestro signatas tradendi et liberandi necnon litteras de salvo conductu omnibus et singulis prisonariis vel aliquos de societate vestra captis videlicet pro redemptione et financia suis querendis et magistris suis in hac parte solvendi dandi et concedendi. Proviso semper quod nos de nominibus tam omnium et singulorum quos ad hujusmodi graciam et pacem nostras receperitis et admiseritis et quibus hujus bilnetas tradideritis et liberaveritis quam illorum quibus litteras de salvo conductu dederitis et concesseritis et magistrorum eorumdem distincte et aperte certificetis. In cujus, etc. Teste Reg. apud castrum Regium d'Alenson in ducatu, etc., .xxxj°. die octobris. Per ipsum Regem.

Pro Johanne de Neville. Rex carissimo consanguineo [suo] Johanni de Neville salutem. Sciatis quod nos de fidelitate et circumspeccione vestris plenius confidentes constituimus vos capitaneum castri et ville nostrorum de Vernull. habendum et occupandum officium predictum quamdiu nobis placuerit cum omnibus feodis proficuis et commoditatibus quibuscumque eidem officio pertinentibus sive spectantibus dantes et concedentes vobis plenam tenore presencium potestatem et auctoritatem omnes et singulos ibidem ac parcium adjacencium cujuscumque status gradus seu conditionis fuerint qui ad graciam et pacem nostras venire et sub fide et ligeancia nostris morari volunt et residere ad graciam et pacem nostras recipiendi et admittendi et cuilibet eorum bilnetas sigillo vestro signatas tradendi et liberandi necnon litteras de salvo conductu omnibus et singulis prisonariis per aliquos de societate vestra captis videlicet pro redemptione et financia suis querendis et magistris suis in hac parte solvendis dandi et concedendi. Proviso semper quod nos de nominibus tam omnium et singulorum quos ad hujus graciam et pacem nostras receperitis et admiseritis et quibus hujusmodi bilnetas tradideritis et liberaveritis, quam illorum quibus litteras de salvo conductu dederitis et concesseritis et magistrorum eorumdem distincte et aperte certificetis. In cujus, etc. Teste Reg., etc., ut supra. Per ipsum Regem.

Pro Johanne Gray. Consimiles littere diriguntur

Johanni Gray pro castro et villa de Mortaingne. Per ipsum Regem.

De salvo conductu Deruotin. Rex per litteras suas patentes usque tercium decimum diem Novembris proximi futuri duraturas suscepit in salvum, etc. Johannem Deruotin in castro sive fortalicio de Novens ad presens existentem et abinde quo sibi placuerit cum Johanne Grondean et Johanne du Briel in comitiva sua ac equis et hernesiis suis transeundo. Proviso semper quod ipsi quicquam quod in Regis contemptum vel prejudicium aut populi sui dampnum aliqualiter cedere valeat non attemptent nec faciant aliqualiter attemptari. In cujus, etc. Teste Reg., etc., ut supra .xxxj°. die octobris. Per ipsum Regem.

De salvo conductu d'Anguen. Consimiles litteras Regis de salvo conductu per idem tempus duraturas habet Michael de la Touche in castro sive fortalicio de Danguen ad presens existentem abinde cum duabus personis in comitiva sua, etc., ut supra. Teste ut supra. Per ipsum Regem.

De salvo conductu Remallart. Rex per litteras suas patentes usque octavum diem Novembris proximi futuri duraturas suscepit in salvum, etc. Guillelmum de Remallart armigerum in villa Regia d'Alenson in ducatu Regio Normannie ad presens existentem abinde versus quascumque partes Britannie sibi placuerit cum octo personis in comitiva sua ac equis et hernesiis suis transeundo et abinde redeundo. Proviso semper, etc., ut supra. In cujus, etc. Teste, etc., ut supra. Per ipsum Regem.

Pro Johanne Radeclif. Rex dilecto et fideli suo Johanni de Radeclyf, salutem. Sciatis quod nos de fidelitate et circumspeccione vestris plenius confidentes assignavimus vos ad redditus exitus proficua revenciones et emolumenta quecumque de domanio nostro de Vernull. ac aliis locis quibuscumque eidem domanio adjacentibus nobis debita et pertinencia levandi colligendi et recipiendi et nobis inde fideliter respondendi. Volentes ulterius quod vobis de omnimodis pateis et aliis quibuscumque per carissimum consanguineum nostrum Johannem de Nevylle capitaneum nostrum ibidem aut officiarios seu ministros suos ibidem factis vel faciendis ante liberacionem seu tradicionem eorumdem plene certificetur. In cujus, etc., quamdiu nobis placuerit duraturum. Teste Reg. apud castrum Regium d'Alenson in ducatu Regio Normannie .xxxj°. die octobris. Per ipsum Regem.

(Membrane 20.)

Pro Cristiana Danfernet. [Rex] omnibus ad quos, etc., salutem. Sciatis quod concessimus et licenciam dedimus Cristiane Danfernet uxori Ludowici Burgoyse chivaler prisonarii Radulfi Cromwell. militis nuper in villa nostra de Cadomo in conquestu ejusdem capti quod ipsa cum pueris et bonis suis quibuscumque in una domorum Johannis Huc jurati ligei nostri juxta Exmes morari possit et residere toto tempore quo vir suus predictus prisonarius fuerit absque molestacione seu perturbacione aliquorum ligeorum seu subditorum nostrorum quorumcumque. Et hoc omnibus quorum interest innotescimus per presentes. In cujus, etc. Teste Reg. apud castrum Regium d'Alenson in ducatu, etc, secundo die novembris. Per ipsum Regem.

Pro Waltero Hungerford. Rex omnibus ad quos, etc., salutem. Sciatis quod de gracia nostra speciali et pro bono et acceptabili servicio quod dilectus et fidelis miles noster Walterus Hungerford senescallus hospicii nostri nobis impendit et impendet concessimus ei officium constabularii castri nostri de Wyndsore in regno nostro Anglie habendum et occupandum officium predictum per se vel sufficientem deputatum suum pro quo respondere voluerit pro termino vite sue una cum custodia forestarum, parcorum warennarum et aliorum locorum quorumcumque eidem officio pertinencium sive spectancium cum feodis, vadiis proficuis emolumentis et commoditatibus quibuscumque eisdem officio et custodie debitis et consuetis eo quod expressa mencio de aliis donis et concessionibus prefato Waltero ante hec tempora factis juxta formam statuti inde editi et provisi hic facta non existit aut aliqua alia causa re vel materia quacumque non obstante. In cujus, etc Teste Reg. apud castrum, etc., ut supra primo die novembris. Per ipsum Regem.

De salvo conductu pro Abbate de Sees. Rex per litteras suas patentes usque vicesimum secundum diem Novembris proximi futuri duraturas suscepit in salvum, etc. Abbatem S[ti]. Martini de Sees in ducatu Regio Normannie usque presenciam Regis ubicumque eum fore contigerit cum sexdecim personis in comitiva sua ac equis bonis rebus et hernesiis suis veniendo ibidem morando ex exinde transeundo. Proviso semper quod ipsi quicquam quod in Rege contemptum vel prejudicium aliqualiter cedere valeat non attemptent seu faciant aliqualiter attemptari quodque persone predicte proditores Regis aut extra regnum suum Anglie bannite seu abjudicate non existant. In cujus, etc. Teste Rege apud castrum, etc., ut supra quinto die novembris. Per ipsum Regem.

De presentatione Petili. Johannes Petill capellanus habet litteras Regis de presentatione ad ecclesiam S[ti]. Lotharii Sagiensis diocesis vacantem et ad Regem donationem spectantem ut dicitur. Et diriguntur littere ille Johanni Episcopo Sagiensi seu ejus vicario generali, etc. In cujus, etc. Teste Rege, etc., ut supra .vj°. die novembris. Per ipsum Regem.

Pro Gerardo Usflete. Rex omnibus ad quos, etc., salutem. Sciatis quod de gracia nostra speciali et pro bono et gratuito servicio quod dilectus et fidelis miles noster Gerardus Usflete nobis impendit et impendet in futurum concessimus ei officium senescalli tocius domanii nostri de Kerketon' Soken' in Lyndesaie in comitatu Lincolnie habendum et occupandum officium predictum quamdiu nobis placuerit cum omnibus feodis vadiis debitis et aliis proficuis eidem officio pertinentibus eodem modo et adeo integre sicut Johannes Walerton defunctus in officio illo dum vixit habuit et percepit. In cujus, etc. Teste Rege apud castrum Regium, etc., ut supra quinto die novembris. Per ipsum Regem.

De salvo conductu pro Abbate de Trappa. Rex per litteras suas patentes usque vicesimum secundum diem Novembris proximi futuri duraturas suscepit in salvum, etc. Johannem Abbatem Beate Marie de Trappa usque presenciam Regis ubicumque eum fore contigerit cum decem personis in comitiva sua ac equis rebus et hernesiis suis veniendo. Proviso semper quod ipsi quicquam quod in Regis contemptum vel prejudicium aut populi sui dampnum aliqualiter cedere valeat non attemptent seu faciant aliqualiter attemptari. In cujus, etc. Teste Rege apud castrum, etc., ut supra x°. die novembris. Per ipsum Regem.

De salvo conductu Deducto. Rex per litteras suas patentes usque vicesimum diem Novembris proximi futuri duraturas suscepit in salvum, etc. Andream Deducto et Johannem Deducto usque presenciam Regis ubicumque eum fore contigerit cum sex personis in comitiva sua ac equis bonis rebus et hernesiis suis veniendo. Proviso semper, etc., ut proximo supra. In cujus, etc. Teste Rege apud castrum, etc., ut supra .viij°. die novembris. Per ipsum Regem.

De presentacione Tonelier. Matheus Le Tonelier capellanus habet litteras Regis de presentacione ad capellam Beate Marie de Ronceray in parochia de Say Sagiensis diocesis vacantem per mortem magistri Roberti Jolis capellani ultimi possessoris ejusdem capelle et ad Regis donacionem spectantem ut dicitur. Et diriguntur littere ille Johanni Episcopo Sagiensi seu ejus vicario generali. In cujus, etc. Teste Reg. ut proximo supra. Per ipsum Regem.

De salvo conductu Pilerin. Rex per litteras suas patentes usque quintum decimum diem Novembris proximi futuri duraturas suscepit in salvum, etc. Johannem Pilerin in castro sive fortalicio de Quinchampo ad presens existentem ab eodem castro sive fortalicio cum viginti et quinque personis in comitiva sua ac equis bonis et hernesiis suis quibuscumque exceptis victualibus et artillaria transeundo. Proviso semper, etc., ut proximo supra usque ibi attemptari, et tunc sic quodque persone predicte proditores Regis aut extra regnum suum Anglie bannite seu abjudicate non existant. In cujus, etc. Teste Reg. apud castrum, etc., ut supra .xj°. die novembris. Per ipsum Regem.

De salvo conductu pro Archiepiscopo Remensi. Rex per litteras suas patentes usque vicesimum quartum diem Novembris proximi futuri duraturas suscepit in salvum, etc. venerabilem patrem Reginaldum Archiepiscopum Remensem et Magistrum Robertum de Tuleriis usque presenciam Regis ubicumque eum fore contigerit cum quadraginta equis in comitiva sua veniendo ibidem morando et exinde transeundo ac res bona et hernesia sua quecumque. Proviso semper quod ipsi quicquam quod in Regis contemptum vel prejudicium aut populi sui dampnum aliqualiter cedere valeat non attemptent seu faciant aliqualiter attemptari quodque nullus personarum cum prefatis Archiepiscopo et Roberto veniencium proditor Regis aut extra regnum suum Anglie bannitus seu abjudicatus existat. In cujus, etc. Teste Reg. apud castrum Regium, etc., ut supra .x°. die novembris. Per ipsum Regem.

De salvo conductu Moustiers. Rex per litteras suas patentes usque festum S^ti. Andree proximo futuri duraturas suscepit in salvum, etc. Guillelmum de Meulhon militem et Gilbertum de Moustiers dominum de La Faieta militem in villa Falesie in ducatu Regio Normannie ut dicitur existentes ab eadem villa ad conveniendum et tractandum una cum ceteris aliis personis ambassiatoribus et nunciis specialibus consanguinei et adversarii sui Francie cum commissariis Regis de et super certis causis tranquillitatem ac publicum et universale bonum nedum Francie et Anglie Regnorum verumeciam tocius Christianitatis firmiter ut Rex sperat concernentibus cum triginta equis in comitiva sua ac rebus bonis et hernesiis suis quibuscumque transeundo. Proviso semper quod ipsi quicquam, etc., ut supra quodque nullus personarum prefatis Guillelmum et Gilberto transeuncium, etc., ut supra. In cujus, etc. Teste ut supra. Per ipsum Regem.

Pro Willelmo Bradwardyn. Rex omnibus ad quos, etc., salutem. Sciatis quod de gracia nostra speciali et pro bono servicio nobis per dilectum armigerum nostrum Willelmum Bradwardyn impenso et impendendo concessimus ei officium Marescalli de Banco nostro coram nobis in regno nostro Anglie habendum et occupandum officium predictum per se vel sufficientem deputatum suum pro quo respondere voluerit pro termino vite sue percipiendo in eodem officio omnimoda vadia feoda proficua et alias commoditates quascumque eidem officio debita pertinencia sive spectancia adeo integre et eodem modo sicut Robertus Gloucestre chivaler qui nuper officium illud ex concessione nostra habuit vel aliquis alius ante eum habuit et percepit in eodem eo quod expressa mencio de aliis donis et concessionibus prefato Willelmo ante hec tempora factis juxta formam statuti inde editi et provisi hic facta non existit aut aliqua alia causa re vel materia quacumque non obstante. In cujus, etc. Teste Reg. apud castrum ut supra .xxx°. die octobris. Per ipsum Regem.

De salvo conductu. Sage. Rex per litteras suas patentes per unum mensem proximi futuri duraturas suscepit in salvum, etc. Radulfum Le Sage chivaler in villa de Coustances in ducatu Regio Normannie ut dicitur existentem ab eadem villa usque villam de Boulloingne supra mare et abinde in Holandiam cum viginti et quinque personis armatis vel non armatis in comitiva sua vel infra ac viginti et quinque equis et uno mulo vel infra una cum duobus sommeris duabus manticis vel infra auro argento vasis de auro et argento jocalibus hernesiis robis et aliis rebus suis insimul vel per partes peregre transeundo et usque dictam villam de Coustances redeundo. Proviso semper quod ipsi quicquam quod in Rege contemptum vel prejudicium aut populi sui dampnum aliqualiter cedere valeat non attemptent seu faciant aliqualiter attemptari quodque nullus personarum predictarum proditor Reg. aut extra regnum suum Anglie bannitus seu abjudicatus existat. In cujus, etc. Teste Reg. apud castrum regium d'Alenson in ducatu, etc., .xij°. die novembris. Per ipsum Regem.

Pro Philippo Caumont. Rex omnibus ad quos, etc., salutem. Sciatis quod de gracia nostra speciali concessimus Philippo Caumont jurato ligeo nostro de ducatu Normannie terram et domanium de Condiehart in ducatu nostro predicto que fuerunt Johannis Guerart avunculi sui tenentis partem adversarii nostri Francie habendam eidem Philippo terram et domanium predictam cum pertinenciis pro termino vite sue per eadem redditus et servicia perque idem Johannes ea ante rebellionem suam predictam tenuit et occupavit. In cujus, etc. Teste Reg. apud castrum nostrum d'Alenson in ducatu nostro predicto .xij°. die novembris. Per ipsum Regem.

De salvo conductu Morin. Rex per litteras suas patentes per unum annum duraturas suscepit in salvum, etc. Johannem Morin de Guerande in Britannia usque villas regias de Caen vel Harefleu in ducatu Regio Normannie aut alias villas et loca quecumque cismarina Regi subdita et subjecta cum quadam navi portagii quatuor viginti doliorum vel infra unde Willelmus Berthit est magister mercatorie veniendo ibidem morando et exinde ad partes suas proprias redeundo ac prefatum magistrum et marinarios et apparatum navis predicte. Proviso semper quod ipsi quicquam quod in Reg. contemptum vel prejudicium aut populi sui dampnum aliqualiter cedere valeat non attemptent seu faciant aliqualiter attemptari, quodque ipsi legales exerceant mercandisas ac custumas subsidia et alia deveria Regi in hac parte debita fideliter solvant. In cujus, etc. Teste Reg. ut supra .xiij°. die novembris. Per ipsum Regem.

Consimiles litteras Regis de salvo conductu per idem tempus duraturas sub eadem data habet idem Johannes pro quadam navi portagii sexaginta doliorum vel infra unde Willelmus Le Capitaine est magister, etc., ut supra. Per ipsum Regem.

De salvo conductu Boys (vel du Bois). Rex per litteras suas patentes usque festum S^ti. Johannis Baptiste proximi futuri duraturas suscepit in salvum, etc. Johannem Douboais de Britannia in regnum Regis

29

Anglie cum quadam navi de Britannia portagii sexaginta doliorum vel infra panno lineo, piscibus, carnibus et aliis victualibus pro expensis hospicii carissime matris nostre Johanne Regine Anglie carcata transeundo ibidem morando et exinde versus partes suas proprias redeundo ac magistrum et marinarios navis predicte necnon bona res et hernesia sua quecumque. Proviso semper quod ipsi quicquam, etc., ut supra quodque aliqua bona seu mercandisas aliquorum inimicorum nostrorum non colorent quovis modo. In cujus, etc. Teste Reg. ut proximo supra. Per ipsum Regem.

Pro Wallero Intebergh de attornato Reg. Rex omnibus ad quos, etc., salutem. Sciatis quod constituimus dilectum nobis Walterum Intebergh attornatum nostrum ad lucrandum vel perdendum in omnibus causis placitis et querelis motis vel movendis pro nobis vel contra nos in curia nostra militari necnon ad inquirendum viis et modis quibus melius sciverit vel poterit de omnimodis bonis et catallis quorumcumque proditorum et felonum in curia nostra convictorum et eadem bona et catalla ubicumque fuerint inventa in manus nostras seisiendum et capiendum et nobis inde bene et fideliter respondend. ac omnia alia exercend. et exequend. que pro commodo et utilitate nostris inibi fuerint faciendi. In cujus, etc. Teste Reg. apud abbatiam Regiam S[ti].Stephani de Caen in ducatu Regio Normannie .xx[e]. die augusti. Per ipsum Regem.

De salvo conductu Castell. Rex per litteras suas patentes per unum annum duraturas suscepit in salvum, etc. Oliverum dominum. de Chastell. de Britannia vel ipsum quem idem Oliverus loco suo substituere voluerit in regnum Regis Anglie cum centum hominibus generosis in comitiva sua in duobus vasis utroque portagii centum doliorum vel infra bonis mercandisis et hernesiis suis carcata salvo et secure tam per terram quam per mare transeundo ibidem morando et perhendinando per diem et per noctem et abinde usque partes suas proprias cum aliis bonis et mercandisis per ipsos in dicto regno Regis Anglie si que fuerint emptis et provisis redeundo ac magistros marinarios et apparatum navis predicte sic. Proviso semper quod ipsi quicquam quod in Reg. contemptum vel prejudicium aut populi sui dampnum aliqualiter cedere valeat non attemptent seu facient aliqualiter attemptari et quod ipsi legales exerceant mercandisas ac custumas subsidia et alia deveria Regi in hac parte debita fideliter solvant, quodque aliqua bona seu mercandisas aliquorum inimicorum Regis non colorent quovis modo. In cujus, etc. Teste Reg. ut supra .xiv[o]. die novembris. Per ipsum Regem.

De salvis conductibus. Rex per litteras suas patentes per tempus predictum duraturas suscepit in salvum, etc. Guidonem de Kerguiris de Britannia armigerum in regnum Regis Anglie vel alibi in domania potestatem et jurisdictiones suas quecumque ubi sibi melius viderit expedire in quadam navi de Britannia portagii ducentorum et quadraginta doliorum vel infra unde Guillelmus Guzenon est magister tam equis pannis et lineis quam aliis mercandisis carcata transeundo ibidem morando et exinde usque partes suas proprias redeundo ac marinarios et apparatum navis supradicte. Proviso semper, etc., ut supra. Teste ut supra. Per ipsum Regem.

Consimiles litteras Regias de salvo conductu per idem tempus duraturas et sub eadem data habet idem Guido pro quadam navi de Britannia portagii quatuorviginti doliorum vel infra unde Johannes Le Galleduc de Vannes est magister tam equis quam aliis mercandisis carcata, etc., ut supra. Per ipsum Regem.

Pro Johanne de Nevill. Rex carissimo consanguineo suo Johanni de Nevyll. chivaler salutem. Sciatis quod nos de fidelitate probitate et circumspectione vestris plenius confidentes dedimus vobis plenam tenore presencium potestatem et auctoritatem ad omnia et omnimoda castra domania fortalicia civitates, villas firmatas et alia loca quecumque tam infra ducatum nostrum Normannie quam regnum nostrum Francie in manus nostras seisiendi et capiendi et ea potestati et ditioni nostris cum suis pertinenciis et annexis quibuscumque subjiciendi et subdendi et hujusmodi loca per pateas dimittere que melius pro commodo et honore nostris juxta sanam discretionem vestram fore videritis dimittendi, necnon ad vigilias et custodias de capitaneis et eorum soldariis in comitiva vestra existentibus in locis ubi melius expedire videritis ponendi assignandi et deputandi ac equitaciones et alias resistencias contra proterviam inimicorum nostrorum quociens et quando expediens fuerit et necesse faciendi et ordinandi, ac illos omnes et singulos de comitiva vestra predicta cujuscumque status gradus seu conditionis fuerint quos vobis in hac parte inobedientes rebelles vel contrarios contigerit inveniri castigandi et puniendi sive fuerit per incarcerationem corporum suorum aut alio modo licito quocumque quemlibet videlicet juxta statum gradum et demeritum sua ac eciam ad omnes et singulas personas qui se gracie et paci nostris submittere et sub fide et ligeancia nostris morari volunt et residere, ad graciam et pacem nostras recipiendi et admittendi. Proviso semper quod nos de toto facto vestro in hac parte distincte et aperte certificetis. Damus autem universis et singulis capitaneis castellanis et eorum locatenentibus ac aliis ligeis fidelibus et subditis nostris et omnibus aliis quorum interest tenore presencium firmiter in mandatis quod vobis in execucione promissorum intendentes sint consulentes et auxilientes ac vestris mandatis obedientes quociens et quando per vos ex parte nostra debite fuerint requisiti. In cujus, etc., quamdiu nobis placuerit duraturum. Teste Reg. ut supra. Per ipsum Regem.

(Membrane 19.)

De salvo conductu Guyllias. Rex per litteras suas patentes usque festum Natalis Domini proximi futuri duraturas suscepit in salvum, etc. Guillelmum Guyllyas usque presenciam Regis ubicumque ipsum fore contigerit tam per terram quam per mare cum uno famulo in comitiva sua veniendo ibidem morando et exinde versus partes suas proprias transeundo. Proviso semper quod ipsi quicquam quod in Reg. contemptum vel prejudicium aut populi sui dampnum aliqualiter cedere valeat non attemptent seu faciant aliqualiter attemptari. In cujus, etc. Teste ut supra .xiv[o]. die novembris. Per ipsum Regem.

Pro Ricardo Comite Warren. Rex carissimo consanguineo suo Ricardo Comiti Warrene salutem. Sciatis quod nos de probitate fidelitate et circumspectione vestris plenius confidentes, dedimus vobis plenam tenore presencium potestatem et auctoritatem ad omnes et singulas personas de castellania de Belesme et parcium adjacencium que ad graciam et pacem nostras venire et sub fide et ligeancia nostris morari volunt et residere ad graciam et pacem nostras recipiendi et admittendi et eis et eorum cuilibet bilnetas sigillo vestro signatas tradendi et liberandi. Proviso semper quod nos tam de nominibus illorum quos ad hujusmodi graciam et pacem nostras receperitis et admiseritis quam illorum quibus hujus bilnetas tradideritis et liberaveritis distincte et aperte certificetis. In cujus, etc., quamdiu Regi placuerit duraturum. Teste Reg. apud castrum, etc., .xv[e]. die novembris. Per ipsum Regem.

Pro Radulfo Leyntale et Johanne Botiller. Rex dilecto et fideli suo Radulfo Leyntale ac dilecto sibi Johanni Botiller salutem. Sciatis quod nos de fidelitate et provida circumspectione vestris plenius confidentes dedimus vobis plenam tenore presencium potestatem et auctoritatem ad exigendum petendum stipulandum et recipiendum pro nobis et nomine nostro ab illustri principe fratre nostro carissimo Johanne duce Britannie ac Yolande Jerusalem et Cecilie Regina et Lodovico filio ejus quascumque securitates obligaciones juramenta promissiones et cauciones de et super quibuscumque treugis guerrarum abstinenciis aut convencionibus inter nos et prefatos Ducem Reginam et Lodowicum qualitercumque initis factis seu conclusis. Promittentes nos ratum gratum firmum et stabile habitur. totum et quicquid nomine nostro feceritis in permissis. In cujus, etc. Teste Reg. apud castrum, etc., xvj°. die novembris.

De salvo conductu Gaya Garcya. Rex per litteras suas patentes usque secundum diem decembris proximi futuri duraturas suscepit in salvum, etc. Gaya Garcia de regno Castella in Comitivam Johannis de Seint Piere cum quinquaginta balistariis in comitiva sua veniendo ac equos res bona et hernesia sua quecumque. Proviso semper, etc., ut supra. In cujus, etc. Teste ut supra .xviij°. die novembris. Per ipsum Regem.

Pro Johanne Radeclif. Rex omnibus ad quos, etc., salutem. Sciatis quod de gracia nostra speciali concessimus dilecto et fideli nostro Johanni de Radeclyf illam navem vocatam Hulk que fuit Johannis Mortymer chivaler qui erga nos forisfecit et que per forisfacturam suam in manus nostras devenit habendum eidem Johanni Radeclyf navem predictam cum toto apparatu ejusdem de dono nostro. In cujus, etc. Teste Rege apud castrum, etc., .xv°. die novembris. Per ipsum Regem.

Pro Lancelot Simon. Rex omnibus ad quos, etc., salutem. Sciatis quod nos dedimus et concessimus dilecto servienti nostro Lancelot Simon hospitale du Boishalboust in castellania nostra de Tury juxta villam nostram de Caen in ducatu nostro Normannie habendam cum suis juribus et pertinenciis quibuscumque si per laicalem personam occupari poterit et consueverit. Proviso semper quod ipse omnia onera hospitali predicto pertinencia sive spectancia faciat et supportet ac facere et supportare teneatur. In cujus, etc. Teste ut supra .xvj°. die novembris. Per ipsum Regem.

De salvo conductu Boisguerin. Rex per litteras suas patentes usque festum Sti. Michaelis proximi futuri duraturas suscepit in salvum, etc. Johannem Boisguerin de Britannia ac factores et attornatos suos videlicet Petrum Trehaull'. et Andream Regnauld. vel alterum eorum in ducatu Regio Normannie vel alibi in domania potestatem et jurisdictiones Regias cismarina cum viginti et quatuor equis vel infra diversis bonis et mercandisis suis summatis ac quatuor valettis de Britannia conductoribus suis veniendo ibidem morando et perhendinando tam per diem quam per noctem ac bona et mercandisas suas predicta in quocumque loco ducatus dominiorum potestatis vel jurisdictionum Reg. predictorum sibi placuerit vendicioni exponendo et exinde usque partes suas proprias transeundo. Proviso semper quod ipsi quicquam quod in Reg. contemptum vel prejudicium aut populi sui dampnum aliqualiter cedere valeat non attemptent seu faciant aliqualiter attemptari et quod ipsi legales exerceant mercandisas ac custumas subsidia et alia deveria Regis in hac parte debita fideliter solvant, quodque ipsi aliqua bona seu mercandisas aliquorum inimicorum Regis non colorent nec eos cum hujus bonis et mercandisis suis fortificent aut eis consilium auxilium vel favorem prebeant quovis modo. In cujus, etc. Teste Reg., etc., ut proximo supra. Per ipsum Regem.

De salvo conductu Malo. Rex per litteras suas patentes usque sextum decimum diem februarii proximi futuri duraturas suscepit in salvum, etc. Malonem Heraldum carassimi fratris Regis Johannis ducis Britannie et Johannem Morin de Britannia in regnum Regis Anglie cum sex personis servientibus in comitiva sua in quodam vase de Britannia conjunctim vel divisim transeundo ibidem morando et exinde usque partes suas proprias redeundo ac marinarios vasis predicti necnon equos bona et hernesia sua. Proviso semper quod ipsi quicquam quod in Reg. contemptum vel prejudicium aut populi sui dampnum aliqualiter cedere valeat non attemptent seu faciant quomodolibet attemptari. In cujus, etc. Teste ut supra. Per ipsum Regem.

Pro Johanne Duce Bedford. Rex omnibus ad quos, etc., salutem. Sciatis quod concessimus carissimo fratri nostro Johanni duci Bedford. Custodi Anglie custodiam omnium terrarum et tenement. que fuerunt Briani de Stapulton chivaler defuncti qui de nobis tenuit in capite infra regnum nostrum Anglie et que per mortem predicti Briani et ratione minoris etatis Briani filii et heredis ejusdem Briani de Stapulton in manus nostras devenerunt habend. fratri nostro custodiam predictam cum omnibus feodis militum advocationibus ecclesiarum et aliorum beneficiorum ecclesiasticorum quorumcumque cum pertinenciis durante minori etate predicti Briani filii, una cum maritagio ejusdem Briani. Et si ipsum Brianum obire contigerit antequam ad plenam etatem suam pervenerit herede suo infra etatem existente non marito tunc predictus frater noster habeat custodiam predictam durante minori etate heredis predicti sic infra etatem existentis cum omnimodis feodis militum advocationibus ecclesiarum et aliorum beneficiorum ecclesiasticorum quorumcumque cum pertinenciis una cum maritagio ejusdem heredis et sic de herede in heredem quousque aliquis heredum predicti Briani de Stapulton ad plenam etatem suam pervenerit et idem frater noster effectum maritagii alicujus heredum predictorum fuerit assecutus absque aliquo nobis vel heredibus nostris pro custodia et maritagio predictis reddendo aliquibus statutis sive ordinacionibus in contrarium factis non osbtantibus. Proviso semper quod idem frater noster inveniat heredi predicto competentem sustentacionem suam ac domos edificia et clausuras terris et tenementis predictis pertinencia manu teneat et sustentet necnon omnia alia onera eisdem terris et tenementis incumbencia faciat et supportet quamdiu custodiam habuerit supra dictam. In cujus, etc. Teste Reg. ut supra .xviij°. die novembris. Per ipsum Regem.

Pro ambassiatoribus Francie. Innoventur littere de salvo conductu pro ambassiatoribus Francie sub eadem forma qua supra irrotulatur usque ibi, ratione, et tunc sic attemptatorum, etc., ut supra usque ibi, patentes, et tunc sic usque quintum decimum diem decembris proximi futuri duraturas. Teste ut supra. Per ipsum Regem.

Item innovatur commissio prima ad tractandum cum ambassiatoribus Francie, sub eadem forma qua supra irrotulatur, usque ibi; circumspectione et industria; et tunc sic, carissimorum consanguineorum nostrorum Ricardi Comitis Warrene et Edwardi Courtenay, ac dilectorum et fidelium nostrorum Walteri Hungerford, Magistri Henrici Ware, Thome Chaucers, Johannis Waterton, Magistri Philippi Morgan et Magistri Johannis Kempe plenam gerentes fiduciam ad conveniendum, etc., ut supra mutatis mutand. Teste ut ubi. Per ipsum Regem.

Pro Johanne Tiptoft. Rex omnibus ad quos, etc., salutem. Sciatis quod nos de probitate fidelitate et industria dilecti et fidelis militis nostri Johannis Tiptoft senescalli nostri Aquitanie plenam fiduciam optinentes constituimus ordinavimus et prefecimus ipsum presidentem nostrum tam in scaccario nostro Normannie quam aliis pro tribunalibus, sedibus judicialibus quibuscumque et ubicumque infra ducatum nostrum predictum, necnon thesaurarium nostrum generalem infra eundem ducatum et aliis locis ditioni nostre subjectis quoad regendum et gubernandum omnes et singulos redditus, exitus, proventus, obvenciones et emolumenta quecumque nobis de eisdem ducatu et locis debita seu debenda; et ex ipsis quomodolibet rite proveniencia. Dantes eidem Johanni plenam tenore presencium potestatem et auctoritatem ad omnes et singulos debitores nostros ad compota et rationes compotorum de gestis debitis et administratis per eosdem tradendi et reddendi viis et modis quibus rationabiliter et de jure fuerit faciendum conveniendum et compellendum aut conveniri seu compelli, faciendo necnon ad omnes et omnimodos officiarios utpote ballivos vicecomites viridarios firmarios et alios officiarios prout melius juxta sanam discrecionem suam pro commodo nostro fore viderit faciendi ordinandi constituendi et deputandi, et illos qui in officiis suis hujus minus idoneos aut insufficientes inveniri contigerit de tempore in tempus amovendi et expellendi et alios loco suo idoneos et sufficientes substituendi et subrogandi ac eciam ad litteras de salvo conductu personis quibus sibi melius videbitur sub forma debita conficiendi dandi et concedendi necnon generaliter omnia et singula exercendo faciendo et expediendo que ad presidentem et thesaurarium pertinent seu pertinere debent quovismodo. Damus autem universis et singulis capitaneis castellanis et eorum locatenentibus ac omnibus aliis ligeis fidelibus et subditis nostris et aliis quorum interest tenore presencium firmiter in mandatis quod prefato Johanni in promissis et eorum quolibet faciendis et exequendis intendentes sint consulentes et auxiliantes prout decet. In cujus, etc., quamdiu nobis placuerit duraturum Teste rege apud castrum Regium d'Alenson, in ducatu Regio Normannie. Primo die novembris. Per ipsum Regem.

De salvo conductu pro Johanne de Fontenay. Rex per litteras suas patentes usque tercium decimum diem Decembris proximi futuri duraturas suscepit in salvum, etc. Johannem de Fontenay a villa Regia de Belesme quo sibi placuerit cum quatuor personis in comitiva sua pro redemptione et financia suis querendis, transeundo ac equos res bona et hernesia sua quecumque. Proviso semper quod ipsi quicquam quod in Reg. contemptum vel prejudicium aliqualiter cedere valeat non attemptent seu faciant aliqualiter attemptari. In cujus, etc. Teste Reg. apud castrum Regium d'Alenson in ducatu, etc., .xxj°. die novembris. Per ipsum Regem.

Consimiles litteras Regis de salvo conductu per idem tempus duraturas et sub eadem data habet Michaut de Rouvres. Per ipsum Regem.

Pro Decano et capitulo de Mortaigne. Rex omnibus ad quos, etc., salutem. Sciatis quod de gracia nostra speciali concessimus dilectis nobis in Christo Decano et capitulo ecclesie collegiate Omnium Sanctorum de Morteigne quod ipsi et successores sui sub fide et ligeancia nostris existentes habeant et teneant omnia et singula privilegia libertates et franchesias que ipsi seu predecessores sui hactenus rationabiliter habuerunt et tenuerunt necnon omnia maneria domania terras tenementa redditus et possessiones suas quecumque per eadem redditus et servicia per que ea ante hec tempora tenere consueverunt. In cujus, etc. Teste Reg. apud castrum, etc., .xxiv°. die novembris. Per ipsum Regem.

Pro burgensibus de Mortaigne. Rex omnibus ad quos, etc., salutem. Sciatis quod de gracia nostra speciali concessimus burgensibus ville nostre de Morteigne et omnibus aliis villam predictam inhabitantibus et inhabitaturis et sub fide, etc., ut supra usque ibi tenuerunt et tunc sic et quod ipsi et eorum quilibet habeant et teneant omnia maneria terras et tenementa, etc., ut supra. Teste ut supra. Per ipsum Regem.

Pro burgensibus de Verneuil. Rex omnibus ad quos, etc., ut supra usque ibi concessimus et tunc sic burgensibus ville nostre de Vernueil et omnibus aliis, etc., ut supra. Teste ut supra. Per ipsum Regem.

Pro Willelmo fitz Harry. Rex omnibus ad quos, etc., salutem. Sciatis quod de gracia nostra speciali et pro bono et gratuito servicio quod dilectus armiger noster Willelmus fitz Harry nobis impendit et impendet in futurum concessimus ei manerium de O in Comitatu d'Alencon infra ducatum nostrum Normannie quod fuit Roberti de O chivaler defuncti habendum manerium predictum cum advocationibus ecclesiarum et aliorum beneficiorum ecclesiasticorum quorumcumque wardis maritagiis terris, pratis, pasturis, boscis, parcis, warennis, chaceis, aquis, vivariis, piscariis, stagnis, molendinis, moris et mariscis, cum pertinenciis quibuscumque prefato Willelmo et heredibus suis masculis de corpore suo exeuntibus tenendum de nobis et heredibus nostris per servicia inde debita et consueta. Ita quod si idem Willelmus obierit sine herede masculo de corpore suo exeunte, tunc manerium predictum cum advocacionibus ecclesiarum et aliorum beneficiorum ecclesiasticorum quorumcumque wardis, maritagiis, terris, pratis, pasturis, boscis, parcis, warennis, chaceis, aquis, vivariis, piscariis, stagnis, molendinis, moris et mariscis cum pertinenciis quibuscumque remaneat Thome fitz Harri fratri predicti Willelmi et heredibus suis masculis de corpore suo exeuntibus tenendum de nobis et heredibus nostris predictis per servicia supradicta. In cujus, etc. Teste Rege apud castrum, etc., .xxj°. die novembris. Per ipsum Regem.

Pro Johanne Gra chivaler. Rex omnibus ad quos, etc., salutem. Sciatis quod cum ut accepimus omnia terre tenementa et redditus dilecti et fidelis nostri Johannis Gra in Saltfletby et Somercotes in comiti Lincolnie in Anglia abbati et conventui de Langonet in Britannia in annuo redditu decem librarum onerentur de quo nobis ad Scaccarium nostrum durantibus guerris inter nos et illos de Britannia annuatim respondetur. Nos de gracia nostra speciali concessimus et licenciam dedimus prefato Johanni quod ipse de prefatis abbate et conventu dictum annuum redditum decem librarum cum relaxacione eorumdem abbatis et conventus de omni jure clameo titulo et demanda que ipsi habent seu aliquomodo habere potuerunt in predictis terris tenementis et redditibus cum advocationibus ecclesiarum de Saltfletby et Somercotes adquirere possit habendum et tenendum dictum annuum redditum decem librarum sibi et heredibus suis aliquo dono seu concessione per nos vel aliquos progenitores nostros ante hec tempora facta non obstante. Et ulterius de uberiori gracia nostra concessimus quod idem Johannes et heredes sui predicti cum dictis terris tenementis et redditibus post adquisitionem predictam in forma predicta habitam et factam de eodem annuo redditu per has litteras nostras erga nos et heredes nostros ad Scaccarium nostrum exonerentur. In cujus, etc. Teste Rege apud castrum, etc., .xxiv°. die novembris. Per ipsum Regem.

De salvo conductu Moynet. Rex per litteras suas patentes usque decimum diem Decembris proximi futuri duraturas suscepit in salvum, etc. Michaelem Moynet et Gervasium filium ejus usque et in castellaniam Regiam S^ti^. Remigii de Plano cum uxoribus pueris, bonis rebus et hernesiis suis tam in carectis quam aliter veniendo et ibidem morando. Proviso semper quod ipsi quicquam quod in Rege contemptum vel prejudicium aut populi sui dampnum aliqualiter cedere valeat non attemptent seu faciant aliqualiter attemptari. In cujus, etc. Teste ut proximo supra. Per ipsum Regem.

(Membrane 18.)

De Treugis inter Regem et Ducem Britannie. Rex omnibus ad quos, etc., salutem. Sciatis quod cum nuper illustris princeps carissimus frater et consanguineus noster Johannes Dux Britannie et Comes Montis Fortis certis de causis ipsum in ea parte moventibus ad nos personaliter accedens inter cetera nobis suaserit quod ad Christiani sanguinis effusionem et alia mala que compendiosa nequeunt narracione comprehendi vitand. ac spe multiplicis boni inde ut asseruit secuturum cum ipso consanguineo nostro treugas seu guerrarum abstinencias iniremus ad tempus de quo videretur expedire moderandas. Nos precibus et instanciis excellentissime et preclarissime Domine Regine matris mee ac pacis et tranquillitatis desiderio quibus in humane peregrinacionis itinere nil optabilius aut securius reputamus totis viribus inclinati treugas seu guerrarum abstinencias pro nobis regni terris patriis domaniis ligeis et subditis nostris cum eodem carissimo consanguineo nostro Duce Britannie predicto pro se ducatu suo Britannie terris patriis domaniis ligeis et subditis suis infra scriptis fecimus inivimus concordavimus et composuimus ac facimus inimus componimus et concordamus duraturas a die date presencium sexta decima instantis mensis Novembris usque ad festum S^ti^. Michaelis Archangeli proximo futurum sub modo et forma qui sequitur. In primis convenimus et concordavimus, convenimus et concordamus cum prefato consanguineo nostro Duce predicto quod durante prefato tempore non faciemus nec a ligeis aut subditis nostris permittemus inferri aut fieri in terra aut super mare vel aquas pre fato Duci aut ejus terris patriis domaniis ligeis aut subditis de ducatu suo Britannie supradicto dampnum aliquod prejudicium molestiam seu gravamen. Item quamcito fieri poterit in regno terris patriis domaniis et locis nobis subjectis publice prohibemus et faciemus prohiberi omnibus et singulis ligeis et subditis nostris cujuscumque gradus status aut condicionis extiterint ne quis eorum contra prefatum Ducem vel ejus gentes ligeos aut subditos antedictos portet arma aut ad hoc alicujus servicio se deputet seu committat vel ad id in auxilium alicujus persone vadat durante tempore supradicto. Item quod prefatus Dux infra viginti et duos dies proximos a die date presencium precipiet et mandabit omnibus et singulis ligeis et subditis suis de ducatu Britannie predicto extra ducatum ipsum de presenti constitutis quatinus infra vicesimum diem mensis Decembris proximi futuri in predictum ducatum se conferant et revertantur ad quod has presentes guerrarum abstinencias in personis eorum in omnibus et per omnia inviolabiliter custodiant et observent. Item quod prenominatus Dux non inferet aut faciet nec ab aliquo suorum ligeorum aut subditorum habitancium seu commorancium in dicto ducatu vel infra dictum vicesimum diem mensis Decembris in eundem ducatum reversurus inferri aut fieri permittet in terra aut super mare vel aquas nobis aut nostris regno terris patriis domaniis, ligeis aut subditis supra dictis dampnum aliquod prejudicium molestiam guerram seu gravamen durante tempore supradicto. Item quod prefatus Dux impediet pro posse suo ne quis ligeorum aut subditorum suorum de ducatu suo predicto extra eundem ducatum existens inferat aut faciat in terra vel supra mare vel aquas nobis regni patriis domaniis ligeis aut subditis nostris dampnum aliquod prejudicium molestiam guerram seu gravamen ac eorum quemcumque contrafacientem in hac parte puniet idem Dux tanquam violatores presencium abstinenciarum. Item quod quam cito id poterit expediri prefatus Dux in ducatu suo terris domaniis patriis et locis sibi subjectis supradictis publice prohibebit et faciet prohiberi omnibus et singulis ligeis et subditis suis superius memoratis cujuscumque status gradus aut conditionis extiterint ne quis eorum contra nos aut ligeos seu subditos nostros faciat guerram aut resistendo se apponat seu portet aut levet arma durante tempore supradicto. Item quod durante tempore supradicto non receptabimus videlicet nos ipsi seu Dux antedictus in terris patriis domaniis aut aliis quibuscumque locis antedictis alicui nostrum subjectis aut villis castris seu fortaliciis in eisdem constitutis nec receptari vel adunari permittemus aliquos ad guerram dampnum seu prejudicium alicui nostrum aut ejus terris patriis domaniis villis castris fortaliciis gentibus ligeis seu subjectis antedictis inferendi seu faciendi. Item quod non permittemus scilicet nos ipsi nec Dux antedictus per terras dampnum guerram seu gravamen alii nostrum inferrendi durante tempore supradicto. Item quod si contingat villam castrum aut fortalicium aut alium locum quemcumque supradictum ipsius Ducis aut sibi subjectum a ligeis aut subditis nostris infra tempus presencium abstinenciarum contra ea que superius appunctuata sunt capi vel ab eis aliquid aliud contra has guerrarum abstinencias attemptari nos villam castrum fortalicium seu locum hujus quemcumque sic captum in statu adeo competenti sicut erat tempore capcionis ejusdem nostris laboribus et expensis prefato Duci restitui et quod sic attemptatum fuerit reparari faciemus indilate. Item quod si contingat villam castrum fortalicium aut alium quemcumque locum nobis subjectum a ligeis aut subditis prefati ducis in dicto ducatu suo habitantibus seu commorantibus [vel] infra predictum vicesimum diem mensis Decembris in eundem ducatum reversis capi aut aliquid contra has guerrarum abstinencias attemptari idem Dux villam castrum fortalicium seu locum hujusmodi quemcumque sic captum in statu adeo *sic* competenti sicut erat tempore capcionis ejusdem suis sumptibus et laboribus nobis restitui ac quod sic attemptatum fuerit reparari faciat indilate. Item quod si contingat villam castrum fortalicium aut alium quemcumque locum nobis subjectum a ligeis aut subditis prefati Ducis extra prefatum ducatum existentibus seu capi idem Dux quam cito fieri poterit precipiet et mandabit ipsis suis ligeis et subditis sic invadentibus seu capientibus quod villam castrum fortalicium seu locum sic invasum nobis absque dilacione restituant contra quos si mandatis hujus non paruerint procedet idem Dux et eos puniet tanquam attemptantes contra treugas et violatores earumdem. Item quod durante tempore predicto non permittemus scilicet nos ipsi nec prefatus Dux quatenus in nobis est in aliquo portuum nostrorum adunari seu congregari navigium aliquod armatorum ad dampnum molestiam seu prejudicium alii nostrum inferendo seu faciendo. Item quod si aliqua de causa contigerit ligeos seu subditos nostros armatos vel sine armis intrare aliquem portuum prefati Ducis illic manebunt et expectabunt salvo et secure absque impedimento quocumque molestacione vel gravamine dicti Ducis aut ligeorum et subditorum suorum et ministrabuntur eis propriis eorum sumptibus a subditis prefati Ducis victualia necessaria durante tempore supradicto. Item consimili modo si contigerit ligeos seu subditos prefati Ducis armatos vel sine armis intrare aliquem portuum nostrorum illic manebunt et expectabunt salvo et secure absque impedimento quocumque molestacione vel gravamine nostri aut ligeorum vel subditorum nostrorum et ministrabuntur eis propriis eorum sumptibus a subditis nostris victualia necessaria durante tempore supradicto. Item quod absque impedimento quocumque vel molestacione aut gravamine a nobis seu Duce predicto aut alicujus nostrum ligeis seu subditis sepedictis inferendo pretextu vel occasione guerrarum hostilitatis reprisaliarum vel attemptatorum contra treugas inter nos et prefatum Ducem aut precessores seu predecessores nostros prius initas vel alia quacumque de causa ligei et subditi nostri cum suis navibus et mercandisis portus terras patrias villas et alia loca supra dicta quecumque prefati Ducis ac e converso ligei et subditi predicti Ducis cum navibus et mercandisis suis portus terras patrias villas et alia loca nostra predicta ingredi poterunt et intrare pro victualibus et aliis quibuscumque mercandisis illic emendis et vendendis ac in eisdem securi morari et conversari tam de die quam de nocte et abinde recedere cum eorum bonis et mercandisis quibuscumque durante tempore supradicto. Ita tamen quod de facto guerre se non intromittant nec intrent aliquod fortalicium absque licencia capitanei vel alterius ad ejus custodiam deputati. Item durante tempore supradicto non faciemus aut ponemus nec gentes nostre facient seu ponent guerram aut insidias villis clausis castris aut fortaliciis existentibus in et de terris patriis aut domaniis prefati Ducis superius non expressatis infra regnum Francie constitutis nec hominibus suis qui in eisdem villis castris aut fortaliciis fuerint dum tamen iidem homines nobis aut gentibus nostris guerram non faciant nec adversarios nostros receptent ad guerram nobis aut gentibus nostris faciendam. Item quod si contingat aliquem ligeorum aut subditorum nostrorum aut prefati Ducis contra presentes guerrarum abstinencias attemptantem per partem illam contra quam sic attemptaverit capi carebit omni commodo presencium abstinenciarum nec eidem in aliquo debent suffragari. Item quod si contingat aliquem prefatorum ligeorum aut subditorum nostrorum aut prefati Ducis promissis convencionibus aut eorum alicui contrafacere seu contravenire per hoc presens guerrarum abstinencia non irritetur sed ipse sic contraveniens tanquam pacis et treugarum violator sine mora puniatur presentibus nichilominus treugis et guerrarum abstinenciis in suis robore et vigore duraturis. Quas quidem treugas seu guerrarum abstinencias modo et forma suprascriptis in omnibus et per omnia bona fide absque dolo et malo ingenio inconcusse observare et a ligeis et subditis nostris observari facere promittimus in verbo regio ac sub ypotheca et obligacione omnium bonorum nostrorum. In cujus, etc. Teste Reg. apud castrum Regium d'Alencon in ducatu Regio Normannie .xvj°. die novembris. Per ipsum Regem.

Rex omnibus ad quos, etc., salutem. Sciatis quod cum nuper illustris princeps carissimus frater et consanguineus noster Johannes dux Britannie Comes Montis Fortis certis de causis ipsum in ea parte moventibus ad nos personaliter accedens, inter alia nobis supplicaverit quatinus ad Christiani sanguinis effusionem et alia mala que brevis sermo non capit evitanda, ac suarum precum intuitu cum ipso fratre et consanguineo nostro vice et nomine preclarissime domine Yolande Jerusalem et Cecilie Regine et Ludowici filii ejusdem Regine iniremus treugas seu guerrarum abstinencias ad tempus de quo expedire videretur concordand'. Nos ejusdem fratris et consanguinei nostri postulationibus assiduis attendentes quod ea que pacis sunt rogat inclinati treugas seu guerrarum abstinencias pro nobis regni terris patriis domaniis ligeis et subditis nostris ex parte una cum eodem fratre et consanguineo nostro Duce predicto vice et nomine prefatorum Yolande Regine et Ludowici filii sui ac cum eisdem Regina et Ludowico filio suo in persona prefati Ducis pro terris patriis et domaniis ipsis Regine et Ludovico filio suo in ducatu Andegavie et Comitatu Cenomanie de presenti subjectis ac eorum subditis infra scriptis inivimus fecimus concordavimus ac composuimus ac inimus facimus componimus et concordamus sub modo et forma qui sequitur. In primis convenimus et concordavimus, convenimus et concordamus cum prefato fratre et consanguineo nostro Duce Britannie vice et nomine prefatorum Yolande Regine Jerusalem et Cecilie, et Ludowici filii sui nobiscum concordante et cum eisdem Regina et filio suo in persona prefati Ducis quod a die date presencium usque ad festum Beati Michaelis Archangeli proximo futurum non faciemus nec per nostros ligeos aut subditos fieri permittemus guerram prefatis Jerusalem et Cecilie Regine aut ejus filius seu terris patriis vel domaniis eisdem in ducatu Andegavie aut Comitatu Cenomanie de presenti subjectis neque villis castris aut fortaliciis in eisdem constitutis nec ipsorum subditis habitantibus in predictis terris patriis seu domaniis quamdiu fuerint in eisdem. Item quod prefata Regina et ejus filius non facient nec ab eorum subditis supradictis fieri permittent guerram nobis aut nostris ligeis vel subditis terris patriis domaniis villis castris fortaliciis aut aliis quibuscumque locis in dictis ducatu et comitatu vel alibi nobis subjectis seu sub obediencia nostra constitutis durante termino supradicto. Item quod infra predictum tempus prefati Regina ac filius ejus non receptabunt nec receptari permittent aliquos in villis castris aut fortaliciis eorum supradictis ad guerram gravamen aut prejudicium nobis aut regni terris patriis domaniis villis castris fortaliciis ligeis aut subditis nostris predictis faciendi nec permittent suos subditos antedictos exire terras patrias et domania eorum antedicta ad resistenciam contra nos aut gentes nostras faciendam. Item quod si infra predictum tempus contingat nos aut ligeos vel subditos nostros per predictorum Regine et filii sui terras patrias et domania supradicta transire libere possint iidem ligei et subditi nostri capere victualia eis et animalibus eorum rationabiliter competencia. Et si contingat aliquem prefatorum ligeorum aut subditorum nostrorum in victualium hujusmodi consumpcione morosa nimis immoderate se habere satisfaciet sic offendens hoc cognito secundum quod nobis visum fuerit faciendum. Item quod si durante tempore predicto contingat villam castrum fortalicium vel alium quemcumque locum supradictum nobis seu parti nostre vel alias parti prefatorum Regine et filii sui subjectum a predictis ligeis aut subditis unius vel alterius partis predicte capi vel invadi vel aliquid aliud contra has presentes treugas seu guerrarum abstinencias attemptari pars illa cujus ligei sive subditi invasionem hujus modi fuerint vel sic attemptaverint ipsum castrum fortalicium sive locum invasum in statu adeo competenti sicut erat invasionis ipsius tempore alteri parti invasionem passe restitui ac quod contra has guerrarum abstinencias sic attemptatum fuerit suis laboribus et expensis reparari faciet indilate. Item quod si contingat aliquem dictorum subditorum vel ligeorum nostrorum aut prefatorum Regine et filii sui promissis convencionibus aut earum alicui contravenire per hoc presens securitas seu guerrarum abstinencia non irritetur sed ipse sic contraveniens sine mora puniatur tanquam pacis et treugarum violator ipsis nichilominus treugis seu guerrarum abstinenciis in suis robore et vigore permansuris. Item quod predicti Regina et filius ejus vinculo juramenti ad Sta. Dei Evangelia per eos corporaliter tangenda prestando se astringent et obligabunt quod premissas treugas seu guerrarum abstinencias in omnibus et per omnia inviolabiliter observabunt et a suis facient subditis supradictis observari non obstante juramento quocumque vel obligacione ab eisdem Regina vel ejus filius cuicumque persone de mundo regalis status vel inferioris preteritis temporibus facto sive facta. Item quod si contingat aliquem dictorum ligeorum aut subditorum nostrorum aut predictorum Regine vel filii sui contra prefatas treugas seu guerrarum abstinencias attemptantem per partem aliam contra quam sic attemptaverit capi carebit omni commodo presencium abstinenciarum nec eidem in aliquo debent suffragari. Quas quidem treugas seu guerrarum abstinencias modo et forma supra scriptis in omnibus et per omnia bona fide absque dolo et malo ingenio inconcusse observare et a ligeis et subditis nostris observari facere promittimus in verbo regio ac sub ypotheca et obligacione omnium et singulorum bonorum nostrorum presencium et futurorum. In cujus, etc. Teste ut supra. Per ipsum Regem.

De treugis inter Regem et Reginam Jerusalem. Rex universis et singulis nostris capitaneis castellanis et eorum locatenentibus ac aliis officiariis ligeis et subditis nostris ad quos presentes littere pervenerint salutem. Sciatis quod cum carissimus frater noster Johannes dux Britannie pro certis causis et materiis ipsum moventibus intendat et sibi placeat usque ad presenciam nostram mittere semel vel pluries de militibus scutiferis et aliis gentibus suis nichilominus quod treuge et abstinencie guerrarum inter ipsum et nos patrias et subditos nostros inite et accepte sint usque ad festum S^ti^. Michaelis archangeli proximo futuri ad majorem securitatem illos quos dicto Duci ad nos placuerit mittere sub numero triginta personarum equestrium vel pedestrium cum eorum equis hernesiis auro argento jocalibus litteris et aliis bonis suis quibuscumque veniendo ad nos in ducatu nostro Normannie morando ibidem et redeundo absque dampno eis per nos gentes vel subditos nostros faciendo vel fieri patiendo et absque impeticione dando in corporibus sive bonis quacumque de causa in salvum et securum conductum nostrum ac in proteccionem tuicionem et defensionem nostras speciales accepimus et tenore presencium fidelem eis securitatem damus. Et ideo vobis capitaneis castellanis officiariis ligeis fidelibus et subditis nostris predictis precipimus et mandamus quod dictas gentes ipsius Ducis sub numero triginta personarum ut dictum est cum eorum equis hernesiis auro argento jocalibus litteris et aliis bonis suis quibuscumque veniendo ibidem morando et abinde salvo ut promittitur redeundo absque dampno eis per gentes vel subditos nostros faciendo vel fieri patiendo et absque impeticione dando in corporibus sive bonis quacumque de causa manuteneatis protegatis et defendatis non inferentes eis seu quantum in vobis est ab aliis inferri permittentes injuriam molestiam dampnum violenciam aliquod seu gravamen. Et si quid forisfactum sive injuriatum fuerit id eis sine dilacione facias corrigi et debite reformari. Proviso semper quod ipse gentes quicquam quod in nostri contemptum aut populi nostri dampnum aliqualiter cedere valeat non attemptent aut faciant aliqualiter attemptari. In cujus, etc., usque festum S^ti^. Michaelis proximo futuri duraturas. Teste Reg. ut supra .xxij^o^. die novembris. Per ipsum Regem.

(Membrane 17.)

De salvo conductu pro gentibus Regine Jerusalem. Rex universis et singulis capitaneis castellanis, etc., ut proximo supra salutem. Sciatis quod cum preclarissima domina Yolanda Jerusalem et Cecilie Regina et Lodowicus filius ejus pro certis causis et materiis ipsos moventibus intendant et sibi placeat usque ad presenciam nostram mittere semel vel pluries de militibus scutiferis et aliis gentibus suis nichilominus quod treuge et abstinencie guerrarum inter nos et ipsos Reginam Lodowicum patrias et subditos nostros inite et accepte sint usque ad terminum festi S^ti^. Michaelis archangeli proximi futuri ad majorem securitatem illos quos dictis Regine et Lodowico ad nos placuerit mittere sub numero viginti personarum equestrium vel pedestrium cum eorum equis hernesiis auro argento jocalibus litteris et aliis bonis suis quibuscumque veniendo ad nos in ducatum nostrum Normannie vel alibi ubi nos fore contigerit ibidem morando et abinde eundo et redeundo absque dampno eis per nos gentes vel subditos nostros faciendo vel fieri patiendo et absque impeticione dando in corporibus sive bonis quacumque de causa in salvum et securum conductum nostrum ac in proteccionem tuicionem et defensionem nostras speciales accepimus et tenore presencium fidelem eis securitatem damus. Et ideo vobis capitaneis castellanis officiariis ligeis fidelibus et subditis nostris predictis precipimus et mandamus quatinus dictas gentes ipsorum Regine et Lodowici sub numero viginti personarum ut dictum est cum eorum equis hernesiis auro argento jocalibus et litteris et aliis bonis suis quibuscumque in ducatum nostrum predictum vel alibi ubi nos fore contigerit veniendo ibidem morando et abinde salvo ut promittitur redeundo absque dampno eis per gentes vel subditos nostros faciendo vel fieri patiendo et absque impeticione dando in corporibus sive bonis quacumque de causa manuteneatis protegatis et defendatis non inferentes eis seu quantum in vobis est ab aliis inferri permittentes injuriam molestiam dampnum violenciam aliquam seu gravamen. Et si quid eis forisfactum sive injuriatum fuerit, id eis sine dilacione facias corrigi et debite reformari. Proviso semper quod ipse gentes quicquam quod in nostri contemptum vel prejudicium aut populi nostri dampnum aliqualiter cedere valeat non attemptent seu faciant aliqualiter attemptari. In cujus, etc., usque ad dictum festum S^ti^. Michaelis proximi futuri duraturas. Teste ut proximo supra. Per ipsum Regem.

De salvo conductu Descroix. Rex per litteras suas patentes usque primum diem quadragesime proxime future duraturas suscepit in salvum, etc. Johannem Descroix chivaler in villa Regia de Alenson in ducatu Regio Normannie ad presens existentem ab eadem villa ad quascumque partes regni Regis Francie sibi placuerit cum tribus servientibus suis in comitiva sua ac equis bonis rebus et hernesiis suis transeundo et abinde usque presenciam Regis ubicumque eum fore contigerit reveniendo. Proviso semper quod ipsi quicquam quod in Rege contemptum vel prejudicium aut populi sui dampnum aliqualiter cedere valeat non attemptent seu faciant quomodo libet attemptari In cujus, etc. Teste Rege apud castrum, etc., ut supra .xxiij^o^. die novembris. Per ipsum Regem.

De salvo conductu Flote. Rex per litteras suas patentes per tempus predictum duraturas suscepit in salvum, etc. Stephanum Flote, Petrum de Belier, Johannem Leveille et Johannem Bernart de Francia in regnum Regis Anglie cum duobus valettis in comitiva sua in quadam balingera seu alia navi transeundo ibidem morando, et exinde ad partes suas proprias redeundo ac vigenti marinarios pro balingera sive navi predicta necnon bona sua quecumque. Proviso, etc., ut supra. Teste ut supra. Per ipsum Regem.

De corrodio dato Pope. Rex dilectis in Christo Abbati et conventui Beati Petri Gloucestrie in regno nostro Anglie, salutem. Volentes dilecto servienti nostro Thome Pope de camera nostra de sustentacione congrua provideri ipsum ad vos duximus transmittenda rogantes quatinus ipsum Thomam in domum vestram predictam admittentes ei talem sustentacionem in omnibus qualem Thomas Fauconer defunctus ut dicitur vel aliquis alius ante illum tempore suo melius habuit in eadem ministrari litterasque vestras patentes communi sigillo domus vestre predicte signatas mencionem de hiis que de eadem domo vestra sic percipiet facientes sibi super hoc fieri faciatis pro quo vobis in agendis domus vestre predicte teneri volumus specialius in futurum. Et quid ad hunc rogatum nostrum duxeritis faciend. nobis rescribatis per presencium portitorem. Teste Rege ut supra .v°. die decembris. Per ipsum Regem.

De prebenda data Rodeborn. Rex omnibus ad quos, salutem. Sciatis quod dedimus et concessimus dilecto nostro Magistro Thome Rodebourn'. prebendam de Wodeford in ecclesia cathedrali Beate Marie de Sarum in regno nostro Anglie vacantem per mortem Magistri Hugonis Holbeche ultimi prebendarii ejusdem prebende et ad nostram donacionem spectantem ratione temporalium episcopatus Sarum in manu nostra existentum habendam cum suis juribus et pertinenciis quibuscumque. In cujus, etc. Teste Rege ut supra quinto die decembris. Per ipsum Regem.

Et mandatum est custodi spiritualitatis episcopatus Sarum sede vacante quod ipsum Thomam ad prebendam predictam admittat et ei stallum in choro et locum in capitulo ratione prebende illius prout moris est assignari faciat. Teste, etc., ut supra. Per ipsum Regem.

Et mandatum est decano et capitulo ecclesie cathedralis Beate Marie Sarum in regno Regis Anglie quod eidem Thome stallum in choro et locum in capitulo ratione prebende illius prout moris est assignent. Teste, etc., ut supra. Per ipsum Regem.

Pro Johanne Cornewaill'. Rex omnibus ad quos, etc., salutem. Sciatis quod dilectus et fidelis noster Johannes de Cornewaill. duo millia scutorum nobis ad receptam camere nostre in parte solucionis cujusdam majoris summe in qua idem Johannes nobis pro redempcione et financia comitis de Vendom'. de Francia prisonarii nostri de licencia nostra tenetur et obligatur bene et fideliter solvit et ea ibidem liberavit. Et hoc omnibus quorum interest innotescimus per presentes. In cujus, etc. Teste Rege in exercitu suo prope villam Falesie in ducatu, etc., .vij°. die decembris. Per ipsum Regem.

Pro Willelmo Calix. Rex omnibus ad quos, etc. salutem. Sciatis quod de gracia nostra speciali et pro bono servicio nobis per dilectum servientem nostrum Willelmum de Calix in presenti viagio nostro impenso concessimus ei domum que fuit Ricardi de Beaussieu in villa nostra de Cadomo in ducatu nostro Normannie una cum omnibus hereditatibus eidem Ricardo pertinentibus habendam eidem Willelmo et heredibus masculis de corpore suo exeuntibus. Proviso semper quod ipsi vigilias et custodias in villa nostra predicta prout ad eos pertinuerit faciant et custodiant. In cujus, etc. Teste Rege ut supra .x°. die decembris. Per ipsum Regem.

De confirmatione quamdiu. Heroult. Rex omnibus ad quos, etc., salutem. Inspeximus litteras patentes dilecti et fidelis nostri Johannis de Assheton Senescalli nostri de Baieux factas in hec verba : « A tous ceulx qui ces lettres verront Johan Assheton chivaler Seneschalle de la citee de Baieux et des parties adjacentes salut. Savoir faisons que pour le bon rapport qui fait nous ad este de la personne de Johan Heroult esquier sieur de Barnieres avons pourveu et ordonne icelluy Heroult a tenir et excerser loffice de Visconte par toute la Viconte de Baieux, aux gages, prouffies et emoluemens a ce appartenant. Pur quoy nous voulons que du dit office et des drois à ce appartenant il joisse pour le temps adveuir sans contredit, jusques a ce que autrement y soit pourveu par ainssy quil en sera tenu rendre bon compte et loyal au Roy, nostre souverain seigneur, ou qui luy plerra. Et auxi voilons quil soit mis en possession et saisine du dit office de Viconte ainssy quil appartient. Pour quoy nous mandons à tous nos justices et officiers que au dit Heroült prestent conseil confort et aide eulx ou lun deulx se requis en sont et se mestier est. En tesmoignage desquelles choses nous avons mis a ces lettres le seel dont nous usons en dit office sauf autruy droit. Le .iij. jour doctobre mil .iiij°. .xvij. l'an du Roi Henry quint puis le conquest quint. » Nos autem litteras predictas et omnia contenta in eisdem acceptantes de gracia nostra speciali concessimus eidem Heroult officium predictum habendum et occupandum quamdiu nobis placuerit cum vadiis proficuis et emolumentis ad idem officium pertinentibus. In cujus, etc. Teste Rege in exercitu, etc., .xij°. die decembris. Per ipsum Regem.

Pro Thoma Bernart. Rex omnibus ad quos, etc., salutem. Sciatis quod de gracia nostra speciali concessimus ligeo nostro Thome Bernart armigero domum quam Petrus Henof tenens partem nobis contrariam ut dicitur tenuit in civitate nostra de Baieux situatam in parochia S^ti^. Meloris in eadem civitate et contiguam ex uno latere domui Thome Denys et ex alio latere domui Johanne de Bosc dicte La Goupillote habendam et occupendam domum predictam eidem Thome Bernart et heredibus masculis de corpore suo exeuntibus. Ita semper quod idem Thomas et heredes sui predicti vigilias et custodias in civitate nostra predicta prout ad eos pertinuit de tempore in tempus faciant et custodiant. In cujus, etc. Teste Rege in exercitu, etc., .x°. die decembris. Per ipsum Regem.

Pro Johanne Radeclyf de recipiendis tercias. Rex dilecto et fideli suo Johanni Radeclyf, salutem. Sciatis quod nos de fidelitate et circumspeccione vestris plenius confidentes assignavimus vos ad omnes et singulas tercias nobis de quibuscumque capitaneis de garnesia nostra de Vernullio et partibus ibidem vicinis qualitercumque debitas pro nobis et nomine nostro petendas et recipiendas et easdem tercias ad opus nostrum custodiendum et conservandum. Et ideo vobis mandamus quod circa permissa diligenter intendatis et ea faciatis et exequamini in forma predicta. Damus autem universis et singulis capitaneis predictis ac aliis quorum interest tenore presencium firmiter in mandatis quod vobis in execucione promissorum intendentes sint consulentes et auxiliantes prout decet. In cujus, etc., quamdiu Regi placuerit duraturum. Teste Rege in exercitu, etc., .xij°. die decembris. Per ipsum Regem.

Pro canonicis de Baieux. Rex omnibus ad quos,

etc., salutem. Sciatis quod nos immensa Dei beneficia nobis ante hec tempora et presertim postquam in ducatum nostrum Normannie pro recuperacione et conquestu jurium nostrorum ibidem sua clemencia et bonitate pervenimus varie infusas et exhibitas clare intuentes, ad graciarum actiones ipsi soli Deo qui justicias diligit et vidit equitates impendend. solercius excitamur. Ut igitur noster affectus effectum sortiatur ejusque laudes et servicia qui bona nobis tribuit ubique locorum nobis subditorum plus solito vigeant et accrescant, de gracia nostra speciali concessimus dilectis nobis in Christo canonicis residentibus in ecclesia cathedrali Beate Marie civitatis nostre de Baieux in ducatu nostro Normannie ac capellanis, clericis et aliis ministris ibidem Deo servientibus et sub fide et ligeancia nostris existentibus quod ipsi habeant et teneant omnes et singulos hereditates et redditus ad corpus ecclesie predicte infra ducatum nostrum predictum qualitercumque pertinentes. Ita quod ipsi de eisdem hereditatibus et redditibus ad onera eidem ecclesie incumbencia supportanda juxta consuetudinem ibidem hactenus rationabiliter habitam et usitatam disponere possint quousque pro regimine et gubernacione ejusdem ecclesie ad Dei laudem et honorem aliter duxerimus ordinand. In cujus, etc. Teste Rege in exercitu, etc., .xiv°. die decembris. Per ipsum Regem.

Pro Hans van Pruce. Rex dilecto sibi Hans van Pruce uni nunciorum et equitatorum nostrorum salutem. Sciatis quod assignavimus te ad equos et eskippamentum pro expedicione nunciorum et negociorum nostrorum ad loca ubi nobis placuerit deferendi et expediendi pro denariis tuis in hac parte ad prisam nostram rationabiliter solvendi tam a presencia nostra transeundo quam ad eandem redeundo de tempore in tempus capiendi et providendi. Et ideo tibi percipimus quod circa promissa diligenter intendas et ea facias et exequaris in forma predicta. Damus autem universis et singulis vicecomitibus majoribus ballivis constabulariis custodibus portuum passagiorum et aliorum locorum maritimorum necnon aliis officiariis ministris ligeis et subditis nostris tam in partibus cismarinis quam ultramarinis tenore presencium firmiter in mandatis et prout coram nobis respondere voluerint quod tibi in execucione et celeri expedicione promissorum intendentes sint consnientes et auxilientes quociens et quando per te ex parte nostra fuerint requisiti seu rationabiliter premuniti. In cujus, etc, quamdiu Regi placuerit duraturas. Teste Rege in exercitu, etc., .xvj°. die decembris. Per ipsum Regem.

De custodia commissa Percy. Rex omnibus ad quos, etc, salutem. Sciatis quod commisimus Lodowico de Percy capellano custodiam omnium terrarum et tenementorum que fuerunt Jamet de Percy armigeri defuncti infra ducatum nostrum Normannie et que per mortem predicti Jamet et ratione minoris etatis heredis ejusdem Jamet in manus nostras devenerunt habendam prefato Lodowico custodiam predictam quamdiu nobis placuerit, reddendo inde nobis annuatim ad Scaccarium nostrum Cadomi quatuor libras Tournois ultra omnia onera. Proviso semper quod idem Lodowicus inveniat heredi predicto competentem sustentacionem suam et omnia onera terris et tenementis predictis incumbencia faciat et supportet, quamdiu custodiam habuerit supradictam. In cujus, etc. Teste Rege, in exercitu, etc., .xxij°. die decembris. Per ipsum Regem.

De presentatione Racionis. Robertus Racionis capellanus habet litteras Regis de presentatione ad ecclesiam parochialem Beati Petri de Monte Forti Lexoviensis diocesis vacantem et ad Regis donacionem spectantem ut dicitur. Et diriguntur littere ille capitulo ecclesie cathedralis civitatis Regie de Lisieux. In cujus, etc. Teste Rege in exercitu, etc. .xv°. die decembris. Per ipsum Regem.

Pro eodem. Consimiles litteras Regias de presentatione habet idem Robertus ad capellam Sti. Eustachii Baiocensis diocesis vacantem et ad Regiam donacionem spectantem ut dicitur. Et diriguntur littere ille capitulo ecclesie cathedralis Beate Marie civitatis Regie de Baieux. In cujus, etc. Teste ut supra. Per ipsum Regem.

De salvo conductu Marcovilla pro financia solvenda. Rex per litteras suas patentes usque festum Purificationis Beate Marie proxime futurum duraturas suscepit in salvum, etc. Robertum Marcoville prisonarium dilecti et fidelis R. Henri fitz Hugh camerarii Regis ad loca ubi sibi melius videbitur expedire pro redemptione et financia suis querendis et prefato Henrico solvendis cum tribus servientibus in comitiva sua transeundo et abinde ad prefatum Henricum ex causa predicta reveniendo ac equos res et bona sua quecumque. Proviso semper quod ipsi quicquam quod in Reg. contemptum vel prejudicium aut populi sui dampnum aliqualiter cedere valeat non attemptent seu faciant aliqualiter attemptari. In cujus, etc. Teste Reg. in exercitu, etc., .xxiij°. die decembris. Per ipsum Regem.

Pro Johanna de Clinchamp. Rex omnibus ad quos, etc., salutem. Sciatis quod de gracia nostra speciali concessimus Johanne de Clinchamp omnia terras et tenementa cum pertinenciis eidem Johanne jure hereditario infra ducatum nostrum Normannie pertinencia habenda eidem Johanne terras et tenementa cum pertinenciis pro termino vite sue faciendo nobis servicia inde debita et consueta. In cujus, etc. Teste Reg. ut proximo supra. Per ipsum Regem.

De salvo conductu Bassadelle. Rex per litteras suas patentes usque tercium diem Januarii proxime futur. duraturas suscepit in salvum, etc. Hanrias Bassadelle dominum de la Taylade et Johannem de Quebriac in villa Falesie ad presens existentes ab eadem villa usque civitatem Parisius cum uno homine generoso et quinque valettis in comitiva sua ac equis bonis et hernesiis suis conjunctim vel divisim transeundo et abinde usque dictam villam Falesie redeundo. Proviso semper quod ipsi et eorum quilibet tam in eundo quam redeundo erga Regem et populum suum bene et honeste se gerant et habeant. In cujus, etc. Teste Reg. in exercitu, etc., .xxij°. die decembris. Per ipsum Regem.

Pro Johanne Thomas. Rex omnibus ad quos, etc., salutem. Sciatis quod de gracia nostra speciale et pro bono servicio nobis per dilectum servientem nostrum de selario nostro Johannem Thomas impenso et impendendo concessimus ei officium clamatoris de Banco nostro coram nobis in regno nostro Anglie habendum et occupandum officium predictum per se vel sufficientem deputatum suum pro quo respondere voluerit pro termino vite sue percipiendo in eodem officio vadia feoda et proficua eidem officio debita et consueta. In cujus, etc. Teste Reg. ut supra .xxj°. die decembris. Per ipsum Regem.

Breve inde. Et mandatum est Justiciariis Regis ad placita coram ipso in regno suo Anglie tenenda et assignanda quod ipsum Johannem officium predictum habere permittant juxta tenorem litterarum R. predictarum ipsum contra tenorem earumdem non molestantes in aliquo seu gravantes. Teste ut supra. Per ipsum Regem.

De salvo conductu pro archiepiscopo Remensi. Rex

per litteras suas patentes usque octavum diem Januarii proxime futuri duraturas suscepit in salvum, etc.; venerabilem patrem Reginaldum Archiepiscopum Remensem et magistrum Robertum de Tuleriis usque presenciam Regis ubicumque fore contigerit cum quadraginta equis in comitiva sua veniendo ibidem morando et exinde transeundo, ac res bona et hernesia sua quecumque. Proviso semper quod ipsi quicquam quod in Regis contemptum vel prejudicium aut populi sui dampnum aliqualiter cedere valeat non attemptent seu faciant aliqualiter attemptari quodque persone predicte proditores Regis aut extra regnum suum Anglie bannite seu abjudicate non existant. In cujus, etc. Teste Reg. in exercitu, etc., .xxiij°. die decembris. Per ipsum Regem.

(Membrane 16.)

De salvo conductu Champdivers Rex per litteras suas patentes usque vicesimum diem januarii proxime futuri duraturas suscepit in salvum, etc. Willelmum de Champdivers militem usque presenciam Regis ubicumque fore contigerit cum decem et octo personis vel infra in comitiva sua ac equis bonis rebus et hernesiis suis veniendo ibidem morando et exinde salvo et secure redeundo. Proviso semper quod ipsi quicquam quod in Regis contemptum vel prejudicium aut populi sui dampnum aliqualiter cedere valeat non attemptent seu faciant quomodo libet attemptari quodque persone predicte proditores Regis aut extra regnum suum Anglie bannite seu abjudicate non existant. In cujus, etc. Teste Reg. in exercitu, etc., prope villam Regiam Falesie in ducatu, etc., .xxv°. die decembris. Per ipsum Regem.

De salvo conductu Lengloys. Rex per litteras suas patentes per unum annum duraturas suscepit in salvum, etc. Nicholaum Lenglois, Guillelmum Guillas, Nicholaum Boucher, et Johannem Equant in ducatum Regium Normannie cum viginti personis in comitiva sua in quadam navi portagii centum doliorum vel infra tam per terram quam per mare conjunctim vel divisim mercatorie veniendo ibidem morando et exinde ad partes suas proprias redeundo ac navem predictam et magistrum et marinarios ejusdem necnon bona et mercandisas sua quecumque. Proviso semper quod ipsi quicquam, etc., ut supra et quod ipsi legales exerceant mercandisas ac custumas, subsidia et alia deveria Regia in hac parte debita fideliter solvant, quodque nullus personarum predictarum proditor Regis aut extra regnum suum Anglie bannitus seu adjudicatus existat. In cujus, etc. Teste Reg., etc., .xxvj°. die decembris. Per ipsum Regem.

Pro Johanne Arundell. et Rolando Leyntale. Rex dilectis et fidelibus suis Johanni Arundel, De Lichet, Maultravers et Rolando de Lentall. salutem. Sciatis quod nos de fidelitate et circumspectione vestris plenius confidentes dedimus vobis plenam tenore presencium potestatem et auctoritatem tam ad omnes et singulos brigantes ad custodia vestra de presenti existentes quam ex nunc per vos seu aliquos de societate vestra capiendi castigandi et puniendi prout juxta formam statutorum ordinacionum et appunctuamentorum pro bono pacis quiete regimine et gubernacione populi exercitus nostri pro presenti viagio nostro editorum rationabiliter fuerit faciend. In cujus, etc., quamdiu Regi placuerit duratur. Teste Reg. in exercitu, etc., .xxvij°. die decembris. Per ipsum Regem.

Pro Johanne de Neville de potestate ad recipiendum fortaliria in man. Regis. Rex carissimo consanguineo suo Johanni de Nevylle chivaler salutem. Sciatis quod nos de fidelitate probitate et circumspeccione vestris plenius confidentes dedimus vobis plenam tenore presencium potestatem et auctoritatem ad omnia et omnimoda castra domania, fortalicia, civitates, villas firmatas et alia loca quecumque tam infra ducatum nostrum Normannie quam regnum nostrum Francie in manus nostras seisiendi et capiendi et ea potestati et ditioni nostris cum suis pertinenciis et annexis quibuscumque subiciendi et subdendi et hujus loca per paleas dimittere que melius pro commodo et honore nostris juxta sanam discrecionem vestram fore videritis dimittendum necnon ad vigilias et custodias de capitaneis et eorum soldariis de comitiva vestra existentibus in locis ubi melius expedire videritis ponendum assignandum et deputandum ac equitationes et alias resistencias contra proterviam inimicorum nostrorum quociens et quando expediens fuerit et necesse faciendi et ordinandi, et illos omnes et singulos de comitiva vestra predicta cujuscumque status, gradus seu condicionis fuerint quos vobis in hac parte inobedientes rebelles vel contrarios contigerit inveniri castigand. et puniend. sive fuerit per incarceracionem corporum suorum aut alio modo licito quocumque quemlibet videlicet juxta statum gradum et demeritum sua ac eciam ad omnes et singulas personas qui se gracie et paci nostris submittere et sub fide et ligeancia nostris morari volunt et residere, ad graciam et pacem nostras recipiendi et admittendi. Dantes vobis ulterius et tenore presencium concedentes plenam potestatem et auctoritatem ad omnia et singula ordinaciones statuta et appunctuamenta pro bono pacis nostre ac quiete regimine et gubernacione populi exercitus nostri pro presenti viagio nostro facta ordinata et stabilita in omnibus et singulis suis articulis juxta vim formam et effectum eorumdem custodiendo et custodiri faciendo, ac omnes et singulos tam soldarios nostros ibidem quam alios quoscumque juratos ligeos nostros quos contra formam statutorum, ordinacionum et appunctuamentorum predictorum delinquentes inveneritis castigandi et puniendi et ea statuta ordinaciones et appunctuamenta juxta vim formam [et effectum] eorumdem debite et effectualiter exequendo et exequi faciendo ac generaliter quoscumque transgressores ibidem juxta quantitatem delicti sui in hac parte similiter debite castigando et puniendo. Damus autem universis et singulis capitaneis castellanis et eorum locatenentibus ac aliis ligeis fidelibus et subditis nostris et omnibus aliis quorum interest tenore presencium firmiter in mandatis quod vobis in execucione premissorum intendentes sint consulentes et auxiliantes ac vestris mandatis obedientes quociens et quando per vos ex parte nostra debite fuerint requisiti. Volumus enim quod presentes littere nostre quantum ad execucionem earumdem a quarto decimo novembris ultimo preterito vigorem sumant pariter et effectum. In cujus, etc., quamdiu Regi placuerit duraturas. Teste Reg. ut proximo supra. Per ipsum Regem.

Pro capellanis ecclesie S^ti^ Johannis de Cadomo. Rex omnibus ad quos, etc., salutem. Sciatis quod de gracia nostra speciali concessimus illis quatuor capellanis in ecclesia S^ti^. Johannis in villa nostra de Cadomo ad presens existentibus et ibidem Deo servientibus quod ipsi quamdiu nobis placuerit habeant et percipiant redditus bona et revenciones ac oblaciones et bona quecumque ad ecclesiam predictam pertinencia sive spectancia. In cujus, etc. Teste Reg. in exercitu, etc., prope villam Regiam Falesie in ducatu, etc., .xxiv°. die decembris. Per ipsum Regem.

De salvo conductu Dyonisii et alii. Rex per litteras suas patentes usque diem Dominicam proximo futuram duraturas suscepit in salvum, etc. Antonium Dyonisium, Johannem Denoes, et Robertum du Pin a villa Regia Falesie pro tribus equis Lodowici Bot et equis Johannis Caignon chivaler et Johannis Beaurepere armigeri querendo, transeundo et usque villam Regiam predictam cum equis predictis ac Guillelmo de Mas et uno alio valetto in comitiva sua redeundo. Proviso semper quod ipsi quicquam quod in Regis contemptum vel prejudicium aut populi sui dampnum aliqualiter cedere valeat non attemptant seu faciant quomodolibet attemptari. In cujus, etc. Teste Reg. in exercitu, etc., .xxvij°. die decembris. Per ipsum Regem.

De salvo conductu Raby et alii. Rex per litteras suas patentes per idem tempus duraturas suscepit in salvum, etc. Johannem Raby, Alanum de La Haye, Petrum de Bosraffray, Robertum Bastard de Guyberville, Johannem Durant, Michaelem du Cellier, Lodowicum Blondelle, Johannem Godet bastardum de Renice Mesnil et Johannem Desnocz a villa R. Falesie pro equis Bastardi Dujay, Roberti de Fontenay chivaler Johannis de Loucelles armigeri, Johannis d'Esson armigeri, Roberti Le Petit, Ricardi de Gueretot, Ricardi de Fontaines et Johannis Caignon chivaler, querendis transeundo et usque villam regiam predictam cum equis predictis redeundo. Proviso semper, etc., ut supra. In cujus, etc. Teste ut supra. Per ipsum Regem.

Pro Nicholao Wytfeld. Rex dilecto armigero suo Nicholao de Wytfeld, salutem. Scias quod nos de fidelitate et circonspeccione tuis plenius confidentes dedimus tibi plenam tenore presencium potestatem et auctoritatem ad castrum de Cundy Sunnerio in manus nostras capiendi ac omnia et singula convenciones tractatus et appunctuamenta inter nos et capitaneos castri predicti facta et concordata juxta vim formam et effectum eorumdem custodiendi et perimplendi. In cujus, etc. Teste Rege in exercitu R. prope villam Regiam Falesie in ducatu, etc., .xxviii°. die decembris. Per ipsum Regem.

Pro Domino de Wylugbhy. Rex omnibus ad quos, etc., salutem. Sciatis quod nos grata et laudabilia obsequia nobis per dilectum et fidelem nostrum Robertum dominum de Wylughby hactenus impensa merito attendentes de gracia nostra speciali concessimus eidem Roberto quandam annuitatem centum librarum percipiendam annuatim a festo S[ti]. Michaelis ultimo preterito pro termino vite sue de custuma nostra lanarum coriorum et pellium lanutarum in portu ville nostre de S[to]. Both'o, per manus collectorum ejusdem custume pro tempore existencium ad terminos Pasche et S[ti]. Michaelis per equales porciones. In cujus, etc. Teste Rege in exercitu suo prope villam Regiam Falesie in ducatu, etc., .xxiv°. die decembris. Per ipsum Regem.

[Suivent deux autres brefs de Henry V, pour donations faites en Angleterre et à des Anglais.]

De salvis conductibus. Faleyse. Rex per litteras suas patentes usque nonum diem Januarii proximi futuri duraturas suscepit in salvum, etc. Alexandrum Ancquetil et Johannem Marguerie in villa Regia Falesie ad presens existentes ab eadem villa cum centum personis in comitiva sua ac bonis suis propriis transeundo. Proviso semper quod ipsi quicquam quod in Regis contemptum vel prejudicium aut populi sui dampnum aliqualiter cedere valeat non attemptent nec faciant quomodolibet attemptari. In cujus, etc. Teste Rege in exercitu, etc., primo die januarii. Per ipsum Regem.

Consimiles litteras Regis de salvo conductu per idem tempus duraturas habent Johannes de la Follie et Johannes Le Dreut cum tot personis, etc., ut supra. Teste ut supra. Per ipsum Regem.

Rex per litteras suas patentes per idem tempus duraturas suscepit in salvum, etc. Lodowicum de Loingny chivaler in villa Regia Falesie ad presens existentem ab eadem villa cum trescentis personis in comitiva sua equestribus vel pedestribus ac bonis suis propriis quibuscumque transeundo. Proviso semper, etc., ut supra Teste ut supra. Per ipsum Regem.

Faleyse Consimiles litteras Regis de salvo conductu per idem tempus duraturas habent Guillelmus de Meulhon chivaler et Gilbertus Moustier de [La] Fayete cum sexcentis personis in comitiva sua equestribus vel pedestribus armatis vel non armatis ac bonis suis quibuscumque transeundo. Proviso semper, etc., ut supra. Teste ut supra. Per ipsum Regem.

Rex per litteras suas patentes usque diem Dominicam proxime futuram duraturas suscepit in salvum, etc. Johannem Durant a villa Regia de Faleise pro tribus equis Johannis de Loucelles querendis transeundo et usque villam Regiam predictam cum equis predictis redeundo. Proviso semper, etc., ut supra. In cujus, etc. Teste Rege in exercitu, etc., .xxix°. die decembris. Per ipsum Regem.

Consimiles litteras Regias de salvo conductu per idem tempus duraturas habet Robertus Bastart de Guyberville pro equis Roberti de Fontenay chivaler querendis redeundo, etc. Teste ut supra. Per ipsum Regem.

De salvo conductu Courcy. Rex per litteras suas patentes usque festum Purificationis Beate Marie proximo futurum duraturas suscepit in salvum, etc. Dominam de Courcy in villa Regia de Faleise existentem ab eadem villa cum duodecim personis in comitiva sua ac equis rebus et hernesiis suis transeundo necnon quatuor carectas pro bonis predicte Domine extra villam Regiam predictam cariandis et pro qualibet carecta duas personas. Proviso semper, etc., ut supra. In cujus, etc. Teste Rege in exercitu, etc., .xxix°. die decembris. Per ipsum Regem.

De salvo conductu Gourdell et alii. Rex per litteras suas patentes usque novum diem Januarii proximo futurum duraturas suscepit in salvum, etc. Michaelem Gourdell, Magistrum Johannem Orenge, Robertum Le Painteur, Johannem La Bege, Ricardum de Fresne et Johannem Fauquet in villa de Vire in ducatu Regio Normannie ad presens existentes ab eadem villa cum sex valettis in comitiva sua ac equis et hernesiis suis transeundo, et in villam predictam redeundo. Proviso semper, etc., ut supra quodque persone predicte proditores Regis aut extra regnum suum Anglie bannite seu abjudicate non existant. In cujus, etc. Teste Rege in exercitu, etc., primo die decembris. Per ipsum Regem.

Pro Blanchea de Labonessaie. Rex omnibus ad quos, etc., salutem. Sciatis quod de gracia nostra speciali concessimus Blanchee de Labonessaie feodum et terram S[te]. Crucis ad Anglicos que fuerunt Johannis de Labonessaie chivaler fratris sui defuncti ut dicitur ac alias hereditates que eidem Johanni pertinuerunt habendum et tenendum eidem Blanchee et heredibus masculis de corpore suo exeuntibus per servicia inde debita et consueta. In cujus, etc. Teste Rege in exercitu suo prope villam Falesie in ducatu, etc., .x°. die decembris. Per ipsum Regem.

Breve inde. Et mandatum est capitaneo castri Dauvillers vel ejus locumtenenti ibidem quod ipsam Blancheam feodum et terram predicta ac alias hereditates que prefato Johanni pertinuerunt habere permittant juxta tenorem litterarum Regis predictarum ipsam contra tenorem earumdem non molestantes in aliquo seu gravantes. Teste Rege in exercitu suo prope villam suam Falesie in ducatu, etc., secundo die januarii. Per ipsum Regem.

Rex omnibus ad quos, etc., salutem. Sciatis quod de gracia nostra speciali dedimus et concessimus carissimo consanguineo nostro Edwardo Holandie omnia castra fortalicia dominia maneria tenementa redditus et possessiones quascumque que fuerunt Willelmi de Mountenay chivaler infra ducatum nostrum Normannie vel alibi habendum et tenendum castra fortalicia domania maneria terras tenementa redditus et possessiones predicta prefato Edwardo et heredibus masculis de corpore suo exeuntibus cum omnimodis libertatibus franchesiis privilegiis jurisdictionibus wardis maritagiis releviis escaetis forisfacturis feodis militum advocationibus ecclesiarum, etc., quorumcumque, terris pratis pasturis boscis parcis warennis chaceis officiis aquis viis semitis stagnis molendinis vivariis moris mariscis et aliis pertinenciis suis quibuscumque per servicium serviendi nobis et heredibus nostris de cipho quociens in castrum seu villam nostram Falesie venerimus nisi aliunde de mandato nostro propediti aut infirmitate corporali detenti fuerint seu gravati et reddendi nobis et heredibus nostris predictis ad castrum nostrum predictum unum gladium ad festum S[ti]. Georgii singulis annis in perpetuum. In cujus, etc. Teste Rege in exercitu suo prope villam suam Falesie .xxv°. die decembris. Per ipsum Regem.

(*Vacant iste littere eo quod aliter anno sexto.*)

(Membrane 15.)

De perdonacione Pare. Rex omnibus ballivis et fidelibus suis ad quos, etc., salutem. Sciatis quod cum Rogerus Pare de Est. Leek de comitatu Notingh'ie indicatus existat ut accepimus de eo quod ipse die Jovis proximi post festum Decollacionis S[ti]. Johannis anno regni nostri quarto Ricardum Taillor de Est. Leek Taillor cum quodam gladio precii quadraginta denariorum super caput in campis de Est. Leek felonice interfecit et percussit unde idem Ricardus obiit et post feloniam predictam factam predictus Rogerus se retraxit. Nos de gracia nostra speciali perdonavimus eidem Rogerio sectam pacis nostre que ad nos versus ipsum pertinet pro felonia predicta unde sic inducatus retattus vel appellatus existit ac eciam utlagarus si que in ipsum in hac parte fuerint promulgate et firmam pacem nostram et inde concedimus. Ita tamen quod idem Rogerus stet recto in curia nostra si quis versus eum loqui voluerit de felonia supradicta. In cujus, etc. Teste Rege in exercitu, etc., in ducatu, etc., quarto die januarii. Per ipsum Regem.

[Suit un bref du Roi pour donner une pension à l'un de ses clercs sur l'abbaye de Romesey.]

De salvo conductu Bettencourt. Rex per litteras suas patentes per unum annum duraturum suscepit in salvum, etc, Johannem de Bethencourt chivaler ac quadraginta personas in comitiva sua vel infra per regna domania potestates et jurisdictiones Regias quecumque in quadam navi portagii quatuor viginti doliorum vel infra unde Michel Maubuisson est magister ac cum marinariis bonis victualibus et mercandisis in eadem navi existentibus transeundo. Proviso semper quod ipsi quicquam quod in Regis contemptum vel prejudicium aut populi nostri dampnum aliqualiter cedere valeat non attemptent seu faciant quomodolibet attemptari et quod ipsi aliquem portuum regni Regis Anglie aut alium locum ejusdem regni cum navi sua predicta nisi causante vehementi maris tempestate non intrent nec de eadem navi ibidem descendant quovismodo. In cujus, etc. Teste Rege in exercitu, etc., .viij°. die januarii. Per ipsum Regem.

Consimiles litteras Regis de salvo conductu per idem tempus duraturas habet idem Johannes ac viginti et quinque persone in comitiva sua vel infra in quadam balingera portagii quadraginta doliorum vel infra unde Jacobus Grossier est magister cum marinariis, etc., ut supra. Teste ut supra. Per ipsum Regem.

De salvo conductu Rimache et alii. Rex per litteras suas patentes usque vicesimum quintum diem Januarii proximi futuri duraturas suscepit in salvum, etc. Bardin Rimache armigerum, Michaelem Gourdell., magistrum Nicholaum Le Paintour, magistrum Johannem Orenge et Johannem Fauquet in villa de Vire in ducatu Regio Normannie ad presens existentes ab eadem villa cum sex valettis in comitiva sua ac equis hernesiis et habilamentis suis usque presenciam Regis veniendo ibidem morando et perhendinando et in villam predictam redeundo. Proviso semper quod ipsi quicquam quod in Regis contemptum vel prejudicium aut populi sui dampnum aliqualiter cedere valeat non attemptent nec faciant quomodolibet attemptari. In cujus, etc. Teste, etc, ut proximo supra. Per ipsum Regem.

Pro Johanne de Neville de monstro capiendo. Rex carissimo consanguineo suo Johanni de Nevylla, salutem. Sciatis quod nos de fidelitate et circumspectione vestris plenius confidentes dedimus vobis plenam tenore presencium, potestatem ad certas sufficientes et notabiles personas pro monstro sive monstracione omnium et singulorum hominum ad arma et sagittorum in castris sive villis nostris de Bonmoylyn, Lesgle, Rugles, Mortaigne, Clinchamp et Bellesme de presenti existencium die Mercurii proximo futuro vel infra duos dies immedietate tunc sequentes capiend. et eos in arraiacione sua ponend. ordinand. et deputand. Proviso semper quod de numero hominum ad arma et sagittorum predictorum et cum quibus retenti fuerint distincte et aperte nobis certificetur In cujus, etc. Teste Rege in exercitu suo prope villam suam Falesie in ducatu, etc., .viij°. die januarii. Per ipsum Regem.

De audiendo et terminando. Rex dilectis et fidelibus suis Thome de Rokeby chivaler, Johanni Blaket chivaler Willelmo Breton chivaler et Edmundo Morys, salutem. Sciatis quod constituimus vos tres et duos vestrum quorum vos prefate Edmunde unum esse volumus ad inquirendum per sacramentum presbytorum et legalium hominum de villa nostra de Cadomo per quos rei veritas melius sciri poterit de omnimodis prodicionibus insurreccionibus rebellionibus feloniis conspiracionibus confederacionibus transgressionibus extorsionibus mesprisionibus offensis negligenciis et aliis malefactis in villa predicta per quoscumque et qualitercumque factis seu perpetratis et eadem prodiciones insurrecciones rebelliones felonias conspiraciones confederaciones transgressiones extorsiones mesprisiones offensas negligencias et malefacta audiendi et terminandi secundum leges et consuetudines ducatus nostri Normannie. Et ideo vobis mandamus quod ad certos dies et loca quos vos tres, etc., quorum, etc., ad hoc provideritis diligentes super premissis faciatis inquisiciones et ea audiatis et terminetis in forma predicta facturi inde quod ad justiciam pertinet secundum leges et consuetudines predictas. Salvis nobis amerciamentis et aliis ad nos inde spectantibus. Mandavimus enim Vicecomiti nostro Cadomi quod ad certos dies et loca quos vos tres, etc., quorum, etc., ei scire faciatis, venire faciatis coram vobis, tribus etc., tot et tales presbyteros et legales homines de balliva sua per quos rei veritas in premissis melius sciri poterit et inquiri. In cujus, etc. Teste Rege in exercitu, etc., .x°. die januarii. Per ipsum Regem.

De salvo conductu Dubrueyl. Rex per litteras suas patentes usque vicesimum diem Februarii proximi futuri duraturas suscepit in salvum, etc. Lodowicum Dubrueyl de Francia armigerum in regnum Regis Anglie ad presenciam carissimi consanguinei Regis Ducis de Burbon. prisonarii Regis cum uno valetto ac equis et herneslis suis tam per terram quam per mare transeundo ibidem morando et exinde ad partes suas proprias redeundo. Proviso semper quod ipsi quicquam quod in Regis contemptum vel prejudicium aut populi sui dampnum aliqualiter cedere valeat non attemptent seu faciant quomodolibet attemptari. In cujus, etc. Teste Rege in exercitu, etc., .x. die januarii. Per ipsum Regem.

Pro Johanne Popham. Rex omnibus ad quos, etc., salutem. Sciatis quod de gracia nostra speciali et pro bono et gratuito servicio quod dilectus et fidelis noster Johannes Popham nobis impendit et impendet concessimus ei officium ballivi ville nostre de Cadomo habendum et occupandum officium predictum per se vel sufficientem deputatum suum pro quo respondere voluerit quamdiu nobis placuerit percipiendo in eodem officio omnimoda vadia feoda proficua et commoditates eidem officio debita et consueta adeo integre et eodem modo sicut aliquis officium illud ante hec tempora habens et occupans juste et bene habuit et percepit in eodem. In cujus, etc., Teste Rege apud Villam Regiam Falesie .xxiv. die decembris. Per ipsum Regem.

De protectione Jemelyn. Rex omnibus ballivis et fidelibus suis ad quos, etc., salutem. Sciatis quod suscepimus in proteccionem et defensionem nostram Bernardum Jemelyn de London. vynter in regnum nostrum Anglie pro vinis et aliis victualibus querendis et ea usque partes transmarinas pro vitellacione exercitus nostri ibidem ducendis transeundo. Et ideo vobis mandamus quod ipsum Bernardum in regnum nostrum predictum ex causa predicta transeundo manuteneatis protegatis et defendatis non inferentes ei vel inferri permittentes injuriam molestiam dampnum aut gravamen. Et si quid ei forisfactum sive injuriatum fuerit, id ei sine dilacione facias emendari. In cujus, etc., quamdiu nobis placuerit dum in partibus transmarinis fuerimus duraturum. Teste Rege apud Villam Regiam Falesie .xij. die januarii. Per ipsum Regem.

De prebenda data Racionis. Rex omnibus ad quos, salutem. Sciatis quod dedimus et concessimus dilecto clerico nostro Roberto Racionis thesaurariatum canonicatum et prebendam de Gauray in ecclesia cathedrali Baiocensis vacantem et ad Regiam donacionem spectantem ut dicitur habendam cum suis juribus et pertinenciis quibuscumque. In cujus, etc. Teste Rege ut proximo supra. Per ipsum Regem.

Et mandatum est capitulo ecclesie predicte quod ipsum Robertum ad thesaurariatum canonicatum et prebendam predictam admittant et ei stallum in choro et locum in capitulo ratione prebende illius prout moris est assignent. Teste ut supra per ipsum Regem.

Pro eodem. Rex eisdem salutem. Sciatis quod dedimus et concessimus, etc, ut supra canonicatum et prebendam de Lieurre in ecclesia cathedrali Lexoviensi, etc., ut supra. Teste ut supra. Per ipsum Regem.

Pro eodem. Robertus Racionis clericus habet litteras Regis de presentacione ad ecclesiam de Manerbe Lexoviensi diocesis vacantem et ad Regiam donationem spectantem ut dicitur et diriguntur littere ille capitulo ecclesie cathedralis Lexoviensis. In cujus, etc. Teste ut supra. Per ipsum Regem.

[Suit un bref pour la concession de la garde du pont de Southampton faite à un anglais.]

De salvo conductu Monnet. Rex per litteras suas patentes usque secundum diem Februarii proximi futuri duraturas suscepit in salvum, etc., Johannem Monnet usque villam Regiam Falesie cum bonis rebus et herneslis suis veniendo. Proviso semper quod ipse quicquam quod in Regis contemptum vel prejudicium aut populi sui dampnum aliqualiter cedere valeat non attemptet seu faciat quomodolibet attemptari. In cujus, etc. Teste Rege apud villam Regiam Falesie .xij°. die januarii. Per ipsum Regem.

Pro Johanne Clynk. Rex omnibus ad quos, etc., salutem. Sciatis quod de gracia nostra speciali et pro bono servicio quod dilectus armiger noster Johannes Clynk nobis impendit et impendet concessimus ei officium ballivi atque ville nostre de Cadomo habendum et occupandum officium predictum per se vel sufficientem deputatum suum pro quo respondere voluerit quamdiu nobis placuerit percipiendo in eodem officio omnimoda vadia feoda proficua et commoditates eidem officio pertinencia sive spectancia. In cujus, etc. Teste Rege apud villam Regiam Falesie .xij°. die januarii. Per ipsum Regem.

De protectione Adryan dum fuit in exercitu Regis. Rex omnibus ballivis et fidelibus suis ad quos, etc., salutem. Supplicavit nobis Adam Adrian ut cum ipse circa sculpturam cujusdam sigilli nostri in villa nostra de Cadomo de mandato nostro continue sit intendens idemque Adam metuat tam sibi quam hominibus et servientibus suis dampnum de corporibus suis ac jacturam de rebus et bonis suis per quosdam emulos suos et eorum procuracionem de facili posse evenire velimus pro securitate sua occasione premissa prospicere generose nos supplicacioni predicte annuentes suscepimus ipsum Adam ac homines et servientes suos dum obsequio nostro hujus ut promittitur immoranter necnon res et bona sua quecumque in protectionem et defensionem nostras speciales. Et ideo vobis mandamus quod ipsum Adam ac homines et servientes suos necnon res et bona sua quecumque manuteneatis protegatis et defendatis non inferentes eis vel inferri permittentes injuriam molestiam dampnum aut gravamen. Et si quid eis forisfactum sive injuriatum fuerit id eis sine dilacione faciatis emendari. In cujus, etc., quamdiu Regi placuerit duraturas. Teste Rege apud villam Regiam Falesie .xxviij°. die decembris. Per ipsum Regem.

Pro Lodowico Burgoyse. Rex omnibus ad quos, etc., salutem. Sciatis quod de gracia nostra speciali dedimus et concessimus Lodowico Bourgoise de ducatu nostro Normannie chivaler jurato ligeo nostro omnia terras tenementa redditus et possessiones que ipse ante adventum nostrum in ducatu nostro Normannie jure hereditario tenuit habendum et tenendum omnia terras tenementa redditus et possessiones predicta prefato Lodowico et heredibus suis per hommagium nobis et heredibus nostris faciendo et reddendo nobis et eisdem heredibus nostris ad castrum nostrum Falesie ad festum Sti. Michaelis unum ancipitem singulis annis in perpetuum et faciendo omnia alia servicia terris et tenementis predictis debita et consueta. In cujus, etc. Teste Rege apud villam Regiam Falesie .xij°. die januarii. Per ipsum Regem.

[Suivent quatre brefs de Henri V qui devaient être inscrits dans les rôles anglais.]

De salvo conductu Denfernet et alii. Rex per litteras suas patentes usque primum diem februarii proximi futuri duraturas suscepit in salvum, etc., Bertram Denfernet chivaler, Bardin Rimache armigerum, Michaelem Gourdell., Johannem Fauquet, Petrum Cappedelaine armigerum, Johannem Cappedelaine armigerum, Petrum du Moulin armigerum, magistrum Nicholaum Le Painteur, magistrum Johannem Orenge, Robertum Le Paintour seniorem, Thomam Canville et Thomam Bernart usque presenciam Regis cum viginti valettis in comitiva sua ac equis bonis et habilamentis suis veniendo ibidem morando et exinde usque villam de Vire transeundo. Proviso semper quod ipsi quicquam quod in Regis contemptum vel prejudicium aut populi sui dampnum aliqualiter cedere valeat non attemptent seu faciant quomodolibet attemptari. In cujus, etc. Teste Rege apud villam Regiam Falesie .xvj°. die januarii. Per ipsum Regem.

(Membrane 14.)

Pro Johanne *Bermyngham.* Rex dilecto sibi *Thome* Bermyngham armigero salutem. Scias quod nos de fidelitate et circumspectione tuis plenius confidentes, dedimus tibi plenam tenore presencium potestatem et auctoritatem ad castrum sive fortalicium de la Mote in manus nostras capiendi et omnes et singulos in castro predicto seu aliis locis eidem castro adjacentibus existentibus qui sub fide et ligeancia nostris morari volunt ad pacem et graciam nostras recipiendi et eis et eorum cuilibet vitam hereditates et possessiones suas concedendi. In cujus, etc. Teste Rege apud villam Regiam Falesie .xvij°. die januarii. Per ipsum Regem.

De salvo conductu Caen. Rex per litteras suas patentes usque ad festum S^ti^. Michaelis proximo futur. duraturas suscepit in salvum, etc. Guillelmum Le Can, et Yvonem Quelen in regnum Regis Anglie vel alibi in dominia potestatem et jurisdictiones Regias quecumque in quadam navi portagii centum doliorum vel infra bonis et mercandisis suis carcata conjunctim vel divisim transeundo ibidem morando et perhendinando et exinde ad partes suas proprias redeundo, ac marinarios pro gubernacione navis predicte necessarios, necnon bona et mercandisas sua quecumque. Proviso semper quod ipsi quicquam quod in Regis contemptum vel prejudicium aut populi sui dampnum aliqualiter cedere valeat non attemptent nec faciant quomodolibet attemptari et quod ipsi legales exerceant mercandisas ac custumas subsidia et alia deveria Regis in hac parte debita fideliter solvant quidque ipsi aliquam villarum Reg. firmatarum absque speciali licencia capitaneorum earumdem non intrent quovismodo. In cujus, etc. Teste Rege ut proximo supra .xv°. die januarii. Per ipsum Regem.

De salvis conductibus. Consimiles litteras Regias de salvo conductu per idem tempus duraturas habent subscripti sub eadem data, videlicet.

1°. Stephanus de Pont Castel, Radulfus Bullieu et Ivo Luton. in quadam navi portagii quatuor viginti doliorum vel infra. Per ipsum Regem.

2°. Herve Le Cappitaine, Guillelmus Le Page et Johannes Le Mance in quadam navi portagii quatuor viginti doliorum vel infra. Per ipsum Regem.

3°. Johannes Garlec et Johannes Le Manic et duo mercatores in comitiva sua in quadam navi portagii sexaginta doliorum vel infra. Per ipsum Regem.

4°. Galfridus Garronet, Johannes Garronet et Stephanus Rogier ac quinque mercatores in comitiva sua in quadam navi portagi ducentorum doliorum vel infra. Per ipsum Regem.

5°. Galfridus Le Goaide et Robertus Melier ac tres mercatores in comitiva sua in quadam navi portagii quinquaginta doliorum vel infra. Per ipsum Regem.

Ivo Le Lombart ac quatuor mercatores in comitiva sua in quadam navi portagii quatuor viginti doliorum vel infra. Per ipsum Regem.

De salvo conductu Lamoreux. Rex per litteras suas patentes usque diem Dominicam in medio Quadragesime proxime future duraturas suscepit in salvum, etc. Jamet Lamoreux usque presenciam Regis in quadam navi portagii quatuor viginti doliorum vel infra certis vinis pro expensis hospicii Regis in partibus cismarinis carcata veniendo ibidem morando et exinde ad partes suas proprias redeundo. Proviso semper, etc., ut supra, usque ibi attemptari, et tunc sic. In cujus, etc. Teste ut supra. Per ipsum Regem.

De salvo conductu Denfernet et alii. Rex per litteras suas patentes, etc., suscepit in salvum, etc. Berton. Denfernet chivaler, etc. (*Ces lettres patentes ne diffèrent de celles inscrites ci-contre col.* 1re. *que par le prénom de Berton mis à la place de celui de Bertram Denfernet chivaler.*)

De salvo conductu Grimaldi et alii. Rex per litteras suas patentes usque tercium diem Marcii proximi futuri duraturas suscepit in salvum etc. Johannem de Grimaldo Isnand. de Spinula, Guidonem Janue, Johannem de Anthonis de Pavia et Stephanum Trencha ad quascumque partes ducatus Regii Normannie seu regni sui Francie sibi placuerit transeundo ibidem morando et exinde usque presenciam Regis ubicumque ipsum tunc fore contigerit redeundo viginti et quinque arbalistas de torno, viginti et quinque arbalistas de tibia, viginti et quatuor brigantinas de panno lineo coopertas, et sex brigantinas de velveto coopertas secum apportando et eas infra quadraginta dies proximi futuri nobis reddendo necnon equos res bona et hernesia sua quecumque. Proviso semper ut proximo supra. In cujus, etc. Teste Rege apud villam Regiam Falesie .xx°. die januarii. Per ipsum Regem.

Pro Ricardo de Walfray. Rex dilectis sibi Ricardo Walfray et Thome Kent salutem. Sciatis quod dedimus vobis plenam tenore presencium potestatem et auctoritatem ad omnes et singulos brigantes per vos captos et in castro nostro de Tanye existentes et alios brigantes quoscumque per vos, ex nunc capiendi per colla sua suspendi faciendo. In cujus, etc., quamdiu Regi placuerit duraturas. Teste Rege ut supra .xviij°. die januarii. Per ipsum Regem.

De salvo conductu Vieville. Rex per litteras suas patentes usque primam Dominicam Quadragesime proxime future duraturas suscepit in salvum, etc. Alanum de La Vieville armigerum usque presenciam Regis cum sex personis in comitiva sua ac equis bonis rebus et hernesiis suis veniendo ibidem morando et exinde ad propria redeundo. Proviso semper quod ipsi quicquam quod in Regis contemptum vel prejudicium aut populi sui dampnum aliqualiter cedere valeat non attemptent nec faciant quomodolibet attemptari quodque nullus personarum predictarum proditor Regis aut extra regnum suum Anglie bannitus seu abjudicatus existat. In cujus, etc. Teste

Rege apud villam Regiam Falesie .xviij°. die januarii. Per ipsum Regem.

De generali attornato Felton. Robertus Felton clericus qui in obsequio Regis in ducatu Regio Normannie moratur habet litteras Regias de generali attornato sub nominibus Willelmi Soper et Hugonis Dyk de London Sotter. Pro, etc. Teste Rege ut proximo supra .xx°. die januarii. Ricardus Sturgeon clericus recepit attornatum usque adventum const. in Anglie.

De generali attornato Botiller. Radulfus Botiller armigerus qui in obsequio Regis in ducatu Regio Normannie moratur habet litteras Regias de generali attornato sub nominibus Ricardi Tirell. et Roberti Ellerbeke. Pro, etc. Teste Rege apud villam Regiam Falesie .xxij°. die januarii Ricardus Sturgeon clericus recepit attornatum, etc., ut supra.

Pro Thoma Newton. Rex omnibus ad quos, etc., salutem. Sciatis quod de gracia nostra speciali concessimus dilecto servienti nostro Thome Newton garcioni de selario nostro illos septem marcas tres solidos et quatuor denarios nobis forisfactos eo quod Thomas Atkyn de Huntcote in comitatu Leycestrie quendam Ricardum de Toure valettum infra exercitum nostrum murdravit et eidem Thomas Atkyn execucioni positus fuit ex causa supradicta habendum eidem Thome Newton dictos septem tres solidos et quatuor denarios de dono nostro. In cujus, etc. Teste ut proximo supra. Per ipsum Regem.

Breve inde. Et mandatum est Waltero Intebergh attornato Regis in curia sua militari quod eidem Thome Newton dictos septem marcas tres solidos et quatuor denarios liberet habendum de dono Regis juxta tenorem litterarum predictarum. Vult enim Rex ipsum inde erga ipsum exonerari. Teste ut proximo supra. Per ipsum Regem.

Pro Johanne Stout. Rex omnibus ad quos, etc., salutem. Sciatis quod de gracia nostra speciali et pro bono servicio quod dilectus serviens noster Johannes Stout custos pannorum nostrorum Darras et de Tapicerie nobis impendit et impendet concessimus ei officium janitoris infra palacium principatus in antiquo Judaismo infra civitatem Londini habendum officium predictum pro termino vite sue cum vadiis feodis regardis et proficuis eidem officio ab antiquo debitis et consuetis. In cujus, etc. Teste Rege apud villam Regiam Falesie .xxiv°. die januarii Per ipsum Regem.

De ratificatione Mara. Rex omnibus ad quos, etc., salutem. Volentes securitati Magistri Johannis de Marajurati ligei nostri persone ecclesie de Argenthomo et capellani capelle S^ti^. Nicholai in castro nostro de Argenthomo ac canonici in ecclesia cathedrali Lexoviensi providere, statum et possessionem quos idem Johannes habet in ecclesia capella et prebenda predictis pro nobis et heredibus nostris quantum in nobis est acceptamus approbamus ratificamus et confirmamus, volentes quod idem Johannes fructibus preventibus, decimis et oblacionibus inde provenientibus plene et pacifice gaudeat et utatur dumtamen onera eisdem de jure incumbencia debite faciat et extra fines et limites ducatus nostri Normannie sine licencia nostra speciali nullo modo se absentet. In cujus, etc. Teste Rege apud Villam Regiam Falesiam .xxvj°. die januarii. Per ipsum Regem.

De presentatione Inger. Johannes Inger Capellanus habet litteras Regis de presentacione ad ecclesiam S^t^. Juliani Desthufle Sagiensis diocesis vacantem per mortem Masse Le Rous capellani ultimi persone ibidem et ad Regis donationem spectantem ut dicitur et diriguntur littere ille Johanni episcopo Sagiensi. Teste Rege ut supra .xxvij°. die januarii. Per ipsum Regem.

Pro eodem. Idem Johannes habet consimiles litteras ad capellam S^ti^. Ouèni in parochia de Ferrieres ejusdem diocesis vacantem ut dicitur, et ad Regis donacionem. Et diriguntur littere, etc., ut supra. Teste ut supra. Per ipsum Regem.

Pro Johanne Chamberlein. Rex omnibus ad quos, etc., salutem. Sciatis quod de gracia nostra speciali et pro bono servicio quod dilectus nobis Johannes Chamberlein nobis impendit et impendet concessimus ei quoddam hospicium in villa nostra de Harefleu cum pertinenciis quod habet de signo duas scutellas de stanno in quo quidem hospicio Guillelmus de Piemont taverner die quo villa predicta nobis reddita et liberata fuit morabatur habendum eidem Johanni hospicium predictum pro termino vite sue, reddendo inde nobis annuatim unum album et faciendo vigiliam et custodiam et omnia alia servicia in hac parte debita et consueta. In cujus, etc. Teste Rege apud villam Regiam Falesie .xxvj°. die januarii. Per ipsum Regem.

Pro Ricardo Walstede. Rex omnibus ad quos, etc, salutem. Sciatis quod de gracia nostra speciali et pro bono et gratuito servicio quod dilectus et fidelis noster Ricardus Walstede nobis impendit et impendet in futurum, concessimus ei officium constabularii castri nostri de Beaumareys habendum et occupandum officium predictum per se vel sufficientem deputatum suum pro quo respondere voluerit pro termino vite sue percipiendo in eodem officio omnimoda vadia feoda proficua et commoditates ad idem officium debite pertinencia sive spectancia modo quo Edwardus Sprenchose chivaler defunctus habuit et percepit in eodem dum vivebat. In cujus, etc. Teste Rege apud villam Regiam Falesie .xx°. die januarii. Per ipsum Regem.

De salvo conductu Magny. Rex per litteras suas patentes usque sextum decimum diem Februarii proximi futuri duraturas suscepit in salvum, etc. Karolum de Magny chivaler versus quascumque partes regni Regis Francie sibi placuerit cum octo personis in comitiva sua ac equis bonis rebus et hernesiis suis transeundo ibidem morando et exinde usque castrum Regium Falesie redeundo. Proviso semper quod ipsi tam in eundo quam redeundo erga Regem et populum suum bene et honeste se gerant et habeant. In cujus, etc. Teste Rege apud villam Regiam Falesie secundo die februarii. Per ipsum Regem.

De salvo conductu Rimache et alii. Rex per litteras suas patentes usque tercium decimum diem Februarii proximi futuri duraturas suscepit in salvum, etc. Bardin Rimache armigerum, Robertum Le Painteur, magistrum Johannem Orenge, Johannem Fauquet, Michaelem de Moleen, Johannem Canville, Johannem Canville, Johannem du Castel, Johannem Leschaugnet juniorem, Johannem Vyon, magistrum Johannem Le Héricye, Andream James et Ricardum du Fresne usque presenciam Regis cum duodecim valettis in comitiva sua vel infra ac equis bonis et habilamentis suis veniendo ibidem morando et exinde usque villam de Vire transeundo. Proviso semper quod ipsi quicquam quod in Regis contemptum vel prejudicium aut populi sui dampnum aliqualiter cedere valeat non attemptent nec faciant quomodolibet attemptari. In cujus, etc. Teste Rege apud villam Regiam Falesie primo die februarii. Per ipsum Regem.

Pro Thome Wylugbhy. Rex omnibus ad quos, etc., salutem. Sciatis quod de gratia nostra speciali et pro bono servicio quod dilectus nobis Thomas Wylughby armiger nobis impendit et impendet in futurum concessimus ei officium servientis gaolarum ville nostre de Cadomo habendum et occupandum officium predictum per se vel sufficientes deputatos suos pro quibus respondere voluerit quamdiu nobis placuerit cum omnibus feodis et proficuis eidem officio qualitercumque pertinentibus. In cujus, etc. Teste Rege apud villam Regiam Falesie primo die februarii. Per ipsum Regem.

De custodia commissa Guilois. Rex omnibus ad quos, etc., salutem. Sciatis quod commisimus fratri Simoni Le Guilois monacho jurato ligeo nostro regimen et gubernacionem Abbatie de Trappe solacio pastoris propter absenciam nuper Abbatis loci predicti inimici et rebellis nostri ut dicitur destitute. Commisimus eciam prefato Simoni custodiam prioratus de Theau ac omnium maneriorum terrarum tenementorum et possessionum quorumcumque tam Abbatie predicte quam dicto prioratui qualitercumque pertinencium sive spectancium habendam quousque pro regimine et gubernacione dictorum Abbacie et prioratus aliter duximus ordinand. In cujus, etc. Teste Rege ut proximo supra. Per ipsum Regem.

De eodem Carbonnel. Rex eisdem, etc., salutem. Sciatis quod concessimus fratri Reginaldo Carbonnel monacho jurato ligeo nostro custodiam prioratus de Villiers Canivet ac omnium maneriorum terrarum tenementorum et possessionum eidem prioratui pertinencium, etc., ut supra. In cujus, etc. Teste ut supra. Per ipsum Regem.

De presentacione Tonnelier. Mace Le Tonnelier capellanus habet litteras Regias de presentacione ad ecclesiam parochialem S[ti]. Vigoris de Atis Baiocensis diocesis vacantem per mortem Magistri Roberti Jolis ultimi persone ibidem ut dicitur et ad Regis donacionem spectantem. Et diriguntur littere ille capitulo ecclesie cathedralis Beate Marie de Baieux. Teste Rege in exercitu suo prope villam Regiam Falesie .xvj°. die decembris. Per ipsum Regem.

Pro Ghoelke Ghouner. Rex Ballivo nostro Cadomi ac Vicecomiti ibidem necnon aliis officiariis et ministris nostris ibidem et eorum cuilibet salutem. Supplicaverunt nobis Ghoelke Ghouner et Seger de Crykenbeke quod licet ipsi associatis sibi certis aliis diversa blada et waidam pro sustentacione sua ac equorum suorum infra ducatum nostrum Normannie adunassent et ea in quadam domo infra villam nostram predictam posuissent, quidam tamen officiariorum nostrorum predictorum predictos Ghoelke et Seger quominus ipsi bladis et waida suis hujusmodi uti et gaudere possunt et deberent graviter impediunt et perturbant in ipsorum Ghoelke et Seger dampnum non modicum et gravamen, velimus sibi de remedio in hac parte providere opportuno. Nos supplicacioni predicte annuentes vobis et cuilibet vestrum prout ad eum pertinuerit mandamus quod prefatos Ghoelke et Seger bladis et waida suis hujus absque impedicione aliqua uti et gaudere permittatis. Teste Rege apud villam Regiam Falesie quarto die februarii. Per ipsum Regem.

De salvo conductu Sage. Rex per litteras suas patentes usque primum diem Aprilis proximi futuri duraturas suscepit in salvum, etc. Radulfum Le Sage chivaler usque villam de Boulloingne supra mare et abinde in Hollandiam cum viginti et quinque personis armatis vel non armatis in comitiva sua vel infra ac viginti et quinque equis et uno mulo vel infra cum duobus summeris duabus manticis vel infra, auro, argento, vasis de auro et argento, jocalibus, hernesiis robis et aliis rebus suis insimul vel per partes tam per terram quam per mare peregre transeundo et abinde redeundo. Proviso semper quod ipsi quicquam quod in Regis contemptum vel prejudicium aut populi sui dampnum aliqualiter cedere valeat non attemptent nec faciant quomodolibet attemptari, quodque nullus personarum predictarum proditor Regis aut extra regnum suum Anglie bannitus seu abjudicatus existat. In cujus, etc. Teste ut proximo supra .xiv°. die februarii. Per ipsum Regem.

(Membrane 13.)

De salvo conductu Annani. Rex per litteras suas patentes usque primum diem Aprilis proximi futuri duraturas suscepit in salvum Johannam de Annani uxorem Radulfi Le Sage chivaler usque villam Bolonie cum duodecim personis et duodecim equis in comitiva sua ac bagagiis et aliis rebus bonis et hernesiis suis tam per terram quam per mare transeundo ibidem morando et exinde redeundo. Proviso semper quod ipsi quicquam quod in Regis contemptum vel prejudicium, aut populi sui dampnum aliqualiter cedere valeat non attemptent nec faciant quomodolibet attemptari quodque nullus personarum predictarum proditor Regis aut extra regnum suum Anglie bannitus seu abjudicatus existat. In cujus, etc. Teste Rege apud villam Regiam Falesie .xiv°. die februarii. Per ipsum Regem.

Pro Willelmo Vauchis. Rex omnibus ad quos, etc., salutem. Sciatis quod de gracia nostra speciali et pro bono servicio quod dilectus nobis Willelmus Vauchis burgensis civitatis nostre de Baieux juratus ligeus noster nobis impendit et impendet in futuro dedimus et concessimus ei omnes hereditates suas et fratris sui ab obediencia nostra se absentantis in civitate predicta seu prope eandem habendas et tenendas eidem Willelmo et heredibus suis masculis de corpore suo exeuntibus per homagium nobis et heredibus nostris faciendo et alia servicia inde debita et consueta. Proviso semper quod idem Willelmus vigilias in civitate nostra predicta prout in eadem civitate moris est et fuerit usitatum inveniat et custodiat. In cujus, etc. Teste Rege apud villam Regiam Falesie sexto die februarii. Per ipsum Regem.

Pro Willelmo Mountenay. Rex archiepiscopis, episcopis abbatibus prioribus ducibus comitibus baronibus justiciariis vicecomitibus prepositis ministris et omnibus ballivis et fidelibus suis ad quos, etc., salutem. Sciatis nos concessisse et hac presenti carta nostra confirmasse dilecto et fideli nostro Willelmo de Mountenay quod ipse et heredes sui in perpetuum habeant liberam warennam in omnibus dominicis terris suis de Yenge Mountenay in comitatu Essexie dum tamen terre ille non sint infra metas foreste nostre. Ita quod nullus intret terras illas ad fugandum in eis vel ad aliquid capiendum quod ad warennam pertineat sine licencia et voluntate ipsius Willelmi vel heredum suorum sub forisfactura nostra decem librarum. Quare volumus et firmiter precipimus pro nobis et heredibus nostris quod ipse et heredes sui in perpetuum habeant liberam warennam in omnibus dominicis terris suis predictis sicut predictum est. Et ulterius de uberiori gracia nostra concessimus et licenciam dedimus prefato Willelmo quod ipse trescentas acras terre in villa predicta cum palis et fossato includere et imparcare et eas sic inclusas et imparcatas tenere possit sibi et heredibus suis predictis dumtamen terre ille non sint infra metas foreste nostre. Hiis testibus carissimis fratribus nostris Thoma Clarencie Senescallo Anglie et Humfredo Gloucestrie camerario Anglie Ducibus, Edmundo Marchie, Ricardo Warenn. et Thoma Sar. comitibus. Henrico Fitz Hug. camerario nostro et Waltero

Hungerford Senescallo hospicii nostri et aliis. Datum per manum nostram apud villam nostram Falesie in ducatu nostro Normannie .viij°. die februarii. Per ipsum Regem.

Rex omnibus ad quos, etc, salutem. Sciatis quod de gracia nostra speciali dedimus et concessimus dilecto armigero nostro Roberto Shottesbroke omnia maneria terras et tenementa que fuerunt Bertrandi Champyon armigeri cum maneriis de Urvyle et de Founteneys que fuerunt Willelme de Founteneys matris predicti Bertrandi cum omnibus aliis terris maneriis redditibus et possessionibus que fuerunt predictorum Bertrandi et Willelme infra ducatum nostrum Normannie habendum et tenendum maneria terras tenementa redditus et possessiones predicta prefato Roberto et heredibus masculis de corpore suo exeuntibus cum omnibus libertatibus redditibus serviciis franchesiis privilegiis wardis, maritagiis releviis escaetis, forisfacturis feodis militum terris pratis pasturis boscis parcis warennis chaceis waifs, strayfs, vivariis stagnis aquis, molendinis officiis mariscis advocationibus ecclesiarum quarumcumque cum aliis reversionibus proficuis et commoditatibus maneriis et terris predictis ac prefatis Bertrando et Willelme pertinentibus de nobis et heredibus nostris per homagium et fidelitatem ac reddendo inde nobis et prefatis heredibus nostris ad festum S^ti^. Georgii unum pavisium de armis S^ti^. Georgii ad castrum nostrum de Cadomo singulis annis in perpetuum. Proviso semper quod idem Robertus et heredes sui aut eorum deputati ibidem in absencia sua de castro nostro de Cadomo cum gentibus et familia suis bene et competenter pro guerra, arraiatis et munitis ad custus suos proprios sint intendentes quociens opus fuerit et super hoc ex parte nostra vel heredum nostrorum rationabiliter fuerint premuniti. In cujus, etc. Teste Rege apud villam Regiam Falesie primo die januarii. Per ipsum Regem.

(*Vacant iste littere eo quod cancellate sunt.*)

Pro capellanis capelle Sancti Nicholai de Baieux. Rex omnibus ad quos, etc., salutem. Sciatis quod de gracia nostra speciali ad supplicationem cappellanorum capelle in honore S^ti^. Nicholai de Courtibus de Baieux fundate et ne pia intencio fundatorum capelle predicte qui eam diversis redditibus et possessionibus pro salute animarum suarum ut dicitur dotarunt quantum in nobis est frustretur quovismodo, concessimus eisdem capellanis ad laudem et honorem Dei et S^ti^. Nicholai et in augmentacionem cultus sui qui ibidem fieri debet et solet omnes redditus et possessiones suas ubicumque infra civitatem nostram predictam et suburbia ejusdem seu alibi existencia habend. eisdem capellanis de dono nostro. In cujus, etc. Teste Rege apud villam Regiam Falesie .viij°. die februarii. Per ipsum Regem.

Item innotatur littere de salvo conductu pro ambassiatoribus Francie sub eadem forma qua supra irrotulatur usque ibi Parisius presidenti, et tunc sic Magistro Roberto de Tuleriis, etc., ut supra proxim. usque ibi quomodolibet attemptari et tunc sic usque ibi patentes et tunc sic usque primum diem januarii prox. futur. duraturum. Teste Rege in exercitu suo prope villam Falesie .vij°. decembris. Per ipsum Regem.

Pro Johanne Tiptoft. Rex dilecto et fideli suo Johanni Tiptoft capitaneo castri Dessay, salutem. Cum Hugo de Peniers de castellania nostra predicta armiger adeo impotens sui existat et senio confractus quod absque maximo corporis sui periculo usque presenciam nostram pro deliberacione hereditatis sue ibidem habenda et pro juramento suo in hac parte requisito nobis faciend. laborare non sufficit ut accepimus. Nos statui ejusdem Hugonis compacientes in in hac parte dedimus vobis potestatem recipiendi in forma debita juramentum suum nobis in hac parte debitum. Et ideo vobis mandamus quod sacramentum predictum recipiatis et cum illud receperitis eidem Hugoni omnia terras tenementa redditus et possessiones que ipse ante capcionem eorumdem in manus nostras hereditario jure tenuit liberetis et ipsum ea habere permittatis per servicia inde debita et consueta. Et nos de juramento illo cum sic captum fuerit sub sigillo vestro distincte et aperte certificetis. Teste Rege apud villam Regiam Falesie .x°. die februarii. Per ipsum Regem.

De salvo conductu pro reparacione castri Mangny. Rex universis et singulis capitaneis castellanis et eorum locatenentibus ac aliis officiariis ministris ligeis fidelibus et subditis nostris ad quos presentes littere pervenerint, salutem. Sciatis quod cum Oliverus de Mangny chivaler nuper capitaneus castri Falesie Guillelmum Restart et Henricum Louvel pro certis carectis querendis et usque castrum nostrum predictum ducendum ac pro certis carpentariis lathomis et aliis operariis et laboratoribus pro reparacione et emendacione ac mundacione fossatorum castri nostri predicti capiend. et providend. mittere proponat ut tenetur. Nos ea consideracione suscepimus ipsos Guillelmum et Henricum ad loca ubi sibi melius videbitur expedire pro carectis predictis querendi et usque castrum nostrum predictum ducend., et deinde in Britannia pro centum carpentariis lathomis et aliis operariis et laboratoribus pro reparacione et emendacione murorum domorum et aliorum edificiorum castri nostri predicti ac mundacione fossatorum ejusdem castri pro quibus idem Oliverus nobis respondere voluerit capiend. et providend. transeundo ibidem morando et exinde ad castrum nostrum predictum redeundo. Proviso semper quod ipsi quicquam quod in nostri contemptum vel prejudicium aut populi nostri dampnum aliqualiter cedere valeat non attemptent seu presumant quovismodo attemptare. In cujus, etc., usque sextum decimum diem februarii proximo futuri duratur. Teste Rege apud villam Regiam Falesie .x°. die februarii. Per ipsum Regem.

De salvo conductu Preaulx. Rex per litteras suas patentes usque festum Pasche proxime future duraturas suscepit in salvum, etc. Robertum de Preaulx versus quascumque partes regni Regis Francie seu ducatus sui Normannie sibi placuerit cum tribus personis et quatuor equis in comitiva sua ac rebus et bonis suis transeundo ibidem morando et exinde usque castrum Regium Falesie veniendo ac personas equos res et bona predicta. Proviso semper, etc., ut supra, quodque nullus personarum predictarum proditor Regis aut extra regnum Regis Anglie bannitus seu abjudicatus existat. In cujus, etc. Teste Rege, etc., ut supra. Per ipsum Regem.

De salvo conductu Bretaigne. Rex per litteras suas patentes usque decimum diem Marcii proxime futuri duraturas suscepit in salvum, etc. Thomam de Bretaigne capellanum ad loca ubi sibi melius videbitur expedire pro sex carectis vel infra querend. et usque castrum nostrum Falesie ducend. transeundo et abinde usque idem castrum nostrum cum decem et novem personis vel infra in comitiva sua et carectis predictis veniendo. Proviso semper, etc., ut supra quodque nullus personarum, etc., ut supra. In cujus, etc. Teste ut supra. Per ipsum Regem.

Pro Thoma Warde. Rex omnibus ad quos, etc., salutem. Sciatis quod de gracia nostra speciali dedimus et concessimus dilecto armigero nostro Thome Warde dominium de Beaumond infra vicecomitatum de Baieux quod nuper fuit cujusdam Johannis Houtot chivaler apud bellum de Agyncourt ut dicitur interfecti habendum et tenendum prefato Thome et heredibus suis masculis de corpore suo exeuntibus cum omnibus terris tenementis redditibus serviciis libertatibus franchesiis feodis militum advocationibus ecclesiarum, vicariarum, capellarum, cantariarum et aliorum beneficiorum quorumcumque wardis maritagiis releviis, escaetis pratis pasturis boscis parcis varennis chaceis molendinis aquis, vivariis stagnis piscariis moris mariscis commoditatibus et emolumentis quibuscumque ad dominium predictum aliquomodo pertinentibus sive spectantibus una cum aliis terris tenementis possessionibus redditibus et serviciis que predictus Johannes habuit in vicecomitatu predicto dum vivebat de nobis et heredibus nostris per homagium ac reddendo inde nobis et eisdem heredibus nostris primo die Augusti singulis annis unum nisum in perpetuum. Reservata semper nobis et heredibus nostris predictis alta et suprema justicia et omni eo quod ad nos in hac parte poterit pertinere. Dumtamen idem Thomas et heredes sui aut eorum deputati ibidem in absencia sua castro sive ville nostre de Baieux cum gentibus et familia suis bene et competenter pro guerra arraiatis et munitis ad custus suos proprios sicut intendentes quociens opus fuerit et super hoc ex parte vel heredum nostrorum rationabiliter fuerint premuniti. In cujus, etc., Teste Rege apud villam Regiam Falesie .xviij°. die februarii. Per ipsum Regem.

Pro Henrico Desquay. Rex omnibus ad quos, etc., salutem. Sciatis quod nos considerantes grata et laudabilia obsequia que dilectus armiger noster Henricus Desquay de Normannia juratus ligeus noster nobis a tempore quo ducatum nostrum Normannie ingressi fuimus impendit et impendet in futurum de gracia nostra speciali dedimus et concessimus prefato Henrico omnimodas hereditates que fuerunt ipsius Henrici ac fratrum suorum et uxorum eorumdem fratrum qui se extra ducatum nostrum predictum et obedienciam nostram absentarunt habendum et tenendum sibi et heredibus suis masculis de corpore suo exeuntibus de nobis et heredibus nostris per homagium et servicia inde debita et consueta in perpetuum. Proviso semper quod idem Henricus et heredes sui ad quietandum nobiscum et heredibus nostris in guerris nostris quociens nos in ducatum nostrum predictum venire contigerit seu cum locumtenente nostro ibidem in absencia sua cum uno homine generoso in comitiva sua sufficienter pro guerra arraiato ad custus suos proprios hujusmodi guerris durantibus sint prompti et parati. In cujus, etc. Teste apud villam Regiam Falesie .xxvj°. die januarii. Per ipsum Regem.

Pro Ricardo Drayton. Rex omnibus ad quos, etc., salutem. Sciatis quod de gracia nostra speciali dedimus et concessimus dilecto armigero nostro Ricardo Drayton fortalicium et dominium de Coulumbiers cum pertinenciis que nuper fuerunt Oliveri de Coulumbiers chivaler qui adhuc contra nos rebellem se tenet habendum et tenendum prefato Ricardo et heredibus masculis de corpore suo exeuntibus fortalicium et dominium predicta cum pertinenciis ad valorem sexcentorum scutorum per annum una cum omnibus terris tenementis redditibus serviciis possessionibus feodis militum advocacionibus ecclesiarum capellarum cantariarum et aliorum beneficiorum quorumcumque wardis maritagiis releviis escaetis pratis pasturis boscis parcis warennis chaceis aquis molendinis stagnis vivariis piscariis libertatibus franchesiis commoditatibus et aliis proficuis et emolumentis quibuscumque ad eadem fortalicium et dominium pertinentibus sive spectantibus eodem modo quo predictus Oliverus ea ante adventum nostrum in ducatum nostrum Normannie habuit et tenuit per homagium nobis et heredibus nostris faciendum et reddendo nobis et eisdem heredibus nostris unum nisum ad festum S^te^. Margarete singulis annis in perpetuum. Reservata semper nobis, etc., ut proximo supra. Dumtamen, etc., ut supra castro seu ville nostre de Baieux cum gentibus, etc., ut supra. In cujus, etc. Teste Rege apud villam Regiam Falesie .xij°. die februarii. Per ipsum Regem.

Pro duce Gloucestrie. De potestate commissa ad capiendum villas in manu Reg. Rex carissimo fratri suo Humfredo Duci Gloucestrie salutem. Sciatis quod nos de fidelitate industria at circumspectione vestra provida plenius confidentes, dedimus vobis plenam tenore presencium potestatem et auctoritatem ad omnia et omnimoda castra fortalicia villas firmatas et alia loca quecumque infra ducatum nostrum Normannie que contra nos manu forti et rebellice tenentur in manus nostras capiend. ac omnes et singulos cujuscumque status gradus seu condicionis fuerint qui ad graciam et pacem nostras venire et sub fide et ligeancia nostris morari volunt ad graciam et pacem nostras recipiendi et admittendi et eis et eorum cuilibet maneria terras tenementa redditus possessiones et hereditates suas quascumque dandi et concedendi et eis protecciones et bilnetas sigillo vestro signatas sibi in hac parte necessaria tradendi et liberandi. Et illis omnibus qui ad hujusmodi graciam et pacem nostras venire nolunt, vitam equos hernesia et bona sua prout juxta sanam discrecionem vestram fore videritis faciendum similiter dandi et concedendi necnon ad quascumque officiarios in propriis seu dominiis vobis itinerantibus qui se gracie et obediencie nostris submittere voluerint in officiis suis hujusmodi quousque aliter duxerimus ordinandi permansur. faciend. ordinand. et constituend. Proviso semper quod nos de toto facto vestro in hac parte distincte et aperte certificetis. In cujus, etc., quamdiu nobis placuerit duraturum. Teste Reg. apud castrum Regium Falesie .xvj°. die februarii. Per ipsum Regem.

De salvo conductu Nantes. Rex per litteras suas patentes usque festum Pasche proximo future duraturas suscepit in salvum, etc. Guillelmum de Nantes de Britannia usque exercitum Regis ubicumque contigerit cum lampredis pro vitellacione Regis et exercitus sui predicti ac duobus servientibus suis in comitiva sua veniendo ibidem morando et exinde ad propria redeundo. Proviso semper quod ipsi quicquam quod in Regis contemptum vel prejudicium aut populi sui dampnum aliqualiter cedere valeat non attemptent nec faciant quomodolibet attemptari. In cujus, etc. Teste Rege apud castrum Regium Falesie .xvj°. die Februarii. Per ipsum Regem.

Pro duce Clarencie. Rex omnibus ad quos, etc., salutem. Sciatis quod de gracia nostra speciali dedimus et concessimus carissimo fratri nostro Thome Duci Clarencie quoddam manerium infra villam nostram de Caen heredibus Michaelis de Chous (Cheux) pertinens cum suis pertinenciis habendum prefato fratri nostro et heredibus suis masculis de corpore suo exeuntibus manerium predictum cum suis pertinenciis predictis de nobis heredibus et successoribus nostris in perpetuum. In cujus, etc. Teste Rege apud villam Regiam Falesie .xv°. die februarii. Per ipsum Regem.

(Membrane 12.)

Pro Waltero Intebergh. Rex omnibus ad quos, etc., salutem. Sciatis quod de gracia nostra speciali dedimus et concessimus dilecto servienti nostro Waltero

Intebergh villam et dominium de Veraville in vicecomitatu nostro de Cadomo que nuper fuerunt Ducis Aurialenensis habendum et tenendum eidem Waltero et heredibus masculis de corpore suo exeuntibus cum omnibus terris reddilibus serviciis franchesiis libertatibus proficuis commoditatibus emolumentis et avantagiis quibuscumque eisdem ville et dominio qualitercumque fuerit pertinentibus ad valorem quadringentorum scutorum per annum per homagium ac reddendo nobis et heredibus nostris unum pollaxe ad festum S^ti. Michaelis ad castrum nostrum de Cadomo singulis annis imperpetuum. Reservata semper, etc., ut supra. Dumtamen, etc., castro seu ville nostre de Cadomo cum gentibus, etc., ut supra. In cujus, etc. Teste Reg. apud villam Regiam Falesie .xij^o. die februarii. Per ipsum Regem.

De salvis conductibus. Rex per litteras suas patentes usque tercium decimum diem Marcii proximi futuri duraturas suscepit in salvum [etc.] Nicholaum Potier usque presenciam Regis cum uxore infantibus familia equis et bonis suis veniendo. Proviso semper quod in Regis contemptum vel prejudicium aut populi sui dampnum aliqualiter cedere valeat non attemptent nec faciant quomodolibet attemptari. In cujus, etc. Teste Reg. apud castrum Rege Falesie .xviij^o. die februarii. Per ipsum Regem.

Consimiles litteras Regis de salvo conductu per idem tempus duraturas habent subscripti sub eadem data videlicet : 1°. Girot Davy cum uxore familia equis et bonis suis.—2°. Johannes Burnel cum uxore infantibus familia equis et bonis suis. Per ipsum Regem. — 3°. Johannes Ame cum uxore infantibus familia equis et bonis suis. Per ipsum Regem.

Rex omnibus ad quos, etc., salutem. Sciatis quod de gracia nostra speciali et pro bono servicio quod dilectus armiger noster Willelmus Bradwardyn nobis impendit et impendet in futur. dedimus et concessimus eidem Willelmo terram et dominium de Seint Vast cum omnibus aliis terris et tenementa cum suis pertinenciis que fuerunt domine Johanne Plessys infra ducatum nostrum Normannie que se extendent ad valorem mille coronarum per annum habendum et tenendum eidem Willelmo et heredibus suis masculis de corpore suo exeuntibus dominium terras et tenementa predicta cum pertinenciis una cum omnibus possessionibus redditibus serviciis reversionibus feodis militum advocationibus ecclesiarum et aliorum beneficiorum quorumcumque wardis maritagiis releviis escaetis forisfacturis pratis pasturis boscis parcis warennis chaceis aquis semitis viis molendinis vivariis piscariis stagnis moris mariscis libertatibus franchesiis jurisdiccionibus et aliis proficuis et commoditatibus quibuscumque ad dominium terras et tenementa predicta qualitercumque pertinentibus sive spectantibus per homagium nobis et heredibus nostris faciendo et reddendo nobis et eisdem heredibus nostris unam phi-lam aque rosarum ad festum S^ti. Johannis Baptiste singulis annis imperpetuum. Reservata semper nobis et heredibus nostris predictis alta et suprema justicia et omni eo quod ad nos in hac parte poterit pertinere. Dumtamen, etc, ut supra castro seu ville nostre de Baieux cum gentibus, etc., ut supra. In cujus, etc. Teste Rege apud villam Regiam Falesie .vij^o. die februarii. Per ipsum Regem.

(*Vacant iste littere quia aliter inferius.*)

De salvo conductu. Rex per litteras suas patentes usque vicesimum tercium diem februarii proxime futuri duraturas suscepit in salvum, etc. Gaspar de Guarco, Georgium Daconnion, Odonem de Crenea, Petrum de Campre, Manferin de Sanagoet, Johannem de la Sangue, Johannem de Garete, Jacobum Dacome, Roullent Poullart, Herin Bairment, Pierrot de La Vignie, Nicholaum Conen, et Guillelmum Harin armigerum in villa Regia Falesie ad presens existentes ab eadem villa cum quadraginta et septem personis in comitiva sua transeundo. Proviso semper quod ipsi quicquam quod in Regis contemptum vel prejudicium aut populi sui dampnum aliqualiter cedere valeat non attemptent nec faciant quomodolibet attemptari. In cujus, etc. Teste Rege apud castrum Regium Falesie .xvj^o. die februarii. Per ipsum Regem.

De salvo conductu Manny. Rex per litteras suas patentes usque tercium diem Aprilis proxime futuri duraturas suscepit in salvum, etc. Oliverum de Manny chivaler prisonarium Regis versus civitatem Parisius cum duodecim personis in comitiva sua vel infra equestribus vel pedestribus transeundo ibidem morando et exinde usque villam Regiam Falesie redeundo ac equos res bona et hernesia sua quecumque. Proviso semper, etc., ut proximo supra et quod ipsi nullum castrorum Regis seu villarum firmatarum absque speciali licencia capitaneorum Regis eorumdem intrent quovismodo. In cujus, etc. Teste Rege apud castrum Regium de Cadomo .xxij^o. die februarii. Per ipsum Regem.

De salvo conductu. Rex per litteras suas patentes usque vicesimum octavum diem februarii proxime futuri duraturas suscepit in salvum, etc. Galfridum de Malestroit chivaler, Bonabez Le Vaier, Arnoul Frotin, Stephanum Charles, Petrum de La Duschoie, Guillelmum Saint Cler, Johannem Du Boys, Petrum Jonder, Johannem Geraust, Johannem Marochel, Johannem Pinot, Petrum Le Port, Charles Le Port, Johannem Le Port, Oliverum Le Port, Andream de Pannart, Robertum de Vahaie, Johannem de Falays, Petrum de La Hautonniere, Gillet Le Grant, Michaelem de Vezins, Guillelmum Preaulx, Johannem Guiart, Janin Guiart, Johannem Saudroy, Galfridum Gognede, Perrinet Le Mercier, Alanum de La Roche, Guillelmum Bardon, Alanum Ranart, Johannem Chaun, Gervasium Caun, Oliverum de Pontbriant, Johannem du Pontbriant, Johannem de La Ranilliaye, Alanum de Seint Jehan, Galfridum de La Voissiere, Alanum de la Voissiere, Petrum de Brefyllat, Guillelmum de Laosnoy, Guillelmum La Manne, Johannem Dinant, Johannem Bourgez, Robertum Tuffier, Robertum Messager, Roulant Jossez, Tassin Damenchez, Chardin de Coherel, Thomam de Moyssy, Johannem Bidell., Johannem Le Camus, Michaelem du Mouster, Thybaust Haussart, Guillelmum Bourdon, Johannem Bodin, Johannem Baust, Guillelmum Costart, Jaquet Louvet, Jamet Renouart, Amaurry Gosse, Bidault de Viquez, Amaurry Loye, Johannem Daqueville, Drouet Desson, Johannem de Seint Bosmer et Johannem de Treperell., in villa Regia Falesie ad presens existentes ab eadem villa cum octo famulis in comitiva sua equestre vel pedestre transeundo. Proviso semper quod ipsi quicquam quod in Regis contemptum vel prejudicium aut populi sui dampnum aliqualiter cedere valeat non attemptent nec faciant quomodolibet attemptari. In cujus, etc. Teste Rege apud castrum Regium Falesie .xx^o. die februarii. Per ipsum Regem.

De salvo conductu Croix. Rex per litteras suas patentes usque decimum septimum diem aprilis proxim., etc., suscepit in salvum, etc. Johannem de Croix de Francia chivaler in villa Regia Falesie ad presens existentem ab eadem villa versus quascumque partes regni Regis Francie sibi placuerit cum sex personis in comitiva sua ac equis bonis rebus et hernesiis suis et exinde in regnum Regis Anglie transeundo ibidem morando et deinde ad propria redeundo. Proviso semper, etc., ut proximo supra. Teste ut proximo supra. Per ipsum Regem.

De salvo conductu Forton. Rex per litteras suas patentes usque secundum diem Marcii proxime futuri duraturas suscepit in salvum, etc. Forton de Lisieux chivaler in villa Regia Falesie ad presens existentem ab eadem villa cum servientibus equis bonis et hernesiis suis transeundo. Proviso semper, etc., ut proximo supra. In cujus, etc. Teste Rege apud castrum Regium Falesie .xviij°. die februarii. Per ipsum Regem.

Pro Johanne Chetewynde. Rex omnibus ad quos, etc., salutem. Sciatis quod de gracia nostra speciali dedimus et concessimus dilecto armigero nostro Johanni Chetewynde omnia maneria terras tenementa redditus et alias possessiones quascumque infra ducatum nostrum Normannie que fuerunt Savage de Villers chivaler qui adhuc rebellis nobis existit habendas et tenendas eidem Johanni et heredibus suis masculis de corpore suo exeuntibus de nobis et heredibus nostris per homagium imperpetuum una cum omnibus franchesiis privilegiis jurisdiccionibus wardis maritagiis releviis escaetis forisfacturis feodis militum advocationibus ecclesiarum et aliorum beneficiorum quorumcumque terris pratis pasturis boscis parcis warennis chaceis officiis aquis viis stagnis molendinis vivariis moris mariscis et aliis commoditatibus quibuscumque ac maneria terras tenementa et possessiones predicta pertinencia sive spectancia reddendo inde nobis et heredibus nostris predictis unum par mitarum cum martris furratarum ad festum S^ti^. Bartholomei singulis annis imperpetuum. Reservata semper, etc, ut supra. Dumtamen, etc., ut supra castro seu ville nostre de Cadomo cum gentibus, etc., ut supra. In cujus, etc. Teste apud villam Regiam Falesie .xij°. die februarii. Per ipsum Regem.

Pro Johanne Rys. Rex omnibus ad quos, etc., salutem. Sciatis quod de gracia nostra speciali et pro bono et gratuito servicio quod dilectus serviens noster Johannes Rys nobis impendit et impendet dedimus et concessimus eidem Johanni omnia hereditates et feoda que fuerunt Guillelmi Le Laudoiz in vicecomitatu nostro de Cadomo situata habend. et tenend. prefato Johanni et heredibus suis masculis de corpore suo procreatis, de nobis et heredibus nostris ad valorem trescentorum scutorum per annum cum omnibus terris tenementis redditibus hereditatibus serviciis et possessionibus quibuscumque que fuerunt predicti Willelmi infra ducatum nostrum Normannie per homagium nobis et heredibus nostris predictis faciend. et alia servicia in hac parte debita et consuata et reddendo nobis et heredibus nostris predictis unum arcum et unam garbam sagittarum ad castrum nostrum de Cadomo ad festum Nativitatis S^ti^. Johannis Baptiste singulis annis imperpetuum. Reservata semper, etc., ut supra. Dumtamen, etc., ut supra castro seu ville nostre de Cadomo cum gentibus, etc., ut supra. In cujus, etc. Teste apud villam Regiam Falesie .x°. die februarii. Per ipsum Regem.

Rex omnibus ad quos, etc., salutem. Sciatis quod de gracia nostra speciali dedimus et concessimus dilecto et fideli nostro Johanni Gray chivaler castrum et dominium de Tilye que fuerunt Philippi de Harecourt chivaler qui partem nobis contrariam adhuc tenet et omnia maneria terras tenementa redditus officia et possessiones quecumque que fuerunt ejusdem Philippi infra ducatum nostrum Normannie habendum et tenendum prefato Johanni et heredibus masculis de corpore suo procreatis, cum omnimodis libertatibus franchesiis privilegiis jurisdictionibus feriis mercatis cum proficuis eorumdem feodis militum advocationibus ecclesiarum, et aliorum beneficiorum quorumcumque wardis maritagiis releviis escaetis forisfacturis reversionibus pratis pasturis boscis parcis warennis chaceis aquis viis molendinis stagnis vivariis moris *marescis* (sic) et aliis pertinenciis quibuscumque ad castrum dominium maneria terras tenementa redditus officia et possessiones predicta quoquomodo pertinentibus sive spectantibus adeo integre sicut predictus Philippus ea ante descensum nostrum in ducatum nostrum predictum habuit et tenuit per homagium nobis et heredibus nostris faciendo et reddendo unum florem deliciarum ad festum S^ti^. Johannis Baptiste pro omnimodis serviciis singulis annis imperpetuum. In cujus, etc. Teste Rege apud castrum Regium d'Alenson .xxiv°. die novembris. Per ipsum Regem.

(*Vacant iste littere eo quod aliter inferius.*)

[Lettre et brefs du Roi Henri V, pour la donation d'une prébende en Angleterre, à l'un de ses clercs.]

Pro duce Clarencie. Rex carissimo fratri suo Thome Duci Clarencie salutem. Sciatis quod nos de fidelitate industria et circumspectione vestra provida plenius confidentes dedimus vobis plenam tenore presencium potestatem et auctoritatem ad omnes capitaneos gentes armorum sagittarios ac alios ligeos et subditos nostros quoscumque de obediencia nostra in marcheis et fronteriis patrie Dauge versus Roen et in confinibus ejusdem patrie existentes quociens et quando pro communi bono et sana gubernacione parcium predictarum juxta discretionem et avisamentum vestra vobis videbitur fore faciend. conveniendi et adunandi ac ad recipiendum et admittandum ad graciam nostram omnes et singulos Francigenas et alios qui ad obedienciam nostram venire volunt, et eos ac bona sua mobilia et immobilia quecumque in protectionem et salvam gardiam nostras suscipiend. In cujus, etc., quamdiu nobis placuerit duraturum. Teste Rege apud castrum Regium de Cadomo .xxiv°. die februarii. Per ipsum Regem.

Rex omnibus ad quos, etc., salutem. Sciatis quod de gracia nostra speciali et ob grata et laudabilia obsequia nobis per dilectum armigerum Lodowicum Robessart multipliciter impensa dedimus et concessimus eidem Lodowico castrum et baroniam de Tury incorporatis huic et adjunctis terra et dominio de Tuit que terram et dominium Le Riche Tesson antiquitus tenuit ut dicitur habendum et tenendum prefato Lodowico et heredibus suis masculis de corpore suo procreatis cum juribus dignitatibus dominiis patronatibus ecclesiarum redditibus serviciis homagiis feodis nobilibus franchesiis warennis boscis piscariis et generaliter omnimodis proficuis et commoditatibus quibuscumque ad terram et dominium predicta pertinentibus per homagium nobis et heredibus nostris faciend. et reddendo nobis et heredibus nostris predictis unum chapolet de laureo primo die Januarii singulis annis imperpetuum. Reservata, etc., ut supra. Et ulterius de uberiori gracia nostra dedimus et concessimus prefato Lodowico quamdam domum infra villam nostram de Cadomo situatam in vico de Trippot que fuit Engerren de Foulongne in quam quidem domum Henricus Godard, die conquestus, nostri ville predicte intravit ut dicitur habendam et tenendam eidem Lodowico et heredibus suis imperpetuam. Proviso semper quod sufficiens et competens stuffura soldariorum in castro predicto ad illud et patriam adjacentem contra hostiles invasiones et incursus tempore eminenti muniend. et defendend. semper habeatur et quod idem Lodowicus et heredes sui predicti domum predictam manuteneant et sustenteut ac vigiliam et custodiam in villa nostra predicta juxta quantitatem valoris domus predicte faciant et custodiant. In cujus, etc. Teste Rege apud villam Regiam Falesie .xiv°. die februarii. Per ipsum Regem.

(*Vacant littere iste eo quod aliter inferius.*)

De salvo conductu Mousson. Rex per litteras suas patentes usque primum diem Augusti proximi futuri duraturas suscepit in salvum, etc. Johannem de Mousson, Oliverum de Pontbriant, Robertum Despreaulx, Thomam de Bretaigne, Perrot Sebin et Jamet Fauvel versus partes Britannie pro quinquagenta lathomis carpentariis et laboratoribus pro reparacione et emendacione castri Regii Falesie querendo conjunctim vel divisim transeundo et exinde usque villam Regiam predictam redeundo. Proviso semper quod ipsi quicquam quod in Regis contemptum vel prejudicium aut populi sui dampnum aliqualiter cedere valeat non attemptent nec faciant quomodolibet attemptari et quod ipsi nullum castrorum seu villarum Regis firmatarum absque speciali licencia capitaneorum Regis eorumdem intrent quovismodo. In cujus, etc. Teste Rege apud castrum Regium de Cadomo .xxiv°. die februarii.

Pro abbatissa de Cordillon Rex omnibus ad quos, etc., salutem. Sciatis quod de gracia nostra speciali concessimus Philippe Thesart Abbatisse S^{ti}. Laurencii de Cordillon in ducatu nostro Normannie quod ipsa et successores sui Abbatisse loci predicti et moniales ibidem pro tempore existentes abbatiam illam possidere et inhabitare ac omnibus maneriis terris tenementis molendinis redditibus et serviciis ac advocacionibus ecclesiarum et omnibus aliis franchesiis libertatibus quibuscumque eidem abbatie infra ducatum nostrum predictum pertinentibus sive spectantibus libere et pacifice uti et gaudere possint absque molestacione seu gravamine nostri seu ministrorum aut ligeorum nostrorum quorumcumque. Proviso semper quod divinum servicium ibidem laudabilius sustineatur ac moniales predicte necnon omnes et singuli tenentes servientes et alii ministri abbacie predicte sub fide et ligeancia nostris permaneant ullo modo. In cujus, etc., quamdiu Regi placuerit duratur. Teste Rege apud castrum Regium de Cadomo .xxv°. die februarii. Per ipsum Regem.

(Membrane 11.)

Pro Johanne Chetewynde. Rex omnibus ad quos, etc., salutem. Sciatis quod de gracia nostra speciali et pro bono servicio quod dilectus armiger noster Johannes Chetewynd nobis impendit et impendet in futurum concessimus ei officia sergenteriarum de Caen et Banlieu habenda et occupanda per se vel sufficientes deputatos suos pro quibus respondere voluerit quamdiu nobis placuerit percipiendo feoda vadia et alia proficua quecumque ad officia predicta pertinencia sive spectancia que quidem officia Savage de Villers chivaler qui adhuc rebellis nobis existit habuit ut dicitur. In cujus, etc. Teste Rege apud villam Regiam Falesie 12 die Februarii. Per ipsum Regem.

Pro Lodowico Robessart. Rex omnibus ad quos, etc., salutem. Sciatis quod de gracia nostra speciali et pro bono et laudabili servicio quo dilectus armiger noster Lodowicus Robessart nobis impendit et impendet in futurum concessimus ei officium magistri generalis reformatoris et inquisitoris omnium aquarum forestarum et silvarum nostrarum infra ducatum nostrum Normannie tam illis locis que tenebat et tenere consueverat Dux Alenconii infra eundem ducatum nostrum quam aliis locis quibuscumque ibidem habendum et occupandum officium predictum per se vel sufficientes deputatos suos pro quibus respondere voluerit quamdiu nobis placuerit percipiendo in eodem officio omnimoda vadia feoda proficua et commoditates eidem officio antiquitus debita et consueta. In cujus, etc. Teste Rege apud villam Regiam Falesie .xiv°. die januarii. Per ipsum Regem.

De salvo conductu Guy. Rex per litteras suas patentes usque occasum solis diei Sabbati proximi futuri duraturas suscepit in salvum, etc. Guillelmum Guy burgensem ville de S^{to}. Laudo ac tres alias personas tam milites et armigeros quam burgenses in comitiva sua usque presenciam Regis cum quatuor valettis seu servitoribus suis vel infra ac bonis rebus et hernesiis suis equestre vel pedestre veniendo ibidem morando et exinde ad propria redeundo. Proviso semper quod ipsi quicquam quod in Regis contemptum vel prejudicium aut populi sui dampnum aliqualiter cedere valeat non attemptent nec faciant quomodolibet attemptari et quod ipsi nullum castrorum seu villarum Regis firmatarum absque speciali licencia capitaneorum Regis eorumdem intrent quovismodo. In cujus, etc. Teste Rege apud castrum Regium de Cadomo .xxvj°. die februarii. Per ipsum Regem.

Pro Johanne de Santpere. Rex omnibus ad quos, etc., salutem. Sciatis quod de gracia nostra speciali et pro bono et acceptabili servicio quod dilectus et fidelis noster Johannes de Santpere chivaler nobis impendit et impendet in futurum dedimus et concessimus eidem Johanni villam balliagium jurisdiccionem et peagium de Hastinges infra ducatum nostrum Aquitannie habendum pro termino vite sue cum pertinenciis et dependenciis officiis predictis pertinentibus eodem modo quo Poncius dominus de Casteilhon defunctus officium illud et revenciones ex concessione regia habuit in vita sua. In cujus, etc. Teste Rege apud villam Regiam Falesie .vj°. die februarii. Per ipsum Regem.

Item pro eodem. Rex omnibus ad quos, etc., salutem. Sciatis quod de gracia nostra speciali et pro bono et acceptabili servicio quod dilectus et fidelis noster Johannes de Santpere chivaler nobis impendit et impendet in futurum concessimus eidem Johanni officium prepositi et peagii civitatis nostre Dax cum herbagio et guidoalgio civitatis predicte infra ducatum nostrum Aquitannie habendum pro termino vite sue cum pertinenciis et dependenciis officio predicto pertinentibus eodem modo quo Poncius dominus de Casteilhon defunctus officium illud et revenciones ex concessione regia habuit in vita sua. In cujus, etc. Teste ut supra. Per ipsum Regem.

Rex omnibus ad quos, etc., salutem. Sciatis quod de gracia nostra speciali dedimus et concessimus dilecto armigero nostro Thome Appulton. manerium et dominium Damiers cum omnibus aliis terris et tenementis infra comitatum de Baieux que fuerunt Roberti Damiers jam defuncti ut dicitur habendum et tenendum prefato Thome et heredibus suis masculis usque ad valorem trescentorem scutorum per annum cum omnibus possessionibus redditibus serviciis reversionibus feodis militum advocacionibus ecclesiarum et aliorum beneficiorum quorumcumque wardis maritagiis relevtis escaetis pratis pasturis boscis parcis warennis chaceis aquis vivariis piscariis stagnis molendinis moris mariscis libertatibus franchesiis jurisdiccionibus ac aliis proficuis et commoditatibus quibuscumque manerio dominio terris et tenementis predictis qualitercumque pertinentibus sive spectantibus, per homagium nobis et heredibus nostris faciendo et reddendo nobis et eisdem heredibus nostris unum par fistularum vocatarum recordours ad festum Natalis Domini singulis annis imperpetuum. Reservata semper, etc., ut supra. Dumtamen, etc., ut supra castro seu ville nostre de Baieux cum gentibus, etc., ut supra. In cujus, etc. Teste Rege apud villam Regiam Falesie .xvj°. die februarii. Per ipsum Regem.

(*Vacant iste littere eo quod aliter inferius.*)

Rex omnibus ad quos, etc., salutem. Sciatis quod de gracia nostra speciali dedimus et concessimus dilecto et fideli militi nostro Ricardo Strother omnia feoda terras et dominia que fuerunt Nicholai de Treismons armigeri que valorem ducentorum francorum per annum non excedunt ut dicitur ac eciam feodum et terram Danenay que fuerunt Johannis Lengloys et uxoris ejus que valorem centum et quinquaginta francorum per annum non excedunt ut dicitur necnon omnia feoda terras et dominia que fuerunt Johannis de Vieux chivaler que valorum ducentorum francorum per annum non excedunt ut dicitur; qui quidem Nicholaus, Johannes et Johannes nobis adhuc rebelles existunt ut dicitur habendas et tenendas prefato Ricardo et heredibus suis masculis de corpore suo exeuntibus de nobis et heredibus nostris usque ad valores supradictos una cum omnibus franchesiis jurisdiccionibus privilegiis feodis militum advocacionibus ecclesiarum wardis maritagiis releviis escaetis terris pratis pasturis boscis parcis warennis chaceis aquis molendinis vivariis moris mariscis et aliis commoditatibus quibuscumque feodis terris et dominiis predictis pertinentibus sive spectantibus per homagium nobis et heredibus nostris faciendo et reddendo nobis et eisdem heredibus nostris unum par calcarium deauratorum ad festum S^t. Johannis Baptiste singulis annis imperpetuum. Reservata semper, etc., ut supra. Dumtamen, etc., ut supra castro seu ville nostre de Cadomo cum gentibus, etc., ut supra. In cujus, etc. Teste Rege apud castrum Regium de Cadomo .xxv^o. die februarii. Per ipsum Regem.

(*Vacant iste littere eo quod aliter inferius.*)

Pro Duce Clarencie. Rex omnibus ad quos, etc., salutem. Sciatis quod cum carissimus frater noster Thomas Dux Clarencie diversa revenciones exitus et proficua de vicecomitatibus nostris Dauge, Dorbec et de Ponteou de Mer a tempore quo in ducatum nostrum Normannie venimus ad usum suum proprium hucusque habuerit et perceperit nos de gracia nostra speciali et ex certa sciencia nostra perdonavimus et remisimus eidem fratri nostro omnimoda revenciones exitus et proficua per ipsum de vicecomitatibus nostris predictis a tempore predicto hucusque qualitercumque habitis seu perceptis. Nolentes quod idem frater noster occasione premissa per nos officiarios seu ministros nostros quoscumque impetetur - molestetur in aliquo seu gravetur. In cujus, etc. Teste Rege apud castrum Regium de Cadomo .xxvj^o. die februarii. Per ipsum Regem.

Item pro eodem. Rex omnibus ad quos, etc., salutem. Sciatis quod de gracia nostra speciali dedimus et concessimus carissimo fratri nostro Thome Duci Clarencie custodiam regimen et gubernacionem vicecomitatuum nostrorum Dauge, Dorbec et de Ponteou de Mer ac omnium castrorum fortaliciorum villarum firmatarum dominiorum et aliorum locorum nostrorum quorumcumque infra vicecomitatus predictos habendum et tenendum eidem fratri nostro custodiam regimen et gubernacionem predicta pro termino vite sue cum omnimodis libertatibus franchesiis privilegiis jurisdiccionibus officiis wardis maritagiis feodis militum advocacionibus ecclesiarum et aliorum beneficiorum quorumcumque forisfacturis reversionibus catallis felonum et fugitivorum et aliis proficuis commoditatibus et emolumentis quibuscumque ad vicecomitatus castra fortalicia villas firmatas dominia et loca nostra predicta infra eosdem vicecomitatus qualitercumque pertinentibus sive spectantibus absque aliquo nobis heredibus seu successoribus nostris inde reddend. Reservatis semper nobis alta et suprema justicia et scaccario nostro ac officio ballivi de Roen et omni eo quod tam ad scaccarium predictum quam officium ballivi pertinet vel poterit pertinere ac omnimodis custumis ad nos tam ratione dignitatis nostre regie quam ducatus nostri Normannie juxta consuetudinem in eodem ducatu nostro hactenus habitam et usitatam quoquomodo pertinentibus. Reservatis eciam nobis omnimodis terris tenementis redditibus possessionibus et hereditatibus que fuerunt Comitis de Harecourt et Baronis de Yvery infra vicecomitatus predictos. In cujus, etc. Teste Rege apud castrum Regium de Cadomo .xxvij^o. die februarii. Per ipsum Regem.

Pro Johanne de Vassy chivaler. Rex omnibus ad quos, etc, salutem. Sciatis quod de gracia nostra speciali concessimus Johanni de Vassy chivaler jurato ligeo nostro omnes terras hereditates et deveria sua que ipse ante adventum nostrum in ducatum nostrum Normannie jure hereditario habuit et tenuit habendas et tenendas eidem Johanni et heredibus suis imperpetuum per homagium nobis et heredibus nostris faciendo et reddendo nobis et eisdem heredibus nostris ferrum unius lancee ad castrum nostrum Falesie ad festum Omnium Sanctorum singulis annis imperpetuum. In cujus, etc. Teste Rege apud castrum Regium de Cadomo .xxviij^o. die februarii. Per ipsum Regem.

Pro Johanne Hethe. Rex omnibus ad quos, etc., salutem. Sciatis quod de gracia nostra speciali concessimus dilecto clerico nostro Johanni Hethe quandam domum supra pontem ville nostre de Cadomo situatam et porte ejusdem pontis contiguam in parochia S^ti. Petri ibidem que quidem domus nuper cuidam Johanni Poisson pertinuit et valorem quadraginta solidorum per annum non excedit ut dicitur et nobis ac donacioni nostre pertinet de presenti pro eo quod idem Johannes Poisson ut rebellis et inimicus noster contra formam omnium proclamacionum nostrarum in partibus Normannie factarum ab obediencia nostra hucusque se retraxit et absentavit habend. eidem Johanni predictam domum cum omnibus suis pertinenciis et utensilibus eidem domui pertinentibus durante vita sua solvendo inde nobis annuatim duos solidos Tournois pro omnibus serviciis sectis et demandis. In cujus, etc. Teste Rege apud castrum Regium de Cadomo .xxv^o. die februarii. Per ipsum Regem.

De salvo conductu Salles et alii. Rex per litteras suas patentes usque tercium decimum diem Marcii proximi futuri duraturas suscepit in salvum, etc. Johannem Salles, Johannem Simon, Petrum Le Chevaler, Petrum Edouart, Enguerron de Foulongne, Rogerum Baillebache, Petrum Clouet, Johannem du Pont, Ricardum Dacgain Guillelmum du Pont, Guillelmum Le Gars, Lodowicum Le Guillart et Philippum Le Clouet usque presenciam Regis cum equis bonis et hernesiis suis veniendo ibidem morando et exinde salvo et secure redeundo. Proviso semper quod ipsi quicquam quod in Regis contemptum vel prejudicium aut populi sui dampnum aliqualiter cedere valeat non attemptent nec faciant quomodolibet attemptari. In cujus, etc. Teste Rege apud villam Regiam Falesie .xv^o. die februarii. Per ipsum Regem.

Consimiles litteras de salvo conductu per idem tempus duraturas habent subscripti sub eadem data videlicet. 1°. Ricardus de Beaussuy. 2°. Guillelmus Guiffart. 3°. Robertus Levesque. 4°. Johannes Blondel. 5°. Ricardus Bray. 6°. Robertus de Cahaignolles, Colin Des Pons, Johannes Poret. Per ipsum Regem.

Pro Gervasio Larchamp. Rex omnibus ad quos, etc., salutem. Sciatis quod de gracia nostra speciali concessimus dilecto nobis Gervasio de Larchamp clerico subdiacono in ecclesia cathedrali Beate Marie de Baieux jurato ligeo nostro omnes hereditates suas quas ipse ante adventum nostrum in ducatum nostrum Normannie tenuit et possedit habend. eidem Gervasio hereditates predictas de dono nostro pro redditibus serviciis et aliis deveriis nobis in hac parte debitis et consuetis solvendo et faciendo. In cujus, etc. Teste Rege apud civitatem Regiam de Baieux .xvj°. die marcii. Per ipsum Regem.

Pro Ricardo Sturgeon. Rex omnibus ad quos, etc., salutem. Sciatis quod de gracia nostra speciali dedimus et concessimus dilecto nobis Ricardo Sturgeon clerico de corona maneria cum suis pertinenciis situata juxta ecclesiam S^t. Petri de villa nostra de Cadomo juxta pontem ejusdem ville que fuerunt Roberti de Caheugnolles quondam burgensis ville predicte habendum et tenendum prefato Ricardo maneria predicta cum suis pertinenciis pro termino vite sue reddendo inde nobis annuatim unum album ad festum Assumpcionis Beate Marie pro omnimodis rebus et demandis. In cujus, etc. Teste Rege apud villam Regiam Falesie, primo die Februarii. Per ipsum Regem.

(Membrane 10.)

Pro Thoma de Haweton. Rex omnibus ad quos, etc., salutem. Sciatis quod de gracia nostra speciali et pro bono servicio quod dilectus armiger noster Thomas de Haweton nobis impendit et impendet in futurum dedimus et concessimus ei feodum terram et dominium de Campegny ac eciam omnia alia terras tenementa redditus et possessiones infra ducatum nostrum Normannie que fuerunt Guillelmi Hamonis armigeri nobis hucusque rebellis ut dicitur que valorem quadringentorum scutorum per annum non excedunt ut dicitur habend. eidem Thome et heredibus suis masculis de corpore suo exeuntibus de nobis et heredibus nostris imperpetuum usque ad valorem supradictam per homagium nobis et heredibus nostris faciendo et reddendo nobis et eisdem heredibus nostris unum falconem in festo Natalis Domini singulis annis in perpetuum. Reservata semper nobis et heredibus nostris predictis alta et suprema justicia et omni eo quod ad nos in hac parte poterit pertinere. Dumtamen idem Thomas et heredes sui aut eorum deputati ibidem in absencia sua castro seu ville nostre de Baieux cum gentibus et familia suis bene et competenter pro guerra arraiatis et munitis ad custus suos proprios sint intendentes quociens opus fuerit et super hoc ex parte nostra vel heredum nostrorum rationabiliter fuerint premuniti. In cujus, etc. Teste Rege apud castrum Regium de Cadomo tercio die marcii. Per ipsum Regem.

Pro Johanne Sutton. Rex omnibus ad quos, etc., sciatis quod de gracia nostra speciali dedimus et concessimus dilecto armigero nostro Johanni Sutton quoddam mesnagium infra villam de Byly cum omnibus aliis terris et tenementis cum suis pertinenciis que fuerunt Roberti de Byly advocati infra ducatum nostrum Normannie, qui quidem Robertus adhuc rebellis existit ut dicitur habendum et tenendum prefato Johanni et heredibus masculis de corpore suo exeuntibus de nobis et heredibus nostris usque ad valorem ducentarium coronarum per annum per homagium nobis et predictis heredibus nostris faciendo ac reddendo nobis et eisdem heredibus nostris ad castrum nostrum de Cadomo unum daggarium ad festum S^{ti}. Michaelis Archangeli singulis annis imperpetuum. Reservata semper nobis et heredibus nostris predictis alta et suprema justicia et omni eo quod ad nos in hac parte poterit pertinere dumtamen idem Johannes et heredes sui aut eorum deputati ibidem castro sive ville nostre de Cadomo cum gentibus et familia suis bene et competenter pro guerra arraiatis et munitis ad custus suos proprios sint intendentes quociens opus fuerit et super hoc ex parte nostra vel heredum nostrorum rationabiliter fuerint premuniti. In cujus, etc. Teste Rege apud castrum Regium de Cadomo .xxviij°. die februarii. Per ipsum Regem.

Pro Johanne Ayscowe. Rex omnibus ad quos, etc., salutem. Sciatis quod de gracia nostra speciali dedimus et concessimus dilecto armigero nostro Johanni Ayscowe manerium et dominium Cuilly ac omnia alia terras et tenementa que fuerunt Willelmi de Cuilly chivaler infra ducatum nostrum Normannie qui adhuc rebellem contra nos se tenet habendum et tenendum prefato Johanni et heredibus masculis de corpore suo exeuntibus ad valorem quadringentorum scutorum per annum per homagium nobis et heredibus nostris faciendo et reddendo nobis et heredibus nostris unum par tintinnabulorum pro niso de argento deauratorum ad festum Nativitatis S^{ti}. Johannis Baptiste singulis annis imperpetuum. Reservata, etc., ut supra. Dumtamen, etc., ut supra, usque ibi castro, et tunc sic seu ville Regie de Baieux, etc., ut supra In cujus, etc. Teste Rege apud castrum Regium de Cadomo .xxiv°. die februarii. Per ipsum Regem.

Pro Ricardo Colpepir. Rex omnibus ad quos, etc., salutem. Sciatis quod de gracia nostra speciali et pro bono servicio quod dilectus armiger noster Ricardus Colpepir nobis impendit et impendet in futurum dedimus et concessimus prefato Ricardo manerium de Roferowe cum omnibus aliis maneriis terris tenementa cum suis pertinenciis que fuerunt Willelmi Mehendin chivaler qui nobis de presenti rebellis existit infra ducatum nostrum Normannie habendum et tenendum prefato Ricardo et heredibus suis masculis de corpore suo exeuntibus de nobis et heredibus nostris usque ad valorem sexcentorum scutorum per annum imperpetuum per homagium nobis et heredibus nostris faciendo et reddendo nobis et eisdem heredibus nostris unum cignum ad festum Natalis Domini singulis annis imperpetuum. Reservata semper, etc., ut supra usque ibi castro et tunc sic seu ville nostre de Falcys, etc., ut supra. In cujus, etc. Teste Rege apud castrum Regium de Cadomo .xxvij°. die februarii. Per ipsum Regem.

Pro sex Capellanis in ecclesia Beati Petri de Cadomo. Rex omnibus ad quos, etc., salutem. Sciatis quod cum ut accepimus diversi redditus tam in denariis quam in bladis provenientes de certis maneriis domibus et gardinis tam in villa nostra de Cadomo et suburbiis ejusdem quam alibi sex capellanis ad celebrandum pro perpetuo divina singulis diebus in ecclesia Beati Petri de Cadomo per certas personas pro salute animarum suarum antiquitus dati fuissent et assignati qui quidem redditus licet magis solito ob guerrarum discrimina hiis diebus in immensum diminuantur in manus nostras capti sint et saisiti nos de gracia nostra speciali ad laudem et honorem Dei et specialem devocionem quam ad Beatum Petrum gerimus et habemus, concessimus dilectis nobis Roberto Royllart, Matheo Doynel, Petro Laurence, Dionisio Duquenin, Johanni Johannis et Thome Lesellier nunc perpetuis capellanis in ecclesia predicta ut dicitur omnes redditus suos de quibuscumque maneriis domibus et gardinis tam infra villam nostram predictam et suburbia ejusdem quam alibi infra ducatum nostrum Normannie provenientes habend. eisdem capellanis et successoribus suis in augmentationem divini cultus ac ad exorandum specialiter pro salubri statu nostro et alia opera que ibidem sustinere debent faciend. et supportand. de dono nostro. In cujus, etc.

Teste Rege apud civitatem Regiam de Baieux quinto die marcii. Per ipsum Regem.

Pro Johanna Cristien. Rex omnibus ad quos, etc., salutem. Sciatis quod de gracia nostra speciali ad supplicationem Johanne Cristien que fuit uxoris Thome de Cornieres armigeri defuncti jurate ligee nostre concessimus eidem Johanne omnes hereditates. et possessiones quas ipsa ante adventum nostrum in ducatum nostrum Normannie hereditario jure tenuit habend. eidem Johanne hereditates. et possessiones predictas cum omnimodis proficuis et commoditatibus inde provenientibus pro termino vite sue de dono nostro. In cujus, etc. Teste Rege apud civitatem Regiam de Baieux quinto die marcii. Per ipsum Regem.

Pro Willelma Fontenay. Rex omnibus ad quos, etc., salutem. Sciatis quod de gracia nostra speciali concessimus dilecte nobis Willelme de Fontenay que fuit uxor Willelmi de Gasteligneul armigeri nuper domini de Paccy ut dicitur omnes redditus et hereditates que eadem Willelma ante ultimum adventum nostrum in ducatum nostrum Normannie jure hereditario seu ex propria adquisicione habuit seu possidebat habend. pro termino vite sue de dono nostro. In cujus, etc. Teste Rege apud civitatem Regiam de Baieux quinto die marcii. Per ipsum Regem.

Pro Willelmo Kerby. Rex omnibus ad quos, etc., salutem. Sciatis quod de gracia nostra speciali concessimus dilecto servienti nostro Willelmo Kerby valetto camere nostre omnes ollas et patellas ac alia bona vocati *pilages* que nobis forisfacta ac in custodia Johannis Clynke existunt ut dicitur usque ad valorem viginti librarum dumtaxat habend. de dono nostro usque ad valorem supradictam. In cujus, etc. Teste Rege apud civitatem Regiam de Baieux .vj°. die marcii. Per ipsum Regem

Pro Johanne Brewes. Rex omnibus ad quos, etc., salutem. Sciatis quod de gracia nostra speciali dedimus et concessimus dilecto armigero nostro Johanni Brewes omnia domania maneria terras et tenementa infra ducatum nostrum Normannie que fuerunt Johannis de Semilie chivaler adhuc rebellis ut dicitur habendum et tenendum prefato Johanni et heredibus suis masculis de corpore suo exeuntibus ad valorem quingentarum et quinquaginta coronarum per annum per homagium nobis et heredibus nostris faciendo ac reddendo nobis et eisdem heredibus nostris ferrum unius lancie ad festum Assumpcionis Beate Marie singulis annis imperpetuum. Reservata semper, etc., ut supra usque ibi castro seu ville nostre de Cadomo cum gentibus, etc, ut supra. In cujus, etc. Teste Rege apud civitatem Regiam de Baieux tertio die marcii. Per ipsum Regem.

Pro Willelmo Aylestón. Rex omnibus ad quos, etc., salutem. Sciatis quod de gracia nostra speciali et pro bono servicio quod dilectus armiger noster Willelmus Ayleston nobis impendit et impendet in futurum dedimus et concessimus eidem Willelmo dominium de Vausules quod fuit Walteri de Vausules infra ducatum nostrum Normannie ac eciam dominium de Sully quod fuit Ricardi Sully chivaler infra ducatum nostrum predictum, qui quidem Walterus et Ricardus erga nos de presenti rebelles existunt ut dicitur habendum et tenendum prefato Willelmo et heredibus masculis de corpore suo exeuntibus ad valorem quadringentorum francorum per annum de nobis et heredibus nostris una cum omnibus terris tenementis ac aliis possessionibus quibuscumque predictis dominiis aliqualiter pertinentibus sive spectantibus imperpetuum per homagium nobis et eisdem heredibus nostris apud castrum nostrum de Baieux unam lanceam ad festum S[ti]. Petri ad vincula singulis annis imperpetuum. Reservata semper, etc., ut supra. In cujus, etc. Teste Rege apud dictam villam Regiam de Baieux quarto die Marcii. Per ipsum Regem.

De salvo conductu Berruyer. Rex per litteras suas patentes usque vicesimum secundum diem Marcii proximi futuri duraturas suscepit in salvum, etc. Laurencium Le Berruyer capellanum penes presenciam Regis cum duabus personis et tribus equis suis in comitiva sua veniendo ibidem morando et perhendinando de bona sua quecumque. Proviso semper quod predictus Laurencius seu persone predicte quicquam quod in Regis [contemptum] seu populi sui dampnum vel prejudicium aliqualiter cedere valeat non attemptent seu attemptari faciat quovismodo. In cujus, etc. Teste Rege apud civitatem Regiam de Baieux .viij°. die marcii. Per ipsum Regem.

De perdonacione Sydenham et alii. Rex omnibus ballivis, etc., salutem. Sciatis quod cum Walterus Sydenham armiger et Walterus Broke armiger nuper in curia nostra militari coram dilectis et fidelibus nostris Radulfo Cromwell, chivaler locumtenente carissimi fratris nostri Thome Ducis Clarencie constabularii exercitus nostri et Percivallo Lyndeleye chivaler locumtenente carissimi consanguinei nostri Johannis Comitis Marescalli, de eo quod iidem Walterus et Walterus certas gentes sub proteccione et salva gardia nostris existentes depredati fuissent, allocuti et examinati per confessiones suas coram eisdem Radulfo et Percivallo in hac parte factas convicti et morti adjudicati fuissent, sicut predicti frater noster et Comes nobis sub sigillis suis certificarunt nos de gracia nostra speciali ob reverenciam Dei et caritatis intuitu, perdonavimus prefatis Waltero et Waltero sectam pacis nostre que *ad* adversus ipsos pertinet in hac parte unde indicati rettati vel appellati existunt ac eciam utlagari, etc., et firmam, etc. Ita tamen, etc. Et ulterius de uberiori gracia nostra perdonavimus prefatis Waltero et Waltero execuciones judiciorum predictorum versus ipsos ut premittitur redditorum. In cujus, etc. Teste Rege apud civitatem Regiam de Baieux .vij°. die marcii. Per ipsum Regem.

Pro Margareta Paignel. Rex omnibus ad quos, etc., salutem. Sciatis quod de gracia nostra speciali et ad supplicacionem Magarete Paignel que fuit uxoris Willelmi de Courcy militis defuncti, jurate ligee nostre concessimus eidem Margarete omnia terras tenementa redditus et possessiones infra ducatum nostrum Normannie que ipsa ibidem ante ultimum adventum nostrum in ducatum nostrum predictum in dotem tenuit et possidebat habend. pro termino vite sue de dono nostro. In cujus, etc. Teste Rege apud civitatem Regiam de Baieux .viij°. die marcii. Per ipsum Regem.

Breve inde. Et mandatum est universis et singulis ballivis vicecomitibus servientibus ac aliis officiariis et ministris Regis ducatus Regii Normannie ubilibet constitutis quod prefatam Margaretam terras tenementa redditus et possessiones predicta habere permittant juxta tenorem, etc, ipsam, etc. Teste Rege, etc., ut supra. Per ipsum Regem.

Pro Thoma Halghton. Rex omnibus ad quos, etc. salutem. Sciatis quod de gracia nostra speciali concessimus dilecto nobis Thome Halghton armigero officium capitanei abbatie nostre de Cerisy habend. quamdiu nobis placuerit cum vadiis proficuis et emolumentis quibuscumque eidem officio pertinentibus modo quo Ricardus de Silly chivaler officium illud nuper habuit. In cujus, etc. Teste Rege apud civitatem Regiam de Baieux .x°. die marcii. Per ipsum Regem.

Pro Henrico Tylman. Rex omnibus ad quos, etc.,

salutem. Sciatis quod de gracia nostra speciali dedimus et concessimus dilecto armigero nostro Henrico Tilman feodum et terram de Somervieu in vicecomitatu nostro de Baieux habendum et tenendum eidem Henrico et heredibus suis masculis de corpore suo exeuntibus cum proficuis et dependenciis suis quibuscumque ad valorem centum et sexaginta et decem scutorum per annum per homagium nobis et heredibus nostris faciendo et reddendo unum daggarium ad festum Pasche singulis annis imperpetuum. Reservata, etc. Dumtamen, etc., ut supra, usque ibi castro et tunc sic seu ville nostre de Baieux cum gentibus, etc. In cujus, etc. Teste Rege apud castrum Regium Falesie .xvj°. die februarii. Per ipsum Regem.

Pro Johanna de Seint Jehan. Rex omnibus ad quos, etc., salutem. Sciatis quod de gracia nostra speciali et ad supplicacionem Johanne de Seint Jehan que fuit uxor Petri de Tournebu chivaler domini de Lieu defuncti ut dicitur, jurate ligee nostre concessimus eidem Johanne omnia terras tenementa redditus et possessiones que ipsa ante adventum nostrum in ducatum nostrum Normannie in dotem tenuit et possidebat habend. pro termino vite sue de dono nostro. In cujus, etc., Teste Rege apud civitatem Regiam de Baieux .x°. die marcii. Per ipsum Regem.

Breve inde. Et mandatum est universis et singulis ballivis, etc., quod prefatam Johannam omnia terras tenementa redditus et possessiones predicta habere permittant juxta tenorem, etc., ipsam contra tenorem, etc. Teste, etc., ut supra. Per ipsum Regem.

Pro Roberto de Fontaines. Rex omnibus ad quos, etc., salutem. Sciatis quod de gracia nostra speciali et ad supplicationem Roberti de Fontaines capellani concessimus ei quod ipse per unum annum integrum habeat custodiam omnium bonorum et hereditatum que Petrus de Fontaines chivaler frater suus qui apud bellum de Agyncourt prisonarius captus fuit in prisona adhuc detentus existit ut dicitur et Johanna de Fontenay uxor ejusdem Petri et prefatus Robertus conjunctim habuerunt et que idem Robertus ante adventum nostrum in ducatum nostrum Normannie ex dimissione predicti Petri tenuit et custodiebat faciendo redditus et deveria inde debita durante termino supradicto. In cujus, etc. Teste Rege apud civitatem Regiam de Baieux .x°. die marcii. Per ipsum Regem.

Breve inde. Et mandatum est universis et singulis ballivis, etc., quod prefatum Robertum custodiam omnium bonorum et hereditatum predictorum habere permittant juxta tenorem, etc., ipsum contra tenorem, etc. Teste Rege, etc., ut supra. Per ipsum Regem.

(Membrane 9.)

Pro Petro de la Cornillier. Rex omnibus ad quos, etc., salutem. Sciatis quod de gracia nostra speciali dedimus et concessimus Petro de La cornilliere armigero terram et dominium de Tresgors cum pertinenciis, situatam in vicecomitatu nostro de Vire que fuerunt domini de Quintyn et sororis sue habend. et tenend. eidem Petro et heredibus masculis de corpore suo ex nunc procreandis terram et dominium predicta una cum quodam hospicio cum pertinenciis in parochia de Tresgoris quod fuit Ivonis Merlet ad valorem trescentorum francorum per annum imperpetuum per homagium nobis et heredibus nostris faciendum ac alia servicia inde debita et consueta. Reservata, etc. Proviso semper quod idem Petrus et heredes sui predicti ad equitandum nobiscum et heredibus nostris in guerris nostris infra ducatum nostrum Normannie seu cum locum nostrum tenente ibidem ad custus suos proprios quociens in hac parte fuerint premuniti, prumpti sint et parati. In cujus, etc. Teste Rege apud civitatem Regiam de Baieux .vij°. die marcii. Per ipsum Regem.

Pro abbate de Sees. Rex omnibus ad quos, etc., salutem. Sciatis quod de gracia nostra speciali ob reverenciam Dei et sustentacionem cultus sui concessimus dilectis nobis in Christo Abbati et conventui monasterii S^t. Martini de Sees omnia temporalia eidem monasterio infra ducatum nostrum Normannie tam in foresta quam alibi qualitercumque pertinencia sive spectancia habend. de dono nostro quousque inde aliter duxerimus ordinandum. In cujus, etc. Teste Rege apud civitatem Regiam de Baieux .viij°. die marcii. Per ipsum Regem.

Breve inde. Et mandatum est universis et singulis ballivis, etc., quod prefatos Abbatem et conventum omnia temporalia sua predicta habere permittant juxta tenorem, etc., ipsos, etc. Teste ut supra. Per ipsum Regem.

Pro Lodowico Bourgoys. Rex omnibus ad quos, etc., salutem. Sciatis quod de gracia nostra speciali concessimus dilecto et fideli nostro Lodowico Bourgoise chivaler terram et dominium de Coulonces in comitatu nostro de Vire cum libertatibus dignitatibus franchesiis domibus redditibus possessionibus boscis molendinis pratis pasturis patronatibus et generaliter cum omnibus rebus terre et dominio predictis pertinentibus habend. pro termino vite sue usque ad valorem octingentarum librarum Turonensium per annum per servicia inde debita et consueta. Reservata semper, etc., usque ibi pertinere et tunc sic. In cujus, etc. Teste Rege apud civitatem Regiam de Baieux primo die marcii. Per ipsum Regem.

Pro Roberto Babbethorp. Rex omnibus ad quos, etc., salutem. Sciatis quod de gracia nostra speciali concessimus dilecto et fideli nostro Roberto Babbethorp militi controrotulatori hospicii nostri quandam domum que fuit Willelmi Guifford infra villam nostram de Cadomo situatam inter tenementa episcopi Baiocensis ex parte occidentali et abbuttat super viam regiam sub muris ville predicte ex parte orientali et tenementa Ricardi Beauce ex parte boriali et tenementa Roberti Cahouebles ex parte australi habend. prefato Roberto domum predictam cum gardinis ejusdem pro termino vite sue adeo integre sicut predictus Willelmus illa ante adventum nostrum in ducatum nostrum Normannie tenuit, Proviso semper quod idem Robertus domum predictam sufficienter reparet et sustentet ac custodiam et vigilias infra villam predictam faciat et custodiat durante vita sua supradicta. In cujus, etc. Teste Rege apud villam Regiam de Faleys .xij°. die februarii. Per ipsum Regem.

Pro Johanne Rochevale. Rex omnibus ad quos, etc., salutem. Sciatis quod de gracia nostra speciali concessimus dilecto et fideli militi nostro Johanni Rochevale thesaurario hospicii nostri quandam domum que fuit Magistri Willelmi de Seens situatam inter vicum vocatum Neverne et viam regiam juxta murum ville nostre de Cadomo ex parte occidentali in parochia S^ti. Petri habendam prefato Johanni domum predictam cum pertinenciis pro termino vite sue. Proviso semper quod idem Johannes domum predictam sufficienter reparet et sustentet ac custodiam et vigilias infra villam predictam faciat et custodiat durante vita sua supradicta. In cujus, etc. Teste Rege ut supra Per ipsum Regem.

De pensione data Sothewerth. Rex dilectis sibi in Christo Abbati et conventui de Leycestre salutem

Cum vos ratione nove creacionis vestre *vos* prefate Abbas teneamini uni de clericis nostris quem vobis duximus nominand. in quadam annua pensione de domo vestra percipiend. quousque per vos sibi provisum sit de beneficio ecclesiastico competenti ac nos promocionem *dilecti clerici* nostri Ricardi Sotheworth suis exigentibus meritis affectantes, ipsum ad hujus pensionem a vobis percipiend. duxerimus nominand. Vobis igitur mandamus qualinus eidem Ricardo talem pensionem de dicta domo vestra in forma predicta percipiend. que dantes ducat percipientemque fortius obligatum reddere debeat concedatis, litteras vestras patentes sigillo communi domus vestre signatas eidem Ricardo super hoc fieri facientes. Et quid inde duxeritis faciend. nobis sine dilacione aliqua rescribatis. Teste Rege apud civitatem Regiam de Baieux .xij°. die marcii. Per ipsum Regem.

De salvo conductu Jussy. Rex per litteras suas patentes per quatuor dies proxim. futur. duraturas suscepit in salvum, etc. Magistrum Johannem de Jussy et Johannem de Lescluse chivaler penes presenciam Regis cum duobus famulis et quatuor equis in comitiva sua salvo et secure veniendo ibidem morando et exinde redeundo ac bona res et hernesia sua quecumque. Proviso semper quod ipsi quicquam quod in Regis contemptum vel prejudicium aut populi sui dampnum aliqualiter cedere valeat non attemptent seu faciant quomodolibet attemptari, quodque ipse nullum castrorum seu villarum Regiarum firmatarum absque speciali licencia capitaneorum eorumdem intrent quovismodo. In cujus, etc. Teste Rege apud civitatem Regiam de Baieux. xiv°. die marcii. Per ipsum Regem.

Pro Conrado Melwer. Rex omnibus ad quos, etc. salutem. Sciatis quod ob commune bonum proficuum et aisiamentum tocius populi nobis subditi et subjecti assignavimus deputavimus ordinavimus et constituimus dilectum nobis Conradum Melwer magistrum minte et cunagii nostrorum infra ducatum nostrum Normannie dantes et concedentes eidem Conrado plenam tenore presencium potestatem ad monetam vocatam blankes, demy blankes et blac pens de hujus metallo et assaia de quibus infra ducatum nostrum predictum fiunt de presenti; per se et suos in hac parte servientes de novo faciend. et cuniand. habendum occupandum et exercendum officium predictum quamdiu nobis placuerit percipiendo in eodem officio per se et servientibus suis hujusmodi prout inter nos et ipsum Conradum melius poterit concordari. Nolentes quod ipse officium suum hujusmodi bene debite et fideliter occupans et exercens occasione premissa per aliquos officiarios ministros aut ligeos nostros quoscumque futuris temporibus occasionetur, impetatur, inquietetur, molestetur in aliquo seu gravetur. In cujus, etc. Teste Rege apud civitatem Regiam de Baieux .xvij°. die marcii. Per ipsum Regem.

De salvo conductu pro prisonario Bruyl. Rex per litteras suas patentes per unum mensem proxim. futur. duraturas suscepit in salvum, etc. Lodowicum de Bruyl armigerum Ducis de Burbon. prisonarii Regis cum duobus famulis ac quatuor equis in comitiva sua versus civitatem Parisii transeundo et exinde penes presenciam Regis redeundo ac bona res et hernesia sua quecumque. Proviso semper quod ipsi quicquam quod in Regis contemptum vel prejudicium aut populi Regni dampnum aliqualiter cedere valeat non attemptent seu faciant attemptari. quodque ipsi nullum castrorum Regis seu villarum Regiarum firmatarum absque speciali licencia capitaneorum eorumdem intrent quovismodo. In cujus, etc. Teste Rege apud civitatem Regiam de Baieux .xx. die marcii. Per ipsum Regem.

Pro Jacobo Polete. Rex omnibus ad quos, etc., salutem. Sciatis quod de gracia nostra speciali et pro bono servicio quod dilectus armiger noster Jacobus Polete nobis impendit et impendet in futurum concessimus ei omnia hereditates feoda redditus servicia et possessiones infra comitatum nostrum de Baieux que fuerunt Johannis Le Penny advocati qui erga nos adhuc rebellis existit ut dicitur habend. et tenend. prefato Jacobo et heredibus suis masculis de corpore suo exeuntibus hereditates feoda redditus servicia et possessiones predicta cum omnibus pertinenciis usque ad valorem ducentorum scutorum per annum per homagium nobis et heredibus nostris apud castrum nostrum de Baieux unum sertum rosarum ad festum Nativitatis S^ti^. Johannis Baptiste singulis annis imperpetuum. Reservata, etc., ut supra usque ibi castro seu civitati nostre de Baieux, etc., ut supra. In cujus, etc. Teste Rege apud dictam civitatem Regiam de Baieux .xiij. die marcii. Per ipsum Regem.

Pro Johanne Durant. Rex omnibus ad quos, etc., salutem. Sciatis quod de gracia nostra speciali et pro bono servicio quod dilectus nobis Johannes Durant nobis impendit et impendet in futurum dedimus et concessimus eidem Johanni omnes terras possessiones et redditus infra ducatum nostrum Normannie que fuerunt Roberti Vymont armigeri adhuc rebellis ut dicitur exceptis illis terris redditibus et possessionibus que fuerunt ejusdem Roberti infra villam nostram de Cadomo qui quidem terre possessiones et redditus valoris ducentorum scutorum per annum existunt ut dicitur habend. et tenend. terras possessiones et redditus predictos cum omnibus suis pertinenciis exceptis preexceptis prefato Johanni et heredibus suis masculis de corpore suo exeuntibus usque ad valorem supradictam de nobis et heredibus nostris per homagium ac reddendo nobis et eisdem heredibus nostris ad castrum nostrum de Cadomo unam balistam ad festum Natalis Domini singulis annis necnon faciendo alia servicia inde debita et consueta imperpetuum. Reservata, etc., ut supra usque ibi castro seu ville nostre de Cadomo cum gentibus, etc., ut supra. In cujus, etc. Teste Rege apud civitatem Regiam de Baieux .xviij°. die marcii. Per ipsum Regem.

Pro Reginaldo Thesart de hereditate habenda. Rex omnibus ad quos, etc., salutem. Sciatis quod de gracia nostra speciali et ad supplicacionem magistri Reginaldi Thesart capellani jurati ligei nostri concessimus eidem Reginaldo omnes hereditates suas. infra ducatum nostrum Normannie quas ipse ante adventum nostrum in ducatum nostrum predictum habuit et possidebat habend. et possidend. per servicia inde debita et consueta de dono nostro. In cujus, etc. Teste Rege apud civitatem Regiam de Bayeux .xix°. die marcii. Per ipsum Regem.

[Suivent deux brefs du roi Henri V qui appartiennent aux rôles d'Angleterre.]

Pro episcopo Dunolmensi et aliis. Rex omnibus ad quos, etc., salutem. Sciatis quod de gracia nostra speciali et ex certa sciencia et mero motu nostris dedimus concessimus et hac presenti carta nostra confirmavimus venerabilibus patribus Thome Episcopo Dunolmensi et Edmundo Episcopo Hereford ac carissimo fratri nostro Johanni Duci Bedford, necnon carissimo avunculo nostro Thome duci Exonie, Henrico Fitz Hugh. chivaler Magistro Henrico Ware

Custodi privati sigilli nostri Simoni Gaunstede clerico, Willelmo Kynwolmerssbet clerico et Rogero Flore omnia maneria terras tenementa et possessiones abbacie de Fiscampo in Normannia alienigen. in comitatu Sussexie et alibi infra regnum nostrum Anglie que Johannes de Cornewayll. chivaler et Elizabeth uxor ejus tenent ad terminum vite eorum ex concessione nostra reversione inde post mortem eorumdem Johannis Cornewayll et Elizabeth ad nos spectante ac eciam centum marcas percipiend. annuatim de firma manerii de Istelworth in comitatu Middelsex ad festa Pasche et Sancti Michaelis per equales porciones per manus venerabilis patris Henrici Archiepiscopi Eboracensis durante vita sua ac dictum manerium de Istelworth cum omnibus suis pertinenciis post mortem ejusdem Archiepiscopi habend. et percipiend. et tenend. maneria terras tenementa et possessiones predicta Abbacie predicte post statum ipsorum Johannis Cornewaill. et Elizabeth terminatum ac dictum manerium de Istelworth cum pertinenciis post statum predicti Archiepiscopi similiter terminatum prefatis Episcopis Ducibus Henrico Fitz Hugh. Henrico Ware Simoni Willelmo et Rogero et heredibus suis imperpetuum una cum omnimodis hundredis, letis curiis wapentachiis visibus franciplegii redditibus serviciis sectis villanis ecclesiis porcionibus pensionibus elemosinis feodis militum advocationibus ecclesiarum vicariarum capellarum prioratuum hospitalium cantariarum et aliorum beneficiorum ecclesiasticorum quorumcumque libertatibus franchesiis ac aliis commoditatibus et proficuis quibuscumque dictis maneriis terris tenementis et possessionibus Abbacie predicte ac predicto manerio de Istelworth cum pertinenciis qualitercumque pertinentibus appendentibus sive spectantibus adeo plene et integre sicut alique persone ea ante hec tempora habuerunt seu nos ea haberemus seu habere deberemus, si ea in manibus nostris teneremus absque apporto firma compoto rotiocinio arreragiis aut alio proficuo quocumque nobis vel heredibus nostris inde reddendo vel solvendo ad effectum quod iidem Episcopi Duces, Henricus Fitz Hugh, Henricus Ware Simon Willelmus et Rogerus maneria terras tenementa et possessiones supradicta quibuscumque religiosis personis in quadam domo infra dominium nostrum de Istelworth per nos nuper facta de mandato nostro existentibus secundum ordinacionem nostram inde faciend. postquam domus predicta facta fundata et stabilita fuerit concedant et assignent habend. sibi et successoribus suis in dotacionem domus predicte imperpetuum. Volumus insuper et concedimus pro nobis et heredibus nostris quod si aliqua maneriorum terrarum tenementorum seu possessionum predictorum seu aliqua parcella eorumdem pro non solucione firmarum restitucione litterarum nostrarum seu progenitorum nostrorum patencium in hac parte confectarum seu per mortem occupatorum hujus aut impotencia alicujus firmaria in hac parte seu resumpcione in generali vel speciali eorumdem vel alicujus eorumdem auctoritate parliamenti seu alia via vel causa quacumque ad manus nostras vel heredum nostrorum deveniant vel deveniat seu devenire debeant vel debeat eisdem Episcopis Ducibus Henrico Fitz Hugh Henrico Ware Simoni Willelmo et Rogero et heredibus suis in forma predicta habend. immediate remaneant vel remaneat imperpetuum, eo quod dicta maneria terre tenementa et possessiones Abbacie predicte aut aliqua parcella eorumdem sint vel sit de dono vel collacione progenitorum nostrorum vel per eos data et concessa ad cantarias hospitalitates seu alia pietatis opera et onera faciend. sustinend. et supportand. aut eo quod expressa mencio de vero valore omnium maneriorum terrarum tenement. et possessionum predictorum de quo nobis certitudinaliter constat, seu de aliis donis rebus vel possessionibus predictis Episcopis Ducibus Henrico Fitz Hugh, Henrico Ware Simoni Willelmo et Rogero aut eorum alieni per nos seu predecessores vel progenitores nostros factis sive concessis in presentibus juxta formam statuti inde editi facta non existit aut aliquo alio jure titulo et interesse que nobis in hac parte competunt seu nobis vel heredibus nostris competere poterunt in futurum aut aliis causis vel materiis quibuscumque non obstantibus. Et ulterius de uberiori gracia nostra concessimus pro nobis et heredibus nostris prefatis Episcopis Ducibus Henrico Fitz Hugh, Henrico Ware Simoni Willelmo et Rogero quod quandocumque clerus regni nostri Anglie aut Cantuariensis provincie per se vel Eboracen. provincie per se decimam subsidium seu aliam quotam de bonis suis spiritualibus et ecclesiasticis vel comitates comitatuum regni nostri Anglie aut cives seu burgenses civitatum et burgorum dictorum comitatuum ipsius regni decimam quintamdecimam subsidium seu aliam quotam quamcumque de bonis suis temporalibus seu mobilibus aut terris tenementis seu redditibus suis nobis vel heredibus nostris qualitercumque concesserint seu nos vel heredes nostri dominica nostra per Angliam fecerimus talliari aut Dominus Summus Pontifex qui pro tempore fuerit decimam subsidium imposicionem seu quotam aliam clero regni predicti aut Cantuar. vel Eboracens. provinciarum predictarum imposuerit vel fecerit et eam vel aliquam partem ejusdem nobis vel heredibus nostris concesserit predicta maneria terre tenementa et possessiones postquam ad manus ipsorum Episcoporum Ducum Henrici Fitz Hugh Henrici Ware, Simonis Willelmi et Rogeri devenerint ad opus nostrum vel heredum nostrorum non taxentur nec aliquid de decimis quintisdecimis subsidiis imposicionibus aut aliis quotis seu talliagiis hujus concessis sive concedendis quoquomodo ad opus nostrum vel heredum nostrorum levetur nec iidem Episcopi Duces Henricus Fitz Hugh Henricus Ware Simon, Willelmus et Rogerus in maneriis terris tenementis et possessionibus predictis seu eorum aliquibus hiis occasionibus distringantur molestentur in aliquo seu graventur set de decimis quintisdecimis subsidiis imposicionibus ac aliis quotis et talliagiis hujus imperpetuum sint quieti. In cujus, etc. Teste Rege apud civitatem Regiam de Baieux .xvj°. die marcii. Per ipsum Regem.

(Membrane 8.)

Pro Willelmo Bradwardin. Rex omnibus ad quos, etc., salutem. Sciatis quod de gracia nostra speciali et pro bono et acceptabili servicio quod dilectus armiger noster Willelmus Bradwardyn nobis impendit et impendet in futurum dedimus et concessimus eidem Willelmo dominium et terram de Saint Vast in comitatu Cadomensi cum omnibus suis pertinenciis et manerium de La Poterie in comitatu d'Auge cum omnibus suis pertinenciis una cum omnibus aliis terris et tenement. cum omnibus suis pertinenciis que fuerunt domine Johanne de Plessys infra ducatum nostrum Normannie que ad valorem mille coronarum per annum se extendunt habend. et tenend. eidem Willelmo et heredibus suis masculis de corpore suo exeuntibus dominium terras manerium et tenementa predicta cum suis pertinenciis una cum omnibus possessionibus redditibus serviciis reversionibus feodis militum advocacionibus ecclesiarum et aliorum beneficiorum quorumcumque wardis maritagiis releviis escaetis forisfacturis pratis pasturis boscis warennis chaceis aquis semitis viis molendinis vivariis piscariis stagnis moris mariscis libertatibus franchesiis jurisdictionibus et aliis proficuis et commoditatibus quibuscumque dictis dominio terris manerio et tenement. qualitercumque pertinentibus sive spectantibus. Et ulterius de uberiori gracia nostra dedimus et concessimus prefato Willelmo quoddam manerium infra civitatem nostram de Baieux quod fuit Michaelis Le Pegnie nuper burgensis civitatis predicte defuncti ut dicitur, situatum inter tenementum Johannis Moque ex parte boriali et vicum vocatum Vicum de La Gaole ex parte australi, et extendit se in longitudine de domo dicti Johannis Moque ex parte occidentali ad vicum vocatum Danjordan ex parte orientali. Quod quidem manerium Johannes Pegnie et Willelmus de Vaux nunc rebelles nuper occuparunt ut dicitur ac eciam unum mesnagium et unum gardinum in suburbiis civitatis predicte que fuerunt Gerardi Dany rebellis ut dicitur in parochia S^ti^. Audoeni in suburbiis predictis situate inter gardinum Galfridi Le Long ex parte occidentali ac quoddam aliud gardinum quod est parcella possessionum ecclesie cathedralis Baiocensis ex parte orientali et se extendit a quadam venella ex parte australi ad quendam campum Abbacie de Cirise ex parte boriali habend. et tenend. eidem Willelmo et heredibus suis predictis imperpetuum per hommagium nobis et heredibus nostris faciendo et reddendo nobis et heredibus nostris predictis apud castrum nostrum de Baieux unam phiolam aque rosarum ad festum S[ti]. Johannis Baptiste singulis annis pro omnimodis serviciis imperpetuum. Reservata semper nobis et heredibus nostris predictis alta et suprema justicia et omni eo quod ad nos in hac parte poterit pertinere. Dumtamen, etc., castro seu civitati nostre de Baieux, etc., ut supra usque ibi fuerint premuniti quodque idem Willelmus et heredes sui predicti dictum manerium infra civitatem predictam sufficienter reparent et sustentent ac custodiam et vigilias infra civitatem supradictam prout alii ibidem facient facere et custodiant imperpetuum. In cujus, etc. Teste Rege apud villam nostram Falesie .vj°. die februarii. Per ipsum Regem.

(Vac. q'. restitute fuerunt).

Pro Johanne Halys. Rex omnibus ad quos, etc., salutem. Sciatis quod de gracia nostra speciali concessimus dilecto servienti nostro Johanni Halis manerium de Qusney et Glatigney cum omnibus suis pertinenciis infra parochiam de Clevile vel alibi in comitatu de Caen quod fuit Roberti de Pontaudemer qui apud Agincourt diem suum claudit extremum ut dicitur habendum et tenendum manerium predictum cum suis pertinenciis predictis ad valorem sexaginta coronarum per annum prefato Johanni et heredibus masculis de corpore suo exeuntibus de nobis et heredibus nostris per homagium ac reddendo et faciendo nobis et eisdem heredibus nostris servicia inde debita et consueta imperpetuum. Reservata, etc., usque ibi castro seu ville nostre de Cadomo, etc., ut supra. In cujus, etc. Teste Rege apud villam Regiam Falesie .xix°. die februarii. Per ipsum Regem.

Pro Willelmo Fitz Harry. Rex omnibus ad quos, etc., salutem. Sciatis quod de gracia nostra speciali et pro bono et acceptabili servicio quod dilectus armiger noster Willelmus Fitz Harry nobis impendit et impendet in futurum concessimus ei manerium de Oo cum pertinenciis ac terras et tenementa vocata Aveins Noiers Cormer et Courgeron cum suis pertinenciis que fuerunt Roberti de Oo chivaler defuncti infra ducatum nostrum Normannie ad valorem octingentorum scutorum per annum habendum et tenendum eidem Willelmo et heredibus masculis de corpore suo exeuntibus una cum omnibus possessionibus redditibus serviciis reversionibus feodis militum advocacionibus ecclesiarum ac aliorum beneficiorum quorumcumque wardis maritagiis releviis escaetis pratis pasturis boscis parcis warennis chaceis aquis vivariis piscariis stagnis molendinis moris mariscis libertatibus franchesiis jurisdictionibus ac aliis proficuis et commoditatibus quibuscumque manerio terris et tenementis predictis aliqualiter pertinentibus sive spectantibus per homagium nobis et heredibus nostris faciendo ac reddendo nobis et heredibus nostris predictis unam zonam lorice singulis annis in perpetuum pro omnimodis serviciis exactionibus et demandis. Et si prefatus Willelmus obierit sine herede masculo de corpore suo exeunte quod tunc manerium terre et tenementa predicta cum pertinenciis ac omnia alia supradicta Thome Fitz Harry fratri predicti Willelmi et heredibus masculis de corpore suo exeuntibus remaneant tenendo de nobis et heredibus nostris predictis per servicium predictum imperpetuum. In cujus, etc. Teste Rege apud castrum Regium d'Alenson in ducatu Regio predicto primo die novembris. Per ipsum Regem.

Pro Ricardo Strother. Rex omnibus ad quos, etc., salutem. Sciatis quod de gracia nostra speciali et pro bono servicio quod dilectus et fidelis noster Ricardus Strother chivaler nobis impendit et impendet in futurum dedimus et concessimus ei omnia maneria terras tenementa redditus et possessiones quascumque infra ducatum nostrum Normannie que fuerunt Johannis Lenglois et uxoris ejus ac eciam omnia maneria terras tenementa redditus et possessiones quascumque que fuerunt Johannis de Vieux chivaler infra eundem ducatum nostrum qui quidem Johannes et Johannes nobis adhuc rebelles existunt ut dicitur habendum et tenendum maneria terras tenementa redditus et possessiones predicta a tempore quo eadem maneria terre tenementa redditus et possessiones in manus nostras devenerunt prefato Ricardo et heredibus suis masculis de corpore suo exeuntibus ad valorem sexcentorum scutorum per annum tantummodo una cum omnibus franchesiis jurisdiccionibus privilegiis feodis militum advocationibus ecclesiarum quarumcumque wardis maritagiis releviis escaetis forisfacturis terris pratis pasturis boscis parcis warennis chaceis aquis molendinis vivariis moris mariscis et aliis commoditatibus quibuscumque predictis maneriis terris tenementis redditibus et possessionibus aliqualiter pertinentibus sive spectantibus de nobis et heredibus nostris per homagium ac reddendo nobis et eisdem heredibus nostris apud castrum nostrum de Cadomo unum par calcarium deauratorum ad festum Nativitatis S[ti]. Johannis Baptiste singulis annis necnon faciendo alia servicia inde debita et consueta imperpetuum. Reservata, etc. Proviso semper, etc., castro seu ville nostre de Cadomo, etc., ut supra usque ibi fuerint premuniti tunc sic et quod eadem maneria terre tenementa redditus et possessiones aut aliqua parcella eorumdem per nos ante hec tempora data et concessa seu parcella aliquorum terrarum tenementum aut possessionum alicui alii persone per nos ante hec tempora concessorum non existant. In cujus, etc. Teste Rege apud dictum castrum Regium de Cadomo .xxv°. die februarii. Per ipsum Regem.

De salvo conductu Marcoville. Rex per litteras suas patentes usque festum Pasche proxim. futur. duraturas suscepit in salvum, etc. Robertum Marcoville prisonarium dilecti et fidelis militis Regis Henrici Fitz Hugh camerarii Regis ad prefatum Henricum cum tribus servientibus in comitiva sua veniendo ibidem morando et exinde redeundo ac equos res et bona sua quecumque. Proviso semper quod ipsi quicquam quod in Regis contemptum vel prejudicium aliqualiter cedere valeat non attemptent seu faciant aliqualiter attemptari et quod ipsi nullum castrorum, etc. In cujus, etc. Teste Rege apud civitatem Regiam de Baieux .vij°. die marcii. Per ipsum Regem.

Pro Rolando Leyntale. Rex omnibus ad quos, etc. salutem. Sciatis quod de gracia nostra speciali et pro bono et gratuito servicio quod dilectus et fidelis miles noster Rolandus Leyntale nobis impendit et impendet concessimus ei officium ballivi dAlencon Dexmes, Perche et Seint Silvin dantes et concedentes eidem Rolando plenam tenore presencium potestatem et auctoritatem ad officium predictum faciend. gubernand. et generaliter ea faciend. exercend. et exequend. que ad officium ballivi bene et fideliter stabiliti pertinent seu pertinere debent habendum officium illud quamdiu nobis placuerit cum feodis vadiis et proficuis eidem officio antiquitus debitis et consuetis. In cujus, etc. Teste Rege ut supra, Per ipsum Regem.

Pro Ivone de Boiz Rex omnibus ad quos, etc., salutem. Sciatis quod de gracia nostra speciali concessimus dilecto nobis Ivoni de Bojz de Vaast canonico de Mortaing consiliario nostro in camera compotorum nostrorum officium custodis sigillorum ad obligaciones de comitatu de Mortaing habendum quamdiu nobis placuerit cum vadiis et proficuis eidem officio antiquitus consuetis et pertinentibus. In cujus, etc. Teste Rege apud civitatem Regiam de Baieux .xj°. die marcii. Per ipsum Regem.

(Membrane 7.)

De salvo conductu Guillas. Rex per litteras suas patentes usque festum S[ti]. Johannis Baptiste proxim. futur. duraturas suscepit in salvum, etc. Guillem Guillas in ducatum Regium Normannie in quadam navi portagii centum doliorum vel infra tam per terram quam per mare mercatorie veniendo ibidem morando et exinde ad partes suas proprias redeundo ac navem predictam et magistrum et marinarios ejusdem necnon bona et mercandisas sua quecumque. Proviso semper quod ipsi quicquam quod in Regis contemptum vel prejudicium aut populi sui dampnum aliqualiter cedere valeat non attemptent seu faciant quomodolibet attemptari. Et quod idem Guillelmus legales exerceat mercandisas ac custumas subsidia et alia deveria Regis in hac parte debita fideliter solvat quodque ipse nullum castrorum seu villarum Regis firmatarum, etc., intret quovismodo. In cujus, etc. Teste Rege apud civitatem Regiam de Baieux .xj°. die marcii. Per ipsum Regem.

Pro Johanne Styward. Rex omnibus ad quos, etc., salutem. Sciatis quod de gracia nostra speciali et pro bono servicio quod dilectus armiger noster Johannes Styward nobis impendit et impendet in futurum concessimus ei omnia maneria terras tenementa redditus hereditates feoda et possessiones quecumque infra ducatum nostrum Normannie que fuerunt Radulfi Pelerin qui erga magestatem nostram regiam hucusque se tenet rebellem ut dicitur habend. et tenend. prefato Johanni et heredibus suis masculis de corpore suo exeuntibus predicta maneria terras tenementa redditus hereditates feoda et possessiones cum omnibus suis pertinenciis per homagium nobis et heredibus nostris faciendo ac reddendo nobis et eidem heredibus nostris apud castrum nostrum de Baieux unum lees leporariorum ad festum S[ti]. Petri ad vincula singulis annis imperpetuum. Reservata, etc., ut supra usque ibi castro seu civitati nostre de Baieux cum gentibus, etc., ut supra. In cujus, etc. Teste Rege apud dictam civitatem Regiam de Baieux .vij°. die marcii. Per ipsum Regem.

Rex omnibus ad quos, etc., salutem. Sciatis quod nos bonum et laudabile servicium nobis per dilectum et fidelem militem nostrum Henricum Fitz Hugh Camerarium nostrum hactenus impensum merito commendantes de gracia nostra speciali concessimus eidem Henrico castrum et dominium de Lesgle in ducatu nostro Normannie ac terras et tenementa vocata Tewebuf infra eundem ducatum que fuerunt Johannis Tilie chivaler et que nuper fuerunt parcella castri et dominii predictorum ut dicitur nec non castrum et dominium de Chamboys et omnia terras et tenementa que fuerunt ejusdem Johannis infra ducatum nostrum predictum acetiam terras et tenementa que fuerunt comitis de Pentiver infra dictum ducatum nostrum vocata Aumenaisches Rochemabel Morteree et Escoche cum omnibus aliis domaniis maneriis terris tenementis et redditibus que fuerunt tam predicti comitis ac Margarete de Clysson comitisse de Pentiver matris ejusdem comitis quam predicti Johannis infra ducatum nostrum predictum habendum et tenendum eidem Henrico et heredibus suis masculis de corpore suo exeuntibus cum omnibus libertatibus franchesiis privilegiis jurisdictionibus wardis maritagiis releviis escaetis forisfacturis feodis militum advocationibus ecclesiarum abbatiarum prioratuum vicariarum capellarum cantariarum hospitalium et aliorum beneficiorum ecclesiasticorum quorumcumque terris pratis pasturis boscis parcis warennis chaceis officiis aquis viis semitis stagnis molendinis vivariis moris mariscis et aliis pertinenciis suis quibuscumque imperpetuum. Reddendo inde nobis annuatim et heredibus nostris ferrum unius lancie ad festum Natalis Domini. In cujus, etc. Teste Rege apud castrum Regium Dalencon in ducatu Regio predicto .viij°. die novembris. Per ipsum Regem.

(*Vacant iste littere eo quod aliter inferius*).

De generali attorn. Pope. Willelmus Pope armiger qui in obsequio Regis in ducatu suo Normannie moratur habet litteras Regias patentes de generali attornacione sub nominibus Willelmi Brygh persone ecclesie S[ti]. Michaelis in Cornhull. London. et Henrici Lusours Civis et Jueler London. sub attornacione, etc. In cujus, etc., per unum annum duraturum. Proviso, etc. Teste Rege apud civitatem Regiam de Baieux .xvij°. die marcii. Ricardus Sturgeon clericus r. attorn. usque redditum constituentis in Anglia.

Pro Johanne Gray. Rex omnibus ad quos, etc., salutem. Sciatis quod de gracia nostra speciali et pro bono et laudabili servicio nobis per dilectum et fidelem nostrum Johannem Gray chivaler hactenus impenso et impendendo concessimus ei castrum et dominium de Tilye que fuerunt Philippi Harecourt chivaler qui partem nobis contrariam adhuc tenet et omnia maneria terras tenementa redditus officia et possessiones quecumque que fuerunt ejusdem Philippi infra ducatum nostrum Normannie habendum et tenendum prefato Johanni et heredibus masculis de corpore suo procreatis cum omnibus libertatibus franchesiis privilegiis jurisdictionibus feriis mercatis cum proficuis eorumdem feodis militum advocationibus ecclesiarum et aliorum beneficiorum quorumcumque wardis maritagiis releviis escaetis forisfacturis reversionibus pratis pasturis boscis parcis warennis chaceis aquis viis molendinis stagnis vivariis moris mariscis et aliis pertinenciis quibuscumque ad castrum dominium maneria terras tenementa redditus officia et possessiones predicta quoquomodo pertinentibus sive spectantibus adeo integre sicut predictus Philippus ea ante descensum nostrum in ducatum nostrum predictum habuit et tenuit. Et ulterius de uberiori gracia nostra dedimus et concessimus eidem Johanni quoddam hospicium infra civitatem nostram de Baieux in vico de Danne Jordan situatum inter hospicium Johannis Dorilot ex parte una et hospicium Thome de La Hoge capellani ex parte altera quod quidem hospicium fuit Henrici Mounfyket adhuc rebellis ut dicitur ac eciam quoddam aliud hospicium infra villam nostrum de Cadomo quod fuit Michaelis Goesmier situatam in vico vocato Rue Guillebert juxta hospicium Johannis Bochier habendum et tenendum prefato Johanni Gray et heredibus suis predictis per homagium nobis et heredibus nostris faciendo et reddendo unum florem deliciarum ad festum S^ti^. Johannis Baptiste pro omnimodis serviciis imperpetuum. Dumtamen idem Johannes Gray et heredes sui predicti hospicia predicta sufficienter reparent et sustentent ac custodiam et vigilias tam infra civitatem quam villam nostras predictas prout ibidem consuetum est faciant et custodiant imperpetuum pro hospiciis supra dictis. In cujus, etc. Teste Rege apud castrum Regium Dalenson .xxiv°. die novembris. Per ipsum Regem.

Pro Nicholao Troismons. Rex omnibus ad quos, etc., salutem. Sciatis quod de gracia nostra speciali et ad supplicacionem Nicholai de Troismons armigeri jurati ligei nostri concessimus eidem Nicholao omnes terras possessiones domos et hereditates suas quascumque infra ducatum nostrum Normannie quas ipse ante ultimum adventum nostrum in eundem ducatum nostrum hereditario jure tenuit et possidebat habendum et tenendum sibi et heredibus suis de nobis et heredibus nostris per homagium ac alia servicia inde debita et consueta imperpetuum. Reservata, etc. Dumtamen idem Nicholaus, etc., usque ibi castro seu ville nostre de Vire cum gentibus, etc., usque ibi fuerint premuniti. In cujus, etc. Teste Rege apud castrum Regium de Cadomo .xxiv°. die februarii. Per ipsum Regem.

Pro capellanis S^ti^. Stephani. Rex omnibus ad quos, etc., salutem. Sciatis quod cum ut accepimus diversi redditus provenientes de certis domibus terris et gardinis tam in villa nostra de Cadomo et suburbiis ejusdem quam alibi infra ducatum nostrum Normannie ad sustentacionem trium capellanorum divina in ecclesia parochie S^ti^. Stephani de Cadomo singulis diebus celebrancium ac aliorum onerum et pietatis operum ibidem a Christi fidelibus et Deo devotis ab antiquo dati fuissent et assignati, quiquidem redditus licet magis solito ob guerrarum discrimina hiis diebus in immensum diminuantur in manus nostras capti sint et seisiti. Nos de gracia nostra speciali ad laudem et honorem Dei et ad specialem devocionem quam ad Beatum Stephanum gerimus et habemus, concessimus dilectis nobis Johanni Britonis Johanni Duvivier et Martino Lebrumeu nunc capellanis ecclesie predicte ac Henrico Fabri clerico sive procuratori fabrice ejusdem ecclesie ut dicitur omnes redditus suos de quibusdam domibus terris et gardinis tam in villa nostra predicta et suburbiis ejusdem quam alibi infra ducatum nostrum predictum provenientes habend. sibi et successoribus suis in augmentacionem divini cultus ac ad exorandum specialiter pro bono statu nostro dum vixerimus et pro anima nostra cum ab hac luce migraverimus ac pro animabus progenitorum nostrorum et omnium fidelium defunctorum, nec non ad alia onera et pietatis opera inibi faciend. et sustentand. de dono nostro. In cujus, etc. Teste Rege apud civitatem Regiam de Baieux tercio die marcii. Per ipsum Regem.

Breve inde. Et mandatum est universis et singulis ballivis vicecomitibus servientibus ac aliis officiariis et ministris Regis ducatus Reg. Normannie ubilibet constitutis quod ipsos capellanos et Henricum omnes redditus suos predictos ut predictum est habere permittant juxta tenorem, etc., ipsos, etc. Teste Rege apud civitatem, etc., ut supra. Per ipsum Regem.

Pro capellanis S^ti^. Salvatoris. Rex omnibus ad quos, etc., salutem. Sciatis quod cum ut accepimus diversi redditus, etc., ut proximo supra usque ibi sustentacionem, et tunc sic quatuor capellanorum divina in ecclesia S^ti^. Salvatoris de Cadomo singulis diebus, etc., ut supra usque ibi et honorem Dei, et tunc sic et Salvatoris nostri, concessimus dilectis nobis Willelmo Clerc Johanni Le signour Thome Lehoeustre et Willelmo Dudoyt nunc capellanis ecclesie predicte ac Nicholao Vernay clerico custodi sive procuratori fabrice ejusdem ecclesie ut dicitur omnes redditus, etc., ut supra usque ibi ad exorandum specialiter et tunc sic pro salubri statu nostro, etc., ut supra. In cujus, etc. Teste Rege ut supra. Per ipsum Regem.

Breve inde. Et mandatum est universis et singulis ballivis, etc., ut supra quod ipsos capellanos et custodem omnes redditus suos ut predictum est habere permittant juxta tenorem, etc., ipsos, etc. Teste ut supra Per ipsum Regem.

Pro Johanne de Sta. Maria. Rex omnibus ad quos, etc., salutem. Sciatis quod de gracia nostra speciali et pro bono servicio quod dilectus armiger noster Johannes de Sta. Maria dictus Basco nobis impendit et impendet concessimus ei hospicium de Tartas infra civitatem nostram Burdegalie habendum eidem Johanni hospicium predictum cum omnibus terris tenement. et pertinenciis ad idem hopicium infra civitatem nostram predictam vel extra aliqualiter pertinentibus sive spectantibus pro termino vite sue usque ad valorem quinquagenta librarum sterlingorum per annum adeo integre et eodem modo sicut dominus de Castilhon hospicium illud habuit et tenuit dum vivebat. Proviso semper quod Johannes de superplusagio inde si quod fuerit nobis ad scaccarium nostrum Burdegalie respondeat ut est justum. In cujus, etc. Teste Rege apud villam Regiam Falesie .ix°. die februarii. Per ipsum Regem.

Pro comite Sarum. Rex omnibus ad quos, etc., salutem. Sciatis quod de gracia nostra speciali dedimus et concessimus carissimo consanguineo nostro Thome Comiti Sarum castrum et dominium Dauvillers et generaliter omnia alia castra maneria terras tenementa redditus servicia feoda officia et possessiones quecumque infra ducatum nostrum Normannie que fuerunt Ricardi de Tournebu chivaler habendum et tenendum prefato Comiti et heredibus suis masculis de corpore suo exeuntibus una cum omnibus libertatibus franchesiis privilegiis jurisdiccionibus feriis et mercatis cum proficuis eorumdem wardis maritagiis releviis escaetis forisfacturis feodis militum patronatibus ecclesiarum capellarum et aliorum beneficiorum quorumcumque pratis pasturis boscis parcis warennis chaceis aquis viis stagnis molendinis piscariis vivariis mariscis et aliis rebus quibuscumque dictis castris domaniis et terris qualitercumque pertinentibus sive spectantibus adeo integre sicut nos ea in presenti tenemus seu tenere possemus et sicut prefatus Ricardus tempore suo ea melius tenuit et possidebat per homagium nobis et heredibus nostris faciendo ac reddendo nobis et eisdem heredibus nostris unum nisum primo die Augusti singulis annis imperpetuum. In cujus, etc. Teste Rege apud castrum Regium de Cadomo in ducatu, etc., .xxv°. die septembris. Per ipsum Regem.

Pro Nicholao Merbury. Rex omnibus ad quos, etc., salutem. Sciatis quod de gracia nostra speciali et pro bono servicio quod dilectus armiger noster Nicholaus Merbury nobis impendit et impendet concessimus ei officium pincerne nostri habendum et occupandum officium predictum per se et sufficientes deputatos suos pró quibus respondere voluerit quamdiu nobis visum fuerit quod idem Nicholaus se in officio illo bene et honeste gerit et habet percipiendo in eodem officio omnimoda vadia feoda et proficua eidem officio antiquitus debita et consueta eodem modo et adeo integre sicut Thomas Chaucer officium illud nuper babuit et occupavit. In cujus, etc. Teste Rege apud civitatem Regiam de Baieux .xvj°. die marcii. Per ipsum Regem.

(Membraue 6.)

Lappointement de Touque. CENSUIT lenpointement du traitee et par lettres endenteez prise et accordez le Marsdy le tierce jour Daugust apres que la siege fust mise devant le chastelle de Touque par lordenance du treshaut et trespuissant Prince le tresexcellent Roi de France et Dengleterre est assavoir. Pour la partie du dit tresexcellent Roy commise de sa grace ou dite traitee et appointement vaquer et entendre sez homes lieges Monsieur Johan Cornewaille et monsieur Guillem Porter chivaler. Et pour la partie de ladversaire de suisdit tresexcellentRoy Guillaume le Conte lieutenant depar messieurs Johan Daugere capitain du dit chastelle et Johan Boneffant esquiers la dite appointement accorde en cest forme. Que sency nest que le dit chastelle soit recussez ou succurrez dudeins lundy le noefisme jour du susdit mois proschein venant devant heure de midy par puissance du capitain acompainez de gentz darmes que a ycelle heure le lieutenant rendra le dit chastelle de Touque en les mains du tresexcellent Roi de France et Dengleterre ou a autre de sa noblesse a ceo commys pour le resceivoir. Et sur cest traitee et appointement a le Roy de sa benygne grace ottroye a tous ceux soiantz dedeins le dit chastelle leur vies ovesques toutz lieur biens hernois monturez armurez et autres choses quelconques hormys vitaillez et artillarie appartenantz au dit chastelle. Et pour yceste traitee et appointement entretenir bien et loialement saunz fraude et male engyn ount les sus ditz deux esquiers faitz serement solempnelle et sur peine de reprouche et ovecque ce bailles et delivres hors du dit chastelle oept hostages bones notables et suffisantz a la voluntee du Roy et apres la delivrance du dit chastelle devestre renduz franchement et quietement come les autrez qui sont demeurez dedeins purveu que si le dit chastelle soit par force come dit est socurrez adonques les hostages parailment devestre renduz. Et pur y cestte desuis contenuz plus veritablement approver et entrenir ount les parties susditz mises a cestes presentz leur sealx les quelles feurent escriptz et sealez le suis dit tercie jour du cest present moys en lan nostre seigneur mille .cccc°. xvij°,

Lappointement Dauvilliers. Cest endenture fust fait le samedi .vij^e. jour Daoust lan mille .iiij. et .xvij. du traitie et apointement de la rendue du corps du chastell. et forteresse Dauvillirs fait en la maniere qui enssuit. *Messire* Richart de Tournebu chivaler a promis rendre son dit chastelle et forteresse a Roy Dengleterre et de France en la main de Thomas conte de Salbiers et seigneur du Monthåremer a prendre possession dicelui par sa main on son depute le Samedi prouchain enssuiant du jour que le chastelle du Touque sera rendu en cas que rendu sera et en cas que non : le dit chivaler ne sera tenu rendre son dit chastelle. Et promist le dit chivaler garder icelui son chastelle jusque a dit jour de Samedy saunz soy enfforchier ou pour chasser aliance pour la garde du dit chastelle en prejudice du dit Roy Dengleterre et de France par le moien de ce que le dit chivaler pourra et avera temps du vuidir du dit chastelle son corps et les corps de toutz ses gens avesque tous les biens du dedeins dicelui chastel tant en chivaulx jouaulx deniers harnoilz canons et autres habillemens tant en especiale que en general tous et que dedeins le dit chastel est a present excepte les grains dont il ne fera nul vuidie et pour les dis corps et biens vuider et mener ou il plerra au dit chivaler le dit Counte de Salbiers luy promist fere avoir deux saufs conduis seelles du seel du dit Roy Dengleterre lun pour aler en la compaignie des dis biens autre pour son corps de luy et de ses gens tant pour aler que pour demeurer en son dit chastelle le temps pendant de la vuidie qui durera jusques a le Vendredy prouchain venant en huit jours jusques a soleil rescoussant. Et toutesvoies le dit Counte pourra mettre ses gens dedeins le dit chastelle dedeins le dit jour de Samedy si luy plest. Et non obstante le dit chivaler pourra toux jours voider le dit chastelle jusques a dit jour de Vendredy en huit jours maiz ne pourra aler ne venir en dit chastelle apres icelui jour de samedi qu'avec quinze personnes pour vuider et seront en sueretе par les ditz saufs conduis tous ceulx qui yront et vendront en la compaignie du dit chevalier ou de ses gens. Et pour la seurete de cest present apointement le dit chivaler bailla en hostage Robin de Tornebu son fils, Jehan Le Boutellier et viij. varlettz Et le dit Conte promist au dit chivaler lui envoier ses ditz deux saufs conduis dedeins demain soleil rescoussant ou lundy matin. En tesmoignance desquelles choses ses presentes sont signes de la main du dit Conte et du seel du dit chevalier. Escript comme dessus.

Lappointement de Villiers. Cest endenture fuist fait le xxv^e. jour daoust l'an mille quatorcens xvij^e. du traite et appointement de la rendu du corps du chastelle et forteresse de Villiers fait en le manere quensuit. Raufe de Covert et Thomas de Surayn ont promis rendre le dit chastelle et forteresse au treshault et tresexcellent Prince Henry par la grace de Dieu Roy de France et Dengleterre en le main Johan Conte de Huntyngdone a prendre possession de celluy par sa main ou son deputee le seconde jour de mois de septembre prouchain venant en cas que se ainsi nest que le dit chastelle ou forteresse soit rescous ou soucurrez le dit seconde jour devant la beure de mydy par puissance de ladversaire du dit Roy du Daulphin ou monsieur de Montenay ou lun deulx ou leur propre personnes accompaigniez avec notable puissance de gens darmes et dautres que a celle heure les ditz Raufe de Covert et Thomas de Surayn rendront le dit chastel et forteresse au dit tresexcellent Roy de France et Dengleterre en les mains du dit Conte de Huntyngdone ou de son depute. Et promettont les ditz Raufe et Thomas garder le dit chastel ou forteresse jusques a dit seconde jour saunz leur enforcier ou pourchacier aliance pour la garde du dit chastelle ou forteresse en prejudice du dit tresexcellent Roy de France et Dengleterre par le moien de ceo que les dits Raufe et Thomas pourront et averont temps de vuider le dit chastelle ou forteresse tant en chivalx choses biens joialx et harnois quelconque hormys vitaille et artillarie pour le stuffe du dit chastelle ou forteresse. Et sur cest traitee et appointement ad le dit tresexcellent Roy de France et Dengleterre de sa benigne grace ottroie a toutes ceux esteantz dedeins le dit chastelle ou forteresse leurs vies ovec toutes leurs biens harnois montures armures et autres choses quiconques horsmys vitaille et artillarie comme desuis et sur ceo ad le dit tresexcellent Roy de France et Dengleterre grauntez as ditz Raufe et Thomas lettrés de sauf conduit seales soubz son grand seel adurerez jusque au dit seconde jour. Et pour yceste traitee et appointement entretenir bien et loialement saunz fraude ou male engine ont les ditz Raufe et Thomas faitz serement solempnel et sur peine de reprouche et ovesque ceo baillez et delivrez Alein de Covert fitz et heir au dit Raufe en hostage a la volunte du dit tresexcellent Roy de France et Dengleterre et apres la delivrance du dit chastel ou forteresse devestre renduz franchement et quitement comme les autres qui sont demourez dedeins. Purveu que si le dit chastel ou forteresse soit par force comme dit est rescous et succurrez a donques le dit Alein parail-lement devestre renduz. Et pur ycestes de suis contenuz pluis veritablement approver et entretenir ont les parties suisditz mises a cest presentz leur sealx lesquels feurent escriptes et seales le susdit seconde jour lan susdit.

Lappointement du chastel de Caen. Cest lappointement et accord fait et accorde par cestes lettres endentees le .xj^e^. jour de ce present mois de Septembre parentre le Conte de Warrewyke capitayne du Calys le sieur de Fitz-Hugho chamberlein monsieur Waulter Hungreforde grant maistre dostiel du Roy et monsieur Jehan de Cornewaille commis du treshaut et trespuissant prince Henri par la grace de Dieu Roy de France et Dengleterre et seigneur Dirlande dune part et Guillem sieur de Montenay cappitayne du chastelle de Caen dautre part. Primerement que toutes les damez damoiselles et autres femmes emporteront touz lieurs habillemens de corps et de testes et ledit sieur de Montenay jurera quils nemporteront autres choses. Item que les prisonniers pris en laville de quelque estat quils soient auront leur vies sauvees saucons ny en a treitours au Roy Dengleterre et de France nostre souverain seigneur. Item toutz les chivaliers escuiers et soldeours et autres de quelque estat quils soient esteans en dit chastel seront frans et quitez de leur vies et de prison. Item auront les chivaliers escuiers et tous les autres souldeours dedeins le dit chastell. leur chivalx harnois et vesture de leur corps forspris arbalastres treit et autre artielarie. Et pourront de leur propre biens emportier en ore en argent et monoye jusques a la somme de deux mille escuz. Item que les bourgeois en emporteront la vesture de leur corps et sen pourront seurement aler quelque part que leur plerra sanz aucuns distourbier. Et ceulx qui veullent demourer soubs lobbeissance du Roy nostre souverain seigneur il leur fera tiel grace come bon luy semblera. Item que tout le demourant dor argent vesselle et autres biens quelconques dedeins le dit chastelle esteant sera mys devers le Roy pour en faire son bon plaisir. Item que si le dit chastel nest soucurru par la personne du Roy adversaire de nostre dit souverain seigneur ou le Daulphin son filz ou le conte Darmaignac Connetable a force des gens dedeins le .xix^e^. jour de ce present mois de Septembre que adonques Guillem sieur de Montenay est et sera tenuz par la foy et serement de son corps et sur la payn de tout reproche de rendre ledit chastel lendemayn a matin es mains du Roy notre souverain seigneur ou dautres par luy commis. Item le dit sieur de Montenay baillera dousze hostages cest assavoir cinque chivalers et Philippe de Gremande cappitayne des Jannenois et .vj. escuiers. Et en cas que le dit chastel soit rendu ou soucurru a jour susdit come dit est que les ditz hostages soient clerement livrez au dit sieur de Montenay Item si ainsi soit que le dit chastelle ne soit soucurre ou rendu a jour susdit que adonques soit au plaisir du Roy nostre souverain seigneur de faire justice des hostages et des prisonniers asqueux il a fait grace jusques au dit jour. Item ne sera fait nulle guerre a dit chastel par ceulx de dehors ne ceulx de dedains ne feront nulle guerre a ceulx de dehors durant le temps avant dit. Item que le dit sieur de Montenay sera jurez par la serement de son corps que les diz chivalers et escuiers et souldeours nenporteront outre la somme de deux mille escuz. Item que en rendant le dit chastel le dit Montenay et les dessusditz auront bon seur et loial sauf conduit et bon conduite dez gens du Roy pour aler quelque part que leur plerra. Et que a leur personnes en nulle maniere ne a leur biens avantditz on ne mettra la main ne ne sera donne aucun destourber ou empeschement de la partie du Roy. Item que le dit sieur de Montenay sera jurez par la foy et serement de son corps que durant le temps susdit ne sortira ne ne partira nulle personne hors dudit chastel saunz licence du Roy nostre souverain seigneur. Et que le dit chastel ne sera empire en nulle maniere des biens ne autrement ne nulles biens mussez ne eurez soubz terre ou autrement. Et a toutz ceulx articles bien et loialment tenir et performir sanz fraude ou mal engyn le dit sieur de Montenay et toutz les gentilx hommes dedeins le dit chastel seront jurez par la foy et serement de leurs corps et sur la payn de reprouche. Et en tesmoignance de les choses dessus escriptes les parties dessusdiz ont mis a cestes presentes leur seales lesquelles feurent escriptes et seales le .xj^e^. jour susdit lan mille quatrecens et xvij.

Lappointement de Vire. Cy ensuit le traite et appointement dit fait et accorde le .xxj^e^. jour de fevrier en lan mil cccc^o^. et xvij. parentre nous Johan de Robessart et Guillem Beauchamp chivalers a ce commis par le treshault et trespuissant Prince nostre tresredoubte seigneur le duc de Gloucestre dune part et dautre part par le compaignon de Gaule escuier capitaine de la ville chastelle et dongeon de Vire est dit traittes accordes et promis par la forme et maniere que sensuit. Premierement est dit treitte accorde et par moy le suisdit capitaine de la ville et chastel de Vire promis den rendre les suisdit ville et chastel et dongeon es mains du treshaut et puissant prince mon tresredoubte seigneur le duc de Gloucestre ou a tiel que lui pleira commetter a le recevoir pour et en non du tresexcellent Roy Dengleterre et a tiel jour et heure qil pleira a suisdit trespuissant Prince moy ordonner et commander et sur ceo li deu mettre ou faire mettre dedeins la dite ville chastel et dongeon tiel garnison que luy pleira. Item est dit treitte accorde et promis par moy le suisdit compaignon de Gaule que au dit jour de la rendue de la ville Chastel et dongeon de Vire moy le suis dit capitain toutz les chivalers escuiers bourgeois habitans et toutz autres recidens a present dedeins les ditz ville chastel et dongeon nous nous soubmettrons de quanque que nous avons a la grace du tresexcellent Roy Dengleterre. Item est dit treitte accorde et promis que toutz les vivres qui pour le present sount ou dite ville chastelle et dongeon de Vire demourront saunz riens diceulx estre transportez hors et avons le suisdit compaignon de Gaule les chivalers escuiers burgoys promis que entrecy et la rendue ne sera fait ne souffre estre fait des ditz vivres gaste ne destruccion queconques mais en userons resonablement des ditz vivers et comme nous faisons au devant ceste present composicion. Item est dit treitte et accorde que tout lartillerie de la ville chastel et dongeon de Vire est assavoir launces arcs arbalestris flechis viritons et tous autres abilementz pour arbalestris poudres canons et autres abilementz de la guerre demourront en la dite ville chastelle et dongeon sanz riens diceulx estre transportez dehors. Et avons le suisdit compaignon de Gaule les chivalers escuiers et burgois promis en bone foy et sus nos honeurs que du dit artillerie et abillementz de guerre ne sera fait ne souffre estre fait nulle brulleries rumperies transportement naultre destruccion queconques. Item est dit traitte accorde et promis par moy le suisdit compaignon de Gaule capitaine du dit ville chastel et dongeon de Vire quentre cy et le jour et heure de la rendue de faire bailler et delivrer a suis dit treshault et trespuissant Prince mon tresredouble seigneur le Duc de Gloucestre ou a autre par luy commis a le receivoir toutz les prisonniers Englois sugetz vassaulx obeissantz et autres tenans le partie Dengleterre qui de presentz sont eus ou dite ville chastel et dongeon de Vire et dacquiter et faire acquiter les ditz prisonniers et lour plegges saunz que ascun empeschement leurs soit mys a present ou en temps avenier par leur mestres soit par sommer reqerer ou demander mais finablement les mestres des ditz prisonniers a eux renonceront leur foiz promesses et seurementz tant a eux come a leur plegges et ce saunz fraude ou male engin. Item est dit traitte accorde et promis par moy le suisdit compaignon de Gaule capitaine du ville chastel et dongeon de Vire que a jour de la dite rendue bailleray et delivreray au treshault et trespuissant prince mon tresredoubte seigneur le Duc de Gloucestre ou a tiel que luy pleira commettre toutz les Englois natifs Galois Irrois et Gascoyns quautrefoitz ount tenue la partie Dengleterre qi sount pour le present dedeins ladite ville chastel et dongeon de Vire si ascuns en y a les queulx ne seront nullement comprisez dedeinz ceste traite. Item est dit traite accorde et promis par moy le suisdit compaignon de Gaule capitaine du ville chastel et dongeon de Vire que sur ce present traitte et appointement bailleray et deliveray à suisdit treshaut et trespuissant prince mon tresredoubte seigneur le Duc de Gloucestre viij. gentilx hommes chivalers et escuiers et quatre noble burgeys en lour compaignie en hostage afin que les promesses de ma part soient mieulx entretenuz. Item est dit treitte accorde et promis par moy le suisdit compaignon de Gaule capitaine de la ville chastel et dongeon de Vire quentrecy et la jour de la rendue nen issera hors de la dite ville chastel et dongeon nully nen ne sera receu nulles dedeinz saunz le congier et licence du suisdit treshault et trespuissant Prince. Item est dit traite et accorde que toutz ceux qui seront ordennez a departir hors du dite ville chastel et dongeon de Vire a cause de noun vuilloir estre en lobbeissance du suis dit tresexcellent Roy Dengleterre sen departent et departeront le dit jour de la rendue dedeins leure de vespere. Item lumblesse du suis dit capitaine des chivalers escuiers et sa compaignie de lobbeissance de burgois habitantz et autres recidens a present dedeins ladite ville chastel et dongeon suisditz avons nous les sus nomes Johan de Robessart Guillem de Beauchamp le monstre a le haulte seigneurie de notre tresredoubte seigneur de Gloucestre et luy de sa noblesse pour lumble soubmission que les suisditz ont fait et monstre au Roy nostre souverain seigneur et a luy de sa grace a ottroie a un chescun dessuisditz qui vourrount demourer et estre homme liegees et jurez au Roy nostre soverain seigneur et a ses heirs et successours licence de y demourer et attendre seurement taunt dedeins la dite ville que dehors saunz qaucun empeschement leur soit mys et leur corps nen leur biens meubles heritages et possessions dedeins la dite ville mais en pourront diceulx user et rejoier pesiblement apres leur due obbeissanee et serement faite come ilz fesoient au devant ceste present composicion. Item semblablement pour leur humble soubmission en faisant lobbeissance et serement come dit est le treshaut et trespuissant Prince notre tresredouble seigneur le Duc de Gloucestre dabundance de sa grace a ottroie paraillement a suis ditz toutz leur terres heritages et possessions dehors la dite ville de Vire hors mises ceux qui ount este donez devant ceste present composicion par le tresexcellent Roy nostre souverain seigneur. Item quant a ceux qui ne vourront demourer soubz lobbeissance du Roy come desuis le treshaut et trespuissant Prince nostre tresredoubte seigneur le Duc de Gloucestre aiant poiar du Roy nostre souverain seigneur de sa benigne grace pour leur autre humble soubmission les a ottroie leur corps sauns autre chose a departier franchement ovesques ses lettres de sauf conduit pourveu qilz facent assembler encountre leur de la dite rendue toutz leur armures leur artillarie en une seule maison de dessusdit chastel et leur biens meubles en une autre et paraillement qil facent assembler en le dit chastel toutz leur chivalx. Item est dit traitte et accorde que au jour et a leure de la rendue de la dite ville chastel et dongeon [ceux] qui vourront demourer soubz lobeissance du Roy de France et Dengleterre nostre souverain seigneur ne recuylleront receiveront retreieront ne garderont nul des biens diceulx qui vorront departier soubz umbre de leurs biens propres et ceo sur peyne de forfaire leurs propres biens si bien come les autres. Item est dit treitte et accorde que pendant cest present traitte et appointement ne sera fait ne souffre estre fait de lune partie ne de lautre nulle guerre queconques Et pour les promesses de ces present treitte et appointement bien et loyalement entretenir, etc.

(Membrane 5.)

Lappointement de la Riviere de Tibouville. Cest lappointement fait prins traite et accorde le .xj^e^. jour de Mars lan mil CCCC. et xvij. parentre nous Johan Cornewaille Raulf Cromwelle chivalers et Richard Vydeville escuier a ce commis par le treshault et trespuissant Prince nostre tresredoubte seigneur le Duc de Clarence dune part et daultre par monsieur Guilliam de Tybouville chivaler capitaine du chastel et forteresse de la Riviere de Tybouville est dit traite et accorde en la forme et manere qui sensuyt. Primierement est dit traite et accorde par moy Guilliam de Tybouville chivaler capitein du dit chastel et forteresse que Lundy prochein venant je rendray et deliveray a dit treshault et trespuissant Prince Monseigneur de Clarence ou a ses commys et deputees et a celle heure quil lui plerra icelluy chastel et forteresse pour et en nom du tresexcellent Roy Dengleterre et que adonques il y mette ou face mettre telle garnison quil voudra. Item est dit traitte et accorde que sy entrecy et le dit jour de la rendue la Dame de Tybouville ou autres au jour de huy estant ou dessus*dit* chastel et forteresse sen voillent aler hors ils sen pourront aller et emporter leur biens ovecques eux. Item est dit traite et accorde par moy le suisdit Guilliam de Tybouville capitein du dit chastel et forteresse que entrecy et le dit jour de la rendue ne sera fait ne souffre [estre] fait de vivres et vitailles a jour de huy estantes dedeins ascun gast ni destruccion quelconques mais moy et tous ceulx et celles qui suymes de present ou dit chastelle et forteresse en prendrons et en userons raisonablement ainsi que nous soulions faire a devant de cest present composicion. Item est dit traitte et accorde que moy Guilliam de Tybouville capitaine suisdit et toutz les dames et damoiselles gentilez hommes et autres quelxconques qui au jour de huy suymes ou dit chastel et forteresse mettrons et ferons assembler toutz nos biens quelxconques que nous avons dedeins en un meason ou en deux du dit chastel et aurons iiij. jours apres la dit rendue pour les voider et faire emporter ovecques lettres de saufconduit du dit treshault et trespuissant Prince Monseigneur de Clarence et loysserons ovecques nos biens ou dit chastel personnes pour pluis seurement les garder les quelx durant la dit terme auront des vivres et vitailles du dit chastel raisonablement. Item est dit traitte et accorde par moy le dit capitaine du dit chastel et forteresse de la Riviere de Tybouville que tout lartillerie de present estante dedens est assavoir arcs arbalestres fleches virtonz et toutz autres abillements pour arbalestriers canons et toutz autres abillemens de guerre demourront oudit chastel et forteresse saunz rien diceulx estre rumpuz ars ne brisez ou transportez hors. Et ceo moy le suisdit capitaine ay promis par la foy et serment de mon corps et sur mon honour, et auxi sur les plegges et hostages que la dite artillerie et abbillemens de guerre ne sera fait ne souffre estre fait nulles brulleries transportement ne aultre destruction quelxconques. Item est dit traitte et accorde par moy le suisdit capitaine du dit chastel et forteresse de entrecy et ledit jour de la rendue bailler et delivrer a suisdit treshault et trespuissant Prince Monseigneur de Clarence ou a autre par luy commys a les recevoir toutz les prisoniers natifs Anglois subgeiz vassaulx et autres tenants la partie Dengleterre qui de present sont ou dit chastelle et forteresse et dacquiter et faire acquiter lesditz prisoniers et leur plegges sauns que ascun empeschement leur soit mys a present ou en temps avenir par leurs maistres soit pour sommer demaunder ou requerir mes finablement les maistres desditz prisoniers a eux renonceront leurs foiez promesses et sermens tant a eux conme a leurs plegges et ce sans fraude ou male engyn. Item est dit traitte et accorde par moy capitaine du dit chastel et forteresse que a jour de la rendue bailleray au dit treshault et trespuissant Prince Monsieur de Clarence ou a tel quil luy plerra commettre toutz les Anglois natifs Gallois Irrois et Gascons qui aultre fois ount tenue la partie Dengleterre qui sont depresent audit chastel et forteresse si ascuns en y a lesquelx ne seront ascunement compris en ceste present traitte. Item est dit traitte et accorde par moy le capitaine suisdit dudit chastel et forteresse que sur cest present traite et appointement au jour de huy bailleray et deliveray a treshault et trespuissant Prince mon tresredoubte seigneur le Duc de Clarence un chivaler et deux gentils hommes pour hostages au fyn que les promesses de ma part soyent myeulx entretenuz. Item est dit traitte et accorde que toutz ceulz et celles qui depresent sont endit chastelle et forteresse qui voudront estre et demourer soubz lobbeissance du dit tresexcellent Roy Dengleterre nostre souverain seigneur quils y purront demourer et auront lours corps lours terres heritages rentz et possessions et autres biens quelxconques. Item est dit traitte et accorde que toutz ceulx et celles qui au jour de huy sont ou dit chastel et forteresse qui ne veullent demourer ni venir a ladite obbeissance que ils sen yront et departiront hors du dit chastel et forteresse dedeins le dit jour apres le jour de la dite rendue ovecques lettres de saufconduit du dit treshault et trespuissant Prince Monsieur de Clarence et auront toutz leurs biens quelxconques fors ceulx qui dessus sont exceptz. Item est dit traitte et accorde que au jour et heur de ladite rendue du dit chastel et forteresse de la Riviere de Tybouville seront rebailliez au dit capitaine toutz ses hostages. Et pur ce faire et entretenir de point en point, etc.

Lappointement de Chambroys. Cest lappointement fait prins traitte et accorde le ix^e^. jour de Marcs en lan mil CCCC. et xvij. par entre Johan Cornewaille Rauf Cromwelle et Johan Heron chivalers ad ce commys par le treshault et trespuissant Prince nostre tresredoubte seigneur le Duc de Clarence dune part et dautre part Jacques de Neville esquier et Guillem de La Perque deputez et assignez du seigneur de Ferieres et des chevaliers escuiers et burgoys depresent estans en la ville et chastelle de Chambrois est dit traitte et accorde en la forme et manere qui ensuit. Premierement est dit traite et accorde et par nous les suisditz Jacques et Guillem promis ou non que dessus que le Mercredy des feries de Pasques prouchein ensuant apres la dabte de cestes la dite ville et chastelle de Chambrois seront baillez et delivrez es mains du treshault et trespuissant Prince Monsieur de Clarence ou a tel quil luy plaira commettre pour les receivoir pour et en nom du tresexcellent Roy Dengleterre par ainsi que le dit sieur de Feriers ou monsieur Johan de Ferriers chivaler seigneur de Fontenay comme son filz heretier ou procureur suffisaument fonde par ledit sieur de Feriers et toutz les autres chivalers escuiers burgoys et autres depresent estans en ladite ville et chastelle vueillent au dit jour venir a lobeissance du dit tresexcellent Roy Dengleterre et auront lours terres rentes heritages et autres biens quelxconques. Item aura le dit sieur de Feriers ladite ville et chastelle de Chambrois et toutz ses autres terres rentes revenus et seigneuries appartenant sibien a luy que a sa femme en la Duchee de Normandie. Item est dit traitte et accorde que si audit Mercredi le dit sieur de Ferieres ne le dit sieur de Fontenay filz et heretier du dit sieur de Ferieres son pere ni ceulx de la dite ville et chastel ne vueillent venir et demourer soubz lobeissance du dit tresexcellent Roy Dengleterre a icelluy pour ilz sen yront et departiront hors ovecques lettres de saufconduit et auront corps lours chivaulx harnois et autres biens quelxconques par ainsi que adonques ils delivreront ladite ville et chastel au dit treshault et trespuissant Prince come dit est fors les vivres et vitailles qui demourront en la dite ville et chastel entierment. Item est dit traitte et accorde que toute lartillerie de la dite ville et chastel de Chambrois depresent estant dedens est assavoir ars arbalestres fleches virtons et toutz autres abillemens pour arbillestriers pouldres canons et toutz autres abillemens pour la guerre demourront en la dite ville et chastel saunz rien diceulx estre rumpuz ars ne transportez hors. Et ce nous les suisdits Jacques et Guillem avons promis par la foy et serment de noz corps et sur nos honures et aussi sur les plegges et hostages que de ladite artillerie et abillementz de guerre ne seront faites et ne souffre estre faitz nulles brulleries romperies transportement ne aultre destruccion quelxconques. Item est dit traite et accorde par nous les suisditz Jacques et Guillem de entrecy et le jour de la rendue faire baillier et delivrer au dit treshault et trespuissant Prince Monsieur de Clarence ou a aultre par luy commys a les resceivoir toutz les prinsonniers Angloys natifs subgez vassaulx obeissans et autres tenans la partie Dengleterre qui de present sont en la dite ville et chastel de Chambrois et dacquiter et faire acquiter toutz les dits prisonniers et lours plegges saunz que ascun empeschement leur soit mys a present ou en temps avenir par lours maistres soit par sommer demander ou requerir mais finablement les maistres desdits prisonniers renonceront a eux lour foiz promesses et seremens tant a eux come a lours pleges et ce saunz fraude ou mal engyne. Item est dit traitte et accorde par nous les suisditz Jacques et Guillem que au dit jour de la rendue baillerons et delivrerons au dit treshault et trespuissant Prince Monsieur de Clarence ou a tel quil luy plerra commetre toutz les Anglois natifs Galois Irrois et Gascons qui autrefoiz ount tenue la partie Dengleterre qui depresent sont en la dite ville et chastel si ascuns en y a, lesquelx ne seront point compris en ceste traitte. Item est dit traitte et accorde par nous les suisditz Jacques et Guillem que sur ceste present traitte et appointement baillerons et deliverons au suisdit treshault et trespuissant Prince Monsieur de Clarence quatre gentils hommes et deux bourgois pour ostages affin que les promesses de nostre partie soient mieulx entretenus. Item est dit traite et accorde que entrecy et la dit jour de la rendue ne [sera] faite aucune guerre de lune part ne de lautre en corps ne en biens. Item est dit traitte et accorde que au dit jour de la rendue les ditz ostaiges seront rebaillez ausditz Jacques et Guillem. Et aussi en cas que a le dit Mercredi des feries de Pasques la dite ville et chastelle de Chambrois soient rescoux par ladversaire de nostre souverain seigneur le Roy de Fraunce et Dengleterre son filz aisne ou le connetable de France au jour de la dite rescousse lesditz ostaiges seront baillez et delivrez ausditz Jacques et Guillem. Et pour ce faire et entretenir de point en point, etc.

Lappointement de Coustances. Cy enssuyt le traitte accord et appointement pour la rendue de la ville et cite de Coustances parle et fait entre tresnoble et trespuissant Prince Monsieur le Comte de Hantitonne aiant pouair et ad ce commys et depute de part treshault et tres excellent Prince Henry par la grace de Dieu Roy de Fraunce et Dengleterre seigneur Dirlande et Duc de Normandie nostre souverain seigneur dune part et Monsieur Nicholle Paynel chivaler gardein de la dite ville et cite noble gens deglise burgois manans et habitans dicelle ville et cite dautre part en la forme et manoir qui enssuit. Premierement le dit gardein nobles gens deglise bourgois manans et habitans dicelle ville et cite bailleront et mettront es mains du dit Monsieur de Hantitonne come pour et ou nom du dit treshaut et tresexcellent Roy de Fraunce et Dengleterre nostre souverain seigneur la dite ville et cite et de tout la mettront en lobeissance de nostre avant dit souverain par la forme qui enssuit. Cest assavoir que les ditz gardain nobles gens deglise bourgois manans et habitans dicelle ville et cite et autres de dehors estans a present dedens icelle ville et qui vouldront demourer en lobeissance du dit tresexcellent Roy de France et Dengleterre nostre souverain seigneur auront et prendront tous leurs biens meubles et heritages quils ont ou baillage de Constentin par en faisant et rendant les devoirs et droitures aux seigneurs duez et danciennete accoustumez sauf et reservez les terres et heritages que le Roy nostre souverain seigneur suisdit auront donnez ou ottroiez ou devant de ce present traitte et accorde si ascuns y soient. Item est dit traitte grante et accorde par le dit treshault et puissant Prince Monsieur de Hantitonne ou nom que dessus avecques lesditz gardain nobles gens deglise manans et habitans desdite ville et cite que tous ceulx qui sen vouldront aler hors de la dite ville et du pais qui a present sont en la dite ville et cite soient nobles gens deglise bourgois ou autres sen yront leur corps saufs saunz ranceon paier et emporteront et emmeneront leur chivalx harnois armures et tous leurs autres propres biens sauf et excepte tous vivres et artieleries. Et auront iceulx qui sen vouldront aler terme de vuider eux et en aller et emporter leurs ditz biens hors de la dite ville cestassavoir de vuider la dite ville et cite dedeins trois jours prouschans enssuians de la livree et rendue dicelle. Et icelle vuidenge faite de emporter et mettre hors du pays et duchee leurs dits biens dedens six jours prouchains dilleuc einssuians se emporter et oster le veullent. Item est promis et jure par la dit gardain baillier et livrer es mains du dit Monsieur de Hantitonne tous les Englois Galoys Yrlandois Guyennois et autres qui ou par avant du jour duy auroient este subgez hommes liges ou jures du dit tresexcellent Roy de Fraunce et Dengleterre seigneur Dirlande et Duc de Normandie nostre dit souverain seigneur a estre de tous leur corps biens et heritages a la grace du Roy nostre dit seigneur si ascuns en y a. Item est dit promis et accorde et jure par le dit gardein baillier et rendre es mains du dit Monsieur de Hantitonne les corps de toutz les prisonniers Englois ou autres qui ou par avant de ce jour sont prisonniers en la dite ville et qui ont tenu la partie du dit tresexcellent Roy Dengleterre nostre souverain seigneur franchement et quittement saunz ascun ranceon poier se aucuns y soient. Item est dit traitte et accorde par entre le dit Monsieur de Hantitonne ou nom que dessus dune part et lesditz gardain noble gens deglise bourgois manans et habitans en la dite ville et cite dautre part que tantost et incontinent sans autre terme ce dit traitte accorde et graunte la garde et cliefs dicelle ville et cite seront baillez es mains du dit Monsieur de Hantitonne pour et ou nom de nostre dit souverain seigneur le Roy de France et Dengleterre suisdit. Et affin que les choses dessus dites parlees traictees et accordees soient tenues enterignees et fermement gardes a toutz jours en la forme et manere que dessus dit et desclerre a la requeste des nobles gens deglise bourgois manans et habitans desdites ville et citee. je Nicholle Paynel chivaler gardein dicelle ville et citee faisant fort pour tous iceulx et autres de la dite ville et cite pour ma partie en tesmoing de ce ay mis a ce present traitte et accorde le seel de mes armes. Ce fut fait devant la barriere de la dite vile et citee le xvj[e]. jour de Mars lan de grace mil quatre cens et dix sept.

(Membrane 4.)

Lappointement de St.-Lo. Cy enssuyt le treitte et appointement du fait et accorde le xij[e]. jour de Mars lan mil CCCC et xvij. par entre Messire Gaultier de Hongreforde chivaler grant maistre dostel de Roy nostre soverain seigneur Messire Johan de Robessart chivaler et Messire Guillamme de Beauchamp chivaler a ce commis par le treshault et trespuissant Prince nostre tresredouble seigneur le Duc de Gloucestre dune part et dautre par Messire Johan Tesson et Messire Guillaume Carbonnel chivaliers capitaine de Saint Lo est dit traitte et accorde et promis par la forme et manier qui enssuit. Premierement est dit traitte et accorde et par nous les diz Messire Johan Tesson et Messire Guillem Carbonnel chivalers capitaine de Saint Lo promis de rendre la dite ville es mains de le treshault et trespuissant Prince nostre tresredouble seigneur le Duc de Gloucestre ou a tel quil lui pleira commettre a le recevoir pour et en nom du tresexcellent Prince le Roi de France et Dengleterre a tel jour et heure quil plaira au dessuisdit trespuissant Prince nous ordeigner et commander et sur ceo lui en mettre ou faire mettre dedeins la dite ville telle garnison que il luy plaira. Item est dit traitte et accorde que touz les vivres et vitailles ovesques tout manere dartillerie cest assavoir launces arcs arbalestres fleches veritons et tous autres abillements pour abalestes poudre canons et autres abillemens de guerre qui sount en la dite ville de Saint Lo demourront en icelle sauns riens diceulx estre transportez dehors ou gastez et saunz ascuns brulleries romperies au transportemens ne autres destruccions quelzconques. Et ce promettons les dits Messire Jehan Tesson et Messire Guillem Carbonnel chivalers capitaine dicelle ville sur notre foy. Item est accorde et promis par les dessus ditz Tesson et Carbonnel capitaine dicelle ville quilz rendront ou feront rendre toutz maniers de prisonners Angloys Galoys Yrois Gascoinges Normans et toutz autres qui tiennent la partie Dengleterre qui ont este serementz a nostre dit souverain seigneur qui sont prisonners en la dite ville pour le present ou qui ont este prins a la dite ville par ceux dicelle ou par autres et serount envoiez dehors a jour qui a eulx sera ordenne et a tiel ou a ceulz personnes come sera ou seront ordennez par le dessus dit hault et puissant Prince nostre tresredoubte seigneur de Gloucestre de les recevoir et les acquiteront de leurs serementz et promesses quelzconques par eux faits a leurs maistres en ascun manere et acquiteront et delivreront ou feront acquiter et delivrer les ditz prisonners et leurs pleges saunz ceo que ascun empeschement leur soit mis pour le present ne pour le temps advenir par leurs maistres soit pour sommer requerer ou demander mes finablement les maistres des ditz prisonners a culx renunceront leurs foys promesses et seremens tant a eux comme a leur plegges et tout ce saunz fraude ou mal engyne. Item est dit traicte et accorde par nous les dessuiditz Messire Jehan Tesson et Messire Guillem Carbonnel chivalers capitaine de la dite ville que au jour de la dite rendue baillerons et delivrerons au dit treshault et trespuissant Prince le Duc de Gloucestre ou a tel qui lui plaira commettre toutz les Angloys natifs Galois Iroys et Gascoinges qui autresfoitz ount tenu la partie Dengleterre et qui pour le present sount en la dite ville de Saint Lo saucuns en y a. Item est dit traite et accorde par nous les dessuidits Tesson et Carbonnel chivalers capitaine de la dite ville que entrecy et le jour de la rendue de la dite ville de Saint Lo ne sera recue nen yrra hors nulle maniere de personne de la dite ville de Saint Lo ne seront receux nully dedens saunz la licence et congie du dit treshault et trespuissant Prince mon tresredoubte seigneur le Duc de Gloucestre. Item est dit et accorde que toutz les chivalers et escuiers et toutz autres maniers de gentz estans a present en la dite ville de Saint Lo qui a present ne veullent estre serementez a notre dit tressoverain seigneur le Roi ne devenir ses lieges hommes fraunchement departiront leurs corps et les gentiliz hommes ove leurs chivaulx lessans toutz leurs autres biens et harnoys en la grace du dit treshault et trespuissant Prince nostre tresredoubte seigneur le Duc de Gloucestre. Item est dit traite accorde et promis et de labundante grace du dit treshault et trespuissant Prince le Duc de Gloucestre il a ottroie que toutz les chivalers et escuyers burgoys et autres gentz estans a present en la dite ville qui voudront devenir hommes lieges a nostre dit seigneur soverain le Roy auront toutz leurs biens et heritages quelzconques les terres par nostre dit tressoverain seigneur le Roy au devant de ceste present composicion a ascun de ses lieges exceptez tantsoulement. Et de sa pluys habundant grace a ottroie a toutz ceulx de la dite ville qui a present sont dehors qui entre cy et Pasques voudront devenir hommes lieges come devant et retourner en la dite ville pour y demourer seront compris dedans la grace dessus dit pour laquelle grace avoir les ditz gentz qui veullent demourer en la dite ville leur submetront en la grace de treshaut et trespuissant Prince mon tresredoubte seigneur de Gloucestre de trouver a leurs despences a tant de gens d'armes et darchiers come bon lui semblera sil luy plaist telle charge sur eux mettre pour le save garde de la dite ville de Saint Lo par entrecy et la Saint Michel prouchein venant confians sa benigne grace qui veut gracieusement considerer leur humble submission grans pertes et povretez quils ont pour le present et sour le tout ordonner telle grace comme sa noble discretion esgardera estre affaire de raison touchant la grace avant dit. Item est dit traitte accorde et promis par nous les dessus ditz Messire Jehan Tesson et Messire Guillem Carbonnel chivalers capitaine de la dite ville de Saint Lo que nous baillerons et delivrerons au dessus dit treshault et trespuissant Prince mon tresredoubte seigneur de Gloucestre six gentils hommes chevaliers et escuiers et six notables bourgois de la dite ville en leur compaigne en hostage affin que les promesses de nostre part soient mielx entretenues pour tesmoing desquelles choses nous avons mis a cest present traitte et appointement les seaulx de noz armes en lan et jour dessuisdit.

Lappointement de Carentan. Cy enssuit l'appointement dit traitte et accorde le xvj^e^. jour de Mars l'an mil CCCC.et dix sept parentre nous Jehan de Robessart et Guillem de Beauchamp chivalers commis de treshault et trespuissant Prince nostre tresredoubte seigneur le Duc de Gloucestre dune part et dautre part Messire Jehan Fauq seigneur de Rochefort Messire Johan de Saint Germain et Johan Mergeant pour et en nom du capitaine chivalers escuiers et bourgoys de la ville et chastel de Carenten est dit traitte promis et accorde taunt de lune partie come de lautre par la forme et manere qui enssuit. Premierement est dit et accorde que Jehan de Villiers escuyer capitaine de la dite ville et chastel de Carenten ovecques le consentement des chivalers escuiers bourgoys et autres leur submettront de rendre es mains de nostre dit tresredoubte seigneur le Duc de Gloucestre ou a son commys la dite ville et chastel a telle heure quil plaira a nostre dit seigneur les ordonner et commander et sur ce luy de faire pourveoir ou dit chastel et ville comme a sa haulte seigneurie bonnement plaira. Item est dit traite et accorde que les dessusdits capitaine chivalers et escuiers de la dite garnison qui sen voudront partir partiront franchement leurs corps saufz ovecques leurs chevaulx armures et vestures horsmisez leurs artieleries du quel artielerie les ditz de la garnison promettront sour leur foys et honeurs que entrecy et leure de la rendue ne sera fait ne souffre estre fait nulles brulleries romperies transportement ne autres destruction quelzconques. Et si est entendu que les ditz artilleries sont ars fleches arbastes virettons baudreux et autres abillemens pour arbalestes canons pouldres et tout autre manere de trait et abillement de guerre qui sont et ont este ordonne pour la sauve garde des ditz forteresses. Item est dit traite et accorde que les vivres qui sount en la dite ville et chastel demourront et ovecques ce promettront come dessus que dicelx ne sera fait ne souffre estre fait entre cy et le jour de la rendue transportement ne aultre destruction quelzconques mes en useront les dessuisditz diceulx vivres raisonablement come ils fesoient ou soloient faire au devant de cest present composicion. Item est dite traite et accorde que les dessuisditz capitaines chivalers escuiers et autres de la dite garnison promettront que le jour de la rendue de la dite ville et chastel de Carenten bailleront et rendront au commis de nostre dit tresredoubte seigneur de Gloucestre toutz les prisonners Angloys vassaulx obeissans et autres tenans la partie Dengleterre qui presentement sount es ditz ville et chastel de Carenten ou aillours en leurs subgecceons et cy est entendu que saucun prisonner ou plegge comme dessus seroit par ceux de la dite garnison transportez ou envoiez hors quil les renvoiront querir en faisant plain deliverance diceulx prisonniers. Item sount et seront tenus toutz les dessuisdits de la dite garnison de franchement acquiter ou faire acquiter tant les ditz prisonniers que leurs plegges sanz ce que ascun empeschement leur soyt mys a present ne en temps advenir soit par sommer requerir ou demander mes finablement toutz ceux de la dite garnison de renuncier tant ausditz prisonniers que a leurs plegges toutz leurs foys promesses et sermens quils puissent avoir faiz a cause de leur prinse et ce soit fait saunz fraude ou male enging. Item sont tenus les dessuisditz capitaine Jehan de Villiers et les chivalers et escuiers de la dite garnison den promettre que au jour de la rendue des ditz ville et chastel de Carenten bailleront et feront bailler au commys de nostre tresredoubte seigneur de Gloucestre toutz les Remeys Angloys natifs Galeys Yrois Gasconges qui autresfoys ount tenu la partie Dengleterre et aultres dicelle condicion et qui autresfoys ont fait obeissance au Roi nostre dit soverain seigneur se aucuns presentement en y a aux ditz ville et chastel de Carenten. Item est dite traitte et accorde que les dessuisditz capitaine et toutz ceux de la dite garnison deu promettre sour leur seigneuries et honners que entrecy et leure de la dite rendue pour nulle maniere de mandemens ne de commendemens ne receivront ni ne soffreront estre receux dedeinz la dite ville et chastel nulle puissance de compaigne de gentz darmes ne de trait sy non seullement ceux qui presentement sount en la dite ville et chastelle. Item est dit traitte et accorde que les bourgoys et autres gentz qui ne voudront attendre et demourer soubz lobeissance du Roy de France et Dengleterre nostre soverain seigneur come ses hommes lieges sen departiront franchement leurs corps sauvez et biens mes ils lesseront les vivres chevaulx et armures deriere eux. Item seront tenuz les dessuisditz capitaine et ceulx de la dite garnison qui lendemain de la rendue dicelle dedeins heure de medy toutz ceulx qui ne vouldront demourer soubz lobeissance come dessus partiront et vuideront toutz de la dite ville et chastel. Item a toutes les dames et dammoiselles qui sen voudront partier le jour de la rendue a nostre dit tresredoubte seigneur de Gloucestre de sa gentillesse leur accorde toutz leurs propres biens a les emporter ovecques eux. Item a toutz les chivaliers escuiers bourgoys et autres qui voudront demourer attendre et devenir hommez liegez et vraiz obeissans et subgiez a notre dit souverain seigneur le Roy de Fraunce et Dengleterre nostre dessuisdit tresredoubte seigneur de Gloucestre par puissance et auctorite a luy donnee si accordera et accorde a toutz ceulx de la condicion dessuisdit pour leur treshumble submission dobeissance toutz leurs biens meubles terres heritages et possessions tant dedeins la dite ville de Carenten come dehors hormises les terres qui airont este donnees par le Roy nostre soverain seigneur devant cest present composicion et eulx user et joyr paisiblement come leur propre chose et come ils fesoient au devant de la rendue. Item sont tenuz les dessuisditz capitaines chivalers et escuiers de la dite garnison que pour ce present appointement bien et loialment entretenir envoyront au dessuisdit notre tresredoubte seigneur de Gloucestre et bailleront troys chivalers que (et ?) escuiers et trois des pluis notables bourges de la dite ville et chastel de Carenten come pour hostages lesquelz leur serount rebailliez a leure de la dite rendue. Item est dit traitte et accorde que pendant *et* entrecy [et] leur de la rendue ne sera fait de lune partie ne de lautre nulle guerre quelconqes. Item est dit traitte et accorde par les commys de treshault et puissant Prince de Gloucestre que au dessuisdit capitaine chivalers escuiers bourgoys et autres de la dite ville et chastel qui voudront partir le jour de la rendue ou a lendemain sanz voulloir demorrer en lobeissance come dessuis de lour faire bailler lettres de saufconduit pour franchement aler et partir hors de lost du dessuisdit trespuissant Prince sanz que aucun empeschement leur soit mys en corps ne en biens. Et pour ce present appointement bien et loialment entretenir par la forme et maniere come dessuis est declare avons nous les dessuisditz Messire Johan Fauq sieur de Rochefort Messire Johan de Saint Germain chivalers et Johan Megeant escuier pour et en nom de dessuisdit Johan Villers capitaine de la dite ville et chastel et es nouns de toutz les chivalers escuiers burgoys et autres de la dite garnison mys a ces presentes les seaulx de nos armes et les signez de nos signes manuelx en la ville de Saint Lo en lan et jour dessuisditz.

(Membrane 3.)

Lappointement de Courtonne. Cy enssuyt le traite et appointement fait et accorde le vj^e^. jour de Mars en lan mil CCCC. et xvij. par entre nous Johan de Cornewaille Raufe Cromwelle et William Bowes chivalers a ce commis par le treshault et trespuissant Prince et nostre tresredoubte seigneur le Duc de Clarence dune part et daultre part Johan Bienfait chivaler capitaine du chastel et dongon de Courtonne et des autres gentils hommes dudit lieu traite et accorde par la forme et maniere qui enssuit. Premierement est dit traitte et accorde et par moy le suisdit capitaine du chastel et dongon de Courtonne promis pour moy et mes compaignons de rendre et delivrer le suisdit chastel et dongeon es mains du treshault et trespuissant Prince mon tresredoubte seigneur le Duc de Clarence ou au tiel quil luy plerra commettre a le recevoir pour et ou noun de tresexcellent Roy Dengleterre demain vij^e^. jour de cest present moys de Mars ou a celle heure quil plaira au dit treshault et trespuissant Prince. Et que adonques il puisse mettre ou faire mettre oudit chastel et dongeon telle garnison qui luy plaira. Item est dit traitte et accorde par moy le capitaine susdit pour moy et mes compaignons que audit jour et heure de la rendue dudit chastel et dongeon moy le susdit capitaine et les aultres gentilz hommes de la dite forteresse et toutz les aultres de present residens en icelle nous soubzmettons a la grace du tresexcellent Roy Dengleterre. Item est dit traitte et accorde que moy Johan Bienfait chivaler et capitaine susdit et iiij. gentilzhommes en ma compaignie de la garnison du ditz chastel et dongeon telz que le dit treshault et trespuissant Prince ou son counseil vouldra nommer, yrons en propres personnes vers le dit tresexcellent Roy Dengleterre pour et a cause de ce que nous avons rompues et enfraintes trieves faites et prises par entre le dit tresexcellent Roy dune part et Monseigneur le Duc de Bourgoigne daultre part pour nous soubzmettre a sa grace telle quil luy plaira nous faire. Item est dit traitte et accorde que toutz les biens queconques et vivres qui de present sont oudit chastel et dongeon de Courtonne y demourront audit treshault et trespuissant Prince sanz rien diceulx estre mys ne transportez hors. Et avons le susdit Johan chivaler et capitaine et gentilz hommes et aultres dudit chastel et dongeon promys quentre cy et la rendue ne sera fait ne souffre estre fait desditz biens et vivres gast ne destruction quelxconques mais en userons raisonnablement ainsy que nous faisons audevant de ces heures et de cest present composicion. Item est dit traitte et accorde que tout lartillerie du chastel et dongeon de Courtonne est assavoir lances arcs arbalestres fleches virtons et toutz aultres abillemens pour arbalestriers pouldres canons et autres abillemens pour la guerre demourront entierement au dit chastel et dongeon sanz rien diceulx estre rompuz ne transportez hors. Et ce avons le suisdit capitaine et aultres gentilz hommes dudit lieu promis en bon foy et sur noz honnours et aussi sur les pleges des hostages que la dite artillerie et abillemens de guerre ne sera fait ne souffert estre fait nulles brulleries romperies transportement ne aultre destruction quelxconques. Item est dit traitte et accorde par moy le sus dit capitaine du dit chastel et dongeon de Courtonne de entrecy et le jour et heur de la rendue de faire baillier et delivrer au susdit treshault et trespuissant Prince Monseigneur de Clarence ou a aultre par luy commys a les recevoir toutz les prisonniers Angloys subgez vassaux obeissans et autres tenants la partie Dengleterre qui depresent sont oudit chastel et dongeon et dacquiter et faire acquiter lesditz prisonniers et leurs plegges sauns ce que ascun empeschement lour soit mys au present ou en temps avenir par lours maistres, soit par sommer, requerir ou demander mais finalment les maistres des ditz prisonniers a eulx renonciront lour foitz promesses et serments tant a eulx comme a lours pleges et ce sans fraude ou male engin. Item est traitte et accorde par moy le susdit capitaine dudit chastel et dongeon de Courtonne que au jour de la rendue baillerai et delivreray audit treshault et trespuissant Prince mon tresredoubte seigneur le duc de Clarence ou a tel quil luy plaira commettre, toutz les Anglois natifs Galois Irrois et Gascons qui autres foitz ont tenu la partie Dangleterre qui sont pour le present oudit chastel et dongeon de Courtonne si aucuns en y a lesquelx ne seront aucunement comprins en ceste traite. Item est dit traitte et accordé par moy lesus dit capitaine du dit chastel et dongeon de Courtonne que sur cest present traite appointement bailleray et delivreray au susdit treshault et trespuissant Prince mon tresredoubte seigneur le Duc de Clarence un chivaler et v. gentilz [hommes] pour hostaiges affin que les promesses de ma part soient myeulx entretenues. Item est dit traitte et accorde que toutz ceulz qui seront ordennez a departier hors dudit chastel et dongeon a cause de nonvouloir estre soubz lobeissance de susdit tresexcellent Roy Dangleterre sen departent et departiront ledit jour de la rendue dedens heure de vespres. Item est dit traitte et accorde a lumble supplicacion des dames et damoiselles esteants oudit chastel et dongeon et par la priere des sieurs chevaliers et escuiers estans presents. Et auxi par le report des dits Johan Raufe et William chivalers que le dit treshault et trespuissant Prince nostre tresredoubte seigneur le Duc de Clarence de sa noblesse a ottroie ausdites dames et damoiselles que elles auront lours arroys pour leurs corps et pour leurs tetes, et que tous ceulx qui sont oudit chastel et dongeon qui vouldront venir et estre jurez lieges et subgiz dudit tresexcellent Roy mon souverain seigneur ils auront licence pour demourer seurement sur lours terres et possessions sans ascun empeschement lour estre mys en lours corps et dites possessions estants deins lobeissance de nostre dit souverain seigneur hors mises celles qui ount este donnez devant ceste present composicion. Item ledit treshault et trespuissant Prince mon tresredoubte seigneur le Duc de Clarence a la priere et requeste des dames et damoiselles estants oudit chastel et dongeon et des autres seigneurs chivalers et escuiers de sa benigne grace a ottroie de prier et poursuyr envers ledit tresexcellent Roy que ledit capitaine et autres iiij. gentilz hommes de sa compaignie auront lours vies et lours corps seulement et sen yront franchement apres lour retour devers ledit treshaut et trespuissant Prince mon tresredoubte seigneur le Duc de Clarence. Item quant a ceulx qui ne vourront demourrier soubz lobeissance du Roy comme dessus ledit treshault et trespuissant Prince lour a ottroie leurs vies et leurs corps sans aultre chose a departir franchement avecques lettre de sauf conduyt pourvu quils facent assembler a leur departier en une maison du dit chastel et dongeon toutz leurs armures et artiilerie et en un aultre toutz leurs biens meubles. Et pareillement quilz facent assembler en ledit chastel toutz leurs chevaulx. Item est dit traitte et accorde que au jour et heure de ladite rendue dudit chastel et dongeon seront rebailles audit capitaine toutz ses hostaiges. Et pour lesquelles promesses tenir et accomplir de point en point, etc.

Lappointement de Lesgle. Lappointement de la rendue de la tour forteresse et chastelerie de Lesgle est tel que Pierres Aubriet lieutenant du cappitaine de Lesgle et les gentils hommes et bons gents qui presens estoient et les manans et habitans de la ville terre et chastellerie de Lesgles dessus dit ont rendu la tour et forteresse du dit lieu de Lesgle ovecques tout la dite chastellerie a nostre souverain seigneur le Roy de France et Dengleterre et seigneur Dirlant es mains de Jehan de Neville aisne filz et heritier a Cont de Westmerlande et gardin de la Westmarche vers Escosse et a Henry sire Fitz Hughe chambellan du Roy aiantz povoir de nostre dit seigneur le Roy en tiele maniere que les dessus diz lieutenant gentilz hommes bonnes gens et habitans ont promis et jure sur les sainctes evangilles quilz et chacun deulx seront loial et foial a nostre sire le Roy dessus dit come ses loiaulx lieges et faire et paier toutz les services faisances et redevances quilz estoient tenuz faire ou ont fait devant que la dite toure et forteresse fut rendu par la moyen de ce que les dessus diz de ladite ville et chastellerie du dit lieu de Lesgle seront et demouront en la dite ville terre et chastellerie du dit lieu de Lesgle et auront leurs corps et toutz leurs biens meubles sauvement et leurs heritages a la vollente de nostre dit seigneur le Roy sans paier aucun ranccon. Et outre fut dit et appointe que toutz ceulx de la dite ville terre et chastellerie du dit lieu de Lesgle qui sen sont partis pour la double des Angloys et pour autres choses touchant leurs marchandises et autrement purront revenir seurement en la dite ville terre et chastellerie sanz paier aucune ranceon et auront lours corps et toutz leurs biens meubles sauvement et leurs heritages a la vollente de nostre dit seigneur le Roy come dit est desqueulx ils seront tenuz faire et paier come dessus les rentes services et faisances quilz doivent et aussi saucuns de la dite ville terre et chastellerie de Lesgle ont este prins ou ascuns de leurs biens en jour duy ou depuis ils seront renduz et leurs ditz biens sans paier aucune raunceon porveu toutesfois quils lesseront en le dit tour et forteresse toutes manieres darmures et dartillerie vitailles et abillemens appartenantz a la dite tour et forteresse qui ne seront de leurs propres biens come dit est. En tesmoigne de quelle chose les parties dessus ditz ont mys leur seaulx a ces presents. Donne a Lesgle le xiij. jour doctobre lan mil CCCC. dix sept.

Lappointement de Rugles. Lappointement de la rendue du chastel et forteresse de Rugles et de toutes les seignuries dicelles est tel que Johan Dumelle escuier seigneur de Champhault cappitaine du dit chastel et forteresse et demourant a present ou dit chastel a rendu ce dit chastel et forteresse a nostre souverain seigneur le Roy de France et Dengleterre et seigneur Dirlande en les mains de Jehan de Neufville fils et heritier a Compte de Westmorland gardein de la Westmarche Descoz et Henry sire Fitz Hughe chambellan du Roy et autres en telle maniere que le dit cappitaine et toutz gentilz hommes et autres estans a present au dit chastel et demourans liens sen yront leurs corps leurs biens propres chevaulx et harnois et leurs valles et toutes leurs] abillements de guerre franchement et quitment sauf les arbalestes qui demourront au chastel sans avoir es choses dessus dites ou ascun empeschement ou destourbier aucun et auront temps de eux retraire et leurs gens dessus diz par lespace de deux jours. Et apres la vuidie fait ils auront pur eulx retraire et leurs gens et biens dessus diz ou ils voudront aller jusques a sys jours prouchain venants et de ce auront bon et loial sauf conduyt des ditz seigneurs aiantz povoir de notre souverain seigneur le Roy. Et quant a Ture de Lesgle et Raoul Muterel qui a estes au gouvernement de la dite terre ils auront pareil et semblable traite saufe quils demourront se ils veullent faisant serment audit seigneur. Et quant as burgoiz et habitans de la dite ville de Rugles du Voifernauls et de Vailli hommes et subgez de la dite terre ils seront et demourront leurs corps et leurs biens meubles heritages par ce quilz se submetteront a faire le serment destre feal et loyal a nostre seigneur le Roy dessus dit comme ses hommes lieges et a faire et paier toutz les services faisances rendevances quilz estoient tenuz faire pour leurs ditz terres et heritages devant que le dit chastel et forteresse feust rendu au Roy nostre seigneur dessus dit et saucuns hommes dessus ditz de la dite terre ont leurs biens en la dite forteresse ou soient dehors a present ils auront leurs corps frans et leurs biens, meubles de heritage comme les autres et pourveu quilz voudront faire le serment comme les autres dessusdits dedans lespasse de six jours pourveu toutefoiz qilz lai:seront toutes maniers de vitailles quilzconques apresent estans dedans le dit chastel et auxi toutes armes et artillerie et abillemens sauf les dessus diz garantiz. En tesmoing de quelle choses les parties dessus ditz ont mys leurs seaulx a ces presentes. Donne a Rugles le xviij^{e}. jour Doctobre lan mil CCCC. et dix sept.

(Membrane 2.)

Lappointement du chastel de Faloize. CY sensuit le traitte et appointement dit fait accorde le primer jour de Fevrier lan mil CCCC. et dix sept par moy Olivier de Manny chivaler capitaine du chastelle et dongeon de Falloise en ma propre personne promettant pour moy et toutz ceux de ma compaignie et garnison au treshault et puissant Prince Monseigneur le Duc de Clarence de rendre le xvj^{e}. jour de cest present moys le dit chastel et dongeon de Falloise es mains du tresexcellent Roy Dengleterre ou es mains daultre de par luy a ce commys a le receivoir si ainsi ne soit ou adviengne que le suisdit chastel et dongeon de Falloize soit rescoux le suis dit jour de deux heure de mydye par bataille de la personne ou personnes du tresexcellent Roy mon souverain seigneur mon tresredoubte seigneur le Dauphin son fils aisne ou Monsieur le Counte Darmaingnac constable de France et sur ce le suisdit tresexcellent Roy Dengleterre de mettre ou faire mettre ou dit chastel et dongeon tielle garnison quil luy plaira. Item est dit traitte accorde et promis par moy dessus dit Olivier de Manny que au jour de la rendue du dit chastel et dongeon de Faloize moy et tous ceulx de ma compaignie et garnison nous rendions toutz prisonniers au suisdit tresexcellent Roy Dengleterre horsmys Geffroy des Chasteaulx qui demurra de toutz pointz son corps sa vie et touts ses biens a la grace et mercie de suis dit tresexcellent Roy Dengleterre et luy de sa benigne grace de commander sur le dit Geffroy son bon plaisir. Item est dit traitte et accorde et promys par moy dessuis dit Olivier de Manny que au jour de la rendue du dit chastel et dongeon de Falloize moy et toutz ceulx de ma compaignie et garnison leysserons au dit chastel de Falloize toutz nos chevaulx armures bastons et artillerie saunz aucunement riens dicelles transporter ou destruer entre cy et la rendue du dit chastel de Falloize et dentendre dassembler et mettre toutz nos armures bastons et artilleries en une seulle maison du dit chastel sans riens dicelles aucunement desparer. Item est dit traitte acccorde et promys par moy dessus dit Olivier de Manny en cas que le rescoulx come dessus ne se face que moy et ceux de ma compaignie et garnison ferrons a nos propres freitz et despens refaire refortifier et repariller les toures les murailles les fosses des chastel et dongeon de Falloize tant dehors come dedens et de remettre le dit chastel et dongeon de Falloize en lestat pareille et semblable comme il estoit pardevant que le suisdit tresexcellent Roy Dengleterre y myst son treshonorable siege. Item est dit traitte et accorde et promys par moy dessuis dit Olivier de Manny et toutz ceulx de ma compaignie et garnison que au jour de la rendue dudit chastel et dongeon de Folloize nous rendrons baillerons et delivrerons es mains de tielx come il plairra au suisdit tresexcellent Roy Dengleterre commettre toutz les prisonniers Anglois soubgez vassaulx obeissans et autres tenans la partie Dengleterre que pour le present sont ou dit chastel et dongeon de Falloize sauns ce que ascun empeschement soit mys as ditz prisonniers par aucuns de leurs maistres au present ou au temps avenir soit par sommer requerir ou demander en aucun maniere que se soit mes finallement toutz ceulx de la dite garnison qui se disent ou puissent dire avoir aucuns droitz sur aucuns de la condicion suisdit soit par fait de prison ou de plegge les dis de la garnison leur renonceront toutz leur fois promesses ou sermentz que les suisditz puissent avoir fais a cause de la dit prinse en aucune maniere que ce soit et ceo saunz fraude ou male engyne. Item est dit traitte accorde et promys par moy le suisdit Olivier de Manny que au suisdit jour de la rendue dudit chastel et dongeon de Falloize je delivrere et vaider hors du dit chastel et dongeon de Falloize es mains des commys du tresexcellent Roy Dengleterre toutz les Anglois natifs Anglois Irrois et Gascons qui avant ces heures ont tenu la partie Dengleterre qui sont pour le present dedens ledit chastel et dongeon de Falloize si aucuns en y a. Item est dit traitte accorde et promys par moy le suisdit Olivier de Manny et ceulx de ma compaignie et garnison que les vivres et artilleries cestassavoir arbalestres arcs fleches virtons pouldres canons et toutz autres bastons et abillemens pour la guerre et la defence dudit chastel et dongeon de Falloize soient presentement ou dit chastel et dongeon de le primer jour de lentre du traitte de cest present appointement et la date de cest demourront oudit chastel et dongeon de Falloize sans que desdits vivres en soit fait ne souffrir estre fait nul gast ne destruccion quelxconqes mes resonnablement userons et prendrons des dites vivres nostre suffisance et come nous solions faire audevant de cest present composicion. Item est dit traitte accorde et promis par moy le suisdit Olivier de Manny et toutz ceulx de ma compaignie et garnison qui pareillement des artilleries suisditz nous ne ferons ne souffrons estre fait nulles brulleries romperies transportement ne autres destruccion quelxconqes. Item est dit traitte accorde et promys par moy le suisdit Olivier de Manny capitaine du castel et dongeon de Falloize tant pour moy que pour ceulx de ma compaignie et garnison que jusques ad ce que les suisditz chastel et dongeon soient refortifiez repareillez et remis en lestat come dessus est declare tant dehors come dedens nous ne aucuns de nous ne nous armerons point countre le suisdit tresexcellent Roy Dengleterre ne encontre sa partie pour nulle maniere de mandementz ne commandementz qui nous puissent estre faitz ne pour autre occasion quelconques et ceo promettons nous les gentilx hommes chivalers et esculers du dit chastel et dongeon sur noz fois et honnours et les aultres de la garnison le promettront sur les saintz evangilles. Item est dit traitte accorde et promys a suisdit treshault et trespuissant Prince Monseigneur le Duc de Clarence par moy le suisdit Olivier de Manny chivaler et capitaine du chastel et dongeon de Falloize qui sur cest present traitte et appointement baillere et delivrere viij. gentilz hommes chivalers et escuiers notables qui demourront au commaundement du tresexcellent Roy Dengleterre comme pour hostages a ce fin que les promesses suis ditz soient mieulx entretenuz pour notre partie. Item est dit traitte accorde et promis par le treshault et puissant Prince Monseigneur de larence en nom et par le commandement de suis dit tresexcellent Roy Dengleterre son souverain seigneur que les suisdit chastel et dongeon de Falloise taunt dehors que dedens reffait et refortifie repareille et remys a point a lestat come dessuis est declare moy lessuis dit Olivier de Manny chivaler et capitaine du dit chastel et dongeon de Falloise avecques toutz ceux de ma compaignie et garnison serrons deschargez et quittez de nostre prison envers le suisdit tresexcellent Roy Dengleterre. Et ce nous a accorde le Roy de sa benigne grace. Item il est entendu que le plaisir du suisdit tresexcellent Roy nest point que Geffroy de Chasteaulx ne usera mye du benefice de la grace de larticle precedent. Item est dit traitte accorde et promys par le treshault et puissant Prince Monseigneur le duc de Clarence en nom et par le commandement de suisdit tresexcellent Roy Dengleterre et de sa grce a ottroie a moy Olivier de Manny suisdit sibien que a ceulx de ma compaignie et garnison toutz nöz biens quelxconques estant dedens le dit chastel et dongeon de Falloize hors mys noz chevaulx armures et les autres biens comme dessuis sont expressez et desclarez. Item est dit traitte accorde et promys par moy le suisdit Olivier de Manny chivaler capitaine du chastel et dongeon de Falloize que par moy ne par ceulx de ma compaignie et garnison ne autres qui se sount retraitz au dit chastel ne sera demande requis emporte ne enmene hors du dit chastel et dongeon soubz umbre de cest present appointement nulz autres biens quelxconques sinon nos propres biens. Item est dit traitte accorde et promys tant de lune partie come de lautre que pendant la dite traitte et appointement nulle maniere de guerre ne sera fait entre ceux de lostiel du tresexcellent Roy Dengleterre et ceux de la garnison du chastel et dongeon de Falloize. Et pour cest present traitte bien et loialement entretenir ay je le suis dit Olivier de Manny chivaler capitaine du chastel et dongeon de Falloize pour ma partie mys a cest present cedule dappointement le seel de mes propres armes et lay signe de mon signe manuel pour graigneur approbacion de veritee et loyaute, devant le dit chastel de Falloize le second jour de moys et an suisditz.

Lappointement du ville de Falloize. Censuit le treitte et appointement dit fait et accorde le xx[e]. jour de decembre en lan mil iiij[c]. et xvij. parentre nous Thomas Conte de Salisbury Henry sire Fitz Hughe Johan Cornewaille et Guilliam Haryngton chivalers a ce commis par le tresexcellent Roy de France et Dengleterre notre souverain seigneur de lune part et dautre part les nobles chivalers Messire Guillem de Meulhon, Messire Gilbert de Moustiers sieur de La Faiette capitaine des gens darmes et de traict dedens la ville de Falloize a compaignie en leur compaignie sur le faicte du dit traitie le sieur de Ganville les suisditz de Meulhon de La Fayette et de Ganville pourposantz et les faisantz fortez davoir et aiantz povoir du cappitain du chastel et de la ville de Faloise sibien que des autres capitains des gens darmes et du traict den vanger et traittier sur la delivrance de la dite ville de Faloise ens es mains dussusdit tresexcellent Roy nostre souverain seigneur ou en les mains des autres a ce depar luy commis par la forme et maniere et selonc lappointement des articles que sensuivent. Premierement est dit traittez et accordez que le sieur de Lungley monsieur Guillam de Meulho le sieur de La Faiette ou lun deux ovec le consentement des autres cappitains des gens darmes et du trait dedens la dite ville rendront le ij[e]. jour de Janvier prouchein venant en dedens heure de tierce ens es mains dessuisdit tresexcellent Roy nostre souverain seigneur ou ens es mains dautres depar luy a ce commys la suisdite ville de Falloise se ensy ne soit que la dite ville soit rescous par bataille de la personne ou personnes du Roy lour seignour le Dauphin son filz eisne ou le Constable de France et sur ce le Roy de mettre ou faire mettre en la dite ville tielle garnison come il lui plaira. Item est dit traittez et accordez que touz les estrangiers esteans pour le present dedens la dite ville de Falloise que ont este trouves depuis la descent dussuisdit Roy nostre souverain seigneur en sa duchee de Normandie en la resistence de luy ou des siens fuist en la ville de Caen ou en aucune autre forteresse ou luy en sa personne eit este devant ou autres de ses subgiz par son commandement icelles suisditz estrangiers se mettrónt du tout en la grace et mercy du Roy nostre dit souverain seigneur. Item est dit traitiez et accordez que les suisditz cappitains des gens darmes et du trait soient tenuz et de fait acquiteront rendront et deliveront a susdit jour de la rendue de la ville de Falloise toutz les prisonniers Englois soubgiz vassaulx obesantz et autres tenans la partie du Roy nostre dit souverain seigneur que fuerent des le primer jour de cest present traite et appointement en la ville suisdite sans ce que aucun empeschement soit mis aux ditz prisonniers par ascuns de leurs maistres a present ou en temps avenir soit par sommer requerir ou demandre en aucune maniere que ce soit mais finalement toutz les maistres des ditz prisonniers renonceront a leurs prisonniers toutz leur foitz promesses ou sermentz que les ditz prisonniers puissent avoir faitz a cause de leur dite prinse en aucune maniere que ce soit ou poet estre et ce saunz fraude ou malengin. Item est dit traittez et accordez que les suis nommes cappitaine ovecques les autres cappitains bailleront et delivreront hors de la ville de Falloise en les mains des commises du Roy nostre dit souverain seigneur toutz les Englois natifs Galois Irrois et Gascoignes que avant cestes heures ont tenuz sa partie Dengleterre qui sont pour le present dedens la dite ville de Falloise si ascuns en y a. Item est traittez et accordez que nul des capitains des gens darmes et du trait souldiours bourgoys communes ne autres pour le present esteantz et residens dedens la dite ville de Falloise nen donront ne suffreront estre donnez forteffiement des gens darmes ne du trait socours ne relevement des armures artilleries trait poudre canons ne aultre comfort quelque ce soit a ceulx du chastel hormys vivres pendant le dit traitte et appointement. Item est dit traittez et accordez pareillement que nuls des cappitains des gens darmes et du traite suisdit souldeours bourgois communes ne autres de la dite ville de Falloise ne receiveront ne suffreront estre receus ne tire hors du dit chastel de Falloise le cappitain dicelle ne nulle dicelle garnison ne autres pour le present residentz audit chastel et pareillement seront les dits susnommes tenuz tant pour eux come pour les habitans dedeins la dite ville come pour les autres de leur compaignie de non tirer hors du dit chastel nuls des biens de ceulx de la forteresse soubz oumbre de leurs biens de la ville ne soubz umbre de cest present appointement et traittie. Item sur ceo le Roy nostre souverain seigneur de sa grace a ottroie aux suisditz cappitains des gens darmes et du trait sibien que aux souldeours et aultres de la dite ville de Falloise leur chevaulx leur harnoys et toutz leur aultres biens quelzconques hormises artilleries traict pouldres canons arbalestres et baudrois pour arbalestres qui demoureront en la dite ville pourveu que les estrangers dount le second article dessus fait mencion en cest present traittie ne retourront point de benefice ne privilege de cest present article se non a la grace et mercy du Roy nostre souverain seigneur. Item ont promis les suisditz de Meulhon de La Faiette et de Ganville sur leur honneurs avecque le consentement de toutz les aultres cappitains de la ville susdite que pendant cest present appointement ils ne ferront ne suffreront estre fait des artilleries suisdits nulle bruleries rumperies transportement ne autre destruccion quelconque. Item est dit traittez et accordez que pendant cest traittie de ladite ville de Falloise ne sera fait ne suffre estre fait nulle reparement forteffiement ne affebiissemens des murailles en nulle maniere que ce soit mais demoureront ladite ville et les murailles en mesme lestat en quoy ils sont a primier jour de cest present traittie et appointement. Item est dit traittie et accordez que pendant cest traittie les estrangiers qui sont en la ville de Falloise ne ferront sur les habitans de la ville nulle robberies pilleries ne autres efforcemens queuxconques. Et saucuns maffaisours le font lesditz cappitains des gens darmes et du traitte soient tenuz de faire prest justice et execucion sur le ditz meffesours ou en deffance de ce lesdits maffaisours du forfaire le benefice de leur saufconduit. Item est dit traittez et accordez que par les cappitains susnommes ne par autres dedens ladite ville ne sera fait ne suffre estre fait nulle transportement des ornementz joiaulx reliques de Saint Eglise soit de ladite ville ou dautres esglises ou religieuses de dehors lesqueux ont este ou puissent estre retreis dedens ladite ville pour occasion de la guerre ou autrement. Item est dit traittez et accordez que par les suisditz de Meulhon et de La Faiette ne autres cappitains des gens darmes et du trait dedens la ville de Faloise ne par nuls de leur compaignie ne sera porte ne souffre estre porte ne amesne a leur departement soubz oumbre de cest appointement hors de ladite ville nuls aultres biens queuxconques se non leurs propres. Item est dit traittez et accordez que toutz les cappitains des gens darmes et du traict dedeins ladite ville de Faloise ovecques toutz iceux de leur compaignie voidront hors de la ville de Faloise les suisditz ij^e^. jour de Janver en dedens soleil couchant se ainsi nest que le rescous se face come dessus est declare. Item le Roy nostre souverain seigneur de sa grace a ottroie a toutz et a chacun des gens et habitans en ladite ville de Faloise qui voudront demourer et faire residence en ladite ville licence de y demourer et attendre seurement sans ce que ascun empeschement leur soit mis ne donne en leur corps n'en leur biens meubles et heritages ne possessions dedens ladite ville mes en jouiront paisiblement come leur propres choses a present et en temps avenir et come ils povoient faire audevant la rendue de la dite ville par ainsi que lesditz ainsi vuellantz demeurer et enhabiter demeurent gens lieges et obbeissans au Roy nostre dit souverain seigneur et a ses heirs et successours. Item est dit traittez et accordez que pendant ledit traitte et appointement nulle maniere de guerre ne sera faict entre ceux de loost nostre dit souverain seigneur et ceulx de la ville et garnison de Faloise. Pourveu quil soit toutdiz entendu que le chastel de Faloise ne nuls en icellui soit ne soient comprisez en cest present abstinence. Item est dit traitte et accorde que sur cest present traitte et appointement les susnommes Messire Guillam de Meulhon, Monsieur Gillebert de Moustiers sieur de La Faiette ovec le concentement de toutz les autres cappitains des gens darmes et du traict dedeins ladite ville de Faloise bailleront et delivreront dusze gentilx hommes chivalers et escuiers notables en hostages lesqueux leur seront rebaillez au jour que dit est lesditz Meulhon et de La Faiette tenaus ce quil ont promis et promettront en cest dit traittie. Et pour cest traittie et appointement bien et loiaulment entretenir de nostre partie avons les suisditz Thomas Comte de Sarisbury Henry sire Fitz Hugh Johan Cornewaille et Guillam Haryngton chivalers mises a cest cedule dappointement nos seaulx pour greigneur affirmacion de veritee et loiaultee devant la ville de Faloise les suisditz xx^e^. jour du mois de Decembre et l'an susdit, etc.

Pro Thoma Appultone. Rex omnibus ad quos, etc., salutem. Sciatis quod de gracia nostra speciali et pro bono servicio quod dilectus armiger noster Thomas Appultone nobis impendit et impendet in futurum dedimus et concessimus ei manerium et dominium de Asniers cum omnibus aliis terris et tenementis infra ducatum nostrum Normannie que fuerunt Roberti de Asniers et uxoris ejus ac Andree de Asniers, qui quidem Robertus et Andreas viam universe carnis ingressi sunt ut dicitur habend. et tenend. prefato Thome et heredibus suis masculis usque ad valorem quadringentorum scutorum per annum cum omnibus possessionibus redditibus serviciis reversionibus feodis militum advocacionibus ecclesiarum et aliorum beneficiorum quorumcumque wardis maritagiis releviis escaetis pratis pasturis boscis parcis warennis chaceis aquis vivariis piscariis stagnis molendinis moris mariscis libertatibus franchesiis jurisdiccionibus ac aliis proficuis et commoditatibus quibuscumque manerio dominio terris et tenementis predictis qualitercumque pertinentibus sive spectantibus per homagium nobis et heredibus nostris faciendo et reddendo nobis et eisdem heredibus nostris apud castrum nostrum de Baieux unam balistam ad festum Natalis Domini singulis annis et faciendo alia servicia debita et consueta imperpetuum. Reservata semper nobis et prefatis heredibus nostris alta et suprema justicia et omni eo quod ad nos in hac parte poterit pertinere. Dumtamen, etc., usque ibi castro seu civitati nostre de Baieux cum gentibus, etc., usque ibi fuerint premuniti. Et ulterius de uberiori gracia nostra dedimus et concessimus prefato Thome quoddam hospicium infra civitatem nostram de Baieux quod fuit Johannis Jourdain defuncti ut dicitur situatum in vico de Bienvenu inter mesnagium Johannis Salletre ex parte una et mesnagium Stephani Polin ex parte altera et extendit se a vico predicto usque ad vicum vocatum Frankrue habendum et tenendum eidem Thome et heredibus suis predictis de nobis et heredibus nostris predictis per servicia predicta imperpetuum. Proviso semper quod idem Thomas et heredes sui predicti hospicium predictum bene et competenter reparent et sustentent ac custodiam et vigilias infra civitatem predictam prout ibidem consuetum est faciant et custodiant imperpetuum pro eodem. In cujus, etc. Teste Rege apud villam Regiam Falesie xvj^o^. die Februarii. Per ipsum Regem.

Pro Duce Clarencie. Rex carissimo fratri suo Thome Duci Clarencie salutem. Sciatis quod nos de fidelitate et circumspeccione vestris plenius confidentes ordinavimus constituimus et prefecimus ac tenore presencium ordinamus constituimus et prefecimus vos constabulariam exercitus nostri ad regendum gubernandum castigandum et puniendum omnes et singulos exercitus nostri predicti cujuscumque status gradus seu condicionis fuerint juxta statuta et ordinaciones pro regimine et gubernacione populi exercitus nostri predicti facta et stabilita ac juxta leges et consuetudines curie nostre militaris et generaliter omnia et singula faciendo exercendo et expediendo que ad constabulariam exercitus nostri hujusmodi pertinent seu pertinere poterint habend. et occupand. officium predictum quamdiu nobis placuerit percipiendo in eodem officio omnimoda feoda proficua et commoditates eidem officio antiquitus debita et consueta. In cujus, etc. Teste Rege apud Touque primo die Augusti. Per ipsum Regem.

Pro Willelmo Bourghchier. Rex omnibus ad quos, etc., salutem Sciatis quod de gracia nostra speciali et pro bono et laudabili servicio nobis per dilectum et fidelem militem nostrum Willelmum Bourghchier impenso et impendendo concessimus ei custodiam manerii de Hermanville cum omnibus pertinenciis et omnibus aliis maneriis villis terris tenementis redditibus et possessionibus que fuerunt Willelmi de Hermanville armigeri defuncti infra ducatum nostrum Normannie habend. eidem Willelmo et assignatis suis usque ad plenam etatem Karoli filii et heredis predicti Willelmi et sic de herede in heredem quousque unus de heredibus predicti Willelmi ad plenam etatem suam pervenerit ad valorem quadringentarum et vigenti coronarum per annum cum omnibus franchesiis privilegiis jurisdiccionibus dominiis wardis maritagiis releviis escaetis forisfacturis feodis militum advocationibus ecclesiarum terris pratis pasturis boscis parcis warennis chaceis officiis aquis viis stagnis molendinis vivariis moris mariscis et aliis commoditatibus quibuscumque ad manerium dominium et villam predicta pertinentibus sive spectantibus. Concessimus eciam eidem Willelmo custodiam cujusdam hospicii infra villam nostram de Cadomo vocati lostielle de Lyon Dore usque ad plenam etatem Johanne heredis Reginaldi Le Passeur quondam burgensis de Caen. Proviso semper quod idem Willelmus inveniat heredibus predictis competentem sustentacionem suam ac domos edificia et clausuras manerio dominio et villis predicis pertinencia manuteneat et sustentet ac omnia onera in hac parte incumbencia faciat et supportet quamdiu custodias habuerit supradictas. In cujus, etc. Teste Rege apud castrum Regium de Cadomo xxvj°. die Septembris. Per ipsum Regem.

Pro Duce Clarencie. Rex omnibus ad quos, etc., salutem. Sciatis quod nos laudabilia actus et merita ac probitatem et strenuitatem premaximam carissimi et predilecti fratris nostri Thome Ducis Clarencie qui nullis cedens laboribus vel expensis obsequiosum se nobis semper exhibuit et exhibet de presenti merito attendentes volentesque pro inde ipsum fratrem nostrum pro meritis suis hujusmodi condigne premiare ut quanto generis nobilitate celeris eminet et procellit tanto cum gratiis et muneribus uberius preferamus de gratia nostra speciali et mero motu nostro dedimus et concessimus ac per presentes damus et concedimus prefato fratri nostro durante solummodo vita sua omnia domania terras villas castra et fortalicia que ad nos pertinent seu pertinere poterint in vicecomitatibus Dorbec Auge Pontauton Pontaudemer cum omnibus tenementis redditibus serviciis forisfacturis emendis patronatibus ecclesiarum piscariis stagnis mariscis aquis chaceis boscis pasturis molendinis tiers et dangers boscorum franchesiis libertatibus wardis sub etate alta justitia et jurisdictione media et bassa quas habemus in vicecomitatibus predictis sub resorto scaccarii nostri ac cum omnibus revencionibus quibuscumque nobis de eisdem vicecomitatibus pertinentibus. Reservato nobis homagiis nobilium tenencium ac custumnis salis et aliis custumnis in aliquo portuum maris infra vicecomitatus illos contingentibus nec non serviciis que gentes de ecclesia barones milites nobiles proceres et alii de terris predictis nobis in exercitu nostro juxta consuetudinem patrie nostre Normannie facere debent ut tenentur. Et bene licebit nobis et nulli alii persone seu personis omnimoda auxilia prestita et omnia alia quociens nobis placuerit ibidem habere percipere colligere et levare prout super aliis hominibus ligeis et subditis nostris de dicta patria nostra Normannie faceremus seu facere possemus. Damus eciam et concedimus prefato fratri nostro plenam potestatem et auctoritatem ponendi et constituendi omnimodos officiarios in officiis in terris supra dictis excepto quod id officio balliagii ballivus noster de Rouen qui pro tempore fuerit tenebit assisias nostras in vicecomitatibus predictis et eorum quolibet in sedibus seu locis ordinatis et consuetis percipiendo hujus modi proficua et emolumenta antiquitus consueta quiquidem ballivus noster habebit pro nobis cognicionem jurisdiccionem punicionem et correccionem omnium querelarum materiarum casuum debatarum et questionum tam criminalium quam civilium qui contingent in dictis terris pertinentibus officio balliagii et sedi assise ordinari vel de patronatu unde emende exitus et proficua prefato fratri nostro erunt et pertinebunt. Reservato eciam nobis officio magistri aquarum et forestarum nostrarum qui habebit pro nobis cognicionem et jurisdiccionem predictarum aquarum et forestarum terris et vicecomitatibus predictis prout habet in aliis locis dicte terre nostre Normannie ac idem magister custodiet et faciet custodiri ordinaciones super facto dictarum aquarum et forestarum factas tam in eo quod nullus faciat ampliorem numerum vendicionem in forestis predictis quam ordinaciones ille exigunt et requirunt quam in omnibus aliis rebus unde emende exitus et proficua eidem fratri nostro similiter pertinebunt. Reservato nobis in omnibus superioritate et juribus nostris regalibus absque prejudicio seu diminucione donorum superius declaratorum. Et ulterius reservamus nobis precipue per presentes quod si vicecomites et alii officiarii de justicia qui in officiis in eisdem terris vel alicujus earumdem positi erunt et stabiliti infames fuerint et reprobi vel ad officia predicta faciendo et exercendo insufficientes tunc idem frater noster eos ab officiis suis hujusmodi ammoveri et alios locis suis de bona fama probos et ad officia illa exercend. sufficientes per avisamentum ballivi nostri ibidem qui pro tempore fuerit poni assignari et deputari faciat. In cujus rei testimonium, etc. Teste apud castrum suum de Cadomo xxvij°. die Februarii. Per ipsum Regem.

Pro Comite Suffolk. Rex omnibus ad quos, etc., salutem. Sciatis quod de gracia nostra speciali et ob grata et laudabilia obsequia nobis per carissimum consanguineum nostrum Willelmum Comitem Suffolk hucusque multipliciter impensa dedimus et concessimus eidem Comiti castra et domania de Hambuy et Briquebec cum pertinentis suis una cum omnibus aliis feodis hereditatibus terris et possessionibus quibuscumque cum pertinenciis suis que tenuit Fouques Paynel chivaler defunctus infra ducatum nostrum Normannie habend. et tenend. prefato Comiti et heredibus suis masculis de corpore suo exeuntibus ad valorem trium militum et quingentorum scutorum per annum cum omnimodis.......... dignitatibus libertatibus franchesiis jurisdiccionibus reversionibus forisfacturis et aliis proficuis commoditatibus et emolumentis quibuscumque ad castra et domania predicta vel altera eorumdem seu ad feoda hereditates et possessiones predicta aliqualiter pertinentibus sive spectantibus infra ducatum nostrum predictum adeo plene integre et perfecte ac eodem modo sicut predictus Fouques vel aliquis alius ea tenuit et possidebat per homagium nobis et heredibus nostris faciendo et reddendo unum scutum de armis Sti. Georgii ad festum suum apud castrum nostrum de Chirburgho singulis annis imperpetuum. Reservato semper nobis et heredibus nostris predictis alta et suprema justicia ac omni alio jure quod ad nos poterit pertinere. Proviso semper quod idem Comes et heredes sui predicti sex homines ad arma et duodecim sagittarios ad equitandum nobiscum seu heredibus nostris aut locum tenente nostro durante presenti guerra ad custus suos proprios invenire teneantur finitaque guerra hujusmodi onera et servicia in hac parte debita et consueta faciant et supportent. Et ulterius de uberiori gracia nostra dedimus et concessimus eidem Comiti quoddam hospicium seu tenementum quod fuit Johannis Bernier situatum in villa nostra de Cadomo in parochia S^ti^. Stephani in magno vico juxta domum Radulfi de Tesseli ex uno latere et domum Nicholai Noe ex alio latere et abutat se versus dictum magnum vicum ex una parte et quandam viam prope muros ville nostre predicte ex altera parte una cum quodam gardino situato in parochia S^ti^. Salvatoris juxta domum Ricardi Esnault ex uno latere et domum Georgii Beusevylle ex alio latere et abutat se super cursum aque vocate Dodon ex parte una et tenementum predicti Ricardi ex parte altera habend. eidem Comiti et heredibus suis predictis pro servicia inde debita et consueta. Ita semper quod idem Comes dicti heredes sui vigiliam et custodiam in villa predicta faciant et conservent si hospicium predictum per nos antea datum nos existat. In cujus, etc. Teste Rege apud civitatem suam de Baieux xiij°. die Marcii. Per ipsum Regem.

Pro Johanne Assheton. Rex omnibus ad quos, etc., salutem. Sciatis quod nos de fidelitate et circumspeccione dilecti et fidelis militis nostri Johannis Assheton plenius confidentes ordinavimus et constituimus ipsum Johannem Senescallum nostrum de Baieux habendum et occupandum officium predictum quamdiu nobis placuerit percipiendo in eodem officio omnimoda feoda vadia et proficua sicut aliquis officium illud ante hec tempora habens et occupans juste et bene habuit et recepit in eodem. Dantes et concedentes eidem Johanni plenam tenore presencium potestatem et auctoritatem faciendi ordinandi et constituendi omnimodos officiarios tam infra villam nostram de Baieux quam senescalciam suam predictam prout juxta discrecionem suam pro commodo et honore nostris melius viderit faciendum. In cujus, etc. Teste Rege apud villam suam de Cadomo xx°. die Septembris. Per ipsum Regem.

(Membrane 27 et 26 in dorso.)

De licencia recedendi. Rex omnibus ad quos, etc., salutem. Sciatis quod cum Gerardus Simondsone magister coggeship vocatus Xpofre de Herlame in Holandia qui ad deserviendum nobis cum navi sua predicta in ultimo viagio nostro ad partes regni nostri Francie de nobis vadia percepit, nobis in eodem viagio nostro cum navi sua predicta durante tempore vadiorum suorum predictorum bene et fideliter servierit nos ea consideracione concessimus eidem Gerardo licenciam versus partes suas proprias vel alibi quo sibi placuerit transeundi et redeundi. Et hoc omnibus quorum interest innotescimus per presentes. In cujus, etc. Teste Rege apud abbatiam Regiam S^ti^. Stephani juxta Caen in ducatu Regio Normannie j°. die Septembris. Per ipsum Regem.

Consimiles litteras Regias habent subscripti eadem data videlicet :

(Il nous semble inutile de donner ici l'état nominatif des maîtres des 238 bâtiments de transports qui participèrent aux mêmes faveurs que Gérard fils Simon désigné dans le bref précédent ; d'autant plus que la presque totalité de ces mêmes bâtiments sortaient des ports de l'Angleterre ou de la Hollande. Quant à ceux sortis de France, nous y voyons seulement, un Robert Webbe, maître d'une craière du nom de Christophe, appartenant au port de Harfleur ; ainsi qu'un Geoffroy Capelle, maître d'une autre craière appelée Marie qui sortait de celui de Gerneseye. Nous signalerons cependant ici le nombre et l'espèce des bâtiments inscrits dans ce rôle, dont la plus grande partie des noms ne figurent pas dans les dictionnaires de marine. Tels sont :

1°. Navis.	17
2°. Coggeship. Cogges. vel. Cogg. .	93
3°. Caiere vel Crazer.	64
4°. Farecost.	21
5°. Balingere seu Balingre.	12
6°. Loldship seu Lodeship.	10
7°. Dogger seu Doggere.	5
8°. Picard. Quatre de ces bâtiments sortaient du port de Otermouth et le cinquieme de celui de Ceton. Etaient-ils construits en Picardie et prenaient-ils leur nom de cette province ? cest ce que nous ignorons.	5
9°. Buse vel Busshe. Batiments destinés à la pêche du hareng.	2
10°. Bargee (alliges).	2
11, 12, 13, 14, 15 et 16°. Ces 6 bâtiments sont désignés sous les noms de 1°. Del Euere. 2°. Helebote. 3°. Collet. 4°. Del Holygost. 5°. Del Spinas. 6°. Del Skaff. Cy.	6
17°. Enfin sous le nom de Passager on trouve un bâtiment de Douvres sans doute destiné à la correspondance.	1
Total.	238 bâtiments.

(Membrane 25 in dorso.)

De potestate puniendi qui recesserunt sine licencia. Rex Vicecomitibus Londonie et Middlessex salutem. Quia certitudinaliter informamur et veraciter nobis constat quod diversi ligeorum nostrorum qui nobiscum ad partes regni nostri Francie ad maliciam et proterviam inimicorum nostrorum ibidem firmiter ut speravimus obviandi et resistendi jamtarde venerunt, in regnum nostrum Anglie relictis nobis inter inimicos nostros hujus et licencia nostra in hac parte non optenta in multitudine copiosa falso et proditorie redierunt et recesserunt et indies redeunt et recedunt quod si fieri permittetur non solum in nostri contemptum et prejudicium verumeciam in fidelium ligeorum nostrorum nobiscum comitancium grave dampnum et periculum, quod absit, cederet manifeste nos de remedio quo convenit in hac parte ordinare et providere volentes ut tenemur vobis precipimus districtius quo possumus injungentes quod omnes et singulos quos per inquisicionem informacionem seu alio modo debito quocumque invenire poteritis nobiscum in comitiva nostra seu aliorum regni nostri Francie fuisse et abinde licencia nostra sub signeto nostro aut constabulario exercitus nostri non optenta recessisse sine dilacione arestetis et capiatis et eos statim cum capti fuerint carissimo fratri nostro Johanni Duci Bedford. custodi Anglie liberari faciat. Et hoc sub fide et ligeancia quibus nobis tenemini nulla tenus omittatis. Teste Rege apud castrum Regium de Cadomo in ducatu Regio Normannie xxix°. die Septembris. Per ipsum Regem.

Consimiles brevia diriguntur singulis vicecomitibus per Angliam sub eadem data, videlicet : Kancie, Surrey, Sussex, Suthampt, Wiltesh, Somersetsh, Dorset, Devonsh, Cornubie, Bristoll., Gloucestr, Hereford, Salop., Wygorn, Roteland, Oxonie, Berksh, Bedford., Bukingham, Cantebr., Huntingd., Norffolk, Suffolk, Essex, Hertford, Warrevich, Leycester, Stafford, Notyngham, Derby, Northampton, Lincoln, Eborac. Northumberl., Cumbr., Westmorl. Vicecomiti ville Novi Castri super Tyn: m. (*ibidem*) civitas Norwici, civitas Lincolnie, civitas Eboracensis, Cancellarius Comitis Palatini Lancastrie.

Rex omnibus ad quos, etc., salutem. Sciatis quod nos considerantes gratuitum servicium quod magistri navium et aliorum vasorum de Skyddame nobis in ultimo viagio nostro ad partes regni nostri Francie cum navibus et vasis suis predictis impenderunt, concessimus quod ipsi a primo die Aprillis ultimo preterito habeant et percipient pro pondere cujuslibet dolii juxta quod imposterum aliquomodo debito probari poterit naves et vasa sua hujusmodi existere tres solidos et quatuor denarios solvendos in festo Pentecostes proximo futuro. Et hoc eis et eorum cuilibet tenore presencium promittimus se pro vadiis a nobis in hac parte perceptis nobis bene et fideliter servierint et infra tempus vadiorum suorum predictorum a servicio nostro sine licencia nostra speciali non recesserint. In cujus, etc. Teste Rege apud castrum Regium de Cadomo in ducatu Regio Normannie xxj°. die Septembris. Per ipsum Regem.

Consimiles litteras Regias habent magistri navium et aliorum vasorum villarum subscripti sub eadem data videlicet :

Magistri navium et aliorum vasorum de Durdraght, de Roterdame, de Herlame, de Skyddame, de Gowe, *Holandie.*

Magistri navium et aliorum vasorum de Middelburgh de Serece, de Westencowe, de Rumeswale, de Haukeswath, de Byslyng, de Brewershaven, de Welsyng, *Selandie.*

De proteclione. Rex omnibus ad quos, etc., salutem. Sciatis quod suscepimus in protectionem et defensionem nostras Johannem Hue de ducatu nostro Normannie capellanum juratum ligeum nostrum versus quascumque partes regni nostri Francie sibi placuerit transeundo et redeundo ac bona sua quecumque. Et hoc omnibus quorum interest innotescimus per presentes. In cujus, etc., usque festum Omnium Sanctorum proxim. futuro duraturum. Teste Rege apud Abbatiam S^ti^. Stephani juxta villam Regiam de Caen in ducatu Regio predicto vij°. die Septembris. Per ipsum Regem.

Consimiles litteras Regias de protectione seperales habent persone et vicarii ecclesiarum subscriptarum in ducatu predicto usque ibi per presentes et tunc sic ita tamen quod ipse ad curam et ecclesiam suam citra festum Omnium Sanctorum proxim. futur. redire teneatur. In cujus, etc., et sub data predicta. Per ipsum Regem.

Et consimiles litteras Regias de protectione habent monachi fratres locorum subscriptorum in eodem ducatu usque ibi quod ipse et tunc sic ad domum suam predictam redire, etc. In cujus, etc. Teste. etc. Videlicet :

Guillelmus Forelli persona ecclesie S^t^. Martini de Angovilla.

Johannes Hirelli id. id. Beate Marie de Piris.

Johannes Le Patey id. id. Beate Marie de Aubervilla.

Johannes Mengaut id. id. Beate Marie de Gonnevilla.

Guillelmus Mercatoris id. id. Beate Marie de Dorsousto.

Nicholaus Thomas id. id. S^ti^. Germani de Salinellis.

Nicholaus Degerii id. id. S^ti^. Andree de Yeio.

Johannes Dandre id. id. Beate Marie de Gallardia.

Petrus Meshust id. id. S^ti^. Martini de Cormelles.

Petrus Ferrer id. id. S^ti^. Nicholai de Vaucelles.

Blasius Ledevin id. id. S^te^. Pacis prope Caen.

Sampson de Gonnevilla id. id. S^t^. Petri de Cunblia.

Tomas Lesseller id. id. Beate Marie de Castilleio.

Nicholaus Ranulphi id. id. S^ti^. Andree de Cristoto.

Guillelmus Principis id. id. S^ti^. Petri de Ennesio (melius Ancsio).

Petrus Gueroult id. id. de Perdita Villa prope Falesiam.

Ricardus de Estoville id. id. de Cunervilla (melius Cuvervilla).

Gervasius Hue id. id. de Lirose.

Petrus Lerebeus id. id. S^ti^. Eudoeni prope Caen.

Johannes Herbeline id. id. de Altieyo.

Willelmus Rousell. id. id. S^ti^. Hillarii de Caroue.

Johannes Johannis id. id. S^ti^. Aniani de Crasso Mesnillo.

Johannes Renier id. id. S^ti^. Sampsonis de Estrehenno.

Garinnus de Atrio id id. S^ti^. Gabrielis.

Guillelmus Garnerii id. id. Beate Marie de Avernellis.

Ricardus Torquapel id. id. S^ti^. Petri super Divam.

Galfridus Parin id. id. de Colombellis.

Petrus Domirelli id. id. de Fouloux.

Guillelmus Lombart id. id. de Noviers.

Johannes Pesant id. id. Georgii de Moleias.

Johannes Melleti id. id. Beate Marie de Rauvilla.

Ricardus Quesnon id. id. S^ti^. Martini de Sollebeto.

Robertus Queurel id. id. S^ti^. Martini de Blangnie.

Nicholaus Fabri vicarius ecclesie de Chaoue.

Radulfus de Amblia persona ecclesie S^ti^. Remigii de Gientevilla.

Robertus Blondy diaconus. Jacobus de Porta, id.
Egidius Bion subdiaconus. Nicholaus Dugarie, id.
Guillelmus de Porta capellanus. Alexander Forcy, id.
Johannes Paisant, id.
Marcus Le Bourellier, id. Guillelmus Ymbert, id.
Lucas Dorel, id. Johannes Gosset, id.
Robertus Le Sueur, id. Ranulphus Viel, id.
Malheus Doynel, id. Petrus Chochie subdiaconus.
Petrus Laurence, id.
Petrus Le Cointe, id. Andreas Thorigny capellanus.
Johannes Le Peleter, id.
Johannes Le Gentil, id. Reginaldus Fournier, id.
Johannes Daubigny, id. Jacobus de Ponta, id.
Johannes Dez Hayez, id. Johannes Langi, id.
Petrus de Prato, id. Nicholaus Le Mommel, id.
Aubertus Leguillart, id. Guillelmus Vitrarii subdiaconus.
Johannes Vaupinchart, id.
Guillelmus Clare, id. Johannes Anglici, id.
Petrus de Monte, id. Rogerus Touset capellanus.
Ricardus de Bosco, id.
Guillelmus Le bas, id. Ricardus Foynart, id.
Johannes Cousin, id. Robertus Ogiro, id.
Jordanus Carpenter, id. Johannes Amellant, id.
Petrus Berray, id. Robertus Roillart, id.
Guillelmus de Rouen, id. Petrus Le Grant, id.
Guillelmus Poitevin, id. Guillelmus de La Sale, id.
Gerardus Goffet, id. Blenez La Devin, id.
Guillelmus Cadrigarii, id. Guillelmus Gernier, id.
Dominus Lescheuchier, id. Guerin de Lestre, id.

Johannes Arnaudi, Gabriel Pasteris, Petrus de Monasterio, Johannes Macharii, Simon Feron (Monachi S^ti^. Stephani de Fonteneto).

Frater Johannes Arthur, Frater Johannes Muriel, Johannes Rousselin, Robertus Commissare, Ricardus Anquetil, Guillelmus Vimont, Philippus Martin, Robertus Canville, Eliotus Le Bruin, Nicholaus Le Chevalier (ordinis fratrum domus S^te^. Crucis de Caen).

Laurencius Le Boulongier prior S^ti^. Petri de Herovilla.

Petrus de Monasterio monachus S^ti^. Stephani de Fonteneto.

Radulphus Prison. monachus Beate Marie de Ardena.

Johannes Le Roulier prior domus sive hospitalis S^ti^. Thome Cantuariensis de Caen.

Johannes Prepositi, Rogerus Durandi, Johannes Obelin, Guillelmus Noquet, Guillelmus Feron, Nicholaus Pugache, Arnulphus Bertrandi, Nicholaus Capiron, Jordanus Carpentoris, Nicholans Balargent, Johannes Bertrandi (confrater prioris ejusdem domus sive Hospitalis predicti.

Robertus Sansonis et Radulfus Gillam monachi Abbatie de Tronairo (vel Troarno).

Simon Gonelle monachus Beate Marie de Bernaio.

Johannes Lalemant monachus Sti. Petri supra Divam.

Johannes Lirois monachus de Bernaio.

De protectione. Rex omnibus ad quos, etc., salutem. Sciatis quod suscepimus in protectionem et defensionem nostras omnes et singulas personas in parochia Sti. Petri de Bolone in ducatu nostro Normannie commorantes sub fide et ligeancia nostris existentes seu esse volentes ac equos res et bona sua quecumque nolentes quod de bladis fenis equis bobus vaccis ovibus carectis cariagiis aut aliis rebus seu bonis suis quibuscumque quicquam contra voluntatem suam ad opus nostrum aut aliorum quorumque aliqualiter capiatur. Et hoc omnibus quorum interest innotescimus per presentes. In cujus, etc., apud castrum Regium de Cadomo in ducatu nostro Normannie xxjo. die Septembris. Per ipsum Regem.

Consimiles litteras Regias patentes habent parochie subscripte sub eadem data videlicet :

Parochia Sti. Johannis de Curseyo.
—Sti. Laudi de Oufferiis
—Sti. Martini de Chalon.
—Sti. Laudi de Goupileriis.
—Ste. Honorine de Mutreceyo.
—Sti. Martini de Croisillez.
—Beate Marie de Hamars.
—Beate Marie de Clinchamp.
—Beate Marie de La Quame.
—Beate Marie de Tribus Montibus.
—Beate Marie de Monasteriis.
—Sti. Benigni.
—Sti. Geroboldi de Montigneyo.
—Sti. Vigoris de Mezet.
—Sti. Martini de Placeyo.
—Sti. Petri de Grymbosc.
—Sti. Laurencii de Condeto.
—Ville de Espinety.
—Ville de Landis.
—Sti. Andree de Deyclo.
—Sti. Dionisii de Mantrevilla.
—Sti. Petri de la Viulle.
—Beate Marie de Moy.
—Sti. Petri de Barbery.
—Sti. Aniani de Malerbe.
—Sti. Juliani de Perigny.
—Sti. Petri de Foulongne.
—Sti. Martini de Cammont.
—Sti. Sulpicii de Meson-cell. sub Agnon.
—Sti. Cotesti Dathye.
—Sti. Illarii de Villy.
—Beate Marie de Canville.
—de Renne.
—Dasnebec.
—Sti. Brici.
—Beate Marie de Juvigny.
—Sti. Dionisii de Buressart.
—Sti. Ouini de Massay.
—St. Hilarii.
—Sti. Urigny.
—Sti. Dionisii de Breouse.
—de Aunou Le Faucon.
—Davernes.
—de Faverolles.
—Sti. Dionisii des His.
—de Mesnil Hubert.
—de Pointel.
—de Moustier.
—de Grace Mesnil.
—de St. Aubin.
—de Pierfitte.
—de Truyn.
—Sti. Martini de Neauffle.
—Sti. Petri de Vary.
—de Fontaignes le Bosq.
—Sti. Germani de Sys.
—de Mesnil Gondouin.
—Sti. Aniani de Avenis.
—Sti. Bricii de Lonceyo.
—Sti. Petri de Touques.
—Beate Marie de Seury Le Ovrey.
—de Guilie.
—Beate Marie de Thaloncy.
—de Corteillez.
—de Brollio Amaro.
—Beate Marie de Planchis.
—de Sto. Simphoriano.
—Ste. Crucis super Orne.
—Ste. Crucis de Mesnillo Gonffre.
—Sti. Martini le Guillon.
—Beate Marie de Norey.
—de Mesnilaise.
—de Orgeriis.
—Sti. Andree de Livaee.
—de St. Ouen de Sees.
—Ste. Colombe la Petite.
—Sti. Amandi de Mesnil Erreiux.
—Sti. Petri de Lignierez.
—St. Vigoris de Bourguebu.
—Sti. Parterni de Monte Rotundo,
—Beate Marie de Tilleul.
—Sti. Remigii de Mesnille.
Parochia Beate Marie de Roupperroux.
—St. Nicholai du Boys et du Froust.
—St. Juliani de Bourcleroy.
—de Saint Rigomer de Coulombiers.
—Beate Marie Magdalene de Mesnil Berausci.
—St. Petri de Louguanon.
—de Monte Gandeleno.
—Sti. Petri de Siralo.
—Sti. Martini de Landis.
—Sti. Juliani supra Sartem.
—de Seint Herme de Royesse.
—de Serisay.
—de Conge.
—Sti. Gervasii de Perron.
—Beate Marie de Mesnillo Guidonis.
—de Novo Castro.
—Sti. Albini de Bonesay.
—Sti. Germani de Corbays.
—de Seint Romy du Plain.
—Sti. Petri de Souveaulx
—Beate Marie de Lousez.
—Sti. Quintini de Blavou.
—St. Desir du Val Disconuz.
—Sti. Petri de Basoches.
—Beate Marie de Bureyo.
—Sti. Hillarii de Semale.
—de Beau Voyr.
—Sti. Johannis de Blavou.
—Sti. Germani de Sourches.
—Sti. Martini de Coingny.
—de Beaumont le Viconte.
—de Vivain.
—de Marolles Le Beraux.
—Sti. Martini de Champflour.
—Sti. Barthelmi de Jauze.
—de Seint Romy de Piseux.
—Sti. Germani de La Couldre.
—Sti. Martini de Livet.
—Sti. Petri de Rene.
—Sti. Germani de Louvigne.
—de Chaillouey.
—Sti. Andree de Breouse
—de Ouley.
—de Roncours
—de Montgaudri.
—de Suri.
—de Torce.
—de Disce.
—de Pontoin.
—Sti. Martini de Radon.
—Sti. Martini de Pezeris.
—Beate Marie de Merle supra Sartem.
—Beate Marie de Campeaux.
—Sti. Albini de Bures.
—de Roull.
—de Mercemesons.
—de Coulongez.
—de Nonnant.
—Sti. Gervasii de Thore.
—de La Mesniere.
—Sti. Germani de Marteigne.
—Sti. Odoeni de Sacchetolvre.
Parochia St. Germani de Tesseyo.
—de Blene.
—Beate Marie de Contille.
—Beate Marie de Pulcrovano.
—Dochenani.
—Sti. Petri de Pace
—Beate Marie de Hache.
—Sti. Leonardi du Boys.
—de Pervencheres.
—de Seint Karles de Deserto.
—de La Mote Fouquie.
—Sti. Hillarii de Soysay.
—de Courcile.
—St. Medardi de Deserto.
—Sti. Albini de Deserto.
—de Bellou.
—de St. Frogent.
—de Pin.
—de Esperraye.
—de Rivaillon.
—Sti. Georgii Lé Gaultier.
—de Muissy.
—de Yveteaux.
—de Neufville Lalęs.
—de Semille.
—de Pevray.
—Beate Marie de Segrie.
—de Chesnedoibt.
—de Bellou Le Trichart.
—de Verme Le Moustier.
—de Origne Le Butin.
—Sti. Martini de Danguel.
—Sti. Georgii de Danguel.
—de Novens.
—du Pont Decrepin.
—Sti. Martini de Lourine.
—de Fesne Lamere.
—Sti. Germani de Court-Lamere.
—Sti. Petri de Basochez.
—de Mesnil Johannis.
—Beate Marie de Nullye.
—St. Martini Danthoygne de castellania Falesie.
—Sti. Bricii de Mehodin de eadem ibid.
—de Chapelle Bische juxta Noireau in vicecomitatu Regio de Vire.
—Sti. Salvatoris de La Villette.
—Sti. Petri de Caheugnolez.
—Ste. Honorine de Duceyo.
—Sti. Laurencii de Rouquampo.
—Sti. Germani de Tessel.
—Sti. Vigoris de Thens.
—Sti. Ammen supra Ceulam.
—Sti. Suspicij de La Vaccarie.
—Beate Marie de Enreceyo.
—Sti. Ravenni de Tracheio.
—Sti. Georgii juxta Alnetum.
—Beate Marie de Lesia.
—Sti. Vigoris de Novilliers.
—Sti. Petri de Than et Fraxino.
—Beate Marie de Vieux.
—Sti. Martini Deslogez.

Parochia Sti. Martini de Parfoureu.
—Sti. Mathei de Saleno.
—Sti. Andree de Fonteneto Marmionis.
—de Fontenay sup. Ourne.
—Sti. Salvatoris de Cariouges.
—de Lignoriz.
—de Quatrefaveriz.
—de Louvieres et Lacambe.
—de Fouquereu.
—Sti. Gervasii de Sablons.
—de Bernay.
—Sti. Lamberti.
—Sti. Petri de La Chapelle.
—de Coumeaulx.
—Sti. Andree de Messy.
—Ste. Patrisse de Sees.
—Sti. Laurencii de la Genevraye.
—de Quyngnye.
—de Habloville.
—Sti. Petri de Sees.
—de Breouse.
—de Mesnil de Breouse.
—de La Lande de Longy.
—de Serqueu.
—Sti. Petri de Bray.
—de Vieul Dureu.
—de Silly.
—Sti. Germani de Clerefoille.
—de Durou.
—de Bouysseyo.
—de Medavi.
—de Valle Dei.
—Sti. Martini Do.
—de Goullet.
—de Lignoriz.
—de Beleria.
—de Landa Guilli.
—de Saveigne.
—Sti. Martini de LaCourbe.
—de Courgaing.
—de Macie.
—Douccaignez.
—de Godusson.
—Beate Marie de Cyse.
—de Lonray.
—Sti. Andree de Grandchamp.
—de Croce.
—de Gulo.
—Sti. Leonardi de Bourcy.
—Beate Marie et Sti. Nicholai de Vivaz.
—de Berneay.
—de St. Romy de Montgarou.
—Sti. Georgii de Morteau.
—Sti. Petri de Champsoul.
—de Freneya au Sauvage.

(Membrane 23 in dorso.)

Parochia Dorigne Lerous.
—Beate Marie Danlaignez.
—Sti. Vincencii Despez.
—Sti. Petri de la Court.
—Sti. Mauricii.
—Sti. Martini de Bello Fexaquo.
Parochia de Coursemont.
—de Pevray.
—Sti. Petri Desulmes.
—de Bonestable.
—Sti. Andoeni Lebrysour.
—Sti. Petri de Courtesne.
—Beate Marie de Catilley.
—Sti. Georgii Designey.
—de Lonlay Letesson in castellania Regia Falesie.
—Sti. Petri de Messeres.
—Beate Marie de Rouneez.
—Sti. Salvatoris de Tury.
—Sti. Vigoris de Donnay.
—Sti. Martini de Combray.
—Beate Marie de Esson.
—Sti. Audomari.
—Sti Remigii.
—Sti. Mathei de la Mosse.
—Sti. Supplicii de Caulmont.
—Sti. Petri de Clecy.
—Sti. Lamberti.
—Sti. Michaelis de Vaucellis.
Sti. Petri de Maltot.
—Beate Marie de Culey le Patry.
—Beate Marie de Syenny en Singueloys.
—Beate Marie de Fresnay le Vieul.
—Sti. Petri de Spinis.
—Sti. Vigoris de Lovingneyo.
—Sti. Petri de Bougy.
—Sti. Dionisii de Teillay.
—Ste. Honorine de Fay.
—Sti. Johannis de Blanc.
—Sti. Germani de Undefontaigne.
—Sti. Martini de Bonnemeson.
—Beate Marie de Labigne.
—Beate Marie de Jurquez.
—Beate Marie Dencereus.
—Sti. Martini de Temenor.
—Sti. Andoeni de Mesnile Ogri.
—Sti. Martini de Saveneyo.
—Sti. Martini de Fresne le Pucheaux.
—Sti. Sampsonis de Aineto et Bosqueyo.
—de Belfons.
—de Bouce.
—Sti. Leonardi.
—Beate Marie de Fonteney Louvel.
—Dennhend.
—de Longeyo.
—Sti. Hillarii de Veteri Ponte.
—de Trezesains.
—Sti. Gervasii de Joeyo de Plano.
—de Rii.
—Beate Marie de Gandelain.
—de Lignon.
Parochia Sti. Martini de Batilly
—de Francovilla.
—Ste. Margarete de Cariouges.
—de Repos.
—Sti. Martini de Saint Lobier.
—Sti. Gervasii Danirez.
—de Malevilla.
—de Fresnay le Bufort.
—de Coulonces.
—de Senrue.
—de Serans.
—de Beaumoys.
—de Censville.
—de Guipre et de la Pôterie.
—de Sarceax.
—de Cuie.
—de Sentille.
—de Vivaz.
—de Tornay.
—Beate Marie de Robeir.
—de Chartoler.
—de Mahuti de Belhostiel.
—de Sourbie.
—Sti. Aniani Descorchez.
—St. Petri de Alepartie.
—Sti. Georgii de Hostieux.
—Sti. Petri deGeel du Gant.
—de Monterul.
de Alnoyo.
—Sti. Germani de la Leu.
—Sti. Dionisii supra Sartim.
—Beate Marie de Millesavate.
—Sti. Petri de Monte Caprioli.
—Beate Marie de la Place de Seez.
—de Roca Mabilie.
—Sti. Tellarii.
—Beate Marie de Neauphe.
—Ste. Scolastice.
—Beate Marie de Suredon.
—Sti. Martini de Antieulx.
—Sti. Martini deCoulbmer.
—Storum. Medardi et Gildardi de Felle.
—Beate Marie de Viginti Ciphis.
—Sti. Georgii de Loy (alias) de la Fresnay.
—Beate Marie de Lignorez.
—de Marigny.
—de Champhault.
—Sti. Petri de Montmarcy.
—Sti. Martini de Merle Raul.
—Sti. Leodegari de la Haye.
—Beati Marie deQuervetes.
—Sti. Supplicii de Cuisse.
—Sti. Petri de Vauda.
—Sti. Leodegari super Sartam.
—Sti. Petri de La Chaux.
—Ste. Trinitatis de Mesnil Le Vicomte.
—Sti. Petri de Lare.
—Sti. Petri de Oumiello.
—Sti. Albini de Appenay.
—Sti. Martini de Hauste Rive.
Parochia Sti. Laurencii de Pulcro Mesnillo.
—B. M. de Avernellis in terra Chambaii.
—Sti. Petri de Marmovilliers.
—B. M. de Bouyllon.
—Sti. Petri de Feugeres.
—de Valframbart.
—Sti. Odoeni sup. Mere.
—Sti. Pauli le Viconte.
—Sti. Petri de Sichihauns.
—de Loue Pont.
—Sti. Aniani de Ferieris.
—de Berivilla.
—de Ancinis.
—de la Quarrele.
—de Mamerto.
—Sti. Germani de Berus.
—de Cheney.
—de Lignorez Esonnais.
—de Montyngne.
—de Damigneyo.
—de Sonue.
—de Conde.
—Sti. Pauli Le Gautier.
—Sti. Dionisii de Vezoz.
—de Molt Houdoul.
—de Belle Avilers.
—de Monce.
—de Champessant.
—de St. Karles de Deserto.
—de Songie.
—de Corscivart.
—de Saint Longiz.
—Sti. Sampsonis.
—de Paludi.
—B. M. de Pratis.
—de Saint Romy de Mons.
—Sti. Dionisii de Sirisy.
—de Mairolettez.
—de Saint Counil Dever.
—Sti. Petri de Gevre.
—Beate Marie Dever.
—de Saint Aiguyen.
—de Marolles Le Beraux.
—de Congie Susone.
—de Mont St. Johan.
—de Tuffe.
—Saint Aubin de Groys.
—de Saint Romy.
—de Saint Ceneri.
—de la Chapelle Moche.
—Sti. Hillarii.
—Saint Sir Empail.
—Saint Aignen ovec Courpontrain.
—de la Sauvagerie.
—de Feritate Mathei.
—de Meygneyo.
—Sti. Gervasii de Neufvy.
—de Pevrelle.
—de Chaviseres.
—de La Coulonches.
—du Mesnil Hernier in Vicecomit. Reg. Falesie.
—de Ban Von in bailliagio Dalencon.
—Beate Marie et Sti. Petri de Trinchebray in castellania Regia de Trinchebray.

De protectione. Rex omnibus ad quos, etc., salutem. Sciatis quod suscepimus in protectionem et defensionem nostras Robertum de Sarennes juratum ligeum nostrum ac homines et servientes suos sub fide et ligeancia nostris existentes necnon terras res redditus et omnes possessiones ipsius Roberti. Et ideo vobis mandamus quod ipsum Robertum ac homines et servientes suos sub fide et ligeancia nostris existentes necnon terras res redditus et omnes possessiones suas manuteneatis protegatis et defendatis non inferentes eis vel inferri permittentes injuriam molestiam dampnum aut gravamen. Et si quid eis forisfactum sive injuriatum fuerit id eis sine dilacione faciatis emendari. In cujus, etc. Teste Rege in exercitu suo prope villam Dalenson in ducatu Regio Normannie xxiv°. die Octobris. Per ipsum Regem.

Consimiles litteras Regias de protectione habent subscripti sub eadem data. Videlicet, Stephanus de Clollietis, Johannes Le Fever, Johannes Dache Bastard ac Nicholaus Boudin armiger xxiij°. die Octobris et Johannes Drouaiz armiger xxij°. die Octobris.

(Membrane 22 in dorso.)

De protectionibus. Rex omnibus ad quos, etc., salutem. Sciatis quod suscepimus in protectionem et defensionem nostras Guillelmum Terree armigerum de parochiis de Vadeslogez et Atterre in castellaniis Dexmes et Dargenthen juratum ligeum nostrum ac homines et servientes suos sub fide et ligeancia nostris existentes necnon terras res redditus et omnes possessiones suas. Et hoc omnibus quorum interest innotescimus per presentes. In cujus, etc. Teste Rege apud castrum Regium Dalenson in ducatu Regio Normannie xxviij°. die Octobris. Per ipsum Regem.

Consimiles litteras Regias de protectione habent subscripti sub eadem data. Videlicet : Dionisius de Couillebeuf armiger de parochia de Morteau in castellania Dexme.—Johannes Boessel. — Robertus Boessel.—Johannes de La Cornillerie.—Galfridus Lengloys. — Johannes Tirel. — Robertus de Cuisse. — Julianus Boessel.—Lodowicus Le Rouille.—Ivo de Cuisse.— Guillelmus de Remallart armiger.—Johanna de Briosne Dna. de Huditot.—Johanna que fuit uxoris Ricardi du Hamel.—Alicia que fuit uxoris Guillelmi de Bures chivaler.—Guillelma de Fontlyne.—Agnes de Bevesin.—Johanna Le Beausyn.—Robertus Davoise capellanus.—Johannes le Bears armiger —Coleta Dache.—Johannes de Chaumont capellanus.—Johannes Fossart prior de Brex.—Johannes Dachy capellanus. —Robertus de Fontaines.—Johannes de Caudemonne de parochia de Hastegru.—Robertus Boutevillain de parochia de Cormelles in vicecomitatu nostro de Cadomo.—Thomas Thebault dictus Lanereuc de parochia S^ti. Gervasii de Sees.—Philippus Roulant capellanus in ecclesia omnium Sanctorum de Mortaigne.— Martinus Leporcher burgensis ville Regie Falesie armiger.—Johannes de Pierres de villa Regia Falesie armiger.—Robertus Lovel armiger. — Johannes Cochefillet armiger.— Nicholaus Toulemer de parochia S^ti. Petri de Sees.—Johannes de Fontenay senior.— Ricardus de Bailleul.—Guillelmus de Somire.— Johannes de Somire. — Johannes Sibille. — Gervasius Barat.—Johannes de Mere.—Nicholaus Le Cousturier. —Matheus de Portu.—Johannes Eleaume de parochia S^ti. Germani de La Leu.—Guillelmus Jamet de Tieuville capellanus.—Adam Honnebault.—Girette Murdrach.—Robertus Le Verrier Dns. de Cincheboville. —Guillelmus du Garrie capellanus.—Girette de Honnebaut de Grangieres —Lodowicus La Porte de parochia Beate Marie de Rauville.—Johannes Guerin de Totis Ambert juxta castrum de Hexmes.—Johannes du Doit de Sees armiger. — Johannes Avesgo burgensis de Sees.—Lodowicus Le Fier.—Robertus Petit Furney armiger. — Guillelmus Doiesse armiger de Toucheto juxta Mortaygne. — Jacobus de Courseule de parochia du Han prope villam Regiam de Cadomo. — Guillelmus Le Pourre armiger juxta castrum Regium de Bonnemoleyns. — Gichart Guerin de parochia de Saint Basire in castellania de Hexmes. —Michael Richehomme.—Johannes Denis.—Johannes Leroshe.—Germanus Benart.—Galfridus Le Franceys armiger de parochia de Canon in castellania de Faleyse.—Petrus Guillem de parochia de Plancri in vicecomitatu Regio de Baieux.—Isabella Dugees que fuit uxoris Villelmi Debresiers armigeri.—Johannes Bernieres burgensis ville S^ti. Petri supra Divam.— Simon Morel de parochia Delbaunz in vicecomitatu de Vire juxta Conde supra Noireau.—Guillelma de Gerpie que fuit uxoris Roberti Virel de parochia de Breteville supra Dyvam in vicecomit. Falesie.—Michael Bras de Fer burgensis ville Regie Falesie et uxor ejus.—Guillelma de Fontainez de parochia de Eurville in vicecomit. Regio Falesie.—Johanna de Fontenay de parochia du Mesnil Touffray in eodem vicecomit. —Alicia du Mesnil que fuit uxoris Roberti de Fontenay, in eodem vicecom.—Johanna de Vicquez de parochia de Hucy in eod. vic.—Johanna de Livet de parochia S^ti. Germani Le Vasson in eodem vic. —Maria de Logie de parochia de Counrigin in eodem vic.—Philippus Batest chivaler de parochia de Gouviz in vicecomitatu de S^t. Silvin.—Johannes de Larchamp de parochia de Larchamp in vicecomitatu Falesie. — Guillelmus Le Blount de parochia de Bysson in vicecomitatu Cadomi.—Guillelmus Fouchier armiger de parochia Dangoville Lasseral in vicecomitatu de S^t. Siverin.—Johannes de Vassy chivaler Dns. de la Forest Auney et S^te. Honorine La Guillem in vicecom. Falesie.—Belet de Ylliers persona ecclesie S^ti. Gervasii de Feins in vic. de Mortaigne.—Magister Johannes de Mara persona ecclesie de Arguethomo et capellanus capelle S^ti. Nicholai in castro Regio de Arguethomo ac canonicus in ecclesia cathedrali lexov.—Raulleta que fuit uxoris Roberti Le Mercier de parochia S^ti. Petri de Sees.

De protectione Savigneio. Rex omnibus ballivis et fidelibus suis ad quos, etc., salutem. Sciatis quod suscepimus in protectionem et defensionem nostras abbatem et conventum S^te. Trinitatis de Savigneyo ordinis Cisterciensi in ducatu nostro Normannie homines terras res redditus et possessiones suas. Et ideo vobis mandamus quod ipsos abbatem et conventum homines terras res redditus et possessiones suas manuteneatis protegatis defendatis non inferentes eis vel inferri permittentes injuriam molestiam dampnum aut gravamen. Et si quid eis forisfactum fuerit, id eis sine dilacione faciatis emendari. In cujus, etc., quamdiu nobis placuerit duraturum. Teste Rege apud castrum Regium de Cadomo, in Ducatu Regio Normannie xxiiij°. die Septembris. Per ipsum Regem.

Rex omnibus ad quos, etc., salutem. Sciatis quod suscepimus in protectionem et defensionem nostras abbatem et conventum S^ti. Martini de Sees in ducatu nostro Normannie homines tenentes et servientes suos sub fide et ligeancia nostris existentes ac bona sua quecumque nolentes quod de bonis suis hujus exceptis victualibus pro hominibus et equis quicquam contra voluntatem suam ad opus nostrum aut aliorum aliqualiter capiatur. In cujus, etc., quamdiu Regi placuerit duratur. Teste Rege apud castrum Regium Dargenthen, in ducatu, etc., viij°. die Octobris. Per ipsum Regem.

Consimiles litteras Regias de proteccione habent abbas et monachi de Silly in ducatu Regio Normannie per idem tempus duratur. sub eadem data. Per ipsum Regem.

Consimiles litteras de proteccione, etc., habent prior et capitulum ecclesie cathedralis de Sees. Per ipsum Regem.

De proteccione. Rex omnibus ad quos, etc., salutem. Sciatis quod suscepimus, etc., ut supra omnes et singulas personas tam burgensis quam alios in villa nostra de Seez in ducatu nostro Normannie commorantes et sub fide et ligeancia nostris existentes homines terras res redditus et omnes possessiones suas nolentes quod de bladis fenis equis bobus vaccis ovibus carectis cariagiis aut aliis rebus seu bonis suis quibuscumque quicquam contra voluntatem suam ad opus nostrum aut aliorum aliqualiter capiatur. In cujus, etc. Teste Rege apud castrum, etc., ut supra viiij°. die Octobris. Per ipsum Regem.

Rex omnibus ad quos, etc., salutem. Sciatis quod suscepimus, etc., ut supra Henricum Bogion juratum ligeum nostrum homines terras res redditus et omnes possessiones suas nolentes, etc., ut proxim. supra. In cujus, etc. Teste Rege, etc, ut supra xij°. die Octobris. Per ipsum Regem.

Consimiles litteras Regias habet Guillelmus Le Seigneour juratus ligeus Regis sub eadem data. Per ipsum Regem.

(Membrane 21 in dorso.)

Rex omnibus ad quos, etc., salutem. Sciatis quod suscepimus in protectionem et defensionem nostras priorem et conventum domus de Valle Dei ordinis Cartusien. in ducatu nostro Normannie una cum domo de Lacouroirie in eodem ducatu nostro homines tenentes terras res redditus et omnes possessiones suas nolentes quod aliquis ligeorum nostrorum cujuscumque status gradus seu condicionis fuerit domos predictas seu alteram earum ad victualia ibidem capiend. seu habend. aliqualiter ingrediatur. In cujus, etc. Teste Rege apud castrum Regium Dargenthen in ducatu Regio predicto viiij°. die Octobris. Per ipsum Regem.

Rex omnibus ad quos, etc., salutem. Sciatis quod suscepimus, etc., ut supra Abbatem et conventum de La Bellerie in ducatu nostro Normannie homines terras res redditus et omnes possessiones suas nolentes quod de bladis fenis equis bobus vaccis ovibus porcis carectis cariagiis aut aliis rebus seu bonis suis quibuscumque quicquam contra voluntatem suam ad opus nostrum aut aliorum aliqualiter capiatur. Et hoc omnibus quorum interest innotescimus per presentes. In cujus, etc. Teste Rege apud castrum, etc., ut supra Per ipsum Regem.

Consimiles litteras Regias de protectione habent subscripti sub eadem data. Videlicet :

Abbatissa et moniales infra forestam Regiam foreste de Gouffer in ducatu Reg. Normannie commorantes. Per ipsum Regem.

Abbatissa et conventus monasterii B^e^. Marie Dominensis in ducatu Regio predicto. Per ipsum Regem.

Magister fratres et Sorores hospitalis S^ti^. Johannis de Sees in ducatu Regio predicto. Teste Rege in exercitu suo prope villam Dalenson in ducatu, etc. xvij°. die Octobris. Per ipsum Regem.

Prior et conventus S^te^. Barbare ordinis S^ti^. Augustini in ducatu, etc. Teste Rege in exercitu suo prope villam Dalenson in ducatu, etc. xxij°. die Octobris. Per ipsum Regem.

Abbas et conventus S^ti^. Ebrulphi in ducatu Regio Norman. Teste ut supra xxiij°. die Octobris. Per ipsum Regem.

Prior et conventus de Lira. Teste Rege apud castrum Reg. Dalenson in ducatu, etc. xxviij°. die Octobris. Per ipsum Regem.

Prior et conventus S^ti^. Nicholai de Malo Passu. Teste ut proximo supra. Per ipsum Regem.

Prior et conventus de Vivain ac homines et servientes sui sub fide et ligeancia nostris existentes nec [non] terre res redditus et omnes possessiones sue. Nolentes, etc., ut supra. Et hoc omnibus, etc. In cujus, etc. Teste Rege apud castrum, etc., tercio die Novembris Per ipsum Regem.

Magister et fratres hospitalis domus Dei Dalencon in ducatu Reg. Normannie. Teste apud castrum, etc., ut supra viij°. die Novembris. Per ipsum Regem.

Abbas et conventus Beate Marie de Perseina. Teste Rege apud castrum ut supra. viiij°. die Novembris. Per ipsum Regem.

Prior et conventus de S^te^. Scolastica. Teste ut proxim. supra. Per ipsum Regem.

Abbas et conventus Beate Marie de S^to^. Andrea de Gouffer. Teste Rege apud castrum, etc., ut supra xj°. die Novembris. Per ipsum Regem.

Abbas et conventus de La Pelice. Teste Rege apud castrum Reg. Dalenson in ducatu, etc. xxj°. die Novembris. Per ipsum Regem.

Prior et conventus de Gauleto. Teste Rege apud castrum, etc. xxij°. die Novembris. Per ipsum Regem.

Abbas et conventus Beate Marie de Silly in foresta Regia de Gouffer juxta villam Regiam Dargenthen in ducatu Regio Normannie. Teste Rege in exercitu suo prope villam Falesie in ducatu, etc. vj°. die Decembris. Per ipsum Regem.

Abbas et conventus Beate Marie de S^to^. Petro supra Dyvam. Teste Rege in exercitu, etc. xxviij°. die Decembris. Per ipsum Regem.

Abbas monasterii Beate Marie de Belle Estelle in castellania Regia de Vire in ducatu, etc. Teste Rege in exercitu, etc. x°. die Januarii. Per ipsum Regem.

Priorissa et conventus Beate Marie de Villis Lenquinet juxta villam Regiam Falesie in ducatu, etc. Teste Rege apud villam Regiam Falesie xij°. die Januarii. Per ipsum Regem.

Prior de Moulins in castellania Regia de Seynt Romy du Plain. Teste Rege apud villam Regiam de Falesie secundo die Februarii. Per ipsum Regem.

Rex universis et singulis ligeis et fidelibus nostris ad quos, etc., salutem. Sciatis quod suscepimus in protectionem et defensionem nostras Johannem de La Lande juratum ligeum nostrum ac homines et servientes suos sub fide et ligeancia nostris existentes nec non terras res redditus et omnes possessiones ipsius Johannis. Et ideo vobis mandamus quod ipsum Johannem ac homines et servientes suos sub fide et ligeancia nostris existentes necnon terras res redditus et omnes possessiones suas manuteneatis protegatis et defendatis non inferentes eis vel inferri permittentes injuriam molestiam dampnum aut gravamen. Et si quid eis forisfactum sive injuriatum fuerit, id eis sine dilacione facias emendari. In cujus, etc. Teste Rege in exercitu suo prope villam Dalenson in ducatu, etc. xvij°. die Octobris. Per ipsum Regem.

Consimiles litteras Regias de protectione habent subscripti sub eadem data. Videlicet : Johannes de Beaurepe. — Fralin de La Mote. — Oliverus Mauvoisyn. — Guillelmus Le Cobar — Johannes Gripeel jurati ligei Regis. Per ipsum Regem. — Et Johannes Descoville armiger juratus ligeus Regis. Teste Rege ut supra xxj°. die Octobris. Per ipsum Regem.

De protectione. Rex omnibus ad quos, etc., salutem. Sciatis quod suscepimus in protectionem et defensionem nostras Magistrum Mace Lovet personam ecclesie S^ti^. Petri de Monfort super Rulle in ducatu nostro Normannie in Britannia ad presens existentem abinde usque ecclesiam suam predictam cum Johanne Bellay et Roberto Le Bas capellanis suis ac Johanne Toutdoulx clerico suo et Guillelmo Pate et Johanne des Hayes valettis suis equestre transeundo ibidem morando et perhendinando. Et hoc omnibus quorum interest innotescimus per presentes. In cujus, etc., quamdiu nobis placuerit duratur. Teste Rege in exercitu suo prope villam Dalenson in ducatu, etc., xvij°. die Octobris. Per ipsum Regem.

(Membrane 20 in dorso.)

Rex omnibus ad quos, etc., salutem. Sciatis quod susceptimus in proteccionem et defensionem nostras Johannem Aubry heremitam de Chaumont in ducatu nostro Normannie juratum ligeum nostrum in heremitagio suo predicto absque dampno molestacione seu gravamine aliquorum ligeorum seu subditorum nostrorum morando et expectando. Et hoc omnibus, etc., ut supra. In cujus, etc. Teste Rege in exercitu suo prope villam Dalenson, etc., xviij°. die Octobris. Per ipsum Regem.

Rex omnibus ad quos, etc., salutem. Sciatis quod suscepimus, etc., fratrem Johannem Paquant priorem de Perrieres in ducatu nostro Normannie ordinis S^ti^. Benedicti ac servientes suos sub fide et ligeancia nostris existentes necnon bona sua quecumque nolentes quod de bladis fenis equis bobus vaccis ovibus carectis cariagiis aut aliis rebus seu bonis suis quibuscumque quicquam contra voluntatem suam ad opus nostrum aut aliorum quorumcumque aliqualiter capiatur. Et hoc omnibus quorum interest innotescimus per presentes. In cujus, etc. Teste Rege in exercitu, etc., ut supra xxiv°. die Octobris. Per ipsum Regem.

Rex omnibus ad quos, etc., salutem. Sciatis quod suscepimus in proteccionem et defensionem nostras Johannam de Burys que fuit uxoris Johannis Descoville armigeri ac homines et servientes suos sub fide et ligeancia nostris existentes necnon terras res redditus et omnes possessiones suas nolentes quod de bladis, etc., ut proxim. supra usque ibi capiatur et tunc sic. In cujus, etc. Teste Rege apud castrum Reg. Dalenson in ducatu Regio Normannie xxvij°. die Octobris. Per ipsum Regem.

Rex omnibus ad quos, etc., salutem. Sciatis quod suscepimus in defensionem et proteccionem nostras Gilet Galet de parochia de Cerizay juratum ligeum nostrum quo sibi placuerit cum una persona in comitiva sua sub obediencia nostra existente pro perdicibus et aliis volatilibus pro expensis hospicii nostri capiend. et querend. transeundo necnon terras res redditus et omnes possessiones suas. Et hoc omnibus quorum interest innotescimus per presentes. In cujus, etc. Teste Rege apud castrum Regium Dalenson in ducatu, etc., xxviij°. die Octobris. Per ipsum Regem.

Rex omnibus ad quos, etc., salutem. Sciatis quod suscepimus in proteccionem et defensionem nostras Johannem Fraunces de Seint Denys super Serton. juratum ligeum nostrum ad quecumque loca sibi melius videbitur expedire pro perdicibus volatilibus capiend. ac aliis victualibus pro expensis hospicii nostri querend. et usque idem hospicium nostrum ubicumque fore contigerit ducend. transeundo ac bona res et hernesia sua quecumque. Et hoc omnibus quorum interest innotescimus per presentes. In cujus, etc., quamdiu Regi placuerit duratur. Teste Rege apud castrum Regium, etc., ut supra proxim.

Consimiles litteras Regias de proteccione per idem tempus duraturas et sub eadem data habent subscripti. Videlicet. Johannes Loysel de Seint Denys super Serton et Petrus Garuarde de Launson. jurati ligei Regis. Per ipsum Regem.—Ibid Johannes Weturyes de Lyvay. — Johannes Letieullier. — Robertus Langglace de la Roche Mabelle. — Andreas Flouret de la Roche Mabelle. — Jacobus Garners de Passe, jurati ligei Regis. Teste. Rege apud castrum ut supra secundo die Novembris. Per ipsum Regem.

De vinis provideud. Rex dilecto sibi Galfrido Barbier salutem. Sciatis quod assignavimus te ad vina pro expensis hospicii nostri ubicumque fuerint ac cariagium sufficiens pro eisdem vinis usque hospicium nostrum ducend. et cariand. pro denariis nostris in hac parte rationabiliter solvend. emend. capiend. et providend. Et ideo tibi precipimus quod circa premissa diligenter intendas et ea facias et exequaris in forma predicta. Damus autem universis et singulis capitaneis castellanis et eorum locatenentibus ac aliis officiariis ministris ligeis et subditis nostris tenore presencium firmiter in mandatis quod tibi in execucione promissorum intendentes sint consulentes et auxilientes prout decet. In cujus, etc., quamdiu nobis placuerit duratur. Teste Rege apud castrum Regium Dalenson in ducatu, etc., vj°. die Novembris per ipsum Regem.

Consimiles litteras Regis diriguntur Roberto Sirleboys per idem tempus durat. et sub eadem data. Per ipsum Regem.

De proteccione ad capiendum volatilia pro Rege. Rex omnibus ad quos, etc., salutem. Sciatis quod suscepimus in proteccionem et defensionem nostras Johannem Adam et Johannem Galet juratos ligeos nostros ad quecumque loca sibi melius videbitur expedire pro perdicibus et volatilibus capiend. ac aliis victualibus pro expensis hospicii nostri querend. et usque idem hospicium nostrum ubicumque fore contigerit ducend. conjunctim vel divisim transeundo ac bona res et hernesia sua quecumque. Et hoc omnibus quorum interest innotescimus per presentes. In cujus, etc., quamdiu nobis placuerit duratur. Teste Rege apud castrum, etc., ut supra xj°. die Novembris. Per ipsum Regem.

Rex omnibus ad quos, etc., salutem. Sciatis quod suscepimus in proteccionem et defensionem nostras omnes et singulas personas in collegio et villa. S^ti^. Remigii et S^ti^. Stephani de Silliaco Guillelmi commorantes et sub fide et ligeancia nostris existentes ac equos res bona et hernesia sua quecumque nolentes quod de bladis fenis equis bobus vaccis ovibus carectis cariagiis aut aliis rebus seu bonis suis quibuscumque quicquam contra voluntatem suam ad opus nostrum aut aliorum quorumcumque aliqualiter capiatur. Et hoc omnibus quorum interest innotescimus per presentes. In cujus, etc. Teste Rege apud castrum Regium Dalenson in ducatu, etc., xxiij°. die Novembris. Per ipsum Regem.

Rex omnibus ad quos, etc., salutem. Sciatis quod suscepimus in proteccionem, etc., dilectos nobis in Christo priorem et conventum Beate Marie de Parco ordinis Cartusiensis ac homines et servientes suos sub fide et ligeancia nostris existentes, nolentes quod de bladis fenis equis bobus vaccis ovibus porcis aut aliis rebus seu bonis suis quibuscumque infra domum predictam aut maneria grangeas seu alia loca eidem domui pertinencia quicquam ad opus nostrum aut aliorum quorumcumque contra voluntatem suam aliqualiter capiatur. Et omnibus quorum interest innotescimus per presentes. In cujus, etc. Teste Rege ut supra xxiv°. die Novembris. Per ipsum Regem.

Rex omnibus ad quos, etc., salutem. Sciatis quod suscepimus in proteccionem, etc., abbatem et conventum S^ti^. Vincencii juxta Mans, ac bona sua infra castellanias de Seint Romy du Plain et Beaumont existencia nolentes quod de bladis fenis equis bobus vaccis ovibus aut aliis rebus seu bonis suis quibuscumque quicquam contra voluntatem suam ad opus nostrum aut aliorum quorumcumque aliqualiter capiatur. Et hoc omnibus quorum interest innotescimus per presentes. In cujus, etc. Teste Rege apud castrum

Regium Dalenson in ducatu, etc., xxiv°. die Novembris. Per ipsum Regem.

Rex omnibus ad quos, etc., salutem. Sciatis quod suscepimus in protectionem, etc., dilectos nobis in Christo decanum et capitulum ecclesie collegiate Omnium Sanctorum de Mortaigne ac homines et servientes suos sub fide et ligeancia nostris existentes necnon terras res redditus et omnes possessiones suas nolentes quod de bladis, etc., ut supra. Teste ut supra. Per ipsum Regem.

De monstro capiend. Rex dilectis et fidelibus suis Edmundo de Thorpe et Johanni de Radclyf salutem. Sciatis quod assignavimus vos ad monstrum sive monstracionem carissimi consanguinei nostri Johannis de Nevylle ac dilectorum et fidelium nostrorum Johannis Gray Willelmi Porter Philippi Leche Nicholai Pecche et Wilelmi Elmeden et omnium aliorum capitaneorum ibidem existencium et tam hominum ad arma et sagittariorum qui sunt de retinencia sua quam carissimi consanguinei nostri Henrici Comitis Northumbr. et eciam qui fuerunt de retinencia Briani de Stapultone chivaler defuncti necnon omnium aliorum in comitiva vestra existencium capiend. et eos in arraiacione sua ponend. seu poni faciendo et nobis de numero tam omnium et singulorum hominum ad arma et sagittariorum de retinenciis predictis fideliter certificand. Et ideo vobis mandamus quod circa promissa diligenter intendatis et ea faciatis et exequamini in forma predicta. Damus autem universis et singulis ligeis et subditis nostris quorum interest tenore presencium firmiter in mandatis quod vobis in execucione promissorum pareant intendant et obediant. In cujus, etc. Teste Rege apud castrum Regium Dalenson in ducatu Regio Normannie xxvij°. die Octobris. Per ipsum Regem.

Consimiles littere Rege diriguntur Johanni Blount chivaler et Rogero Fienes chivaler ad monstrum, etc. Henrici Fitz Hugh ac hominum ad arma et sagittorum qui sunt de retinencia sua, etc., ut supra. Teste ut supra. Per ipsum Regem.

Aliter. Rex dilectis et fidelibus suis Johanni Radeclyfe et Nicholao Pecche ac dilecto sibi Johanni Bourghope armigero salutem. Sciatis quod assignavimus vos ad monstrum sive monstracionem carissimi consanguinei nostri Johannis de Nevylle chivaler ac omnium et singulorum capitaneorum in garnesia nostra de Vernull. de mandato nostro existencium capiend. et eos in arraiacione sua ponend. et nobis de numero hominum ad arma et sagittariorum tam de retinencia predicti Johannis quam de retinencia cujuslibet capitaneorum predictorum bene et fideliter certificand. Ita semper quod monstrum sive monstracio predicte die Mercurii proxim. futur. ad ultimum capiatur. Et ideo vobis mandamus quod circa promissa diligenter intendatis et ea faciatis et exequamini in forma predicta. Damus autem universis et singulis capitaneis predictis ac aliis fidelibus ligeis et subditis nostris ibidem tenore presencium firmiter in mandatis quod vobis in execucione promissorum intendentes sint consulentes et auxiliantes prout decet. In cujus, etc. Teste Rege in exercitu suo prope villam Regiam Falesie in ducatu, etc., viij°. die Januarii. Per ipsum Regem.

Aliter. Rex dilectis sibi Johanni Radeclyfe chivaler et Johanni Bourghope armigero salutem. Sciatis quod assignavimus vos ad monstrum sive monstracionem Nicholai Pecche chivaler ac hominum ad arma et sagittariorum qui sunt de retinencia capiend. et eos in arraiacione sua ponend. et nobis de numero hominum ad arma et sagittariorum hujus bene et fideliter certificand. Et ideo vobis mandamus quod circa promissa diligenter intendatis et ea faciatis et exequamini in forma predicta. Damus autem universis et singulis quorum interest tenore presencium firmiter in mandatis quod vobis in execucione promissorum intendentes sint consulentes et auxiliantes prout decet. In cujus, etc. Teste ut proxim. supra. Per ipsum Regem.

Consimilis commissio dirigitur Nicholao Pecche chivaler et prefato Johanni Bourghope pro monstro Johannis Radeclyf chivaler capiend., etc., ut supra. Teste ut supra. Per ipsum Regem.

Aliter. Rex dilectis sibi Johanni Rochevale chivaler magistro Philippo Morgan magistro Johanni Kempe salutem. Sciatis quod assignavimus vos ad monstrum sive monstracionem hominum ad arma et sagittariorum in castris et villis nostris de Cadomo et Baleux ac aliis castris ibidem vicinis existencium capiend. et eos in arraiacione sua ponend. necnon de numero hominum ad arma et sagittariorum predictorum et cum quibus retenti fuerint distincte et aperte certificand. Et ideo vobis mandamus quod circa premissa diligenter intendatis et ea faciatis et exequamini in forma predicta. Damus autem universis et singulis quorum interest tenore presencium firmiter in mandatis quod vobis in executione promissorum intendentes sint consulentes et auxiliantes prout decet. In cujus, etc. Teste Rege apud villam Regiam Falesie xj°. die Januarii. Per ipsum Regem.

Consimiles commissiones diriguntur nominibus subscriptis sub eadem data, videlicet. Johanni Tiptoft chivaler et Stephano Payn elemosinario hospicii Regis pro monstro, etc., in civitate Regia de Lisieux et in vicecomitatu Regio Dauge, etc. — Petro Garneys et Willelmo Wymingtone pro monstro, etc., apud villam Regiam Dargenthen. Per ipsum Regem. — Henrico Fitz Hugh camerario Regis Johanni Tiptoft et Nicholao de Merbury pro moustro, etc., anterioris custodie exercitus Regis, etc. Per ipsum Regem.— Waltero Hungerforde chivaler senescallo hospicii Regis et Johanni Boteller pro media custodia exercitus Regis. Per ipsum Regem. — Willelmo Haryngtone chivaler et Roberto Allerton clerico coquine hospicii Regis pro posteriori custodia exercitibus Regis. Per ipsum Regem.— Willelmo Porter chivaler et Thome Warde pro aliis exercitus Regis capiend. Per ipsum Regem. — Waltero Beauchamp chivaler et Thome Rokys apud Hexmes et alia loca carissimi consanguinei Regis Thome comitis Sarisbury. Per ipsum Regem.— Johanni Godard chivaler et Henrico Englos pro monstro, etc., in castris sive villis Regie Dangeulle, Seint Remy, Beaumont, Nonan, Seint Anyan, et Tanye de presenti existentes capiend., etc.. Per ipsum Regem.

(Membraue 19 in dorso.)

Rex dilecto et fideli suo Johanni de Asshetone senescallo nostro de Baleux salutem. Ex parte religiosorum virorum domus S^{ti}. Martini de Mondae ordinis S^{ti}. Augustini juxta civitatem nostram predictam nobis est graviter conquerando monstratum ut cum omnia temporalia sua in manus nostras per vos seu saltem alios officiarios nostros civitatis predicte seisita fuissent et capta in manibus nostris adhuc existunt eaque occasione divinum servicium ibidem sustineri nequeat nisi sibi per nos in hac parte generosius succurratur. Nos nolentes divinum servicium occasione captionis seu seisine temporalium predictorum in manus nostras predictas impediri aliqualiter aut turbari set pocius quantum in nobis est sustineri et aumentari vobis mandamus quod omnia temporalia domus predicte in manus nostras per vos seu aliquos alios officiarios seu ministros nostros ibidem ut premititur capta et seisita prefatis religiosi viris sine dilacione restitui et liberari faciatis adeo libere et integre sicut ea ante capcionem seu seisinam predictam tenuerunt et habuerunt. Et si causa rationabilis subfuerit quare id facere non debeatis tunc nos inde sub sigillo vestro distincte et aperte sine dilacione reddatis certiores una cum hoc brevi. Teste Rege in exercitu suo prope villam Falesie in ducatu, etc., quarta die Decembris. Per ipsum Regem.

Consimilia brevia diriguntur prefato Johanni pro religiosis viris subscripti sub eadem data videlicet: Religiosis viris hospitalis S^{ti}. Nicholai de Baieux. Per ipsum Regem Religiosis viris domus Beate Marie de Longues ordinis S^{ti}. Benedicti prope civitatem Regiam predictam. Per ipsum Regem.

Rex omnibus ad quos, etc., salutem. Sciatis quod gracia nostra speciali ob reverenciam Dei et in sustentacionem cultus sui concessimus Abbati et conventui de Cerisy Baiocensis diocesi in ducatu nostro Normannie omnimoda temporalia sua ubicumque infra ducatum nostrum predictum fuerint constituta que ipsi temporibus retroactis habuerunt et tenuerunt seu quibus melius usi fuerunt et gavisi. In cujus, etc. Teste Rege ut proxim. supra. Per ipsum Regem.

Et mandatum est Senescallo Regio de Baieux ac omnibus aliis officiariis et ministris suis in ducatu suo Normannie ubilibet constitutis et eorum cuilibet quod ipsos Abbatem et conventum omnia temporalia sua predicta ubicumque infra ducatum suum predictum fuerint constituta que ipsi temporibus retroactis habuerunt et tenuerunt seu quibus melius usi fuerunt et gavisi habere permittant juxta tenorem litterarum Reg. predictarum ipsos contra tenorem earumdem non molestantes in aliquo seu gravantes. Teste ut supra. Per ipsum Regem.

Rex omnibus ad quos, etc., salutem. Sciatis quod de gracia nostra speciali concessimus religiosis viris abbatie S^{ti}. Stephani de Cadomo in ducatu nostro Normannie que de fundacione progenitorum nostrorum quondam Regum Anglie et nostro patronatu existit quod omnia temporalia abbatie predicte infra ducatum nostrum predictum sub gubernacione sua existant quousque pro regimine et gubernacione ejusdem abbacie ad laudem et honorem Dei aliter duxerimus ordinand. In cujus, etc. Teste Reg. in exercitu suo prope villam Falesie in ducatu, etc., 6°. die Decembris. Per ipsum Regem.

Et mandatum est Senescallo Regio de Cadomo ac aliis officiariis et ministris Regis in ducatu suo Normannie et eorum cuilibet quod ipsos religiosos omnia temporalia sua ejusdem abbacie infra ducatum Regium predictum sub gubernacione sua habere permittant juxta tenorem litterarum Reg. predictarum ipsos contra tenorem earumdem non molestantes in aliquo seu gravantes. Teste ut proxim. supra. Per ipsum Regem.

Rex omnibus ad quos, etc., salutem. Sciatis, etc., ut supra usque ibi abbatie, et tunc sic, S^{te}. Barbare in ducatu, etc., quod omnia temporalia, etc., ut supra. In cujus, etc. Teste Reg., etc., ut supra. Per ipsum Regem.

Et mandatum est universis et singulis officiariis et ministris Reg in ducatu, etc., ubilibet constitutis quod ipsos religiosos, etc., ut supra.

Rex omnibus ad quos, etc., salutem. Sciatis quod de gracia nostra speciali et ut divinum servicium ac alia pietatis opera que in hospitali sive domo Dei civitatis nostre de Baieux in ducatu nostro Normannie fieri debeant plus solito accrescant et ibidem laudabilius manuteneantur et sustineantur concessimus religiosis viris hospitalis sive domus predicte omnia temporalia eidem hospitali sive domui infra ducatum nostrum predictum qualitercumque spectancia sive pertinencia habend. in sustentacionem divini servicii et aliorum pietatis operum predictorum de dono nostro. In cujus, etc. Teste Reg. in exercitu suo prope villam Falesie in ducatu, etc., xij°. die Decembris. Per ipsum Regem.

Et mandatum est Senescallo Regis de Baieux ac aliis officiariis et ministris suis ducatus sui Normannie ubilibet constitutis quod ipsos religiosos omnia temporalia sua eidem hospitali sive domui infra ducatum Regium predictum qualitercumque spectancia sive pertinencia habere permittant juxta tenorem litterarum Reg. predictarum ipsos contra tenorem earumdem non molestantes in aliquo seu gravantes. Teste Reg. in exercitu, etc., ut prox. supra. Per ipsum Regem.

Consimiles litteras Regias paten*cium* (patentes) habent subscripti videlicet: Prioratus S^{ti}. Vigoris Le Grant juxta civitatem Regiam de Baieux in ducatu Regio Normannie. Teste Reg. in exercitu, etc., ut proxim. supra, xiiij°. die Decembris. Per ipsum Regem. — Et mandatum est ut proxim. supra. Per ipsum Regem.

Prioratus de Fontenay Le Painel in ducatu Regio Normannie. Teste Reg. in exercitu, etc. xviij°. die Decembris. Per ipsum Regem. — Et mandatum est universis et singulis officiariis et ministris Reg. in ducatu suo Norman. ubilibet constitutis quod ipsos religiosos, etc. Teste ut proxim. supra. Per ipsum Regem.

Domus S^{ti}. Stephani de Plesseiz Grimoult in ducatu, etc., ut proxim. supra. Per ipsum Regem.

Domus Beate Marie Daunay in ducatu, etc. Teste ut proxim. supra. Per ipsum Regem.

Abbatia S^{ti}. Andree de Gouffer juxta villam Regiam Falesie in ducatu, etc. Teste Reg. apud villam Regiam Falesia xxvij°. die Januarii. Per ipsum Regem. — Et mandatum est, etc., ut proxim. supra. Teste ut supra proxim. Per ipsum Regem.

Abbatia Beate Marie Dardaine in bailliagio Regio de Cadomo. Teste Reg. apud villam Regiam de Falesie secundo die Februarii. Per ipsum Regem. — Et mandatum est, etc., ut proxim. supra. Teste, etc., ut supra. Per ipsum Regem.

Prioratus de Croptes in castellania Regia Dexmes. Teste Reg. apud villam Regiam Falesie quarto die Februarii. Per ipsum Regem. — Et mandatum est, etc., ut proxim. supra. Teste ut supra proxim. Per ipsum Regem.

(Membrane 18 in dorso.)

Pro Roberto Hunt. De capiend. operariis artif'., etc. Rex dilecto sibi Roberto Hunte servienti cariagii nostri salutem. Scias quod assignavimus te ad artifices operarios equos et omnia alia quecumque officio tuo qualitercumque pertinencia sive spectancia ubicumque infra regnum nostrum Anglie inveniri poterunt tam infra libertates quam extra pro denariis nostris in hac parte rationabiliter solvend. arestand. capiend. emend. et providend. Et ideo tibi precipimus quod circa promissa diligenter intendas et ea facias et exequaris in forma predicta. Damus autem universis et singulis vicecomitibus majoribus ballivis constabulariis ac aliis officiariis ministris ligeis fidelibus et subditis nostris tam infra libertates quam extra tenore presencium firmiter in mandatis quod tibi in execucione premissorum intendentes sint consulentes et auxiliantes prout decet. In cujus, etc. Teste Rege in exercitu suo prope villam Falesie in ducatu, etc., x°. die Januarii. Per ipsum Regem.

De marinariis capiendis. Rex dilecto sibi Stephano Wellys magistro balingere nostre vocate Craitber, salutem. Scias quod assignavimus te ad tot marinarios quot pro balingera nostra predicta necessaria fuerint ubicumque inveniri poterunt tam infra libertates quam extra ad vadia nostra arestand. et capiend. Et ideo tibi precipimus quod circa premissa diligenter intendas et ea facias et exequaris in forma predicta. Damus autem universis et singulis ligeis et fidelibus notris tenore presencium firmiter in mandatis quod tibi in execucione premissorum intendentes sint consulentes et auxiliantes prout decet. In cujus, etc. Teste Rege apud villam Regiam Falesie xxiv°. die Januarii. Per ipsum Regem.

Consimilis commissio dir. Ricardo Rowe magistro balingere Regis vocate Swan sub eadem data. Per ipsum Regem.

De piscis providend. Rex Johanni Cutelere, salutem. Scias quod assignavimus te tam ad pisces marinos quam aque dulcis ubicumque inveniri poterunt tam infra libertates quam extra pro expensis hospicii nostri capiend. et providend. et eos usque dictum hospicium nostrum ubicumque contigerit ducendi et cariandi. Et ideo tibi precipimus quod circa premissa diligenter intendas et ea facias et exequaris in forma predicta. Damus autem universis et singulis capitaneis castellanis et eorum locatenentibus ac aliis officiariis ministris ligeis et subditis nostris tenore presencium firmiter in mandatis quod tibi iu execucione premissorum intendentes sint consulentes et auxiliantes prout decet. In cujus, etc., quamdiu Regi placuerit duratur. Teste Rege apud villam Regiam Falesie quarto die Februarii. Per ipsum Regem.

Item de eodem. Consimiles commissiones dir. personis subscriptis sub eadem data et per idem tempus duratur. Videlicet.—Rogero Cutelere. Per ipsum Regem et Hebere Pylatus. Per ipsum Regem.

De carpentariis capiend. Rex dilecto sibi Rogero Cropwode, salutem. Scias quod assignavimus te ad quadraginta et quatuor carpentarios pro operacionibus nostris in partibus cismarinis necessar. ubicumque infra regnum nostrum Anglie inveniri poterunt tam infra libertates quam extra ad vadia nostra sibi in hac parte prompte et rationabiliter solvend. provídend. et capiend. Et ideo tibi precipimus quod circa premissa diligenter intendas et ea facias et exequaris in forma predicta. Damus autem universis et singulis vicecomitibus majoribus ballivis constabulariis ac aliis officiariis ministris et subditis nostris ibidem tenore presencium firmiter in mandatis quod tibi in execucione premissorum intendentes sint consulentes et auxiliantes prout decet. In cujus, etc. Teste Rege apud castrum Regium Falesie xvij°. die Februarii. Per ipsum Regem.

Consimilis commissio dirigitur Thome Derby ad sexdecim fabros pro operacionibus, etc., et sub eadem data. Per ipsum Regem.

De apostata capiend. Rex universis et singulis ballivis vicecomitibus prepositis ac aliis officiariis et ministris nostris ducatus nostri Normannie et eorum cuilibet, salutem. Quia datum est nobis intelligi quod frater Hugo Tiryngtone ordinis fratrum Augustinencium Lincoln. spreto ordine illo de loco ad locum et patria ad patriam licencia superioris sui in hac parte non optenta vagatur et discurrit in anime sue periculum et ordinis predicti scandalum manifestum; nos volentes ipsum Hugonem in ordinem suum predictum reduci et ipsum a malicia sua hujus cohibere et refrenare vobis et cuilibet vestrum mandamus districtius quo possumus injungentes quod predictum Hugonem ubicumque inventus fuerit sine dilacione arestetis et capiatis et eum fratri Willelmo Birchele de villa nostra de Cadomo ordinis predicti seu ejus in hac parte deputato ad eum juxta regulam ordinis sui predicti in exemplum aliorum castigand. et puniend. liberetis indilate. Teste Rege apud villam Regiam Falesie quinto die Februarii Per ipsum Regem..

De quarteriis proditoris recipiend. Rex Vicecomiti Cadomi, salutem. Precipimus tibi firmiter injungentes quod statim visis presentibus unum quarteriorum corporis Edwardi ap. Griffythe in Wallia oriundi qui erga nos et ligeanciam suam cum inimicis nostris in villa nostra Falesie nuper existentibus in resistenciam nostram ibidem quantum in ipso fuit falso et proditorie se levavit et postmodum subjecta nobis villa predicta in fortificacionem castri ejusdem ville cum aliis tunc inimicis nostris ibidem se transtulit et divertit unde convictus fuit et condignam reatus sui penam in hac parte subiit ab eo qui illud tibi ex parte nostra liberabit recipias et illud in quadam hasta supra unam portarum ville predicte per quam fit populi major congressus ad eamdem affigi facias indilate. Et hoc nullatenus omittas. Teste Rege apud villam Regiam Falesie ix°. die Februarii. Per ipsum Regem.

Consimiles brevia diriguntur personis subscriptis sub eadem data videlicet.—Capitaneo Regis de Lisieux. —Capitaneo ville Regie Dalencon. — Capitaneo ville Regie de Vernuil. [Verneuil] vel eorum locatenentibus. Per ipsum Regem.

De proclamationibus faciendis pro Rege. Rex vicecomiti Cadomi, salutem. Precipimus tibi firmiter injungentes quod statim visis presentibus in locis in balliva tua consuetis publice ex parte nostra proclamari facias quod omnes et singuli milites armigeri et alii cujuscumque status gradus seu condicionis fuerint qui ad pacem et obedienciam nostras venire desiderant et affectant per litteras nostras salvi conductus sibi in hac parte necessarias cum ea celeritate qua poterunt prosequantur. Ita quod omnes illi qui ad hujus pacem et obedienciam nostras venire volunt ad personam nostram citra tercium decimum diem Marcii proxim'. futur'. venient et festinent. Teste Rege apud villam Regiam Falesie quarto die Februarii. Per ipsum Regem.

- Consimiles brevia diriguntur subscripti sub eadem data, videlicet. — Vicecomiti de Algia.—Vicecom'. de S^to^. Silvino. — Vicecom'. Falesie. — Vicecom'. de Argenthomo.—Vicecom'. de Exmis.- Vicecom'. de Bernció.—Vicecom'. de Alenconie.—Vicecom'. Baiocensis. — Vicecom'. de Condeto supra nigram aquam.— Vicecomiti ne Auribeco. Per ipsum Regem.

De proclamationibus faciendis. Rex vicecomiti Cadomi, salutem. Precipimus tibi firmiter injungentes quod statim visis presentibus in singulis locis in balliva tua ubi melius expedire videris ex parte nostra publice proclamari facias quod omnes et singuli homines cujuscumque status gradus seu condicionis fuerint qui ad graciam pacem et obedienciam nostras venerunt et sub proteccione nostra existunt ad domos se trahant et festinent ita quod sint ibidem vicesimo septimo die Frebruarii proxim'. futur'. ad ultimum sub pena et periculo quod si quis eorum ad diem illum in domo sua hujus non inventus, extra proteccionem nostram ponatur et tanquam brigans et inimicus noster teneatur et puniatur et quod de qualibet villa firmata et alia qualibet bona villa quatuor sufficientes et idonee persone ac de quibuslibet tribus vel quatuor villenagiis similiter quatuor sufficientes et idonee persone ad informandum nos seu alios de consilio nostro de nominibus illorum qui in domibus suis predictis ad diem predictum non morantur, et deinceps de tempore in tempus eligantur et nominentur. Teste Rege apud villam Regiam Falesie xxviij°. die Februarii. Per ipsum Regem.

Consimiles brevia diriguntur vicecomitibus subscriptis sub eadem data, videlicet. — Vicecomiti de Exmes. — Vicecom'. de Algia. — Vicecom'. de S^to. Silvino. — Vicecom'. Falesie. — Vicecom' de Argenthomo. — Vicecom'. de Auribeco. — Vicecom'. de Berneio. — Vicecom'. de Condeto supra nigram aquam. — Vicecom'. Alenconie. — Vicecom'. Baiocen'. Per ipsum Regem.

(Membrane 17 in dorso.)

De malefactoribus arestand. Rex dilecto sibi Henrico Styng armigero salutem. Quia certitudinaliter informamur quod quidam malefactores ligei nostri de comitiva tua existentes Deum pro oculis non habentes nec magestatem nostram Regiam offendere timentes quandam mulierem ibidem contra formam et effectum diversorum statutorum ordinacionum et appunctuamentorum pro regimine et gubernacione populi exercitus nostri editorum ac formam diversarum proclamacionum per totum exercitum nostrum predictum in hac parte factarum jamtarde violenter oppresserunt et rapuerunt in Dei displicenciam non modicam et offensam et nostre Regie magestatis lesionem manifestam nos malefactores predictos juxta eorum demerita castigari volentes et puniri quod punicio sua hujus omnibus aliis cedat in terrorem sic perperam delinquendi tibi districtius quo possumus injungendo precipimus quod statim visis presentibus omnibus viis et modis quibus convenit diligenter inquiras qui malefactores de comitiva tua predicta mulierem predictam ut premittitur violenter oppresserunt et rapuerunt quo casu, quando, qualiter, et quomodo et ad cujus vel quorum procuracionem consilium auxilium abbettamentum vel favorem oppressio et raptus hujus facti fuerunt et omnes illos cujuscumque status gradus seu condicionis fuerint quos reos vel culpabiles in hac parte invenire poteris sine dilacione arestes et capias et eos coram nobis in propria persona nostra statim cum capti fuerint duci facias ad faciendum et recipiendum quod per nos de eis contigerit ordinari. Et hoc sub gravi indignatione nostra et sicut te indempnem erga nos in hac parte preservare volueris nullatenus omittas. Teste Rege apud castrum Regium de Cadomo xxiv°. die Februarii. Per ipsum Regem.

(Membrane 16 in dorso.)

De salvis conduct'. Rex per litteras suas patentes usque tercium decimum diem Maii proxim'. futur'. duraturas suscepit in salvum, etc., Michaelem Belyn et Robertum Grimet usque presenciam Regis cum equis et bonis suis veniendo proviso semper quod ipsi quicquam quod in Reg. contemptum vel prejudicium aut populi sui dampnum aliqualiter cedere valeat non attemptent nec faciant quomodolibet attemptari et quod ipsi nullum castrorum seu villarum Reg. firmatarum absque speciali licencia capitaneorum Regis eorumdem intrent quomodo. In cujus, etc. Teste Rege apud castrum Regium de Cadomo xxv°. die Februarii. Per ipsum Regem.

Consimiles litteras Regias de salvo conductu per idem tempus duraturas habent subscripti sub eadem data videlicet. — Johannes Faudemer. — Guillelmus Le Porchier. — Thomas Marie. — Isabella que fuit uxor Petri de Joinne chivaler cum tribus personis in comitiva sua ac equis bonis rebus et hernesiis suis. — Petrus de la Pierre cum duobus famulis in comitiva sua ac equis bonis rebus et hernesiis suis. — Magister Guillelmus Le Sens clericus cum quinque personis in comitiva sua ac equis bonis rebus et hernesiis suis. — Gervasius Larchamp capellanus cum quatuor famulis in comitiva sua ac equis, etc. — Michael Renouf du Lochour cum duobus famulis, etc. — Laurencia de Careu et Johannes Erfault cum quatuor famulis, etc. — Johannes Le Landoiz cum una persona in comitiva sua ac equis, etc. — Petrus Pelly. — Guillelmus Patrice. Teste Rege apud civitatem Regiam de Baieux vj°. die Marcii.

(Membrane 12 in dorso.)

Pro Johanne Fastolf. Rex locumtenenti ville nostre de Harefleu ac thesaurario nostro ejusdem ville necnon officiariis nostris ibidem et eorum cuilibet salutem. Quia datum est nobis intelligi quod vos diversa victualia dilecti et fidelis nostri Johannis Fastolf in villa predicta arestari fecistis nos quibusdam certis de causis coram nobis in propria persona nostra prepositis vobis mandamus quod victualia illa omnia et singula qualiacumque fuerint sine dilacione dearestari et prefato Johanni aut ejus in hac parte attornato deliberari faciatis. Teste Rege apud castrum Regium de Cadomo in ducatu Regio Normannie secundo die Octobris. Per ipsum Regem.

De proclamatione facienda. Rex dilecto et fideli suo Gilberto Talbot custodi et capitaneo generali marchiarum nostrorum Normannie salutem. Mandamus vobis quod statim visis presentibus in singulis locis ubi melius expedire videritis publice ex parte nostra proclamari facias quod omnes et singuli de qualicumque parrochia fuerint qui sub proteccione et defensione nostris existunt pro bilnetis suis infra octo dies post proclamacionem nostram hujus penes vos prosequantur sub pena quod si eorum aliquis bilnetam suam hujus non habens post octo dies predictos per aliquem ligeorum nostrorum de exercitu nostro capiatur, prisonarius capienti remaneat proteccione nostra predicta in aliquo non obstante. Teste Rege in exercitu suo prope villam Dalencon in ducatu, etc. xx°. die Octobris. Per ipsum Regem.

Consimilis breve dir'. Ricardo Grey de Codnore capitaneo castri Regii Dargenthen in ducatu Regio predicto sub eadem data. Per ipsum Regem.

De soldariis ammovendis. Rex dilectis et fidelibus suis Gilberto de Talbot et Gilberto de Humframville et eorum alteri salutem. Mandamus vobis quod statim visis presentibus omnes et singulos soldarios de retinenciis carissimi consanguinei nostri Johannis de Nevyle chivaler seu aliquorum capitaneorum in comitiva sua existencium quos in villa et castro nostris de Cadomo seu altero ejusdem invenire poteris residere vel morari ad consanguineum nostrum predictum cum omni celeritate transire faciatis nec eos aut eorum aliquem ibidem diucius aliqualiter expectare permittatis. Teste Rege apud castrum Regium Dalenson in ducatu, etc. xiv°. die Novembris. Per ipsum Regem.

De proclamatione facienda ad conservand. vigilias. Rex carissimo consanguineo suo Johanni de Nevylle chivaler salutem. Mandamus vobis quod visis presentibus in singulis locis ubi melius expedire videritis ex parte nostra publice proclamari faciatis quod omnes et singuli capitanei se comitiva vestra existentes vigilias et custodias cum soldariis suis quociens et quando per vos seu vestrum in hac parte deputatum ex parte nostra fuerint premuniti faciant et custodiant et vobis in singulis equitacionibus et aliis resistenciis contra preterviam inimicorum nostrorum faciend. et providend. intendant pareant et obediant. Et quod quilibet eorum hoc sub pena in commissione nostra vobis in hac parte directa specificata nullatenus omittat. Teste Rege apud castrum Regium Dalenson in ducatu, etc. xiv°. die Novembris. Per ipsum Regem.

De proclamacione facienda. Rex dilecto et fideli suo Gilberto de Humframville capitaneo ville nostre de Cadomo salutem. Mandamus vobis quod statim visis presentibus in singulis locis in villa predicta ubi melius expedire videritis publice ex parte nostra proclamari faciatis quod omnes et singuli soldarii qui sunt tam de retinencia carissimorum consanguineorum nostrorum Henrici comitis Northumbr et Johannis de Nevylle chivaler quam alicujus alterius in villa nostra de Vernullio existentis usque eandem villam cum equis et hernesiis suis cum omni festinacione possibili excusacione quacumque cessante properent et festinent. Et hoc sub periculo quod incumbit nullatenus omittant. Teste Reg' in exercitu suo prope villam Falesie in ducatu, etc., tercio die Decembris. Per ipsum Regem.

De cerciorando. Rex dilecto et fideli suo Johanni de Assheton Senescallo nostro de Baieux salutem. Quandam peticionem nobis in propria persona nostra per priorem et fratres domus Sti. Martini de Mondae prope civitatem nostram predictam exhibitam vobis mittimus presentibus interclusam mandantes ut inspecta petitione predicta et per vos plenius intellecta de veritate materie in eadem peticione specificate nos in persona nostra predicta distincte et aperte sine dilacione reddatis cerciores hoc breve nobis remittentes. Teste Reg'. in exercitu, etc., ut proximo supra sexto die Decembris. Per ipsum Regem.

Consimilis breve dirigetur eidem Johanni ad certificandum de veritate materie in quadam peticione Regi per Johannem Mathu exhibita specificate sub eadem data. Per ipsum Regem.

De prisonario liberando. Rex dilecto et fideli suo Johanni de Assheton Senescallo nostro de Baieux salutem. Monstravit nobis Laurencius Raoul de parochia de Gueron in ducatu nostro Normannie per peticionem suam nobis exhibitam graviter conquerendo ut cum ipse nuper in civitatem nostram predictam pro bilneta sua habenda pretextu proclamacionis nostre in hac parte facte venisset et bilnetam suam hujus ibidem habuisset quidam ligeorum nostrorum civitatis predicte ad hoc consideracionem non habentes prefatum Laurencium bilneta predicta sic per ipsum ut premittitur optenta non obstante ibidem ceperunt et imprisonaverunt et ipsum sic in diu detinuerunt et detinent de presenti in ipsius Laurencii dispendium non modicum et gravamen ac vite sue periculum manifestum. Unde nobis supplicavit ut sibi de remedio in hac parte opportuno generose providere dignaremur. Nos nolentes ipsum Laurencium occasione promissa indebite aliqualiter pregravari vobis mandamus quod si ita est tunc ipsum Laurencium sub cujuscumque custodia detentus fuerit infra civitatem predictam sine dilacione deliberari faciatis. Et si causa rationabilis subfuerit quare id facere non debeatis, tunc nos inde sub sigillo vestro distincte et aperte sine dilacione reddatis cerciores hoc breve nobis remittentes. Teste Rege in exercitu suo prope villam Falesie in ducatu, etc. vj°. die Decembris. Per ipsum Regem.

De bonis deliberandis. Rex capitaneo castri nostri Dargenthen vel ejus locumtenenti ibidem salutem. Supplicavit nobis Johannes Le Moulinier in villa nostra Dargenthen commorans ut cum ipse diversa bona sua infra castrum nostrum predictum pro salva custodia eorumdem diu antequam idem castrum nobis redditum fuit posuisset, eadem que bona in eodem castro sub custodia vestra adhuc remaneant et licet idem Johannes penes vos pro deliberacione bonorum predictorum habend. eo quod ipse et uxor ejus ligei nostri devenissent et sacramentum suum in hac parte debitum et requisitum fecissent et prestitissent vos tamen asserentes bona predicta nobis tanquam per nos conquesta et adquisita pertinere debere eadem bona infra castrum predictum adhuc servetis et teneatis nec ea sibi liberare curetis in ipsius Johannis dampnum non modicum et gravamen velimus eadem bona sibi restitui jubere generose nos precibus ipsius Johannis in hac parte favorabiliter inclinati vobis madamus quod si ita est tunc eidem Johanni omnia bona sua in castro predicto existencia sine difficultate aliqua restitui et liberari faciatis. Et si causa rationabilis subfuerit quare id facere non debeatis tunc nos inde sub sigillo vestro distincte et aperte sine dilacione reddatis cerciores una cum hoc brevi. Teste Rege in exercitu, etc., ut proxim'. supra. Per ipsum Regem.

De cerciorando. Rex vicecomiti de Cadomo. Volentes certis de causis cerciorari quod et cujus modi officium sergentarie de Villiers in Boscage existit et quantum officium illud in omnibus annuatim valeat ac quis ultimo officium illud habuit et occupavit; tibi precipimus quod nos inde sub sigillo tuo distincte et aperte sine dilacione reddas cerciores hoc breve nobis remittens. Teste Rege in exercitu, etc., ut supra. Per ipsum Regem.

De essendo coram Reg. Rex locumtenenti carissimi consanguinei nostri Ricardi comitis Warrene capitanei castri nostri de Thurie, salutem. Quibusdam certis de causis coram nobis in propria persona nostra prepositis tibi precipimus firmiter injungentes quod omnibus aliis pretermissis et excusacione quacumque cessante in propria persona tua sis coram nobis in propria persona cum omni festinacione possibili ad respondendum super hiis que tibi ex parte nostra objicientur tunc ibidem et ad faciendum ulterius et recipiendum quod per nos consideratum fuerit in hac parte. Et hoc sub periculo quod incumbit nullatenus omittas. Teste Rege in exercitu suo, etc., xviij°. die Decembris. Per ipsum Regem.

Pro burgensibus de Sees. Rex capitaneo castri nostri Dessay vel ejus locumtenenti ibidem, salutem. Ex parte burgensium et parochianorum Sti. Petri de Sees nobis est graviter conquerendo monstratum quod licet ipsi vigiliam seu custodiam in aliquo fortaliciorum nostrorum facere non teneantur sic quod ipsi summam sex francorum Turnois ad receptam nostram Aleneonie vel Essay annuatim solvant vos tamen ad hoc consideracionem non habentes ipsos burgenses et parochianos et vigiliam et custodiam hujus in castro nostro predicto faciendo graviter distringendo compellitis in ipsorum burgensium et parochianorum prejudicium non modicum et gravamen unde nobis supplicarunt sibi de remedio in hac parte providere opportuno nos nolentes ipsos burgenses et parochianos aliter quam retroactis temporibus ibidem fieri consuevit injuriari vobis mandamus quod si vobis aliquomodo debito constare poterit ipsos burgenses et parochianos vigiliam et custodiam in aliquo fortaliciorum nostrorum facere non debere sed summam predictam ut premittitur nobis annuatim solvere teneri ipsos burgenses et parochianos ad hujus vigiliam et custodiam faciend. nullatenus compellatis. Et districtionem si quam eisdem burgensibus et parochianis in hac parte feceritis sine dilacione relaxatis eisdem. Teste Rege in exercitu, etc., xvj°. die Decembris. Per ipsum Regem.

Pro canonicis de Baieux. Rex dilecto et fideli suo Johanni de Assheton Senescallo nostro de Baieux, salutem. Cum de gracia nostra speciali concessimus dilectis nobis in Christo canonicis residentibus in ecclesia cathedrali Beate Marie civitatis nostre de Baieux in ducatu nostro Normannie ac capellanis clericis et aliis ministris ibidem Deo servientibus et sub fide et ligeancia nostris existentibus quod ipsi habeant et teneant omnes et singulas hereditates et redditus ad corpus ecclesie predicte infra ducatum nostrum predictum qualitercumque pertinentes ita quod ipsi de eisdem hereditatibus et redditibus ad onera eidem ecclesie incumbencia supportand. juxta consuetudinem ibidem hactenus rationabiliter habitam et usitatam disponere possint quousque pro regimine et gubernacione ejusdem ecclesie ad Dei laudem et honorem aliter duxerimus ordinand. prout in litteris nostris patentibus inde confectis plenius continetur vobis mandamus quod ipsos canonicos capellanos clericos et alios ministros ibidem Deo servientes omnes et singulos hereditates et redditus ad corpus ecclesie predicte infra ballivam vestram qualitercumque pertinentes habere permittatis juxta tenorem litterarum predictarum ipsos contra tenorem earumdem non molestantes in aliquo seu gravantes. Teste Rege in exercitu, etc., xiv°. die Decembris. Per ipsum Regem.

Consimilis breve dirigitur ballivo ville Regie de Cadomo pro canonicis, etc., predictis sub eadem data. Per ipsum Regem.

Pro Willelmo Calix. Rex vicecomiti Cadomi, salutem. Cum de gracia nostra speciali et pro bono servicio nobis per dilectum servientem nostrum Willelmum de Calix in presenti viagio nostro impenso concesserimus ei domum que fuit Ricardi de Beaussieu in villa nostra predicta in ducatu nostro Normannie una cum omnibus hereditatibus eidem Ricardo pertinentibus habend. eidem Willelmo et heredibus masculis de corpore suo exeuntibus prout in litteris nostris patentibus inde confectis plenius continetur, tibi precipimus quod ipsum Willelmum domum predictam una cum omnibus hereditatibus prefato Ricardo pertinentibus habere permittatis juxta tenorem litterarum nostrarum predictarum ipsum contra tenorem earumdem non molestans in aliquo sive gravans. Teste ut proximo supra. Per ipsum Regem.

(Membrane 11 in dorso.)

De inquirendo. Rex ballivo ville nostre de Cadomo ac locumtenenti et marescallo nostro ibid. salutem. Quia certitudinaliter informamur quod quidam malefactores et depredatores diversas domos nostras et aliorum infra villam nostram predictam perperam irrumpentes quam plura bona ad non modicam valenciam in eisdem domibus existencia indies felonice furantur et asportant et non solum id verumeciam maremium domorum predictarum capiunt et illud igni committunt et comburunt tam in nostri quam aliorum predictorum dampnum non modicum et gravamen nos hujus malefactores et depredatores juxta eorum demerita castigari volentes et puniri vobis et cuilibet vestrum mandamus firmiter injungentes quod statim visis presentibus omnibus viis et modis quibus juxta sanas discreciones vestras melius sciveritis vel poteritis diligenter inquiratis qui malefactores et depredatores malapromissa sic ut premittitur perpetrarunt quo casu quando qualiter et quomodo. Et omnes illos quos per hujus inquisicionem aut alio modo legitimo quocumque reos vel culpabiles in hac parte invenire poteritis sine dilacione arestetis et capiatis et eos in prisona nostra ville predicte quousque per Justices nostros ad diversa prodiciones felonias et alia malefacta in eadem villa nostra audiend. et terminand. assignat. deliberentur salvo et secure custodiri facias. Teste Rege apud villam Regiam Falesie xvij°. die Januarii. Per ipsum Regem.

De exonerando. Rex dilecto et fideli suo Gilberto Talbot, salutem. Licet nuper per litteras nostras patentes quamdiu nobis placuerit duratur'. constituimus vos custodem et capitaneum generalem marchiarum nostrarum Normannie sub certa forma in dictis litteris nostris specificata, prout in eisdem litteris plenius continetur, quibusdam tamen certis de causis coram nobis in propria persona nostra propositis vobis mandamus quod vos de officio custodis et capitanei marchiarum predictarum colore litterarum nostrarum predictarum nullatenus intromittatis. Volumus enim vos inde ergo nos exnunc exonerari. Teste Rege apud villam Regiam Falesie xxviij°. die Januarii. Per ipsum Regem.

Suivent deux brefs de Henri V, l'un adressé aux barons de l'échiquier d'Angleterre au sujet de la garde des héritiers en sous-âge de Richard de Courtenay, évêque de Norwick.—L'autre, à son lieutenant en Irlande par lequel il confère à Jehan de Pylkington l'office de receveur des aubaines de ce royaume.

Pro Lodowico Burgoys de habend. terras suas. Rex universis et singulis officiariis et ministris nostris in ducatu nostro Normannie ubilibet constitutis, salutem. Cum de gracia nostra speciali dederimus et concesserimus Lodowico Burgoise de ducatu nostro predicto chivaler jurato ligeo nostro omnia terras tenementa redditus et possessiones que ipse ante adventum nostrum in ducatum nostrum predictum jure hereditario tenuit habendum et tenendum omnia terras tenementa redditus et possessiones predicta prefato Lodowico et heredibus suis per homagium nobis et heredibus nostris faciendo et reddendo nobis et eisdem heredibus nostris ad castrum nostrum Falesie ad festum S^ti^. Michaelis unum ancipitrem singulis annis imperpetuum et faciendo omnia alia servicia terris et tenementis predictis debita et consueta prout in litteris nostris patentibus inde confectis plenius continetur vobis mandamus quod ipsum Lodovicum omnia terras tenementa redditus et possessiones predicta habere permittatis juxta tenorem litterarum nostrarum predictarum ipsum contra tenorem earumdem non molestantes in aliquo seu gravantes. Teste Rege apud villam Regiam Falesie quarto die Februarii. Per ipsum Regem.

(Membrane 10 in dorso.)

De restitutione temporali Caen. Rex omnibus ad quos, etc., salutem. Sciatis quod de gracia nostra speciali et ut divinum servicium ac alia pietatis opera que in monasterio S^te^. Trinitatis de Cadomo quod de fundacione progenitorum nostrorum quondam Regum Anglie et nostro patronatu existit fieri debeant plus solito accrescant et ibidem laudabilis manuteneantur et sustineantur concessimus religiosis mulieribus monasterii predicti omnia temporalia eidem monasterio infra ducatum nostrum Normannie qualitercumque spectancia sive pertinencia habend. in sustentacionem divini servicii et aliorum pietatis operum predictorum de dono nostro. In cujus, etc. Teste Rege apud civitatem Regiam de Baieux quinto die Marcii. Per ipsum Regem.

Breve inde. Et mandatum est universis et singulis officiariis et ministris Regis ducatus sui Normannie ubilibet constitutis quod ipsas religiosas mulieres omnia temporalia sua eidem monasterio infra ducatum nostrum predictum qualitercumque spectancia sive pertinencia habere permittant juxta tenorem litterarum Reg. predictarum ipsas contra tenorem litterarum earumdem, etc. Teste Rege ut supra. Per ipsum Regem.

Pro hospitali de Caen. Rex omnibus ad quos, etc., salutem. Sciatis quod nos considerantes magnam paupertatem et inopiam quas religiosi viri domus sive hospitalis Dei ville nostre de Cadomo ob guerrarum discrimina sustinent hiis diebus, de gracia nostra speciali et ob illius reverenciam in cujus honore domus sive hospitale illud fundatur et locatur concessimus eisdem religiosis viris domum sive hospitale predictum ad divini cultus augmentacionem et alia opera pietatis que ibidem juxta vota et intenciones fundatorum ejusdem domus sive hospitalis fieri debent et solebant manutenend. et sustentand. necnon omnes domos redditus et omnes possessiones suas quascumque domui sive hospitali illi pertinentes sive spectantes habend. eisdem religiosis viris de dono nostro. In cujus, etc. Teste Rege apud castrum Regium de Cadomo xxvj°. die Februarii. Per ipsum Regem.

Pro abbatia de Fontenay. Rex omnibus ad quos, etc., salutem. Sciatis quod de gracia nostra speciali et ut divinum servicium ac alia pietatis opera que in abbatia Sti. Stephani de Fontenay Baiocensis diocesis fieri debeant plus solito accrescant et ibidem laudabilius manuteneantur et sustineantur concessimus dilectis nobis in Christo Abbati et conventui abbacie predicte omnia temporalia eidem abbacie infra ducatum nostrum Normannie qualitercumque spectancia sive pertinencia habend. in sustentacionem divini servicii et aliorum pietatis operum predictorum de dono nostro. In cujus, etc. Teste Rege apud civitatem Regiam de Baieux quinto die Marcii. Per ipsum Regem.

Breve inde. Et mandatum est universis et singulis ballivis vicecomitibus ac aliis officiariis et ministris R. ducatus Regii Normannie ubilibet constitutis quod predictos Abbatem et conventum omnia temporalia sua eidem abbacie infra ducatum Regium Normannie qualitercumque spectancia sive pertinencia habere permittant juxta tenorem, etc., ipsos, etc. Teste Rege ut supra. Per ipsum Regem.

Pro domo Dei de Baieux. Rex universis et singulis ballivis vicecomitibus servientibus ac aliis officiariis et ministris nostris ducatus nostri Normannie ubilibet constitutis, salutem. Cum de gracia nostra speciali et ut divinum servicium ac alia pietatis opera que in hospitali sive domo Dei civitatis nostre de Baieux in ducatu nostro predicto fieri debeant plus solito accrescant et ibidem laudabilius manuteneantur et sustineantur concesserimus religiosis viris hospitalis sive domus predicte omnia temporalia eidem hospitali sive domui infra ducatum nostrum predictum qualitercumque spectancia sive pertinencia habend. in sustentacionem divini servicii et aliorum pietatis operum predictorum de dono nostro prout in litteris nostris patentibus inde confectis plenius continetur vobis mandamus quod ipsos religiosos omnia temporalia sua eidem hospitali sive domui infra ducatum nostrum predictum spectancia sive pertinencia habere permittatis juxta tenorem litterarum nostrarum predictarum ipsos contra tenorem earumdem non molestantes in aliquo seu gravantes. Teste Rege, etc., ut proximo supra. Per ipsum Regem.

Pro domo Sti. Gabrielis juxta Baieux. Rex omnibus ad quos, etc., salutem. Sciatis quod de gracia nostra speciali et ut divinum servicium ac alia pietatis opera que in domo Sti. Gabrielis juxta Baieux in ducatu nostro Normannie que de fundacione progenitorum nostrorum quondam Regum Anglie et nostro patronatu existit fieri debeant, plus solito accrescant et ibidem laudabilius manuteneantur et sustineantur, concessimus dilectis nobis in Christo Radulfo Flamunt nunc priori domus predicte ut dicitur et ejusdem loci conventui omnia temporalia eidem domui infra ducatum nostrum predictum qualitercumque spectancia sive pertinencia habend. in sustentacionem divini servicii et aliorum pietatis operum predictorum de dono nostro. In cujus, etc. Teste Rege apud civitatem Regiam de Baieux vij°. die Marcii. Per ipsum Regem.

Breve inde. Et mandatum est universis et singulis ballivis, etc., ut supra quod ipsos priorem et conventum omnia temporalia sua eidem domui infra ducatum Regium predictum qualitercumque spectancia sive pertinencia habere permittant juxta tenorem, etc., ipsos, etc. Teste ut supra. Per ipsum Regem.

Pro abbatia de Barberi. Rex omnibus ad quos, etc., salutem. Sciatis quod de gracia nostra speciali et ut divinum servicium ac alia pietatis opera que in abbacia Beate Marie de Barberi fieri debeant, plus solito accrescant et ibidem laudabilius manuteneantur et sustineantur concessimus dilectis nobis in Christo Abbati et conventui abbacie predicte omnia temporalia eidem abbacie infra ducatum nostrum Normannie qualitercumque pertinencia sive spectancia habend. in sustentacionem divini servicii et ad exorandum specialiter pro bono statu nostro dum vixerimus et pro anima nostra cum ab hac luce migraverimus ac animabus progenitorum et successorum nostrorum et omnium fidelium defunctorum necnon ad alia onera et pietatis opera inibi faciend. et sustentand. de dono nostro. In cujus, etc. Teste Rege apud civitatem Regiam de Baieux xv°. die Marcii. Per ipsum Regem.

Breve inde. Et mandatum est universis et singulis ballivis, etc., quod prefatos Abbatem et conventum temporalia predicta habere permittant juxta tenorem, etc., ipsos, etc. Teste Rege ut supra. Per ipsum Regem.

Pro Johanne de Fontenay. Rex universis et singulis capitaneis castellanis et eorum locatenentibus ac aliis officiariis ministris ligeis fidelibus et subditis nostris ad quos, etc., salutem. Mandamus vobis quod Johannem de Fountenay armigerum qui de licencia nostra versus Sanctum Jacobum Galicie peregre profecturus est, per omnia terras domania et potestatem nostra libere et absque impedimento aliquo transire permittatis dumtamen idem Johannes quicquam quod in nostri seu populi nostri dampnum vel prejudicium cedere valeat non attemptet seu attemptari faciat quovismodo. Teste Rege apud civitatem Regiam de Baieux xvj°. die Marcii. Per ipsum Regem.

(Membrane 9 in dorso.)

De supersedendo. Rex carissimo fratri suo Thome Duci Clarencie constabulario exercitus nostri ac carissimo consanguineo nostro Johanni Comiti Marescalli et eorum locatenentibus, salutem. Quia quibusdam certis de causis nos specialiter moventibus quoddam placitum quod est coram vobis in curia nostra militari inter Henricum Colley querentem et Ricardum Crouner mercatorem ville nostre de Cadomo defendentem de quadam trangressione eidem Henrico per prefatum Ricardum illata ut dicitur coram nobis et consilio nostro et non alibi discuti volumus et terminari vobis et cuilibet vestrum mandamus firmiter injungentes quod placito illi coram vobis ulterius tenend. supersedeatis omnino et si ipsum Ricardum occasione predicta ceperitis tunc ipsum a prisona qua sic detinetur si ea occasione et non alia detineatur in eadem sine dilacione deliberari facias dicentes ex parte nostra prefato Henrico quod penes nos et consilium nostrum pro remedio in hac parte versus prefatum Ricardum optinend. prosequatur si sibi viderit expedire. Teste Reg. apud castrum Regium de Cadomo xxvij°. die. Per ipsum Regem.

De conservacione Treuge. Rex omnibus ad quos, etc, salutem. Sciatis quod cum nuper ad honorem Dei et Christiani sanguinis effusionem evitandam inierimus fecerimus et concordaverimus treugas et abstinencias guerrarum sub certis modo et forma cum preclarissima Domina Yolanda Regina Jerusalem et Cecilie ac Lodowico filio suo prout ex earum tenoribus clarius liquere poterit in eventum nos ipsa pacis seu treugarum federa quantum in nobis est inviolata et illibata observari cupientes ac quidquid in contrarium actum est aut fuit ultro citroque debita cum celeritate reformari, de fidelitate circumspectione et industria fidelium et dilectorum nostrorum Johannis Arundel de Lichet Maultravers chivaler Rolandi Leyntale chivaler et magistri Johannis Stokes legum doctoris plenius confidentes ad conveniendum cum ambassiatoribus commissariis deputatis procuratoribus sive nunciis prefatorum Domine Yolande Regine et Lodowici filii sui sufficientem in hac parte potestatem exhibentibus in villa nostra de Balon aut quocumque alio loco ad hoc apto et congruo audiend. que ambassiatorum commissarium procuratorum seu nunciorum hujus voluntatem de et super omnibus et singulis liberacionem incarceratorum utriusque parcium predictarum ac reparacionem attemptatorum circa prefatas treugas et abstinencias qualitercumque concernentibus et attemptatorum hujus correctionem punicionem reparacionem et reformacionem faciend. et eas fieri petend. requirend. et cum effectu optinend. ac utriusque partis querelas ultro citroque propositas et proponendas cum suis emergentibus incidentibus dependentibus et connexis audiendo examinando et fine debito terminando summarie simpliciter et de plano sine strepitu et figura judicii legalibus terminis si eis expedire videbitur non servatis aut alias de concessu parcium recissorum aut abbreviatorum inspecta sola facti veritate necnon ad concedendum petendum et optinendum quibuscumque personis salvi conductus litteras qualenus negocii natura qualitas et expedicio exigit et requirit ceteraque omnia et singula faciend. exercend. et expediend. que in promissis et circa ea necessaria fuerint aut quomodolibet opportuna, ipsos tres aut duos eorum quorum prefatum Johannem Stokes unum esse volumus nostros veros et legitimos ambassiatores commissarios deputatos procuratores negociorum gestores et nuncios speciales facimus ordinamus creamus et constituimus per presentes promittentes in verbo Regio nos ratum gratum et firmum perpetuo habiturum quicquid per eosdem ambassiatores, etc., aut duos eorum actum sive gestum fuerit in promissis seu aliquorum promissorum. In cujus, etc. Teste Reg. apud civitatem Regiam de Baieux vij°. die Marcii. Per ipsum Regem.

De prisonar'. liberandis. Rex dilecto et fideli suo Gilberto Umframville capitaneo ville nostro de Cadomo vel ejus locum tenenti ibidem, salutem. Mandamus vobis quod Gervasium Barac prisonarium dilecti ligei nostri Ferandi captum et in prisona nostra ville predicte sub custodia vestra detentum ut dicitur prefato Ferando deliberetis seu deliberari facias indilate. Teste Reg. apud civitatem Regiam de Baieux x°. die Marcii. Per ipsum Regem.

Suit un bref de Henri V adressé à l'abbé et aux religieux de Milton pour qu'ils aient à donner à Thomas Battecombe, son clerc, une pension jusqu'à ce qu'il soit pourvu d'un bénéfice.

De caponibus providendis. Rex dilecto sibi Johanni Bekenysfeld, salutem. Scias quod assignavimus te ad capones aucas gallinas pullos et omnia alia officio pulletrie hospicii nostri pertinencia ac cariagium sufficiens pro eisdem usque hospicium nostrum predictum ducend. ubicumque inveniri poterunt pro expensis hospicii nostri hujus emend. capiend. arestand. et providend. Et ideo tibi precipimus quod circa premissa diligenter intendas et ea facias et exequaris in forma predicta. Damus autem universis ballivis vicecomitibus constabulariis ac aliis officiariis ministris ligeis et subditis nostris tenore presencium firmiter in mandatis quod tibi in execucione premissorum intendant et suffragentur. In cujus, etc., quamdiu Regi placuerit duratur. Teste Reg. apud civitatem Regiam de Baieux xiv°. die Marcii. Per ipsum Regem.

Consimiles litteras habent subscripti sub eadem data. Videlicet : — Willelmus Manfeld — Walterus Molyners. — Johannes Hannam. — Johannes Compton. — Johannes Hunt. — Willelmus West. — Willelmus Rothewelle. — et Johannes de Alleaume.

De potestate commissa comiti Huntyngdoni, etc. Rex carissimo consanguineo suo Johanni Comiti Huntyngdon, salutem. Sciatis quod nos de fidelitate et circumspectione vestris plenius confidentes dedimus vobis plenam tenore presencium potestatem et auctoritatem ad omnia et singula ordinaciones statuta et appunctuamenta pro bono pacis ac quiete regimine et gubernacione populi exercitus nostri facta ordinata et stabilita in omnibus et singulis suis articulis bene fideliter et efficaciter custodiend. et observand. ac custodiri et observari faciend. et omnes illos cujuscumque status gradus seu condicionis fuerint quos contra formam ordinacionum statutorum et appunctuamentorum predictorum delinquentes inveneritis castigand. et puniend. prout juxta vim formam et effectum eorumdem rationabiliter fuerit faciend. et omnes et singulos de societate vestra qui aliquibus personis qui ad graciam et obedienciam nostras venerunt dampnum molestiam injuriam inferunt seu gravamen arestand. et eos et eorum quemlibet prout melius juxta sanam discrecionem vestram fore videritis faciend. castigand. et puniend. Intencionis tamen nostre non existit quin si vos cum societate vestra in comitivam carissimi fratris nostri Humfredi Ducis Gloucestrie venire contigerit; tunc potestas vestra hujusmodi quamdiu in comitiva ejusdem fratris nostri fueritis penitus cesset et expiret. In cujus, etc., quamdiu Regi placuerit duratur. Teste Reg. apud civitatem Regiam de Baieux xvij°. die Marcii. Per ipsum Regem.

De potestate commissa. Rex dilecto et fideli suo Johanni de Assheton chivaler ballivo nostro de Constantino, salutem. Sciatis quod nos de fidelitate et circumspectione vestris plenius confidentes, dedimus vobis plenam tenore presencium potestatem et auctoritatem ad tot et tales officiarios in civitate nostra de Coustances et partibus ibidem adjacentibus quot juxta sanam discrecionem vestram pro commodo et honore nostris ibidem necessaria fuerint seu quomodolibet opportuni faciend. constituend. ordinand. et deputand. et eos et eorum quemlibet super sacramentis suis de nobis bene et fideliter in officiis suis hujusmodi quamdiu nobis placuerit serviendo debite onerand. Et ideo vobis mandamus quod circa premissa diligenter intendatis et ea faciatis et exequamini in forma predicta. Proviso semper quod nos de nominibus omnium et singulorum hujus officiariorum per vos faciend. et ordinand. distincte et aperte certificetis. In cujus, etc. quamdiu nobis placuerit duratur. Teste Reg'. apud civitatem Regiam de Baieux xviij°. die Marcii. Per ipsum Regem.

Rex carissimo fratri suo Humfredo duci Gloucestrie, salutem. Mandamus vobis quod statim visis presentibus in singulis locis ubi melius expedire videritis ex parte nostra publice proclamare faciatis quod omnes et singuli brigantes et alii quicumque in locis privatis et absconditis se tenentes qui ad graciam pacem et obedienciam nostras venire volunt et desiderant ad presenciam nostram citra tercium diem aprilis proximo futuro pro gracia nostra in hac parte optinenda et habenda se trahant properent et festinent pro litteris salvi conductus sibi in hac parte necessaria prosequantur si sibi viderint expedire et nos eis et eorum cuilibet ob reverenciam Dei et instantis sacri temporis hereditates feoda et possessiones sua si per nos antea data non existant non obstantibus offensis per eos ante hec tempora factis assignari et liberari faciemus. Teste Reg'. apud civitatem Regiam de Baieux xxj°. die Marcii anno regni nostri sexto.

Vacat.

De potestate commissa Huntyngdon. Rex carissimo consanguineo suo Johanni Comiti Huntyngdon, salutem. Sciatis quod nos de probitate et circumspeccione vestris plenius confidentes dedimus vobis plenam tenore presencium potestatem et auctoritatem ac mandatum speciale ad omnimoda castra fortalicia villas firmatas et alia loca quecumque infra ballivam de Coustance que contra nos manuforti tenentur in manus nostras capiend. ac omnes et singulos cujuscumque status gradus seu condicionis fuerint qui ad graciam et obedienciam nostras venire volunt et desiderant, ad graciam et obedienciam nostras recipiend. et admittend. et eis et eorum cuilibet tam bilnetas sigillo vestro signatas quam hereditates et possessiones suas quascumque infra eandem ballivam existentes tradend. et liberand. necnon hujus personis qui sub obediencia nostra morari nolunt seu residere, vitam bona equos et hernesia sua prout juxta sanam discrecionem vestram melius videritis fore faciend. dand. et concedendi et litteras de salvo conductu tam sibi quam aliis de eadem balliva qui ad graciam et obedienciam nostras hujus venire volunt necnon omnibus et singulis prisonariis per aliquos de societate vestra captis pro redemptione et financia suis querend. et magestris suis in hac parte solvend. per tantum tempus prout melius vobis visum fuerit duratur'. fieri et assignari faciend. Proviso semper quod nos de toto facto vestro in hac parte distincte et aperte certificetis. In cujus, etc., quamdiu, etc. Teste Reg'. apud civitatem Regiam de Baieux x°. die Marcii. Per ipsum Regem.

(Membrane 8 in dorso.)

Rex omnibus ad quos, etc., salutem. Sciatis quod de gracia nostra speciali et ex certa sciencia et mero motu nostris dedimus concessimus et hac presenti carta nostra confirmavimus venerabilibus patribus Thome episcopo Dunelmensis et Eduumdo episcopo Herefordie, ac carissimo fratri nostro Johanni Duci Bedford' necnon carissimo avunculo nostro Thome Duci Exonie, Henrico fitz Hugh chivaler Magistro Henrico Ware custodi privati sigilli nostri, Simoni Gaunstede clerico, Willelmo Kynwolmersshe clerico et Rogero Flore omnia maneria terras tenementa et possessiones abbacie de Fiscampo in Normanniam alienigen'. in comitatu Sussex et alibi infra regnum nostrum Anglie que Johannes Cornewaille chivaler et Elizabeth uxor ejus tenent ad terminum vite eorum ex concessione nostra reversione inde post mortem eorumdem Johannis Cornewaille et Elizabeth ad nos spectante ac eciam centum marcas percipiend. annuatim de firma manerii de Istelworth in comitatu Middlessex ad festa Pasche et S^ti. Michaelis per equales porciones per manus venerabilis patris Henrici Archiepiscopi Eboracensis durante vita sua ac dictum manerium de Istelworth cum omnibus suis pertinenciis post mortem ejusdem Archiepiscopi babendum percipiendum et tenendum maneria terras et possessiones predicta abbacie predicte post statum ipsorum Johannis Cornewaille et Elizabeth terminatum ac dictum manerium de Istelworth cum pertinenciis post statum predicti Archiepiscopi similiter terminatum prefatis Episcopis Ducibus Henrico fitz Hugh, Henrico Ware, Simoni, Willelmo et Rogero et heredibus suis imperpetuum, etc., etc. *Cette longue charte, dont nous ne donnons ici que le préambule, n'appartient pas à la Normandie ; et elle devait être inscrite dans les rôles d'Angleterre. Elle se termine ainsi qu'il suit :* Teste Reg. apud civitatem Regiam de Baieux xvj°. die Marcii. Per ipsum Regem.

INDEX NOMINUM, LOCORUM AC RERUM.

(Le sig. c. 2. indique la seconde colonne de la page.)

A.

C.

E.

F.

G.

H.

I

L

M

(1) Nous réunissons sous ce titre toutes les localités qui portent le prénom varié de Mesnil.

N

O

P

Q

R

S

T

U

V

(1) Le MS. des grands rôles de Westminster fait 14 fois mention de la vicomté de Rouen, de la manière suivante : 9 fois sous le nom de *Vicecomitissa*, sans abréviation. 4 fois sous celui de *Vicecom'*. et une seule fois par *Vicecomitat'*. Nous avons cru devoir conserver ce premier nom aux diverses vicomtés inscrites dans ces rôles, bien qu'il ne se trouvât dans aucuns glossaires.

X

Y

Z

Caen, impr. de A. Hardel

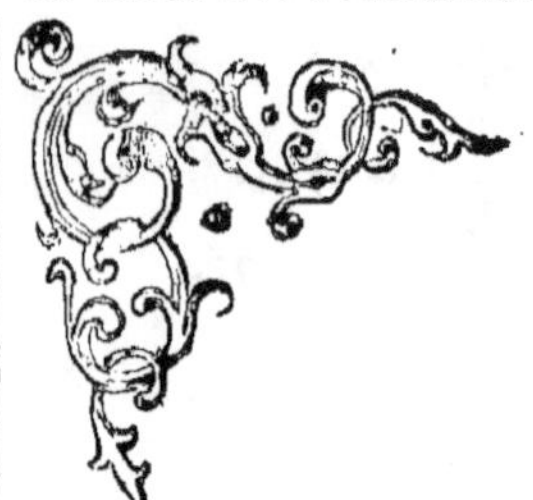
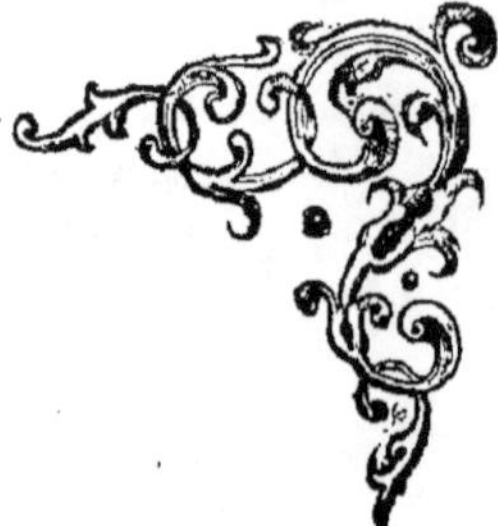

OUVRAGES EN VENTE

Chez A. HARDEL, imprimeur-libraire, rue Froide, à Caen.

FLORE DE LA NORMANDIE, par M. A. DE BRÉBISSON, membre de plusieurs sociétés savantes. — PHANÉROGAMIE. — Un volume in-18 de XVI et 430 pages, prix : 5 fr.

COURS D'ANTIQUITÉS MONUMENTALES, par M. DE CAUMONT, 6 volumes in-8°. et atlas; chaque volume se vend séparément avec un atlas. Prix : 12 fr.

ANTIQUITÉS DE LA VILLE DE CAEN, par DE BRAS, 1 vol. in-8°. sur raisin. Prix : 10 fr.

MÉMOIRES DE LA SOCIÉTÉ DES ANTIQUAIRES DE NORMANDIE. 2e. série, 1er. volume in-4° avec planches. Prix : 15 fr. — 2e. et 3e. vol. avec planches, même prix.

MÉMOIRES DE LA SOCIÉTÉ LINNÉENNE DE NORMANDIE. 7 vol. ont paru. Prix de chacun : 12 fr.

BULLETIN MONUMENTAL ou collection de mémoires et de renseignements pour servir à la confection d'une statistique des monuments de la France, classés chronologiquement, par M. DE CAUMONT. In-8°. avec planches. Prix, franc de port : 15 fr. par an.

POÉSIES DE SARASIN, avec portrait. 1 vol. in-8°. Prix : 2 fr. 50 c.

POÉSIES DE SÉGRAIS, 1 vol. in-8°, avec un beau portrait de l'auteur. Prix : 2 fr. 50 c.

CARTE GÉOLOGIQUE DU DÉPARTEMENT DE LA MANCHE en deux parties, papier grand-aigle, avec une explication, in-4°. pour chacune des deux feuilles.

LE DROIT CIVIL DES JUGES DE PAIX ET DES TRIBUNAUX D'ARRONDISSEMENT, par M. J.-F. VAUDORÉ, avocat. 3 volumes in-8°. Prix : 22 fr.

REVUE DE CAEN, Bulletin de l'Instruction publique et des Sociétés savantes de l'Académie de Caen. Ce recueil formant par année deux volumes in-8°. paraît à la fin de chaque mois par livraison de 5 feuilles environ. On s'abonne à Caen, chez Hardel. Prix : pour Caen 12 fr., hors de Caen : 15 fr.

ÉLOGE DE CHORON, par M. GAUTIER, Broch. in-8°. Prix : 1 fr.

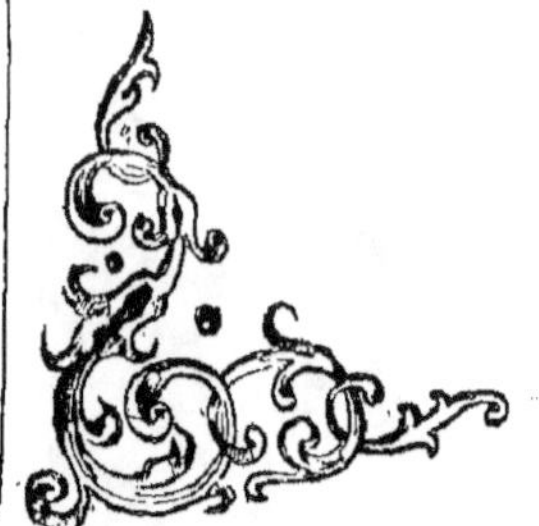
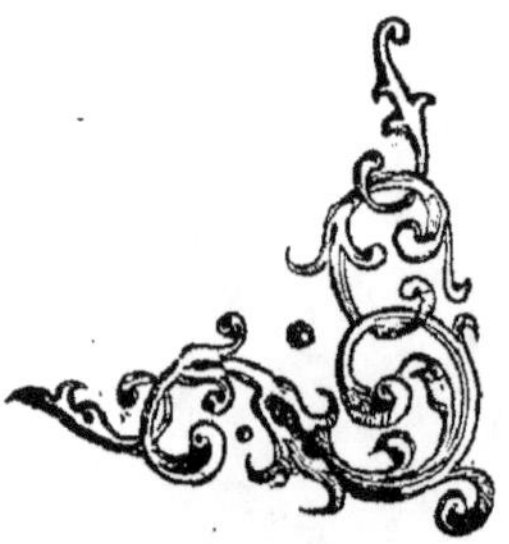